Medizin und Recht

Festschrift für Wolfgang Spann

Herausgegeben von
W. Eisenmenger E. Liebhardt M. Schuck

Mit 190 Abbildungen und 70 Tabellen

Springer-Verlag
Berlin Heidelberg GmbH

Herausgeber:

Professor Dr. Wolfgang Eisenmenger
Professor Dr. Erich Liebhardt
Institut für Rechtsmedizin
Frauenlobstraße 7a
D-8000 München 2

Priv.-Doz. Dr. Manfred Schuck
Institut für Rechtsmedizin
Pappelallee 4
D-2900 Oldenburg

ISBN 978-3-642-71457-3 ISBN 978-3-642-71456-6 (eBook)
DOI 10.1007/978-3-642-71456-6

CIP-Kurztitelaufnahme der Deutschen Bibliothek
Medizin und Recht: Festschr. für Wolfgang Spann / hrsg. von Wolfgang Eisenmenger ... –
Berlin; Heidelberg; New York; London; Paris; Tokyo: Springer, 1986

NE: Eisenmenger, Wolfgang [Hrsg.]; Spann, Wolfgang: Festschrift

2119/3145-543210

Vorwort der Herausgeber

Es ist ein schwieriges Unterfangen, jemanden zu ehren, der formeller Ehrung aus natürlicher Bescheidenheit skeptisch, ja ablehnend, gegenübersteht.

Mit der Herausgabe dieser Festschrift möchten wir unsere Dankbarkeit und Verehrung in eine Form bringen, die alte akademische Tradition und wissenschaftlichen Anspruch im Sinne des Jubilars verbindet.

Dazu haben zahlreiche kompetente Persönlichkeiten aus dem In- und Ausland und Wissenschaftler verschiedener Fachrichtungen, die in gleicher Weise empfunden haben, durch ihre Arbeiten beigetragen. Dafür sind wir ihnen herzlich verbunden.

Für die finanzielle Unterstützung, ohne die sich ein solches Vorhaben nicht verwirklichen läßt, danken wir folgenden Firmen und Organisationen:

ADAC, München; Beecham-Wülfing GmbH & Co. KG, Neuss; Beiersdorf AG, Hamburg; BIOTEST-Serum-Institut GmbH, Frankfurt am Main; Bund gegen Alkohol im Straßenverkehr e.V., München; Dia-Med-Diagnostika GmbH, Bensheim; Finnigan MAT GmbH, Bremen; Fresenius AG, Oberursel/Taunus; Klinge Pharma GmbH, München; Dr. Molter GmbH, Bammental; Organon GmbH, Oberschleißheim; Perkin-Elmer GmbH, Überlingen; Siemens AG, München; Süddeutscher Verlag, München.

Unser abschließender Dank gilt den Damen und Herren des Springer-Verlags, die sowohl durch die Bescheidenheit ihrer finanziellen Forderungen wie durch die reibungslose und entgegenkommende Zusammenarbeit diese Festschrift erst ermöglicht haben.

München, im August 1986

Wolfgang Eisenmenger
Erich Liebhardt
Manfred Schuck

und die Mitarbeiter
des Münchener Instituts
für Rechtsmedizin

Inhaltsverzeichnis

Autorenverzeichnis

ADERJAN, R., Priv.-Doz. Dr. rer. nat. habil. Dipl.-Chem.
Institut für Rechtsmedizin der Universität Heidelberg
Voßstraße 2, D-6900 Heidelberg

ALLMENDINGER-HAGENMEIER, R.
Institut für Rechtsmedizin der Universität München
Frauenlobstraße 7 a, D-8000 München 2

ALTHOFF, H., Prof. Dr. med.
Abteilung Rechtsmedizin der Medizinischen Fakultät
der Rheinisch-Westfälischen Technischen Hochschule Aachen
Pauwelsstraße (Neuklinikum), D-5100 Aachen

ANDRÉ, A., Prof. Dr. med.
Institut de Médecine legale
39 rue Dos-Fanchon, B-4020 Liège

ARNOLD, W., Prof. Dr. med. Dr. rer. nat., wiss. Oberrat i.R.
Eckerkamp 96, D-2000 Hamburg 65

BALABANOVA, S., Dr. rer. biol. hum.
Institut für Rechtsmedizin der Universität Ulm
Prittwitzstraße 6, D-7900 Ulm

BARAN, E., Dr. med.
Zaklad Medycyny Sadoweij Akademii Medycznej
ul. Grzegorzecka 16, PL-31-531 Krakow

BARZ, J., Prof. Dr. med. habil.
Institut für Rechtsmedizin der Universität Düsseldorf
Moorenstraße 5, D-4000 Düsseldorf

BAUR, C., Dr. med.
Institut für Rechtsmedizin der Universität München
Frauenlobstraße 7 a, D-8000 München 2

BEIER, G., Priv. Doz. Dr. rer. nat. Dr. med. habil. Dipl. Phys.
Institut für Rechtsmedizin der Universität München
Frauenlobstraße 7a, D-8000 München 2

BERGHAUS, G., Priv. Doz. Dr. rer. biol. hum. Dipl. Math.
Institut für Rechtsmedizin der Universität zu Köln
Melatengürtel 60–62, D-5000 Köln 30

BETSCH, J., KHK
Charlottenburger Ch. 75, D-1000 Berlin 20

BÖHM, E., Priv. Doz. Dr. med.
Institut für Rechtsmedizin der Universität Düsseldorf
Moorenstraße 5, D-4000 Düsseldorf

BONTE, W., Prof. Dr. med.
Institut für Rechtsmedizin der Universität Düsseldorf
Moorenstraße 5, D-4000 Düsseldorf

BRATZKE, H., Prof. Dr. med.
Institut für Rechtsmedizin der Universität München
Frauenlobstraße 7 a, D-8000 München 2

BRENDEL, T.
Institut für Gerichtliche Medizin der Medizinischen Akademie Erfurt
Nordhäuser Straße 74, DDR-5010 Erfurt

BRESSER, P. H., Prof. Dr. med., Dr. phil.
Institut für Rechtsmedizin der Universität zu Köln
Melatengürtel 60–62, D-5000 Köln 30

BRETTEL, H.-F., Prof. Dr. med.
Zentrum für Rechtsmedizin
im Klinikum der Universität Frankfurt a. M.
Kennedyallee 104, D-6000 Frankfurt a. M.

BRINKMANN, B., Prof. Dr. med.
Institut für Rechtsmedizin der Universität Münster
v.-Esmarch-Straße 86, D-4400 Münster

CABANIS, D., Prof. Dr. med.
Institut für Forensische Psychiatrie der Freien Universität Berlin
Limonenstraße 27, D-1000 Berlin 45

DALDRUP, T., Priv. Doz. Dr. rer. nat. Dipl. Chem.
Institut für Rechtsmedizin der Universität Düsseldorf
Moorenstraße 5, D-4000 Düsseldorf

Denk, W., Dr. med.
Institut für gerichtliche Medizin der Universität Wien
Sensengasse 2, A-1090 Wien

Depastas, G., Dr. med.
Institut für gerichtliche Medizin der Universität Wien
Sensengasse 2, A-1090 Wien

Dienes, H.-P., Dr. med.
Pathologisch Anatomisches Institut
Klinikum der Universität Mainz, Langenbeckstraße 1, D-6500 Mainz

la Dous, W., Dr. med.
Abteilung Rechtsmedizin der Medizinischen Fakultät
der Rheinisch-Westfälischen Technischen Hochschule Aachen
Pauwelsstraße (Neuklinikum), D-5100 Aachen

Drasch, G., Priv. Doz. Dr. rer. nat. Dr. med. habil.
Institut für Rechtsmedizin der Universität München
Frauenlobstraße 7a, D-8000 München 2

Dutz, R. I., Dr. med.
Institut für Rechtsmedizin der Universität zu Köln
Melatengürtel 60–62, D-5000 Köln 30

Eberz, S.
Institut für Rechtsmedizin der Universität Mainz
Am Pulverturm 3, D-6500 Mainz 32

Eisenmenger, W., Prof. Dr. med.
Institut für Rechtsmedizin der Universität München
Frauenlobstraße 7 a, D-8000 München 2

Epp, O., Dr. rer. nat.
Max-Planck-Institut für Biochemie,
Abt. Strukturforschung, Am Klopferspitz 18a, D-8033 Martinsried

Eulitz, J., Dr. med.
Institut für Gerichtliche Medizin
der Medizinischen Akademie Dresden
Fetscherstraße 74, DDR-8019 Dresden

Foerster, K., Priv. Doz. Dr. med. habil.
Universtitäts-Nervenklinik Tübingen
Osianderstraße 22, D-7400 Tübingen

Friedrich-Schöler, E., Dr. med.
Institut für gerichtliche Medizin der Universität Wien
Sensengasse 2, A-1090 Wien

Gardemann, J. P.
Institut für Rechtsmedizin der Universität Münster
v.-Esmarch-Straße 86, D-4400 Münster

Gaspar, M., Dipl. Soz. Päd. M. A.
Abteilung Rechtsmedizin II der Universität Kiel
Hospitalstraße 17-19, D-2300 Kiel 1

Gatternig, R.
Institut für gerichtliche Medizin der Universität Graz
Universitätsplatz 4, A-8010 Graz

Gepp, M.
Zentrum für Rechtsmedizin
im Klinikum der Universität Frankfurt a. M.
Kennedyallee 104, D-6000 Frankfurt a. M.

Gerlach, D., Prof. Dr. med.
Institut für Rechtsmedizin der Universität Münster
v.-Esmarch-Straße 86, D-4400 Münster

Gilg, Th., Dr. med.
Institut für Rechtsmedizin der Universität München
Frauenlobstraße 7 a, D-8000 München 2

Gross, A., Dr. med.
Zaklad Medycyny Sadoweij Akademii Medycznej
ul. Grzegorzecka 16, PL-31-531 Krakow

Grüner, O., Prof. Dr. med.
Abteilung Rechtsmedizin II der Universität Kiel
Hospitalstraße 17-19, D-2300 Kiel 1

Grunert, W., Dr. med.
Institut für Gerichtliche Medizin der Universität Tübingen
Nägelestraße 5, D-7400 Tübingen

Haba, K., Prof. Dr.
Dept. of Legal Medicine, Mie University School of Medicine
Tsu 514 Japan

HELMKE, K., Priv. Doz. Dr. med.
Zentrum für Innere Medizin
Rodthol 6, D-6300 Gießen

HENSSGE, C., Prof. Dr. med.
Institut für Rechtsmedizin der Universität zu Köln,
Melatengürtel 60–62, D-5000 Köln 30

HEROLD, Ch., Dr. med.
Institut für Gerichtliche Medizin der Medizinischen Akademie Dresden
Fetscherstraße 74, DDR-8019 Dresden

HILGERMANN, R., Prof. Dr. med.
Institut für Rechtsmedizin der Universität Marburg
Bahnhofstraße 7, D-3550 Marburg

HOLCZABEK, W., Univ.-Prof. Dr. med., Rektor der Universität
Institut für gerichtliche Medizin der Universität Wien
Sensengasse 2, A-1090 Wien

HUBER, R., Prof. Dr. rer. nat.
Max-Planck-Institut für Biochemie,
Abt. Strukturforschung, Am Klopferspitz 18a, D-8033 Martinsried

HUCKENBECK, W., Dr. med.
Institut für Rechtsmedizin der Universität Düsseldorf
Moorenstraße 5, D-4000 Düsseldorf

HUNGER, H., Prof. Dr. sc. med.
Institut für gerichtliche Medizin der Karl-Marx-Universität
Johannisallee 28, DDR-701 Leipzig

JOSEPHI, E., Dr. med., Dipl. Biol.
Institut für Rechtsmedizin der Universität München
Frauenlobstraße 7a, D-8000 München 2

KAATSCH, H.-J., Dr. med. Dr. jur.
Institut für Rechtsmedizin der Universität Giessen
Frankfurter Straße 58, D-6300 Giessen

KÄFERSTEIN, H., Priv. Doz. Dr. rer. nat.
Institut für Rechtsmedizin der Universität zu Köln
Melatengürtel 60–62, D-5000 Köln 30

KATHOL, O., Dipl. Biol.
Institut für Rechtsmedizin der Universität zu Köln
Melatengürtel 60–62, D-5000 Köln 30

KAUERT, G., Priv. Doz., Dr. rer. nat. Dr. med. habil.
Institut für Rechtsmedizin der Universität München
Frauenlobstraße 7 a, D-8000 München 2

KLEIN, A., Doz. Dr. sc. med.
Institut für Gerichtliche Medizin
der Medizinischen Akademie Dresden
Fetscherstraße 74, DDR-8019 Dresden

KLEIN, S., Doz. Dr. sc. med.
Klinik für Augenheilkunde der Medizinischen Akademie Dresden
Fetscherstraße 74, DDR-8019 Dresden

KLÖPPEL, A., Dr. rer. nat. Dipl. Chem.
Institut für Rechtsmedizin des Universitätsklinikums Essen-GHS
Hufelandstraße 55, D-4300 Essen

KLUG, E., Prof. Dr. rer. nat. Dipl.-Chem.
Institut für Rechtsmedizin der Freien Universität Berlin
Hittorfstraße 18, D-1000 Berlin 33

KOLODZIEJ, J., Dr. med.
Zaklad Medycyny Sadoweij Akademii Medycznej
ul. Grzegorzecka 16, PL-31-531 Krakow

KRÄMER, M., Dr. med.
Abteilung Rechtsmedizin I der Universität Kiel
Hospitalstraße 17-19, D-2300 Kiel 1

KRAUSE, D., Prof. Dr. sc. med.
Institut für Gerichtliche Medizin
der Medizinischen Akademie Magdeburg
Leipziger Straße 44, DDR-301 Magdeburg

KRÖHN, W., Dr. med.
Abteilung Rechtsmedizin I der Universität Kiel
Hospitalstraße 17-19, D-2300 Kiel 1

LAUBICHLER, W., a. o. Univ.-Prof. Dr. med.
Institut für gerichtliche Medizin der Universität Salzburg
Ignaz-Harrer-Straße 79, A-5020 Salzburg

LAUERMANN, I., Dr. rer. nat. Dipl. Chem.
Institut für Gerichtliche Medizin
der Martin-Luther-Universität Halle-Wittenberg
Franzosenweg 1, PSF 119, DDR-402 Halle

Leopold, D., Prof. Dr. sc. med.
Institut für Gerichtliche Medizin der Medizinischen Akademie Erfurt
Nordhäuser Straße 74, DDR-5010 Erfurt

Liebhardt, E., Prof. Dr. med.
Institut für Rechtsmedizin der Universität München
Frauenlobstraße 7 a, D-8000 München 2

Lignitz, E., Dr. med.
Institut für Gerichtliche Medizin der Humboldt-Universität Berlin
Hannoversche Straße 6, DDR-1040 Berlin

Madea, B., Dr. med.
Institut für Rechtsmedizin der Universität zu Köln
Melatengürtel 60–62, D-5000 Köln 30

Maier, R. D., Dr. rer. nat. Dipl. Chem.
Abteilung Rechtsmedizin der Medizinischen Fakultät
der Rheinisch-Westfälischen Technischen Hochschule Aachen
Pauwelsstraße (Neuklinikum), D-5100 Aachen

Mallach, H. J., Prof. Dr. med.
Institut für Gerichtliche Medizin der Universität Tübingen
Nägelestraße 5, D-7400 Tübingen

Marek, Z., Prof. Dr. med.
Zaklad Medycyny Sadoweij Akademii Medycznej
ul. Grzegorzecka 16, PL-31-531 Krakow

Maresch, W., Prof. Dr. med.
Institut für gerichtliche Medizin der Universität Graz
Universitätsplatz 4, A-8010 Graz

Materna, R.
Institut für Rechtsmedizin der Universität Düsseldorf
Moorenstraße 5, D-4000 Düsseldorf

Mattern, R., Priv. Doz. Dr. med. habil.
Institut für Rechtsmedizin der Universität Heidelberg
Voßstraße 2, D-6900 Heidelberg

Maxeiner, H., Dr. med.
Institut für Rechtsmedizin der Freien Universität Berlin
Hittorfstraße 18, D-1000 Berlin 33

MEHRAEIN, P., Prof. Dr. med.
Institut für Neuropathologie der Universität München
Thalkirchner Str. 36, D-8000 München 2

v. MEYER, L., Priv. Doz., Dr. rer. nat. Dr. med. habil.
Institut für Rechtsmedizin der Universität München
Frauenlobstraße 7 a, D-8000 München 2

MISSLIWETZ, J., Dr. med.
Institut für gerichtliche Medizin der Universität Wien
Sensengasse 2, A-1090 Wien

MITTMEYER, H.-J., Prof. Dr. med. habil.
Institut für Gerichtliche Medizin der Universität Tübingen
Nägelestraße 5, D-7400 Tübingen

MORTINGER, H., Dr. med.
Institut für gerichtliche Medizin der Universität Wien
Sensengasse 2, A-1090 Wien

NECKEL, W., Dr. med.
Abteilung Rechtsmedizin der Medizinischen Fakultät
der Rheinisch-Westfälischen Technischen Hochschule Aachen
Pauwelsstraße (Neuklinikum), D-5100 Aachen

OEHMICHEN, M., Prof. Dr. med.
Institut für Rechtsmedizin der Universität zu Köln
Melatengürtel 60–62, D-5000 Köln 30

OEPEN, I., Prof. Dr. med.
Institut für Rechtsmedizin der Universität Marburg
Bahnhofstraße 7, D-3550 Marburg

OSBERGHAUS, U.
Institut für Angewandte Physikalische Chemie
KFA Jülich, D-5170 Jülich

PANKRATZ, H., Dr. med.
Institut für Rechtsmedizin der Universität München
Frauenlobstraße 7 a, D-8000 München 2

PATSCHEIDER, H., Prof. Dr. med.
Institut für Gerichtliche Medizin am Kantonsspital St. Gallen
Rorschacherstraße 93, Ch-9007 St. Gallen

PATZELT, Dr. sc. med.
Institut für Gerichtliche Medizin der Humboldt-Universität Berlin
Hannoversche Straße 6, DDR-1040 Berlin

PEDAL, I., Dr. med.
Institut für Gerichtliche Medizin der Universität Tübingen
Nägelestraße 5, D-7400 Tübingen

PENNERS, B.-M., Dr. med.
Abteilung Rechtsmedizin I der Universität Kiel
Hospitalstraße 17-19, D-2300 Kiel 1

PENNING, R., Dr. med.
Institut für Rechtsmedizin der Universität München
Frauenlobstraße 7a, D-8000 München 2

PIEFKE, K., KOK
Charlottenburger Ch. 75, D-1000 Berlin 20

POLLAK, S., Univ.-Doz. Dr. med.
Institut für gerichtliche Medizin der Universität Wien
Sensengasse 2, A-1090 Wien

PÖTSCH-SCHNEIDER, L., Dipl. Ing. Dr. med.
Institut für Rechtsmedizin der Universität Mainz
Am Pulverturm 3, D-6500 Mainz 32

PROKOP, O., Prof. Dr. sc. med. Dr. h. c. mult.
Institut für Gerichtliche Medizin der Humboldt-Universität Berlin
Hannoversche Straße 6, DDR-1040 Berlin

PÜSCHEL, K., Prof. Dr. med.
Institut für Rechtsmedizin der Universität Hamburg
Butenfeld 34, D-2000 Hamburg 60

RACKWITZ, A.
Institut für Gerichtliche Medizin der Humboldt-Universität Berlin
Hannoversche Straße 6, DDR-1040 Berlin

RASZEJA, S., Prof. Dr. med.
Institut für Gerichtliche Medizin
der Medizinischen Akademie Gdansk
ul. Curie-Sklodowskiej 3a, PL-80210 Gdansk

RAND, S. P., B. Sc., M. I. Biol.
Institut für Rechtsmedizin der Universität Münster
v.-Esmarch-Straße 86, D-4400 Münster

REINHARDT, G., Prof. Dr. med.
Institut für Rechtsmedizin der Universität Ulm
Prittwitzstraße 6, D-7900 Ulm

REITER, C., Dr. med.
Institut für gerichtliche Medizin der Universität Wien
Sensengasse 2, A-1090 Wien

REUSCHEL, H.
Institut für Rechtsmedizin der Universität München
Frauenlobstraße 7 a, D-8000 München 2

RISSE, M., Dr. med.
Institut für Rechtsmedizin des Universitätsklinikums Essen-GHS
Hufelandstraße 55, D-4300 Essen

RITTNER, Ch., Prof. Dr. med.
Institut für Rechtsmedizin der Universität Mainz
Am Pulverturm 3, D-6500 Mainz 32

RITTNER, G.
Institut für Rechtsmedizin der Universität Mainz
Am Pulverturm 3, D-6500 Mainz 32

ROMANOWSKI, U., Dr. med.
Institut für Gerichtliche Medizin
der Martin-Luther-Universität Halle-Wittenberg
Franzosenweg 1, PSF 119, DDR-402 Halle

ROSE, M., Dr. rer. nat.
Institut für Gerichtliche Medizin der Humboldt-Universität Berlin
Hannoversche Straße 6, DDR-1040 Berlin

ROSSEL, U., Dr. med.
Institut für Rechtsmedizin der Freien Universität Berlin
Hittorfstraße 18, D-1000 Berlin 33

ROSSNER, R., Dr. med. Oberstarzt,
Sanitätsamt Bundeswehr
Zingsheimstr. 5, D-5300 Bonn 3

ROTH, H., Dr. med.
Institut für Rechtsmedizin der Universität zu Köln
Melatengürtel 60, D-5000 Köln

ROUS, F., Dr. med.
Institut für gerichtliche Medizin der Universität Graz
Universitätsplatz 4, A-8010 Graz

ROXIN, C., Prof. Dr. jur.
Institut für die gesamten Strafrechtswissenschaften
der Universität München, Abtl. Strafrecht
Professor-Huber-Platz 2, D-8000 München 2

SATERNUS, K.-S., Prof. Dr. med.
Institut für Rechtsmedizin der Freien Universität Berlin
Hittorfstraße 18, D-1000 Berlin 33

SCHÄFER, H.-D., Dr. med.
Institut für Gerichtliche Medizin
der Martin-Luther-Universität Halle-Wittenberg
Franzosenweg 1, PSF 119, DDR-402 Halle

SCHEIBE, E., OMR Prof. Dr. sc. med.
Ernst-Moritz-Arndt-Universität
Kuhstr. 30, DDR-22 Greifswald

SCHEWE, G., Prof. Dr. med., Dr. jur.
Institut für Rechtsmedizin der Universität Giessen
Frankfurter Straße 58, D-6300 Giessen

SCHILLINGS, R.
Abteilung Rechtmedizin der Medizinischen Fakultät
der Rheinisch-Westfälischen-Technischen Hochschule Aachen
Pauwelsstraße (Neuklinikum), D-5100 Aachen

SCHLUND, G. H., Prof. Dr. jur.
Richter am OLG München
Josef-Schlicht-Str. 6a, D-8000 München 60

SCHMIDT, D. U., Präparator
Institut für Rechtsmedizin der Universität Düsseldorf
Moorenstraße 5, D-4000 Düsseldorf

SCHMIDT, G., Prof. Dr. med.
Institut für Rechtsmedizin im Klinikum der Universität Heidelberg,
Voßstraße 2, D-6900 Heidelberg

SCHMIDT, V., Dr. med.
Institut für Gerichtliche Medizin der Universität Tübingen
Nägelestraße 5, D-7400 Tübingen

Schmutte, P., Dr. rer. nat.
Institut für Rechtsmedizin der Universität Hamburg
Butenfeld 34, D-2000 Hamburg 60

Schneider, V., Prof. Dr. med.
Institut für Rechtsmedizin der Freien Universität Berlin
Hittorfstraße 18, D-1000 Berlin 33

Schneider, W.-R., cand. med.
Institut für Rechtsmedizin der Universität Giessen
Frankfurter Straße 58, D-6300 Giessen

Schröder, H.
Institut für Gerichtliche Medizin der Humboldt-Universität Berlin
Hannoversche Straße 6, DDR-1040 Berlin

Schuck, M., Priv. Doz. Dr. med. Dr. med. habil.
Institut für Rechtsmedizin der MHH, Zweigstelle Oldenburg
Pappelallee 4, D-2900 Oldenburg

Schütz, H., Priv. Doz. Dr. rer. nat. habil. Dipl. Chem.
Institut für Rechtsmedizin der Universität Giessen
Frankfurter Straße 58, D-6300 Giessen

Schuller, E., Dr. rer. nat., Dipl.-Phys.
Institut für Rechtsmedizin der Universität München
Frauenlobstraße 7 a, D-8000 München 2

Schulz, A., Prof. Dr. med.
Zentrum für Pathologie
Langhansstraße 10, D-6300 Giessen

Schuster, R., Priv. Doz., Dr. med. habil.
Institut für Rechtsmedizin der Universität Giessen
Frankfurter Straße 58, D-6300 Giessen

Seifert, H., Arzt
Institut für Rechtsmedizin der Universität Hamburg
Butenfeld 34, D-2000 Hamburg 60

Sigrist, Th., Dr. med.
Institut für Gerichtliche Medizin am Kantonsspital St. Gallen
Rorschacherstraße 93, Ch-9007 St. Gallen

Spielmann, A., Dr. med.
Institut für gerichtliche Medizin der Universität Salzburg
Ignaz-Harrer-Straße 79, A-5020 Salzburg

STAAK, M., Prof. Dr. med.
Institut für Rechtsmedizin der Universität zu Köln
Melatengürtel 60–62, D-5000 Köln 30

STEINBACH, Th., Dr. med.
Institut für Rechtsmedizin der Universität München
Frauenlobstraße 7 a, D-8000 München 2

STELLWAG CARION, C., Dr. med.
Institut für gerichtliche Medizin der Universität Wien
Sensengasse 2, A-1090 Wien

STICHT, G., Dr. rer. nat. Dipl. Chem.
Institut für Rechtsmedizin der Universität zu Köln
Melatengürtel 60–62, D-5000 Köln 30

STIEFEL, D., Ing.
Bayerisches Landeskriminalamt
Maillinger Straße 15, D-8000 München 19

TEIGE, K., Dr. med.
Institut für Rechtsmedizin der Universität Münster
v.-Esmarch-Straße 86, D-4400 Münster

TRELA, F., Dr. med.
Zaklad Medycyny Sadoweij Akademii Medycznej
ul. Grzegorzecka 16, PL-31-531 Krakow

TRÖGER, H. D., Prof. Dr. med.
Institut für Rechtsmedizin der Medizinischen Hochschule Hannover
Konstanty-Gutschow-Straße 8, D-3000 Hannover 61

TUROWSKA, B., Prof. Dr.
Zaklad Medycyny Sadoweij Akademii Medycznej
ul. Grzegorzecka 16, PL-31-531 Krakow

TUTSCH-BAUER, E., Dr. med.
Institut für Rechtsmedizin der Universität München
Frauenlobstraße 7 a, D-8000 München 2

URBAN, R., Dr. med. Dr. rer. nat.
Institut für Rechtsmedizin der Medizinischen Hochschule Hannover
Konstanty-Gutschow-Straße 8, D-3000 Hannover 61

WALTHER, G., Prof. Dr. med.
Institut für Rechtsmedizin der Universität Mainz
Am Pulverturm 3, D-6500 Mainz 32

WEBER, W., Prof. Dr. med.
Abteilung Rechtsmedizin der Medizinischen Fakultät
der Rheinisch-Westfälischen Technischen Hochschule Aachen
Pauwelsstraße (Neuklinikum), D-5100 Aachen

WEIGEL, B., Dr. med.
Institut für gerichtliche Medizin der Karl-Marx-Universität
Johannisallee 28, DDR-701 Leipzig

WEILER, G., Prof. Dr. med.
Institut für Rechtsmedizin des Universitätsklinikums Essen-GHS
Hufelandstraße 55, D-4300 Essen

WEISSAUER, W., Ministerialdirigent a. D., Dr. med. h. c.
Leerstetter Str. 44, D-8508 Wendelstein

WINDUS, G., Ärztin
Institut für Rechtsmedizin der Medizinischen Hochschule Hannover
Konstanty-Gutschow-Straße 8, D-3000 Hannover 61

WINKELMANN, M., Dr. med.
Zentrum für Innere Medizin und Nephrologie
der Universität Düsseldorf, Moorenstr. 5
D-4000 Düsseldorf

ZIEGAN, J. B.
Institut für Pathologie des Bezirkskrankenhauses für Psychiatrie
DDR-701 Leipzig

ZINK, P., Prof. Dr. rer. nat., Dr. med.
Gerichtlich-Medizinisches Institut der Universität Bern
Bühlstraße 20, CH-3012 Bern

Laudatio

Lieber Wolfgang!

Diese Arbeiten widmen Dir Deine Schüler, Deine Kollegen und Deine Freunde zum 65. Geburtstag mit innigen und herzlichen Glückwünschen.

Ich habe das große Glück, mich zu allen 3 Kategorien hinzurechnen zu dürfen, nämlich zunächst zu Deinen Kollegen und in größter Dankbarkeit zu Deinen Freunden. Ich bin aber auch Dein Schüler, habe ich Dich doch unzählige Male in vielen Situationen bewundert – bewundert als präzisen, das essentiell Wichtige hervorkehrenden, jeden unnötigen Ballast vermeidenden Vortragenden, der immer etwas zu sagen hatte, als kristallklar denkenden, geradlinigen, aber doch konzessionsbereiten Verhandlungstaktiker und als jemanden, den man immer um Rat fragen kann und der dieser Bitte stets weise nachkommt.

Professor Dr. Wolfgang Spann

Alle diese Eigenschaften werden sicherlich von allen bestätigt werden, die Dich kennen, sie haben schließlich dazu geführt, daß Du seit 16 Jahren (!) die Geschicke der Medizinischen Fakultät der Ludwig-Maximilians-Universität München als Dekan lenkst. Und da wäre ich schon – wie es sich für eine Laudatio gehört – bei der Notwendigkeit angelangt, Dein Leben zu skizzieren.

Am 29. 8. 1921 als Sohn des ordentlichen Hochschulprofessors Dr. Dr. Josef Spann und seiner Frau Babette geboren besuchtest Du das Humanistische Gymnasium, zuerst in Freising und dann in München.

1940 wurdest Du zum Wehrdienst eingezogen und einer Grundausbildung unterworfen.

Von 1940 bis zum Frühjahr 1941 gestattete man Dir einen Studienurlaub zum Studium der Humanmedizin.

Vom Frühjahr 1941 bis August 1942 tatest Du Deinen Dienst als Soldat an der Front, bis dieser durch eine Verwundung ein Ende finden mußte. Am 20. 6. 1947 wurdest Du mit der Dissertation *Der bakterielle Abbau des Tryptophans* promoviert.

1947–1948 warst Du Medizinalassistent.

Im Juni 1948 erfolgte die ärztliche Approbation.

Als Feldunterarzt der Reserve und später als Hilfsarzt des Gemeindekrankenhauses Schwabmünchen bei Augsburg hattest Du Gelegenheit, mit den Problemen und der Arbeit der praktischen Medizin bekannt zu werden und vieles von dem Wissen zu erwerben, das Dir später in unserer Fachdisziplin zugute kam.

1948–1950 warst Du als Volontärassistent in der Prosektur der Krankenanstalten Augsburg tätig, unter dem Chefarzt Dr. med. habil. E. Emminger, den auch ich die Ehre hatte zu kennen, da er während meiner Ausbildungszeit im pathologisch-anatomischen Institut in Wien im gleichen Institut als Militärarzt abkommandiert war.

1952 tratest Du in das Institut für Gerichtliche Medizin an der Ludwig-Maximilians-Universität München ein, das unter der Leitung von Prof. Dr. W. Laves stand, einem der großen Alten unseres Faches. Hier berührten sich unsere Lebenswege zum ersten Mal. Laves war ein Schüler Reuters, und Fritz Reuter war mein 2. Lehrer und Chef.

1956 habilitiertest Du Dich und wurdest zum Privatdozenten für gerichtliche Medizin und Versicherungsmedizin ernannt, nachdem Du eine Habilitationsschrift *Meteorologische Probleme in der Gerichtlichen Medizin* geschrieben hattest.

Sechs Jahre später wurdest Du apl. Professor.

1966–1969 leitetest Du die Geschicke des Instituts für Gerichtliche Medizin an der Universität Freiburg und am 1. 11. 1969 vertraute man Dir die Leitung des traditionsreichen Instituts für Rechtsmedizin der Universität München an.

Und an dieser Stelle muß nun eine noch nicht genannte, Dir eigene Fähigkeit rühmend hervorgehoben werden, nämlich Schüler motivieren, führen und im freundschaftlichen Geiste erziehen zu können. Dein Mitarbeiterkreis bildet eine große Familie mit einem gerechten, gütigen, aber fallweise doch nicht unstrengen Vater. Zu einer Familie gehört natürlich auch eine Mutter, und diese ist in der Person Deiner hochverehrten und lieben Frau Gemahlin, unserer lieben Traudl, in idealer Weise vorhanden. In stiller und weiser Zurückhaltung steht sie im Mittelpunkt Deines Lebens. Ohne Deine Verdienste im geringsten schmälern zu wollen, kann man sich Dich doch ohne sie nicht vorstellen. Daraus ergibt sich als Selbstverständlichkeit, daß Eure Kinder in inniger Liebe an Euch hängen und Euch nur Freude bereiten.

Jetzt hätte ich ganz vergessen zu erwähnen, daß Du über einen wunderbaren trockenen, aber niemals verletzenden Humor verfügst, der Dir und uns in schwierigen Situationen hilft und Deine Klarsicht unterstützt. Daß ein Mann wie Du bereits unzählige Ehrungen erhalten hat und vielen wichtigen Gesellschaften angehört, ist eine Selbstverständlichkeit.

Zuletzt darf nicht unerwähnt bleiben, daß Deine so charakteristische Persönlichkeit in Deiner bayrischen Heimat verwurzelt ist und daß sie nicht nur aus alter Tradition, sondern aus inniger Überzeugung am Glauben der Väter festhält und aus ihm Stärkung und Hoffnung erfährt.

In diesem Sinne wünschen wir, Deine Schüler, Deine Kollegen und Deine Freunde, Dir von ganzem Herzen alles Gute in aufrichtiger Verehrung und ebensolcher Dankbarkeit.

29. August 1986

W. Holczabek
(Rektor der Universität Wien)

Publikationen von Professor Dr. W. Spann

1. Spann W (1953) Einige bemerkenswerte plötzliche Todesfälle. Dtsch Z Gerichtl Med 42:445-448

2. Spann W (1955) Selbstmord und atmosphärische Umwelt. Dtsch Z Gerichtl Med 43:528-544

3. Spann W (1955) Suicid durch Neoteben. Arch Toxikol 15:141-144

4. Spann W, Heinemann W (1955) Gewicht und Lipoidgehalt der Nebenniere in Abhängigkeit von der Todesursache. Dtsch Z Gerichtl Med 44:77-97

5. Spann W (1955) Über die toxische Wirkung von Zephirol auf den menschlichen Organismus. Arch Toxikol 15:196-201

6. Spann W (1955) Wetter und Krankheiten. Ärztl Prax VII 21

7. Spann W (1955) Tödliche Noctal-Vergiftung bei einem Kleinkinde. Arch Toxikol 15:314-318

8. Spann W (1956) Das Hirngewicht in Beziehung zu Todesursache und anderen Faktoren. Dtsch Z Gerichtl Med 44:733-741

9. Spann W, Ungeheuer H (1956) Zur Frage der Wetterabhängigkeit der Poliomyelitis. Z Klin Med 154:1-22

10. Spann W, Ungeheuer H (1956) Fahrtüchtigkeit und Wetter. In: Laves W (Hrsg) Der Straßenverkehrsunfall. Enke, Stuttgart, S 83-98

11. Spann W (1957) Tod durch Kohlenmonoxydvergiftung bei Benutzung eines Propangasgerätes. MMW 99:21-22

12a. Spann W (1957) Wetter und Tod. Dtsch Med Wochenschr 82:251-254

12b. Spann W (1957) The weather and mortality rate. Ger Med Mon II:116-118

13. Spann W (1957) Arzt und künstliche Insemination. MMW 99:732-734

14. Spann W (1958) Die Verantwortung des Arztes bei der Leichenschau. Med Heute 7:210-213

15a. Spann W (1958) Wetter, Krankheit und Tod. Heilkunst 11:1-8; Universitas 13:835-841

15b. Spann W (1958/59) Weather, sickness and death. Universitas 2:417-423

16. Spann W (1959) Das Flugzeugunglück in München-Riem am 6. 2. 58. Pathologisch-anatomische Ergebnisse. MMW 101:544-547

17. Spann W (1959) Der plötzliche Tod aus natürlicher Ursache im Säuglings- und Kleinkindesalter. MMW 101:929-933

18. Mündnich K, Spann W, Reichenbach M, Jakobi (1959) Die klinische und forensische Bedeutung der Komplikationen nach Kieferhöhlenpunktion. HNO 8:24-28

19. Jungwirth J, Spann W (1959) Serologische und rechtliche Probleme der indirekten Vaterschaftsausschlüsse. Dtsch Z Gerichtl Med 49:622-626

20. Spann W (1958) Und dennoch - Blutalkoholbestimmungen. Ärztl Mitt 43:79-80

21. Spann W (1962) Seltene tödliche Vergiftungen. Acta Med Leg Soz 39-43

22. Spann W (1962) Ärztliche Rechts- und Standeskunde. Lehmanns, München

23a. Maier W, Spann W (1962) Die Bedeutung der rechtzeitigen Behandlung des Hodenhochstandes für die Fertilität. Dtsch Med Wochenschr 87:1697-1704

23b. Maier W, Spann W (1962) The undescended testicle. Subsequent fertilily and time of treatment. Ger Med Mon VII:367-372

24. Spann W, Maier W (1963) Die Bedeutung der rechtzeitigen Behandlung des Hodenhochstandes für die Fertilität. Dtsch Z Gesamte Gerichtl Med 54:87-89

25. Spann W (1963) Die Aufklärungspflicht des Arztes. Heilkunst 76:24-29

26. Spann W (1964) Der Arzt und sein Hilfspersonal. Heilkunst 77:187-192

27. Röckl H, Spann W (1963) Epidermolysis acuta toxica (Lyell). Hautarzt 14:536-540

28. Spann W (1963) Die Möglichkeiten des blutgruppenserologischen Vaterschaftsbeweises. Fortschr Med 81:679-682

29a. Spann W (1964) Zur Aufklärungspflicht des Arztes. MMW 106:359-361

29b. Spann W (1964) Zur Aufklärungspflicht des Arztes. In: Die Kontrastmittelanwendung in forensischer Sicht. Symposium Heidelberg 14. 11. 1964. BYK-Gulden-Lomberg, Konstanz, S 25-31

30. Spann W (1964) Die Problematik der ärztlichen Aufklärungspflicht. Z Ärztl Fortbild 53

31. Spann W (1964) Nachweis von Spermatozoen im Scheidenausstrich nach Sittlichkeitsdelikten. Dtsch Z Gesamte Gerichtl Med 55:184-185

32. Spann W (1964) Gerichtsärztliche Probleme bei Flugzeugunfällen. Dtsch Z Gesamte Gerichtl Med 55:128-133

33. Henn R, Spann W (1965) Untersuchungen über die Häufigkeit der cerebralen Fettembolie nach Trauma mit verschieden langer Überlebenszeit. Monatsschr Unfallheilk 68:513-522

34. Falzi G, Henn R, Spann W (1964) Über pulmonale Fettembolie nach Traumen mit verschieden langer Überlebenszeit. MMW 106:978-981

35. Liebhardt E, Spann W (1964) Die Problematik der Schweigepflicht der Medizinstudenten. MMW 106:999-1002

36. Spann W (1964) Zur Pathogenese der Schockniere. MMW 106:982-984

37. Spann W, Liebhardt E (1964) Ist Blutentnahme durch einen Medizinalassistenten (nach § 81a StPO) unzulässig? MMW 106:1737–1740

38. Spann W, Maier W (1964) Fertilität nach konservativer oder operativer Behandlung wegen Hodenhochstandes im Kindesalter. Enke, Stuttgart (Beitrag zur Fertilität und Sterilität, 4. Folge)

39. Liebhardt E, Spann W (1965) Ärztliches Berufsgeheimnis und akademischer Unterricht. MMW 107:130–132

40. Spann W (1966) Strafrechtliche Probleme an der Grenze von Leben und Tod. Dtsch Z Gesamte Gerichtl Med 57:26–30

41. Spann W, Dustmann HO (1965) Das menschliche Hirngewicht und seine Abhängigkeit von Lebensalter, Körperlänge, Todesursache und Beruf. Dtsch Z Gerichtl Med 56:299–317

42. Spann W (1967) Ärztliche Rechts- und Standeskunde. In: Ponsold A (Hrsg) Lehrbuch der gerichtlichen Medizin, 3. Aufl. Thieme, Stuttgart

43. Spann W, Englert HM (1967) Experimentelle Untersuchungen der Zerreißfestigkeit der Nabelschnur. Dtsch Z Gesamte Gerichtliche Med 59:196–200

44. Doenicke A, Kugler J, Spann W, Liebhardt E, Kleinert H (1966) Hirnfunktion und psychodiagnostische Untersuchungen nach intravenösen Kurznarkosen und Alkoholbelastungen. Anaesthesist 15:349–355

45. Spann W, Liebhardt E (1966) Reanimation und Feststellung des Todeszeitpunktes. MMW 108:1410–1414

46. Spann W, Liebhardt E (1967) Rechtliche Probleme bei der Organtransplantation. MMW 109:672–675

47. Liebhardt E, Spann W (1967) Die subjektiv empfundene Reizschwelle nach Alkoholgenuß. Blutalkohol 4:174–178

48. Spann W, Kugler J, Liebhardt E (1967) Tod und elektrische Stille im EEG. MMW 109:2161–2167

49. Liebhardt E, Spann W (1968) Todeszeitbestimmung durch Vitalfärbung der Nebenhodenspermatozoen. Dtsch Z Gerichtl Med 62:176

50. Fischer H, Spann W (1967) Pathologie des Trauma, Teil I u. II. Bergmann, München

51. Spann W, Liebhardt E (1966) Homosexualität eine Krankheit? Gedanken zur Strafrechtsreform. Hippokrates 37:648-652

52. Spann W, Liebhardt E, Empt U (1967) Obduktionen und Obduktionsverweigerungen in Relation zur Gesamtmortalität in Bayern. MMW 109:2144-2145

53. Henn R, Spann W (1968) Mittelbar traumatische Hirnpurpura ohne cerebrale Fettembolie. Dtsch Z Gerichtl Med 62:170

54. Henn R, Spann W (1968) Experimentelle Untersuchungen über das postmortale Verhalten embolischen Neutralfettes in den Lungen. Dtsch Z Gerichtl Med 62:170

55. Spann W (1969) Rechtliche Probleme bei der Organentnahme für Transplantationen. Wien Klin Wochenschr 81:370-372

56. Spann W (1969) Vorstellungen zur Gesetzgebung über den tatsächlichen Todeszeitpunkt. MMW 111:2253-2255

57. Liebhardt E, Spann W (1968)
a) § 2 Schweigepflicht;
b) § 6 Es ist dem Arzt nicht gestattet, einen Kranken ständig aus der Ferne zu behandeln;
c) § 7 Ärztliche Aufzeichnungen und Untersuchungsbefunde;
d) § 8 Ausstellung von Gutachten und Zeugnissen;
e) § 9 Unterrichtung und Prüfung der Ärzte;
In: Kommentar zur Berufsordnung der Landesärztekammer Baden-Württemberg.
Ärztebl. Baden-Württemberg (Heft 5)

58. Liebhardt E., Hauck G, Spann W (1969) Röntgenfluoreszenzanalytische Bleibestimmung bei bekannten Schußentfernungen. Arch Kriminol 144:92-94

59. Spann W, Liebhardt E, Terfloth P (1968) Fortlaufende postmortale Temperaturmessungen in der Leber und in der Muskulatur der unteren Extremitäten. Wiss Beitr Aktuel Fragen Gerichtl Med III:243-248

60. Liebhardt E, Spann W (1968) Die Stellung des ärztlichen Eingriffs zwischen Körperverletzung und Einwilligung. Fortschr Med 86:279-281

61. Spann W, Henn R (1970) Posttraumatische Hirnpurpura und zerebrale Fettembolie. Lebenversicher Med 22:16-18

62. Liebhardt E, Spann W (1970) Rechtliche Probleme an der Grenze von Leben und Tod. Heilkunst 83/6

63. Spann W, Liebhardt E (1971) Die Indikation zur Operation aus arztrechtlicher Sicht. Aktuel Traumatol 1:9-12

64. Hauck G, Spann W (1971) Auswirkungen des Drogenmißbrauchs im Straßenverkehr. Öffentl Gesundheitswes 33:555-558

65. Liebhardt E, Janzen J, Spann W (1971) Blutentnahme mit Gewalt. Blutalkohol 7:266-268

66. Spann W (1971) Ärztliche Aufgaben in der Verkehrsmedizin. Arch Klin Exp Ohren Nasen Kehlkopfheilk 199:423-429

67. Jungwirth J, Liebhardt E, Spann W (1972) Das ärztliche Gutachten im Vaterschaftsprozeß. In: Schwalm H, Döderlein G (Hrsg) Klinik der Frauenheilkunde und Geburtshilfe. Ein Handbuch für die Praxis. Urban & Schwarzenberg, München Berlin Wien, S 143-185

68. Spann W (1972) Das Doping aus medizinischer Sicht. In: Schroeder F-C, Kauffmann H (Hrsg) Sport und Recht. De Gruyter, Berlin New York, S 42-47

69. Spann W (1973) Die Mitwirkung des Arztes bei der Ermittlung strafbarer Tatbestände. MMW 115:708-710

70. Liebhardt E, Spann W (1973) Cytophotometrische Untersuchungen zum Leichenalter. Beitr Gerichtl Med 30:277-280

71. Liebhardt E, Spann W, Leiber M (1973) Untersuchung zur Schluckgröße. Beitr Gerichtl Med 30:281-283

72. Spann W (1972) Forensische Fragen der Implantologie. In: Replantate, Transplantate, Implantate. Bayer. Zahnärztetag 1972. Bayer. Landeszahnärztekammer, München, S 144-147

73. Spann W (1973) Die Bestimmung des Todeszeitpunktes aus gerichtsärztlicher Sicht. In: Krösl W, Scherzer E (Hrsg) Die Bestimmung des Todeszeitpunktes. Maudrich, Wien, S 263-266

74. Spann W (1973) Probleme der homologen und heterologen Insemination aus rechtlicher Sicht. Fortschr. Prakt Dermatol Venerol 7:174-178

75. Liebhardt E, Hauck G, Spann W (1973) Notfälle in der ärztlichen Allgemeinpraxis. Urban & Schwarzenberg, München Berlin Wien

76. Spann W (1974) Das Doping im Sport aus ärztlicher Sicht. Fortschr Med 92:863-867

77. Spann W (1974) Hypertonie und Fahrtüchtigkeit. MMW 116:633-634

78. Spann W, Liebhardt E (1974) Ärztliche Berufs- und Standeskunde einschl. der wichtigsten Grundlagen des Strafrechtes des Arztes. Beitr Handbuch Rechtsmed

79. Henn R, Spann W, Visitation M (1973) Nierenbefunde bei posttraumatischer Hirnpurpura Beitr Gerichtl Med 30:148-153

80. Spann W, Beier G (1974) Zur Entstehung und Deutung der Unterschenkelfraktur. Hefte Unfallheilkd 21-42

81. Spann W (1974) Begrüßungsansprachen. Beitr Gerichtl Med 32:XXI-XXVIII

82. Spann W (1974) Aufgaben des Münchner Instituts für Rechtsmedizin in Vergangenheit und Zukunft. Beitr Gerichtl Med 32:1-4

83. Spann W (1975) Begrüßungsansprache zum 26. Kongreß der Deutschen Gesellschaft für Urologie. In: Verhandlungsbericht der Deutschen Gesellschaft für Urologie. Springer, Berlin Heidelberg New York, S 8-9

84. Spann W, Liebhardt E, Hauck G, Braun W (1975) In: Ärztliche Haftung. CEDIP Med.-techn. Verlags u. Handelsges. mbH

85. Spann W (1975) Rechtsgrundlagen der operativen Sterilisation beim Mann und bei der Frau in der Bundesrepublik Deutschland. Geburtshilfe Frauenheilkd 35:501-503

86. Spann W (1976) Arzt aus Berufung. Stellung in der Gesellschaft und Motivation zur Berufswahl des Arztes im Wandel der Zeit. Katholische Akademie, (Schriften der Kath. Akademie in Bayern zur Debatte, Bd 6, S 4)

87. Beier G, Spann W (1975) Zur Aortenruptur beim Fußgängerunfall. Hefte Unfallheilkd 231-234

88. Beier G, Hauck G, Spann W (1976) Zur Frage der Häufigkeit von Unfällen, bei denen der Sicherheitsgurt nicht zur Verminderung der Folgen beigetragen hat. Verkehrssicherh 22:37-38

89. Spann W (1976) Zur besonderen Problematik der Sterilisation aus sozialer Indikation u. der Gefälligkeitssterilisation. Geburtshilfe Frauenheilkd 36:197-199

90. Spann W, Liebhardt E (1976, ^{2}1981) Ärztliche Sofortmaßnahmen in Praxis und Bereitschaftsdienst. Urban & Schwarzenberg, München

91. Spann W (1976) Aufklärungspflicht - Kunstfehler - Haftpflicht. In: Verhandlungsbericht der Deutschen Gesellschaft für Urologie. Springer, Berlin Heidelberg New York, S 6-9

92. Spann W (1976) Die Rechtmäßigkeit der einverständlichen Sterilisation. Eine Erwiderung. Geburtshilfe Frauenheilkd 36:293-295

93. Spann W (1976) Der Arzt im Spannungsfeld publizistischer Kritik. Monatskurse Ärztl Fortbild 26:82-102

94. Spann W, Liebhardt E (1971) Die Leichenschau nach dem neuen bayerischen Bestattungsgesetz. Münch Ärztl Anz 5

95. Spann W, Liebhardt E (1976) Ärztliche Rechts- und Standeskunde. In: Schwerd W (Hrsg) Kurzgefaßtes Lehrbuch der Rechtsmedizin für Mediziner und Juristen, 2. Aufl Deutscher Ärzte-Verlag, Köln

96. Braun W, Spann W (1976) Fällt die Sterilisation unter Werkvertragsrecht? Geburtshilfe Frauenheilkd 36:912-913

97. Spann W (1977) Die rechtliche Stellung des nichtärztlichen Mitarbeiters im Team. Krankengymnastik 29:257-260

98. Beier G, Liebhardt E, Schuck M, Spann W (1977) Totenstarremessungen an menschlichen Skelettmuskeln in situ. Z Rechtsmed 79:277-283

99. Spann W (1977) Das Klinikum Großhadern im Fachbereich Medizin der LMU. In: Festschrift Klinikum Großhadern. Demeter, Gräfelfing, S 35–38

100. Spann W, Liebhardt E, Beier G, Eisenmenger W, Schuck M (1977) Wirkung einer Lösung von isomerisiertem Zucker (Alsaver) auf die Blutalkoholkonzentration beim Menschen. Blutalkohol 14:205–212

101. Braun W, Spann W (1977) Ein neues Urteil zur Frage der Zulässigkeit der freiwilligen Sterilisation. Geburtshilfe Frauenheilkd 37:1–3

102. Spann W, Braun W (1977) Sterilisation: Juristische Probleme. Gynäkol Prax 1:395–400

102a. Spann W, Braun W (1977/78) Sterilisation: Juristische Probleme. Chir Prax 23:441–446

103. Liebhardt E, Spann W, Marx B (1977) Die Rechtsstellung des Medizinstudenten während der praktischen Ausbildung in Krankenanstalten. MMW 119:1353–1356

104. Spann W (1980) Rechtliche Probleme der Diagnose und Aufklärung. In: Grundmann et al. (Hrsg) Krebsbekämpfung, Bd 2, Fischer, Stuttgart New York

105. Spann W (1977) Rechtsmedizinische Aspekte bei Not- und Zwischenfällen in der täglichen Praxis. Bayer. Landeszahnärztekammer, München

106. Spann W (1978) Aufklärungspflicht vor operativen Eingriffen bei Krebskranken. Kali-Chemie Pharma, Hannover (Gastroenterologische Reihe: Gastrointestinale Tumoren I)

107. Spann W, Braun W (1978) Rechtliche Voraussetzungen zum Schwangerschaftsabbruch aus medizinischer, eugenischer und sozialer Indikation. Internist (Berlin) 19:259–263

108. Spann W (1978) Ärztlicher Kunstfehler und Haftpflicht. Z Gesamte Versicher Wiss 185–195

109. Spann W (1978) Bei 0,8 Promille hat jeder soviel, daß er beeinträchtigt ist. Fahrschule 242–244

110. Spann W, Braun W (1978) Sterilisation: Die Pflichten des Arztes. Geburtshilfe Frauenheilkd 38:591–592

111. Spann W (1978) Im Alter nicht mehr fahrtauglich? Ärztl Prax 30:1613

112. Spann W, Liebhardt E, Braun W (1978) Krankenhaushygiene und strafrechtliche Verantwortlichkeit. Hefte Unfallheilkd 132:170–174

113. Spann W, Liebhardt E, Braun W (1979) Ärztliche Hilfeleistungspflicht und Willensfreiheit des Patienten. In: Kaufmann et al. (Hrsg) Festschrift für Paul Bockelmann. Beck, München

114. Spann W (1978) Prophylaxe und Aufklärung. Klin Monatsbl Augenheilkd 173:125–129

115. Spann W (1979) Beginn und Ende des menschlichen Lebens und deren praktische Bedeutung. Internist (Berlin) 20:13–14

116. Spann W (1979) Grundlagen und Grenzen der ärztlichen Aufklärung. Fortschr Med 97:737–738

117. Spann W, Eisenmenger W (1979) Der sogenannte Kunstfehler in der Chirurgie. Chirurg 50:198–201

118. Spann W (1979) Arztrecht in der täglichen Praxis. MMW 121 41:43, 44; Verlag Med Kommunikation, Frankfurt (Information Firma Basotherm)

119. Spann W (1979) Die ärztliche Leichenschau. In: Notfall-Medizin in Stichworten. Bayerische Landesärztekammer, München (Schriftenreihe der Bayerischen Landesärztekammer, Bd 47, S 136–139); Bayer Ärztebl, Jan. 1979

120. Spann W, Liebhardt E, Seifert S (1979) Suizide in bayerischen Vollzugsanstalten. MMW 121:315–316

121. Spann W (1979) Der ärztliche Kunstfehler. MMW 121:557–560

122. Spann W (1979) Problembelastetes Transplantationsgesetz. Ärztl Prax 31:587–590

123. Spann W (1979) Justitia und die Ärzte. Leben, Gesundheit und Gesetz. Interfrom, Zürich (Texte u. Thesen, Sachgebiet Gesellschaft)

124. Spann W, Liebhardt E (1979) Ärztliche Rechts- und Standeskunde. In: Schwerd W (Hrsg) Lehrbuch der Rechtsmedizin für Mediziner und Juristen, 3. Aufl, Deutscher Ärzte-Verlag, Köln, S 271–290

125. Spann W (1979) Wolfgang Laves zum 80. Geburtstag. MMW 121:798

126. Spann W (1979) Erkrankungen – Risikofaktor im Straßenverkehr. MMW 121:1309–1310

Zu 1979 s. auch Nr. 160

127. Spann W (1980) Rechtliche Probleme der Diagnose und Aufklärung. In: Grundmann (Hrsg) Krebsbekämpfung, Bd 2. Krebsnachsorge. Fischer, Stuttgart New York, S 125–132

128. Spann W (1980) Kriterien der ärztlichen Sorgfaltspflicht. Ärztl Prax 32:457–458

129. Spann W (1980) Rechtsmedizinische Aspekte zum Schwangerschaftsabbruch. Hautarzt [Suppl] 4:3–7

130. Beier G, Schuller E, Schwarz H, Spann W (1980) Unfälle mit schwerverletzten und getöteten Gurtträgern. In: Schutzwirkung von Sicherheitsgurten, Bd 1. Bericht zum Forschungsprojekt 7722 der Bundesanstalt für Straßenwesen – Bereich Unfallforschung, Köln

131. Spann W (1980) Beiträge der Medizin zur Verkehrssicherheit. Sicherheitsarbeit am Menschen. 25 Jahre Medizin und Psychologie beim TÜV Bayern, München, S 30–31

132. Spann W (1980) Die Leichenschau bei Feuerbestattung. Dtsch Med Wochenschr 105:1376–1377

133. Spann W, Eisenmenger W (1980) Vertragspartner: Arzt-Patient. Der Behandlungsfehler in der Chirurgie. In: Heberer G, Schweiberer L (Hrsg) Indikation zur Operation, 2. Aufl. Springer, Berlin Heidelberg New York, S 22–26

134. Spann W (1980) Aktuelle rechtliche Probleme. Organtransplantation (Kongreßbericht 1980). Langenbecks Arch Chir 91–93

135. Spann W (1980) Die gegenwärtige Rechtslage. In: Thema der Woche: Künstliche Befruchtung. Umsch Wiss Tech 80:617

136. Spann W (1980) Die Stellung des medizinischen Sachverständigen im Verkehrsstrafprozeß. Dtsch Autorecht 49:309-315

137. Liebhardt E, Meyer L von, Spann W (1980) Arzneimittel und Verkehrssicherheit. In: Deutscher Ärztekalender 1979 u. 1981. Urban & Schwarzenberg, München Wien Baltimore, S 249-253

138. Spann W (1980) Möglichkeiten und Grenzen der Organ-Transplantation. Das Gesundheitsforum der SZ diskutiert Behandlungschancen und -risiken. Süddtsch Z 21. 10. 1980, Nr. 244

139. Spann W (1981) Heterologe Insemination aus rechtlicher Sicht. Dtsch Med Wochenschr 106:198-199

140. Eisenmenger W, Spann W (1980) Ausmaß der Aufklärungspflicht über Komplikationen im Rahmen der onkologischen Diagnostik. MMW 122:343-346

140a. Eisenmenger W, Spann W (1982) Ausmaß der Aufklärungspflicht über Komplikationen im Rahmen der onkologischen Diagnostik. In: Praktische Onkologie. MMW Medizin Verlag, München

141. Spann W, Eisenmenger W (1981) Nochmals: Zur Leichenschau. Bayer Ärztebl 627-630

142. Weissauer W, Reifferscheid M, Spann W (1981) „Aufklärungsbögen" - eine Horror-Fibel? Ärztl Prax 33:1514

143. Beier G, Eisenmenger W, Spann W (1982) Forensic medicine considerations of head and spine injuries. In: Impact injury of the head and spine. Thomas, Springfield/Ill.

144. Spann W (1981) Arztrechtliche Probleme des Pathologen. Pathologe 3:1-6

145. Spann W (1981) Das Recht zu schweigen. Tempo Medical 20:13-14

146. Beier G, Schuller E, Spann W (1981) Risk and effectiveness of seat belts in Munich area automobile accidents. (Twenty-Fifth Stapp Car Crash Conference in Warreldale/USA, 1981, pp 765-788)

147. Spann W (1981) Einleitung und Beendigung der Intensivbehandlung aus rechtlicher Sicht. In: Anästhesiologische Aspekte der Traumatologie. Schattauer, Stuttgart New York, S 221-224

148. Eisenmenger W, Spann W (1981) Wie packt man ein heißes Eisen an? Patientenerklärung. Mod Med 9:630-631

149. Spann W (1981) Rechtliche Probleme der Organtransplantation. Med Welt 32:1782

150. Eisenmenger W, Spann W (1980) Ärztliche Einführung des Krebskranken. Probleme der Aufklärung. In: Krebsnachsorge. 1. Fortbildungskongreß vom 26. - 28. 9. 1980 in Bad Neuenahr (Schriftenreihe des Hartmannbundes, S 211-216)

151. Eisenmenger W, Spann W, Liebhardt E (1982) Bestattungsgesetze und Praxis der Leichenschau - Eine kritische Bestandsaufnahme. Beitr Gerichtl Med 60:49-53

152. Spann W (1982) Medizin und Hochschulreform. Hefte Unfallheilk 158:10-16

153. Spann W (1982) Überlegungen zur Leichenschau, insbesondere zum Problem der Anhaltspunkte für einen nicht natürlichen Tod. Pathologe 3:241-246

154. Spann W (1982) Befund: eines der drei sicheren Todeszeichen. Die ärztliche Leichenschau. Monatskurse Ärztl Fortbild 32:71-75

155. Spann W (1982) Wolfgang Laves 1899-1982. MMW 124:253

156. Spann W (1982) Schwangerschaftsabbruch bei Tumorpatientinnen aus rechtlicher Sicht. MMW 124:957-958

157. Beier G, Liebhardt E, Spann W (1981) Zum Einfluß der Todesursache auf die Ausprägung der Leichenstarre. Beitr Gerichtl Med 39:321-326

158. Spann W (1981) Körperverletzung durch ärztliche Eingriffe, Aufklärungspflicht, Kunstfehler. In: Der Arzt im Labyrinth der Gesetze. Landesärztekammer Hessen, S 24-30

159. Spann W, Tröger HD (1983) Experimente am befruchteten Ei? Ärztl Prax 35 1:3-4

160. Spann W, Eisenmenger W (o. J.) Nicht diagnostizierte Thoraxverletzungen aus gerichtsmedizinischer Sicht. Bericht über die unfallmedizinische Tagung in Garmisch-Partenkirchen der Landesverbände der gewerblichen Berufsgenossenschaften am 19./20. 5. 1979.

161. Spann W (1983) Das „Patiententestament" Medizinrecht 1:13-18

162. Spann W (1983) Aufklärungspflicht des Arztes. MMW 125:79

163. Spann W (1983) Die rechtliche Situation bei der Befruchtung des menschlichen Eies in vitro. MMW 125:357-360

164. Spann W (1983) The legal situation in the Federal Republic of Germany regarding in vitro fertilization of the human egg. In: Beier HM, Lindner HR (eds) Fertilization of the human egg in vitro. Springer, Berlin Heidelberg New York Tokyo, S 415-420

165. Spann W, Braun W, Liebhardt E (1984) Kooperation von behandelndem Arzt und Konsilarius unter rechtlichen Aspekten. Diagnostik 17:19-22

166. Schuck M, Spann W, Tutsch-Bauer E (1982) Vergleichende morphometrische Untersuchungen an den Purkinjezellen des menschlichen Kleinhirns bei Alkoholikern und Kontrollen. Beitr Gerichtl Med 40:73-78

167. Eisenmenger W, Spann W (1982) Forensisch-pathologische Aspekte des Hirntraumas. In: Frydl V (Hrsg) Neuropathologisches Symposion im Bezirkskrankenhaus Haar, S 25-36

168. Spann W (1983) Rechtsmedizin. MMW 125:673-638

169. Spann W (1983) Aktuelle Problematik der sozialen Indikation. Euromed 23:296-298

170. Spann W (1983) Wann ist der Mensch eindeutig tot? Klinikarzt 857-858

171. Spann W (1983) Organentnahmen bei Leichen rechtswidrig? MMW 125:17-20

172. Spann W (1983) Zeugungsvorgang aus rechtlicher Sicht. MMW 125:1091-1092

173. Schuck M, Spann W (1983) Vergleichende mikroskopische Untersuchungen an Alkoholiker- und Kontrollgehirnen. Beitr Gerichtl Med 41:49-52

174. Urban R, Tutsch-Bauer E, Liebhardt E, Spann W (1983) Praktische Erfahrungen mit der Begleitstoffanalyse. Blutalkohol 20:439-444

175. Spann W (1983) Rechtliche Situation bei Infektionen. In: Thophern E, Botzenhart K (Hrsg) Hygiene und Infektionen im Krankenhaus. Fischer, Stuttgart New York, S 589-594

176. Spann W (1983) Prof. Dr. med. Theo Morell, Hitlers Leibarzt. MMW 125:534-536

177. Spann W (1983) Aufklärung und Therapiestudien aus der Sicht der Rechtsmedizin. Verh Dtsch KrebsGes 4:21-22

178. Spann W (1983) Medicina legalis et iustitia. In: Festschrift für Karl Bengl. Beck, München, S 115-123

179. Spann W (1983) Der ärztliche Kunstfehler. In: Hasse H (Hrsg) Probleme und Behandlungsfragen des alternden Kriegsbeschädigten, Folge VII. Bundesminister für Arbeit und Sozialordnung, Bonn (Referate der 30. Fortbildungstagung über Fragen der Heilbehandlung für Ärzte aus Versorgungsverwaltungen der Länder, S 77-81)

180. Spann W (im Druck) Zur Rechtslage der artifiziellen Insemination. In: Zander J (Hrsg) Die Sterilität. Urban & Schwarzenberg, München

181. Spann W (1983) Aus neuerer Sicht: Feststellung des Todes am Unfallort. Euromed 23:430-431

182. Spann W (1983) Die rechtliche Bewertung von Interaktionen. In: Arzneimittel und Verkehrssicherheit. Interaktionen. Chronopharmakologie. Unfallkatastrophen. ADAC, München (ADAC Schriftenreihe Straßenverkehr, Nr 27, S 60-65)

183. Spann W (1984) Künstliche heterologe Insemination. Geburtshilfe Frauenheilkd 44:65

184. Spann W (1984) Haftpflichtprobleme im Rahmen plastisch-rekonstruktiver Operationen. In: Rettig HM (Hrsg) Biomaterialien und Nahtmaterial. Springer, Berlin Heidelberg New York Tokyo, S 3-8

185. Spann W (1985) Problematik der Leichenschau. In: Konzert-Wenzel J, Prokscha GW, Theisinger W (Hrsg) Erstversorgung im Notarztdienst. Urban & Schwarzenberg, München Wien Baltimore, S 249-253

186. Spann W (1984) Der medizinische Sachverständige im Strafrecht. Med Sachverstand 80:4-6

187. Schmidt C, Spann W, Eisenmenger W (1984) Das Phänomen des „plötzlichen Kindstodes" aus sozialer und psychologischer Sicht. MMW 126:795-799

188. Urban R, Liebhardt E, Spann W (1983) Vergleichende Untersuchungen der Konzentration an Begleitstoffen alkoholischer Getränke im Magen, Blut und Urin. Beitr Gerichtl Med 41:223-227

189. Spann W (1984) Quousque tandem progredi possit medicina nostra humana. In: Die Koxarthrose. Medizinisch Literarische Verlagsgesellschaft, Uelzen, S 13-18

190. Spann W (1983) Das Anlegen des Sicherheitsgurtes aus medizinischer Sicht. Podiumsdiskussion bei der außerordentlichen ADAC-Ortsclub-Verkehrsreferenten-Tagung am 15. 10. 83 in Augsburg. ADAC Südbayern S 5-10

191. Spann W (1984) Todesdefinition: eine Aporie? MMW 126:480-481

192. Spann W. (1984) Klinikum Großhadern 10 Jahre in Betrieb. MMW 126:1249-1254

193. Spann W (1984) Der Selbstmord - Rechtsmedizinische und juristische Gesichtspunkte. Med Welt 1159-1162

194. Spann W (1984) Aktuelle Fragen aus der Rechtsmedizin für die Naturheilpraxis. Naturheilprax Naturmed 37:1022-1032

195. Spann W, Eisenmenger W (1984) Kriterien der Behandlungsfehler in der Erfahrung des rechtsmedizinischen Gutachters (Kongreßbericht). Langenbecks Arch Chir 364:293-294

196. Blick U, Fischer M, Spann W (1984) Katamnestische Untersuchungen zur Problematik ärztlicher Hilfeleistung beim Suizid. Medizinrecht 2:217-219

197. Spann W, Eisenmenger W (1985) Todesdefinition – insbesondere bei Neu- und Frühgeborenen. MMW 127:39–41

198. Spann W, Maidl K (1985) Die Frequenz gerichtlicher Leichenöffnungen in der Bundesrepublik Deutschland. Medizinrecht 2:59–62

199. Holczabek W, Spann W (1985) Für den Arzt bedeutsame Unterschiede in den Rechtsvorschriften der Länder Österreich und der Bundesrepublik Deutschland. Medizinrecht 3:104–110

200. Spann W (1985) Arzthaftung: Perspektiven der Rechtsmedizin. Beitr Gerichtl Med 43:23–29

201. Spann W (im Druck) Ist eine gesetzliche Regelung für die Organtransplantation aus der Sicht der Medizin notwendig und wünschenswert? (Kongreßbericht der VI. Medico-Juridica in Olomouc 1984)

202. Spann W et al. (1985) In: Dworzak H (Hrsg) Broschüre für den Notarztdienst, 5. Aufl. KKH, Mühldorf a. Inn

203. Beier G, Schuller E, Spann W (1985) Vor- und nachteilige Wirkungen passiver Schutzeinrichtungen für motorisierte Zweiradfahrer. (Bundesanstalt für Straßenwesen, Bereich Unfallforschung 114: Schutzhelme für motorisierte Zweiradfahrer 3, S 1–61)

Historisches

*Der multidisziplinäre Aspekt der Rechtsmedizin und die internationale Zusammenarbeit – Fortschritte auf der Grundlage der Studien von Prof. W. Spann**

A. André

Die Rechtsmedizin ist eine wenig bekannte Disziplin. Sie wird definiert als „juristische Wissenschaft der Interpretation medizinischer Sachverhalte" oder als „Bindeglied zwischen juristischen und medizinischen Bereichen". Allzu oft freilich sieht man sie nur in Verbindung mit kriminalistischen Tatbeständen und vergißt die übrigen Gebiete, auf denen die Einschaltung des Rechtsmediziners erforderlich ist. Viele recht unterschiedliche Disziplinen verdanken ihren Ursprung rechtsmedizinischen Vorarbeiten, so z. B. die Toxikologie, v. a. aber eine Reihe von Fachbereichen der Kriminalistik. Mit Sicherheit könnten die heute möglichen Ergebnisse bei Blut- und Abstammungsuntersuchungen nicht erzielt werden, wenn die Forschungen aufgrund des rechtsmedizinischen Interesses an diesen Fragen nicht so vorangetrieben worden wären. Umgekehrt leisten diese Ergebnisse – z. B. die auf der Analyse eines Blutflecks beruhende Identifikation einer Person oder die Klärung einer Vaterschaft – der Justiz wichtige Dienste. Rechtsmedizinische Kenntnisse werden auch in der Arbeits- und Unfallmedizin gebraucht. Ohne diese Kenntnisse wäre das Medizinrecht nicht denkbar. Und im Zusammenhang mit den ethischen Problemen, die sich aus den naturwissenschaftlich-technologischen Fortschritten insbesondere auf dem Felde der künstlichen Befruchtung ergeben, spielen sie eine erhebliche Rolle. Eine Vielzahl anderer Bereiche wäre hier noch zu erwähnen, nicht zuletzt die Grunddisziplinen pathologische Anatomie und Traumatologie.

Im Gegensatz zu der unter Medizinern oft verbreiteten Auffassung ist auch das juristische Denken einem Wandel unterworfen, wenngleich es sich langsamer ändert als die Konzepte in Klinik und Medizintechnik. Die Rechtssprechung folgt den Entwicklungen, die sich generell in der Gesellschaft abzeichnen (Änderung biologischer, sozialer, philosophischer etc. Bedingungen), und paßt sich ihnen an. Allgemein nimmt die Tendenz zu, juristische und biologische Person als Einheit zu sehen, was ein weiterer Grund für die wachsende Bedeutung der Rolle des Rechtsmediziners ist. Die Fortschritte der Medizin sind nach den Forschungsergebnissen der letzten Jahre ohnehin unübersehbar. Als Bindeglied zwischen dem juristischen und dem medizinischen Bereich bleibt der Rechtsmedizin gar nichts anderes übrig, als sich den jeweiligen Entwicklungen anzupassen und sich unter speziellen Aspekten neu zu orientieren.

In den verschiedenen Ländern ist die Rechtsmedizin mit den dort herrschenden juristischen Traditionen eng verknüpft, wobei im wesentlichen zwei Rich-

* Übersetzung aus dem Frz. von Lothar Picht.

tungen zu unterscheiden sind: Länder mit römisch und solche mit angelsächsisch begründeter Rechtssprechung. Bis in die jüngste Vergangenheit waren diese Traditionen, wie gesagt, auch in der Rechtsmedizin wirksam und spürbar: eine „römische" (eher deduktiv-philosophische) und eine „angelsächsische" (mehr pragmatische) Richtung, deren Vertreter auf internationaler Ebene jeweils zur Gruppenbildung neigten. Neuerdings bekommen die juristischen Probleme jedoch zunehmend übergreifenden Charakter, die nationalstaatliche Ausrichtung tritt mehr in den Hintergrund.

Von dieser Tendenz bleibt auch die Medizin nicht ausgespart, v.a. nicht in eher praktischen Bereichen, ebensowenig aber in bestimmten Forschungsgebieten. Somit nimmt auf beiden Seiten (Rechtssprechung wie Medizin) die Notwendigkeit zu, den Rechtsmediziner zu Rate zu ziehen. Denn die Mediziner sind bei vielen Fragen ihres Fachgebiets durchaus genötigt, den juristischen Aspekt mit einzubeziehen. Demzufolge werden auch die Verbindungen der Rechtsmediziner sowohl auf nationaler wie auf internationaler Ebene immer enger.

Andererseits muß man zugeben, daß zwischen Juristen und Medizinern Gegensätze vorhanden sind. Letztere fühlen sich durch die Justiz eingeengt und halten ihr vor, daß sie ihnen mehr und mehr Verantwortung aufbürden will, während sie - die Ärzte - zu den Verhaltensweisen und Reaktionen ihrer Patienten keineswegs die erwünschten präzisen Aussagen machen können. Die Juristen hingegen werfen den Medizinern vor, sie setzten sich zu leicht an die Stelle ihrer Patienten (bevormundeten sie in rechtlicher Hinsicht) und schränkten dadurch deren individuelle Freiheit ein.

Somit entstehen zunehmend Probleme der Verantwortlichkeit, die nur von einem Experten angemessen beurteilt werden können. Man hat hier den Begriff der (obligatorischen) „Patienteninformation" ins Spiel gebracht, wobei es in vielen Fällen dem Rechtsmediziner obliegt klarzustellen, welche juristischen Bedingungen erfüllt sein müssen, um den berechtigten Interessen des Patienten Rechnung zu tragen. Dieses Beispiel macht den Nutzen rechtsmedizinischer Beratung besonders deutlich.

Der Rechtsmediziner spielt noch in einem weiteren Bereich eine entscheidende Rolle, nämlich in der Deontologie und ihrer Grundlage, der Medizinethik. Manche sind der Auffassung, Medizinrecht und Deontologie („Pflichtenlehre") seien ein und dasselbe, andere meinen, es gäbe zwar viele Berührungspunkte, aber beide wichen in bestimmten Punkten voneinander ab, und zwar dort, wo allein das Patienteninteresse im Vordergrund steht. Diese Meinungsverschiedenheit macht die Stellungnahme des Rechtsmediziners notwendig, und zwar nicht nur bezüglich der klassischen Probleme der „Pflichtethik", sondern mehr noch bei den durch technologische Neuerungen entstehenden Fragen, da hier der naturwissenschaftliche Fortschritt unsere traditionellen Ethikbegriffe generell in Frage zu stellen droht.

Viele ähnliche Beispiele ließen sich finden, die die Bedeutung des Rechtsmediziners oder Medizinrechtlers unterstreichen. Und es zeigt sich immer wieder, daß seine Rolle multidisziplinär bedingt ist, nicht nur „medizinisch" *und* „juristisch", sondern auch innerhalb der beiden Bereiche.

Beim derzeitigen Entwicklungsstand unserer Gesellschaft versteht es sich von selbst, daß zwischen den Vertretern einer Disziplin vielfältige Kontakte bestehen, und zwar auf nationaler wie auf internationaler Ebene. Wenngleich dies auch für die Rechtsmedizin gilt, so bleibt doch festzuhalten, daß die oben erwähnte Differenz zwischen angelsächsischer und römischer Rechtstradition bei internationalen Zusammenkünften bisweilen zu gewissen Verständigungsproblemen zwischen Rechtsmedizinern geführt hat. Es gab dabei nicht nur Divergenzen in der Art der Behandlung von Streitfällen, sondern auch große Unterschiede in den zu behandelnden Problemen selbst.

Der stark intensivierte internationale Austausch bzw. die zunehmend grenzüberschreitende Mobilität und die daraus resultierenden sozialen und religiösen Konflikte, in der der einzelne sowohl physisch als auch moralisch geraten kann, müssen auch die Rechtsmediziner dazu motivieren, juristische und medizinische Fragen außerhalb des eigenen kulturellen Umfeldes genauer kennenzulernen und verstärkt mit Kollegen aus anderen Ländern zusammenzuarbeiten.

Unter den internationalen rechtsmedizinischen Vereinigungen ist die Académie de Médecine Légale et de Mèdecine Sociale (Akademie für Gerichts- und Sozialmedizin) eine der ältesten, wenn nicht die älteste überhaupt, auf der Grundlage römischer Rechtstradition.

In den von dieser Tradition geprägten Ländern wurden - leider, muß man sagen - die rechtsmedizinischen Probleme, inklusive jener, die von konkreten Fragen ausgehend grundsätzlicher Forschungsarbeit bedürfen, eher in den Hintergrund gedrängt; man beschränkte sich hier meist auf soziale oder traumatologische Probleme. In dieser Form freilich konnte die Rechtsmedizin manchmal in das Gesundheitssystem, d.h. in die medizinische Praxis integriert werden, was sich für die Justiz oft als vorteilhaft erwiesen hat.

In den angelsächsischen Ländern hingegen stand das Medizinrecht traditionsgemäß in engerem Zusammenhang mit der Lebenspraxis, so daß hier mehr Energie für die Erforschung materieller Beweise und somit für die Grundlagenforschung aufgewandt wurde.

Der Austausch zwischen den verschiedenen Richtungen wurde ohne Zweifel auch durch sprachliche Probleme erschwert. So bildete sich z.B. eine eher informelle Gruppe, die unter der Bezeichnung „Forensic Sciences" überwiegend Rechtsmediziner angelsächsischer Herkunft zusammenführte.

Inzwischen gibt es - neben den nationalen rechts- oder gerichtsmedizinischen Gesellschaften - andere Zusammenschlüsse - regional, kontinent- oder weltweit. Medizinrechtliche Probleme und v.a. die Bewertung medizinwissenschaftlicher Fortschritte unter ethischen Gesichtspunkten haben in jüngster Zeit das Austauschbedürfnis verstärkt. Seit etwa 20 Jahren wächst das Bewußtsein der Rechtsmediziner über die Notwendigkeit, zu neuen Entwicklungen im Rechts- wie im Gesundheitswesen neue gemeinsame Standpunkte zu suchen.

Um diesen Prozeß voranzubringen, bedarf es der Aktivität von Persönlichkeiten, die nicht nur die medizinischen und juristischen Disziplinen in ihren Ländern zu überblicken imstande sind, sondern darüber hinaus ein Gespür haben für die geistigen Strömungen unserer Zeit.

Zweifellos ist Prof. Spann einer derjenigen, die die Unabdingbarkeit von Veränderungen in allen mit der Rechtsmedizin verbundenen Bereichen erkannt haben.

Seine Studien zeichnen sich durch einen angemessen pragmatischen Ansatz aus, womit optimale Ergebnisse erzielt werden können, aber darüber hinaus verraten sie den juristischen und philosophischen Tiefsinn, mit dem er die Probleme angeht. Die 1973 in Rom von Prof. Gerin begonnene Kontaktpflege im Rahmen der Académie Légale et de Médecine Sociale wurde unter der Präsidentschaft Prof. Spanns verstärkt fortgesetzt; seine grundlegenden Arbeiten werden auch seine Amtsnachfolger in die Lage versetzen, den Einflußbereich der Rechtsmedizin weiter auszudehnen.

Schon jetzt sind die ihm zu verdankenden positiven Resultate unübersehbar. Er hat - mit anderen Vertretern seines Fachs - aufgrund seiner profunden Kenntnisse im medizinischen wie im juristischen Bereich die Notwendigkeit erkannt, daß die Probleme der Rechtsmedizin multidisziplinär und auf internationaler Ebene neu zu verhandeln sind.

Damit wird einem wichtigen Erfordernis unserer Zeit, in der auf allen Gebieten des Geistes und der Wissenschaft ein enorm verstärkter internationaler Austausch stattfindet, Rechnung getragen. Wenn die Rechtsmedizin in diesem Sinne weiterentwickelt wird, dann ist und bleibt sie die Grundlage für eine Reihe davon abgeleiteter Einzelwissenschaften.

Zur Geschichte der anatomischen Zergliederung

M. GASPAR

Der Wille des Menschen, Wunden und Krankheit nicht als unabänderliches Schicksal hinzunehmen, bildet den Anfang der Heilkunde. Glaube und Mystik, Handwerk, Kunst und Wissenschaft sind die Grundlagen medizinischen Denkens und Handelns. Anatomische Zergliederung ist Naturforschung, denn ihr Objekt, der menschliche oder tierische Körper, ist ein Bestandteil der Natur (Wolf-Heidegger u. Cetto 1967). Sie gibt „... dem menschlichen Geiste Gelegenheit, das Todte mit dem Lebenden, das Abgesonderte mit dem Zusammenhängenden, das Zerstörte mit dem Werdenden zu vergleichen, und eröffnet uns die Tiefen der Natur mehr als jede andere Bemühung und Betrachtung" (v. Goethe 1793). 1796 - 25 Jahre nach dem Tode des eigentlichen Schöpfers einer selbständigen anatomischen Wissenschaft, Giovanni Batista Morgagni - skizziert Goethe solchermaßen die Bedeutung einer wissenschaftlich begründeten Leichenöffnung. Getragen vom Vertrauen in eine naturwissenschaftliche Grundlagenforschung hat die Anatomie zumal im 17. Jahrhundert gewaltige Fortschritte gemacht. Vor Morgagni hatten Begriffe wie „Bauchweh", „Niesen", „Kopfweh", „Fieber" in der Regel diagnostischen Charakter bzw. genügten als Ausgangspunkt der Therapie. Mit Morgagni änderte sich dies; er zeigte, welche verschiedenen anatomischen Ursachen einem Symptom zugrunde liegen konnten. Damit begann eine Assoziation von Diagnose und pathologisch-anatomischem Substrat. Man litt z. B. nicht mehr an Bauchweh, sondern an Ileus, der ans Ileum, an Kolik, die an das Kolon gebunden war (Fischer-Homberger 1975).

Es wäre nun müßig zu fragen, wann und wo es ein Mensch zum ersten Mal gewagt hat, seine durch Angst vor Göttern oder Dämonen, durch religiöse Vorstellungen oder auch Pietätsgefühl bedingten Hemmungen zu überwinden, einen menschlichen Leichnam zum Zwecke anatomischer Erkenntnisse zu zerlegen. Motiv für eine solche Zergliederung dürfte der Wunsch gewesen sein, einen Blick in das Innere des menschlichen Leibes zu werfen und im Vergleich mit dem von Jagd-, Schlacht- oder Opfertier gewöhnten Bild das Gemeinsame und Unterschiedliche im Aufbau von Mensch und Tier festzustellen. Sicher ist solch ein Versuch im Geheimen durchgeführt worden, gleich ob von einem Heiler, einem Priester oder irgendeinem Wißbegierigen (Wolf-Heidegger u. Cetto 1967). Die Möglichkeiten, den Menschen als anatomisches Objekt betreffend, dürften im wesentlichen recht bescheiden gewesen sein. Zwar berichtet bereits Galen von eigenen Autopsien, die aber nur zufällig gefundene Kadaver betreffen. Sonst empfiehlt er für die Inspektion von Leichen Kriegsgefallene, zum Tode Verurteilte und Opfer von Gewaltverbrechen (Kudlien 1969a).

Eine Datierung erster regulärer Sektionen in der Antike - abgesehen von den erwähnten unsicheren Zufällen - ist abhängig von der Berücksichtigung der allgemeinen Einstellung zum menschlichen Leichnam in der antiken Welt, die geprägt ist durch Scheu, gar Abscheu vor Menschenleichen. Obwohl der Glaube an eine „Lebendigkeit" des Leichnams zumindest für die Gebildeten seit Platon und Aristoteles zerstört worden war, erhebt sich die Frage, ob der menschliche Leichnam für einen Griechen, der die Furcht vor ihm verloren hatte, darum auch schon wertneutral geworden sei, so daß er ihn hätte unbefangen betrachten, anfassen, ja sogar aufschneiden können. Für das Zustandekommen einer Leichensektion in der Antike dürfte entscheidend gewesen sein, daß dergleichen nur außerhalb Griechenlands stattfinden konnte, an einem Ort frei von traditionellen Hemmungen, an dem die Leiche für aufgeklärte und als Wissenschaftler arbeitende Menschen kein Tremendum mehr war (Kudlien 1969b).

Alexandria bot sich an, die neugegründete Weltstadt, bewohnt von einer Mischbevölkerung unter einem nichtägyptischen Herrscher, der griechischer Wissenschaft zugetan war (Kudlien 1969c). Und in der Tat können wir die Geburtsstunde der anatomischen Lehrsektion am Menschen auf 320 vor Christi Geburt datieren, als Ptolemeios I den Anatomen der Schule von Alexandria - Herophilos und Erasistratos - menschliche Körper für anatomische Untersuchungen zur Verfügung stellte. Überschattet wird ihr Ansehen durch die Behauptung, sie hätten auch ihnen vom König überantwortete lebende Verbrecher seziert „und damit wohl das fluchwürdigste Verbrechen begangen, das ein zum Helfen, Lindern, Heilen und Retten bestimmter Arzt begehen kann, nämlich Quälen und Töten" (Wolf-Heidegger u. Cetto 1969). Die Überlieferung von der Vivesektion veranlaßte die Kirchenväter der christlichen Frühzeit, die Anatomen als Metzger zu verdammen und eine Verbreitung anatomisch-wissenschaftlicher Forschung über Jahrhunderte zu hemmen. Menschensektionen in der Antike sollten also als ein seltenes, kurzlebiges Ereignis angesehen werden, dem zweifellos nicht erst durch die Römer ein Ende gesetzt wurde (Kudlien 1969d).

Aus dem über 1000jährigen Dornröschenschlaf, in den sie beim Niedergang der alexandrinischen Schule verfallen war, wurde die anatomische Lehrsektion im Spätmittelalter wiederentdeckt. Sind es heute fast ausschließlich Studenten der Medizin, die an Sektionen - seien es gerichtliche oder solche in der Pathologie - oder an anatomischen Präparierübungen teilnehmen, so waren beim Aufblühen des Theatrum anatomicum der Spätrenaissance und des Barock ein Großteil des Publikums Laien. Vor allem vornehme Bürger und Mitglieder der Geistlichkeit bildeten das Auditorium. Als bedeutendster Anatom dieser Zeit gilt Andreas Vesalius, der Autor der berühmten *Fabrica,* 1514 in Brüssel als Sohn eines kaiserlichen Hofapothekers und Enkel eines Arztes geboren. Vesal galt nicht nur als hervorragender Forscher, sondern auch als brillanter Didaktiker. Seine öffentlichen Sektionen, die sich häufig über 3 Wochen hinzogen - bei unkonservierten Leichen - waren so spannend, daß 500 und mehr Zuschauer bis zum Ende aushielten. Um sein großes Werk, die *Fabrica,* verfassen zu können, sezierte er auch privat und beherbergte in seinem Schlafzimmer wochenlang Leichen. 1543 war es dann soweit: *De humani corporis fabrica libri septem* konnte erscheinen. Mit dieser 700 Seiten starken Schrift erhob Vesalius die Anatomie zur Wissenschaft und zum Fundament der Medizin (Kudlien 1969e). Trotz der allgemein anerkannten Bedeutung der Anatomie wurden im Mittelalter den Anatomen zunächst nur die Leichen von hingerichteten Verbrechern zur Verfügung gestellt; die Übergabe des Leichnams an den Anatomen wurde als entehrender angesehen als Todesurteil und Hinrichtung; die „Anatomie“ war zur letzten und fürchterlichsten Stufe des „reward of cruelty“ im Sinne Hogarths geworden. Auch durften Selbstmörder den Sekanten übergeben werden - für viele eine schreckliche Vorstellung.

Friedrich Hebbel vermerkt am 17. Januar 1837 in seinem Tagebuch: „Ich glaube, wenn mich nichts vom Selbstmord zurückhielte, so wär's der Gedanke, auf die Anatomie geschleppt und dort zerschnitten zu werden“ (Hebbel 1905).

Lange Zeit waren Studenten der Medizin darauf angewiesen, sich ihre Leichen selbst zu beschaffen - der erste uns überlieferte Leichenraub zum Zwecke anatomischer Zergliederung ereignete sich im Jahre 1318 in Bologna.

Eine andere Einstellung herrschte gegenüber pathologisch-anatomischen Sektionen, waren sie in ihren Anfängen doch weitgehend ein Privileg für verstorbene Persönlichkeiten aus Staat und Kirche. Die bei diesen Leichnamen meist durchgeführte Einbalsamierung zum Zwecke einer längeren Aufbahrung, einer Überführung oder einer möglichst dauerhaften Konservierung ließ sich sehr gut mit einer vorangehenden Obduktion durch die an der Einbalsamierung beteiligten Leibärzte verbinden.

Dritter Anlaß, einen menschlichen Leichnam durch Ärzte sezieren zu lassen, ist die gerichtsmedizinische Autopsie. Die älteste Art der forensischen Leichenbesichtigung war die Ausübung des „Bahrrechts“. „Der vermeyntliche Mörder wurde zu der Leiche des Ermordeten hingeführt und mußte ihn berühren; bluteten sodann die Wunden, welches bisweilen schon geschehen sein soll, wenn sich der Mörder bloß näherte, so wurde dies für einen Beweis des wirklich begangenen Mordes gehalten“ (Mende 1819). Beschrieben wird dieses Phänomen z.B. in der Nibelungensage: Hagen und Gunter mordeten Siegfried. Über dessen Bestattung heißt es in der Sage: „Durch die wogende Menge, die in nie abreißendem Strom an dem Sarg vorbeiwallte, zwängten sich zwei Männer. Gunter und Hagen waren gekommen, die sorgten, man könnte ihnen ein Fernbleiben übel auslegen. Langsam schritten sie auf den Leichnam zu, indes das Volk vor ihnen zurückwich. Und siehe, als sie den güldenen Schrein erreichten, begann das Linnen, in das man den Toten gehüllt hatte, sich rot zu verfärben. Die Wunden des Gemeuchelten waren aufgebrochen und frisch fließendes Blut klagte die Mörder an“.

Ein langer Weg führte schließlich von der ersten urkundlich belegten Legalsektion im Jahre 1302 in Bologna bis zur Einrichtung der ersten Lehrstühle des Faches in Österreich. Die Bedeutung der gerichtlich-medizinischen Obduktion zur Feststellung der Ursache eines gewaltsamen oder eines plötzlichen bzw. unerwarteten oder ungeklärten Todes ist indes immer gleich geblieben. Die Ergründung einer zunächst unklaren Todesursache liegt als Rechtsgrundlage sowohl im Interesse des verstorbenen Individuums wie seiner Familie. Als unentbehrliches Mittel der Rechtspflege verhilft die gerichtsmedizinische Sektion darüber hinaus zur Aufrechterhaltung der Rechtsordnung in der menschlichen Gesellschaft und gehört damit zu den wichtigsten Aufgaben des staatlichen Medizinalwesens.

Dreifachen Zweck verfolgt heute die pathologisch-anatomische Autopsie: Objektive Kontrolle über die Richtigkeit von Diagnose und Wirksamkeit therapeutischer Intervention, wissenschaftliche Betrachtung der Genese von Krankheiten und schließlich unersetzliches didaktisches Instrument, dem angehenden Arzt ein autoptisch faßbares Bild der morphologischen Auswirkungen und Grundlagen einer Krankheit zu vermitteln.

Eine relativ geringe Forschungsaufgabe kommt heute der anatomischen Sektion und Präparation des menschlichen Körpers zu, hat sich doch durch das Werk Vesals, seiner wenigen unmittelbaren Vorgänger und seiner unzähligen Nachfolger ein praktisch abgeschlossenes Bild zum makroskopischen Bau des menschlichen Körpers ergeben.

Grundlage jedweder anatomischen Präparation am menschlichen Leichnam bildet - wenn auch im übertragenen Sinn - der Leitsatz der griechischen Philosophie „Erkenne dich selbst“, in unserem Zusammenhang „Erkenne den Bau deines Körpers“.

Literatur

Fischer-Homberger E (1975) Geschichte der Medizin. Springer Berlin Heidelberg New York, S. 76

Goethe JW von (1793) Vorträge über die drei ersten Capitel des Entwurfs einer allgemeinen Einleitung in die vergleichende Anatomie, ausgehend von der Osteologie (1796). Sophien-Ausgabe II. Abth, Bd 8, S 64f.

Hebbel F (1905) Tagebücher, Bd 1. Berlin (Sämtliche Werke, S 124)

Kudlien F (1969a) Antike Anatomie und menschlicher Leichnam. Hermes, Zeitschrift für Klassische Philologie, 97/1:80

Kudlien F (1969b) Antike Anatomie und menschlicher Leichnam. Hermes, Zeitschrift für Klassische Philologie 97/1:82

Kudlien F (1969c) Antike Anatomie und menschlicher Leichnam. Hermes, Zeitschrift für Klassische Philologie 97/1:87

Kudlien F (1969d) Antike Anatomie und menschlicher Leichnam. Hermes, Zeitschrift für Klassische Philologie 97/1:93

Kudlien F (1969e) Antike Anatomie und menschlicher Leichnam. Hermes, Zeitschrift für Klassische Philologie 97/1:86

Mende LJ (1819) Ausführliches Handbuch der gerichtlichen Medizin. Leipzig, S 262

Die schönsten Helden- und Rittersagen des Mittelalters (oJ) Wien, S 120

Wolf-Heidegger G, Cetto AM (1967) Die anatomische Sektion in bildlicher Darstellung. Karger, Basel New York

Wolf-Heidegger G, Cetto AM (1969) Antike Anatomie und menschlicher Leichnam. Hermes, Zeitschrift für Klassische Philologie 97/1:17

*Blutalkoholspiegel und gleichzeitige Nahrungsaufnahme – Beeinflussung bei Verzehr alkoholhaltigen Früchtekuchens**

W. Arnold, H. Seifert, P. Schmutte

Elbel u. Schleyer (1956) schrieben in der Monographie *Blutalkohol*, es sei eine altbekannte Tatsache, daß bei reichlicher Nahrungsaufnahme verbunden mit gleichzeitigem Alkoholkonsum ein geringerer Wirkungseffekt zu erwarten ist als wenn die gleiche Menge Aethanol auf leeren Magen getrunken wird. Einige Arbeiten im Rahmen dieser Problematik stellten die Schutzwirkung von Fetten besonders heraus (Salzmann 1912; Mellanby 1913; Hanzlik u. Collins 1973; Vernon 1928) andererseits wurde auch auf den rauschmindernden Effekt eiweißhaltiger Nahrung hingewiesen (Eigel u. Lieck 1936;, Tuovinen 1930; Le Breton 1936). Kohlenhydrate waren nach Ansicht mehrerer Autoren kaum oder zumindest wesentlich weniger wirksam (Widmark 1933). Als Ursache einer verminderten Alkoholwirkung wurden vornehmlich Veränderungen der Resorptionsbedingungen im Sinne einer Verzögerung, der reduzierte Blutalkoholspiegel als Ausdruck eines Resorptionsdefizits angesehen (Grehant 1900, Goreczky 1942). Nur einige wenige Autoren nahmen an, daß es bei Nahrungsaufnahme zu einer Anregung des Stoffwechsels und dabei zu einem schnelleren Alkoholabbau kommt (Donicheff 1937; Le Breton 1936 u.a.).

In den letzten 10 Jahren haben sich trotz der Bedeutung einer Nahrungsaufnahme auf den Verlauf der Blutalkoholkurve (BAK) nur wenige Arbeiten mit diesem Problem befaßt. Unter anderem haben Grüner u. Rentschler (1976) und weiterhin Grühn u. Pribilla (1984) experimentell festgestellt, daß der Genuß erheblicher Mengen von Weinbrandbohnen keine relevante BAK verursacht.

Eigene Versuche

Wir wurden zu nachstehenden Untersuchungen durch folgenden Vorfall angeregt:

Bei einer polizeilichen Fahrzeugkontrolle wurde bei einem Arzt ein deutlicher Alkoholgeruch der Atemluft wahrgenommen. Die spätere Alkoholbestimmung ergab eine BAK von 1,22‰, auf die Tatzeit zurückgerechnet von über 1,3‰. Der Arzt verweigerte zunächst jede Aussage, vom Blutentnahmearzt wurde er aufgrund des klinischen Bildes als leicht betrunken eingestuft. Durch seinen Rechtsanwalt teilte der Beschuldigte dem Gericht mit, daß er an dem Tattage

* Herrn Professor Dr. med. Wolfgang Spann zum 65. Geburtstag gewidmet (auszugsweise vorgetragen auf der Rechtsmedizinertagung 1984 in Gießen).

geringe Mengen Alkohol getrunken habe, aber bestimmt nicht soviel, daß seine BAK höher als 0,8‰ gewesen sei. Er habe - dies könnte er durch seine Patientenkartei belegen - spät abends, kurz vor Mitternacht eine Patientin besucht, die telephonisch um sein Kommen gebeten habe. Da er den ganzen Tag über stark beschäftigt gewesen sei, habe er längere Zeit nichts gegessen und aus diesem Grunde seine Patienten um etwas zu Essen gebeten. Ihm wurde eine Tasse Kaffee und Früchtekuchen angeboten. Von letzterem habe er mit großem Appetit 5-6 Scheiben gegessen. Inzwischen habe er erfahren, daß dieser Früchtekuchen ca. 5 Gewichtsprozent Alkohol enthalte. Er habe somit, ohne es zu wissen, 25-30 g Alkohol mit diesem Kuchen aufgenommen. Es wäre infolgedessen für ihn selbstverständlich, daß sein erhöhter Alkoholspiegel auf den Verkehr dieses Früchtekuchens zurückzuführen sei. In dem Schreiben des Rechtsanwalts wurde diese Behauptung noch rechnerisch belegt und versucht nachzuweisen, daß die zusätzlichen 25-30 g Alkohol zu der BAK von 1,3‰ geführt hätten.

Unser Institut wurde vom Gericht um eine gutachterliche Stellungnahme zu diesen Behauptungen gebeten. Auch von unserer Seite bestanden erhebliche Zweifel an der Richtigkeit dieser Angaben. Wir hielten es daher für erforderlich, dieses Problem experimentell zu überprüfen. Die Herstellerfirma des Früchtekuchens stellte uns entsprechende Mengen des Kuchens zur Verfügung, der uns luftdicht verpackt zugesandt wurde. In verschiedenen Proben des Kuchens wurde ein durchschnittlicher Alkoholgehalt von 5 Gewichtsprozent (4,8-5,1) ermittelt.

Es wurden 3 Versuchsgruppen zu je 10 Personen gebildet. Die Probanden von 2 dieser Gruppen erhielten jeweils eine Alkoholmenge von 0,9 g/kg KG, die in 45 min zu trinken war. Die Teilnehmer einer dieser Alkoholgruppen bekamen zusätzlich 30 min nach Trinkende soviel Früchtekuchen, wie sie in 30 min essen konnten. Spitzenwerte lagen bei 700 g, Durchschnittswerte bei 500 g Früchtekuchen (35 bzw. 25 g Alkohol). Kurz vor Verzehr des Kuchens wurde die 1. Blutentnahme durchgeführt, die nächsten Blutentnahmen folgten in halbstündigem

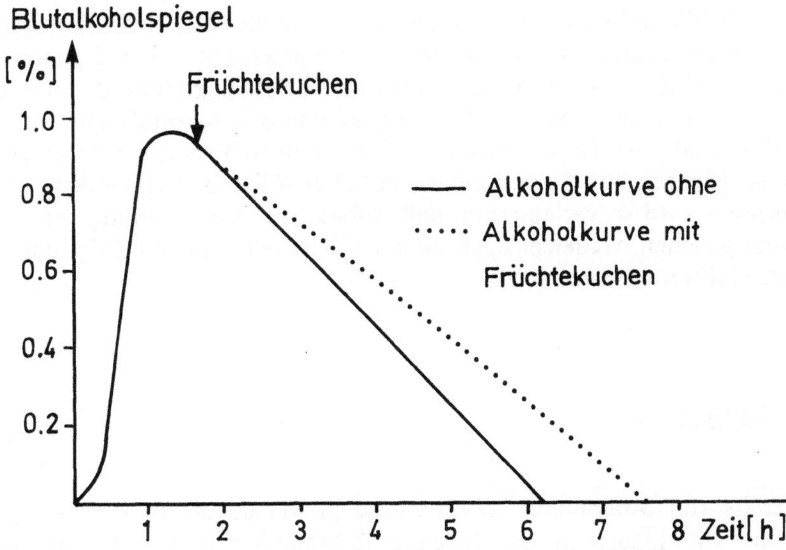

Abb. 1. Blutalkoholkurve mit und ohne Beeinflussung durch den Genuß alkoholhaltigen Früchtekuchens

Abstand, von der 4. Entnahme ab stündlich. Die von den jeweils 10 Probanden beider Gruppen erhaltenen Blutalkoholwerte wurden statistisch überrechnet und sind in Abb. 1 zusammenfassend dargestellt.

In Abb. 1 stellt die ausgezogene Kurve das zusammengefaßte Ergebnis der 1. Gruppe (nur Alkohol) dar, mit einem maximalen mittleren Blutalkoholwert von 0,93‰ (0,75–1,04) ca. 75–90 min nach Trinkbeginn. Die weitere Kurve entspricht dem üblichen Verlauf, sie erreicht nach insgesamt 6 h die Nullinie. Die gepunktete Kurve entspricht den Befunden der 2. Gruppe (Alkohol und Früchtekuchen). Sie verläuft erwartungsgemäß bis zum Scheitelpunkt zunächst konform mit der 1. Kurve, beginnt aber 30 min später geringfügig langsamer abzufallen und erreicht die Nullinie ca. 90 min später als die 1. Kurve. Dies spricht dafür, daß zumindest ein Teil des mit dem Früchtekuchen zusätzlich aufgenommenen Alkohols resorbiert wurde, allerdings mit erheblicher Verzögerung, so daß ein Ansteigen der Blutalkoholkurve nicht eintrat.

Zur Absicherung dieser Befunde wurde noch eine 3. Versuchsserie durchgeführt, mit der Maßgabe für die teilnehmenden Probanden, innerhalb von 30 min soviel Früchtekuchen wie möglich zu essen. Die Ergebnisse waren die gleichen wie im Experiment mit der 2. Gruppe (maximal 700 g durchschnittlich 500 g Kuchen). Blutentnahmen wurden erstmals unmittelbar nach Abschluß des Kuchenverzehrs und dann noch 3 mal im halbstündigen Abstand durchgeführt. Die ADH-Werte waren bei allen Untersuchungen negativ, bei den gaschromatographischen Bestimmungen fanden sich im Chromatogramm im Verlauf der Nulllinie minimale Erhöhungen, die für maximale Blutalkoholwerte von 0,01–0,02‰ sprachen.

Die Ergebnisse der vorstehenden Versuche widerlegen eindeutig die Behauptungen des beschuldigten Arztes. Auch bei Verzehr größtmöglicher Mengen des Früchtekuchens (bis zu 700 g) traten keinerlei Veränderungen in der Höhe der Blutalkoholkurve im Vergleich zu Blutalkoholkurven von Probanden ein, die lediglich Alkohol konsumiert hatten. Es geht weiter aus diesen Versuchen hervor, daß auch Kohlenhydraten, wenn sie zusammen mit Alkohol genossen werden, ein erheblicher resorptionsvermindernder Effekt zukommt, der sich um so stärker auswirkt, je intensiver die Vermischung des Alkohols mit dem verzehrten Lebensmittel ist. Im Extremfall, wie aus obigen Versuchen hervorgeht, können sogar Mengen von 30 und mehr g Alkohol völlig „verschwinden“, d.h., die Resorption wird so verlangsamt, daß Abbau und Ausscheidung des Alkohols mit einer gleichen, vielleicht auch höheren Geschwindigkeit erfolgt und infolgedessen Nullwerte resultieren.

Diskussion

Bereits von Strassmann (1891) wurde in Versuchen an Hunden gezeigt, daß dem Füllungszustand des Magens eine besondere Bedeutung zukommt. In diesem Zusammenhang wurde von Völtz et al. (1912) festgestellt, daß bei mit Nahrung gefülltem Magen die Alkoholausscheidung bei Hunden sowohl im Urin als auch in der Atemluft wesentlich vermindert war gegenüber Werten, die bei einer Kontrollgruppe ermittelt wurden, denen in den vorangehenden 24 h keine Nahrung gegeben worden war. Zu analogen Ergebnissen kamen auch Widmark 1933, Hauff (1928) und Miles (1922). Bei den Untersuchungen von Miles hatten die Probanden vor Versuchsbeginn eine reichliche Mahlzeit zu sich genommen. Der Alkoholmaximalwert im Urin wurde nach 60–90 min erreicht, während in den Versuchen von Bornstein u. Budelmann (1930) bei Personen mit einer 12stündigen Nahrungskarenz das Maximum bereits nach 30 min eingestellt war.

Auch bei der Blutalkoholbestimmung wurden ähnliche Erfahrungen gemacht. So war der Verlauf der Blutalkoholkurve im Tierversuch nach Nahrungsaufnahme und peroraler Alkoholzufuhr stets niedriger als wenn die Tiere keinerlei Nahrung zu sich genommen hatten (Kionka 1928; Elbel u. Lieck 1936; Goldberg 1940). Die Tierexperimente von Grehant (1900) zeigten, daß nach Nahrungsaufnahme ein ausgesprochen flacher Verlauf der Alkoholkurve nach peroraler Zufuhr resultierte. Verwendete man Kaninchen als Versuchstiere, so stellte sich nach Nahrungskarenz von vielen Stunden im Alkoholversuch (Schlundsonde) verhältnismäßig spät ein Diffusionsgleichgewicht ein (Le Breton, Keeser u. Oelkers 1937). Es ist jedoch festzustellen, daß die Ergebnisse von Tierversuchen nur bedingt auf den Menschen übertragbar sind, sie können aber als wertvolle Hinweise dienen.

Alle diesbezüglichen Untersuchungen weisen zwingend darauf hin, daß bei vorangehender Nahrungsaufnahme und nachfolgendem Alkoholkonsum es zu teilweise erheblichen Verzögerungen der Alkoholresorption kommen kann. In Tierversuchen wurde festgestellt, daß es bei gefülltem Magen um Stunden länger dauerte, bis die Alkoholresorption abgeschlossen war, als bei entsprechenden Kontrollgruppen, die ohne Nahrung geblieben waren (Grehant 1900; Mellanby 1913; Le Breton 1936; Widmark 1933 u.a.). Schweisheimer (1913) überprüfte die Resorptionsverzögerung am Menschen, ohne daß jedoch die Befunde eine sichere Deutung erlaubten. Weitere Versuche, die von verschiedenen Forschern am Menschen mit Bier durchgeführt wurden, kamen zu unterschiedlichen Ergebnissen (Mellanby 1913; Kühn 1924; Greenberg 1942; Kionka 1928; Goldberg 1945). Im Rahmen dieser Experimente wurde auch diskutiert, inwieweit sich der Gehalt des Bieres an assimilierbaren Kohlenhydraten und Eiweiß bemerkbar macht.

Es wurde überprüft, ob die Art der aufgenommenen Nahrung bei der wirkungs- und blutalkoholsenkenden Beeinflussung eine besondere Rolle spielt. Von den einzelnen Autoren wurden die verschiedensten Nahrungsmittel auf ihre Wirkung getestet und zunächst Fetten und Ölen eine ausschlaggebende Bedeutung zuerkannt (Mellanby 1913; Salzmann 1912; Hanzlik u. Collins 1913). Andere Untersucher hatten nicht so überzeugende Ergebnisse, aber letztlich war unbestreitbar, daß fetthaltige Nahrung doch entscheidend mit dazu beitragen kann, den Blutalkoholspiegel zu erniedrigen (Schwagmeyer 1937). Über den Mechanismus dieser Wirkung waren die Meinungen zunächst geteilt. Donicheff (1937) glaubte, daß die Senkung der Blutalkoholkurve als eine Verbrennungsbeschleunigung anzusehen war, andere Untersucher waren der Überzeugung, daß es im Rahmen einer maximalen Lipämie nach Fettaufnahme zu einer Veränderung der Alkohollöslichkeit im Blut und damit zu einer Veränderung der Verteilungsverhältnisse (steigender r-Wert) zugunsten des Gewebes käme.

Es hat sich jedoch gezeigt, daß nicht nur den Fetten, sondern auch den Eiweißen in der Nahrung eine wesentliche Rolle bei der Resorptionsverzögerung zukommt (Mellanby 1913; Elbel u. Lieck 1936; Le Breton 1936; Haggard u. Greenberg 1937 u. a.). Neymark u. Widmark (1936) haben sich besonders intensiv mit dieser Frage auseinandergesetzt. Sie nahmen an, daß sich Alkohol mit bestimmten Eiweißen, v. a. den Albuminen, zu Estern verbindet. Die Rolle von Wasser, Fetten und Kohlenhydraten sei im Vergleich dazu nur von untergeordneter Bedeutung. Nach Widmark (1933) ist daher nicht auszuschließen, daß es außer einer Resorptionsverzögerung auch zu einem „Verschwinden" von Alkohol, also einem echten Alkoholdefizit kommt aufgrund dieser Esterbildung.

Es wurde weiterhin überprüft, ob möglicherweise durch Nahrungsaufnahme und der damit zwangsläufig einhergehenden höheren Verbrennung ein schnellerer fermentativer Abbau des Alkohols eintritt. Ein Beweis für diese These wäre eine niedrigere Abbaurate für Alkohol bei Nahrungskarenz oder im Hungerzustand. Dies wurde auch von mehreren Autoren (Le Breton 1936; Donicheff 1937; Newman 1949) behauptet, ohne daß sich jedoch dafür schlüssige Beweise fanden. Spezielle Versuche, den Blutalkoholspiegel zusätzlich durch Zufuhr von verschiedenen Zuckern zu senken, ergaben ebenfalls keine eindeutigen Befunde. Lediglich nach Verabreichung von Lävulose, insbesondere nach i.v. Applikation, ergaben sich Abbauwerte, die auf eine beschleunigende Wirkung dieses Zuckers auf die Alkoholverbrennung hinwiesen (Klein 1951; Berg 1953; Stuhlfauth 1954). In weiteren Arbeiten konnten jedoch diese Ergebnisse nicht bestätigt werden (Grüner u. Ptasnik 1953; Kleiber et al. 1985 u. a.).

Auch in neuerer Zeit wurde verschiedentlich versucht, den Einfluß einer Nahrungsaufnahme auf den Verlauf der Blutalkoholkurve zu überprüfen. So bestätigten Krauland et al. (1964) sowie Flanagan et al. (1979) und auch Lin et al. (1976), daß der Verlauf der BAK erheblich von einer Nahrungsaufnahme abhängig sein kann. Auch wurde in einigen neueren Versuchen festgestellt (Schellmann et al. 1979; Scholz et al. 1975; Wolf u. Zink 1982 u. a.), daß eine Verabreichung von Fruktose zu einem erhöhten Alkoholdefizit führt. Interessant ist in diesem Zusammenhang die Arbeit von Schmidt u. Oehmichen (1984), die unter verschiedenen Bedingungen einer Nahrungsaufnahme Alkohol parenteral verabreichten und im Gegensatz zu Nüchternversuchen nach Nahrungsaufnahme ein Alkoholdefizit von 20–25% ermittelten. Wurde allerdings die Nahrung im Laufe der Eliminationskurve zugeführt, waren wesentliche Unterschiede zu Versuchen bei Nahrungskarenz nicht feststellbar. Zusätzlich ergab sich, daß die Art der aufgenommenen Nahrung nur einen unwesentlichen Einfluß hatte. Aufgrund ihrer Versuchsergebnisse vermuten die Autoren, daß nach parenteraler Alkoholzufuhr und damit Ausschluß einer physikalischen Bindung des Alkohols eine Steigerung des Alkoholstoffwechsels infolge Energiezufuhr oder auch Enzymaktivierung eintritt (s. auch Lumeng et al. 1980).

Aus allem geht hervor, daß demnach eine reichliche Nahrungsaufnahme vor oder in Verbindung mit gleichzeitigem Alkoholgenuß dazu führt oder mit großer Wahrscheinlichkeit dazu führen kann, daß nur ein Teil des aufgenommenen Alkohols zur Wirkung gelangt bzw. die Resorption so stark verzögert wird, daß auch im Maximum der Blutalkoholkurve wesentlich niedrigere Blutalkoholwerte resultieren als normalerweise zu erwarten gewesen wären. Dies bedeutet jedoch nicht, daß man bei Nahrungsaufnahme davon ausgehen könnte, daß grundsätzlich eine erhöhte Toleranz gegenüber Alkohol anzunehmen sei.

Anders sieht es dagegen aus bei einer Rückrechnung auf die getrunkene Alkoholmenge und v.a. auch dann, wenn bei verspäteter Blutentnahme (2 h oder mehr nach der Tatzeit) die Notwendigkeit besteht, die BAK zur Tatzeit festzustellen. Der Gesetzgeber hat diese Schwierigkeiten insofern berücksichtigt, als in Fällen mit unbestrittener reichlicher Nahrungsaufnahme bei gleichzeitigem Alkoholgenuß auf eine Rückrechnung zumindest für 2 h verzichtet werden kann. Auch die Berechnung des Gesamtalkoholkonsums ist problematisch. Es ist aber möglich, die insgesamt konsumierte Mindestmenge an Alkohol zu ermitteln.

Eibel u. Schleyer (1956) haben in ihrer Monographie mehrere praktische Beispiele dieser Art erläutert und in diesem Zusammenhang auf die Unmöglichkeit einer Berechnung solcher Werte hingewiesen. So wurden bei extrem reichlicher Nahrungsaufnahme und gleichzeitigem Alkoholgenuß die entsprechenden Blutalkoholkurven bestimmt. Bei Berechnung des Verteilungsfaktors r mit Hilfe der Berechnungsformel A = c.r.p (A, c und p sind zwangsläufig bekannt) wurden in einigen dieser Fälle theoretische r-Werte ermittelt, die den Wert 1 meist überschritten und teilweise um das 2- bis 3fache höher lagen als der Normalwert von r (0,7). In Extremfällen ist nicht auszuschließen (s. Beispiele bei Elbel u. Schleyer), daß sich eine Resorptionsverzögerung einschließlich eines Alkoholdefizits infolge erhöhter Alkoholverbrennung auch zuungunsten eines Beschuldigten auswirken kann.

Normalerweise treten solche Extremsituationen, wie sie in vorgenannten Versuchen und Experimenten beschrieben wurden, in der Praxis nur selten auf. In der heutigen Rechtsprechung wird automatisch bei der Errechnung eines Blutalkoholspiegels aus dem angegebenen Getränkekonsum von einem Resorptionsdefizit von 15–20% ausgegangen. Es gibt allerdings auch besondere Fälle, in denen ein solches Resorptionsdefizit erheblich überschritten werden kann, wie die experimentelle Untersuchung des von uns geschilderten Falles beweist.

Zusammenfassung

Im Zusammenhang mit einer gerichtlich angeforderten gutachtlichen Stellungnahme wurde es erforderlich, die Auswirkungen des Verzehrs großer Mengen alkoholhaltigen Früchtekuchens auf den Verlauf der Blutalkoholkurve experimentell zu überprüfen. Es zeigte sich, daß auch nach Genuß von ca. 700 g dieses Kuchens keinerlei Beeinflussung des maximalen Blutalkoholspiegels bei zusätzlichem Alkoholgenuß eintrat. Nach Verzehr dieses Kuchens ist die Resorption des in diesem enthaltenen Alkohols (25–30 g) so verlangsamt, daß sie durch Verbrennung und Ausscheidung des Alkohols völlig kompensiert wird. Abschließend werden die Befunde mit den Ergebnissen anderer Autoren diskutiert, die sich mit der Beeinflussung der Blutalkoholkurve durch Nahrungsaufnahme befaßten.

Literatur

Berg S (1953) Zur Frage der Beeinflussung des Alkoholrausches durch Lävulose. Med Klin 48:626-628

Bornstein A, Budelmann G (1930) Die Ausscheidung von Alkohol und Aether durch die Niere. Arch Exp Pathol Pharmokol 150:47-69

Casier H, Delaunoius A (1943) L'intoxication par l'alcool éthylique. Masson, Paris

Doniheff L (1937) Influence de divers types d'aliments sur la vitesse d'oxydation de l'alcool ethylique chez l'homéotherme inantié (rat blanc). C R Soc Biol 126:465-482

Elbel H, Lieck G (1936) Alkoholresorption nach Nahrungsaufnahme. Dtsch Z Ges Gerichtl Med 26:270-276

Elbel H, Schleyer F (1956) Blutalkohol - Die wissenschaftlichen Grundlagen der Beurteilung von Alkoholbefunden bei Straßenverkehrsdelikten. Thieme, Stuttgart New York

Flanagan NG, Lochridge GK, Henry JG, Hadlow AJ, Hamer PA (1979) Blood alcohol and social drinking. Med Sci Law 19:180-185

Goldberg L (1943) Quantitative studies on alcohol tolerance in man. Acta Physiol Scand [Suppl 16] 5:1-128

Greenberg LA (1942) Acetoin not product of metabolism of alcohol. J Stud Alcohol 3:347-350

Grehant N (1900) Nouvelles recherches sur l'alcoolisme aigu. C R Soc Biol 52:894-895, J Anat Physiol 36:143-145

Grühn KM, Pribilla O (1984) Blutalkoholkonzentrationen nach Genuß von Weinbrandbohnen. Blutalkohol 21:363-365

Grüner O (1967) Der Gerichtsmedizinische Alkoholnachweis - Methodik und forensische Bedeutung, 2. Aufl. Heymanns, Köln Berlin Bonn München

Grüner O, Piasnik H (1953) Zur Frage der Beeinflussung des alkoholbedingten Leistungsabfalls durch Lävulosegaben. MMW 95:931-933

Grüner O, Rentschler E (1976) Manual zur Alkoholbestimmung. Heymanns, Köln Berlin Bonn München

Haggard HW, Greenberg LA (1937) Effects of alcohol as influenced by blood sugar. Science 85:608-609

Hanzlik E, Collins W (1913) Quantitative studies on the gastro-intestinal absorption of drugs. III. adsorption of alcohol. J Pharmacol 5:185-213

Haufe M (1928) Über das Verhalten des Alkohols im Harn. Fischer, Jena (Pharmakol Beitr Alkoholfrage, H 4)

Keeser E, Oelkers HA (1937) Über die Geschwindigkeit der Oxydation von Äthylalkohol bei Gewöhnung. Arch Exp Pathol Pharmakol 186:606-610

Kionka H (1928) Die Schwankungen im Alkoholgehalt des menschlichen Blutes. Arch Exp Pathol Pharmakol 128:133-145

Kleiber M, Seifert H, Welk I (1985) Ein neues „Promille-senkendes" Getränk auf dem Markt? Blutalkohol 22:432-438

Klein H (1951) Die Akoholkurve nach zuckerhaltigen Getränken. Dtsch Z Ges Gerichtl Med 40:455-467

Krauland W, Mallach HJ, Gossow H, Freudenberg K (1964) Über die Abhängigkeit der Blutalkoholkonzentration von Trinkmenge, Alter, Gewicht und Nahrungskarenz. Blutalkohol 2:293-320

Kühn G (1924) Untersuchungen über Alkohol. II. Mitt.: Über den Alkoholgehalt des menschlichen Blutes im nüchternen Zustand, nach Kohlenhydratzufuhr und nach Genuß geringer Alkoholmengen. Arch Exp Pathol Pharmakol 103:295-305

Le Breton E (1934) Vitesse de diffusion de l'alcool ethylique dans l'organisme selon la voie d'introduction. Influence de la nature d'aliment brùle sur la vitesse d'oxydation de l'alcool dans l'organisme. C R Soc Biol 117:704–706, 709–712

Le Breton E (1936a) Signification physiologique de l'oxydation de l'alcool dans l'organisme. Dissertation, Paris

Le Breton E (1936b) Evolution de la vitesse d'oxydation de l'alcool ethylique chez l'homéotherme. Pourcentage des oxydations couvert per l'alcool ethylique chez les poicilothermes. Significations physiologique et biochemique de l'oxydation de l'alcool ethylique dans l'organisme. C R Soc biol 122:330–335, 561–564, 564–565, 565–568

Lin YJ, Weidler DJ, Garg DC, Wagner J (1976) Effects of solid food on blood levels of alcohol in man. Res Commun Chem Pathol Pharmacol 13:713–722

Lumeng L, Bosron WF, Li TK (1980) Rate-determining factors for ethanol metabolism in vivo during fasting. In: Thurman RGled Alcohol aldehyde metabolizing systems, vol IV. Plenum New York London, pp 489–496

Mellanby E (1913) Alcohol: Its absorption into and disappearence from the blood under different conditions. Br Med Res Counc Spec Rep Ser 31:1

Miles WR (1922) The comparative concentrations of alcohol in human blood and urine at intervals after ingestion. J Pharmacol Exp Ther 20:265–271

Newman HW (1949) The effect of altitude on alcohol tolerance. J Stud Alcohol 10:398–402

Neymark M, Widmark EMP (1936) Der Einfluß von Neutralfett, Fettsäure und Glycerin auf den Alkoholumsatz. Zur Frage der Kinetik des Alkoholumsatzes im Organismus. Scand Arch Physiol 73:260–266, 283–290

Salzmann M (1912— Aufhebung der narkotischen Wirkung der Stoffe der Alkoholgruppe bei gleichzeitiger Aufnahme von Fett aufgrund ihres Teilungskoeffizienten zwischen Fett und Wasser. Arch Exp Pathol Pharmakol 70:233–254

Schellmann B, Reinhard G, Löser L (1979) Untersuchungen zum Verlauf der Blutalkoholkurve nach peroraler Gabe eines Fructose-Ascorbinsäuregemisches. Blutalkohol 16:168–192

Schmidt V, Oehmichen M (1984) Alkoholkinetik und Nahrungszufuhr. Blutalkohol 21:403–421

Scholz R, Schwabe U, Plauk C, Nohl H (1975) The stimulatory effect of fructose on ethanol metabolism. Nutr Metab [Suppl 1] 18:79–92

Schwagmeyer W (1937) Die Beziehung zwischen der Nahrungsaufnahme und dem Alkoholgehalt im Blut des menschlichen Körpers. Arch Exp Pathol Pharmakol 185:102–112

Schweisheimer W (1913) Der Alkoholgehalt des Blutes unter verschiedenen Bedingungen. Arch Klin Med 109:271–284

Strassmann F (1891) Untersuchungen über den Nährwert und die Ausscheidung des Alkohols. Pflügers Arch Ges Physiol 49:315–328

Stuhlfauth K (1954) Über den Verbrennungsstoffwechsel des Alkohols. Dtsch Z Ges Gerichtl Med 42:555–566

Tuovinen PI (1930) Über den Alkoholgehalt des Blutes unter verschiedenen Bedingungen. Scand Arch Physiol 60:1–18

Vernon HM (1928) The alcohol problem - London. Br Med J 188–208

Völtz W, Baudrexel A, Dietrich W (1912) Über die vom tierischen Organismus unter verschiedenen Bedingungen ausgeschiedenen Alkoholmengen. Arch Gese Physiol 145:186, 210

Widmark EPM (1932) Die theoretischen Grundlagen und die praktische Verwendbarkeit der gerichtlich-medizinischen Alkoholbestimmung. Urban & Schwarzenberg, Berlin Wien

Widmark EPM (1933) Der Einfluß der Nahrungsbestandteile auf den Alkoholgehalt des Blutes. Biochem Z 267:135–142

Wolf M, Zink P (1982) Vergleichende Untersuchungen bei oraler und parenteraler Gabe von Äthanol und Fructose. Zentralbl Rechtsmed 24:646

*Einteilung oder Abstufung der Trunkenheitsgrade**

P. H. BRESSER

Erfahrungen im Gerichtsalltag und die Kenntnisnahme vieler Gerichtsentscheidungen geben Veranlassung, einen Gesichtspunkt der Trunkenheitsbeurteilung zu verdeutlichen und begrifflich zu erläutern, von dem sich nach wie vor viele Mißverständnisse nicht nur bei den Juristen herleiten. Schewe (1983) sowie Gerchow et al. (1985) haben die rechnerischen Schwierigkeiten und die Widersprüchlichkeiten bei der Schuldfähigkeitsbeurteilung in Verbindung mit Alkohol sowie die rechtlichen Probleme hinsichtlich der Rauschbeurteilung in mehreren Arbeiten kritisch angesprochen. Die allgemeinen diagnostischen Aspekte wurden vom Verfasser in der Zeitschrift *Forensia* ausführlicher dargelegt (Bresser 1984).

Die Alkoholisierungszustände bilden mit einem gewissen Spielraum individueller Varianten ein stufenloses Kontinuum vom leichten Angetrunkensein bis zum schweren Rausch. Eine abstufende Einteilung der Schweregrade ist aus ärztlicher Sicht von ganz untergeordneter Bedeutung. Das Angetrunkensein geht vorbei, den Rausch schläft man aus. Die Differentialdiagnose von Schweregraden führt nicht zu differentialtherapeutischen Konsequenzen.

Eine abstufende Einteilung der Schweregrade des Trunkenseins ist jedoch erforderlich und wird täglich vorgenommen, wenn es um Rechtsfolgen geht, die sich aus der Trunkenheit ergeben. Es gibt 2 voneinander deutlich zu unterscheidende Dreistufenordnungen. Eine davon ist die Einteilung in *fahrtüchtig, relativ fahruntüchtig* und *absolut fahruntüchtig* – die andere Dreiteilung betrifft die *Schuldfähigkeit* mit den 2 weiteren Stufen der *erheblich verminderten* und der *aufgehobenen Schuldfähigkeit.*

Diese beiden Abstufungsreihen betreffen einerseits ganz verschiedene Schweregrade der Alkoholwirkung. Sie gliedern andererseits das Kontinuum von der leichten bis zur schweren Trunkenheit nach einem grundsätzlich anderen Einteilungsprinzip. In der Stufenfolge der Fahrtüchtigkeit sind exakt bestimmbare Grenzziehungen festgelegt worden, und wir können gleichsam millimetergenau, jedenfalls bis auf Dezimalstellen hinter dem Komma, den Blutalkoholwert als Einteilungskriterium heranziehen. Danach können wir weitgehend präzise klassifizieren, d.h. für jeden Einzelfall läßt sich bis in die äußerste Grenznähe eine Entweder-oder-Entscheidung treffen.

---

* In kürzerer Fassung vorgetragen auf der Tagung der Deutschen Gesellschaft für Rechtsmedizin in Gießen am 15. 9. 1984.

Demgegenüber ist das Einteilungsprinzip in der Dreistufenfolge der Schuldfähigkeitsgrade stets eine Typisierung, eine Einteilung im Sinne eines Mehr-oder-Weniger. Jeder Einzelfall ist danach zu beurteilen, ob das Zustandsbild des betrunkenen Menschen ihn noch als schuldfähig einschätzen läßt oder nicht. Wenn wir bei der Beurteilung der Schuldfähigkeit die Zustandsbeschreibung der Alkoholisierung nach weitgehendem Konsens abstufend mit den Bezeichnungen „angetrunken", „betrunken", „volltrunken" kennzeichnen, dann veranschaulichen wir damit 3 typische Ausprägungsformen, zu denen sich der typische Fall leicht zuordnen läßt. Aber bei den Zwischenformen, insbesondere bei sog. Grenzfällen, ergibt sich u. U. die Schwierigkeit, bei den Schweregradeinschätzungen zwischen dem Noch-nicht und dem Doch-schon zu entscheiden. Die Unterscheidung von noch angetrunken oder schon betrunken oder gar volltrunken ist bei anstehenden Rechtsentscheidungen zwingend erforderlich, obwohl diese Zustände fließend ineinander übergehen.

Wer auf exakte Lösungen bedacht ist, wird selbstverständlich zu dem naheliegenden Gedanken neigen, ein gleichartiges Einteilungsprinzip anzuwenden wie bei der Fahrtüchtigkeit. Daraus würden sich aber ganz lebensferne und mit dem Rechtsgedanken der psychologisch zu differenzierenden Verantwortlichkeit völlig unvereinbare Konsequenzen ergeben. Es werden zwar immer Faustregeln angegeben und auch anerkannt, wonach in der Dreistufenfolge der Schuldfähigkeit die beiden Grenzwerte von 2,0‰ und 3,0‰ Alkohol im Blut eine Entscheidungshilfe bilden sollen, aber diese Werte liefern nur einen Anhaltspunkt im vielgliedrigen Gefüge der Beweisanzeichen, die entweder für ein Angetrunkensein, für ein Betrunkensein oder für Volltrunkenheit sprechen. Je nach dem Trinkverlauf, gelegentlich auch abhängig von der Art des Getränks und v. a. auch je nach Gewöhnungsgrad kann die Auswirkung des Alkohols auf die psychische Verfassung sehr unterschiedlich intensiv sein, ohne daß sich rechnerische Gesetzmäßigkeiten erkennen lassen. Deutliche - teilweise hochgradige - Schwankungen „nach unten" oder „nach oben" sind möglich. Mancher ist bei 4,0‰ noch nicht volltrunken. Bei 2,5‰ ist der eine allenfalls angetrunken, der andere vielleicht volltrunken. Die Schwankungsbreite ist schon normalerweise erstaunlich groß, von Sonderkonstellationen wie organisch bedingter Alkoholintoleranz und von extremer Alkoholtoleranz ganz abgesehen.

Die typische Volltrunkenheit ist von den geringeren Graden der Alkoholisierung gut und weitgehend zweifelsfrei zu unterscheiden. Bei den Übergangsbereichen entspricht jeder Einzelfall mehr dem einen und weniger dem anderen typischen Zustandsbild. Dieses Einteilungs- oder Zuordnungsprinzip entspricht dem, was mit dem Ausdruck *Typisierung* gemeint ist. Sie geht jeweils von mehreren und insgesamt von ganzheitlichen Aspekten der Beurteilung aus im Unterschied zu den eindeutigen *Klassifizierungen,* die stets unter einem ausschlaggebenden und klar definierbaren Gesichtspunkt vorgenommen werden. Abwägungsprobleme gibt es beim *Klassifizieren* nicht, allenfalls Meßprobleme, während das *Typisieren* stets aus der Abwägung aller relevant erscheinenden Aspekte erfolgen muß. Für den Juristen gehört ein solcher Beurteilungsvorgang mehr als für den Mediziner zur alltäglichen Urteilsbildung, weil er bei der Einteilung oder Unterscheidung von Tat- und Täterkonstellationen fast regelmäßig typisierend vorgeht. Er orientiert sich an Ideal- -oder an Prägnanztypen, wenn er aus der

Vielfalt der Lebenssachverhalte den jeweiligen Tatbestand einem Rechtsbegriff unterordnet. Als Psychiater typisieren wir beispielsweise auch dann, wenn wir den Schwachsinn abstufend mit den Begriffen Debilität, Imbezillität und Idiotie einteilen. IQ-Werte sind dabei auch nur eine oft wenig lebensnahe Orientierungshilfe.

Nur die wichtigsten Gesichtspunkte der Trunkenheitsbeurteilung können hier in Kürze angesprochen werden. Zunächst ist eine kritische Erfassung der vorhandenen oder nicht vorhandenen Trunkenheitssymptome anzustreben. Es geht dabei um körperliche Auffälligkeiten, um mehr oder weniger charakteristische Besonderheiten der Grobmotorik (z. B. Schwanken) oder der Feienmotorik (z. B. Sprechunsicherheiten), aber auch um weniger charakteristische Anzeichen wie gerötete Augen oder Alkoholfahne, die nicht unmittelbar als „Schweregradkriterium" herangezogen werden können.

Hinsichtlich des psychischen Bildes sind augenscheinlich enthemmte Reaktionsweisen, persönlichkeitsfremde Läppischkeiten des Ausdrucks und der Redeweise, u. U. Benommenheitszeichen, eindeutige Situationsverkennungen und nicht zuletzt auch Gesamteindrücke diagnostisch relevant, evtl. auch ausschlaggebend. Beobachtungen, die vom weniger Erfahrenen als Zeichen des Trunkenheitsgrades gewertet werden, die aber oft nicht leicht anschaulich definiert und begrifflich präzisiert werden können, müssen immer mit in Betracht gezogen werden, bleiben aber oft unsichere Beweisanzeichen. Kein Einzelaspekt kann isoliert gewertet werden. Alle Anhaltspunkte müssen gewichtet oder gewertet werden und sind abwägend oder argumentativ in ein Gesamtbild einzubauen.

Abwägend in die Urteilsbildung einzubeziehen sind auch immer die Dimensionen der Betrachtung, die das Persönlichkeitsbild und die Umstände der jeweiligen Tatsituation betreffen. Dies alles muß unter ganzheitlichen Vergleichskriterien beurteilt werden. Daraus ergibt sich dann die Zuordnung zum jeweils niederen oder aber zum höheren Schweregrad der Trunkenheit. Der Sachverständige muß mit aller begrifflichen Prägnanz und mit einleuchtender Schlüssigkeit die in seine Abwägung einbezogenen Argumente darlegen und so die von ihm getroffene Zuordnung begründen. Nur so wird die sachverständige Urteilsbildung überprüfbar, und der Richter kann seine Maßstäbe der vergleichenden richterlichen Erfahrung mit einbringen, um dann unter kritischer Verwertung der psychologisch-psychiatrischen Feststellungen eine Rechtsentscheidung herbeizuführen. Das beliebte Gedankenspiel mit der Nichtausschließbarkeit des einen oder des anderen Zustands dürfte sich so weitgehend vermeiden lassen.

Ganz unterschiedliche Detailbeobachtungen können im Einzelfall ausschlaggebend werden, um Volltrunkenheit festzustellen oder um sie zu widerlegen. Aber auch dabei dürfen gewisse Ganzheitsaspekte der Zustandsbilder nicht außer Betracht bleiben. Eine solche Beurteilung ist nur extrem selten von spezifischen Kenntnissen und Erkenntnismöglichkeiten des Sachverständigen abhängig, sondern in aller Regel handelt es sich um einen sehr lebensnahen Beurteilungsvorgang, der der richterlichen Urteilsfähigkeit näher steht als die angemessene Erfahrung der im engeren Sinne psychopathologischen oder klinischen Zustandsbilder.

Der Blutalkoholwert ist im Zusammenhang mit der abstufenden Schuldfähigkeitsbeurteilung auch nur ein Detailbefund. Entscheidender sind die Beweisanzeichen des psychischen Zustandsbildes. Es ist deshalb nicht ohne weiteres überzeugend, wenn Sachverständige im Gerichtssaal mit ermüdender Akribie sich dem Zahlenspiel der möglichen, der wahrscheinlichen oder der realistischen Tatzeitwerte der BAK hingeben und dabei die gewissenhafte Erfahrung des Zustandsbildes kaum noch oder gar nicht mehr in Betracht ziehen. Letztlich kommt es aber auf dieses Zustandsbild an.

Wenn keine Blutalkoholwerte vorliegen, müssen ohnehin alle Folgerungen auf die abwägende Beurteilung der Verhaltensauffälligkeiten, auf die logisch schlüssige und die psychologisch stimmige Zusammenschau alle Anhaltspunkte aufgebaut werden, um den Trunkenheitsgrad angemessen zu erfassen. Es ist also durchaus möglich, in rechtlich befriedigender und psychologisch-psychiatrisch vertretbarer Weise ohne Blutalkoholspiegel über Trunkenheitsgrade, über Berauschungszustände und schuldfähigkeitsrelevante Störungen der Bewußtseinstätigkeit zu urteilen. Liegt aber ein Blutalkoholwert vor, der u. U. nach den üblichen Berechnungs- oder Vergleichsmaßstäben nicht in unmittelbar einleuchtendem Verhältnis zu dem beobachteten Verhaltensbild steht, dann muß jedenfalls diesem Bild das größere Erkenntnisgewicht zugesprochen werden. Sollte im Falle eines relevanten Auseinanderklaffens zwischen Blutwert und Bewußtseinszustand dem Blutalkoholwert das größere Gewicht beigemessen werden, dann wäre das gewissenhafte Prüfen und die abwägende Rekonstruktion der *tatsächlichen* Bewußtseinsverfassung mehr oder weniger überflüssig.

Die Revisionsargumente, die sich bevorzugt an vermeintlich exakten BAK-Werten orientieren, erscheinen oft sehr lebensfern. Es widerspricht allen Maßstäben einer psychologischen oder psychiatrischen Erfahrung, wenn in den Argumentationen der Urteilsbegründungen oder in obergerichtlichen Urteilsrügen Rückrechnungsüberlegungen angestellt werden, bei denen für die Schuldfähigkeitsbeurteilung auf Rechenregeln oder Genauigkeitsansprüche Bezug genommen wird wie bei der Fahrtüchtigkeitsbeurteilung. Wenn die vermeintlich exakteren („objektiven") Zahlenwerte ausschlaggebend für die Schuldfähigkeitsbeurteilung sein sollen, dann wäre dem Richter zu empfehlen, einen Taschenrechner zu Rate zu ziehen und den (organisatorischen und finanziellen) Aufwand der Beiziehung eines (insbesondere psychiatrischen) Sachverständigen zu ersparen.

Das Gegengewicht gegen zu hoch gespannte Exaktheitsansprüche kann nur in der lebensnahen Erfahrung aller inneren und äußeren Situationsfaktoren, in der kritisch begründeten Würdigung aller „Beweisanzeichen", in der Logik und Schlüssigkeit aller Folgerungen und in der Stimmigkeit der Gesamtschau gesehen werden. Alle Anknüpfungsargumente sind in die Urteilsbegründung aufzunehmen, um die „reinen" (wenn auch „objektiven") Zahlenwerte gegebenenfalls angemessen zu relativieren.

Zusammenfassend folgendes: Die 3stufige Gliederung der Angetrunkenheit ohne (erhebliche) Schuldfähigkeitsminderung, der Betrunkenheit mit (erheblicher) Schuldfähigkeitsminderung und schließlich der Volltrunkenheit mit den dafür vorgesehenen Rechtsfolgen entspricht einer Typisierung, auf die die Zuordnung des Einzelfalls abgestellt sein muß. Um einen solchen Urteilsschritt zu vollziehen, bedarf es der umsichtigen Erfassung des Gesamtzustands nicht ohne Berücksichtigung der persönlichen und der situativen Konstellation. Hierbei ist sachverständiges und richterliches Augenmaß erforderlich. Es geht um lebensnahe Erwägungen und nicht um anspruchsvoll erläuterte Spitzfindigkeiten. Wichtigste Voraussetzung für die Urteilsbildung ist ein einschlägiger Erfahrungshintergrund nicht nur im Umgang mit Trunkenen, sondern auch in der vergleichenden Beurteilung von rechtsbrecherischen Handlungen und von Täterpersönlichkeiten.

Jede Typisierung ist um so überzeugender, je mehr Erfahrung und gedankliche Klarheit in die Einzelfallentscheidung eingebracht werden kann. Nur wenn jede Einzelfallkonstellation mit einem klaren begrifflichen und gedanklichen Konzept aufgeklärt und beurteilt wird, wird es auch dem Anfänger gelingen, sich die Voraussetzungen der Beurteilung anzueignen, während andererseits nur so die Verständigung mit dem Juristen auf einer gemeinsamen gedanklichen Ebene möglich ist.

Literatur

Bresser PH (1984) Trunkenheit - Bewußtseinsstörung - Schuldfähigkeit. Forensia 5:45-60

Gerchow J, Heifer U, Schewe G, Schwerd W, Zink P (1985) Die Berechnung der maximalen Blutalkoholkonzentration und ihr Beweiswert für die Beurteilung der Schuldfähigkeit. Blutalkohol 22:77-107

Schewe G (1983) § 323 a - Definitions- und Beweisprobleme an der „unteren Rauschgrenze"? Blutalkohol 20:369-389

Untersuchungen zur alkoholinduzierten Störung der menschlichen Thermoregulation

D. GERLACH

Einleitung

Die in der rechtsmedizinischen Praxis auffallende Koinzidenz von Alkoholabusus und Todesfällen durch Unterkühlung war Anlaß zu prüfen, in welchem Ausmaß die Temperaturregulation des Menschen durch Alkohol bei Kälteexposition verändert wird.

Der homöotherme Mensch ist in der Lage seine Kerntemperatur von 37 °C bei Tagesschwankungen von um ±0,5 °C relativ konstant zu halten (Aschoff 1955; Precht et al. 1955; Silbernagl u. Despopoulos 1983). Bei der geschlechtsreifen Frau ist ein Anstieg um ca. 0,5 °C in der Sekretionsphase des Menstruationszyklus zu erkennen (Hardy 1961; Ganong 1979). Außerdem bestehen individuelle und biorhythmische Schwankungen (Aschoff 1955; Precht et al. 1955).

Die Extremitäten und die Haut verhalten sich poikilotherm, da über sie die Thermoregulation realisiert wird (Precht et al. 1955; Silbernagl u. Despopoulos 1983). Die konstante Kerntemperatur ist für die Geschwindigkeit und Art der chemischen Reaktionen, für die Wirkungsweise von Enzymen und Hormonen sowie für nervöse Regelmechanismen des Stoffwechsels und des Kreislaufs von großer Bedeutung (Gelino 1964; Aschoff et al. 1971).

Alkohol greift in diese Regelmechanismen ein und führt - zumindest tierexperimentell erwiesen - zu einem raschen Abfall der Kerntemperatur und zu vielfältigen Funktionsstörungen humoraler und nervöser Prozesse (Feldberg u. Myers 1965; Killian 1966, 1981; Myers 1981).

Alkohol und Thermoregulation

Vermehrte Wärmeverluste treten während des Schlafes und im Alkoholrausch ein (Gross u. Schölmerich 1982), verstärkt durch gleichzeitige körperliche Erschöpfung (Precht et al. 1955). Dadurch kann auch bei Temperaturen oberhalb des Gefrierpunkts der Tod durch Unterkühlung eintreten. Bei solchen Todesfällen werden dann meist hohe Blutalkoholkonzentrationen gemessen, die eine körperliche und psychische Sedierung, eine Bewußtseinsstörung und ein Einschlafen in der kalten Umgebung erklären können (Aschoff et al. 1971). Nach klinischen und rechtsmedizinischen Erfahrungen scheint der Abfall der Körperkerntemperatur bei erheblichen Blutalkoholkonzentrationen schneller und stärker einzusetzen. Die Abkühlung ist aber auch von äußeren Faktoren und nicht nur von der absoluten Temperatur, sondern auch von Wind, Feuchtigkeitsgehalt der Luft und dgl. abhängig. Individuell spielen Bekleidung, Haarschicht, Ausbildung der Haut und des Unterhautgewebes eine entscheidende Rolle. Akklimatisierung an die Kälteexposition kann das Ausmaß der Auskühlung vermindern (Gelino 1964; Hayward u. Eckerson 1984; Reed et al. 1984). Das scheint auch für die Akklimatisierung des alkoholisierten Körpers – zumindest im Tierversuch – zu gelten (Huttunen et al. 1980). Ob aber Auswirkungen von alkoholischer Beeinflussung auf die Körperkerntemperatur gesunder Probanden ohne besondere Akklimatisierung bei einer Umgebungstemperatur von 15 °C bei Alkoholdosen bis zu 1,5 g/kg KG vollständig vernachlässigbar sind (Killian 1981), erscheint zumindest nach den eigenen Befunden überprüfenswert.

Daß die Kerntemperatur bei Kälteexposition und gleichzeitiger Alkoholeinwirkung schnell und tief absinkt, liegt offensichtlich daran, daß die Wirkungen des Alkohol auf Funktionsmechanismen der Thermoregulation vielfach den Schutzreaktionen des Organismus bei einer Hypothermie (Wong 1983) entgegengerichtet sind. Bei einem Abfall der Kerntemperatur unter 30 °C tritt meist Bewußtseinsschwund auf, und eine geordnete Temperaturregelung findet nicht mehr statt (Aschoff et al. 1971).

Früher faßte man den Tod durch allgemeine Unterkühlung als eine generalisierte Hypoxidose auf, da sich bei Kälte die O_2-Dissoziationskurve des Hämoglobins zu einer festeren Sauerstoffbindung verschiebt, wodurch der O_2-Mangel zu einer Abnahme der Erregbarkeit zentralnervöser Zentren bis zum Funktionszusammenbruch führt. Neuere Untersuchungen zeigen jedoch, daß sich die Hb-Sauerstoffbindung und der Sauerstoffbedarf des Gewebes proportional verhalten (Bigelow et al. 1950; Fischer u. Spann 1967; Killian 1966, 1981). Bekannt ist auch, daß die Unterkühlung des menschlichen Körpers zu Kongestion, Transsudation und petechialen Blutungen führt, und zwar über Permeabilitätserhöhungen der Kapillaren infolge hypothermischer Zirkulationsverlangsamung mit Sludgephänomenen bis zur Stase (Sarajas u. Nilsson 1954; Fruehan 1960; Duguid et al. 1961). Andererseits wird dem Alkohol eine spezifisch günstige Wirkung auf das hypotherme Herz zugeschrieben (Senning u. Kaplan 1956) und sogar eine Senkung der Inzidenz des Kammerflimmerns.

Wesentliche Eingriffe in die Thermoregulation durch Alkohol erfolgen über Blutverschiebungen aus dem Splanchnikusgebiet in die Körperperipherie und umgekehrt (Forth et al. 1983). Die Vasodilatation ist dabei teilweise zentral, teilweise über eine Tonusminderung der Gefäßmuskulatur geregelt. Die Dilatation der Hautgefäße ist Folge einer Depression des Vasomotorenzentrums (Wellhöner 1982). Damit ist die Gefahr einer Unterkühlung für Alkoholbeeinflußte besonders groß, weil die Wärmeabgabe über die erweiterten Hautgefäße vermehrt erfolgt. Die periphere Gefäßerweiterung führt gleichzeitig zu Blutdruckabfall mit konsekutiver Tachykardie (Forth et al. 1983), wobei Gehirn- und Koronardurchblutung nicht verbessert werden (Wellhöner 1982). Da der Grundumsatz des Alkoholisierten i. allg. bei einer erhöhten Wärmebildung und Wärmeabgabe (Forth et al. 1983) gesteigert ist, zeigen sich über die Hemmung der oxidativen Desaminierung von Aminosäuren und der Glukoneogenese besonders im Zusammenwirken mit Auskühlung oft exzessive Hypoglykämien. Orale Aufnahme in geringer (nicht näher quantifizierter) Menge führt bei umschriebenen Kälteschäden zur besseren peripheren Vasodilatation und wird bei Gliedmaßenunterkühlungen empfohlen, weil die umschriebene Vasodilatation einen Anstieg der Hauttemperatur provoziert (Killian 1981). Auch vor oder während der Kälteexposition aufgenommener Alkohol soll die Entstehung von Frostbeulen an den Extremitäten verhindern oder mindern (Sullivan u. Masterson 1953). Daß moderate Alkoholaufnahme die Behandlung von Unterkühlungen positiv unterstützt (Paunesco-Podeanu u. Tzurai 1946; Vagliano 1948), wird von klinischer Seite bestritten und kann auch aufgrund der eigenen Befunde nicht mehr empfohlen werden, da der Anstieg der Kerntemperatur durch Alkoholkonsum während der Erwärmungsphase nicht gefördert wird. Lediglich die Hautdurchblutung wird gesteigert, was dazu führen kann, daß ein gefährlicher plötzlicher Austausch von Blut unterschiedlicher Temperatur zwischen Körperkern und Körperschale erfolgt. Aus diesem Grunde erscheinen Empfehlungen von Alkoholgaben von 50 g bis über 100 g (Killian 1981) unter klinischen Gesichtspunkten für dringend überprüfungswürdig. Grundlage moderner Therapie bei Unterkühlten ist die Erwärmung des Körperkerns (Labitzke et al. 1986).

Auch dann, wenn umschriebene Kälteveränderungen an der Haut noch nicht erkennbar sind, zeigen sich in bestimmten Muskelgruppen, besonders im M. tibialis anterior (Pichotka u. Lewis 1949) umschriebene Kälteschäden in Form von Fragmentationen und Disintegrationen der Muskelbündel mit Verlust der Querstreifung sowie eine wachsartige Degeneration der Fibrillen (Staemmler 1943; Killian 1981). Derartige Kälteschäden in der Muskulatur finden sich jedoch nur bei Erfrierungen bei Außentemperaturen von unter 0 °C und nicht bei Unterkühlungen durch langfristige Kälteexposition bei Außentemperaturen von über 0 °C (Pichotka et al. 1949).

Auswirkungen von Kälteexpositionen bei Versuchspersonen sind verschiedentlich beschrieben worden (Killian 1981; Hayward u. Eckerson 1984). Wirkungen und Einflüsse des Alkohols bei Unterkühlungstodesfällen sind tierexperimentell festgestellt worden (Huttunen et al. 1980; Killian 1981; Myers 1981). Ob diese Befunde über den Abfall der Körpertemperatur und die Änderung verschiedener Kreislauffunktionen und anderer Parameter auch für die menschliche Temperaturregulation gelten, sollte durch Messung des Temperaturverhaltens und verschiedener Funktionen bei Probanden im nüchternen und alkoholisierten Zustand bestimmt werden.

Methodik

8 männliche Versuchspersonen im Alter von 24–48 Jahren wurden nach einer 6stündigen Nahrungskarenz einer Umgebungstemperatur von 5–6 °C ausgesetzt. Gemessen wurde der Abfall der Körperkerntemperatur über eine rektal gelegte Sonde mit einem geeichten elektrischen Thermometer. Atem- und Pulsfrequenz und der Blutdruck wurden registriert.

Die so erhaltenen Nüchternwerte dienten als Vergleichswerte für 2 Versuchsreihen unter Alkoholeinfluß, deshalb sind die Vergleichskurven bei beiden Alkoholversuchen gleich. Nach 6stündiger Nahrungskarenz wurde innerhalb einer Stunde soviel Alkohol in verschiedener Art verabreicht, daß dadurch rechnerisch eine BAK von um 1,5‰ erreicht werden konnte.

Die alkoholisierten Versuchspersonen verblieben mit Sandalen, Badehose und T-Shirt bekleidet sämtlich über 150 min in der bei 10–11 °C temperierten Umgebung, teilweise mit Auftreten von Kältezittern. Der Aufenthalt in der 5–6 °C kalten Umgebung wurde je nach den subjektiven Empfindungen und den objektiven Befunden des Temperaturabfalls zeitlich unterschiedlich abgebrochen, wobei in allen Fällen ein Kältezittern aufgetreten war. Schutzhaltungen zur Vermeidung von Auskühlung (Reed et al. 1984) wurden dabei vermieden, damit eine gleichartige Auskühlung bei den Versuchspersonen gewährleistet wurde. Bei Windstille lag die Luftfeuchtigkeit bei den Versuchen zwischen 60 und 72%.

Einfluß und Wertigkeit von Körpergewicht, Fettgewebeschicht und Körperoberfläche sowie weitere individuelle Faktoren wurden bei diesen Versuchen nicht erfaßt; sie haben aber, wie weitere Versuchsergebnisse nach Kälteexposition im Wasser nach den vorläufigen Auswertungen zeigen, einen erheblichen Einfluß auf den Auskühlungsmodus.

Befunde

34–42 min nach dem Trinkende (Beginn der Kälteexposition) wurden bei dem Versuch in 10–11 °C Umgebungstemperatur Blutalkoholkonzentrationen zwischen 1,37‰ und 1,59‰ gemessen. Bei dem Versuch in 5–6 °C Umgebungstemperatur betrugen die Alkoholkonzentrationen bei Trinkende (Beginn der Kälteexposition) 1,31–1,53‰.

Die Blutalkoholwerte am Ende der Kälteexposition sind in Abb. 1 und 2 der Temperaturverläufe eingetragen, sie betrugen 1,07–1,27‰ (10–11 °C) und 1,03–1,28‰ (5–6 °C).

In Abb. 1 und 2 sind die Temperaturkurven in ihren maximalen und minimalen Verläufen dargestellt. Bei der Kälteexposition von 5–6 °C über 150 min zeigte sich, daß die Ausgangswerte der Kerntemperatur im Mittel 37,17 °C betrugen. Die Temperatur fiel um 0,15 °C im Mittel auf 37,07 °C. Dieses bedeutet ein mittleres ΔT von 0,0014/min.

Die Versuche haben gezeigt, daß im Vergleich zu den Nüchternversuchen unter Alkoholeinwirkung ein signifikantes Absinken der Körperkerntemperatur erfolgt. Unter Alkoholeinwirkung fiel die Kerntemperatur bei 10–11 °C Umgebungstemperatur von im Mittel 37,15 °C um 0,77 °C auf im Mittel 36,37 °C ab mit einem mittleren ΔT von 0,0050 °C/min (Abb. 1).

Ein stärkerer Abfall zeigte sich bei den alkoholisierten Versuchspersonen bei einer Kälteexposition von 5–6 °C. Hier fiel die Kerntemperatur von im Mittel 37,10 °C auf 36,07 °C um im Mittel 1,03 °C ab. Das ΔT betrug hier 0,009 °C/min (Abb. 2).

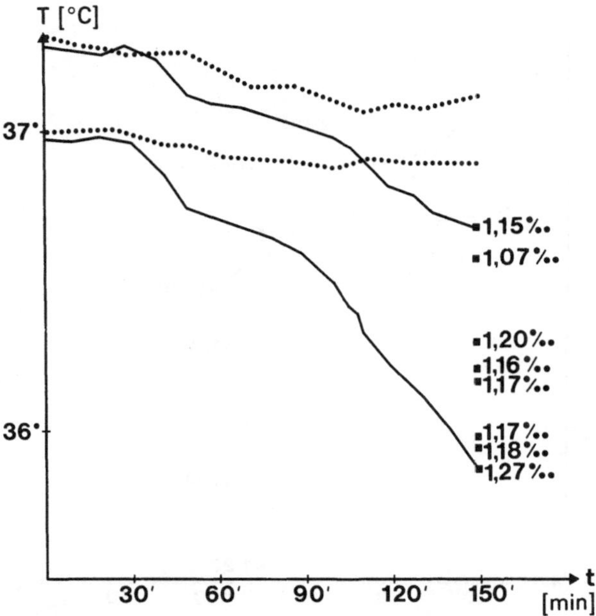

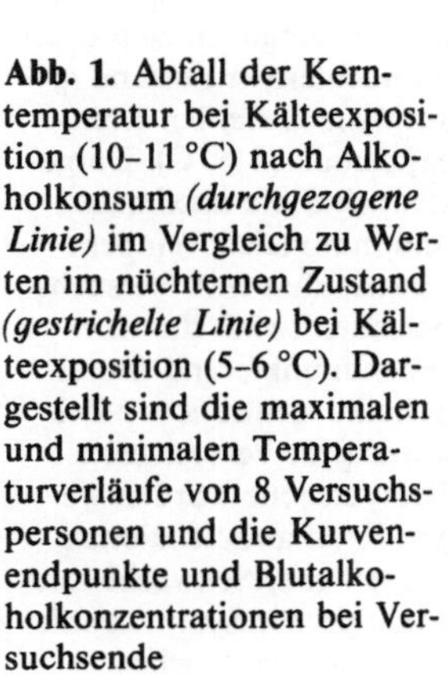
Abb. 1. Abfall der Kerntemperatur bei Kälteexposition (10–11 °C) nach Alkoholkonsum *(durchgezogene Linie)* im Vergleich zu Werten im nüchternen Zustand *(gestrichelte Linie)* bei Kälteexposition (5–6 °C). Dargestellt sind die maximalen und minimalen Temperaturverläufe von 8 Versuchspersonen und die Kurvenendpunkte und Blutalkoholkonzentrationen bei Versuchsende

Eine Erklärung für die stärkere Auskühlung des Alkoholisierten bietet einmal die deutliche alkoholinduzierte Gefäßerweiterung mit einer Mehrdurchblutung der Peripherie und stärkerer Zufuhr des ausgekühlten Blutes zum Körperkern (Forth et al. 1983). An diesem Mechanismus ist die alkoholinduzierte metabolische Azidose beteiligt mit einer spezifischen Wirkung auf die Gefäßwand und mit einer Depression der vasokonstriktorisch wirkenden adrenergen Impulse (Fink und Rosalki 1978; Wellhöner 1982). Zum anderen muß man davon ausgehen, daß unter der Alkoholeinwirkung eine gesteigerte kompensatorische Wärmebildung unterbleibt; die Hemmung im Energiestoffwechsel ist wahrscheinlich durch Veränderungen im Haushalt der zyklischen Nukleotide c-AMP und c-GMP bedingt (Volicer u. Hurter 1977). Bei erniedrigter Konzentration zyklischer Nukleotide fehlen die allosterischen Enzymaktivatoren; es kommt so nicht zu einer Stoffwechselsteigerung. An zentralen Eingriffen in die Thermoregulation ist die Depression des Vasomotorenzentrums durch Alkohol zu diskutieren (Wellhöner 1982), aber auch eine unmittelbare Beeinflussung des hypothalamischen Zentrums mit einer Verminderung des Thyreotropin-Releasing-Hormons (TRH). Dieses führt zu hypothyreoten Symptomen mit Grundumsatzerniedrigung und daraus resultierendem Abfall der Körpertemperatur.

Das Ausmaß einer kältebedingten Vasokonstriktion ist von der Stärke der Alkoholbeeinflussung abhängig (Vanggard 1978). Weiterhin scheint aber auch eine rasche Anflutung des Alkohols die Störungen der Thermoregulation zu verstärken, da nach starker Alkoholanflutung bei einzelnen Versuchspersonen auch ein schneller Abfall der Temperatur gemessen wurde.

Das subjektive Empfinden der Kälte war unter Alkoholwirkung deutlich herabgesetzt. Im 2. Versuch mit einer Exposition bei tieferen Temperaturen war

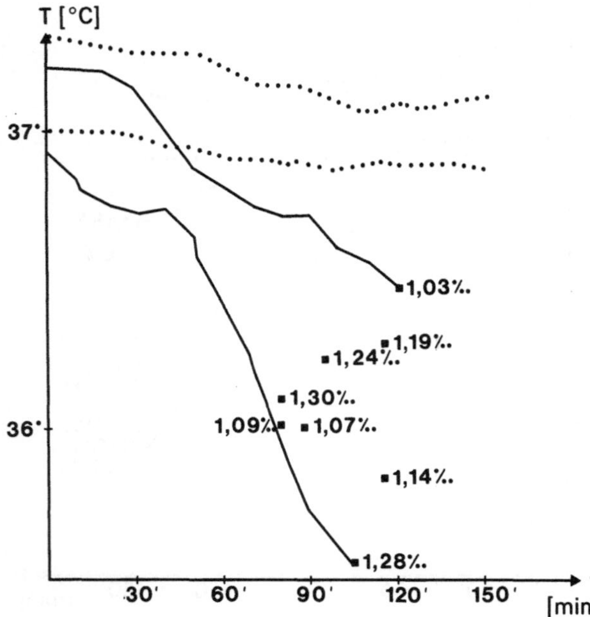

Abb. 2. Abfall der Kerntemperatur bei Kälteexposition (5–6 °C) nach Alkoholkonsum *(durchgezogene Linie)* im Vergleich zu werten im nüchternen Zustand *(gestrichelte Linie)* bei Kälteexposition (5–6 °C). Dargestellt sind die maximalen und minimalen Temperaturverläufe von 8 Versuchspersonen sowie die Kurvenendpunkte und Blutalkoholkonzentrationen bei jeweiligem Versuchsende. Die Versuche wurden wegen Kreislaufsensationen, körperlicher Schwäche und lethargischer Symptomatik vorzeitig abgebrochen

auch weniger das Kälteempfinden die Ursache für ein frühzeitigeres Beenden des Versuchs (nach 120 min), sondern auffällige psychische Sedationen, Kreislaufveränderungen, Unwohlsein und körperliche Schwäche (Kältezittern).

Bei Kälteexposition stieg die Atemfrequenz an. Im Nüchternversuch fiel sie nach etwa 45–90 min auf die Ausgangswerte zurück. Dagegen zeigte sich unter Alkoholeinwirkung ein späterer Anstieg, der, nach 15–30 min beim raschen Abfall der Kerntemperatur beginnend, überschießend innerhalb 1 h unter die Ausgangswerte abfiel. Bei Nüchternen zeigt sich dieses Phänomen erst beim Absinken der Kerntemperatur auf tiefere Werte (Killian 1981).

Die Herzfrequenz war bei der Kälteexposition im Nüchternversuch bei einigen Personen geringfügig bis deutlich gesteigert, aber nicht auf Werte über 80/min. Unter Alkoholwirkung stiegen die Werte der Herzfrequenz vereinzelt auf 97/min an, und zwar 25–55 min nach Versuchsbeginn, eher als bei den nüchternen Versuchspersonen. Alle alkoholisierten Versuchsteilnehmer kamen nach mehr als 90 min in eine deutliche Bradykardie.

Der Blutdruck stieg bei Kälteexposition von 10–11 °C nur geringfügig an. Bei stärkerer Kälteexposition zeigte sich ein Anstieg von 10–20 mmHg im Mittel bei allen Versuchpersonen. Nach 80 min war ein deutlicher Abfall mit signifikanter Amplitudenminderung erkennbar. Mit zunehmendem Blutdruckabfall gaben die Versuchspersonen Schwächeempfindungen an und zeigten eine deutliche körperliche und psychische Lethargie.

Da nicht nur psychische Erschöpfung zum Kältetod prädestiniert, sondern auch Depressivität mit körperlicher Passivität eine mangelnde Wärmebildung zur Folge hat, führt der Eintritt der Lethargie, der in der Regel mit einem stärkeren und schnelleren Abfall der Kerntemperatur verbunden ist, zu rascher Unterkühlung. Für die Symptomatik und somit auch für den Eintritt des Todes ist offensichtlich auch die Geschwindigkeit des Temperaturabfalls entscheidend.

Vorstellbar und teilweise erwiesen ist, daß bei kardial und kardiorespiratorisch vorgeschädigten Menschen ein Unterkühlungstod in Verbindung mit einer Ischämie von Geweben auch ohne extrem starken Abfall der Kerntemperatur eintreten kann (Grosse-Brockhoff u. Schoedel 1943; Kramer u. Reichel 1944; Trube-Becker 1967). Hier muß an kältebedingte reflektorische Koronararterienspasmen gedacht werden, die zur Ischämie der Muskulatur führen mit einer Erhöhung des peripheren Widerstands und des Afterload (Bramann u. Grosse-Heitmeyer 1983).

Da bei Kältetodesfällen unter Alkoholeinwirkung die Noxe meist nicht einmalig zugeführt wird, sondern in der Anamnese sehr häufig ein Alkoholabusus mit Organschäden ermittelt werden kann (Trube-Becker 1967) und bei der Obduktion von tödlich unterkühlten alkoholisierten Personen oft eine Alkoholkardiomyopathie festgestellt wird, scheint neben dem raschen Abfall der Kerntemperatur auch die alkoholinduzierte hypoxidotische Myokardschädigung (Gerlach u. Ohlen 1978) entscheidend ursächlich zu sein (Kramer u. Reichel 1944), ebenso die kältebedingte Störungen im Mineralstoffwechsel und im Wasserhaushalt (Fischer u. Spann 1967).

Die Veränderungen des Stoffwechsels und die Auswirkungen auf kardiorespiratorische Funktionen über die zentralnervöse Steuerung (Grosse-Brockhoff u. Schoedel 1943) scheinen denn auch insgesamt bei Unterkühlungstodesfällen die eigentlich todesursächlichen Komponenten zu sein. Diese Funktions- und Regelmechanismen werden unter Alkoholeinwirkung bei rascherem Abfall der Kerntemperatur offensichtlich frühzeitiger insuffizient (Precht et al. 1955) als es dem Auskühlungsgrad entspricht, der ohne Alkoholeinwirkung noch toleriert werden kann.

Zusammenfassung

Bei 8 Versuchspersonen fiel die Körperkerntemperatur nach Alkoholkonsum bei Auskühlung in trockener Kälte von 10–11 °C und 5–6 °C deutlich gegenüber den Vergleichsuntersuchungen im nüchternen Zustand ab. Neben dem Temperaturabfall wurden verschiedene Kreislaufparameter gemessen.

Die Befunde werden so gedeutet, daß der alkoholinduzierte rasche Abfall der Kerntemperatur und die Wirkung des Alkohols auf zentralnervöse Regelmechanismen für den Unterkühlungstod alkoholisierter Menschen gemeinsam ursächlich sind. Nach den eigenen Befunden in Verbindung mit den aus der Literatur gewonnenen Erkenntnissen scheint der Kältetod nach Alkoholkonsum schon nach einem Abfall der Kerntemperatur einzutreten bei dem ohne Alkoholkonsum die Unterkühlung überlebt werden könnte. Diese Zusammenhänge bieten eine Erklärung für die in der rechtsmedizinischen Praxis so häufig beobachtete Koinzidenz von Alkoholkonsum und Unterkühlungstod.

Literatur

Aschoff J (1955) Der Tagesgang der Körpertemperatur beim Menschen. Klin Wochenschr 33:545–551

Aschoff J, Günter B, Kramer K (1971) Energiehaushalt und Temperaturregulation. Urban & Schwarzenberg, München Berlin Wien

Bigelow WG, Lindsay WK, Greenwodd WF (1950) Hypothermia. Ann Surg 132:849–866

Bramann HU, Grosse-Heitmeyer W (1983) Zur Spezifität von Kälte bei der Provokation der Angina pectoris. Med Welt 34:767–768

Duguid H, Simpson RG, Stowers JM (1961) Accidental hypothermia. Lancet II:1213–1214

Feldberg W, Myers RD (1965) Changes in temperature produced by micro-injections of amines into the anterior hypothalamus of cats. J Physiol (Land) 177:239–245

Fink R, Rosalki SB (1978) Clinical biochemistry of alcoholism. Endocrinol Metab 7/2:312–315

Fischer H, Spann W (1967) Pathologie des Traumas. Bergmann, München

Forth W, Henschler D, Rummel W (1983) Allgemeine und spezielle Pharmakologie und Toxikologie. Bibliographisches Institut, Mannheim Wien Zürich

Fruehan AE (1960) Accidental hypothermia. Arch Intern Med 106:218–229

Ganong WF (1979) Lehrbuch der medizinischen Physiologie. Springer, Berlin Heidelberg New York

Gelino S (1964) Organ systems in adaption: The temperature regulating system. In: Hill DB (ed) Handbook of Physiology, Section 4, Adaptation to Environment. American Physiological Society, Washington, pp 259–282

Gerlach D, Ohlen WD von (1978) Untersuchungen über die alkoholbedingte Kardiomyopathie. Beitr Gerichtl Med 36:359–367

Gross R, Schölmerich P (1982) Lehrbuch der Inneren Medizin. Schattauer, Stuttgart New York

Grosse-Brockhoff F, Schoedel W (1943) Das Bild der akuten Unterkühlung im Tierexperiment. Arch Exp Pathol Pharmakol 201:417–467

Hardy JD (1961) Physiology of temperature regulation. Physiol Rev 41:521–606

Hayward JS, Eckerson JD (1984) Physiological responses and survival time prediction for humans in ice-water. Aviat Space Environ Med 55:206–212

Huttunen P,Penttinen J, Hirvonen J (1980) The effect of ethanol and cold-adaption on the survival of Guinea pigs in severe cold. Z Rechtsmed 85:289–294

Killian H (1966) Der Kälteunfall. Allgemeine Unterkühlung. Dustri, München Deisenhofen

Killian H (1981) Cold and frost injuries. In: Frey R, Safar P (eds) Disaster medicine, vol 3. Springer, Berlin Heidelberg New York

Kramer K, Reichel H (1944) Die Grenzen der chemischen Wärmeregulation. Klin Wochenschr 23:192–198

Labitzke R, Pröbsting H, Schwerdt R (1986) Körperkernerwärmung bei hochgradig Unterkühlten mittels Hämofiltration. Deutsch Ärztebl 83:391–393

Myers RD (1981) Alcohol's effects on body temperature: Hypothermia, hyperthermia or poikilothermia. Brain Res Bull 7:209–220

Paunesco-Podeanu A, Tzurai J (1946) Kälteschäden. Masson, Paris

Pichotka J, Lewis RB (1949) Prevention of secondary infection due to pseudomones aeruginosa in frostbitten tissue. Proc Soc Exp Biol Med 72:127–130

Precht H, Christophersen J, Hensel H (1955) Temperatur und Leben. Springer, Berlin Göttingen Heidelberg

Reed LD, Livingstone SD, Limmer RE (1984) Patterns of skin temperature and surface heat flow in man during and after cold water immersion. Aviat Space Environ Med 55:19–23

Sarajas HSS, Nilsson TE (1954) Beobachtungen über die Pathologie der experimentellen Hypothermie beim Hund. Verh Dtsch Ges Inn Med (Kongr) 60:118–124

Senning A, Kaplan T (1956) The effect of intravenous alcohol and ventricular fibrillation on prolonged cardiac inflow and output occlusion under hypothermia. Acta Chir Scand 110:319–324

Silbernagl S, Despopoulos A (1983) Taschenatlas der Physiologie. Thieme, Stuttgart
Staemmler M (1943) Erfrierungen. Thieme, Leipzig
Sullivan BJ, Masterson WK (1953) Peripheral vascular responses to remote thermal burns and frostbite as influenced by heparin and paritol. Am J Physiol 175:56–60
Trube-Becker E (1967) Zur Begutachtung beim Tod durch Unterkühlung. Dtsch Z Gerichtl Med 59:211–227
Vagliano M (1948) Erfrierungen. Masson, Paris
Vanggard L (1978) Alcohol (ethanol) and cold. Nord Counc Arct Med Res Rep 21:82–92
Volicer L, Hurter BP (1977) Effects of acute and chronic ethanol administration and withdrawal on adenosine 3′:5′-monophosphate and guanosine 3′:5′-monophosphate in the rat brain. Pharmacol Exp Ther 200:298–305
Wellhöner HH (1982) Allgemeine und systematische Pharmakologie und Toxikologie. Springer, Berlin Heidelberg New York
Wong KC (1983) Physiology and pharmacology of hypothermia. West J Med 138:223–231

Zur simultanen Bestimmung der Blutalkoholkonzentration bei Begleitstoffanalysen

T. GILG, L. v. MEYER

Einleitung

Seit der Einführung der automatischen gaschromatographischen BAK-Bestimmung nach Machata (1965) steht für den Routinebetrieb eine hochspezifische Methode mit optimaler Präzision und Reproduzierbarkeit zur Verfügung. Die Analysegenauigkeit hat inzwischen ein Ausmaß erreicht, daß bereits eine Senkung der Grenzwerte bzw. des Sicherheitszuschlags diskutiert wird (Greiner 1973; Klug u. Vidic 1970; übersicht bei Zink et al. 1985). Gleichzeitig sind bereits bei dieser für Äthanol optimierten Methode weitere flüchtige Substanzen (vgl. Hauck et al. 1968; Machata 1967, 1983) wie etwa Aceton (z. B. bei Hungerzuständen sowie Diabetes mellitus) und Fäulnisalkohole in Leichenblutproben nachweisbar. Bei höchster Empfindlichkeitseinstellung des Geräts und Dampfdruckerhöhung durch Zugabe von Kaliumkarbonat konnten Machata u. Prokop (1971, 1974) Begleitstoffe alkoholischer Getränke im Blut nachweisen, so daß Rückschlüsse auf die Art der aufgenommenen Getränke möglich waren. Mit weiteren Untersuchungen v. a. der Arbeitsgruppen von Bonte (1980, 1983) wie auch von Grüner u. Bilzer (1982), Bilzer (1985), Iffland et al. (1982), Urban et al. (1983) und Gilg (1986) fand die Begleitstoffbestimmung bei zunehmend verfeinerten Analysentechniken mehr und mehr Eingang in die rechtsmedizinische Routine bei der Überprüfung von Nachtrunkbehauptungen. So betrug die Anzahl der Begleitstoffgutachten im hiesigen Institut in den letzten Jahren jeweils über 300 (1982: 319, 1983: 383, 1984: 368, 1985: 328). Mit Verfeinerung und Änderung der Probenvorbereitungen und Analysebedingungen entfernten sich die Methoden mehr und mehr von den Forderungen, wie sie im 2. Gutachten des Bundesgesundheitsamts zum Thema „Alkohol und Straßenverkehr" zur gaschromatographischen Blutalkoholanalyse für forensische Zwecke aufgestellt wurden (wenig manuelle Arbeitsvorgänge zur Ausschaltung subjektiver Fehler, kurze Analysedauer sowie insbesondere eine Peakhöhe des Tertiärbutanols als innerem Standard, entsprechend der einer 2 Gew.-‰igen Äthanollösung zur Erzielung bester Genauigkeit). Vergleicht man die derzeitigen, z. T. sehr unterschiedlichen Methoden zur Begleitstoffanalyse z. B. der rechtsmedizinischen Institute Göttingen bzw. Düsseldorf, Kiel, Köln und München, so zeigt sich, daß einzig im Münchener Institut ein Verfahren mit Verwendung von Tertiärbutanol als internem Standard angewendet wird und lediglich eine Zugabe von wasserfreiem Natriumsulfat zur Dampfdruckerhöhung erfolgt. Da diese methodischen

Grundbedingungen im wesentlichen die im Gutachten des BGA geforderten Bedingungen erfüllen, erschien eine Überprüfung der Genauigkeit einer simultanen Begleitstoffanalyse bei bestimmter Blutäthanolkonzentration aus 2 Gründen sinnvoll:

1) Bei (meist nachträglichen) Begleitstoffuntersuchungen wäre durch den Vergleich mit dem Ergebnis der BAK-Erstbestimmung eine Beurteilung von Lagerungsveränderungen wie Wasserverlusten bzw. Alkohol- oder Begleitstoffverlusten oder Neubildungen durch Fäulnisveränderungen möglich.
2) Zum anderen wäre bei der forensischen BAK-Bestimmung ggf. die gleichzeitige Bestimmung von Begleitstoffen ohne großen Mehraufwand bei wesentlich höherem Informationsgehalt möglich.

Material und Methode

Die Begleitstoffuntersuchungen erfolgen nach dem Head-space-Verfahren mit einem Geschromatographen F 45 (Perkin-Elmer) mit einer 2-m-Glassäule 0,1% Sp 1000 (derivatisiertes Polyäthylenglykol) auf Carbopack C.

Temperaturen
Silikonbad 60 °C, Oven 90 °C, Injektor 130 °C, Nadeltemperatur 150 °C, FID-Detektor 140 °C, Säule mit Temperaturpogramm: 1 min 90 °C isotherm, 4 min Anstieg um 10 °C/min bis auf 130 °C, 1 min isotherm, dann 150 °C.

Gesamtanalysendauer
16 min.

Innerer Standard
0,1 ml 0,08% Tertiärbutanol. Eichung gegen wäßrigen Standard. Auswertung mit Integrator Hewlett-Packard 3390A.

Untersuchungsmaterial
0,5 ml Serum nach Zugabe von 0,5 g wasserfreiem Natriumsulfat (ca. 6fache Dampfdruckerhöhung), ohne Zusatz von Glukuronidase. Doppelbestimmung mit Mittelwertbildung.

Mit dieser Methode gelingt eine gute Trennung folgender Substanzen (Retentionszeiten in min in Klammern): Methanol (0,78), Acetaldehyd (0,92), Äthanol (1,16), Aceton (1,83), Isopropanol (1,99), Propanol-l (2,48), Standard (3,13), Äthylmethylketon (4,12), Butanol-2 (4,42), Isobutanol (4,60), Äthylacetat (5,15), Butanol-l (5,58) und Isoamylalkohol wie 2-Methylbutanol-1 (8,43) und 3-Methylbutanol-l (8,82).

Ferner werden erfaßt: Chloroform (3,7), Äther (3,8), Propionaldehyd (1,71), Isobutyraldehyd (3,20) u.a. Empfindlichkeit bei Methanol ca. 0,3 mg/l, sonst bei ca. 0,02 mg/l.

Material

Untersucht wurden über mehrere Wochen verteilt:

1) 399 behördliche Blutproben und Proben von Trinkversuchen (in Koller-Venülen ohne NaF), bei denen eine BAK-Bestimmung nach den Richtlinien des BGA bzw. 2 Routine-GC-Bestimmungen im engeren zeitlichen Zusammenhang mit der Begleitstoffanalyse und maximal 5 Tage nach der Blutentnahme erfolgten.
2) Je 48 wäßrige Testlösungen der Fa. Merck mit 0,5‰, 1,5‰ und 3,0‰ sowie 12mal Fluinormkontrollserum (0,67‰ Sollwert) und 4 Doppelbestimmungen von Rinderserum mit 1,5‰ Äthanol nach Zumischen (nach neuer Eichung gegenüber 1)).

Diskussion

Bei der Bestimmung der je 48 wäßrigen Testlösungen mit 0,5‰, 1,5‰ und 3‰ ergab sich eine gute Richtigkeit der Werte, jedoch mit 13,5%, 10,3% und 16,4% deutlich höhere Streubereiche, als sie üblicherweise mit der Methode von Machata (1967) beobachtet werden. Greiner (1973) fand beispielsweise bei 96 wäßrigen Alkoholtestlösungen zwischen 1,1 und 1,4‰ einen Streubereich (3fache relative Standardabweichung (3 *s* rel.) von ±4,57%, auch Schmidt (1982) ermittelte bei einer 2-Säulen-head-space-Gaschromatographie bei 0,8‰, 1,3‰ und 3‰ Streubereiche von maximal ±4,05%. Unsere Streubereiche liegen sämtlich sogar über der im 2. Gutachten „Krankheit und Kraftverkehr" für das Routineverfahren geforderten Variationsbreite von maximal ±10% bei Mehrfachanalysen und Werten über 1‰.

Erstaunlicherweise zeigte sich bei der Untersuchung der 12 Serumtestlösungen mit einem Sollwert von 0,67‰ eine Streubreite von „nur" ±6,5%. Der mittlere Faktor der Dampfdruckerhöhung errechnet sich mit 1,05 gegenüber 1,02 nach der Methode von Machata. Bereits bei der Bestimmung von Rinderserum mit 1,5‰ nach Äthanolzusatz fand sich jedoch wieder eine Streubreite von bis zu ±22%.

Schon bei der geringen Probenzahl ist somit festzustellen, daß zwar Richtigkeit und Spezifität in ausreichendem Maß gegeben sind, die hohe Streubreite jedoch nicht den Forderungen zur forensischen BAK-Bestimmung entspricht.

Bezüglich der Ursachen hierfür ist in erster Linie an das Mißverhältnis zwischen Peakhöhe des Tertiärbutanols und der Peakhöhe der BAK-Spiegel zu denken. Die Peakhöhe bzw. Fläche des Tertiärbutanols ist auf die Bestimmung der z.T. mehr als 1000fach niedrigeren Konzentrationen von Begleitstoffen ausgelegt und beträgt ein Mehrfaches gegenüber der Äthanol-Peak-Höhe. Nach Machata mindert dies die Genauigkeit der Bestimmung.

Von einem Einfluß der Serummatrix im Hinblick auf die Äthanolbestimmung ist nach Pribilla u. Schultek (1980) nicht auszugehen, zumindest nicht bei Serumproben (anders bei Blutkuchen bei Nachuntersuchungen, vgl. Kühnholz u.

Bonte (1983). Auch der Zusatz von wasserfreiem Natriumsulfat zur ca. 6fachen Dampfdruckerhöhung dürfte bezüglich des Äthanols keine wesentliche Rolle spielen, da die Dampfdruckkurven von Tertiärbutanol und Äthanol annähernd parallel verlaufen (Machata 1967) und bei einer Zugabe von 0,1 ml Tetiärbutanol sich Ungenauigkeiten der Salzmenge bei Äthanol und Begleitstoffen nicht mehr auswirken (vgl. Wolf et al. 1985 und Christmore et al. 1984).

Auch eine Verfälschung durch Überlagerung des Tertiärbutanols durch andere Substanzen erscheint nicht relevant. Nach unseren Erfahrungen und Untersuchungen kann lediglich Isobutyraldehyd mit der Retentionszeit Rt = 3,20 min in Frage kommen, der jedoch üblicherweise in Blutproben nicht bzw. in geringsten Mengen nachzuweisen ist.

Daß auch im Rahmen von routinemäßigen Begleitstoffanalysen keine wesentlichen Verfälschungen des BAK-Werts durch andere flüchtige Substanzen auftreten, zeigt die aus Abb. 1 ersichtliche sehr gute Korrelation zwischen routinemäßig bestimmter BAK und simultan bei Begleitstoffanalysen ermittelten Serumäthanolkonzentrationen. Bildet man den Quotienten SAK/BAK, so ergibt sich ein (gerundeter) Mittelwert von 1,41 mit Grenzen von 1,34 und 1,48 (einfa-

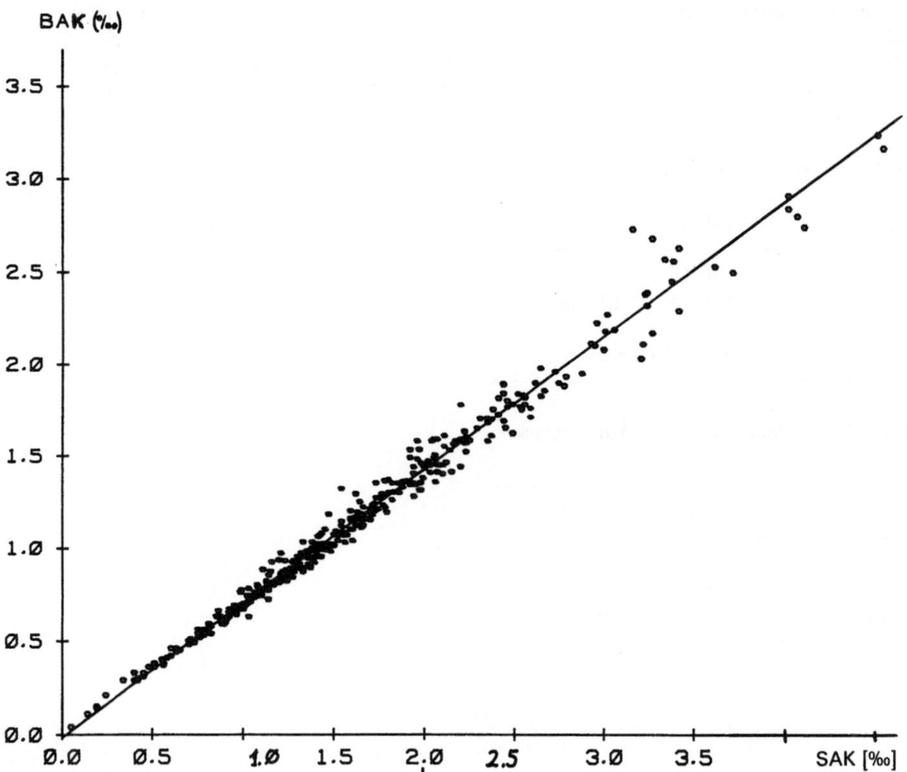

Abb. 1. Korrelation zwischen routinemäßig bestimmter BAK und simultan bei Begleitstoffanalysen ermittelten Serumäthanolkonzentrationen [*SAK* Serumäthanolkonzentration in ‰ aus Begleitstoffanalyse, *BAK* Blutalkoholkonzentration in ‰ aus Routine-BAK-Bestimmung, Korrelationskoeffizient r = 0,992; Quotient SAK/BAK: Mittelwert 1,408 ± 0,072 (*s*) mit Grenzen von 1,336 bzw. 1,480. Bei 3facher Streuung (± 0,216) ergeben sich Grenzen von 1,192–1,624]

che Standardabweichung) bzw. von 1,2 und 1,6 (3*s*) mit deutlich erkennbar zunehmender Abweichung erst bei BAK-Werten über 2‰. Durch Umrechnung eines simultan anläßlich einer nachträglichen Begleitstoffanalyse ermittelten SAK-Wertes ist somit ein direkter Vergleich und eine Überprüfung des bei der Routineerstbestimmung ermittelten BAK-Wertes mit hoher Genauigkeit möglich. Ferner lassen sich umgekehrt Analysefehler sowie Lagerungs- oder Fäulnisveränderungen (Alkohol-, Begleitstoff- und Wasserverluste bzw. Konzentrierungsvorgänge sowie Alkoholabbau bzw. Neubildung) auf einfache Art und Weise und ohne Wassergehaltsbestimmung direkt am untersuchten Material beurteilen und abschätzen, speziell bei zusätzlicher Berücksichtigung von Fäulnisparametern wie Butanol-l und Äthylacetat (vgl. Bonte u. Mey 1983; Iffland 1985; Oberhofer 1986).

Tabelle 1. Wäßrige Testlösungen (Merck; jeweils n = 48)

Sollwert [‰]	0,5	1,5	3,0
Mittelwert x- [‰]	0,518	1,570	3,044
Einfache Standardabweichung	±0,023	±0,054	±0,167
s (rel.) [%]	±4,5	±3,4	±5,5
3 *s* [‰]	±0,069	±0,162	±0,501
(Relativer) Streubereich [%]	±13,5	±10,3	±16,4

Tabelle 2. Serumtestlösung (Fluinorm; n = 12)

Sollwert	0,67‰
x-	0,707‰
s (rel.)	±0,15% (±2,19%)
3 *s* (rel.)	
(Streubereich)	±0,46% (±6,5%)

Tabelle 3. Rinderserum nach Äthanolzusatz, n = 8

Sollwert	1,5‰
x-	1,534‰
s (rel.)	±0,114‰ (±7,4%)
3 *s* (rel.)	±0,343‰ (±22%)

Zusammenfassung

Die Eignung der gaschromatographischen Begleitstoffanalyse am Serum mit Tertiärbutanol als innerem Standard und Zusatz von Natriumsulfat zur simultanen Bestimmung der Blutalkoholkonzentration wurde überprüft. Bei wäßrigen und serösen Testlösungen ergab sich ein relativer Streubereich (3 *s*) zwischen ±6,5% und maximal 16,4%, so daß die zur Begleitstoffbestimmung optimierte Methode nicht den Anforderungen und Richtlinien des BGA zur forensischen Alkoholbestimmung entspricht. Eine routinemäßige simultane Begleitstoffbestimmung im Rahmen der forensischen BAK-Bestimmung erscheint z.Z. nicht möglich - zumindest nicht wenn auf eine für die Begleitstoffanalyse erforderliche, hohe Empfindlichkeit abgestellt wird.

Umgekehrt ermöglicht jedoch die simultane, im gleichen Untersuchungsgang erfolgende BAK-Bestimmung bei der Begleitstoffanalyse im Vergleich mit dem Wert der Erstbestimmung eine wenig aufwendige Beurteilung von Analysefehlern und möglicherweise abgelaufenen Lagerungs- oder Fäulnisveränderungen.

Literatur

Alkohol und Straßenverkehr (1977) Zweites Gutachten des Bundesgesundheitsamtes, Berlin (Schriftenreihe des Bundesministeriums für Verkehr, H 52)

Bilzer N, Penners B-M (1985) Zur Frage der Abbau- und Ausscheidungsgeschwindigkeit der Begleitstoffe Propanol-l und Isobutanol nach Genuß von Whisky der Marke „Chivas Regal". Butalkohol 22:140-145

Bilzer N, Penners B-M, Brüner O (1985) Untersuchungen über den Konzentrationsverlauf der Begleitstoffe Propanol-l und Isobutanol im Blut nach Genuß von Übersee-Rum („Captain Morgan"). Blutalkohol 22:146-151

Bonte W, Busse J (1980) Möglichkeiten einer blut- und urinanalytischen Getränkeartbestimmung. Blutalkohol 17:49-57

Bonte W, Hey F (1983) Zur Frage der Lagerungsveränderungen von Begleitstoffbefunden in Blut- und Urinproben. Blutalkohol 20:109-122

Bonte W, Rüdell E et al. (1983) Begleitstoffspiegel im Blut nach dem Konsum alkoholischer Getränke. Blutalkohol 20:313-327

Christmore DS et al. (1984) Improved recovery and stability of ethanol in automated headspace analysis. J Forensic Sci 29:1038-1042

Gilg T (1986) Nachweis von Begleitstoffen in alkoholischen Getränken, in Blut und Körperflüssigkeiten und deren Bedeutung. Med Welt 37:246-248

Greiner H (1973) Die Streuung der gaschromatographischen Bestimmung des Äthylalkohols im Serum innerhalb des Routineverfahrens. Blutalkohol 10:236

Grüner O, Bilzer N (1983) Blut-Methanol-Konzentration nach Genuß von Wodka. Blutalkohol 19:456-464

Hauck G, Janzen J, Terfloth HP (1968) Die Erfassung von Lösungsmitteln bei der automatischen Blutalkoholbestimmung mit dem Multifrakt F 40. Blutalkohol 7:68-75

Iffland R (1985) Erfahrungen mit der Begleitstoffanalyse bei gelagerten Blutproben. (Vortrag bei der Tagung Norddeutscher Rechtsmediziner 1985 in Göttingen)

Iffland R, Staak M, Rieger S (1982) Experimentelle Untersuchungen zur Überprüfung von Nachtrunkbehauptungen. Blutalkohol 19:235-251

Klug E, Vidic E (1970) Über die Genauigkeit der gaschromatographischen Blutalkoholbestimmung. Blutalkohol 7:52

Kühnholz B, Bonte W (1983) Methodische Untersuchungen zur Verbesserung des Fuselalkoholnachweises in Blutproben. Blutalkohol 20:399–410

Machata G (1965) Über die gaschromatographische Blutalkoholbestimmung. Analyse der Dampfphase. Mikrochim acta 2–4:262

Machata G (1967/70) Über die gaschromatographische Blutalkoholbestimmung. Blutalkohol 4:3–11; 2. Mitteilung. Blutalkohol 7:345–348

Machata G (1983) Optimierung der gaschromatographischen Blutalkoholbestimmung. In: Barz J et al. (Hrsg) Fortschritte der Rechtsmedizin. Festschrift für Georg Schmidt. Springer, Berlin Heidelberg New York

Machata G, Prokop L (1971) Über Begleitsubstanzen alkoholischer Getränke im Blut. Blutalkohol 8:349–353

Oberhofer E (im Druck) Zur Beurteilung von Lagerungsveränderungen bei der Begleitstoffanalyse von Blutproben. Dissertation, Universität München

Pribilla O, Schultek T (1980) Einfluß der Serummatrix bei der gaschromatographischen Alkoholbestimmung. Blutalkohol 17:248–253

Prokop L, Machata G (1974) Höhere Alkohole und Äthanolwirkung bei Menschen. Blutalkohol 11:80–81

Schmidt G (1982) Präzision und Streuung bei der Alkoholbestimmung mittels 2-Säulen-Headspace-GC-Analyse. Blutalkohol 19:122–128

Urban R, Tutsch-Bauer E, Liebhardt E, Spann W (1983) Praktische Erfahrungen mit der Begleitstoffanalyse. Blutalkohol 20:439–444

Wolf M, Urban R et al. (1985) Zur Begleitstoffanalytik – 1. Mitteilung. Blutalkohol 22:321–332

Zink P, Schneider B, Schröder G, Wolf M (1985) Zur Genauigkeit der forensischen Blutalkoholbestimmung. Blutalkohol 22:21–48

Überlebte Alkoholintoxikation mit 5,21‰

W. GRUNERT, H.-J. MITTMEYER

Blutalkoholkonzentrationen über 5‰ sind ausgesprochen selten, insbesondere das Überleben einer solchen Intoxikation (Literatur bei Püschel et al. 1979). Nach Dietz u. Mallach (1979) kommen Blutalkoholwerte dieser Größenordnung 1,4mal unter 10 Mio. Blutproben vor. Wir hatten Gelegenheit, eine derartige Vergiftung näher untersuchen zu können.

Kasuistik

Es handelte sich um einen 29jährigen Mann, der bewußtlos und dessen Ehefrau tot aufgefunden wurde. Da es zwischen den Eheleuten wiederholt zu Streitigkeiten gekommen war, wurde vermutet, daß die an einem Schädel-Hirn-Trauma verstorbene Frau von ihrem Mann erschlagen worden war, was entsprechende Recherchen nach sich zog, ohne daß diese Frage letztlich geklärt werden konnte. Der Mann war seit Jahren alkoholabhängig, hatte darüber hinaus Kontakt mit harten Drogen gehabt und war bereits psychiatrisch behandelt worden. Aufgrund der intensiven Ermittlungen war es möglich, den Ablauf der Alkoholintoxikation weitgehend nachzuvollziehen.

Zeitlicher Ablauf der Intoxikation

Es wird beschrieben, daß der Mann am Vorabend einen deutlich betrunkenen Eindruck mit ausgeprägter Stand- und Gangataxie bot. Nach durchwachter Nacht wirkte er am frühen Morgen angeheitert. Diese 1. Phase ist durch eine protrahierte Alkoholaufnahme mit zunächst geringen psychophysischen Auswirkungen gekennzeichnet. Im Laufe des Nachmittags zeigten sich alkoholbedingte erhebliche Beeinträchtigungen wie Torkeln und Lallen; zeitweise wird er schlafend angetroffen. Gegen 17.30 Uhr sieht man ihn im Treppenhaus vor seiner Wohnung: Er sitzt regungslos, starr vor sich hinblickend auf einer Treppenstufe und ist nicht ansprechbar. Gegen 18.30 Uhr wird er bewußtlos, mit dem Gesicht in Erbrochenem liegend aufgefunden (s. Tabelle 1).

Tabelle 1. Verfassung, Verhalten und Alkoholbeeinflussung im Verlauf der Intoxikation

Datum	Uhrzeit	Verfassung/Verhalten	Alkoholeinfluß
19. 7.	21.00–23.00	Schwankt beim Stehen und Gehen, muß gestützt werden	Deutlich
19. 7./20. 7.	23.00– 5.00	Schläft nicht	
20. 7.	5.00–14.00	Angeheitert	Leicht
	14.00–17.30	Schläft phasenweise, torkelt, lallt, depressiv	Stark
	17.30–18.30	Stuporös	Sehr stark
	18.30	Bewußtlos	Sinnlos betrunken

Symptomatik, Diagnose und Maßnahmen

Der Notarzt konnte stabile Kreislaufverhältnisse und Spontanatmung feststellen. Zur Aspirationsprophylaxe erfolgte die Intubation. Nachdem ein Schädel-Hirn-Trauma ausgeschlossen werden konnte, wurde differentialdiagnostisch eine Intoxikation als Ursache dieses komatösen Zustandsbildes erwogen. Während die Kreislaufsituation stabil blieb, bestand nach der Blutgasanalyse trotz Spontanatmung eine respiratorische Azidose mit Hyperkapnie, wobei der CO_2-Partialdruck zunächst 55 mmHg betrug, dann aber ohne assistierte Beatmung auf 48 mmHg abfiel. Es bestand offensichtlich eine alkoholtoxische Beeinträchtigung des Atemzentrums mit konsekutiver Hypoventilation.

Nach Magenspülung besserte sich die Bewußtseinslage zusehends, so daß um 01.00 Uhr die Extubation erfolgen konnte. Zunächst war der Mann verwirrt, klarte jedoch in der Folgezeit zunehmend auf. In den Morgenstunden bot er ein delirantes Zustandsbild, so daß er, nach 2maliger oraler Applikation von Distraneurin, im Verlauf der Vormittagsstunden in ein psychiatrisches Landeskrankenhaus verlegt werden mußte, wo er einige Tage bis zum Abklingen der deliranten Symptomatik behandelt wurde (s. Tabelle 2)

Klinische und laborchemische Auffälligkeiten

Im Befund vom 21. 7. werden erhebliche psychische und psychomotorische Störungen beschrieben. Aus der Gesamtheit der klinischen und laborchemischen Parameter deuten eine Hepatomegalie, eine beginnende Polyneuropathie sowie ein grenzwertig niedriges Albumin bei einer Vermehrung der Immunglobuline als Ausdruck mesenchymaler Reaktion auf eine chronische, nutritiv-toxische Schädigung der Leber hin. Auch eine gering ausgeprägte Hypertriglyzeridämie, ein mäßiger Transaminasenanstieg und die Hyperbilirubinämie sind Ausdruck einer chronischen hepatozellulären Schädigung mit Cholestase, während die Erhöhung des Ammoniaks und die immense Vermehrung der γGT auf eine akute

Tabelle 2. Symptomatik, Diagnose und Maßnahmen nach Eintritt des Komas

Datum	Uhrzeit	Symptomatik	Diagnose	Maßnahmen
20. 7.	18.30	- Nicht ansprechbar - Weite bis mittelweite Pupillen mit träger Lichtreaktion - MDR nicht auslösbar - Hyperkapnie - Spontanatmung	Koma *DD:* Schädelhirntrauma Intoxikation (Opiate, Medikamente)	Intubation Röntgen Klinische und laborchemische Untersuchung
	24.00	- Foetoralcoholicus	Alkohol-intoxikation	Magenspülung
21. 7.	1.00	- Reaktion auf Ansprache - Spontanbewegungen - Öffnet die Augen - Orientierung zur Person - Zeitliche und örtliche Desorientiertheit - Gedächtnisstörungen		Extubation
	8.00	- Starkes Zittern - Akustische	Delirium tremens	Distraneurin
	10.00	Halluzinationen		Verlegung

Klinische und laborchemische Auffälligkeiten nach Ablauf des Komas

Klinisch:	*Laborchemisch:*	
- Psychomotorische Unruhe	γGT	660 U/l
Tremor der Hände	Transaminasen: GOT	62 U/l
Störung des Kurz- und Langzeitgedächtnisses	GPT	28 U/l
	Alkalische Phosphatase	193 U/l
- Dysphorische Stimmung	Bilirubin	2,88 mg/l
- Hepatomegalie	Ammoniak	134 μg/dl
- Distal betonte Hypästhesie und Hypalgesie der Beine bei Verdacht auf beginnende Polyneuropathie	Triglyzeride	223 mg/dl
	Polyklonale Vermehrung der Immunglobuline	IgG, IgA, IgM
	Albumin	55,4%

Alteration des Leberparenchyms - quasi als biochemisches Korrelat der abgelaufenen Alkoholintoxikation - hinweisen (s. Übersicht).

Spezielles Trinkverhalten (Tabelle 3)

Über das Trinkverhalten ließ sich in Erfahrung bringen, daß seit Wochen täglich ein bis zwei Flaschen Wodka konsumiert wurden. Die aktuelle, d.h. die zur

Tabelle 3. Trinkgewohnheiten und aktuelle Trinkmengen

Zeit		Trinkmenge	Alkoholmenge [g]
Seit Wochen		1–2 Flaschen Wodka à 0,7 l (40 Vol.-%)	220–440
20. 7.	7 Uhr	ca. ½ Flasche Wodka à 0,7 l (40 Vol.-%)	~110 g
		1 Flasche Weinbrand à 0,2 l (38 Vol.-%)	60 g
	15 Uhr	1 Flasche Bier à 0,5 l	20 g
	17.15 Uhr	1 Flasche Wodka à 0,7 l (40 Vol.-%)	220 g
		Gesamtmenge	~410 g

Intoxikation führende Trinkmenge wäre damit vergleichbar, so daß sich die Frage stellt, warum das Trinken am 20. 7. zur Bewußtlosigkeit führte. Hierfür bieten sich vor allem zwei Erklärungen an. Zum einen wäre zu berücksichtigen, daß ein Schlafdefizit vorlag, was sich dispositionell auf die Alkoholbelastbarkeit ausgewirkt haben dürfte. Zum anderen fällt auf, daß erst zu einem späten Zeitpunkt und in relativ kurzer Zeit die letzte Flasche Wodka getrunken wurde. Es ist insofern vorstellbar, daß dieses spezielle Trinkverhalten zur Dekompensation führte.

Blutalkoholkonzentrationen und Stundenabfallwert (Tabelle 4)

Der über Wochen erfolgte extrem hohe Alkoholverbrauch fordert eine besondere Konsumptionstoleranz. Diese Überlegung drängt sich auf, wenn man berücksichtigt, daß im 24-h-Rhythmus eine weitgehende Detoxikation erreicht werden muß. Aus der Doppelblutentnahme bietet sich diesbezüglich eine hohe Abbaurate an. Die Messungen erfolgten zu Zeitpunkten, für die eine ungleichmäßige Alkoholverteilung ausgeschlossen erscheint.

Schlußbemerkung

Der Fall dokumentiert, daß extrem hohe Blutalkoholkonzentrationen überlebt werden können, ohne daß eine intensive Behandlung durchgeführt wird. Es

Tabelle 4. Blutalkoholbestimmungen und -konzentrationen/Stundenabfallwert

Datum	Uhrzeit	Blutalkoholkonzentration [‰]
20. 7.	20.07	5,21
	23.55	4,02
Differenz $\Delta t = 3{,}8$ h		$\simeq$ BAK = 1,19
Stundenabfallwert		Δ 60 = 0,31

dürften die besonderen Umstände der Alkoholgewöhnung sein, die ein Überleben im Einzelfall erlauben.

Literatur

Dietz K, Mallach HJ (1979) Über die Verteilung hoher, mit dem Leben noch vereinbarer Blutalkoholwerte. Blutalkohol 16:264–275

Püschel K, Kleiber M, Brinkmann B (1979) Blutalkoholkonzentration von 6,2‰ überlebt. Blutalkohol 16:217–220

In-vitro-Versuche zur postmortalen Alkoholneubildung – Zur Bedeutung der Anaerobier für den postmortalen Stoffwechsel

W. Huckenbeck, J. Barz, W. Bonte, T. Daldrup

Die Problematik der Fäulnisalkohole

Die postmortale Neubildung von Äthanol im faulenden Organismus ist seit geraumer Zeit bekannt. Erste Vermutungen in dieser Richtung werden Ford im Jahre 1859 zugeschrieben. Ausführliche geschichtliche Darstellungen dieses Forschungszweiges finden sich bei Joachim et al. [30] sowie Schneider u. Klug [45].

Da die Differenzierung von postmortaler Neubildung und bereits vital erfolgter Alkoholisierung Bedeutung erlangen kann – man denke nur an versicherungsrechtliche Fragestellungen – wundert es nicht, daß sich im Laufe der Jahre immer wieder Arbeitsgruppen mit dieser Problematik befaßten [1, 4, 8, 9, 12, 22, 30, 33, 34, 39, 40, 44, 46, 51, 54, 55, 56].

Zusätzlich schufen die Untersuchungen an anderen Körperflüssigkeiten [2, 19, 20, 21, 25, 36, 38, 42, 50, 52, 60], an Organen [7, 31], an der Muskulatur [37] und an Magen- und Darminhalt [29, 31] – zumindest im frühpostmortalen Intervall – erweiterte Möglichkeiten der Beurteilung von Leichenblutalkoholbefunden.

Es liegen mittlerweile recht detaillierte Erkenntnisse über die Veränderungen des Blutalkoholspiegels in der Leiche vor. Der Abfall der Äthanolkonzentration in den ersten Tagen post mortem gilt als gesichert [4]. Hierfür werden Alkoholabbau sowie die postmortalen Wasserverschiebungen verantwortlich gemacht. Später kommt es dann zum Anstieg des Äthanolspiegels in der faulenden Leiche.

Die bakterielle Komponente dieser Alkoholneubildung darf als gesichert angesehen werden. Eine ausführliche Übersichtsarbeit lieferte Corry [13].

Mit der bakteriellen Äthanolbildung kommt es dann auch zum Auftreten der höherkettigen typischen „Fäulnisalkohole". Von einigen Autoren wird n-Propanol als häufigster „Fäulnismarker" angegeben [33, 36, 45].

Dennoch ist es trotz umfangreicher Untersuchungen nicht gelungen, einen Korrelationsfaktor zwischen neugebildetem Äthanol und der Konzentration der Fäulnisalkohole zu finden, der eine gesicherte Differenzierung des schon vital bestehenden Äthanolspiegels erlauben würde.

Andere Autoren versuchten auf statistischem Wege eine Einschätzung der maximal möglichen Äthanolneubildung [53]. Wenn die ermittelten Werte auch Anhaltspunkte liefern mögen, so sollten sie dennoch mit Vorsicht betrachtet werden, da ein Überschreiten als möglich angesehen werden muß.

Weiterhin kommt erschwerend hinzu, daß sich bei der Leiche in unterschiedlichen Körperregionen, ja sogar in einander analogen Blutgefäßen voneinander differierende Alkoholkonzentrationen nachweisen lassen [1, 8, 9, 28, 51].

Von Herold u. Prokop wurden selbst innerhalb des Gehirns unterschiedliche Verteilungen nachgewiesen [24].

Bakterielle Besiedlung der Leiche

Die bakterielle Alkoholneubildung hängt von den Faktoren Temperatur, pH-Wert, Keimbesiedlung, Blutzucker und Zeit ab [4].

Hiervon ist die Keimbesiedlung der am schwersten erfaßbare Faktor, da die Fäulnisflora eine Mischflora darstellt, die in unterschiedlichen Körperregionen durchaus differieren kann. Selbst gut konservierte Leichen sind in 40–50% mit Bakterien besiedelt [11, 18, 23, 41, 45, 47, 48].

Als Herkunftsort der anaeroben Fäulnisflora bietet sich der Darmbereich als natürliches Reservoir an. Bekannterweise übertreffen die Anaerobier aber auch auf der Rachen- und Mundschleimhaut die aerotoleranten Keime um das 100- bis 1000fache und auf der äußeren Haut immerhin noch um das 10fache [58, 59].

Zudem können die Anaerobier als in der Natur ubiquitär vorkommend bezeichnet werden.

Die Ausbreitung in der Leiche erfolgt recht schnell. Selbst die Darmwand wird innerhalb kürzester Zeit durchwachsen [35].

Eigene In-vitro-Untersuchungen mit Clostridium sordellii ergaben, daß die Ausbreitung des begeißelten Keimes in Abhängigkeit von Medium, Temperatur und Zeit erfolgt.

In röhrenförmigen Systemen ist eine Ausbreitung über eine Strecke von über einem Meter bei Zimmertemperatur innerhalb von 3 Tagen möglich [17].

Material und Methode

Die untersuchten Bakterienstämme waren unterschiedlicher Herkunft. C. sordellii wurde im Rahmen einer früheren Arbeit aus dem Gehirn einer faulenden menschlichen Leiche isoliert, 3 Clostridienstämme wurden uns freundlicherweise von Frau Prof. Dr. Schallehn (Bonn) zur Verfügung gestellt, die übrigen Stämme bezogen wir über die Deutsche Sammlung von Mikroorganismen (Göttingen).

Als Inkubationsmedien dienten handelsübliche Blutkulturmedien (Thioglykolat, Fa. Merck) sowie menschliches Vollbut, das wir tagesfrisch von der hiesigen Blutbank bezogen.

Die Inkubation erfolgte in Glasfläschchen für die Gaschromatographie, Temperierung wurde im Brutschrank, im Wasserbad und in der Kühlzelle erreicht. Als Gasphase diente Stickstoff.

Die Durchführung der Aminosäurenanalyse wurde bereits an anderer Stelle ausführlich beschrieben [16].

Für die Analysen der Alkohole standen ein Gaschromatograph F 40 (Perkin Elmer) mit gepackter Säule (15% C 1500 auf Kieselgur 60–100 MESH) und ein Sigma 2000 mit 50-m-Kapillarsäulen (SP 1000 ym und PEG Permaphase ym) zur Verfügung.

Die Aufbewahrung der Bakterienstämme erfolgte nach dem Prinzip der getrennten Arbeits- und Stammkulturen bei −20 °C.

Ergebnisse

Analyse von faulendem Leichenblut

Die Abb. 1 zeigt die gaschromatographischen Analysen von 2 Leichenblutproben, die allein nach dem Kriterium „deutliche Fäulnis“ aus unserem Sektionsgut ausgewählt wurden. Schon dem oberflächlichen Betrachter zeigt sich, daß sich eine systematische quantitative Beziehung zwischen Äthanol (neugebildeter Äthanolanteil?) und den Fäulnisalkoholkonzentrationen kaum erstellen läßt. Lediglich die Diagnose „gefaultes Blut“ erscheint gerechtfertigt.

Stoffwechselaktivität der Fäulnisbakterien

Nicht nur lassen sich die Anaerobier in ihrer Bedeutung für die Fäulnis von den Aerobiern trennen, auch innerhalb der anaeroben Flora scheint eine weitere Differenzierung möglich.

Unsere eigenen Untersuchungen ergaben auffallende Übereinstimmungen zwischen der Aminosäurenzusammensetzung des Leichengehirns und den Stoffwechselprodukten von Clostridien [15, 26, 27].

Diese Zusammenhänge sind grundlegender Art und lassen sich zur Todeszeitbestimmung nutzen [16, 17]. C. sordellii zeigt dieses Fermentationsmuster auch im menschlichen Blut. In Abb. 2 findet sich die schematische Darstellung der Chromatogramme von 2 Blutproben - einmal steril, einmal mit C. sordellii kontaminiert bebrütet. Deutlich zeigt sich das spezifische Aminosäurenmuster, wie es auch für einige andere Clostridienspezies bekannt ist [32].

Auch im frischen Leichenblut lassen sich diese bakteriellen Stoffwechselaktivitäten nachweisen.

Abbildung 3 zeigt die Ergebnisse von Äthanol- und Aminosäurenanalysen einer steril aus der rechten Herzkammer einer äußerlich frischen Leiche entnommenen Blutprobe, die anschließend bei 37 °C anaerob bebrütet wurde.

Innerhalb von 10 Tagen stieg die BAK um 1,5‰. Die Aminosäurenanalyse zeigt das stetige, allerdings zeitlich versetzte Ansteigen von α- und γ-Aminobuttersäure- sowie δ-Aminovaleriansäurekonzentration.

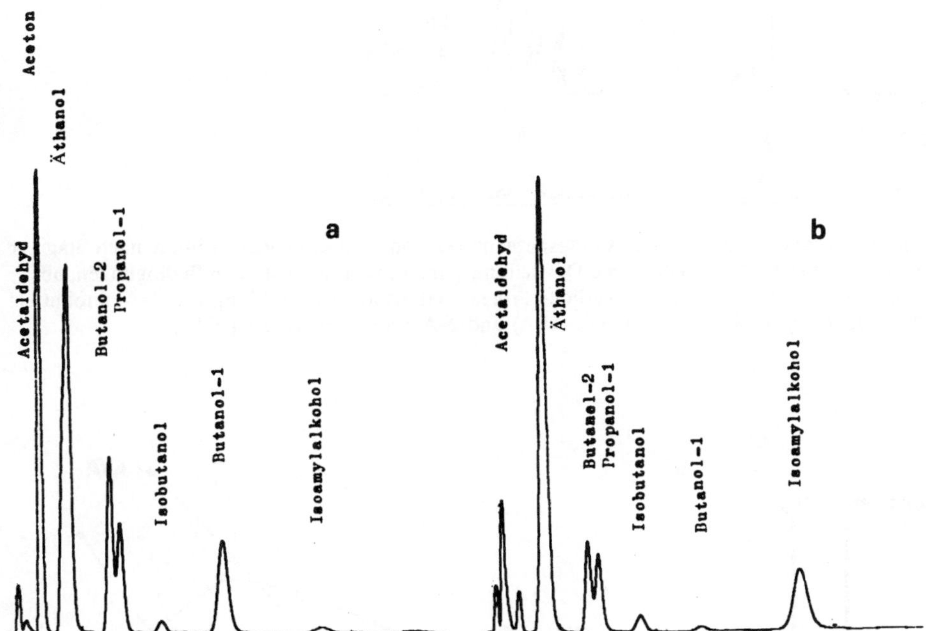

Abb. 1 a, b. Gaschromatographische Analysen von gefaulten Leichenblut. **a.** Sektionsnummer 267/84, männliche Wasserleiche, fortgeschrittener Fäulniszustand, Wassertemperatur 8–9 °C; Liegezeit: mindestens 12 Tage, maximal 20 Tage; Todesursache: Kopfschuß; deutlich ausgeprägter Acetonpeak, deutliche Konzentrationen an Äthanol, Butanol-2, Propanol-1 und Butanol-1. **b** Sektionsnummer 277/84, männliche Wohnungsleiche, starke Fäulnis- und Verwesungszeichen, Temperatur nicht bekannt; Liegezeit: maximal 8 Tage; Todesursache: vermutlich Lobärpneumonie; deutlicher Acetaldehydpeak, nennenswerte Konzentrationen an Äthanol, Butanol-2, Propanol-1 und Isoamylalkohol

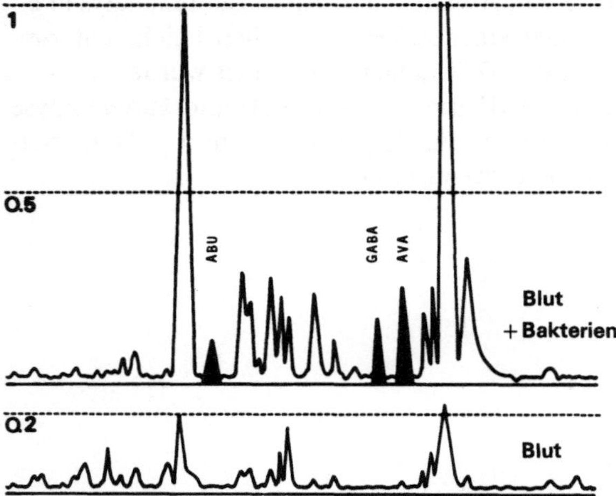

Abb. 2. Chromatogramme der Aminosäureanalyse von menschlichem Vollblut nach 3tägiger Inkubation bei 37 °C (schematische Darstellung); unten: Blut unter sterilen Bedingungen, oben: kontaminiert mit C. sordellii - deutliche Proteasenaktivität sowie Bildung von α-Aminobuttersäure (ABU), γ-Aminobuttersäure (GABA) und δ-Aminovaleriansäure (AVA)

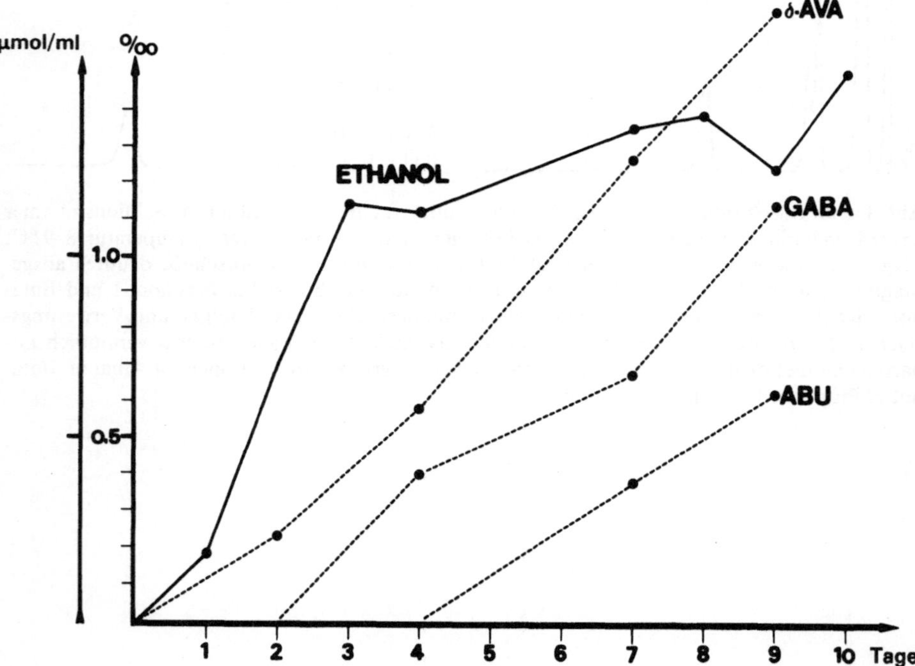

Abb. 3. 10tägige Bebrütung von Leichenblut, das unter sterilen Bedingungen aus der rechten Herzkammer einer frischen Leiche entnommen wurde (Inkubation anaerob bei 37 °C); 1. Ordinate sowie gestrichelte Verlaufskurven zeigen den Konzentrationsanstieg der spezifischen Aminosäure, 2. Ordinate und durchgezogene Verlaufskurve den Anstieg der Äthanolkonzentration

Alkoholproduktion in C. sordellii

C. sordellii, dessen Aminosäurenstoffwechsel bereits weitgehend untersucht wurde, produziert ebenfalls in nicht geringem Umfang Äthanol. Die Ergebnisse einer Inkubation in menschlichem Vollblut zeigt Abb. 4.

Sämtliche unbeimpften Parallelansätze erbrachten keinen positiven Befund, so daß die Untersuchungsergebnisse als gesichert angesehen werden können.

Die Reaktionen verlaufen temperaturabhängig und zeigen bis 35 °C, dem Bereich des Wachstumsoptimums [26], eine Aktivitätssteigerung (Abb. 5).

Die Streubreiten der Meßwerte führen wir auf die Inhomogenität des Mediums Vollblut zurück.

Dennoch zeigt die graphische Auftragung der maximal aufgefundenen Konzentrationen an Fäulnisalkoholen einen recht geordneten Anstieg, so daß es möglich sein dürfte, zumindest für Reinstämme Korrelationsfaktoren zwischen Äthanol- und Fäulnisalkoholbildung zu finden (Abb. 6).

Zur pH-Abhängigkeit der Reaktionen liegen bisher nur erste Ergebnisse vor, die allerdings den Schluß zulassen, daß das Optimum der Äthanolproduktion im Alkalischen liegt.

Vergleicht man dies mit unseren Befunden im Aminosäurenstoffwechsel [26, 27] ergibt sich, daß hier am ehesten eine gewisse Parallelität zur Bildung der δ-Aminovaleriansäure besteht.

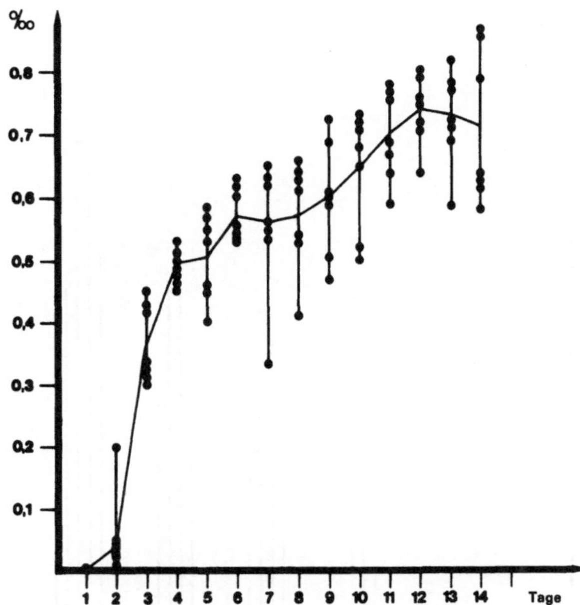

Abb. 4. Äthanolproduktion von C. sordellii in menschlichem Vollblut bei 37 °C (n = 7); in den gleichzahlig angesetzten sterilen Inkubationsgefäßen fand keine Äthanolbildung statt

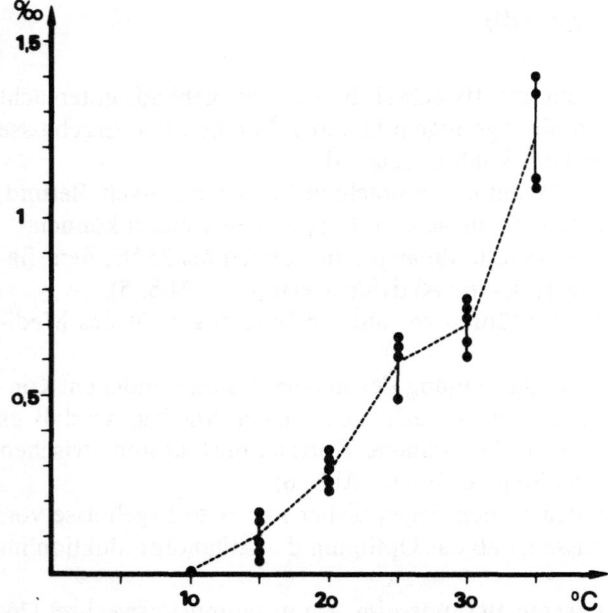

Abb. 5. Äthanolproduktion durch C. sordellii – Temperaturabhängigkeit; Bebrütung über 5 Tage in menschlichem Vollblut (Blutkonserve)

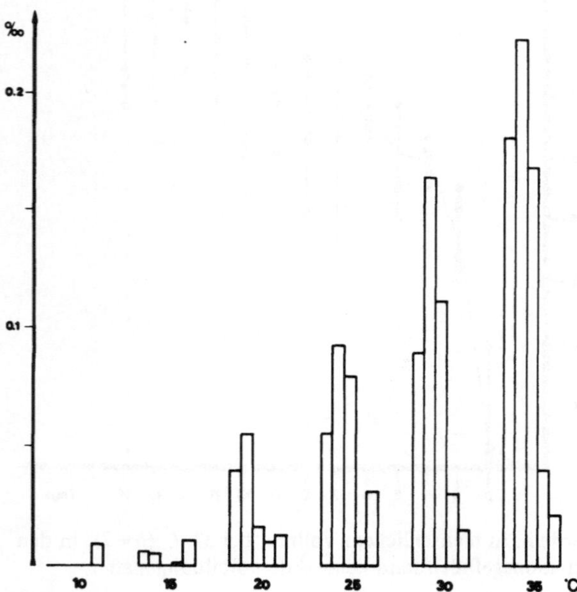

Abb. 6. Bildung von Fäulnisalkoholen durch C. sordellii – Temperaturabhängigkeit; Maximalkonzentrationen nach 5 Tagen Bebrütung in menschlichem Vollblut (Blutkonserve); jeweils in der Reihenfolge: Propanol-1, Isobutanol, Butanol-1, Isoamylalkohol, n-Amylalkohol

Bakterielle „Alkoholprofile“

Da die menschliche Darmflora eine Mischflora darstellt und auf Haut und Schleimhäuten mit unterschiedlichsten Bakterien zu rechnen ist, ja neben anaeroben und aeroben auch fakultativ anaerobe und „nur“ aerotolerante Keime beachtet werden müssen, halten wir es für notwendig, in größerem Umfang die mehr oder weniger ubiquitär vorkommenden Bakterien auf ihre Bedeutung für die Fäulnis und hier v. a. auf ihren Alkohol- und Aminosäurestoffwechsel zu untersuchen. Dies soll in forensischer, thanatochemischer und thanatobakteriologischer Hinsicht erfolgen.

Nach unseren bisherigen Erkenntnissen spielen bei der Alkoholbildung wiederum die Clostridien die bedeutendste Rolle, doch müssen weitere Ergebnisse der laufenden Versuche abgewartet werden. Abbildung 7a–l zeigt einige Alkoholprofile der von uns untersuchten Bakterien.

Einen interessanten Befund ergab die Untersuchung von Staphylococcus xylosus, der zwar nicht unbedingt ubiquitär vorkommt, sich aber durch reichliche Produktion von Äthanol ohne nennenswerte begleitende Fäulnisalkoholbildung auszeichnete. Dieser Befund belegt, daß auch die „Fäulnismarker“ wie n-Propanol mit Vorsicht betrachtet werden müssen.

Wechselbeziehungen zwischen Eiweiß- und Alkoholstoffwechsel sind nicht auszuschließen [5, 57]. Inwieweit auf eigene frühere Untersuchungen zurückgegriffen werden kann, muß sich noch zeigen [6, 14].

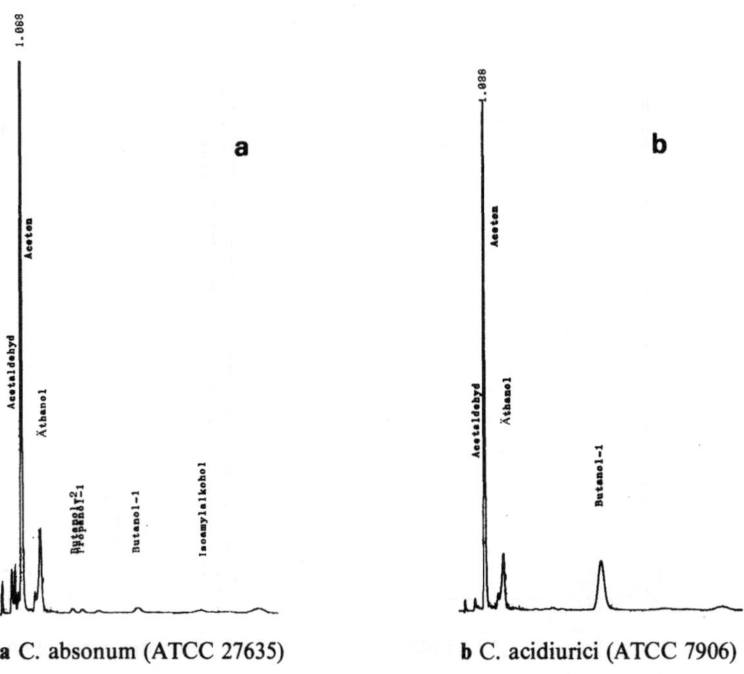

a C. absonum (ATCC 27635) **b** C. acidiurici (ATCC 7906)

Abb. 7 a, b. Bakterielle Alkoholprofile

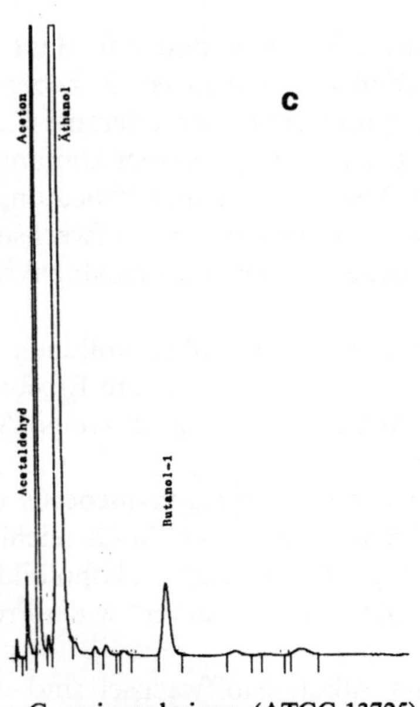

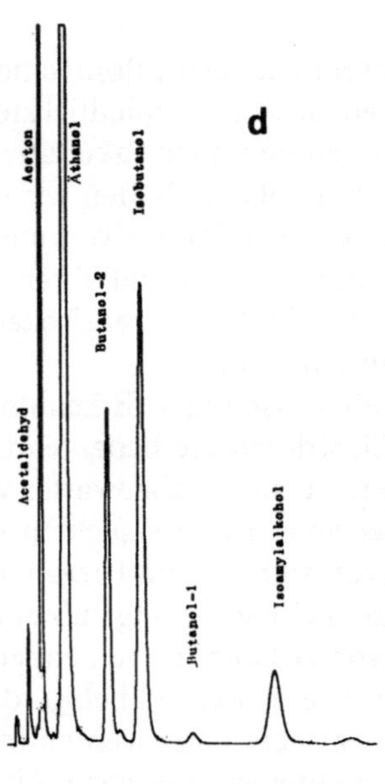

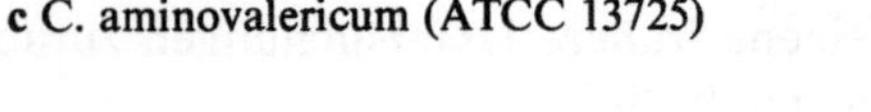

c C. aminovalericum (ATCC 13725) **d** C. glycolicum (ATCC 14880)

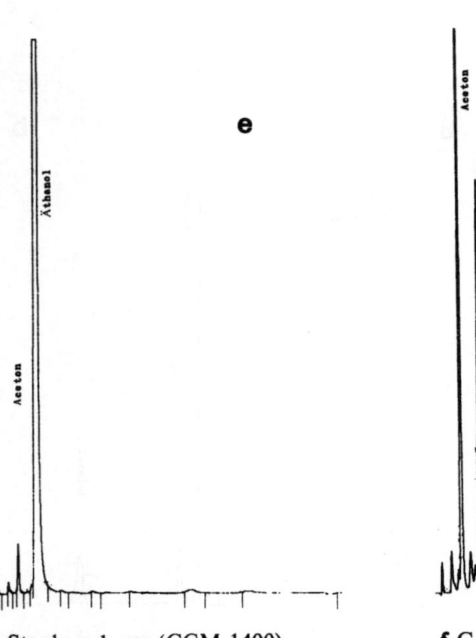

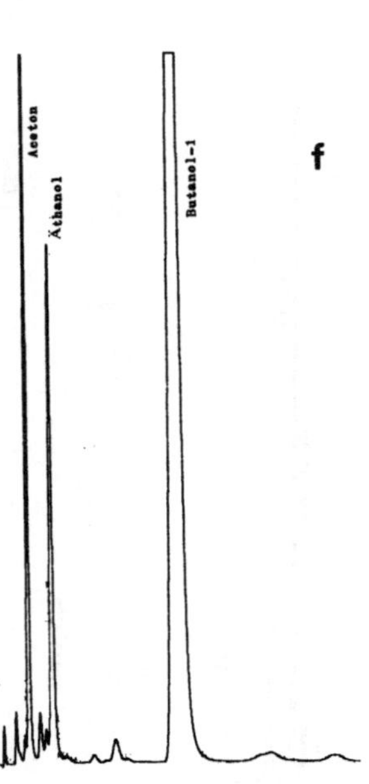

e Staph. xylosus (CCM 1400) **f** C. aurantibutyricum (ATCC 17777)

Abb. 7 c–f. Bakterielle Alkoholprofile

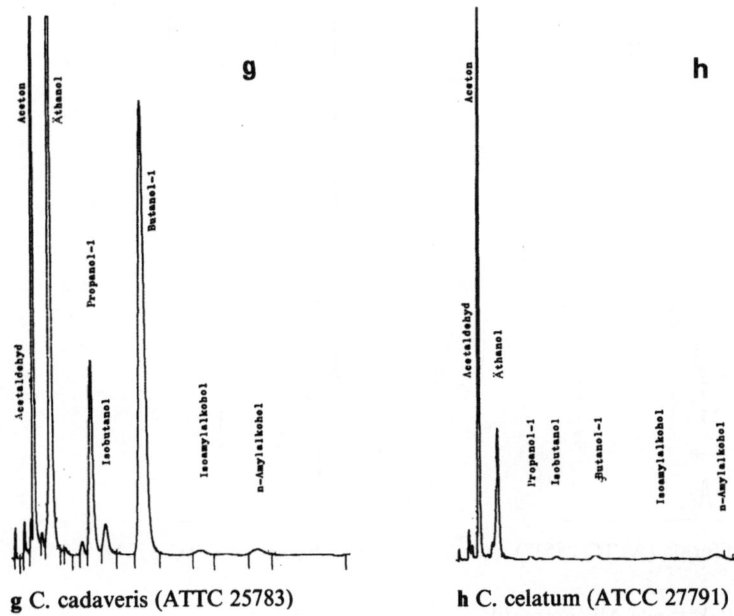

g C. cadaveris (ATTC 25783) **h** C. celatum (ATCC 27791)

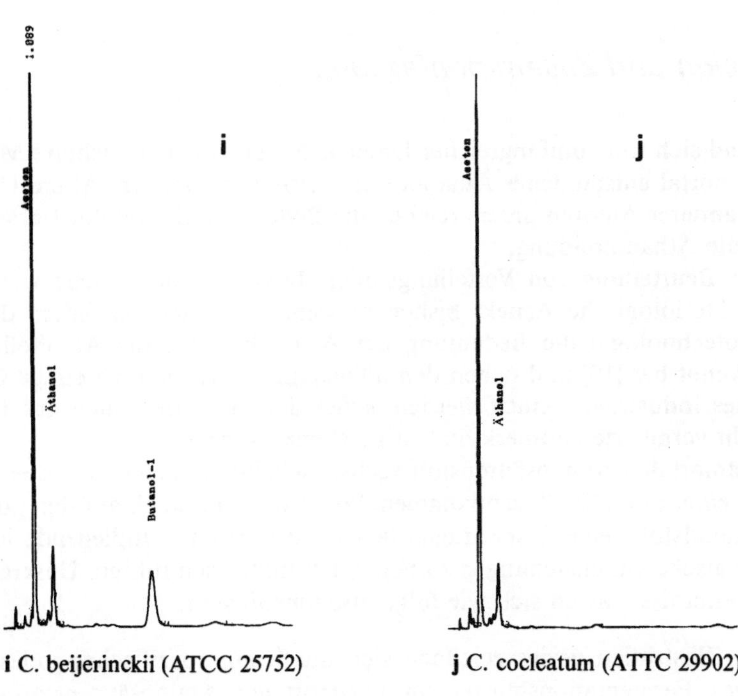

i C. beijerinckii (ATCC 25752) **j** C. cocleatum (ATTC 29902)

Abb. 7 g–j. Bakterielle Alkoholprofile

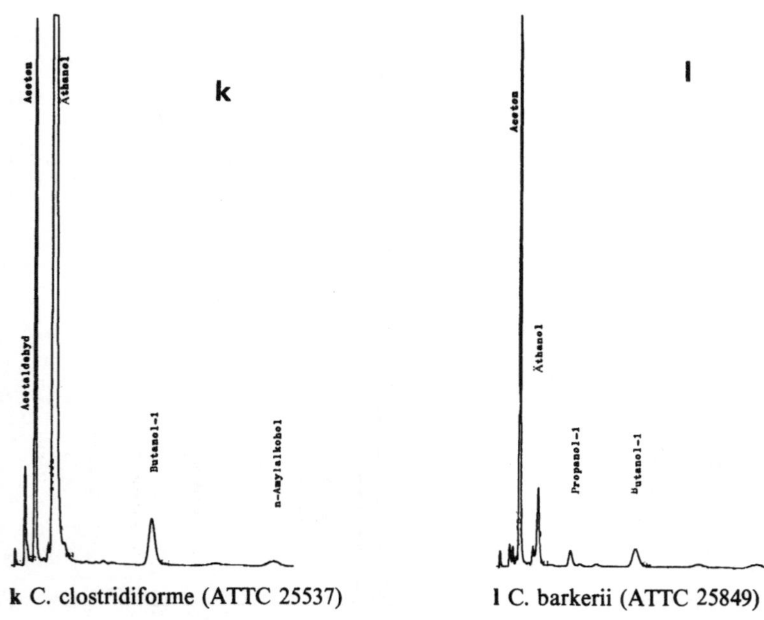

k C. clostridiforme (ATTC 25537) **l** C. barkerii (ATTC 25849)

Abb. 7 k–l. Bakterielle Alkoholprofile

Diskussion und Zusammenfassung

Bisher fand sich trotz umfangreicher Untersuchungen keine gesicherte Möglichkeit, postmortal entstandenes Äthanol quantitativ abzugrenzen. Ältere Untersuchungen anderer Autoren unterstreichen die Bedeutung der Fäulnisflora für die postmortale Äthanolbildung.

Bei der Beurteilung von Verteilungsunterschieden in der Leiche wurde der thanatobakteriologische Aspekt bisher zu wenig beachtet. Nachdem die moderne Biotechnologie die Bedeutung der Anaerobier für die Alkoholbildung längst erkannt hat [10] und neben den altbekannten Hefen auch einige Clostridienspezies industriell genutzt werden, sollte den Bakterien auch aus forensischer Sicht vermehrte Aufmerksamkeit geschenkt werden.

Im postmortalen Aminosäurenstoffwechsel scheint einigen Clostridienspezies die Rolle einer „Leitflora" zuzukommen. Sollte sich dies auch auf den postmortalen Alkoholstoffwechsel übertragen lassen, so dürften grundlegende leichenbakteriologische Untersuchungen zu neuen Erkenntnissen führen. Unsere bisherigen Erkenntnisse lassen sich wie folgt zusammenfassen:

1) Einige Clostridienspezies zeichnen sich durch ein spezifisches todeszeitabhängiges Fermentationsmuster im postmortalen Aminosäurenstoffwechsel aus.

2) Bei der Alkoholbildung durch die Fäulnisflora scheint ebenfalls einigen Clostridienspezies eine führende Rolle zuzukommen.
3) Einer dieser Keime ist C. sordellii. Er produziert einerseits α- und γ-Aminobuttersäure sowie δ-Aminovaleriansäure, andererseits Äthanol, Propanol-1, Isobutanol, Butanol-1, Iso- und n-Amylalkohol. Die Äthanolbildung wird bis über 30 °C aktiviert, das pH-Optimum liegt im Alkalischen.
4) In Reinkulturen scheinen durchaus Korrelationen zwischen der Bildung von Äthanol und Fäulnisalkoholen zu bestehen.
5) In Mischkulturen dürfte den Beziehungen zwischen Äthanolbildung und Konzentrationsänderungen im Aminosäurenstoffwechsel die größere Bedeutung zukommen.

Literatur

1. Abele G, Scholz R (1959) Alkoholbestimmung im Leichenblut. Dtsch Z Gerichtl Med 48:393-399
2. Audrilicky I, Pribilla O (1971) Vergleichende Untersuchung der Alkoholkonzentration im Blut, der Glaskörperflüssigkeit, der Synovialflüssigkeit und im Harn. 2. Mitteilung. Blutalkohol 8:116-121
3. Backer RC, Pisano RV, Sopher IM (1980) The comparison of alcohol concentrations in postmortem fluids and tissues. J Forensic Sci 25/2:327-331
4. Berghaus G, Dotzauer G (1981) Die Blutentnahme an der Leiche für die Alkoholkonzentrationsbestimmung. Lebensversicher Med 1:19-21
5. Bogusz M, Guminsca M, Markiewicz J (1972) Studies on the formation of ethanol as its precursors from some di- and tricarbonic compounds in putrefying blood in vitro. Forensic Sci 1:229-237
6. Bonte W, Bleifuss J, Volck J (1976) Experimental investigations in post-mortem protein degradation. Forensic Sci 7:9-22
7. Bonventre J, Valanju S, Bastos ML (1982) Evaluation of ethanol analysis on brain and liver by head-space gas chromatography. Forensic Sci Int 19:75-83
8. Brettel HF (1969) Erfahrungen mit Wassergehaltsbestimmungen bei Leichenblut. Blutalkohol 6:439-449
9. Brettel HF (1970) Über Beziehungen zwischen dem Abfall der Blutalkoholkonzentration und dem Wasserverlust des Blutes nach dem Tode. Blutalkohol 7:54-64
10. Bringer S, Sahm H (1985) Ethanolproduktion mit Bakterien. BTF Biotech Forum 2/3:156-160
11. Burn CG (1934) Postmortem bacteriology. J Inf ed Dis 54:395-403
12. Clark MA, Jones JW (1982) Studies on putrefactive ethanol production. I. Lack of spontaneous ethanol production in intact human bodies. J Forensic Sci 27/2:366-371
13. Corry JEL (1978) Possible sources of ethanol antemortem and postmortem: Relationship to the biochemistry and microbiology of decomposition. J Appl Bacteriol 44:1-56
14. Daldrup T (1979) Postmortaler Eiweißzerfall in menschlichen Organen. Reaktionen und zeitliche Zusammenhänge. Triltsch, Düsseldorf
15. Daldrup T (1981) Zur Kinetik des postmortalen Glutaminsäurestoffwechsels im Gehirn. Z Rechtsmed 86:195-203
16. Daldrup T (1984) Die Aminosäuren des Leichengehirnes – Ihre Bedeutung für Todesursachen- und Leichenaltersbestimmungen. Enke, Stuttgart
17. Daldrup T, Huckenbeck W (1984) Die Bedeutung des Fäulnisbakteriums Clostridium sordellii für die Leichenaltersbestimmung. Z Rechtsmed 92:121-125

18. De Jough DS, Loftis JW, Green GS, Shively JR, Minckler TM (1968) Postmortem bacteriology. A practical method for routine use. Am J Clin Pathol 49/2:424–427
19. Gelbcke HP, Lesch P, Spiegelhalder B, Schmidt G (1978) Postmortale Alkoholkonzentrationen 1 - Die Alkoholkonzentration im Blut und in der Glaskörperflüssigkeit. Blutalkohol 15:1–9
20. Gelbke HP,Lesch P, Spiegelhalder B, Schmidt G (1978) Postmortale Alkoholkonzentrationen II. - Die Alkoholkonzentration im Blut und Liquor cerebrospinalis. Blutalkohol 15:11–17
21. Gelbke HP, Lesch P, Schmidt G (1978) Postmortale Alkoholkonzentrationen III. - Die Alkoholkonzentration im Liquor cerebrospinalis und in der Glaskörperflüssigkeit. Blutalkohol 15:115–124
22. Grüner O, Baierl HD, Deutschmann W (1965/66) „Blutalkoholwerte bei Wasserleichen" Blutalkohol 3:326–334
23. Gutfeld F von, Mayer E (1932) Die Bewertung von Bakterienbefunden, das Eindringen und die Verteilung von Keimen. Zentralbl Bakteriol 124:122–159
24. Herold K, Prokop O (1960) Postmortale Alkoholverteilungsunterschiede im Gehirn. Dtsch Z Gerichtl Med 50:1–8
25. Heumann R, Pribilla O (1970) Über die Beziehung des Alkoholgehaltes in der Glaskörperflüssigkeit, im Blutserum und im Harn bei Leichen. Blutalkohol 7:463–469
26. Huckenbeck W, Daldrup T (1984) Der Abbau von Glutaminsäure und Prolin in Clostridium sordellii unter leichenbakteriologischen Aspekten. Zentralbl Bakteriol Mikrobiol Hyg [A]258:51–61
27. Huckenbeck W, Daldrup T (1984) Die Bildung von Alpha-Aminobuttersäure in Clostridium sordellii. Zentralbl Bakteriol Mikrobiol Hyg [A]258:62–68
28. Iffland R, Palm W (1979) Untersuchungen zur postmortalen Alkoholverteilung in Blutgefäßen und Körperflüssigkeiten. Blutalkohol 16:81–96
29. Iffland R, Saternus KS (1984) Zur Alkoholkonzentration von Magen- und Darminhalten und deren Bedeutung für eine postmortale Diffusion. Blutalkohol 21:347-362
30. Joachim H, Wuermeling HB, Wüst U (1975) Die postmortale Entstehung von Äthanol im Diabetikerblut und -harn. Blutalkohol 12:217–235
31. Krauland W, Klug E, Toffel P (1979) Zur Bestimmung der Alkoholkonzentration in Leichenorganen. Blutalkohol 16:290–299
32. Mead CG (1971) The amino acid-fermenting clostridia. J Gen Microbiol 67:47–56
33. Mebs D, May M (1980) Weitere Studien zur postmortalen Alkoholbildung. Blutalkohol 17:207–213
34. Mebs D, May M (1982) Zur Problematik der postmortalen Alkoholbildung. Lebensversicher Med 1:17–19
35. Melvin JR, Cronholm LS, Simson LRL, Isaacs AM (1984) Bacterial transmigration as an indicator of time of death. J Forensic Sci 29:412–417
36. Nanikawa R, Kotoku S (1971) Medico-legal evaluation of the ethanol levels in cadaveric blood and urine. Yonago Acta Med 15/2:61–69
37. Nanikawa R, Ameno K, Hashimoto Y, Hamada K (1982) Medicolegal studies on alcohol detected in dead bodies - Alcohol levels in skeletal muscle. Forensic Sci Int 20:133–144
38. Norheim G (1972) Postmortem alcohol in vitreous humour. Blutalkohol 9:187–191
39. Osterhaus E (1973) Abschließende Ergebnisse gaschromatographischer Untersuchungen zur Frage postmortaler Neubildung von Methanol, Aceton und n-Amylalkohol. Blutalkohol 10:305-309
40. Osterhaus E, Johannismeier K (1966) Postmortale Entstehung von Alkoholen durch Fäulnis. Dtsch Z Gerichtl 57:281-284
41. O'Toole WF, Saxena HMK, Golden A et al. (1965) Studies of p.m. microbiology using sterile autopsy technique. Arch Pathol 80:540–547
42. Piette M, Deconinck L, Timperman J, Thomas F, Majelyne W (1982) Correlation between postmortem ethanol levels in the blood and the testicle. Z Rechtsmed 88:39–48
43. Rassfeld L (1921) Bakteriologische Untersuchungen mit besonderer Berücksichtigung der obligaten Anaerobier. Z Hyg 93:393–406
44. Redetzki H, Johannsmeier K, Dotzauer G (1952) Fäulnis und Äthylalkohol. Dtsch Z Gerichtl Med 41:424–434

45. Schneider V, Klug E (1982) Zum Alkoholnachweis bei faulen Leichen. In: Schultz D, Schlecht GH (Hrsg) Festschrift zum 25jährigen Juliläum des Bundes gegen Alkohol im Straßenverkehr e.V., Landessektion Berlin, S 223–238
46. Schwerd W (1954) Die Beurteilung von Alkoholbefunden im Leichenblut. Dtsch Z Gerichtl Med 43:221–231
47. Simmonds M (1903) Über die Methode bakteriologischer Blutuntersuchungen an der Leiche. Zentralbl Allg Pathol Pathol Anat 14:165–168
48. Simmonds M (1904) Über bakteriologische Blutuntersuchungen an der Leiche. Virchows Arch [A]175:418–442
49. Strauch FW (1910) Über bakteriologische Leichenuntersuchungen. Z Hyg Infektionskr 65:183–291
50. Trela F, Bogusz M (1980) Usefulness of ethanol determination in perilymh and skeletal muscle in the case of advanced putrefaction of the body. Blutalkohol 17:198–205
51. Wagner K (1936) Über die Veränderlichkeit des Alkoholgehaltes von Leichenblut und nicht steril aufbewahrten Blutproben. Dtsch Z Gerichtl Med 26:276–292
52. Weiler G, Klöppel A (1977) Zum Aussagewert der Alkoholbestimmung in der Galle. Blutalkohol 14:100–105
53. Weiler G, Reh H (1974) Der Beweiswert gaschromatographischer Blutalkoholbestimmungen bei Leichenfäulnis. Blutalkohol 11:402–408
54. Weinig E (1936) Der Alkoholspiegel im Leichenblut. Dtsch Z Gerichtl Med 26:293–303
55. Weinig E, Lautenbach L (1962) Die Beurteilung von Alkoholbefunden in Leichenblutproben. Blutalkohol 1:222–233
56. Weinig E, Schwerd W, Lautenbach L (1961) Die Neubildung von Äthanol im Leichenblut und ihre forensische Bedeutung. Beitr Gerichtl. Med 21:114–126
57. Wencker D, Louis M, Laugel P, Hasselmann M (1981) Etude de la fraction „Alcools superieurs + Methanol" de diverses eaux-de-vie – I. Les données biochimiques. Ann Falsif Expert Chim 799:429–441
58. Werner H (1982) Klinische Anaerobier-Bakteriologie. Thieme, Stuttgart New York
59. Werner H (1981) Anaerobier-Infektionen. Thieme, Stuttgart New York
60. Zumwalt RE, Bost RO, Sunshine I (1982) Evaluation of ethanol concentrations in decomposed bodies. J Forensic Sci 27/3:549–554

Ein neues Prinzip zur Substanzanreicherung in der Begleitstoffanalytik

L. v. Meyer, G. Kauert, E. Liebhardt

Die Begleitstoffanalyse in der üblichen Form wird heute noch so durchgeführt, wie sie als Head-space-Gasanalyse zur Bestimmung des Äthylalkohols bereits 1964 von Machata angegeben wurde. Dabei wird eine Probe des Blutes zusammen mit einem dampfdruckerhöhenden Salz im geschlossenen Gefäß erwärmt und aus dem Dampfraum eine definierte Menge entnommen. Bei Zugabe von Kaliumkarbonat bindet das Salz das überwiegend vorhandene Wasser, und damit steigt die Alkoholkonzentration im Dampf um ca. den Faktor 10.

Durch diese Dampfdruck- und damit auch Konzentrationserhöhung wurde es möglich, nicht nur Äthylalkohol, sondern auch die anderen in alkoholischen Getränken vorkommenden Alkohole im Blut aufzufinden (Machata u. Prokop 1971). Auf den systematischen Untersuchungen von Bonte et al. (1983) aufbauend kann man hierdurch Hinweise auf die Aufnahme bestimmter Getränke gewinnen. Nachteilig ist bei Anwendung dieses *statischen* Head-space-Verfahrens, daß die Konzentrationen der charakteristischen höheren Alkohole v. a. bei relativ begleitstoffarmen Getränken im Bereich der Nachweisgrenze liegen. Bei geringen Trinkmengen und bei längeren Zeiträumen zwischen Trinkende und Blutentnahme ist häufig eine Aussage über die Aufnahme eines bestimmten Getränks nicht mehr möglich.

Zur Lösung dieses Problems bietet sich eine Modifikation der Head-space-Analytik an. Bei dieser sog. „Purge-and-trap"-Probenentnahme werden flüchtige organische Bestandteile aus einer Matrix, in diesem Fall Wasser, herausisoliert, indem man die Probe mit einem Edelgas durchspült und die Verbindungen auf einem festen Träger wie z. B. Tenax anreichert. Tenax ist ein poröses Polymer auf der Basis von 2,6-Diphenylparaphenylenoxid. Die Verbindungen werden anschließend thermisch desorbiert und mit einem Trägergasstrom in den Gaschromatographen gebracht, wo sie wie üblich getrennt werden.

Eine Variante ist die sog. dynamische Head-space-Analyse, bei der der Gasstrom auf die Flüssigkeitsoberfläche gerichtet ist und sich von dort her mit den flüchtigen Verbindungen anreichert. Bei einer längeren Spülzeit gelangen somit die flüchtigen Verbindungen fast vollständig in den Gasstrom und werden daraus an den festen Träger gebunden.

Das Prinzip der „Purge-and-trap"-Analytik wurde bereits 1967 von Swinnerton u. Linnenbom beschrieben und auch zur Untersuchung biologischer Proben eingesetzt (Robinson et al. 1973; Zlatkis et al. 1973; 1974; Holm u. Lundgren 1984); jedoch sind erst seit kurzer Zeit derartige Geräte kommerziell erhältlich.

Für die Verwendung in der Begleitstoffanalytik ist die Nachweisbarkeit der Nebenprodukte der alkoholischen Gärung entscheidend.

Experimentelle Bedingungen

- Gaschromatographie
- 2-m-Stahlsäule mit 0,1% SP 1000 auf Carbopack C
- Trägergas: He 20 ml/min
- Detektor: FID
- Temperaturprogramm: 60 °C/5 min, dann mit 3 °C/min auf 180 °C
- CDS 320 - Concentrator (Chemical Data Systems, Vertrieb Günter Karl OHG)
- Trap carrier: 20 ml/min
- Sample inlet carrier: 20 ml/min
- GC-Carrier: 20 ml/min
- Valve oven: 200 °C
- Transfer line: 220 °C
- Trap: EPA 624 (Tenax/Silicagel) 300 °C/120 s
- Bake: 300 °C/5 min
- Probe: 0,5 ml wässrige Alkoholstandardlösung
- Headspace: 95 °C/10 min

Abbildung 1 zeigt, daß einige Begleitstoffe offensichtlich sehr gut angereichert und freigesetzt werden, wie z. B. das Äthylacetat. Andere Stoffe wie z. B. n-Butanol werden offensichtlich auf der Falle nicht ausreichend absorbiert. Das Chromatogramm wurde mit einer Abschwächung von 2^8 erhalten, der Flächenwert des 3-Methylbutanols in diesem Beispiel entspricht 877150. Diese Werte machen die Anreicherung gegenüber der direkten Head-space-Analyse deutlich. Man rechnet mindestens mit dem 100fachen. Wir haben anschließend eigene Erfahrungen mit diesem Gerät gewonnen. Dabei zeigten sich in der praktischen Anwendung etliche Schwierigkeiten. Bei der vorgeschlagenen Desorptionstemperatur von 300 °C kommt es, selbst aus Wasser, zum Auftreten nicht reproduzierbarer Peaks (Abb. 2). Die chromatographischen Bedingungen sind gegenüber Abb. 1 verändert.

Eine Testlösung mit Isoamylalkohol erbrachte praktisch das gleiche Bild (Abb. 3); offensichtlich werden die Isoamylalkohole bei einer derartigen Desorptionstemperatur zersetzt. Beim Herabsetzen der Ausheiztemperatur auf 200 °C sind die Peaks der Isoamylalkohole bei 9,39 min dagegen klar erkennbar (Abb. 4). Die zahlreichen Peaks, die man neben den Isoamylalkoholen erkennt, sind offensichtlich nicht nur Zersetzungsprodukte. Bei dieser Anreicherungsmethodik sind im Gegensatz zur üblichen Head-space-Analyse auch Stoffe mit sehr geringem Dampfdruck extrahierbar. In der Literatur wurde aus Wasser heraus die Anreicherung des Paraffins C^{20} mit einem Siedepunkt von 343 °C beschrieben (Adlard u. Danenport 1983). Demineralisiertes Wasser ist als Lösungsmittel hier nicht verwendbar. Selbst beim Abkochen von hochreinem Wasser für Injektionszwecke treten noch aus dem Wasser stammende Verunreinigungen auf.

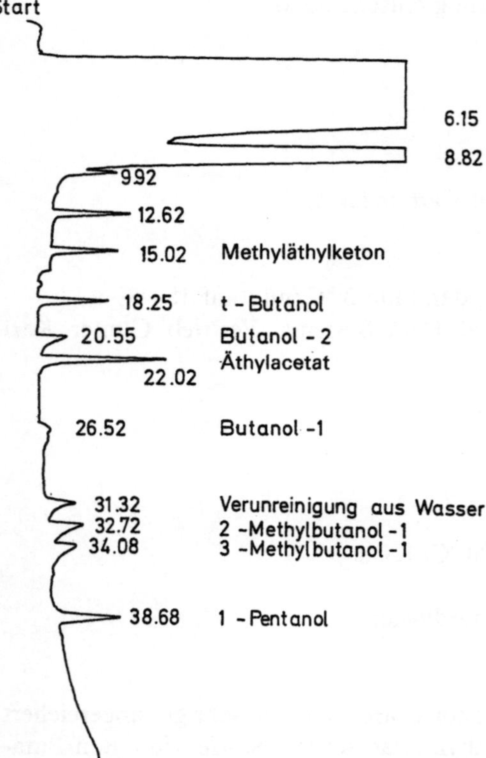

Abb. 1. Chromatogramm eines wäßrigen Begleitstoffgemisches (Konzentration 0,05 mg/l) nach dynamischer Head-space-Analyse (Zahlen: Retentionszeit Rt in min)

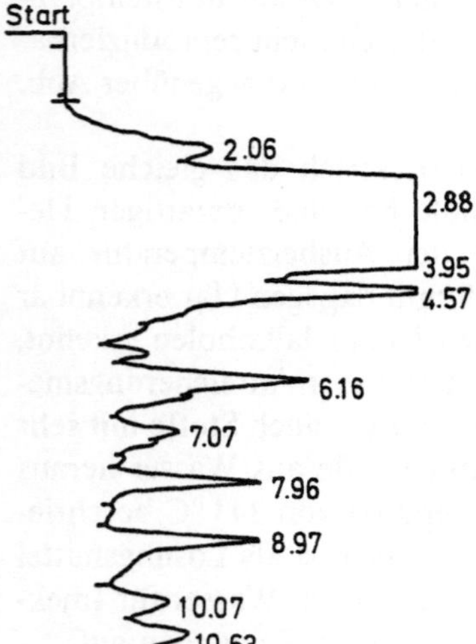

Abb. 2. Wasser bei 300 °C Desorptionstemperatur (Zahlen: s. Abb. 1)

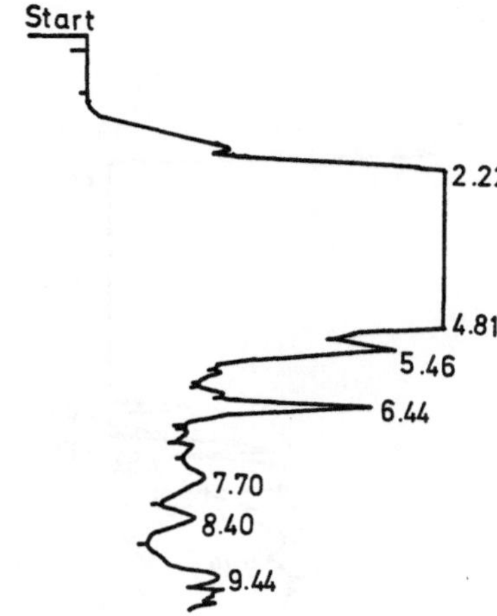

Abb. 3. Isoamylalkohollösung (0,76 mg/l) bei 300 °C Desorptionstemperatur (Zahlen: s. Abb. 1)

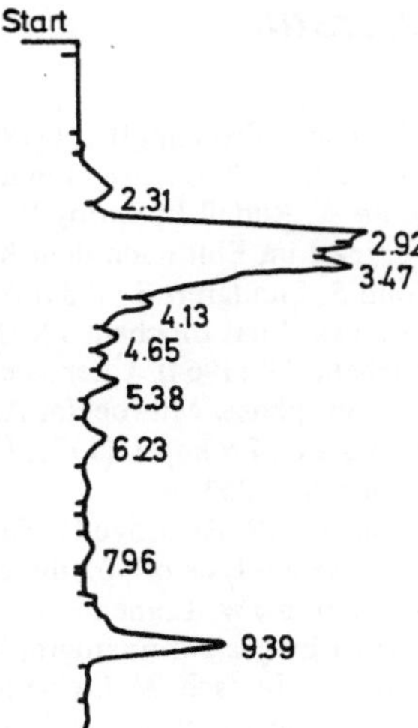

Abb. 4. Isoamylalkohollösung (0,76 mg/l) bei 200 °C Desorptionstemperatur (Zahlen: s. Abb. 1)

Diese Empfindlichkeit stellt zur Zeit die größte Schwierigkeit bei der Anwendung dieser Methode zur Begleitstoffanalyse dar.

Wir haben dieses System auch für Blut eingesetzt (Abb. 5). Dabei sind im Gegensatz zur konventionellen Head-space-Chromatographie bei etwa 9 min Isoamylalkohole nachweisbar. Daneben sind jedoch noch zahlreiche andere nicht identifizierte Substanzen erkennbar.

Man sieht, daß zur routinemäßigen Anwendung in der Begleitstoffanalytik noch weitere umfangreiche Untersuchungen notwendig sind. Empfindlichkeit und Erfaßbarkeit auch schwerer flüchtiger Substanzen sollten es jedoch ermöglichen, die Aussagekraft und Sicherheit der Begleitstoffanalytik zu verbessern.

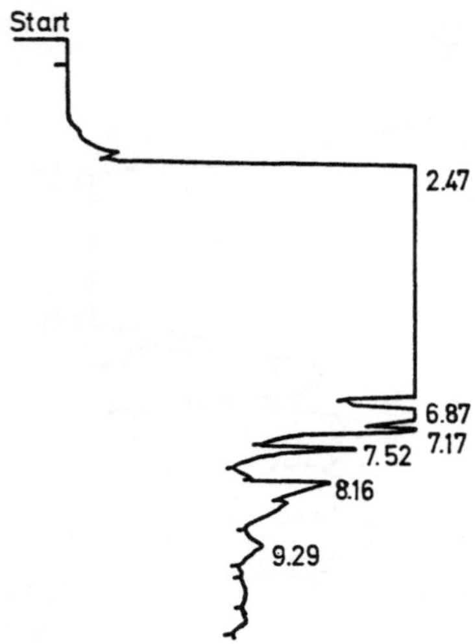

Abb. 5. Blutprobe nach Biergenuß (BAK 3,24‰) bei 200 °C Desorptionstemperatur (Zahlen: s. Abb. 1)

Literatur

Adlard ER, Dauenport JN (1983) A study of some of the parameters in purge and trap chromatography. Chromatographia 17:421–425

Bonte W, Rudell E, Spring R, Frauenrath C, Facius A, Reihs U, Walther W (1983) Begleitstoffspiegel im Blut nach dem Konsum alkoholischer Getränke, Blutalkohol 20:313–327

Holm S, Lundgren E (1984) A purge-and-trap-method for the analysis of acetone in biological tissues. Anal Biochem 136:157–160

Machata G (1964) Über die gaschromatographische Blutalkoholbestimmung. Analyse der Dampfphase. Mikrochim Acta 2–4:262–271

Machata G, Prokop L (1971) Über Begleitsubstanzen alkoholischer Getränke im Blut. Blutalkohol 8:349–353

Robinson AB, Partridge D, Turner U, Teraniski R, Pauling L (1973) An apparatus for the quantitative analysis of volatile compounds in urine. J Chromatogr 85:19–29

Swinnerton JW, Linnenbom J von (1967) Determination of the C_1 to C_4 hydrocarbons in sea water by gas chromatography. J Gas Chromatogr 5:570

Zlatkis A, Bertsch W, Lichtenstein HA et al. (1973) Profile of volatile metabolities in urine by gas chromatography – Mass spectrometry. Anal Chem 45:763–767

Zlatkis A, Bertsch W, Bafuss A, Liebich HU (1974) Analysis of trace volatile metabolites in serum and plasma. J Chromatogr 91:379–383

Mögliche Nebenwirkungen und Komplikationen der parenteralen Äthanolapplikation bei humanexperimentellen Untersuchungen – Literaturübersicht und Erfahrungsbericht über 120 Einzelversuche

V. Schmidt, M. Oehmichen

Einleitung

Bestrebungen, die narkotische, hypnotische und analgetische Wirkung des Äthylalkohols durch i.v. Gabe therapeutisch nutzbar zu machen, hat es bereits gegen Ende des letzten Jahrhunderts gegeben [23]. Eine medizinhistorische Übersicht hierzu haben Dundee et al. [10] zusammengestellt. Ein Versuch, Äthylalkohol als intravenöses Anästhetikum einzuführen, wurde 1929 von dem Mexikaner Marin (zit. nach [4]) unternommen. Vor allem mangelnde Steuerbarkeit der Wirkungen sowie erhebliche Komplikationsraten zwangen jedoch alsbald wieder zur Aufgabe dieser Methode. Erst in den letzten beiden Jahrzehnten fand die i.v. Äthylalkoholgabe in der Anästhesiologie wieder größere Bedeutung [7–9, 11, 12, 28, 57]. Dabei nutzte man v.a. die stark ausgeprägte Eigenschaft des Äthylalkohols, mit anderen Pharmaka in Wechselwirkung zu treten [5, 24, 35, 48].

Im wesentlichen gibt es heute 4 Anwendungsbereiche kontrollierter parenteraler Äthanolzufuhr in der Klinik:

1) Dosisreduzierung von Arzneimitteln, z.B. von zentral wirksamen Arzneistoffen wie Opiaten oder Barbituraten [2, 10, 11] zur präoperativen Sedierung bzw. zur postoperativen Analgesie;
2) hochkalorische Ernährung im Rahmen roborierender Maßnahmen zur Erzielung eines anabolen Stoffwechsels [2];
3) Akuttherapie von Methanol- und Diäthylenglykolintoxikationen [41];
4) Spezielle Schmerzbehandlung [16, 18] sowie Prophylaxe eines postoperativen oder posttraumatischen Entzugsdelirs [46].

Auf die forensische Bedeutung einer intensivmedizinischen Therapie mit äthanolhaltigen Infusionslösungen im Zusammenhang mit der Beurteilung von Blutalkoholkonzentrationen wurde bereits mehrfach hingewiesen [1, 29, 58, 61].

Das besondere rechtsmedizinische Interesse an der parenteralen Äthanolapplikation liegt in der Tatsache begründet, daß durch die Ausschaltung von Resorptions- bzw. Diffusionsvorgängen im Magen-Darm-Trakt die Alkoholkinetik kontrolliert erfaßt werden kann. In den letzten Jahren sind daher wiederholt experimentelle Untersuchungen zu verschiedenen Fragen sowohl im Human- als auch im Tierexperiment durchgeführt worden [17, 19, 21, 22, 32-34, 36-38, 60, 62, 63].

Prinzipiell hat sich das Modell einer parenteralen Alkoholzufuhr bei der Erforschung von Grundlagen der Äthanolkinetik im Körper des Menschen bewährt. Im Hinblick auf zukünftige Anwendungsmöglichkeiten, z. B. mit automatisierten Steuerungssystemen zur Regelung der Infusionsgeschwindigkeit durch kontinuierliche Messung der Blutalkoholkonzentration, erscheint es sinnvoll, über die bisher durchgeführten eigenen Versuchsergebnisse unter dem Aspekt möglicher Komplikationen zu berichten.

Material und Methodik

Ausgewertet wurden 120 Einzelversuche, die unter verschiedenen Fragestellungen durchgeführt wurden. Die Ergebnisse sind teils bereits publiziert [43, 49-52], teils in Druck bzw. in Vorbereitung [27, 53-56].

Lediglich in den ersten beiden Untersuchungsserien (fortlaufende Nummern der Einzelversuche 1-12, vgl. Tabelle 1) wurde Alkohol kombiniert enteral und parenteral verabreicht. In allen weiteren Untersuchungen erhielten die Versuchspersonen den Alkohol ausschließlich parenteral. Das Grundmodell der Versuchsanordnung blieb weitgehend konstant. Nach Abschluß einer Aufsättigungsphase bis zum Erreichen eines Gipfelwertes wurde anschließend durch gedrosselte, individuell dosierte Alkoholzufuhr über einen bestimmten Zeitraum hinweg ein konstanter Blutalkoholspiegel aufrechterhalten. Die Zusammenstellung der wesentlichen Daten zu den jeweiligen Experimenten ist der Zusammenstellung in Tabelle 1 zu entnehmen, wobei ca. 15 Pilot- bzw. Selbstversuche zur Prüfung der Anwendbarkeit des Versuchsmodells nicht berücksichtigt sind.

Im einzelnen liefen die Versuche regelmäßig nach folgendem Schema ab: Versuchsbeginn war morgens 08.00 Uhr. Über eine Braunüle wurde den Probanden eine Lösung bestehend aus NaCL bzw. Glukose mit Äthanolzusatz (Alkoholkonzentrat Pfrimmer) parenteral verabreicht. Die kontinuierliche Dauerinfusion erfolgte mittels einer Infusionspumpe (Hersteller: P. Eckli SA, Schweiz). Die Blutalkoholverlaufskurven wurden durch zahlreiche Kontrollbestimmungen dokumentiert. Während der Infusionsdauer befanden sich die Probanden auf Liegen, nach Infusionsende bis zum Abschluß des Versuchs konnten sie sich frei bewegen. Während des gesamten Versuchablaufs war mindestens ein Arzt ständig anwesend, maximal 2 Probanden wurden gleichzeitig einem Experiment unterzogen.

An den je nach Fragestellung modifizierten Versuchsanordnungen waren insgesamt 29 männliche Versuchspersonen beteiligt. Die wesentlichen Personendaten sowie die Zahl der Versuchsbeteiligungen sind in Tabelle 2 zusammengestellt. Wichtige Kriterien waren körperliche Gesundheit, leere Suchtanamnesen sowie Alkoholverträglichkeit. Eine klinische Untersuchung der Probanden vor Versuchsbeginn war obligat. Im Rahmen der Erhebung klinischer Daten wurde

Tabelle 1. Zusammenstellung der jeweils maximalen BAK-Werte, der infundierten Alkoholmengen pro h und der Alkoholkonzentrationen der Infusionslösungen sowie Angaben zu Infusionsdauer und Komplikationen bei sämtlichen 120 Einzelexperimenten

Nummern im Literaturverzeichnis	Fortlaufende Nummern der Einzelexperimente	Maximal erreichte BAK (g/kg KG)	Maximal infundierte Menge Äthanol (g/kg KG/h)	Infusionsdauer bis zum Erreichen der maximalen BAK (Plateau) in min	Maximale Äthanolkonzentration der Infusionslösung (g/100 ml/mol/l)	Fallzahl mit Komplikationen
43, 49	1–10	1,55	0,11	–	3,2/0,694	–
50	11–12	1,21	0,79	60	6,4/1,389	–
51	13–35	1,53	0,47	120/150	9,6/2,129	–
52	36–47	0,76	0,51	60	6,4/1,389	–
53, 54	48–65	1,27	0,67	60/120	9,6/2,129	–
27, 53, 55	66–81	1,27	0,54	120	6,4/1,389	–
56	82–120	0,85	0,60	60	12,6/2,736	1

Tabelle 2. Zusammenstellung wesentlicher Personendaten der insgesamt 29 Versuchspersonen, Anzahl der Beteiligungen an Versuchen sowie Häufigkeit von Komplikationen (*VP Versuchsperson)*

VP.-Nr.	Name	Alter	Größe	Gewicht	Teilnahme	Komplikationen
1	F., G.	27	176	76	2	–
2	H., W.	27	186	85	2	–
3	F., H.	36	182	87	2	–
4	G., J.	23	180	82	2	–
5	S., E.	29	184	88	2	–
6	S., V.	33	176	81	5	–
7	H., H.	23	190	81	3	–
8	F., J.	23	181	70	4	–
9	B., H.	27	177	67	3	–
10	A., M.	24	175	64	4	–
11	S., N.	22	178	71	3	–
12	B., D.	22	185	76	2	–
13	L., H.	22	187	95	4	–
14	B., W.	27	196	62	2	–
15	K., R.	24	209	74	2	–
16	S., K.	27	192	64	2	–
17	S., W.	23	187	105	2	–
18	H., A.	25	179	104	5	1
19	W., P.	26	180	102	2	–
20	H., Th.	25	174	84	2	–
21	B.,A.	23	181	71	2	–
22	F., W.	37	176	77	7	–
23	H., G.	28	173	68	7	–
24	v. St.,-L., D.	26	179	60	14	–
25	T., G.	25	178	59	7	–
26	Z., E.J.	23	184	72	7	–
27	O., G.	23	184	70	7	–
28	A., K.-H.	21	181	71	7	–
29	M., V.	22	182	83	7	–

u. a. nach etwaigen Allergien, Gerinnungsstörungen, Thromboseneigungen und durchgemachten Venenentzündungen gefragt.

Nebenwirkungen und Komplikationen

Die parenteralen Alkoholbelastungen wurden von den Probanden subjektiv gut vertragen; dafür spricht u. a., daß mehrere Probanden an unterschiedlichen Versuchsserien beteiligt waren. Sieben Probanden nahmen an jeweils 7 Einzelexperimenten teil, ein Proband war an 14 Einzelexperimenten beteiligt. Nur ein einzelner Proband mußte wegen Verdachts auf Thrombophlebitis vorzeitig ausgeschlossen werden. Im einzelnen wurden die im folgenden aufgeführten Beobachtungen gemacht.

Subjektive Verträglichkeit des Alkohols

Die parenterale Alkoholgabe wurde von den Probanden durchweg gut vertragen. Insbesondere die Aufrechterhaltung eines weitgehend konstanten Blutalkoholspiegels über einen längeren Zeitraum hinweg wurde von den Probanden als angenehm empfunden. Während der Anflutungsphasen war durchgehend die Alkoholwirkung subjektiv und objektiv deutlich stärker ausgeprägt als es vergleichbarem peroralen Alkoholkonsum entsprach. Unabhängig vom tatsächlich erreichten Blutalkoholspiegel gaben fast alle Versuchspersonen eine mehr oder minder starke Müdigkeit an, so daß die meisten Probanden auch Schlafpausen einlegten.

Somatischer Befund

Während der Anflutung wurde die Phasenverschiebung der Alkoholwirkung deutlich sichtbar: Selbst bei Blutalkoholwerten um 0,5 g/kg KG fühlten sich die Probanden erheblich alkoholisiert. Die einschlägigen objektivierbaren Zeichen einer Alkoholeinwirkung waren wesentlich stärker ausgeprägt als es üblicherweise den tatsächlichen Blutalkoholkonzentrationen entsprach. Etwa ab dem Zeitpunkt des Erreichens der Plateauphasen war dieser Überhöhungseffekt praktisch nicht mehr feststellbar. In fast ⅓ der Fälle war während der Anflutungsphase ein deutliches Flushphänomen zu beobachten, unabhängig von dem tatsächlich erreichten Blutalkoholspiegel und der Infusionsdauer.

In ca. 10% aller Experimente traten kurzzeitig nach Beginn der Infusion entlang der Oberarmvene zentralwärts ziehende unspezifische Mißempfindungen auf, die sich nach wenigen min wieder vollständig verloren. Gelegentlich gaben Versuchspersonen im Infusionsarm Mißempfindungen hinsichtlich des Kälte- bzw. Wärmegefühls an.

Relevante Nebenwirkungen, die aus grundsätzlichen Vorsichtsmaßnahmen nach 3 Versuchsdurchgängen zum endgültigen Abbruch des Experiments führten, traten in einem einzigen Fall auf. Der Proband (25 Jahre, 104 kg, 179 cm) hatte bereits in einer früheren Untersuchung die periphere i.v. Alkoholgabe problemlos vertragen. In dem Versuch mit nachfolgender Komplikation erfolgte eine Alkoholbelastung mit 0,6 g Äthanol/kg KG/h. In diesem Fall wurde also eine relativ hochkonzentrierte Alkohollösung appliziert, die offenbar zu lokalen Reizreaktionen führte. Die bis zum Abbruch der Untersuchung durchgeführten 3 Einzelexperimente fanden innerhalb eines Zeitraums von 15 Tagen statt. Der Proband gab nach Beginn der Infusion am 1. Versuchstag leichte Schmerzen in dem Arm an, über den die Infusion erfolgte, die sich während der anschließenden gesamten Infusionsdauer nicht vollständig verloren. Darüber hinaus gab der Proband Mißempfindungen im Sinne eines wechselnden Wärme- und Kältegefühls an. Der angebotene Abbruch des Experiments wurde bis zum 3. Versuchstag vom Probanden ausdrücklich abgelehnt. Die Symptome zeigten jedoch zunehmende Tendenz. Bei der körperlichen Untersuchung bestand eine mäßiggradige Druckschmerzhaftigkeit des gesamten Armes. Die Oberhauttemperatur war bei Vergleich mit der kontralateralen Seite vermindert, darüber hinaus bestand am gesamten Arm ein mäßiggradiges Ödem. Diese offensichtlich im Zusammenhang mit der Infusion stehenden Symptome bildeten sich innerhalb von 3–4 h nach Absetzen der Infusion wieder zurück. Dennoch wurde, wie bereits ausgeführt, aus grundsätzlichen Erwägungen der Versuch abgebrochen, da eine Phlebitis und/oder Thrombose nicht auszuschließen waren. Bei späteren Nachkontrollen gab der Proband keinerlei Folgebeschwerden an, und es konnten auch keinerlei klinisch suspekte Befunde mehr erhoben werden.

Diskussion:

Klinische Erfahrungen (Literaturübersicht)

Marin (zit. nach [4]) infundierte eine 25 Vol.-%ige Alkohollösung, die allerdings zu Venenthrombosen führte. Die Verwendung einer 5%igen [57] bzw. 10%igen Lösung in über 300 Einzelapplikationen [11] machte keine Komplikationen. Aufgrund der Erfahrung aus zahlreichen klinischen Anwendungen soll daher zur Vermeidung gefäßspezifischer Nebenwirkungen die Grenze von 10 Vol.-% bei peripher-venöser Applikationsform nicht überschritten werden. Bei rascher Infusion einer 10 Vol.-%igen Lösung innerhalb von 4–5 min traten jedoch Phlebitiden bei 18 von 233 Patienten auf, in 2 Fällen eine lokal begrenzte Thrombose bzw. Thrombophlebitis [28]. Darüber hinaus klagten ca. 25% der Patienten über unterschiedlich starke lokale Beschwerden. Offensichtlich wird die Ausbildung von Komplikationen sowohl vom Applikationsort (zentral/peripher) und von der Konzentration der benutzten Alkohollösung als auch von der Infusionsgeschwindigkeit mitbestimmt.

Thrombosierungen entstehen durch den chemisch-physikalischen Reiz einer Infusionslösung und durch die verminderte Durchströmung der kanülierten Vene. Wasserstoffionenkonzentration und Temperatur der Lösung sollte dem Blut möglichst ähnlich sein, die Osmolarität soll dabei höchstens das 3fache der Blutosmolarität betragen. Um in diesem Fall eine genügende Verdünnung der Infusionslösung zu erreichen, darf der Infusionsstrom höchstens 25% des Blutstroms ausmachen, z. B. 8 ml/min oder 500 ml/h für die Armvenen. Durch Anwendung zentraler Katheter bis zum Kavakatheter wird durch den größeren Blutstrom eine schnellere Verdünnung erreicht und dabei eine Reizung der Venenwand vermindert [59]. Unabhängig vom pH-Wert der Infusionslösungen empfehlen Rothe et al. [45] ab einer Osmolarität von 320 mosmol die Applikation über große Venen, um Intimareizungen und deren nachfolgende Komplikationen zu vermeiden. Empfohlen werden maximal 5%ige Alkohollösungen mit einer Einlaufgeschwindigkeit von höchstens 40 Tropf./min [3] bzw. 0,1 g/kg KG/h [20]. Äthanol ist osmotisch indifferent. Bei zu hohen lokalen Konzentrationen im Blut kann es jedoch zu Eiweißfällungen und ab ca. 20 Vol.-% zur Hämolyse kommen [13, 14].

Die heute im Handel befindlichen Alkoholkonzentrate enthalten 96%iges Äthanol bzw. bis zu 5% Äthanolzusatz in der Lösung [3, 42, 44]. Die Applikation erfolgt klinischerseits teils peripher, teils zentral. Bei der klinischen Anwendung von parenteral verabreichtem Äthanol wird i.allg. die Dosierung so gewählt, daß ein relevanter Blutalkoholspiegel auch kumulativ nicht aufgebaut wird. Zur Vermeidung des in diesem Fall unerwünschten Nebeneffektes ergibt sich daher eine Obergrenze der maximalen Tagesdosis von 1 g Alkohol/kg KG entsprechend der begrenzten Oxidationskapazität der Leber. Die maximale Dosis innerhalb 24 h des auch von uns benutzten Alkoholkonzentrats wird vom Hersteller mit 25–100 g unter strengster Indikationsstellung angegeben [30]. Ausnahmen bilden hier die Akuttherapie von Intoxikationen sowie die Sedierung von alkoholabhängigen Patienten.

Die Anwendung von Äthylalkohol als Kalorienträger in der Intensivmedizin ist umstritten. So wird wegen der unerwünschten Beeinflussung des Intermediärstoffwechsels Äthanol einerseits als ungeeignetes Substrat für die parenterale Ernährung abgelehnt [6, 25], andererseits in Verbindung mit anderen Nichtglukosekohlenhydraten unter Beachtung der Kontraindikationen und der maximalen 24-h-Zufuhrgrenze durchaus empfohlen [26, 40, 46, 47]. Als Nebenwirkungen und Risiken werden Hepatotoxizität, Thrombophlebitis, Übelkeit, Erbrechen und Kopfschmerzen angegeben [2, 40]. Je nach Applikationsform und Indikationsstellung (Bolus, Kurz- bzw. Langzeitinfusion) ergeben sich sehr variable Konzentrationen der verabreichten Lösungen.

Dietze et al. [6] und Grunst et al. [25] gaben intravenös bei normalgewichtigen, gesunden Probanden 15 g Alkohol innerhalb von 5 min. Heuckenkamp et al. [26] verabreichten eine 5%ige Lösung über einen peripheren Zugang kontinuierlich über einen Zeitraum von 125 min und erzielten auf diese Weise eine maximale BAK von 1,2 g/kg KG. Bei Langzeituntersuchungen über einen Zeitraum von bis zu 5 Tagen mit einer Gabe von maximal 6 g/h wurde ein Grenzwert von ca. 0,1 g/kg KG nicht wesentlich überschritten [46]. In den genannten Arbeiten wird über keine aufgetretenen Komplikationen berichtet.

Gabka [15] gibt folgende relevante Komplikationsmöglichkeiten bei peripheren Gefäßpunktionen bzw. Infusionen an: Durchstechen der Venen aufgrund fehlerhafter Punktionstechnik, Hämatom, paravenöse Injektion/Infusion, Phlebitis sowie Thrombophlebitis. Lokale Komplikationen können jedoch auch nach lege artis durchgeführter i.v. Injektion bzw. Infusion auftreten. Mit klinisch in Erscheinung tretenden Armvenenthrombosen ist auch bei kunstgerechter Injektion dann vermehrt zu rechnen, wenn die Injektion häufiger wiederholt wird, die Injektions- bzw. Infusionslösung über längere Zeit läuft und eine besonders endothelschädigende Lösung appliziert wurde [15].

Die iatrogen gesetzten Thrombosen der Armvenen werden von Krieg [31] als harmlos bezeichnet, da ein Weiterschreiten auf größere Strecken kaum beobachtet wird und die Abheilung unter konservativer Therapie immer nur eine Zeitfrage ist.

Einen Fall irreparabler Schädigung nach Injektion von – allerdings 33%igem – Alkohol berichtet Olivier [39]: Bei einem 78jährigen Patienten kam es anschließend zu einer Gangrän zunächst im Bereich der Phalangen und schließlich zu einer demarkierenden Nekrose des Unterarms.

Als Kontraindikation für die parenterale Äthanolapplikation gelten Anwendung in der Pädiatrie, metabolische Azidose, Lebererkrankungen, akute Schockzustände, Bewußtlosigkeit sowie Schädel-Hirn-Traumen. Die Interaktion mit anderen Medikamenten, z.B. mit Sulfonamiden, Antibiotika und Barbituraten ist zu beachten [3, 30].

Schlußfolgerung unter Berücksichtigung eigener Erfahrungen

In experimentellen Untersuchungen zu forensischen Fragestellungen soll im Gegensatz zur klinischen Anwendung eine relevante, unterschiedlich hohe Blutalkoholkonzentration aufgebaut werden. Entsprechend der daher notwendigerweise unterschiedlich hohen Belastung mit Äthanol ergeben sich auch etwas andere Komplikationsmöglichkeiten und Nebenwirkungen. Auf die Kriterien entsprechend der Helsinki-Deklaration soll nicht gesondert eingegangen werden, da sie generelle Voraussetzungen für derartige Versuche darstellt.

Speziell für die hier zu diskutierende Versuchsanordnung müssen Verhaltensregeln eingehalten werden, die sich v.a. aus der Kenntnis von Komplikationen ergeben, die durch klinische Erfahrung gewonnen wurde: Thrombose bzw. Thrombophlebitis und Kreislaufstörungen. Daneben sind sekundäre Komplikationsmöglichkeiten anzuführen, die Folge mangelhafter Punktionstechnik, unzureichender ärztlicher Beaufsichtigung und fehlender Sterilität sein könnten. Schließlich ist bei bestehenden klinischen Vorschäden von Gefäß-, Gerinnungs- und Kreislaufsystem mit Komplikationen zu rechnen.

Die wesentlichen Kriterien wurden in der folgenden Übersicht zusammengestellt; sie sind Voraussetzung für experimentelle Untersuchungen unter parenteraler Alkoholzufuhr. Am Beginn steht die Auswahl der Versuchspersonen. Handelt es sich um Versuchspersonen, die jünger als 30 Jahre alt sind, kann sich bei leerer Vorgeschichte eine umfangreiche klinisch-technische bzw. klinisch-chemische Untersuchung erübrigen. Bei älteren Versuchspersonen wird man sicher vor

Wichtige Voraussetzungen für Humanversuche mittels parenteraler Alkoholinfusion

1) Auswahl der Versuchspersonen:
Klinisch gesunde Personen;
anamnestisch fehlende Hinweise auf Thromboseneigung oder Allergie;
bestehende Alkoholtoleranz.

2) Technische Vorbereitung:
Infusionspumpe;
Alkohollösung;
sterile Kautelen;
schonende Punktionstechnik;
Lagerung;
Dauerüberwachung.

3) Infundierte Alkoholmenge:
Maximal 0,7 g/kg KG/h bei peripherer Langzeitapplikation.

Versuchsbeginn ein EKG erstellen und v.a. die Gerinnungswerte und Leberwerte zu berücksichtigen haben. Schließlich dürfte die Alkoholtoleranz ein wesentlicher Faktor sein, der einerseits unerwartete Kreislaufzusammenbrüche, andererseits unerwartete psychomotorische Exazerbationen ausschließen kann.

An 2. Stelle steht die technische Vorbereitung der Experimente. Eine volle Funktionstüchtigkeit der benutzten Systeme und Hilfsmittel sowie Sterilität bei Herstellung der Lösungen und deren Verabreichung ist selbstverständlich. Auf eine ausreichende Durchmischung der Alkohollösung vor Versuchsbeginn ist zu achten. Bei eigener Verwendung von Braunülen ergaben sich in keinem Fall Paravasate, obgleich die zunehmende Motorik der Probanden bei höheren Alkoholkonzentrationen unübersehbar war.

Ganz wesentlich erscheint sodann die Frage, in welcher Konzentration und in welcher Zeit eine alkoholische Lösung appliziert werden kann. Die eigenen Erfahrungen zeigen, daß - mit einer Ausnahme - die Infusion von 0,7 g Äthylalkohol/kg KG/h, peripher i.v. appliziert, gut vertragen wird. Damit werden in der Regel auch die für kinetische Fragen wesentlichen Blutalkoholkonzentrationen erreicht. Höher konzentrierte Alkohollösungen bzw. höhere Infusionsgeschwindigkeiten sollten vermieden werden, da die Kompatibilitätsgrenzen der peripheren Venen überschritten werden könnten. Durch eine Applikation von Alkohol über Venenkatheter könnte sicher auch eine noch höher konzentrierte Lösung zugeführt werden, um auf diese Weise auch höhere Blutalkoholkonzentrationen zu erreichen. Diese wären auch über Verlängerung der Infusionszeiten zu erzielen, da offensichtlich längerdauernde, niedrig bis mittelhoch konzentrierte Alkohollösungen besser toleriert werden als hochkonzentrierte, kurzzeitige Infusionen. In dieser Hinsicht sind Tierversuche nicht beispielgebend, da bei Kaninchen und Schweinen offenbar eine höhere Empfindlichkeitsgrenze der Belastbarkeit besteht [33, 36].

Werden die genannten Voraussetzungen bei i.v. Applikation von Äthylalkohol eingehalten, so sind kaum wesentliche Komplikationen zu erwarten. Aus den bisher gemachten eigenen Erfahrungen hat sich das Infusionsmodell zur Grundlagenerforschung der Alkoholpathophysiologie bewährt.

Zusammenfassung

Die Anwendungsmöglichkeiten einer i.v. Äthanolzufuhr im klinisch-therapeutischen Bereich sind relativ begrenzt und spielen eine untergeordnete Rolle. Demgegenüber stößt die parenterale Alkoholgabe auf zunehmendes rechtsmedizinisches Interesse im Rahmen der experimentellen Erforschung von Pharmakodynamik und -kinetik sowie von Interaktionen mit anderen pharmakologisch wirksamen Substanzen. Die Verfasser berichten über Erfahrungen aus 120 eigenen humanexperimentellen Untersuchungen. Dabei trat lediglich in einem einzigen Fall eine erhebliche Nebenwirkung auf, die einen Abbruch des Experimentes mit dieser Versuchsperson erforderlich machte. Bei normalgewichtigen Probanden liegt die ohne systemischen und lokalen Komplikationen tolerierte Grenze der Belastbarkeit mit intravenös verabreichtem Äthylalkohol bei ca. 0,7 g/kg

KG/h. Bei übergewichtigen Probanden kann dann jedoch die relativ hohe Alkoholkonzentration der Infusionslösung die Kompatibilitätsgrenze peripherer Venen überschreiten und zu lokalen Reizreaktionen führen. Die eigenen Beobachtungen werden mit Fallbeschreibungen aus der Literatur verglichen.

Literatur

1. Appel W (1969) Äthylalkoholgehalt von klinischen Dextranen. Blutalkohol 6:457–459
2. Brand E, Schultis K (1974) Aethanol als Energiedonator in der parenteralen Ernährung. In: Heller KL, Schultis K, Weinheimer B (Hrsg) Grundlagen und Praxis der parenteralen Ernährung. Thieme, Stuttgart, 101–106
3. Braun Melsungen (Hrsg) (1979) Die Infusionstherapie im Krankenhaus, 10. Aufl. (Eigenverlag)
4. Constantin JD (1929) General anaesthesia by the intravenous injection of ethyl alcohol. Lancet I:1247
5. Dietz K, Mallach HJ, Schenzle D, Schmidt V, Unkelbach HD, Wolf T (1984) Untersuchungen zur Prüfung der Wechselwirkung zwischen Alkohol und einem neuen 1,4-Benzodiazepin (Metaclazepam). 4. Mitteilung: Anpassung einer Dosis-Wirkungsfläche für additive Komponenten. Blutalkohol 21:14–30
6. Dietze G, Wicklmayr M, Grunst J (1978) Effekte von Äthylalkohol auf den Stoffwechsel der menschlichen Leber. In: Eckart I, Heuckenkamp P-U, Weinheimer B (Hrsg) Grundlagen und neue Aspekte der parenteralen und Sondenernährung. Thieme, Stuttgart New York (Intensivmedizin, Notfallmedizin, Anästhesiologie, Bd 13, S 186–192)
7. Dundee JW (1970) Intravenous ethanol anaesthesia: A study of dosage and blood levels. Anesth Analg 49:467–475
8. Dundee JW, Isaac M (1969) Clinical studies of induction agents. XXIX: Ethanol. Br J Anaesth 41:1063–1069
9. Dundee JW, Isaac M (1969) Dosage studies with intravenous ethanol. Br J Anaesth 41:554
10. Dundee JW, Isaac M, Clarke RSJ (1969) Use of alcohol in anaesthesia. Anaesth Analg 48:665–669
11. Dundee JW, Isaac M, Pandit SK, McDowell SA (1970) Clinical studies of induction agents. XXXIV: Further investigations with ethanol. Br J Anaesth 42:300–310
12. Dundee JW, Isaac M, Taggart J (1971) Blood alcohol levels following rapid intravenous infusion. Q J Alcohol 32:741–747
13. Führer H, Neubauer B (1908) Hämolyse durch Substanzen homologer Reihen. Arch Exp. Pathol Pharmakol 56:333–345
14. Gabbe E (1917) Über den Gehalt von Alkohol nach intravenöser Injektion desselben beim Menschen. Dtsch Arch Klin Med 122:81–100
15. Gabka J (1982) Injektions- und Infusionstechnik: Praxis, Komplikationen, 3. Aufl. De Gruyter, Berlin New York
16. Gabka J, Harnisch H (1983) Komplikationen und Fehler bei der zahnärztlichen Behandlung: Ratschläge und Darstellung dringlicher Eingriffe, 2. unv. Aufl. Thieme, Stuttgart New York
17. Geldmacher-Mallinckrodt M. von, Machbert G, Wuermeling H-B, Harada S, Agarwal DP, Goedde HW (1980) Verlauf der Serum-Alkoholkonzentration nach i.v. Zufuhr von Äthanol bei Probanden mit typischer und atypischer ADH bzw. ALDH. Zentralbl Rechtsmed 20:34–35
18. Gerbershager HU (1973) Behandlung chronischer Schmerzzustände mit Nervenblockaden. In: Killian H (Hrsg) Lokalanästhesie und Lokalanästhetika zu operativen, diagnostischen und therapeutischen Zwecken, 2. Aufl. Thieme, Stuttgart New York, S 767ff
19. Gilg T, Meyer L von, Liebhardt E, Specht U von, Schödel F (1984) Experimentelle Unter-

suchungen zur Resorption und zum Stoffwechsel von Äthylalkohol und Begleitstoffen nach Trinkversuchen beim Schwein. Zentralbl Rechtsmed 26:720
20. Gofferje H (Hrsg) (1978) Leitfaden der Infusionstherapie. Schattauer, Stuttgart New York
21. Gostomzyk JG, Dilger B, Dilger K (1969) Alkoholkonzentration im Blut und Alkoholgehalt des Gehirns. Z Klin Chem 7:162–166
22. Gostomzyk JG, Dilger B, Dilger K (1969) Untersuchungen über die Verteilung intravenös applizierter Substanzen im Organismus am Beispiel des Äthylalkohols. Blutalkohol 6:340–352
23. Gréhant MN (1895) Injection d'alcool éthylique dans le sang veineux. C R Acad Sci 120:1154–1155
24. Griffin JP, D'Arcy PF (1981) Arzneimittelinteraktionen. Handbuch für Ärzte und Apotheker. Oldenbourg, München Wien
25. Grunst J, Dietze G, Wicklmayr M (1978) Effekt von Äthylalkohol auf den Harnsäurestoffwechsel der menschlichen Leber. In: Eckart J, Heuckenkamp P-U, Weinheimer B (Hrsg) Grundlagen und neue Aspekte der parenteralen und Sondenernährung. Thieme, Stuttgart New York (Intensivmedizin, Notfallmedizin, Anästhesiologie, Bd 13, S 192–198)
26. Heuckenkamp P-U, Sprandel U, Zöllner N (1978) Dauerinfusion mit Äthylalkohol bei stoffwechselgesunden Menschen. In: Eckart J, Heuckenkamp P-U, Weinheimer B (Hrsg) Grundlagen und neue Aspekte der parenteralen und Sondenernährung. Thieme, Stuttgart New York (Intensivmedizin, Notfallmedizin, Anästhesiologie, Bd 13, S 199–204)
27. Iffland R, Schmidt V, Oehmichen M (im Druck) Zur Bewertung nichttoxischer Methanolspiegel in Körperflüssigkeiten und Geweben. In: Proceedings XIIIth Congress of the International Academy of Forensic and Social Medicine Budapest.
28. Isaac M, Dundee JW (1969) Clinical studies of induction agents. A comparable study of induction agents. XXX: Venous sequelae following ethanol anaesthesia. Br J Anaesth 41:1070–1073
29. Kellner H, Wehr K, Althoff H (1978) Zur forensischen Bedeutung alkoholhaltiger Infusionstherapeutica. Blutalkohol 15:82–88
30. Kompendium für die Infusionstherapie und bilanzierte Ernährung (1984) 17. Aufl, Bd I–III. Pfrimmer, Erlangen
31. Krieg E (1963) Die Behandlung der sogenannten Beinleiden in der Praxis. Schattauer, Stuttgart
32. Kühnholz B, Bilzer N (1982) Ethanol distribution after intravenous administration. A study on rabbits. In: XII. Kongress der Internationalen Akademie für Gerichtliche und Soziale Medizin Wien. Proceedings, Bd I. Egermann, Wien, S 227–232
33. Kühnholz B, Bonte W, Nowag K (1983) Tierexperimentelle Untersuchungen zur Eliminationskinetik der Fuselalkohole nach intravenöser Belastung. Zentralbl Rechtsmed 25:369
34. Machbert G, Geldmacher-Mallinckrodt M von, Wuermeling H-B, Agarwal DP, Harada S, Goedde HW (1980) Verlauf der Äthanol- und Acetaldehydkonzentrationen im Serum und Vollblut nach i. v. Zufuhr von Äthanol bei Probanden mit bekannten ALDH-Typ. Zentralbl Rechtsmed 20:35
35. Miller AI, D'Agostino A, Minsky R (1963) Effects of combined chlordiazepoxide and alcohol in man. Q J Stud Alcohol 24:9–13
36. Nowak R, Sachs H, Pfenniger E (1984) Änderungen des Hirndrucks unter Alkoholeinfluß. Zentralbl Rechtsmed 26:721
37. Nowak R, Sachs H, Pfenniger E (im Druck) Untersuchungen des intracraniellen Druckverhaltens mit und ohne Alkoholeinwirkung. Beitr Gerichtl Med 44
38. Ogbuihi S, Ulrich L, Zink P (1985) Die Höhe des Blutalkoholspiegels bei Langzeitinfusion von Äthanol. Zentralbl Rechtsmed 27:858
39. Olivier C (1962) Gangrän nach intravenöser Injektion. Presse Med 70:1503
40. Peter K, Martin E, Schmitz ER (1978) Parenterale Ernährung mit Glukose, Nicht-Glukose-Kohlenhydraten, Fetten und Aminosäuren. In: Aktuelle Probleme der Intensivbehandlung. Thieme, Stuttgart New York (Intensivmedizin, Notfallmedizin, Anästhesiologie, Bd 12, S 196–207)
41. Peterson CD, Collins AJ, Himes JM, Bullock ML, Keane WF (1981) Ethylene glycol poisoning: Pharmacokinetics during therapy with ethanol and hemodialysis. N Engl J Med 304:21–23

42. Gestrichen
43. Raff G, Schmidt V, Staak M (1980) Vergleichende Untersuchungen über den Verlauf von Atem- und Blutalkoholkurven. Blutalkohol 17:57-63
44. Rote Liste (1985) Bundesverband der Pharmazeutischen Industrie e.V. (Hrsg) Editio Cantor, Aulendorf
45. Rothe KF, Thielemann F, Flüchter SH (1984) Hautnekrose nach Salzsäureinfusion: Komplikation bei der Behandlung einer schweren metabolischen Alkalose. Chir Prax 33:23-26
46. Schaub P, Betzler H (1978) Untersuchungen zur parenteralen Verwertung eines Äthanol-Kohlenhydratgemisches. In: Eckart J, Heuckenkamp P-U, Weinheimer B (Hrsg) Grundlagen und neue Aspekte der parenteralen und Sondenernährung. Thieme, Stuttgart New York (Intensivmedizin, Notfallmedizin, Anästhesiologie, Bd 13, S 205-211)
47. Schaub P, Betzler H, Boerner D, Stork H (1974) Stoffwechselverhalten eines Gemisches aus Äthanol, Lävulose und Xylit während mehrstündiger parenteraler Zufuhr bei Gesunden. Therapiewoche 24:35-40
48. Schenzle D, Schmidt V, Mallach HJ, Dietz K (1983) Untersuchungen zur Prüfung der Wechselwirkung zwischen Alkohol und einem neuen 1,4-Benzodiazepin (Metaclazepam). 3. Mitteilung: Pharmakokinetische Analyse. Blutalkohol 20:237-300
49. Schmidt V (1980) Experimentelle Untersuchungen über den Verlauf von Atem-, Blut- und Harnalkoholkurven nach parenteraler Infusion einer Äthanollösung. Med Dissertation, Universität Tübingen
50. Schmidt V, Mittmeyer H-J (1982) Zur Alkoholdiffusion an der Magen-Darm-Schranke nach parenteraler und enteraler Alkoholzufuhr. In: XII. Kongress der Internationalen Akademie für Gerichtliche und Soziale Medizin Wien. Proceedings, Bd I. Egermann, Wien, S 213-218
51. Schmidt V, Oehmichen M (1984) Alkoholkinetik und Nahrungszufuhr - Experimentelle Untersuchungen mittels parenteraler Alkoholapplikation. Blutalkohol 21:403-421
52. Schmidt V, Oehmichen M (1985) Alkoholkinetik und Konstitutionstypen unter besonderer Berücksichtigung ihrer Beeinflussung durch Nahrungsaufnahme. Blutalkohol 22:224-232
53. Schmidt V, Oehmichen M (im Druck) Beschleunigte Äthanolelimination nach Glukosezufuhr: Aktivierung des Enzymsystems oder unspezifische gastrointestinale Stimulierung? Beitr Gerichtl Med 44
54. Schmidt V, Oehmichen M (in Vorbereitung) Beschleunigung der Äthanolelimination aus dem Blut nach oraler Bariumsulfataufnahme
55. Schmidt V, Oehmichen M, Pedal I (in Vorbereitung) Alkoholkinetik unter Glukosebelastung.
56. Schmidt V, Oehmichen M, Grunert W (in Vorbereitung) Zur Bedeutung des Zeitpunktes der Nahrungsaufnahme auf den Verlauf der Blutalkoholkurve.
57. Schnelle N (1965) Alcohol given intravenously for general anaesthesia. Surg Clin North Am 45:1041-1049
58. Steinbach T, Meyer L von, Baur C (1985) Enthalten Infusionslösungen alkoholische Begleitstoffe? Gehaltsbestimmungen an flüchtigen Substanzen in 76 Infusionslösungen. Blutalkohol 22:357-363
59. Vogel WM (1977) Technik der Infusionen und Transfusionen In: Benzer H, Frey R, Hügin W, Mayrhofer O (Hrsg) Lehrbuch der Anaesthesiologie, Reanimation und Intensivtherapie, 4. Aufl. Springer, Berlin Heidelberg New York, S 296ff
60. Wehner HD (1982) Äthanolausschöpfung im integrierten Gewebsraum. Z Rechtsmed 89:105-114
61. Weyrich G, Leithoff H, Wuermeling H-B, Hauck G (1965) Über den Äthylalkoholgehalt von Blutersatzmitteln. Blutalkohol 3:176-178
62. Wilkinson PK, Sedman AJ, Sakmar E, Earhart RH, Weidler DJ, Wagner JG (1976) Blood ethanol concentrations during and following constant-rate intravenous infusion of alcohol. Clin Pharmacol Ther 19:213-223
63. Wolf M, Zink P (1982) Vergleichende Untersuchungen bei oraler und parenteraler Gabe von Äthanol und Fructose. Zentralbl Rechtsmed 24:646

Über den zeitlichen Verlauf der Konzentrationen des Acetaldehyds im Blut nach Aufnahme geringer Alkoholmengen

K. TEIGE, J. P. GARDEMANN

Einleitung

Acetaldehyd entsteht als Oxidationsprodukt beim enzymatischen Abbau des Äthanols in der Leber. Eine der frühesten Mitteilungen über das Vorkommen des Acetaldehyds im menschlichen Organismus ist eine Arbeit von Stepp aus dem Jahre 1920, der den Acetaldehyd in den Körperflüssigkeiten einiger Ärzte nachwies, „die zur Feier der gut bestandenen Staatsprüfung größere Dosen Alkohols zu sich genommen hatten ...".

Seither wurde in zahlreichen Arbeiten über das Auftreten des Acetaldehyds in Zusammenhang mit Alkoholkonsum berichtet (Forster 1956; Klein u. Korzis 1958; Machata u. Prokop 1971; Lüben et al. 1972; Dannecker et al. 1981). So fanden biochemische Untersuchungen über den Äthanolmetabolismus als mögliche Ursache für die bei Japanern häufig bestehende Alkoholüberempfindlichkeit ein „atypisches" Isoenzym der Alkoholdehydrogenase bei 85% aller Japaner, das nach Alkoholgenuß ein schnelleres Anfluten des Acetaldehyds im Körper verursacht (Weir 1978). Besonderes Interesse gewann der Acetaldehyd nach Einführung der Therapie chronisch Alkoholkranker mit Disulfiram (Antabus). Diese Substanz führt durch Einwirkung auf den Äthanolabbau zu dem subjektiv unangenehmen „Acetaldehydsyndrom" (Goodman u. Gilman 1975; Lebsack et al. 1981), das wie die beschriebene konstitutionelle Alkoholüberempfindlichkeit der Japaner auf einen raschen Anstieg der Konzentration des Acetaldehyds im Blut zurückzuführen ist.

Erneute Bedeutung gewann die Bestimmung des Acetaldehydgehalts im menschlichen Organismus, nachdem verschiedene Untersucher über erhöhte Acetaldehydblutspiegel nach Äthanolaufnahme bei chronisch Alkoholkranken und deren Blutsverwandten berichtet hatten (Korsten et al. 1975; Schuckit u. Beck 1982). In neuerer Zeit jedoch wurden diese Untersuchungen als nicht gesichert angezweifelt, wobei besonders auf die methodischen Schwierigkeiten bei der Bestimmung des Acetaldehyds aus Körperflüssigkeiten hingewiesen wurde (Eriksson 1980; Knop et al. 1981; Thomas et al. 1981), weil eine instabile und rasch weitermetabolisierte Substanz wie der Acetaldehyd schon auf dem Wege zur Analyse quantitativen Veränderungen unterworfen sein kann (Lüben et al. 1972; Sippel 1973; Eriksson 1980; Knop et al. 1981; Thomas et al. 1981).

Trotz Zweifel an der absoluten Zuverlässigkeit und Genauigkeit selbst der gaschromatographischen Methode zum Nachweis des Acetaldehyds erscheinen

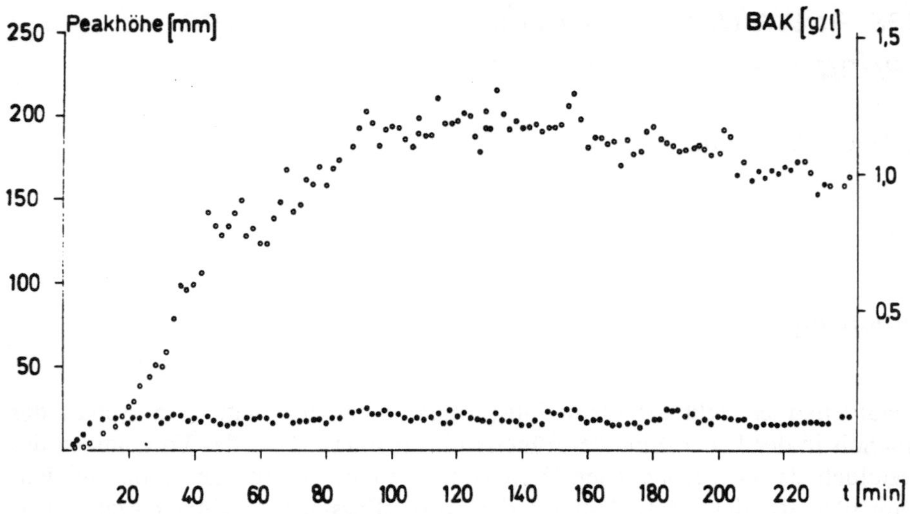

Abb. 1. Konzentration-Zeit-Diagramm. Darstellung nach Umrechnung aller Peakhöhen auf eine einheitliche Abschwächung. Versuchsperson: 27jähriger Mann, 92 kgKG; Trinkzeit 10 min, 1150 ml Weißwein entsprechend 90 g Äthanol (oooo Bandenhöhe der Blutalkoholbestimmung, •••• Bandenhöhe der Acetaldehydbestimmung)

die Anforderungen zur Darstellung des zeitlichen Blutspiegelverlaufs der Substanz im Alkoholtrinkversuch erfüllt (Schuckit u. Rayses 1979; Schuckit u. Beck 1982). Es ist jedenfalls gerechtfertigt, auf stets wiederkehrende Auffälligkeiten im Kurvenverlauf des Acetaldehydblutspiegels hinzuweisen, wie sie bei der nur routinemäßigen Mitbestimmung dieser Substanz im Rahmen früherer Alkoholtrinkversuche in Erscheinung traten (Abb. 1) und von Niermeyer (1979) treffend beschrieben wurden:

„In allen Versuchen steigen im Vergleich zur Nüchternblutprobe die Acetaldehydkonzentrationen in der ersten Blutentnahme nach Trinkbeginn stetig an. Äthanol ist in diesen Proben nicht oder nur sehr wenig zu verzeichnen. Ca. 10 min. nach Trinkbeginn haben die Acetaldehydpeaks Höhen erreicht, die bis zum Versuchsende konstant bleiben."

Dieser Kurvenverlauf ist in mehrfacher Hinsicht von Interesse für die Rechtsmedizin. So unterzog Machata (1971) 10 Versuchspersonen Alkoholtrinkversuchen und mußte dabei feststellen, daß es ihm trotz des charakteristischen Kurvenverlaufs nicht möglich war, „aus dem Acetaldehydgehalt des Blutes die Alkoholisierungsphase hinsichtlich Anflutung oder Abfall des Blutalkohols näher zu bestimmen, was rein theoretisch hätte angenommen werden können" (Machata u. Prokop 1971, S. 281ff.).

Die Versuche ergaben jedoch, daß die Höhe der Acetaldehydkonzentrationen als Hinweis für das Ausmaß der individuellen Alkoholabbaufähigkeit dienen kann. Wendet man ferner die Überlegungen Brettels (1975; Brettel et al. 1977) zur Bedeutung des „bei der ersten Leberpassage eintretenden Alkoholverlustes für die Entstehung des sog. Resorptionsdefizites ..." auf den Verlauf der Acetaldehydkonzentration im Blut unmittelbar nach Alkoholgenuß an, so läßt sich in dem steilen Konzentrationsanstieg des Acetaldehyds während der ersten Minuten der bereits bei der 1. Leberpassage metabolisierte Alkohol vermuten, der zumindest einen Teil des Defizits ausmachen könnte.

Es galt, diese Erkenntnisse zu vertiefen, wozu uns Trinkversuche mit kleinen Alkoholmengen geeignet schienen, da bei einem durchschnittlichen Blutalkoholgehalt von unter 0,25 g/l die Anflutungsphase von Acetaldehyd bereits abgeschlossen ist. Trinkversuche mit geringen Alkoholmengen ermöglichen außerdem die Beobachtung der Acetaldehydkonzentration während und nach Abbau des Äthanols im Rahmen einer angemessenen Versuchsdauer.

Methodik

Vorbemerkungen

Eine mögliche nichtenzymatische Oxidation des Äthylalkohols im Probengut kann nach einiger Zeit im nicht ausreichend gekühlten Untersuchungsmaterial zu fälschlich überhöhten Acetaldehydkonzentrationen führen (Sippel 1973). Diese findet nach Lüben et al. (1972) fast ausschließlich in den Erythrozyten oder an deren Zellmembranen statt. Außerdem wird die Möglichkeit einer thermolabilen Bindung des Acetaldehyds an Bestandteile der Erythrozytenmembran beschrieben (Lüben et al. 1972; Machata u. Prokop 1971). Neben der Bildung von Acetaldehyd aus Äthanol wurde auch sein Abbau zu Acetat in vitro beobachtet (Stowell et al. 1978). Sofortige Kühlung der Blutproben nach Blutentnahme und Zerstörung der Enzymsysteme durch Enteiweißung mit Perchlorsäure werden als wirksame Maßnahmen gegen unerwünschte Veränderungen des Acetaldehydgehalts im Probengut angegeben (Sippel 1973; Korsten et al. 1975; Eriksson 1980; Knop et al. 1981).

Deshalb war zunächst zu klären, ob und wie Lagerungsdauer und Zugabe von Perchlorsäure die gaschromatographische Messung von Äthanol und Acetaldehyd beeinflußt. Blut von 2 Probanden, die 24 h lang keinen Alkohol getrunken hatten, wurde sofort nach der Entnahme äthanolversetzt und sofort sowie nochmals nach 24stündiger Lagerung bei 4 °C analysiert. Die Hälfte eines jeden Versuchsansatzes war mit Perchlorsäure versetzt. Die statistische Auswertung der Versuchsdaten im Mediantest nach Hays (1973) ergab bis auf einige Ausnahmen nur sehr geringe Wahrscheinlichkeiten für eine Übereinstimmung zwischen den einzelnen Datengruppen. In fast allen Vergleichen ist somit die Nullhypothese - die Datengruppen sind hinsichtlich ihrer Verteilung identisch - zu verwerfen und ein Effekt der unterschiedlichen Behandlung des Probengutes anzunehmen. Ein ähnliches Ergebnis wurde im X^2-Test erzielt, wenn bei n = 20 die Ergebnisse aller 4 Meßreihen miteinander verglichen wurden (Analyse sofort und nach 24 h, Ansätze ohne bzw. mit Perchlorsäure). Die X^2-Werte der einzelnen Versuchsreihen lagen zwischen 12,67 und 19 (3 Freiheitsgrade, Signifikanzniveau 0,002). Somit muß auch hier in allen Fällen die Nullhypothese der angenommenen identischen Verteilung verworfen werden. Die Vorversuche zur Untersuchungsmethodik erlauben folgende Schlußfolgerung:

24stündige Lagerung der Proben führt z.T. zu erheblichen Veränderungen der Äthanol- und Acetaldehydkonzentration. Durch Zusatz von Perchlorsäure ist eine bessere Stabilität von Äthanol und Acetaldehyd in den Blutproben nicht zu erreichen. Wenn auch bei Zusatz von Perchlorsäure - wahrscheinlich infolge der Dampfdruckerhöhung - alle gemessenen Werte gleichsinnig in höhere Bereiche verschoben werden, so sind doch allgemein die meßbaren Einflüsse des Perchlorsäurezusatzes und der Lagerungsdauer unsystematisch und nicht exakt vorhersagbar. Quantitative Blutspiegelbestimmungen sind somit kritisch zu sehen. Da jedoch alle zu untersuchenden Blutproben dem annähernd gleichen Fehler unterworfen sind, erscheinen Aussagen über die Gestalt der Blutspiegelkurve des Acetaldehyds durchaus erlaubt. Um methodische und systematische Fehler weitgehend zu vermeiden, wird auf Zusatz von Perchlorsäure verzichtet und die gaschromatographische Analyse der Blutproben unmittelbar nach der Blutentnahme durchgeführt.

Versuchsdurchführung

Alle Versuchspersonen hatten während der 12 h vor Versuchsbeginn keinen Alkohol genossen und ihre letzte Mahlzeit 2-3 h vor Beginn der Trinkversuche eingenommen. Bis auf Versuchsperson 1 waren alle Probanden alkoholgewöhnt.

Die Daten der Versuchspersonen sind Tabelle 1 zu entnehmen.

Die Alkoholtrinkmengen wurden klein gehalten (0,27 bzw. 0,15 g/kg KG), um damit Konzentrationen von Äthanol und Acetaldehyd im Blut hervorzurufen, die zwar deutlich über der Nachweisgrenze der Meßmethode lagen, andererseits aber innerhalb einer etwa 1stündigen Versuchsdauer weitgehend wieder abgebaut wurden. Alle erforderlichen Blutentnahmen erfolgten mit flexiblen Venenverweilkanülen (Braunüle, G 16 und G 20). Eine erste Blutprobe wurde vor Trinkbeginn gewonnen, um mögliche Nüchternspiegel von Äthanol oder Acetaldehyd nachzuweisen. Eine Minute nach Trinken der errechneten Alkoholmenge

Tabelle 1. Daten der Versuchspersonen

Versuchsnummer	Alter (Jahre)	Geschlecht	Körpergewicht [kg]	Körpergröße [cm]
1	27	w.	50	168
2	26	m.	75	182
3	62	w.	62	168
4	27	m.	90	184
5	25	m.	80	190
6	21	m.	80	196

wurde mit der regelmäßigen Blutentnahme begonnen. Bei jedem Trinkversuch wurden insgesamt etwa 30 Blutproben abgenommen. Ebenso wie die Trinkmenge wurde auch die zeitliche Verteilung der Blutabnahme auf die gesamte Versuchsdauer aufgrund der in den einzelnen Versuchen gewonnenen Erfahrungen variiert. Eine erhöhte Abnahmefrequenz während der Anfangs- und Endphase der Trinkversuche wurde jedoch stets beibehalten.

Um annähernd gleiche Bedingungen für die Analyse zu gewinnen, wurde nach Entfernen des Mandrins aus der Kanüle eine stets gleiche Anzahl von Tropfen in bereitstehenden Glasgefäße aufgefangen. Diese gläsernen Serum-

Tabelle 2. Zusammenfassung der Äthanolgehalte [g/l]

t [min]	Versuch 1	Versuch 2	Versuch 3	Versuch 4	Versuch 5	Versuch 6
1		0,000	0,001	0,001	0,001	0,001
1	0,003	0,035	0,003	0,002	0,001	0,001
3		0,176	0,020	0,002	0,001	0,029
4	0,044	0,246	0,058	0,002	0,000	0,092
5		0,317		0,007	0,000	0,123
6	0,082	0,317	0,099	0,019	0,001	0,123
7		0,458	0,112	0,048	0,001	0,116
8	0,093	0,458	0,253	0,076	0,001	0,119
9		0,634	0,244	0,113	0,000	0,106
10	0,169	0,633	0,255	0,086	0,000	0,104
12	0,196	0,528				
14	0,214	0,317				
15			0,266	0,111	0,030	0,085
16	0,291	0,317				
18	0,329	0,176				
20	0,364	0,211	0,214	0,136	0,050	0,063
22	0,367	0,141				
24	0,379					
25		0,140		0,125	0,030	0,029
26	0,364					
30	0,345	0,106	0,179	0,103	0,020	0,008
35	0,316	0,070	0,161	0,097	0,009	0,002
40	0,402	0,035	0,159	0,075	0,005	0,001
45		0,035	0,121	0,063	0,002	0,001
50	0,354	0,000	0,099	0,054	0,001	0,002
52		0,035		0,047	0,000	
54	0,373	0,035	0,092	0,048	0,000	
55						0,000
56	0,373	0,035	0,079	0,046	0,000	
58	0,399	0,035	0,076	0,044	0,001	
60	0,342	0,000	0,066	0,038	0,001	0,000
62	0,328					
64	0,326					
65					0,001	
66	0,323					
68	0,297					
70	0,269				0,001	0,000

fläschchen waren vor Versuchsbeginn numeriert und jeweils mit zugehörigen Gummistopfen und Bördelkappen gewogen worden. Unmittelbar nach Blutentnahme wurden sie verschlossen und bis zum Analysebeginn in einem Eisbad aufbewahrt. Unmittelbar nach Versuchsende wurden sämtliche Probengefäße in das Probenwechslerwasserbad des Gaschromatographen gestellt und dort vor Beginn der Analysen bei einer Wassertemperatur von 60 °C für 15 min belassen. Die quantitative Analyse des Probengutes erfolgte mit dem „Fraktometer F 40" (Bodenseewerk Perkin-Elmer) mit einer für alle Versuche konstanten Geräteeinstellung. Ein innerer Standard wurde den Blutproben nicht zugesetzt, da die möglicherweise resultierende Streuung des Analyseverfahrens als gering beschrieben wird (Niermeyer 1979) und zu gleichsinniger Verschiebung der Meßwerte sowohl für Äthanol als auch für Acetaldehyd führt. Wie bei den Vorversuchen wurden die Meßwerte durch Ausmessen der Bandenhöhen der analog aufgezeichneten Registrierung des Analyseablaufs ermittelt. Auf die Verwendung des angeschlossenen Rechnersystems wurde verzichtet. Die Eichung für die quantitative Analyse erfolgte mit Äthanolstandardlösungen (Fa. Merck) und Acetaldehydstandardlösungen, die durch entsprechende Verdünnung einer Acetaldehydstammlösung gewonnen wurden. Eine Übersicht über Äthanol- und Acetaldehydgehalte des Probengutes geben die Tabellen 2 und 3.

Nach der gaschromatographischen Untersuchung wurden die gefüllten Gefäße erneut gewogen, um eine genaue Bluteinwaage zu ermitteln. Alle untersuchten Blutproben überschritten dabei den Wert von 500 mg, der für eine zuverlässige quantitative Analyse als Mindestmenge angegeben wird (Weber 1975; Niermeyer 1979). Auf eine Korrektur der Analyseergebnisse durch Umrechnung auf den Wassergehalt der Blutproben wurde verzichtet, weil größere Wassergehaltsänderungen unter den angegebenen Versuchsbedingungen nicht wahrscheinlich sind. Außerdem sollen keine einmalig gemessenen Konzentrationsangaben gemacht werden, für die eine Kenntnis des Wassergehalts erforderlich wäre.

Äthanolblutspiegel

Der 1. Trinkversuch hebt sich hinsichtlich der Blutalkoholkurve sehr deutlich von den übrigen Versuchen ab. Bei einer Trinkmenge von 13,5 g Äthanol – entsprechend 0,27 g/kg KG – werden Blutalkoholspitzenwerte von 0,4 g/l erreicht, die selbst nach 70minütiger Versuchsadauer nicht unter 0,27 g/l abgesunken sind. Die Versuchsperson gab an, niemals Alkohol zu sich zu nehmen, da sie sich schon durch den Genuß kleinster Mengen in ihrem Wohlbefinden sehr stark beeinträchtigt fühle. Ihre Aussagen finden durch die gemessenen Blutalkoholwerte eine Bestätigung. Es ist anzunehmen, daß die verschiedenen Alkoholabbausysteme bei Versuchsperson (VP) 1 entweder primär oder infolge fehlender Induktion nur sehr geringe Aktivitäten aufweisen. Auch bei VP 2 sind ähnlich hohe Blutalkoholspitzenwerte nachweisbar, jedoch ist hier der Blutalkoholspiegel nach 30 min schon auf Werte unter 0,1 g/l abgesunken.

Durch Reduzierung der Alkoholtrinkmenge auf Werte um 0,15 g/kg KG ließ sich in Versuch 2–6 erreichen, daß Blutalkoholwerte von 0,2 g/l nicht wesentlich

Tabelle 3. Zusammenfassung der Acetaldehydgehalte [g/l]

t [min]	Versuch 1	Versuch 2	Versuch 3	Versuch 4	Versuch 5	Versuch 6
1		0,154	0,001	0,001	0,030	0,001
2	0,000	0,462	0,011	0,001	0,040	0,001
3		0,769	0,010	0,002	0,040	0,010
4	0,014	0,846	0,014	0,003	0,020	0,013
5		1,000	0,015	0,006	0,040	0,016
6	0,029	1,077	0,009	0,008	0,030	0,018
7		1,231	0,008	0,010	0,050	0,020
8	0,025	0,923	0,018	0,011	0,060	0,020
9		0,462	0,016	0,013	0,060	0,021
10	0,029	0,538	0,019	0,013	0,080	0,024
12	0,039	0,615				
14	0,046	0,615				
15			0,021	0,015	0,390	0,026
16	0,060	0,692				
18	0,068	0,692				
20	0,071	0,538	0,020	0,016	0,440	0,025
22	0,086	0,538				
24	0,100					
25		0,577		0,015	0,360	0,025
26	0,100					
30	0,100	0,462	0,017	0,015	0,370	0,020
35	0,100	0,385	0,017	0,017	0,310	0,014
40	0,129	0,308	0,021	0,016	0,270	0,008
45		0,308	0,018	0,016	0,230	0,008
50	0,121	0,308	0,019	0,016	0,140	0,007
52		0,346		0,016	0,130	
54	0,121	0,308	0,017	0,016	0,130	
55						0,005
56	0,129	0,308	0,019	0,014	0,110	
58	0,150	0,308	0,017	0,013	0,110	
60	0,129	0,231	0,018	0,014	0,090	0,004
62	0,129					
64	0,143					
65					0,080	
66	0,143					
68	0,136					
70	0,129				0,080	0,003

überschritten und bis zum Versuchsende fast vollständig wieder abgebaut sind. Bei den einzelnen Versuchspersonen werden jedoch unterschiedliche Blutalkoholspitzenwerte festgestellt, wofür bei der annähernd gleichen Trinkmenge zumindest teilweise eine unterschiedliche Magenfüllung verantwortlich zu machen ist.

Acetaldehydblutspiegel

Der zeitliche Verlauf der Acetaldehydblutspiegel zeigt in der Anfangsphase aller Trinkversuche die schon mehrfach beschriebenen Merkmale einer schnellen Anflutung mit nachfolgend weitgehend konstanten Werten. Der 1. Trinkversuch bietet wegen des beschriebenen verzögerten Alkoholabbaus keine Gelegenheit, den Acetaldehyd in der Alkoholabbauphase zu untersuchen. Bei allen übrigen Versuchen zeigt sich jedoch, daß die Blutspiegel des Acetaldehyds auch in der Phase des Alkoholabbaus weitgehend konstant bleiben. Die beiden letzten Trinkversuche ergeben darüber hinaus, daß nach komplettem Abbau des Alkohols innerhalb von 30–40 min der Abbau des Acetaldehyds mit beträchtlicher zeitlicher Verzögerung einsetzt, so daß noch bei Versuchsende nach 70 min erhebliche Acetaldehydkonzentrationen in den Blutproben nachgewiesen werden können.

Wie bei den Äthanolbestimmungen finden sich auch beim Nachweis des Acetaldehyds bei den einzelnen Versuchspersonen unterschiedliche Blutspiegelspitzenwerte, die im 2. Trinkversuch sogar 1,0 g/l überschreiten, sich bei den anderen Versuchen jedoch zumeist im Bereich von 0,1 g/l bewegen. Gemeinsam mit den sehr hoch gemessenen Äthanolkonzentrationen des 2. Trinkversuchs legen die ungewöhnlich hohen Acetaldehydblutspiegel den Verdacht nahe, daß ein systematischer Fehler die Auswertung dieses Versuchs störend beinflußte. Die Ergebnisse des 2. Trinkversuchs sind daher kritisch zu werten.

Differenzen zwischen den Konzentrationen von Äthanol und Acetaldehyd

Um den störenden Einfluß methodischer Streuungen auf ein Minimum zu beschränken, werden die Differenzen der Äthanol- und Acetaldehydkonzentrationen der einzelnen Blutproben miteinander verglichen. Die graphische Darstellung der Differenzen (Abb. 2) erlaubt einen schnellen Überblick über das Verhältnis der Blutspiegel beider Substanzen. Es finden sich während der ersten Minuten für alle Versuche annähernd gleiche Blutspiegel oder ein Überwiegen des Acetaldehyds. Mit weiterem Anstieg des Äthanolspiegels bei fast gleichbleibenden Meßwerten für Acetaldehyd liefert die Bildung der Differenz Werte im positiven Bereich als Ausdruck eines höheren Äthanolspiegels. Die Endphase aller Versuche zeigt geringer werdende Differenzen zwischen der Höhe der beiden Konzentrationen. Auffällig ist das Ergebnis der Versuche 2 und 5, da dort fast im gesamten Versuchsablauf der Acetaldehyd die höheren Blutspiegel aufweist. Für Versuch 2 muß als Erklärung ein systematischer Fehler wahrscheinlich gemacht werden. Versuch 5 und in der Alkoholabbauphase auch Versuch 6 zeigen jedoch, daß bei sehr geringen Äthanolblutspiegeln mit einem überwiegenden Gehalt an Acetaldehyd zu rechnen ist.

Die graphische Darstellung der Häufigkeit eines höheren Acetaldehydblutspiegels bei unterschiedlichen Blutalkoholkonzentrationen (Abb. 3) zeigt für alle

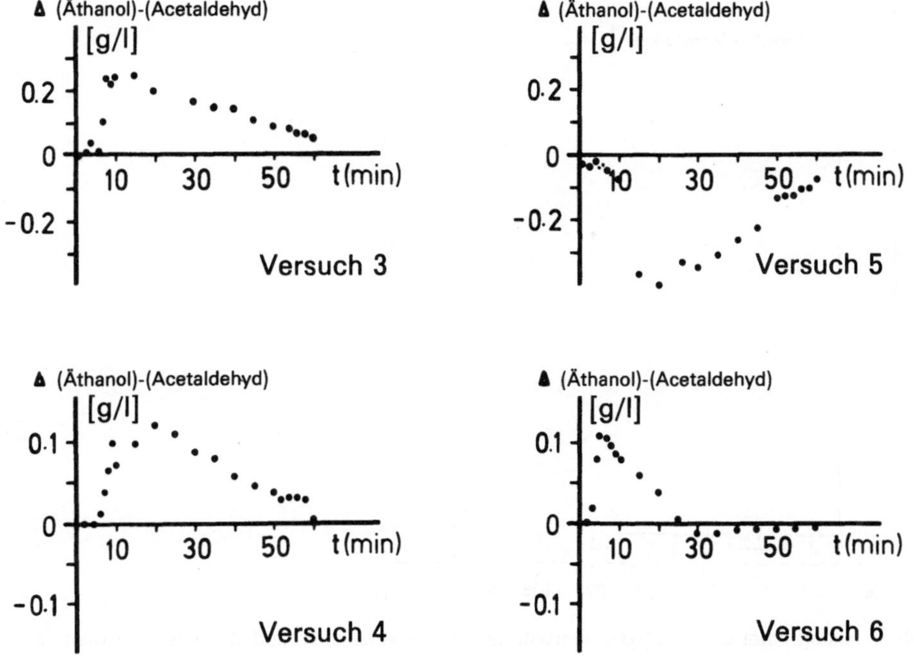

Abb. 2. Differenzen Äthanol - Acetaldehyd

durchgefühten Trinkversuche die überwiegende Zahl der Beobachtungen in dem Intervall mit den Grenzen 0,00 und 0,04 g/l.

Diskussion

Kritische Betrachtung der Methode

Anders als der Blutalkoholnachweis, für den eine Anzahl verläßlicher Verfahren zur Verfügung steht (Grüner 1967; Forster u. Joachim 1975), weist der Nachweis des Acetaldehyds aus Blutproben immer noch beträchtliche methodische Schwierigkeiten auf (Lüben et al. 1972; Sippel 1973; Stowell et al. 1978; Eriksson 1980; Hagihara et al. 1981; Knop et al. 1981; Pikkarainen et al. 1981; Thomas et al. 1981; Eriksson et al. 1982; Wojciechowsky 1983). In der Wahl des eigentlichen Analysenverfahrens ist weitgehende Einigkeit erzielt worden, da heute fast ausnahmslos gaschromatographischen Verfahren der Vorzug gegeben wird. Eine optimale Behandlung des Probenmaterials vor Analysebeginn dagegen, die artefizielle Bildung und Abbau des Acetaldehyds mit Sicherheit ausschließen kann, scheint aber auch heute noch nicht gefunden (Lüben et al. 1972; Sippel 1973; Stowell et al. 1978; Pikkarainen et al. 1981; Thomas et al. 1981). Eriksson et al. (1982) beschreiben ein durch In-vitro-Versuche gefundenes Ver-

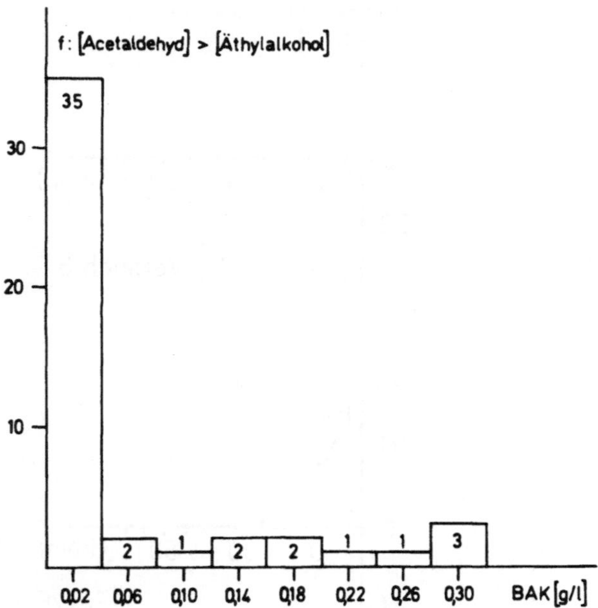

Abb. 3. Histogramm der Häufigkeitsverteilung des Merkmals: Acetaldehydgehalt > Äthanolgehalt

fahren, die Stabilität des Acetaldehyds in Blutproben zu gewährleisten. Die Ergebnisse dieser Gruppe zeigen, „daß Blutverdünnung, Äthanolkonzentration, Denaturierungszeit (Mischen in Perchlorsäure) und die Tatsache, ob der Äthanol im Blut oder in der Perchlorsäure vor der Vermischung anwesend war, die Größenordnung des artefiziell gebildeten Acetaldehydes während der Bluteneiweißung in Perchlorsäure beeinflussen" (Eriksson et al. 1982, S. 259ff.).

Sie empfehlen die Perchlorsäurepräzipitationsmethode als einfaches und verläßliches Verfahren zur Bestimmung des menschlichen Blutacetaldehyds.

Die Aussagekraft solcher In-vitro-Versuche über die Stabilität des Acetaldehyds in Blutproben wurde jedoch von Stowell et al. (1978) in Zweifel gezogen. Pikkarainen et al. (1981) verzichteten bewußt bei ihren Versuchen auf den Zusatz von Perchlorsäure, da die Veränderung der Acetaldehydgehalte offensichtlich besonders während des Vorgangs der Enteiweißung stattfindet. Daß die Enteiweißung durch Perchlorsäure die Blutacetaldehydgehalte signifikant verändern kann, zeigen auch die für diese Studie durchgeführten Vorversuche. Ebenso ist diesen zu entnehmen, daß eine rasche Untersuchung des Probengutes und zwischenzeitliche Eiskühlung die Bildung und den Abbau des Acetaldehyds im Probenmaterial sehr stark einschränken kann, worauf auch in der Literatur hingewiesen wird (Lüben et al. 1972; Stowell et al. 1978).

Die Ergebnisse dieser Studie zeigen, daß auch bei Verzicht auf eine Enteiweißung der Blutproben die Acetaldehydgehalte durch die Inkubation im Wasserbad des Gaschromatographen offensichtlich nicht grob verfälscht werden. Bei einem angenommenen beschleunigten Abbau des Äthanols zum Acetaldehyd durch die Inkubation im Wasserbad wäre zumindest ein geringeres Ansteigen der Acetaldehydkonzentrationen in solchen Blutproben zu erwarten gewesen, die längere Zeit den Temperaturen des Wasserbades ausgesetzt waren. Eine ansteigende Tendenz der gemessenen Acetaldehydgehalte über den gesamten Versuchsverlauf zeigt sich jedoch in keinem der Trinkversuche. Nach anfänglicher Anflutung bleiben die Konzentrationen konstant oder nehmen gegen Ende der Versuche allmählich ab.

Natürlich könnte die Menge des artefiziell gebildeten Acetaldehyds von der Ausgangskonzentration des Äthanols in der jeweiligen Blutprobe abhängen. Die beobachtete Konstanz der Acetaldehydgehalte selbst bei wieder abnehmender Äthanolkonzentration ließe sich dann durch vermehrte Bildung infolge längerer Erwärmung bei geringerer ursprünglicher Äthanolkonzentration erklären. Die beobachteten schnell ansteigenden Acetaldehydgehalte bei vergleichsweise niedriger Äthanolkonzentration zu Beginn aller Trinkversuche widerlegen jedoch auch diesen Einwand, da ja gerade die ersten untersuchten Blutproben die kürzeste Zeit im Wasserbad verbrachten und somit weder hohe Ausgangskonzentrationen von Äthanol noch lange Inkubationszeiten für eine artefizielle Bildung des gemessenen Acetaldehydes zur Verfügung standen.

Zur Entstehung des Resorptionsdefizits

Als Resorptionsdefizit wird der Anteil an der Gesamtmenge des getrunkenen Alkohols bezeichnet, der nicht im Blut erscheint und sich somit dem Nachweis entzieht. Dieser Anteil beträgt im Regelfall etwa 10–15%, kann aber, besonders nach erheblicher Nahrungsaufnahme, bis zu 50% der gesamten Trinkmenge ausmachen (Brettel 1975; Schwerd 1979). Die Ursache des Resorptionsdefizits ist immer noch nicht genau geklärt, obwohl eine Bindung des peroral aufgenommenen Alkohols an Nahrungsbestandteile wahrscheinlich gemacht wird (Brettel et al. 1977). Brettel stellte 1975 eine neue Hypothese für die Erklärung des Resorptionsdefizits auf:

> „An der Blutversorgung der Leber ist die A. hepatica etwa zu 25%, die V. portae jedoch zu 75% beteiligt. Vor allem in der Resorptionsphase gelangt somit wesentlich mehr Alkohol über die Pfortader als über die A. hepatica in die Leber. Da stets ein Teil des die Leber durchströmenden Alkohols abgebaut wird, kann niemals der gesamte im Magen-Darm-Trakt resorbierte Alkohol im kleinen und großen Kreislauf erscheinen“ (Brettel 1975, S. 31ff.).

Ebenfalls von Brettel et al. (1977) durchgeführte Tierversuche konnten durch den Vergleich der Äthanolgehalte in V. portae, V. hepatica und Aorta der Versuchstiere teilweise die zitierten Vorstellungen bestätigen.

Die Ergebnisse der in dieser Studie durchgeführten Alkoholtrinkversuche ermöglichen ebenfalls einige Schlußfolgerungen über die Rolle der 1. Leberpassage äthanolhaltigen Blutes bei der Entstehung des Resorptionsdefizits. Da der Acetaldehyd das 1. Abbauprodukt des Äthanols darstellt, müßte bei angenommenem Abbau des Äthanols während der 1. Leberpassage des Pfortaderblutes die Konzentration des Acetaldehyds im peripheren Blut schon unmittelbar nach Trinkbeginn ansteigen. Dieser zu erwartende Blutspiegelverlauf zeigt sich tatsächlich in allen Trinkversuchen. Weiterhin ist bei ansteigenden Blutalkoholkonzentrationen schnell eine vollständige Sättigung der Kapazitäten aller alkoholabbauenden Systeme zu erwarten. Der diese Abbaukapazität überschreitende Alkohol muß dann die Leber unverändert wieder verlassen.

Die Trinkversuche dieser Studie zeigen bei sehr niedrigen Blutalkoholkonzentrationen stets ein überwiegen des Acetaldehydgehalts im peripheren Blut. Erst bei höheren Äthanolkonzentrationen übersteigt der Blutalkohol den Acetaldehydspiegel. Die meßbaren Acetaldehydkonzentrationen übersteigen einen schnell nach Trinkbeginn erreichten Plateauwert jedoch nie. Diese Beobachtungen fügen sich ebenfalls in die Vorstellungen über die Bedeutung des Alkoholabbaus während der 1. Leberdurchströmung des Pfortaderblutes: Die Höhe der Acetaldehydgehalte während der Plateauphase kann als indirektes Maß für eine individuelle Alkoholabbaukapazität gewertet werden, die bei niedrigen Blutalkoholspiegeln zu Beginn und Ende der Trinkversuche nicht vollständig ausgeschöpft wird. Bei höheren Blutalkoholkonzentrationen wird überschüssig anfallender Alkohol von der Leber unverändert wieder abgegeben, um dann, nach fortwährender Rezirkulation, schließlich bei wieder frei werdenden Enzymkapazitäten zum Acetaldehyd abgebaut zu werden. Die Folge ist ein annähernd gleichbleibender maximaler Acetaldehydausstoß der Leber bei Blutalkoholkonzentrationen, die über ihrer voll ausgeschöpften Abbauleistung liegen.

Machata (1971) weist darauf hin, daß „der Acetaldehydspiegel als objektives Maß für die individuelle Abbauquote angesehen werden ...“ kann. Jedoch warnt er davor, solche Überlegungen zu exakten Bestimmung eines individuellen Abbauwertes zu verwenden, der für die Rückrechnung im Einzelfall dienlich sein könnte, da der Blutacetaldehydgehalt immer noch nicht mit hinreichender Sicherheit quantitativ nachzuweisen sei. Auch die Untersuchungen von Eriksson (1977) zum Acetaldehydstoffwechsel in vivo lassen die mögliche Bestimmung einer individuellen Alkoholabbaurate aufgrund gemessener Acetaldehydkonzentrationen fraglich erscheinen. Einen ersten Einwand liefert die Beobachtung, daß bei Perfusionsversuchen nur ein kleiner Teil des durch Alkoholabbau gebildeten Acetaldehyds die Leber wieder verläßt, was den Schluß nahelegt, daß der größte Anteil des gebildeten Acetaldehyds sofort in der Leber weitermetabolisiert wird. Ein zweiter Einwand betrifft die Blutentnahmestelle. Da auch ein extrahepatischer Abbau des Acetaldehyds wahrscheinlich ist, kann nur eine arterielle Blutentnahme einen sicheren Hinweis auf den Acetaldehydgehalt des Blutes vor Durchströmung der Körperorgane liefern. Da eine solche Blutentnahmetechnik jedoch mit Risiken verbunden ist, wurde als Alternative die gaschromatographische Analyse der Atemluft versucht (Dannecke et al. 1981). Die Aussagefähigkeit dieses Verfahrens erscheint jedoch begrenzt (Eriksson 1977).

Die Ergebnisse der im Rahmen dieser Studie durchgeführten Alkoholtrinkversuche geben deutliche Hinweise auf die Bedeutung der 1. Leberpassage äthanolhaltigen Blutes für die Entstehung des Resorptionsdefizits. Die dadurch vorstellbare Bestimmung individueller Alkoholabbauraten durch Messung maximal erreichter Acetaldehydblutspiegel ist jedoch aus den vorliegenden Daten nicht möglich, da für diese auch forensisch bedeutsame Fragestellung eine wesentlich verfeinerte experimentelle Methodik bei der Durchführung der Trinkversuche erforderlich gewesen wäre.

Zur Bestimmung der Alkoholisierungsphase

Bei ihren Untersuchungen zur Ermittlung der individuellen Abbaurate erwähnen Machata u. Prokop (1971) auch die theoretisch bestehende Möglichkeit, aus dem Verhältnis zwischen Äthanol und Acetaldehyd in einer Blutprobe Hinweise auf die Phase der Alkoholisierung des Spenders zu erhalten. Wegen eines annähernd konstanten Acetaldehydblutspiegels erschien es ihnen aber nicht möglich, „aus dem Acetaldehydgehalt ... die Alkoholisierungsphase hinsichtlich Anflutung oder Abfall des Blutalkohols näher zu bestimmen ...“.

Dazu ist anzumerken, daß das erste Blut erst 15 min nach Trinkende entnommen und den Untersuchern damit die Anflutungsphase des Acetaldehyds entgangen sein dürfte.

Bei den für diese Studie durchgeführten Alkoholtrinkversuchen ist es dagegen aufgrund engmaschiger und frühzeitiger Blutentnahmen gelungen, Daten zu erhalten, die eine Bestimmung der Alkoholisierungsphase möglich erscheinen lassen. Die für die einzelnen Versuche ermittelten Differenzen von Acetaldehyd- und Äthanolkonzentration der einzelnen Blutproben erreichen bei Anflutung und Abbau des Blutalkohols die geringsten Beträge. Bei sehr geringen Äthanolspiegeln (unter 0,04 g/l) ist sogar im Regelfall der Acetaldehydgehalt des Blutes höher als der jeweilige Gehalt an Äthanol. Obwohl somit unter Versuchsbedingungen mit einiger Sicherheit anhand einer einzelnen Blutprobe die Aussage möglich ist, ob die betreffende Versuchsperson sich in Anflutungs- oder Abbauphase auf der einen Seite oder andererseits in der postresorptiven Phase befindet, kann zwischen Anflutungs- und Abbauphase selbst nicht differenziert werden. Eine praktische Anwendbarkeit der Acetaldehydbestimmung zur Ermittlung der Alkoholisierungsphase erscheint demnach zumindest vorläufig noch unwahrscheinlich.

Bemerkenswert ist jedoch die Beobachtung, daß auch nach vollständigem Abbau des Blutalkohols in den Trinkversuchen 5 und 6 für eine beträchtliche Zeitspanne noch Acetaldehyd im Blut vorhanden ist. Die Bestimmung des Acetaldehydgehalts einer Blutprobe könnte somit einen vorangegangenen Alkoholgenuß noch erhebliche Zeit nach vollständigem Alkoholabbau nachweisen.

Zusammenfassung

Der bei früher durchgeführten Alkoholtrinkversuchen zu beobachtende stets gleichförmige Verlauf der Konzentrationen des Acetaldehyds nach Alkoholaufnahme im Blut mit schneller Anflutungsphase und nachfolgender Ausbildung eines Plateaus konstanter Konzentrationen wurde zum Anlaß genommen, erneute Trinkversuche mit geringen Alkoholtrinkmengen von ca. 0,2 g/kg KG unter besonderer Berücksichtigung der Acetaldehydkonzentrationen im Blut durchzuführen. Die Trinkversuche erbrachten folgende Ergebnisse:

1) Eine stets gleich feststehende Relation zwischen den jeweiligen Äthanol- und Acetaldehydgehalten der einzelnen Blutproben wurde nicht beobachtet.
2) Bei den geringen Äthanolkonzentrationen im Blut sowohl in der Anflutungs- als auch in der Abbauphase des Alkohols kann der Gehalt des Blutes an Acetaldehyd höher sein als der Gehalt an Äthanol.
3) Nach vollständigem Alkoholabbau bleibt für einen erheblichen Zeitraum Acetaldehyd im Blut nachweisbar.

Die Ergebnisse ließen sich in Übereinstimmung mit Vorstellungen über die Entstehung des Alkoholresorptionsdefizits durch Äthanolmetabolismus während der 1. Leberpassge des äthanolhaltigen Pfortaderblutes bringen. Der schnelle Anstieg der Acetaldehydblutspiegel unmittelbar nach Trinkbeginn ist dann als Ausdruck einer noch nicht voll ausgeschöpften Alkoholabbaufähigkeit der Leber zu verstehen. Bei Überschreiten der maximalen Enzymkapazität verläßt überschüssig anfallender Alkohol die Leber unverändert, um erst bei wieder freiwerdenden Enzymvalenzen dem Abbau anheimzufallen. Das stets zu beobachtende Plateau der Acetaldehydblutspiegel ist in diesem Zusammenhang als maximal möglicher Acetaldehydausstoß der Leber zu sehen, mithin also als Hinweis auf die individuelle Alkoholabbaufähigkeit zu werten.

Literatur

Brettel HF (1975) Die Rolle der Leber beim sog. Resorptionsdefizit. Eine Hypothese. Z Rechtsmed 76:31-55

Brettel HF, Rupp W, Schleyerbach R (1977) Die Rolle der Leber beim sog. Resorptionsdefizit. Ergebnisse tierexperimenteller Untersuchungen. Z Rechtsmed 79:217-223

Dannecker JR, Shaskan BG, Phillips M (1981) A new highly sensitive assay for breath acetaldehyde: Detection of endogenous levels in humans. Anal Biochem 114:1-7

Eriksson CJP (1977) Acetaldehyd metabolism in vivo during ethanol oxidation. Adv Exp Med Biol 85:319-341

Eriksson CJP (1980) Elevated blood acetaldehyde levels in alcoholics and their relatives: A reevaluation. Science 207:1383-1384

Eriksson CJP, Mizoi Y, Fukunaga T (1982) The determination of acetaldehyde in human blood by the perchloric acid precipitation method: The characterization and elimination of artefactual acetaldehyde formation. Anal Biochem 125:259-263

Forster B (1956) Die Veränderungen des Acetaldehydspiegels im Blute nach Alkoholaufnahme. Dtsch Z Gerichtl Med 45:221ß224

Forster B, Joachim H (1975) Blutalkohol und Straftat. Thieme, Stuttgart New York

Goodman LS, Gilman A (1975) The pharmacological basis of therapeutics, 5th edn. Macmillan, New York

Grüner O (1967) Der Gerichtsmedizinische Alkoholnachweis. Haymanns, Köln

Hagihara S, Sameshima Y, Kobayashi M, Obo F (1981) Behavior of acetaldehyde transported in blood. Biochem Pharmacol 30:657-661

Hays WL (1973) Statistics for the social sciences, 2nd edn. Rinehart & Winston, New York

Klein H, Korzis J (1958) Der Acetaldehydgehalt des menschlichen Blutes. Med Welt 9:345-347

Knop J, Angelo H, Christensen JM (1981) Is role of acetaldehyde in alcoholism based on an analytical artifact? Lancet II:102

Korsten MA, Matsuzaki S, Feinmann L, Lieber CS (1975) High blood acetaldehyde levels after ethanol administration. Difference between alcoholic and nonalcoholic subjects. N Engl J Med 292:386-389

Lebsack ME, Gordon ER, Lieber CS (1981) Effect of chronic ethanol consumption on acetaldehyde dehydrogenase activity in the baboon. Biochem Pharmacol 30:2273-2277

Lüben V, Post D, Grüner O (1972) Gaschromatographische Untersuchungen zum Vorkommen des Acetaldehyds in Blutproben. Blutalkohol 9:465-472

Machata G, Prokop L (1971) Alkoholabbau und Acetaldehyd. Blutalkohol 8:281-284

Niermeyer H (1979) Ursachen und Bedeutung von Differenzen und Oszillationen der Blutalkoholkonzentration. Med. Dissertation, Universität Münster

Pikkarainen PH, Gordon ER, Lebsack ME, Lieber CS (1981) Determinants of plasma free acetaldehyde levels during the oxidation of ethanol. Biochem Pharmakol 30:799-802

Sippel HW (1973) Non-enzymatic ethanol oxidation in biological extracts. Acta Chem Scand 27:541-550

Schuckit MA, Beck O (1982) Acetaldehyde in alcoholism. Lancet II:502-503

Schuckit MA, Rayses V (1979) Ethanol ingestion: Differences in blood acetaldehyde concentrations in relatives of alcoholics and controls. Science 203:54-55

Schwerd W (1979) Kurzgefaßtes Lehrbuch der Rechtsmedizin für Mediziner und Juristen, 3. Aufl. Deutscher Ärzte-Verlag, Köln

Stepp W (1920) Über das Auftreten von Acetaldehyd im Körper beim Abbau des Äthylalkohols. Arch Exp Pathol Pharmakol 87:148-152

Stowell AR, Greenway RM, Batt RD (1978) Stability of acetaldehyde in human blood samples. Biochem Med 20:167-179

Thomas M, Lim CK, Peters TJ (1981) Assaying acetaldehyde in biological fluids. Lancet II:530-531

Weber K (1975) Untersuchungen zur Alkoholdiffusion nach schnellem Trinken. Med. Dissertation, Universität Münster

Weir DG (1978) The pathophysiology of alcohol and acetaldehyde metabolism in the liver. Eur J Clin Invest 8:263-265

Wojciechowski R (1983) Der Acetaldehydgehalt des Blutes nach Alkoholingestion. Med Dissertation, Universität Münster

Begleitstoffbestimmung in der Atemluft

R. URBAN, H. D. TRÖGER

Einleitung

Die bisherigen Untersuchungen über die sog. Begleitstoffe alkoholischer Getränke zeigten, daß für forensische Fragestellungen insbesondere die höheren aliphatischen Alkohole von Bedeutung sind.

Obwohl bekannt ist, daß neben der überwiegenden Ausscheidung in den Urin - sei es unverändert, sei es als Glukuronid - auch die Abatmung bei der Elimination der höheren Alkohole eine wichtige Rolle spielt, befassen sich die meisten Untersuchungen über den Stoffwechsel der höheren aliphatischen Alkohole mit der Analyse von Blut- und Urinproben.

Der Atemprobe wurde dabei aus ganz unterschiedlichen Gründen kaum Beachtung geschenkt, nicht zuletzt, weil der Aufwand zur Untersuchung einer Atemprobe mit den bisherigen Methoden für forensische Zwecke nicht praktikabel erschien.

In der vorliegenden Arbeit sollte nun mit einer neuen und inzwischen im Routinebetrieb bewährten kapillargaschromatographischen Auftrennung der Begleitstoffe geprüft werden, ob auf Kieselgel adsorbierte Ateminhaltsstoffe nach Desorption nachgewiesen werden können, ob sich im Begleitstoffmuster Änderungen gegenüber Blut- und Urinproben ergeben und ob sich die Begleitstoffe je nach Getränkeart unterscheiden und einzelnen Getränkearten zuordnen lassen.

Material und Methode

Es wurden Trinkversuche derart durchgeführt, daß erstmalig 15 min nach Genuß alkoholischer Getränke nach Mundspülung eine Atemprobe auf Alcostereröhrchen der Firma Dräger und gleichzeitig eine Blutprobe asserviert wurden, wobei im Abstand von 15 min noch insgesamt 4mal Atemproben und Blutproben gesammelt wurden.

Die so gewonnenen Extrakte der Atemproben und die Blutproben wurden mittels Haed-space-Kapillargaschromatographie auf einem automatischen Sampler der Fa. Carlo Erba analysiert. Die Auftrennung der flüchtigen Substanzen erfolgte simultan auf 2 Quarzkapillarsäulen mit 0,25 beziehungsweise 0,32 mm innerem Durchmesser und gebundenen Silikonphasen DB 1701 und CP SIL 8 CB.

Die Desorption erfolgte durch Wasserzusatz, wobei die Gesamtmenge des Kieselgels in 7 ml GC-Fläschchen zur Analyse kam, da im Begleitschreiben zu den Kieselgelröhrchen der Fa. Dräger mitgeteilt wurde, daß bei korrekter Asservierung der Atemprobe die Kieselgelmenge 1 ml Blut entspricht.

Die Blutproben wurden nach dem auch für Begleitstoffanalysen angewandten Routineverfahren untersucht, d. h. 0,1 ml Probenmenge in 0,8 ml GC-Fläschchen mit internem Standard.

Ergebnisse und Diskussion

Wie aus Abb. 1 und 2 ersichtlich, waren in den Atemluftproben und den Blutproben jeweils analoge Chromatogramme flüchtiger Bestandteile nachweisbar. Neben der generellen Feststellung, daß sich die nachweisbaren Begleitstoffe, hier am Beispiel von Bier und Whisky aufgezeigt, nicht nur im Serum, sondern auch in der Atemluft deutlich unterscheiden, waren in den Atemluftproben die höheren und verzweigtkettigen aliphatischen Alkohole zu einem höheren Prozentsatz vorhanden. Dieses vermehrte Auftreten der höheren Alkohole in der Atemluft könnte als Verteilungsphänomen interpretiert werden, da der prozen-

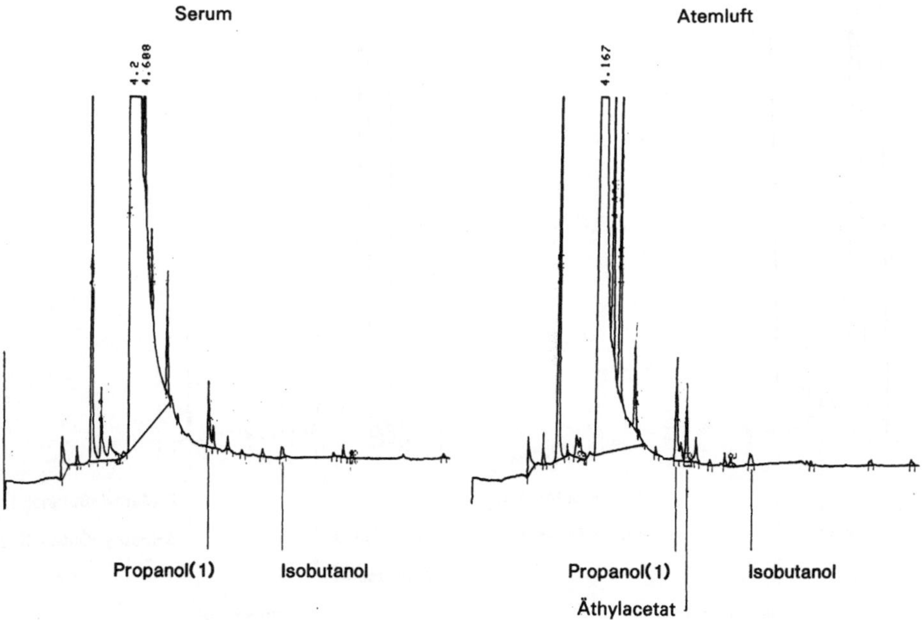

Abb. 1. Begleitstoffe nach Genuß von Bier

tuale Anteil der jeweiligen flüchtigen Substanz mit zunehmender Wasserunlöslichkeit ansteigt. Wesentlich erscheint, daß, wie dies in zahlreichen bisherigen Publikationen mitgeteilt wurde, die verzweigtkettigen höheren Alkohole - die Methylbutanole - im Blut nur in sehr niedrigen Konzentrationen und nur kurze Zeit nach Trinkende nachweisbar waren, während diese Substanzen in den Atemproben nach Genuß hochprozentiger alkoholischer Getränke regelmäßig in höheren Konzentrationen auftraten.

Auffallend war, daß offensichtlich eine Umkehr des Verhältnisses der Methylbutanole, wie es aufgrund der in den Getränken vorhandenen Mengen dieser Substanzen zu erwarten wäre, vorlag. Eine Erklärungsmöglichkeit hierzu ist, daß es sich bei den in den Atemproben nachgewiesenen Methylbutanolen um den nicht glukuronidierten Anteil dieser höheren Alkohole handelt, ohne daß dieses Phänomen in der vorliegenden Versuchsreihe mit letzter Sicherheit geklärt werden konnte.

Äthylacetat ist in zahlreichen, insbesondere den hochprozentigen alkoholischen Getränken in höheren Konzentrationen vorhanden, dennoch ist es in Blutproben, auch bei Verwendung von Na_2SO_4 zur Dampfdruckerhöhung, wenn überhaupt, dann nur in vergleichbar geringen Mengen nachweisbar. In den

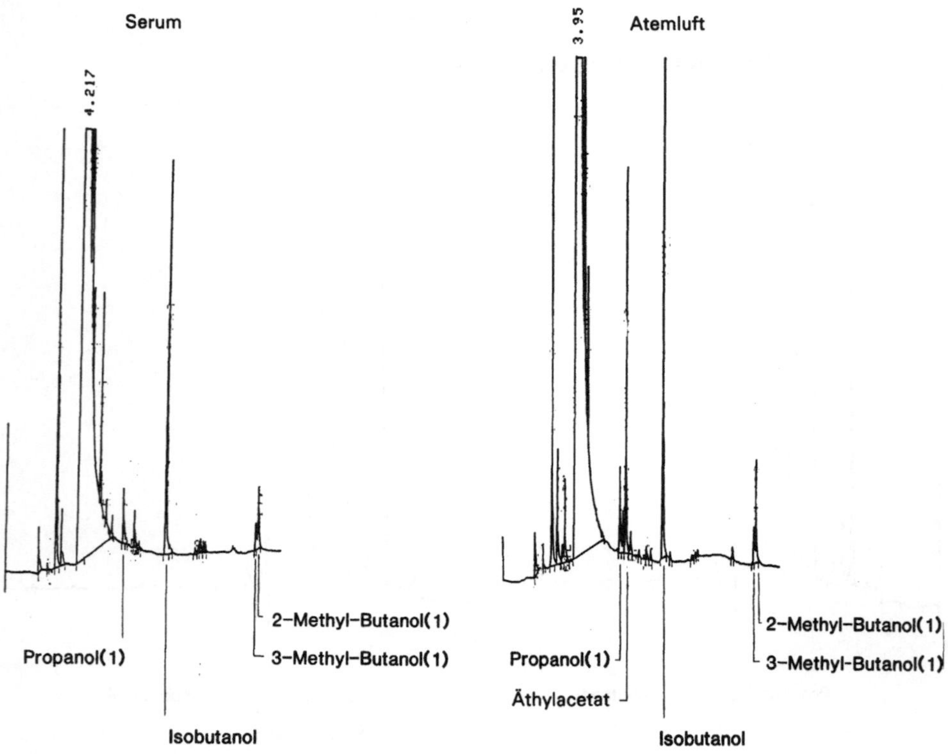

Abb. 2. Begleitstoffe nach Genuß von Whisky

Atemproben dagegen waren auch nach Genuß von Bier deutlich nachweisbare Konzentrationen dieser flüchtigen Substanz enthalten, so daß zunächst daran gedacht wurde, daß dieses Phänomen nicht auf das verabreichte Getränk zurückzuführen sei, sondern möglicherweise durch ein Artefakt der verwendeten Kieselgelröhrchen bzw. durch eine nicht geklärte Bildung dieser Substanz in den Lungen entstanden sein könnte.

Hierzu wurden sowohl sog. Nüchternatemproben als auch Atemproben nach Aufnahme von reinem Äthanol bis zu Blutalkoholkonzentrationen von 0,5‰ in gleicher Weise untersucht. .In den Chromatogrammen (Abb. 3) fanden sich ausschließlich die zu erwartenden Substanzen wie Acetaldehyd, Aceton und Äthanol, ohne daß Spuren von Äthylacetat - auch nicht nach Genuß von reinem Äthanol - nachweisbar waren.

Dies zeigt, daß zum einen das in den Atemproben nach Genuß alkoholischer Getränke nachgewiesene Äthylacetat tatsächlich aus den verabreichten alkoholischen Getränken stammt und daß zum anderen diese flüchtige Substanz offensichtlich zumindest teilweise ungespalten resorbiert und ungeachtet der Bluteste-rasen abgeatmet wird.

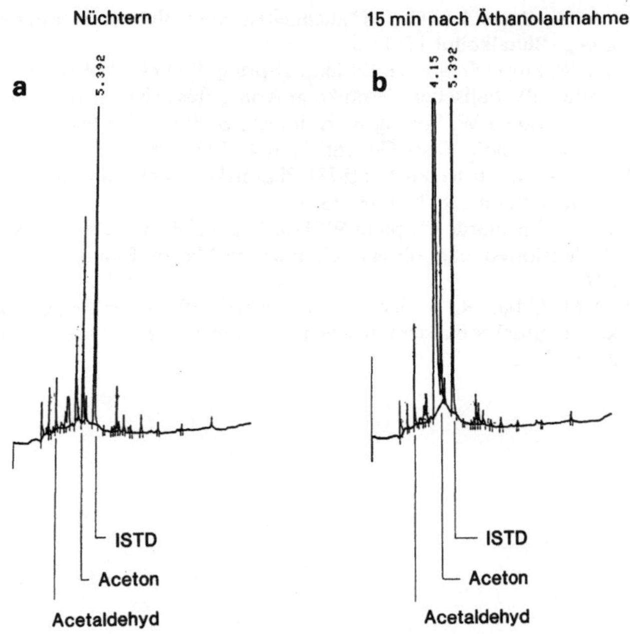

Abb. 3 a, b. Begleitstoffe in der Atemluft **a** nüchtern, **b** 15 min nach Äthanolaufnahme

Zusammenfassung

Die durchgeführten Versuche zeigen, daß auch ein Nachweis von sog. Begleitstoffen, d.h. flüchtigen Getränkebestandteilen, in der Atemluft mit einer verbesserten Nachweistechnik, nämlich der Head-space-Kapillargaschromatographie möglich ist und die Chromatogramme sich entsprechend den bisherigen Ergebnissen aus der Untersuchung von Blut- und Urinproben je nach dem aufgenommenen alkoholischen Getränk unterscheiden und dem jeweiligen Getränk zuordnen lassen.

Trotz der gegenüber Blutproben zusätzlich und ohne aufwendige Veränderung der Probenmatrix nachweisbaren Substanzen, insbesondere der für die Beurteilung hochprozentiger alkoholischer Getränke wichtigen Methylbutanole, erscheint doch bislang eine forensische Verwertbarkeit nicht gegeben, da neben der Schwierigkeit der Quantifizierung insbesondere der Zeitpunkt der Asservierung solcher Atemproben nach Aufnahme alkoholischer Getränke eine entscheidende Rolle spielt und die vorliegenden Ergebnisse auf kontrollierten Trinkversuchen basieren.

Literatur

Bonte W, Busse J (1980) Möglichkeiten einer blut- und urinanalytischen Getränkeartbestimmung. Blutalkohol 17:49–57

Bonte W, Stöppelmann G, Rüdell E, Sprung R (1981) Vollautomatischer Nachweis von Begleitstoffen alkoholischer Getränke in Körperflüssigkeiten Blutalkohol 18:303–310

Rüdel E, Bonte W, Sprung R, Kühnholz B (1983) Zur Pharmakokinetik der höheren aliphatischen Alkohole. Beitr Gerichtl Med 41:211–218

Rietbrock N, Abshagen U (1971) Pharmakokinetik und Stoffwechsel aliphatischer Alkohole. Arzneimittelforsch 21:1309–1319

Urban R, Liebhardt E, Spann W (1982) Vergleichende Untersuchungen der Konzentrationen an Begleitstoffen alkoholischer Getränke in Magen, Blut und Urin. Beitr Gerichtl Med 16:223–227

Wolf M, Urban R, Weller J-P, Tröger HD (1985) Zur Begleitstoffanalytik. Anwendung einer kapillargaschromatographischen Mikromethode bei der Dampfraumanalyse. Blutalkohol 22:321–332

Somatische Rechtsmedizin

„Tottreten"

E. Böhm, D. U. Schmidt*

Mitteilungen über Verletzungen durch Fußtritte und Tötungen mit dem beschuhten Fuß sind in der rechtsmedizinischen Literatur spärlich vertreten [1, 2, 5, 7, 9, 11, 13, 15, 18, 19, 20, 21].

Sofern Tötungsdelikte vorliegen, ergeben sich eine ganze Reihe fachübergreifender Probleme, die mit der Auffindung der Leiche beginnen, Ermittlungen, Obduktion, abschließende Begutachtung und forensisch häufige Fragestellungen sowie rechtliche Wertungsfragen beinhalten. Soweit es der vorgegebene Rahmen erlaubt, werden deshalb im folgenden neben traumatologischen und rechtsmedizinischen Gesichtspunkten kriminalistische, kriminologische, biomechanische und juristische Aspekte angesprochen. Die Erörterungen wurden durch eine Zunahme bekanntgewordener einschlägiger Fälle angeregt, die unserer Meinung nach nicht als Folge verbesserter Aufklärungstechniken zu erklären ist, sondern vielmehr realen Gegebenheiten entspricht. Daß „Tottreten" bzw. Treten auf den Feind kein modernes Phänomen ist, ergibt sich aus zahlreichen alten Schriften - erwähnt sei hier nur das alte Testament (Jesaia XIV, Könige IX, 33). Im Hinblick auf die Perfektion moderner Tötungstechniken wird jedoch ein deutlicher Atavismus erkennbar, dessen Interpretation bei Berücksichtigung des beteiligten Personenkreises erleichtert wird.

Die breite Streuung praktischer Gesichtspunkte, die sich bei der Bearbeitung entsprechender Fragestellungen ergibt, soll anhand von 6 kasuistischen Beiträgen stichpunktartig erläutert werden.

Fall 1: Ein 50jähriger Frührentner wurde scheinbar tot in seinem Bett aufgefunden. Der vorsorglich herbeigerufene Notarzt diagnostizierte Kammerflimmern bei Vorderwandinfarkt. Nach Defibrillierung stationäre Aufnahme auf der Intensivstation, Feststellung des Hirntodes nach fast 2tägiger maschineller Beatmung. Bescheinigte Todesursache: Herzinfarkt. Routineobduktion der grünfaulen Leiche: Todesursache Peritonitis nach Dünndarmperforation (traumatisch). Nachermittlungen ergaben, daß am Vortag der Auffindung Tätlichkeiten mit Faustschlägen und Fußtritten durch einen Nebenbuhler (Eifersuchtstat) stattgefunden hatten.

Fall 2 48jähriger Stadtstreicher, in der Nähe einer Gartenlaube (Übernachtungsstelle) tot aufgefunden, verwahrloster Zustand. Angenommene Todesursache Alkoholismus. Routineobduktion mit dem Ergebnis schwerster beidseitiger Rippenserienfrakturen, Verblutung in die Brusthöhle. Täter war ein Schlafkumpan, der sich an der starken Verschmutzung erregte.

Fall 3 Auffinden einer „Bahnleiche" im Gleisbereich der Bundesbahn - neben dem Bahnsteig (Bahnhof): Vollständige Abtrennung von beiden Beinen und einem Arm, Todeseintritt im Krankenhaus (!) ohne Wiedererlangung des Bewußtseins. Blutspuren, Brille und Zigaretten des

---

* Unter Mitarbeit von Ch. Junge

Getöteten wurden auf dem Bahnsteig gefunden. Ermittlungsergebnis: 2 Täter hatten den Mann mit Fußtritten gegen den Kopf bis zum Eintritt der Bewußtlosigkeit traktiert, seine Taschen nach Geld durchsucht, danach den Bewußtlosen auf die Schienen gelegt.

Fall 4 49jähriger Stadtstreicher, der tot im eigenen Bett (Übernachtungsheim) aufgefunden wurde. Chronischer stark unterernährter Alkoholiker. Schürfungen und Hämatome im Gesicht wurden zunächst auf Hinfallen in betrunkenem Zustand interpretiert. Nach einer mehrere (6) Tage zurückliegenden Schlägerei war er ambulant geröntgt worden, wobei am knöchernen Schädel keine Verletzung gefunden wurde. Obduktionsergebnis: Ausgedehntes epidurales Hämatom - Zerreißung der A. meningea media an typischer Stelle durch einseitige horizontale Schädelfraktur. Trotz Trittverletzungen gegen den Kopf des zu Boden geschlagenen weder Platzwunden noch Kopfschwartenquetschung, lediglich oberhalb der Hutkrempenlinie gelegene lineare Kompressionszonen mit einseitiger Randaufwulstung: Der alkoholisierte Täter gab an, Turnschuhe beim Treten getragen zu haben. Im Jochbogenbereich als Décollement zu interpretierende Ablederung des Haut-Unterhautgewebes. Tatmotiv völlig unklar, Täter war Mitbewohner des Heimes. Verfahren gegen den Röntgenologen nicht abgeschlossen.

Fall 5 50jähriger Maurer auf dem Heimweg von 2 Burschen (15 und 17 Jahre alt) mit den Fäusten niedergeschlagen, mit den Füßen gegen den Kopf getreten und bewußtlos vom Gehweg in einen Hinterhof gezerrt. Als sie kein Geld finden konnten, riefen sie anonym einen Notarztwagen an, der auch rasch eintraf. Trotzdem Todeseintritt an Ort und Stelle. Todesursache im abschließenden Gutachten: Commotio cerebri. Nebenbefund Blutaspiration. Beiderseits festgestellte Rippenserienfrakturen waren möglicherweise Reanimationsfolge. Die durch Tritte hervorgerufenen Kopfschwartenverletzungen mit ausgeprägter Taschenbildung (Décollement).

Fall 6 Eine 40jährige langjährige Alkoholikerin wurde nach mehrtägiger Alkoholisierung von ihrem Ehemann (36, im Krieg Fallschirmspringer) aus dem Bett gezerrt und danach mit Faustschlägen traktiert. Danach erfolgte „Aufspringen“ auf den Körper und vielfaches trambolinartiges Hochhüpfen, wippen und Eintrampeln. Begleitender Text: „Will doch mal sehen, ob die Alte meine 80 Kilo aushält.“ Obduktionsergebnis: Kein Nachweis von Verletzungen, die direkt geeignet waren, den Todeseintritt zu erklären. Als todesursächlich wurde eine fünfmarkstückgroße subdural gelegene Blutung in Zusammenhang mit Schädel-Hirn-Trauma und Tatzeitalkoholisierung (2‰) angenommen.

Die angeführten Fallbeispiele zeigen Mängel in der Vorermittlung (Fälle 1, 2, 4), in den ärztlichen Feststellungen bzw. in der Diagnostik (1, 4), Irrtümer hinsichtlich Todesart und Todesursache (1-4), Besonderheiten des Tat- bzw. Auffindungsortes (1-6), Schwierigkeiten bei Rekonstruktion und Interpretation der Befunde in Zusammenhang mit dem Tottreten (1-6), Besonderheiten der Trittverletzungen (ohne Trittspuren: 1, 3; Taschenbildung, Décollement: 4, 5), Mitursächlichkeit der Alkoholisierung (6), Besonderheiten in der Beschuhung (4). In Fall 3 wurden trotz der Zugüberfahrung die sehr schweren Hirnquetschungen durch die Trittverletzungen als todesursächlich angegeben.

Sieht man vom Bereicherungsmotiv (3, 5) und der Eifersucht (1) ab, erscheinen die Anlässe für das Tottreten uneinfühlbar, unerklärlich oder nichtig. Da die Täter-Opfer-Bezüge personaler Art in vielfacher Weise praktisch bedeutungsvoll sind, haben wir sie zunächst in einem besonderen Kapitel unter Berücksichtigung der Tatortverhältnisse zusammengefaßt. Die folgenden statistischen Angaben berücksichtigen 56 Fälle aus dem hiesigen Institut, ergänzt durch solche aus dem Institut in Münster.

Täter-Opfer-Tatort

Statistische Angaben im einzelnen finden sich in Abb. 1-6. Danach waren Täter und Opfer längere Zeit vor der Tat gut bekannt oder gar verwandt oder Lebensgefährten, so daß man das Tottreten in diesen Fällen als Beziehungsdelikt bezeichnen kann. Der Altersgipfel der Täter ist nicht so scharf wie der der Opfer (50 Jahre) definiert jedoch deutlich nach links verschoben, d.h. die Täter sind im Mittel wesentlich jünger als die Opfer (Nachlassen der kriminellen Energie?). Sowohl bei den Tätern als auch bei den Opfern überwiegt das männliche Geschlecht, bei den Tätern stehen jedoch 54 Männern 2 Frauen, bei den Opfern 35 Männern 21 Frauen (n = 56) gegenüber. Dem tödlichen Ereignis gingen vielfach Mißhandlungen durch Tritte (aktenkundig geworden) voraus, die als „forensische Vorgestalten der Tat", unvollständige Tatvollzüge oder Tatkeime angesprochen werden können, und zwar in 11 Fällen, wobei in 2 Fällen 3mal, in 4 Fällen 2mal und in einem 4mal getreten wurde. Die Beteiligung sozialer Randgruppen der Gesellschaft wie Prostituierte, Zuhälter, Stadtstreicher, Landstreicher, Asoziale u.a. kommt zahlenmäßig deshalb nicht so deutlich zum Tragen, weil die aktenmäßige Zuordnung vielfach nicht vorgenommen wurde. Schwerer chronischer Alkoholismus lag 24mal beim Opfer vor, 11mal beim Täter (n = 56). Angaben zur Tatzeitalkoholisierung müssen als besonders unzureichend eingeordnet werden, Werte zwischen 1,5 und 2,5‰ (in wenige h reichendem Tatzeitbezug) wurden in 31 von 67 Fällen beim Täter und in 13 von 30 Fällen beim Opfer ermittelt. Wie bereits aus den kasuistischen Beiträgen ableitbar, war der Anlaß der Tätlichkeiten - sofern Bereicherungsabsicht nicht in Betracht kommt - auffallend nichtig, worauf auch von Reh und Weiler [15] hingewiesen wurde. Die Tätlichkeiten umfaßten meist (34 Fälle, n = 67) einen Zeitraum von maximal 10 min, 30 min kamen 7mal, 60 min 4mal, 2 h 1mal, 3-5 h 2mal und 7 h einmal vor. Als Tatort sind Wohnung oder Schlafstätte von Opfer und Täter bevorzugt, seltener Gasthaus, auch im Freien wurden die Taten weniger häufig begangen. Abwehrverletzungen beim Opfer waren in 36 Fällen vorhanden (n = 56).

Tabelle 1. Alkoholkonzentration (bestimmte Werte bis maximal 2 h nach der Tat)

	Täter	Opfer
0-1‰	1	15
1-2‰	5	6
2-3‰	3	8

Verletzungen an Skelettsystem und inneren Organen (Fallzahlen)	
A) Skelettsystem	
Frakturen von	
Hirn- und Gesichtsschädel:	27
Kehlkopf und Zungenbein:	31
Rippen rechts:	88
links:	112
Sternum:	4
Wirbelsäule:	5
Extremitäten:	1
Kehlkopf- und Zungenbeinverletzungen i.e.	
Kehlkopf bzw. Hörner der Schildknorpel beidseits:	4
einseitig:	3
Schildknorpelkörperbruch:	4
Zungenbein, beide Hörner:	2
ein Horn:	5
Zungenbeinkörperfraktur (davon 1 Fall doppelt):	4
kombinierte Kehlkopf- und Zungenbeinverletzungen:	9
Rippenbrüche i.e. (Anzahl der frakturierten Rippen)	
1- 5:	14
6-10:	7
11-20:	4
21-30:	2
alle mehrfach in Serie:	2
B) Organverletzungen	
1) Schädelhöhle - Raumbeengung durch epi- bzw. subdurale intrameningeale Blutungen, Hirnkontusion	
Epidurale Blutungen bzw. Hämatome:	5
subdurale Blutungen bzw. Hämatome:	14
intrameningeale bzw. subarachnoidale Blutungen:	9
intrazerebrale Blutungen:	5
2) Brusthöhle	
Lungenkontusion, perforierende Verletzungen durch Rippenfrakturen, Lungenwurzeleinrisse:	25
Mediastinalblutung, -einriß:	2
Zwerchfellruptur:	1
Herzeinrisse, -kontusionen, -anspießungen:	8
Herzbeuteleinrisse, -zerreißungen:	5
Hämatoperikard:	15
Hämatothorax:	15
3) Bauchhöhle	
Leberrupturen:	6
subkapsuläre Blutungen:	2
Milzrupturen:	3
Milzkapselblutungen:	3
Nierenrupturen:	1
Nierenkontusionen:	9
Magenperforationen (traumatisch):	2
Unterblutungen der Serosa:	1
Dünn- und Dickdarmrupturen:	3
-unterblutungen	4
Pankreasquetschung:	1
-einblutungen	3
Einrisse von Peritoneum parietale, Omentum majus und minus:	7
Ein- und Abrisse des Gekröses:	4
Einblutungen des Gekröses:	2
Blutunterlaufung der Genitalien:	3

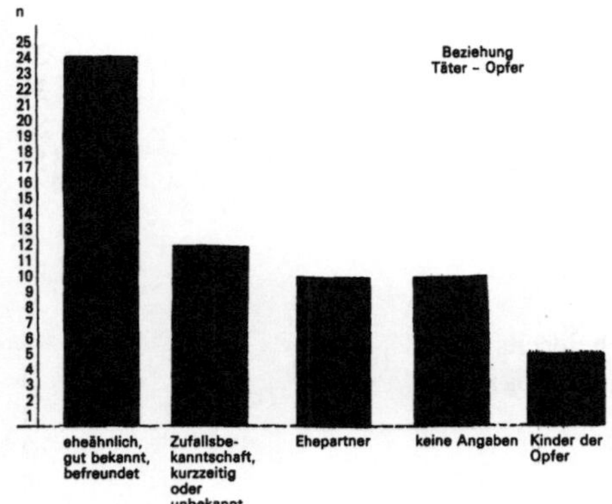

Abb. 1. Beziehung Täter-Opfer

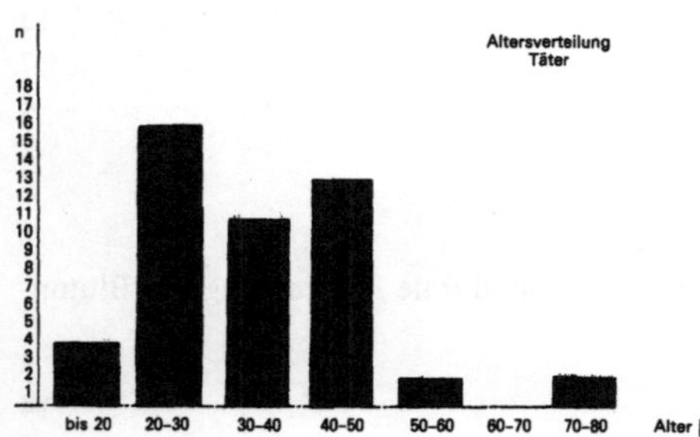

Abb. 2. Altersverteilung Täter

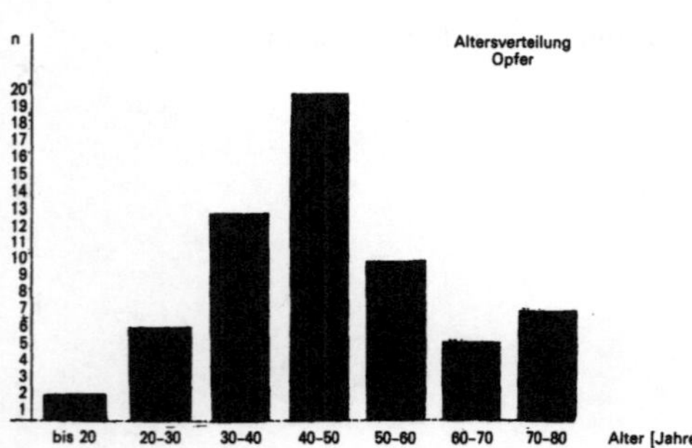

Abb. 3. Altersverteilung Opfer

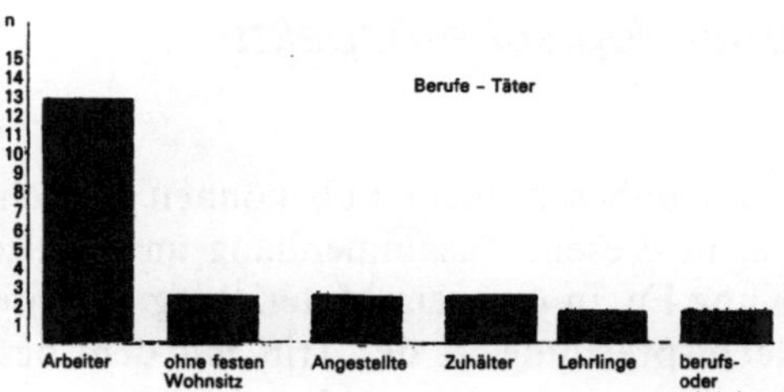

Abb. 4. Berufe der Täter

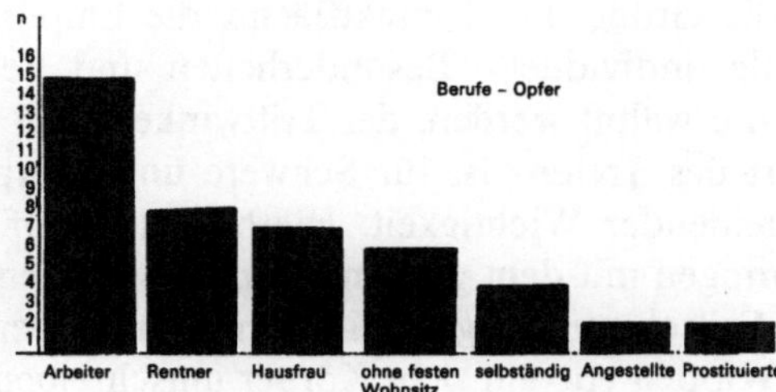

Abb. 5. Berufe der Opfer

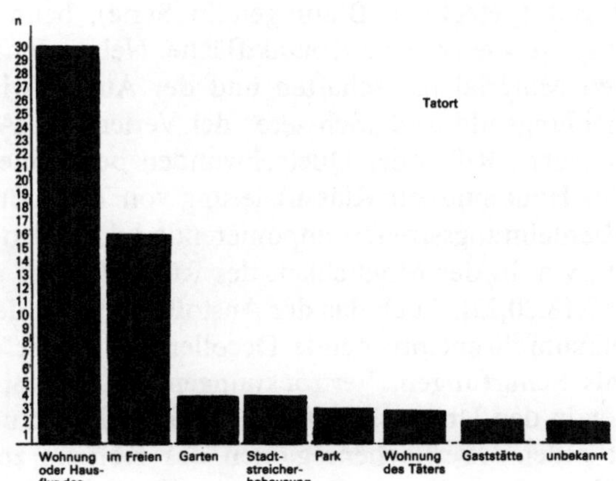

Abb. 6. Tatort

Traumatologische Aspekte

Auch mit unbeschuhtem Fuß können tödliche Tritte verabfolgt werden; erinnert sei in diesem Zusammenhang an asiatische Kampfsportarten wie Karate und Kung Fu, in unserem Material lag nur ein entsprechender Fall vor. Auch in die Rechtsprechung ist der Tritt mit dem beschuhten Fuß als besonderer Akt eingegangen, was später noch näher behandelt wird. Für die Wirkung auf das Opfer sind nicht nur Gewicht, d.h. Masse und Verformbarkeit für die Ausformung des Spurenmusters und die Schwere der Verletzungen von Bedeutung, auch die Größe der Kontaktfläche, die Empfindlichkeit der betreffenden Körperstelle, individuelle Besonderheiten und Bekleidung (Knautschzoneneffekt) müssen erwähnt werden, der Trittwinkel kann entscheidend sein. Nicht zuletzt die Art des Tretens ist für Schwere und Morphologie der Trittverletzung von entscheidender Wichtigkeit. Hierbei ist scharf zu trennen zwischen den nach Aufspringen mit dem ganzen Körpergewicht entstehenden Veränderungen (Fall 6, der Fallschirmspringer), die man auch mit den Begriffen Hüpfen, Herumtrampeln, Wippen etc. auf dem Körper umschreiben kann und dem Treten im engeren bzw. eigentlichen Sinn, nämlich aus seitlicher Position zum liegenden Opfer. Im ersten Fall, nach Aufspringen, werden die Trittflächen von Sohle und Absatz abgeformt (petechiale Blutungen in Serie), beim eigentlichen Treten ist die Schuhspitze wesentliche Kontaktfläche. Neben der Form bestimmen die mechanischen Materialeigenschaften und der Auftreffwinkel der Sohlenvorderkante Erscheinungsbild und „Schwere" der Verletzung (Abb. 7).

Als Platz-, Riß- oder Quetschwunden bezeichnete Zusammenhangstrennungen der Haut sind zur Klassifizierung von Trittspuren weniger geeignet, ebenso als Überdehnungsstreifen imponierende inkomplette Rupturen. Ihre Bedeutung besteht v.a. in der Möglichkeit des Rückschlusses auf die einwirkende Energie [7,13,17,18,20,22]. Auch das der Anstoßverletzung des Fußgängers beim Straßenverkehrsunfall entsprechende Décollement [11] liefert entsprechende Hinweise. Die als Schürfungen, Vertrocknungen u.a. angesprochenen Epidermisdefekte wurden in den Übersichten (Abb. 8a, b) in lineare und bogige unterteilt und den betreffenden Oberflächenregionen des Körpers zugeordnet. Die Häufung im Kopf-Brust-Hals-Thorax-Bereich ist offensichtlich, entsprechend auch die Häufung entsprechender Skelett- (Abb. 8i) und Organverletzungen (Abb. 8j–l). Die Lokalisation der gesamten Verletzungsspuren bzw. -folgen weist auf gezieltes Treten hin, auch die Bevorzugung der Herzregion im Thoraxbereich (Verhältnis links:rechts = 112:88). Schwierigkeiten bereiten gelegentlich die Zuordnungen intrakranieller Blutungen zum äußeren Verletzungsmuster, wenn neben den Trittverletzungen solche vorliegen, die durch das Niederschlagen des Opfers bedingt sind. Manchmal helfen hier weder die Lokalisation (Hinterhaupt, Hutkrempenregel) noch die Form der platzwundenartigen Verletzungen weiter, das Verletzungsmuster entspricht ansonsten dem Bild stumpfer und halbstumpfer äußerer Gewalteinwirkung. Es ist ausreichend präzise und vollständig nur durch entsprechendes technisches Vorgehen bei der Obduktion darzustellen und zu dokumentieren, wozu u.a. die großflächige schichtweise Präparation des Weichgewebes entsprechend dem Vorgehen beim Fußgängerunfall erforderlich ist.

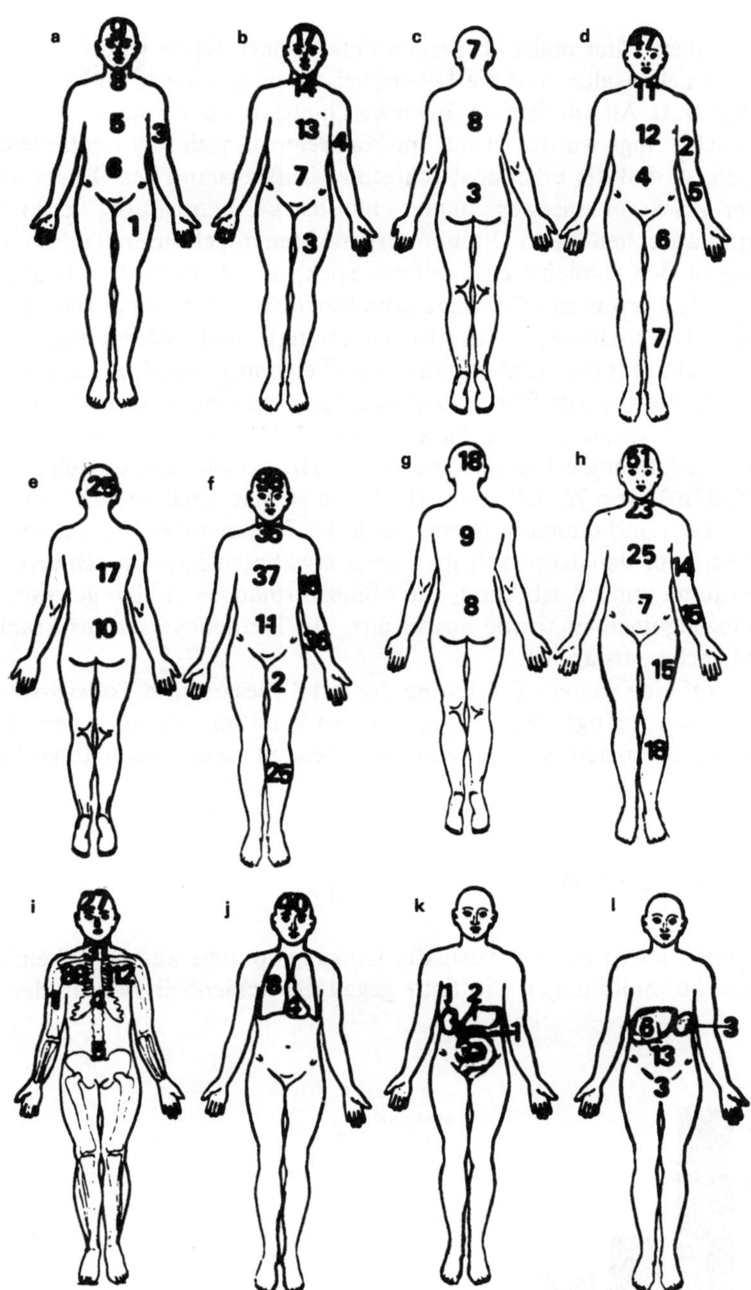

Abb. 7a–l. (Zahlen: Anzahl der Fälle, in denen die betreffenden Befunde an den angegebenen Organen festgestellt wurden) Spurenbilder **a, b**, geformt, bogig und linear, **c, d** Purpura, Petechien und Ekchymosen vorn und hinten, **e, f** Hauteinblutungen, **g, h** Hämatome und Sugillationen, **i** Verletzungen von Knorpel und Knochen, **j** Verletzungen der inneren Organe von Thorax und **k, l** Adomen durch Trittverletzungen.

Todeseintritt - Todesursache - Kausalzusammenhang

Die dem Täter meist körperlich unterlegenen Opfer sind oft z. B. durch das höhere Lebensalter und die Lebensweise untergewichtig und organisch vorgeschädigt (z. B. Alkoholismus). Inwieweit hierdurch der Todeseintritt mitbedingt oder beschleunigt wurde, ist nur im konkreten Einzelfall zu entscheiden. Zu erwähnen ist, daß der erkennbar schlechte Kräftezustand des Opfers den Täter (direkter Vorsatz) keineswegs immer entlastet. Bei Betrachtung der in den vorläufigen und abschließenden Obduktionsgutachten angeführten Todesursachen (Abb. 8) ergibt sich zunächst ein breiteres Spektrum als nach dem heutigen Erkenntnisstand zu erwarten wäre. Eine grundsätzliche Trennung in zentralen Tod (zentrale Regulationsstörung, Hirndrucklähmung) und hämorrhagisch-traumatischen Schocktod (unter Einbeziehung von Fettemboliesyndrom und Aspiration) ergibt im Gegensatz zur Darstellung in Abb. 7 ein Überwiegen von letzterem.

Der Kausalzusammenhang Trauma-Todeseintritt ist um so leichter herzustellen, je kürzer die Überlebenszeit war. Die statistische Aufstellung ergibt, daß der Tod in 24 von 76 Fällen innerhalb von 30 min, 6mal 60 min, 13mal 10 h, 2mal bis 10 Tage und einmal 1 Monat nach der Traumatisierung eingetreten war. Durch Tritte auf den Kopf soll im zuletzt erwähnten Fall ein schweres Schädel-Hirn-Trauma unter Ausbildung einer Sinusthrombose tödlich gewesen sein. In einem Gegengutachten wurde ausgeführt, die Thrombose sei aus krankhafter innerer Ursache entstanden.

Auf eine weitere Erörterung der mit Todesart- und Todesursachenfeststellung zusammenhängenden Fragestellungen kann im folgenden verzichtet werden, da keine spezifisch das Tottreten betreffenden Gesichtspunkte vorliegen.

Biomechanik

Treten allein ist, wie auch die Umgangssprache ausweist, kein seltenes Ereignis. Formulierungen wie Tritte gegen das Schienbein oder in den Allerwertesten

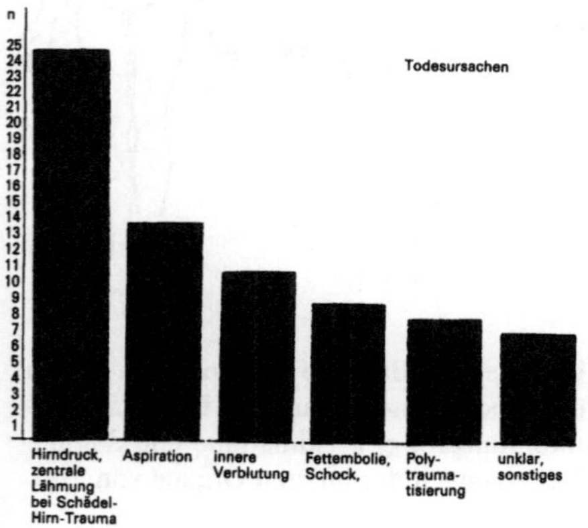

Abb. 8. Todesursachen

sind im wörtlichen wie übertragenen Sinn geläufig und nur stellvertretend für eine Reihe ähnlicher Formulierungen aufgeführt: Treten ist ein ubiquitäres Ereignis und gewinnt erst durch Intensität und Zahl der Tritte seine kriminelle Qualität. Wie komplex hiebei Bewegungsablauf und Muskeleinsatz sind, hat in jüngster Zeit die biomechanische Analyse sportlicher Bewegungsabläufe gezeigt. Die physikalische Analyse der Kraftübertragung beim Tritt läßt wichtige Gesetzmäßigkeiten in der Unfallmechanik z. B. der Anfahrverletzung des Fußgängers als Parallele erkennen. Auf Einzelheiten hierzu kann nicht näher eingegangen werden, da hier neben der morphologischen Ausformung des Trittmusters v. a. Rückschlüsse auf die Trittenergie und die Gefährlichkeit des Tretens behandelt werden sollen. Ohne weiteren Aufwand kann hierbei für die Gefährlichkeit neben der abgegebenen Energie auf die Bedeutung der Trittrichtung (von uns als Trittwinkel bezeichnet), der betroffenen Körperregion und schließlich auf die Zahl der Trittverletzungen hingewiesen werden. Wie die Analyse der von uns bearbeiteten Fälle zeigt, ist mit einer Kombination weiterer Techniken stumpfer Gewalteinwirkung beim Opfer zu rechnen, deren Folgen bei der Gesamtbeurteilung mitberücksichtigt werden müssen. Es lagen in 28 Fällen Faustschläge, in 12 Fällen Schläge mit einem Gegenstand vor (n = 56).

Wir unterscheiden aus praktischen Gründen die nach dem Aufspringen des Täters auf das Opfer beschriebenen Ereignisse wie Hüpfen, Trampeln, Springen (6 Fälle) vom typischen Treten (50 Fälle, n = 56). Da in ersterem Fall die gesamte Schuhsohle auf die Körperoberfläche auftrifft und die kinetische Energie unter Einsetzung von Körpermasse und Sprunghöhe des Täters in Näherung errechnet werden kann, bereiten diese Fälle kaum Probleme. Beim eigentlichen -seitlichen- Treten auf das Opfer sind Feststellungen nur aufgrund der Verletzungsmorphologie zu treffen: Die Trittenergie muß aus der Schwere bzw. Art der Verletzungen abgeleitet werden. Daß derartige Feststellungen nicht von vornherein als unmöglich einzustufen sind, zeigt beispielhaft die Verkehrsunfallanalyse bzw. deren methodisches Vorgehen.

Zur Herstellung von zahlenmäßigen Bezügen zwischen Trittenergie und Verletzungsmorphologie ist zunächst die Trittmechanik einer näheren Betrachtung zu unterziehen. Hierzu muß eine Trittsimulation mit frei wählbaren Energien erfolgen, methodisch problemorientierte morphologische Techniken sind zum Vergleich heranzuziehen. Die Belastungsgrenzen von Weichgewebe und Knochen sind im individuellen Fall zu ermitteln, da Alter, Erkrankungen, Geschlecht u. a. die Festigkeit biologischen Gewebes entscheidend verändern [10,12,17,22,23,24,25]. Zwei entsprechende Versuchsanordnungen wurden hier für quasistatische und dynamische Trittbelastungen entwickelt. Ein langsamer Vorschub erfolgt mittels einer linearen Vorschubeinheit (Isel-Elektronik), schnelle dynamische Belastung durch eine physikalische Pendelanlage. Kraftmessung über kompensierte Dehnungsmeßstreifen und piezoelektrisch (Wandler bis 5000 N; s. Abb. 9).

Im speziellen lassen sich die mechanischen Schäden des Hautgewebes in solche, die durch Zug (Überdehnung, Auftreten von Dehnungsstreifen, partielle bzw. totale Ruptur), und solche, die durch Druck entstanden sind, differenzieren (abgesehen von Biegung und Scherung). Die typische Druckverletzung ist die sog. Platzwunde, während die beim Treten häufige Schürfwunde durch kombi-

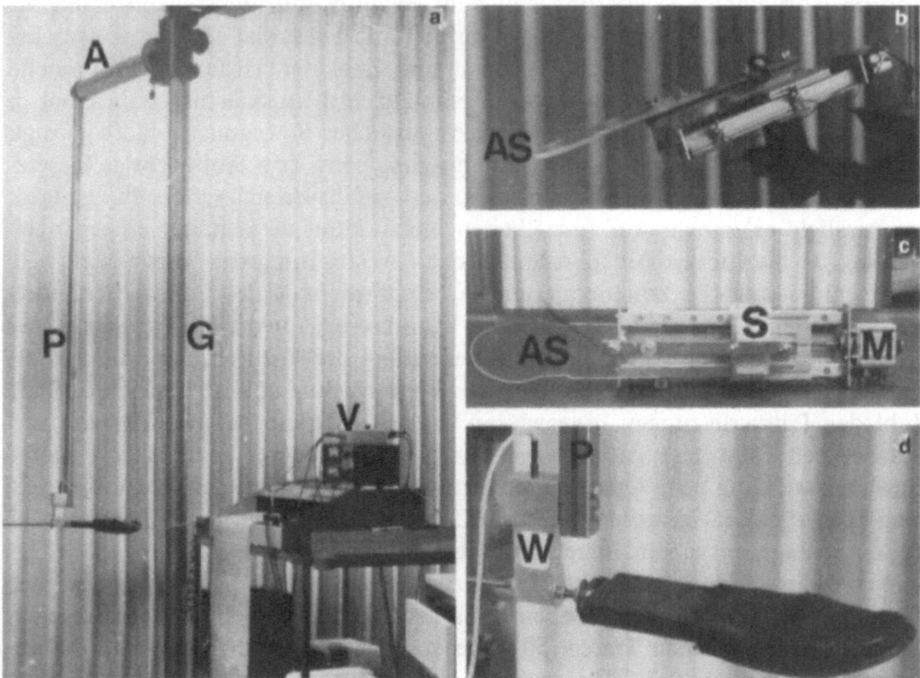

Abb. 9a–d. Anlagen zur Trittsimulation an der Leiche. **a** Pendelanlage Übersicht (*G* Galgen, Fuß nicht im Bild, A höhenverstellbarer Seitenarm, *P* Pendelrohr); **b, c** lineare Vorschubeinheit mit Sohlenmodell (*AS*) aus Acryl (S Schubeinheit, *M* motorischer Antrieb); die lineare Vorschubeinheit *S* ist wie aus b ersichtlich über A und G von **a** befestigt und in Höhe und Neigungswinkel verstellbar; **d** unterer Teil von *P* im Detail (*W* mechanoelektrischer Wandler mit verschraubtem Schuhmodell

nierte Druck-Zug-Wirkung zu erklären ist. Ablederung bzw. Décollement werden durch tangentiale Verschiebung zwischen Subkutis und Muskelfaszie interpretiert.

In Abhängigkeit vom Belastungsmodus verhalten sich nicht nur die strukturtragenden Elemente des Haut- und Unterhautgewebes untereinander sowie gegenüber der Unterlage an ein und demselben Ort different; vor allem das örtliche Gefäßsystem weist entsprechend seinen eigenen Materialeigenschaften, seiner Einbindung in die ortsständigen Texturen und der aktuellen Beanspruchung ein völlig eigenständiges Verhalten auf. In bezug auf die Trittverletzung sei auf die typische Doppelkonturierung der Stockschlagspur verwiesen, die eine Abformung durch feine Einblutungsmuster analog zur Profilabformung der Schuhsohle aufweisen kann (atypisches Treten nach unserer Definition). Für die Erzeugung eines Décollements als Anfahrverletzung (Fußgängerunfall) soll eine Mindestgeschwindikgeit von ca. 20 km/h erforderlich sein (keilförmige Frontpartie des beteiligten Pkw; Metter, persönliche Mitteilung), ein Grenzwert wird auch für die Frakturentstehung als Stoßstangenverletzung angegeben. Hieraus ist zu folgern, daß sich zwischen lokaler Verletzungsart und -schwere nach stumpfer Gewalteinwirkung Bezüge zur erforderlichen Belastungsenergie in forensisch verwertbarer Weise herstellen lassen. Voraussetzung ist, daß entsprechende Untersuchungen quantitativer Art mit adäquater Technik durchgeführt wurden. Wir sind weiterhin der Meinung, daß die vorliegenden Untersuchungen der Materialeigenschaften menschlichen Gewebes durch die interindividuellen Unterschiede mit einer unnötig breiten Streuung einhergehen. Es dürfte deshalb zweckmäßig sein, in konkreten Fällen die individuellen Werte an der Leiche zu bestimmen, um die forensische Aussage schärfer abgrenzen zu können.

Bereits beim derzeitigen Stand unserer Untersuchungen läßt sich eine grundsätzliche Unterteilung der mechanischen örtlichen Tritteinwirkungsfolgen in solche nach recht- und solche nach spitzwinkliger Art durchführen (feste Unterlage, z. B. Knochen, vorausgesetzt). Bei rechtwinkliger Gewalteinwirkung sind Spitzenkompressionszone und laterale (radiale) Verdrängungserscheinungen (Zug, Druck, Scherung) symmetrisch, bei spitzwinkliger winkelabhängig mehr oder weniger asymatrisch. Trotz starker durch die regionalen Texturunterschiede des Hautkollagens bedingter Variationsmöglichkeiten sind eindeutige Unterschiede zu erwarten (Abb. 10 und 11).

Differenzierte Feststellungen in Maß und Zahl zur Trittenergie erscheinen geeignet, forensisch brauchbare Hinweise auf die innere Tatseite zu liefern. Es wurde dabei schon früher darauf hingewiesen, daß mechanische und kriminelle Energie nicht immer in Bezug zueinander gesetzt werden dürfen. Höchste mögliche Freisetzung muskulärer Energie beim Treten kann auch einen hochgradigen affektiven Erregungszustand des Täters begleiten. Hinweise hierfür haben wir in der Literatur gefunden. Danach (z. B. [16]) kann die Maximalenergie nur in Ausnahmefällen abgegeben werden, 20–30% (andere Autoren geben 30–40%) der Leistungsreserven können willentlich (Willensanstrengung) normalerweise nicht aktiviert werden, sie sind autonom geschützt. Angst, Wut u. ä. können diese Reserven mobilisieren. Es wird angenommen, daß hierbei phylogenetisch alten Hirnteilen funktionell Bedeutung zukommt, insbesondere dem limbischen System, das neben endokrinen auch motorische Efferenzen - angeblich ohne Rückkopplung mit der Willkürmotorik - besitzen soll. Hier könnte eine Art Schnittstelle zwischen zahlreichen unterschiedlichen fachlichen Kompetenzen vorliegen. Es erscheint uns wichtig, auf die propektive Bedeutung einer Aufklärung der zahlreichen in diesem Zusammenhang offenen Fragestellungen für die Wertung von Meßergebnissen bzw. für Schlußfolgerungen nach Tötung durch äußere Gewalteinwirkung hinzuweisen. Insbesondere das so „primitiv“ (atavistisch) anmutende Tottreten läßt bei affektiv-emotionaler Beteiligung an die Aktivierung instinktiver (mit der Funktion alter phylogenetisch überbauter Hirnteile verbundener) Verhaltensmuster denken.

In der Praxis wird man somit bei Spurenmustern, die auf maximale Energieentfaltung beim Treten hinweisen (oder diese gar beweisen), wertende Feststellungen mit Zurückhaltung treffen müssen. Die von uns begonnene Zuordnung des Verletzungsmusters zur Trittenergie scheint leichter zu bewältigen.

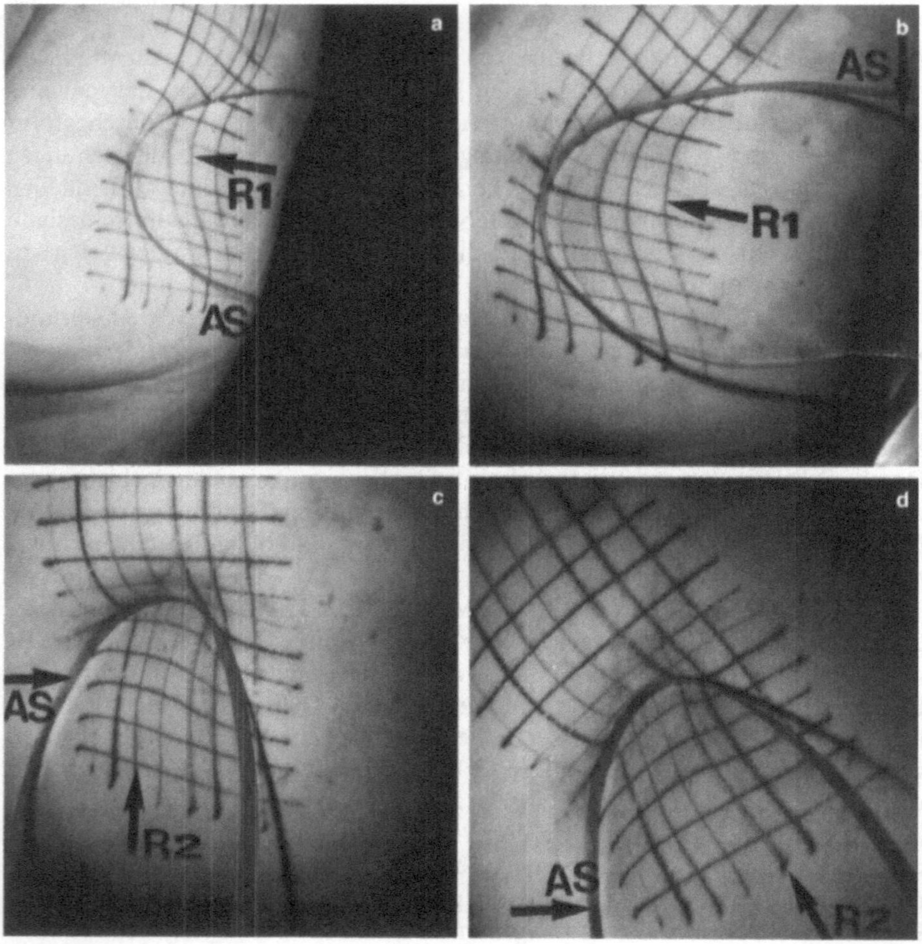

Abb. 10a–d. Simulation des Trittvorgangs an rechter Glutealregion mit der linearen Vorschubeinheit (s. Abb. 9b, c). **a, b** aus seitlicher Richtung zur Körperlängsachse (R1), c, d von unten nach oben (R 2; *AS* Acrylsohle, simulierte Schuhsohle). Vor Versuchsbeginn wurde ein Linienmuster auf die Hautoberfläche manuell aufgezeichnet, das einem Raster von jeweils ca. 1 cm^2 entspricht (Rasterquadrat). Die Veränderung des Linienmusters ist aus bogigen Verschiebung ersichtlich, deutlich ausgeprägt beim Tritt von der Seite, kaum erkennbar bei Tritt von unten. Wellenförmige Auffaltung der Haut vor der Sohlenspitze besonders deutlich in b und c (R2). Die Bogenform in R 1 ist ein Maß für die Dehnungsbelastung

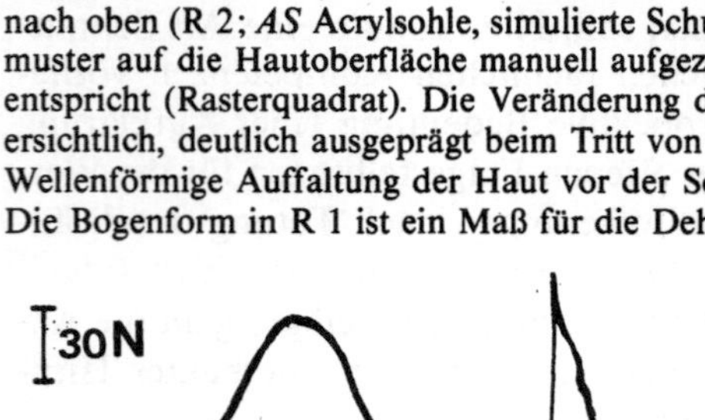

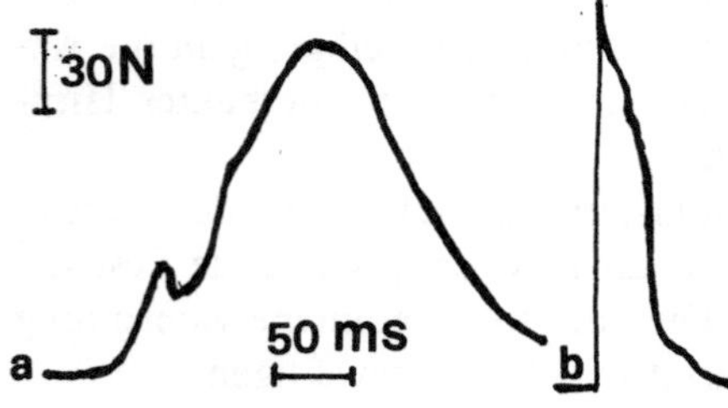

Abb. 11a, b Druckanstieg bei Pendelbelastung mit Pendelanlage (Abb. 9a). **a** spitzer, rechter Winkel. **b** Die Unterschiede in der Steilheit der Anstiegsgeschwindigkeit ergeben sich aus der Länge des Abbremsweges. Ort der Einwirkung: Oberschenkelregion. Oszilloskopaufzeichnungen. Da sehr kurze Belastungsspitzen mit geringerer Strukturschädigung einhergehen sollen als längere, dürften Trittverletzungen vom Typ b besser toleriert werden als solche vom Typ a. Die Unterschiede dieser Art findet man nur an Gewebspartien, die auf fester Unterlage (Knochen, Knorpel etc.) vorliegen

Juristische Anmerkungen (Strafrecht)

Die Beurteilung der rechtlichen Folgen stumpfer Gewalteinwirkung mit dem beschuhten Fuß ist auf differenzierte Feststellungen im Einzelfall zu stützen und kann nicht pauschal erfolgen. Umfangreiche rechtsmedizinische Feststellungen sollen im Einzelfall dazu beitragen, entsprechende Sachverhalte aufzuklären, die für die Wertungsfragen Totschlag (§ 212), Mord (§ 211), Körperverletzung mit Todesfolge (§ 226), beabsichtigte schwere Körperverletzung (§ 225), schwere Körperverletzung (§ 224), gefährliche Körperverletzung (§ 223a) oder fahrlässige Tötung (§ 222) bedeutsam oder entscheidend sind.

Beispielhaft für die unterschiedlichen Rechtsauffassungen ist die Bewertung des beschuhten Fußes als gefährliches Werkzeug im Sinne der gefährlichen Körperverletzung (§ 223a). Erschwerend wirkt (BGHSt 19,352) die Gefährlichkeit der Begehungsweise - nach § 223a Abs. 1 die Tatbegehung mittels eines „gefährlichen Werkzeugs“. Bereits der Werkzeugbegriff ist umstritten. Nach herrschender Meinung fallen nur bewegliche Gegenstände, die durch menschliche Kraft gegen einen anderen Körper in Bewegung gesetzt werden können, um diesen zu verletzen, unter den Werkzeugbegriff (BGHSt 22, 235; RGSt 24, 372; Lackner StGB, § 223 a, Anm. 2b).

Fraglich ist weiterhin, ob der beschuhte Fuß allgemein als gefährliches Werkzeug gilt oder Unterschiede zwischen einem schweren Schuh (Dreher Tröndle, StGB, § 223 a Rdn. 2, 40. Aufl., 1980) und Stöckelschuhen zu machen sind. Im Einzelfall wurde die Auffassung abgelehnt, daß der beschuhte Fuß *immer* als gefährliches Werkzeug anzusehen sei (MDR 52, 273). Somit trifft die Ansicht: „Der Schuh am Fuße des Täters wird nach ständiger Rechtsprechung den gefährlichen Werkzeugen im Sinne von § 223 a zugeordnet“, in dieser allgemeinheit nicht zu (MDR 71, 16). Also kommt es auch hier auf die Umstände des Einzelfalls an, z.B. gegen welchen Körperteil und mit welcher Heftigkeit mit dem beschuhten Fuß getreten wird (MDR 79, 988).

Ein gefährliches Werkzeug ist nach § 223 a somit jeder bewegliche Gegenstand, der nach seiner Beschaffenheit und der Art seiner Verwendung als Angriffs- oder Verteidigungsmittel im konkreten Fall geeignet ist, erhebliche Verletzungen zuzufügen (BGHSt 3, 105; 14; 152). Somit muß nach der konkreten Anwendung auf den betroffenen Körperteil der beschuhte Fuß bei Tritten gegen empfindliche Körperstellen ohne Zweifel als gefährliches Werkzeug im Sinne von § 223 a angesehen werden. Der rechtsmedizinisch so schwierigen Abgrenzung der Trittverletzung gegenüber anderer stumpfer Gewalteinwirkung scheint hinsichtlich des § 223 a keine so entscheidende Bedeutung zuzukommen.

Für das „Tottreten“ greift der Grundtatbestand des Totschlags ein, sofern nicht bereits die Erschwerungsgründe des Qualifikationstatbestands Mord nach § 211 Abs. 2 vorliegen. Die zwischen den §§ 211 und 212 gesinnungsethisch ausgerichteten Unterscheidungsmerkmale mit ihren in § 211 Abs. 2 genannten 3 Merkmalsgruppen stellen für die Bejahung des Mordes auf die besondere Verwerflichkeit von Beweggrund, Begehungsweise und Handlungszweck ab. Aspekte, die für das äußerst brutale Tottreten meist einschlägig sind.

Neben dem äußeren Tatbild des Tretens führt uns das „Tottreten“ im speziellen zum subjektiven Tatbestand zurück.

In einer Reihe von Fällen war klar erkennbar, daß der oder die Täter das Opfer nur gefügig oder kampfunfähig zu treten beabsichtigten, beispielsweise um es in Ruhe nach Geld oder Wertsachen zu untersuchen - ein strafrechtlich sicher schwieriges Problem, wenn das Opfer im nachhinein in ursächlichem Zusammenhang mit den Verletzungen mehr zufällig verstirbt. Beispiele mit ähnlicher Problemstellung ließen sich zur Genüge aufzählen, und es wird klar erkennbar, daß sich der schmale Grat zwischen Körperverletzung mit Todesfolge und Tötung nicht pauschal abgrenzen läßt. Gerade das Treten mit seinen zahlreichen für den Täter kaum kalkulierbaren körperlichen Einzelfolgen schwerwiegender Art wirft solche Fragen auf. Eine Anmerkung zum Abschluß: Die Körperverletzung mit Todesfolge (§ 226) ist nach BHSt 8, 54 gegenüber der fahrlässigen Tötung (§ 222) Lex specialis. Ist aber bei der Verwirklichung der einfachen Körperverletzung (§ 223 Abs. 1) der Dolus eventualis bezüglich der darauf beruhenden Todesfolge zu bejahen, tritt die Körperverletzung mit Todesfolge hinter den § 212, 211 zurück.

Einzelheiten zur Rechtsprechung der Obergerichte bei Tötungsdelikten finden sich bei [3] und [4].

Diskussion

Das Phänomen „Tottreten" ist durch eine Reihe von Charakteristika gekennzeichnet, die Täter und Opfer in ihren sozialen Bezügen betreffen: Es besteht eine längere Bekanntschaft, sie sind verheiratet oder es besteht eine eheähnliche Lebensgemeinschaft. Die Tat stellt sich seltener im Rahmen eines Bereicherungsdelikts an einem Fremden ein. Auch Eifersucht liegt als Motiv selten vor. Das Tatgeschehen entwickelt sich meist aus völlig nichtigem Anlaß - auf dem Boden eines längere Zeit vorbestehenden Spannungszustands zwischen den Partnern. Entsprechend der konflikthaften Beziehung sind im Sinne unvollständiger Tatvollzüge zu interpretierende einschlägige Handlungen aus der Vorgeschichte (teilweise) bekannt geworden. Opfer und Täter können durch Alkohol stimuliert sein, wenngleich extreme Trunkenheitsgrade selten sind. Chronischer Alkoholismus, schlechter Ernährungszustand, organische Vorschäden werden in einer großen Anzahl von Einzelfällen v.a. beim Opfer vorgefunden. Hirnorganischer Abbau kann beim Täter gutachtlich Berücksichtigung finden. Für den Außenstehenden mutet das Tatverhalten vielfach unverständlich an - raptusartige Zustände dürften jedoch nur bei den raschen Tatabläufen zu diskutieren sein. Auffallenderweise sind die Täter im Schnitt deutlich jünger und dem Opfer kräftemäßig überlegen (teilweise auch mehrere Täter gegen ein Opfer). Frauen waren nur in 2 Fällen Täter, in 21 Fällen ($n = 56$) Opfer. Besonders bemerkenswert ist die Tataufklärung durch die Einleitung der meist unter vagen Gesichtspunkten (Tod bei Alkoholismus, fraglicher Verkehrsunfall, Sturz auf der Straße, Unterkühlung etc.) zustandegekommenen Obduktion. Hierbei sowie im Rahmen abschließender Begutachtung waren Frauen von Todesart und Todesursache in den seltensten Fällen problematisch, zentrale Lähmung bei entsprechender Schädel-Hirn-Traumatisierung oder hämorrhagisch-traumatischer Schock wurden zumeist als todesursächlich festgestellt. Schwierigkeiten ergeben sich bei der Zuordnung der Einzeltraumen zu bestimmten Tathandlungen - dem Treten. Dies trifft nicht die seltenen Fälle mit Abformung des Schuhsolenreliefs auf Kleidung oder Haut (petechiale Randunterblutung der Trittfläche) beim „atypischen“ und seltenen Aufspringen des Täters, vielmehr durch die Schuhspitze verursachte lineare oder bogige Schürfungen, bei denen die Frage Tritt oder andere stumpfe oder halbstumpfe Gewalteinwirkung zu diskutieren ist - auch wenn diese Frage juristisch von untergeordneter Bedeutung sein sollte. Die „Werkzeug“-, d.h. Schuhspuren sind entsprechend der Kontaktfläche beim Bekleideten nicht auf der Haut nachweisbar. Es erscheint jedoch möglich - wenn bisher auch nicht beschrieben - bei Trittspuren auf unbedeckter Haut korrespondierend zur Schuhsohlenkante schürfmustergleiche Spurenbilder nachzuweisen. Ansonsten wird man auf die Übertragung von Straßenschmutz in umschriebener Art auf das Opfer und von Blut- und Gewebsspuren auf Schuhe und Bekleidung des Täters achten müssen.

Medizinische Feststellungen im Rahmen forensischer Fragestellungen betreffen nicht nur Todesart und -ursache sowie die Feststellung des Tretens und seine Bedeutung für die Rekonstruktion des Tatgeschehens. Wundalterbestimmung, vitale Reaktion, Liegezeitbestimmung, Feststellungen zur Arg- und Wehrlosigkeit des Opfers, Fragen nach Abwehrverletzungen, nach der Schmerzhaftigkeit des Tretens und der Schmerzwahrnehmung des Opfers.

Gesichtspunkte der Trittenergie wurden bisher in der Literatur nicht mitgeteilt. Hierzu wurden Versuchsanordnungen am hiesigen Institut aufgebaut (Abb. 9); über die hiermit erzielten Ergebnisse wird im einzelnen später berichtet. Es zeichnet sich bereits jetzt ab, daß eine grobe Zuordnung aufgrund der Verletzungsmorphologie der Trittspur im Weichgewebe möglich ist, wobei Angaben in Maß und Zahl erfolgen können. Möglicherweise läßt sich sogar noch differenzieren zwischen solchen Gewalteinwirkungen mit dem beschuhten Fuß, die bei maximaler willentlicher Aktivierung der Muskulatur zu erzielen sind, und solchen, die unter Mobilisierung autonom geschützter - der Willkürmotorik normalerweise unzugänglichen - Kraftreserven ausgeführt wurden. Für den zuletzt angesprochenen Fall kennt man die anzuwendenden Kriterien noch nicht im einzelnen. Forensischerseits wird die Frage zu prüfen sein, wie ein solcher Kraftzuwachs zu werten ist.

Mit der Feststellung des Energieeinsatzes eines Trittes, es sei denn, dieser ist der einzige und tödlich, wird sich die rechtsmedizinische Aussage der Biomechanik des Tottretens nicht erschöpfen. Die Lebensgefährlichkeit des Tretens ist vielmehr unter Berücksichtigung der körperlichen Verfassung des Opfers sowie der Intensität, Trittrichtung und -zahl und nach der betroffenen Körperregion zu eruieren. Die Anwendung spezieller Obduktionstechniken sollte mit geeigneten Röntgentechniken verbunden werden, worauf bereits früher verwiesen wurde. Bei zuvor unklarer Sachlage können Nachermittlungen gezielter Art bei der Interpretation des Spurenbildes und bei der Rekonstruktion des Tatgeschehens wertvolle Hinweise v.a. im Rahmen der abschließenden Begutachtung und der forensischen Auswertung liefern. Die juristische Problematik des Tottretens besteht in der Schwierigkeit der Wertung zahlreicher v.a. mit den Tathandlungen in Zusammenhang stehender Gesichtspunkte, die im einzelnen angesprochen, wenn auch nicht ausdiskutiert werden konnten. Insbesondere war auf die Schuldfähigkeitsfrage in diesem Rahmen nicht näher einzugehen - nicht nur juristische Lehrmeinungen sind hier kontrovers.

Zusammenfassung

Die vielfältige fachübergreifende Problematik bei der Aufklärung einschlägiger Fälle wird zunächst anhand von 6 skizzierten Einzelbeispielen aufgezeigt. Eine eingehendere Analyse traumatologischer, biomechanischer, rechtsmedizinischer, kriminologisch-kriminalistischer und juristischer Teilaspekte ist angeschlossen (n = 56 Fälle). Die im einzelnen beschriebenen Lokalisationen der durch das Treten hervorgerufenen Verletzungsmuster lassen durch ihre Zentrierung auf Kopf-Hals-Thorax (hier linksseitig bevorzugt) einen Hinweis auf gezieltes Handeln erkennen. Dem chronischen Alkoholismus und der Tatzeitalkoholisierung scheint eine Bedeutung zuzukommen, eine Zuordnung des „Tottretens“ zu den Beziehungsdelikten ist in einer großen Anzahl von Fällen möglich. Biomechanisch ist eine Zuordnung stumpfer Verletzungsmuster zu definierten Trittenergien derzeit nur unter großen Vorbehalten möglich - zu berücksichtigen sind hierbei neben der Trittrichtung die Besonderheiten der Auftreffregion und der speziellen individuellen Rupturstabilität von Geweben, Organen und Strukturen. Besonders gilt dies für die Altersabhängigkeit der Bruchfestigkeit von Thorax und Schädel. Für den Nachweis des Tottretens kommt der Auswertung von Spuren an Schuhen und Kleidung des Täters ebenso Bedeutung zu wie der erweiterten Analyse des biomechanischen Trittmusters am Opfer (Straßenschmutzabrieb, Blut- und Gewebsübertragung, Textilfasern am Täterschuh). Rechtsmedizinisch kann das ganze Spektrum der Thanatologie und vitalen Reaktion für die Rekonstruktion des Tatgeschehens und die Täterbeteiligung bzw. -schuld gefragt sein, die Schmerzwahrnehmung des Opfers wird das Gericht im Rahmen der Tatbestandsmerkmale ebenso beschäftigen wie der Zeitraum und die Überlebensdauer der Tritthandlungen. Ein für Tötungsdelikte besonders bedeutsamer biomechanischer Faktor wurde in der den Autoren zugänglichen Literatur erstmalig angesprochen: die Wertung maximalen muskulären Energieeinsatzes (speziell maximal auslösbare Trittenergie) bei Tötungshandlungen. Die der Willkürmotorik zugängliche und im Normalfall abrufbare Muskelenergie liegt nämlich 34–40% unter dem tatsächlichen, d.h. wahren Maximum, dem Zugriff durch psychische Sperren entzogen. Feststellungen einer extremen Energieentladung durch Tritte und andere Gewalteinwirkungen an der Leiche müssen vor entsprechender Aufklärung der nur andiskutierten Problematik somit hinsichtlich der strafrechtlichen Vorsatzfrage mit äußerster Zurückhaltung interpretiert werden. Der Grenzbereich zur Schuldunfähigkeit unter Berücksichtigung affektiver, emotionaler, toxikologischer etc. Aspekte ist hier berührt. Es wurde auch im Rahmen juristischer Erörterungen über Zuordnungsprobleme bei strafrechtlicher Wertung des Tretens und Tottretens bewußt auf die Erörterung der Schuldfähigkeitsfrage verzichtet.

Literatur

1. Berg S (1976): Grundriß der Rechtsmedizin. Müller & Steinicke, München
2. Camps FE (1968) Gradwohl's legal medicine. Wright, Bristol
3. Dreher E, Tröndle H (1985) Strafgesetzbuch und Nebengesetze, 42. Aufl. Beck, München
4. Eser A (1983) Die Tötungsdelikte in der Rechtsprechung des BGH-GSST 1/81 bis Ende Juni 1983, Teil 1. Neue Z Strafrecht 10:433-480

4a. Eser A (1984) Die Tötungsdelikte in der Rechtsprechung des BGH-GSST 1/81 bis Ende Juni 1983, Teil 2. Neue Z Strafrecht 2:49-96

5. Fischer H, Spann W (1967) Pathologie des Trauma. Bergmann, München
6. Foerster K (1983) Der psychiatrische Sachverständige zwischen Norm und Empirie. NJW 37:2049-2104
7. Gonzales TA, Vance M, Helpern M, Umberger J (1940) Legal medicine. Appleton-Century-Crofts, New York
9. Hughes DJ (1974) Homicide investigative techniques. Thomas, Springfield
10. Janssen W (1963) Experimentelle Untersuchungen zur Beziehung zwischen Tatwerkzeug und Platzwunde unter besonderer Berücksichtigung von Kantenverletzungen. Dtsch Z Gerichtl Med 54:240
11. Junge C, Böhm E (1983) „Tottreten“ - morphologische und rechtsmedizinische Aspekte. Zentralbl Rechtsmed 25/4:364
12. Kallieris D, Klaiber J, Schmidt G (1976) Die Beanspruchung des Thoraxskeletts eines mit 3-Punkt-Gurt gesicherten Insassen. Beitr Gerichtl Med 34:103
13. Mason JK (1983) Forensic medicine for lawyers. Butterwords, London Boston Durban Singapore Sidney Toronto Wellington
14. Metter D (1980) Das Decollement als Anfahrverletzung. Z Rechtsmed 85:211
15. Reh H, Weiler G (1975) Zur Traumatologie des Tottretens. Beitr Gerichtl Med 33:148-153
16. Rein H, Schneider M (1977) Arbeitsphysiologie - Umweltphysiologie. In: Schmidt RF, Thews G (Hrsg) Physiologie des Menschen, 19. Aufl. Springer, Berlin Heidelberg New York, S 559
17. Schmid G (1968) Hauttopik und Verletzungsspuren. Dtsch Z Gerichtl Med 62:87
18. Simpson K (1979) Forensic medicine. Arnold, London
19. Smith S, Fiddes F (1949) Forensic medicine. Churchill, London
20. Teare R (1960/61) Blows with the shod foot. Med Sci Law 1:429
21. Weimann W, Prokop O (1963) Atlas der Gerichtlichen Medizin. Volk & Gesundheit, Berlin
22. Weinig E, Zink P (1967) Über mechanische Eigenschaften der menschlichen Leichenhaut. Dtsch Z Gerichtl Med 60:61
23. Yamada H (1970) Strenght of biological materials. Williams & Wilkinson, Baltimore
24. Yamaguchi T (1960) Study on the strenght of human skin. J Kyoto Pref Med Univ 67:347
25. Zink P (1965) Methoden zur Bestimmung der mechanischen Eigenschaften der menschlichen Leichenhaut. Dtsch Z Gerichtl Med 56:349

*Zur Genese und Morphologie der „traumatischen Hirnruptur"**

H. Bratzke

Spaltförmige Blutungen im Bereich der großen Kerne treten nicht selten nach heftigen Rotationstraumen des Kopfes auf und werden als „traumatische Hirnrupturen" bezeichnet. Sie haben von jeher ein besonderes forensisches Interesse beansprucht, weil die Abgrenzung gegenüber den spontanen Blutungen in diesem Gebiet Schwierigkeiten bereiten kann (Zaaijer 1893; Kolisko 1911; Courville u. Blomquist 1940; Courville 1962 a, b; Krauland 1950, 1982; Mayer et al. 1967; Bratzke 1979 u.a.).

Aus klinischer Sicht wurde in jüngerer Zeit unter dem Oberbegriff des „delayed traumatic intracerebral hematoma" (DTICH) häufiger über derartige Blutungen berichtet, v.a. unter dem diagnostischen Aspekt, daß sie im primären CT kurze Zeit nach dem Trauma nicht nachweisbar sind (Gudemann et al. 1979; Diaz et al. 1979; Clifton et al. 1980; Pretorius u. Kaufmann 1982).

Die Interpretation dieser Fälle leidet vielfach darunter, daß morphologische Untersuchungen nicht durchgeführt wurden. Daher soll kurz über einen Fall berichtet werden, der sich auf eine ausführliche Dokumentation vom Unfallgeschehen über den klinischen Verlauf bis zum Nachweis der Blutungsquelle stützen kann.

Vorgeschichte und klinischer Verlauf:
Eine 46 Jahre alte Taxifahrerin wurde beim Wenden an der Fahrerseite von einem LKW gerammt und hinter dem Lenkrad eingeklemmt. Sie war bei der Klinikaufnahme komatös, es bestand eine diskrete Anisokorie (rechts > links), zeitweise Blickdeviation nach links und Bulbusschwimmen. Spontane Reaktion auf Licht. Würgereflex positiv, kein Meningismus. Muskeleigenreflexe lebhaft, Babinski negativ. Keine Halbseitensymptomatik. Spontanbewegung aller Extremitäten. Zunächst noch ausreichende Spontanatmung, dann zunehmende Ateminsuffizienz, Intubation.

Erste CT-Untersuchung, ca. 1,5 h nach dem Unfall (Abb. 1): Hyperdenser Saum okzipitomedian, beginnendes diffuses Ödem mit Ventrikelkompression. Kein Hinweis für intrakranielle Blutung.

Im weiteren Verlauf Zunahme des Bauchumfangs, Laparotomie. In der Bauchhöhle „mehrere Liter" Blut, traumatische Milzruptur.

EEG-Befund ein Tag nach dem Unfall: Zeichen einer schweren zerebralen Allgemeinveränderung ohne Herdhinweis.

Nach 2 Tagen fast kontinuierliche linksseitige Spannungsreduktion gegenüber rechts. Steilere Entladungen im δ-Bereich mit frontopräzentraler und temporaler Spannungsakzentuierung.

---

* Für die Überlassung der klinischen Befunde sei Herrn Dr. Claussen, Klinikum Charlottenburg der Freien Universität Berlin gedankt, für die Überlassung der Sektionsbefunde Herrn Prof. Krauland und Herrn Dr. Wojahn.

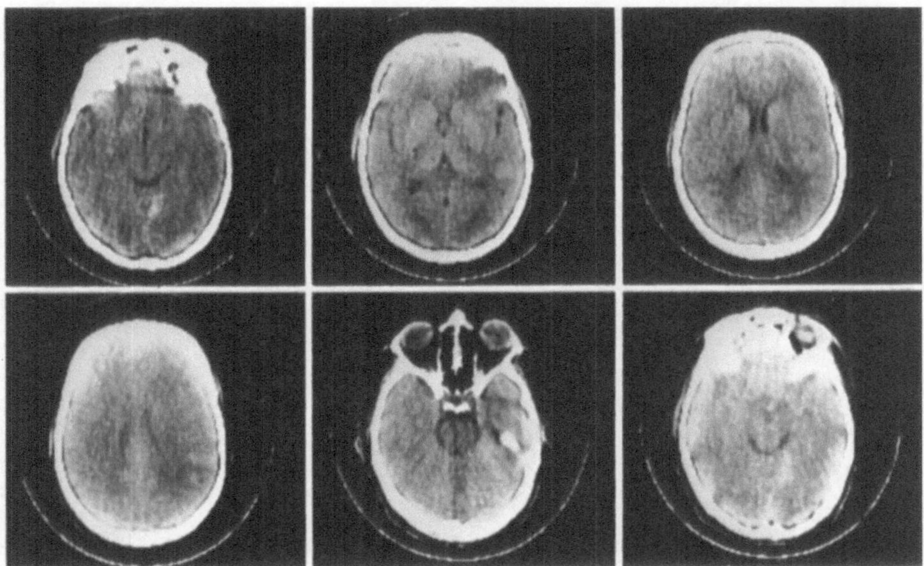

Abb. 1. 46jährige Frau, Verkehrsunfall. CT ca. ½ h nach dem Unfall: beginnendes allgemeines Ödem, keine Blutung

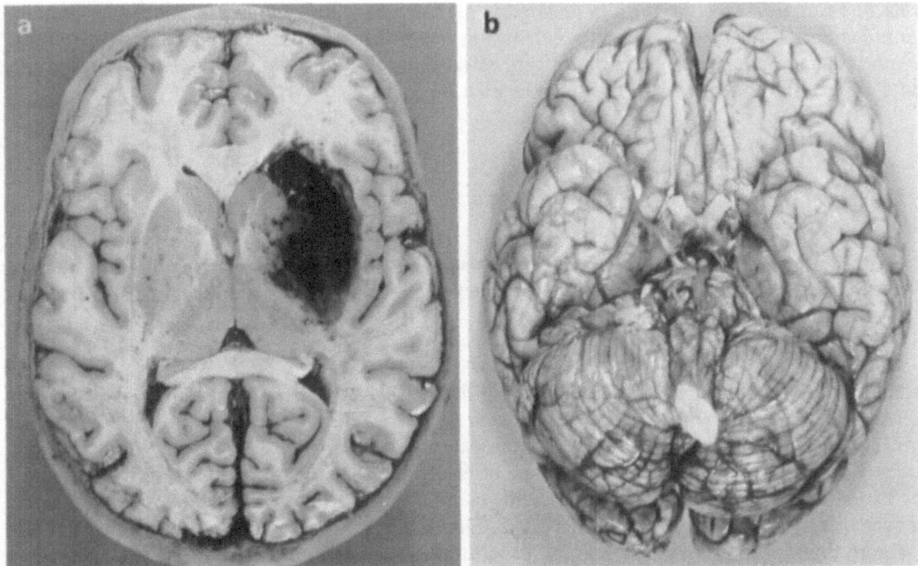

Abb. 2 a, b. Obduktionsbefund der Verunfallten. **a** Obere Hirnhälfte in der Kalotte (daher seitenverkehrt), nach Abkappung am größten Schädelumfang („Flechsig'scher Schnitt“). Spaltförmige, ca. 5,5 · 2,3 cm große Blutung zwischen Capsula interna und Capsula externa; minimale Seitenverschiebung, kein Schädelbruch; **b** kleine Prellungsherde am rechten Gyrus parahippocampalis, sonst Hirnbasis ohne Verletzungsspuren

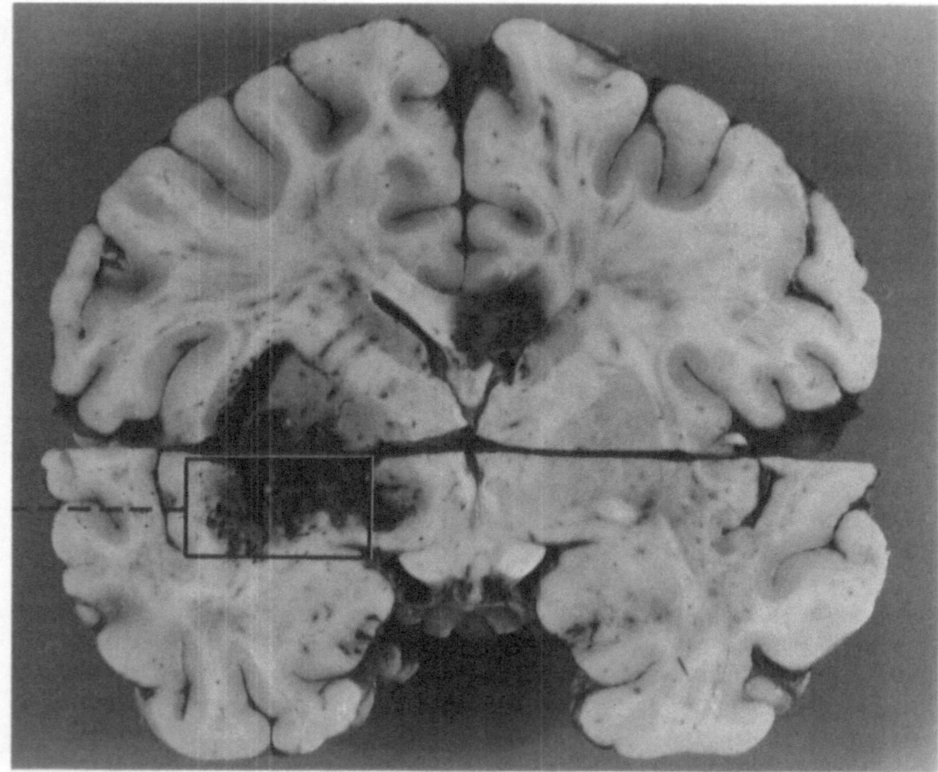

Abb. 3. Frontale Lamellierung des gehärteten Gehirns, Schnittebene knapp hinter der Sehnervenkreuzung (Aufsicht von hinten): Zerstörung des linken Striatum durch mächtige Blutung, sekundäre hämorrhagische Randblutungen; ausgedehnte Blutung im rechten Corpus callosum; stiftförmige Blutungen im Hippocampusbereich beidseits

Im weiteren Verlauf zunehmende respiratorische Insuffizienz, progressive Verschlechterung der Osygenierung. Vier Tage und 13 h nach dem Unfall therapieresistentes Kreislaufversagen.

Obduktionsbefund (L 75/80):
Bräunlich-vertrocknete münzgroße Schürfung linker Scheitelhöcker mit Blutung in der Kopfschwarte. Kein Schädelbruch. Zirka 5,5 · 2,3 cm große locker geronnene Blutung im Kerngebiet links, zwischen Capsula interna und Capsula externa (Abb. 2 a und 3). Balkenblutung im vorderen Korpusanteil bis zum Balkenknie rechts, erbsgroße Blutung im Gyrus parahippocampalis rechts (Abb. 3). Geringfügige subdurale und subarachnoidale Blutung okzipital beidseits. Brückenvenenzerrung rechts okzipital, Hirnödem, Druckkonus.

Keine Prellungsherde an den Mantelflächen und an der Hirnbasis (Abb. 2b).

Weitere Befunde:
Brustkorbquetschung, Rippenserienfrakturen 1. bis 7. Rippe beidseits. Anspießung der linken Lunge. Beckenschaufel- und Symphysenfraktur links, laterale Skapulafraktur links. Zustand nach Splenektomie.

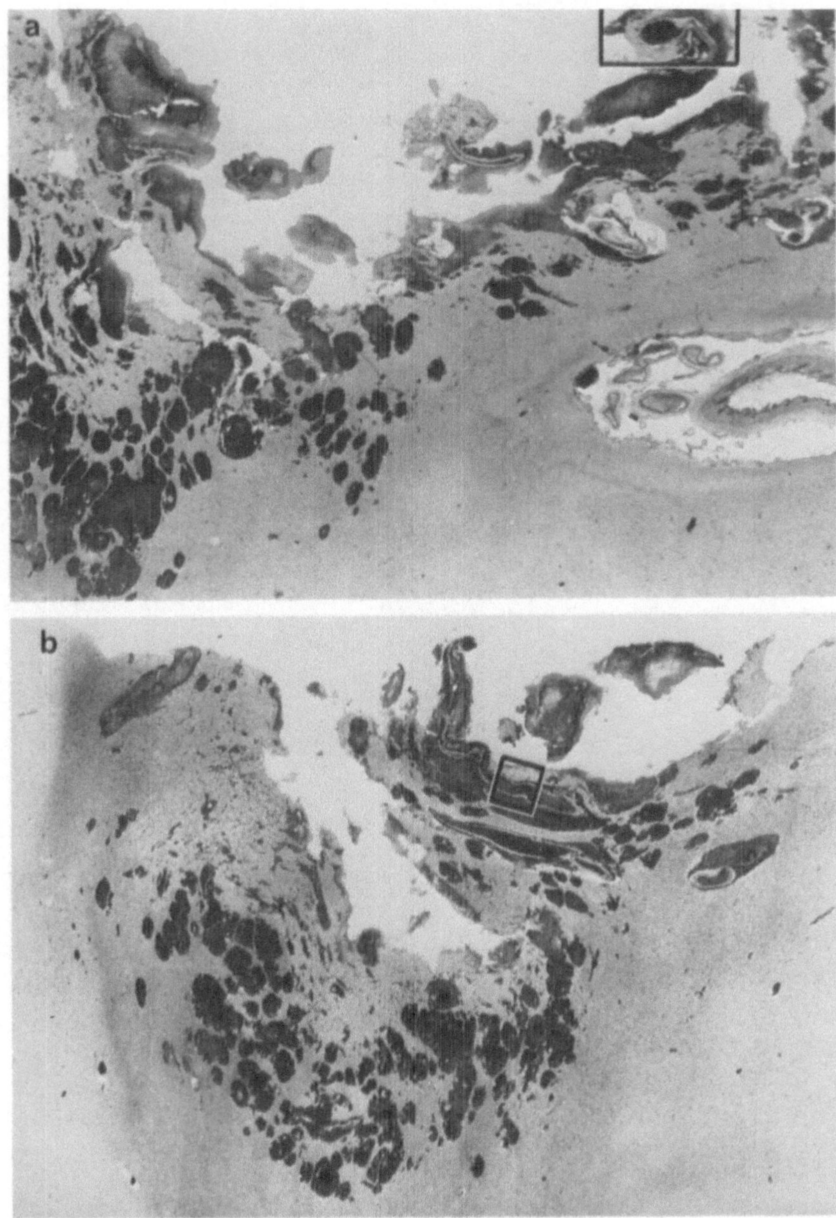

Abb. 4 a–d. Histologische Befunde. **a, b** Serienschnitte (Celloidin, Orcein; Vergr. 6,5 : 1); die Entnahmestelle ist in Abb. 3 eingezeichnet.

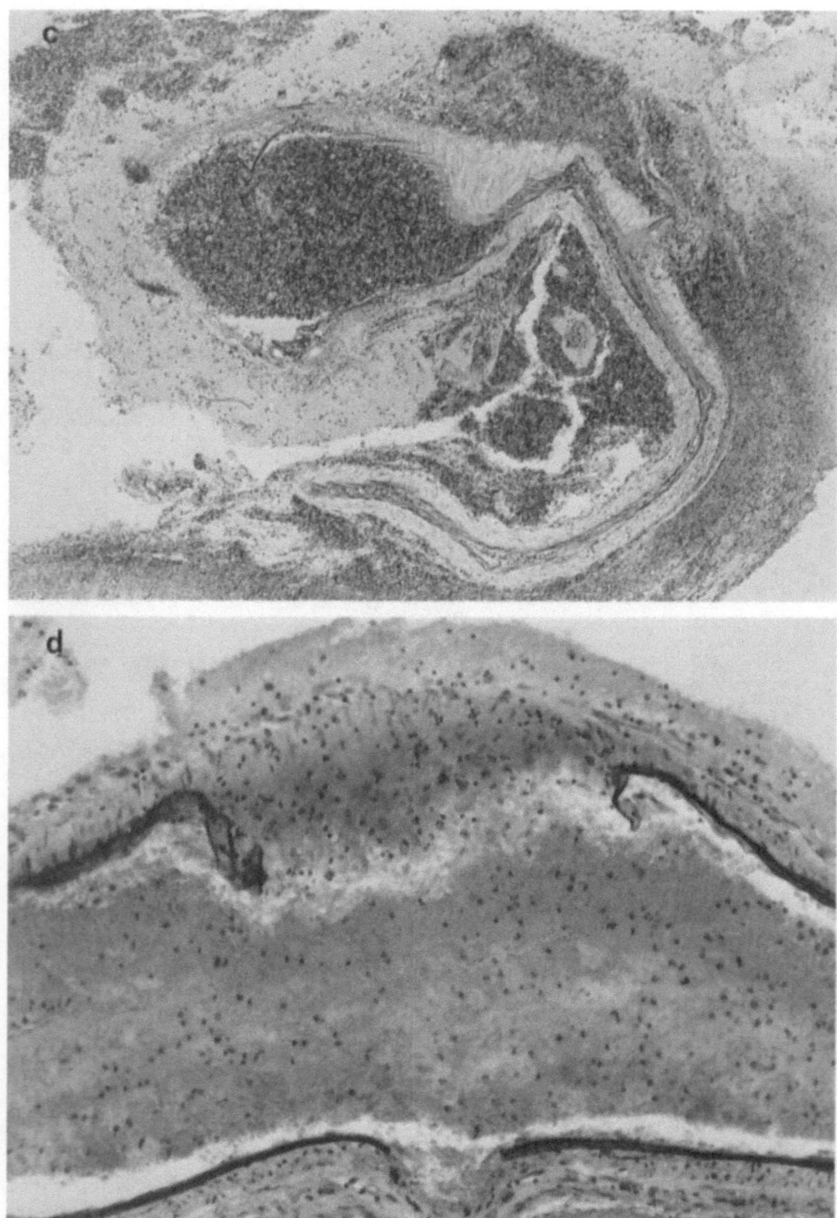

Abb. 4 c, d. Histologische Befunde. **c** rupturierte Schlagader mit traumatischem Pseudoaneurysma, Detail von Abb. 4 a (Orcein, Vergr. 55 : 1); **d** mehrfache, korrespondierende Elastikarupturen mit eingerollten Rißrändern, lebhafter leukozytärer Reaktion und Überdeckung durch Gerinnsel; Detail von Abb. 4 b (Orcein, Vergr. 140 : 1)

Histologischer Befund: (frontale Serienschnitte, Celloidineinbettung[1], Hemalaun-Eosin-, Azan-, Orceinfärbung): Im Blutungsgebiet (Abb. 4 a, b) mehrere rupturierte Inselarterien (Rr. centrales der A. cerebri media) mit Verschluß durch schichtweise aufgebaute Gerinnsel („traumatisches Pseudoaneurysma“) (Abb. 4 c).

An anderen Stellen mehrfache, z.T. korrespondierende Elastikarisse mit leukozytärer Reaktion und Gerinnselüberdeckung (Abb. 4 d).

Innerhalb der Blutung einzelne eisenpositive Makrophagen. Im Balken und rechten Gyrus parahippocampalis perivenöse Kugelblutungen mit leukozytärer Reaktion, Blutungsquelle nicht getroffen.

Diskussion

Anfang des Jahrhunderts ist von Kolisko (1911) der Begriff der traumatischen Gehirnruptur („Rhexis cerebri“) geprägt und gleichzeitig in Frage gestellt worden, ob es sich tatsächlich um eine primäre Prenchymzerreißung handelt. Seine Vorstellungen gingen vielmehr dahin, daß vorbestehende „miliare Aneurysmen“ durch die Blutdrucksteigerung bei traumatischer Einwirkung bersten und es nachfolgend zur Blutung mit Spaltung des Gewebes kommt.

Diese Vorstellung ist zwar nicht völlig von der Hand zu weisen, weil krankhaft vorgeschädigte Gefäße durchaus bei plötzlich auftretenden intrakraniellen Blutdrucksteigerungen rupturieren können (Zülch 1961), doch konnte Krauland (1950) schon frühzeitig nachweisen, daß es sich bei den „miliaren Aneurysmen“ um nichts anderes handelt, als um schichtweise aufgebaute Fibringerinnsel über traumatischen Schlagaderrupturen.

Die Gefäßzerreißungen wurden, v.a. in Hinblick auf die Untersuchungen von Pudenz u. Shelden (1946), auf Relativverschiebungen zwischen den Faserschichten zurückgeführt.

Diese Vorstellungen haben bis heute ihre Gültigkeit behalten und konnten in jüngerer Zeit durch experimentelle Untersuchungen an Leichenpräparaten (Krauland et al. 1981; Krauland 1982) und tierexperimentell (Genarelli 1982) demonstriert werden.

Die experimentell gewonnenen Daten lassen sich auf den erörterten Fall übertragen. Bei der Intensität der Gewalteinwirkung mit Nachweis mehrfacher rupturierter Schlagaderzweige ist an einer traumatischen Genese nicht zu zweifeln, auch wenn kein Schädelbruch vorhanden war. Dieses ist geradezu typisch für ein Rotationstrauma, ebenso auch das Fehlen von Rindenprellungsherden.

Die Gewalt hat am linken Scheitel eingesetzt, wo eine Blutunterlaufung in der Kopfschwarte nachzuweisen war. Der Kopf ist offenkundig im Uhrzeigersinn gedreht worden, wobei das Gehirn zunächst entsprechend seiner Trägheit zurückblieb und es durch Zerrung zur Ruptur der linksseitigen zentralen Gefäße und der rechtsseitigen vorderen Balkengefäße kam. Die Prellungsherde am Hippocampus lassen sich durch Anschlag am Tentoriumrand erklären (Abb. 3).

1 Mit Unterstützung der Deutschen Forschungsgenossenschaft.

Es stellt sich die Frage, ob es bereits primär zu einer Zerreißung des Hirngewebes gekommen ist und der entstandene Rupturspalt durch die Blutung ausgefüllt, möglicherweise auch erweitert wurde.

Gegen diese Annahme spricht der primär negative CT-Befund. Es ist zwar nicht wahrscheinlich, daß die Ruptur selbst zur Darstellung kommt, doch wäre schon frühzeitig eine nachweisbare Blutung in der Rupturhöhle zu erweisen. Auch die neurologischen Ausfälle sprachen erst mit einer Latenz von 2-3 Tagen für eine zunehmende linksseitige Hirnschädigung. Ein Kontroll-CT ist nicht durchgeführt worden.

Der Ablauf ließe sich so erklären, daß einzelne kleine Gefäße unmittelbar bei der Gewalteinwirkung rupturieren, während es bei anderen lediglich zu Elastikarissen kommt. Nach primärem Verschluß der Rupturstellen treten nach Kreislaufsubstitution unter der Blutdrucksteigerung erneut Blutungen auf, wobei regionale Gerinnungsstörungen durch Traumatisierung des Hirngewebes eine Rolle spielen können (Mauersberger 1979; Pretorius u. Kaufman 1982).

Vom forensischen Standpunkt aus wird man die Verkennung einer solchen Blutung - anders beim epiduralen Hämatom - nicht als ärztlichen Behandlungsfehler werten können, da eine erfolgversprechende Therapie nach den bisher vorliegenden klinischen Erfahrungsberichten noch nicht möglich erscheint.

Ob das primär negative CT bei solchen Blutungen als wesentliches Kriterium zur Differenzierung gegenüber den spontanen Blutungen, die in der Regel unmittelbar nach der Aufnahme bereits sichtbar sind, herangezogen werden kann, wird sich erst durch die Analyse weiterer Fälle sagen lassen können. Ohne morphologische Untersuchung wird allerdings eine Klärung nicht zu erreichen sein.

Zusammenfassung

Eine 46 Jahre alte Taxifahrerin war 4 Tage nach einem schweren Verkehrsunfall gestorben, bei der forensischen Sektion zeigte sich eine spaltförmige Blutung im linken Kerngebiet. Die feingewebliche Untersuchung belegte als Blutungsquelle mehrfache Risse der zentralen Äste der A. cerebri media.

Die Blutung war in der Klinik nicht diagnostiziert worden, das primäre CT kurz nach dem Unfall zeigte noch keinen auffälligen Befund. Die morphologischen und biomechanischen Aspekte werden - auch in Hinblick auf die Differenzierung gegenüber spontanen Blutungen - kurz diskutiert.

Literatur

Bratzke H (1979) Zur Kenntnis der zentralen Hirnverletzungen Beitr Gerichtl Med 37:189-199

Bratzke H, Krauland W, Appel H, Heger A, Pirschel H (1984) Modellversuche zur Biomechanik der Schädel-Hirn-Traumen: Rotation und Translation. Hefte Unfallheilkd 164:47-53

Clifton GL, Grossman RG, Makela ME, Miner ME, Handel S, Sadhu V (1980) Neurological course and correlated computerized tomography findings after severe closed head injury. J Neurosurg 52:611-624

Courville CB III (1962a) Intracranial hemorrhage - traumatic vs. spontaneous. J Forensic Sci 7:158-188

Courville CB (1962b) Traumatic intracerebral hemorrhages. With special reference to the mechanics of their production. Bull Los Angeles Neurol Soc 27:22-38

Courville CB, Blomquist OA (1940) Traumatic intracerebral hemorrhage. With particular reference to its pathogenesis and its relation to „delayed traumatic apolexie“. Arch Surg 41:1-28

Diaz FG, Ypck DH Jr, Larson D, Rockswald GL (1979) Early diagnosis of delayed posttraumatic intracerebral hematomas. J Neurosurg 50:217-223

Genarelli TA (1982) Head injury in man and experimental animals - clinical aspects. IXth International Congress of Neuropathology Vieanna, Sept. 5-10, 1982

Gudemann SK, Kishore PRS, Miller JD, Girevendulis AK, Lipper MH, Becker DP (1979) The genesis and significance of delayed traumatic intracerebral hematomas. Neurosurgery 5:309-313

Kolisko A (1911) Über Gehirnruptur. Beitr Gerichtl Med 1:17-37

Krauland W (1950) Über Hirnschäden durch stumpfe Gewalt. Dtsch Z Nervenheilkd 163:265-328

Krauland W (1982) Verletzungen der intrakraniellen Schlagadern. Springer, Berlin Heidelberg New York

Krauland W, Bratzke H, Appel H, Heger A (1981) Experimentelle Neurotraumatologie: Rotation. Z Rechtsmed 87:201-215

Mauersberger W (1979) Sekundäre Störungen der Blutgerinnung bei schweren Schädel-Hirn-Traumen. Neurochirurgie (Stuttg) 22:68-72

Mayer ET, Mehrain P, Peters G (1967) Zur Differentialdiagnose der posttraumatischen cerebralen Hämatome (traumatische Frühapoplexie). In: Bammer HG (Hrsg) Zukunft der Neurologie. Thieme, Stuttgart, S 133-146

Minauf M, Schacht L (1966) Zentrale Hirnschäden nach Einwirkung stumpfer Gewalt auf den Schädel. II. Mitteilung: Läsionen im Bereich der Stammganglien. Arch Psychiatr Z Ges Neurol 208:162-176

Piepmeier JM, Wagner FC (1982) Delayed post-traumatic intracerebral hematomas. J Trauma 22:455-460

Pretorius ME, Kaufman HH (1982) Rapid onset of delayed traumatic intracerebral haematoma with diffuse intravascular coagulation and fibrinolysis. Acta Neurochir (Wien) 65:103-109

Pudenz RH, Shelden CH (1946) The lucite calvarium. II. cranial trauma and brain movement. J Neurosurg 3:487-505

Zaaijer T (1893) Ausgedehnte Gehirnruptur ohne Schädelknochenfraktur. Vierteljahresschr Gerichtl Med 6:238-250

Zülch KJ (1961) Zur Pathogenese von Massenblutung und Erweichung unter Berücksichtigung klinischer Gesichtspunkte. Acta Neurochir (Wien) [Suppl] 7:51-117

Seltener Gehirnbefund beim „plötzlichen Kindstod" (Beitrag zum Moschcowitz-Syndrom)

C. BAUR

Stirbt ein in ärztlicher Behandlung stehender Säugling unerwartet, dann stellen die Angehörigen häufig folgende Fragen: Führte ein Verstoß gegen Regeln ärztlicher Kunst zum Tod des Kindes? Litt das Kind an einer Erbkrankheit? Der im folgenden geschilderte Fall einer seltenen Erkrankung zeigte zunächst die „Symptome eines plötzlichen Kindstodes".

Anamnese und klinischer Verlauf

Der knapp 2 Monate alt gewordene Säugling wurde nach komplikationsloser Schwangerschaft als Achtmonatskind am 15. 11. 1983 geboren. Er entwickelte sich in der Folgezeit zunächst unauffällig. Im Alter von knapp 7 Wochen erfolgte Vorstellung bei der Hausärztin wegen Appetitlosigkeit, Schnupfen, Husten und Kurzatmigkeit. Diese diagnostizierte einen grippalen Infekt, verordnete ein Expektorans in Kombination mit einem Antibiotikum („Bisolvonat") und empfahl eine Untersuchung durch den Kinderarzt. Tags darauf bestätigte dieser die Diagnose und verschrieb zusätzlich „Nasentropfen". Der Zustand des Säuglings besserte sich, und das Kind wirkte 5 Tage später wieder gesund. Zwei Tage darauf, am 11. 1. 1984, fielen der Mutter erneut Appetitlosigkeit und Unruhe auf. Deshalb wurde für den folgenden Tag ein Arztbesuch vereinbart. Am Morgen des 12. 1. 1984 fand die Mutter ihren Sohn tot im Bett.

Der hinzugezogene Arzt konnte durch die Leichenschau die Todesursache nicht feststellen, führte aber aus, daß bei vorbestehender spastischer Bronchitis das Kind an Herz-Kreislauf-Versagen verstorben sein könnte. Es sei jedoch auch ein Schädel-Hirn-Trauma nicht auszuschließen, da eine Pupillendifferenz bestand. Deshalb wurde eine gerichtsmedizinische Leichenöffnung angeordnet.

Obduktionsbefund

Der Säugling war altersentsprechend entwickelt in ausreichendem Ernährungszustand (58 cm; 3680 g) mit noch deutlicher Wollhaarbehaarung am Rücken.

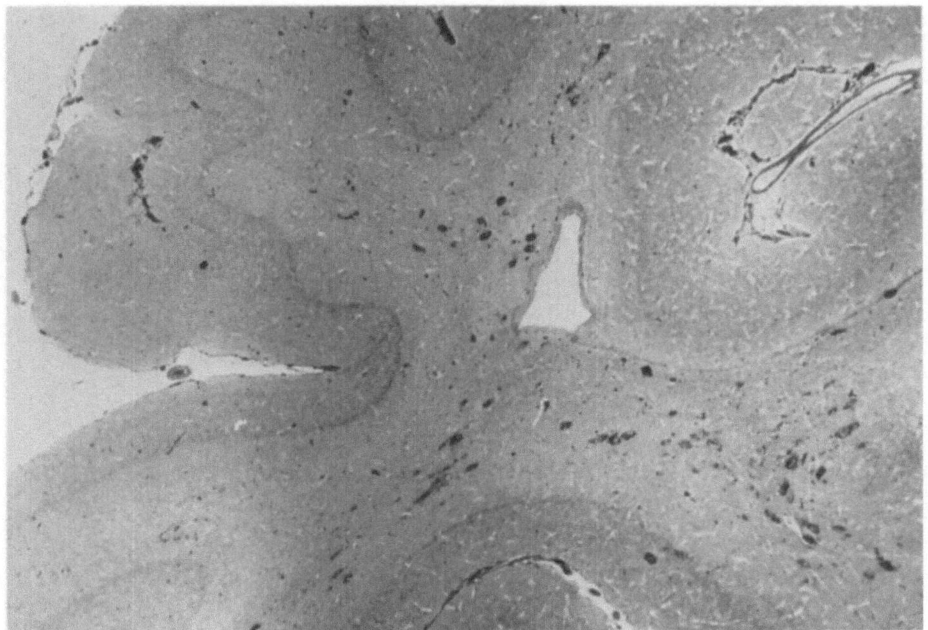

Abb. 1. M Moschcowitz: zahlreiche z. T. konfluierte Markblutungen

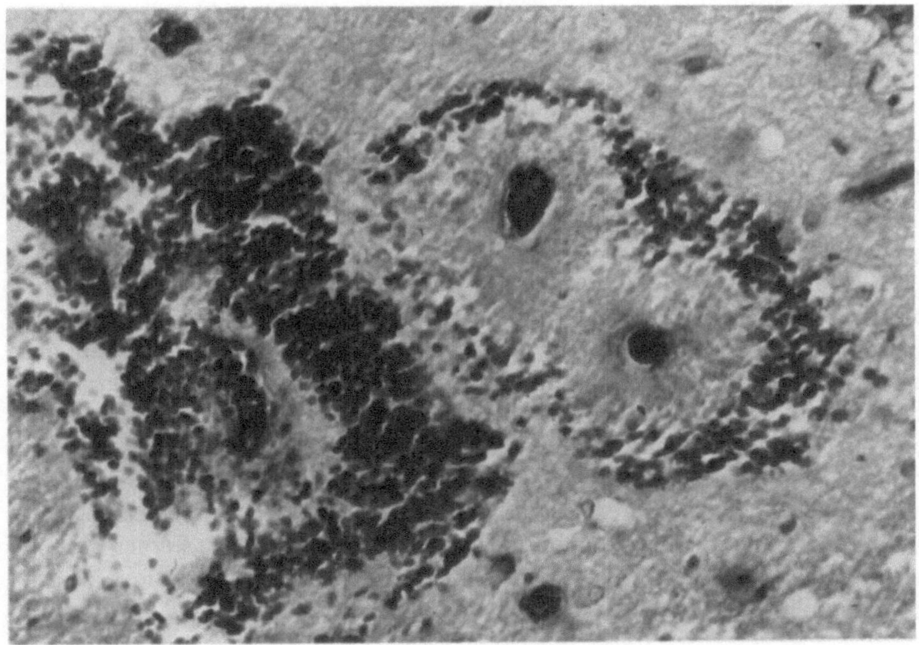

Abb. 2. M. Moschcowitz: hyaliner Thrombus in einem kleinen Gefäß mit frischerer perivaskulärer Blutung (Ladewig-Färbung)

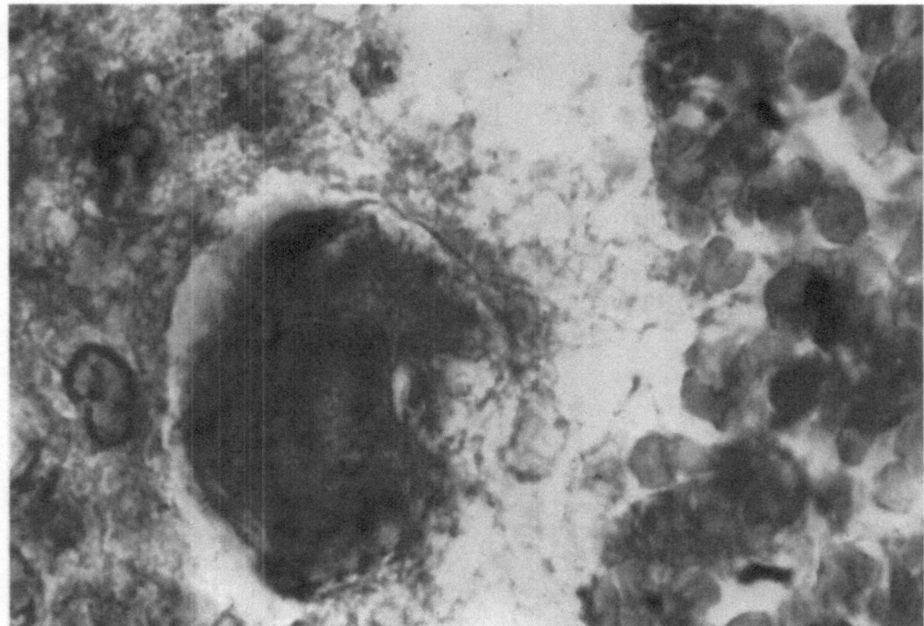

Abb. 3. M. Moschcowitz: hyaliner Thrombus in einem kleinen Gefäß mit Endothelzellschwellung (Ladewig-Färbung)

Ausdruck einer schweren Allgemeininfektion waren: diffuse Bronchopneumonie, besonders des rechten Lungenunterlappens, eitrige Tracheitis, eitrige Mittelohrentzündung (bakteriologisch Pneumokokken und Pseudomonas aeruginosa) sowie eine Purpura cerebri.

Der makroskopische Hirnbefund ließ bei den übrigen Organveränderungen an eine metastatische Herdenzephalitis, eine parainfektiöse perivenöse Enzephalitis oder an eine hämorrhagische, nekrotisierende Leukenzephalitis denken.

Histologie

Die makroskopische Diagnose konnte an den inneren Organen bestätigt werden. Am Gehirn jedoch traf keine der Verdachtsdiagnosen zu. In Marklager, Stammganglien, Hirnstamm sowie Kleinhirn fielen Ringblutungen um Kapillaren auf. Intravasal und subendothelial wurden Fibrinthromben nachgewiesen. Diese waren in der Ladewig-Färbung blau und rot, entsprechend nicht mehr frischen und frischen Fibrinausfällungen. Die Endothelzellen waren teilweise geschwollen. Zahlreiche Kapillaren waren durch Fibrinthromben völlig verschlossen. Entzündliche Veränderungen konnten nicht nachgewiesen werden. Ferner bestand ein generalisiertes Hirnödem. Diese Befunde führten zur Diagnose eines Moschcowitz-Syndroms*.

---

* Herrn Prof. P. Mehraein, Vorstand des Instituts für Neuropathologie der Ludwig-Maximilian-Universität München, sei an dieser Stelle herzlich für die Beratung gedankt.

Diskussion

1925 beschrieb Moschcowitz [26] die nach ihm benannte Erkrankung, die auch thrombotisch thromozytopenische Purpura (TTP) genannt wird. Bis heute sind ca. 500 Fälle [3] beschrieben. Die TTP zeichnet sich durch eine in fast allen Organen auftretende Mikrothrombosierung aus. Die charakteristischen pathologischen Veränderungen wurden bereits von Moschcowitz erkannt. Während dieser annahm, die Mikrothromben seien auf Erythrozytenagglutinationen zurückzuführen, postulierten Baehr et al. 1936 [4], daß es sich um Thrombozytenaggregate mit unterschiedlichem Fibrinanteil handelte. Gore [14] beschrieb 1950 die pathologischen Befunde ausführlich. Gasser et al. [13] grenzten 1955 die TTP vom hämolytisch-urämischen Syndrom (HUS) ab.

Nosologisch ist die TTP kein einheitliches Krankheitsbild. Übereinstimmend wird die idiopathische TTP (ITTP) von der sekundären TTP abgegrenzt. Bei der ITTP werden neben unterschiedlichen Verlaufsformen (akut, chronisch, remittierend) selten familiäre Häufungen beobachtet [6,41]. Klinisch ist das Krankheitsbild gekennzeichnet durch Fieber, eine mikroangiopathische, hämolytische Anämie mit Auftreten von Erythrozytenfragmenten, Thrombozytopenie ohne Zeichen einer Verbrauchskoagulopathie und rasch wechselnden neurologischen Symptomen. Es kommt zu Kopfschmerzen, delirantem Syndrom, Parästhesien, Ataxie, Synkopen, Sprach- und Sehstörungen, Krämpfen, Paresen bis hin zum meist irreversiblen Koma. Oft werden renale Funktionsstörungen wie Proteinurie und Mikrohämaturie beobachtet [3, 6, 26, 35, 43].

Pathomorphologisch ist das Krankheitsbild durch multiple hyaline Thromben (intravasal und subendothelial) der kleinen Arterien und Arteriolen fast aller Organe charakterisiert. Die Venolen sind von der Thrombosierung vielfach ausgespart, so daß größere Infarkte selten beobachtet werden [4, 6, 14, 26].

Die Ätiologie der ITTP ist auch heute noch unbekannt. Einige Autoren führen sie auf eine intravasale Plättchenaktivierung zurück, andere auf eine initiale Endothelschädigung.

Lian et al. konnten im Plasma von TTP-Patienten einen Faktor nachweisen, der sowohl autologe als auch homologe Plättchen aggregiert (PAF) und dessen Wirkung durch Zusatz von normalem Plasma gehemmt wird. Aufgrund dieser Beobachtung wurde auf die Existenz sog. Plättchenaggregationsinhibitoren (PAFI) geschlossen, die bei der TTP möglicherweise fehlen oder unwirksam sind [8, 18 - 21].

Moake et al. [23] zeigten, daß ungewöhnlich große Faktor-VIII-von-Willebrand-Multimere (VIII-v.W F) bei der Erkrankung eine wichtige Rolle spielen. Sie entstammen wahrscheinlich geschädigten oder nekrotischen Endothelzellen. Moake et al. postulierten, daß bei der Erkrankung ein angeborener oder erworbener Depolymerasemangel vorliegt, sich der freigesetzte pathologische Multimerkomplex (VIII-v.W F) an die Thrombozyten anlagert und diese hierdurch agglutinierende Eigenschaften erhalten.

Ebenso scheinen immunologische Faktoren für die Entstehung eines TTP bedeutend zu sein. Es ist bekannt, daß zirkulierende Immunkomplexe sowohl eine Plättchenaktivierung als auch eine Endothelschädigung hervorrufen können [10].

Burns u. Zucker-Franklin [7] wiesen im Serum von TTP-Patienten einen IgG-Antikörper nach, der zytotoxisch auf menschliche Endothelzellkulturen wirkt. Morisson u. Mc Millan [25] und Simps u. Roswell [36] konnten bei TTP-Patienten während der akuten Phase erhöhte Spiegel thrombozytenassoziierter Immunkomplexe (PAIgG) nachweisen. Diese Befunde sowie die günstigen Behandlungsergebnisse der Plasmapherese könnten auf ein immunologisches Geschehen hindeuten [3]. Zur Zeit ist jedoch noch unbekannt, inwiefern diese immunologischen Faktoren an der Entstehung des Krankheitsbildes beteiligt sind, da sie sowohl bei der ITTP als auch v. a. bei sekundären Formen auftreten können [6]. Sie scheinen jedoch in den meisten Fällen einer ITTP keine Rolle zu spielen [22].

Auch ein Prostazyklinmangel [PGI_2) soll für das Krankheitsbild ursächlich sein. Das von den Endothelzellen gebildete Prostazyklin ist der stärkste Inhibitor der Thrombozytensekretion und -aggregation. Die Ursachen des beobachteten PGI_2-Mangels scheinen jedoch nicht einheitlich zu sein. Nalbandian et al. [27] diskutierten eine Endothelschädigung. Wallace et al. [41] konnten in experimentellen Untersuchungen zeigen, daß die PGI_2-Produktion normaler Gefäßendothelien durch Zugabe von TTP-Plasma gehemmt wird. Remuzzi et al. [31 - 34] vermuteten, daß bei TTP-Patienten ein bislang nicht näher charakterisierter Plasmafaktor, der für die vaskuläre PGI_2 Synthese erforderlich ist, fehlt. Chen et al. [9] fanden bei einem Patienten mit normaler PGI_2-Syntheserate Hinweise auf einen beschleunigten PGI_2-Abbau. Ob die beobachteten Störungen des PGI_2-Metabolismus primäre Bedeutung für die Mikrothrombosierung haben oder sekundär Folge der Plättchenaktivierung und Gefäßwandschädigung sind, ist bis heute noch unklar. So stellten Hope et al. [15] fest, daß das aus Thrombozyten freigesetzte ß-Thromboglobulin eine Hemmung der endothelialen PGI_2-Synthese bewirken kann.

Zahlreiche klinische Konstellationen können zur sekundären TTP führen [30]. Erwähnt seien Infektionen [2, 28], Impfungen [5], Pankreatitis [17], Insektenstiche [16], Penicillin [27], Penicillinamin [1], orale Kontrazeptiva [40], Kohlenmonoxid [39], Gewebstraumata [23], Schwangerschaft und Wochenbett [24, 42], Kollagenosen, v. a. systemischer Lupus erythematodes [12], Panarteriitis nodosa [37], das Sjögren-Syndrom [38] und Neoplasien [11].

Im beschriebenen Fall spricht der periphere Organbefund dafür, daß es sich um eine sekundäre TTP handelte. Die Erkrankung manifestierte sich primär am Gehirn. Aufgrund des Befundes lag nahe, daß die Gehirnveränderungen zum Tode geführt hatten, bevor es zur Generalisierung an den übrigen inneren Organen kommen konnte. Inwieweit die Lungenentzündung dazu beigetragen hat, war nicht mit Sicherheit zu entscheiden. Wenngleich immunologische Untersuchungen nicht durchgeführt werden konnten, so sprechen dennoch die mehrfachen Infekte und der Krankheitsverlauf für eine Schädigung im Immunsystem. Diese könnte im vorliegenden Fall die Störung der Mikrozirkulation durch die Thrombenbildung am Gehirn bedingt haben.

In unserem Fall konnte durch Obduktion und histomorphologische Untersuchung der Verdacht eines ärztlichen Behandlungsfehlers beseitigt werden, wie auch den Eltern die Angst vor einer Erbkrankheit genommen werden konnte. Ein Sturz als Ursache des Todes war auf jeden Fall auszuschließen.

Literatur

1. Ahmed F, Sumalnop V, Spain D, Tobin M (1978) Thrombohemolytic thrombocytopenic purpura during penicillamine theapy. Arch Intern Med 138:1292
2. Amorosi EL, Ultmann JE (1966) Thrombotic thrombocytopenic purpura: Report of the 16 cases and review of the literature. Medicine (Baltimore) 45:139
3. Aul C, Scharf RE, Königshausen T, Schneider W (1985) Thrombotisch-thrombozytopenische Purpura. Klin Wochenschr 63:123–132
4. Baehr G, Klemperer P, Schifrin A (1936) An acute febrile anemia and thrombocytopenic purpura with diffuse platelet thromboses of capillaries and arterioles. Trans Assoc Am Physicians 51:43
5. Brown RC, Blecher TE, French EA,Toghill PJ (1973) Thrombotic thrombocytopenic purpura after influenza vaccination. Br Med J II:303
6. Bukowski RM (1982) Thrombotic thrombocytopenic purpura. A review. In: Spaet TH (ed) Progress in hemostatis and thrombosis vol 6. Grune & Stratton, New York, p 287
7. Burns ER, Zucker-Franklin D (1982) Pathologic effects of plasma from patients with thrombotic thrombocytopenic purpura on platelets and cultured vascular endothelial cells. Blood 60:1030
8. Byrnes JJ (1981) Plasma infusion in the treatment of thrombotic thrombocytopenic purpura. Semin Thromb Hemost 7:9
9. Chen YC, McLeod B, Hall ER, Wu KK (1981) Accelerated prostacyclin degradation in thrombotic thrombocytopenic purpura. Lancet II:267
10. Cochrane CG, Koffler D (1973) Immune complex disease in experimental animals and man. Adv Immunol 161:185
11. Crain SM, Chaudhry AM (1980) Thrombotic thrombocytopenic purpura in a splenectomized patient with Hodgkins's disease. Am J Med Sci 280:35
12. Dekker A, O'Brien M, Cammarata J (1974) The association of thrombotic thrombocytopenic purpura with systemic lupus erythematosus. Am J Med Sci 267:243
13. Gasser C, Gautier E, Steck A et al. (1955) Hamolytisch-urämische Syndrome: bilaterale Nierenrindennekrosen bei akuten erworbenen hämolytischen Anämien. Schweiz Med Wochenschr 85:905
14. Gore I (1950) Disseminated arteriolar and capillary platelet thrombosis; a morphologic study of its histogenesis. Am J Pathol 26:155
15. Hope W, Martin TJ, Chesterman CN, Morgan FJ (1979) Human ß-thromboglobulin inhibits PGI_2 production and binds to a specific site in bovine aortic endothelial cells. Nature 282:210
16. Jones MB, Armitage JO, Stone DB (1979) Self limited TTP-like syndrome after bee sting. JAMA 242:2212
17. Kwaan HC, Anderson MC, Gramatica L (1971) A study of pancreatic enzymes as a factor in the pathogenesis of disseminated interavascular coagulation during acute pancreatitis. Surgery 69:663
18. Lian ECY (1980) The role of increased platelet aggregation in TTP. Semin Thromb Hemost 6:401
19. Lian ECY, Harkness DR, Byrnes JJ, Wallach H, Nunez R (1979) The presence of a platelet aggregating factor in the plasma of patients with thrombotic thrombocytopenic purpura and its inhibition by normal plasma. Blood 53:333
20. Lian ECY, Mui P, Chiu L (1981) Studies on thrombotic thrombocytopenic purpura. Purification and properties of platelet aggregation factor inhibitor. A. Thromb Haemost 46:21
21. Lian ECY, Nunez R, Revann T (1981) Studies on thrombotic thrombocytopenic purpura. The role of platelet aggregating factor inhibitor. B. Clin Res 29:520
22. Meister RJ, Sacker RA, Philipps T (1979) Immune complexes in thrombotic thrombocytopenic purpura. Ann Intern Med 90:717
23. Moake JL, Rudy CK, Troll JH et al. (1982) Unusually large plasma factor VIII: Von Willebrand Factor multimers in chronic relapsing thrombotic thrombocytopenic purpura. N Engl J Med 307:1432

24. Moon EC, Kitay DZ (1971) Hematologic problems in pregnancy: II thrombotic (thrombohemolytic) thrombocytopenic purpura. J Reprod Med 9:212
25. Morrison J, McMillan R (1977) Elevated platelet-associated IgG in thrombotic thrombocytopenic purpura. JAMA 238:1944
26. Moschcowitz E (1925) An acute febrile pleiochromic anemia with hyaline thrombosis of the terminal arterioles and capillaries. An undescribed disease. Arch Intern Med 36:89
27. Nalbandian RM, Henry RL, Bick RL (1979) Thrombotic thrombocytopenic purpura: An extended editorial. Semin Thromb Hemost 5:216
28. Nussbaum M, Dameshek W (1957) Transient hemolytic and thrombocytopenic episode (acute transient thrombohemolytic thrombocytopenic purpura), with probable meningococcemia. N Engl J Med 256:418
29. Parker J, Barrett D (1971) Microangiopathic hemolysis and thrombocytopenia related to penicillin drugs. Arch Intern Med 127:474
30. Pogliani EM, Cofrancesco E (1983) Thrombotic thrombocytopenic purpura: A review. Haematologica (Pavia) 68:547
31. Remuzzi G, Misiani R, Mecca G, De Gaetano G, Donati MB (1978) Thrombotic thrombocytopenic purpura. A deficiency of plasma factors regulating platelet-vessel wall interactions. N Engl J Med 299:311
32. Remuzzi G, Misiani R, Marchesi D, Livio M, Mecca G, De Gaetano G, Donati MB (1978) Hemolytic-uremic syndrome: Deficiency of plasma factor(s) regulating prostacyclin activity? Lancet II:871
33. Remuzzi G, Rossi EC, Misiani R, Marchesi D, Mecca G, De Gaetano G, Donati MB (1980) Prostacyclin and thrombotic microangiopathy. Semin Thromb Hemost 6:391
34. Remuzzi G, Imberti L, De Gaetano G (1981) Prostacyclin deficiency in thrombotic microangiopathy. Lancet 19:1422
35. Scherf H, Hausmann K (1982) Die Diagnose der thrombotisch thrombozytopenischen Purpura. Dtsch Med Wochenschr 107:1024
36. Sims PJ, Roswell EB (1981) Elevated platelet-bound IgG associated with an episode of thrombotic thrombocytopenic purpura. Blood 58:682
37. Stefani FH, Brandt F, Pielsticker K (1978) Periarteriitis nodosa and thrombotic thrombocytopenic purpura with serious retinal detachment in siblings. Br J Ophtalmol 62:403
38. Steinberg AD, Green WT, Talal N (1971) Thrombotic thrombocytopenic purpura complicating Sjögren's syndrome. JAMA 215:757
39. Stonesifer L, Bone R, Hiller F (1980) Thrombotic thrombocytopenic purpura in carbon monoxide poisoning. Arch Intern Med 140:104
40. Vesconi S, Langer M, Rossi E, Mondonico P, Cambiaghi G (1978) Thrombotic thrombocytopenic purpura during oral contraceptive treatment. Thromb Haemost 40:563
41. Wallace D, Lovic A, Clubb JS, Carseldine DB (1975) Thrombotic thrombocytopenic purpura in four siblings. Am J Med 58:724
42. Yang C, Nussbaum M, Park H (1979) Thrombotic thrombocytopenic purpura in early pregnacy: Remission after plasma exchange. Acta Haematol 62:112
43. Zähringer J, Greif J, Klepzig M et al. (1984) 35jährige Patientin mit Fieber, Thrombozytopenie, massiven Organblutungen, Nierenversagen und schweren neurologischen Störungen. Internist (Berlin) 23:439

Die Entwicklung des menschlichen Hirngewichts von der Geburt bis zum Alter von 19 Jahren

G. Beier, R. Allmendinger-Hagenmeier, H. Reuschel

Seit dem Jahre 1952 wird - auf Anregung von W. Spann - im Institut für Rechtsmedizin der Universität München bei jeder Sektion das Hirngewicht registriert. Im folgenden Beitrag wird versucht, anhand des dadurch bereitgestellten Datenmaterials Normbereiche für das Hirngewicht bei Kindern und Jugendlichen, d.h. dessen Korrelation zu den Parametern der kindlichen Entwicklung, nämlich Alter, Körperlänge und Körpergewicht, zu beschreiben.

Angeregt von der kortikalen Lokalisationstheorie des Anatomen Franz Gall und seines Schüler J. C. Spurzheim [3] erschienen vor 150 Jahren die ersten Arbeiten über Maße und Gewichtsverhältnisse des Gehirns (Tiedemann, Sims, Letout, zit. nach Spann [42]. Gegenstand dieser und der nachfolgenden Untersuchungen waren v.a. die Gehirne Erwachsener in bezug auf das Geschlecht, die Körpergröße, das Lebensalter, aber auch die Todesursache, den sozialen Status und schließlich die Rasse. Letztere spielte bekanntermaßen eine besondere Rolle in der Rassenmedizin des Dritten Reiches [14]; neuere Arbeiten [15, 19] untersuchen die Hirngewichte von Schwarzen und Weißen; Tobias [46] gibt dazu eine kritische Analyse.

Das mittlere Hirngewicht, die Streuung und die Korrelation zu verschiedenen Faktoren reagieren sehr empfindlich auf Herkunft, Auswahl und Umfang der Stichproben, und statistische Analysen dazu sind in hohem Maße anfällig für Scheinkorrelationen. Ursache dafür ist v.a. die ungeheure Spannweite des Gewichts des menschlichen Gehirns, offenbar bedingt durch eine Vielzahl endogener und exogener Einflüsse.

Beim Menschen wird die Spannweite des Hirngewichts nur noch von der Spannweite des Körpergewichts übertroffen. Dies und die Tatsache, daß die mikroskopische oder zelluläre Ursache dafür, daß die schwersten Hirne immerhin etwa das Dreifache der leichtesten wiegen, unbekannt ist, wird - so Cobb [5] und Dart [7] - zur wissenschaftlichen Herausforderung.

Der Schluß, die Hirngewichte auf die Körperlänge [4, 9, 16, 42, 43, 45] oder das Körpergewicht [25, 26] zu beziehen und den Einfluß des Lebensalters [2, 8, 9, 12, 17, 29, 30, 32–35, 38, 42–46] zu untersuchen, liegt bei dieser Variationsbreite nahe.

Ebenso ist der Einfluß des Geschlechts gesichert; das Hirngewicht von Männern liegt im Durchschnitt höher als das von Frauen [4, 16, 29, 42, 43]. Dieser Unterschied bleibt auch bestehen, wenn die Einflußgrößen Körperlänge und Alter berücksichtigt werden [33].

Ein möglicher Einfluß der Todesursache hat in besonderem Maße das Interesse der Pathologen und der Rechtsmediziner an der Feststellung des Hirngewichts geweckt: Bei plötzlichem, gewaltsamen Eintritt des Todes, aber auch bei Erhängen und Vergiftungen soll das Hirngewicht höher liegen, bei Tod infolge einer Allgemeinerkrankung wie Krebs oder Arteriosklerose bzw. infolge von Gehirnerkrankungen, Kopfverletzungen, protrahiertem Verbluten, Ersticken oder Elektrounfall dagegen erniedrigt sein [2, 16, 21, 29, 30, 32–34, 42, 43].

Zur Beurteilung und insbesondere zur Prüfung der Signifikanz sind jedoch an umfangreichen Stichproben gewonnene Standards erforderlich, die noch weitgehend fehlen. Dies gilt besonders für die Entwicklung des Hirngewichts bei Kindern und Jugendlichen, über die bisher wenig bekannt ist. Die frühesten Untersuchungen dazu wurden von Pfister 1903 [36], Michaelis 1907 [31], Mühlmann 1927 [32], Siwe 1930 [40], Copoletta u. Wohlbuch 1933 [6] vorgelegt. In jüngster Zeit haben sich Dobbing u. Sands [10], Jordaan [24, 25], Jordaan u. Dunn [26], Debakan [8] und Ho et al. [18] mit diesem Problem beschäftigt.

Allometrische Beziehungen

Während der Evolution des Menschen ist es zu einem Größenwachstum gekommen, mit dem das Wachstum vieler, in einem bestimmten Verhältnis zur Körpergröße stehender Organsysteme korrespondiert [24]. Die mathematische Formulierung derartiger Beziehungen, z. B. zwischen Hirngewicht und Körpermaßen, führt zu sog. allometrischen Gleichungen. Dabei handelt es sich um empirische Beziehungen, die nicht rationalisiert werden können [13, 22].

Eine Begründung für die Existenz solcher Beziehungen hat Jerison [23] nach Überlegungen von Snell [41], Dubois [11] und Lashley [27] durch eine Theorie der phylogenetischen, quantitativen Enzephalisation zu geben versucht: Von der Annahme ausgehend, daß durch die besondere Aggregation der Neuronen und der Gliazellen in verschiedenen Schichten und Regionen im Gehirn viele dieser Hirnareale als funktionelle Felder der Projektion von Sinnesorganen und Sinneszellen der Körperoberfläche anzusehen sind, läßt sich vereinfacht die Hirngröße als Funktionseinheit darstellen, die aus der Summe der verschiedenen Projektionsfelder gebildet wird. Als äquivalentes, einfach zu bestimmendes Maß für diese Felder wird die Körpergröße herangezogen, in der Annahme, daß diese in direktem Informationsaustausch mit dem Gehirn steht und daher die Größe eines Individuums letztlich in dessen Gehirn repräsentiert wird. Der intraspezifische Größenzuwachs des Gehirns ist nur in Grenzen möglich, da die Zahl der Neurone innerhalb einer Art in gewissen Bereichen konstant ist [11, 13]. Die Unterschiede zwischen den Arten bestehen hauptsächlich in der Zahl der „exzess neurons" [22, 23], d. h. Neurone, die nicht Projektionsfeldern zugeordnet werden. So stellt in der empirischen Gleichung von Jerison [23] – Hirngewicht = $k \cdot \text{Körperlänge}^a + A$ – der Exponent a mit dem Wert 2/3 eine Säugetierkonstante dar. Der Ausdruck A steht für „added tissue", k als artenspezifischer Faktor, dessen Variation in der logarithmierten Form parallele Geradenbündel ergibt.

Auch die Proportionsänderungen während des individuellen Wachstums bzw. bei wachsenden Individuen einer Art sollen mit derselben Gleichung näherungsweise beschrieben werden können (ontogenetische Allomerie) [13]. Aufgrund der Überlegung, daß die Wachstumsrate eines Organes groß ist, wenn es zu wachsen beginnt, und mit zunehmender Größe abnimmt, die Wachstumsrate des Hirngewichts also umgekehrt proportional dem Hirngewicht ist, kam Huxley [20] zu der Beziehung:

Hirngewicht = $k \cdot \text{Körpergewicht}^a$.

Formal ist Huxleys Gleichung der von Jerison analog. Der Unterschied besteht lediglich darin, daß Jerison das Hirngewicht auf die Körpergröße, Huxley auf die Körpermasse bezieht. Da beide Größen – innerhalb einer gewissen Schwankungsbreite – einander proportional sind, unterscheiden sich die Gleichungen nur im Wert des Faktors k und des Exponenten a.

Nach diesen Überlegungen wären für die formale Beschreibung der Korrelationen zwischen dem Hirngewicht und der Körperlänge oder dem Körpergewicht und damit auch dem Lebensalter Potenzfunktionen (mit einem Exponenten $\leqq 1$) zu erwarten.

Material und Methodik

Auswahl und Umfang der Stichprobe

Die Stichprobe bezieht sich auf die im Institut für Rechtsmedizin der Universität München in den Jahren 1952–1983 durchgeführten Sektionen von Sterbefällen mit einem Lebensalter bis einschließlich 19 Jahre. Ausgeschlossen wurden Fälle, die bei der Sektion Fäulniserscheinungen, offene Schädelverletzungen mit Hirnverlust, mit dem bloßen Auge erkennbare Veränderungen, wie Hydrozephalus oder ausgeprägtes Hirnödem, zeigten, sowie (soweit erkennbar) Frühgeburten. Ebenso ausgeschlossen wurden von der weiteren Auswertung als fehlerhafte Ausreißer Fälle mit weit aus der Norm fallenden Relationen von Körperlänge/Lebensalter, Körpergewicht/Lebensalter oder Körperlänge/Körpergewicht. Grundlage dazu waren die in der Literatur angegebenen Perzentilenstandards [39, 47].

Die Stichprobe umfaßte schließlich 1936 Gehirne. Hiervon stammten 1219 von männlichen, 697 von weiblichen Sterbefällen.

Präparation der Gehirne

Die Entnahme und Wägung der Gehirne war nach der üblichen Sektionsroutine, wie schon von Spann [42] beschrieben, erfolgt: Nach Eröffnen des Schädeldaches durch Horizontalschnitt wird der Längsblutleiter eröffnet, die Dura mater in der Sägeschnittebene mit der Schere durchschnitten und nach Einschneiden der Hirnsichel entfernt. Dann werden die Hirnnerven und Gefäße durchtrennt, das Gehirn herausgestülpt und das Tentorium mit der Schere eröffnet. Die Medulla oblongata wird auf Höhe des unteren Randes der Pyramidenbahnkreuzung durchschnitten, das Gehirn dem Schädel entnommen und sofort gewogen. Dabei sind Hypophyse und weiche Hirnhäute am Hirn belassen, die Ventrikel gefüllt.

Altersverteilung der Stichprobe

Die Altersverteilung der Stichprobe ist in Abb. 1 und 2 für die männlichen, in Abb. 3 und 4 für die weiblichen Sterbefälle, jeweils getrennt für das 1. und die übrigen Lebensjahre, dargestellt. In Abb. 5–10 sind die Korrelationen von Lebensalter, Körperlänge und Körpergewicht zur Charakterisierung der Stichprobe aufgetragen. Sie entsprechen den in der Pädiatrie gebräuchlichen Perzentilenstandards [39, 47].

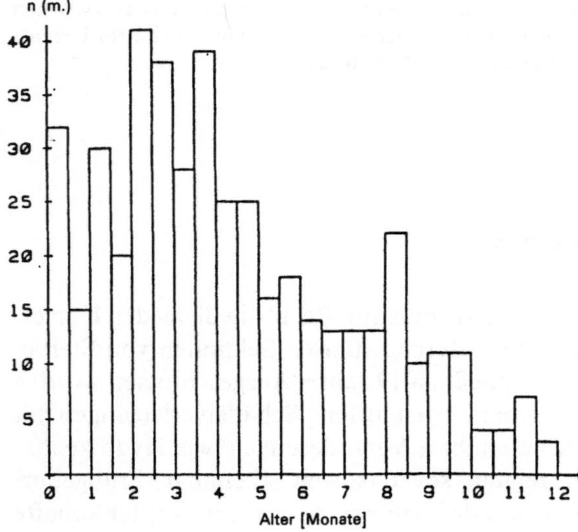

Abb. 1. Altersverteilung der männlichen Sterbefälle im Alter bis 12 Monate

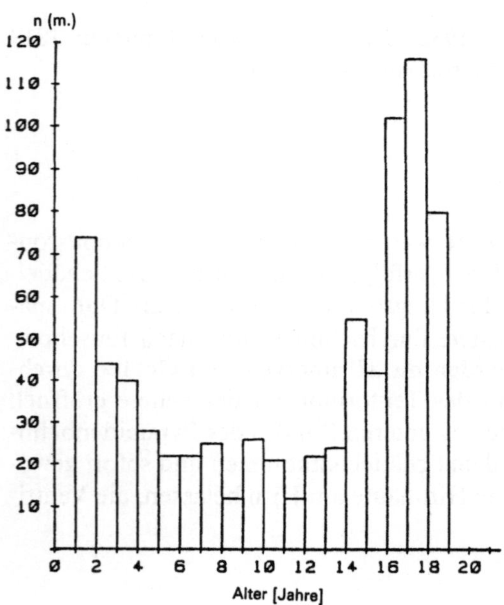

Abb. 2. Altersverteilung der männlichen Sterbefälle im Alter von 1–19 Jahren

Die mittlere Körperlänge Erwachsener hat in den letzten 80 Jahren ständig zugenommen. Das kann durch eine fortschreitende Verschiebung der Körperlängen-Lebensalter-Korrelation zu systematischen Fehlern bei der Auswertung führen. Für das Sektionsgut des Instituts für Rechtsmedizin der Universität München ermittelte Sydath [45] bei erwachsenen Männern eine Akzeleration von

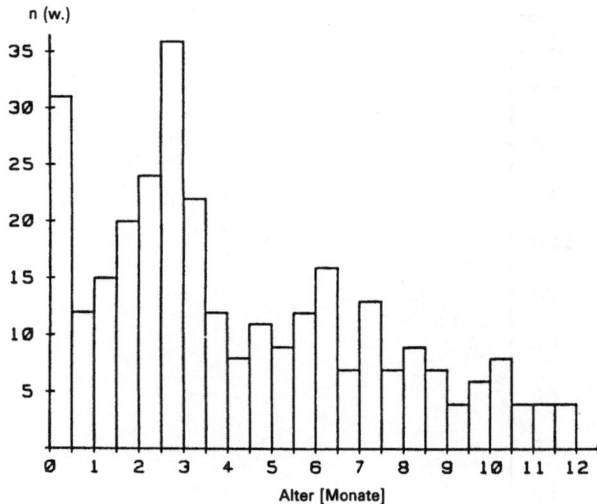

Abb. 3. Altersverteilung der weiblichen Sterbefälle im Alter bis 12 Monate

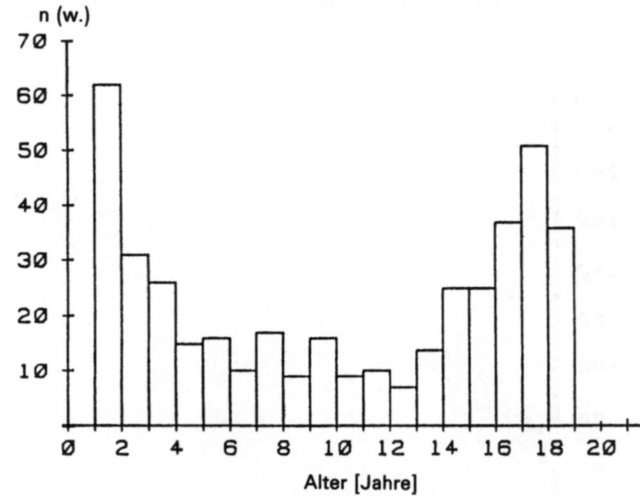

Abb. 4. Altersverteilung der weiblichen Sterbefälle im Alter von 1–19 Jahren

durchschnittlich 0,95 mm/Jahr, Demel [9] bei Frauen 1,27 mm/Jahr. Allmendinger-Hagenmeier [1] hat daher die Verteilung der Stichprobe auf die Geburtsjahre für verschiedene Altersklassen untersucht und festgestellt, daß die Verteilungen jeweils ausgeprägt rechtsgipflig sind, und zwar in der Weise, daß in den einzelnen Altersklassen die jeweils letzten 10–14 Jahrgänge einen zahlenmäßig so überproportionalen Anteil stellen, daß ein möglicher Einfluß der Akzeleration auf die Ergebnisse vernachlässigbar wird.

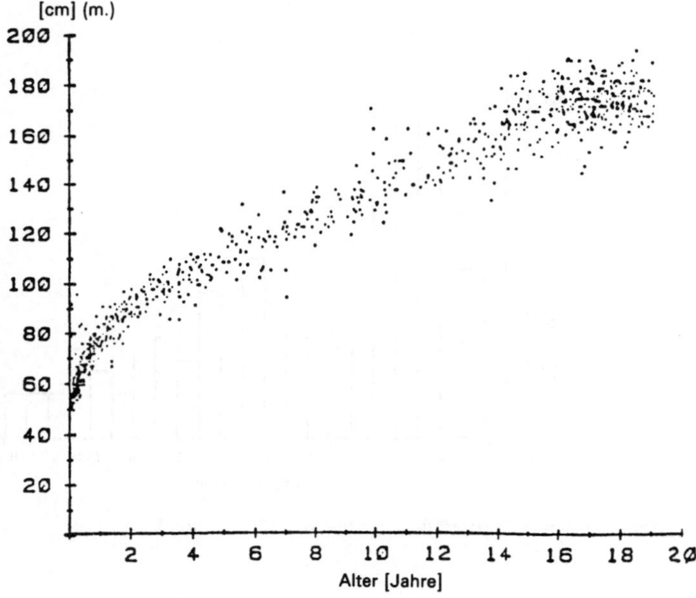

Abb. 5. Korrelation von Körperlänge und Lebensalter bei den männlichen Sterbefällen

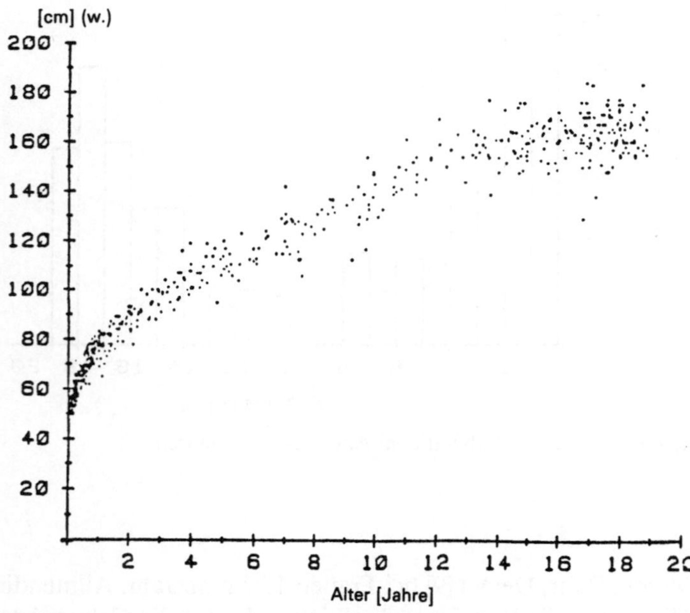

Abb. 6. Korrelation von Körperlänge und Lebensalter bei den weiblichen Sterbefällen

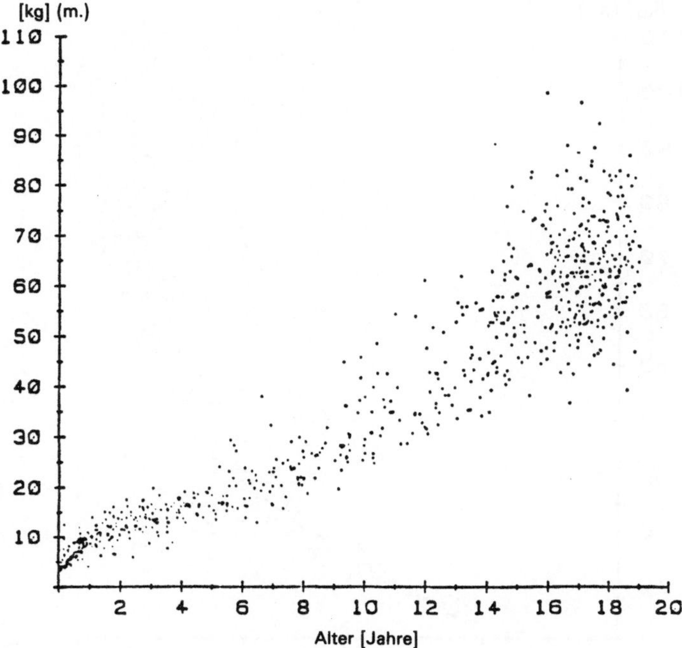

Abb. 7. Korrelation von Körpergewicht und Lebensalter bei den männlichen Sterbefällen

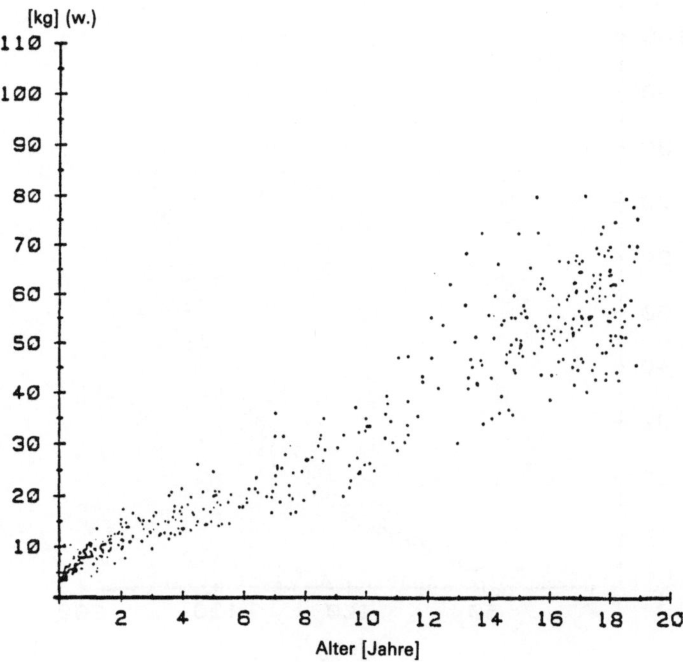

Abb. 8. Korrelation von Körpergewicht und Lebensalter bei den weiblichen Sterbefällen

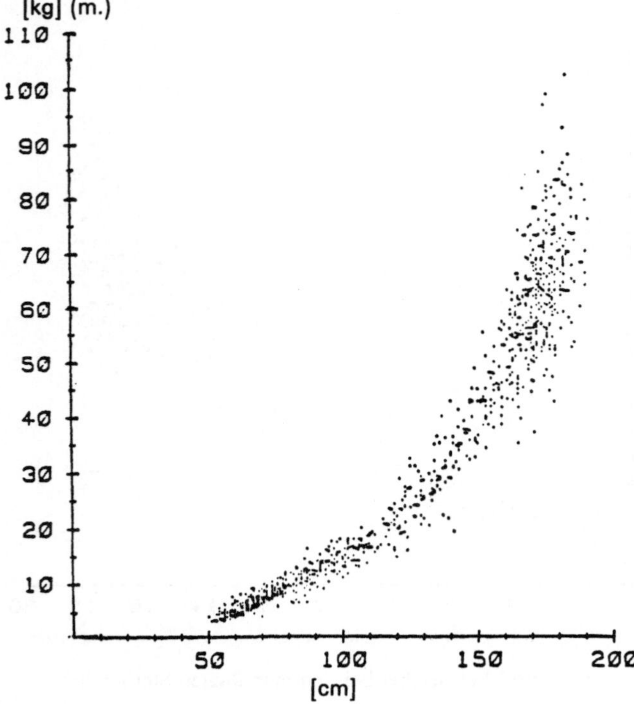

Abb. 9. Korrelation von Körpergewicht und Körperlänge bei den männlichen Sterbefällen

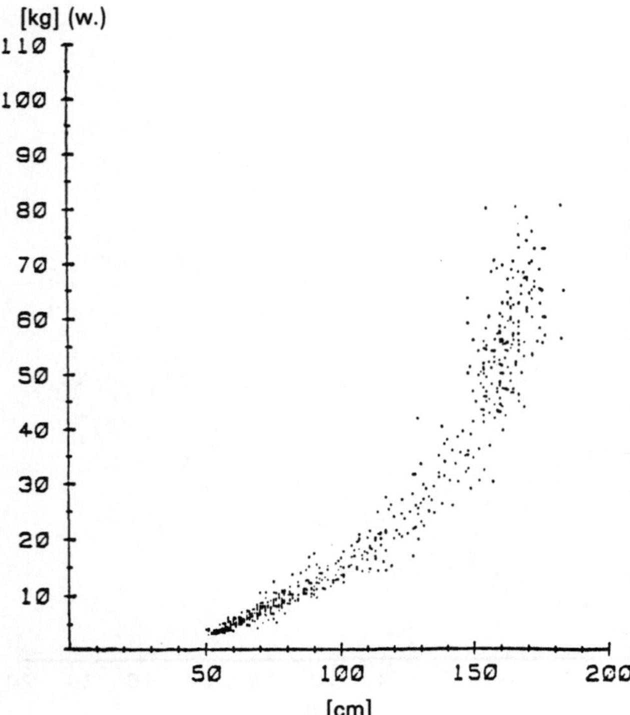

Abb. 10. Korrelation von Körpergewicht und Körperlänge bei den weiblichen Sterbefällen

Ergebnisse

Hirngewicht und Lebensalter

In Abb. 11 und 12 ist für die männlichen und die weiblichen Sterbefälle das Hirngewicht gegen das Lebensalter aufgetragen. Es zeigt sich anfangs ein steiler, annähernd linearer Anstieg, gefolgt von einer langsamen, nichtlinearen Zunahme des Hirngewichts. Die Zunahme des Hirngewichts bis zum Ende des 1. Lebensjahrs beträgt bei Jungen 63% der postnatalen Gewichtszunahme, bei Mädchen 67% und erreicht damit rund 75% bzw. 80% des Hirngewichts der Erwachsenen.

Bei den Jungen kann die Beziehung zwischen Hirngewicht und Lebensalter bis zur Vollendung des 1. Lebensjahrs, entsprechend etwa einer Körperlänge von

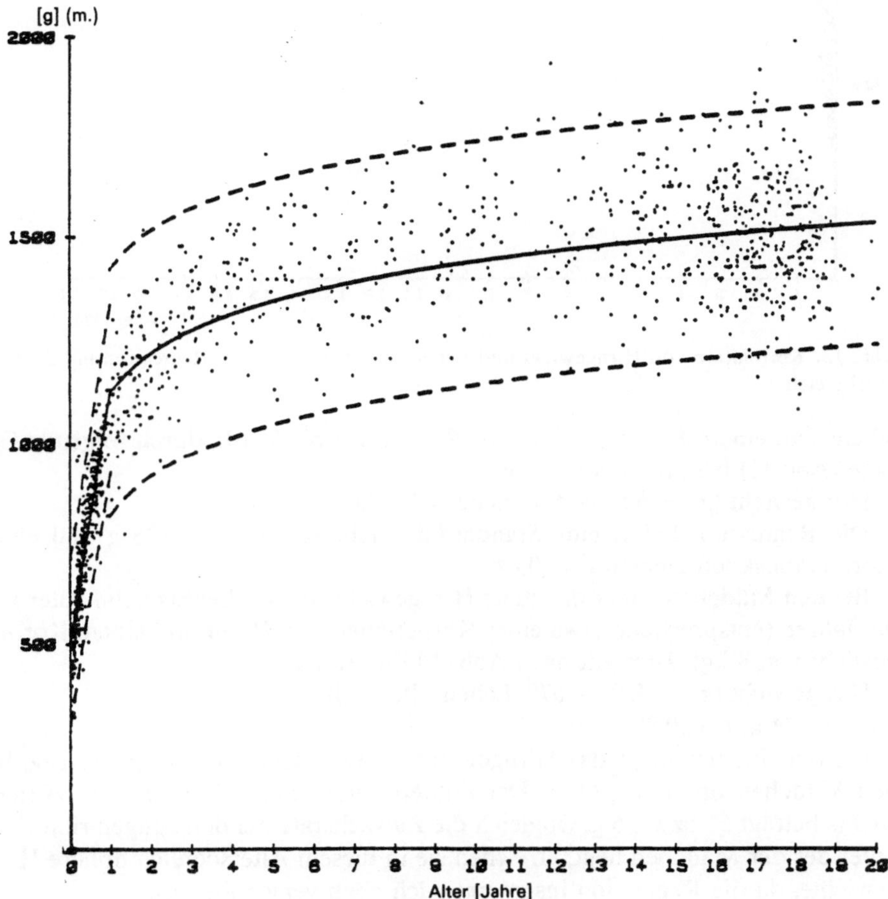

Abb. 11. Korrelation von Hirngewicht und Lebensalter bei Jungen, Regression mit $2s$-Toleranzbereich

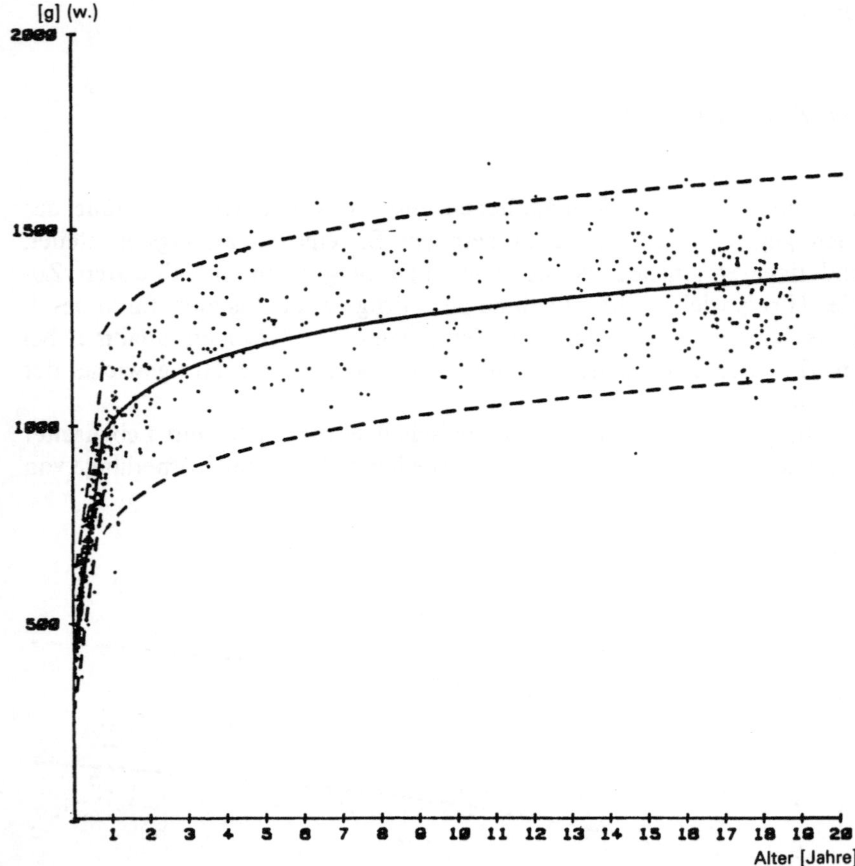

Abb. 12. Korrelation von Hirngewicht und Lebensalter bei Mädchen, Regression mit $2s$-Toleranzbereich

80 cm und einem Körpergewicht von 9 kg (vgl. Abb. 7–10), durch folgende Gerade (Abb.13) beschrieben werden:

Hirngewicht [g] = 508 + 614 · Lebensalter [Jahre].

Die Regression liefert eine Standardabweichung von s = 108 g und einen Korrelationskoeffizienten r = 0,84.

Bei den Mädchen endet der steile Hirngewichtsanstieg bereits beim Alter von 0,8 Jahren (entsprechend etwa einer Körperlänge von 75 cm und einem Körpergewicht von 8 kg). Hier gilt nach Abb. 14 die Beziehung:

Hirngewicht [g] = 429 + 678 · Lebensalter [Jahre]
mit s = 74 g, r = 0,88.

Bei den Jungen steigt das Hirngewicht im Durchschnitt um 1,68 g/Tag, bei den Mädchen um 1,86 g/Tag. Der mittlere, monatliche Zuwachs des Hirngewichts beträgt 51 bzw. 56 g. Obgleich die Zuwachsrate bei den Jungen rund 10% unter der der Mädchen liegt, erreichen sie in diesem Altersbereich höhere Hirngewichte, da die Regression insgesamt nach oben verschoben ist.

Bei den Geschlechtern werden jedoch die Verhältnisse des 1. Vierteljahres durch die ermittelten Regressionsgeraden nicht zufriedenstellend dargestellt. Of-

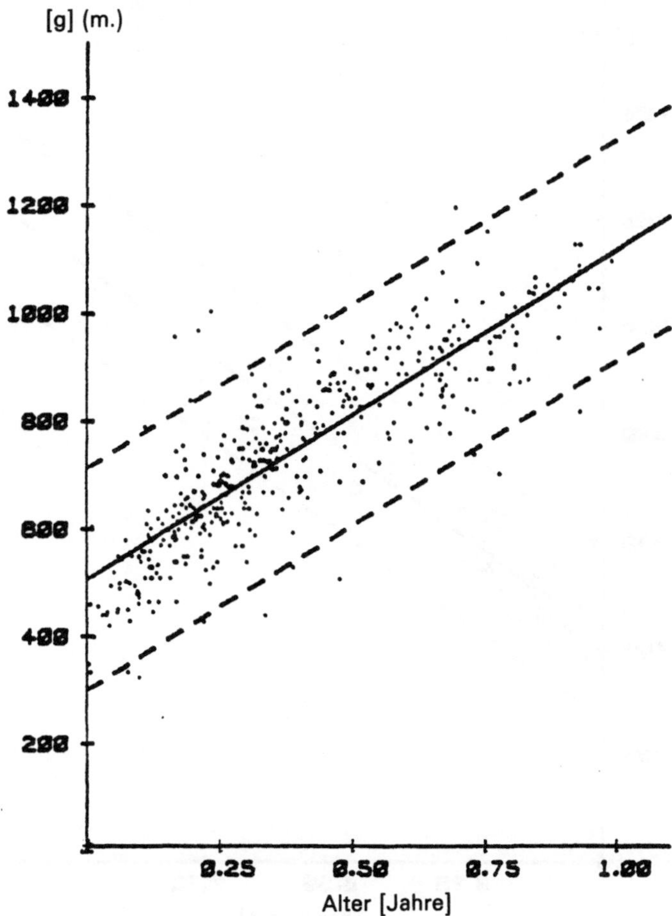

Abb. 13. Korrelation von Hirngewicht und Lebensalter bei Jungen im 1. Lebensjahr, Regression mit *2s*-Toleranzbereich

fenbar ist im 1. Lebensquartal die Hirngewichtszunahme noch stärker als im 2.–4. Quartal.

Nach Vollendung des 1. Lebensjahrs bei Jungen bzw. nach 10 Monaten bei Mädchen läßt sich eine Linearisierung der Korrelation durch logarithmische Transformation des Lebensalters erreichen (Abb. 15 und 16) und damit die Korrelation durch folgende Beziehungen beschreiben:

Hirngewicht [g] = 1,122 + 140 · ln (Lebensalter [Jahre])

mit s = 150 g, r = 0,62, für Jungen ab dem 2. Lebensjahr, und

Hirngewicht [g] = 1,01 + 124 · ln (Lebensalter [Jahre])

mit s = 128 g, r = 0,71, für Mädchen ab 0,8 Jahren. Die rücktransformierte Regression und die zugehörigen 95%-Toleranzgrenzen sind in Abb. 11 und 12 eingetragen.

Das Hirngewicht der Jungen steigt in diesem Altersbereich bei Verdoppelung des Lebensalters um durchschnittlich 97 g, das der Mädchen um 86 g. Gegenüber den Mädchen (Abb. 16) ist die Kurve für Jungen (Abb. 15) also steiler und

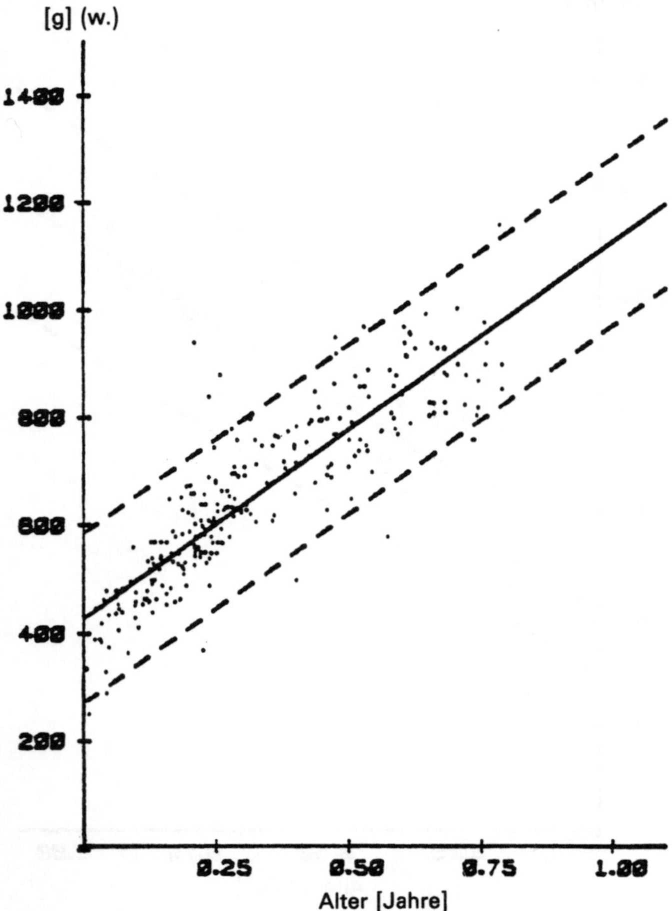

Abb. 14. Korrelation von Hirngewicht und Lebensalter bei Mädchen im Alter bis 0,8 Jahre, Regression mit *2s*-Toleranzbereich

zudem zu höheren Hirngewichten verschoben. Das entspricht der unterschiedlichen Zunahme der Körperlänge von Mädchen und Jungen (vgl. Abb. 5 und 6): Jungen wachsen schneller, und die Wachstumsphase dauert länger. Dies läßt einen unmittelbaren Zusammenhang zwischen Hirngewicht und Körperlänge vermuten, wie er für Erwachsene schon hinreichend nachgewiesen wurde [4, 9, 16, 42–45].

Hirngewicht und Körperlänge

In Abb. 17 und 18 ist für Jungen und Mädchen das Hirngewicht gegen die Körperlänge aufgetragen. Es ergibt sich - analog der Relation zum Lebensalter - zunächst ein linearer, steiler Anstieg des Hirngewichts, später, mit abnehmender Wachstumsrate, ein nichtlinearer Zusammenhang.

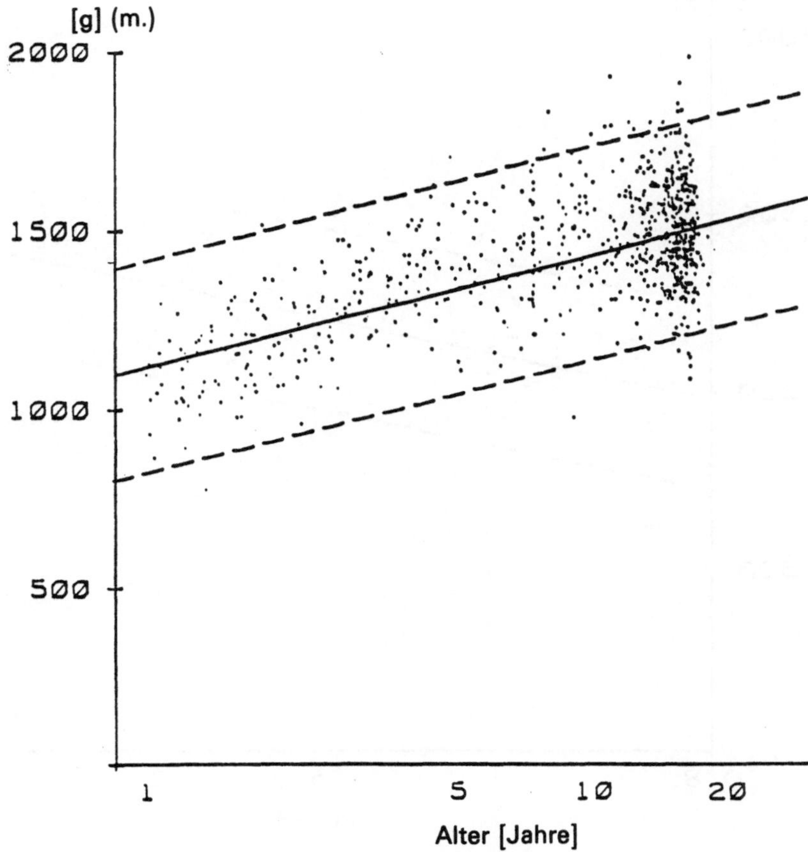

Abb. 15. Korrelation von Hirngewicht und Lebensalter bei Jungen ab dem 2. Lebensjahr bei log. Abszisse, Regression mit *2s*-Toleranzbereich

Im Anfangsbereich, der bei Jungen etwa bei einer Körpergröße von 85 cm endet, wird die Korrelation von Hirngewicht und Körperlänge durch die Beziehung

Hirngewicht [g] = $-624 + 20{,}3 \cdot$ Körperlänge [cm],

(mit $s = 108$ g, r = 0,84) beschrieben.

Bei den Mädchen endet der lineare Bereich bei etwa 80 cm. Hier gilt die Beziehung:

Hirngewicht [g] = $-672 + 21{,}3 \cdot$ Körperlänge [cm]

mit $s = 87$ g, r = 0,89.

Die Zunahme des Hirngewichts bei Jungen und Mädchen ab einer Körperlänge von 85 bzw. 80 cm mit logarithmischer Teilung der Abszisse geht aus Abb. 19 und 20 hervor. Die entsprechenden Regressionen lauten:

Hirngewicht [g] = $815 + 150 \cdot \ln$ (Körperlänge [cm] $-77{,}5$)

mit $s = 14o$ g, r = 0,58, für die Jungen, und

Hirngewicht [g] = $566 + 130 \cdot \ln$ (Körperlänge [cm] $-70{,}4$)

mit $s = 118$ g, r = 0,61, für die Mädchen.

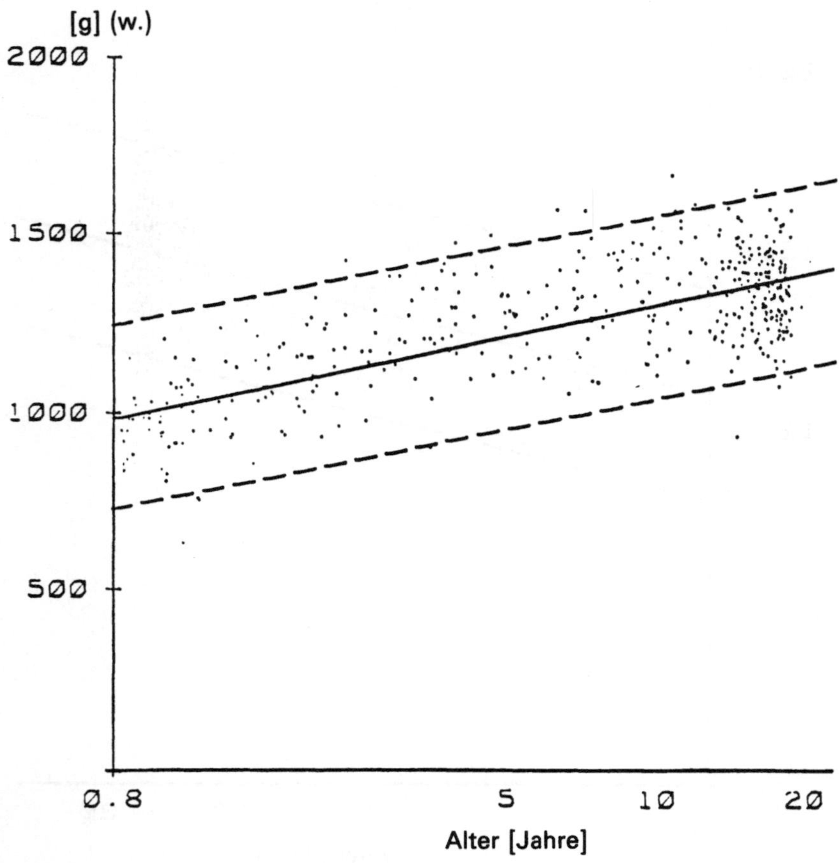

Abb. 16. Korrelation von Hirngewicht und Lebensalter bei Mädchen ab 0,8 Jahre bei log. Abszisse, Regression mit $2s$-Toleranzbereich

Die rücktransformierten Regressionen sind zusammen mit den zentralen 95%-Toleranzbereichen in Abb. 17 und 18 eingetragen.

Hirngewicht und Körpergewicht

Obwohl es sich bei der Beziehung von Hirngewicht und Körpergewicht, wie von Pakkenberg u. Voigt [34] dargelegt, wohl um eine Scheinkorrelation handelt, haben gerade Autoren, die sich mit der Untersuchung der Entwicklung der Hirngewichte von Feten, Neugeborenen und Kindern beschäftigten [8, 10, 25, 26], das Körpergewicht als Bezugsgröße herangezogen. Das mag möglicherweise aus meßtechnischen Gründen erfolgt sein. Tatsächlich zeigt sich, wie in Abb. 21 und 22 dargestellt, bis zu einem Körpergewicht von etwa 10 kg immerhin eine auffällige Korrelation zwischen Hirngewicht und Körpergewicht. Streuungen in der Größe, wie sie in etwa bei der Korrelation zu Lebensalter und Körperlänge gefunden wurden, ergeben sich jedoch nur bis zu einem Körpergewicht von 5 kg.

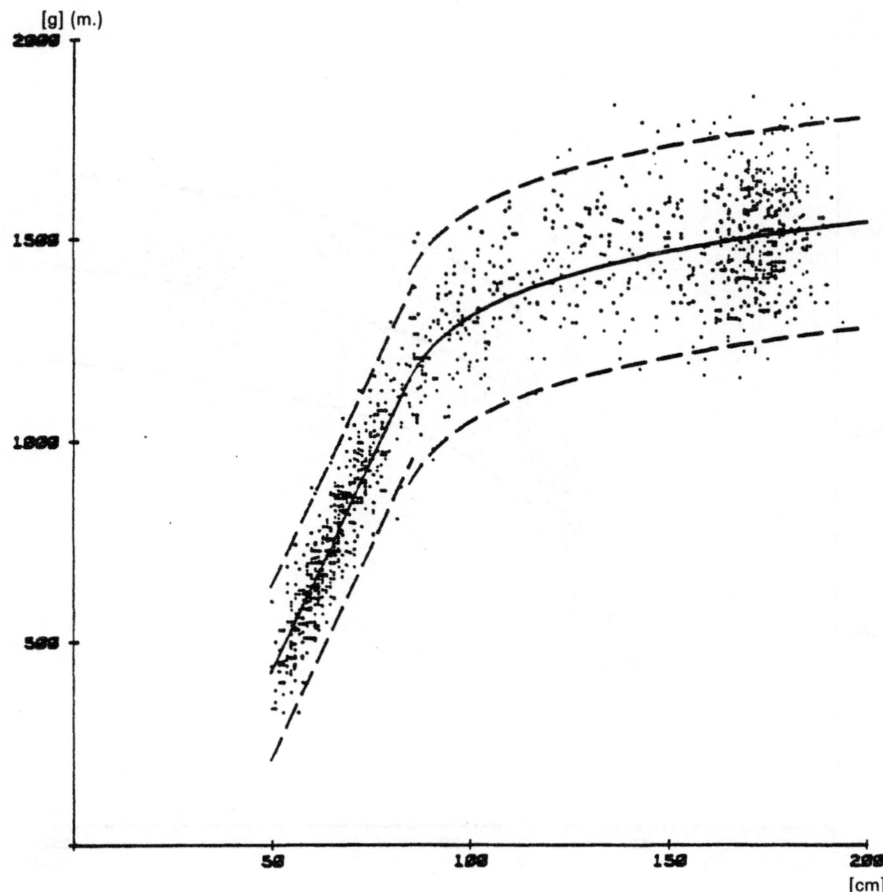

Abb. 17. Korrelation von Hirngewicht und Körperlänge bei Jungen, Regression mit $2s$-Toleranzbereich

Für diesen Bereich liefert die Regression:

Hirngewicht [g] = 136 + 108 · Körpergewicht [kg]

mit s = 127 g, r = 0,5, für Jungen, und

Hirngewicht [g] = 94 + 109 · Körpergewicht [kg]

mit s = 89 g, r = 0,71, für Mädchen.

Die Geraden verlaufen bei beiden Geschlechtern, mit einer Zunahme des Hirngewichts von 108 bzw. 109 g pro kg Zunahme des Körpergewichts, annähernd parallel. Bei gleichem Körpergewicht liegen jedoch die Hirngewichte der Jungen um durchschnittlich 40 g über den Hirngewichten der Mädchen.

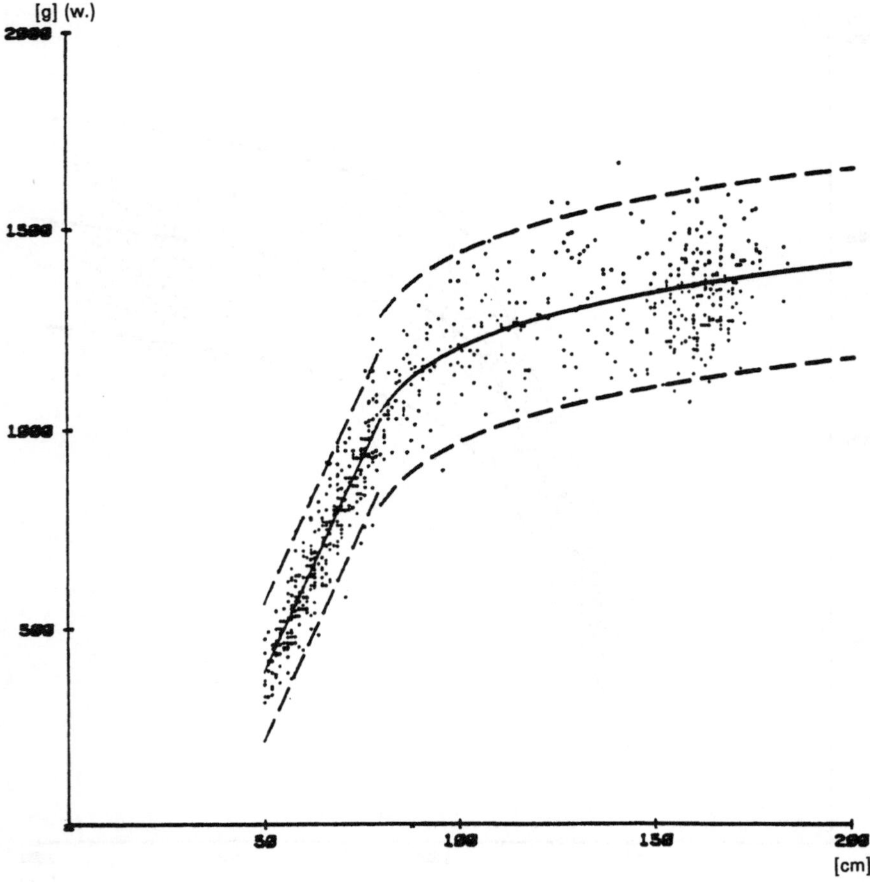

Abb. 18. Korrelation von Hirngewicht und Körperlänge bei Mädchen, Regression mit $2s$-Toleranzbereich

Diskussion

Bei der Entwicklung des Hirngewichts nach der Geburt lassen sich 2 Phasen unterscheiden:

Bis zum Alter von etwa 1 Jahr nimmt das Hirngewicht nahezu direkt proportional dem Alter bzw. der Körperlänge zu. Die Korrelationen lassen sich daher durch lineare Gleichungen beschreiben. Wie bereits angemerkt, gilt dies bezüglich des Lebensalters im 1. Quartal jedoch nur eingeschränkt. Die Ursache mag darin liegen, daß nach Ho et al. [18] die pränatale Hirnentwicklung weniger vom Entwicklungsalter als vom chronologischen Alter des Fetus abhängig ist. Dies führt dazu, daß das Gestationsalter an Bedeutung gewinnt, während endogene Faktoren für das intrauterine Gehirnwachstum in den Hintergrund treten. Die Bedeutung, die die richtige Bestimmung des Gestationsalters hat, verliert sich mit zunehmendem Alter des Kindes und damit auch der Einfluß von Fehlern, die hierbei gemacht wurden.

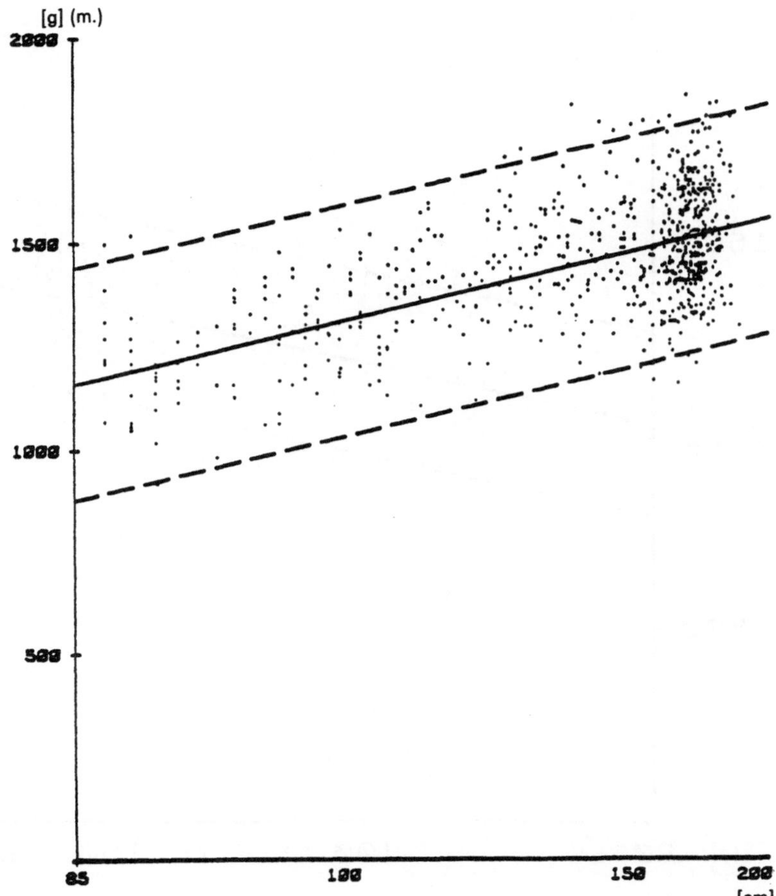

Abb. 19. Korrelation von Hirngewicht und Körperlänge bei Jungen ab 85 cm Größe bei log. Abszisse, Regression mit *2s*-Toleranzbereich

Ab dem 2. Lebensjahr erfolgt die Zunahme mit rasch abnehmenden Zuwachsraten. Zu einer formalen Beschreibung der Korrelation zwischen Hirngewicht und Lebensalter bzw. Körperlänge durch empirische Anpassung gelangt man in dieser Phase nach logarithmischer Transformation des Lebensalters bzw. der Körperlänge. Die Anpassung an die Gleichungen von Jerison [23] und Huxley [20] ist - bei niedrigen Korrelationskoeffizienten und hohen Streuungen - unbefriedigend.

Bis zu einem Körpergewicht von etwa 5 kg läßt sich das Hirngewicht auch zum Körpergewicht in Bezug setzen. Darüber hinaus (> 5 kg) erscheint dies, wegen der zunehmend individuell unterschiedlichen Entwicklung und Schwankung des Körpergewichts, nicht mehr sinnvoll.

Unterschiede bei der Herkunft des Materials und der Präparationstechnik können beim Vergleich der Ergebnisse verschiedener Quellen zu systematischen Abweichungen führen. Die hier untersuchte Stichprobe enthält einen wesentlichen Anteil von Kindern, die aus voller Gesundheit, plötzlich (meist durch Un-

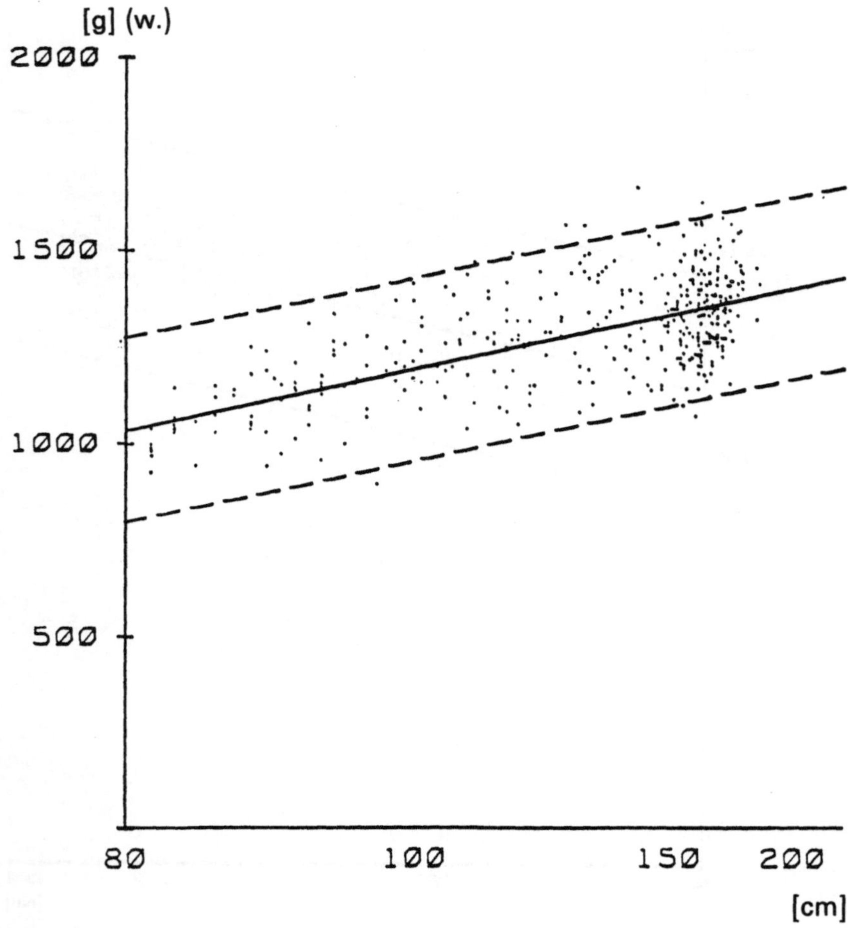

Abb. 20. Korrelation von Hirngewicht und Körperlänge bei Mädchen ab 80 cm Größe bei log. Abszisse, Regression mit $2s$-Toleranzbereich

fall) verstorbener Kinder. Zwar soll die Todesursache das Hirngewicht beeinflussen, doch handelt es sich dabei um geringe Verschiebungen nach oben und unten, die bisher nur im Trend bekannt sind. Deshalb wurde die Todesursache bei der Auswahl der Fälle nicht berücksichtigt. Dagegen stammen die Stichproben von Ho et al. [18], Debakan [8] und Jordaan [24, 26] aus pathologischen Instituten bzw. Krankenhäusern, so daß durch chronische Krankheiten und Siechtum veränderte Hirngewichte einen bestimmenden Einfluß auf die Ergebnisse genommen haben können.

Bezüglich der Methodik bei der Entnahme und dem Wiegen der Gehirne ist v.a. der Füllungsgrad des Ventrikelsystems zu berücksichtigen, der das Gewicht bis zu 50 g verändern kann [4]. Der Methode, die Gehirne wie in unserer Stichprobe zu präparieren und sie mit gefülltem Liquorsystem, mit Leptomeningen und Blutgefäßen zu wiegen, gaben auch Debakan [8] und Ho et al. [18] den Vorzug, während Dobbing u. Sands [10] anders verfuhren.

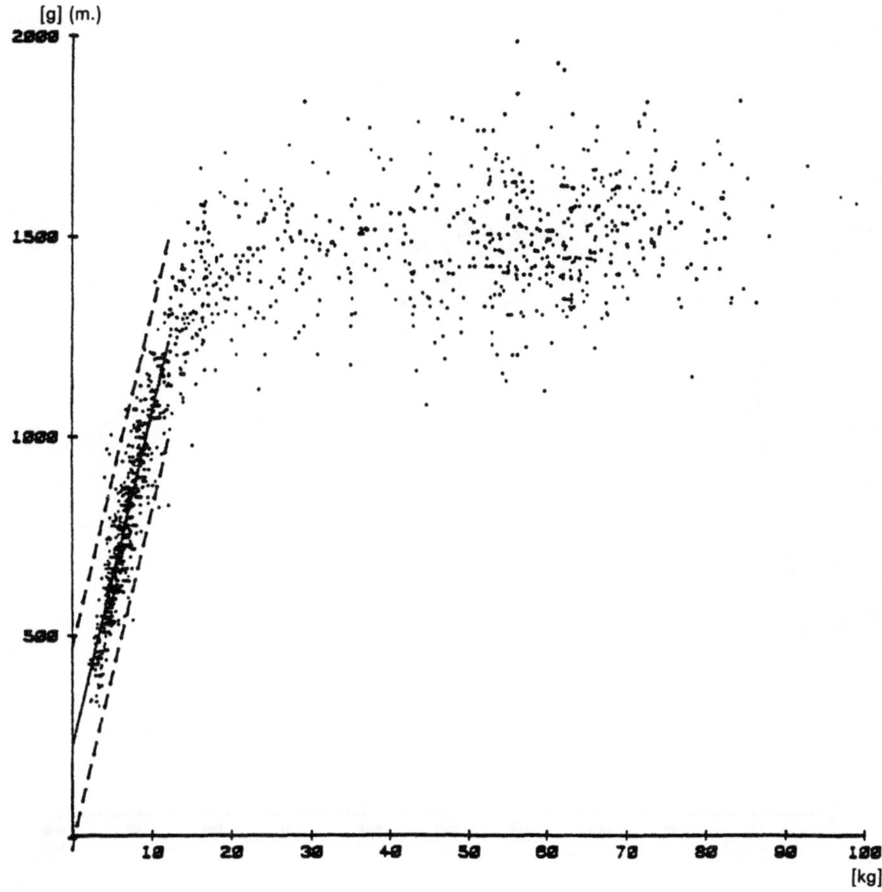

Abb. 21. Korrelation von Hirngewicht und Körpergewicht bei Jungen, Regression mit $2s$-Toleranzbereich bis zu einem Körpergewicht von 10 kg

Hirngewicht und Lebensalter. Unmittelbare Beziehungen des Hirngewichtes auf das Lebensalter bei Kindern werden in der Literatur nicht mitgeteilt.

Dobbing u. Sands [10] haben die pränatale Entwicklung und die ersten 12 Monate nach der Geburt untersucht und die Hirngewichte mit Lebensalter und Körpergewicht korreliert, indem sie den Quotienten aus Hirngewicht und Körpergewicht zum Gestationsalter in Bezug setzten, und dafür die Beziehung

$$\text{Hirngewicht/Körpergewicht} = 14{,}37 - 0{,}0476 \cdot \text{Gestationsalter [Wochen]}$$

mit einer Streuung von $\pm 3{,}33$ gefunden. Bezogen auf die jeweiligen Mittelwerte entspricht die Streuung unserer Korrelation zum Lebensalter, so daß in der Quotientenbildung von Dobbing u. Sands kein Vorteil gesehen werden kann.

Bei Debakan [8] finden sich Angaben über mittlere Hirngewichte für bestimmte Altersklassen. In Tabelle 1 sind die Werte von Debakan den Ergebnissen dieser Studie gegenübergestellt. Nur in der ersten Altersklasse (0–10 Tage) liegt das mittlere Hirngewicht bei Debakan etwas höher, in allen anderen Klas-

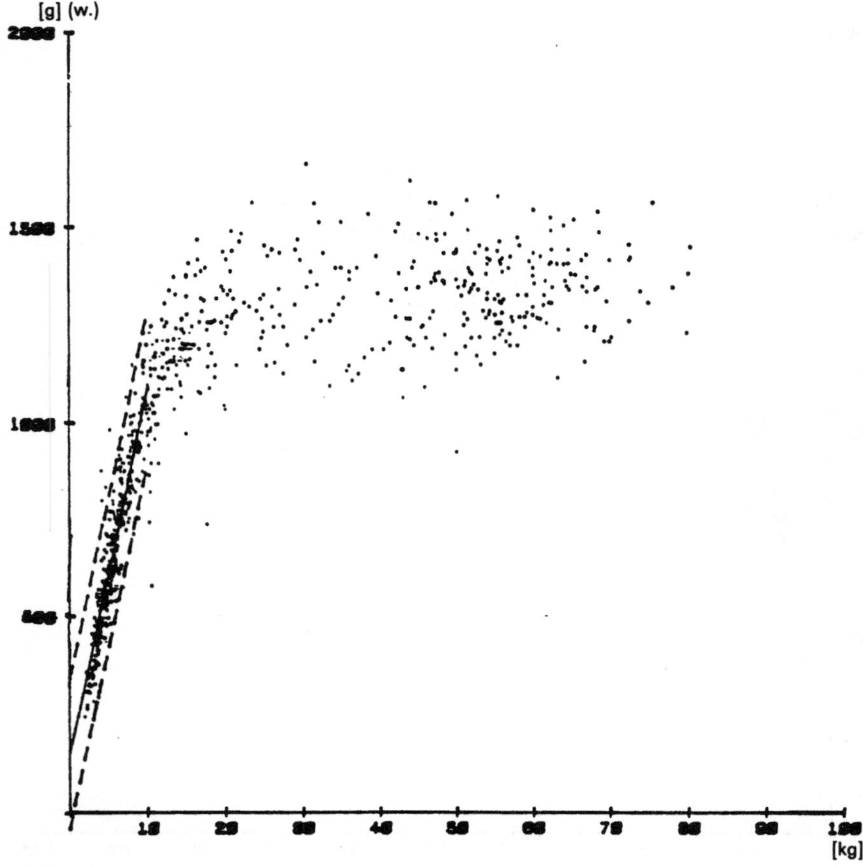

Abb. 22. Korrelation von Hirngewicht und Körperlänge bei Mädchen, Regression mit $2s$-Toleranzbereich bis zu einem Körpergewicht von 10 kg

sen liegt es - teilweise erheblich - unter unseren Werten. Der Grund mag in der Herkunft von Debakans Material liegen.

Hirngewicht und Körperlänge. Für die Regression des Hirngewichts von Kindern auf die Körperlänge wurden in der Literatur keine vergleichbaren Daten gefunden. Dies ist um so verwunderlicher, als die Vermutung einer engen Beziehung zwischen Körperlänge und Hirngewicht bei Erwachsenen seit fast 100 Jahren besteht [41] und seit Jahrzehnten - zumindest für Erwachsene - als gesichert angesehen werden kann. Darüber hinaus ist die Beziehung zwischen Hirngewicht und Körperlänge als konsistent und stetig anzusehen. Anders als das Hirngewicht nimmt die Körperlänge stetig zu und variiert interindividuell in geringerem Maße (vgl. Abb. 5-8). Sie unterliegt weniger äußeren Einflüssen wie Unterernährung oder exzessiver Kalorienzufuhr, und auch bei Krankheit bleibt die funktionelle Anpassung des Gehirns an die Körperlänge bestehen. Schließlich liefert die Korrelation Hirngewicht zu Körperlänge gute Ergebnisse: Die Korre-

Tabelle 1. Mittlere Hirngewichte nach Altersklassen. (Nach Rechtsmedizin München und Debakan [8])

Altersklasse (nach Debakan)	n (München)	n (Debakan)	Mittleres Hirngewicht [g] mit Streuung (München)		(Debakan)	
Jungen:						
0- 10 Tage	28	241	378	± 87	380	± 90
10-120 Tage	147	-	601	±133	640	±160
4- 8 Monate	204	87	778	±119	970	±160
9- 18 Monate	112	33	1006	±124	1120	±200
18- 30 Monate	57	53	1196	±116	1270	±210
30- 42 Monate	49	19	1289	±173	1300	± 20[a]
3- 5 Jahre	62	29	1385	±206	1330	± 10[a]
5- 7 Jahre	47	35	1422	±142	1370	± 20[a]
7- 9 Jahre	38	17	1463	±155	1440	± 10[a]
9- 12 Jahre	55	28	1505	±142	1410	± 10[a]
12- 15 Jahre	121	33	1516	±137	1440	± 30[a]
15- 18 Jahre	298		1499	±142		
Mädchen:						
0- 10 Tage	24	163	345	± 63	360	± 80

[a] Die um eine Zehnerpotenz geringeren Standardabweichungen in den Klassen ab 3 Jahre beruhen vermutlich auf einem Übertragungsfehler.

lationskoeffizienten liegen in unserem Material für Jungen bei 0,84 und 0,58 im unteren bzw. oberen Bereich der Körperlänge und für Mädchen bei 0,89 bzw. 0,68.

Hirngewicht und Körpergewicht. Jordaan et al. [25, 26] haben den Zusammenhang zwischen Hirngewicht und Körpergewicht während der Entwicklung menschlicher Feten untersucht. Ihr Interesse galt dabei in erster Linie der pränatalen Beurteilung von Entwicklungsstörungen des Gehirns sowie der Ermittlung von Standards für das Geburtsgewicht.

Dobbing u. Sands [10] bearbeiteten 139 Fälle von der 10. Gestationswoche an bis zum Alter von 77 Jahren. Entsprechend unseren Ergebnissen findet sich auch hier eine relativ enge Korrelation bis zum Körpergewicht von etwa 5 kg, eine lineare Beziehung bis etwa 10 kg. Soweit der Arbeit zu entnehmen, liegen die Hirngewichte jedoch etwas unter unseren Befunden. Der Unterschied mag durch die Präparationstechnik bedingt sein, da Dobbing u. Sands vor dem Wiegen die Pia mater und die Blutgefäße und offensichtlich auch den Liquor entfernten. Eine Regressionsgleichung, wird, wie beim Bezug zum Lebensalter, nur für den Quotienten Hirngewicht/Körpergewicht angegeben. Eine Reduzierung der Streuung wird dadurch jedoch nicht erreicht.

Debakan [8] gibt für die Regression der Mittelwerte gruppierter Körpergewichtsklassen für den gesamten Altersbereich von 0–19 Jahren die Beziehung

Hirngewicht [kg] = 1,449 − 3,2 / Körpergewicht [kg]

an. Die dabei gefundenen geringen Standardabweichungen beziehen sich offenbar auf die Mittelwerte der Gewichtsklassen, nicht aber auf die Einzelwerte, d. h. sie erlauben keine Aussage über den interindividuellen Toleranzbereich.

Tabelle 2. Hirngewicht bei Neugeborenen

Herkunft der Stichprobe	Anzahl		Mittleres Hirngewicht [g]		Mittlere Körperlänge [cm]		Mittleres Körpergewicht [kg]	
	m.	w.	m.	w.	m.	w.	m.	w.
Bezugsgröße Lebensalter:								
Rechtsmedizin München								
0–15 Tage	30	31	383	361	51,9	50,6	3,0	3,9
Debakan [8]								
0–10 Tage	241	163	380	360	50,0	49,0	2,05	2,88
Ho et al. [18]								
1–29 Tage	159	93	383	375	-	-	3,27	3,22
Bezugsgröße Körpergewicht:								
Jordaan [25]								
3,2–3,6 kg	37		412		-		3,4	
Jordaan u. Dunn [26]								
3,2 kg	10		372		-		3,2	
Dobbing u. Sands [10]								
Reg. Körpergewicht	-	-	421	417	-	-	3,4	3,36
Debakan [8]								
Reg. Gewichtsklassen	-	-	384	-	-	-	3,4	-
Jordaan [25]								
Reg. Gewichtsklassen	-		402		-		3,4	
Jordaan u. Dunn [26]								
Reg. Gewichtsklassen	-		394		-		3,25	
Bezugsgröße Körperlänge:								
Rechtsmedizin München								
Reg. Körperlänge	-	-	403	398	50,6	50,2		

Hirngewicht von Neugeborenen. Ein Vergleich der Ergebnisse verschiedener Autoren, die sich mit dem Hirngewicht bei Kindern beschäftigen, läßt sich bezüglich des Hirngewichts bei Neugeborenen durchführen. In Tabelle 2 wurden die Ergebnisse zusammengestellt: Der Mittelwert des Hirngewichts in den ersten Lebenstagen liegt bei allen Autoren zwischen 380 und 383 g, für Mädchen bei 360 bis 375 g. Erhebliche Unterschiede zwischen den einzelnen Untersuchungen ergeben sich bei der Ermittlung des Hirngewichts Neugeborener aufgrund der Regression über das Körpergewicht bei den Mittelwerten von Gewichtsklassen. Die Werte schwanken zwischen 372 und 421 g, das Münchner Sektionsgut liefert gar Werte von 503 g bei 3,4 kg für Jungen und 459 g bei 3,4 kg für Mädchen. Aus der Regression über die Körperlänge ergibt sich dagegen für neugeborene Jungen bei 50,6 cm Körperlänge ein Hirngewicht von 403 ($\pm$108) g, für Mädchen bei 50,2 cm Körperlänge 398 ($\pm$140) g.

Literatur

1. Allmendinger-Hagenmaier R (1985) Hirngewicht bei Kindern und Jugendlichen bis zum Alter von 19 Jahren. Med. Dissertation, Universität München
2. Appel FW, Appel EM (1942) Intracranial variation in the weight of the human brain. Hum Biol 14:48, 235
3. Carmichael A (1833) A memoir of the life and philosophy of Spurzheim. Wakeman, Dublin
4. Chrzanowska G, Kreshowiecki A (1975) Hängt das Hirngewicht von der Körperlänge ab? Gegenbauers Morphol Jahrb 121
5. Cobb S (1965) Brain size. Arch Neurol 12:555
6. Coppoletta JM, Wolbuch SB (1933) Body length and organ weight of infants and children. Am J Pathol 9:55
7. Dart RA (1956) The relationship of brain size and brain pattern to human status. S Afr J Med Sci 21:23
8. Debakan AS (1978) Changes in brain weights during the span of human life: Relation of brain weights to body heights and body weights. Ann Neurol 44:345
9. Demel W (1982) Die Einflüsse von Lebensalter und Körperlänge auf das Hirngewicht der Frauen - geschlechtsbedingte Unterschiede. Med. Dissertation, Universität München
10. Dobbing J, Sands J (1973) Quantitative growth and development of human brain. Arch Dis Child 48:757
11. Dubois E (1914) Die gesetzmäßige Beziehung von Gehirnmasse zu Körpergröße bei den Wirbeltieren. Z Morphol Anthrop 18
12. Dustmann HO (1964) Das Hirngewicht und seine Abhängigkeit von Lebensalter, Körpergröße und Beruf. Med. Dissertation, Universität München
13. Ebinger P (1983) Allometrische Betrachtungen zur Hirn-Körpergewichts-Beziehung bei Säugetieren. Tierartzl Prax 11:431
14. Fischer-Homberger E (1977) Geschichte der Medizin. Springer, Berlin Heidelberg New York (Heidelberger Taschenbücher, Bd 165)
15. George WC (1962) The biology of the race problem. Report commissioned by the Governor of Alabama, 1
16. Handmann E (1906) Über das Hirngewicht des Menschen. Arch Anat Physiol
17. Haug H (1975) Neuere Aspekte über den biologischen Alterungsvorgang im menschlichen Gehirn. Wann beginnt der Alterungsprozeß im Gehirn? Verh Anat Ges 69
18. Ho KC, Roessmann U, Hause L, Monroe G (1981) Newborn brain weight in relation to maturity, sex and race. Ann Neurol 103:243
19. Hofmeyr JDJ (1961) Gedifferensieerde ontwikkeling: in gentiese standpunt. University of Pretoria Branch of Afrikaanse Studentebond, Pretoria 8
20. Huxley JS (1932) Problems of relative growth. Allen & Unwin, London
21. Im Obersteg I (1953) Über Beziehungen des Körperbautypus zu Gewicht und Maß innerer Organe. Acta Genet Stat Med 3
22. Jerison HJ (1955) Brain to body ratios and the evolution of intelligence. Science 121:447
23. Jerison HJ (1977) The theory of encephalisation. Ann NY Acad Sci 199:146
24. Jordaan HVF (1974) Newborn / adult brain ratios in hominid evolution. Am J Phys Anthropol 44:271
25. Jordaan HVF (1976) Newborn brain / body weight ratios. Am J Phys Anthropol 44:279
26. Jordaan HVF, Dunn LJ (1978) A new method of evaluating fetal growth. Obstet Gynecol 516:659
27. Lashley KS (1949) Persistent problems in the evolution of mind. Q Rev Biol 24:28
28. Lemons JA, Schreiner RL, Gresham EL (1981) Relationship of brain weight to head circumference in early infancy. Hum Biol 533:351
29. Marchand F (1902) Über das Hirngewicht des Menschen. Abh Math Phys Kl Sachs Ges Wiss 27:4
30. Matiegka H (1902) Über das Hirngewicht, die Schädelkapazität und die Kopfform, sowie deren Beziehungen zur psychischen Tätigkeit des Menschen. Sitzungsber Böhm Ges Wiss, Prag
31. Michaelis P (1907) Das Hirngewicht des Kindes. Monatsschr Kinderheilkd 6:9

32. Mühlmann M (1927) Wachstum, Altern, Tod. Erg Anat
33. Nirschl K (1978) Das reduzierte Hirngewicht als Parameter zur Untersuchung verschiedener Einflußfaktoren auf das Gewicht menschlicher Gehirne. Med. Dissertation, Universität München
34. Pakkenberg H, Voigt J (1964) Brain weight of the Danes. Acta Anat (Basel) 27
35. Pearl R (1905) Biometrical studies in man. I. Variation and correlation in brain weight. Biometrika 4:13
36. Pfister H (1903) Neue Beiträge zur Kenntnis des kindlichen Hirngewichtes. Arch Kinderheilkd 37:239
37. Roessle R, Roulet F (1932) Maß und Zahl in der Pathologie. Springer, Berlin Wien
38. Schneider E (1966) Brain weight correlations calculated from original results of Paul Broca. Am J Phys Anthropol 25:153
39. Silver HK (1982) Growth and development. In: Kempe CH, Silver HK et al. (eds) Current pediatric diagnosis and treatment. Lange, Los Altos
40. Siwe SA (1930) Einige Kurven zur Beleuchtung des Wachstums des zentralen Nervensystems bis zum Alter von 5 Jahren. Z Anat Entwicklungsgesch 92:796
41. Snell O (1891) Die Abhängigkeit des Hirngewichts vom Körpergewicht und den geistigen Fähigkeiten. Arch Psychiatr Nervenkr 23
42. Spann W (1956) Das Hirngewicht in Beziehung zur Todesursache und anderen Faktoren. Dtsch Z Gerichtl Med 44:733
43. Spann W, Dustmann HO (1956) Das menschliche Hirngewicht und seine Abhängigkeit von Lebensalter, Körperlänge, Todesursache und Beruf. Dtsch Z Gerichtl Med 56:299
44. Stiller D, Katomkamp D (1970/71) Zur Biomorphose des alternden Gehirns unter besonderer Berücksichtigung seniler Amyloidablagerungen. Z Altersforsch 23
45. Sydath A (1981) Längsschnittuntersuchung über die Einflüsse von Körperlänge und Lebensalter auf das Hirngewicht. Med. Dissertation, Universität München
46. Tobias PV (1970) Brain size, grey matter and race - fact or fiction. Am J Phys Anthropol 32:3
47. Vogt D (1969) Wachstum und Entwicklung des gesunden Kindes. In: Wiskott A (Hrsg) Lehrbuch der Kinderheilkunde. Thieme, Stuttgart

Luftembolie beim Tod durch Strangulation

W. Grunert, H.-J. Mallach

Einleitung

In den gegenwärtigen Standardwerken der gerichtlichen Medizin weisen nur Prokop u. Göhler (1976) darauf hin, daß sowohl beim Erhängen als auch beim Ertrinken Luftembolien zu beobachten seien. Erste Hinweise dieser Art finden wir 1913 bei Beneke u. Ipsen (1914). Ersterer meint, daß Eindringen von Luft in das Blut durch das Lungengewebe hindurch „sei" zwar erwiesen, aber schwer verständlich. Sicher „seien" derartige Befunde aber selten. Möglich sei dies seit Bichat (1808), wenn Luft in die Trachea eingeblasen werde. Nicht so zögernd sieht Ipsen die Angelegenheit. In seinem Vortrag „Untersuchungen zum Tode durch Ertrinken" hebt er schaumiges Blut sowohl im linken Herzen und in der Aorta als auch im rechten Herzen und im Verzweigungsgebiet der A. pulmonalis hervor und fügt sogleich an:

> Beim Erhängungstode, beim Tod durch Erdrosseln und Erwürgen habe ich die gleiche Erscheinung von schaumigem Blut sowohl in der Aorta als auch in der Pulmonalis wiederholt beobachten können ...
>
> Es handelt sich fraglos um Luft, welche bei den gewaltsamen Erstickungsformen, also auch beim Ertrinkungstode, infolge Einreißens der Alveolarsepten und Eröffnung von Blutgefäßen in die Blutbahn hineingelangt und von dort mit dem natürlichen Blutstrom durch die Lungenvenen zum linken Vorhof und in die linke Kammer bis zur Aorta getrieben und anderenteils auch infolge der bei den heftigen In- und Exspirationen unvermittelt eintretenden Druckschwankungen im Brustraume retrograd mit dem rückläufigen Blutstrome in die Pulmonalis und zur rechten Herzkammer geschleppt wird. Es ist natürlich auch nicht ausgeschlossen, daß Luftbläschen den großen Kreislauf zum Teil passieren und in das Venensystem des Körpers und von hier zum rechten Vorhof und in die Pulmonalarterien vertragen werden.

Nun hatte Loeschcke 1950 in Rostock bei Todesfällen infolge arterieller Luftembolie Luft in den Hirnkammern nachgewiesen. Drei Jahre später stellte Schubert (1953) ebenfalls in Rostock 6 Erhängungsfälle mit Luftembolien vor, wobei als positiver Befund der Nachweis von Luft bzw. Gas in den Seitenkammern galt. Zur Technik führt Schubert aus: Hirnsektion nach Virchow durch Abnahme der Kalotte. vorsichtige Herausnahme des Gehirns, welches sodann unter Wasser gelegt und durch Schnitt die Seitenventrikel eröffnet werden.

Der Mangel an Hinweisen in den Lehrbüchern des Faches ließ es daher anzeigt erscheinen, die Frage nach dem Vorkommen positiver Luft- und/oder Gasbefunde beim Tod durch Strangulation zu überprüfen.

Eigene Untersuchungen

Seit 1971 wird im Institut für Gerichtliche Medizin bei gerichtlichen Leichenöffnungen routinemäßig auf Luftembolie geprüft. Dies geschah bis 1979 nach der Methode von Richter (1905, 1914), seither nach der von Schmidt (1979) im Institut entwickelten Methode mit Hilfe eines Aspirometers (Mallach u. Schmidt 1980).

Unter den Jahrgängen 1973–1985 ließen sich unter insgesamt 4291 gerichtlichen Leichenöffnungen 151 (3,5%) Strangulationstodesfälle zur gegebenen Betrachtung heranziehen (Tabelle 1). Zwölfmal war der Tod durch Würgen, 29mal durch Drosseln, 17mal durch Drosseln und Würgen, 4mal durch Kombination mit stumpfer sowie 2mal durch Kombination mit scharfer Gewalt und 93mal durch Erhängen eingetreten. Unter diesen 151 Strangulationstodesfällen fiel die Prüfung als Luft- bzw. Gasembolie 9mal positiv aus (Tabelle 2).

Unter den Fällen positiven Gasnachweises fanden sich 1 Fall von Würgen, 2 Fälle von Erdrosseln, 3 Fälle von kombiniertem Drosseln und Würgen sowie 3 Fälle von Erhängen. Sechsmal (Fälle 1, 4, 5–9) wiesen die Leichen die Zeichen starker Fäulnis mit positivem Fäulnisgasbefund im rechten Herzen auf. Einmal (Fall 2) lagen ein schweres Schäden-Hirn-Trauma mit einem Schädelbasisbruch, einmal eine schwere Pfählungsverletzung der inneren Genitalien bei einer Frau mit Douglas-Eröffnung (Fall 3) und einmal ein Zustand nach Reanimation mit parasternaler Injektion (Fall 5) vor. Einmal (Fall 4) fanden sich im rechten Herzen 25 ml Luft, nach der Gasanalytik 18,9% O_2, 1,4% CO_2 und 77,8% N_2. Fassen wir diese Ergebnisse zusammen, so fand sich unter den 151 Strangulationsfällen ein Fall mit einer Luftembolie im rechten Herzen (0,7). Bezieht man diesen Fall auf die 93 Erhängungsfälle, so sind dies 1,1%.

Tabelle 1. Synopse der Strangulationstodesfälle zwischen 1973 und 1985

Kalenderjahr	Anzahl der Fälle				
	Würgen	Drosseln	Würgen und Drosseln	Erhängen	Gesamt
1973	–	3	1	5	9
1974	–	–	4	4	8
1975	1	3	–	5	9
1976	–	2	2	5	9
1977	1	–	1	10	12
1978	2	–	1	5	8
1979	–	3	1	4	8
1980	1	1	3	9	14
1981	2	1	2	15	20
1982	2	1	–	9	12
1983	–	6	1	9	16
1984	–	7	–	6	13
1985	3	2	1	7	13
Gesamt	12	29	17	93	151

Diskussion

Die Euphorie der 50er Jahre, die beim Tod durch Erhängen eine Luftembolie postulierte, hatte ihre Ursache sicherlich in einer unzulänglichen Sektionstechnik (Loeschcke 1950; Schubert 1953), denn schon 1956 schreibt Felix:

„Der Pathologe Loeschcke wies bei einigen an arterieller Luftembolie Verstorbenen und an mehreren unserer am selben Vorgang verendeten Hunden Luft in den Hirnventrikeln nach. Er vermutete nun in diesem unter Wasser zu erbringenden Nachweis einen diagnostischen Test der Luftembolie. Spätere gemeinsame Erfahrungen und solche mit dem Pathologischen Institut Berlin ergaben jedoch, daß Luft im Ventrikelsystem keineswegs regelmäßig vorkommt" ...

Schon Walcher (1925) hatte auf die „Luftsäulen in den Gefäßen, besonders [an] der Konvexität, aber auch an der Basis des Gehirns" im Rahmen der zerebralen Luftembolie aufmerksam gemacht und vor Artefakten gewarnt. So würden „festere Verwachsungen der Dura mit dem Schädeldach das Entstehen solcher Kunstprodukte" begünstigen, auch trete „bei der Herausnahme des Gehirns natürlich Luft in die durchschnittenen Arterien an der Basis ein".

Nun hat Köhn (1952) sich nochmals mit den Behauptungen von Loeschcke (1950) und Schubert (1953) auseinandergesetzt:

Neuere von Loeschcke und Schubert empfohlene Methoden zum makroskopischen Nachweis sind unbrauchbar, wie anhand eigener Untersuchungen gezeigt wurde. Sie führen zum

Tabelle 2. Fälle mit positivem Luft- bzw. Gasnachweis in den Herzhöhlen

Kalender-jahr	Laufende Nr.	Todesursache	Luft-/Gas-nachweis rechts	links	Fäulnis	Verletzungen	Gasanalyse
1974	1	Würgen/Drosseln	+	+	Stark	•	•
1976	2	Drosseln	+	+	•	Schädel-Hirn-Trauma mit Basisbruch	•
1977	3	Würgen/Drosseln	+	–	•	Pfählung	•
1978	4	Erhängen	25 ml	–	Stark	•	Luft
	5	–	+	•	Zustand nach parasternaler Injektion	•	
	6	Würgen/Drosseln	+ (zusammen 40 ml)	+	Schaumorgane	•	Fäulnisgas
1980	7	Erhängen	65 ml	65 ml	Stark	•	Fäulnisgas
1984	8	Drosseln	25 ml	–	Stark	•	Fäulnisgas
1985	9	Würgen	+	+	Stark	•	Fäulnisgas

Nachweis von Schein-Luftembolien, da durch die Herausnahme des Gehirns - wie von uns mit Hilfe eines einfachen Wassermanometers beobachtet wurde - äußere Luft in das Gefäß- und Liquor-System eingesogen wird.

Kehren wir trotz dieser Einschränkungen nochmals zur Pathophysiologie zurück, so wird durch die Drucksteigerung in der Lunge während der Strangulation gleich wie beim Explosionstrauma (Roessle 1948) eine Zerreißung von Alveolen und Gefäßen sowie ein Einpressen von Luft in das Gefäßsystem, die bei noch vorhandener Kreislauffunktion sodann embolisch verschleppt wird, postuliert. Auch ohne jedes Trauma könne bei ansteigendem intrapulmonalen Druck eine Luftembolie entstehen, da nach Ewald u. Kobert (1883) die Lungen bereits bei den unter physiologischen Bedingungen vorkommenden maximalen intrapulmonalen Druckwerten nicht „luftdicht" seien. So entweiche Luft sowohl in den Pleuraraum als auch in die Gefäße, ohne daß pathologisch-anatomische Veränderungen der Lungenstrukturen nachzuweisen wären. Die Luft diffundiere nach einer bestimmten Dehnung der Alveolarwand in die umgebenden Kapillaren (Frey 1929; van Allen et al. 1929).

Dieser Mechanismus wurde als ursächlich für das Eindringen von Luft in das linke Herz bei Ertrunkenen, Erhängten und künstlich Beatmeten angesehen, da unter solchen Voraussetzungen ein intrapulmonaler Druckanstieg zu verzeichnen sei. Auch die zerebrale Symptomatik bei Keuchhustenanfällen - die „Keuchhusteneklampsie" - könne als Folge einer solchen Diffusionsembolie gedeutet werden (Doerr u. Quadbeck 1969).

Das große eigene Untersuchungsmaterial spricht in seinem Untersuchungsergebnis eindeutig gegen diese hypothetischen Vorstellungen einer Diffusionsembolie, denn kein einziger der 151 Fälle überzeugte durch eine Luftembolie. Soweit 3 unserer Fälle als positive Luftemboliefälle zu werten sind, kommen andere Luftquellen in Betracht. Lediglich ein Erhängungsfall (Fall 4) wies 25 ml Luft auf - aber nicht wie zu fordern im linken, sondern im rechten Herzen. Ob es sich dabei um eine retrograde Embolie gehandelt hat, läßt sich nachträglich nicht beurteilen. Interessant ist, daß trotz der starken Fäulnis die Gasanalyse eindeutig für Luft sprach.

Zusammenfassung

Die in den Lehrbüchern gelegentlich vertretene Auffassung, infolge Drucksteigerung stelle sich beim Strangulationstod eine Luftembolie im großen Kreislauf ein, ist zwar theoretisch vorstellbar, praktisch aber auszuschließen. Unter 4291 gerichtlichen Leichenöffnungen in der Zeit von 1973–1985 fanden sich 151 Strangulationsfälle, die auf Luft- bzw. Gasembolie geprüft worden waren. Nur in einem Erhängungsfall (Fall 4, Tabelle 2) ließen sich 25 ml Luft im rechten, nicht aber im linken Herzen nachweisen. Ein positiver Luftemboliebefund ist daher beim Strangulationstod ein ausgesprochen seltenes Ereignis.

Literatur

Van Allen CM, Hrdina LS, Clark J (1929)Air embolism from the pulmonary vein. A clinical and experimental study. Arch Surg 19:567-599

Beneke R (1913) Die Embolie. In: Krehl L, Marchand F (Hrsg) Handbuch der Allgemeinen Pathologie, Bd 2/2. Hirzel, Leipzig

Bichat MFX (1808) Recherches physiologiques sur la vie et la mort. Paris

Doerr W, Quadbeck G (1969) Allgmeine Pathologie, 1. Aufl. Springer, Berlin Heidelberg New York

Ewald J, Kobert R (1883) Ist die Lunge luftdicht? Pflugers Arch Physiol 31:60-186

Felix W (1956) Luftembolie. Langenbecks Arch Klin Chir 284:298-310

Frey S (1929) Die Luftembolie. Ergeb Chir 22:95-161

Ipsen C (1914) Untersuchungen zum Tode durch Ertrinken. Vortrag auf der 9. Tagung der Deutschen Gesellschaft für Gerichtliche Medizin 1913. Vierteljahresschr Gerichtl Med 3. Folge [Suppl.] 47:167-180

Köhn K (1952) Die pathologische Anatomie der arteriellen Luftembolie des Gehirns. Bruns Beitr Klin Chir 185:490-505

Loeschcke H (1950) Über cerebrale Luftembolien und ihren Nachweis bei der Sektion. Z Ges Inn Med 5:631-633

Mallach HJ, Schmidt WK (1980) Über ein quantitatives und qualitatives Verfahren zum Nachweis der Luft- oder Gasembolie. Wien Beitr Gerichtl Med 38:409-419

Prokop O, Göhler W (1976) Forensische Medizin, 3. Aufl. Fischer, Stuttgart New York

Richter M (1905) Gerichtsärztliche Diagnostik und Technik. Hirzel, Leipzig

Richter M (1914) Die Untersuchung bei plötzlichen Todesfällen. In: Lochte T (Hrsg) Gerichtsärztliche und polizeiärztliche Technik. Ein Handbuch für Studierende, Ärzte und Juristen. Bergmann, Wiesbaden

Rössle R (1948) Über die ersten Veränderungen des menschlichen Gehirns nach arterieller Luftembolie. Virchows Arch 315:461-480

Schmidt WK (1979) Die Luftembolie bei gerichtlichen Obduktionen. Statistische Betrachtungen, qualitativer und quantitativer Nachweis. Med. Dissertation, Universität Tübingen

Schubert W (1953) Luftembolie bei Erhängten. Dtsch Z Gerichtl Med 42:289-293

Walcher K (1925) Über die gerichtlich-medizinische Beurteilung der Luftembolie im kleinen und großen Kreislauf mit besonderer Berücksichtigung der cerebralen Luftembolie. Dtsch Z Gerichtl Med 5:561-573

*Morphologische und immunhistologische Befunde bei einem Fall von AIDS**

H.-J. KAATSCH, A. SCHULZ, K. HELMKE

Anamnese, klinische Untersuchungen und Laborparameter sowie morphologische und immunhistochemische Befunde zeigen den Krankheitsverlauf einer erworbenen zellulären Immundefizienz (AIDS) bei einem 47jährigen Patienten.

Anamnese und Klinik

In der Vorgeschichte fallen venerische Infektionen auf, so 1958 und 1963 jeweils eine Gonorrhoe. Der Patient hatte homo- und heterosexuelle Kontakte, eine hohe Promiskuität war allerdings nicht zu sichern. Wegen Vitiligo am Penis und Frenulum war 1974 ein Lichen sclerosus atrophicans vermutet worden, andauernde unklare ekzematöse Veränderungen an Skrotum und Penis erforderten weitere Diagnostik. 1977 war erstmals eine positive Luesserologie erhalten worden (TPHA-Test 1:128, Cardiolipinmikroflockungstest und FTA-ABS-Test 2fach positiv).

Das akute Stadium zeigt sich ab Mai 1983 zunächst in einer rezidivierenden Gastrointestinalsymptomatik mit Gewichtsabnahme um 15 kg, chronisch remittierender Diarrhö und Erbrechen, sowie Fieber und Abgeschlagenheit. Unter der Diagnose Soorösophagitis und ulzeröse Proktitis wurde der Patient im Oktober 1983 zur Abklärung stationär aufgenommen.

Neben den bereits erwähnten Lokalbefunden im gesamten Magen-Darm-Trakt fanden sich umschriebene Hauterosionen an Penis und Glans. Die nunmehr veranlaßte Luesserologie ergab diesmal stark positive Ergebnisse: TPHA-Test mit 1:16000 positiv, Cardiolipinmikroflockungstest 1:64, FTA-ABS-Test 3fach positiv, IGM und Immunoblott positiv. Mikroskopisch und kulturell ergab sich jedoch kein Anhalt für luetische Primäraffekte oder Hautveränderungen bei Lues II.

Im Röntgenthoraxbild fiel eine verstärkte Lungenstrukturzeichnung wie bei interstitiellen Lungenerkrankungen auf.

Durch parasitologische Stuhluntersuchungen wurden mäßig Trophozoiten und zahlreiche Zysten von Giardia lamblia, bei späterer Untersuchung vereinzelte 1- bis 4kernige Zysten von Entamoeba histolytica und mäßig Zysten von Entamoeba coli nachgewiesen. Während die routinemäßig durchgeführten viro-

---

* Vorgetragen auf der 64. Jahrestagung der Deutschen Gesellschaft für Rechtsmedizin in Hamburg, 7.–11. September 1985.

logischen Nachweistests keine pathologischen Titer ergaben, war der Antikörpernachweis gegen HB_s- und HB_e-Antigen positiv. Bei konsiliarischen Untersuchungen wurde von der Augenklinik eine ältere Chorioretinitis und Uveitis posterior am rechten Auge diagnostiziert. Ein neurologischer Befund konnte nur anhand leichter Entzüngunszeichnen im Liquor im Sinne einer blande verlaufenden Frühmeningitis im Sekundärstadium erhoben werden.

Hämotologische Untersuchungen ergaben keinen Hinweis auf eine Systemerkrankung, es bestätigte sich jedoch eine kontinuierliche absolute Lymphopenie (minimal 460/µl - normal über 800/µl), eine kontinuierliche Linksverschiebung (5–9% Stabkernige) und eine kontinuierliche Monozytose (7–14%). In der Serumeiweißelektrophorese zeigte sich eine andauernde Hypalbuminämie (minimal 23,2 g%) sowie eine durchgehende Hypergammaglobulinämie (maximal 19,1 g%). Die Leberenzyme waren ebenfalls erhöht, so GOT maximal 46 U/1, GPT 42 U/1, GLDH 26,5 U/1, alkalische Phosphatase 318 U/1, γ GT 91 U/1, LDH 315 U/1.

Der Lymphozytentransformationstest gegenüber pflanzlichen Mitogenen (PHA, PWM und CON) bot die Zeichen einer extrem eingeschränkten T-Zellproliferation wie bei globalem T-Zellimmundefekt. Der 2-Phasen-LTT bestätigte diesen Befund. Bei weiterer Differenzierung waren 88% der Lymphozyten T-Zellen (normal 80% T-Zellen und 20% B-Lymphozyten), also das Verhältnis von T- zu B-Zellen im peripheren Blut weitgehend im Normbereich. Die Spezifität der T-Zellen war jedoch deutlich zugunsten der Suppressorzellen verschoben. Die Zahl der Helferzellen war mit 5% im Verhältnis zu den Suppressorzellen mit 59% hochgradig erniedrigt. Normalerweise findet man eine umgekehrte Konstellation mit einem Überwiegen der Helferzellen.

Nach anfänglicher Stabilisierung verschlechterte sich der Zustand zusehends und der Patient verstarb unter den klinischen Zeichen einer schweren fieberhaften Pneumonie ohne Ansprechen auf Antibiotika.

Morphologie

Bei der Obduktion wurden folgende Hauptbefunde erhoben: Massive, lappenfüllende Pneumonie aller Lappen beider Lungen vom Typ einer interstitiellen Pneumocystis-carinii-Pneumonie; entzündliche Milzerweichung; Dilatation des rechten Herzventrikels und -vorhofs; Blutstauung vor dem rechten Herzen; Zyanose des Gehirns; Candidaösophagitis; Chorioretinitis rechts.

Todesursache: kardiorespiratorisches Versagen.

Die Histologie des rechten Auges zeigt Retinanekrosen wie nach einer Chorioretinitis viraler Genese. Das Vorhandensein von basophilen Einschlußkörperchen und mehrkernigen Riesenzellen weist auf eine CMV-Infektion hin (Abb. 1a, b).

An der Milz fällt eine allgemeine Reduktion des lymphatischen Gewebes auf. Die periarteriellen Lymphscheiden sind stark entvölkert, neben wenigen Lymphozyten kommen hier relativ viele Plasmazellen vor. Da die periarteriellen Lymphscheiden der Milz die T-Zone des lymphatischen Gewebes repräsentieren, muß hier von einer T-Zelldepletion ausgegangen werden (Abb. 2a, b).

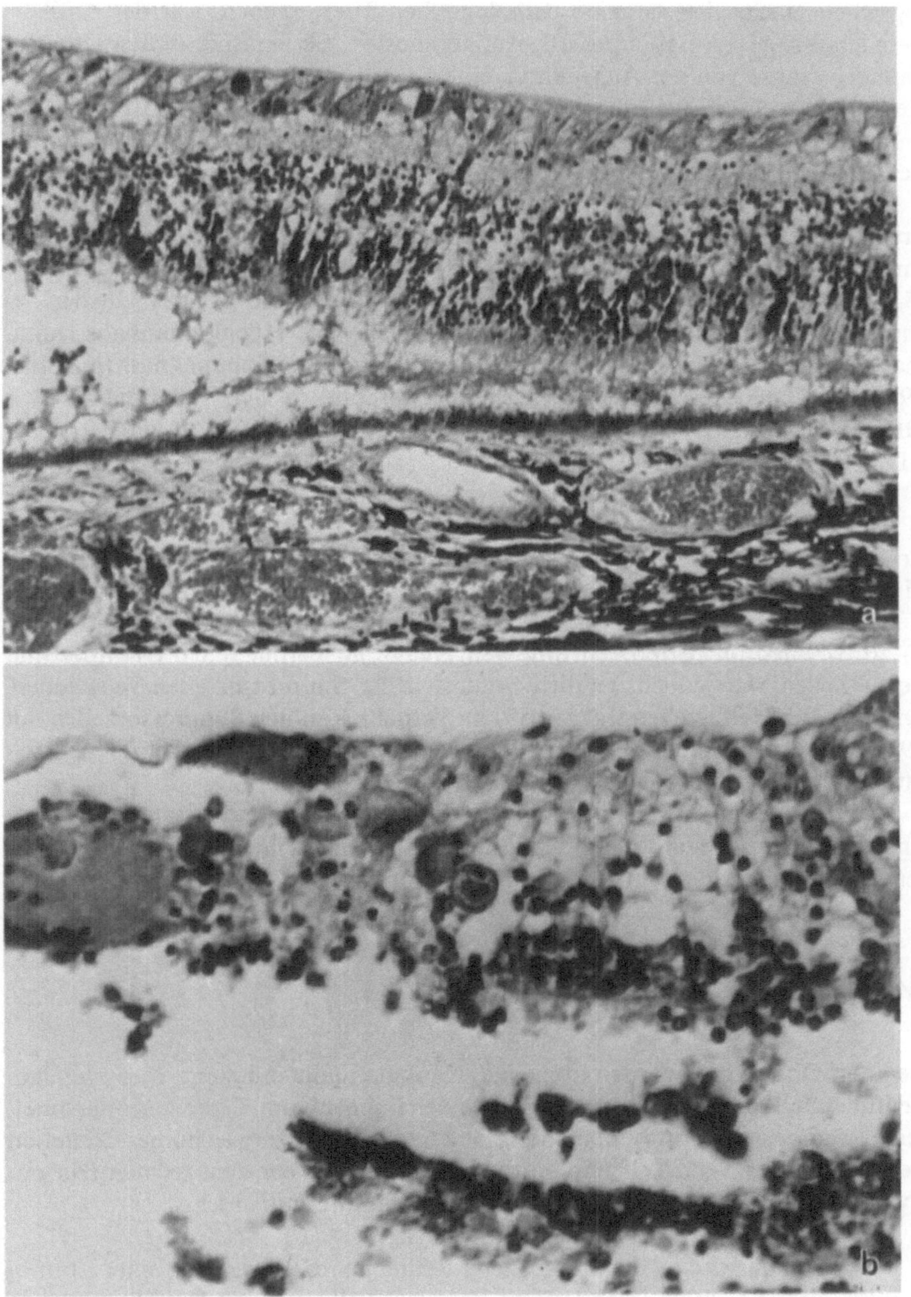

Abb. 1 a, b. Chorioretinitis viraler Genese. **a** Noch weitgehend intakte Retina und Chorioidea mit nur einzelnen vergrößerten Zellen, die basophile Einschlußkörperchen aufweisen, HE, Vergr. 125:1; **b** Retinanekrosezone mit basophilen Einschlußkörperchen und mehrkernigen Riesenzellen, HE, Vergr. 350:1

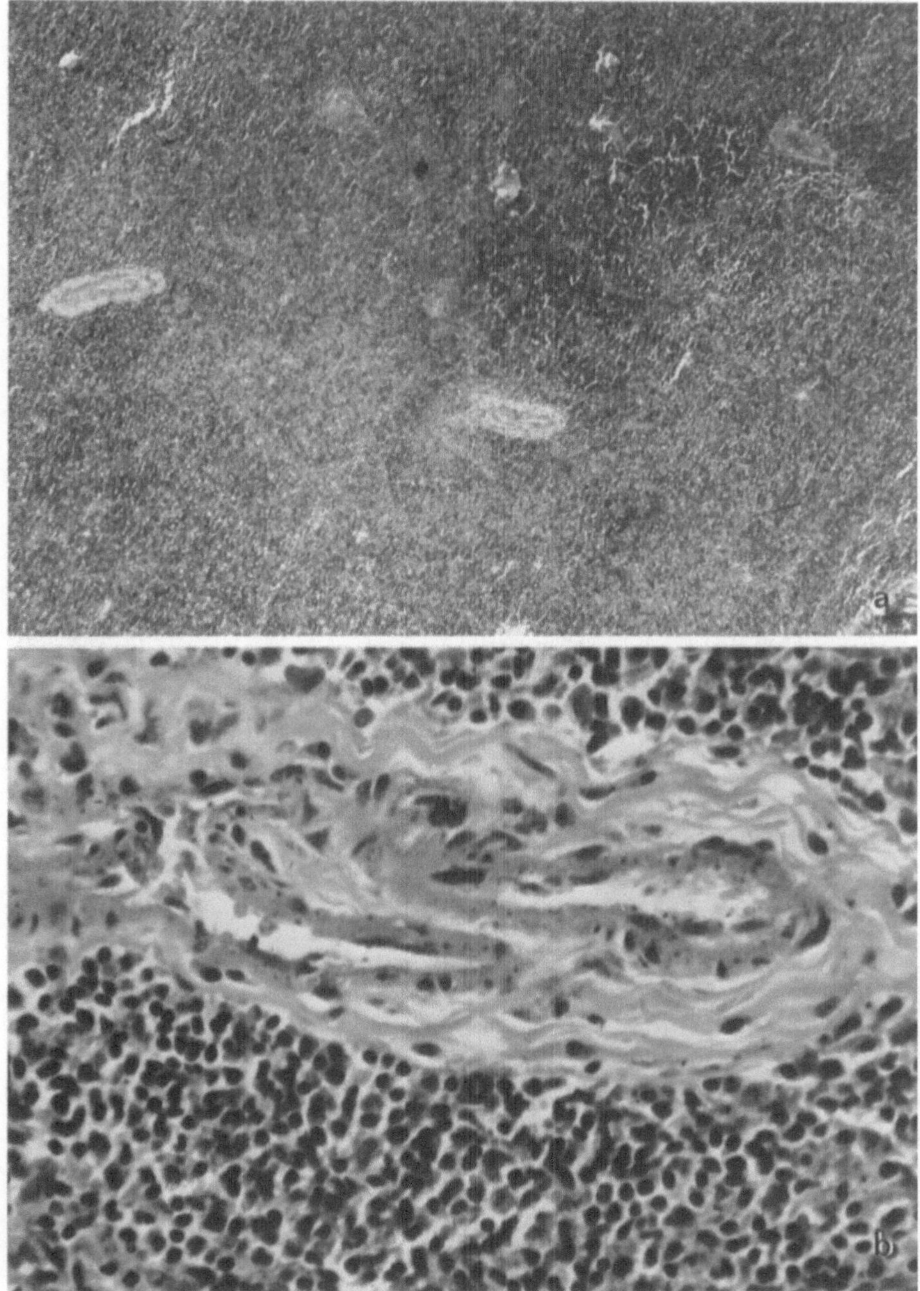

Abb. 2 a, b. Milz bei erworbenem Immundefektsyndrom. **a** Allgemeine Reduktion des lymphatischen Gewebes mit nur sehr schmalen periarteriellen Lymphscheiden um die Arterienquerschnitte, HE, Vergr. 50:1; **b** T-Zelldepletion der periarteriellen Lymphscheiden mit vorwiegend Plasmazellen und wenig Lymphozyten. HE, Vergr. 450:1

In den Lymphknoten ist praktisch keine Follikelstruktur mehr zu erkennen, es zeigt sich insgesamt nur lockeres lymphatisches Gewebe mit einer Reduktion der lymphozytären Zellzahl. Auch im Kortex der Lymphknoten sieht man ein deutliches Überwiegen von Plasmazellen. Der Befund ist als lymphozytäre Depletion mit einer ausgeprägten Plasmozytose zu interpretieren (Abb. 3a, b).

In immunzytochemischen Spezialuntersuchungen an Lymphknoten wurde aufgrund der Identifizierung von T-Suppressor- und T-Helferzellen eine deutliche Depletion der T-Helferzellen nachgewiesen. So zeigte sich bei der spezifischen Markierung mit OKT 4 (Ortho-mune Antiserum) zur Identifizierung von T-Lymphozyten des Helfertyps nur eine spärliche Immunreaktion. Die Markierung mit OKT 8 zur Erkennung von T-Lymphozyten mit Suppressoreigenschaften war dagegen deutlich ausgeprägt und zeigte ein relatives Überwiegen der T-Suppressorzellen über die T-Helferzellen.

Die letztlich zum Tode führende Pneumocystis-carinii-Pneumonie war durch massiven Befall aller Lungenabschnitte mit Nachweis von Protozoen in den Alveolen zu sichern. Das in der HE-Färbung schwach eosinophile, schaumige, teils wabige Material läßt sich in der Grocott-Färbung eindrucksvoll als intraalveoläre Parasitenansammlung darstellen (Abb. 4a–c). Beginnende hyaline Membranen wiesen zusätzlich auf eine gering ausgeprägte Schocklunge hin.

Die Candidaösophagitis war durch PAS-positive Hyphenstrukturen im Oberflächenepithel zu belegen, während Leberveränderungen mit einer geringgradigen Parenchymverfettung und einer geringen, chronisch-entzündlichen Reaktion der Periportalfelder eher als unspezifisch einzuordnen waren.

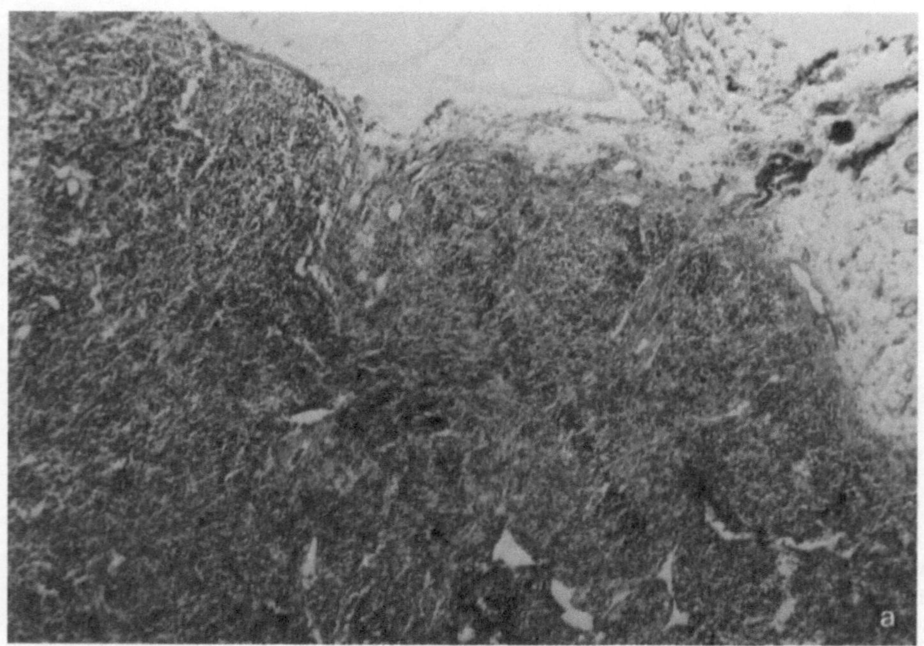

Abb. 3 a, b. Lymphknoten bei erworbenem Immundefektsyndrom. **a** Follikelstruktur ist aufgehoben, insgesamt nur lockeres lymphatisches Gewebe mit Reduktion der lymphozytären Zellzahl, HE, Vergr. 50:1

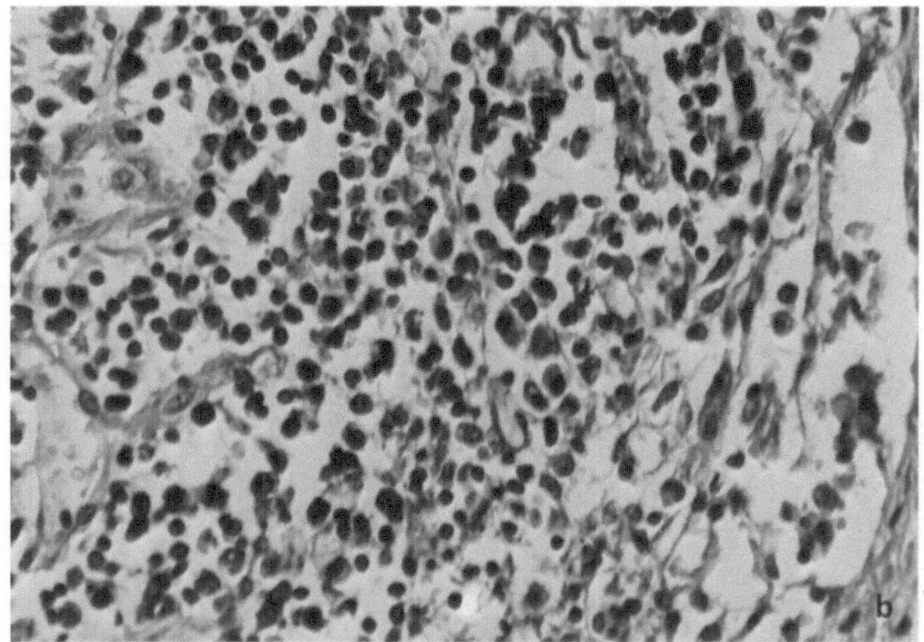

Abb. 3 b. Überwiegen von Plasmazellen im Kortex des Lymphknotens. HE, Vergr. 450:1

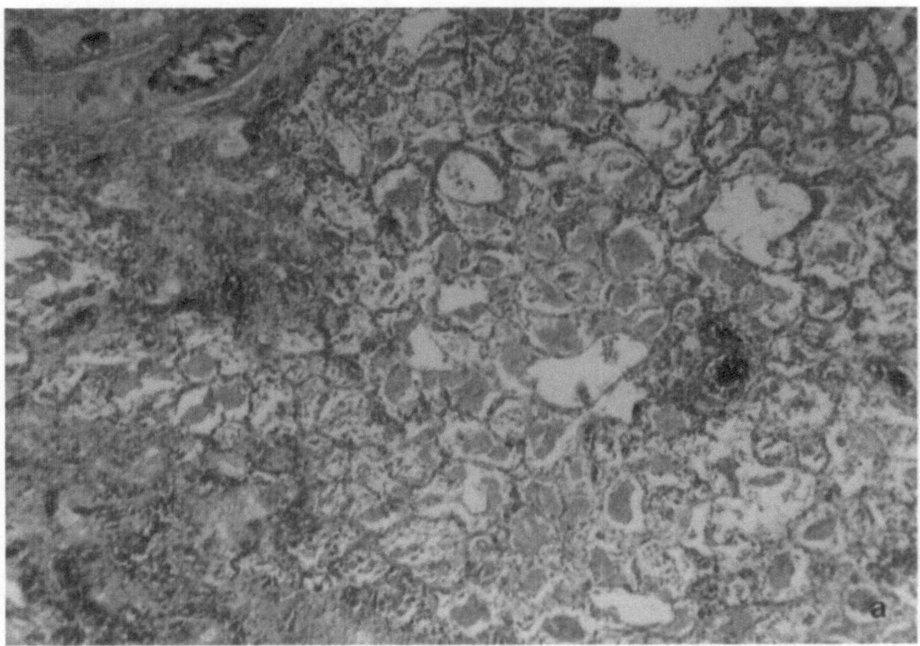

Abb. 4 a-c. Lunge bei Pneumocystis-carinii-Pneumonie. **a** Schwach eosinophiles, schaumiges Material in den Alveolen, HE, Vergr. 50:1

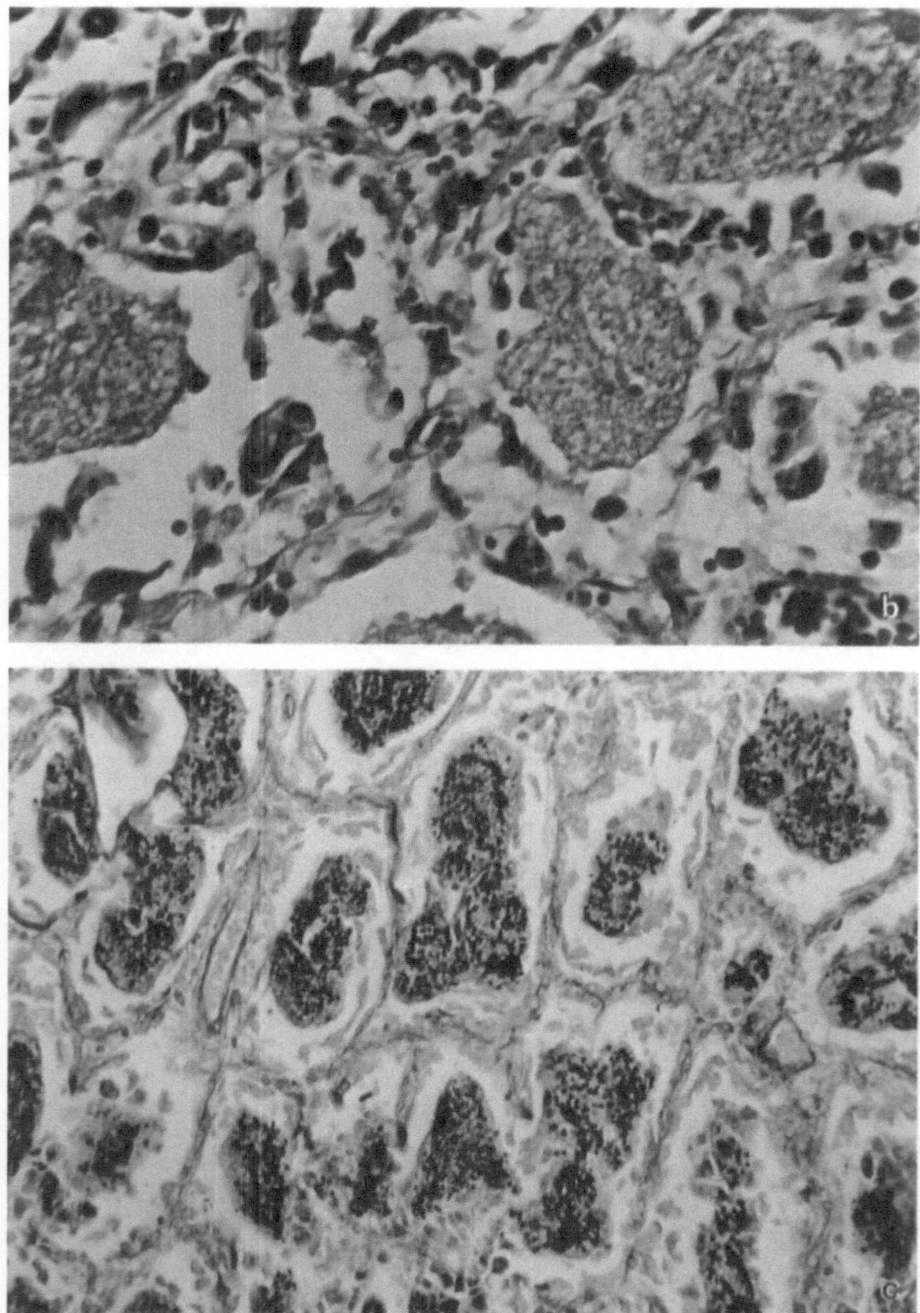

Abb. 4 b, c. b Ödem des Interstitiums mit entzündlicher Infiltration. Intraalveolär wabenförmige Strukturen. HE, Vergr. 450:1; **c** Enggelagerte Parasitenmassen in den Alveolen, Grocott, Vergr. 125:1

Literatur

Amberson JB, DiCarlo EF, Metroka CE et al. (1985) Diagnostic pathology in the acquired immunodeficiency syndrome. Arch Pathol Lab Med 109:345

Diebold J (1984) Acquired immunodeficiency and related syndromes. Pathol Res Pract 179:124

Fauci AS, Macher AM, Longo DL et al. (1984) Acquired immunodeficiency syndrome: Epidemiologic, clinical, immunologic, and therapeutic considerations. Ann Intern Med 100:92

Fischer R (1984) Lymphknoten. In: Remmele W (Hrsg) Pathologie 1. Springer, Berlin Heidelberg New York Tokyo, S 574

Friedmann AH, Orellana J, Freeman WR et al. (1983) Cytomegalovirus retinitis: A manifestation of the acquired immune deficiency syndrome (AIDS). Br J Ophtalmol 67:372

Gottlieb MS, Schroff R, Schanker HM et al. (1981) Pneumocystis carinii pneumonia and mucosal candidiasis in previously healthy homosexual men: Evidence of a new acquired cellular immunodeficiency. N Engl J Med 305:1425

Gottlieb MS, Groopman JE, Weinstein WM et al. (1983) The acquired immunodeficiency syndrome. Ann Intern Med 99:208

Guarda LA, Butler JJ, Mansell P et al. (1983) Lymphadenopathy in homosexual men: Morbid anatomy with clinical and immunologic correlations. Am J Clin Pathol 79:559

Guarda LA, Luna MA, Smith JL et al. (1984) Acquired immune deficiency syndrome: Postmortem findings. Am J Clin Pathol 81:549

Hui AN, Koss MN, Meyer PR (1984) Necropsy findings in acquired immunodeficiency syndrome: A comparison of premortem diagnoses with postmortem findings. Hum Pathol 15:670

Ioachim HL, Lerner CW, Tapper ML (1983) The lymphoid lesions associated with the acquired immunodeficiency syndrome. Am J Surg Pathol 7:543

Kornfeld H, Vande Stouwe RA, Lange M et al. (1982) T-lymphocyte subpopulations in homosexual men. N Engl J Med 307:729

Marchevsky A, Rosen MJ, Chrystal G (1985) Pulmonary complications on the acquired immunodeficiency syndrome. Hum Pathol 16:659

Masur H, Michelis MA, Greene JB et al. (1981) An outbreak of community acquired pneumocystis carinii pneumonia. Initial manifestations of cellular immune dysfunction. N Engl J Med 305:1431

Mildvan D, Mathur U, Englow RW et al. (1982) Opportunistic infections and immune deficiency in homosexual men. Ann Intern Med 96:700

Mobley K, Rotterdam HZ, Lerner CW et al. (1985) Autopsy findings in the acquired immune deficiency syndrome. Pathol Annu 20:45

Modlin RL, Hofman FM, Meyer PR et al. (1983a) Altered distribution of B and T lymphocyted in lymphnodes from homosexual men with Kaposi's sarcoma. Lancet II:768

Modlin RL, Meyer PR, Hofman FM et al. (1983b) T-lamphocyte subsets in lymphnodes from homosexual men. JAMA 250:1302

Moskowitz LB, Gregorios JB, Hensley GT et al. (1984) Cytomegalovirus: Induced demyelination associated with acquired immune deficiency syndrome. Arch Pathol Lab Med 108:873

Moskowitz LB, Hensley GT, Chan JC et al. (1985) Immediate causes of death in acquired immunodeficiency syndrome. Arch Pathol Lab Med 109:735

Niedt GW, Schinella RA (1985) Acquired immunodeficiency syndrome. Arch Pathol Lab Med 109:727

Pohle HD (1985) AIDS - in klinischer Sicht. Öff Gesundheitswes 47:349

Püschel K, Tenner-Racz K, Racz P et al. (1985) AIDS-Todesfälle in Hamburg (Stand: Februar 1985). Rechtsmedizinische Aspekte. Z Rechtsmed 95:113

Reichert CM, O'Leary TJ, Levens DL et al. (1983) Autopsy pathology in the acquired immune deficiency syndrome. Am J Pathol 112:357

Schmidts H-L, Prosek H, Schneider M (1983) Obduktionsbefunde bei erworbenem Immundefektsyndrom (AIDS). Verh Dtsch Ges Pathol 67:740

Selik RM, Havarkos HW, Curran JW (1984) Acquired immune deficiency syndrome (AIDS) trends in the United States, 1978–1982. Am J Med 76:493

Stutte HJ (1984) Milz. In: Remmele W (Hrsg) Pathologie 1. Springer, Berlin Heidelberg New York Tokyo, S 497, 510

Urmacher C, Nielsen S (1985) The histopathology of the acquired immune deficiency syndrome. Pathol Annu 20:197

Als Sachverständiger bei sexuellen Gewaltdelikten. Empirische Antworten auf einige häufig gestellte Fragen

W. Kröhn

Wer häufiger in foro gutachterlich tätig ist, kennt mutmaßlich die Situation, daß ein bestimmter Sachverhalt von verschiedenen Prozeßbeteiligten ausgesprochen kontrovers bewertet wird. Insbesondere bei den sexuellen Gewaltdelikten, also der Vergewaltigung und der sexuellen Nötigung, dominieren - je nach ideologischer Heimstatt und Interessenausrichtung - 2 Arten von Argumentationsinhalten: einmal meist sehr emotional vorgetragene individuelle Erfahrungsberichte und zum anderen häufig unerschütterlich vertretene, vermeintlich allgemeingültige subjektive Glaubenssätze. Die wenigsten machen sich dabei klar, daß es zu diesem Thema so gut wie keine empirisch abgesicherten Erkenntnisse gibt, und auch Sachverständige sollen oft genug zu Fragen Stellung beziehen, die sie eigentlich nur ihrem Gefühl nach beantworten könnten.

Aus einer systematischen Aktenauswertung von knapp 200 sexuellen Gewaltdelikten seien deshalb einige Ergebnisse mit besonderem Bezug zur alltäglichen Praxis mitgeteilt:

Immer wieder wird vor Gericht, aber auch in ärztlichen Attesten, selbst von Gynäkologen die Ansicht vertreten, daß beim Opfer einer vollendeten Vergewaltigung ein lokaler Genitalbefund zu fordern sei, der Ausdruck der erfolgten Gewaltanwendung sein sollte. Dabei wird an Schwellungen, Rötungen, Kratzspuren, Fissuren oder massivere Verletzungen gedacht und bei Nichtvorliegen die Glaubhaftigkeit des Opfers in Zweifel gezogen. Ganz abgesehen davon, daß heftige körperliche Gegenwehr auf Opferseite ohnehin eher selten ist - und zwar in weniger als 15% sämtlicher vollendeter Fälle -, kommt diese meist bereits vor der Ausführung des Geschlechtsverkehrs zum Erliegen. Ein unauffälliger Genitalbefund spricht also keineswegs gegen einen unfreiwillig vollzogenen Geschlechtsverkehr und ist kein Hinweis auf die Unglaubwürdigkeit des Opfers. Genitale Anzeichen für Gewaltanwendung fanden sich in unserem Patientengut bei weniger als 5% der Opfer einer vollendeten Vergewaltigung.

Große Ungläubigkeit und Unverständnis können auch gegenüber denjenigen Opfern herrschen, die in ihrer Vernehmung nicht eindeutig anzugeben vermögen, ob vom Täter ein Vaginalverkehr vollzogen worden und/oder ob er zum Samenerguß gekommen ist. Diese Unsicherheit fand sich immerhin bei 17% aller Opfer mit genitalem Kontakt zum Täter. Teilweise konnte dieser Sachverhalt durch Tätergeständnis oder Spermanachweis objektiviert werden. Offenbar war die psychische Energie der Opfer in situativer Bewußtseinseinengung so sehr auf das Ziel des Überstehens und Überlebens dieses schrecklichen Augenblicks hin konzentriert, daß das rein genitale Geschehen nur unvollkommen wahrgenommen wurde. Diese Skotomisierung fand sich nicht etwa nur bei sexuell unerfahrenen Frauen, sondern durchaus auch bei Frauen und Mädchen mit längerwährender sexueller Praxis. Zweifel und Skepsis a priori gegenüber einem Opfer, das sich bezüglich des konkreten sexuellen Ablaufs unschlüssig ist, sind also in der Regel nicht angebracht. Andererseits fanden sich vereinzelt auch Täterbehauptungen eines vollzogenen Gechlechtsverkehrs, der von den Opfern mit subjektiver Sicherheit ausgeschlossen wurde.

Auch über das erwartungsgemäße Nachtatverhalten einer vergewaltigten Frau bestehen weitgehend klare Vorstellungen: „Nichts wie weg", und das möglichst auch noch laut schreiend. Kommt es im Anschluß an die Tat jedoch zum gemeinsamen Rauchen einer Zigarette, zum Austausch von Kaugummi oder Pfefferminz, begleitet der Täter sein Opfer noch ein Stück Weges oder fährt er nach Hause, versucht eine Verabredung auszumachen, zeigt Fürsorglichkeit und Hilfsbereitschaft oder wird gar vom Opfer beschwichtigt, so sprengen diese Verhaltensweisen offenbar das vorherrschende eindimensionale Denkschema mit der Folge, daß an dem Vorfall irgendetwas „faul" sein müsse.

Wenn wir in ca. 15% sämtlicher Vergewaltigungsfälle im Nachtatgeschehen zumindest eine dieser möglichen Interaktionen fanden, so ergab die Analyse, daß diese nichts mit der Echtheit oder Fragwürdigkeit einer Vergewaltigung zu tun haben, sondern Ausdruck der psychischen Entleerung des Opfers und seines Bestrebens sind, nur einigermaßen heil der unberechenbaren Situation zu entrinnen. Schon gar nicht läßt sich daraus ein latentes Einverständnis des Opfers oder nachträgliche Billigung ableiten. Eine solche Interpretation ist - zumal vor Gericht - zwar häufig, in aller Regel aber völlig falsch.

Insbesondere von seiten der Verteidigung eines Angeklagten wird häufiger eine absolute Blutalkoholkonzentrationsobergrenze postuliert oder in Beweisanträgen apodiktisch festgeschrieben, jenseits derer eine Erektion schlechterdings nicht mehr möglich sei, so daß der eigene leugnende Mandant als Penetrator gar nicht in Frage kommen könne. Bei den durch eine Blutentnahme abgesicherten und rückgerechneten Fällen unserer Untersuchung fand sich ein Tatzeitwert von über 2,5‰ und unter 3‰ in so ausreichender Zahl bei der wegen vollendeter Vergewaltigung angeklagten Männern, daß eine generelle Erektionsfähigkeit bei diesem Alkoholisierungsgrad unstreitig sein dürfte. In 2 Fällen waren wohl sogar 3‰ überschritten. Sicherlich gibt es auch bei diesem intimen physiologischen Parameter erhebliche interindividuelle Spielräume, eine absolute Obergrenze mit nachgerade zwangsläufiger Einbuße der Erektionsfähigkeit ließ sich nach unseren Ergebnissen allerdings nicht festlegen, zumal eine funktionelle Erektionsstörung ätiologisch ohnehin nur schwerlich zugeordnet werden kann. BAK-Werte bis 3‰ erscheinen jedenfalls im Einzelfall mit einer merklichen Erektion durchaus vereinbar.

Die angesprochenen Beispiele mögen verdeutlichen, daß es zum Thema der sexuellen Gewaltdelikte immer noch eilfertig und lautstark vertretene Ansichten gibt, die teilweise weit neben den tatsächlichen Verhältnissen liegen. Gerade medizinische Sachverständige sollten sich vor der unreflektierten Tradierung solcher tiefsitzenden Vorstellungen und „Mythen" hüten und vermehrt nach empirischer Absicherung verlangen.

Das Psychosyndrom nach Verletzungen der Halswirbelsäule

W. Laubichler, A. Spielmann

Die „Peitschenschlagverletzung der Halswirbelsäule“ bzw. das „Halsschleudertrauma“ usw. stellt bekanntlich eine umstrittene Verletzung dar. Für viele ist sie eine „Modeerscheinung“, andere Experten, die man mitunter zuzieht, diese Verletzung zu mystifizieren, schätzen diese Verletzung wieder hoch ein. Diese Diskrepanzen gehen weitgehendst darauf zurück, daß die einen, meist Chirurgen oder Orthopäden, in der HWS ein „reines Bewegungsorgan“ wie etwa das Hüft- oder Kniegelenk sehen und sich nicht vorstellen können, daß die spezielle Klagsamkeit vieler Verletzter auf einer organischen Grundlage beruht; vorwiegend Neurologen gewinnen aber diesen HWS-Verletzungen auch noch andere Aspekte ab, ohne daß allerdings die so häufige Klagsamkeit der Patienten bzw. deren „pseudoneurasthenisches“ Psychosyndrom [10, 11, 20, 27] befriedigend erklärt oder dessen prozentuale Häufigkeit annähernd ermittelt wurde. Erstaunlich bleibt angesichts dieser Debatten, daß genauere Untersuchungen, z. B. mit Verwendung von psychologischen Tests usw., fast fehlen; diesbezüglich kann nur auf die Untersuchungen von Berstad et al. [1] verwiesen werden. Wir selbst hatten die HWS-Verletzungen immer ähnlich untersucht wie Patienten nach Schädelhirntraumen (SHT); d. h. EEG, Arbeitsversuch am Wiener Determinationsgerät, Wiener Reaktionsgerät, Flimmerfrequenzverschmelzung zählen neben der Erhebung eines neurologischen Status und des Lokalbefundes der HWS zur Routine. Die eigene Beobachtung ist, daß in vielen Fällen objektivierbare psychische Behinderungen bei Verletzungen der HWS länger anhalten als bei SHT, die ohne bleibendes neurologisches Defizit ausheilen.

Patientengut

Das hier bearbeitete Patientengut geht auf Begutachtungsaufträge des Jahres 1983 zurück. Wir wurden 42mal aufgefordert, die zivilrechtlichen Ansprüche von Patienten nach HWS-Verletzungen zu beureilen, d. h. es handelt sich ausschließlich um Schmerzensgeldgutachten. Auftraggeber waren 11mal das Gericht, 23mal die haftende Versicherungsanstalt und 8mal Rechtsanwälte. Die Untersuchung erfolgte im Durchschnitt 13 Monate nach dem Unfall, 12mal noch während des 1. Halbjahres nach dem Trauma, 5mal im Abstand von über 2 Jahren. Insgesamt konnte 23mal (54,7%) ein Psychosyndrom verifiziert werden; 27mal hatten Patienten über Konzentrationsstörungen, Ermüdbarkeit, Mißgestimmtheit usw. geklagt, was bedeutet, daß nur 4mal diese Angaben nicht verifizierbar waren; davon hatten wir aber nur einmal den Eindruck einer Aggravation. Nur in einem Fall waren die Psychotests abnorm, ohne daß der Patient entsprechende Klagen angab. Unerwartet hatten nur 12 Patienten von insgesamt 29 Fällen, die während des 1. Jahres nach dem Trauma untersucht wurden, ein Psychosyndrom (41,4%), jedoch 11 von 13 Fällen, die später als 1 Jahr untersucht und begutachtet wurden (84,6%). Allerdings handelte es sich nicht um völlig unausgelesenes Patientengut. In den letztgenannten Fällen lag meist schon ein unfallchirurgisches Vorgutachten auf, und es wurde lediglich ein neurologisches Zusatzgutachten gefordert. Fälle mit Schädelfrakturen wurden nicht berücksichtigt, um zu verhindern, daß das Gutachtenmaterial über HWS-Verletzungen durch schwere SHT verwässert wird. Neun der Patienten hatten Frakturen an den Extremitäten, einmal bestand zusätzlich ein BWS-Bruch. Fälle einer Rückenmarksschädigung sind nicht enthalten, wohl aber trat bei einem Patient wenige Tage nach dem Trauma eine Hemianopsie auf, die neuroradiologisch als okzipitaler Hirninfarkt einstufbar war; man nahm eine Embolie nach Thrombose der A. vertebralis an.

Methodik

Von einem „Psychosyndrom" wurde gesprochen, wenn testpsychologisch ein Versagen vorlag, das im Falle einer „verkehrspsychologischen" Untersuchung Zweifel an der Verkehrstüchtigkeit hätte begründen können; z. B. wenn beim Arbeitsversuch am Wiener Determinationsgerät bei Stufe II (1,0 s Reaktionszeit) die Leistung zusammenbrach und danach bei Stufe III (1,1 s) nicht regenerierte, die Reaktionszeiten am Reaktionsgerät deutlich verlängert waren usw. (die meisten Patienten fuhren trotzdem mit dem Pkw). Es wurden ferner fast regelmäßig Funktionsaufnahmen der HWS veranlaßt, sofern dies nicht schon zuvor durch die behandelnden Ärzte erfolgt war. Wir unterteilten weiter das Krankengut nach Schweregrad der Verletzung und nach Unfalltyp (Tabelle 1). Ein Auffahrunfall (A) lag 16mal vor, 12mal ein Frontalzusammenstoß bei Verwendung von Sicherheitsgurten (F) und 14mal eine Abknickverletzung (K). Auch bei den letz-

Tabelle 1. Häufigkeit der 3 verschiedenen Verletzungsarten bezogen auf Schweregrad I–III

	n	I	II	III
Auffahrunfall (A)	16	7	7	2
Frontalzusammenstoß bei Benützung von Sicherheitsgurten (F)	12	1	9	2
Abknickverletzung (K)	14	2	9	3
Gesamt	42	10	25	7

teren handelte es sich 6mal um einen Frontalzusammenstoß, doch wurden Sicherheitsgurte nicht benützt, 2mal um eine seitliche Pkw-Kollision, 2mal um einen Absturz mit Aufprall des Gesichts, 3mal verunglückten die Patienten als Fußgänger bzw. als Mofa-Fahrer. Einmal lag eine Stauchungsverletzung (Eisbrocken vom Dach) vor. Der Schweregrad wurde in Anlehnung an Erdmann [4] in I, II, III unterteilt, wobei wir uns allerdings nach den in Österreich üblichen gesetzlichen Unterteilungen von Verletzungen orientierten [8]. Bei I lag eine Gesundheitsschädigung und/oder Berufsunfähigkeit von unter 24 Tagen vor, bei II von über 24 Tagen, oftmals mehrere Monate; bei Schweregrad III zeigten sich entweder schwere, röntgenologisch faßbare HWS-Veränderungen (1mal Bruch des Epistopheuszahnes, 4mal Wirbelbrüche und/oder Luxationen) oder es bestand schon ca. 1 Jahr Berufsunfähigkeit, obwohl die primäre Röntgenuntersuchung keine dramatisch wirkenden Befunde erbracht hatte, wie dies 2mal vorkam.

Ergebnisse

Einzelheiten sind den Tabellen 1-5 zu entnehmen; die 4 ersten Tabellen eigneten sich allerdings nicht für eine statistische Berechnung. Auffahrunfälle (A) wirkten relativ harmlos, weil sie die meisten leichten Fälle (I) beinhalten (Tabelle 1); bemerkenswerterweise hatten die 2 A-Unfälle der Stufe III keinen Nackenschutz

Tabelle 2. Häufigkeit des Psychosyndroms (54,7% von n = 42) bezogen auf Schweregrad I-III

	n	I	II	III
A	9	2	5	2
F	6	1	4	1
K	8	1	4	3
Gesamt	23	4	13	6

Tabelle 3. Häufigkeit primärer Bewußtseinsstörungen (40,5% von n = 42) bezogen auf Schweregrad I-III

	n	I	II	III
A	2	-	1	1
F	6	-	5	1
K	9	-	6	3
Gesamt	17	0	12	5

Tabelle 4. Häufigkeit von äußeren Verletzungszeichen am Schädel (50% von n = 42) bezogen auf Schweregrad I–III

	n	I	II	III
A	4	1	2	1
F	3	1	2	–
K	14	2	9	3
Gesamt	21	4	13	4

im Fahrzeug, d. h. der A-Unfall ist durch die neuere Fahrzeugausstattung weitgehendst entschärft. Bei Unfällen des Typs F und K sind schwerere Verletzungen (II und III) häufiger. Ein Psychosyndrom fand sich aber bei allen Unfallarten annähernd gleich häufig (Tabelle 2), 4mal sogar bei Schweregrad I; es handelte sich um Personen, die mit Schanzkrawatte freiwillig versuchten, ihren beruflichen Verpflichtungen möglichst bald nachzukommen. Eine primäre Bewußtseinsstörung fand sich mit unterschiedlicher Verteilung (Tabelle 3) 17mal; 21mal konnten aus der Krankengeschichte äußerliche Verletzungsmerkmale am Schädel entnommen werden (Tabelle 4), 3mal sogar bei Frontalzusammenstoß trotz Benützung von Sicherheitsgurten.

Einzelne Merkmale wurden desweiteren in Vierfeldertafeln statistisch untersucht. Bemerkenswerterweise fand sich kein Zusammenhng von primärer Bewußtseinsstörung und (späterem) Psychosyndrom, wohl aber zwischen positivem HWS-Röntgenbefund und Psychosyndrom (Tabelle 5). Es wurden hier die primär traumatischen Röntgenbefunde und die später bei Funktionsaufnahmen gefundenen geringfügigeren Auffälligkeiten zusammengefaßt, was insgesamt 14 positive posttraumatische Röntgenbefunde ergab; auf die Bedeutung „degenerativer" Nebenbefunde wurde nicht eingegangen. Zusammenhänge zwischen Psychosyndrom und (passageren) Störungen an den Armen bzw. Armnervenwurzelirritationen fanden sich nicht, ebensowenig zwischen (späterem) Psychosyndrom und (primärer) Schädelprellung, wohl aber zwischen Schädelprellung und primärer Bewußtlosigkeit ($\chi^2 = 4{,}84$, $p < 0{,}05$). Zwölf Patienten hatten bezüglich des Einsetzens der subjektiven Beschwerden ein „Intervall" angegeben, doch fanden wir keine Zusammenhänge mit anderen Merkmalen. Statistisch si-

Tabelle 5. Zusammenhang zwischen Psychosyndrom und posttraumatischem Röntgenbefund der HWS

	HWS +	HWS –	Gesamt
Psychosyndrom +	12 (7,67)	11 (15,33)	23
Psychosyndrom –	2 (6,33)	17 (12,61)	19
Gesamt	14	28	

$\chi^2 = 8{,}1$, $p < 0{,}01$

gnifikant war die Korrelation von EEG-Veränderungen (Frequenzlabilität und/oder Herde) mit Psychosyndrom ($\chi^2 = 1{,}42$, $p < 0{,}01$), nicht aber zwischen positivem EEG-Befund und primärer Bewußtseinsstörung oder Schädelprellung. Überraschend dagegen war, daß EEG-Veränderungen mit positivem Röntgenbefund der HWS signifikant korrelierten ($\chi^2 = 4{,}2$, $p < 0{,}05$). Wegen der kleinen Zahlen konnten einzelne EEG-Merkmale wie z. B. temporale Herde, diffuse Veränderungen usw. nicht für sich allein anderen Merkmalen gegenüber gestellt werden.

Diskussion

Zunächst ist die Frage zu stellen, was die verwendeten testpsychologischen Untersuchungen messen, weil wir daraus das „Psychosyndrom" ableiteten. Ein Versagen in diesen Tests kann einen dementiven Abbau darstellen, evt. auch ein (abklingendes) hirnorganisches Durchgangssyndrom. Die Ursache kann aber auch banaler sein. Ein übermüdeter oder alkoholisierter Proband kann ähnlich schlechte Resultate liefern, aber einige Stunden später, evtl. nach einem Schlaf, einen normalen Befund aufweisen. Das heißt, was in dieser Untersuchung als „Psychosyndrom" erscheint, braucht nicht unbedingt eine schwere gesundheitliche bzw. intellektuelle Beeinträchtigung darstellen. Dies erklärt auch, daß manchmal, trotz Konzentrationsstörung usw., ein Patient mit Schanzkrawatte in einer qualifizierten beruflichen Position ausharrt. Mit der verifizierten Störung von Konzentrationsfähigkeit, Reaktionsgeschwindigkeit, Reaktionssicherheit, Auffassungsvermögen usw. braucht kein globaler intellektueller Ausfall verbunden sein, der alle Kompensationsmechanismen wie z. B. berufliche Routine usw. lähmt.

Die Frage schlechthin aber ist, wodurch diese psychischen Ausfälle bedingt sind. Wir selbst hatten schon vor 15 Jahren passagere EEG-Veränderungen nach Halsschleudertraumen mit einer zerebralen Schädigung durch tangentiale Verschiebungen zwischen Kalotte und Gehirn infolge Schädelrotation erklärt, ähnlich wie nach Unterhartscheidt u. Sellier [18, 25] die zerebrale Schädigung bei Boxern zustande kommt (Abb. 1). Diese Auffassung hat sich mittlerweile allgemein durchgesetzt [2, 10–13] und scheint v. a. durch tierexperimentelle Arbeiten von Ommaja et al. [16, 17] gestützt. In der Zwischenzeit kamen uns allerdings Bedenken, ob man auf diese Weise die zahlreichen Psychosyndrome nach Halsschleudertraumen erklären kann; zu selten hängen die Frischverletzten bewußtlos im Sicherheitsgurt und zu häufig fühlen sie sich zuerst unverletzt und erst nach einem Intervall beeinträchtigt, als daß das „Psychosyndrom" (bzw. das zervicozephale Beschleunigungstrauma) immer einer primären zerebralen Irritation entsprechen kann. Diese Skepsis wird durch die vorliegenden Ergebnisse bestätigt, weil das Psychosyndrom (wie auch die EEG-Veränderungen) nicht mit der Existenz von traumatischen Bewußtseinsstörungen oder Schädelprellmarken usw. korreliert, sondern mit dem HWS-Befund; anders gesagt, das im Halsschleudertrauma teilweise eingebettete Kommotionssyndrom korreliert nicht mit

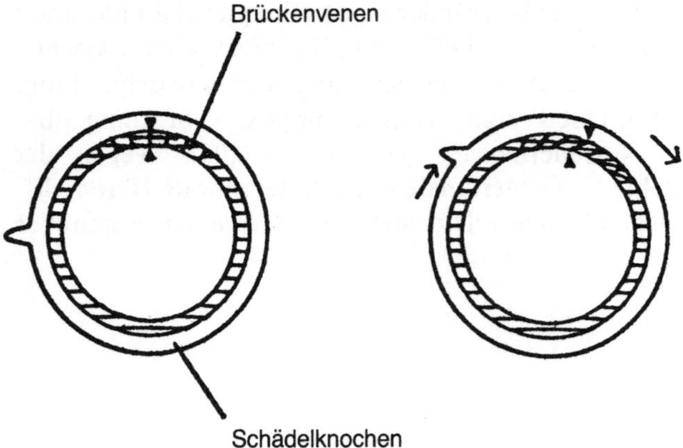

Abb. 1. Schematische Darstellung der Wirkung einer Rotationsbewegung des Schädels auf das Gehirn. Aus Trägheitsgründen bleibt das Gehirn bei der Rotation der knöchernen Hülle zunächst zurück, die Brückenvenen werden angespannt und können reißen (nach [25])

dem späteren Psychosyndrom! Dies erstaunt an sich nicht, wenn man bedenkt, daß die üblichen Commotionssyndrome in der Regel rascher regenerieren bzw. beschwerdefrei werden als Halsschleudertraumen ab Schweregrad II.

Um dies zu begreifen, muß zunächst darauf verwiesen werden, daß die HWS kein „reines Bewegungsorgan" ist. Die HWS und die Weichteile von Hals und Nacken sind ein integrierender Bestandteil unseres Gleichgewichtssystems. Ob ein Mensch aufrecht steht oder auf dem Bauch liegt und den Kopf durch zervikale Retroflexion in die Senkrechte bringt, die Signale aus dem Labyrinth sind dieselben. Nur mit Hilfe propriozeptiver Signale aus der HWS kann das Gehirn die Position des Körpers im Raum orten. Halsstellreflexe und labyrinthäre Stellreflexe stehen sich nahe. Auf derartige Zusammenhänge hat bezüglich des Halsschleudertraumas bisher offenbar nur Frankel [5] verwiesen - ohne viel Beachtung zu finden. Nun wird jeder Patient mit labyrinthärer Irritation (Menière, Nausea) am Wiener Determinationsgerät usw. versagen und ein „Psychosyndrom" liefern. Warum sollte nicht eine chronische Irritation aus dem Band- und Gelenkapparat der HWS ähnliches bewirken können? So wird „Schwindel" nicht nur häufig als ein Hauptsymptom nach Halsschleudertrauma angegeben [3, 15, 20, 27], auch elektronystagmographische Untersuchungen [22, 23] erwiesen sich als positiv; doch hat offenbar nur Hinoki [7] diese direkt auf propriozeptive Störsignale bezogen.

Offen bleibt allerdings, wieweit propriozeptive Störsignale aus dem Nacken das EEG verändern können; doch zwingen die eigenen EEG-Ergebnisse zu dem Schluß, daß Psychosyndrom und HWS- sowie EEG-Veränderungen in Zusammenhang stehen. Zu bedenken ist, ob nicht doch auch eine „Vertebralisirritation" EEG-Veränderungen bewirken kann, wie dies in der älteren Literatur angenommen wurde [12, 14, 26], auch wenn kaum Unterschiede gegenüber den EEG-Veränderungen nach SHT bestehen [9, 10, 11, 12, 19, 24].

Der Umstand, daß bei 27 Patienten, die derartige Beschwerden angaben, dies in 23 Fällen verifizierbar war, zwingt, dieses subjektive Symptom ernst zu nehmen. Werden derartige Klagen und Angaben als „unglaubwürdig“ hingestellt, weil die „klinische“ Untersuchung kein Substrat hierfür ergeben hat, dann ist nicht der Patient, sondern die Begutachtung unredlich. Aus den vorliegenden eigenen Ergebnissen kann jedoch nicht verbindlich beantwortet werden, ab wann derartige Ausfälle als Dauerfolge einstufbar sind. Wahrscheinlich muß doch ein Abstand von mindestens 1 Jahr zum Trauma bestehen, um von einer Dauerfolge sprechen zu können, was bedeutet, daß man erst spät ein abschließendes Gutachten ausarbeiten kann [6, 21].

Zusammenfassung

Bei 42 Patienten mit Verletzungen der Halswirbelsäule konnte 23mal (54,7%) ein Psychosyndrom mit entsprechenden Tests verifiziert werden. Die Verletzungen wurden nach ihrem Schweregrad in Anlehnung an Erdmann in I, II, III unterteilt, ferner nach dem Unfalltyp in Auffahrunfall, Frontalzusammenstoß und Abknickverletzung der HWS. Im allgemeinen erscheint der Auffahrunfall durch die Verwendung neuerer Fahrzeugtypen mit Nackenschutz entschärft. Ein Psychosyndrom fand sich bei allen 3 Unfalltypen und bei allen 3 Schweregraden, wenngleich bei I am seltensten. Eine primäre Bewußtseinsstörung fand sich mit unterschiedlicher Verteilung insgesamt 17mal, 21mal konnten aus den Krankengeschichten äußerliche Verletzungsmerkmale wie Prellmarken usw. am Schädel sichergestellt werden. Die Schädelprellung korrelierte statistisch signifikant mit der primären Bewußtseinsstörung. Dieses Kommotionssyndrom zeigte aber keinen statistischen Zusammenhang mit dem späteren Psychosyndrom. Letzteres korrelierte signifikant mit positivem EEG-Befund sowie mit positivem Röntgenbefund der HWS. Auch zwischen positivem HWS-Röntgenbefund und positivem EEG-Befund bestand eine signifikante Korrelation. Diese Ergebnisse wurden dahingehend interpretiert, daß das Psychosyndrom nicht einem Schädeltrauma entspricht, sondern auf propriozeptive Störsignale aus der Halswirbelsäule bzw. deren Weichteilen zu beziehen ist.

Summary

Out of 42 patients with in injuries of the cervical vertebral column, 23 (= 54,7%) developed an organic brain syndrome which was verified by appropriate tests. The injuries were classified according to their severity (I,II,III, after Erdmann), and to the type of accident (collision, head-on collision, „whiplash“ injury of the cervical vertebral column from the rear). In general, collisions from the rear seem to have become less hazardous since head-supports are in use in modern cars. The organic brain syndrome is encountered in all three types of accident as well as in the three degrees of severity. Primary disturbance of conciousness was found in 17 cases (with quite differing distributions); in 21 cases external head injuries, such als bruises, were confirmed by the case histories. There was a statistically significant correlation between the contusion of the skull and primary disturbance of conciousness. On the other hand, no correlation could be identified between concussion of the brain and a organic brain syndrome of late onset. The latter correlated significantly with changes in the electroencephalogram as well as with pathological findings in the X-rays of the cervical vertebral column. There was also a significant correlation between pathological X-rays and positive electroencephalography findings. We conclude that organic brain syndrome does not always arise in conjunction with a skull injury but must be related to proprioceptive signals emanating from the cervical vertebral column.

Literatur

1. Berstad JR, Baerum B, Löchen EA, Mogstad RE, Sjaastad O (1975) Whiplash injuries: Chronic organic brain syndrom without hydrocephalus ex vacuo. Acta Neurol Scand 51:268-284
2. Brügger A (1980) Die Erkrankung des Bewegungsapparates und seines Nervensystems. Fischer, Stuttgart New York
3. Delank HW (1976) Neurologische Diagnostik der Schleuderverletzung der Halswirbelsäule. Wirbelsäule Forsch Prax 62:23-54
4. Erdmann H (1973) Schleuderverletzung der Halswirbelsäule. Hippokrates, Stuttgart
5. Frankel CJ (1959) Medical-legal aspects of injuries of the neck. JAMA 152:1698-1704
6. Grabherr H (1985) Die ärztliche Begutachtung im Rahmen des Schadenersatzrechts. In: Das ärztliche Gutachten. Verlag der Österreichischen Ärztekammer
7. Hinoki M (1984) Vertigo due to whiplash injury: A neurological approach. Acta Otolaryngol [Suppl] (Stockh) 419:9-29
8. Holczabek W, Laubichler W (1985) Grundlagen und Praxis der Begutachtung von Verletzungen im Strafverfahren. In: Das ärztliche Gutachten. Verlag der Österreichischen Ärztekammer
9. Jacome DF, Risko M (1984) EEG features in post-traumatic syndrome. Clin Electroencephalogr 15:214-221
10. Krämer G (1980) Das zerviko-zephale Beschleunigungstrauma („HWS-Schleudertrauma") in der Begutachtung unter besonderer Berücksichtigung zentralnervöser und psychischer Störungen. Aktuel Neurol 7:211-230
11. Krämer G (1983) HWS-Schleudertraumen. Zur Pathogenese der cerebralen Beteiligung und persistierender posttraumatischer Störungen. Med Welt 34:1134-1140
12. Laubichler W (1973) Zerebrale Störungen nach Schleudertraumen der Halswirbelsäule. Beitr Gerichtl Med 30:264-289
13. Laubichler W (1985) Schmerzensgeld aus neurologisch-psychiatrischer Sicht. In: Das ärztliche Gutachten. Verlag der Österreichischen Ärztekammer
14. Mifka P, Scherzer E (1962) Zur Pathogenese zerebraler Symptomatik bei Verletzungen der Halswirbelsäule. MMW 104/36:1686-1690
15. Müller E (1966) Schleuderverletzung des Kopfhalteapparates. Internist Berlin 7:597-607
16. Ommaya AK, Yarnell P (1969) Subdural haematome after whiplash injury. Lancet II:237-239
17. Ommaya AK, Faas F, Yarnell P (1968) Whiplash injury and brain damage. An experimental study. JAMA 204:285-289
18. Sellier K, Unterharnscheidt F (1963) Mechanik und Pathomorphologie der Hirnschäden nach stumpfer Gewalteinwirkung auf den Schädel. Springer, Berlin Heidelberg New York Hefte zur Unfallheilkunde Bd 6

19. Shapiro SK, Torres F (1960) Brain injuries complicating whiplash injuries. Minn Med 43:473-476
20. Suter J, Mummenthaler M (1977) Gutachterliche Aspekte bei Schleuderverletzungen der Halswirbelsäule. Eine Studie von Fällen, die eine Rente oder Kapitalabfindung erhielten. Arch Orthop Unfallchir 90:325-342
21. Stohanzel R (1985) Schmerzengeld in der Praxis der Gerichte. In: Das ärztliche Gutachten. Verlag der Österreichischen Ärztekammer
22. Toglia JU (1976) Acute flexion-externsion injury of the neck. Neurology 26:808-814
23. Toglia JU, Rosenberg PE, Ronis ML (1970) Posttraumatic dizziness. Arch Otolaryngol 92:485-492
24. Torres F, Shapiro SK (1961) Electroencephalogramms in whiplash injury. A comparison of electroencephalographic abnormalities with those present in closed head injuries. Arch Neurol 5:28-35
25. Unterharnscheidt F, Sellier K (1971) Vom Boxen. Mechanik, Pathomorphologie und Klinik der traumatischen Schäden des ZNS bei Boxern. Neurol Psychiatr 39:109-151
26. Weretschtagin NW (1964) Pathologie der Arteria cerebralis und Störungen der Hirndurchblutung. Psychiatr Neurol Med Psychol (Leipz) 16:1-4
27. Wieser H, Mumenthaler M (1975) Schleuderverletzung der Halswirbelsäule. Eine katamnestische Studie. Arch Orthop Unfallchir 81:13-36

Postmortale Magenperistaltik?

B. Madea, M. Oehmichen, C. Henssge

Problem

Ausmaß der Verdauung von im Magen angetroffenen Speisebestandteilen sowie Transportstrecke von Speisebrei innerhalb des Dünndarms dienen seit langem als Beurteilungskriterien zu Eingrenzung des Zeitintervalls zwischen letzter Nahrungsaufnahme und Todeseintritt (Strassmann 1895; Taylor 1865). Rückschlüsse auf die Todeszeit sind zwar nur bei Kenntnis des Zeitpunkts der letzten Nahrungsaufnahme möglich, doch in entsprechend gelagerten Fällen kann auch der Mageninhaltsbefund allein zu wegweisenden kriminalistischen Schlußfolgerungen führen. Camps (1976) gibt hierzu einige Beispiele: Wenn mehrere Todeszeiten in Frage kommen, kann der Mageninhaltsbefund evtl. differenzierende Anhaltspunkte geben (früh oder spät in der Nacht); bei fehlenden Anknüpfungspunkten kann aus dem Mageninhaltsbefund evtl. auf die Art der Mahlzeit (Frühstück, Mittagessen) und konsekutiv auf die ungefähre Tageszeit bei Todeseintritt geschlossen werden.

Schließlich ist der Kritik Bergs (1968) uneingeschränkt zuzustimmen, daß die Auswertung des Magen-Darm-Befundes im Zusammenhang mit der letzten Nahrungsaufnahme oftmals nur wegen bestehender Defizienzen im Ermittlungssystem (z. B. unterlassene Beiziehung eines Rechtsmediziners zur Todeszeitbestimmung anhand der frühen Leichenerscheinungen) zentrale Bedeutung gewinne; doch belegen die von Holczabek (1961) mitgeteilten Fälle, daß bei später Auffindung der Leiche oder sogar noch nach Exhumierung der Magen-Darm-Befund wertvolle Hinweise zur Zeitrekonstruktion am Vorfallstage ergeben kann.

Verdauungszustand des Speisebreis und die Geschwindigkeit seines Transports sind von zahlreichen antemortalen Einflußfaktoren abhängig (z. B. anatomische, physiologische, psychische, pathologische, agonale, todesursächliche Faktoren, Zusammensetzung der Nahrung) (s. Haberda 1908; Merkel 1922, 1930; Berg 1968; Henßge u. Madea in Vorbereitung). Diese Einflußfaktoren, welche die zur Beurteilung herangezogenen Zeitangaben über Verdauungsgeschwindigkeit und intestinalen Transport in weiten Grenzen variieren, bilden auch die Grundlage der Kritik, die diese Art der Zeitschätzung seit langem begleitet (Strassmann 1895; Sonderegger 1915).

Man kann davon ausgehen, daß sich auch postmortal der Verdauungsvorgang fortsetzt (Merkel 1922, 1930). Zusätzlich wird die Verdauung durch autolytische und beschleunigte bakterielle Zersetzung überlagert. Dabei kommt dem Kriterium „Ausmaß der Verdauung“ allenfalls ein relativer bzw. vergleichender (früher/später) Stellenwert für die Todeszeitschätzung zu.

Von großer Bedeutung wäre jedoch das Vorhandensein einer postmortalen Peristaltik mit postmortalem Transport von Mageninhalt, ein Vorgang der evtl. auch zu quantifizieren wäre. Diese Möglichkeit wurde zuletzt v. a. von Forster et al. (1965) sowie Joachim (1976) experimentell begründet. Da ein nach dem Kreislaufstillstand fortschreitender aktiver Transport von Speisebrei erheblichen Einfluß auf die Schätzung des Zeitpunkts der letzten Mahlzeit nähme, schienen Nachuntersuchungen notwendig und sinnvoll. Vor Darstellung der eigenen experimentellen Untersuchungen sollen aktuelle Überlegungen zur Physiologie der Magenperistaltik wiedergegeben werden.

Physiologie der Peristaltik

Unter Peristaltik versteht man (vgl. Waldeck 1977) eine Kontraktion der Ringmuskulatur des Intestinaltrakts, die wellenförmig - beim Magen im Korpusbereich beginnend - alle 20 s über das Hohlorgan fortschreitet, beim Magen in Richtung Pylorus. Durchlaufende Wellen nehmen in ihrem Verlauf an Stärke zu und weisen im Antrum besonders tiefe Einschnürungen auf. Die portionsweise Entleerung von Mageninhalt in den Bulbus duodeni geschieht dabei während intensiver Antrumperistaltik. Hierbei wird das Antrum vom Korpus nahezu abgeschlossen und es kommt nachfolgend zu einer Längsverkürzung des Pyloruskanals. Der entscheidende Punkt für den Übertritt von Mageninhalt in das Duodenum ist in den Druckverhältnissen zwischen Magen und Duodenum zu sehen. „Solange der Druck im Magen durch die geringe peristaltische Tätigkeit unter dem Druck im Duodenum bleibt, kann auch bei geöffnetem Pylorus kein Speisebrei in das Duodenum austreten“ (Pichotka 1975). „Isolierte Kontraktionen beziehungsweise Erschlaffung des Pylorus spielen dabei keine Rolle. Auch nach Einlegen eines starren Rohres in den Pylorus erfolgt eine geregelte Entleerung des Magens“ (Schütz et al. 1978).

Die Magenentleerung wird durch autonome Reflexe gesteuert. Diese werden kontrolliert durch sympathische (N. splanchnicus) und parasympathische (N. vagus) Inervation sowie durch humorale Mechanismen; diese „humorale Kontrolle“ der Magenperistaltik wird ihrerseits z. B. durch die Nahrungszusammensetzung bestimmt. Das Auftreten peristaltischer Wellen ist dabei unabhängig von einer mechanischen Dehnung der Wandmuskulatur. Peristaltische Kontraktionen sind auch am leeren Magen zu beobachten. Zudem verläuft die Dehnungs-/Erweiterungskurve des Magens sehr flach, d. h. „bei experimenteller Dehnung des Magens tritt eine meßbare Wandspannung erst unmittelbar vor dem Zerreißen auf“ (Pichotka 1975). Dennoch ist die Dehnung nicht ohne Einfluß auf die Motilität: Bei spikeproduzierenden Zellen vom „Single-unit“-Typ, zu denen die glatte Muskulatur des Magen-Darm-Trakts zu rechnen ist, kann dehnungsbedingt die Membran der das Schrittmacherpotential liefernden Muskelzellen depolarisiert werden, auch kann die Spikefrequenz zunehmen. Dehnung hat also einen erregungsfördernden Effekt (Brecht 1975).

Aktuelle Fragestellung

In einigen Fällen der eigenen Praxis, in denen lediglich die Speisebreiverteilung im Magen und Darm Auskunft über die Zeitverhältnisse am Todestag geben konnte, wurde die Frage einer postmortalen Peristaltik mit Speisebreitransport aufgeworfen. Die Durchsicht der Literatur ergab zu diesem Themenkomplex widersprüchliche Angaben, die eine Überprüfung empfehlenswert erscheinen ließen (s. Diskussion).

Material und Methode

Untersuchungen wurden an 10 Ratten (Stamm: HAN-SPRD, Sprague Dawley) mit einem Körpergewicht von je 100 g durchgeführt. Nach 2tägiger Nahrungskarenz wurden 5 Tiere nach Äthernarkose durch i.v. Injektion von KCl getötet, 5 weitere Tiere starben durch eine Kombination von Äthereinwirkung und Sauerstoffmangel. Unmittelbar postmortal wurde die Bauchhöhle eröffnet und eine Magensonde positioniert. Nach Abklemmen des Magenausgangs mittels Darmklemme wurde vorsichtig bis zu einer prallen Magenfüllung Gelatine, die mit Methylenblau gefärbt war, über die Magensonde injiziert (ca. 0,7–1 ml). Die Gelatine war von flüssiger Konsistenz und wurde nach abgeschlossener Quellung injiziert. Nach Lösen der Klemme wurde 10 min zugewartet.

Vereinzelt fand sich in der Magenwand ein Oberflächenfibrillieren, wie es intensiv in der quergestreiften Muskulatur erkennbar war. Wellenförmige Bewegungen im Sinne einer Peristaltik waren jedoch nicht sichtbar. Nach Eröffnung von Magen und Dünndarm zeigte sich in keinem Fall ein Übertritt von Mageninhalt in das Duodenum.

In Ergänzung der vorstehenden Untersuchung wurde bei 4 Tieren gefärbte Gelatine intravital injiziert. Die Überlebenszeiten betrugen 2,5, 10 und 20 min. Die Tötung erfolgte durch KCl. Bei diesen Tieren zeigte sich ein Transport in den Dünndarm von 4 cm bei 2minütiger Überlebenszeit bzw. bis 15 cm bei 20 min Überlebenszeit.

Bei 4 weiteren Tieren wurde der Einfluß der intravitalen Applikation eines peristaltikanregenden Medikaments auf die postmortale Magenmotorik studiert. Hierzu wurde 4 200 g schweren Ratten 4 min antemortal je 0,28 ml Prostigmin i.v. injiziert. Je 2 Tiere wurden durch i.v. Gabe von KCl beziehungsweise durch Verbluten getötet. Der weitere Versuchsablauf entsprach der oben angegebenen Methodik.

Im Ergebnis dieser Versuche zeigte sich kein Übertritt von Mageninhalt in das Duodenum, doch war die Magenmotilität deutlich stärker ausgeprägt als in den Versuchen ohne vorherige Gabe von Cholinergika. Bei 2 Versuchen erfolgte die Abklemmung postpylorisch, so daß die Gelatine nicht nur den Magen, sondern ein ca. 3 mm langes Segment des Duodenums anfüllte. Überraschenderweise war ein Weitertransport des Duodenalinhalts durch peristaltische Wellen über 4 cm in 10 min zu beobachten.

Diskussion

Die eigenen Untersuchungen erlauben 3 Schlußfolgerungen:

1) Die Magen-Darm-Wand zeigte postmortal keine funktionell relevante Aktivität, die zu einem Weitertransport von Mageninhalt in das Duodenum führte.
2) Auch die präfinale Applikation von Cholinergika führte nicht zu einem Weitertransport von Mageninhalt.
3) Demgegenüber wies das Duodenum eine auch postmortal relevante Peristaltik auf, wenn nach präfinaler Applikation von Cholinergika Speisebrei den Pylorus überwunden hat.

Die eigenen Experimente versuchten, den physiologischen Verhältnissen relativ nahe zu kommen, wobei insbesondere die Magendehnung physiologischen Verhältnissen entsprach. Zur Markierung des Speisebreis wurde ein Farbstoff verwendet, der bereits durch die Magenschleimhaut hindurch erkennbar war. Unter Sicht des Auges konnte dabei festgestellt werden, daß die Magenschleimhaut nur äußerst geringe Zeichen einer Peristaltik aufwies, die sich unter präfinaler Gabe von Cholinergika etwas verstärkte; demgegenüber zeigte der Dünndarm während der 10minütigen Beobachtungszeit eine sich langsam reduzierende peristaltische Aktivität.

Die eigenen Befunde stehen den Beobachtungen von Forster et al. (1965) gegenüber, die aufgrund ihrer Untersuchungen feststellten, daß der Ablauf der postmortalen Peristaltik zwar weitgehend von der Todesart abhängig sei, daß dies aber für die forensische Praxis insofern von Bedeutung sein könnte, als Gift auch nach dem Tode aus dem Magen in den Dünndarm gelangen kann. „Dabei wird man - je nach Art und Menge des zugeführten Giftes - mit einer mehr oder weniger starken postmortalen Magenentleerung zu rechnen haben“ (Forster et al. 1965).

Die von Forster et al. erhaltenen und sich von eigenen Befunden unterscheidenden Ergebnisse sind offenbar durch unterschiedliche experiementelle Modelle bedingt. Forster et al. lösten künstlich einen mechanischen Dehnungsreiz aus, den sie photomechanisch registrierten. Am durch Nahrungsaufnahme gefüllten Magen waren entsprechend den eigenen Angaben hierfür höhere Drucke erforderlich als am nur künstlich wassergefüllten Magen. Ohne eine Druckanwendung ließ sich „Peristaltik postmortal praktisch überhaupt nicht ableiten.“

Die Autoren legten ihren Experimenten einen Magenausgangsdruck von 10 cm Wasser zugrunde, wodurch tatsächlich eine Induktion der Motorik erreicht wurde. Aus der Physiologie ist bekannt, daß zwar durch experimentelle Dehnung des Magens eine mechanische Reagibilität induziert werden kann, diese tritt jedoch erst „unmittelbar vor dem Zerreißen“ auf (Pichotka 1975). Es muß also davon ausgegangen werden, daß den beschriebenen Experimenten offenbar unphysiologische Bedingungen zugrunde lagen.

Die eigenen Experimente versuchten demgegenüber physiologischen Gegebenheiten näher zu kommen und verzichteten dabei auf eingreifende Untersuchungstechniken, die möglicherweise eine zusätzliche Beeinträchtigung der physiologischen Verhältnisse mit sich bringen.

Allerdings wurde der schon von Forster et al. beschriebene Kältereiz als möglicher Anreger für die Peristaltik insofern beibehalten, als auf eine Angleichung der Umgebungstemperatur an die Körpertemperatur verzichtet wurde.

Die unterschiedlichen Ergebnisse widersprechen sich somit nicht, sondern ausschließlich die Schlußfolgerungen. Während Forster et al. aufgrund unphysiologischer Bedingungen eine Magenentleerung post mortem positiv nachweisen konnten, lassen die eigenen, den physiologischen Verhältnissen eher angepaßten Ergebnisse diesen Schluß nicht zu.

Gleichsinnig wie Forster et al. hielt auch Joachim (1976) die Todeszeitschätzung aufgrund von Untersuchungen am Magen-Darm-Trakt für nicht möglich. Seinen Schlußfolgerungen lagen Untersuchungen über die Dauer erhaltener Reagibilität glatter Muskulatur des Magens auf elektrische Reizung zugrunde. Dabei berücksichtigte er nicht, daß der postmortalen elektrischen Reagibilität der glatten Muskulatur eine funktionsfähige Peristaltik nicht gleichgesetzt werden kann, da die elektrische Reizung ausschließlich lokale Kontraktionen induziert, wie bereits Aschoff (1920) berichtete bzw. wie Gruber (1921, zit. nach Merkel 1922) nachwies.

Die frühen In-vitro-Untersuchungen von Mangold (1920 a, b, 1921 a, b) am Rattenmagen, der „peristaltische Bewegungen" der Magenwand z.T. noch auf dem Höhepunkt der Totenstarre beobachtete, geben sicherlich keine Auskunft über postmortale Spontanperistaltik in corpore. Spätere Untersuchungen Mangolds (1926), in denen er analog zur eigenen Methodik die postmortale In-corpore-Motilität des Rattenmagens beobachtete, kamen zu folgendem Ergebnis: „Es zeigten sich anfangs meist noch peristaltische und lokale Kontraktionen. ... Selbst bei möglichst gleichartigen Bedingungen wechselte aber das Bild zwischen den einzelnen Fällen auch bei gleichartigem Füllungszustande, während andererseits sowohl am vollen wie am leeren Magen starke Bewegungen auftraten." Postmortaler Weitertransport von Mageninhalt wird an keiner Stelle vermerkt.

Gegen Fortbewegung ins Duodenum spricht auch die bei Mangold (1926) zitierte Beobachtung Aschoffs (1918), daß Kontraktionsvorgänge des überlebenden Pylorus unmittelbar in Totenstarre übergehen. Weiterhin fand Aschoff (1920) bei Frühsektionen den Pylorus - selbst bei Anwendung von Überdrucken - in der Mehrzahl der Fälle fest verschlossen.

Letztendlich ergaben auch die anatomischen und physiologischen Untersuchungen an Hingerichteten (Dittrich et al. 1851; Köllicker 1851) die 15, 35 und 45 min post mortem begannen, keine Hinweise auf Spontanperistaltik des Magens. Gültig bleibt daher bis heute die Feststellung Merkels (1930): „..., daß nach dem Tode durch peristaltische Magentätigkeit korpuskuläre Speisemassen aus dem Magen ausgestoßen werden können, halte ich auch heute noch für nicht erwiesen!"

Sowohl die eigenen Versuche mit postmortaler Magenfüllung als auch die Untersuchungen von Forster et al. (1965) mit vitaler Magenfüllung ohne zusätzliche Druckanwendung sprechen eindeutig gegen einen postmortalen Transport von Mageninhalt in das Duodenum. Gültig bleibt aber auch in Anbetracht der zahlreichen Einflußfaktoren auf die antemortale Magenmotorik die wegweisende Mahnung Haberdas (1908): „... bei der Verwertung der Befunde am Magen und Darm für die Bestimmung der Zeit des Todes im Gutachten ist große Vorsicht angezeigt; denn der Ablauf der Magenverdauung ist von vielen Faktoren abhängig und schwankt zeitlich sehr."

Literatur

Aschoff L (1920) Diskussionsbemerkung zu Mangold E: Über Automatie, Erregbarkeit und Totenstarre in verschiedenen Teilen des Froschmagens. Dtsch Med Wochenschr 16:447-448

Berg S (1968) Der Beweiswert der Todeszeitbestimmung (Überlebenszeit). Beitr Gerichtl Med 25:61-65

Brecht K (1975) Muskelphysiologie. In: Keidel W (Hrsg) Kurzgefaßtes Lehrbuch der Physiologie, 4. Aufl. Thieme, Stuttgart

Camps FE (1976) Gradwohl's legal medicine, 3rd edn. Wright, Bristol

Dittrich, Gerlach, Herz (1851) Beobachtungen an Leichen von 2 Hingerichteten. Prager Vierteljahresschr 31, B

Forster B, Hummelsheim G, Döring G (1965) Tierexperimentelle Untersuchungen über die postmortale Magen-Peristaltik bei Leuchtgas- und Parathion-Vergiftung. Dtsch Z Gerichtl Med 56:148-159

Haberda A (1908) Behördliche Obduktionen. In: Dittrichs Handbuch der gerichtlichen Medizin. Braumüller, Wien

Henßge C, Madea B (in Vorbereitung) Todeszeitbestimmung

Holczabek W (1961) Zur Untersuchung des Magen-Darmtraktes für die Todeszeitbestimmung. Beitr Gerichtl Med 21:23-27

Joachim H (1976) Problem der frühen Todeszeitbestimmung und die sogenannten supravitalen Reaktionen des Muskels im Tierversuch. Habilitationsschrift, Universität Freiburg

Köllicker A (1851) Über einige an der Leiche eines Hingerichteten angestellte Versuche und Beobachtungen. Wiss Zool 3:37-52

Mangold E (1920 a) Die Totenstarre der Magenmuskulatur. Ber Ges Physiol 2:2

Mangold E (1920 b) Über den feineren Mechanismus der Totenstarre und die Erregbarkeit des totenstarren Muskels. Pfugers Arch Ges Physiol 182:205-214

Mangold E (1921 a) Die Totenstarre des Säugermagens. Pflugers Arch Ges Physiol 188:303-321

Mangold E (1921 b) Die Totenstarre der menschlichen Magenmuskulatur. Z Ges Exp Med 12:288-294

Mangold E (1926) Die Totenstarre der glatten Muskulatur. Ergeb Physiol 25:46-85

Merkel H (1922) Über Mageninhalt und Todeszeit. Dtsch Z Gerichtl Med 1:346-358

Merkel H (1930) Über Todeszeitbestimmungen an menschlichen Leichen. Dtsch Z Gerichtl Med 15:285-319

Pichotka J (1975) Stoffwechsel der Organismen. In: Keidel W (Hrsg) Kurzgefaßtes Lehrbuch der Physiologie, 2. Aufl. Thieme, Stuttgart

Schütz E, Caspers H, Speckmann EJ (1978) Physiologie, 15. Aufl. Urban & Schwarzenberg, München

Sonderegger W (1916) Zeitbestimmungen nach biologisch-medizinischen Methoden in dem Gebiete der Rechtsmedizin. Med Dissertation Zürich

Strassmann F (1895) Lehrbuch der Gerichtlichen Medizin. Enke, Stuttgart

Taylor AS (1865) Principles and practice of medical jurisprudence. London

Waldeck F (1977) Funktionen des Magen-Darm-Kanals. In: Schmidt RF, Thews G (Hrsg) Physiologie des Menschen, 19. Aufl. Springer, Berlin Heidelberg New York

Aus der Kasuistik von Erhängen

Z. MAREK, E. BARAN, A. GROSS, J. KOŁODZIEJ

Erhängen ist aus mehreren Gründen der Interessengegenstand der Rechtsmedizin, u.a. wegen der Häufigkeit. Erhängen nimmt nämlich den 1. Platz unter Selbstmorden in Polen ein, und die postmortale Untersuchung selbst läßt meist keine Entscheidung treffen. Es stellt sich heraus, daß sogar ein untypisches Erhängen die Folge eines Selbstmordversuchs sein kann. Daher wird auch sehr selten die Möglichkeit eines Mordes mit Vortäuschung eines Selbstmords in Betracht gezogen.

In unserem Artikel stellen wir einige interessante Fälle untypischen Erhängens und Morde mit vorgetäuschtem Erhängen dar.

Fall 1: Roman G., 20 Jahre alt, wurde am Flußufer, in der Kniehaltung hängend, gefunden. Im Mund hatte er einen Knebel, seine Beine waren mit einem Ledergütel eng zusammengeschnallt (Abb. 1 a–d).

Diese ungewöhnlichen Details erregten den Verdacht eines Mordes. Es wurden aber weder Verletzungen an der Leiche noch Kleidungsschäden festgestellt, die von einem Kampf und von einer Überwältigung zeugen könnten. Es konnten auch keine Gifte nachgewiesen werden, insbesondere kein Alkohol. Die kriminalistischen Untersuchungen der Schlinge und der Art und Weise ihrer Befestigung ergaben nichts wesentliches. Nach der durchgeführten Untersuchung wurde der Fall für Selbstmord befunden. Das mögliche Motiv waren persönliche Probleme. Dieser nur gelegentlich arbeitende Mann löste die Bekanntschaft mit seiner Braut, seine andere Partnerin war hochschwanger. Seine finanzielle Lage machte die Gründung einer Familie praktisch unmöglich.

Fall 2: Joseph M., ein 23jähriger Bergmann, trank vor seinem Tode Alkohol, äußerte aber keine Selbstmordgedanken. Er wurde in einer ungewöhnlichen Haltung hängend gefunden. Am Körper waren außer der Strangulationsmarke keine Verletzungsspuren zu finden. Im Blut wurden 1,5‰, im Harn 2,0‰ Äthylalkohol festgestellt.

Um den Fall für Selbstmord halten zu können, mußte eine Rekonstruktion des Selbstmordversuchs durchgeführt werden. Als einzige Möglichkeit wurde angenommen, daß der Selbstmörder zuerst eine freihängende Schlinge aus einem Ledergürtel vorbereitete, die er dann an einem starken, steifen, durch einen Balken gezogenen Eisenstab festmachte (Abb. 2 a–d).

Darauf hatte er in der Sitzhaltung (auf einem Haufen Säcke) seine Beine zusammengebunden und an einem Balken gegenüber befestigt. Erst dann, indem er sich an den Händen hochzog, steckte er seinen Kopf in die Schlinge hinein und blieb daran hängen.

Fall 3: Leszek G., 23 Jahre, am eigenen Schal hängend gefunden. Die lange Schlinge war an einem Baumast in der Höhe von 147 cm befestigt. Der Ermordete war 185 cm groß, hing in der Liegenhaltung mit hochgezogenem Kopf und Rumpf (Abb. 3).

Zuerst wurde auf Selbstmord erkannt. Bei der Obduktion wurde jedoch festgestellt: Nasenbeinbruch, Blutergüsse unter der Bindehaut sowie um die rechte Samenblase. Der Alkoholspiegel im Blut betrug 2,0‰, im Harn 2,7‰.

Diese Tatsache erregte den Verdacht eines Mordes. Nach der Verständigung der Polizei wurde die Fahndung eingeleitet. Bald wurde der Täter festgenommen. Laut seiner Aussage miß-

Abb. 1 a–d. R. G., 20 Jahre. **a** In der an einem Birkenast befestigten Schlinge hängend, **b** in der Kniehaltung, **c** mit einem Knebel im Mund, **d** mit einem Ledergürtel eng zusammengeschnallte Beine

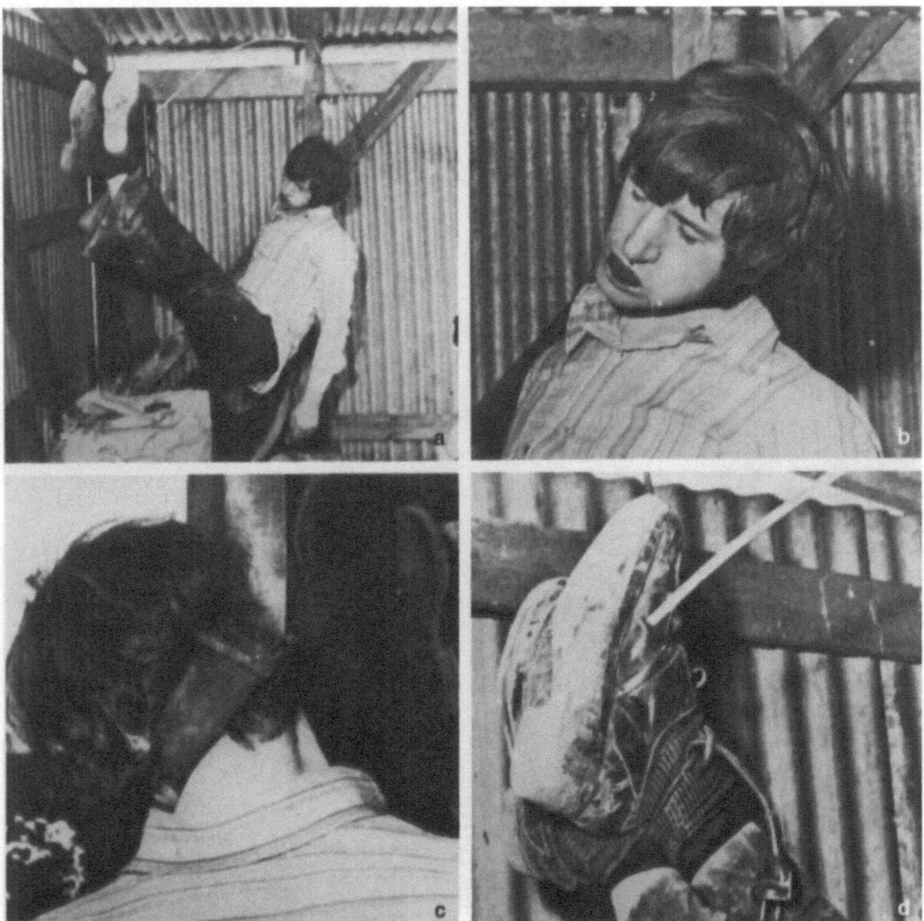

Abb. 2 a–d. J. M., 23 Jahre. **a** Selbstmorderhängen in atypischer Lage; **b, c** Art und Weise des Anlegens der Schlinge um den Hals und **d** des Zusammenbindens der Beine

handelte er seinen betrunkenen Kollegen und erdrosselte ihn bei der Rauferei mit dem Schal. Als das Opfer die Besinnung verloren hatte, zog er es dann an den Baum und hängte es am Schal an den niedrigsten Ast. Es ist ihm nicht gelungen, den Ermordeten höher zu hängen, weil er selbst nur 160 cm groß war.

Seinem Opfer hatte er den Schafpelzmantel gestohlen, der auch in der Wohnung des Mörders gefunden wurde. Der Pelzmantel wurde zum ersten wichtigen Beweis.

Fall 4: Andrzej Z., 37 Jahre, Alkoholiker, mehrmals wegen Alkoholpsychose behandelt. Seine Leiche wurde in einer Schlinge aus einem Ledergürtel frei hängend gefunden, die an einem Eisenbrückengeländer über einem betonierten Bach befestigt war (Abb. 4 a, b).

Vom Geländer bis zum Wasserspiegel waren es 4 m. Alles wies auf einen Selbstmord hin. Bei der Obduktion wurden nichtcharakteristische aber ausgedehnte Verletzungen an Kopf und Hals festgestellt sowie deutliche Risse an den Schuhsohlen, die auf ein Ausrutschen auf einer kiesigen, rauhen Oberfläche schließen ließen. Die Todesursache war aber massives Blutverschlucken infolge eines Nasenbeinbruchs. Der Alkoholspiegel im Blut betrug 4,0‰, im Harn 4,9‰. Trotz einer langwierigen Untersuchung konnte nur festgestellt werden, daß der Ermordete am Tage zuvor in Begleitung zweier unbekannter Männer im Restaurant gesehen wurde, mit denen er

Abb. 3. L. G., 23 Jahre. Haltung der an einem Baumast erhängten Leiche

dann in Richtung des Baches hinausging. Die Täter wurden bis jetzt nicht ermittelt, aber die Analyse des Falles schließt die Möglichkeit des Selbstmords aus.

In den dargestellten Fällen war weder das untypische Anlegen der Schlinge noch die Lage der Leiche für die Entscheidung über Selbstmord oder Mord ausschlaggebend. Die Erkennung eines Mordes mit Scheinselbstmord stützte sich im Fall 3 auf die Zweifel des Sachverständigen am Todesmechanismus im Vergleich zu den Körperverletzungen. In Fall 4 dagegen wurde selbstmörderisches Erhängen aufgrund des reichlichen Blutschluckens ausgeschlossen. Außerdem ließ der Alkoholspiegel im Blut an der Grenze der tödlichen Konzentration bezweifeln, ob ein Mensch in diesem Zustand viele zielgerichtete Tätigkeiten ausüben kann und sich auf diese Weise erhängen könnte, wie er gefunden wurde.

Die oben erwähnten Fälle sowie auch andere, die im Beitrag nicht dargestellt wurden, weisen darauf hin, daß die Erkennung eines mörderischen Erhängens ausschließlich nach vollständigen postmortalen Untersuchungen möglich ist. Die Beschränkung auf die äußere Leichenschau - wie es des öfteren von Staatsanwälten gefordert wird - beinhaltet die Möglichkeit eines ernsthaften Fehlers. Aus unserer Praxis ergibt sich, daß die Untersuchungsleiter aufgrund der äußeren Beschau Selbstmorde in „typische“ und „atypische“ zu teilen versuchen und die vollständigen postmortalen Untersuchungen ausschließlich für die „nicht typischen“ nötig finden. Dabei liefert Fall 4 ein gutes Beispiel für einen Mord, trotz des typischen Bildes eines Selbstmords.

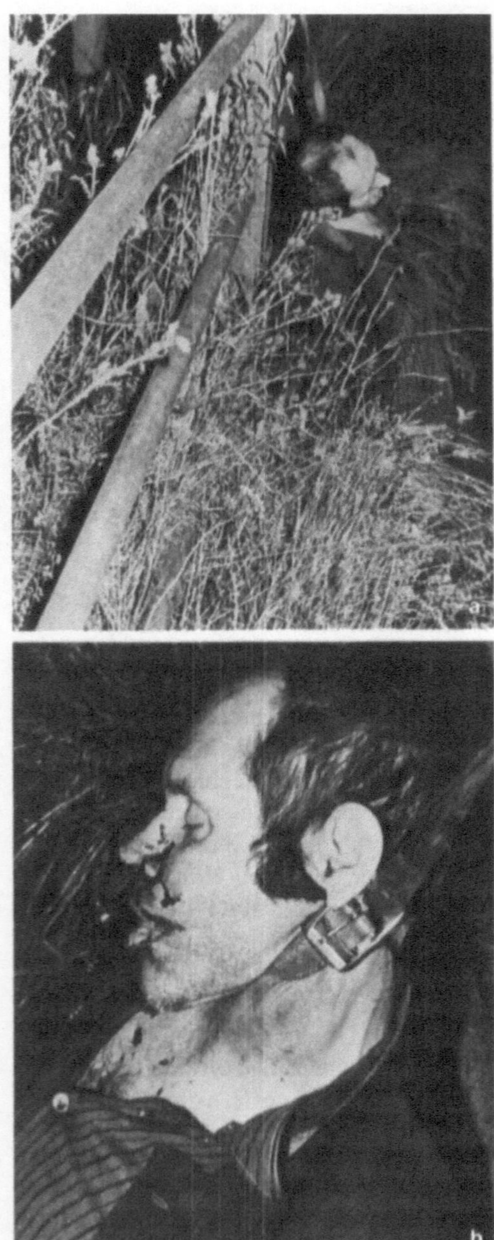

Abb. 4 a, b. A. Z., 34 Jahre. Die Leiche am Brückengeländer 4 m über dem Wasserspiegel hängend

Suizid mit drei Kopfsteckschüssen

H. MAXEINER, V. SCHNEIDER, J. BETSCH, K. PIEFKE

Suizide durch Verwendung von Schußwaffen bilden - mit geographischen Unterschieden - einen hohen Anteil der Selbsttötungen [3, 10]. Bevorzugte Lokalisation sind der Kopf, insbesondere die (rechte) Schläfenregion, sowie der Brustbereich (Herzschuß), da hier ein rascher und sicherer Erfolg erwartet wird. Werden kleinkalibrige Waffen verwendet oder ist die Geschoßenergie aus anderen Gründen (umgebaute Waffen) niedrig, so muß aber auch beim Kopfschuß keinesfalls eine rasche Handlungsunfähigkeit einsetzen [2, 3, 4, 9, 10], sondern es können noch weitere Schüsse durch eigene Hand abgegeben werden. So wurden wiederholt Suizide mit 2 Kopfschüssen [1, 5, 6, 7, 11] mitgeteilt, Reh [7] zitiert 3 Beobachtungen mit 3 und sogar eine mit 4 Kopfschüssen; bei Brustschüssen wurden Suizide mit 5 [8] und auch 9 [3] Schußverletzungen untersucht.

Im folgenden soll ein Suizid mit 3 Kopfschüssen vorgestellt werden, bei dem als zusätzliche Besonderheit die Waffe zumindest einmal nachgeladen wurde, was aufgrund ihrer Beschaffenheit nicht ganz einfach war.

Umstände, Fundsituation

Ein 72jähriger Rentner, der seit längerem an schwersten arteriosklerotischen Durchblutungsstörungen (Bauchaortenaneurysma) litt und mehrfach Suizidabsichten geäußert hatte, wurde mit Nachthemd und Morgenmantel bekleidet im Sessel seines Wohnzimmers tot aufgefunden. Zwischen den Oberschenkeln lag eine doppelläufige veränderte Startpistole „Moritz und Gerstenberger, EM-GE, Modell 5“, Kaliber 7 mm (Abb. 1).

Auf einem Tisch davor ein Abschiedsbrief sowie eine offene, geringfügig beblutete Schachtel Patronen vom Kaliber 7,65 mm, 3 weitere Patronen auf dem Fußboden. Die angrenzende Küche war als Werkstatt hergerichtet, hier lagen auf dem Arbeitstisch eine offene Büchse und 2 beblutete Patronenhülsen. Auf der Tischplatte mehrere tropfenförmige Blutspuren; geringfügige weitere Beblutungen auf dem Fußboden von dort bis zum Wohnzimmer, auf Morgenmantel und Nachthemd (der sitzenden Position entsprechend) sowie auf den Unterarmen und Händen. Im oberen Anteil des Doppellaufes eine Patronenhülse, im unteren eine Patrone.

Die erstermittelnden Kriminalbeamten gingen aufgrund der Fundsituation zwar von einem suizidalen Geschehen aus, konnten aber über die Schußsituation kein klares Bild gewinnen.

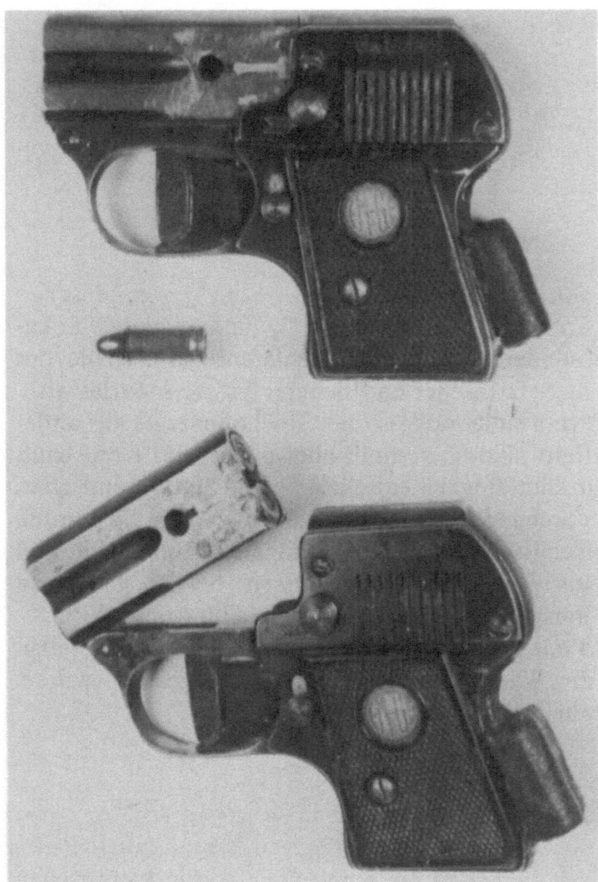

Abb. 1. Die verwendete Waffe: doppelläufige Alarmpistole EM-GE Modell Mod. 5, Kaliber 7 mm, zu einer scharfen Waffe umgebaut. Laufdurchmesser ca. 10 mm

Obduktion und Nachuntersuchungen

Die Röntgenaufnahme (Abb. 2) zeigte 3 Projektile im Kopf. An der rechten Schläfe fanden sich 2 breit aufgerissene, an den Rändern deutlich beschmauchte Einschußlücken, das Zentrum etwas weiter auseinander als die beiden Läufe (Abb. 3). Unter beiden Wunden deutliche Pulvertaschen der Kopfschwarte. Unter der oberen Wunde verlief der Schußgang quer durch die Basis des rechten Schläfenlappens (Abb. 4), das Projektil steckte im Keilbein ohne Verletzung der A. carotis interna. Unter der unteren Wunde verlief ein Schußgang schräg nach hinten links zur Körpermittellinie ansteigend; das Projektil war vor der Falx cerebri in der Rinde des rechten Hinterhauptslappens steckengeblieben.

Beim 3. Schuß handelte es sich um einen nahen relativen Nahschuß in das linke Auge (Abb. 5). Das Projektil war durch das Oberlid in den Augapfel eingedrungen, durch die seitliche Orbitawand ausgetreten und im linken Schläfenmuskel steckengeblieben. Die Vollmantelgeschosse wogen 4,7 g und waren nicht deformiert.

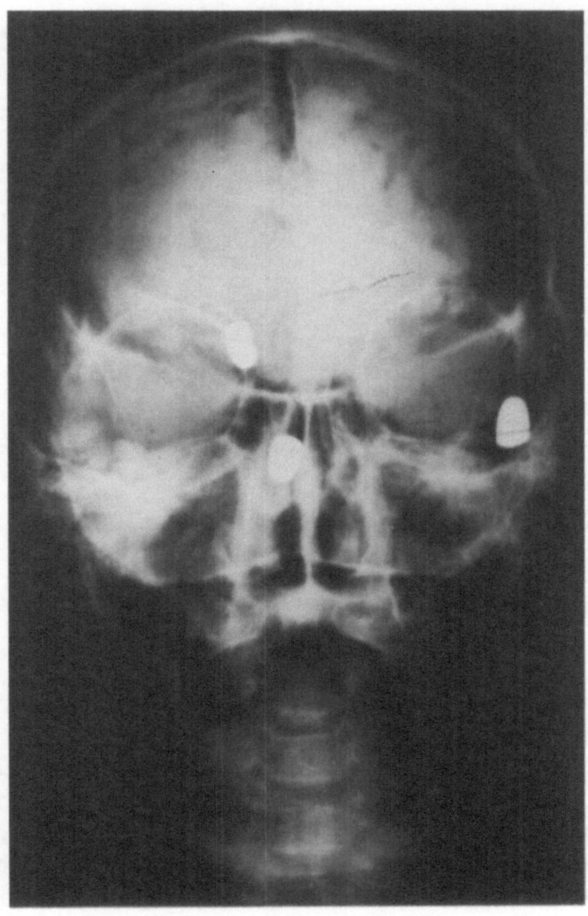

Abb. 2. A.-p.-Röntenaufnahme des Schädels: 3 Projektile (Kaliber 7,65 mm) im Kopf: das mittlere bis in die Keilbeinhöhle eingedrungen, das rechte in der Rinde des Hinterhauptslappens steckengeblieben, das linke nach Durchschlagen der Orbita (von vorne her) im Schläfenmuskel

Der Schädelknochen war abgesehen von den Schußlücken unverletzt; zwischen den Hirnhäuten nur wenig verschmiertes Blut; nur geringe subarachnoidale Blutungen.

Die Leiche wies keine Anzeichen eines höhergradigen Blutverlusts auf. An krankhaften Veränderungen imponierte v.a. ein ausgedehntes Aneurysma der Aorta abdominalis mit hochgradiger Lichtungsstenose. Chemische Untersuchung: keine Alkoholisierung oder Intoxikation. Histologische Untersuchung: durchweg frische Verletzungen ohne jede Zellreaktion.

Kriminaltechnische Untersuchung

Schmauchspuren an beiden Händen. Bei der Pistole handelte es sich um eine (vor 1939 gefertigte) Gas- und Schreckschußpistole, die nachträglich zu einer scharfen Schußwaffe umgebaut wurde. Die Läufe wurden auf einen Durch-

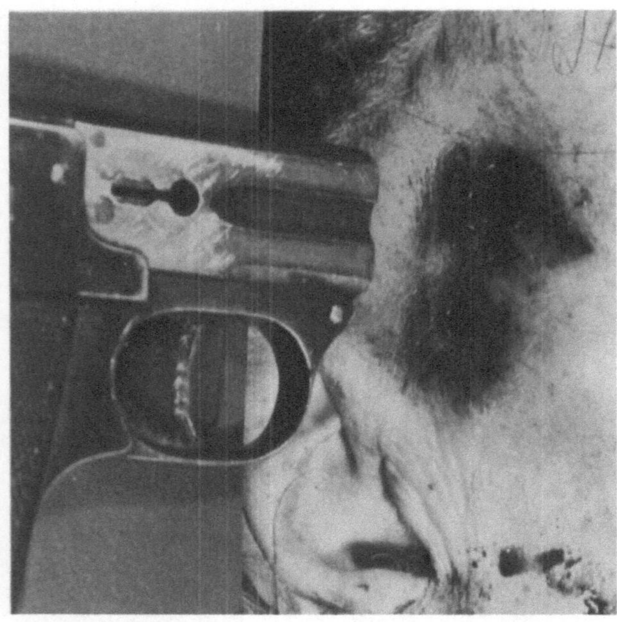

Abb. 3. An der rechten Schläfe 2 angesetzte, etwas aufgerissene und beschmauchte Schußverletzungen, etwas weiter auseinanderliegend als die Waffenläufe

messer von ca. 10 mm aufgebohrt, so daß die verwendbaren Patronen im Lauf keine Führung hatten.

Der Patronenauswerfer war entfernt. Beide Läufe konnten mit je einer (Rand)patrone geladen werden; nach dem Abfeuern mußten die (festklemmenden) Hülsen von vorne nach Abkippen der Läufe mit einem Dorn aus dem Patronenlager ausgestoßen werden. Eine automatische Umschaltung des Hahns bewirkte, daß beim Abziehen die Schlagbolzen für den oberen und unteren Lauf abwechselnd getroffen wurden.

Bei der Untersuchung der Waffe (Dir. PTV der Kriminalpolizei) gelang es jedoch trotz bis zu 5maligen Anschlagens und sichtbarem Schlagbolzeneinschlag auf dem Zündhütchen nicht, im oberen Lauf eine Patrone zu zünden; auch im unteren zündeten die Patronen jeweils erst beim 2. Anschlagen. Die Geschosse erreichten im Mittel eine Geschwindigkeit von 93,7 m/s, was einer Geschoßenergie von 20,6 J entspricht.

Diskussion

Die Veränderung der verwendeten Waffe hatte zwar zur Folge, daß mit ihr scharfe Schüsse abgegeben werden konnten, doch bedingte die große Diskrepanz zwischen Laufdurchmesser und Kaliber einen erheblichen Energieverlust, so daß alle 3 Projektile nach nur einmaligem Durchschlagen des (nicht besonders dicken) Schädels steckenblieben. Auch die besondere Situation an den aufgesetzten Schüssen an der rechten Schläfe (Beschmauchung an der Hautoberfläche *und* Schmauchhöhle) sind durch diese Diskrepanz erklärt.

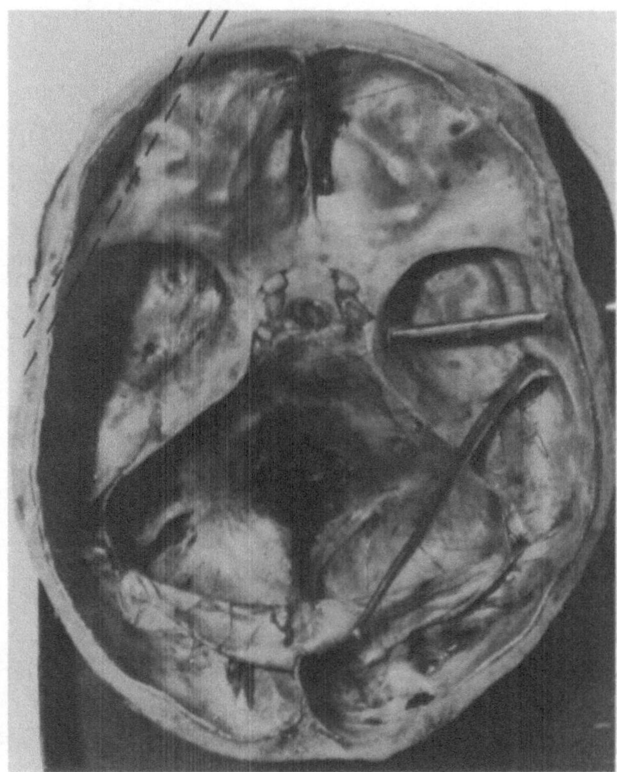

Abb. 4. Schädelbasis: Die Sonden markieren die Schußgänge unter den beiden Schläfenschüssen; der Schuß durch das linke Auge (schraffiert eingezeichnet) hat die Schädelhöhle nicht betroffen

Es verwundert auch nicht, daß die Schußverletzungen - die sämtlich weder größere Gefäße noch lebenswichtige Zentren zerstörten - nicht zur sofortigen Handlungsunfähigkeit führten: die Waffe mußte ja mindestens einmal nachgeladen werden, wobei zuvor die Patronenhülsen mit einiger Kraft aus den Läufen entfernt werden mußten.

Wahrscheinlich hatte sich der Mann zunächst im Sessel im Wohnzimmer sitzend die beiden Schüsse in die Schläfe beigebracht (hier lagen die Schachtel mit Patronen sowie der Abschiedsbrief), war dann aufgestanden, in die Küche gegangen und hatte hier die ersten beiden Hülsen entfernt, die Waffe dann nachgeladen und sich erneut im Wohnzimmer niedergelassen und in das linke Auge geschossen. Eine genaue Rekonstruktion war durch die Unzuverlässigkeit der Waffe allerdings erschwert. Im Versuch konnte im oberen Lauf keine Patrone gezündet werden, beim Auffinden steckte dort aber eine leere Hülse. Bemerkenswert war ferner, daß es auch im unteren Lauf erst nach mehrfachem Abziehen zur Schußabgabe kam.

Der Schuß in das linke Auge erfolgte wahrscheinlich bereits im bewußtseinsgestörten Zustand (relativer Nahschuß, ganz ungewöhnliche Lokalisation). Der Tod war dann wohl relativ rasch eingetreten, da sich an den verschiedenen Verletzungen keine Anzeichen einer Zellreaktion fanden. Der genaue zum Tode führende Mechanismus bleibt aber offen: Eine unmittelbar lebensbedrohliche

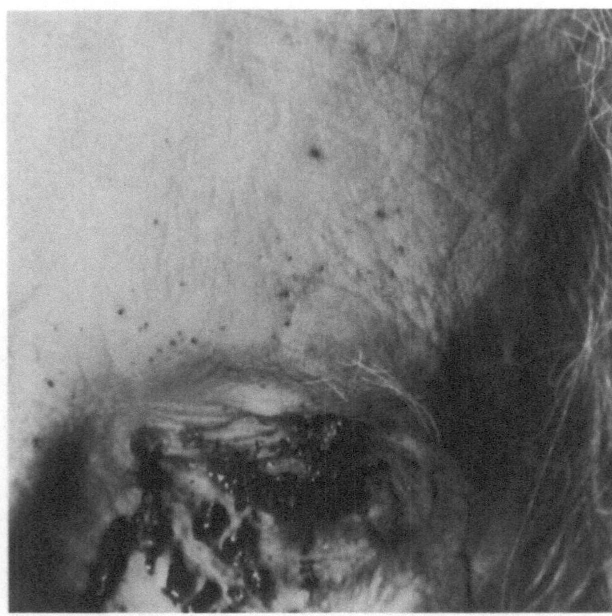

Abb. 5. Linkes Auge: Nahschuß in das Augenoberlid; vielfache Pulvereinsprengsel der Haut

Verletzung lag ebensowenig vor wie ein nennenswerter Blutverlust; die hydraulische Sprengwirkung war sicherlich gering.

Die Zerstörung des linken Augapfels warf zwar die Frage auf, ob hierdurch möglicherweise reflektorische Mechanismen ausgelöst worden sein könnten; jedoch findet sich im überschaubaren Schrifttum (insbesondere bei schweren Augenverletzungen durch Anprall an die Windschutzscheibe beim Verkehrsunfall) kein Hinweis, daß es einen solchen Zusammenhang gibt. Möglicherweise kommt hier den krankhaften Organveränderungen, v.a. einer mehrfach hochgradig stenosierenden Koronarsklerose, eine Mitwirkung für den tödlichen Ausgang zu.

Literatur

1. Barz J (1973) Selbsttötung durch zwei Kopfschüsse. Z Rechtsmed 73:61–63
2. Bratzke H, Pöll W, Kaden B (1985) Ungewöhnliche Handlungsfähigkeit nach Kopfsteckschuß. Arch Kriminol 175:31–39
3. Di Maio VJM (1985) Gunshot wounds. Elsevier, New York Amsterdam Oxford
4. Krauland W (1952) Zur Handlungsfähigkeit Kopfschußverletzter. Acta Neurochir (Wien) 2:233–239
5. Krauland W (1984) Zur Beurteilung von tödlichen Schußverletzungen. (Die Waffe in der Hand). Arch Kriminol 174:1–22
6. Missliwetz J (1983) Phänomenologie von Selbsttötungen mit mehrfachen Schußverletzungen. Arch Kriminol 171:143–150
7. Reh H (1979) Selbsttötung mit einem primitiven Schießgerät. Arch Kriminol 163:100–104
8. Schrader G (1942) Selbstmord durch 5 Herzschüsse. Beitr Gerichtl Med 16:117–120
9. Sellier K (1982) Schußwaffen und Schußwirkungen I. Ballistik, Medizin, Kriminalistik, 2. Aufl., Max-Schmidt-Römhild, Lübeck
10. Sellier K (1986) Death: Accident or suicide by use of firearms. Forensic Sci Prog 1:92–115
11. Teige K, Wolff J (1977) Zweimaliger Kopfschuß bei nur einem Schußkanal. Arch Kriminol 160:105–114

Zerebrale Fettembolie aufgrund abnormer Kreislaufverhältnisse

J. MISSLIWETZ

Einleitung

Bei der Fettembolie handelt es sich um ein wohlbekanntes Phänomen der gerichtlichen Medizin. Als bestimmend für Auftreten und Quantität einer Fettembolie werden üblicherweise Schwere und Ausmaß der traumatischen Beschädigungen von Skelett und Fettgewebe und die Dauer der Überlebenszeit bezeichnet. Die Lunge ist das erste Erfolgsorgan, und nur bei einer schweren Lungenfettembolie kommt es auch normalerweise zur Fettembolie im großen Kreislauf. Die 2 vorgestellten Todesfälle lassen sich durch dieses vereinfachende und schematisierende Konzept nur ungenügend erklären. Zieht man aber als modifizierenden Faktor zusätzlich einen vor dem Trauma bestehenden pathologischen Zustand des Herz-Kreislauf-Systems mit Veränderungen der Hämodynamik in Betracht, so lassen sich auch diese Fälle pathophysiologisch schlüssig und widerspruchsfrei interpretieren.

Kasuistik

Fall 1: Der 25jährige L. K. wurde bei einem Verkehrsunfall als Pkw-Beifahrer verletzt und erlitt eine Gehirnerschütterung und eine drittgradig offene Fraktur des rechten Unterarms. Der Mann wurde 2 Stunden nach dem Unfall im Unfallkrankenhaus in Allgemeinnarkose operiert, wobei der Bruch durch Osteosynthese versorgt wurde. Postoperativ war der Patient unauffällig und in gutem Zustand, weshalb er auf die Normalstation verlegt wurde. 16 h nach der Operation traten plötzlich eine Bewußtlosigkeit und eine auffallende Zyanose des Gesichts auf. Die den Ärzten unerklärliche akute Verschlechterung führte zur Verdachtsdiagnose einer Lungenembolie und ein Thoraxchirurg wurde hinzugezogen, der eine Trendelenburg-Operation durchführte, bei der aber keine Embolie aufgefunden werden konnte. Gegen Operationsende trat ein Herzstillstand auf.

Die Obduktion ergab eine massive Rechtsherzvergrößerung, die rechte Kammerwand zeigte eine Dicke von 8 mm und das Herzgewicht betrug 590 g. Es bestand ein 3·3 cm messender Ventrikelseptumdefekt. Das Lungenschlagadersystem wies erhebliche sklerotische Veränderungen auf. Histologisch fanden sich eine Lungenfettembolie geringen Ausmaßes (Grad I nach der Klassifikation von Falzi et al. 1964) und eine hochgradige zerebrale Fettembolie.

Im Hinblick auf den auffälligen Herzbefund wurden, obwohl der Krankengeschichte des Unfallkrankenhauses nichts über Vorerkrankungen zu entnehmen war, Erhebungen über den Gesundheitszustand des Mannes durchgeführt. Diese ergaben, daß L. K. unter der Diagnose einer primären pulmonalen Hypertension internistisch behandelt wurde. Im Jahr vor dem Unfall war

L. K. allerdings der Behandlung ferngeblieben. Die Diagnose war anläßlich einer Herzkatheteruntersuchung im Kindesalter gestellt worden, bei der systolische Drucke von 100 mm Hg in rechter Herzkammer und Pulmonalarterie bei gleich hohem arteriellen Systemdruck gemessen worden waren. Der Ventrikelseptumdefekt war nicht diagnostiziert worden!

Fall 2: Der 23jährige E. G. war mit seinem Motorrad gestürzt und erlitt einen drittgradigen offenen Bruch des linken Unterschenkels sowie eine Zerreißung des Kollateralbandes am rechten Daumengrundgelenk. 4 h nach dem Unfall wurde der Bruch in Allgemeinnarkose mittels Osteosynthese versorgt. Bei der Aufnahme wurde vermerkt, daß ein Zustand nach Herzoperation mit Zyanose und Trommelschlegelfingern bestand. Postoperativ war der Patient in gutem Zustand und wurde auf die Normalstation verlegt. Jedoch trat 13 h nach der Operation eine zunehmende Bewußtseinstrübung auf, die in ein tiefes Koma überging. Der Patient wurde deshalb intensivmedizinisch betreut, und es wurden eine Karotisangiographie und eine Computertomographie durchgeführt, die aber lediglich das Bild eines Hirnödems ergaben. Nach ca. 10tägigem Koma verstarb der Patient, ohne das Bewußtsein wiedererlangt zu haben.

Auch hier gaben wie im Fall 1 die bei der Obduktion anwesenden behandelnden Ärzte an, daß von klinischer Seite die Todesursache nicht geklärt werden konnte. Die Leichenöffnung ergab eine massive beidseitige Herzhypertrophie mit einem Herzgewicht von 670 g und narbigem Ersatz der Muskulatur der rechten Kammerwand, wovon ca. 70% der Kammerwand betroffen waren. Weiter bestand ein operativ angelegter Shunt zwischen Aorta und dem mißgebildeten Pulmonalarteriensystem. Das Lungenschlagadersystem wies wiederum erhebliche sklerotische Veränderungen auf. Histologisch fanden sich eine Lungenfettembolie geringen Ausmaßes (Grad I nach der Klassifikation von Falzi et al. 1964) und eine hochgradige zerebrale Fettembolie.

Die beigeschafften früheren Krankengeschichten ergaben, daß E. G. im Kindesalter unter den Diagnosen Trikuspidalatresie und Mißbildung des Pulmonalarteriensystems operiert worden war, wobei der Shunt angelegt wurde. Postoperativ war eine pulmonale Hypertonie mit systolischen Werten von 120 mm Hg aufgetreten. E. G. hatte sich aber subjektiv wohlgefühlt, was auch aus dem Umstand erschlossen werden kann, daß er Motorradsport betrieb.

Diskussion

Eine definitive Todesursache konnte von klinischer Seite nicht angegeben werden, das Vorliegen einer zerebralen Fettembolie als hinreichende Todesursache wurde erst durch die Obduktion aufgedeckt. Auch die vorbestehende Herzerkrankung wurde von klinischer Seite nicht genügend gewürdigt, im 1. Fall wurde sie den Ärzten erst durch die Obduktion zur Kenntnis gebracht. Gezielte Ermittlungen ergaben aber, daß auch hier aufgrund dieser Erkrankung ärztliche Behandlungen und sogar stationäre Klinikaufenthalte vorangegangen waren.

Aus dem forensischen Blickwinkel war zunächst die Diskrepanz auffällig, mit der eine nur geringgradige Lungenfettembolie und eine schwere Fettembolie im großen Kreislauf kontrastierten. Nach übereinstimmender Ansicht vieler Autoren (z. B. Mueller 1975; Sevitt 1962; Szabo 1971; Wehner 1968) wird angenommen, daß die Lungen einen effektiven Filter für Fettglobuli - Szabo (1971) spricht von einer „Siebfunktion“ - darstellen und daß als Voraussetzung einer zerebralen Fettembolie eine erhebliche Lungenfettembolie vorliegen muß, bei der die Kapazität der Lungen zur Retention der Fettemboli überschritten wird.

Dieser scheinbare Widerspruch der Befunde mit geringgradiger Beteiligung der Lungen und massiver Fettembolie im großen Kreislauf findet aber eine logische Klärung bei der Berücksichtigung der besonderen hämodynamischen Verhältnisse.

Für den Übertritt des Fetts von den Lungenkapillaren in Gefäße des großen Kreislaufs werden in der Literatur neben einem Durchpressen der Fettsubstanzen durch den Kapillarfilter infolge Vis a tergo weitere Mechanismen angeführt, die alle dahingehend übereinstimmen, daß Querverbindungen zwischen den getrennten Systemen des großen und kleinen Kreislaufs besonderes Gewicht zugemessen wird. Die besondere Bedeutung eines offenen Foramen ovale wurde wiederholt betont (Naville 1913; Melchior 1924; Killian 1931); daneben wurde von Holczabek (1968) auch die Möglichkeit aufgezeigt, daß Fett auf dem Wege der arteriovenösen Anastomosen vom Lungenstromgebiet in den großen Kreislauf gelangt. Ungleich leichter und in weitaus größerem Ausmaß vollzog sich in unseren Fällen der Übertritt von Fettglobuli aus dem kleinen in den großen Kreislauf. Es waren nämlich große präformierte anatomische Querverbindungen (Shunts) gegeben: Im einen Fall (2) durch den operativ gesetzten aortopulmonalen Shunt, im anderen Fall (1) durch den großen angeborenen Ventrikelseptumdefekt. Neben diesen speziellen topischen Verhältnissen spielten die Druckverhältnisse eine bedeutsame Rolle. Normalerweise ist der Blutdruck im großen Kreislauf etwa 5mal so hoch wie der pulmonale Druck, in den geschilderten Fällen bestand bereits vor dem Trauma - bewiesen durch die Herzkatheteruntersuchungen - eine schwere pulmonale Hypertonie mit annähernd gleichen Druckwerten in Lungenschlagader und Systemarterien. Posttraumatisch kann ein Druckgefälle vom kleinen in den den großen Kreislauf postuliert werden, da der arterielle Blutdruck durch den Wundschock bedingt abfiel, während eine signifikante Zunahme des Pulmonalarteriendrucks aufgrund der Einschwemmung von Fettsubstanzen in das Lungengefäßgebiet anzunehmen ist (Wehner 1968).

Schlußfolgerung

Beim Auftreten von Fettembolien im großen Kreislauf ist als wesentlichen beeinflussenden Faktoren abnormen Kreislaufverhältnissen durch vorbestehende Querverbindungen zwischen kleinem und großem Kreislauf (Shunts) und pulmonalem Hochdruck Beachtung zu schenken.

Zusammenfassung

Es wird über 2 Fälle berichtet, bei denen junge Männer Frakturen von Extremitätenknochen erlitten und an einer massiven zerebralen Fettembolie verstarben. Beide wurden mit Osteosynthese operativ versorgt und waren postoperativ in gutem Zustand, bis sie plötzlich komatös wurden. Sie wiesen beide nur geringgradige Lungenfettembolien auf. Der Autor führt die massive Fettembolie im

Systemkreislauf auf vorbestehende Shunts zwischen kleinem und großem Kreislauf und auf vorbestehende pulmonale Hypertonie zurück, die den Übertritt der Fettglobuli von den Lungen in den Systemkreislauf wesentlich leichter gestalteten als in Fällen mit normalen Kreislaufverhältnissen.

Summary

Two cases are described of young men who suffered fractures of the extremities and died of massive cerebral fat embolism. Both were operated on and in good condition when they suddenly fell into coma. They had only slight pulmonary fat embolism. The author attributes the massive fat embolism in the systemic circulation to preexisting shunts between pulmonary and systemic circulation and pulmonary hypertension, which made the passing of fat globuli from the lungs into the systemic circulation much easier then in cases with normal circulation.

Literatur

Falzi G, Henn R, Spann W (1964) Über pulmonale Fettembolien nach Trauma mit verschieden langer Überlebenszeit. MMW 106:978

Holczabek W (1968) Das Verhalten der A.-V. Anastomosen bei der Lungenfettembolie. Dtsch Z Ges Gerichtl Med 62:170

Killian H (1931) Die traumatische Fettembolie. Dtsch Z Chir 231:97

Melchior E (1924) Zur Kenntnis der cerebralen Fettembolie. Mitt Grenzgeb Med Chir (Jena) 38:178

Mueller B (1975) Gerichtliche Medizin. Springer, Berlin Heidelberg New York

Naville F (1913) Die Fettembolie des großen Blutkreislaufs und ihre Ursachen. Mitt Grenzgeb. Med Chir (Jena) 25:1

Sevitt S (1962) Fat embolism. Butterworths, London

Szabo G (1971) Die Fettembolie. Akademia Kiado, Budapest

Wehner W (1968) Die Fettembolie. Volk & Gesundheit, Berlin

Epipleurales Hämatom als tödliche Komplikation einer Punktion der V. subclavia bei Setzen eines Kavakatheters

J. Missliwetz, G. Depastas

Einleitung

Die Anwendung des Kavakatheters gehört heute zu den Routineverfahren der Notfall- und Intensivmedizin. Mit der zunehmenden Verbreitung dieser Technik ist auch das Interesse an den möglichen Komplikationen gestiegen und hat einen Niederschlag in einer kaum noch überschaubaren Literatur gefunden. Burri u. Ahnefeld (1977) errechneten aus den Literaturangaben von 77 Autoren eine Rate von 0,14% letalen Komplikationen in 20451 Fällen bei Zugang über die V. subclavia. Da die tödlich verlaufenden Fälle in der Regel Ermittlungsverfahren nach sich ziehen - v.a. wenn infolge einer Frühkomplikation der ärztliche Mißerfolg durch die enge zeitliche Bindung zwischen Eingriff und Tod augenscheinlich ist -, kommt auch der Gerichtsmediziner mit ihnen in Kontakt. Unlängst hatten wir in unserem Obduktionsgut einen Fall, bei dem wir eine von uns vorher nicht beobachtete Komplikation nach Subklaviakatheter antrafen.

Kasuistik

Anamnese

Die 93jährige A. S. wurde nach einem Sturz in der Wohnung im Dezember 1984 mit einem rechtsseitigen medialen Schenkelhalsbruch und einer rechtsseitigen Radiusfraktur stationär im Unfallkrankenhaus aufgenommen. Es wurde operativ eine Halbendoprothese implantiert. Am 4. postoperativen Tag traten Phlebitiden der Kubitalvenen beidseits auf, wodurch die i.v. Medikamentenbeibringung immer schwieriger wurde. Aufgrund eines Rückgangs der Harnmenge und einer Erhöhung der Nierenparameter wurde ein Nierenversagen befürchtet, weshalb eine fortlaufende Infusionstherapie unumgänglich erschien. Es wurde deshalb die Indikation zur Schaffung eines zentralvenösen Zugangs als gegeben erachtet. Um 11.00 Uhr wurde daher ein Punktionsversuch der linken V. subclavia unternommen, wobei ein infraklavikulärer Zugang nach Aubaniac gewählt wurde. Der in dieser Technik nicht unerfahrene Arzt traf beim 1. Versuch die Vene nicht, beim unmittelbar danach unternommenen 2. Versuch gelang es, den Venenkatheter einzuführen. 5 min nach Abschluß der Punktion wurde die Katheterlage röntgenologisch mit Kontrastmittelinjektion überprüft. Der Katheter zeigte regelrechte Lage, die Spitze befand sich am Übergang der oberen Hohlvene in den rechten Herzvorhof. Ein Pneumo- oder Hämatothorax war nicht nachweisbar. Die Patientin bot klinisch keine Auffälligkeiten. Um 14.15 Uhr gab die Frau an, daß nunmehr plötzlich Schmerzen im Bereich der linken Brustkorbhälfte eingetreten seien. Im Thoraxröntgen war eine massive Verschattung der linken Brustkorbhälfte nachweisbar. Der Zustand der Frau verschlechterte sich in der Folge so rasch, daß die geplante Bülau-Drainage nicht mehr vorgenommen werden konnte. Um 14.25 Uhr trat der Exitus ein; Reanimationsmaßnahmen verliefen erfolglos.

Obduktionsbefund

150 cm große, 59 kg schwere Leiche. Nur spärliche Totenflecken. Phlebitis der Kubitalvenen beidseits. Probe auf Luftembolie negativ. Probe auf Pneumothorax beidseits negativ. Die linke Brusthöhle enthält 500 ml teils flüssiges, teils geronnenes Blut. Der linke Brustraum wird durch einen 10 · 10 cm messenden, zwischen Pleura parietalis und Bindegewebe oberhalb der Pleuraspitze gelegenen Bluterguß hochgradig eingeengt. Dieser Bluterguß wölbt sich kugelig in die

Abb. 1. „Epipleurales" Hämatom im linken Thoraxbereich. Blick in die linke Brusthöhle nach Entfernung der Brustorgane. **Weißer Pfeil:** Begrenzung des sich halbkugelig weit in die Brusthöhle vorwölbenden Blutsacks

linke Brusthöhle vor (Abb. 1), in seinen Randarealen findet sich wirbelsäulennahe ein schlitzförmiger 3 mm langer Einriß der Pleura parietalis, durch den offenbar das Blut in die Brusthöhle gelangte. Hochgradige Kompressionsatelektase der linken Lunge bei Fehlen von traumatischen Veränderungen. Bei Präparation der Gefäße findet sich in der V. subclavia sinistra ein Venenkatheter, der regelrecht in die obere Hohlvene eingeführt ist und dessen Spitze sich knapp vor dem rechten Herzvorhof befindet. Etwa 10 mm von dem Einschub des Katheters entfernt ist an der Gefäßunterfläche ein 7 mm langer, schlitzförmiger Defekt der Vene vorzufinden, durch den eine Kommunikation zwischen dem Gefäßlumen und dem großen epipleuralen Blutsack gegeben ist. Die Arterien im Schlüsselbeinbereich sind unverletzt. Nach Eröffnung des epipleural gelegenen Blutsacks entleeren sich große Blutgerinnsel in einer Menge von 400 ml.

Weitere Befunde: Zustand nach Implantation einer Endoprothese im rechten Hüftgelenk, Koronarsklerose, Myokardfibrose, chronische Lungenblähung, chronische Blutstauung der Leber, Angiolosklerose der Nieren, Anämie der inneren Organe, diskrete subendokardiale Blutung im linken Herzabschnitt, Kollapsmilz.

Die histologische Untersuchung des abgehobenen Pleurablattes, des Hämatominhalts und der Venenumgebung zeigt frische Erythrozytenextravasate ohne Blutabbaupigmente, regenerative oder entzündlich-reaktive Veränderungen. Eine Erkrankung der Gefäßwand ist nicht nachweisbar.

Diskussion

Nach Verletzung pleuranaher Gefäße im Brust- oder Halsbereich können außerhalb der Pleura parietalis Blutungen auftreten, sich ausbreiten und den Inhalt eines großen, über mehrere Zwischenrippenräume hinwegreichenden extrapleuralen Blutsacks bilden. Dieser Blutsack kann sich weiter gegen das Brustkorbinnere vorwölben und zerreißen, wodurch dann zusätzlich ein Hämatothorax entsteht. Solche selten zu beobachtenden Blutungen in der Umgebung der Pleura parietalis werden im deutschen Schrifttum bezugnehmend auf ihre Lokalisation epipleurale Blutungen genannt, in der angloamerikanischen Literatur werden sie als retropleurale Hämatome bezeichnet.

Als Blutungsquelle eines epi- bzw. retropleuralen Hämatoms wurden Interkostalarterien nach Rippenfrakturen (Dirnhofer et al. 1984; Reiter u. Denk 1985), Verletzung von Halsgefäßen (Wisheart et al. 1972), Gefäßläsionen bei Sympathektomie (Pendergrass u. Allbritten 1947; Sheff et al. 1957) sowie auch Aneurysma der Aorta (Aguilar 1979) beschrieben. Betonenswert ist, daß Kontozoglu u. Mambo (1983) einen Todesfall nach zentralem Venenkatheter infolge retropleuralen Hämatoms publizierten, wobei der venöse Zugang allerdings über die V. jugularis interna erfolgte. Das Auftreten einer epi- bzw. retropleuralen Blutung nach Punktion der V. subclavia zählt - wie sich aus der Literatur ergibt - sicherlich nicht zu den typischen und häufigen Komplikationen, die beim Setzen eines zentralen Venenkatheters auftreten. Diese Veröffentlichung will sie daher als seltene Komplikationsmöglichkeit dem klinisch tätigen Arzt zur Kenntnis bringen, insbesondere da eine Zweizeitigkeit des Ablaufs den Tatbestand eines lebensbedrohlichen Geschehens verschleiern kann. In unserem Fall war die Gefäßperforation anfangs weder aufgrund einer adäquaten klinischen Symptomatik erschließbar, noch war ein Pneumo- oder Hämatothorax bei der knapp nach der Punktion lege artis vorgenommenen radiologischen Kontrolle objektivierbar. Die Größenzunahme der retropleuralen Blutung und eine hierdurch bedingte

Erkennbarkeit im Röntgenbild nimmt offenbar eine gewisse Zeit in Anspruch. Der Nachweis einer pleuralen Verschattung im Thoraxröntgenbild erfolgte deshalb bei der knapp nach der Punktion durchgeführten radiologischen Kontrolle nicht. Eine zeitlich getrennte 2malige radiologische Kontrolle nach Subklaviapunktion könnte zwar diese und mögliche andere Komplikationen aufdecken, diese Forderung ist aber im Routinebetrieb eines Krankenhauses mit größter Wahrscheinlichkeit organisatorisch nicht zu verwirklichen. Im gerichtsmedizinischen Gutachtens betonten wir die außerordentliche Seltenheit der beobachteten Komplikation und gelangten zur Schlußfolgerung, daß das Nichterkennen der Komplikation durch die behandelnden Ärzte nicht bedeutete, daß die Sorgfalt außer acht gelassen wurde, zu der sie nach den Umständen verpflichtet, nach ihren Verhältnissen befähigt und die ihnen zuzumuten war. Es ist aber zugleich unsere Pflicht, diese seltene Komplikation aufzuzeigen, damit sie in zukünftigen Fällen von Komplikationen nach Subklaviapunktionen auch in differentialdiagnostische Erwägungen einbezogen werden kann.

Zusammenfassung

3¼ h nach Setzen eines Kavakatheters bei infraklavikulärem Zugang trat bei der zunächst unauffälligen 93jährigen Patientin plötzlich ein Hämatothorax auf und die Frau verstarb 10 min später. Die Obduktion ergab eine iatrogene Läsion der V. subclavia und eine auf diese zurückgehende massive retropleurale (epipleurale) Blutung im Bereich der linken Pleurakuppe. Das Hämatom war sekundär in die Brusthöhle eingebrochen. Die unmittelbar nach Setzen des Katheters durchgeführte radiologische Kontrolle ergab keinerlei Hinweis auf diese Komplikation.

Summary

3¼ h after subclavian puncture and insertion of a catheter into the vena cava, the 93-year-old patient, whose progress had until then been uneventful, suddenly developed a hemothorax and died 10 min later. Autopsy disclosed an iatrogenic lesion of the subclavian vein and a massive retropleural (epipleural) hematoma. A radiologic examination immediately after the puncture of the vein had shown no evidence of this complication.

Literatur

Aguilar J (1979) Fatal retropleural hematoma from a ruptured abdominal aortic pseudo-aneurysm. J Forensic Sci 24:600

Burri C, Ahnefeld FW (Hrsg) (1977) Cava-Katheter. Springer, Berlin Heidelberg New York
Dirnhofer R, Sigrist T, Ranner G (1984) Das „epipleurale" Hämatom - Entstehung, Morphologie und Verlauf. Unfallheilkunde 87:180
Kontozoglu T, Mambo N (1983) Fatal retropleural hematoma complicating internal jugular vein catheterization. Am J Forensic Med Pathol 4:125
Pendergrass R, Allbritten F (1947) Pulmonary complication of dorsal sympathectomy. 57:205
Reiter C, Denk W (1985) Das zweizeitige epipleurale Hämatom als tödliche Komplikation nach stumpfem Thoraxtrauma. Wien Klin Wochenschr 97:535
Sheff S, Bednarz W, Levene G (1957) Roentgenologic aspects of retropleural hematomes following sympathectomy. Radiology 68:224
Wisheart J, Hassan M, Jackson J (1972) A complication of percutaneous cannulation of the internal jugular vein. Thorax 27:496

Diagnostische Bedeutung hyaliner Mikrothromben – Literaturübersicht und Bericht über drei eigene Fälle

M. Oehmichen, I. Pedal, V. Schmidt

Einleitung

Hyaline Mikrothromben (HM) gelten in der Pathomorphologie als Indikatoren einer Hyperkoagulabilität (Lasch et al. 1971). Sie treten besonders häufig bei einem Schockgeschehen auf und stellen hierfür ein allgemeines morphologisches Kennzeichen dar (Sandritter et al. 1978). Sie sind charakterisiert durch ihre homogene Eosinophilie und PAS-positive Reaktion; Größe und Form sind variabel.

Als Sonderform der HM sind die kugelförmigen hyalinen Mikrothromben (KHM) bzw. sog. „shock bodies" anzusehen. Sie wurden bereits 1889 von Welti und 1892 von Manasse in typischer Ausbildung wiedergegeben und entsprechend ihrer vermuteten Zusammensetzung als „Fibrinballen" bezeichnet. Synonyme sind ferner „Fibrinkügelchen" (Apitz 1938), „Siegmund-Schindler-Kugeln" (Schindler 1938), kugelförmige hyaline Mikrothromben (Skjørten 1964, 1968) bzw. hyaline Kugeln (Hardaway 1966).

Die hyalinen Mikrothromben, besonders in ihrer kugelförmigen Variante, stellen eine aussagekräftige histomorphologische Veränderung dar: Bei fortgeschrittener Leichenveränderung sind sie oftmals das einzige sichere morphologische Zeichen eines Schockgeschehens. Sie geben Aufschlüsse über Vitalität und Überlebenszeit und tragen so zur Aufklärung des tödlichen Geschehensablaufs bei.

Im folgenden soll der Entstehungsmechanismus dargelegt und auf die Häufigkeit und Verteilung bei unterschiedlichen Diagnosen eingegangen werden. Andererseits sollen 3 eigene Beobachtungen beschrieben werden, die durch ihre Morphologie, die Folgeerscheinungen sowie eine eigenartige Variante der Fragestellung berichtenswert erscheinen.

Pathogenese der hyalinen Mikrothromben

Das pathogenetische Prinzip stellt die Verbrauchskoagulopathie dar (Lasch et al. 1971), bei der eine intravasale Umsatzsteigerung von Thrombozyten und plasmatischen Gerinnungsfaktoren vorliegt. Der klinische Verlauf ist gekennzeichnet durch die Aufeinanderfolge einer Hyper- und Hypokoagulabilität, d.h. nach primär verstärkter intravasaler Gerinnung kommt es zu einer vermehrten Blutungsneigung. Der histologische Nachweis disseminiert auftretender HM korreliert mit dem klinischen Syndrom der disseminierten intravasalen Gerinnung („disseminated intravascular coagulation", DIC, McKay 1964) bzw. mit dem thrombohämorrhagischen Syndrom (Selye 1966).

Grundlage für die heutigen Vorstellungen der Pathogenese sind die Beobachtungen, die Hardaway (1979, s. auch Heene u. Matthias 1978) schildert. Ein systolischer Blutdruckabfall auf 40 mmHg führt auch bei stundenlanger Dauer nicht zwangsläufig zur DIC oder zu anderen irreversiblen Schäden (Shires et al. 1964).

Zusätzliche Voraussetzung ist die Aktivierung der Koagulationskaskade, die schlußendlich auch in einen irreversiblen Schock münden kann. Zwar ist bekannt, daß ein langsamer Blutfluß, insbesondere in den Kapillaren, ebenso wie eine Azidose die Blutgerinnung fördern; Hardaway (1979) fordert einen zusätzlichen initiierenden Faktor, z. B. ein bakterielles Toxin, Thromboplastin von hämolysierten Erythrozyten bzw. zertrümmertem Gewebe.

Liegt ein Blutdruckabfall vor, so kommt es in einer *1. Phase* zur Vasokonstriktion, insbesondere im Bereich der Arteriolen; gleichzeitig öffnen sich die arteriovenösen Shunts, woraus eine langsamere Flußgeschwindigkeit in der Endstrombahn und eine Gewebshypoxie resultieren. Die Folge ist eine zunehmende Azidose.

Die *2. Phase* ist durch eine Dilatation der Kapillaren gekennzeichnet. Erst in der *3. Phase* kommt es, ausgelöst durch einen zusätzlichen gerinnungsfördernden Faktor wie Thromboplastinausschüttung zur disseminierten intravasalen Gerinnung. In der 2. und 3. Phase des Schockgeschehens hat sich unter weiterer Verlangsamung des Blutstroms die Gewebsazidose verstärkt. Folge des intravasalen Gerinnungsprozesses ist ein Schwund der Gerinnungsfaktoren aus dem Blut.

In der *4.* und letzten *Phase* wird endogenes Fibrinolysin aktiviert. Hierdurch werden Thromben aufgelöst, bzw. es erfolgt eine Elimination der löslichen, intravasal zirkulierenden Fibrinogen-Fibrinmonomer-Komplexe und quervernetzter Oligomere durch Zellen des phagozytären Systems bzw. durch Granulozyten (Bleyl 1978).

Ist der verlangsamte Blutstrom der wesentliche Faktor für das Entstehen hyaliner Mikrothromben, dann kann von „Stagnationsthromben" gesprochen werden, die nach Bleyl (1978) v. a. aus hochpolymerem Fibrin bestehen. Diese Thromben können nach gleichem Autor auch durch Embolisation entstehen, worauf u. a. die häufige Beteiligung der Lungen zurückgeführt wird (Sandritter et al. 1978).

HM setzen sich überwiegend aus Fibrin zusammen, wobei den Thrombozyten nur eine sekundäre Rolle zugemessen wird (Heene u. Matthias 1978). Fibrinogen wird unter Beteiligung von Thrombin zunächst in Fibrinmonomere verwandelt, die mit Fibrinogen hochmolekulare Komplexe bilden und als „lösliches Fibrin" im Plasma nachweisbar sind (Nossel u. Kaplan 1979). Dieses wird unter normalen Umständen vom RES eliminiert (Oka et al. 1983) sowie durch Plasmin abgebaut (Sharp 1983). Unter Schockbedingungen besteht jedoch eine Einschränkung der Clearancefunktion des RES, so daß es zu einer intravasalen Anhäufung von löslichem Fibrin kommt, das unter den Bedingungen eines langsamen Blutflusses und einer Azidose u.a. ausfällt.

Werden diese Beobachtungen zusammengefaßt, so läßt sich ein Circulus vitiosus erkennen, wie er von Matthias u. Lasch (1982) beschrieben wurde: Der Schock induziert eine Hyperkoagulabilität mit der Folge einer DIC; pathogenetisches Prinzip der DIC ist zunächst eine Mikrothrombosierung, die den Schockzustand verschlechtern und perpetuieren kann; die im Rahmen der DIC auftretende Verbrauchskoagulopathie führt im Zusammenwirken mit der Fibrinolyse zu Blutungen, die ihrerseits den Schock durch Hypovolämie verstärken.

Das Auftreten von Fibrinmonomeren in der Lungenendstrombahn ist dabei der erste Ausdruck einer generalisierten plasmatischen Hyperkoagulabilität. Später treten lösliche Fibrinoligomere auf und führen zu Fibrinpräzipitaten in Form von Mikrothromben. Läuft die intravasale Gerinnungsaktivierung in der Kreislaufperipherie sehr rasch ab, so entstehen in der Lungenstrombahn hochpolymere Mikrothromben, die mit Stagnationsthromben identisch sind.

Riede et al. (1982) unterscheiden 5 Typen von Mikrothromben, die sie unterschiedlichen Schockzuständen zuordnen.

1) Plättchenthrombus (beim anaphylaktischen Schock;
2) Fibrinthrombus (beim geburtshilflich ausgelösten Schock);
3) hyaline Kugeln (bei Azidose);
4) fetthaltige Thromben (beim traumatischen Schock);
5) hyaline Thromben aus Fibrin, Plättchen und Plasma (beim Kreislaufschock).

Hyaline Mikrothromben bei unterschiedlichen Grundkrankheiten

Nach Bleyl (1978) finden sich intravasale HM v.a. in den Fällen, in denen die generalisierte Hämostasestörung foudroyant abläuft und der generalisierten Mikrozirkulationsstörung vorausgeht - also beim septischen Schock, bei Endotoxinämien und Thromboplastineinschwemmung (Fruchtwasserembolie). In diesen Fällen läuft die Gerinnung so schnell ab, daß Permeabilitätsstörungen und Surfactantsynthesestörungen gar nicht zum Tragen kommen. Verläuft die Hyperkoagulabilität hingegen prolongiert, kommt es oftmals vor der Mikrothrombosierung zur Insuffizienz des Surfactantsystems.

HM können bei allen Krankheitsbildern auftreten, die mit einem Schockgeschehen einhergehen. Bei der Korrelation „klinischer Schock" und Mikrothromben wurde jedoch festgestellt, daß nur etwa die Hälfte aller klinisch manifesten Schockfälle auch histologisch Mikrothromben aufwies (47 von 102 nach Harms u. Lehmann 1969; 67 von 109 nach Tanaka u. Imamura 1983). Umgekehrt können Mikrothromben auch in Fällen gefunden werden, in denen klinischerseits kein Schockverdacht bestand (106 von 417 nach Harms u. Lehmann 1969; 63 von 4797 nach Tanaka u. Imamura 1983).

Tabelle 1. Anteil der verschiedenen Grundkrankheiten an der Gesamtheit der Sektionsfälle mit hyalinen Mikrothromben (*HM;* Prozentangaben in Klammern)

Autoren	Harms u. Lehmann, 1969	Watanabe et al. 1979	Matsuda u. Aoki 1983	Tanaka u. Imamura 1983	Gerard et al. 1983	Gesamt
Untersuchte Fälle mit HM (gesamt)	153 (100)	51 (100)	503 (100)	88 (100)	100 (100)	
Maligne Tumoren	38 (24,8)	21 (41,2)	226 (44,9)	40 (45,4)		325 von 795 (40,9)
Leukämien		15 (29,4)	73 (14,5)	19 (21,6)		107 von 642 (16,6)
Infektionen	28 (18,3)		77 (15,3)		33 (33)	138 von 756 (18,3)
Leberkrankheiten			28 (5,5)		30 (30)	58 von 603 (9,6)
gynäkologische Krankheiten		} 13 (25,5)	19 (3,7)		26 (26)	45 von 603 (7,5)
Kollagenosen			12 (2,4)			
Trauma/Operation	7 (4,6)		12 (2,4)		22 (22)	41 von 756 (5,4)
ZNS-Erkrankungen	13 (8,5)	2 (3,9)				15 von 204 (7,4)
Kardialer Schock	16 (10,4)					16 von 153 (10,4)

Sharp (1983) stellte eine Liste aller Krankheitsbilder zusammen, in denen eine disseminierte intravasale Gerinnung nachgewiesen wurde. Neben den Krankheiten, die auch in Tabelle 1 aufgeführt sind, werden v. a. angegeben: Verbrennung, Hitzschlag, Hypothermie, Hypoxie, Intoxikation. Bei allen genannten Krankheitsbildern ist die DIC als Ausdruck eines finalen Schockzustands vorstellbar.

Der Autor führt daneben Krankheitsbilder auf, bei denen unklar ist, ob DIC Ursache oder Folge ist: z. B. Atemnotsyndrom, akute nekrotisierende ischämische Enterokolitis, Pyoderma gangraenosum.

Sandritter et al. (1978) verglichen ausschließlich die Grundmechanismen der Schockzustände mit der Häufigkeit von HM. Sie fanden HM in 78% der Fälle mit Endotoxinschock, in 60% der Fälle mit kardiogenem Schock und in 20% der Fälle mit hämorrhagischem Schock. Diese Beobachtung entspricht den klinischen Befunden von Heene u. Matthias (1978), die lösliches Fibrin v. a. beim septischen Schock (94%), beim kardialen Schock (61%) und beim hämorrhagischen Schock (50%) beobachteten. Matsuda u. Aoki (1983) konnten an einem umfangreichen Material von 53057 Patienten in 503 Fällen klinisch eine disseminierte intravaskuläre Gerinnung nachweisen. Die Hälfte dieser Patienten litt an malignen Tumoren (45%), während 73 Patienten an einer Leukämie und 77 Patienten an einer infektiösen Erkrankung litten. Schockzustände konnten nur in 8,7% aller Fälle nachgewiesen werden, in denen HM beobachtet wurden, wobei der septische Schock mit 5,3% die übrigen Schocktypen bei weitem überwog. Schließlich konnten HM - und insbesondere KHM - gehäuft nach Schädel-Hirn-Traumen beobachtet werden (Pondaag 1979; Tikk u. Noormaa 1979; Clark et al. 1980; Kaufmann et al. 1981; Tinnemans u. Gerritsen 1980; Van der Sande et al. 1978; Miner et al. 1982; Pfenninger et al. 1982).

Lokalisation der hyalinen Mikrothromben

Zur Frage der Lokalisation der HM liegen zahlreiche Untersuchungen vor, die weitgehend übereinstimmende Beobachtungen dokumentieren (vgl. Tabelle 2). Dabei gehen die meisten Autoren davon aus, daß die Mikrothromben überwiegend in Arteriolen, Kapillaren und Venolen entstehen. Am häufigsten fanden sich HM in Lungen und Nieren, während sie in allen übrigen Organen nur sporadisch auftraten. Sandritter et al. (1978) geben nur Prozentzahlen an, ohne das Fallmaterial im einzelnen zu analysieren, wonach die Lunge das am häufigsten betroffene Organ darstellt (80%), während in Nieren, Hypophyse und Leber HM nur in 30-40% der Fälle beobachtet wurden, in Darm (11%) und Nebennieren (10%) noch seltener.

Hinsichtlich des Verteilungsmusters unterscheiden Shimamura et al. (1983) 4 Typen:

1) hepatischer Typ,
2) hepatisch-renaler Typ,
3) renaler Typ,
4) unbestimmter Typ.

Tabelle 2. Häufigkeit hyaliner Mikrothromben in unterschiedlichen Organen
(n = Gesamtheit der untersuchten Fälle mit hyalinen Mikrothromben; Prozentangaben in Klammern)

Autoren	Harms u. Lehmann 1969	Watanabe et al. 1979	Shimamura et al. 1983	Tanaka u. Imamura 1983	Gesamt
n	153 (100)	51 (100)	37 (100)	88 (100)	329 (100)
Nieren	64 (41,8)	43 (84,3)	28 (75,5)	73 (83,0)	208 (63,2)
Lungen	91 (59,5)	40 (78,4)	37 (100)	67 (76,1)	235 (71,4)
Milz		29 (56,9)		45 (51,1)	74 von 139 (53,2)
Nebennieren		22 (43,1)	12 (32,4)	36 (40,9)	70 von 176 (39,8)
Herz	13 (8,5)	18 (35,3)	21 (56,8)	32 (36,4)	84 (54,9)
Hirn		12 von 36 (33,3)		17 von 60 (28,3)	29 von 96 (30,2)
Leber	52 (34,0)	16 (31,4)	35 (94,6)	26 (29,5)	129 (39,2)
Pankreas			18 (48,7)	17 (19,3)	35 von 125 (28,0)
Magen-Darm-Trakt			7 (18,9)	22 (25,0)	29 von 125 (23,2)
Hypophyse				3 (3,4)	3 von 88 (3,4)

Diese Autoren konnten zwar keine Korrelation ihrer Verteilungstypen mit bestimmten Krankheitsbildern feststellen, vermeinten jedoch eine Aussage zur Dauer des DIC-Zustands machen zu können: Lag ein hepatischer Typ vor, nahmen sie eine Krankheitsdauer von weniger als 14 Tagen an; lag ein hepatisch-renaler oder renaler Verteilungstyp vor, wurde ein längerdauerndes Krankheitsgeschehen angenommen.

Keine diganostische Bedeutung maßen die gleichen Autoren hingegen den HM in der Lungenendstrombahn bei, da hier nicht unterschieden werden konnte, ob die Thromben an Ort und Stelle entstanden oder über den Kreislauf, überwiegend aus den Zentralvenen der Leber, hierher transportiert worden waren.

Vitalität

Von forensischer Bedeutung ist schließlich die Frage der Vitalität der HM beziehungsweise KHM. Apitz (1938) geht davon aus, daß beide Formen der Mikrothromben überwiegend erst postmortal entstehen. Der Autor berief sich auf die Beobachtungen von Zenker (1895), der sternförmige Fibrinpräzipitate als postmortale Veränderungen beschrieb, die auch in vitro erzeugt werden können (Gollwitzer et al. 1983). Bei den sternförmigen Fibrinpräzipitaten handelt es sich ultrastrukturell jedoch um locker gepackte Fibrinbündel, die in deutlichem Gegensatz zur dichten Packung der Bündel in HM und KHM stehen. Schließlich lassen sich die überwiegend runde Form der KHM sowie die weitgehend glatte Oberfläche wohl nur durch den fließenden Blutstrom erklären. Aus diesem Grunde sind sich heute auch alle Autoren darin einig, daß es sich bei diesen Phänomenen zweifellos um ein Indiz eines vitalen Geschehens handelt, wobei die Oberflächenstruktur ebenso wie die Formation selber durch den Blutfluß bestimmt wird und insbesondere die KHM zum Teil bzw. überwiegend im Sinne einer Embolie weitertransportiert werden (Skjørten 1968; Bleyl u. Rossner 1975, 1976; Bleyl 1978; Mittermayer et al. 1978; Saldeen 1979).

Zeitablauf

Zur zeitlichen Zordnung von HM liegen außer den oben zitierten Angaben von Shimamura et al. (1983) auch Schätzungen anderer Autoren vor. Joachim (1983), der sich mit der zeitlichen Zuordnung besonders beschäftigte, stellt jedoch nur pauschal fest, daß Mikrothromben in allen Phasen der Schockentwicklung zu beobachten und daher für eine Zeitbestimmung ungeeignet seien. Auf eine mögliche diagnostische Bedeutung in der Frühphase geht er nicht näher ein.

Mittermayer u. Joachim (1977) beschreiben Endotheldefekte als früheste morphologische Veränderung des Schocks und als nächstes relevantes morphologisches Substrat die Mikrothrombosierung. Ähnlich bezeichnen Riede et al. (1982) die reversiblen Thrombozytenaggregate in der Lungenendstrombahn als das früheste morphologische Substrat der für den Schock typischen generalisierten Mikrozirkulationsstörung (s. auch Sandritter et al. 1978).

Demgegenüber weist Bleyl (1978) auf eine Beobachtung hin, die bereits oben zitiert wurde: Das unterschiedliche morphologische Substrat sei wahrscheinlich durch die unterschiedliche Schnelligkeit der Krankheitsabläufe bedingt. Bei manchen Krankheiten, wie beim septischen Schock, gehen die Hämostasestörungen den Mikrozirkulationsstörungen voraus und führen zur Mikrothrombosierung, bevor Permeabilitätsstörungen auftreten. Ähnlich sind wohl auch die Befunde von Joachim et al. (1983) zu interpretieren, die bei posttraumatischem (offenbar hämorrhagischem) Schock während der Frühphase praktisch nie eine Mikrothrombosierung beobachteten, während diese beim Verbrennungsschock bereits am 1. Tag nachweisbar wurde.

Kasuistik

Fall 1 49 Jahre, männlich (Laufende Nr. 190/81).
Vorgeschichte:
Keine Krankheiten bekannt.
Auffindungssituation:
Bei Bauarbeiten Sturz von Gerüst und Fraktur des rechten Sprunggelenkes vom Typ Weber C. Osteosynthese in Halothannarkose, in deren Verlauf extrem hohe Temperaturen auftraten. Intensivmedizinische Behandlung unter der Diagnose einer malignen Hyperthermie. Sechs Tage später Reanimation nach Herzstillstand. Entwicklung einer Lungenentzündung, die 2 Tage später zum Tode führte.
Obduktionsbefund:
Massive Stauungsblutfülle der inneren Organe. Zeichen des septischen Schocks mit Schocklungen, Schocknieren und Schockleber. Ausgeprägte abszedierende Bronchopneumonie beiderseits.
Histologie:
Schockveränderungen in Lungen, Leber und Nieren. Hyaline Kugeln, v.a. in den Zentralvenen der Leber und in den Ästen der V. hepatica.
Epikrise:
Als todesursächlich muß ein Regulationsversagen bei septischem Schock angesehen werden. Dieses hatte bereits 2 Tage vor Eintritt der irreversiblen Asystolie zu einem Herzstillstand geführt, der jedoch durch Reanimationsmaßnahmen rückgängig gemacht werden konnte.

Die "shock bodies", die durch septischen Schock und passageren Herzstillstand ausreichend erklärt sind, waren im vorliegenden Fall von ungewöhnlicher morphologischer Ausbildung. Es kamen nicht nur kompakte kugelförmige, sondern auch ringförmige, vielfach durchbrochene sowie halbmondförmige Körper vor (Abb. 1). Zum Teil waren die Zentren mit Erythrozyten gefüllt. Die äußere Randbegrenzung war teilweise glatt, teilweise wies sie radiärstrahlige Säume auf.

Lichtmikroskopisch zeigte die PTAH-Färbung, daß sich die polymorphen Gebilde aus Fibrin zusammensetzten (Abb. 1a). Schon bei dieser Färbung waren im Zentrum und in den Randzonen nadelförmige Streifen als Fibrinpräzipitate identifizierbar. Durch Anfärbung mit einem Antialbuminantikörper zeigte sich, daß diese Präzipitate kein Albumin enthielten.

Durch rasterelektronenmikroskopische Untersuchung konnte die Kugel- bzw. Ringform mit runder Randbegrenzung plastisch dargestellt werden (Abb. 2a). Mit dieser Darstellungsmethode konnten die radiären Spikes an einzelnen Körpern nachgewiesen werden (Abb. 2b). Durch transmissionselektronenmikroskopische Untersuchungen kamen im Innern der Kugeln neben amorphem Material nadelförmige Fibrillen zur Darstellung (Abb. 3). Eine Fibrillenquerstreifung mit für Fibrin typischer Periodik konnte vereinzelt beobachtet werden (Abb. 4a, b). Zentral gelegene Erythrozyten- oder Thrombozytenreste stellten sich nicht dar.

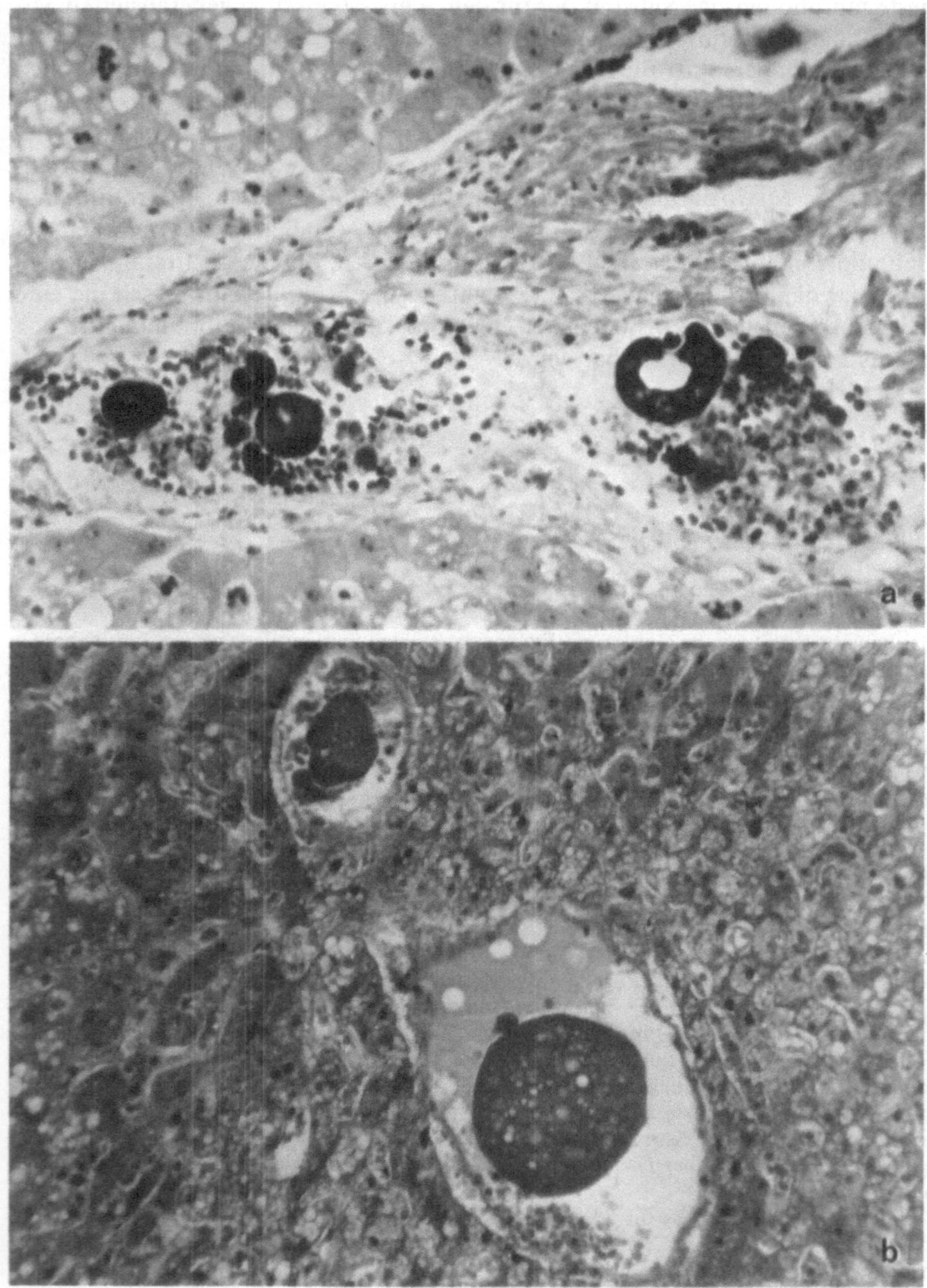

Abb. 1a, b. Kugel- und ringförmige hyaline Mikrothromben in Lebervenen. **a** PTAH, Vergr. 200:1; **b** HE, Vergr. 500:1

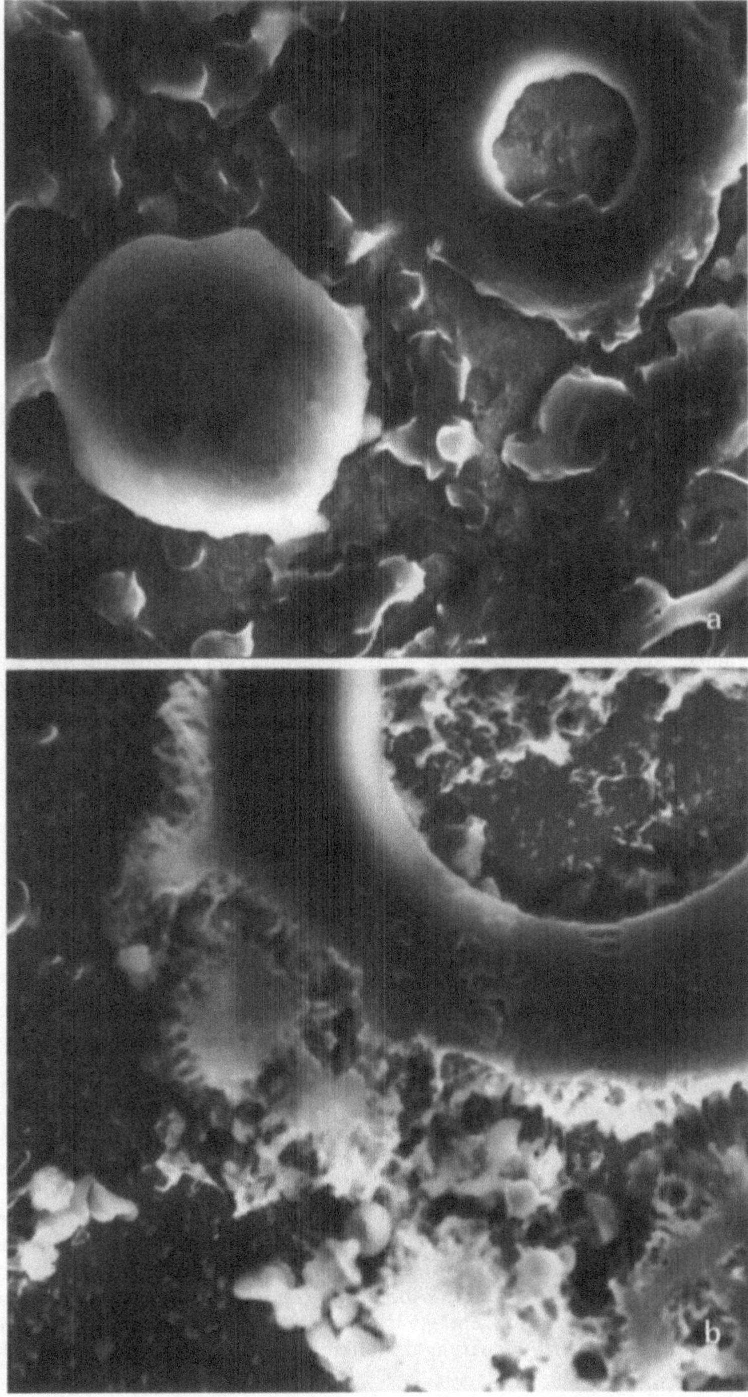

Abb. 2a, b. Rasterelektronenmikroskopische Darstellung der hyalinen Mikrothromben. **a** Kugel- und Ringform mit überwiegend glatter Oberfläche (Vergr. 4000:1); **b** Ringform mit radiärem Strahlenkranz von Fibrinfibrillen (Vergr. 9000:1)

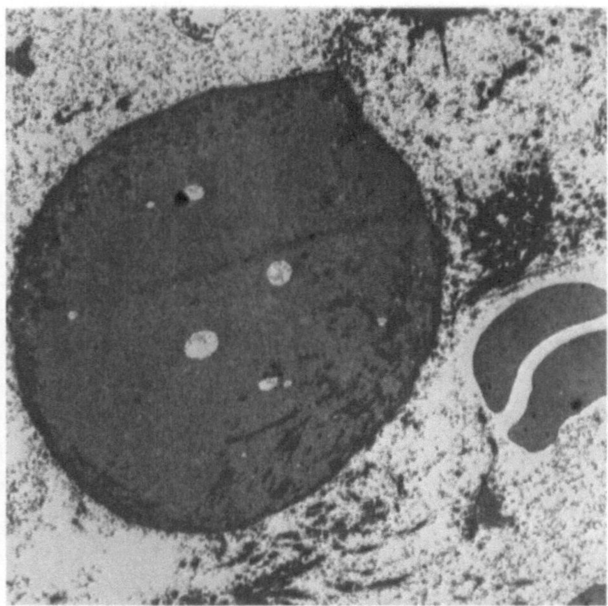

Abb. 3. Kugelförmiger hyaliner Mikrothrombus in der Durchlichtelektronenmikroskopie. Erkennbar werden elektronendichte Fibrinfibrillen an der Oberfläche und granulär-homogene Matrix im Zentrum sowie zentral einzelne Vakuolen; keine Zelleinschlüsse (Vergr. 7000:1)

Fall 2 38 Jahre, männlich (Laufende Nr. 194/79)
Vorgeschichte:
Chronischer Alkoholabusus.
Aktueller klinischer Befund:
Akut eintretender hirnorganischer Anfall mit anschließendem Koma. Herz- und Kreislaufstillstand, der mittels Reanimationsmaßnahmen überwunden wird. Sechs Tage später Tod im generalisierten Kreislaufversagen nach Spontanpneumothorax.
Obduktionsbefund:
Ausschließlich der Befund der Kopfsektion steht zur Verfügung. Makroskopisch sind die Leptomeningealgefäße blutreich; ausgeprägte Druckzeichen an der Hirnbasis mit sekundären Blutungen im Bereich der Hippocampusformation beidseits und der Brücke; auf Kreislaufstörungen zurückzuführende Grauverfärbung im rechten Pallidum und im Hypothalamus.
Histologischer Befund:
Auf allen Groß- und Kleinhirnanschnitten fanden sich gestaute Gefäße mit Ödemveränderungen. In der Lichtung von Arteriolen sowie Kapillaren von Rinde und Mark finden sich tropfenförmige Einlagerungen und Gefäßausgüsse, die sich in der Gieson-Färbung gelb und in der HE-Färbung dunkelrot darstellen (Abb. 5a). Deutliche PAS-Reaktion. Zum Teil sind diese homogen angefärbten Körper endothelialisiert, z.T. ist eine beginnende Fibroblastenproliferation erkennbar (Abb. 5c). Das Hirngewebe zeigt eine Purpura cerebri mit spärlichen Kugelblutungen und angedeuteten Ringblutungen (Abb. 5b, c). Die Nervenzellen in Großhirnrinde sowie zentralen Kernen zeigten z.T. ausgeprägte irreversible Schädigungen; ausgeprägte reaktive Veränderungen in Form einer Vermehrung der Mikroglia und Astroglia in den geschädigten Arealen.
Epikrise:
Aufgrund des neuropathologischen Befunds ist davon auszugehen, daß die hyalinen Mikrothromben eine Nekrose des Gehirns verursachten, wofür einerseits die beginnende Organisation der Thromben, andererseits die ring- oder kugelförmigen Blutungen sprechen, wie sie bei Embolisation des Hirnkreislaufs anzutreffen sind. Das Ausmaß der Organisation könnte einem

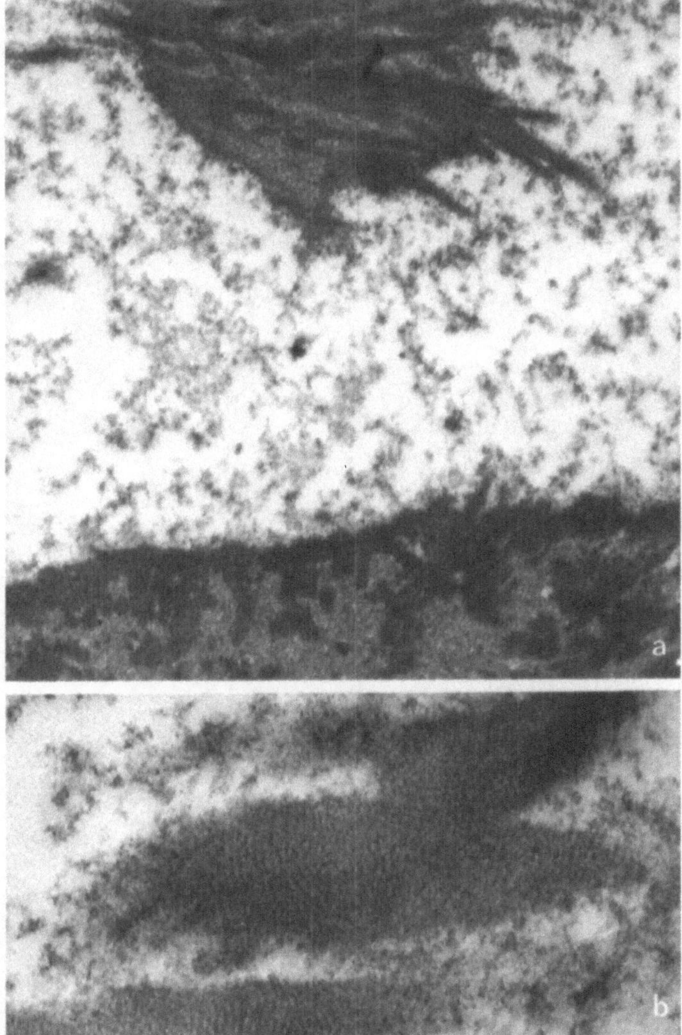

Abb. 4a, b. Kugelförmige hyaline Mikrothromben im Transmissionselektronenmikroskop. **a** Erkennbar wird die Oberfläche eines Mikrothrombus mit angedeuteter radiärer Oberflächenstruktur und die alternativ homogen/granulär bzw. durch Fibrinfibrillen verdichtete Schnittfläche; gleichzeitig angeschnitten ein kleineres Fibrinpräzipitat mit dicht gelagerter typischer fibrillärer Struktur (Vergr. 10000:1); **b** Ausschnitt aus dem Bereich einer fibrillären Struktur mit periodisch auftretender Querstreifung (Vergr. 40000:1)

6tägigen Krankheitsablauf entsprechen, so daß als Ursache für die hyalinen Mikrothromben der 6 Tage ante finem aufgetretene Herzstillstand anzusehen ist. Offen bleiben im vorliegenden Fall 2 Fragen:

1) Wodurch entstand das Koma im Verlauf des epileptischen Anfalls, der zur stationären Einweisung führte?
2) Welcher Anteil der hypoxämischen Nervenzellschäden ist bedingt durch die Mikrothrombosierung und welcher durch die Asystolie?

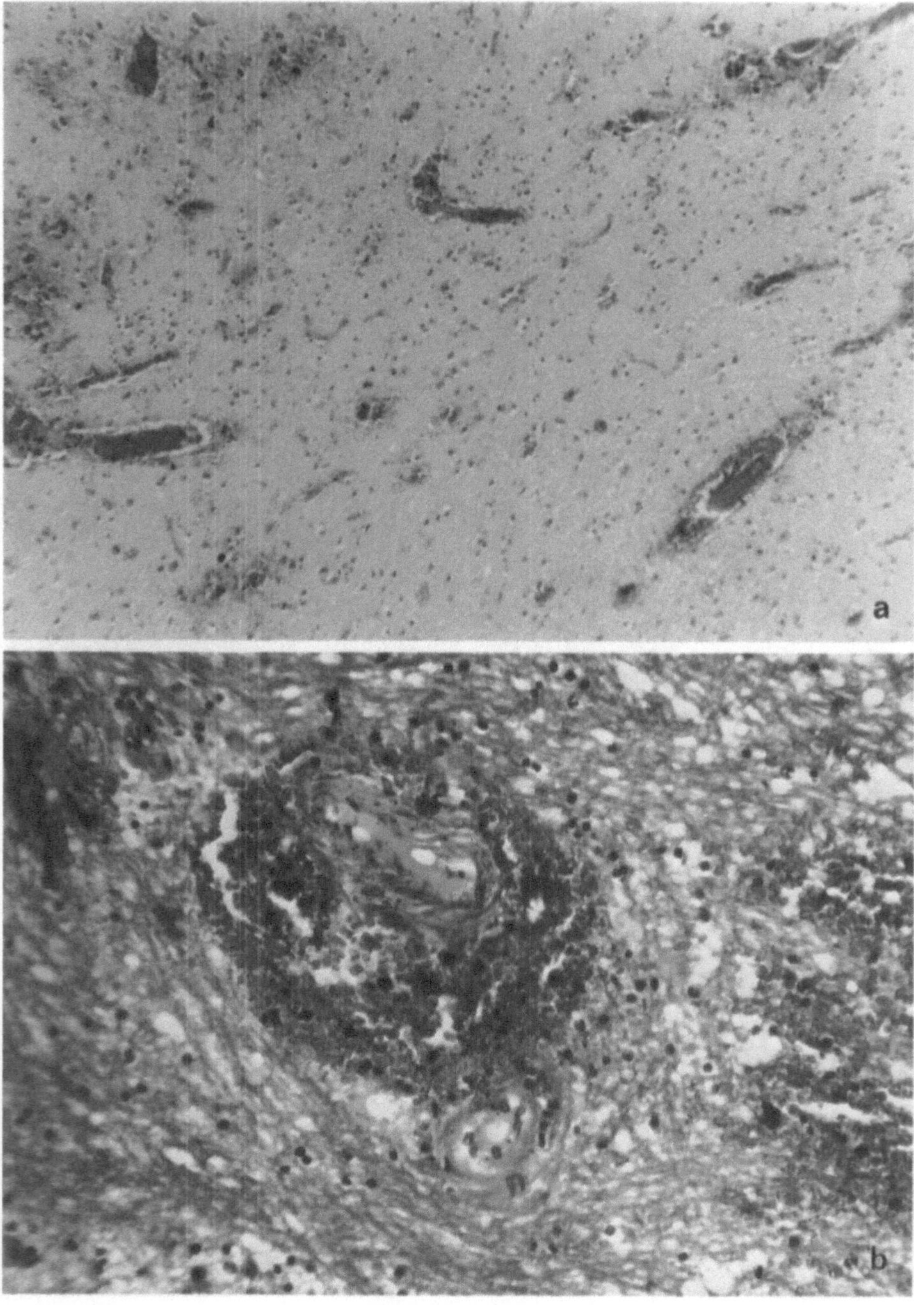

Abb. 5a–d. a zahlreiche gestaute Gefäße und Kapillaren, die z. T. mit hyalinen Mikrothromben austamponiert sind und umgebende Blutungen aufweisen (van Gieson, Vergr. 200:1); **b** mit hyalinen Mikrothromben ausgefüllte Gefäßlichtung einer Arterie und umgebende Blutung (HE, Vergr. 300:1)

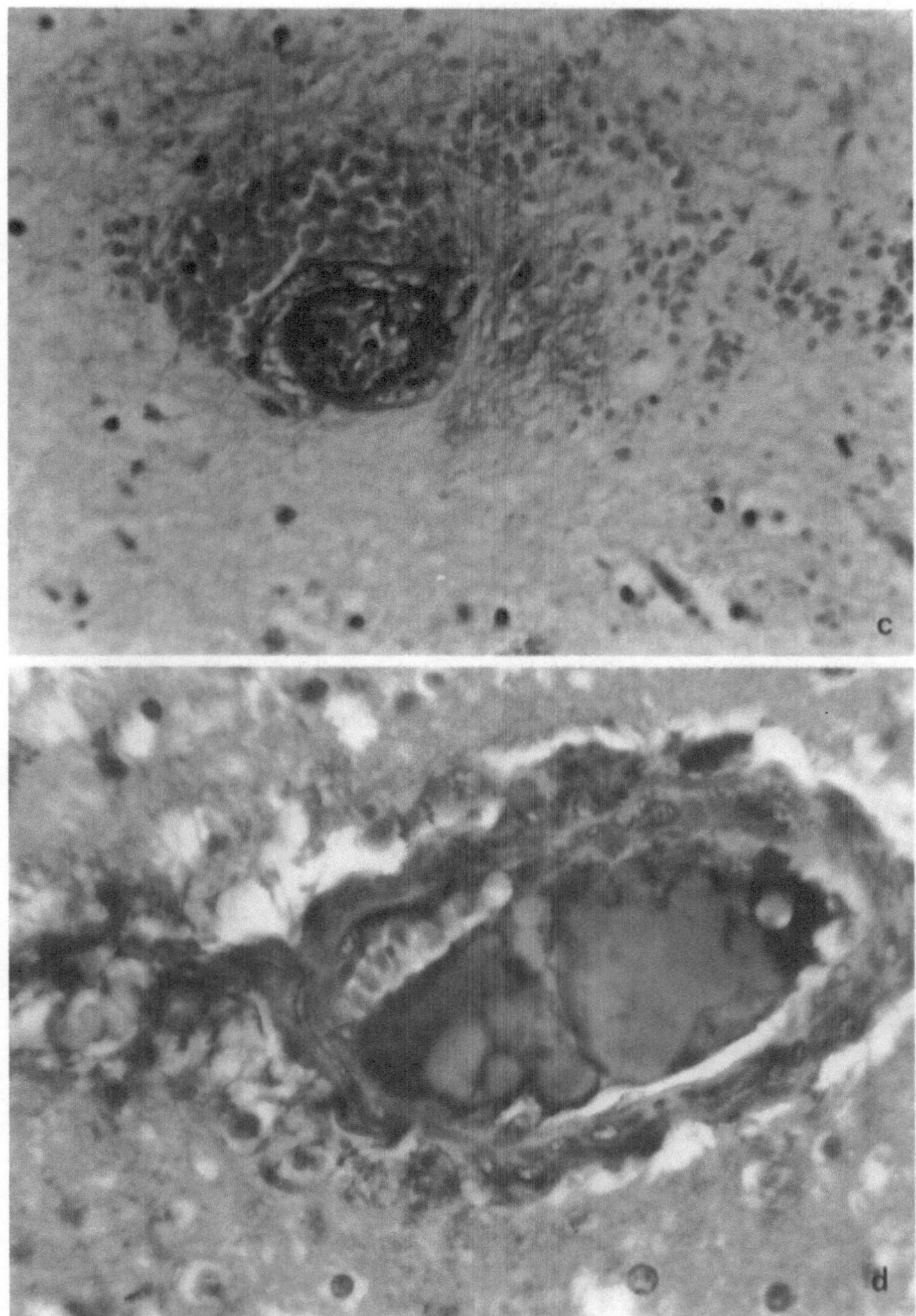

Abb. 5c, d. **c** umblutete Arteriole mit hyalinem Mikrothrombus, der eine beginnende Organisation mit Endothelien und Fibroblasten aufweist (HE, Vergr. 500:1); **d** hyaliner Mikrothrombus, der eine Gefäßlichtung nahezu vollständig austamponiert und in der Randzone eine beginnende Endothelproliferation aufweist (van Gieson, Vergr. 200:1)

Fall 3 39 Jahre, männlich (Laufende Nr. 14/81)

Vorgeschichte:

Alkoholiker, der jedoch noch weitgehend regelmäßig einer Arbeit nachging; wiederholt Magenschleimhautentzündungen; beginnende Leberfunktionsstörungen laborchemisch nachgewiesen.

Auffindungssituation:

In Rückenlage tot im Bett aufgefunden, 3 Tage nachdem er letztmals lebend gesehen worden war.

Obduktionsbefund:

Zirca 700 ml Blut im Magen sowie hämatinisiertes Blut im oberen Dünndarmdrittel. Hämorrhagische Gastritis mit sulziger Durchtränkung der Magenschleimhaut. Angedeutete Schocklungen; angedeutete Schocknieren.

Histologischer Befund:

Ausgeprägte hämorrhagische Gastritis; massive Stauung in allen Organen; disseminiert auftretende hyaline Kugeln, insbesondere in der Endstrombahn der Lungen, der Leber, der Bauchspeicheldrüse, der Nieren und des Gehirns (Abb. 6).

Chemisch-toxikologischer Befund:

Es konnten weder gebräuchliche Medikamente noch Betäubungsmittel beziehungsweise Bromderivate oder Cyanid nachgewiesen werden. Desweiteren konnte die Einnahme eines Rattengiftes (Bromelin) ausgeschlossen werden, das in der Wohnung des Verstorbenen gefunden wurde. Die Blutalkoholkonzentration betrug 0,4‰.

Epikrise:

Auffällig war, daß nur das obere Drittel des Dünndarms mit Blut gefüllt war, so daß davon auszugehen ist, daß die Blutung selbst nur wenige Stunden überlebt wurde. Als typisches Schockäquivalent wurden disseminiert auftretende hyaline Kugeln beobachtet.

Verlauf und morphologische Befunde lassen 2 Geschehensabläufe denkbar erscheinen:

Eine primäre Noxe kann eine disseminierte intravasale Gerinnung verursacht haben, die ihrerseits über lokale Schleimhautischämie und/oder Verbrauchskoagulopathie eine massive Ma-

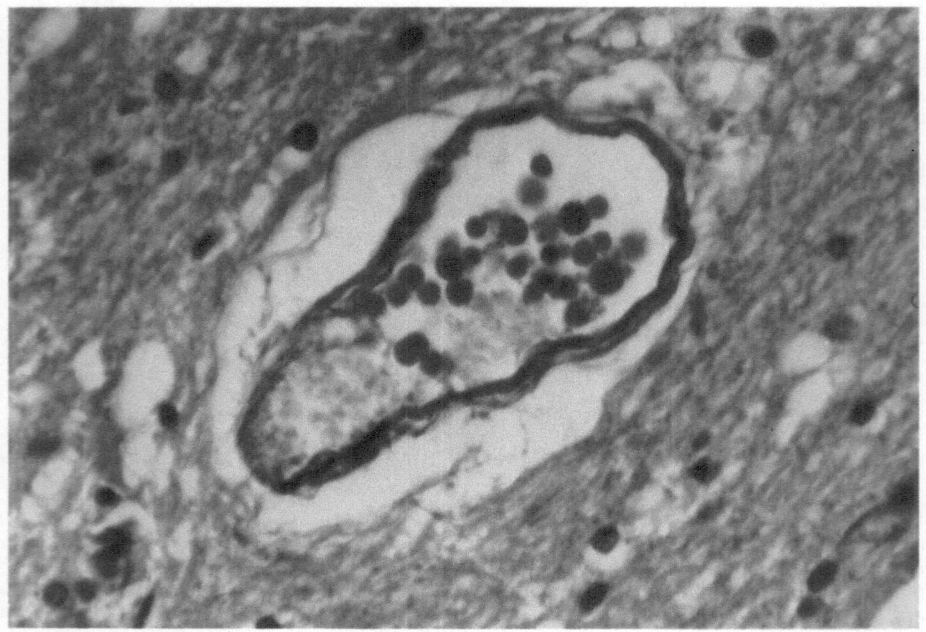

Abb. 6. Typische kugelförmige hyaline Mikrothromben im Sinne von “shock bodies” in einem Hirngefäß (PAS, Vergr. 500:1)

genblutung initiierte. Allerdings konnte eine primäre Noxe durch chemisch-toxikologische und feingewebliche Untersuchung nicht aufgedeckt werden.

Andererseits war retrospektiv aus den Krankenunterlagen von einem 12 Monate zurückliegenden Bluterbrechen zu erfahren, so daß folgende Kausalkette plausibler erscheint:

Eine diffuse Magenschleimhautblutung bei hämorrhagischer Gastritis löste einen Schockzustand aus, der schließlich zu dem histologisch faßbaren Vollbild der DIC führte.

Zusammenfassende Diskussion

Die 3 Fälle stammen aus einem Obduktionsmaterial, in dem häufig HM beziehungsweise KHM zu beobachten sind. Im 1. Fall imponieren die ungewöhnliche Morphologie sowie die Anzahl der KHM, wie sie sich v.a. in der Leber darstellen. Sowohl in der PTAH-Färbung als auch transmissionselektronenmikroskopisch entsprach die Struktur der KHM den Beschreibungen anderer Autoren (Skjørten 1964, 1968; Bleyl u. Rossner 1975, 1976; Bleyl 1978): Es fand sich kein Hinweis auf Zellreste, Membranen oder Zellorganellen. Demgegenüber konnten vereinzelt dicht gepackte Fibrinbündel nachgewiesen werden. Diese Beobachtung spricht gegen die Aufnahmen von Hardaway et al. (1965), die Erythrozytenaggregate, und von Robbs u. Jacobson (1963), die Thrombozytenaggregate als Kondensationszentren für die Ausbildung von KHM ansahen. Ferner konnten wir feststellen, daß die im KHM beschriebenen zentralen Vakuolen ein Ausmaß annehmen können, das zu einer Ringstruktur führt.

Nach Bleyl (1978) entstehen diese Körper aus filamentär präformierten, quervernetzten Fibrinintermediären unter dem formativen Einfluß des strömenden Blutes. Entsprechend geht dieser Autor - wie andere Autoren (Skjørten 1968; Mittermayer et al. 1978; Saldeen 1979) - davon aus, daß es sich bei dieser Variante der HM überwiegend um embolisiertes Material handelt. Er beobachtete ferner, daß die KHM regelmäßig einen oberflächlichen Strahlenkranz aufweisen, der aus filamentären Fibrinoligomeren besteht. Dieses Phänomen konnten wir nur bei einzelnen KHM beobachten.

Während der 1. Fall insbesondere Informationen über die Morphogenese der KHM gibt, zeigt der 2. Fall das Ausmaß von Veränderungen, die sicher z.T. als Folgen der Ausbildung von HM anzusehen sind. Wenn auch hier - wie in den meisten vergleichbaren Fällen - die Ursache für die Ausbildung der HM zugleich als mitursächlich für Schäden am Zielorgan anzusehen sind, so sprechen doch die beginnende Organisation der HM und die ausgußartige Thrombosierung vieler Hirngefäße dafür, daß einerseits nach der vorübergehenden Asystolie das Gehirn reperfundiert wurde und daß andererseits - als Folge der Gefäßverschlüsse - sekundäre Schäden in Form der genannten Blutungen auftraten. Nekrosen als Folgeerscheinung von HM wurden am Gehirn bisher ausschließlich von Tanaka u. Imamura (1983) beschrieben: Sie beobachteten in nahezu der Hälfte der Fälle (n=9), in denen sie im Gehirn Mikrothromben nachweisen konnten (n=17), auch Nekrosen. Nähere Angaben zu diesen Fällen fehlen jedoch. Aufgrund der eigenen Erfahrung stellen Hirnnekrosen infolge von HM eine Seltenheit dar, während HM im Gehirn je nach methodischem Aufwand unterschiedlich häufig anzutreffen sind. (vgl. Tabelle 2, s. auch Betz et al. 1978).

Der 3. Fall demonstriert das typische forensische Problem von Ursache und Wirkung, das in diesem Fall nur näherungsweise geklärt werden konnte. Durch Ausschluß zusätzlicher organischer Störungen sowie aufgrund der Vorgeschichte mit ähnlichem Zustandsbild war am ehesten davon auszugehen, daß in diesem Fall der innere Blutverlust ursächlich für die Ausbildung von HM war - und nicht umgekehrt. Da nur das obere Dünndarmdrittel mit Blut gefüllt war, wurde das Blutungsereignis offenbar nur um etwa 1-2 h überlebt. Innerhalb dieser kurzen Zeit entwickelten sich die HM. Auffällig war ferner das Fehlen von Bluterbrechen oder Blutaspiration, wie es bei bewußtseinsklaren Patienten zu erwarten wäre, woraus im vorliegenden Fall zu schließen ist, daß der Blutungsvorgang foudroyant ablief.

Schlußfolgerung

Faßt man die umfangreichen Untersuchungen des Schrifttums zusammen, dann handelt es sich bei HM bzw. KHM um Phänomene, die bei unterschiedlichen Krankheitsbildern v.a. in der finalen Phase des tödlichen Geschehensablaufs auftreten können. Voraussetzung sind eine Schocksituation mit Mikrozirkulationsstörung und Gewebezertrümmerung oder andersartig bedingter Gerinnungsförderung. Da die Vorgänge der DIC ihrerseits den Schockvorgang aufrechterhalten und verstärken können, entsteht ein Circulus vitiosus, der ohne therapeutisches Eingreifen zum Tode führen muß.

In der forensischen Pathologie überwiegt der Anteil der Fälle mit akutem Todeseintritt, wobei der akute natürliche Tod neben dem akuten gewaltsamen Tod steht. Werden bei ungeklärter Todesart HM nachgewiesen, so liefern sie zumindest eine Information über den finalen Geschehensablauf. Bei fehlenden anderen morphologischen und anamnestischen Hinweisen wäre unter diesen Umständen eine Intoxikation zu erörtern, wobei insbesondere Wirksubstanzen in Frage kommen, die die Gerinnung fördern oder einen Schockzustand induzieren können. Die Möglichkeit einer iatrogen erzeugten disseminierten intravasalen Gerinnung wurde von Williams (1979) beschrieben, der sie besonders nach oralen Antikonzeptiva, aber auch bei Behandlung mit Kortikosteroiden, Ergotaminpräparaten, Pencillinen und Cephalosporinen, psychotropen Medikamenten sowie bei Herzklappenersatz beobachtete.

In dem 3. der eigenen Fälle gab der Nachweis hyaliner Mikrothromben Anlaß zum Überdenken der Diagnose, wobei das Augenmerk auf eine mögliche Intoxikation gerichtet wurde, die schlußendlich durch chemisch-toxikologische Analyse ausgeschlossen werden konnte. Die 2 übrigen Fälle wurden im wesentlichen wegen der Seltenheit derartiger Beobachtungen sowie zur Dokumentation typischer - jedoch ungewöhnlich stark ausgebildeter - KHM und ihrer Folgeerscheinungen wiedergegeben. Durch die elektronenmikroskopische Untersuchung konnte zusätzlich zur formalen Genese der KHM festgestellt werden, daß diese nur aus Fibrin - und nicht zusätzlich aus Zellresten - zusammengesetzt sind. Ihr Auftreten in Form von Ringen beziehungsweise Hohlkugeln ist bisher nicht beschrieben worden und muß als Variante der bisher überwiegend dargestellten kugelähnlichen Formen verstanden werden.

Zusammenfassung

In einer Literaturübersicht werden diagnostische Wertigkeit, Verteilung, Vitalität und Zeitabhängigkeit hyaliner Mikrothromben - insbesondere ihrer kugelförmigen Variante - dargestellt. Eine eigene Fallbeobachtung dokumentiert den lichtmikroskopischen und ultrastrukturellen Bau kugelförmiger hyaliner Mikrothromben, was Rückschlüsse auf die formale Genese erlaubt. In einem weiteren Fall führte eine ausgedehnte Mikrothrombosierung des Gehirns zu überwiegend fokalen Gewebsnekrosen. In einem dritten Fall wird eine typische forensische Fragestellung erörtert, die sich aus dem Nachweis hyaliner Mikrothromben ergeben kann.

Literatur

Apitz K (1938) Pathologische Physiologie der Blutgerinnung. Kolloid Z 85:196

Betz E, Schlote W, Schmahl FW (1978) Schock und Gehirn. Verh Dtsch Ges Pathol 62:147-163

Bleyl U (1978) Hämostase und Schocklunge. Verh Dtsch Ges Pathol 62:39-54

Bleyl U, Rossner JA (1975) Ultrastruktur der kugelförmigen hyalinen Mikrothromben (sog. Globuli) beim Menschen. Verh Dtsch Ges Pathol 59:465

Bleyl U, Rossner JA (1976) Globular hyaline microthrombi - their nature and morphogenesis. Virchows Arch [A] 370:113-128

Clark JA, Finelli RE, Netsky MG, (1980) Disseminated intravascular coagulation following cranial trauma. Case report. J Neurosurg 52:266-269

Gerard A, Lambert H, Larcan A, Rauber G, (1983) Aspects morphologiques des coagulations intra-vasculaires disséminées. Ann Pathol 3:213-224

Gollwitzer R, Bode W, Karges HE (1983) On the aggregation of fibriogen molecules. Thromb Res [Suppl] 5:41-53

Hardaway RM (1966) Syndromes of disseminated intravascular coagulation. With special reference to shoc and hemorrhage. Thomas, Springfield

Hardaway RM (1979) Cellular and metabolic effects of shock. J Am Vet Med Assoc 175:81-86

Hardaway RM Chun B, Rutherford RB (1965) Histologic evidence of disseminated intravascular coagulation in clinical shock. Vasc Dis 2:254-265

Harms D, Lehmann H (1969) Untersuchungen über die periphere Mikrothrombose in einem unausgewählten Sektionsgut. Virchows Arch [A] 347:57-68

Heene DL, Matthias FR (1978) Hämostasestörungen im Schock. Verh Dtsch Ges Pathol 62:103-111

Joachim H (1983) Zur Zeitbestimmung der Lungenveränderungen im posttraumatischen Schock. Barz J, Bösche J, Frohberg H, Joachim H, Käppner R, Mattern R (Hrsg) In: Fortschritte der Rechtsmedizin, Festschrift für Georg Schmidt. Berlin Heidelberg New York, Springer S 67-76

Joachim H, Bode G, Köhler G (1983) Morphologische und morphometrische Untersuchungen der Lungen beim Schock aus unterschiedlicher Aetiologie. Beitr Gerichtl Med 41:339-347

Kaufman HH, Moake JL, Olson JD, Miner ME, duCret RP, Preussner JL, Gildenberg PL (1981) Delayed and recurrent intracranial hematomas related to disseminated intravascular clotting and fibrinolysis in head injury. Neurosurgery 7:445–449

Lasch HG, Huth K, Heene DL et al. (1971) Die Klinik der Verbrauchskoagulopathie. Dtsch Med Wochenschr 96:715–728

Manasse P (1892) Über hyaline Ballen und Thromben in den Gehirngefäßen bei acuten Infektionskrankheiten. Virchows Arch 130:217–233

Matsuda M, Aoki N (1983) Statistics on underlying and causative disease of DIC in Japan: A cooperative study. Abe T, Yamanaka M (eds) In: Disseminated intravascular coagulation. Karger, Basel München Paris London New York Tokyo Sydney, pp 15–21

Matthias FR, Lasch HG (1982) Disseminierte intravaskuläre Gerinnung und Kreislaufschock. Hämostaseologie 2:60–67

McKay DG (1964) Disseminated intravascular coagulation. An intermediary mechanism of disease. Hoeper, Harper & Row, New York

Miner ME, Kaufman HH, Graham SH, Haar FH, Gildenberg PL (1982) Disseminated intravascular coagulation fibrinolytic syndrome following head injury in children: Frequency and prognostic implications. J Pediatr 100:687–691

Mittermayer C, Joachim H (1977) Pathologie der Schocklunge und ihre versicherungsmedizinischen Aspekte. In: Ernst S (Hrsg) Schriftenreihe: Unfallmedizinische Tagungen des Landesverbandes der gewerblichen Berufsgenossenschaften. Hauptverband der gewerblichen Berufsgenossenschaften e.V., Bonn, S 61–69

Mittermayer C, Riede UN, Bleyl U, Herzog H, Wichert P von, Riesner K (1978) Schocklunge. Verh Dtsch Ges Pathol 62:11–65

Nossel HL, Kaplan KL (1979) Simultaneous measurement of thrombin and plasmin proteolysis of fibrinogen and of platelet release. In: Bing DH (ed) The chemistry and physiology of human plasma proteins. Pergamon, Oxford pp 97–110

Oka K, Tanaka K (1979) Intravascular coagulation in autopsy cases with liver diseases. Thromb Haemost 2:564, 570

Oka K, Shimamura K, Nakazawa M, Tsunoda R, Kojima M (1983) The role of Kupffer's cells in disseminated intravascular coagulation. A morphologic study in thrombin-infused rabbits. Arch Pathol Lab Med 107:570–576

Pfenninger J, Plaschkes J, Straume GH (1982) Verbrauchskoagulopathie nach schwerem kindlichem Schädelhirntrauma. Z Kinderchir 37:53–55

Pondaag W (1979) Disseminated intravascular coagulation related to outcome in head injury. Acta Neurochir (Wien) [Suppl 1] 28:98–102

Riede UN, Mittermayer C, Rohrbach R, Joh K, Vogel W, Fringes B (1982) Mikrothrombosierung der Endstrombahn als Ursache schockbedingter Organkomplikationen (unter besonderer Berücksichtigung der Schocklunge). Hämostaseologie 2:49–59

Robb HJ, Jacobson LF (1963) Dissolution of a clot studied by cinephotomicrography. Arch Surg 86:816

Saldeen T (1979) Blood coagulation and shock. Pathol Res Pract 165:221–252

Sandritter W, Mittermayer C, Riede UN, Freudenberg N, Grimm H (1978) Shock lung syndrome (A general review). Pathol Res Pract 162:7–23

Schindler K (1938) Gewebliche Veränderungen nach intravenöser Verabfolgung von Bakterienkulturfiltraten. Med. Dissertation, Universität Kiel

Selye H (1966) Thrombohemorrhagic phenomenon. Thomas, Springfield.

Sharp AA (1983) Diagnosis of disseminated intravascular coagulation. In: Abe T, Yamanaka M (eds) Disseminated intravascular coagulation. Karger, Basel München Paris London New York Tokyo Sydney, pp 251–261

Shimamura K, Oka K, Nakazawa M, Kojima M (1983) Distribution patterns of microthrombi in disseminated intravascular coagulation. Arch Pathol Lab Med 107:543–547

Shires T, Colm D, Carrico J (1984) Fluid therapy in Arch Surg 88:688

Skørten F (1964) Bilateral renal cortical necrosis and the generalized Shwartzman reaction. II. Observation on the morphology of fibrin precipitates and discussion of the mechanism of thrombus formation. Acta Pathol Microbiol Scand 61:405–414

Skørten F (1968) On the nature of hyaline microthrombi. Acta Pathol Microbiol Scand 73:489–501

Tanaka K, Imamura T (1983) Incidence and clinicopathological significance of DIC in autopsy cases. In: Abe T, Yamanaka M (eds) Disseminated intravascular coagulation. Tokyo; University of Tokyo Press, pp 79-93

Tikk A, Noormaa U (1979) The significance of cerebral and systemic disseminated intravascular coagulation in early prognosis of brain injury. Acta Neurochir (Wien) [Suppl 1] 28:96-97

Tinnemans JG, Gerritsen SM (1980) Afibrinogenemia and blunt head injury. Intensive Care Med 6:211-213

Van der Sande JJ, Veltkamp JJ Boekhout-Mussert, Bouwhuis-Hoogerwerf ML (1978) Head injury and coagulation disorders. J Neurosurg 49:357-365

Watanabe T, Imamura R, Nakagaki K, Tanaka K (1979) Disseminated intravascular coagulation in autopsy cases. Its incidence and clinicopathologic significance. Pathol Res Pract 165:311-322

Welti E (1889) Über die Todesursache nach Hautverbrennungen. Beitr Pathol Anat 4:530-555

Williams JRB (1979) Intravascular clotting. In: D'Arcy PF, Griffin JP (eds) Iatrogenic diseases. University Press, Oxford New York Toronto, pp 132-140

Zenker K (1895) Über intravaskuläre Fibringerinnung bei der Thrombose. Beitr pathol Anat 17:448-504

Suizid mit Bolzensetzwerkzeug

H. Pankratz, T. Steinbach, D. Stiefel

Bolzensetzwerkzeuge - nicht zu verwechseln mit Bolzenschußapparaten zu Schlachtzwecken - haben im Baugewerbe einen großen Anwendungsbereich. Mit ihnen können nagelförmige Stahlbolzen unterschiedlicher Art in harte Materialien wie Beton und sogar Stahl geschossen werden. Infolge unsachgemäßer und vorschriftswidriger Handhabung kam es früher immer wieder zu z. T. schweren Verletzungen durch abgeprallte Bolzen. Neben Verletzungen der Extremitäten wurden auch Steckschüsse in Rumpf und Kopf beschrieben. Die Häufigkeit dieser Verletzungen hat in letzter Zeit aufgrund verbesserter Sicherheitsmaßnahmen abgenommen.

Eine Verwendung von Bolzensetzwerkzeugen in suizidaler Absicht ist sehr selten. Goonetilleke (1976) berichtete über einen Selbstmord durch Bolzenschuß ins Herz, Weedn u. Mittleman (1984) bzw. Müller-Wiefel (1966) über einen Suizid bzw. Suizidversuch durch Kopfschuß, Wolff u. Laufer (1965) beschrieben einen Kopfdurchschuß.

In dem von uns beobachteten Fall brachte sich ein 26jähriger Mann im Beisein seiner Ehefrau und seines 3jährigen Kindes einen Kopfschuß bei. Anlaß waren eheliche Unstimmigkeiten. Der Aussage der Ehefrau zufolge hielt er sich ein kleines Holzbrettchen vor die Stirn, preßte das Bolzensetzwerkzeug dagegen und löste den Schuß aus. Hierdurch wurde das Holzbrettchen gespalten. Der Mann war sofort bewußtlos.

Er wurde durch den herbeigerufenen Notarzt in ein Krankenhaus gebracht, wo er ca. 5 h später starb. Ein operativer Eingriff wurde nicht durchgeführt.

Bei dem verwendeten Bolzensetzwerkzeug handelte es sich um ein Gerät des Fabrikats Tornado, Modell T 15, Im Kaliber 6,8 · 11 mm (Abb. 1). Die verwendete Kartusche mit der Kennfarbe Schwarz hat nach Sellier (1982) eine Energie von 600 ± 50 J. Bei der Prüfung durch das Landeskriminalamt erwies sich das Gerät als technisch einwandfrei und ohne Mängel. Wie alle Bolzensetzwerkzeuge besitzt es eine Sicherung, die bewirkt, daß eine Schußauslösung nur dann gestattet wird, wenn die Mündung fest gegen einen Widerstand angedrückt wird.

Im vorliegenden Fall war der feste Widerstand durch das vor die Stirn gehaltene Holzbrettchen gegeben. Da dies auch durch alleiniges Andrücken gegen die Stirn möglich gewesen wäre, diente das Brettchen u. U. nur dem Zweck, druckbedingte Schmerzen zu mildern.

Bei der Sektion fand sich über der linken Augenbraue eine kreisrunde, doppelläufig konfigurierte Hautabdruckmarke mit einem Durchmesser von 1,5 cm, unterhalb derer eine weitere, halbkreisförmige Hautabdruckmarke zu erkennen

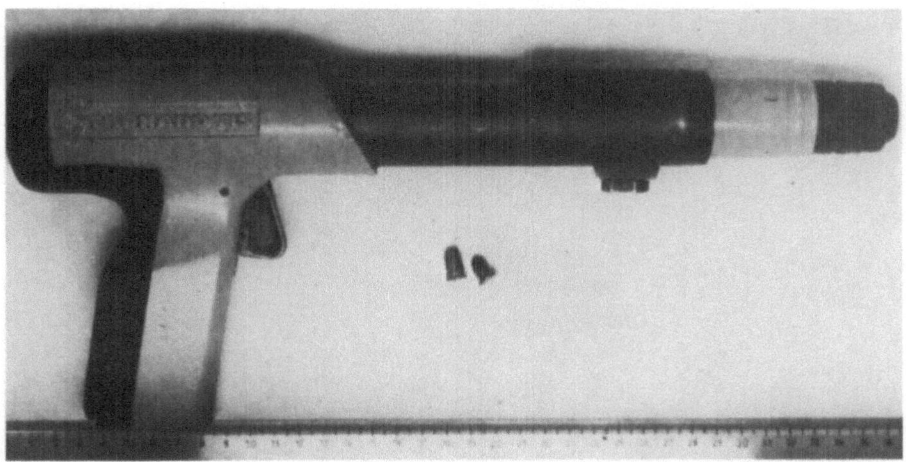

Abb. 1. Bolzensetzwerkzeug des Fabrikats Tornado, Modell T 15 mit 2 Kartuschen (Kaliber 6,8 · 11 mm)

war. Ferner war eine senkrecht gestellte Hautdurchtrennung von 1,5 cm Länge und bis 0,3 cm Breite festzustellen (Abb. 2).

Da durch die Schußwirkung das Holzbrettchen gespalten worden war, konnte die Mündung des Geräts mit der Stirnhaut in Kontakt treten, wodurch sich das Vorfinden der Stanzmarke erklärt. Im Stirnbein fand sich ein kreisrunder Knochendefekt von 1,2 cm Durchmesser (Abb. 3).

Nach Herausnahme des Gehirns und Einlegen einer Sonde stellte sich der Schußverlauf dar (Abb. 4). Es zeigte sich ein durch den basalen linken Stirnhirnlappen führender Kanal. Dieser überkreuzte in Höhe des Chiasma opticum die Mittellinie. Nach Durchsetzung und Abtrennung des rechten Großhirnschenkels und grabenförmiger Aufreißung seitlicher Brückenpartien fand sich eine kanalartige Durchsetzung der rechten Kleinhirnhälfte von vorne nach hinten.

Zu Beginn des Schußkanals am Stirnpol waren Knochensplitter eingesprengt. Im Bereich von Stirnlappen, Brücke und Kleinhirn fanden sich z.T. erhebliche Hirngewebszerstörungen mit massiven Einblutungen. Das Kammersystem war eingeblutet, das Septum pellucidum zerrissen. Ferner war eine massive Subarachnoidalblutung zu beobachten.

In der rechten hinteren Schädelgrube schließlich steckte ein 7,5 cm langer Stahlnagel mit Rundkopf (Abb. 5).

Verglichen mit Verletzungen durch Tierschußapparate, die in den weitaus meisten Fällen tödlich verlaufen, haben Schädelverletzungen mit Hirnbeteiligung durch eingedrungene Setzbolzen oft eine gute Prognose.

Wie Jacobi (1959), Bushe u. Wenker (1961) und Lausberg (1963) berichteten, führen abgeprallte und durch die Schädelkapsel ins Gehirn eingedrungene Bolzen oft nicht einmal zu einem Bewußtseinsverlust. Naeve (1971) beobachtete einen Fall, bei dem die Verletzung unbemerkt geblieben war und Wochen später infolge Infektion zum Tode führte.

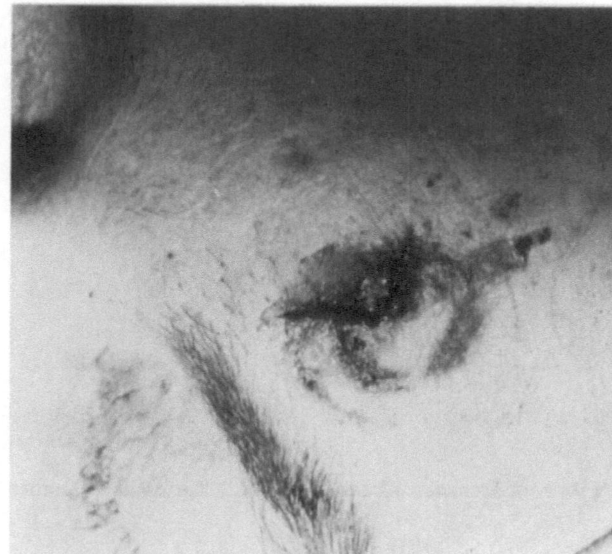

Abb. 2. Schlitzförmige Hautdurchtrennung und Stanzmarke oberhalb der linken Augenbraue

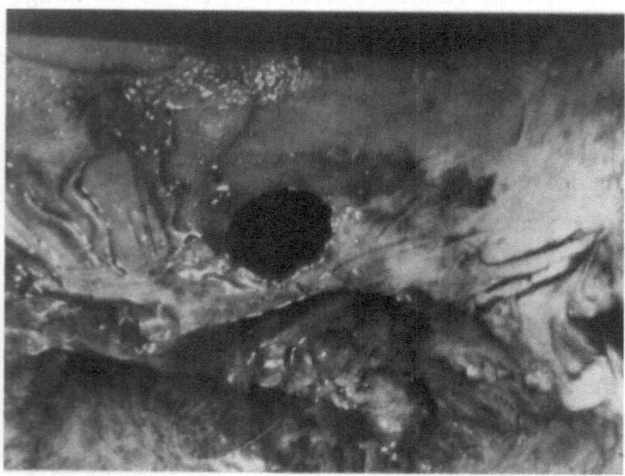

Abb. 3. Knochendefekt von 1,2 cm Durchmesser im Bereich des Stirnbeins links

Metzel u. Hemmer (1962) berichteten über eine überlebte Verletzung durch einen von unten durch die Schädelbasis in die Schädelhöhle eingedrungenen Setzbolzen, der an der Innenseite der Kalotte im Sinne eines Prellschusses abgelenkt worden und im Gehirn steckengeblieben war.

Diese im Rahmen von Arbeitsunfällen zustande gekommenen Verletzungen unterscheiden sich von denen bei Suiziden vornehmlich dadurch, daß dem abgeprallten und oft auch deformierten Bolzen im Gegensatz zu dem beim aufgesetzten Schuß weniger Energie innewohnt und oft lebenswichtige Hirnareale

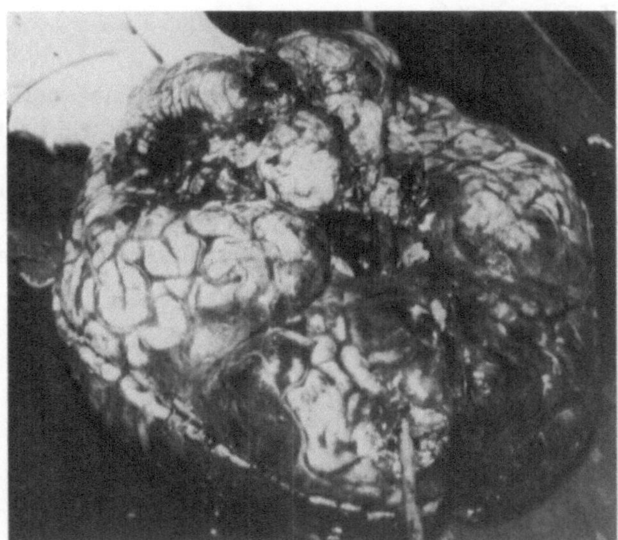

Abb. 4. Markierung des Schußkanales im Gehirn durch eingelegte Sonde

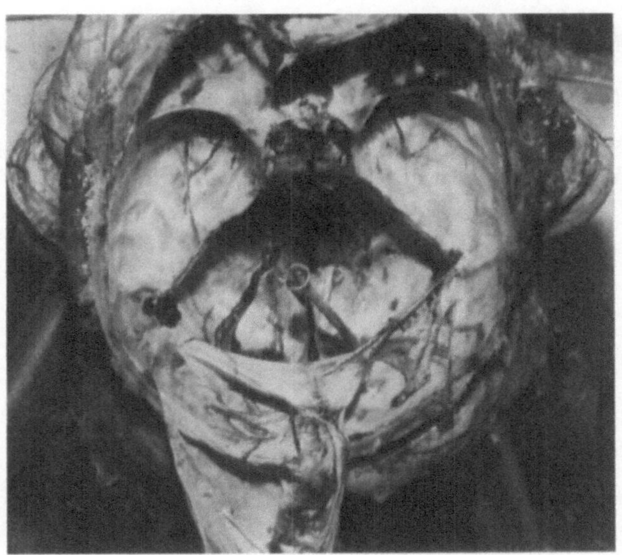

Abb. 5. Auffindung eines im Knochen der rechten hinteren Schädelgrube steckenden Stahlnagels

verschont bleiben. Ferner ist daran zu denken, daß durch eventuelle Pulvergasexpansion ins Gehirn bei einem aufgesetzten Schuß eine intrakranielle Drucksteigerung mit sofortigem Bewußtseinsverlust die Folge sein kann.

Zusammenfassung

Bolzensetzwerkzeuge werden vielfach im Baugewerbe verwendet. Vor allem in früheren Jahren wurden zahlreiche unfallbedingte Verletzungen und Todesfälle beschrieben. Suizide mit diesen Geräten sind selten. Es wird über einen Fall eines Schädelsteckschusses in suizidaler Absicht berichtet. Akzidentelle Verletzungen sind verglichen mit den im gegenständlichen Fall vorgefundenen oft weniger gravierend und prognostisch günstig. Die Gründe hierfür werden diskutiert.

Literatur

Bushe K-A, Wenker H (1961) Schädel-Hirnverletzungen durch verschiedene Bolzenschußapparate. Chirurg 32:539

Goonetilleke UKDA (1976) A stud (cartridge) gun suicide (A case report). Med Sci Law 16 3:181

Jacobi W (1959) Bolzenschußverletzungen des Schädels. Chirurg 30:423

Lausberg G (1963) Über offene Hirnverletzungen durch Schußapparatbolzen. Chirurg 34:151

Metzel E, Hemmer R (1962) Transbasale Bolzenschußverletzung. Monatsschr Unfallheilkd 65:81

Müller-Wiefel H (1966) Schädel-Hirnverletzung durch baugewerblichen Bolzenschußapparat. Monatsschr Unfallheilkd 69:598

Naeve W (1971) Unbemerkt gebliebene Bolzenschußverletzung des Hirnes als Ursache eines plötzlichen Todes. Z Rechtsmed 68:27

Sellier K (1982) Schußwaffen und Schußwirkungen I. Schmidt-Römhild, Lübeck

Weedn VW, Mittleman RE (1984) Stud guns revisited: Report of a suicide and literature review. J Forensic Sci 29:670

Wolff F, Laufer M (1965) Das Bolzenschußgerät der Bauindustrie als Selbstmordinstrument. Dtsch Gesundheitswes 20:394

Zweizeitige Leberrupturen bei Neugeborenen

S. Pollak, E. Friedrich-Schöler, H. Mortinger

Historischer Rückblick

Im gerichtsmedizinischen Schrifttum war Pincus (1875) der erste, der sich mit perinatalen Leberrupturen auseinandergesetzt hat. Obwohl in einem seiner 3 Fälle „nicht die geringste Spur einer äußeren Verletzung" vorhanden war, vertrat er die Meinung, „dass ein heftiger Schlag oder Stoss mit einem stumpfen harten Gegenstand, gegen den Leib des Kindes direct geführt, die tödtliche Leberberstung hervorgerufen hat". Die Möglichkeit einer geburtstraumatischen Entstehung wurde von Pincus kategorisch ausgeschlossen: „Dass durch den Geburtsact selbst, sei es auch unter den ungünstigsten Umständen bei verzögerter Geburt, bei Eclampsie, bei Gebärmutterkrampf, bei verengtem Becken eine Leberzerreissung jemals stattgefunden habe oder stattfinden könnte, wird wohl niemand zu behaupten wagen ..."

Auch Bittner (1875), der über einen weiteren Fall berichtete, kam zu der Auffassung, daß Lebereinrisse bei Neugeborenen auf „äussere mechanische Gewalt" zurückzuführen seien.

Kochler (1877) hat sich in einem Beitrag zur Kasuistik der Leberrupturen in ähnlicher Weise geäußert: Die vorgelegenen Leberzerreißungen seien durch stumpfe Gewalt hervorgerufen, die auf das lebendgeborene Kind eingewirkt habe.

Merner (1882) publizierte einen Fall von tödlicher Leberzerreißung bei einem reifen, äußerlich unverletzten Neugeborenen. Der Autor hielt es für unmöglich, daß eine solche Leberruptur während des Durchgangs durch das mütterliche Becken entstehen kann. Der vorgefundene Leberriß sei wahrscheinlich durch einen „unabsichtlichen Stoss oder Tritt seitens der Mutter" zugefügt worden.

Lindner (1882) hatte eine Leberzertrümmerung nach Sturzgeburt zu untersuchen. Nach der Meinung dieses Gutachters konnte die festgestellte Leberruptur weder durch die Geburt im Stehen noch durch den nachfolgenden Sturz auf ein Steinpflaster zustande kommen.

Dittrich (1885) warnte vor der Fehldeutung von Geburtsverletzungen, deren Ursache zuweilen in verbrecherischen Handlungen gesucht würde, ohne daß solche vorlägen. Leberrupturen könnten auch bei ärztlich überwachten Spontangeburten auftreten. Schon die üblichen Manipulationen des Geburtshelfers seien geeignet, derartige Verletzungen hervorzurufen.

Im Lehrbuch von Hoffmann (1887) wurden Leberrupturen bei Neugeborenen nur im Zusammenhang mit dem Kindsmord besprochen.

Kratter (1897) war aufgrund eigener Beobachtungen davon überzeugt, daß Leber*hämatome* als Effekt einer längerdauernden Quetschung, eines ungewöhnlich starken Drucks *innerhalb* der Geburtswege anzusehen seien. Mehrfache Leber*einrisse ohne* Kapselabhebung könnten hingegen nur durch eine von außen kommende mechanische Gewalteinwirkung erklärt werden.

Strassmann (1911) fand unter 22 Sturzgeburten 2 Fälle von Leberzerreißung. Als Ursache komme die Zerrung des herausstürzenden Kindes an der Nabelschnur und der mit dieser in Zusammenhang stehenden Leber in Betracht.

Nach der Ansicht von Hedrén (1917) lägen keine ausreichenden Gründe vor, die Entstehungsbedingungen für die subkapsulären Leberblutungen und jene für die „eigentlichen" (parenchymatösen) Leberrupturen voneinander zu trennen. Hedrén betonte, daß beide Formen der Leberverletzung bei Spontangeburten ohne jede Fremdeinwirkung auftreten können.

Entstehungsursachen perinataler Leberrupturen

Gewalteinwirkung vor dem Geburtsakt

Hannes (1914, zit. nach Hedrén 1917) hat einen Fall von Leberruptur nach intrauteriner Traumatisierung publiziert: Die Mutter des totgeborenen Kindes war einen Tag vor der Niederkunft mit dem Unterleib auf den Rand eines Kübels gefallen. Eine ähnliche Beobachtung wurde von Barjaktarović (1936) mitgeteilt.

Ätiologische Faktoren bei Spontangeburten

a) Geburtsmechanische Einwirkungen: Druck des Rippenbogens auf die Leber beim Anstemmen gegen die Symphyse oder das Promontorium, lange Geburtsdauer, erhöhter Widerstand des Geburtskanals, Mißverhältnis zwischen Kindsgröße und mütterlichem Becken, rigide Weichteile. Zusammenstellungen der geburtsmechanisch wirksamen Einflüsse auf die kindliche Leber finden sich bei Bělohradský (1937), Gruenwald (1948) sowie Schickedanz u. Endmann (1972).

b) Asphyxie: Der physiologische Blutreichtum der Leber wird durch eine Asphyxie und die damit einhergehende venöse Stauung noch verstärkt. Mit der Blutfülle steigen auch das Risiko von Hämorrhagien (z.B. unter die Leberkapsel) und die Vulnerabilität in bezug auf mechanische Traumen.

c) Physiologische Hypokoagulabilität: Nach der Geburt besteht vorübergehend ein Mangel an Gerinnungsfaktoren (II, V, VI und X). Aus dieser „temporären Hämophilie" resultiert eine Disposition zu geburtstraumatisch ausgelösten Blutungen, auch im Bereich der Leber (Lundqvist 1930; Genell 1930; Arden 1946; Wolfrom 1959); Rosenkranz u. Helmer 1967; Katschnig u. Zweymüller 1970).

Geburtshilfliche Maßnahmen

Mechanisch bedingte Leberrupturen können bei Zangenentbindungen (Lundqvist 1930; Meyer 1933, zit. nach Schickedanz u. Endmann 1972; Rogers 1934, Schmitt 1937), nach Manualhilfe (Rogers 1934; Muntau 1943) und Selbsthilfe (Kochler 1877) sowie durch den Kristeller-Handgriff (Dietrich 1913; Genell 1930; Verhatzky 1940, zit. nach Schickedanz u. Endmann 1972) entstehen.

Sturzgeburt

(Pincus 1875; Kochler 1877; Merner 1882; Bureau 1899, zit. nach Hedrén 1917; Strassmann 1911).

Reanimationsversuche

In der älteren Literatur werden die Schultze-Schwingungen als mögliche Ursache von postpartalen Leberrupturen genannt (Körber 1892, zit. nach Dittrich 1885 und Katter 1897; Geill 1899, zit. nach Schickedanz u. Endmann 1972; Hedrén 1917; Genell 1930; Hüssy 1933). Es wäre auch denkbar, daß Leberrupturen als Folge einer äußeren Herzmassage auftreten, wie dies bei adulten Patienten bereits mehrfach beobachtet wurde (Literatur bei Pollak et al. 1984).

Mechanische Traumatisierung nach der Geburt

In einigen Fällen von Kindsmord haben Schläge, Stöße und Tritte gegen den Oberbauch zu Leberrupturen mit konsekutivem Hämaskos geführt (Pincus 1875; Bittner 1875; Lindner 1882; Merner 1882). Von Hofmann (1887) betont aber, daß bei vorsätzlich getöteten Neugeborenen in der Regel auch andere Körperteile (Schädel) verletzt sind.

Kongenitale Leiden

Die im Neugeborenenalter an sich schon erhöhte Blutungsneigung kann durch das gleichzeitige Vorliegen eines angeborenen Mangelzustands pathologisch gesteigert sein (z. B. durch eine Hämophilie A, Leuterer 1964). Missliwetz u. Zoder (1985) haben über eine postpartale Leberruptur bei multinodulärer Hämangiomatose der Leber berichtet.

Peliosis hepatis

Unter diesem Begriff werden atraumatische Leberblutungen mit unterschiedlicher, z.T. noch unklarer Genese subsumiert. Nach dem morphologischen Erscheinungsbild lassen sich ein parenchymaler und ein phlebektatischer Typ differenzieren. Als mögliche Ursachen werden u.a. vaskuläre Prozesse, Herdnekrosen und plötzlich auftretende Blutstauungen diskutiert. Weber (1985) hat im Tierversuch nachgewiesen, daß eine Peliosis hepatis auch artefiziell (medikamentös) induziert werden kann.

Zweizeitige Leberrupturen

Traumatische und atraumatische Hämorrhagien der Leber sind gleichermaßen geeignet, eine lebensbedrohliche Blutung in die Bauchhöhle herbeizuführen. Voraussetzung dafür ist das primäre oder sekundäre Auftreten eines Kapselrisses. Ein zweizeitiger Verlauf beruht entweder auf der Ausbildung eines subkapsulären Hämatoms (mit nachträglicher Ruptur der Glisson-Kapsel) oder auf der Größenzunahme einer ursprünglich zentralen Blutungshöhle bis unter die Leberoberfläche. Bei Spontanrupturen in der Neugeborenenphase beträgt die Latenzzeit zwischen Hämatomentstehung und Perforation in die freie Bauchhöhle meist 2–7 Tage (McNitt 1932; Rogers 1934; Arden 1951; Arden et al. 1955; Greaves 1955; Wolfrom 1959; Leuterer 1964; Rosenkranz u. Helmer 1967). Symptomfreie Intervalle von mehrtägiger Dauer sind daher keine Seltenheit. Das klinische Bild des sekundären Kapselrisses ist durch einen plötzlichen Verfall mit Blässe, Tachykardie und Tachypnoe geprägt. Neben den Zeichen des hämorrhagischen Schocks können auch die Merkmale einer intraabdominellen Blutung (Auftreibung des Abdomens, Flankendämpfung, Erbrechen) vorliegen. Bei frühzeitiger Diagnosestellung und rascher Versorgung (Transfusionen, operative Blutstillung) ist es wiederholt gelungen, einen tödlichen Ausgang abzuwenden. Aus den Literaturübersichten von Schickedanz u. Endmann (1972) sowie Margolis u. Naidoo (1974) geht hervor, daß bis zum Anfang der 70er Jahre über 17 erfolgreiche Behandlungen berichtet wurde.

Kasuistik

Fall 1 Der Knabe N. St. wurde zum errechneten Termin als 3. Kind einer gesunden 35jährigen Südostasiatin in einem Wiener Krankenhaus geboren. Spontane Entbindung aus normal rotierter Hinterhauptshaltung (HHH); Geburtsdauer 4½ h, Geburtsgewicht 3420 g, Länge 52 cm, Kopfumfang 35 cm; Apgar-Index 9/9 (1 bzw. 5 min post partum).

Im Verlauf des 1. Lebenstages mußte das Kind einige Male erbrechen. 28 h post partum wurde der Knabe ohne Spontanatmung und ohne Herzaktion in seinem Bett aufgefunden. Wiederbelebungsversuche blieben erfolglos. 2 h zuvor hatte eine Säuglingsschwester beim Wickeln des Kindes keine Auffälligkeiten festgestellt.

Obduktionsbefund:
Reifes männliches Neugeborenes mit spärlichen Totenflecken, gering ausgeprägtes Caput succedaneum rechts parietal, keine sichtbaren Spuren einer mechanischen Traumatisierung.

In der freien Bauchhöhle 80 ml flüssiges und locker geronnenes Blut. Die Leber normal konfiguriert, 104 g schwer. Die Glisson-Kapsel ist im dorsalen Anteil der Facies inferior in einem Durchmesser von 4 cm durch eine 5 mm dicke Blutung vom Parenchym abgehoben (Abb. 1). Über dem flächig vorgewölbten Hämatom 1 cm langer Kapselriß. Nach Entfernung des subkapsulären Hämatoms kommt im Bereich der Impressio renalis eine 1,5 cm lange, nur 2 mm tiefe Parenchymruptur zum Vorschein. Hochgradige Anämie sämtlicher Organe; subendokardiale Blutungen im Ausströmungsteil der linken Herzkammer.

Histologischer Befund:
Subkapsuläres Hämatom aus gut erhaltenen, gegeneinander abgrenzbaren Erythrozyten. Auf der abgehobenen Leberkapsel dünnschichtige Fibrinabscheidung. Unter dem Hämatom und in den rupturnahen Parenchymbezirken feintropfige Verfettung und vakuolige Degeneration der Hepatozyten, Glykogenverlust, Hyperämie und Weitstellung der Sinusoide, mäßige Gewebsleukozytose; vereinzelte Mitosen, aber keine Gallengangswucherungen. In unmittelbarer Nachbarschaft des Rupturspalts schmale Nekrosezone.

Fall 2 Der Knabe D. C. wurde 3 Tage nach dem errechneten Termin als 5. Kind einer 38jährigen Chilenin im Krankenhaus von M. geboren. Scheinbar komplikationslos verlaufene Spontangeburt aus normal rotierter HHL. Geburtsgewicht 3950 g, Länge 53 cm, Kopfumfang. 34 cm, Geburtsdauer 2 3/4 h; Apgar-Index 8/10 (1 bzw. 5 min post partum). Kephalhämatom links parietal (Drainage 4 Tage post partum).

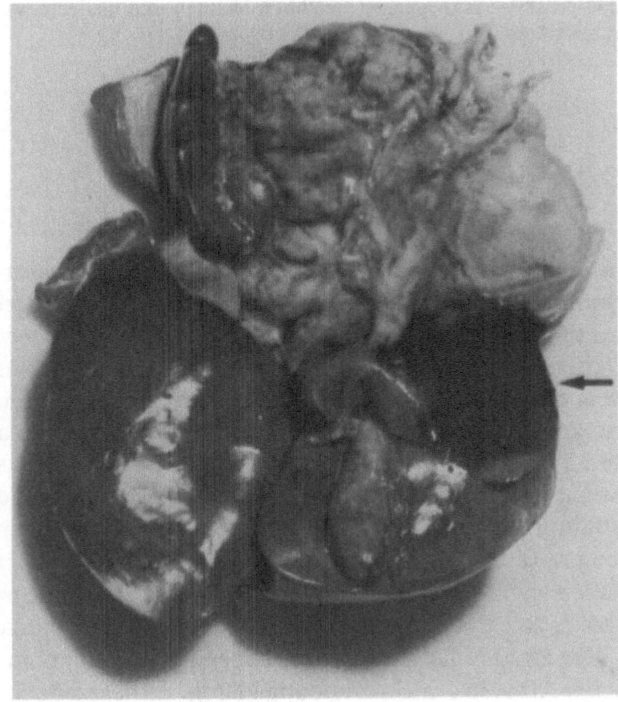

Abb. 1. Unterseite der Leber mit subkapsulärem Hämatom im Bereich der Impressio renalis *(Pfeil)*

Am 5. Lebenstag plötzlicher Kreislaufverfall. Bauchdecken gespannt, keine Darmgeräusche, Tachykardie, arterielle Hypotonie (40–50 mmHg systolisch), auffallende Blässe der Haut und der Schleimhäute, Anurie.

Laborwerte:
Hämatokrit 25%, Hämoglobin 9,1 g/dl, Erythrozyten $2{,}65 \cdot 10^{12}$/l; Leukozyten $6{,}3 \cdot 10^{9}$/l; pH 7,2; PTZ 22 s, TZ 34 s; PTT 95 s; Fibrinogen < 0,7 g/l; Natrium 151 mmol/l; Kalium 9,1 mmol/l; Chloride 89 mmol/l; Glukose 156 mg/dl; Bilirubin (gesamt) 5,2 mg/dl; GOT 2410 U/l; GPT 870 U/l; LDH 7040 U/l; γGT 80 U/l.

Sonographischer Nachweis einer abdominellen Blutung. Schocktherapie mit Bluttransfusionen. Bei der anschließenden Laparotomie fand sich ein subkapsuläres Hämatom des rechten Leberlappens. Absaugung von 150 ml Blut aus der freien Bauchhöhle, Drainage des Leberbetts. Postoperativ weiterhin Schocksymptomatik mit systolischen Blutdruckwerten um 50 mm Hg, therapieresistente Anurie und Verbrauchskoagulopathie. Exitus am 7. Lebenstag (43 h) nach dem Manifestwerden der abdominellen Blutung.

Obduktionsbefund:
Reifer, altersentsprechend entwickelter Säugling ohne Mißbildungen. 12 cm lange Laparotomiewunde, Zustand nach Drainage des rechten Oberbauchs. Keine Anzeichen einer stumpfen Traumatisierung.

Normal konfigurierte, 170 g schwere Leber; an Facies diaphragmatica und inferior des rechten Lappens subkapsuläres Hämatom mit einer Dicke von bis zu 1,5 cm (Abb. 2); die Blutmassen überwiegend geronnen und kaum verschieblich; auf der abgehobenen Kapsel fetzige Fibrinauflagerungen; keine Ruptur des Leberparenchyms; an der Außenkante des rechten Lappens 1 cm langer, locker verklebter Kapselriß; Schocklungen und Schocknieren.

Histologischer Befund:
Die Erythrozyten des Leberhämatoms nur noch schattenhaft erkennbar; die subkapsulären Gewebsschichten nekrotisch, daran angrenzend nekrobiotische Organveränderungen mit feintropfiger Verfettung und mäßiger leukozytärer Infiltration. Im Grenzbereich zahlreiche Berlinerblau-positive Makrophagen; reichlich Mitosen und Gallengangsregenerate vom tubulären und trabekulären Typ.

Diskussion

In den mitgeteilten Fällen handelt es sich um zweizeitige Leberrupturen nach klinisch überwachten, normal verlaufenen Spontangeburten aus Hinterhauptshaltungen. Eine Fremdeinwirkung vor, während oder nach der Geburt war mit Sicherheit auszuschließen. Unsere Beobachtungen sind somit ein weiterer Beweis dafür, daß es auch bei (scheinbar) unkomplizierten Geburten zur Entstehung von Leberhämatomen und -rupturen kommen kann. Die betroffenen Kinder, 2 Knaben, waren reif, aber nicht übermäßig schwer. Gruenwald (1948) und Arden (1951) hatten die Meinung vertreten, daß große Neugeborene besonders gefährdet seien. Äußerlich sichtbare Verletzungen, präexistente Leberveränderungen (z.B. Angiome) oder andere kongenitale Krankheiten lagen in unseren Fällen nicht vor. Die Mütter der beiden Säuglinge waren gesunde, allerdings bereits ältere Mehrgebärende mit normalen Beckenmaßen.

Die eigentliche Ursache der Leberrupturen konnten wir – wie die meisten anderen Autoren – nicht eindeutig klären. Es liegt jedoch nahe, eine geburtsmechanische Entstehung (durch die im Oberbauchbereich zur Einwirkung kommenden Druck- und Scherkräfte) anzunehmen. Die physiologische Hypokoagulabilität in

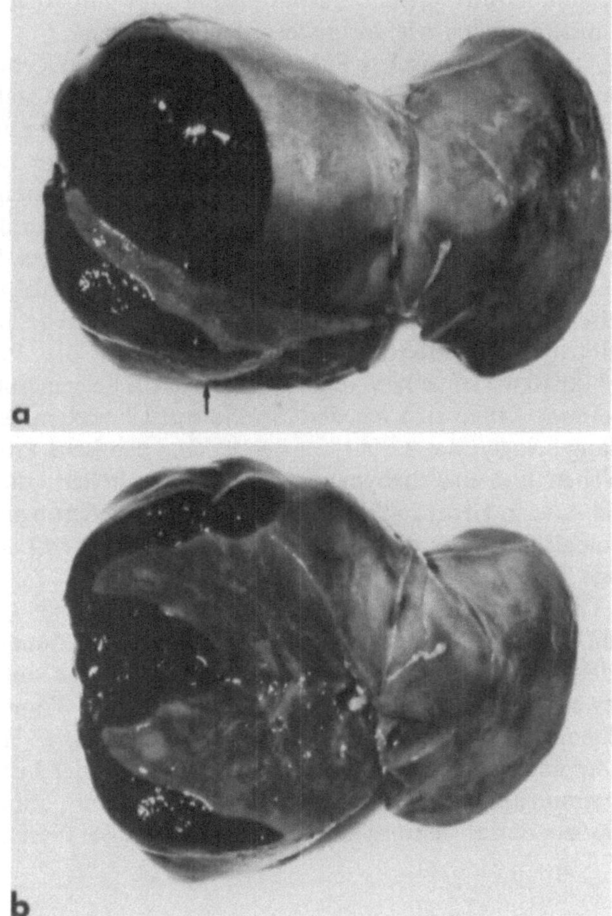

Abb. 2 a, b. Subkapsuläres Hämatom des rechten Leberlappens (Schichtdicke bis 1,5 cm). **a** Facies diaphragmatica mit Fibrinabscheidungen auf der abgehobenen Kapsel *(Pfeil)*; **b** Schnitt durch den rechten Leberlappen; die Kapselunterblutung reicht von der Zwerchfellfläche über den Margo inferior bis auf die Unterseite

der Neonatalperiode erhöht die Blutungsbereitschaft und damit das Risiko einer sekundären Kapselzerreißung.

Die Ruptur eines subkapsulären Leberhämatoms wird im Neugeborenenalter nur selten klinisch diagnostiziert. Fall 1 ist ein Beispiel dafür, daß eine Leberblutung mit sekundärer Perforation in die Bauchhöhle auch bei stationär betreuten Säuglingen unerkannt bleiben kann. Im 2. Fall hat man die Leberruptur noch intra vitam diagnostiziert und einer Behandlung zugeführt; trotzdem ist der Säugling 43 h nach dem Einsetzen der Blutungssymptome an den Folgen des protrahiert verlaufenen Schocks gestorben. Die kurze Zeitspanne zwischen dem Manifestwerden der intraabdominellen Blutung und dem Auftreten irreversibler Schockveränderungen dürfte – generell betrachtet – einer der wesentlichsten Gründe für die ungünstige Prognose der perinatalen Leberrupturen sein. Berichte über erfolgreiche Behandlungen sind im pädiatrischen und chirurgischen Schrifttum nach wie vor außerordentlich selten.

Als morphologisches Substrat der zweizeitigen Leberruptur fand sich in den beiden vorgestellten Fällen eine mantelförmige Kapselunterblutung des rechten Lappens; eine zusätzliche Parenchymruptur konnte nur bei einem der Säuglinge nachgewiesen werden. Schon die makroskopische Beschaffenheit der Leberhämatome, ihre Konsistenz und die Fibrinabscheidungen auf der abgehobenen Kapsel deuteten auf eine längere Überlebenszeit hin. Die histologischen Untersuchungen erlaubten eine weitere Eingrenzung des Läsionsalters: Im 1. Fall standen die degenerativen Veränderungen der subkapsulären und rupturnahen Parenchymzellen im Vordergrund (Nekrosen, Vakuolisierung des Leberepithels, feintropfige Verfettung, Glykogenschwund); die Proliferationsvorgänge beschränkten sich auf vereinzelte Mitosen. Die genannten zellmorphologischen Befunde ließen sich mit der 28stündigen Überlebenszeit des Kindes gut in Einklang bringen. Im 2. Fall war bereits eine deutliche Proliferation der organspezifischen und mesenchymalen Zellen festzustellen; die Zellerneuerung äußerte sich u.a. in Form zahlreicher Gallengangswucherungen. Die Gesamtheit der histologischen Parameter sprach dafür, daß zwischen Leberverletzung und Tod einige Tage verstrichen sind.

Die Konsequenzen für die gerichtsmedizinische Begutachtungspraxis liegen auf der Hand: Leberhämatome und -rupturen können ohne Fremdeinwirkung selbst bei klinisch überwachten Spontangeburten auftreten; ihre Anwesenheit beweist - für sich allein betrachtet - noch keine Traumatisierung des Neugeborenen. Die von mehreren Autoren (Helpap u. Cremer 1970; Beneke 1972; Kampmann et al. 1980) erarbeiteten Kriterien der histologischen Wundalterbestimmung eignen sich auch zur Beurteilung von perinatalen Leberrupturen, besonders dann, wenn es sich um ein zweizeitiges Geschehen handelt.

Zusammenfassung

In der älteren Literatur wurde vielfach die Meinung vertreten, daß perinatale Leberrupturen stets auf Fremdeinwirkung zurückzuführen seien. Diese Ansicht gilt inzwischen als widerlegt, da völlig gleichartige Leberverletzungen auch nach Spontangeburten beobachtet wurden. Bei Neugeborenen verlaufen die Leberrupturen oft zweizeitig: Zunächst entsteht ein subkapsuläres Hämatom, das nach einer Latenzzeit infolge sekundärer Kapselzerreißung in die freie Bauchhöhle perforiert. Die klinischen und morphologischen Besonderheiten solcher Spätrupturen werden an 2 kasuistischen Beispielen aufgezeigt. Die mitgeteilten Fälle betrafen reife Kinder mit vorerst gedeckt gewesenen Leberhämatomen. Die intraabdominelle Blutung trat am 2. bzw. 5. Lebenstag auf. Beide Male war die Geburt spontan erfolgt und scheinbar ohne Komplikationen verlaufen. Die histologische Untersuchung des rupturnahen Lebergewebes ermöglichte eine näherungsweise Eingrenzung des Zeitintervalls zwischen primärer Leberverletzung und Tod. Die Wundalterbestimmung kann also wertvolle Indizien für die Zweizeitigkeit einer Leberruptur und für deren geburtstraumatische Entstehung erbringen.

Summary

The literature of some years ago shows a wide concensus of opinion that perinatal ruptures of the liver are always due to extraneous influences. Since the deservation of absolutely identical lesions of the liver following spontaneous deliveries, this has been refuted. In the neonate, ruptures of the liver often occur in two stages: a subcapsular hematoma forms, which, after a period of latency, perforates into the peritoneal cavity as a result of the secondary rupture of the capsule. The clinical and morphological peculiarities of delayed ruptures in two such cases are discussed. These cases concerned full-term infants with subcapsular hematomae of the liver. Intraabdominal hemorrhage subsequently occurred on the 2nd and 5th days respectively post partum. In both cases delivery had been spontaneous and apparently without complications. Histological investigation of the liver tissue in the vicinity of the rupture made it possible to narrow down the approximate time period between primary liver lesion and death. Histomorphological determination of the age of a lesion can thus provide valuable indications regarding two-stage rupture of the liver and its relation to birth trauma.

Literatur

Arden F (1946) Rupture of the liver in the new-born: Recovery after blood transfusion and laparotomy. Med J Aust 1:187–188

Arden F (1951) Rupture of the liver in the newborn. Med J Aust 2:632–635

Arden F, Dique JC, Wrench D (1955) Injury to the liver with intraperitoneal haemorrhage in the newborn. Med J Aust 2:765–766

Barjaktarović S (1936) Laesio intracranialis neonatorum sub partu. Zentralbl Gynakol 60:1758–1766

Bělohradský H (1937) Ein Fall von spontaner Leberruptur bei einem Neugeborenen und ein Beitrag zur Ätiologie des Icterus neonatorum. Zentralbl Gynakol 61:2430–2436

Beneke G (1972) Altersbestimmung von Verletzungen innerer Organe. Z Rechtsmed 71:1–16

Bittner (1875) Zur Casuistik über die Todesarten neugeborener unehelicher Kinder. Vierteljahresschr Gerichtl Med NF 23:33–39

Dietrich N (1913) Intrauterin entstandene Ruptur der kindlichen Leber. Zentralbl Gynakol 37:1002–1003

Dittrich P (1885) Über Geburtsverletzungen des Neugeborenen und deren forensische Bedeutung. Vierteljahresschr Gerichtl Med (3.F) 9:203–257

Genell S (1930) Leberruptur bei Neugeborenen nach Spontangeburt. Acta Obstet Gynecol Scand 9:180–202

Greaves JL (1955) Rupture of the liver in a newborn infant with recovery. Lancet II:1227–1228

Gruenwald P (1948) Rupture of liver and spleen in the newborn infant. J Pediatr 33:195–201

Hedrén G (1917) Ruptur der Leber und Milz Neugeborener besonders bei spontaner Geburt. Vierteljahresschr Gerichtl Med (3.F) 54:230–247

Helpap B, Cremer H (1970) Proliferationsvorgänge in der traumatisch geschädigten Leber. Virchows Arch [Cell Pathol] 6:365–366

Hofmann E von (1887) Lehrbuch der gerichtlichen Medicin, 4. Aufl. Urban & Schwarzenberg, Wien Leipzig, S 796

Hüssy P (1933) Über Leberhämatome bei Neugeborenen. Zentralbl Gynakol 57:59–60

Kampmann H, Garbe G, Armbrust H, Bode G (1980) Untersuchungen zur Morphologie und Biochemie der Wundheilung bei Leberschnittverletzungen. Z Rechtsmed 84:291-304

Katschnig H, Zweymüller E (1970) Differentialdiagnose und Therapie des hämorrhagischen Schocks beim Neugeborenen. Z Kinderchir 8:193-200

Kochler (1877) Leberruptur bei einem Neugeborenen. Vierteljahresschr Gerichtl Med (NF) 26:71-77

Kratter J (1897) Zur Kenntnis und forensischen Würdigung der Geburtsverletzungen. Vierteljahresschr Gerichtl Med (3.F) 13:354-386

Leuterer W (1964) Leberruptur bei einem Neugeborenen bei gleichzeitig bestehender Hämophilie. Z Kinderchir 1:136-143

Lindner (1882) Leberruptur bei einem Neugeborenen. Vierteljahresschr Gerichtl Med (NF) 36:242-249

Lundqvist B (1930) Hémorrhagies intra-thoraciques et intra-abdominales chez le nouveau-né. Acta Obstet Gynecol Scand 9:331-386

Margolis K, Naidoo BN (1974) Spontaneous postpartum subcapsular haematoma of the liver. S Afr Med J 48:1997-1998

McNitt HJR (1932) Report of two cases of ruptured liver in the newborn. Am J Obstet Gynecol 23:431-432

Merner (1882) Leberriss, von der Mutter ihrem scheintodt gebornen Kinde unbewusst applicirt. Vierteljahresschr Gerichtl Med (NF) 36:226-242

Missliwetz J, Zoder G (1985) Leberruptur bei einem Neugeborenen infolge Hämangiomatose der Leber. Z Rechtsmed 95:205-212

Muntau E (1943) Ein Beitrag zur Frage der spontanen Leberruptur bei Neugeborenen. Zentralbl Gynakol 67:986-990

Pincus (1875) Zur Casuistik über die Todesarten neugeborener unehelicher Kinder. Vierteljahresschr Gerichtl Med (NF) 22:1-19

Pollak S, Reiter C, Stellwag-Carion C (1984) Zweizeitige Leberruptur als Komplikation der äußeren Herzmassage. Z Rechtsmed 92:67-75

Rogers G (1934) Hemoperitoneum resulting from hepatic birth traumatism. Am J Obstet Gynecol 27:841-850

Rosenkranz A, Helmer F (1967) Geheilte Leberruptur beim Neugeborenen. Wien Klin Wochenschr 79:197-204

Schickedanz H, Endmann P (1972) Zweizeitige, geburtstraumatisch bedingte Leberruptur. Z Kinderchir [Suppl] 11:185-193

Schmitt FJ (1937) Beiträge zur Ätiologie der Leberruptur bei Neugeborenen. Z Geburtshilfe Gynakol 114:70-81

Strassmann F (1911) Beiträge zur Lehre von der Sturzgeburt. Vierteljahresschr Gerichtl Med (3. F) 42:220-236

Weber W (1985) Zur Genese atraumatischer Leberblutungen. Z Rechtsmed 95:145-152

Wolfrom I (1959) Rupture of the liver in the newborn. Arch Dis Child 34:30-32

CO-Hämoglobin in Gefäßbezirken abseits des Schußkanals

S. Pollak, C. Reiter

Einleitung

Paltauf (1890) hat als erster erkannt, daß es beim Nahschuß durch die „chemische Einwirkung der Pulvergase“ zur Bildung von CO-Hämoglobin und CO-Myoglobin kommen kann, was sich in einer hellroten Färbung des einschußnahen Blutes und Muskelgewebes äußert. Diese Feststellungen bezogen sich auf das damals gebräuchliche Schwarzpulver. Paltauf hat aber bereits vorausgesehen, daß gleichartige Befunde auch bei Verwendung von rauchschwachem Pulver zu erheben sein würden. Seine Annahme wurde später von Meyer (1908) experimentell bestätigt. Das Auftreten von kohlenoxidhaltigem Blut in der Nachbarschaft des Schußkanals gilt seither als ein Charakteristikum von Schüssen aus (unmittelbarer) Nähe.

Langenbach (1934, Zit. nach Sellier 1982) fand in der Muskelschicht, die den Schußkanal umgibt, CO-Myoglobin in Konzentrationen bis 96%. Wojahn (1968) wies auf die Möglichkeit der quantitativen CO-Hb-Bestimmung im extravasierten Blut des Schußkanals hin; bei Schußentfernungen über 10 cm war der Nachweis von CO-Hb nur dann zu führen, wenn es sich um Schüsse aus langläufigen Waffen gehandelt hatte. Auch die Benützung von Schalldämpfern hat zur Folge, daß noch bei relativ großen Schußentfernungen (bis etwa 30 cm) CO-Hb entsteht (Menzies et al. 1981).

Bakonyi et al. (1970) vertraten die Auffassung, daß man aus den unterschiedlichen CO-Hb-Konzentrationen im Ein- und Ausschußbereich auf die Schußrichtung schließen könne. Di Maio (1985) mahnte diesbezüglich zur Vorsicht; er berichtete über einen Fall, in dem der CO-Hb-Wert am Ausschuß höher gewesen war als am Einschuß.

Die von Polson et al. (1985) mitgeteilte Beobachtung (Case No. 8) erscheint uns besonders bemerkenswert: Eine Frau fügte sich in suizidaler Absicht eine Schrotschußverletzung des Oberbauchs zu. Im Venenblut des linken Arms wurde eine CO-Hb-Konzentration von 20% festgestellt. Nach Meinung der Autoren ist dieser Befund darauf zurückzuführen, daß Kohlenmonoxid während der Überlebenszeit aus der Bauchhöhle „absorbiert“ wurde und in die Blutbahn gelangte.

Kasuistik

Der 36jährige T. P. wurde am 29. 1. 1985 gegen 10 Uhr in seinem von innen versperrten Zimmer tot aufgefunden. Die Körperhaltung ist aus Abb. 1 ersichtlich. Der zuoberst getragene Rollkragenpullover und das Unterleibchen wiesen knapp links von der Brustmitte jeweils 3 cm große Lücken mit ringförmig beschmauchten Rändern auf. Auf dem Fußboden lag in einer Entfernung von ca. 1,5 m eine entsicherte Bockdoppelflinte mit Einabzug, Kaliber 12, Marke Angelo Zoli; die Laufmündungen zeigten in Richtung der Leiche. Im Patronenlager des unteren Laufes steckte eine leere Hülse (Gevelot Skeet Supervix, Kaliber 12/67,5, Schrotgröße 9). Im Patronenlager des oberen Laufes befand sich eine gleichartige, aber noch nicht abgefeuerte Schrotpatrone.

Nach Auskunft der Angehörigen hatte T. P. an Depressionen gelitten und wiederholt Suizidabsichten geäußert. Die Erhebungen ergaben, daß er die Flinte samt Munition am 23. 1. 1985 in einem Waffengeschäft gekauft hatte.

Obduktionsbefund

178 cm große, 75 kg schwere Leiche eines mittelkräftigen Mannes. Die Totenflecke hatten einen deutlich blauvioletten Farbton; sie waren relativ spärlich ausgeprägt, nicht mehr wegdrückbar und - der Körperhaltung entsprechend - an den abhängigen Körperpartien lokalisiert. In Höhe des 5. ICR zeigte sich neben dem linken Brustbeinrand eine ovale, 2·2,5 cm messende Hautlücke, deren Rand in einer Breite von durchschnittlich 2 mm vertrocknet war. Unmittelbar daneben hatte sich die Mündung des 2., nicht abgeschossenen Flintenlaufs in Form einer bogigen Stanzmarke abgeprägt (Abb. 2). Die umgebende Haut war zart beschmaucht und durch ein (CO-Hb-haltiges) Subkutanhämatom kirschrot verfärbt. Die einander zugewandten Seiten des linken Daumens und Zeigefingers wiesen flächenhafte Schmauchablagerungen auf (Haltehand!).

Abb. 1. Auffindungssituation

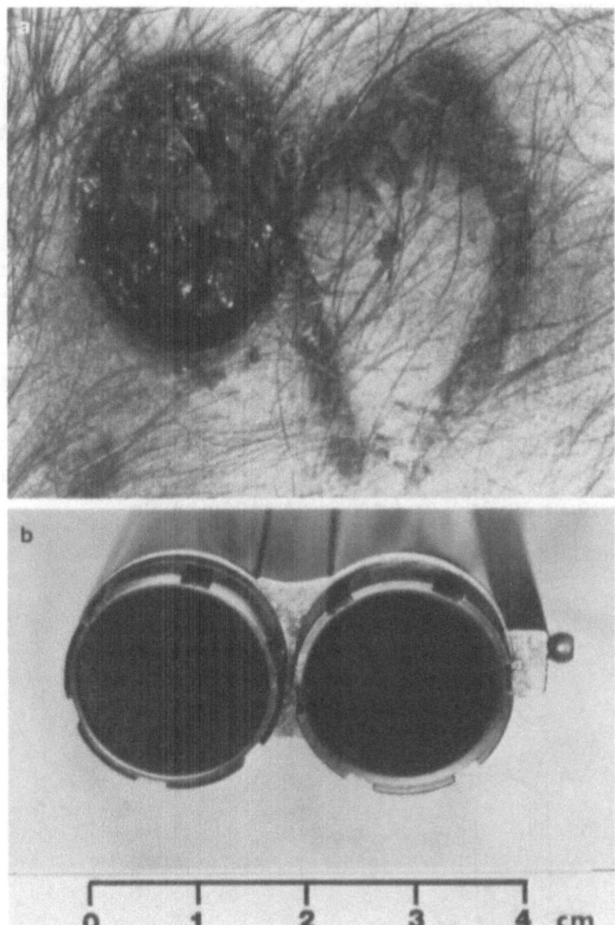

Abb. 2. a, b. Parasternale Einschußwunde (**a**), daneben die ringförmige Stanzmarke vom nicht abgeschossenen Lauf der Bockdoppelflinte (**b**)

Bei der Röntgenuntersuchung des Rumpfes projizierte sich die Hauptmenge der Schrote in die linke Oberbauchregion.

Der Anfangsteil des Schußkanals nach Art einer Schmauchhöhle geschwärzt, die benachbarte Interkostalmuskulatur lachsrot verfärbt; 4 cm große Lücke in der linken vorderen Brustwand (5. ICR und angrenzende Rippen), breite Eröffnung des Herzbeutels. Halbkreisförmig begrenzter Defekt (Durchmesser 3,5 cm) im Bereich des Margo acutus der rechten Kammer; der linke Ventrikel unverletzt. Aufreißung des Zwerchfells; faustgroße Gewebsdestruktion im linken Leberlappen; ausgedehnte Zerreißung des Magenfundus, der Milz, des oberen Pols der linken Niere und der linken Nebenniere. Multiple Einzelschrotverletzungen des linken Lungenunterlappens und des Querdarms. In den verletzten Organen zahlreiche, z.T. stark deformierte Schrotkugeln mit einem Durchmesser von jeweils etwa 2 mm. Hämatopneumothroax links, Hämaskos. In der linken Brusthöhle fanden sich ein Filzpfropfen und ein Kunststoffzwischenscheibchen des Schrotkalibers 12. Die A. pulmonalis dextra enthielt ein bohnengroßes Lebergewebsstück. Das Blut in den Hirnvenen und in den Pulmonalarterienästen hatte einen auffallend hellen Farbton.

Ergänzende Untersuchungen:
Die Gase der unversehrten rechten Lunge wurden nach der von Machata (1968) beschriebenen Methode analysiert. Bei der gaschromatographischen Auftrennung fanden sich reichlich Methan und Äthylen neben geringen Mengen von Äthan, Acetylen und i-Butan.

Die chemische Untersuchung des Leichenblutes in bezug auf Alkohol, synthetische Arzneimittel und Alkaloide verlief negativ.

Die CO-Hb-Konzentration im Extravasat vom Randbereich des Einschusses belief sich auf 60%. Das Blut in der linken Brusthöhle wies einen CO-Hb-Gehalt von 35% auf. Im Sinusblut (gewonnen aus dem Confluens sinuum) lag der Wert bei 62%, in der Peripherie der unverletzten rechten Lunge sogar bei 77% (Abb. 3). Das arterielle Blut des Körperkreislaufs (entnommen aus Karotiden und Femoralarterien) und das Beinvenenblut enthielt kein CO-Hb. Die quantitative Bestimmung erfolgte spektralphotometrisch (nach der Methode von Hüfner u. Heilmeyer, beschrieben bei Schwerd 1962).

Die überraschenden Ergebnisse implizieren die Frage, ob solche oder ähnliche Befundkonstellationen grundsätzlich reproduzierbar sind. Ein Versuch, die realen Verhältnisse im Experiment nachzuahmen, wurde nicht unternommen. Es sollte lediglich geprüft werden, ob CO oder CO-Hb-haltiges Blut auch nach dem Tod in unverletzte Organe gelangen kann.

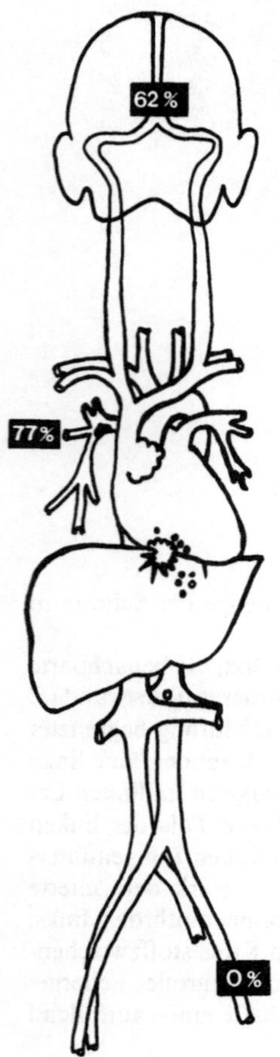

Abb. 3. Schematische Darstellung der topographischen Zusammenhänge zwischen Schußverletzung und Gefäßsystem. Die Prozentangaben beziehen sich auf den CO-Hb-Gehalt; in der A. pulmonalis dextra bohnengroßer Lebergewebsembolus

Ein 4 kg schweres Kaninchen wurde durch Genickschlag getötet und unmittelbar nach dem Sistieren der Herztätigkeit thorakotomiert. Die Schußabgabe erfolgte aus einem Revolver Arminius HW 7S (Patrone .22 lr); die Schußentfernung - bezogen auf die Vorderwand des rechten Ventrikels - betrug 1 cm. Das Geschoß eröffnete die rechte Kammer im Bereich des Margo acutus; die linke Herzhälfte und die Lungen blieben unverletzt. Nach 1stündigem Zuwarten wurden Blutproben aus mehreren Organen gewonnen. Im Blut aus den peripheren Anteilen der beiden Lungen war CO-Hb in Konzentrationen von 8 bzw. 10% nachzuweisen. Das Blut der anderen unverletzten Organe enthielt kein CO-Hb.

Diskussion

Die Schmauchgase bestehen zu 30–60% aus Kohlenmonoxid (Poppenberg 1926; Sellier 1975, 1982; Polson et al. 1985). Der CO-Anteil hängt vom Mischungsverhältnis des Pulvers, von der Ladedichte und von der Länge des Laufs ab. Wenn Pulvergase durch die Einschußwunde in den Körper eindringen, erwartet man, daß es zunächst in den kanalnahen Gewebsschichten zur Bildung von CO-Hb und CO-Myoglobin kommt. Bei längerer Überlebenszeit kann CO-Hb durch die Zirkulation im Körper verteilt werden und im peripheren Blut erscheinen (Polson et al. 1985).

Unsere eigene Beobachtung und der daraufhin durchgeführte Schießversuch sprechen dafür, daß eine CO-Propagation innerhalb des Gefäßsystems auch postmortal möglich ist. Die Ausbreitung kann sogar retrograd (gegen die ursprüngliche Strömungsrichtung des Blutes) erfolgen: im mitgeteilten Fall vom rechten Ventrikel über die obere Hohlvene und die Jugularvenen bis in die Hirnblutleiter.

Nach dem Kreislaufstillstand steigen die intravasalen Schmauchgase nach oben. Unterschiedliche CO-Hb-Konzentrationen in kommunizierenden Gefäßabschnitten können daher aus der Körperhaltung des Verletzten resultieren. In unserem Fall läßt sich der Nullwert des Beinvenenblutes durch die erhöhte Position des Oberkörpers (Abb. 1) erklären.

Die in der rechten Lunge vorgefundenen Kohlenwasserstoffe (Methan, Äthylen, Äthan, Acetylen und i-Butan) berechtigen zu der Annahme, daß tatsächlich die Schmauchgase als solche - und nicht (nur) CO-Hb-haltige Erythrozyten - über das Gefäßsystem in das unverletzte Organ übergetreten sind. Eine solche „intravasale" Form der Schmauchgasausbreitung erscheint plausibel, wenn der Anfangsteil des Schußkanals durch das Herz oder ein großes Gefäß verläuft. In der Praxis dürften die Voraussetzungen hierfür relativ oft erfüllt sein: Die Herzgegend zählt ja bei Suizidhandlungen zu den am häufigsten gewählten Einschußlokalisationen; der auf angesetzte Schüsse in die Brust entfallende Anteil wird, je nach Waffentyp, mit 14–36% angegeben (Cohle 1977, zit. nach Di Maio 1985, S. 150; Missliwetz 1977; Mitchell u. Milvenan 1977, zit. nach Di Maio 1985, S. 191; Eisele et al. 1981).

Zusammenfassung

Die Anwesenheit von CO-Hb im Einschußbereich gilt seit langem als Zeichen eines absoluten oder eines näheren relativen Nahschusses. In solchen Fällen können auch die tiefen Anteile des Schußkanals und seine Randzonen, die Blutextravasate und der Ausschuß beträchtliche Mengen an CO-Hb enthalten. Unter besonderen Verhältnissen ist es sogar möglich, in Gefäßbezirken fernab vom Schußgang hohe CO-Hb-Konzentrationen nachzuweisen. Im vorgestellten Suizidfall (angesetzter Schrotschuß in die Brust mit Läsion des rechten Ventrikels) wurde im Blut des Confluens sinuum ein CO-Hb-Gehalt von 62% festgestellt; in der Peripherie der unverletzten rechten Lunge fand sich ein Wert von 77%. Das arterielle Blut des Körperkreislaufes war frei von CO-Hb. Die CO-Beladung des venösen Blutes wird darauf zurückgeführt, daß die Schmauchgase hinter dem Schrotpaket bis in die rechte Herzhälfte vorgedrungen sind; von dort aus konnte sich das Kohlenmonoxid auf den präformierten Wegen des Gefäßsystems ausbreiten.

Summary

The presence of carboxyhemoglobin (CO-Hb) in the vicinity of the entrance wound is regarded as indicative of a contact or close-range shot. In such cases, the deep parts of the wound tract and its adjacent zones, the blood extravasations, and the exit wound may also contain considerable quantities of CO-Hb. Under special circumstances it is even possible to demonstrate high concentrations of CO-Hb in vascular areas away from the wound tract. In the suicide case presented (contact shotgun wound of the chest, with lesion of the heart), the blood of the confluens sinuum was found to contain 62% CO-Hb; the peripheral blood of the uninjured right lung was saturated to 77% CO-Hb. The arterial blood of the systemic circulation was found free of CO-Hb. The formation of CO-Hb in the venous blood is regarded as due to the penetration of propellant gases as far as the right ventricle; from there, carbon monoxide could diffuse along the preformed paths of the vascular system.

Literatur

Bakonyi F, Faragó E, Tomcsányi R (1970) Lassen die unterschiedlichen CO-Hämoglobin-Konzentrationen im Bereich von Ein- und Ausschuß Aussagen über die Schußrichtung und die Schußentfernung zu? Arch Kriminol 145:35–41

DiMaio VJM (1985) Gunshot wounds. Elsevier, New York Amsterdam Oxford, pp 102, 293–307

Eisele JW, Reay DT, Cook A (1981) Sites of suicidal gunshot wounds. J Forensic Sci 26:480–485

Machata G (1968) Die Differenzierung der Kohlenoxidvergiftung. Arch Toxikol 23:136–140

Menzies RC, Scroggie RJ, Labowitz DI (1981) Characteristics of silenced firearms and their woundig effects. J Forensic Sci 26:239–262

Meyer W (1908) Die Kriterien des Nahschusses bei Verwendung rauchschwacher Pulver. Vierteljahresschr Gerichtl Med (3.F) 55:22–37

Missliwetz J (1977) Über die Häufigkeit von Schußfällen im Untersuchungsgut des Wiener Instituts (Eine statistische Übersicht). Beitr Gerichtl Med 35:55–59

Paltauf A (1890) Über die Einwirkung von Pulvergasen auf das Blut und einen neuen Befund beim Nahschusse. Wien Klin Wochenschr 3:989–991, 1015–1017

Polson CJ, Gee DJ, Knight B (1985) The essentials of forensic medicine, 4th edn. Pergamon, Oxford New York Toronto Sydney Paris Frankfurt, pp 201, 220–221

Poppenberg O (1926) Die Explosivstoffkonstanten. In: Cranz C (Hrsg) Lehrbuch der Ballistik, Bd II. Springer, Berlin, S 21–69

Schwerd W (1962) Der rote Blutfarbstoff. Schmidt-Römhild, Lübeck, S 121

Sellier K (1975) Schädigungen und Tod infolge Schußverletzungen. In: Mueller B (Hrsg) Gerichtliche Medizin, 2. Aufl. Bd I. Springer, Berlin Heidelberg New York, S 563–608

Sellier K (1982) Schußwaffen und Schußwirkungen I, 2. Aufl. Schmid-Römhild, Lübeck, S 237

Wojahn H (1968) CO-Hb-Konzentration im Schußkanal als Zeichen des Nahschusses. Beitr Gerichtl Med 24:190–193

Arrosionsblutungen als tödliche Komplikation der Tracheotomie

K. Püschel, E. Lignitz

Jahrhundertelang galt bei drohender Erstickung zur Sicherung freier Atemwege die Tracheotomie als Methode der Wahl (medizin-historischer Überblick bei Meyer u. Novoselac 1977). Sie ist in den letzten Jahren weitgehend von der endotrachealen Intubation abgelöst worden und nur noch auf wenige Indikationen beschränkt (Helms 1976; Meyer u. Novoselac 1977; Klose et al. 1978; Hausmann et al. 1981; Zadrobilek et al. 1984). Die gefürchtete, meist tödlich verlaufende Komplikation ist die extratracheale Arrosionsblutung. Auch wenn die Tracheotomie heute etwas von ihrer Bedeutung verloren hat, zeigen die Erfahrungen am eigenen Obduktionsmaterial, daß ihre fatalen Komplikationen nach wie vor gegenwärtig sind. Zehn Fälle aus den letzten 15 Jahren, die nachfolgend dargestellt werden, sind dafür ein Beweis.

Untersuchungsmaterial

In einer retrospektiven Untersuchung über die letzten 15 Jahre (1971-1985) wurden die Sektionsfälle am Institut für Gerichtliche Medizin der Humboldt-Universität zu Berlin (insgesamt 17381 Sektionen) und am Institut für Rechtsmedizin der Universität Hamburg (insgesamt 21692 Sektionen) ausgewertet. Dabei fanden wir insgesamt 18 Todesfälle, bei denen eine mit einer Tracheotomie direkt im Zusammenhang stehende Komplikation den fatalen Verlauf bestimmte. Der Vollständigkeit halber sei an dieser Stelle betont, daß in allen diesen Fällen die Indikation zur Tracheotomie aus einer vitalen Veranlassung her gestellt war; es handelte sich um schwerkranke bewußtlose Patienten.

Fünfzehn Fälle entstammen dem Sektionsmaterial in Berlin; (nur) 3 fanden sich im Hamburger Sektionsgut. In 8 Fällen bestanden schwerwiegende Komplikationen ohne Blutung: ausgedehntes Mediastinalemphysem und Hautemphysem (1mal), Fehllage des Trachealtubus mit Atelektase eines Lungenflügels (1mal), Tracheomalazie infolge nekrotisierender Tracheitis im Bereich einer früheren Tracheotomie (2½ Monate ante exitum) mit konsekutivem ventilartigem Trachealverschluß (1mal), tracheoösophageale Fistelung mit Mediastinitis (5mal). Auf diese Komplikationen soll in der vorliegenden Arbeit nicht näher eingegangen werden.

In 10 Fällen kam es zu tödlichen Arrosionsblutungen (9mal aus dem Truncus brachiocephalicus, einmal aus einer aberrierenden Arteria thyreoidea superior).

In Tabelle 1 sind stichwortartige Daten zur Anamnese, zur Klinik und zu den pathologisch-anatomischen Befunden aufgelistet. Das Alter der Verstorbenen lag zwischen 10 und 61 Jahren (Durchschnittsalter 25 Jahre). Es handelte sich um 3 Männer/Jungen und 7 Frauen/Mädchen. Klinisch bestand 8mal ein schweres Schädel-Hirn-Trauma (überwiegend im Rahmen eines Polytraumas), einmal ein Zustand nach Kohlenmonoxidvergiftung und einmal eine Lithiumintoxikation. Die Überlebenszeit zwischen Trauma bzw. Intoxikation und Tod betrug zwischen 4 und 78 Tagen; die Tracheotomie bestand zwischen 2 und 47 Tagen vor dem Exitus. Es handelte sich in 2 Fällen um eine „obere" Tracheotomie, 2mal um eine „mittlere" und 4mal um eine „untere" Tracheotomie; 2mal ging die Lokalisation aus unseren Unterlagen nicht genau hervor.

Tabelle 1. Anamnestische, klinische und pathologisch-anatomische Daten zu 10 Todesfällen mit fataler Arrosionsblutung nach Tracheotomie (*Tr. b.* Truncus brachiocephalicus, *SHT* Schädel-Hirn-Trauma)

Fall-Nr.	Geschlecht	Alter (Jahre)	Anamnese, Verletzungen	Lokalisation der Tracheotomie	Überlebenszeit (Tage)	Dauer der Tracheotomie (Tage)	Arrodiertes Blutgefäß
1	m.	10	Verkehrsunfall, SHT	?	4	2	Tr. b.
2	w.	12	Verkehrsunfall, SHT	„Untere"	8	6	Tr. b.
3	w.	17	Verkehrsunfall, SHT	?	78	?	Tr. b.
4	m.	18	Verkehrsunfall, SHT	„Obere"	50	47	Tr. b.
5	w.	19	Sturz aus der Höhe, SHT	„Mittlere"	?	42	Tr. b.
6	w.	20	CO-Intoxikation	„Untere"	7	?	Tr. b.
7	w.	21	Verkehrsunfall, SHT	„Untere"	7	7	Tr. b.
8	w.	33	Sturz aus der Höhe, SHT	„Untere"	9	5	Tr. b.
9	m.	38	Verkehrsunfall, SHT	„Mittlere"	?	?	Tr. b.
10	w.	61	Lithiumintoxikation	„Obere"	26	15	A. thyreoidea superior

Der Tod trat jeweils sehr schnell ein. In 2 Fällen wurde versucht, dem Patienten durch sofortige chirurgische Intervention zu helfen; die Übernähung der Blutungsquelle (Truncus brachiocephalicus) kam jedoch zu spät. In 3 Fällen war in den Sektionsunterlagen ausdrücklich vermerkt, daß in den Stunden bzw. Tagen vor der terminalen Blutung blutiges Sekret aus der Trachealkanüle abzusaugen war (als Prodromalsymptom der drohenden großen Arrosionsblutung?).

Anatomische Besonderheiten bezüglich des Verlaufs des Truncus brachiocephalicus waren in den Sektionsprotokollen nicht vermerkt. Histologisch bestand stets eine nekrotisierende Tracheitis (s. Abb. 1).

Der Defekt in der Wand des Truncus war in den Sektionsunterlagen meist als stecknadelkopf- bis reiskorngroß beschrieben (maximal linsengroß; s. Abb. 2 und 3). Zum Zeitpunkt des Todes bestand in 5 Fällen eine Bronchopneumonie, 4mal lagen morphologische Hinweise auf eine Sepsis vor, 5mal bestanden Dekubitalgeschwüre. Regelmäßig ging die Arrosionsblutung mit einer massiven Blutaspiration einher, in der Hälfte der Fälle auch mit Blutverschlucken.

Diskussion

Bereits am Anfang dieses Jahrhunderts wurden mehrere größere Literaturzusammenstellungen über Arrosionsblutungen als Folge einer Tracheotomie publiziert (Martine 1903; Taute 1904; Schläpfer 1921). Schläpfer (1921) berichtete über insgesamt 114 Todesfälle durch Arrosionsblutungen nach Tracheotomien, die bei Larynxdiphtherie damals noch häufige und lebensrettende Eingriffe wa-

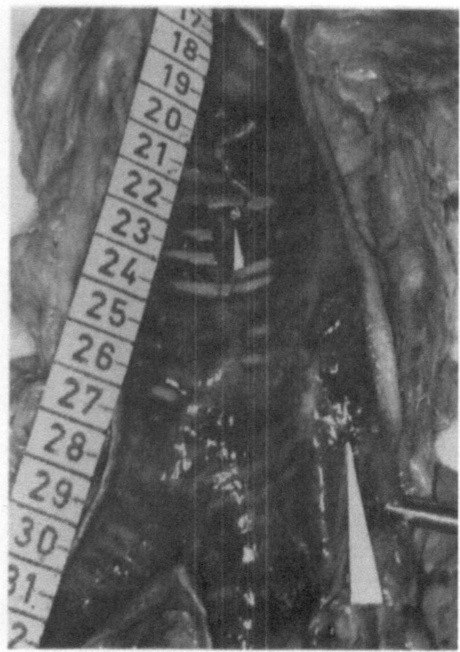

Abb. 1. Fall 9: Trachea von dorsal aufgeschnitten. Blick auf die Tracheotomie (*kleiner weißer Pfeil*); Perforationsstelle im rechten Vorder-/Seitenwandbereich (*durch großen weißen Pfeil markiert*). Nekrotisierende Tracheitis

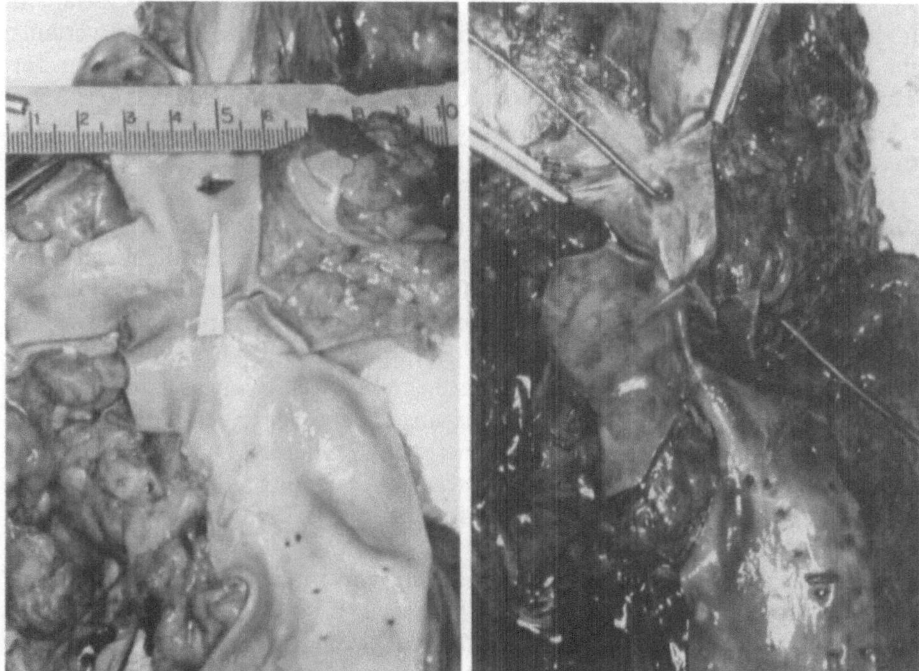

Abb. 2. Fall 9: Arrosionsstelle des Truncus brachiocephalicus

Abb. 3. Fall 8: Arrosionsstelle des Truncus brachiocephalicus (*durch Sonde markiert*)

ren; Blutungsquelle waren 80mal der Truncus brachiocephalicus (A. anonyma). Bihler u. Hutschenreuter haben diese Studie 1966 aktualisiert und aus der Literatur 39 weitere Fälle sowie 2 eigene Beobachtungen von Arrosionsblutungen hinzugefügt; dabei war 23 mal der Truncus brachiocephalicus arrodiert. Von anderen Autoren wurden weitere Kasuistiken berichtet, so daß allein in der uns vorliegenden deutschsprachigen Literatur etwa 200 Fälle dokumentiert sind.

Die Häufigkeitsangaben über letale Arrosionsblutungen schwanken in der Literatur zwischen 0,3% und 4,5% (gemäß Schläpfer 1921; Bihler u. Hutschenreuter 1966; Helms 1976; Meyer u. Novoselac 1977); zumeist liegt die angegebene Komplikationsrate um 1%. Daneben gibt es auch verschiedene Statistiken, in denen überhaupt keine Arrosionsblutung verzeichnet ist (siehe z.B. Bihler u. Hutschenreuter 1966). Das Alter der betroffenen Patienten schwankt in weiten Grenzen. Entsprechend der klinischen Vorgeschichte (früher zumeist Diphtherie, in den letzten Jahrzehnten oftmals Unfälle mit Schädel-Hirn-Trauma) sind besonders häufig junge Menschen betroffen. Diese Erfahrungen vermitteln auch die von uns dargestellten Fälle (s. Tabelle 1).

Die häufige Lokalisation der Blutungsquelle im Bereich des Truncus brachiocephalicus ergibt sich aus der topographischen Anatomie des Truncus und der Trachea. Mit Anomalien in der Aufzweigung des Truncus nach dem Abgang aus dem Aortenbogen ist bei etwa 23% aller Menschen zu rechnen (Lippert u. Papst

1985). Abgesehen von Anomalien in der Aufzweigung gibt es 2 Hauptvarianten für den Truncus brachiocephalicus: 1) die Lateropositio (der Truncus verläuft sehr tief und lateral der Trachea, die A. carotis communis liegt weit von der Trachea entfernt) und 2) die Antepositio (nahe der Mittellinie liegender, hoch verlaufender Truncus, welcher die Vorderwand der Luftröhre auf eine längere Strecke bedeckt; s. hierzu Missionznik (1928), Bihler u. Hutschenreuter (1966), Waldeyer (1970).

Durch den Druck der Trachealkanüle (insbesondere im Bereich der Kanülenspitze) kommt es zur Ischämie und anschließend zur Nekrose der beteiligten Schleimhaut- und Muskelteile. Verstärkt werden der Druck und das Scheuern der Kanüle durch die Bewegung der Trachea sowohl bei der Spontanatmung als auch bei der künstlichen Beatmung mit Respiratoren und durch die Pulsation benachbarter Arterien sowie durch Hustenstöße. Die druckgeschädigten Gewebsbezirke bilden ideale Nährböden für vorhandene oder auch eingeschleppte Mikroorganismen (nekrotisierende, ulzerierende Tracheitis). Die Erfahrung, daß es besonders häufig beim Kanülenwechsel zur Arrosionsblutung kommt, wenn der Gegendruck durch die Kanüle entfällt (Eltze 1963), können wir jedoch nicht bestätigen.

Folgende Faktoren können zur Vermeidung von tödlichen Arrosionsblutungen als Komplikation der Tracheotomie beitragen: besonders schonende Operationstechnik (s. hierzu z.B. Görisch 1982), wobei die Tracheotomie heutzutage stets als Wahleingriff nach vorheriger Intubation durchgeführt wird; soweit als möglich Vermeiden der unteren Tracheotomie, vor der die klinisch und operationstechnisch erfahrenen Autoren fast durchweg warnen und stattdessen Durchführung einer mittleren (transisthmischen) Tracheotomie oder einer oberen Tracheotomie (s. hierzu z.B. Helms 1976; Grabow 1977; Meyer u. Novoselac 1977; Duncker 1985); Verwendung besonders weicher, gewebefreundlicher Trachealkanülen, genaue Anpassung der Kanüle an die anatomischen Verhältnisse der Luftröhre (Helms 1976; Meyer u. Novoselac 1977 u.a.); besondere Sorgfalt bei der Pflege der Kanüle, bei Kanülen mit aufgeblasener Gummimanschette möglichst täglich mehrmals Druckentlastung der Trachealwand durch Ablassen der Luft; möglichst frühzeitige Dekanülierung d.h. ständige Überprüfung der Indikation zur Tracheotomie. Die Arrosionsblutung kann ohne Vorboten plötzlich auftreten. Doch sind etliche Warnsymptome beschrieben, die einer massiven Blutung vorausgehen können. Als Folge des Scheuerns der Kanüle an der Trachealwand kann ein ständiger Hustenreiz resultieren. Im Jugulum macht sich ein unangenehmes Gefühl bemerkbar, oder es treten dort Schmerzen auf. Zu beachten ist ferner ein blutig tingiertes Sputum. Nicht immer verläuft die 1. Blutung tödlich. Kleinere Blutungen können Stunden oder Tage vor dem fatalen Ereignis auftreten. Die pulssynchrone Bewegung der Kanüle weist auf die enge Lagebeziehung der Kanülenspitze zu einem größeren Gefäß hin und ist als Alarmzeichen zu werten (Übersicht bei Bihler u. Hutschenreuter 1966).

Auch im rechtsmedizinischen Schrifttum ist bereits mehrfach über tödliche Arrosionsblutungen nach Tracheotomie berichtet worden (z.B. Eltze 1963; Dotzauer u. Althoff 1966; Potondi u. Pribilla 1966; Schulz u. Witschel 1968; Metter 1979). Die Tracheotomie sowie die Kenntnis ihrer fatalen iatrogenen Komplikationen ist für den Rechtsmediziner deshalb von besonderer Bedeutung, weil bei tödlichem Ausgang regelmäßig zur Frage des Kausalzusammenhangs zwischen Unfall und Tod Stellung genommen werden muß. Obwohl die Arrosionsblutung ja nicht selten erst nach längerem Krankenlager auftritt, z.T. sogar, wenn sich der Patient bereits auf dem Wege der Besserung befindet, ist die Kausalkette zwischen Unfall und Tod regelmäßig nicht durchbrochen. Um hier die schlüssige Beurteilung abgeben zu können, müssen dem Rechtsmediziner Indikation, Technik und Gefahren der Tracheotomie sowie die nötigen Vorsichtsmaßnahmen zur Vermeidung von Komplikationen in ihren Grundzügen geläufig sein. Es handelt sich um einen vital indizierten Eingriff bei zumeist schwerstkranken Patienten. Trotz Tracheotomie und aller anderen Intensivmaßnahmen sterben regelmäßig etwa 70% der Tracheotomierten an ihrem Grundleiden (s. Just et al. 1965; Busch u. Lönnecken 1967). Auch bei optimaler Versorgung des tracheotomierten Patienten lassen sich fatale Blutungskomplikationen nicht sicher vermeiden. Wenn der Arzt die Komplikation erkennt, kommt Hilfe fast immer zu spät (Bihler u. Hutschenreuter 1966).

Bei der Zusammenstellung des gemeinsamen Fallmaterials haben wir uns gefragt, warum derartige schwere Komplikationen in Hamburg viel seltener zur Sektion kommen als in Berlin. Verschiedene Interpretationen sind hierzu möglich, müssen z.Z. aber noch spekulativ bleiben. Wir denken nicht, daß Tracheotomien und Arrosionsblutungen in Berlin relativ sehr viel häufiger vorkommen als in Hamburg; vielmehr vermuten wir, daß derartige Komplikationen in der DDR aufgrund der bestehenden gesetzlichen Regelungen eher einer Aufklärung durch gerichtliche Sektion zugeführt werden (gesetzliche Vorschrift über die Meldung aller Todesfälle im Zusammenhang mit ärztlichen Eingriffen), wie wir es auch bei anderen iatrogenen Todesfällen beobachten konnten. Wir werden dieser Frage noch im Rahmen einer Studie des klinischen Sektionsgutes weiter nachgehen.

Zusammenfassung

Im Obduktionsmaterial der Institute für Rechtsmedizin der Humboldt-Universität zu Berlin und der Universität Hamburg kamen zwischen 1971 und 1985 insgesamt 10 Todesfälle durch Arrosionsblutungen bei tracheotomierten und künstlich beatmeten Patienten zur Untersuchung (unter 40000 Sektionen). Neunmal war der Truncus brachiocephalicus arrodiert, einmal eine Schilddrüsenarterie. Fünf der Verstorbenen waren unter 20 Jahre alt, das Durchschnittsalter betrug 25 Jahre. Die Indikation zur Tracheotomie bestand 8mal in einem schweren Schädelhirntrauma und 2mal lag eine Intoxikation vor. Die tödliche Arrosionsblutung scheint bevorzugt bei „unterer“ Tracheotomie aufzutreten. Auch bei kritischer Indikationsstellung und optimaler Versorgung lassen sich diese fatalen iatrogenen Komplikationen des vital erforderlichen Eingriffs nicht völlig vermeiden; Ursachen, Häufigkeit und Möglichkeiten zur Prophylaxe werden diskutiert. Aufgrund der gesetzlichen Bestimmungen in der DDR kommen derartige Komplikationen ärztlicher Eingriffe in Berlin deutlich häufiger zur Sektion als in Hamburg.

Summary

From 40000 autopsies at the Institutes of Forensic Medicine in Berlin (GDR) and Hamburg between 1971 and 1985, ten cases are described of arrosion bleeding from large neck arteries as fatal iatrogenic complication of tracheostomy. In nine cases the truncus brachiocephalicus was eroded, in one a thyroid artery. The average age of the victims was 25 years; five of them were less than 20 years old. Eight patients suffered from severe cerebral trauma, two were intoxicated; all needed artificial respiration. The causes, incidents, and means of prevention of sequelae of tracheostomy are reviewed. Sometimes it is impossible to avoid the risk of fatality in this often urgent operation.

Literatur

Bihler K, Hutschenreuter K (1966) Tödliche Arrosionsblutungen nach Tracheotomie. Z. Prakt Anaest 1:313–319

Busch G, Loennecken SJ (1967) Die Tracheotomie im Rahmen der modernen Wiederbelebungsmethoden. Prakt Anasth 2:257–263

Dotzauer G, Althoff H (1966) Pathologische Befunde nach Tracheotomie. Prakt Anasth 1:297–305

Duncker HR (1985) Der Atemapparat. In: Fleischhauer K (Hrsg) Kreislauf und Eingeweide. Urban & Schwarzenberg, München Wien Baltimore (Makroskopische und mikroskopische Anatomie des Menschen, Bd 2, S 307–388

Eltze (1963) Komplikationen nach Tracheotomie und Angiographie bei Schädel-Hirntrauma. Dtsch Z Gerichtl Med 54:67

Görrisch J (1982) Schäden am Kehlkopf und an der Trachea nach Intubation und Tracheotomie. Anaesthesiol Reanimat 7:212–221

Grabow L (1977) Zur Frage der Tracheotomie oder Langzeitintubation. Prakt Anasth 12:315–317

Hausmann D, Schulte am Esch J, Koch U (1981) Behandlungsbedürftige Spätkomplikationen des Larynx und der Trachea nach prolongierter Intubation. Anasth Intensivther Notfallmed 16:211–215

Helms U (1976) Indikation zur prolongierten Intubation und Tracheotomie. Prakt Anasth 11:249–259

Just OH, Lutz H, Wawersik J, Deichl J (1965) Die Tracheotomie aus anästhesiologischer Sicht, Dtsch Med Wochenschr 90:505–511

Klose R, König W, Dreisz J, Lutz H (1978) Allgemeine Aspekte zur Wahl von Langzeitintubation und Tracheotomie. Prakt Anasth 13:249–260

Lippert H, Pabst R (1985) Arterial variation in man. Classification and frequency. Bergmann, München

Martina A (1903) Die Arrosionsblutungen nach der Tracheotomie durch Kanülendekubitus. Dtsch Z Chir 69:567–592

Metter D (1979) Morphologische Befunde nach Tracheotomie und Intubation. Z Rechtsmed 82:289–303

Meyer R, Novoselac M (1977) Tracheotomie und tracheotomieähnliche Eingriffe – Das erschwerte Dekanülement – Behandlung der Stenosen nach Tracheotomie oder Intubation In: Link R (Hrsg) Obere und untere Luftwege II. Thieme, Stuttgart (Hals-, Nasen-, Ohrenheilkunde in Praxis und Klinik, Bd 2, S 31.1–31.19

Missionznik H (1928) Über tödliche Blutung nach unterer Tracheotomie und Topographie der Arteria anonyma und der Luftröhre. Zentralbl Hals Nasen Ohrenheilkd 12:175

Potondi A, Pribilla O (1966) Tödliche Komplikationen bei Tracheotomie. Dtsch Z Gerichtl Med 58:40-49

Schläpfer R (1921) Über tödliche Nachblutungen nach Tracheotomie bei Larynxdiphtherie. Bruns Beitr Klin Chir 122:212-227

Schulz E, Witschel H (1968) Tödliche arterielle Arrosionsblutung als Komplikation der Tracheotomie. Dtsch Z Gerichtl Med 64:39-45

Taute M (1904) Über tödliche Blutungen im Gefolge der Tracheotomie. Bruns Beitr Klin Chir 41:17-35

Waldeyer A (1970) Anatomie des Menschen, 2. Teil. De Gryter, Berlin

Zadrobilek E, Mauritz W, Spiss C, Draxler V, Sporn P (1984) Die Indikationsstellung zur Tracheotomie beim langzeitbeatmeten Intensivpatienten. Anasth Intensivther Notfallmed 19:19-23

Spontane Leberruptur als Folge einer Thorotrastose

H. Roth

Einleitung

Spontane Rupturen größerer parenchymatöser Organe mit stärkeren Blutungen stellen immer dann ein diagnostisches Problem dar, wenn die eigentliche Blutungsquelle sowohl äußerlich als auch endoskopisch nicht gefunden werden kann und der Patient sehr rasch in einen schweren Schockzustand verfällt.

In der Kürze der zur Verfügung stehenden Zeit kann es für den Patienten daher lebensrettend sein, wenn der behandelnde Arzt auch die Möglichkeit einer spontanen Blutung in die freie Bauchhöhle mit in seine diagnostischen Überlegungen einbezieht und gegebenenfalls eine Laparotomie veranlaßt.

Abgesehen von den in der medizinischen Lehrliteratur häufiger zitierten Fällen (z. B. spontane Milzrupturen bei Mononukleose bzw. Tubenruptur bei Eileiterschwangerschaft) gibt es gleichwohl Fälle, die dem Arzt ein hohes Maß an differentialdiagnostischer Vorstellungskraft und Erfahrung abverlangten.

Eine derartige Situation tritt regelmäßig dann ein, wenn sich zu einer seltenen Erkrankung eine nicht unbedingt typische Komplikation dazugesellt. Die folgende Fallgeschichte berichtet über ein derartiges Geschehen.

Kasuistik

Vorgeschichte und Klinik

63jähriger Mann, der wegen einer tiefen Beinvenenthrombose stationär aufgenommen wurde. Neben einer stark erhöhten BSG und mäßigem Fieber fand sich eine deutliche hyperchrome Anämie mit Hb-Werten zwischen 8 und 9 g/dl. Bluttransfusionen brachten zunächst eine gewisse Besserung, so daß der Patient zunächst nach Hause entlassen werden konnte. Wenige Tage später kam es wegen zunehmender Wiederaufnahme und kurze Zeit später am gleichen Tag plötzlich zu einem schweren und letztlich irreversiblen Schockzustand mit letalem Ausgang.

Aus der Anamnese war bekannt, daß der plötzlich Verstorbene im Jahre 1944 eine schwere Granatsplitterverletzung am linken Oberschenkel erlitten hatte, wobei die A. femoralis verletzt worden war. Die Verwundung hatte mehrere Gefäßoperationen in der Nachkriegszeit zur Folge gehabt.

Autoptische Befunde

Leiche eines 63 Jahre alten Mannes in gutem Ernährungszustand. Fahlgelbes Kolorit der Haut; Skleren deutlich gelblich verfärbt. Am linken Oberschenkel, 1,0 cm distal des Leistenbandes, auf der Innenseite eine 10 cm lange feste, weißliche, senkrecht verlaufende Narbe. In Oberschenkelmitte ein weiteres 3·2 cm großes Narbenfeld. In der freien Bauchhöhle insgesamt 2000 ml teils koaguliertes, teils dunkelrot-flüssiges Blut. Deutlich vergrößerte Leber mit einer blassen, lehmgelben, feingehöckerten Ober- und Schnittfläche mit feiner netzartiger graugelblicher Zeichnung. Ober- und Schnittfläche durchsetzt von multiplen dunkelroten Tumorknoten von bis zu 1,0 cm Durchmesser. Dazwischen das Geschwulstgewebe mit weißlichen Nekrosen durchsetzt. An der Vorderseite des linken Leberlappens im Tumorbereich eine querverlaufende, *0,3 cm lange Einrißstelle.* Bei Druck auf den Tumor entleert sich dunkelrot-flüssiges Blut aus dieser Öffnung. Hochgradige Verkleinerung der Milz (Gewicht 25g) und feinhöckrige Oberfläche mit fleckig-goldgelber Zeichnung. Dunkelrote feste und scharfkantige Milzpulpa mit netzartiger goldgelber Struktur. Die abdominalen Lymphknoten verkleinert, bräunlich verfärbt und mit goldgelben Stippchen durchsetzt. Dunkelrot-blutig verfärbtes, leicht auslöffelbares Knochenmark. Abnorme Schlängelung der A. femoralis sinistra; im Bereich des Adduktorenkanals eine Narbenplatte. In der V. femoralis dextra bräunlich-thrombotisches, fest mit der Intima verbackenes Material. Mäßiggradig stenosierende Koronararteriensklerose.

Mikroskopische Befunde

In sämtlichen untersuchten Leberabschnitten teils größere, teils kleinere Anteile eines malignen Hämangioendothelioms aus sinusartigen Hohlräumen, ausgekleidet mit polymorphen Endothelien. In den imitierten Gefäßstrukturen mitunter Erythrozytenmassen. Daneben das gesamte Parenchym durchsetzt mit kleineren und größeren Blutungen. In den tumorfreien Regionen der Leber knotige Regenerate mit unregelmäßigen Leberzellplatten und mit kleinen Hepatozyten. Fibrosierung der Portalfelder und extrazelluläre Ablagerung stark lichtbrechender glänzender Partikel von heller bis mittelbrauner Eigenfarbe. Dieser charakteristische Befund entspricht einer Speicherung von Thoriumdioxid. Im linken Leberlappen außerdem Geschulstgewebe aus hochgradig polymorphen, teilweise sehr großen Zellen mit hyperchromatischen, stark verformten Kernen. Hierbei handelt es sich um eine karzinomatöse Komponente. Im eigentlichen Rupturbereich teilweise bereits hyalinisiertes, überwiegend thrombotisches Material sowie zusammengesinterte Erythrozytenmassen. Daneben ausgedehnte, teilweise leukozytär durchsetzte Geschwulstnekrosen. In der Milz massive extrazelluläre Ablagerungen von Thoriumdioxid mit subtotaler Verödung der weißen Pulpa. Im Pulparetikulum reichlich Makrophagen mit inkorporiertem Thoriumdioxid. Ebenso massive Thorotrastose in den portalen Lymphknoten, die nur noch im Randbereich Residuen lymphadenoiden Gewebes aufweisen. Die zentralen Anteile nahezu vollständig mit Bindegewebsschwielen durchsetzt. Geringfügige herdförmige Speicherung von Thoriumdioxid in Makrophagen des Knochenmarks. Daneben herdförmige Myelofibrose und megaloblastäre Transformation der Erythrozytopoese. In den basalen subpleuralen Abschnitten des rechten Lungenunterlappens eine kleine Metastase eines malignen Hämangioendothelioms.

Epikrise

Die Todesursache konnte durch die Obduktion geklärt werden. Es lag ein inneres Verbluten vor, ausgelöst durch eine tumorös bedingte Leberruptur.

Bereits makroskopisch drängte sich der Verdacht einer Thorotrastose auf. Neben Blutungen und Nekrosen fanden sich in der Leber herdförmige angiosarkomatöse Veränderungen, die typischerweise durch Thorotrast induziert werden (Klinge 1984). Ebenso deutete der hochgradige Parenchymschwund der Milz und eine gelbliche Stippchenstruktur der Schnittfläche auf eine langjährige Thoriumdioxidinkorporation (vgl. Stutte 1984). Histologisch fand sich das Vollbild einer klassischen Thorotrastose. Leber, Milz, Lymphknoten und Knochenmark wiesen teils zelluläres, in Makrophagen gespeichertes Thoriumdioxid auf, daneben fanden sich aber überwiegend extrazelluläre Ablagerungen der radioaktiven Substanz.

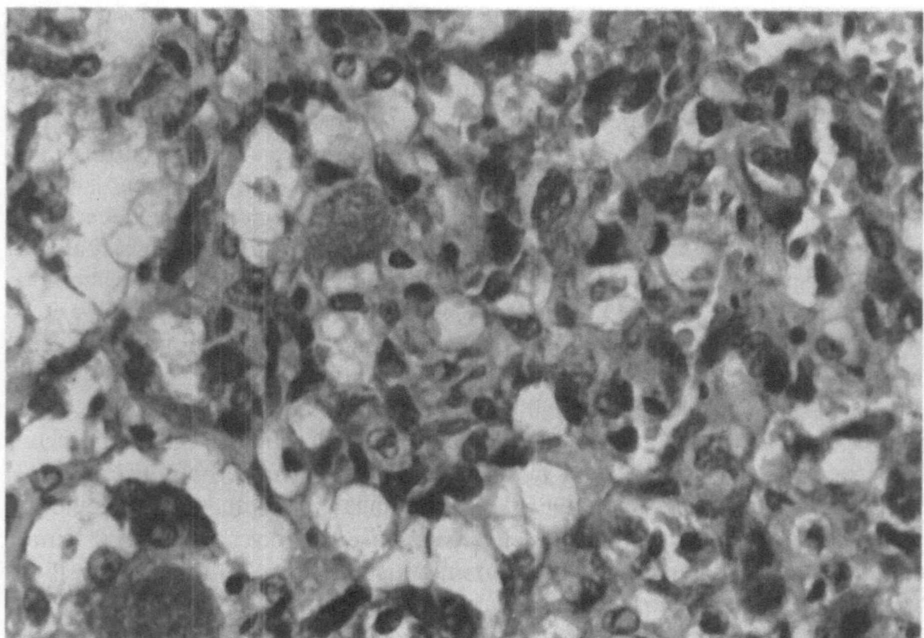

Abb. 1. Malignes Hämangioendotheliom. Sinusartige Hohlräume, ausgekleidet mit hochgradig polymorphen Endothelien (HE, Vergr. 25:1)

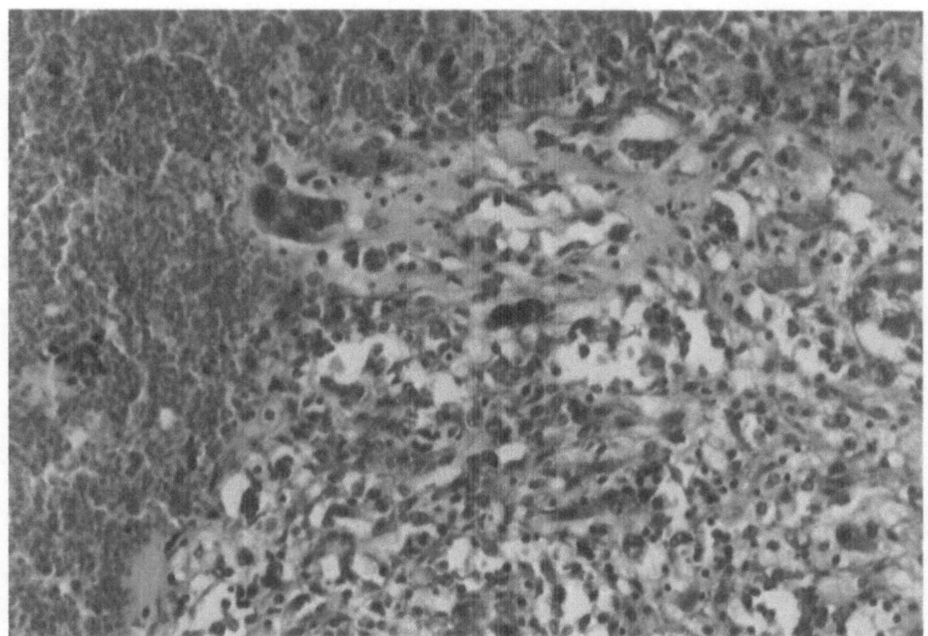

Abb. 2. Malignes Hämangioendotheliom mit angrenzender Blutung (HE, Vergr. 10:1)

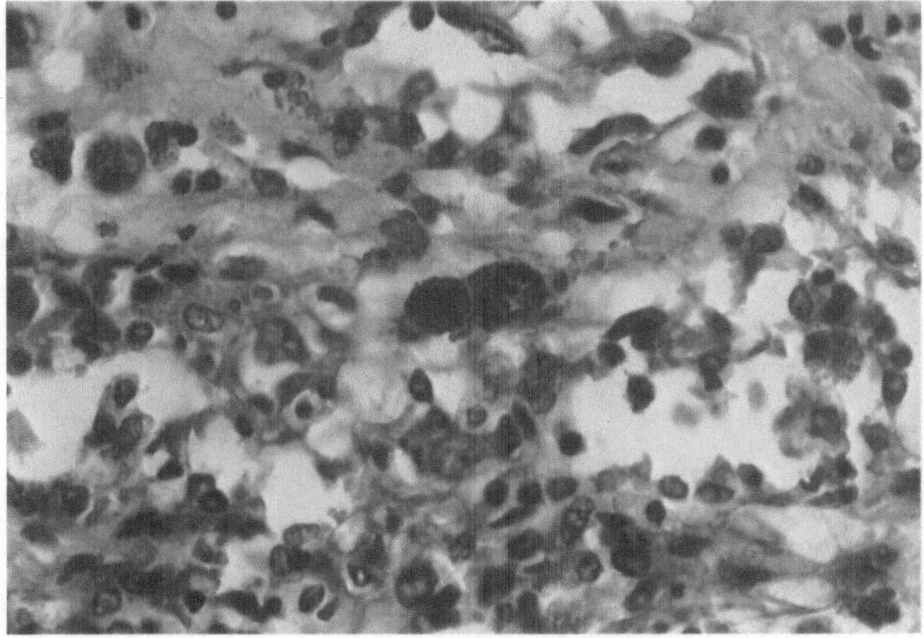

Abb. 3. Zwei in Bildmitte gelegene thoriumdioxidspeichernde Makrophagen; daneben auch feinkugelige Ablagerungen von extrazellulärem Thoriumdioxid (HE, Vergr. 25:1)

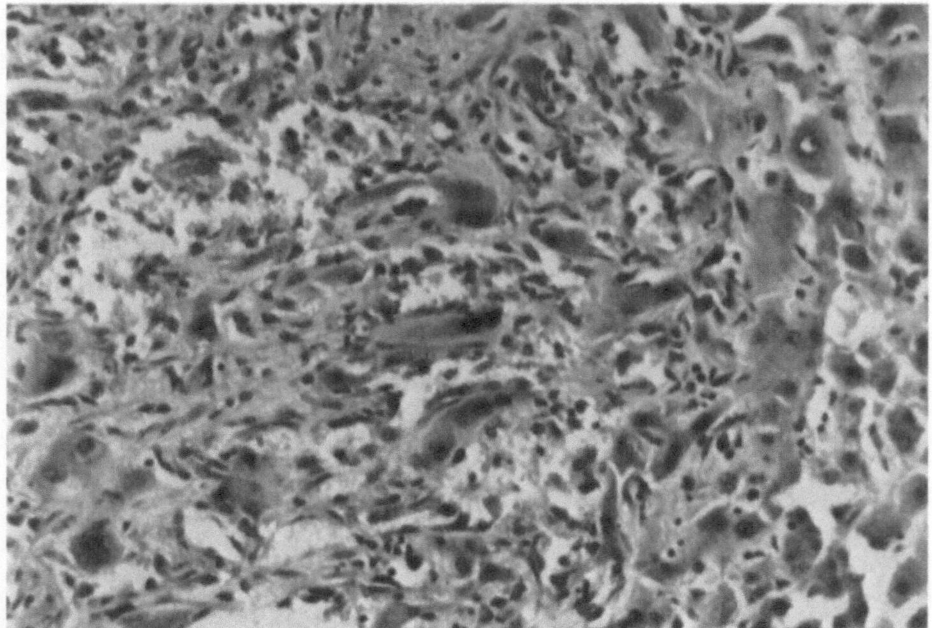

Abb. 4. Karzinomatöse Komponente im linken Leberlappen mit hochgradig polymorphen Zellen (HE, Vergr. 10:1)

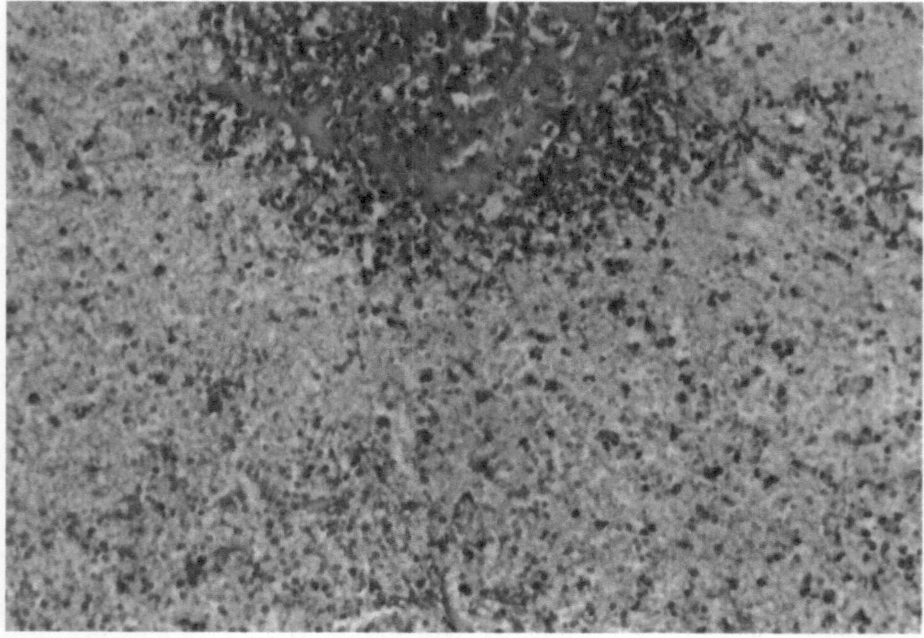

Abb. 5. Nekrose mit leukozytär durchsetzten Blutungen im Rupturbereich (HE, Vergr. 10:1)

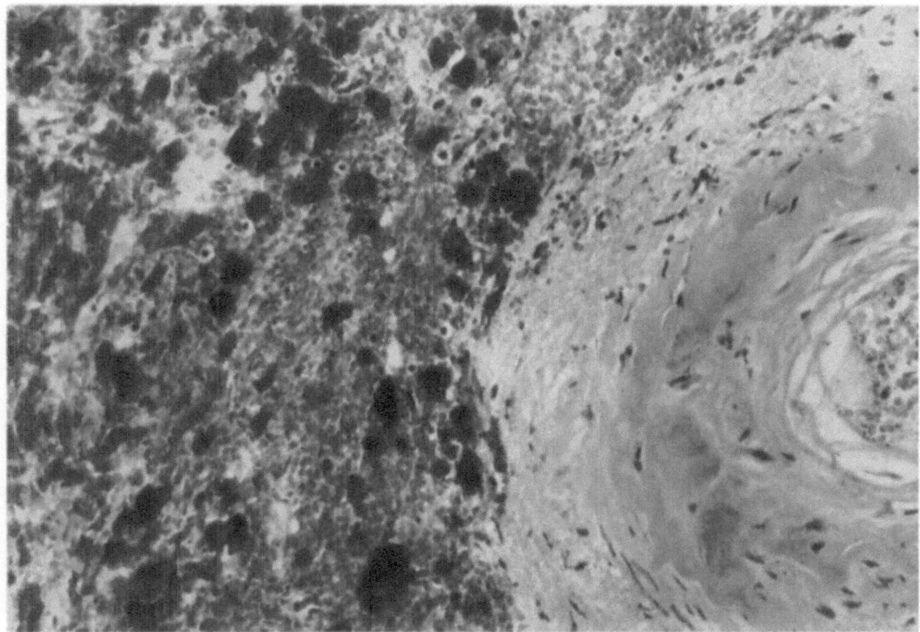

Abb. 6. Thorotrastose der Milz mit subtotaler Verödung der weißen Pulpa. Extrazelluläre massive Ablagerung von Thoriumdioxid im roten Pulparetikulum (HE, Vergr. 10:1)

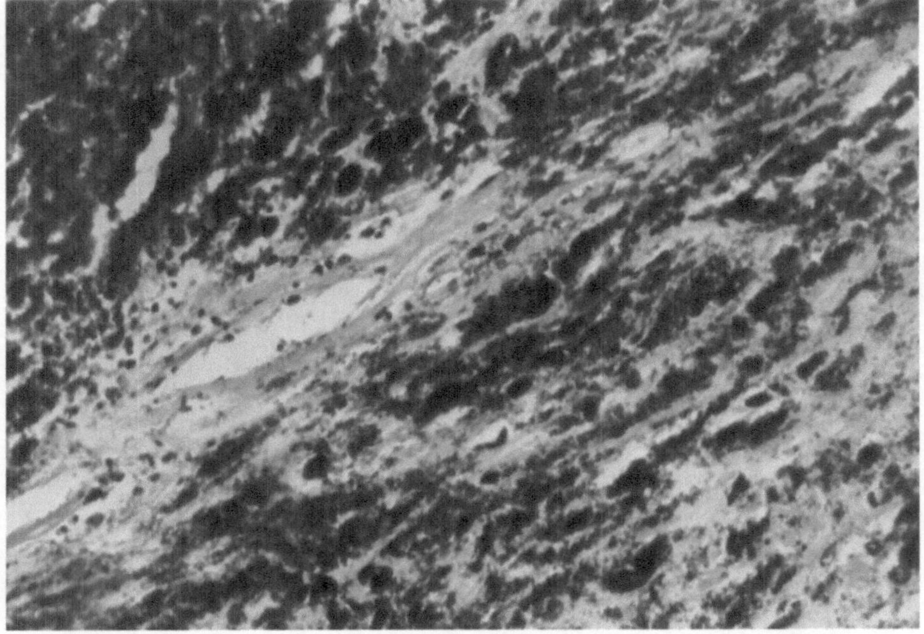

Abb. 7. Portaler Lymphknoten mit massivster extrazellulärer Thorotrastose und Verödung des lymphadenoiden Gewebes (HE, Verg. 10:1)

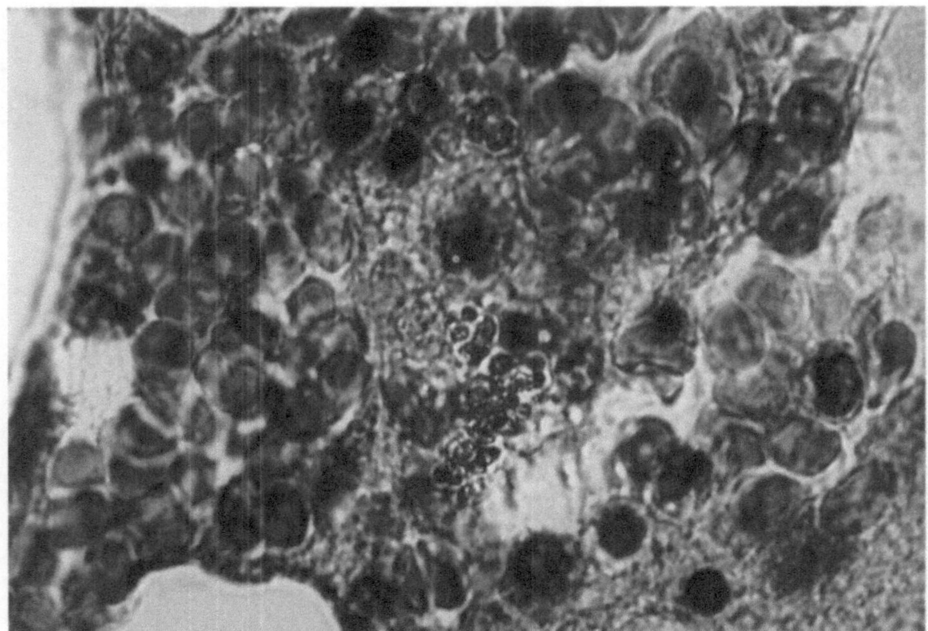

Abb. 8. Geringfügige extrazelluläre Ablagerung von Thoriumdioxid im Knochenmark (HE, Verg. 100:1)

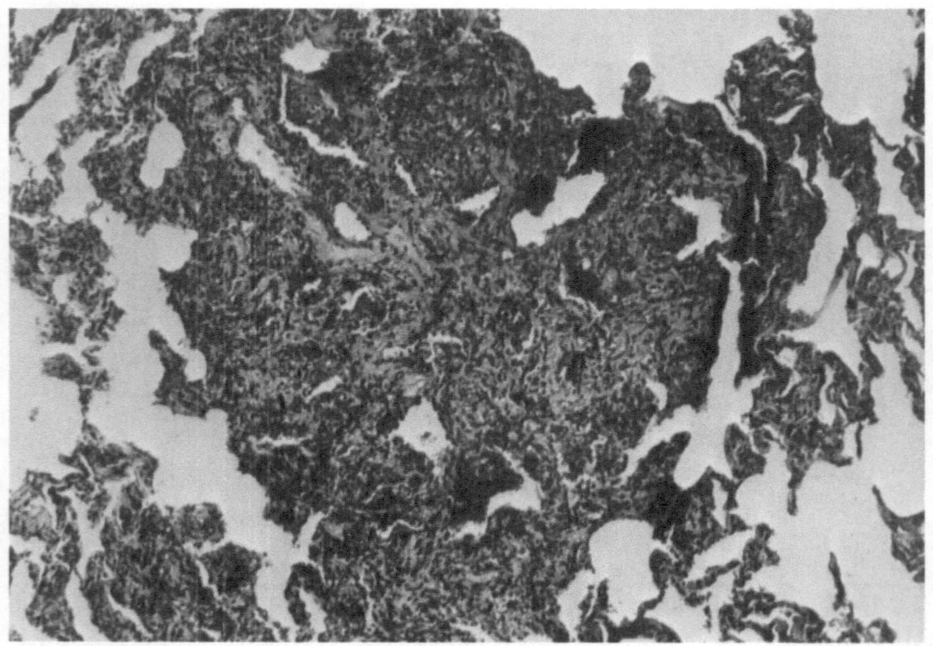

Abb. 9. Lungenmetastase eines malignen Hämangioendothelioms (HE, Verg. 6,3:1)

Zu beobachten waren weiterhin regressive Veränderungen wie Fibrosierungen der Portalfelder und nahezu vollständiger Parenchymersatz durch Schwielengewebe, insbesondere in lymphatischen Organsystemen.

Zu der angiosarkomatösen trat im linken Leberlappen eine karzinomatöse Komponente hinzu.

Da der Betreffende als Kriegsbeschädigter eine Versorgungsrente bezogen hatte, konnte im Nachhinein die Ursache der Thorotrastose durch Akteneinsicht beim Versorgungsamt eruiert werden.

Nach Aktenlage wurde im Jahre 1972 wegen auffälliger röntgenologischer Veränderungen im Bereich des Leber- und Milzschattens eine Ganzkörpermessung durchgeführt, die den Nachweis von 2,1 g inkorporierten Thoriumdioxids erbrachte. Da keine anderweitigen Anhaltspunkte bestanden, konnte dieser Befund nur dahingehend interpretiert werden, daß bei der letzten Gefäßoperation im Jahre 1946 in einer süddeutschen Universitätsklinik eine Angiographie der verletzten A. femoralis sinistra mit Hilfe des damals noch verwendeten Thorotrasts erfolgt war. Hierbei mußten laut Gutachten der Prüfstelle, die die Ganzkörpermessung durchgeführt hatte, insgesamt 10,6 ml Thorotrast injiziert worden sein.

Diese Feststellungen begründeten mit hinreichender Wahrscheinlichkeit für den vorliegenden Fall einen Kausalzusammenhang zwischen der 1944 erlittenen Kriegsverletzung und dem 1985 eingetretenen Tod.

Diskussion

Der dargestellte Fall bietet Bermerkenswertes unter mehreren Aspekten. Zum einen die sehr lange Latenz (1946–1972) und Symptomarmut der Thorotrastose; zum anderen der bis zur Obduktion unbekannte maligne Tumor der Leber, der sich aus einer angiosarkomatösen und einer karzinomatösen Komponente zusammensetzte. Schließlich auch die eigentliche Todesursache, die erst durch die Obduktion geklärt wurde.

Das in den Jahren 1928–1955 gebräuchliche radioaktive Kontrastmittel „Thorotrast“ (Rotter 1978) war ein vorzügliches Diagnostikum, das insbesondere bei Angiographien wegen seines exzellenten Kontrasts häufig verwendet wurde (Bolck u. Machnik 1978). Schätzungen zufolge soll es bei über 100000 Menschen für Gefäßdarstellungen benutzt worden sein (Gaus et al. 1966).

Erst zu Beginn der 40er Jahre, d.h. etwa 15 Jahre nach Einführung in die Radiologie im Jahre 1928 (Blühbaum et al. 1928), wurden Bedenken hinsichtlich einer möglichen kanzerogenen Wirkung geäußert (vgl. Bolck u. Machnik 1978).

Durch vielfältige klinische sowie experimentelle Untersuchungen konnte der Verdacht bestätigt werden (Wegener u. Zahnert 1970; Kromminga 1976).

In späteren epidemiologischen Studien konnten bei 900 verstorbenen Thoriumdioxidträgern in 40 Fällen histologisch gesicherte primäre Lebertumoren beobachtet werden (Kaick u. Wegener 1972).

Thorotrast, eine 24- bis 26%ige kolloidale, radioaktive Lösung von Thoriumdioxid ($^{232}_{90}$ ThO_2), besitzt eine extrem lange Halbwertzeit von $1{,}4 \cdot 10^{10}$ Jahren und wird praktisch kaum aus dem Körper ausgeschieden. Das umliegende biologische Gewebe wird somit ab dem Zeitpunkt der Inkorporation einer anhaltenden ionisierenden Strahlung ausgesetzt, wobei sich die Radioaktivität aus 9% α-, 9% β- und 1% γ-Strahlung zusammensetzt (Thierbach et al. 1960; Kromminga 1976).

Aufgrund tierexperimenteller Untersuchungen kann als gesichert gelten, daß das über den Blutweg inkorporierte Thoriumdioxid zunächst in die Leber gelangt und dort von den Sternzellen phagozytiert wird. Infolge der α-Strahlung alterieren diese Zellen und gehen zugrunde. Durch den Zellverfall werden die radioaktiven Partikel freigesetzt und können erneut von anderen Zellen als RHS phagozytiert werden. Somit schließt sich der Kreislauf, der das retikulohistiozytäre System auf Dauer schwer schädigt. Thoriumdioxid kann weiter durch die Freisetzung mit dem Blut- bzw. Lymphstrom in andere Organe gelangen. Prädilektionsorte dafür sind Milz, Lymphknoten und Knochenmark (Rotter 1951; Bolck u. Machnik 1978; da Silva Horta 1967). Entscheidend für den weiteren Verlauf und die Prognose sind indessen die Veränderungen in der Leber, die entweder unspezifische Reaktionsformen zeigt, wie etwa Fibrosierungen und Zirrhosen, oder auch Malignombildungen. Hierbei kann es zur Ausbildung verschiedenartiger Neoplasien kommen. Wichtig sind maligne Hämangioendotheliome (Wegener 1977) sowie cholangiozelluläre und hepatozelluläre Karzinome (Bolck u. Machnik 1978). Gelegentlich finden sich, wie hier im beschriebenen Fall, Mischformen. Prognostisch besonders ungünstig erscheint das Hämangioendotheliom, da es sehr rasch metastasiert. In seltenen Fällen kommt es auch hier zu Gefäßarrosionen und stärkeren Blutungen bis hin zu einem inneren Verbluten (Dannaker et al. 1981).

Demgegenüber wird offenbar häufiger eine Blutungsneigung bei Hämangiomen der Leber beobachtet. Über einen derartigen Fall berichteten erst kürzlich Missliwetz u. Zoder (1985).

Unter Zugrundelegung dieser vorangestellten Erkenntnisse fragt es sich, welche forensische Bedeutung dem hier vorgestellten Fall beizumessen ist. Fest steht, daß die behandelnden Ärzte die mittelgradige chronische Anämie nicht einzuordnen vermochten. Im Vordergrund stand die Phlebothrombose, die für den Patienten eine akute Gefährdung bedeutete. Die klinische Diagnose eines Malignoms der Leber wurde jedoch nicht gestellt. Ebenso wurde der plötzliche Schockzustand bei der stationären Wiederaufnahme nicht als ein blutungsbedingtes Ereignis erkannt.

Dies mag ursächlich darin begründet sein, daß Fälle dieser Art heute ausgesprochen selten geworden sind. Insgesamt sollen zwischen 1947 und 1972 etwa 180 thorotrastbedingte Malignome beschrieben worden sein (Kaick u. Wegener 1972). So verwundert es nicht, daß selbst ältere Kliniker häufig einen „Thorotrastfall" bisher nicht gesehen haben.

Hinzu kommt, daß ein Verblutungstod infolge eines Hämangioendothelioms gegenüber einer Metastasierung eben die Ausnahme ist.

Die sich in diesem Zusammenhang aufdrängende Frage, ob rechtzeitig eingeleitete ärztliche Maßnahmen (Laparotomie, Kapselübernähung) den Tod hätten abwenden können, muß angesichts des schwerwiegenden Befunds verneint werden. Aufgrund der multiplen Parenchymblutungen und der besonders im Perforationsbereich vorherrschenden Nekrosen erscheint eine operative Blutstillung aus einer Ex-post-Betrachtung aussichtslos gewesen zu sein.

Ungeachtet der plötzlich und akut einsetzenden lebensbedrohlichen Blutung war hier die Prognose auch insofern ungünstig, als es bereits zu einer Lungenmetastasierung gekommen war und die Milz sowie das Knochenmark schwer geschädigt waren.

Zusammenfassung

Fall eines 63jährigen Mannes, der akut an einer inneren Blutung verstarb. Autoptisch konnte als Blutungsursache eine spontane Leberruptur infolge eines thorotrastinduzierten Malignoms festgestellt werden.

Literatur

1) Blühbaum T, Frick K, Kalkbrenner H (1928) Eine neue Anwendungsart der Kolloide in der Röntgendiagnostik. Fortschr Röntgenstr 37:18–29
2) Bolck F, Machnik G (1978) Leber und Gallenwege. In: Doerr W, Seifert G, Uehlinger E (Hrsg) Spezielle pathologische Anatomie, Bd. 10 Springer, Berlin Heidelberg New York, S. 131–134
3) Dannaker CL, Tamburro CH, Yam LT (1981) Occupational carcinogenesis: The Louisville experiment with vinylchloride - associated hepatic angiosarcoma. Am J Med 70:279–287
4) Da Silva Horta J (1967)Late effects of thorotrast on the liver and spleen and their efferent lymph nodes. Ann NY Acad Sci 145:676–699
5) Gaus H, Gülzow M, Meyer-Hofmann G (1966) Spätschäden nach Thorotrastanwendung. Klin Wochenschr 44:32–39
6) Kaick G von, Wegener K (1972) Thorotrastose der Leber. 27. Tagung besonderer Verdauungs- und Stoffwechselkrankheiten vom 05. bis 07. 10. 1972 in Frankfurt/Main
7) Klinge O (1984) Die Leber In: Remmele W (Hrsg) Pathologie, Bd II. Springer, Berlin Heidelberg New York Tokyo, S. 589–790
8) Kromminga W (1976) Zur Pathologie der Thorotrastschäden. Med. Dissertation, Universität Bonn
9) Missliwetz J, Zoder G (1985) Leberruptur bei einem Neugeborenen infolge Hämangiomatose der Leber. Z Rechtsmed 95/3:205–212
10) Rotter W (1951) Über Gewebsschäden durch Thorotrast unter besonderer Berücksichtigung der Gefäßveränderungen und aplastischer Knochenmarksreaktion. Beitr Pathol 111:144
11) Rotter W (1978) Lehrbuch der Pathologie, Bd I. Schattauer, Stuttgart New York S. 51–53
12) Stutte HJ (1984) Die Milz. In: Remmele W (Hrsg) Pathologie, Bd I. Springer, Berlin Heidelberg New York Tokyo, S. 512–513
13) Thierbach R, Bothe HK, Langer H (1960) Spätschäden nach Thorotrastinjection mit besonderer Berücksichtigung physikalisch-quantitativer Befunde. Fortschr Rontgenstr. 93:298–313
14) Wegener K, Zahnert R (1970) Bericht über pathologisch-anatomische und autoradiographische Untersuchungen an 9 Fällen menschlicher Thorotrastose. Virchows Arch [A] 351:316–332
15) Wegener K, Wesch H, Kampmann H (1976) Investigations into human thorotrastosis. Tissue concentrations of 232-Th and late effects in 13 autopsy cases. Virchows Arch [A] 371:131–143
16) Wegener K (1977) Systematic review of thorotrast data and facts. Animal experiments. Virchows Arch [A] 381:245–268

*Röntgenologischer Nachweis der Luftembolie**

G. Schmidt

Über Auftreten, klinische Folgen und Nachweis der Luftembolie wurde von einer Vielzahl von Autoren ausführlich berichtet (Literatur s. bei Kläger 1985; Mallach u. Pfeiffer 1978; Pierucci 1982, 1985). Seit vielen Jahren ist bekannt, daß auch durch Röntgenuntersuchung eine Luftembolie nachgewiesen werden kann (Flanagan et al. 1969; Frey 1929; Haselhorst 1924; Im Obersteg 1949; Messmer 1984; Pollak et al. 1978; Roer u. Teichert 1957; Szabo 1971; Taylor 1952).

In dem neuen Atlas von Parikh (s. Nuntila u. Parikh 1985) steht auf S. 45: „Wird eine Luftembolie vermutet, so sollte eine Röntgenaufnahme von Brust und Bauch gemacht werden, sobald es die Einrichtung zuläßt."

Ich gehe davon aus, daß in jedem rechtsmedizinischen Institut eine Röntgeneinrichtung vorhanden ist und kann aus eigener Erfahrung nur empfehlen, sie regelmäßig zu benutzen.

Die allgemeine Anwendbarkeit von Röntgenaufnahmen und Durchleuchtung an der Leiche für rechtsmedizinische Zwecke ist bekannt (u.a. Bratzke et al. 1982; Schmidt u. Kallieris 1982). Auch für uns war es überraschend, wie häufig wir durch die Thoraxaufnahme bereits die Todesursache oder eine Teilursache des Todes durch Luftembolie feststellen konnten.

Die Häufigkeit der Luftembolie im Heidelberger rechtsmedizinischen Sektionsgut liegt bei etwa 5% (Mittelwert aus den Jahrgängen 1981–1984 mit insgesamt 1766 Sektionen. Mallach u. Pfeiffer haben 1978 für Tübinger Fälle der vorausgegangenen Jahre ebenfalls 5% angegeben. In Tübingen wird diese Zahl ohne Röntgenuntersuchung erreicht, weil die Probe nach Richter (1914) mit dem Aspirometer nach Mallach u. Schmidt (1980) besonders häufig angewendet wird.

Wir können die von unserem Institut in Mannheim durchgeführten Sektionen mit den Heidelberger Diagnosen vergleichen. In den Jahren 1981–1984 wurden in Mannheim 565 Obduktionen durchgeführt, wobei die Luftembolien 0,7% ausmachten. Da in Mannheim keine Röntgeneinrichtung für Obduktionen zur Verfügung steht, zeigt sich, daß hier die Luftembolie ohne Zweifel seltener diagnostiziert wird. Ich bin sicher, daß die Häufigkeit der Luftembolie auch in anderen, besonders in pathologischen Instituten geringer ist, weil die Probe nach Richter oder eine Röntgenuntersuchung nicht regelmäßig durchgeführt werden.

---

* Nach Vorträgen am 24. 05. 1985 auf der 69. Jahrestagung der Japanischen Gesellschaft für Rechtsmedizin in Morioka und am 09. 09. 1985 anläßlich der 64. Jahrestagung der Deutschen Gesellschaft für Rechtsmedizin in Hamburg.

Es gibt Institute, deren Todesursachenstatistik überhaupt keine Luftembolie aufweist.

Ergötzlich liest sich auch die Kritik von Friedberg (1857) an dem Lehrbuch von Casper, dem zahlreiche Fehler vorgeworfen werden:

... Da der Verfasser den gerichtsärztlichen Praktikern *„alles erläutert"* haben will *„was in näherer oder entfernterer Beziehung zu den ihnen vorkommenden Untersuchungen an Todten steht"*, war ich begierig, seine Ansichten über den Tod durch Lufteintritt in die Venen zu studieren. Gewiss ist er dem Verfasser bekannt, dafür sollte ja schon dessen hohe amtlich-wissenschaftliche Stellung bürgen. Und doch erwähnte er den Lufteintritt in die Venen in dem *„thanatologischen Theile des Handbuches der gerichtlichen Medicin"* nicht mit einem einzigen Worte!

Die Kenntniss des Todes durch Lufteintritt in die Venen ist für den Gerichtsarzt von sehr grosser Wichtigkeit. Herr Casper hebt hervor, dass er seit mehr als dreissig Jahren academische Vorlesungen über gerichtliche Medicin hält. In den letzten dreissig Jahren aber sind Fälle von plötzlich und unmittelbar erfolgtem Tode durch Verwundung einer grösseren Vene beobachtet und veröffentlicht worden, namentlich von Barlow, Castara, Delpech, Pellis, Roux, Ulrich.

Dem academischen Lehrer der gerichtlichen Medicin sollten solche Fälle entgangen sein?

Dass diejenigen Kranken, welche, ohne dass der unvorbereitete bedeutende Blutverlust sie tödtet, unter dem Messer des Chirurgen den Geist aufgeben, wahrscheinlich meist in Folge von Lufteintritt in eine Vene sterben, mag ich Herrn Casper gegenüber nicht geltend machen, da er in jedem Falle den schmerzhaften Eingriff als Todesursache zu betrachten scheint - (eine Annahme, die sich indess durchaus nicht beweisen lässt). - Die Erscheinungen aber, welche in den constatirten Fällen von Tod durch Lufteintritt in eine Vene von den verschiedenen *„Selbstbeobachtern"* (- um mit dem Verfasser zu sprechen -) geschildert werden, sind so übereinstimmend, dass sie dem Gerichtsarzte gestatten diese Todesart zu diagnosticieren. Ich meine das zischende, gluckernde Geräusch, welches der Eintritt der Luft erzeugt; das plötzliche Zusammensinken des Verletzten, der entweder sofort stirbt, oder in eine Ohnmacht verfällt, in welcher er sterben kann; dann die Anfüllung des rechten Herzohres mit Luft, die in mehreren Fällen, einen blutigen Schleim bildend, in der ganzen rechten Herzhälfte und, das flüssig bleibende Blut verdrängend, an zahlreichen Stellen in den Venen sich vorfand, ohne dass man sie der vorangegangenen Krankheit oder der Verwesung zuschreiben konnte.

Die Kenntniss dieser Zeichen des Lufteintrittes in die Venen ist für den Gerichtsarzt schon desshalb von Wichtigkeit, weil er bei der Beurtheilung von Kunstfehlern ihr folgen kann. Die

Tabelle 1. Eintrittspforte und Wirkungsgebiet der Luftembolie (Nach Kläger 1985)

Art der Luftembolie	Eintrittspforte	Wirkungsgebiet
Venös	Venen des großen Kreislaufs, Vasa privata der Lungen	Rechtes Herz und Pulmonalarterien
Arteriell	Lungenvenen	Hirngefäße, Koronarien (sonstige Arterien des großen Kreislaufs)
Gekreuzt	Venen des großen Kreislaufs, Vasa privata der Lungen	Hirngefäße, Koronarien (sonstige Arterien des großen Kreislaufs)
Retrograd	Arterien des großen Kreislaufs	Hirngefäße, Koronarien (sonstige Arterien des großen Kreislaufs)

Anschuldigung eines unvorsichtigen Verfahrens bei der Operation, die Nichtanwendung derjenigen Mittel, welche womöglich die Folgen des Lufteintrittes beseitigen konnten, kann der Gerichtsarzt nur auf Grund jener Kenntniss beurtheilen ...

Von den verschiedenen Arten der Luftembolie (s. Tabelle 1, nach Kläger 1955) ist die venöse Luftembolie am häufigsten. Trotzdem muß an seltene Entstehungsarten gedacht werden, deren Diskussion erst nach Diagnose der Luftembolie sinnvoll wird.

Venöse Luftembolien kommen nach Kizer u. Goodman (1982) durch folgende Ursache zustande:

- Penetrierende Verletzungen von Kopf, Hals, Brust, Herz, Abdomen und Bekken;
- perkutane Luftinjektion mittels Überdruck;
- chirurgische Eingriffe mit Einbeziehung von Kopf (besonders jene, die in sitzender Position vorgenommen werden), Hals, Brust, Herz, Retroperitoneum, Abdomen und Becken;
- Bluttransfusion;
- Geburten;
- kriminelle Aborte;
- Cunnilingus;
- Kieferhöhlenspülung;
- Hämodialyse;
- spontane bronchovaskuläre Fisteln (z.B. Pulmonalkarzinom);
- intravenöse Therapie und Katheterisierung;
- intravenöse oder urogenitale Autoinjektion von Luft;
- PEEP-Beatmung bei Neugeborenen;
- Zahnwurzelbehandlungen;
- Venographien (Enzephalo-, Ventrikulo-, Arthro-, Orbito-, Ureterozysto-).

Am häufigsten sahen wir in den letzten Jahren Luftembolien nach Schädelbasisverletzungen, seltener nach chirurgischen Eingriffen am Hals (Strumektomie), nach Halsschnitten bei Tötungsdelikten und Selbstmord, nach Kopfabtrennungen (Eisenbahnüberfahrung) oder nach Lungenverletzungen. Bei Katheterisierungen in der Kardiologie oder zur Dialyse wurden Luftembolien beobachtet. Auch bei der operativen Versorgung von Leberrupturen sind sie aufgetreten. Kurios anmutende Fälle sind beschrieben worden (Freudenberg u. Eberle 1984):

Das interstitielle Lungenemphysem eines maschinell beatmeten Frühgeborenen führte über den Ductus thoracicus Luft ins venöse Gefäß-System und über das offene Foramen ovale ins linke Herz. Tod an massiver Luftembolie mit röntgenologischem Nachweis auf dem p.a.-Thoraxbild. Erst nach Ausschluß von Lufteintritt über Gefäßkatheter oder über Gefäßverletzungen sollte dieser Mechanismus angenommen werden.

Heutzutage kommen Luftembolien am seltensten nach Abtreibung zur Beobachtung; die Gründe dafür liegen auf der Hand.

Da wir Kopf (Abb. 1 und 2) und Thorax routinemäßig röntgen, fällt eine Gasüberfüllung des Herzens, meist des rechten Vorhofs und der rechten Kammer, sofort auf (Abb. 3). Nur in 15% der Fälle von Luftembolie versagt die Röntgendarstellung. Hier spielen mehrere Faktoren mit hinein, so auch die Körpermasse, die Herzlage sowie die Luft- und Gasmenge.

Kommt die Luftembolie von einer Zerreißung der Venen oder Blutleiter an der Schädelbasis, so finden wir meist Luft im intrakraniellen Raum und im oberen Längsblutleiter. Im Fall von Abb. 3 war die Luftembolie durch Zerreißung von Schädelbasisgefäßen eingetreten.

Der Todeseintritt nach massiver Luftembolie des Herzens ist innerhalb weniger Minuten zu erwarten. Wiederbelebungsmaßnahmen führen nur bei kleinen Luftmengen zum Erfolg (s. unten). Durch Mund-zu-Mund-Beatmung, aber auch durch Fehlintubation, kommt es hin und wieder zu einer starken Überblähung des Magens (Abb. 4). Dieser Effekt ist sicherlich einer genügenden Zwerchfellexkursion im Rahmen der Reanimation abträglich.

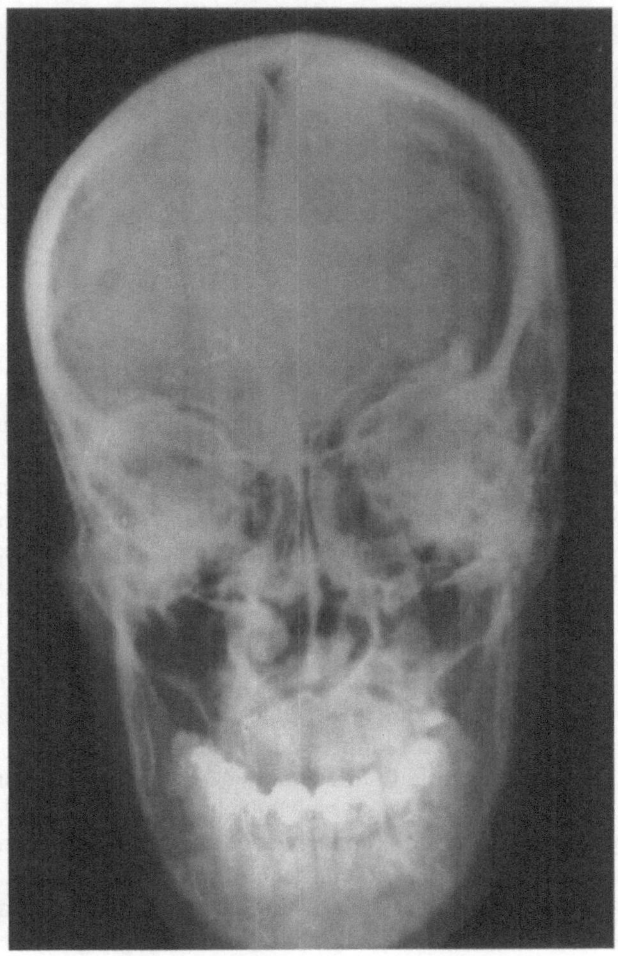

Abb. 1. Kopf a.p. mit Luftfüllung des Sinus sagittalis superior

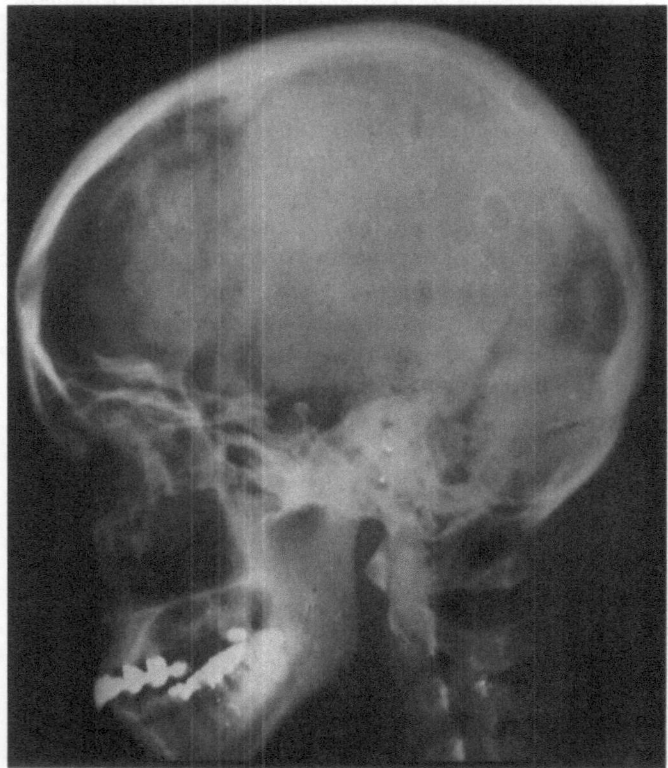

Abb. 2. Kopf seitlich mit Luftfüllung der Hüllräume

Wenn Schwerverletzte für den behandelnden Arzt überraschend schnell sterben, ist möglicherweise eine Luftembolie die Ursache gewesen.

Die Unterscheidung von Luft und Fäulnisgas ist auch auf dem Röntgenbild weitgehend möglich. Wenn das Herz durch Gasbildung aufgetrieben ist, ist auch der linke Vorhof regelmäßig beteiligt, was bei Luftembolie nicht der Fall ist – Ausnahme: offenes Foramen ovale. Außerdem sind andere Strukturen des Körpers durch Gasbildung verändert: Die Mm. pectorales, die Leber und der Bauchraum. Man sieht dann eine Art Fiederung entlang den Muskelfasern (Abb. 5) und eine Gassichel unter dem Zwerchfell sowohl im Bereich der Leber als auch im Bereich des Magens. Diese Gassichel kann strichförmig, eben erkennbar, aber auch sehr breit sein. Gas im Herzbeutel kann aus Zerreißungen von Herzbeutel und Lungenwurzelgefäßen (Bronchien) zustande kommen (Abb. 6), es kann aber auch fäulnisbedingt sein (Abb. 7).

So wird eigentlich nur selten neben der quantitativen Sicherung der Gasmenge, wofür wir das Gerät von Mallach u. Schmidt (1980) verwenden, eine Gasanalyse notwendig. Ich komme wieder auf den Artikel von Nuutila u. Parikh (1985) zurück; dort wird eine einfache Methode geschildert, durch die sich mit Hilfe von alkalischer Pyrogallollösung der Nachweis von Sauerstoff in einem Gasgemisch führen läßt. Ist er positiv (Rotfärbung), spricht es für Luft. Über die Gas-

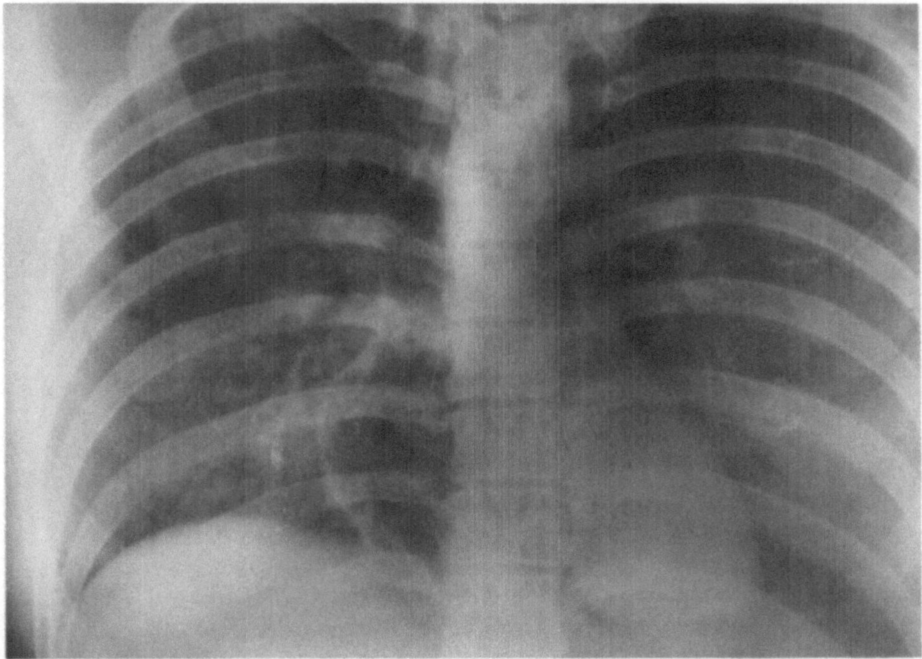

Abb. 3. Thorax mit venöser Luftembolie, ausgehend von Schädelbasisbruch (Verkehrsunfall)

analysen haben Schneider et al. (1983) in Berlin gearbeitet, ebenso Mallach und andere.

Das Aspirometer nach Mallach u. Schmidt (1980) hat sich bei uns sehr gut bewährt. Die Messung der damit gewonnenen Gasmenge kann qualitativ und quantitativ erfolgen, auch nach längerer Liegezeit einer Leiche (bei unseren Sektionen hatten die Luftemboliefälle eine durchschnittliche Liegezeit von 56 h) ist der qualitative Nachweis noch möglich. So fanden wir im Fall der Abb. 4 gaschromatographisch folgende Zusammensetzung: 8,9% O_2, 82,2% N_2, 4,3% CO_2. Bei einer fäulnisbedingten Gasbildung wurden aus dem rechten Herzen 120 ml gewonnen mit folgender Zusammensetzung: 3% O_2, 41% N_2, 28% CO_2.

Unter Berücksichtigung der typischen Gasbildung im Herzen und in den Geweben konnte hier die Diagnose der Luftembolie nicht gestellt werden. In einzelnen Fällen bleibt es bei der Verdachtsdiagnose einer durch Fäulnis überlagerten Luftembolie (Mallach 1986).

Entsteht eine Luftembolie in der Klinik, so schildern die Beobachter typische pfeifende, zischende oder gurgelnde Geräusche, wenn z.B. im Operationsfeld eine Vene geöffnet wird und ein negativer Venendruck besteht. Nach Ausbildung der Luftembolie soll über dem Herzen ein charakteristisches „Mühlengeräusch", ein bei jedem Herzschlag laut schmatzendes oder brodelndes Geräusch zu hören sein (Flanagan et al. 1969).

Zur Bekämpfung der Folgen einer Luftembolie wird orthostatische, d.h. sitzende Position des Patienten, empfohlen. Über die überlebbare oder tödliche

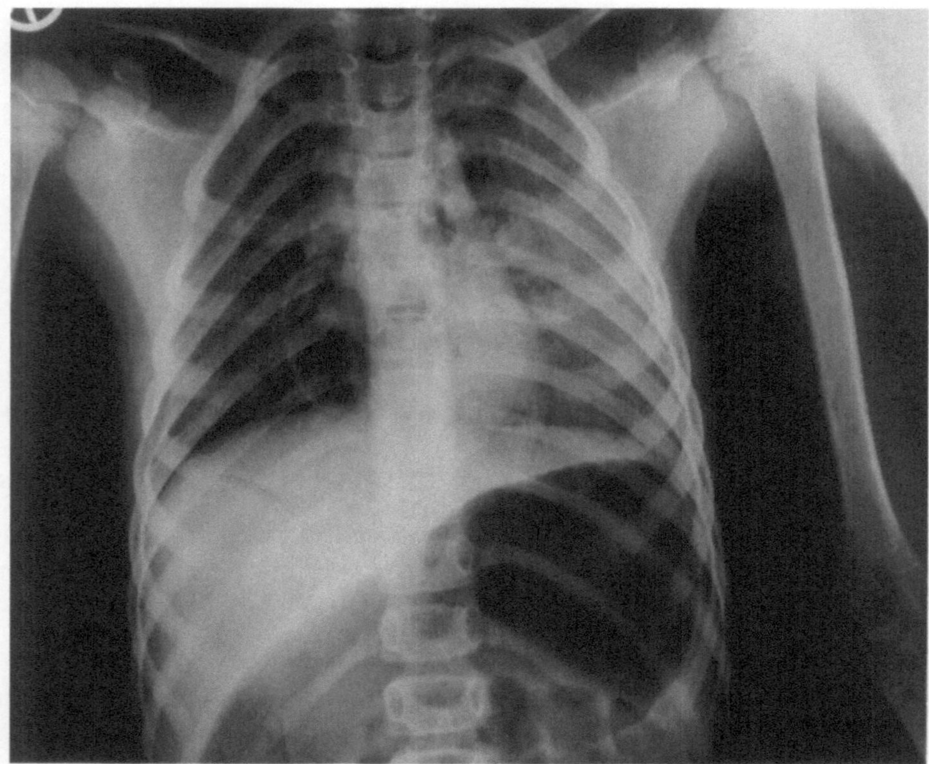

Abb. 4. 5jähriges Kind. Sofortiger Tod nach LKW-Überfahrung. Venöse Luftembolie durch Schädelbasisbruch. Fehlintubation mit Luftfüllung des Magens

Menge der in das Herz gelangten Luft gibt es verschiedene Auffassungen: I.v. zugeführte Luft in einer Menge von 10–20 ml soll ungefährlich sein, weil die Transportfunktion des Herzens nicht stagniert. Bei 50 bis 100 ml Luft soll das rechte Herz in seiner Ventil- und Transportfunktion derart beeinträchtigt sein, daß ein akutes Ersticken die Folge ist. Manchmal findet man im Bereich der Trikuspidalklappe oder im Bälkchennetz der rechten Kammer frische thrombozytenreiche Gerinnsel. Diese Befunde sind jedoch keine regelmäßige Begleiterscheinung von Luftembolien.

In mehreren Fällen war die von uns gemessene Gasmenge im Herzen größer als 100 ml. Hier mußte die Luftembolie als Haupttodesursache angesehen werden, während sie sonst bei anderen todeswürdigen Verletzungen als überholende Kausalität zu betrachten war. Postmortal ist eine Luftembolie eine Contradictio in se und nur durch aktives Lufteinblasen in eine Vene, Arterie oder das Herz denkbar.

Die Durchführung röntgenologischer Untersuchungen an den zur rechtsmedizinischen Sektion vorgesehenen Leichen sollte möglichst nicht an der Kostenfrage scheitern. Wir sind unseren Auftraggebern, nämlich den Staatsanwaltschaften im Raum Nordbaden dankbar, daß sie die Notwendigkeit solcher Untersuchungen anerkennen.

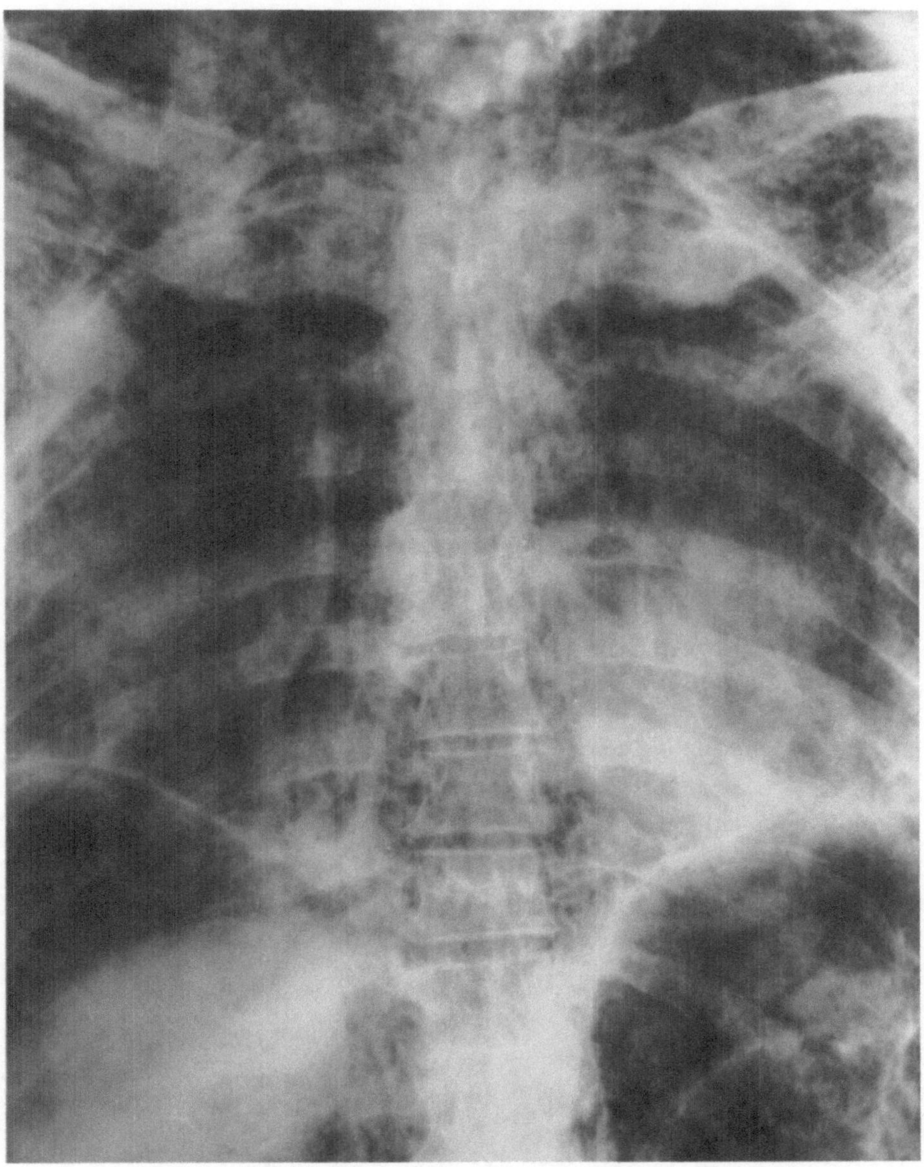

Abb. 5. Fiederung des M. pectoralis major durch Gasfäulnis und Gasfüllung des Herzens. Große Sichel zwischen Leber und Zwerchfell. Aufnahme 72 h post mortem (Wasserleiche)

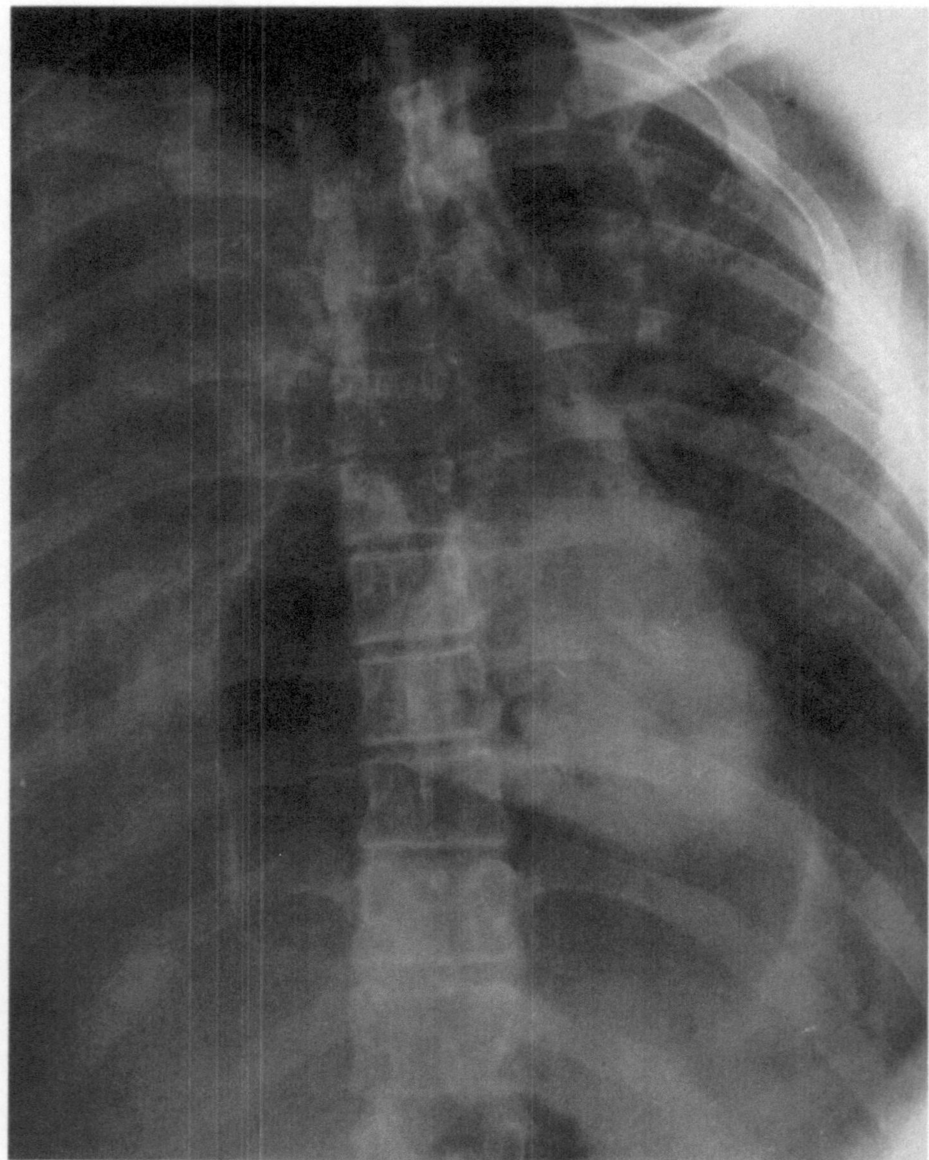

Abb. 6. Sturz aus 7 m Höhe mit Lungen- und Herzbeutelrissen. Pralle Luftfüllung des Herzbeutels

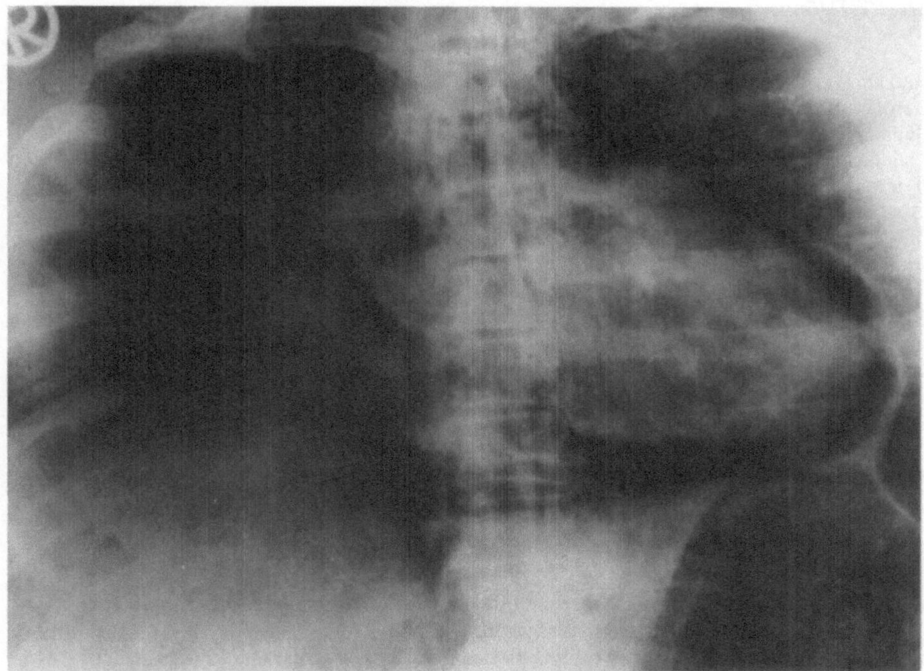

Abb. 7. Plötzlicher Herztod. Gasfäulnis im Herzbeutel. Aufnahme 120 h post mortem

Zusammenfassung

1) Im rechtsmedizinischen Sektionsgut kommen Luftembolien offenbar häufiger vor als sie bisher beobachtet wurden.
2) Die röntgenologische Diagnose vor der Obduktion klärt in vielen Fällen bereits die Todesursache. Sie kann durch nachfolgende Präparationstechnik (Probe nach Richter mit dem Aspirometer nach Mallach u. Schmidt) abgesichert werden.
3) Die Unterscheidung von Luft- und Fäulnisgas ist in der Regel am Röntgenbild möglich. Auch hier ist eine Gasanalyse im weiteren Verlauf der Untersuchung zu empfehlen.
4) Kliniker sollten an das Vorliegen einer tödlichen Luftembolie denken, wenn ein Patient unerklärlich schnell gestorben ist.
5) Häufige Ursachen tödlicher Luftembolien sind Schädelbasisbrüche durch stumpfe Gewalt oder Schußverletzungen.

Literatur

Bratzke H, Schneider V, Dietz W (1982) Röntgenuntersuchungen bei gerichtlichen Leicheneröffnungen. Fortschr Röntgenstr 136:463-472

Flanagan JP, Gradisar IA, Gross RJ, Kelly TR (1969) Air embolus - a lethal complication of suclavian venipuncture. New Engl J Med 281:488-489

Freudenberg V, Eberle P (1984) Die Luftembolie als seltenes Ereignis des Ais-Leakage-Komplexes beim beatmeten Frühgeborenen. Monatsschr Kinderheilkd 132:913-914

Frey S (1929) Die Luftembolie. Ergeb Chir Orthop 22:95-161

Friedberg H (1857) Gerichtsärztliche und kritische Bemerkungen über Casper's praktisches Handbuch der gerichtlichen Medicin. Geiger, Lahr

Haselhorst G (1924) Experimentelle Untersuchungen über venöse Luftembolie. Arch Gynakol 122:632-662

Kizer KW, Goodman PC (1982) Radiographic manifestations of venous air embolism. Radiology 144:35-39

Kläger TJ (1985) Die röntgenologische Diagnose der Luftembolie in der Rechtsmedizin. Med. Dissertation, Universität Heidelberg

Mallach HJ (1986) Gerichtsmedizinische Aspekte im Fach Urologie. In: Bichler KH (Hrsg) Begutachtung und Arztrecht in der Urologie. Springer, Berlin Heidelberg New York Tokyo, S. 199-208

Mallach HJ, Pfeiffer KH (1978) Über die Bedeutung der Luftembolie als primäre und sekundäre Todesursache. Med Welt 29:1391-1396, 1475-1477

Mallach HJ, Schnidt WK (1980) Über ein quantitatives und qualitatives Verfahren zum Nachweis der Luftembolie. Beitr Gericht Med 38:409-419

Messmer JM (1984) Massive head trauma as a cause of intravascular air. J Forensic Sci 29:418-424

Nuutila M, Parikh CK (1985) Dissection of heart. In: Parikh CK (ed) Medicolegal postmortems in India. Medical Publications Colaba, Bombay, pp 44-46

Obersteg J Im (1949) Die Luftembolie bei kriminellem Abort. Dtsch Z Gerichtl Med 39:646-687

Pierucci G (1982) La diagnosi medicolegale di embolia gassosa. Arch Med Led Ass [Suppl] 4:1-29

Pierucci G (1985) La diagnosi post mortale di embolia gassosa. Pathologica 77:145-155

Pollak ST, Dellert P, Vycudilik W (1978) Kriminalistische Aspekte iatrogener Luftembolien. Z Rechtsmed 82:211-223

Richter M (1914) Die Untersuchung bei plötzlichen Todesfällen. In: Lochte T (Hrsg) Gerichtsärztliche und polizeiärztliche Technik. Bergmann, Wiesbaden, S. 296-325

Roer H, Teichert G (1957) Über den röntgenologischen Nachweis von Luftembolien bei tödlichen Schädelbasisbrüchen. Monatsschr Unfallheilkd 60:257-265

Schmidt GG, Kallieris D (1982) Use of radiographs in the forensic autopsy. Forensic Sci Int 19:263-270

Schneider V, Klug E, Philipp W (1983) Die Luftembolie im kleinen Kreislauf - ihr Nachweis an der Leiche. Pathologie 4:97-102

Szabo I (1971) Der röntgenologische Nachweis der Luftembolie. Kriminal Forens Wis 5:167-173

Taylor JD (1952) Post-mortem diagnosis of air embolism by radiography. Br Med J 47/I:890-893

Selbsttötung und Psychose – Ein kasuistischer Beitrag zur Abgrenzung bizarrer, kriminalistisch suspekter Suizidhandlungen von Fremdtötungsdelikten

V. SCHMIDT, I. PEDAL, K. FOERSTER

Einleitung

Die Abgrenzung einer Suizidhandlung gegenüber einem Fremdtötungsdelikt oder Unfall kann dann große Probleme bereiten, wenn Ausgangslage, Auffindesituation und Begehungsumstände ein extrem hohes destruktives Potential erkennen lassen. Zur Aufklärung ist eine interdisziplinäre Zusammenarbeit unverzichtbar [21]. Ergeben sich außer den ungewöhnlichen Begehungsumständen keine konkreten Anhaltspunkte für Fremdbeteiligung, so ist an das Vorliegen einer psychischen Erkrankung zu denken. Insbesondere bei Patienten mit schizophrenen Erkrankungen können die gelegentlich bizarr anmutenden Suizidhandlungen Merkmale der psychischen Grundstörung aufweisen [12, 15, 17]. Gezielte anamnestische Nachforschungen können bei solchen Fällen entscheidende Aufschlüsse für die Gesamtbeurteilung erbringen.

Anhand der nachfolgend dargestellten 3 Einzelbeispiele von Suiziden offenbar psychotisch erkrankter Patienten sollen diese Zusammenhänge verdeutlicht werden.

Kasuistik

Fall 1 (L 180/80)

Sachverhalt:

Im Rahmen der Terroristenfahndung wurde im Sommer 1980 auch die Bevölkerung um Mithilfe und Mitteilung verdächtiger Beobachtungen gebeten. Daraufhin ging bei einem örtlichen Polizeirevier ein Hinweis auf einen seit mehreren Tagen vor einem Freibad abgestellten Pkw ein, aus dem penetranter Geruch drang. Eine Überprüfung des Halters ergab, daß sich dieser seit einigen Tagen nicht mehr in seiner Wohnung aufgehalten hatte und mit nicht bekanntem Ziele verreist war. Polizeiliche Erkenntnisse über den Fahrzeughalter lagen nicht vor. Als sich am Abend das Fahrzeug in unverändertem Zustand an gleicher Stelle befand, wurde auf polizeiliche Anordnung hin der verschlossene Kofferraumdeckel geöffnet. Im Kofferraum fand sich eine geknebelte, jedoch nicht gefesselte bekleidete männliche Leiche in fortgeschrittenem Fäulniszustand. Unter dem Kopf der Leiche fand sich eine zusammengelegte Lederjacke. Die Auffindesituation ließ zunächst an ein Gewaltverbrechen denken.

Bei der Leichenbesichtigung fiel die Umwicklung des Kopfes mit mehreren über Mundpartie, Nasenrücken und rechtes Oberlid geführten Mullbinden und mit einem im Nacken verknoteten Dreiecktuch auf (Abb. 1).

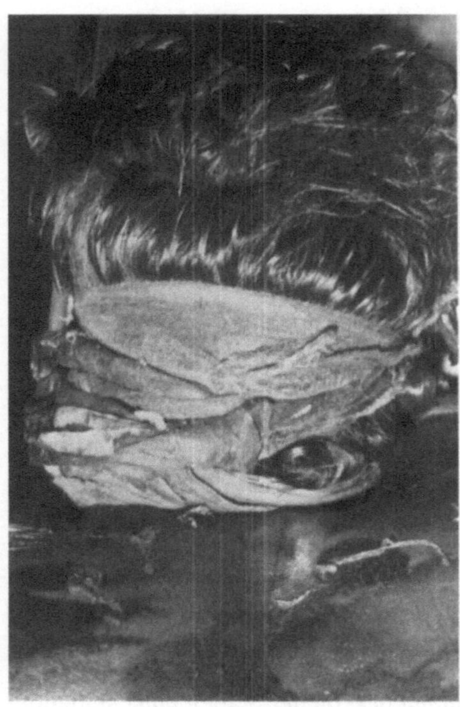

Abb. 1. Über den Mund laufendes, mehrfach um den Kopf geschlungenes und im Nacken verknotetes Dreieckstuch, mehrere gleich angelegte Mullbinden überdeckend (Fall 1, Nackenansicht)

Erste polizeiliche Ermittlungen ergaben, daß es sich bei dem Toten um den Fahrzeughalter, einen 27 Jahre alten Studenten der Rechtswissenschaften handelt, der seit mehreren Jahren in psychiatrischer Behandlung stand und als suizidgefährdet galt. Bei der späteren Durchsuchung der Jacke fanden sich mehrere Packungen des Medikaments Vesparax sowie ein an den zuletzt behandelnden Psychiater adressierter Abschiedsbrief.

Sektionsbefunde:
Durch Fäulnisgase aufgetriebene Leiche eines ursprünglich offenbar schlankwüchsigen jungen Mannes: Körperlänge 180 cm, Körpergewicht 58 kg. Knebelung der unteren Gesichtshälfte mit mehrfach geschlungenen Mullbinden und einem im Nacken geknoteten Dreiecktuch. Weit fortgeschrittene Fäulnisveränderungen der inneren Organe mit Umwandlung in Schaumorgane. Reichlich Fäulnisgas in Brusthöhlen und Herzkammern. In der Mundhöhle wenig erbrochener Mageninhalt. Kein Anhalt für stattgehabten Kampf oder äußere Gewalteinwirkung. Im Magen-Darm-Trakt keine eindeutig kristallinen Bestandteile feststellbar.

Alkoholbestimmungen und chemisch-toxikologische Untersuchungsergebnisse:
Die Alkoholbestimmung im Blut ergab eine Konzentration von 0,69 g/kg, Harn stand für Untersuchungszwecke nicht zur Verfügung. Neben Äthylalkohol wurden n-Propanol und n-Butanol gefunden. Bei der chemisch-toxikologischen Analyse fanden sich die Substanzen Brallobarbital, Secobarbital und Etodroxizin, also Inhaltsstoffe des Kombinationspräparats Vesparax. Die quantitativen Analysen von Brallo- und Secobarbital im Blut ergaben jeweils Konzentrationen im sicher letalen Bereich.

Epikrise:
Durch die chemisch-toxikologische Untersuchung konnte zweifelsfrei nachgewiesen werden, daß der 27 Jahre alt gewordene Jurastudent nach Einnahme einer Überdosis Vesparax gestorben war. Da neben Äthylalkohol auch die Fäulnisalkohole n-Butanol und n-Propanol gefunden wurden und die Leiche mehrere Tage lang extrem hohen Umgebungstemperaturen ausgesetzt

war, ist die Äthylalkoholkonzentration auch durch postmortale Alkoholneubildung erklärbar. Inwieweit im Rahmen des tödlichen Geschehensablaufs ein Sauerstoffmangel im Kofferraum bzw. die Knebelung eine Rolle gespielt hatten, konnte aufgrund der fortgeschrittenen Fäulnisveränderungen nicht mehr festgestellt werden. Die Knebelung wurde offenbar vom Suizidenten selbst vorgenommen, möglicherweise in der Absicht, eine Regurgitation des Mageninhalts bzw. des eingenommenen Pharmakons zu verhindern. Die besondere Mechanik des Kofferraumschlosses erlaubte ein Schließen mit dem Schlüssel von außen und nachfolgendes Zuziehen des Kofferraumdeckels. Ein nachträgliches Öffnen von innen und ein selbsttätiges Befreien aus dieser Situation waren somit unmöglich.

Fall 2 (L 284/80)

Sachverhalt:

Eine 26 Jahre alte ledige und arbeitslose Lehrerin lebte in umittelbarer Nähe einer Wohngemeinschaft. Nachdem sie einige Tage lang nicht mehr gesehen worden war, wurde von Mitgliedern der Wohngemeinschaft um die Mittagszeit die verschlossene Zimmertür aufgebrochen. Die junge Frau wurde leblos in Rückenlage auf einer Liege angetroffen. Hände, Gesicht und Kleidung waren außerordentlich stark blutverschmiert, darüber hinaus fanden sich in der Umgebung der Auffindestelle zahllose angetrocknete Blutspritzer sowie flächenhafte Blutantragungen. Blutspritzer waren bis zu einer Höhe von 85 cm an der Zimmerwand vorhanden. Auf einem Teppich vor der Liege wurden mehrere Linolschneidemesser mit Blutantragungen entdeckt. Eine erste kursorische ärztliche Leicheninspektion ergab zahlreiche Schnittverletzungen im Bereich beider Handgelenke sowie im Vorderhalsbereich. Auf eine detaillierte Leichenschau wurde im Hinblick auf die anstehende gerichtliche Leichenöffnung verzichtet; die Leiche wurde in unverändertem Zustand zur Obduktion gebracht.

Aus der Umgebung der Verstorbenen war zu erfahren, daß sie sehr scheu und zurückgezogen gelebt hatte. So habe sie Einladungen grundsätzlich abgelehnt und für sich alleine sein wollen. Es sei vorgekommen, daß sie nicht angesprochen werden wollte und sich in ihrem Zimmer einschloß. Sie habe sich vorwiegend mit psychiatrischer Literatur beschäftigt und geäußert, über ein psychiatrisches Thema promovieren zu wollen. Darüberhinaus habe sie sich mit dem Problem der Selbsttötung befaßt und den Suizid als ureigenste Sache jedes Menschen bezeichnet. An dem Tage, als sie zuletzt lebend gesehen wurde, habe sie verstört gewirkt, auf Ansprache von 2 Mitbewohnerinnen nicht reagiert, sich schnell auf ihr Zimmer zurückgezogen und eingeschlossen. Seitdem war sie nicht mehr lebend gesehen worden.

Ob eine psychiatrische Behandlung erfolgt war, konnte nicht in Erfahrung gebracht werden. Eindeutige Suizidabsichten habe die Frau jedoch niemals geäußert.

Sektionsbefund:

Ausgeblutete, schlankwüchsige und vollständig bekleidete Leiche einer jungen Frau mit fast virilem Körperbau. Körperlänge 171 cm, Körpergewicht 50 kg. Reduzierter Ernährungszustand. Oberflächliche, bis zur Faszie der Beugesehnen reichende, quergestellte Schnittverletzungen an beiden Handgelenksinnenseiten ohne Eröffnung der Pulsadern. Zahlreiche quer über den Vorderhals ziehende oberflächliche, die Lederhaut nicht durchtrennende Schnittverletzungen (Probierschnitte) in einem 20 cm langen und ca. 2 cm breiten Bezirk. Tiefreichende, 4 cm lange und 2 cm breit klaffende Stichlücke an der rechten Halsseite mit schartigen Wundrändern. Scharfe Durchtrennung der rechten A. carotis externa. Scharfe Durchtrennung der Epiglottis und des Kehlkopfskeletts. Großflächige Einblutungen im Vorderhalsbereich (Abb. 2). Zirka 3,5 cm lange, klaffende, in Körperlängsrichtung gestellte Schnittverletzung dicht unterhalb des Zungenbeins mit auszieherartiger Verlängerung im unteren Wundwinkel. Subtotale Spaltung des Schildknorpels und Durchtrennung der obersten Luftröhrenknorpelspangen in der Medianebene mit Eröffnung der Luftröhre (Tracheostoma, Abb. 3). Tamponade der Luftröhre durch eine 14 cm lange eingeführte, sich konisch verjüngende Kerze mit einem maximalen Umfang von 6 cm (Abb. 4). Akute Überblähung der Lungen. Stauungsblutaustritte in den Augenbindehäuten. Spärliche Totenflecke, anämische innere Organe. Im Magen Münzen, ein Ring sowie zerknülltes Schokoladenpapier (Abb. 5).

Epikrise:

Spurenbild, Fundortsituation und vorläufige Tatrekonstruktion sprachen von Anfang an für eine Selbsttötung. Zweifel ergaben sich jedoch aus der außergewöhnlichen grausigen Bege-

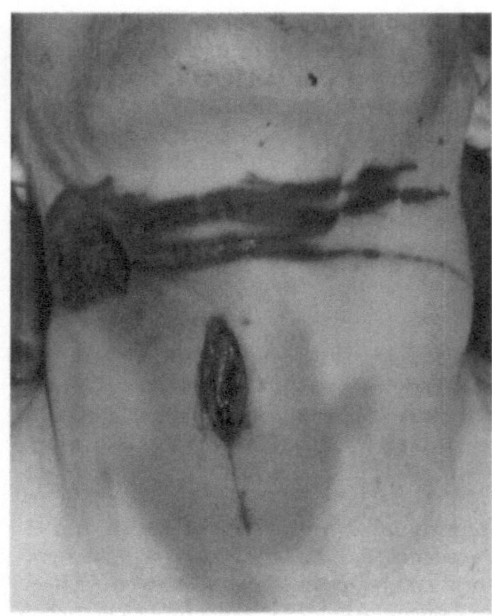

Abb. 2. Blutunterlaufene, z. T. vertrocknete Stich-Schnittverletzungen an Vorderhals und Mundboden, erzeugt mit einem Linolschnittmesser (Fall 2)

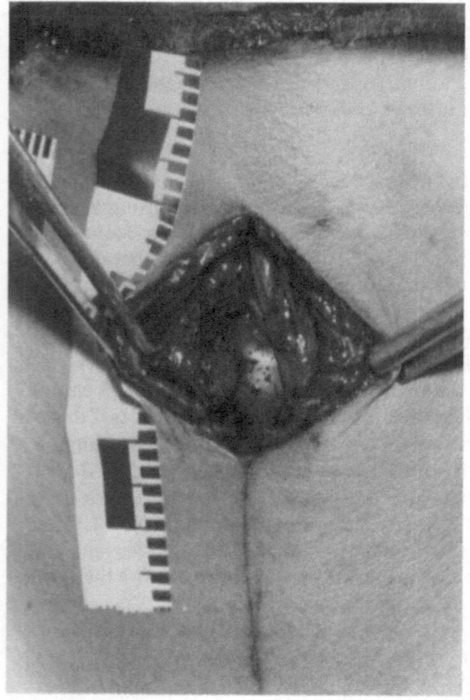

Abb. 3. Gespreizte Schnittlücke dicht unterhalb des Kehlkopfs (Tracheostoma). In der Tiefe ist der Stumpf der in die Luftröhre eingeführten Kerze sichtbar

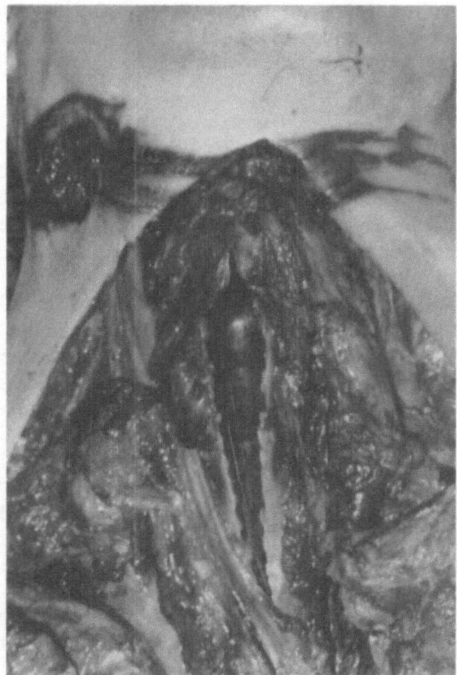

Abb. 4. Lage der 15 cm langen, die Lichtung voll ausfüllenden Kerze nach dem Aufpräparieren von Hals und Trachea

Abb. 5. Aus der Luftröhre entfernte Kerze und einige der im Magen gefundenen Fremdkörper

hungsart. Obduktion, spurentechnische Nachuntersuchungen sowie ergänzende kriminalpolizeiliche Ermittlungsergebnisse zur Vorgeschichte konnten die Verdachtsdiagnose nur erhärten. Nach mehrfachen Versuchen, die Pulsadern zu eröffnen, hat sich die junge Frau oberflächliche Halsschnittverletzungen beigebracht und schließlich das Tatwerkzeug, ein Linolschneidemesser, in die rechte Halsseite gestoßen. Zuletzt eröffnete sie die Luftröhre und schob durch dieses Tracheostoma eine Kerze bis zur Bifurkation vor. Der Tod trat infolge Verblutens und Erstikkens ein.

Eine Alkoholbeeinflussung lag zum Todeszeitpunkt nicht vor. Aufgrund der örtlichen Wohnraumsituation hätten aus dem Tatortzimmer dringende auffällige Laute von Nachbarn bemerkt werden müssen. Die Selbsttötungshandlung muß daher gleichsam lautlos abgelaufen sein. Das wahllose Inkorporieren von Gegenständen sowie die konsequent bis zum Abschluß betriebene Autodestruktion sind wohl als Kulminationspunkte einer bereits länger bestehenden, progredienten psychotischen Entwicklung zu interpretieren.

Fall 3 (L 280/84)

Sachverhalt:

Beim Ausräumen einer Wohnung nach dem plötzlichen Tode des alten, zurückgezogen lebenden Wohnungsinhabers stellte man fest, daß die Tür des Badezimmers von innen verschlossen und das Fenster verriegelt war. Der Raum wurde polizeilich geöffnet. Auf dem Boden lag neben der Badewanne in Rückenlage ausgestreckt die vollständig bekleidete Leiche eines Mannes im mittleren Lebensalter. Die Kleidung war geordnet, insbesondere waren Hose und Gürtel regelrecht verschlossen (!). Die zur Faust geballte linke Hand lag in der Nabelgegend. Auf der Brust des Toten lag eine Eisensäge, neben der Leiche fand sich ein zugeklapptes Rasiermesser (Abb. 6). Beide Hände wiesen starke Blutantragungen auf. Im gesamten Badezimmer verteilt, v.a. auch im Bereich der Toilettenschüssel, fanden sich massivste Blutspuren.

Bei der polizeilichen Leichenbesichtigung fielen eine tiefe, klaffende Halswunde und schwere Schnittverletzungen in der Schamgegend auf, so daß trotz diesbezüglich unverdächtiger Verschlußverhältnisse der Badezimmertür Zweifel am Vorliegen einer Selbsttötung aufkamen. Verstärkt wurden die Zweifel durch den unmittelbar vorausgegangenen, zu diesem Zeitpunkt noch ungeklärten Tod des Wohnungsinhabers. Nach dem Ergebnis weiterer Ermittlungen handelt es sich bei dem Toten um den 50jährigen Sohn des Wohnungsinhabers, der sich - ohne daß dies von der Umgebung bemerkt worden wäre - besuchsweise bei seinem Vater aufgehalten hatte.

Die wenigen verfügbaren Zeugenaussagen ergaben zwar nur ein schemenhaftes Bild von der Lebensform und den Verhaltensweisen des Sohnes, liefern aber dennoch deutliche Hinweise auf eine psychische Erkrankung. Vor etwa 20 Jahren hatte er in Norddeutschland zusammen mit seiner Mutter eine Mietwohnung bezogen, in der die beiden völlig isoliert hausten und in die sie niemanden einließen. Beide waren nicht krankenversichert und wurden nie ärztlich oder zahnärztlich behandelt. Mutter und Sohn, so der Vermieter, seien „psychisch krank" gewesen. Nach dem Bericht einer Verwandten habe sich der Sohn im Laufe der Jahre „sehr verändert, machte einen unsteten Eindruck, seine Augen flackerten, und er redete abgehackt und nicht sehr präzise". Nach dem Tode der Mutter war der in Süddeutschland lebende Vater, den er

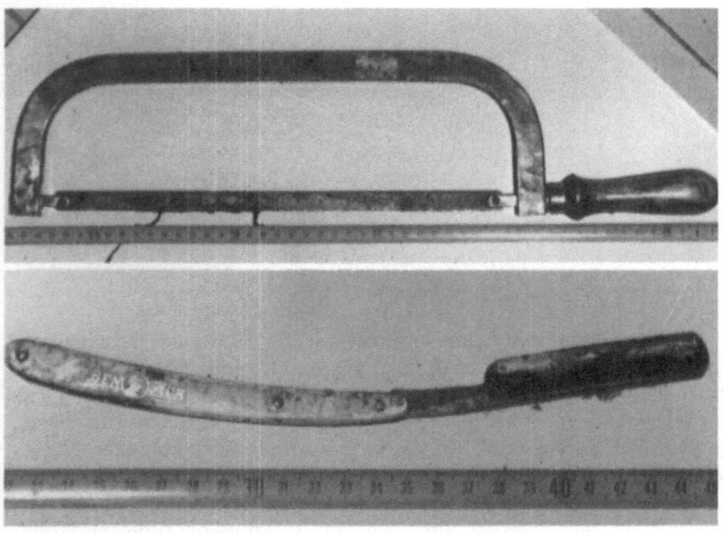

Abb. 6. Tatwerkzeuge in Fall 3: Eisensäge und aufgeklapptes Rasiermesser

gelegentlich besuchte, die einzig verbliebene Bezugsperson. Nachbarn, die ihn anläßlich dieser Besuche flüchtig sahen, hatten nach seinem Erscheinungsbild und im Gespräch den Eindruck, daß er „nicht ganz normal" sei.

Sektionsbefunde:
An Nacken und hinteren Halsanteilen zu einer quer verlaufenden, bandförmigen Schürfungsfigur angeordnete oberflächliche Kratzer. Weitklaffende, bis auf den Bandapparat der Wirbelsäule reichende, horizontal verlaufende Vorderhalsschnittwunde mit unregelmäßig gezackten, teils geschürften Wundrändern. Vollständige Durchtrennung des Kehlkopfs zwischen Schildknorpel und Zungenbein; Durchtrennung des Speiseröhreneingangs in entsprechender Höhe. Eröffnung eines größeres Astes der linken A. carotis externa, keine Verletzungen der großen Halsarterien und -venen. Pilzbewuchs des Wundgrundes nach mehrtägiger Leichenliegezeit (Abb. 7).

Große Schnittwunde nach vollständiger, scharfer Abtrennung von Penis und Skrotum an der Wurzel sowie Eröffnung eines rechtsseitigen Leistenbruchsacks. Austritt eines großen Dünndarmkonvoluts mit scharfrandigem Darm-Mesenterial-Defekt. Oberflächlicher, parallel zum oberen Wundrand verlaufender Hautschnitt (Abb. 8).

Blutantragungen an beiden Händen. Flächenhafte Blutantragungen an den Vorder- und Innenseiten beider Oberschenkel. Intensiv ausgebildete, in Längsrichtung abwärts verlaufende Blutabrinnspur an den Innenseiten der Ober- und Unterschenkel. Weitere Blutabrinnspuren aus Mund und Nase.

Pflaumengroße Epidermiszyste des rechten Kleinhirnbrückenwinkels. Muskulöser Körperbau, reduzierter Ernährungsustand. Körperlänge 179 cm, Körpermasse 65 kg. Bei der gerichtlichen Leichenöffnung wurden angefaulte Gewebeteile zur Untersuchung vorgelegt, die im Siphon der Toilettenschüssel aufgefunden worden waren. Es handelte sich um zehn jeweils fingerlange, scharf abgetrennte Dünndarmsegmente mit Teilen des Mesenteriums. Die äußeren Genitalien konnten erst später, nach Demontage des ableitenden Rohrsystem, aufgefunden werden.

Epikrise:
Schon aufgrund der Auffindesituation war anzunehmen, daß eine ungewöhnlich grausig durchgeführte Selbstverstümmelung und Selbsttötung vorlag. Auch die Leichenöffnung ergab keine konkreten Anhaltspunkte für eine Gewalteinwirkung von fremder Hand. Der unmittelbar vorausgegangene Tod des Vaters war nach dem Sektionsbefund Folge einer eitrigen Meningitis,

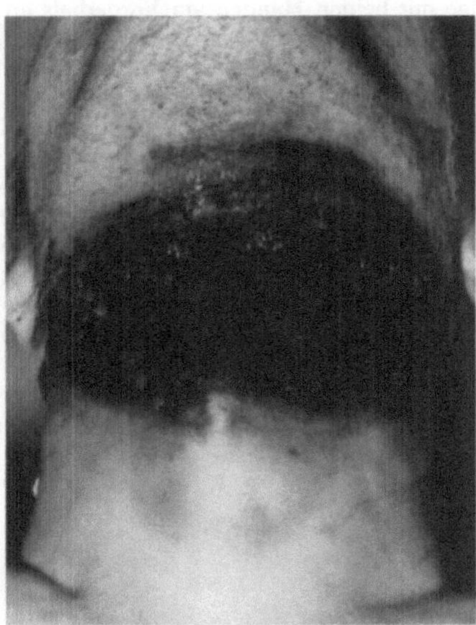

Abb. 7. Bis zur Wirbelsäule reichende, klaffende, mit der Säge erzeugte Durchtrennung des Vorderhalses

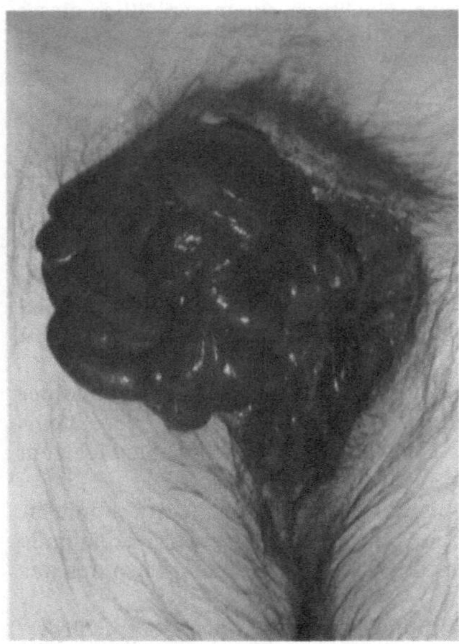

Abb. 8. Große Weichteilwunde im Unterbauch durch Abschneiden des Genitales und eines angrenzenden Leistenbruchsacks mit dem Rasiermesser. Ein gut faustgroßes Dünndarmkonvolut ist aus der Wunde hervorgequollen

lieferte also ebenfalls keine Anhaltspunkte für ein fremdverschuldetes gewaltsames Geschehen. Auffälligerweise lag auch bei dem Vater ein großer rechtsseitiger Leistenbruch vor.

Der Ablauf der Selbsttötungshandlung war folgendermaßen zu rekonstruieren: In der ersten Phase der Tat trennte sich der Suizident, auf der Toilettenschüssel sitzend oder mit gespreizten Beinen über ihr stehend, mit dem Rasiermesser das Genitale vollständig ab, wobei der rechtsseitige Leistenbruchsack eröffnet wurde. Eine vortretende Schlinge des Dünndarmes wurde mit dem Messer in zehn kürzeren Segmenten abgetrennt und zusammen mit dem Genitale in die Toilettenschüssel geworfen. Daraufhin klappte der Suizident das Rasiermesser zu und legte es aus der Hand, zog sich die Hose wieder an und schloß ordnungsgemäß Bund und Gürtel. In einer zweiten Phase diente die Metallsäge als Tatwerkzeug. Zuerst bewegte der Suizident die Sägefläche lediglich schürfend auf der Haut des Nackens hin und her. Schließlich setzte er die Säge mit beiden Händen am Vorderhals an und durchtrennte sägend und schneidend unter erheblichem Kraftaufwand die Halsweichteile bis zur Wirbelsäule. Todesursache war ein Verbluten aus den ausgedehnten Halsweichteilwunden.

Obwohl eine psychiatrische Exploration oder Behandlung anscheinend nie erfolgte bzw. nicht in Erfahrung gebracht werden konnte, liegt der Gedanke an eine Selbsttötung im akuten Zustand einer psychischen Krankheit nahe. Zu denken wäre v.a. an das Vorliegen einer schizophrenen Erkrankung. Hierfür spricht die makabre Vorgehensweise mit – möglicherweise symbolträchtiger – Abtrennung des Genitales und unbeirrbarer gewalttätiger Fortsetzung der Autodestruktion ohne Rücksicht auf Schmerzempfindungen. Gestützt wird eine solche Vermutung durch die seit Jahren beobachteten Verhaltensauffälligkeiten, wie sie von den wenigen Kontaktpersonen geschildert wurden. Die Ähnlichkeit mit den absonderlichen Lebensgewohnheiten beider Eltern läßt an eine erbliche Vorbelastung denken. Ein Zusammenhang zwischen der bei der Sektion gefundenen Epidermiszyste des rechten Kleinhirnbrückenwinkels und der psychischen Erkrankung erscheint schon wegen der Lokalisation der Zyste unwahrscheinlich. Auslösend für die Selbsttötung dürfte der plötzliche Verlust des Vaters, der letzten verbliebenen Bezugsperson, gewesen sein.

Diskussion

Eines der entscheidenden Probleme, mit denen der Gerichtsmediziner im Zusammenhang mit gewaltsamen bzw. nichtnatürlichen Todesfällen konfrontiert wird, ist die Frage einer Fremdbeteiligung. Ausführliche Darstellungen wesentlicher Kriterien zur Differenzierung zwischen Verletzungen von eigener Hand, Verletzungen von fremder Hand und Unfällen finden sich in der neueren einschlägigen Literatur [2, 7, 10, 12]; spezielle für Schußverletzungen unter Berücksichtigung modernster Untersuchungstechniken bei Sellier [24]. Auch eine interdisziplinäre Zusammenarbeit mit Inanspruchnahme der verfügbaren Untersuchungsmöglichkeiten kann jedoch in Ausnahmefällen eine klare Zuordnung nicht immer erbringen [20].

In den drei dargestellten Fällen ist bei zusammenfassender Würdigung sämtlicher Erkenntnisse unter kriminalistischen Aspekten eine Zuordnung als Selbsttötungshandlungen ohne begründete Zweifel gegeben. Als Erklärungsmöglichkeit für die außergewöhnlichen Begehungsumstände bestand jeweils frühzeitig der dringende Verdacht auf ein durch eine psychiatrische Erkrankung determiniertes Geschehen.

Alkoholeinfluß hat in keinem Falle eine bedeutsame Rolle gespielt, die lediglich in Fall 1 gemessenen relevanten Alkoholspiegel wären auch durch postmortale Entstehung erklärbar. Im Gegensatz zu den Bilanzsuiziden kommt der spezifischen Alkoholwirkung als tatauslösendes oder bahnendes Element bei schizophrenen Suiziden keine wesentliche Bedeutung zu [8, 23, 25]. Demgegenüber ist auch in den Fällen schizophrenen Suizids erkennbar, daß die Zugänglichkeit der benützten Hilfsmittel Einfluß auf die Wahl der Tötungsart hat [13, 22].

Selbsttötung steht in der Bundesrepublik Deutschland an 11. Stelle der Liste der Haupttodesursachen. Über die etwa 14000 registrierten Fälle pro Jahr hinausgehend ist mit einer erheblichen Dunkelziffer, z.B. durch Vertuschung oder Tarnung als Unfälle, zu rechnen [27]. In einer eigenen Untersuchung [6] ließ sich in 7% der obduzierten Suizidfälle eine psychiatrische Anamnese nachweisen, Suchtkranke blieben in dieser Statistik allerdings unberücksichtigt. Nach versicherungsmedizinischer Erfahrung sind unter den versicherten Suizidenten 10–20% Geisteskranke zu finden [16].

Auf die psychiatrische Begutachtungsproblematik unter versicherungsrechtlichen Aspekten hat kürzlich Maier-Madignier [11] hingewiesen. Nach unserer Auffassung liegen, gestützt auf die Radikalität bei der Ausführung und die übrigen Hinweise aus der Vorgeschichte, in allen 3 Fällen die Voraussetzungen des § 169 VVG vor.

Die Häufigkeitsangaben über den Anteil von Psychotikern unter den Patienten, die einen Suizidversuch unternommen haben, weisen nach einer Zusammenstellung des jüngeren Schrifttums große Unterschiede auf [27]. Der Selbstmord kommt bei schizophrenen Erkrankungen wahrscheinlich nicht so häufig vor wie meist angenommen. Mit höchstens 12 Schizophrenen unter 100 Selbstmördern spielt die Schizophrenie eine wesentlich geringere Rolle als die endogene Depression [19]. Aufgrund der Kenntnis langjähriger Verläufe bei Schizophrenen ist andererseits bekannt, daß der Suizid bei diesen Patienten die zweithäufigste Todesursache überhaupt ist [3].

Die Beurteilung auffälliger Suizidhandlungen, die an das Vorliegen einer schizophrenen Erkrankung denken lassen, ist immer dann problematisch, wenn keine Informationen über psychische Erkrankungen oder Störungen der Suizidenten vorliegen. Die oft spärlichen und ungenauen Berichte von Zeugen genügen in der Regel nicht für eine genaue psychiatrische Diagnosestellung, so daß wir uns meist mit mehr oder weniger gut begründeten Vermutungen begnügen müssen. Betrachten wir vor dem Hintergrund dieser grundsätzlichen Einschränkungen unsere geschilderten Fälle, so ergeben sich recht deutliche Hinweise auf das Vorliegen psychischer Störungen.

Im 1. dargestellten Fall des Jurastudenten waren mehrfache, langfristige stationäre Behandlungen in einer Universitätsnervenklinik vorausgegangen. Diese stationären Behandlungen erfolgten im Alter zwischen 17 und 21 Jahren. Diagnostisch handelte es sich um ein schwieriges Problem, wobei von Anfang an das Vorliegen einer blande und schleichend verlaufenden schizophrenen Psychose erwogen wurde, die sich v. a. in Konzentrationsstörungen und erheblicher Kontaktarmut äußerte. Anlaß einer der stationären Behandlungen war ein Suizidversuch mit Vesparaxtabletten, also dem später verwandten Suizidmittel. Über den weiteren Verlauf ist uns nichts bekannt, außer der Tatsache, daß sich der Patient in ambulanter nervenärztlicher Behandlung befand und als chronisch suizidgefährdet betrachtet wurde. Aus einem bei der Leiche gefundenen Abschiedsbrief an seinen zuletzt behandelnden Nervenarzt läßt sich entnehmen, daß der Student keinen Lebenswillen mehr hatte, aber dennoch eine gewisse Ambivalenz andeutet. Es ist wohl zulässig, hieraus auf das Bestehen eines depressiven Zustands zu schließen. Inwieweit sich der früher geäußerte Verdacht auf das Vorliegen einer schizophrenen Psychose bestätigt hat, kann aus unserer Sicht nicht eindeutig beantwortet werden; aufgrund der bei den früheren stationären Beobachtungen erhobenen Befunde ist dies jedoch mit großer Wahrscheinlichkeit anzunehmen. Insofern wäre dieser Fall ein Beispiel für diejenigen schizophrenen Patienten, die noch Jahre oder Jahrzehnte nach Beginn der Erkrankung Suizid begehen. Hierauf wurde v. a. von Bleuler [3] immer wieder hingewiesen. Der Autor betont, daß die Suizidgefahr keineswegs nur zu Beginn einer schizophrenen Erkrankung bestehe, sondern auch im Verlauf der Erkrankung immer wieder vorliegen könne. Gestützt wird diese Beobachtung von Ringel u. Sonneck [19] sowie Berner u. Sonneck [1], die auf 3 Phasen erhöhter Suizidgefährdung im Verlauf einer schizophrenen Erkrankung hinweisen:

- Am Beginn der Erkrankung, wo die Persönlichkeitsveränderung mit all ihren Folgen so qualvoll erlebt wird, daß sie dann ein einfühlbares Suizidmotiv zu werden vermag.
- In prozeßhaft fortgeschrittenen Fällen unter dem Einfluß von Wahnideen und Halluzinationen (z. B. imperative Stimmen). Diese Fälle nehmen oft einen spektakulären Verlauf und zeigen besonders grausige Methoden; gelegentlich kommt es auch zur Verbindung von Mord und Suizid.
- Bei schizophrenen Residualzuständen kann es unter exogener psychischer Traumatisierung zu Suizidhandlungen kommen, die auf die reduzierte seelische Toleranzfähigkeit zurückgehen und sich von anderen einfühlbaren Suiziden durch nichts als die Tatsache unterscheiden, daß hier die mangelnde psy-

chische Belastbarkeit auf den schizophrenen Residualzustand zurückzuführen ist.

Für unseren Fall 2 liegen solche ausführlichen Befunde aus der Vorgeschichte ebenso wie für Fall 3 nicht vor, allerdings weisen die Angaben auf das Bestehen einer ausgeprägten Kontaktstörung und Vereinsamung bis zur aktiv betriebenen Isolation hin. Bei der Lektüre eines psychiatrischen Handbuchs habe sich die Lehrerin im Kapitel „Wahnsinn" wiedererkannt. Kurz vor dem Tode wirkte sie „verstört", auf Ansprache nicht reagierend. Diese Angaben genügen nicht für die Diagnosestellung, aber die Annahme einer ernsthaften psychischen Erkrankung ist sicherlich gerechtfertigt. Die Art der Selbsttötung läßt an einen psychotischen Suizid denken, wobei hier das „harte Vorgehen", die massive Autodestruktion auffallen. Inwieweit die Vornahme der Trachealtamponade möglicherweise als symbolische Handlung zu interpretieren ist, muß wohl offenbleiben. Wie in den beiden anderen Fällen ist auch hier durch das gerichtete Vorgehen ein Rücktritt vom Versuch ausgeschlossen.

Bezüglich des Falls 3 haben wir wieder deutlichere Hinweise. Es ist die Rede von extremer Zurückgezogenheit und Kontaktarmut bis hin zur Isolation. Der Mann erschien Nachbarn und Verwandten zu Lebzeiten „psychisch krank" bzw. „nicht ganz normal". Es wird berichtet, daß er „abgehackt und nicht präzise redete". Lassen diese Hinweise bereits an das Vorliegen einer ernsthaften psychischen Erkrankung denken, so wird diese Vermutung gestützt durch die Tatsache, daß beide Eltern offenbar in sehr ähnlicher und isolierter Weise lebten. Der Verdacht auf das Vorliegen einer schizophrenen Erkrankung scheint aufgrund dieser Anhaltspunkte gegeben.

Die Selbsttötung beeindruckt in mehrfacher Hinsicht. Die zu erwartende „normale" Schmerzempfindung war offenbar weitgehend außer Kraft gesetzt. Hypothetisch wäre zu überlegen, ob die Schmerzempfindungen ähnlich wie in Fall 2 durch das zunehmende psychotische Erleben quasi „blockiert" waren. Die alte klinische Erfahrung einer erhöhten Schmerzschwelle bei schizophrenen Patienten konnte auch durch experimentelle Untersuchungen gestützt werden. So wurden sowohl bei depressiven wie bei schizophrenen Patienten höhere Wahrnehmungsschwellen und Bewertungskriterien für Hitzeschmerz gefunden [4]. Gleichartige Ergebnisse erzielten Davis et al. [5] für die Hitzeschmerzempfindung schizophrener Patienten. Derartige Mechanismen könnten auch bei unseren Fällen vorgelegen haben. Nur spekulativ kann die Tatsache der Selbstkastration erörtert werden. Es liegt nahe, hier an – möglicherweise wahnhaft gesteigerte – Masturbationsskrupel zu denken oder auch wahnhafte Beeinflussungsergebnisse der Genitalien im Sinne einer zönästhetischen Schizophrenie zu diskutieren.

Aus dem Bericht von schizophrenen Erkrankten, die nach einem Suizidversuch gerettet wurden und über ihre Gedanken bei dem Versuch berichten konnten, wissen wir, daß psychotische Wahnvorstellungen wie etwa Buße für vermeintlich schuldhaft begangene Taten ganz im Vordergrund der Motivation standen [14]. Aufgrund der gleichen Untersuchung war festzustellen, daß das zwanghafte Getriebensein, das Ausgeliefertsein beim Entschluß zum Suizidversuch bei den psychotischen Patienten gegenüber den nicht psychotischen deutlich überwog.

Im Rahmen einer größeren finnischen Untersuchung wurde eine ähnliche Erhebung von Virkkunen [26] durchgeführt. Der Autor befragte die Angehörigen von schizophren Erkrankten, die kurz zuvor durch Suizid verstorben waren. Aus der Fülle seiner Ergebnisse ist u.a. zu entnehmen, daß bei den Patienten eine erhebliche, psychotisch determinierte Angst besteht, die unmittelbar vor dem Suizid einen Kulminationspunkt erreichte. Möglicherweise gehört unser Fall 2 zu dieser Kategorie, wenn wir bedenken, daß die Frau auf die Nachbarn „verstört" wirkte.

Von Jantz [9] wurde eine Unterscheidung zwischen „schizophrenem" Suizid und Suiziden bei schizophrener Erkrankung versucht. Ersterer ist danach gekennzeichnet durch das Bestehen schizophrener Motive, etwa die Vernichtung des eigenen Lebens aufgrund imperativer Stimmen oder das Vornehmen schizophrener Symbolhandlungen. Hiervon grenzt Jantz solche Suizidhandlungen ab, die durch eine Verflechtung schizophrener Begründung mit normalen psychologischen Motiven entstehen. Folgt man dem Versuch einer solchen Differenzierung, dürfte es sich bei unserem Fall 3 mit größter Wahrscheinlichkeit um einen in diesem Sinne „schizophrenen" Suizid gehandelt haben.

Bei allen 3 Fällen muß daran gedacht werden, daß der Suizid die endgültige „Lösung" einer unerträglichen Ambivalenz bedeuten könnte, wie es im Abschiedsbrief des ersten Patienten angedeutet ist. Die vorliegenden Informationen genügen allerdings nicht, um diese Überlegung zu verifizieren.

Zusammenfassung

Die Phänomenologie von Suiziden wie sie sich Kriminalisten und Rechtsmedizinern darbieten ist relativ gleichförmig. Probleme in der Abgrenzung gegenüber Fremdtötungsdelikten oder Unfällen können dann auftreten, wenn die Befunderhebungen auf derart außergewöhnliche Begehungsumstände hinweisen, wie sie nur in Ausnahmefällen bei Suiziden zu beobachten sind. Bei fehlenden kriminalistischen Hinweisen auf Fremdbeteiligung ist an eine psychische Erkrankung als handlungsbestimmende Ursache zu denken. Entsprechend gezielte Ermittlungen zur Vorgeschichte sind für die Gesamtbeurteilung ebenso unverzichtbar wie eine interdisziplinäre Zusammenarbeit. Die Problematik wird an 3 Fallbeispielen dargestellt.

Literatur

1. Berner P, Sonneck G (1975) Psychotische Suizidhandlungen. MMW 117:193–196
2. Blaha R, Krause D (1976) Leichenschau und Fundortbesichtigung bei nichtnatürlichen Todesfällen. Steinkopff, Dresden
3. Bleuler M (1972) Die schizophrenen Geistesstörungen im Lichte langjähriger Kranken- und Familiengeschichten. Thieme, Stuttgart
4. Clark WC, Mehl L (1976) Thermal pain: Sensory (d) and criterion (L_x) differences between

psychiatric patients and normals. Paper presented to XXIst International Congress of Psychology, July 18-25, Paris 1976
5. Davis GC, Buchsbaum MS, van Kammen DP, Bunney WE Jr. (1979) Analgesia to pain stimuli in schizophrenics and its reversal by naltrexone. Psychiatr Res 1:61-69
6. Filipp N, Schmidt V, Mittmeyer H-J (1985) Zur Beurteilung von Suizidfällen mit psychopathologischen Auffälligkeiten in der Vorgeschichte. Z Lebensvers Med 37:10-14
7. Forster B, Ropohl D (1983) Medizinische Kriminalistik am Tatort. Ein Leitfaden für Ärzte, Polizeibeamte und Juristen. Enke, Stuttgart
8. James IP (1966) Blood alcohol levels following successful suicide. Q J Stud Alcohol 27:23-29
9. Jantz H (1951) Schizophrenie und Selbstmord. Nervenarzt 22:126ß133
10. Leopold D, Hunger H (Hrsg) (1979) Die ärztliche Leichenschau. Barth, Leipzig
11. Maier-Madignier S (1986) Psychiatrische Begutachtung und Versicherungsrecht bei Suizidfällen. Z Lebensvers Med 38:30-34
12. Mueller B (1975) Gerichtliche Medizin, 2. Aufl. Springer, Berlin Heidelberg New York
13. Pieper W (1977) Selbstmord in Tübingen. Zur Epidemiologie des Suicids im Kreis Tübingen. Dissertation, Universität Tübingen
14. Poppele M (1969) Über das Verhalten vor dem Suizidversuch. Dissertation, Universität Tübingen
15. Prokop O, Göhler W (1976) Forensische Medizin, 3. Aufl. Fischer, Stuttgart
16. Raestrup O (1980) Leitfaden der Lebensversicherungsmedizin. Verlag Versicherungswirtschaft, Karlsruhe
17. Ringel E (1981) Der Selbstmord: Abschluß einer krankhaften psychischen Entwicklung. Eine Untersuchung an 745 geretteten Selbstmördern, 2. unveröff. Aufl. Frankfurt/Main
18. Ringel E (Hrsg) (1981) Selbstmordverhütung, 2. Aufl. Fachbuchhandlung für Psychologie, Frankfurt/Main
19. Ringel E, Sonneck G (1974) Zur Problematik des schizophrenen Selbstmordes, diskutiert an einem besonderen Fall. Psychiatr Clin (Basel) 7:101-119
20. Rittner C (1973) Selbsttötung oder Mord - ein Beitrag zum Beweiswert forensisch-pathologischer Einzelbefunde. Z Rechtsmed 72:240-244
21. Rittner C (1980) Über ungewöhnliche Suizidfälle. Arch Kriminol 165:65-75
22. Schmidt V, Göb J (1981) Selbsttötung mit ungewöhnlichen Schußapparaten. Arch Kriminol 167:11-20
23. Schmidt V, Mittmeyer H-J (1981) Zum Stellenwert der Alkoholbeeinflussung für den Suizid. Beitr Gerichtl Med 39:279-286
24. Sellier K (1986) Death: Accident or suicide by use of firearms. In: Maehly A, Williams RL (eds) Forensic science progress, vol I. Springer, Berlin Heidelberg New York Tokyo
25. Stötzer A (1983) Zum Zusammenhang zwischen Suicid und Abhängigkeit von Alkohol, Medikamenten und illegalen Drogen. Untersuchung mit Hilfe von gerichtsmedizinischen Unterlagen und Krankengeschichten. Dissertation, Universität Tübingen
26. Virkkunen M (1974) Suicides in schizophrenia and paranoid psychoses. Acta Psychiatr Scand [Suppl] 250
27. Welz R (1979) Selbstmordversuche in städtischen Lebensumwelten. Eine epidemiologische und ökologische Untersuchung über Ursachen und Häufigkeit. Beltz, Weinheim Basel

Plötzlicher Tod nach Hirntumorentfernung

M. Schuck, P. Mehraein

Vorgeschichte

Im Februar 1984 war bei dem fast 35 Jahre alten Patienten nach einer längeren Anamnese ein zystischer Tumor in der rechten Kleinhirnhemisphäre mit Verdrängung des 4. Ventrikels festgestellt und am 22. 02. 1984 operativ entfernt worden. Die histologische Untersuchung des Operationsmaterials ergab die Diagnose eines gefäßbildenden Tumors im Sinne eines Angioblastoms mit Zystenbildung. Laut Arztbrief war der postoperative Verlauf ohne besondere Komplikationen. Es bestand anfänglich eine mäßige beidseitige Ataxie, die sich im Verlauf des stationären Aufenthalts weitgehend zurückbildete. Die Wunden verheilten reizlos. Von Anfang März 1984 bis Ende April 1984 wurde der Patient in einer weiteren Klinik nachbehandelt. Hier klagte er bei der Aufnahme über Druckgefühl im Kopf, Hyperakusis und Lumboischialgie. Bei der neurologischen Untersuchung waren nur geringfügige Restsymptome erkennbar. Bei der Entlassung Ende April befand sich der Patient in gutem Allgemeinzustand und war weitgehend beschwerdefrei. Nach Angaben der Mutter war er ab 12. 08. 1984 wieder in der Lage, seinen Beruf als AOK-Angestellter aufzunehmen. Die Mutter gab an, ihr Sohn habe 2 Tage vor dem Tod in einem Telefongespräch über erhöhten Druck im Kopf geklagt, er habe sich übergeben müssen und habe Schwindelanfälle gehabt. In der Nacht vom 12. zum 13. August 1984 kam es im Anschluß an einen Beischlaf zu akuten Atemstörungen. Der herbeigerufene Notarzt konnte nur noch den Tod feststellen.

Bei der durchgeführten gerichtsmedizinischen Leichenöffnung fanden sich als wesentliche Befunde eine Hirnvolumenvermehrung mit exzessiven Zeichen von Hirndruck, ein Zustand nach Schädeltrepanation, ein kleiner alter Erweichungsbezirk an der rechten Kleinhirnhalbkugel und ein massives Lugenödem beidseits. Als Todesursache nahmen wir eine zentrale Lähmung bei exzessivem Hirndruck auf natürliche Weise an. Im vorläufigen Gutachten wurde die neuropathologische Untersuchung des Gehirns angeregt.

Das fixierte Gehirn wog 1400 g. Im Bereich des Kleinhirns fand sich rechts laterobasal ein umschriebener Substanzdefekt ohne Blutungen. Nirgends fanden sich frische oder Reste älterer Blutungen. Bei Abtrennen des Mittelhirns zeigte sich eine hochgradige Einengung des Aquädukts, der nur noch als kleiner Punkt erkennbar war. Makroskopisch waren die Strukturen auf frisch angelegten Schnitten regelrecht. Es fiel eine starke Einengung der Seitenventrikel und des 3.

Ventrikels auf. Intrazerebrale Blutungen bestanden nicht. Im Bereich der rechten Kleinhirnhemisphäre lateral fand sich ein schmales, ca. 1,5 cm langes, bräunlich verfärbtes narbiges Areal. Histologisch untersucht wurden Frontalhirn rechts, Parietalhirn rechts, Parietookzipitalhirn links, Temporalhirn beidseits, Stammganglien rechts, Stammganglien links, Kleinhirn rechts, Medulla oblongata mit Kleinhirn beidseits.

Im Bereich der Operationsnarbe am Kleinhirn rechts fand sich ein von der Oberfläche bis zum Marklager reichender Substanzdefekt mit Zerstörung zweier benachbarter Windungen. Die Nekrose befand sich im Stadium II–III, mit Bildung von bindegewebigen Septen, die von der Oberfläche bis in die Tiefe reichten. In den bindegewebigen Maschen lagen massenhaft Fettkörchenzellen und einige hämosiderinbeladene Makrophagen. Tumorartige Veränderungen waren nicht mehr nachweisbar. Auch entzündliche Veränderungen waren im Defekt selbst nicht erkennbar. In der Umgebung des operativen Defekts fanden sich auch kleinere ältere Nekrosen mit Resten von älteren Blutaustritten. In der Umgebung fand sich gliöse Reaktion mit faserbildenden Astrozyten. Auch hier waren keine Tumorreste mehr erkennbar. Somit konnte das operative Vorgehen als kunstgerecht und die Operation hinsichtlich der Entfernung des Tumors als gelungen angesehen werden. Bei der histologischen Untersuchung der übrigen Hirnareale fand sich eine frisch ausgedehnte Entzündung der Hirnhäute im Sinne einer lymphozytären Meningitis. An mehreren Stellen, insbesondere im Bereich des Hirnstamms, lag zusätzlich eine Beteiligung des Hirngewebes selbst vor, wobei der Zustand einer Meningoenzephalitits gegeben war. Im Rahmen derartiger Entzündungen der Hirnhäute und des Hirngewebes können typischerweise akute, chronische oder sich wiederholende Zustände mit Flüssigkeitszunahme des Gehirns und Hirnvolumvermehrung, das sog. Hirnödem, auftreten. Auch in vorliegendem Fall lag eine akute starke Hirndrucksteigerung mit dadurch bedingtem Versagen der zentralen Atem- und Kreislaufregulation vor. Somit mußte im vorliegenden Fall davon ausgegangen werden, daß der Tod Folge einer zentralen Regulationsstörung bei einer entzündlichen Erkrankung des Gehirns und seiner Häute gewesen war. Der Nachweis des Erregers gelang mit morphologischen Methoden nicht. Die Art der geweblichen Veränderung, v.a. die Zusammensetzung der Entzündungszellen, sprachen gegen die Annahme einer bakteriellen Entzündung. Auch eine Abszeßbildung im Bereich der operativen Hirnwunde konnte ausgeschlossen werden. Die in diesem Falle vorgefundenen morphologischen Veränderungen am Gehirn waren am ehesten im Sinne einer virusbedingten Meningoenzephalitis zu erklären. Ein Zusammenhang zwischen dem vorausgegangenen operativen Entfernen des Hirntumors und der jetzigen Entzündung war nicht herstellbar. Die Frische der entzündlichen Gewebsreaktion und das symptomfreie Intervall vor der Operation bis kurz vor dem Tod sprachen eindeutig gegen eine chronische, bereits bei der Operation oder kurz danach initiierte Meningitis. Vielmehr mußte man im vorliegenden Fall von einer frischen Infektion mit kurzer Dauer ausgehen. Der nicht bakterielle Charakter der geweblichen Reaktion und das Fehlen von entzündlichen Veränderungen im Operationsgebiet ließen die operativ gesetzte Hirnwunde als Eintrittspforte der Entzündung nicht wahrscheinlich machen. Selbst bei der Möglichkeit einer derartigen Eintrittspforte für Erreger oder im Fall der nicht zu beweisenden

Möglichkeit, daß eine in Abheilung befindliche Operationswunde als begünstigender Faktor für den Befall des Gehirns im Rahmen einer allgemeinen viralen Infektion gedient haben könnte, ließe sich kein ärztlicher Kunstfehler oder mangelnde Sorgfalt rekonstruieren, da die Indikation zur Operation richtig, die Verhältnisse im Operationsgebiet regelrecht, der Tumor vollständig entfernt und die Duranähte intakt waren. Auch das Wohlbefinden des Patienten und seine Arbeitsfähigkeit bis zuletzt waren in diesem Sinne zu deuten.

Zusammenfassung

Ein knapp 35 Jahre alter Mann litt an einem zystischen Tumor in der rechten Kleinhirnhemisphäre, der nach der Diagnosestellung operativ entfernt wurde. Der postoperative Verlauf war komplikationslos, der Patient erholte sich rasch. Vier Monate nach der Operation nahm der Patient seine Arbeit als AOK-Angestellter wieder auf. Knapp 6 Monate nach der Operation klagte der Patient über erhöhten Druck im Kopf. Zwei Tage später kam es im Anschluß an einen Geschlechtsverkehr zu akuten Atemstörungen. Bei Eintreffen des Notarztes konnte nur noch der Tod festgestellt werden. Die histologische Untersuchung des Gehirns zur Prüfung, ob zwischen dem operativen Eingriff, einem möglichen ärztlichen Fehlverhalten hierbei und dem Todeseintritt ein Kausalzusammenhang besteht, ergab eine frische Virusmeningoenzephalitis. Ein ärztlicher Kunstfehler war nicht nachweisbar.

Ungewöhnliche Fragestellungen zur Verletzungsmechanik bei scharfer und umschriebener stumpfer Gewalteinwirkung

E. SCHULLER, M. SCHUCK

Die Vielfalt der Ursachen für Verletzungen bringt es mit sich, daß in der Rechtsmedizin die Fragestellungen zur Verletzungsmechanik in Einzelfällen immer wieder neu und oft sehr ungewöhnlich sind. Nicht immer kann man dann zu deren Bearbeitung auf eigene oder in der Literatur mitgeteilte Erfahrungen zurückgreifen, so daß es notwendig ist, in bezug auf den konkreten Fall sehr umfangreiche, teils nur experimentell zu klärende verletzungsmechanische Überlegungen anzustellen. Der vorliegende kasuistische Beitrag soll an 4 Beispielen darlegen, welche Verfahrensweisen diesbezüglich angebracht und welche physikalischen bzw. biomechanischen Parameter für die Beurteilung von Bedeutung sind. Die hierbei gewonnenen Ergebnisse mögen hilfreich für die Bearbeitung ähnlicher Fragestellungen sein.

Kasuistik

Fall 1: Im Zusammenhang mit Schadenersatzforderungen an eine private Unfallversicherung war es streitig, ob eine schwere perforierende Augenverletzung durch Teile eines zerbrochenen Frühstückstellers entstehen konnte. Der Anspruchsteller selbst schilderte den Vorfall folgendermaßen: Er sei am späten Abend beim Fernsehen gesessen, auf einem Tisch rechts neben ihm sei ein Frühstücksteller mit belegten Broten gestanden. Als er sich, ohne den Blick vom Fernsehschirm abzuwenden, ein belegtes Brot nehmen wollte, sei er mit der Hand irgendwie abgerutscht, wodurch der Teller zu Bruch ging. Zwei große Bruchstücke des Tellers seien am Tisch verblieben, mindestens ein kleinerer Splitter sei ihm ins Gesicht geflogen und habe die in Rede stehende Augenverletzung verursacht. Unstreitig waren an Verletzungen eine querverlaufende Schnittwunde an der Nasenwurzel sowie eine quer über die Hornhaut des linken Auges verlaufende durchbohrende Lederhaut-Hornhaut-Verletzung eingetreten. Weiter bestand ein Regenbogenhaut- und Glaskörpervorfall, verbunden mit einem traumatischen Verlust der Linse und einer schweren Blutung im Augeninneren. Die Versicherung bezweifelte, daß die Augenverletzung bei dem angegebenen Unfallhergang verursacht werden konnte.

Die verletzungsmechanische Beurteilung im Sinne der Fragestellung erfolgte auf der Grundlage umfangreicher experimenteller Untersuchungen mit ähnlichen Porzellantellern, die zu folgenden Ergebnissen führten: An einem nicht vorgeschädigten Teller kann durch einen Aufschlag mit der Hand bzw. mit der Faust bei Aufschlaggeschwindigkeiten bis etwa 5 m/s kein Bruch erzeugt werden. Ein Vorgang im Sinne der Schilderung des Verletzten – Ergreifen einer Brotscheibe und Abrutschen der Hand – hätte allenfalls zu einer Aufschlaggeschwindigkeit von 1,5 m/s geführt, 5 m/s entspricht einem Schlag mit voller Wucht. Es war demzufolge nicht möglich, einen intakten Teller auf die angegebene Art und Weise zu zerstören. Da nicht auszuschließen war, daß der Originalteller bereits vorgeschädigt war, wurde auch diese Möglichkeit genauer untersucht. Bei einem Abschleudern von Splittern aufgrund einer Katapultwirkung beim schnellen Ankippen eines der großen Bruchstücke oder aufgrund eines durch innere Spannung verursachten Zerberstens werden Anfangsgeschwindigkeiten von maximal 2,5 m/s erreicht. Bei einer Masse der Splitter von 15–25 g ist diese Geschwindigkeit nicht ausreichend, um die Verletzungen zu verursachen. Die durchgeführten Untersuchungen bestätigten somit die Zweifel an der Richtigkeit der Unfallschilderung.

Fall 2: Eine schwere Augenverletzung mit Verlust eines Auges war hier mit einem Weißbierglas (Inhalt 0,5 l) verursacht worden. Vor der Strafkammer schilderte der wegen gefährlicher Körperverletzung angeklagte Benutzer dieses Glases, daß er, nachdem er von einem Stammtischbruder über längere Zeit provoziert worden sei, diesem Bier ins Gesicht schütten wollte. Durch eine nur leichte Berührung mit dem Gesicht des später Verletzten sei das Glas zersprungen und einer der davonfliegenden Splitter müsse die Augenverletzung hervorgerufen haben. Beim Geschädigten wurde im Rahmen der ärztlichen Behandlung ein in der Linse steckender Glassplitter festgestellt, durch den eine Verletzung der Netzhaut verursacht worden war. Das Auge mußte operativ entfernt werden.

Da zur Zeit des Vorfalls der Stammtisch zwar mit mindestens 5 weiteren Personen besetzt war, diese jedoch, wie man es oft vor Gericht erlebt, keine Angaben zum Hergang machten, sollte dazu Stellung genommen werden, ob die Verursachung der Augenverletzung in der vom Angeklagten geschilderten Art und Weise möglich war. Die im Rahmen der Gutachtenerstattung durchgeführten experimentellen Untersuchungen an der Leiche zeigten, daß es nicht möglich ist, durch eine Bewegung, wie beim Ausschütten des Bieres, ein vergleichbares Bierglas zu zertrümmern und eine Schnittverletzung im Gesicht bzw. am Auge zu erzeugen. Eine Zerstörung des Glases gelang nur mittels eines kräftigen Schlages mit etwa 3 m/s, wobei der Aufschlag mehr seitlich, also nicht mit dem oberen Rand erfolgen mußte. Auffällig war hierbei, daß durch den 1. Schlag, der das Zerbrechen des Glases zur Folge hatte, keine tiefen Schnittverletzungen zustande kamen. Um diese hervorzurufen war ein 2. Zustoßen mit dem scharfkantigen Rest des Glases erforderlich. Es mußte auch hier die Möglichkeit in Betracht gezogen werden, daß das Originalglas bereits vorgeschädigt war und somit schon durch eine leichtere Berührung zerbrach; allerdings mußte auch dann für die Verursachung der Verletzung ein nochmaliges Zustoßen mit dem scharfkantigen Rest erfolgen.

Fall 3: Ein Nachttopf für Kleinkinder von der in Abb. 1 gezeigten Art (Artikelbezeichnung „Babywunder“) war Gegenstand einer Schadensersatzklage gegen die Herstellerfirma. Die zur

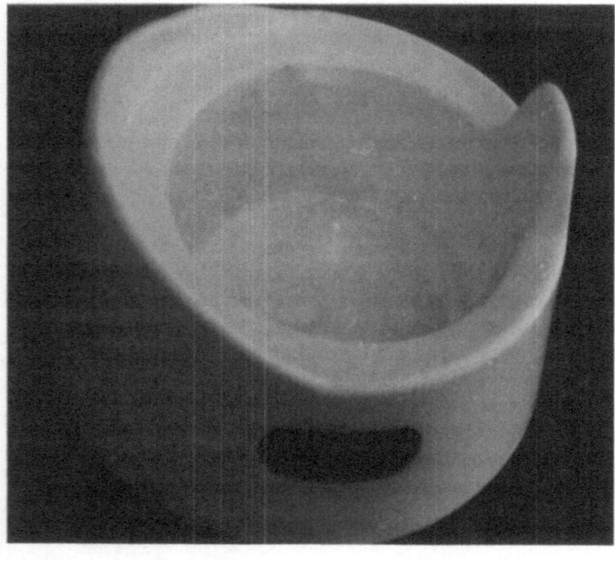

Abb. 1. Kindernachttopf (zu Fall 3)

Zeit des Vorfalls 1 Jahr und 9 Monate alte Klägerin ließ vortragen, sie sei bei dem Versuch, auf den Topf zu gehen, über diesen gestolpert. Dabei habe sie sich schwer verletzt, der Nachttopf sei zersplittert. Die Klägerin habe eine ausgedehnte Pfählungsverletzung im Vaginalbereich erlitten. Die Pfählungsverletzung war ärztlicherseits belegt; sie reichte vom Schleimhautrand der vorderen Kommissur des Anus bis einen Zentimeter in die hintere Vaginalwand. Der äußere Schließmuskel war in der Peripherie eingerissen, im wesentlichen jedoch intakt geblieben. In der Tiefe war die Rektumwand freigelegen, jedoch nicht verletzt gewesen.

Nach Ansicht der Klagepartei sei die Verletzung darauf zurückzuführen gewesen, daß der Nachttopf im vorderen Teil über die spatenförmige, ca. 5 cm hohe und oben 5 cm breite, weniger als 1 cm starke Ausbuchtung verfüge, die beim Sturz in den Vaginalbereich eingedrungen sei und die schweren Verletzungen verursacht habe. Dies sei ein eindeutiger Konstruktionsfehler.

Die Klageerwiderung der Herstellerfirma lautete dahingehend, daß das Töpfchen aus Polyäthylen bestehe und praktisch unzerbrechlich sei. Das Material zerbreche nur, wenn es großer Gewalt ausgesetzt werde. Man könne sich darauf stellen und springen, ohne daß sich Schäden zeigen würden. Es sei deshalb völlig ausgeschlossen, daß 1.) der Nachttopf durch den Sturz des Kindes zerbrechen konnte und 2.) durch den Vorsprung an der Umrandung die Pfählungsverletzung entstehen konnte. Es bestehe deshalb der dringende Verdacht, daß das Kind von dritter Seite mit großer Wucht auf den Topf geworfen worden oder der Topf vor bzw. nach dem Vorfall bewußt zerstört worden sei.

Dieser Verdacht wurde von der Klagepartei entschieden zurückgewiesen, allerdings wurde der ursprüngliche Vortrag dahingehend abgeändert, der Topf sei nicht vom Kind, sondern vom Vater nachträglich zerbrochen worden als er einen Wutanfall wegen der Schwere der Verletzungen seiner Tochter abreagiert habe. Hinsichtlich der Entstehung der Verletzungen wurde nunmehr angegeben, daß das damals noch unsichere Kind, nachdem es vom Topf aufgestanden sei, umfiel und dabei auf dem besagten schildförmigen Vorsprung aufkam.

In biomechanischer Hinsicht konnte ein Entstehungsmechanismus im Sinne der letzeren Hergangsschilderung ausgeschlossen werden, d.h. daß sich das Kind bei einem Sturz auf das Schild ohne Fremdeinwirkung die unstreitig eingetretenen Verletzungen zugezogen haben könnte. Bei einem etwa 2jährigen Kleinkind hätte bis zum Auftreffen der Scheide bzw. des Dammes die Fallhöhe 12 cm betragen. Selbst wenn man einen idealen freien Fall annimmt, wird lediglich eine Auftreffgeschwindigkeit von weniger als 2 m/s erreicht, was keinesfalls ausreicht um die Pfählungsverletzung zu verursachen. Man könnte sich die Verletzung allenfalls erklären, wenn das Kind von jemanden mit großer Wucht auf den Topf gesetzt worden wäre.

Eine weitere Denkmöglichkeit für die Verletzungsursache wäre ein Fall auf eine scharfe Bruchkante des zerbrochenen Topfes. Allerdings konnte aufgrund von Versuchsergebnissen ausgeschlossen werden, daß durch einen Sturz des Kindes auf den Topf dieser zu Bruch gegangen sein könnte. An mehreren Nachttöpfen gleicher Bauart konnten die Angaben des Herstellers bestätigt werden, daß es eines erheblichen Kraftaufwands bedarf, um einen Bruch zu erzeugen. Mit Hilfe eines 1 m langen Hebelarms konnten bleibende Verformungen ab einem Moment von 340 Nm erzeugt werden, ein Sprung kam erst nach mehrmaliger Krafteinwirkung mit einem dazugehörenden Moment von mehr als 400 Nm zustande.

Der Vortrag der Klagepartei hinsichtlich der Entstehung der Verletzungen und insbesondere der Verletzungsgefahr durch die Konstruktion des Nachttopfes konnte somit durch die Begutachtung nicht gestützt werden.

Fall 4: Gegenstand eines Zivilstreits war ein Vorfall der von der Klägerseite folgendermaßen dargestellt wurde: Die 50jährige Klägerin hatte die Erlaubnis, im Obstgarten des Beklagten Äpfel zu pflücken. Zu diesem Zweck betrat sie den besagten Garten, ohne zu wissen, daß sich hier ein bekanntermaßen aggressiver Schafbock befand. Die Klägerin bestieg zum Pflücken eine Leiter. Als sie einen Eimer voll Äpfel gepflückt hatte und gerade im Begriff war, von der Leiter zu steigen, um einige Äpfel, die am Boden lagen, aufzulesen, wurde sie unerwartet vom Schafbock des Beklagten angesprungen und umgeworfen. Der Schafbock attackierte die Klägerin fortwährend, so daß sie nicht mehr auf die Beine kam und es ihr trotz verzweifelter Versuche nicht gelang, das wütend gewordene Tier abzuwehren. Durch den Angriff des Schafbocks soll die Klägerin eine Schienbeinkopffraktur links, eine Außenknöchelfraktur links und eine Speichenfraktur rechts erlitten haben.

Seitens der Beklagten wurde ausgeführt, die eingetretenen Verletzungen legten es nahe, daß die Klägerin von der Leiter gestürzt sei und sich dabei die Knochenbrüche zugezogen habe. Die Angriffe des Schafbocks, diese einmal unterstellt, hätten nicht zu den für Sturzverletzungen typischen Brüchen an den Extremitäten geführt.

Die Auswertung der Röntgenbilder führte zu dem Ergebnis, daß eine laterale Impressionsfraktur am linken Schienbeinkopf und eine Radiusfraktur an typischer Stelle vorgelegen hatten. Der linke Außenknöchel war etwa auf Höhe des Sprunggelenkspalts durchgebrochen. Aufgrund der Bruchform des Schienbeins erschien es wahrscheinlich, daß ein Entstehungsmechanismus im Sinne einer einseitigen Einwirkung auf die laterale Tibiakante bei valgisierendem Oberschenkel-Knie-Trauma anzunehmen war, was durch einen seitlichen Anstoß des Schafbocks gegen das linke Bein zwanglos zu erklären war. In Verbindung damit konnte auch die Außenknöchelfraktur entstehen. Die Radiusfraktur war als typische Folge des nachfolgenden Sturzes anzusehen. Weniger wahrscheinlich hielten wir eine Verursachung durch einen Sturz von der Leiter. Man kann sich hierbei zwar auch eine Einstauchung des Tibiakopfes vorstellen, z. B. indem man auf der Leiter aus größerer Höhe ins Leere tritt. Erfahrungsgemäß ist jedoch in diesem Fall eher mit einer beidseitigen Impression am Schienbeinkopf zu rechnen. Man konnte also nicht die Aussage treffen, daß die Verletzungen unmöglich durch den Schafbock verursacht werden konnten. Diese Version war vielmehr durchaus wahrscheinlich.

Suizid durch fünf Kopfschüsse[*]

T. Sigrist, H. Patscheider

Bei jedem Todesfall mit mehr als einer Schußverletzung des Kopfes besteht grundsätzlich zunächst Mordverdacht. Um ihn bestätigen oder ausräumen zu können, bedarf es neben einer sorgfältig durchgeführten Leichenöffnung auch einer gründlichen Untersuchung des Fund- bzw. Tatorts und dort vorhandener Spuren sowie einer sachkundigen Überprüfung der Tatwaffe. Erst damit lassen sich jene Kriterien gewinnen, die eine Entscheidung über das Vorliegen einer Tötung durch eigene oder fremde Hand gestatten. Über einen solchen Fall wird nachstehend berichtet.

Falldarstellung

Sachverhalt

Der 48jährige Bauer B. J. hatte zusammen mit seiner Familie einen abgelegenen Landwirtschaftsbetrieb bewirtschaftet. Wegen einer schweren beidseitigen Gonarthrose war er Teilinvalide und sah sich deshalb gezwungen, den Betrieb aufzugeben und den Hof zu verlassen. Unter dieser Situation hatte er zunehmend gelitten, was zu Depressionen führte.

Am Abend des 26. 8. 82 suchte B. J. zusammen mit einem Nachbarn eine Gaststätte auf. Er sei dort auffällig gewesen und habe nur wenig Alkohol getrunken. Der Nachbar brachte ihn um Mitternacht nach Hause. Später gab er zu Protokoll, noch Licht im Stall des B. J. gesehen zu haben, als er sich zu Bett begab.

Am folgenden Morgen wurde B. J. durch seinen Sohn im Wagenschuppen der Scheune neben dem Wohnhaus vorgefunden. Er lag bewußtlos am Boden auf einem leeren, ausgebreiteten Futtermittelsack, daneben ein kleinkalibriges Gewehr (Marke GECO, Kaliber 5,6 mm). Im Kopfbereich hatte sich eine große Blutlache gebildet. Die Waffe zeigte an Abzug, Schaft und Lauf reichliche meist flächenhafte Blutantragungen, z. T. als Griffspuren. Zahlreiche runde, zahnradförmige Bluttropfen lagen am Boden im weiteren Umfeld des Verletzten, zudem

---

[*] Herr Fw. Fäh von der Kriminaltechnischen Abteilung der Kantonspolizei St. Gallen hat uns die ballistischen Untersuchungsergebnisse zur Verfügung gestellt, das kantonale Gesundheitsdepartement die Untersuchungsakten. Wir möchten uns dafür bestens bedanken.

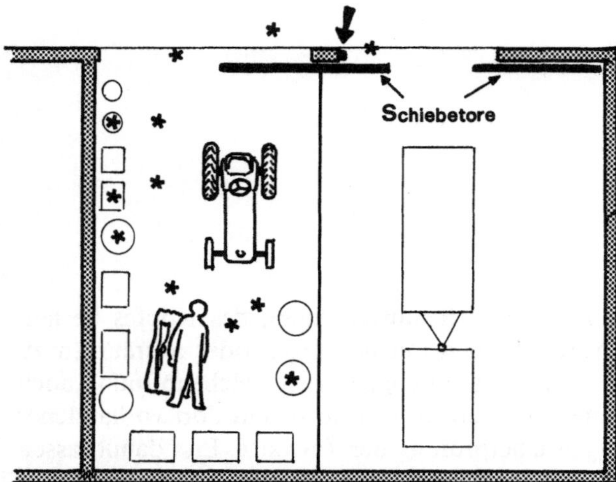

Abb. 1. Fundsituation: B. J. lag bewußtlos am Boden auf einer Sackunterlage im Wagenschuppen einer Scheune, neben sich ein Kleinkalibergewehr mit Blutspuren darauf. Weitere Blutspuren (durch * markiert) fanden sich am Boden, auf diversen Gegenständen, auf der Türschwelle und an einem Lichtschalter im Freien (↗)

auf der Türschwelle und außerhalb des Schuppens. Blutbeschmierungen und blutige Fingerabdruckspuren, die daktyloskopisch nicht auswertbar waren, fanden sich auch an einem Lichtschalter an der Außenwand der Scheune. Die Fundsituation und die Anordnung der Blutspuren sind an Abb. 1 schematisch dargestellt.

Im Schuppen wurden 4 Patronenhülsen und eine angebrochene Packung Kleinkalibermunition sichergestellt. Auch sie wiesen Blutspuren auf, ebenso eine Hülse, die sich noch im Patronenlager der Waffe befand.

B. J. wurde in das Spital gebracht, wo mehrere Kopfschüsse diagnostiziert wurden. Später traten Streckkrämpfe auf. Vorübergehend kam es zu einem Blutdruckanstieg, dann zu einem -abfall, begleitet von einer Apnoe. Der Tod trat 26 h nach der Auffindung ein.

Befunde an der Leiche

(Sektionsprotokoll 123/82, auf das Wesentliche gekürzt; s. dazu Abb. 2–4)

Drei übereinanderliegende, kreisrunde, je 5 mm weite Hautlücken an der Stirn, umgeben von konzentrischen, 2–3 mm breiten, schwärzlichen Schürfungen (Stanzmarken). Zwei Hautläsionen von gleicher Beschaffenheit an der rechten Schläfe. Zirka 1,5 cm große Hautlücken im oberen Anteil der linken Schläfe mit lappigen, adaptierbaren Wundrändern ohne Oberhautdefekte. Chemischer Nachweis von Pulverrückständen auf den Stanzmarken und in den Hautlücken an Stirn und Schläfe rechts positiv.

Zahlreiche Splitter als Reste von zerlegten Bleiprojektilen zwischen Knochenstücken des zertrümmerten Stirnbeins. Von hier schräg nach links oben verlaufender, bis 8 mm breiter, grabenförmiger Knochendefekt; an dessen oberer Begrenzung Bleianhaftungen (Stelle einer Geschoßzerteilung). Zahlreiche feine Bleisplitter im verletzten Schläfenmuskel und im zertrümmerten kleinen Keilbeinflügel rechts. Einzelne Berstungsbrüche ausgehend von den Trümmerzonen frontal und temporal rechts. Auffällig dünne Keilbeinschuppen (1–2 mm) und dünnes Stirnbein (2–3 mm).

Oberflächliche Hirnrindenwunden an beiden Frontalpolen (je ca. 5·5 cm). Umschriebene Rindenkontusion (3·2,5 cm) am rechten Temporallappen außen. In der Rinde am frontoparietalen Übergang links ein Teilstück eines Bleiprojektils.

Vom linken Frontalpol nach oben und hinten verlaufender, teils graben-, teils kanalförmiger Rindendefekt entlang der Hirnoberfläche; zahlreiche Stippchenblutungen im angrenzenden Gewebe. Stark deformiertes Bleiprojektil (Kaliber 5,6 mm) am Ende dieses Verletzungsgangs im Marklager des Hinterhauptslappens. Mehrere inselförmige Duraaufreißungen, korrespondierend zum Verlauf dieser Rindenverletzung. Subdurale Blutansammlung (ca. 5 mm dick) über beiden Großhirnhemisphären. Schweres Hirnödem mit Zeichen des Hirndrucks. Zahlreiche, stippchenförmige Blutaustritte in Mittel- und Stammhirn (sekundäre Stauungsblutungen).

Keine krankhaften Organveränderungen.

BAK negativ.

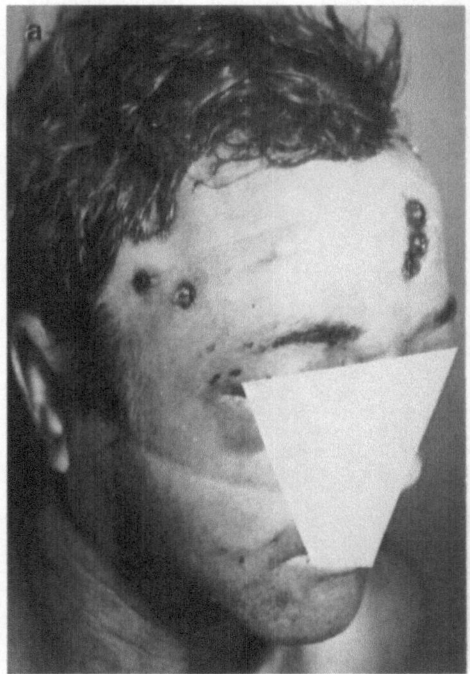

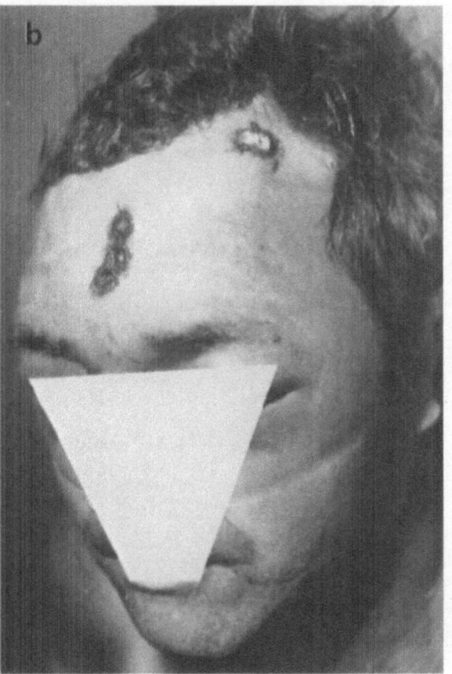

Abb. 2 a, b. Zwei Einschüsse an der rechten Schläfe und 3 Einschüsse an der Stirne mit Zeichen der angesetzten Schußabgabe (beschmauchte Stanzmarken sind deutlich erkennbar). Ausschuß oben an der linken Schläfe

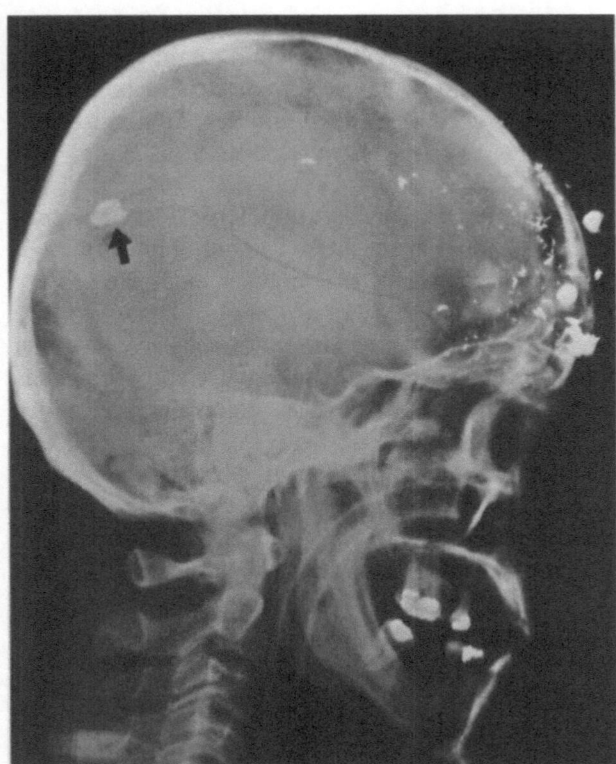

Abb. 3. Im Röntgenbild (intravital) sind zahlreiche Splitter von zerlegten Bleigeschossen dargestellt. Sie liegen zwischen Galea und Schädel. Projektilendlage eines Ringelschusses (↗)

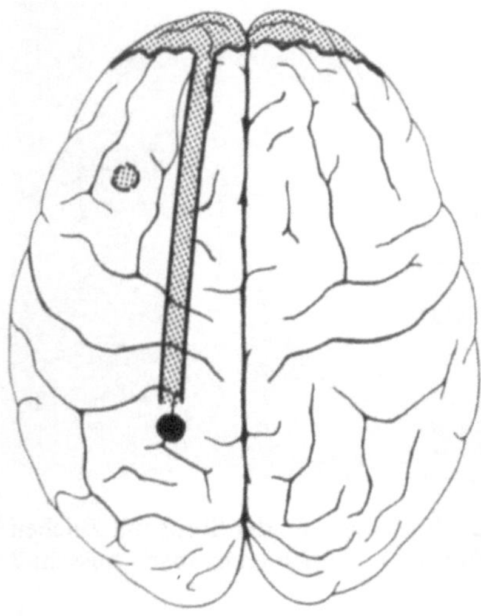

Abb. 4. Schematische Darstellung des von der Stirnregion nach rückwärts durch die frontoparietale Rinde verlaufenden Ringelschusses sowie der oberflächlichen Schußverletzungen an beiden Frontalpolen

Histologische Untersuchungsbefunde (Formalin, Paraffin, HE, PAS)
Großhirn (Parietalregion links; Schußkanal): Lochförmige Gewebszerstörung mit perifokalem Ödem und Blutaustritten. Die Ganglienzellen meist deutlich geschrumpft, oft elongiert. Zum Teil zeigten sie ein „ziegelrotes" Zytoplasma in der HE-Färbung. Die Tigroidsubstanz weitgehend verschwunden, die Kerne meist pyknotisch. Dichte Entzündungszellinfiltrate (polynukleäre Granulozyten) im traumatisierten Bereich, besonders um Venolen. Einzelne Kapillaren und Venolen zeigen eine Wandverbreitung durch vakuolige Auflockerung der Myozyten, ihre Kerne vergrößert mit leicht verdichtetem Chromatin.

An den übrigen Organen (Lungen, Herz, Leber) keine Veränderungen.

Diskussion

Alle 6 Kopfhautwunden zeigten die Merkmale von Schußverletzungen, und zwar jene an der Stirne und an der rechten Schläfe von absoluten Nahschüssen; die lappige Hautwunde oben an der linken Schläfe wies die Zeichen eines Ausschusses auf. Dieser Ausschuß stand durch einen Kanal mit den Einschüssen an der Stirn in Verbindung. Demnach hatten insgesamt 5 Schüsse den Kopf des Mannes getroffen, 4 Steckschüsse und ein Durchschuß. Todesursache war der Hirndruck als Folge der Schußverletzungen.

Der Tod trat 26 h nach der Auffindung ein. Die Überlebenszeit insgesamt dürfte jedoch länger gewesen sein - wie aus den histologischen Befunden am Gehirn hervorgeht [3], schätzungsweise anderthalb Tage. Demnach dürfte der Mann kurz nach Mitternacht des 26/27. 8. 82 durch Kopfschüsse verletzt worden sein, bald nachdem ihn sein Nachbar nach Hause gebracht hatte.

Die kriminaltechnische Untersuchung einzelner größerer Teile von Bleiprojektilen aus den Einschußregionen ergab Merkmale von Geschossen des Typs „5,6 mm kurz", was mit der Abgabe der Schüsse aus dem am Fundort sichergestellten kleinkalibrigen Gewehr zu vereinbaren war.

Das Außergewöhnliche am Fall war die Vielzahl der Kopfschüsse. Dies ließ für sich allein eine Handlungsunfähigkeit annehmen und erweckte damit Mordverdacht, obwohl alle übrigen Umstände auf einen Suizid hinwiesen. Denn es gilt die Regel, daß mit dem ersten Schuß in das Gehirn Bewußtlosigkeit eintritt, was ein Nachladen und weiteres Abschießen der Waffe verunmöglicht [1, 12]. Dies trifft besonders für durchschlagende Kopfschüsse zu [10] und weiterhin für den absoluten Nahschuß, da hier zur direkt zerstörenden Wirkung und zum Seitenstoßeffekt des Geschosses auch noch der schädigende Einfluß des Verbrennungsgasdrucks kommt [11, 22, 24].

Andererseits enthält besonders das ältere Schrifttum eine Vielzahl von Mitteilungen über kopfschußverletzte Personen mit manchmal ganz erstaunlich lang erhaltener Handlungsfähigkeit, also dem Vermögen zu bewußten, zeitvollen Aktionen, wie es etwa Walcher [27], später Strassmann [26], Förster [5] oder Petersohn [19] ausdrückten.

Beispiele dafür sind etwa der von Rooks [22] erwähnte Fall eines Mannes, der sich quer durch den Kopf schoß und anschließend für Stunden voll handlungsfähig blieb. In einem anderen Fall hatte sich ein Suizident 2mal in entgegengesetzter Richtung quer durch den Kopf geschossen [28].

Weitere Fälle mit erhaltener Handlungsfähigkeit nach einmaligem Kopfschuß erwähnen Lochte [14], Goroncy [6], Kratter [10], Walcher [27], Meixner [15], Weimann [29], Förster [5], Mueller [17], Holzer [7], Krauland [11, 12], Klages et al. [8] und Barz ([1], hier weitere Literatur). Fallberichte mit mehrmaligen Kopfschüssen finden sich bei Goroncy [6], Lewinski [13], Rommeney [21], Reh [20] und Barz [1].

Schwarz [23] und Krauland [11] erwähnen Suizidfälle mit zeitweise erhaltener Handlungsfähigkeit trotz eines Karabinerschusses in den Kopf.

Hinweise auf ältere Literatur zum Thema Handlungsfähigkeit Kopfschußverletzter finden sich bei Nägeli [18], Goroncy [6], Meixner [15], Rooks [22], Strassmann [26] und Rommeney [21].

Staak u. Koenig [25] sowie Missliwetz [16] bringen jeweils Zusammenstellungen einschlägiger Fälle aus neuerem Schriftum und eigenem Untersuchungsgut.

Gemeinsam ist allen diesen Fällen die Beschränkung der Einschüsse auf die Stirn- und Schläfenregion mit Verletzungen entsprechender Hirnabschnitte [11, 15]. Offenbar sind die Lokalisation und das Ausmaß der Schußverletzungen des Gehirns maßgeblich für das Bewußtsein und damit für das weitere Aktionsvermögen. Liegen die Beschädigungen in den sog. stummen Zonen des Stirnhirns oder der Schläfenlappen und bestehen nicht gleichzeitig ausgedehnte Zerstörungen motorischer Rindenbereiche oder hat nicht eine allzu große mechanische Erschütterung des ganzen Gehirns stattgefunden, so können relevante Ausfälle vorerst fehlen. Zudem scheinen Frontalhirnverletzte eine geringe Empfindlichkeit aufzuweisen. Darauf haben verschiedene Autoren hingewiesen [1, 5, 8, 11, 14, 15, 17].

Entscheidende Bedeutung für die Handlungsfähigkeit haben außer der Verletzungslokalisation auch waffen- und munitionstechnische Besonderheiten [8]. Krauland [12] sowie Staak u. Koenig [25] haben dargelegt, daß aufgesetzte Kopfschüsse aus modernen Faustfeuerwaffen eine voll erhaltene Handlungsfähigkeit nicht mehr ermöglichen, weil Gasdruck und Projektilgeschwindigkeit in der Regel hoch sind. Dies steht im Einklang mit dem früher von Goroncy [6] und Rooks [22] geäußerten Eindruck, daß ein Kopfschuß aus einer altmodischen Waffe wegen der geringen Geschoßrasanz verhältnismäßig selten von einer unverzüglichen Bewußtlosigkeit begleitet ist.

Auch in unserem Fall bestanden Verletzungen an Stirnhirn und rechtem Schläfenlappen. Sie waren durchweg oberflächlicher Natur. Es konnte somit davon ausgegangen werden, daß die Fähigkeit zu bewußten und gezielten Handlungen, namentlich Nachladen des Gewehrs und Verfeuerung weiterer Schüsse, mindestens so lange möglich war, als lediglich diese Hirnteile betroffen waren.

Zusätzlich zu diesen Hirnverletzungen bestand aber noch der Ringelschuß in Gestalt der graben- und kanalförmigen Rindenverletzung frontoparietal links, der von einem der Schüsse in die Stirn ausgegangen war. Das deformierte Projektil lag – nach seiner letzten Ablenkung – im Marklager des Hinterhauptslappens. Der Schußgang verlief durch die Prä- und Postzentralwindung links, etwa 2–3 cm neben der Mantelkante, was entsprechende neurologische Ausfälle nach sich gezogen haben mußte.

Es ist problematisch, allein aus der makroskopisch erkennbaren Läsion sensorischer und motorischer Rindenfelder auf das Ausmaß entsprechender nervaler Störungen rückschließen zu wollen. Denn die Ausdehnung der Nervenzellschädigung hängt mit der Weite der temporären (und nicht der bleibenden) Wundhöhle zusammen [24, 25], da die Zone der „molekularen Erschütterung" die Größe des Wundkanals um einiges übersteigt [4]. So kann denn in unserem Fall aus dem Verletzungsmuster am Gehirn lediglich grob abgeschätzt werden, daß eine schwere Funktionseinbuße im Hals-Arm-Rumpfbereich rechts aufgetreten sein mußte [2], während das Bewußtsein durchaus noch erhalten geblieben sein konnte.

Wegen dieser neurologischen Konsequenzen der Parietalhirnverletzung ist zu vermuten, daß der Ringelschuß als letzter der Schußserie fiel, weil ein weiteres Nachladen der Waffe nach Eintritt der Parese praktisch ausgeschlossen war. Dies v.a. deshalb, weil die Handhabung der Waffe mit erheblichen Schwierigkeiten verbunden war, handelte es sich doch beim verwendeten Kleinkalibergewehr um ein altes Modell in schlechtem, ungepflegtem Zustand. Das Verschlußstück war „ausgeleiert" und neigte zum Verklemmen. Zudem ließ sich damit kein enger Kontakt zwischen Stoß- und Patronenboden erreichen, so daß der Zündstoff nicht immer den Patronenrand erreichte und genügend imprimierte, sondern sich ein Schuß oft erst durch erneutes Nachspannen und Abdrücken auslösen ließ. Die verschossene Hülse wurde durch die abgenutzte Auszieherschiene des Verschlußteils oft nicht erfaßt, sondern blieb stecken. Erst ein wiederholtes Manipulieren ermöglichte den Hülsenauswurf. Die nächste Patrone mußte dann vorsichtig von Hand in die Waffe eingeschoben werden.

Solche aufwendigen Vorkehrungen für einen weiteren Schuß waren aber mit der Verletzung eines Teils der willkürmotorischen Rinde praktisch nicht mehr zu vereinbaren. Andere Aktivitäten hingegen konnten durchaus noch erhalten sein. Damit wird erklärbar, daß der Mann nach dem letzten Schuß die Waffe zu Boden gelegt haben konnte, aus dem Raum ins Freie ging, dort den Lichtschalter betätigte, wieder an die ursprüngliche Stelle zurückkehrte und sich hier auf die sackartige Unterlage bettete. Auf dem Weg zum Lichtschalter war Blut aus den Kopfverletzungen auf diverse Gegenstände und zu Boden getropft. Als er das Licht auslöschte, übertrug er Blut auf den Lichtschalter.

Fraglich blieb zunächst, weshalb die 5 Schüsse nicht unmittelbar und sofort weit schwerere Effekte am Schädel und seinem Inhalt zur Folge hatten. Zum einen kann dies durch die Besonderheit der Schüsse, zum anderen durch munitions- und waffentechnische Gegebenheiten erklärt werden.

Einer der Schüsse hatte die Stirn so flach getroffen, daß das Geschoß die Kopfdecke tangential durchsetzte unter Ausbildung eines Knochendefekts, an dessen Ende sich das Bleigeschoß zerlegte. Sein kleinerer Teil war geringfügig in den linken Schläfenlappen gedrungen, das größere Teilstück wurde nach außen abgelenkt und verursachte die Ausschußwunde. Eine relevante Hirnverletzung war durch diesen Schuß nicht zustande gekommen.

Für die übrigen 4 Schüsse war die Waffe in steilerem Winkel bis annährend lotrecht angesetzt worden. Unter dieser Bedingung hätte eigentlich der Durchschlag des relativ dünnen Schädels erwartet werden dürfen. Dazu jedenfalls war die sichergestellte Restmunition (Randfeuerpatronen „5,6 mm kurz") grundsätzlich geeignet.

Nach den Angaben der Herstellerfirma (Eidgenössische Munitionsfabrik in Thun/Schweiz) erreichen Projektile dieser Munition beim Verschuß aus einem Gewehr eine mittlere Anfangsgeschwindigkeit (V_o) von 295 m/s. Dies reicht erfahrungsgemäß, um den Schädelknochen zu durchsetzen [24]. In unserem Fall besaßen die Geschosse offenbar nicht genügend kinetische Energie, so daß sie zumeist an der Außenfläche des Schädels zersplitterten und hier liegenblieben, wobei jeweils der Knochen frakturierte. Dadurch verlor das Stirnbein so weit an Festigkeit, daß das letzte Projektil in den Schädelraum einzudringen vermochte und sich als Ringelschuß nach rückwärts fortsetzte.

Zur Klärung der Frage der Geschoßgeschwindigkeit wurden mit der Tatwaffe und den übriggebliebenen Patronen 10 Probeschüsse vorgenommen. Dabei ließ sich mit einem Lichtschranken-Schußzeit-Gerät eine mittlere V_o von 234 m/s ermitteln. Dieser Wert liegt deutlich unterhalb der angegebenen V_o fabrikneuer Munition. Ursächlich dafür dürften ein Geschwindigkeitsverlust der Projektile wegen des erheblichen Rostansatzes im Lauf, ein retrograder Druckverlust aus dem ausgeleierten Patronenlager, das Mißverhältnis zwischen kurzer Munition und langem Patronenlager und nicht zuletzt die Verwendung einer alten, wahrscheinlich unzweckmäßig gelagerten Munition sein.

Unser Fall hat Ähnlichkeiten mit dem von Kleiber [9] mitgeteilten Fall eines Suizidversuchs durch 4 Schläfenschüsse aus einem Luftgewehr, wobei nur ein Geschoß ins Großhirn eindrang, nachdem die zuvor auftreffenden Projektile den Knochen gebrochen und dadurch passierbar gemacht hatten.

Parallelen bestehen auch zur Beobachtung von Förster [5], wonach ein Mann mit Längsdurchschuß durch die linke Großhirnhälfte rechtsseitig gelähmt war und den Schuß 14 Tage bei vollem Bewußtsein überlebte.

In unserem Fall muß B. J. nach den Ermittlungen der Polizei von der mangelnden Zuverlässigkeit des Gewehrs gewußt haben. Mit dieser Waffe hatte er nämlich früher wiederholt Schweine geschlachtet. Dabei mußte er - nach seinen eigenen Äußerungen - oft 2 und mehr Schüsse abgeben, bis das Tier tot war. Diese Vorkommnisse hinderten ihn merkwürdigerweise nicht daran, die Waffe auch gegen sich selbst zu richten, obwohl er mit einem Mißerfolg rechnen mußte, der dann auch anfänglich eintrat. Die außergewöhnliche Tat ist ein eindrückliches Beispiel für die unerschütterliche Zielstrebigkeit, mit der ein zum Suizid Entschlossener seine Tat ausführt.

Zusammenfassung

Ein Mann hatte sich durch 5 aufgesetzte Kopfschüsse aus einem Kleinkalibergewehr (Munition 5,6 mm kurz) ums Leben gebracht. Zwei der Schüsse lagen an der rechten Schläfe und 2 an der Stirn; sie hatten lediglich die Haut durchschlagen und den Knochen gebrochen, wobei das Projektil des einen Stirnschusses sich noch zerlegt und den Kopf an der Schläfe links verlassen hatte. Ein weiterer auf die Stirn verfeuerter Schuß drang durch das zuvor gebrochene Stirnbein in den Schädelraum ein und verletzte als Ringelschuß die linke Großhirnrinde mit konsekutiver Teilparese rechts. Der Tod trat nach etwa 1½ Tagen durch posttraumatischen Hirndruck ein. Die Handlungsfähigkeit war nach den Schüssen mindestens noch teilweise gegeben.

Literatur

1. Barz J (1973) Selbsttötung durch zwei Kopfschüsse. Z Rechtsmed 73:61-63
2. Duus P (1980) Neurologisch-topische Diagnostik, Thieme, Stuttgart New York, S 358
3. Eisenmenger W (1977) Zur histologischen und histochemischen Altersbestimmung gedeckter Hirnrindenverletzungen, Habilitationsschrift, Universität München
4. Fischer H, Spann W (1967) Pathologie des Trauma. Bergmann, München, S 252
5. Förster A (1940) Handlungsfähigkeit. In: Neureiter F von, Pietrusky F, Schütt E (Hrsg) Handwörterbuch der gerichtlichen Medizin und naturwissenschaftlichen Kriminalistik. Springer, Berlin, S 338-340a
6. Goroncy C (1924) Handlungsfähigkeit Kopfschußverletzter. Dtsch Z Ges Gerichtl Med 4:145-164
7. Holzer FJ (1943) Zur Beurteilung von Hirnsteckschüssen mit zwei kasuistischen Beiträgen. Dtsch Z Ges Gerichtl Med 37:136-143
8. Klages U, Weithoener D, Frössler H, Terwort H (1975) Überlebenszeit, Handlungsfähigkeit und röntgenologische Diagnostik bei Schußverletzungen des Schädels. Z Rechtsmed 76:307-319
9. Kleiber M (1980) Ein kombinierter Suizid - Schädelverletzung durch Luftgewehr und Strangulation. Arch Kriminol 166:145-149
10. Kratter J (1925) Über Handlungsfähigkeit tödlich Verletzter. Dtsch Z Ges Gerichtl Med 5:30-35
11. Krauland W (1952) Zur Handlungsfähigkeit Kopfschußverletzter. Acta Neurochir (Wien) 2:233-239
12. Krauland W (1984) Zur Beurteilung von tödlichen Schußverletzungen. Arch Kriminol 174:1-22
13. Lewinski W (1939) Selbstmord durch zweifachen Gehirnschuß. Dtsch Z Ges Gerichtl Med 31:322
14. Lochte T (1911) Über die Bewegungs- und Handlungsfähigkeit schwerverletzter Personen. Wien Med Wochenschr 61:957-964
15. Meixner K (1931) Die Handlungsfähigkeit Schwerverletzter. Dtsch Z Ges Gerichtl Med 16:139-165
16. Missliwetz J (1983) Phänomenologie von Selbsttötungen mit mehrfachen Schußverletzungen. Arch Kriminol 171:143-150
17. Mueller B (1940) Tod und Gesundheitsbeschädigung infolge Verletzung durch Schuß In: Neureiter F von, Pietrusky F, Schütt E (Hrsg) Handwörterbuch der gerichtlichen Medizin und naturwissenschaftlichen Kriminalistik. Springer, Berlin, S 843
18. Naegeli O (1884) Zwei perforierende Hirnschüsse. Mord oder Selbstmord? Vierteljahresschr Gerichtl Med NF 41:231-264
19. Petersohn F (1967) Über die Aktions- und Handlungsfähigkeit bei schweren Schädeltraumen. Dtsch Z Ges Gerichtl Med 59:259-270
20. Reh H (1971) Selbstmord durch zwei Kopfschüsse. Arch Kriminol 148:36-40
21. Rommeney G (1942) Mehrere Schußverletzungen bei einem Selbstmörder und Kombination mit Erhängen. Dtsch Z Ges Gerichtl Med 36:232-244
22. Rooks G (1933) Zur Handlungsfähigkeit Kopfschußverletzter. Dtsch Z Ges Gerichtl Med 20:201-206
23. Schwarz F (1970) Der außergewöhnliche Todesfall. Enke, Stuttgart
24. Sellier K (1969) Schußwaffen und Schußwirkungen. Schmidt-Römhild, Lübeck
25. Staak M, König HG (1977) Handlungsfähigkeit und Verletzungsmuster bei Opfern von tödlichen Schuß- und Stichverletzungen. Beitr Gerichtl Med 35:273-280
26. Strassmann G (1935) Über Lebensdauer und Handlungsfähigkeit Schwerverletzter. Dtsch Z Ges Gerichtl Med 24:393-400
27. Walcher K (1929) Über Bewußtlosigkeit und Handlungsfähigkeit. Dtsch Z Ges Gerichtl Med 13:313-322
28. Walther G (1970)An unusual repeated gunshot injury of the head. Zentralbl Rechtsmed 1:170
29. Weimann W (1932) Selbstmord oder Tötung auf Verlangen? Arch Kriminol 90:111-118

Eifersuchtsmord und Leichenzerstückelung einer Frau durch ihre Rivalin

C. STELLWAG CARION, W. DENK

Am nachstehend geschilderten Fall sollen, da eine weitgehende Rekonstruktion des Verbrechens möglich war, neben den Besonderheiten der morphologischen Befunde v.a. die tatbegleitenden Umstände aufgezeigt werden.

Kasuistik

Am 20. 10. 1982 erstatteten die Eltern der 17jährigen D. Abgängigkeitsanzeige, da ihre Tochter nicht an ihrem Arbeitsplatz erschienen war. D. war zuletzt gesehen worden, als sie in den PKW von Z., einer 43jährigen Sekretärin einstieg. Diese hatte früher angeblich längere Zeit ein intimes Verhältnis mit dem 18jährigen M. gehabt, der seit 2 Monaten mit D. eng befreundet war. Obwohl Z. jeden Zusammenhang mit dem Verschwinden der D. bestritt, wurde sie verhaftet, da in ihrem Haus Blutspuren gefunden wurden. Am Vortag hatten Nachbarn eine eigenartige Rauch- und Geruchsentwicklung bemerkt und gesehen, daß Z. Erdar-

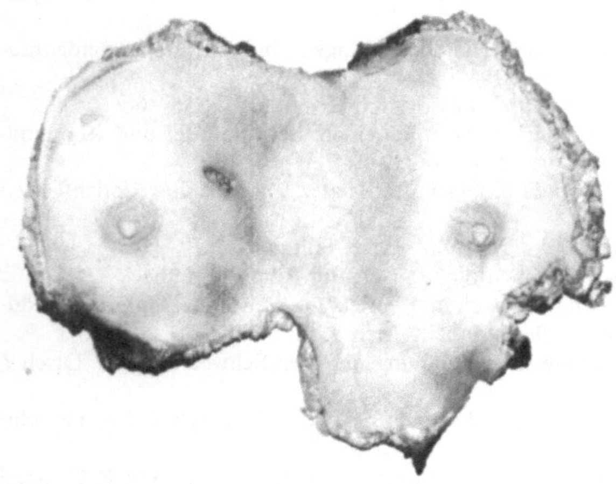

Abb. 1. Abgetrennte Brüste mit umbluteter Einstichwunde

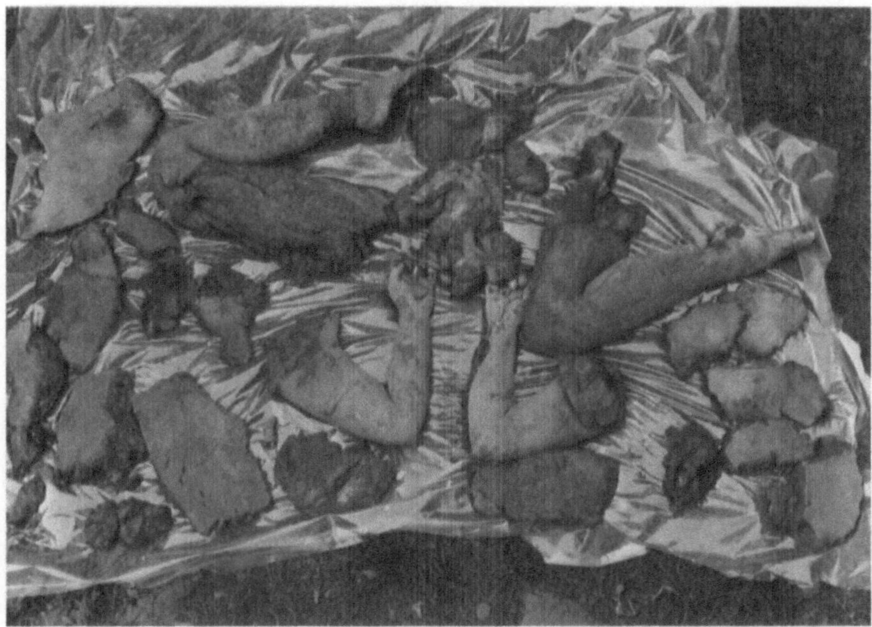

Abb. 2. Extremitäten, Hautlappen und Bauchorgane nach Bergung

beiten durchführte. Beim Absuchen ihres Gartens fanden die Kriminalbeamten unter einer Schicht lockeren Erdreichs in etwa 1,5 m Tiefe einen durch Brandeinwirkung veränderten weiblichen Torso. Aus der eröffneten Bauchhöhle waren die Bauchorgane bis auf Gebärmutter, Harnblase, Teile des Dickdarms und die linke Niere entnommen. Die Gliedmaßen waren im Bereich der Schulterbzw. Hüftgelenke abgetrennt. Die gezackten Abtrennungsstellen ließen auf ein schneidendes Werkzeug schließen, daß offenbar mehrfach angesetzt worden war. An der Rumpfvorderseite sowie an der relativ unversehrten Haut des Rükkens zeigten sich mehrere Stichwunden; die Zwischenrippenmuskulatur und das Zwerchfell waren durch Hitzeeinwirkung stellenweise zerstört. Auch die Brustorgane waren verkohlt und geschrumpft. Neben dem Rumpf lagen die abgetrennten Brustdrüsen, wobei an der linken eine umblutete Einstichwunde zu sehen war (Abb. 1). Deren Wundränder liefen im äußeren Winkel spitz zusammen und wiesen daher auf ein einschneidiges Werkzeug hin. Auch nach Auffindung des Torsos auf ihrem Gartengrundstück leugnete Z. vorerst jeden Zusammenhang mit dem Tod des Mädchens. Sie legte erst nach langem Vorhalten der Ermittlungsergebnisse ein Geständnis ab und beschrieb die weiteren Vergrabungsstellen. Nur wenige Meter vom Rumpf entfernt, 30 cm unter der Rasenoberfläche, wurde der abgetrennte Kopf aufgefunden, der ebenfalls starke Brandeinwirkungen erkennen ließ. Das über dieser Vergrabungsstelle angehäufte Erdreich hatte sich innerhalb von nur 3 Tagen verfestigt und unterschied sich nicht mehr von der Umgebung, weshalb der Kopf bei der 1. Durchsuchung nicht entdeckt worden war. Hinter ihrem Wohnhaus hatte Z. die Extremitäten, die Bauchorga-

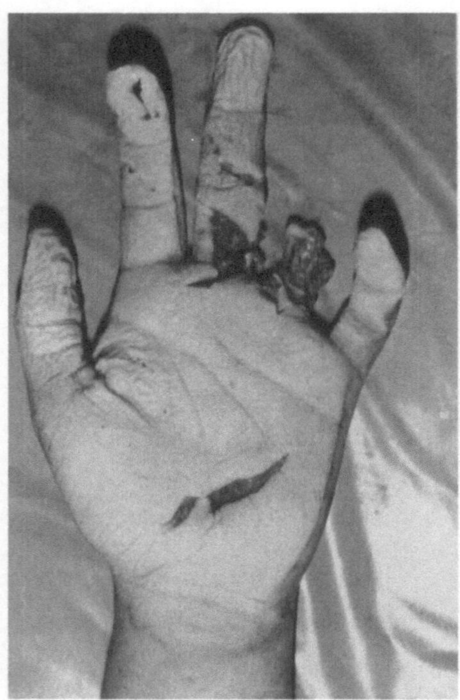

Abb. 3. Linke Hand mit Abwehrverletzungen; Ringfinger abgetrennt; Waschhautbildung infolge Feuchtigkeit des Erdreichs

ne, sowie 15 Hautteile vergraben (Abb. 2). Die Ringfinger waren im 1. Interphalangealgelenk abgetrennt, der linke wurde nicht mehr gefunden (Abb. 3).

Bei der Obduktion wurden am Kopf keine traumatischen Läsionen festgestellt. Die Haut war durch Brandeinwirkung stark verändert, das Kopfhaar abgesengt (Abb. 4). Das Gebiß war erhalten und konnte für die Identifikation herangezogen werden. Die Schnittfläche des Halses war an Rumpf und Kopf angekohlt. Die Trennflächen der Gliedmaßen zeigten lediglich am Rumpf Brandeinwirkungen. Am Rücken befanden sich 3 Stichwunden, die Stichkanäle hatten Brust- und Bauchhöhle eröffnet und Läsionen an der rechten Lunge und Niere gesetzt. An der Brustvorderwand lagen weitere 3 Stichwunden, die Herz, Lunge und Dünndarmgekröse verletzt hatten. Einer dieser Stichkanäle endete mit einem Gegenstich am 12. Brustwirbel. Diese 6 Stichverletzungen wiesen Vitalitätszeichen auf und hatten zum Tod des Mädchens geführt, während andere glattrandige Einkerbungen an Wirbeln und Rippen erst im Rahmen der Entfernung der Bauchorgane zustandegekommen waren. Einzelne Hautteile der Bauchdecke ließen im Randbereich stichartige Läsionen erkennen. Von deren Wundwinkeln verliefen bis zu den Abtrennungsrändern oberflächliche Schnitte, die mit einem Abgleiten des Messers bei Eröffnung und Entfernung der Bauchdecke erklärt werden können. An den Handflächen und Unterarmen waren Abwehr- bzw. Deckungsverletzungen lokalisiert (Abb. 3). Vor allem im proximalen Drittel der Oberschenkel fehlten große Teile der Haut und des Unterhautfettgewebes, so

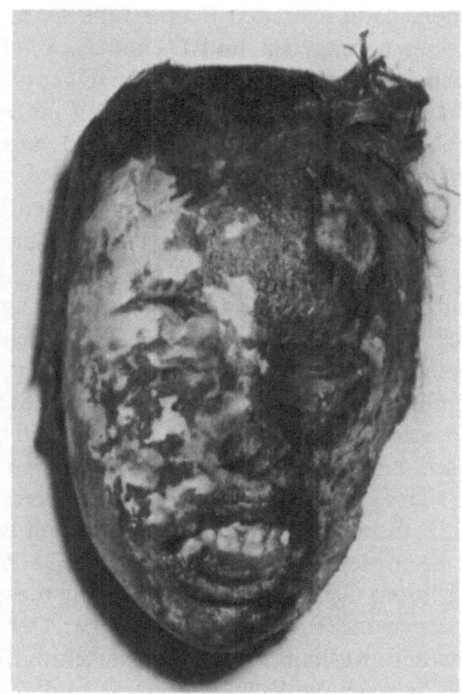

Abb. 4. Kopf nach Brandeinwirkung; Kopfhaar teilweise abgesengt

daß Muskulatur und Knochen bloßlagen. Beide Oberschenkelköpfe zeigten parallele Einkerbungen, die bei der Abtrennung entstanden waren. Der äußere Genitalbereich und seine Umgebung waren in mehrere Teile zerstückelt. Insgesamt lagen 6 voneinander getrennte Hautlappen dieser Region vor, die erheblich kleiner als die der Brust- und Bauchwand waren. Zusätzliche Verstümmelungen waren im Genitalbereich nicht zu sehen.

Aus dem Haus, dem PKW, von Kleidungsstücken der Z. und von Werkzeugen wurden 50 auf Blut verdächtige Spuren serologisch untersucht. Aus deren Verteilung konnte abgeleitet werden, daß sich die Tätlichkeiten über ein Stockwerk und mehrere Räume erstreckt haben mußten. Unter den Fingernägeln der Z., am Griff der Tatwaffe, einem Jagdmesser mit 12,4 cm Klingenlänge, und im Kofferraum des Autos konnte Blut mit den Faktoren der D. nachgewiesen werden.

Bei den Erhebungen wurde festgestellt, daß der Gatte der Z., der an einem unheilbaren Lymphdrüsenkrebs litt, den damals 17 Jahre alten M. als Funkpartner kennengelernt und oft zu sich nach Hause eingeladen hatte. Wegen seines Leidens hatte sich Z. von seiner Frau zurückgezogen. Zwischen Frau Z. und M. entwickelte sich eine intensive Beziehung mit intimen Kontakten. Im September 1982 lernte M. die 17jährige D. kennen und brach daraufhin den Kontakt zu Z. fast vollständig ab. Nach ihren Angaben wollte Z. dennoch erreichen, daß M. an ihrer bevorstehenden Geburtstagsfeier teilnehme. Zu diesem Zweck wollte sie D. dazu bewegen, an diesem Tag auf ein Treffen mit M. zu verzichten. Für den Fall, daß D. ihren Wunsch nicht erfüllen sollte, habe sie erwogen, Selbstmord zu begehen, dann aber den Plan gefaßt, D. zu töten. Z. habe sich in der Küche ein Messer bereitgelegt und D. am 20. 10. 1982 auf dem Weg zur Arbeit an der Bushaltestelle erwartet. Sie habe D. angeboten, sie mit dem Auto mitzunehmen und das Mädchen in ihr Haus auf einen Kaffee eingeladen. Als Z. von ihrer Beziehung zu M. erzählte, habe D. sie ausgelacht. Darauf sei es in der Küche zu einem Handgemenge gekommen, bei dem D. gestürzt sei. Sie habe dem Mädchen mit dem Messer einen Stich in den Rücken versetzt. Dieses habe zu flüchten versucht und bei den anschließenden Tätlichkeiten, die sich von der Küche im 1. Stock bis zur Haustür erstreckten, habe sie noch mehrmals zugestochen. Vor dem Hauseingang sei D. zusammengebrochen. Z. habe festgestellt, daß D. nicht mehr atmete, sie auf eine Decke gelegt und in die nahegelegene Garage gezogen. Wenn man ihren Angaben folgt, sei Z. nun in Panik geraten und habe überlegt, mit dem Revolver ihres Mannes zu schießen. Angeblich konnte sie diesen jedoch nicht betätigen und habe nun beschlossen, die Leiche fortzuschaffen. Als Z. nicht in der Lage war, diese in den Kofferraum ihres Pkw zu heben, habe sie sich an einen Kriminalroman erinnert, in dem eine Leiche zerstückelt worden sei. Z. habe die Tote entkleidet und mit dem Tatmesser die Beine und dann die Arme in den Gelenken abgetrennt. Da Z. vermutete, daß M. die Ringe der D. mit ihrem Geld gekauft hatte und sie diese nicht anders abnehmen konnte, habe sie auch die Ringfinger abgetrennt. Der Torso sei ihr noch immer zu schwer gewesen, weshalb sie die Zerstückelung fortgesetzt habe. Sie habe die Leichenteile in zwei Müllsäcke verpackt und sei gegen 10.00 Uhr mit dem Torso zur nahegelegenen Donau gefahren, um diesen in den Fluß zu werfen. Da sie jedoch befürchtete, beobachtet zu werden, sei sie umgekehrt und habe nur die Ringe weggeworfen. Den Torso habe sie zusammen mit den Kleidern, der Handtasche des Opfers und einer eigenen, beschädigten Bluse in eine in ihrem Garten schon ausgehobene Grube gelegt, mit Benzin übergossen und angezündet. Wegen Beschwerden der Nachbarn über die Rauchentwicklung mußte sie jedoch das Feuer wieder löschen. Da die Grube für den Torso zu klein gewesen sei, habe sie aus ihrem Wohnhaus mit dem Auto das Tatmesser geholt, um noch den Kopf abzutrennen. Für diesen habe sie eine eigene Grube ausgehoben. Die beiden Gruben habe sie mit Erde zugeschüttet und danach die übrigen Leichenteile neben einer Stützmauer in einer weiteren angeblich bereits vorhandenen Grube vergraben. In der Folge habe sie die Garage und den PKW gereinigt und sei gegen 12.00 Uhr nach Wien gefahren, um ihren Mann von einem mehrtägigen Spitalaufenthalt abzuholen. Während der Fahrt soll ihr mehrfach übelgeworden sein. Am nächsten Tag habe sie erneut die Garage gesäubert.

Die Aussagen der Z. wurden in bezug auf die Reihenfolge der einzelnen Schritte der Zerstückelung dahingehend berichtigt, daß aufgrund der Beschaffenheit der Halsweichteile der Kopf noch vor der Feuereinwirkung abgetrennt worden sein mußte. An die Eröffnung der Bauchhöhle, die Entfernung der Bauchorgane sowie an die Abtrennung der Brustdrüsen konnte Z. sich nur unbestimmt erinnern.

Vom Psychiater wurde Z. eine neurotische Persönlichkeitsstruktur im Sinne von Verhaltens- und Beziehungsstörungen zugebilligt. Unter dem Einfluß eines längerdauernden, affektiven Drucks - Eifersucht, Angst, den Geliebten zu verlieren - wäre die Tathandlung z. T. als Affektgeschehen zu qualifizieren. Für einen krankhaften Eifersuchtszustand oder für eine Geisteskrankheit fanden sich bei der Exploration keine Anhaltspunkte. Z. verübte während der Untersuchungshaft einen Selbstmordversuch. Die Frau konnte auch 5 Monate später wegen ihres psychischen Zustands nur mit Mühe dem Prozeßverlauf folgen. Der für die Beurteilung einer Vorsatzhandlung bedeutsame Zeitpunkt des Aushebens der Gruben blieb trotz ihres Geständnisses ungeklärt. Z. gab im Gegensatz zu Zeugenaussagen an, beide schon über eine Woche vor der Tat zur Unkrautbeseitigung angelegt zu haben.

Z. wurde wegen Mordes angeklagt und zu 20 Jahren Freiheitsstrafe verurteilt. Die Zerstückelung, die strafrechtlich eine Störung der Totenruhe (§ 190/1) darstellt [10], wurde von der Anklagebehörde nicht verfolgt.

Diskussion

Abgesehen von den zahlreichen Berichten über Zerstückelungen Neugeborener in der älteren Literatur [11, 20] liegen über kriminelle Leichenzerstückelungen durch Frauen nur wenige Mitteilungen vor. Diese betreffen meist Tötungshandlungen an Ehemännern, Liebhabern, Kindern sowie mißglückte Schwangerschaftsunterbrechungen [5, 6, 7, 11, 15, 19, 20]. Die an einem weiblichen Opfer verübte Tötung und Zerstückelung durch eine Frau stellt daher einen bemerkenswerten Einzelfall dar.

Zu den im Fall einer defensiven Leichenzerstückelung beim Täter zu erwartenden psychischen Merkmalen nehmen Bschor et al. [1] und Gerchow [3] Stellung. Wegen der körperlichen und psychischen Belastung setzen sie planvolles Handeln, starke Willenskraft, Ausdauer und die Ausschaltung emotionaler Störfaktoren über einen längeren Zeitraum voraus. Bei Z. war ein planvolles Vorgehen nur teilweise erkennbar. Die Benutzung des mit Blut verunreinigten Fahrzeugs, das unbewachte Liegenlassen der Leichenteile im Garten und deren Verbrennung mit entsprechender Geruchsentwicklung innerhalb einer Siedlung zeigen die Unbedachtheit. Als weiteres Indiz für eine Panikstimmung ist die erst unmittelbar vor der Vergrabung durchgeführte Abtrennung des Kopfes zu werten. Zumeist steht die Beseitigung des Kopfes im Vordergrund, um die Identifizierung der Leiche zu erschweren [20]. Z. hatte den Kopf vom Rumpf getrennt, da die Grube zu klein gewesen war. Die aufgezeigten Umstände lassen annehmen, daß die Frau im Rahmen der Tathandlung und der Beseitigung der Leichenteile an die Grenzen ihrer psychischen Belastbarkeit gelangt war und einen Selbstmord in Erwägung zog. Wohl hat Bschor in einem Fall auch den Selbstmord des Täters als Teil einer Kette entschlossener Handlungen beschrieben, doch ließ der vorangegangene Tatablauf ein überlegteres Vorgehen erkennen [1]. Auch die behaupteten Erinnerungslücken betreffend die Eröffnung der Bauchhöhle, die Entnahme von Organen, die Abtrennung der Brüste sowie die Zerkleinerung des Genitales, die durch einen Verdrängungsmechanismus erklärbar wären, weisen auf einen Zustand hochgradiger psychischer Alteration hin [14]. Im

Hinblick auf das sonst detaillierte Geständnis ist eine Schutzbehauptung nicht wahrscheinlich.

Im konkreten Fall wurden die Ringfinger wegen angesteckter Ringe im Zwischenfingergelenk aus Eifersucht abgetrennt. Eine Erschwerung der Identifikation, wie sie bei Abtrennung der Finger von Schneider [17] beschrieben wurde, ist als Motiv hierfür nicht anzunehmen, da mit den Abdrücken der übrigen Finger eine Identifikation noch immer möglich ist. Die Entnahme von Hautlappen und Organen, um das Gewicht des Rumpfes zu verringern, erscheint unter Berücksichtigung der Tatsache, daß der Torso etwa 20 kg wog, glaubhaft. Bei der Entfernung der Brustdrüsen und des Genitalbereichs hat sicherlich eine sexuelle Komponente, bedingt durch die Rivalität der beiden Frauen mitgewirkt, was in der Zerstückelung des Genitales in kleine Hautlappen zum Ausdruck kommt. Eine Absicht, auf diese Weise die Geschlechtsbestimmung zu erschweren [20], kann nicht angenommen werden.

Die unterschiedliche Beschaffenheit der Trennflächen in bezug auf die Brandeinwirkung erlaubte Rückschlüsse auf den Ablauf der Zerstückelung. Bei dem Versuch, Rumpf und Kopf im Freien zu verbrennen, entwickelte sich im Gegensatz zu einer Verbrennung im Ofen (Holczabek, persönliche Mitteilung) [11] keine intensive Hitze, so daß die Gesichtszüge der D. noch zu erkennen waren und die Zähne unversehrt blieben. Die von der Täterin beabsichtigte Schrumpfung erreichte nur ein geringes Ausmaß.

Die Angaben zum Zeitaufwand für die Zerstückelung einer Leiche reichen von 25 min bei einem von einem Obduktionsgehilfen durchgeführten Versuch [13] über 2–3 h [1, 19] bis zu mehreren Tagen [2, 18]. In diesen Fällen erfolgte entweder eine Zerstückelung in kleinste Teile oder es war wegen Unterbrechungen der tatsächliche Zeitbedarf nicht mehr rekonstruierbar. Die von Z. benötigten 2 h lassen sich mit dem von Bschor angegebenen Zeitbedarf in Übereinstimmung bringen, um so mehr, als auch die äußeren Umstände - Zeitdruck, keine zu erwartende Störung - einander recht ähnlich waren [1]. Aufgrund der mit Ausnahme eines Ringfingers vollständigen Auffindung der Leichenteile war die Feststellung der Identität und der Todesursache möglich. Das Fehlen von Körperteilen kann eine sichere Aussage über die Todesursache verhindern und die Beweisführung vor Gericht erschweren [8] (Wölkart, persönliche Mitteilung). In Einzelfällen wurde nach Suchtgiftüberdosierung dennoch ein vorsätzliches Tötungsdelikt ausgeschlossen [16]. Die neben der Beseitigung und dem Fortschaffen des Opfers weiteren möglichen Motive einer defensiven Leichenzerstückelung - Unkenntlichmachung der Identität, Verschleierung der Todesursache - waren bei Z. nicht zum Tragen gekommen. Die Eröffnung der Bauchhöhle mit Entnahme von Eingeweiden und die Abtrennung von Hautlappen ergaben sich aus der physischen Konstitution der Täterin und hatten eine Gewichtsverminderung zum Ziel, während ein solches Vorgehen sonst meist zur einfacheren Beseitigung einzelner Leichenteile dient [1, 2, 4, 9, 11, 12, 13, 18, 20]. Bei der Abtrennung der Brüste und der Zerstückelung des äußeren Genitalbereichs kann eine sexuelle Komponente angenommen werden. Im Gegensatz zu anderen berichteten Fällen [4, 11, 20] (Wölkart, persönliche Mitteilung) weisen diese Befunde bei einem weiblichen Täter nicht auf ein Sexualverbrechen hin.

Zusammenfassung

Es wird über eine defensive Leichenzerstückelung an einer 17jährigen berichtet. Die Täterin, eine 43jährige Sekretärin, hatte das Mädchen aus Eifersucht wegen eines 18jährigen Burschen erstochen. Sie hatte die Leichenteile zuerst zu verbrennen versucht und sie anschließend an 3 Stellen in ihrem Garten vergraben. Die Bauchhöhle war eröffnet, das äußere Genitale und die Brustdrüsen waren abgetrennt.

Literatur

1. Bschor F, Smerling M, Drews H (1970) Leichenzerstückelung nach Tötung. Arch Kriminol 146:127-140
2. Fraenkel P, Strassmann G (1924) Studien über Leichenzerstückelung. Dtsch Z Ges Gerichtl Med 3:147-153
3. Gerchow J (1978) Zum Problem der defensiven Leichenzerstückelung durch an der vorangegangenen Tötung Unbeteiligte. Z Rechtsmed 81:151-156
4. Haberda A (1927) Kriminelle Leichenzerstückelung nach Tötung. Dtsch Z Ges. Gerichtl Med 10:242-248
5. Ishiyama I, Miake K (1960) Über die Untersuchung einer zerschnittenen Leiche, Dtsch Z Gerichtl Med 50:592-598
6. Jüngst W (1932) Die Leichenzerstückelung. Dissertation, Universität Münster
7. Koops E, Burwinkel K, Kleiber M, Püschel K (im Druck) Kriminelle Leichenzerstückelung.
8. Krauland W, Schneider V, Smerling M, Ludwig WR (1980) Defensive Leichenzerstückelung - Anatomie eines Strafverfahrens. Arch Kriminol 166:1-17
9. Lautenbach L, Freund V (1965) Die Aufklärung eines Falles von Tötung mit Leichenbeseitigung als Ergebnis gerichstmedizinischer und kriminalistischer Zusammenarbeit Arch Kriminol 135:12-15
10. Leukauf O, Steininger H (1979) Kommentar zum Strafgesetzbuch, 2. Aufl. Prugg, Eisenstadt, S 1185-1191
11. Michel E (1895) Über kriminelle Leichenzerstückelung. Vierteljahresschr Gerichtl Med 9:261-309
12. Müller J (1962) Der Fall Trümpy. Kriminalistik 16:161-165
13. Olbrycht J (1932) Ein Fall von krimineller Leichenzerstückelung. Beitr Gerichtl Med 12:17-54
14. Petersohn F, Walther G (1971) Kriminologische Betrachtungen zu einer Leichenzerstückelung. Kriminalistik 25:235-240
15. Schneickert H (1939) Das Verschwindenlassen der Leiche beim Mord. Arch Kriminol 104:117-121
16. Schneider V, Klug E (1985) Heroin-Todesfälle. Leichenbeseitigung - defensive Leichenzerstückelung. Arch Kriminol 175:145-150
17. Schneider V, Bratzke H, Maxeiner H (1982) Über bemerkenswerte Befunde bei einer defensiven Leichenzerstückelung. Z Rechtsmed 89:131-143
18. Schulz G (1957) Leichenzerstückelung in kleinste Fleisch- und Knochenteile. Arch Kriminol 120:145-153
19. Smerling M (1974) Forensische und kriminalistische Aspekte bei derAufklärung eines Falles von defensiver Leichenzerstückelung. Arch Kriminol 153:129-140
20. Ziemke E (1918) Über die kriminelle Zerstückelung von Leichen und die Sicherstellung ihrer Identität. Vierteljahresschr Gerichtl Med 56:270-318

Histaminaseblockade – ein Kausalfaktor der Peliosis hepatis

W. Weber, R. Schillings

Zur Peliosis hepatis läßt sich der Literatur entnehmen, daß diese atraumatischen Leberblutungen bei sehr differenten Krankheitsbildern beobachtet werden, z. B. bei Tuberkulose, Lues, Diphtherie oder Eklampsie, nach Intoxikationen mit Nitrosamin, Tetrachlorkohlenstoff und Phalloidin, aber auch nach Langzeitbehandlungen mit Glukokortikoiden sowie kontrazeptiven und anabolen Steroiden (Schönlank 1916; Gerlach 1930; Frimmer et al. 1973; Naeim et al. 1973; Kühböck et al. 1975; Wannagat 1976; Roschlau 1977; Fengler et al. 1978; Bolck u. Machnik 1978; Zimmermann 1978; Altmann 1980; Baumgarten et al. 1983; Spormann et al. 1985).

Erst kürzlich wurde eine gezielte tierexperimentelle Induktion der Peliosis hepatis zur differentialdiagnostischen Abgrenzung einer traumatischen Leberblutung vorgestellt (Weber 1985). Dabei waren 4 Kaninchen über 6 Wochen mit Prednisolon und in der letzten Woche zusätzlich mit Heparin und Aminoguanidin behandelt worden, die daraufhin alle eine Peliosis hepatis entwickelt hatten.

In der vorliegenden Arbeit wird erneut die Frage nach der Reproduzierbarkeit dieser Untersuchungsergebnisse gestellt und dahin erweitert, ob die verwendeten Testsubstanzen einzeln oder in bestimmter Kombination eine spezifische, morphologisch faßbare Hepatotoxizität mit den Folgen einer Peliosis hepatis erkennen lassen.

*Versuchsanordnung**

Den 7 (I–VII) Gruppen zu je 2 männlichen und weiblichen Knainchen mit einem Körpergewicht von ca. 3–4 kg wurden folgende Substanzapplikationen zuteil:

I: 1 Woche 20000 IU Heparin/kg/Tag i.v.;
II: 1 Woche 20 mg Aminoguanidin/kg/Tag i.v.;
III: 1 Woche 25 mg Prednisolon/kg/Tag i.m.;
IV: 1 Woche 20000 IU Heparin/kg/Tag + 5 mg Prednisolon/kg/Tag;

* An dieser Stelle sei der Firma Hoechst-AG sowie der Firma Hoffmann-La Roche gedankt, welche die benötigten Substanzen freundlicherweise zur Verfügung gestellt haben.

V: 1 Woche 20000 IU Heparin/kg/Tag + 20 mg Aminoguanidin/kg/Tag;
VI: 6 Wochen 5 mg Prednisolon/kg/Tag + 20000 IU Heparin/kg/Tag in der letzten Woche;
VII: 6 Wochen 5 mg Predisnolon/kg/Tag + 20 mg Aminoguanidin/kg/Tag + 10000 IU Heparin/kg/Tag in der letzten Woche.

Ergebnisse und Diskussion

Bei zahlreichen Krankheitsbildern zeigt sich die Leberzellschädigung morphologisch in Form eines parenchymalen Hydrops oder einer Leberzellverfettung nebst Einzelzellnekrosen. Trotz der Häufigkeit solcher Befunde im Obduktionsgut wird die peliotische Leberblutung nur selten beobachtet. Demnach müssen spezielle Faktoren postuliert werden, die im Leberparenchym Hämodiapedese bzw. Hämorrhexis bewirken können.

Die Vermutung, daß sich die Peliosis hepatis bei den genannten differenten Krankheitsbildern aus spezifischen Fermentdefekten im Histamin-Histaminase-System entwickelt, wurde durch die uns bekannt gewordenen Ergebnisse der Histaminforschung bestärkt (Gross et al. 1952; Schuler 1952; Kobinger u. Früs 1961; Kobinger u. Walland 1966; Uvnäs 1965; Giertz et al. 1967; Lorenz et al. 1967; Parwaresch 1967; Schmutzler 1968; Schmutzler et al. 1969, 1974; Tuomisto 1973; Weber 1985).

Die Morphologie der Peliosis hepatis weist zudem auf eine lokale zelluläre Entgleisung des Histaminstoffwechsels hin, wobei die Barrierefunktion des Leberendothels im unmittelbaren Bereich der Einzelzellnekrosen verfetteter Hepatozyten gestört ist, so daß Extravasate entstehen können.

Eine Störung des Histamin-Histaminase-Gleichgewichts läßt sich experimentell provozieren, indem mit Hilfe des Histaminaseliberators Heparin eine weitgehende Entspeicherung des Histaminasereservoirs der Leberparenchymzellen vorgenommen und die sodann im Blutplasma befindliche Histaminase durch i.v. Applikation von Aminoguanidin blockiert wird. Auf diese Weise konnte den früheren Untersuchungen in der durch Prednisolon induzierten Fettleber der Kaninchen innerhalb weniger Tage ein Peliosis hepatis erzeugt werden (Weber 1985).

In der Testgruppe I verursachte die hohe Dosierung von Heparin keine Organblutungen. Unterstellt man die Arbeitshypothese, daß lokal anfallendes Histamin für die Extravasate verantwortlich ist, so waren auch keine Blutungen in der Leber zu erwarten.

Ebenfalls ist eine Histaminaseblockade durch Aminoguanidin (Gruppe II) bei gesunden Kaninchen nicht geeignet, Leberblutungen hervorzurufen. Dies trifft auch zu, wenn durch Heparinapplikation das Histaminasereservoir der Hepatozyten erschöpft ist und sekundär die in das Plasma freigesetzte Histaminase durch Aminoguanidin blockiert wird (Gruppe V).

Wesentliche Voraussetzung für die Leberblutungen scheinen somit Hepatozytennekrosen zu sein, wie sie bei der durch kurzzeitige Stoßtherapie mit hohen Prednisolondosen induzierten deutlichen feintropfigen bis mitteltropfigen Leberzellverfettung nur ganz vereinzelt auftreten (Gruppe III). Die Langzeitbehandlung über 6 Wochen mit wesentlich geringeren Prednisolondosen (Gruppe VI) hatte zwar zur massiven Leberzellverfettung und zu multiplen Einzelzellnekrosen geführt, aber auch zu einem Schutz des Organs vor Hämodiapedeseblutungen durch die Freisetzung von Histaminase in das Blutplasma. Letztlich hat die Langzeitbehandlung mit Prednisolon über 6 Wochen sowie die zusätzliche Kombination mit Heparin und Aminoguanidin in der letzten Woche (Gruppe VII) zur erwarteten Peliosis heptis bei allen 4 so behandelten Kaninchen geführt (Abb. 1). Dabei sind in Anzahl und Lokalisation unterschiedlich disperse, solitäre und gruppierte peliotische Blutungsherde vom sphärischen und parenchymalen Typ entstanden (Abb. 2), die bevorzugt subkapsulär an den Lappenrändern angesiedelt sind. Die tierexperimentelle Reproduzierbarkeit der Peliosis hepatis nach der bereits früher beschriebenen Methode wird somit bestätigt. Zudem ist festzustellen, daß die applizierten Substanzen nur in der Kombination

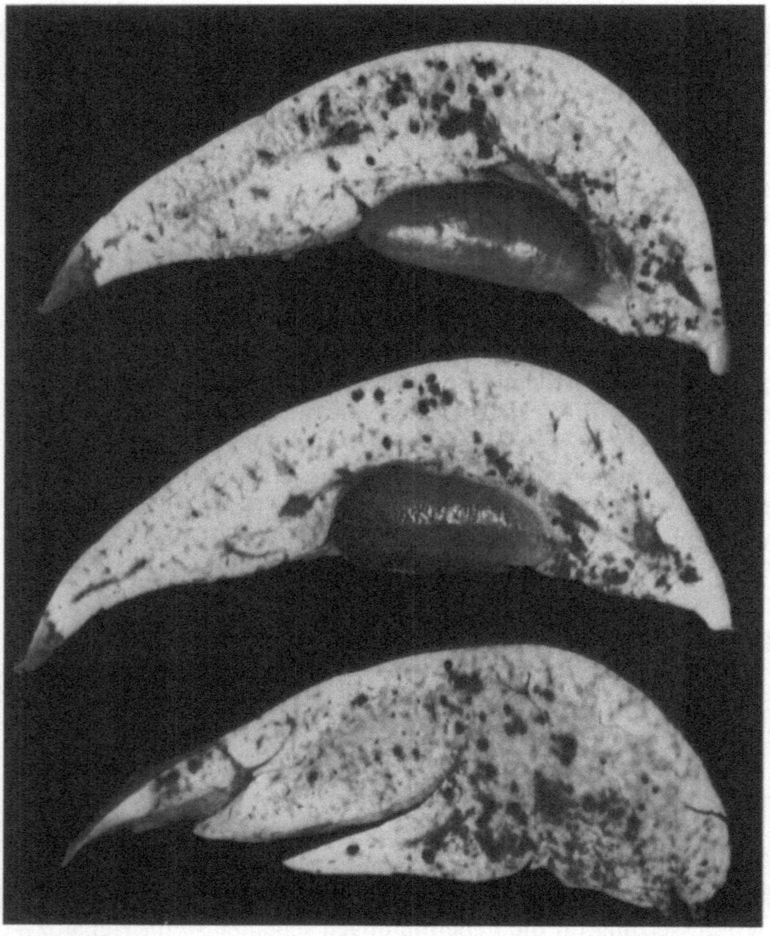

Abb. 1. Artefiziell induzierte Peliosis hepatis in durch Prednisolon vorschädigter Kaninchenleber nach Histaminaseblockade

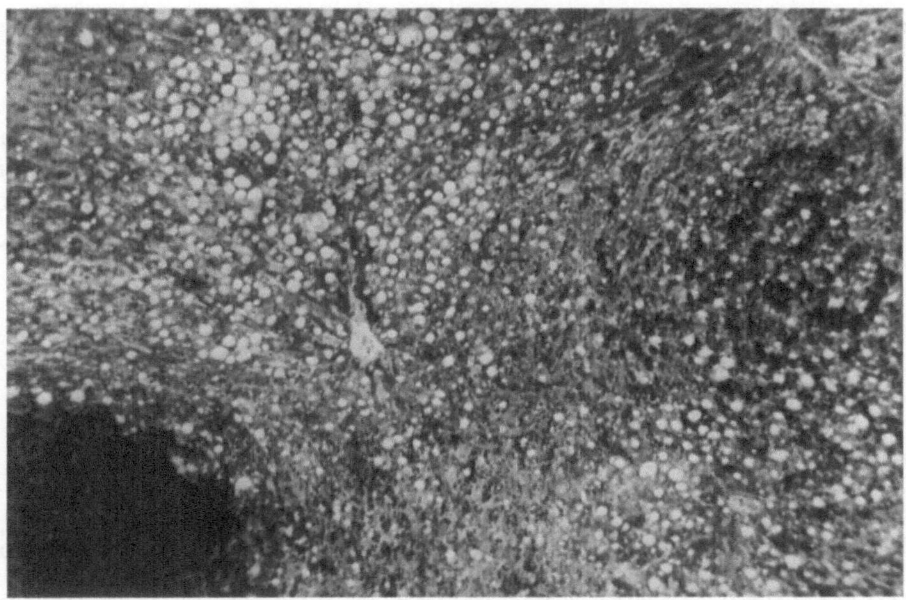

Abb. 2. Sphärische und parenchymale Blutungen in der Kaninchenleber bei artefiziell ausgelöster Peliosis hepatis

der Testgruppe VII - (Prednisolon + Heparin + Aminoguanidin) - zur Peliosis heptis führen, nicht aber für sich allein oder in den anderen Kombinationen.

Aus den nun vorliegenden Untersuchungsergebnissen wird abgeleitet, daß freigesetztes, vor enzymatischer Inaktivierung geschütztes Histamin nach einigen Tagen zu Leberblutungen atraumatischer Genese führt. Dabei könnte das lokal wirksame Histamin vom Endothel der Sinusoide, von den von-Kupffer-Sternzellen, von Thrombozyten, Leukozyten, Mastzellen der Leber und auch von Mastzellen des Peritoneums freigesetzt worden sein. Die Herkunft dieses Histamins kennen wir bisher nicht. Ebenfalls ist unter „normalen Bedingungen" der Blokkademechanismus nicht bekannt, der für die lokale enzymatische Entgleisung und somit für die lokale Störung des Histamin-Histaminase-Gleichgewichts verantwortlich ist.

Es ist vorstellbar, daß bakterielle bzw. virale Endotoxine und Ektotoxine, wie auch allgemein toxische Substanzgruppen für die Histaminaseblockade ursächlich sind. Auch könnten die verfetteten nekrotischen Hepatozyten spezifische Antikörperrezeptoren entwickeln und bei akut auftretenden Immunreaktionen zur lokalen Histaminfreisetzung führen.

Zusammenfassung

Durch gezielte Medikation am Tiermodell „Kaninchen“ läßt sich das Bild der Peliosis hepatis reproduzierbar induzieren. Im Zusammenhang mit den Ergebnissen der Kontrollversuche wird festgestellt, daß die Histaminaseblockade an der durch Prednisolon vorgeschädigten Leber als eine der möglichen Kausalfaktoren für die Peliosis hepatis anzusehen ist.

Literatur

Altmann HW (1980) Drug-induced liver reactions: a morphological approach Curr Top Pathol 69:69–142.

Antweiler H (1962) Über Phenylbutazon, Mastzellen und Histaminfreisetzung bei der Ratte. Naunyn-Schmiedebergs Arch Pharmacol 243:225

Baumgarten R, Fengler J-D, Markus R, Roschlau G, May D (1983) Peliosis hepatis - Eine seltene Form der arzneimittelinduzierten Leberschädigung. Dtsch Gesundheitswes 36:2158–2160

Bodammer G, Vogt W (1970) Beeinflussung der Capillarpermeabilität in der Meerschweinchenhaut durch Anaphylatoxin (AT). Naunyn-Schmiedebergs Arch Pharmacol 266:255–260

Bolck F, Machnik G (1978) Leber- und Gallenwege. In: Doerr W, Seifert G, Uehlinger E (Hrsg) Spezielle pathologische Anatomie, Bd. 10. Springer, Berlin Heidelberg New York

Fengler J-D, Baumgarten R, Roschlau G (1978) Leberschäden durch orale Kontrazeptiva. Dtsch Gesundheitsw es 33:1251–1256

Frimmer M, Herrmann S, Lutz F (1973) Release from the phalloidin poisoned rat liver of a cytotoxic principle producing liver cell swelling, potassium release and hemolysis. Naunyn-Schmiedebergs Arch Pharmacol 276:187–197

Gerlach W (1930) Die Kreislaufstörungen der Leber. In: Henke F, Lubarsch O (Hrsg) Leber, Springer, Berlin (Handbuch der speziellen pathologischen Anatomie und Histologie, Bd 5/1, S 81–121)

Giertz H, Hahn F, Seseke G, Schmutzler W (1967) Über die Wirkung von Heparin und Aminoguanidin auf den anaphylaktischen, Anaphylatoxin- und Histamin-Schock des Meerschweinchens. Naunyn-Schmiedebergs Arch Pharmacol 256:26–39

Gross F, Schuler W, Tripod J, Meier R (1952) Hemmung der Diaminooxidase (Histaminase) durch Phthalazinderivate. Experientia VIII/6:229–230

Kobinger W, Friis NF (1961) Beeinflussung von Gefäßreaktionen am isolierten Kaninchenohr durch Monoaminooxydasehemmkörper. Naunyn-Schmiedebergs Arch Pharmacol 242:238–246

Kobinger W. Walland A (1966) Untersuchungen über Capillarpermeabilität am Hund. Naunyn-Schmiedebergs Arch Pharmacol 253:54–55

Kühböck J, Radaszkiewicz T, Walek H (1975) Peliosis hepatis eine Komplikation der Anabolikatherapie. Med Klinik 40:1602–1607

Lorenz W, Pfleger K, Werle E (1967) Histamin und Histidindecarboxylasen im oberen Verdauungstrakt von Mensch, Hund, Meerschweinchen und Ratte. Naunyn-Schmiedebergs Arch Pharmacol 258:150–159

Naeim F, Copper PH, Semion AA (1973) Peliosis hepatis. Possible etiologic role of anabolic steroids. Arch Pathol 95:284–285

Parwaresch MR (1967) The human blood basophil. Springer, Berlin Heidelberg New York

Roschlau G (1977) Leberveränderungen durch Kontrazeptiva. Dtsch Gesundheitswes 32:2271-2274

Schmutzler W (1968) Das Verhalten der Histaminase, Diaminooxydase und Benzylaminooxydase im Blutplasma von Meerschweinchen und Mensch nach intravenöser Injektion von Heparin. Klin Wochenschr 46:953-956

Schmutzler W, Goldschmith O, Bethge KP, Knop J (1969) The release of guinea pig liver histaminase an some of its properties. Arch Allergy 36:45-55

Schmutzler W, Rämsch KW, Dingler W. Lueb R. Vaehsen A (1974) Komplex formation of guinea-pig liver diamine oxidase (histaminase) with heparinoids. Agents Actions 4/3:189-190

Schoenlank W (1916) Ein Fall von Peliosis hepatis. Virchows Arch 222:358-364

Schuler W (1952) Zur Hemmung der Diaminooxydase (Histaminase). Experientia VIII/6:230-232

Spormann H, Willgeroth C, Tautenhahn W (1985) Peliosis hepatis mit Leberruptur. Zbl allg Pathol u pathol Anat 130:545-550

Tuomisto J (1973) Inhibition by tetrahydroharmane compounds of 5-hydroxytryptamine and histamine uptake in rabbit blood platelets. Naunyn-Schmiedebergs Arch Pharmacol 279:361-370

Uvnäs B (1965) Der Mechanismus der Histaminfreisetzung aus Mastzellen. Naunyn-Schmiedebergs Arch Phamacol 250:137-149

Wannagat L (1976) Toxische Leberschäden. Medikamente und Leber. 8. Lebertagung der Sozialmediziner, Bad Mergentheim 1973. Thieme, Stuttgart

Weber W (1985) Zur Genese atraumatischer Leberblutungen. Z Rechtsmed 95:145-152

Weber W. Hollweg HG (1985) Effect of cellular disseminated histamine liberation in rabbit liver - a study of electron microscopy (TEM). European Histamine Research Society, 14th Meeting, Aachen, May 1985. (Proceedings)

Zimmermann HJ (1978) Hepatotoxicity. The adverse effects of drugs and other chemicals on the liver. Appleton-Century-Crofts, New York

Massenkatastrophen – Identifizierung

Die Hotelbrandkatastrophe von Istanbul (7. 5. 1983) – Ein Erfahrungsbericht aus gerichtsmedizinischer Sicht

W. HOLCZABEK, S. POLLAK, G. DEPASTAS

Einleitung

Die stete Zunahme des Reiseverkehrs bringt es mit sich, daß die Opfer folgenschwerer Unfälle häufig aus verschiedenen Ländern stammen. Daraus ergibt sich für den Gerichtsmediziner die Verpflichtung, über nationale Grenzen hinweg an der Identifizierung von Katastrophenopfern mitzuwirken (van den Bos 1982; Dürwald 1982). Eine sichere Feststellung der Identität ist nicht nur aus humanitären, sondern auch aus rechtlichen Gründen zu fordern. Dazu müssen nötigenfalls alle organisatorischen, medizinischen und technischen Möglichkeiten ausgeschöpft werden. Das Schrifttum zu diesem Thema ist so umfangreich geworden, daß es hier nur auszugsweise zitiert werden kann (Holzhausen 1966; Fischer u. Spann 1967; Mann u. Wood 1970; Grüner u. Helmer 1975; Dotzauer 1976; Hunger u. Leopold 1978; van den Bos 1980).

Nicht alle Gerichtsmediziner haben in gleichem Maße Gelegenheit, eigene Erfahrungen über den Einsatz bei Massenunfällen zu sammeln. Spann (1964) regte daher an, daß sämtliche einschlägigen Beobachtungen und die daraus gewonnenen Erkenntnisse sorgfältig zusammengetragen und von Zeit zu Zeit publizistisch dargestellt werden sollten. Solche Berichte dienen dem Erfahrungsaustausch und geben Auskunft darüber, welche Arbeitsmethoden sich unter „Feldbedingungen" besonders bewähren und wie sie den situativen Verhältnissen angepaßt werden können (Holzer u. Patscheider 1966; Wolff u. Laufer 1970; Hartmann et al. 1971; Beckmann et al. 1974; Milčinski 1978; McMeekin 1980).

Bei folgenschweren Unfällen hat der Gerichtsmediziner auch die Fragen nach den Todesursachen zu beantworten und, wenn möglich, zur Klärung der Unfallursache beizutragen (Raszeja 1982). Die systematische Befunderhebung an Katastrophenopfern hat das Wissen über pathophysiologische Zusammenhänge wesentlich bereichert. So konnte Spann (1959) nachweisen, daß selbst bei schwersten Schädel- und Herzverletzungen noch mit vitalen Fernreaktionen (Fettembolie, agonales Lungenödem, Blutaspiration) zu rechnen ist. Brinkmann et al. (1978) analysierten die Verletzungsmechanismen bei den Opfern eines Eisenbahnunglücks und stellten fest, daß auch die mechanische Asphyxie allein mit einem pulmonalen Mikroemboliesyndrom einhergeht.

Wie schon an anderer Stelle (Holczabek 1972) ausgeführt wurde, hat v. Hofmann (1882) nach dem Wiener Ringtheaterbrand die noch heute gültigen Grundsätze der Katastrophenopferidentifizierung erarbeitet. Er betonte die Bedeutung der Gebißmerkmale und der photographischen

Befunddokumentation. Die von Hofmann (1882) und Zillner (1882) vorgenommenen spektroskopischen Untersuchungen führten zu der Erkenntnis, daß fast alle Opfer des Ringtheaterbrandes kohlenmonoxidhaltige Rauchgase eingeatmet hatten.

Unfallhergang

Am 7. 5. 1983 um 7.45 Uhr brach im Stadtzentrum von Istanbul ein Brand aus, bei dem das sechsgeschossige Hotel „Washington" zerstört wurde. Das Haus beherbergte zur Unfallzeit 131 Gäste, 42 Menschen fanden den Tod.

In der ebenerdig untergebrachten Teeküche hatte sich ausströmendes Propangas an einer offenen Flamme entzündet. Das Feuer griff rasch um sich und führte durch die Hitzeentwicklung zur Explosion eines Gasbehälters. Die teilweise aus Kunststoff bestehenden Einrichtungsgegenstände, Tapeten und Bodenbeläge gerieten in Brand, wodurch es zu einer starken Rauchgasentwicklung kam. Offenstehende Türen und Fenster ermöglichten ein schnelles Aufsteigen der Brandgase und einen Wärmetransport in die oberen Stockwerke. Einige Gäste zogen sich bei Sprüngen aus den Obergeschossen tödliche Verletzungen zu. Dem Besitzer des Hotels wurde später vorgeworfen, er habe die baubehördlichen Auflagen bezüglich der Einrichtung von Fluchtwegen nicht erfüllt.

Zahlreiche Opfer waren so stark verkohlt, daß eine Identifizierung durch Angehörige oder Bekannte aussichtlos erschien. Unter den Leichen wurden auch 12 vermißte Österreicher vermutet. Auf Ersuchen der österreichischen Behörden erklärten wir uns bereit, in Zusammenarbeit mit Interpol an der Identifizierung mitzuwirken.

Befunderhebung

Als das aus 3 Gerichtsmedizinern bestehende Ärzteteam in Istanbul eintraf, waren die Brandopfer bei einer Temperatur von −8 °C gelagert. Die eigentliche Identifizierungstätigkeit konnte erst am Morgen des 14. 5. 1983 beginnen, nachdem die gefrorenen Leichen aufgetaut waren. Als Arbeitsplatz wurde uns die geräumige Prosektur des Cerrapasa-Krankenhauses zur Verfügung gestellt. Die Untersuchungen nahmen insgesamt 20 h in Anspruch; sie wurden am Abend des 15. 5. 1983 abgeschlossen.

Die Leichen waren zunächst von den Fundorten in verschiedene Spitäler Istanbuls gebracht und dort mit fortlaufenden Nummern versehen worden. Die primäre Kennzeichnung mit den Namen der jeweiligen Krankenhäuser (Capa, Cerrapasa, Esnaf, Haseki, SSK, Taksim) ist aus Tabelle 1 ersichtlich. Da manche Nummernkärtchen ohne Befestigung auf oder neben den Leichen lagen, mußte mit der Möglichkeit einer nachträglichen Vertauschung gerechnet werden. Schon vor Beginn der Identifizierung hatte man alle Kleiderreste entfernt und die Wertgegenstände (Uhren, Ringe, Ketten) von den Leichen abgenommen. Die

Tabelle 1. Zusammensetzung des Untersuchungsgutes

Fall	Primäre Kennzeichnung	Alter (Jahre) Geschlecht	Co-Hb [%]	Körperoberfläche
1	SSK 3	27, w.	40	Berußt
2	Haseki 15	29, w.	10	Comb. III, 60%
3	Taksim 1	29, w.	44	Comb. III, 60%
4	Esnaf 1	35, w.	5	Comb. III, 65%
5	Haseki 4	36, m.	47	Comb. IV, 100%
6	Haseki 16	39, w.	38	Berußt
7	Capa 2	44, m.	+	Berußt, Fäulnis
8	Haseki 6	44, m.	+	Berußt
9	Haseki 9	45, w.		Comb. II–III, 70%
10	Haseki 12	49, w.	6	Comb. III–IV, 95W
11	Taksim 2	53, w.	36	Comb. IV, 100%
12	SSK 1	22, w.	+	Comb. III–IV, 95%
13	Cerrapasa 1	23, w.	*	Comb. III–IV, 95%

Comb. Verbrennungsgrad;
\+ nur qualitativer (spektroskopischer) Nachweis von CO-Hb;
* Leiche war zu Untersuchungsbeginn bereits außer Landes (infolge Falschidentifikation durch einen Angehörigen des nicht aus Österreich stammenden Opfers 12).

persönliche Habe war wohl mit Fundnummern bezeichnet, wurde aber wegen der aufgezeigten Verwechslungsmöglichkeit nicht verwertet.

Die Identifizierung konnte sich unter den gegebenen Verhältnissen nur auf jene Befunde stützen, die unmittelbar an der Leiche zu erheben waren. Die Vergleichsdaten standen bei Beginn der Untersuchungen fast vollständig zur Verfügung: Sie umfaßten die im Interpol-Opferidentifizierungsformular vorgesehenen Eintragungen, ergänzt durch Porträtphotos (in 11 Fällen) und Unterlagen zum Gebißvergleich (Tabelle 2). Die Daten des Opfers 12 – es handelte sich um eine deutsche Staatsbürgerin – wurden telefonisch von den Eltern und von der behandelnden Zahnärztin erfragt. Keine der vermißten Personen war tätowiert oder daktyloskopisch erfaßt.

Vor der eigentlichen Untersuchung wurden alle Leichen mit ihrer ursprünglichen Kennzeichnung photographiert. Unmittelbar nach der Identifizierung erhielt jedes Opfer 2 Fußpässe, auf denen der Name und die Adresse in Blockbuchstaben verzeichnet waren. Zur Befunddokumentation wurden die besonderen Merkmale und das Gebiß auch im Detail photographisch festgehalten.

Dem behördlichen Auftrag entsprechend sollte sich die Untersuchungstätigkeit im wesentlichen auf die Identifizierung beschränken. Wir konnten daher keine systemischen Obduktionen, sondern nur gezielte Teilsektionen vornehmen; sie dienten v.a. zum Nachweis von posttraumatischen und/oder postoperativen Veränderungen (Tabelle 3). Die erhobenen Leichenbefunde wurden protokollarisch festgehalten und in die dafür bestimmten Identifizierungsformulare eingetragen. Es hat sich als zweckmäßig erwiesen, die einfacher gelagerten Fälle vorzuziehen und die Arbeit an den stark verkohlten Leichen zurückzustellen.

Tabelle 2. Odontologischer Vergleich (*Rö.* Röntgenbild)

Fall	Dentaldaten	Übereinstimmende Merkmale	In den Gebißdaten nicht vermerkt
1	Zahnschema, Rö.	Zahl und Standort der Zähne, 1 Zahnstellungsanomalie; 4 Silikat- und 12 Amalgamfüllungen	3 Amalgamfüllungen
2	Zahnschema, Rö.	Zahl und Standort der Zähne; 10 Amalgamfüllungen	-
3	Zahnschema, Rö.	1 Zahnstellungsanomalie; 9 Amalgam- und 9 Silikatfüllungen	Verlust von 4 Seitenzähnen, 4 Amalgamfüllungen
4	Zahnschema, Rö.	Prognathie; 5 Kunststoff- und 17 Amalgamfüllungen	Verlust eines Molaren
5	Zahnschema, Rö.	13 Amalgamfüllungen	(thermische Destruktion der Frontzähne)
6	Zahnschema	Verlust eines Molaren; 4 Amalgamfüllungen	Verlust von 3 Seitenzähnen, 1 Silikat- u. 6 Amalgamfüll.
7	Zahnschema, Rö., Interimsprothese	Verlust von 4 Seitenzähnen; UK-Teilprothese	Verlust von 3 Seitenzähnen
8	-	-	-
9	Zahnschema	Zahl und Standort der Zähne; 5 Silikat- und 8 Amalgamfüllungen	4 Amalgamfüllungen
10	Zahnschema, Gipsmodell	Zahl und Standort der Zähne; 2 Kunststoff- und 4 Amalgamfüllungen, 1 facettierte Krone, OK-Teilprothese	1 Amalgamfüllung
11	Zahnschema, Rö.	Verlust von 4 Seitenzähnen; 1 Amalgamfüllung, 2 Wurzelfüllungen; 1 Vollguß-, 1 Metallkeramik- und 2 Stiftkronen, 2 facettierte Kronen	Verlust von 4 Molaren, 3 Amalgamfüllungen
12	Zahnschema (fernmündlich)	Zahl und Standort der Zähne; 3 Silikatfüllungen	8 Amalgamfüllungen
13	Zahnschema	Vollbezahnung; 3 Amalgamfüllungen, 1 Wurzelfüllung	-

Nach der zahlenmäßigen Eingrenzung der vermißten Personen konnten deren Daten direkt mit jenen der unbekannten Leichen verglichen werden.

In den Fällen 1-12 fand eine Blutabnahme zur Bestimmung der ABO- und Rh-Eigenschaft und zur Feststellung des CO-Hb-Gehalts statt. Obwohl man die Leichen vorübergehend bei Temperaturen unter dem Gefrierpunkt gelagert hatte, war das Blut der großen Gefäße nur in 3 Fällen (2, 7 und 11) hämolytisch. In 8 Fällen (1, 3-6, 9, 10, 12) konnte die Gruppenzugehörigkeit an Ort und Stelle auf übliche Weise ermittelt werden.

Bei allen vermißten Personen lagen Angaben über das Rauchverhalten vor. Die Untersuchungen von Reiter (1983, 1985) haben die Möglichkeit eröffnet, durch den zytologischen Nachweis pigmentbeladener Alveolarmakrophagen Raucher von Nichtrauchern zu unterscheiden. Zu diesem Zweck wurden im Zuge der Teilsektionen Abklatschpräparate von den Lungenschnittflächen gewonnen.

Tabelle 3. Angaben über das Rauchverhalten; Merkmalsübereinstimmungen bei Vermißten und Opfern (ohne odontologischen Vergleich)

Fall	Rauch-verhalten	Blut-gruppe	Körperliche Merkmale	Posttraumatische und/oder postoperative Befunde
1	NR	Ü	[]	Humerusfraktur links
2	NR	unb.	[*], Nävus	Tonsillektomie
3	R	Ü	[*]	Appendektomie, Exzision eines Hauttumors
4	R	Ü	[*], Nävus	Venenstripping
5	Ex-R	Ü	-	Cholezystektomie
6	NR	Ü	[*], Hammerzehen	-
7	NR	unb.	Gynäkomastie links	Herniotomie
8	NR	unb. Vollbart	Operative Frakturbe-handlung	
9	R	Ü	[]	Tonsillektomie, Atheromexstirpation
10	R	Ü	[*]	Appendektomie, Uterusexstirpation, Meniskektomie
11	R	unb.	[]	-
12	R	Ü	[*], Fibrom	Klavikulafraktur rechts Impfnarben
13	NR	unb.	[], Nävus, Skoliose	-

R Raucher,
NR Nichtraucher,
Ex-R ehemaliger Raucher,
Ü Merkmalsübereinstimmung bei vermißter Person und Opfer,
unb. Blutgruppe der vermißt gewesenen Person unbekannt,
[] Ohrläppchen nicht perforiert,
[*] Ohrläppchen perforiert.

Die luftgetrockneten Proben gelangten zur Extraktion der Lipide 15 min in 96%iges Äthanol und anschließend einige min in Xylol. Nach Abdampfen der Lösungsmittel erfolgte die Färbung der Präparate in einer gesättigten Fettrot-Propylenglykol-Lösung für die Dauer von 30 min. Anschließend Wässerung in Leitungswasser, Kernfärbung in Hämalaun und Eindeckung mit Gelatineglyzerin. Die Nekrophagen der Raucher zeichnen sich nach dieser Behandlung durch den Gehalt an fettrotpositiven Granula aus. Bei starken Rauchern sind diese Zellen z.T. mehrkernig (Abb. 1).

Ergebnisse

Die thermischen Hautläsionen der einzelnen Opfer sind in Tabelle 1 angeführt. Bei 4 Leichen war die Körperoberfläche zur Gänze oder weitestgehend verkohlt, in 4 weiteren Fällen bestanden drittgradige Verbrennungen mit einem Umfang von mindestens 60%. Aspektmäßig boten diese Opfer das gewohnte Bild von

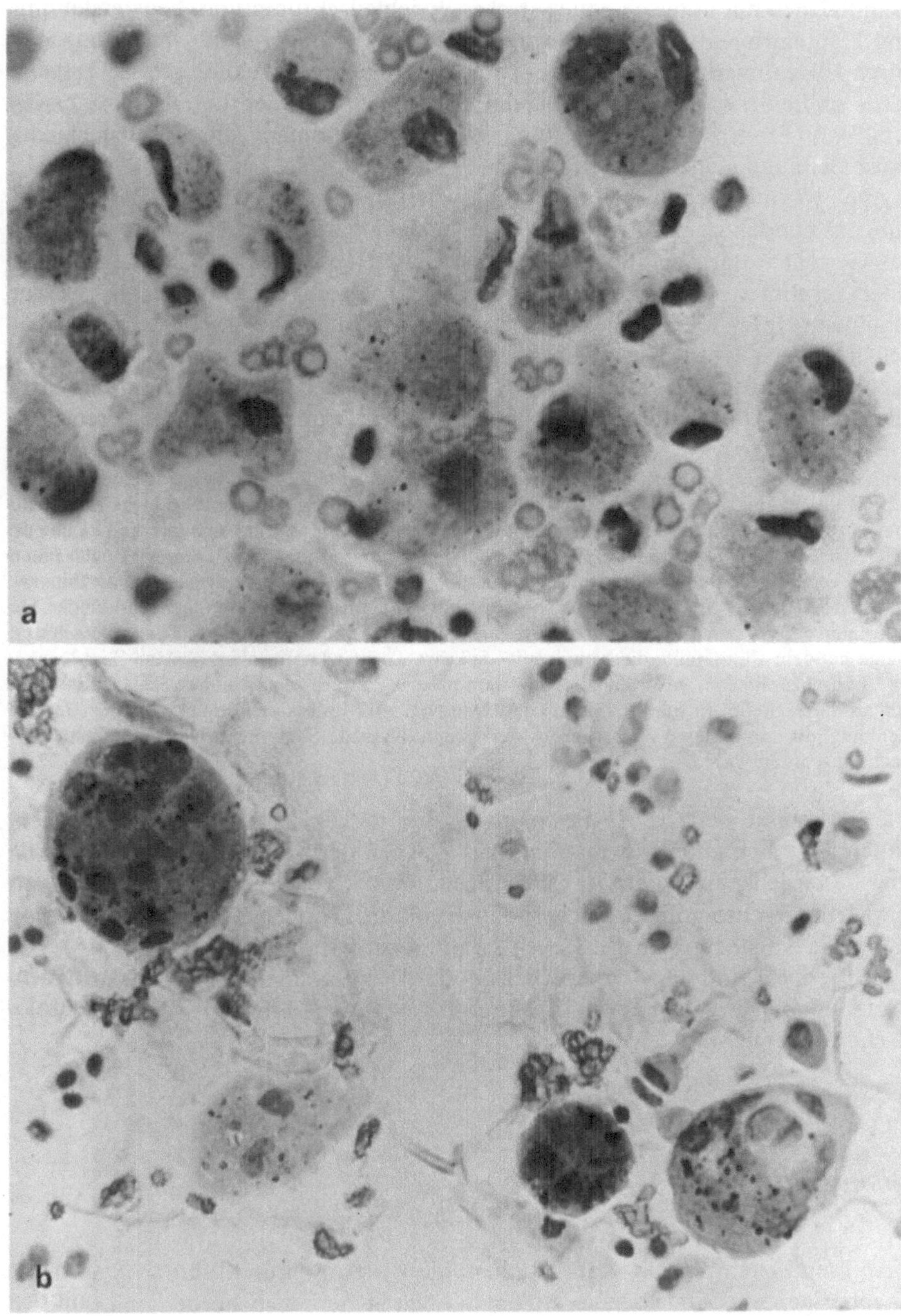

Abb. 1a,b. Abklatschpräparate, **a** von der Lunge eines mittelstarken Rauchers mit 1- bis 2kernigen Makrophagen; der im Bild grau erscheinende (im Original orangerote) Farbton des Zytoplasmas ist durch gespeicherte Ceroidpigmentgranula bedingt. Fettrot-Propylenglykol-Färbung nach Lipidextraktion, Verg. 400:1; **b** von der Lunge eines starken Rauchers mit mehrkernigen Makrophagen

Brandleichen mit unterschiedlich starker Weichteilschrumpfung, Fechterstellung und Hauteinrissen. Die Haare waren mehr oder weniger stark abgesengt oder durch Hitzeeinwirkung verfärbt. Bei den Opfern 5 und 11 fehlten große Teile der vorderen Leibeswand und der oberen Gliedmaßen. Zu einer thermischen Zerstörung von (Front)zähnen ist es nur bei Fall 5 gekommen. Die Geschlechtsdiagnose bereitete keine Schwierigkeiten.

Auch wenn es sich um reine Rauchgasvergiftungen (ohne zusätzliche Verbrennungen) handelte, waren die ehemals unbekleideten Körperregionen - also v.a. das Gesicht - stark berußt. Vor unserem Eintreffen in Istanbul hatte der Vater einer vermißten Frau (Opfer 12) irrtümlich das unverbrannte, aber rußverschmutzte Opfer 13 als seine Tochter S. H. bezeichnet. Die Leiche der vermeintlichen Tochter wurde daraufhin nach Darmstadt überführt. Einen Tag vor der geplanten Beerdigung konnten wir den Agnoszierungsfehler aufklären und nach telefonischer Übermittlung der Daten das Opfer 12 als S. H. identifizieren.

Bei der endgültigen Aufklärung des Agnoszierungsfalles spielten 2 Detailbefunde eine maßgebliche Rolle, nämlich die Tatsache, daß die uns zur Agnoszierung vorliegende Leiche durchstochene Ohrläppchen hatte, solche aber nicht hätte haben dürfen, wenn es sich um die Leiche der Österreicherin gehandelt hätte. Das zweite wichtige Agnoszierungsdetail kam erst nach einem langen Telefongespräch mit den in Darmstadt lebenden Eltern der inzwischen dorthin verbrachten Leiche der S. H. zutage: Nach wiederholtem eindringlichen Befragen, sämtliche Details einer besonderen Körpereigentümlichkeit mitzuteilen, auch wenn es sich um ganz geringfügige handeln sollte, teilte die Mutter mit, daß ihre Tochter knapp oberhalb der Gesäßspalte ein „Fleischzäpfchen“, das man hin- und herbewegen konnte, gehabt habe. Tatsächlich fand sich an dieser Stelle ein Fibroma pendulans. Diese beiden Minimalbefunde ergaben im Zusammenhang mit den anderen körperlichen Merkmalen die letzte Sicherheit, daß die Leichen verwechselt worden waren.

Die Ergebnisse der CO-Hb-Bestimmung sind in Tabelle 1 aufgelistet. In allen Fällen fand sich eine Rußeinatmung als Zeichen der Vitalität. Bei den als Raucher beschriebenen Opfern ist es gelungen, mit der von Reiter (1985) propagierten Methode chromolipidspeichernde Alveolarmakrophagen nachzuweisen und damit die Angaben über das Rauchverhalten zu bestätigen.

In Tabelle 3 sind jene körperlichen Merkmale zusammengestellt, die zur Identifizierung beigetragen haben. Tabelle 2 gibt einen Überblick über den odontologischen Vergleich.

Diskussion

Eine Identifizierung von Katastrophenopfern ist nur durchführbar, wenn die Angehörigen und Ärzte der Vermißten mit den Sicherheitsbehörden und mit den befunderhebenden Gerichtsmedizinern eng zusammenarbeiten. Von entscheidender Bedeutung ist die schnelle Beischaffung eines umfangreichen Datenmaterials über die vermißten Personen. Nach Möglichkeit sollten Ärzte aus dem Heimatland der Opfer an der Identifizierung mitwirken: Sie kennen die nationalen Gepflogenheiten der (zahn)medizinischen Versorgung, sie erleichtern die

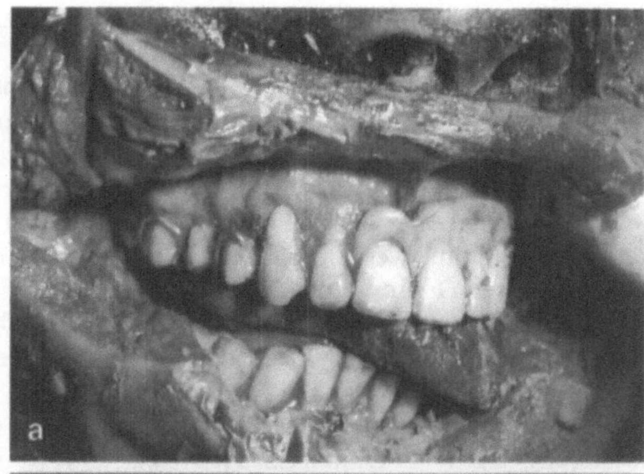

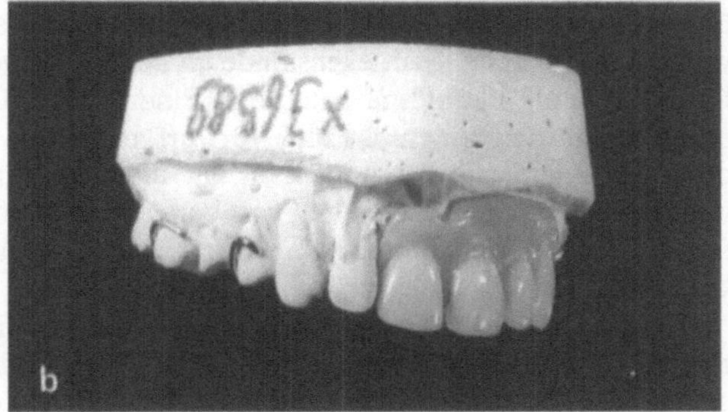

Abb. 2. a OK-Teilprothese in situ (Fall 10); **b** Ergänzung eines prämortal hergestellten Gipsmodells durch die aus der Leiche entnommene Teilprothese

nachträgliche Einholung von Informationen und sie genießen das Vertrauen ihrer Landsleute.

Die Erfolgsaussichten der Identifizierungstätigkeit hängen ganz wesentlich davon ab, wie sorgfältig die Vergleichsdaten erstellt wurden. In besonderem Maße gilt dies für die Odontogramme. Dabei muß man berücksichtigen, daß die zahnärztlichen Befunde in aller Regel nicht zum Zweck einer späteren Identifizierung aufgezeichnet werden.

In unserem Untersuchungsgut lag nur in 2 Fällen eine völlige Übereinstimmung von prämortalem Odontogramm und postmortalem Dentalstatus vor. Meist wiesen die Gebisse der Opfer zusätzliche Arbeiten (Amalgamfüllungen) oder unerwähnte Zahnlücken auf. Diese „Übereinstimmungsmängel" sind nicht unbedingt Folge einer unvollständigen Dokumentation oder eines Übertragungsirrtums: Sie können auch darauf beruhen, daß nach der Erstellung des Vergleichsodontogramms ein anderer (namentlich nicht bekannter) Zahnarzt weitere Behandlungen durchgeführt hat. Trotz der aufgezeigten Schwierigkeiten sind die odontologischen Merkmale des natürlichen und des sanierten Gebisses die wichtigsten Identifizierungshilfen, besonders bei hochgradig verkohlten Leichen. Endris (1979, 1982) hat zu Recht festgestellt, daß der odontologischen Identifizierungsmethode nach der Daktyloskopie die höchste Validität zukommt. Wenn Gipsmodelle zur Verfügung stehen, ergeben sich eindrucksvolle Möglichkeiten der Zuordnung (Abb. 2; über ähnliche Identifizierungsfälle hat Gustafson 1976 berichtet).

Bei einer überschaubaren Zahl von Katastrophenopfern halten wir es für sinnvoll, ein ganzheitliches System der Identifizierung anzustreben. Aus Tabelle 3 ist zu ersehen, daß in fast allen Fällen äußere Besonderheiten, posttraumatische Veränderungen oder postoperative Befunde zur Erkennung beigetragen haben. Die Verwechslung der Opfer 12 und 13 konnte schon vor dem odontologischen Vergleich vermutet werden, da beide Frauen mehrere unterschiedliche Merkmale aufwiesen (Fibroma pendulans, charakteristisch angeordnete Impfnarben, Nävus, Skoliose, perforierte bzw. nicht perforierte Ohrläppchen). Als eine zusätzliche Methode hat sich der zytologische Nachweis von Raucherzellen bewährt.

Die oben besprochene Falschidentifikation beweist einmal mehr, daß eine Agnoszierung durch Erkennungszeugen stets anhand von objektiven Befunden überprüft werden sollte (Linke 1973). Skepsis ist v.a. dann angebracht, wenn weder Kleider noch Wertgegenstände an der Leiche verblieben sind. Den Angehörigen, die als Betroffene unter dem Eindruck der Geschehnisse stehen, kann eine Fehlagnoszierung nicht zum Vorwurf gemacht werden. Generell ist zu fordern, daß Kleider und Schmuck bis zur Identifizierung an der Leiche belassen werden sollten. Zur Vermeidung von Verwechslungen empfiehlt es sich, die Opfer mit gut fixierten Fundortnummern zu versehen und unmißverständlich zu kennzeichnen.

Die gerichtsmedizinischen und allgemein-menschlichen Aspekte von Hotelbränden wurden zuletzt von Eckert (1981a) beleuchtet. Mit den möglichen Todesursachen bei Brandopfern und mit der Pathophysiologie der Brandrauchgasvergiftung haben sich u.a. Berg (1958), Bschor (1965), Sigrist u. Dirnhofer (1979), Eckert (1981b), Anderson u. Harland (1982), Berg u. Schumann (1985) sowie Copeland (1985) auseinandergesetzt. Die Rolle der Blausäure im Rahmen der Rauchgasvergiftungen werden wir an anderer Stelle (im Zusammenhang mit dem Brand des Wiener Hotels „Am Augarten") diskutieren.

Zusammenfassung

Der Brand des Hotels „Washington" in Istanbul am 7. 5. 1983 forderte 42 Menschenleben. An das Wiener Institut für Gerichtliche Medizin erging das Ersuchen, die 12 Österreicher unter den Opfern vor deren Überführung zu identifizieren. Die Vergleichsdaten der vermißten Personen waren anhand der Interpol-Identifizierungsformulare von der Polizei erhoben worden. Als hilfreich erwiesen sich v.a. die Odontogramme und die Blutgruppenbefunde, aber auch die Angaben über besondere körperliche Merkmale (z.B. Nävi, Narben, perforierte Ohrläppchen, operativ und posttraumatisch bedingte Veränderungen). Die Erkennung der Raucher erfolgte durch den zytologischen Nachweis chromolipidspeichernder Alveolarmakrophagen. Obwohl einige Opfer sehr stark verkohlt waren, ist es in 2tägiger Arbeit gelungen, alle 12 Leichen zu identifizieren und eine Falschidentifikation aufzudecken.

Summary

The tragic fire at the Washington Hotel in Istanbul on 7th May, 1983, took 42 lives. The Vienna Institute of Forensic Medicine was requested to identify the 12 Austrians believed to be among the victims before the bodies were transported home. Austrian police collected information about the missing persons using the Interpol Victim Identification Form; the dental data and blood group records proved especially helpful, as did information concerning distinguishing marks on the body (for instance naevi, scars, pierced ears, or changes due to previous trauma or surgical intervention). Cigarette-smokers were identified by cytological demonstration of alveolar macrophages with chromolipid inclusion. Although some of the victims were heavily carbonized all 12 bodies were identified, and one false identification corrected, within 2 days.

Literatur

Anderson R, Harland W (1982) Fire deaths in the Glasgow area. III. The role of hydrogen cyanide. Med Sci Law 22:35–40

Beckmann G, Hühn H, Hauck G (1974) Erfahrungen und Schwierigkeiten bei der Identifizierung der Opfer des Flugunfalles in Teneriffa 1972. Arch Kriminol 153:42–47

Berg S (1958) Die Identifizierung von Brandleichen. Arch Kriminol 122:81–89

Berg S, Schumann W (1985) Die Differentialdiagnose vitaler und postmortaler Vorgänge bei Brandleichen. Arch Kriminol 175:65–75

Bos van den A (1980) Mass identification: A multidisciplinary operation. Am J Forensic Med Pathol 1:265–270

Bos van den A (1982) International cooperation in disaster victim identification. In Verhandlungen XII. Kongreß der Internationalen Akademie für gerichtliche und soziale Medizin Wien, 17.–22.5. 1982, Bd II, S 1053–1056

Brinkmann B, Koops E, Oeser J, Kleiber M, Janssen W, Berg S (1978) Todesfälle durch Eisenbahnunglück (Hamburg 1975). Beitr Gerichtl Med 36:399–405

Bschor F (1965) Befunde bei Brandleichen und deren Bewertung. Arch Kriminol 136:30–38, 93–105

Copeland AR (1985) Accidental fire deaths. Z Rechtsmed 94:71–79

Dotzauer G (1976) Identifizierung von Katastrophenopfern. Hefte Unfallheilkd 126:486–495

Dürwald W (1982) Zur gerichtsmedizinischen Zusammenarbeit verschiedener Länder im Katastrophenfall. In: Verhandlungen XII. Kongreß der Internationalen Akademie für gerichtliche und soziale Medizin Wien, 17.–22. 5. 1982, Bd II, S 1053–1056

Eckert WG (1981a) The MGM Grand Hotel fire deaths. Am J Forensic Med Pathol 2:2–8

Eckert WG (1981b) The medicolegal and forensic aspects of fires. Am J Forensic Med Pathol 2:347–357

Endris R (1979) Praktische forensische Odonto-Stomatologie. Kriminalistik, Heidelberg, S 257–264

Endris R (1982) Übersichtsreferat zum gegenwärtigen Stand der Odontologie in der Gerichtsmedizin. In: Verhandlungen XII. Kongreß der Internationalen Akademie für gerichtliche und soziale Medizin Wien, 17.–22. 5. 1982, Bd II, S 723–725

Fischer H, Spann W (1967) Pathologie des Trauma. Bergmann, München, S 429–431

Grüner O, Helmer R (1975) Identifizierung. In: Mueller B (Hrsg) Gerichtliche Medizin, 2. Aufl, Bd I, Springer, Berlin Heidelberg New York, S 156–206

Gustafson G (1976) Some identification cases. II. Int J Forensic Dent 3:18–20

Hartmann HP, Baumann C, Hofmann W (1971) Die Identifikation der Opfer des Absturzes der Iljuschin 18 bei Kloten. Kriminalistik 25:354–356

Hofmann E v (1882) Die gerichtsärztliche Aufgabe bei der Sicherstellung der Identität von Leichen. Wien Med Wochenschr 32:58–62, 90–92, 118–122, 238–240, 276–280, 306–309, 330–333

Holczabek W (1972) Der Ringtheaterbrand. Österr Ärztez 27/20, 27/21

Holzer FJ, Patscheider H (1966) Die Flugzeugkatastrophe bei Innsbruck. Dtsch Z Gerichtl Med 47:133–144

Holzhausen G (1966) Untersuchungen bei Massenunfällen. In: Dürwald W (Hrsg) Gerichtsmedizinische Untersuchungen bei Verkehrsunfällen. Thieme, Leipzig, S 455–464

Hunger H, Leopold D (1978) Aktuelle Fragen der Identifikation bei folgenschweren Unfällen. In: Hunger H, Leopold D (Hrsg) Identifikation. Springer, Berlin Heidelberg New York, S. 373–389

Linke W (1973) Ein „Toter beschwert sich". Identifizierung mit Hindernissen. Kriminalistik 27:513–514, 522

Mann GT, Wood HR (1970) The role of the forensic pathologist in the identification of human remains. In: Stewart TD (ed) Personal identification in mass disasters. National Museum of Natural History. Washington, pp 123–126

McMeekin RR (1980) An organizational concept for pathologic identification in mass disasters. Aviat Space Environ Med 51:999–1003

Milčinski J (1978) Erfahrungen bei der Auswertung von Massenunfällen. In: Hunger H, Leopold D (Hrsg) Identifikation. Springer, Berlin Heidelberg New York, S 358–365

Raszeja S (1982) Die Rolle des Gerichtsmediziners bei der Ermittlung der Ursachen folgenschwerer Unfälle. Beitr Gerichtl Med 40:533–536

Reiter C (1983) Chromolipidspeicherung in Alveolarmakrophagen: Ein Agnoszierungsmerkmal für Zigarettenraucher. Z Rechtsmed 91:37–46

Reiter C (1985) Rauchverhalten und Zytologie der Raucherzellen. Z Rechtsmed 95:167–173

Sigrist T, Dirnhofer R (1979) Zur Entstehung der kombinierten inhalatorischen Blausäure-Kohlenmonoxid-Vergiftung. Arch Kriminol 163:145–159

Spann W (1959) Das Flugzeugunglück in München-Riem am 6. 2. 1958. Pathologisch-anatomische Ergebnisse. MMW 101:544–547

Spann W (1964) Gerichtsärztliche Probleme bei Flugzeugunfällen. Dtsch Z Ges Gerichtl Med 55:128–133

Wolff F, Laufer M (1970) Das Eisenbahnunglück von Langenweddingen aus der Sicht der forensischen Medizin. Kriminal Forens Wiss 1:219–233

Zillner E (1882) Beitrag zur Lehre von der Verbrennung. Nach Befunden an Leichen beim Ringtheaterbrande Verunglückter. Vierteljahresschr Gerichtl Med NF 37:65–72, 237–246

Serologie

Simultane Darstellung von Pi und Gc auf ultradünnen Polyacrylamidgelen über 20 cm Trennstrecke

G. BERGHAUS, O. KATHOL, M. STAAK

Einleitung

Unter den Polymorphismen, die nach Einsatz der Technik der Isoelektrofokussierung und der hierdurch ermöglichten Subtypisierungsmöglichkeit an Informationsgehalt für die forensische Serologie gewannen, dürfte das α_1-Antitrypsin-(Pi-)-System zu den technisch am schwierigsten zu bewältigenden zählen. Speziell die Differenzierung von Pi *M3 und Pi *M4 (neben den noch weit selteneren Varianten) ist auf den üblichen Ampholytgelen selbst bei gespreizten pH-Gradienten nur schwer möglich.

Neben dem anfänglichen Versuch, dieses Problem durch verlängerte Fokussierzeit und dem damit verbundenen kathodalen pH-Gradientendrift (Viau et al. 1977) zu bewältigen, wurden später Ampholytgele mit extrem gespreizten pH-Gradienten (pH 4,4–4,7; Charlionet et al. 1979) eingesetzt; des weiteren Ampholytgele mit Separatoren (u. a. Frants u. Eriksson 1978) sowie die Fokussierung im immobilisierten Gradienten (Görg et al. 1983) und die Hybridisoelektrofokussierung (Weidinger 1985, persönliche Mitteilung).

Als Alternativen haben wir eine Technik auf ultradünnen 100-µm-Gelen über 20 cm Trennstrecke entwickelt, die materialsparend und ohne Gelzusätze bzw. diffizilere Gelgießtechniken durchzuführen ist und die simultan die Gc-Subtypisierung gestattet.

Material und Methode

Zur Untersuchung kamen Blutproben von Mitarbeitern des Instituts, Referenzen* sowie Blutproben, die für Identitäts- und Abstammungsbegutachtungen entnommen worden waren. Die Blutproben wurden zentrifugiert, die Seren bis zur Untersuchung bei + 4 °C bzw. − 20 °C gelagert.

Die 100 µm dicken Polyacrylamidgele wurden entsprechend der Technik von Radola (1980) auf silanisierte Mylar-D-Polyesterfolien (Fa. Technoplast Köln) aufpolymerisiert. Die Gellösung von ca. 15 ml zur gleichzeitigen Herstellung von

* Herrn Dr. Weidinger, Institut für Anthropologie und Humangenetik der Universität München, sei herzlich für die Übersendung von Referenzseren gedankt.

3 Gelen der Maße 11 cm–21 cn (Gelfläche) setzte sich wie folgt zusammen: 2,5 ml Acrylamid (29,1%, Fa. Serva), 2,5 ml Bisacrylamid (0,9%, Fa. Serva), 1,2 ml Servalyt 4–5 (40%, Fa. Serva), 0,31 ml Servalyt 4,5–5,0 (40%, Fa. Serva), 7,0 ml Aqua bidest., 1,0 ml Glyzerin (87%, Fa. Merck), 0,6 ml Ammoniumpersulfat (3%, Fa. Serva). Fokussiert wurde in der Kammer Desaphor (Fa. Desaga), als Stromspeisegerät diente 2197 Power Supply (Fa. LKB), zur Kühlung der Kühlplatten das Gerät Frigostat (Fa. Desaga), das auf eine Temperatur von 10 °C eingestellt wurde. Die Luftfeuchte in der Kammer wurde mit gesättigter KCl-Lösung stabilisiert. Die 1 cm breiten Elektrodenstreifen (Fa. Desaga) wurden mit Kathodenflüssigkeit 10 (Fa. Serva) bzw. Anodenflüssigkeit 3 (Fa. Serva) getränkt. Der Probenauftrag erfolgte 4 cm von der Kathode im Auftrageband mit auf 9 mm erweiterten rechteckigen Schlitzen. Eingesetzt sind 5 µl einer 1:2 Serum-Aqua-dest.-Lösung. Die Fokussierparameter über 20 cm Trennstrecke: 90 min Vorfokussierung bei stabilisierten 800 V, nach dem Probenauftrag 60 min 800-V-stabilisiert, 240 min 2,0-W-stabilisiert, 45 min 2500-V-stabilisiert. Während der gesamten Fokussierung werden die Elektroden mit zwei 4 mm dicken Glasplatten zur Stabilisierung beschwert. Die Visualisierung der Proteinbanden erfolgte durch 10 minütige Fixierung in Trichloressigsäure (20%, Fa. Merck), 5 min Zwischenwässerung in Aqua dest., 10 min Färbung in 0,06% Serva Blue W (Fa. Serva) und abschließend 10 min Entfärbung in Aqua dest. Nach der Trocknung des Gels bei Zimmertemperatur oder im Wärmeschrank kann das Pherogramm ohne weitere Konservierungsschritte archiviert werden.

Eine alternative Visualisierungsmöglichkeit besteht in der Immunfixation mit anschließender Färbung: Hierbei wird zunächst, sollen etwa die Gc-Banden mittels Immunseren fixiert werden, das Gel mit der Trägerfolie 9 cm – von der Kathode gemessen – durchgeschnitten. Dann wird, abschließend mit der anodalen Seite des abgeschnittenen unteren Teils des Gesamtgels, eine 3 · 10 cm große Zelluloseacetatfolie auf das Gel gelegt, die mit 250 µl Antiserum und 150 µl 0,9% NaCl getränkt ist. Nach 15minütiger Fixation auf der Kühlplatte der Fokussierkammer werden Gel und Folie in 0,9% NaCl eingelegt. Die Folie löst sich hierbei vom Gel und wird mindestens 2 h in dieser NaCl-Lösung ausgewaschen. Nach anschließendem 5minütigem Wässern wird 5 min TCA fixiert, kurz gewässert, 5 min mit Serva Blue W gefärbt und anschließend entfärbt.

Die densitometrische Auswertung der Pherogramme wurde mit dem Densitometer Ultrascan, kombiniert mit einem 1-Kanal-Schreiber (Fa. LKB) vorgenommen. Zur pH-Messung diente ein Oberflächen-pH-Meter (Fa. Ingold).

Ergebnisse

Mit der vorgestellten Technik ist eine simultane Subtypisierung des Pi- und des Gc-Polymorphismus möglich. Die Pi-Fraktionen stellen sich im Bereich von etwa 9–14 cm von der Kathode dar, die Gc-Fraktionen etwa im Bereich 6–9 cm. Nach unseren pH-Messungen mit der Oberflächenelektrode entspricht dies den pH-Bereichen 4,4–4,8 für das Pi-System und 4,8–5,2 für das Gc-System. Abbildung 1 zeigt den Pi-Ausschnitt eines Gesamtgels, 9,5–15 cm von der Kathode.

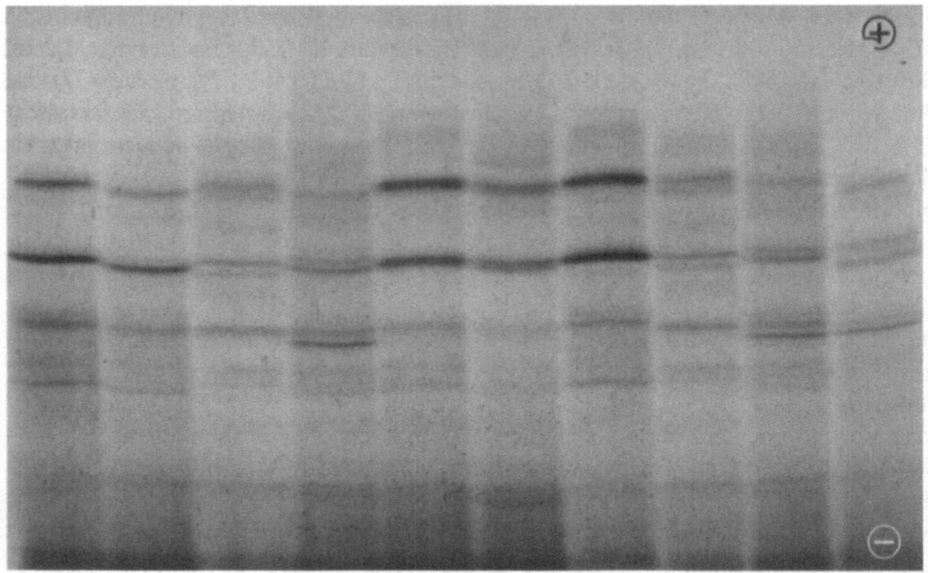

Abb. 1. Pi-Subtypisierung von Seren, 100-µl-Gele, 20 cm Trennstrecke, pH 4–5. Ansatz: 1:2 mit Aqua bidest. verdünnte Seren, 5 µl. Phänotypen von links nach rechts: M1, M3, M1 M2, M3S, M1 M3, M1 M4, M1, M1 M2, M3S, M2S

Gemäß der Nomenklatur von Jeppsson et al. (1982) sind die beiden Majorfraktionen zu erkennen sowie die beiden kathodal liegenden Minorfraktionen. Die Ablesung der Pi-*M-Subtypen gelingt in der kathodalen Majorfaktion (≙ M6-Region). Die Differenzierung zwischen Pi M1 M3 und Pi M1 M4 (Bahnen 5 und 6) ist durch den relativ deutlich sichtbaren Zwischenraum zwischen den beiden Fraktionen beim Phänotyp Pi M1 M4 zu erkennen, während beim Phänotyp Pi M1 M3 primär nur die im Vergleich zum homozygoten Pi M3 und homozygoten Pi M1 doppelte Bandenbreite imponiert. Zur Verdeutlichung ist in Abb. 2 eine vergleichende densitometrische Auswertung des Pi-M1 M3- und Pi-M1 M4-Phänotyps dargestellt. Optimal ist die Differenzierung natürlich, wenn der vermutete Pi-M1 M4-Phänotyp zwischen einer Pi-M1 M3- und einer Pi-M1 M4-Referenz eingesetzt wird.

Auf dem gleichen 20-cm-Trenngel stellen sich kathodal der Pi-Region die Gc-Fraktionen dar. Abbildung 3 zeigt diesen Gelausschnitt 6,5–9,5 cm von der Kathode. Aufgrund des guten Auflösungsvermögens der 20-cm-Trennstecke sind die Gc-*1-Subtypen deutlich zu differenzieren. In den meisten Routineläufen reicht eine einfache Trichloressigsäure-Fixierung mit anschließender Serva-Blue-W-Färbung zur Typisierung aus. Es kann jedoch auch mit Hilfe einer Zellulose-acetatfolie immunfixiert werden, so daß sich die Gc-Fraktionen vor freiem Hintergrund darstellen (vgl. Abb. 4). Mit der letzteren Methodik ist auch eine Analyse von Blutspuren im Gc-System über die 20-cm-Trennstrecke möglich.

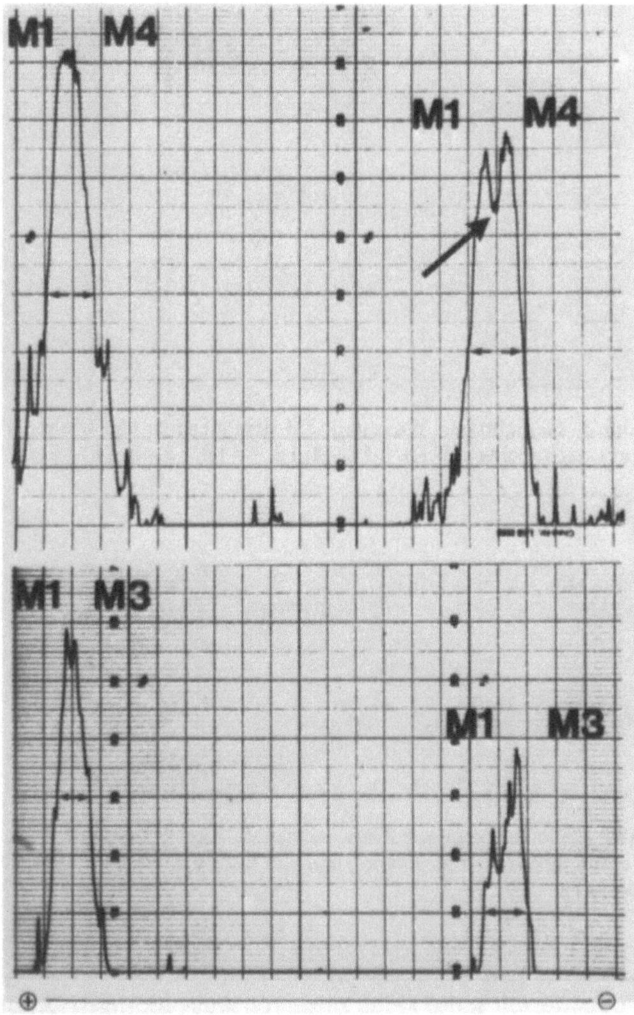

Abb. 2. Vergleichende densitometrische Auswertung zwischen Pi M1 M3 und Pi M1 M4. Der Phänotyp Pi M1 M4 zeigt insgesamt eine breitere Bandenstruktur sowie in der kathodalen Majorfraktion eine deutliche Doppelbandenstruktur (*Pfeile*)

Diskussion

Wie die Abbildungen zeigen, ist mit der vorgestellten Technik eine simultane Subtypisierung der Polymorphismen Pi und Gc möglich. Experimente mit variierten Fokussierparametern wiesen u.a. aus, daß die Probenapplikation an anderen Gelstellen nur zu schlechteren Auftrennungen führten. Auch Versuche, mit Filterpapier als Applikationsmedium eine weiter verbesserte Darstellung zu erzielen, schlugen fehl. Die Entfernung des Auftragebandes nach einer gewissen

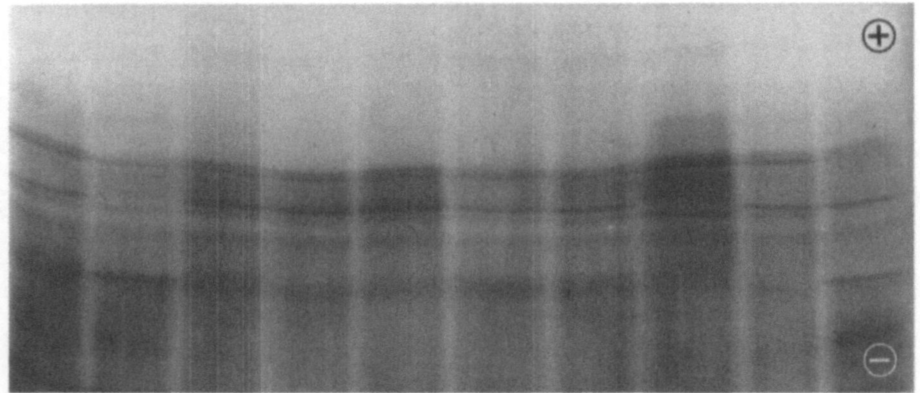

Abb. 3. Gc-Subtypen, dargestellt auf dem gleichen Gel wie die Pi-Subtypen. Phänotypen von links nach rechts: 1F 1S, 2-1S, 1F 1S, 1F 1S, 1F 1S, 1F, 1S, 1F 1S, 1S, 1F 1S, 2-1F

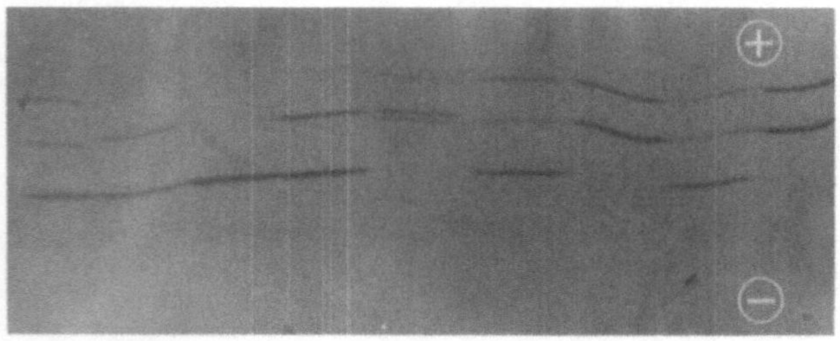

Abb. 4. Gc-Subtypen auf Zelluloseacetatfolie nach Immunfixation. Ansatz: 1:2 mit Aqua bidest verdünnte Seren, 5 µl. Phänotypen von links nach rechts: 2-1S, 2-1F, 2, 2-1F, 1F 1S, 2-1S, 1S, 2-1S, 1S

Fokussierzeit hatte keine positiven Auswirkungen. Andere getestete Variationen (Ampholytmischung, Elektrodenflüssigkeiten, Strom-, Spannungs-, Leistungswerte, Gelzusätze etc.) führten ebenfalls nicht zu deutlicheren Differenzierungsmöglichkeiten. Beim Routineeinsatz zeigte sich jedoch, daß die Trennqualität von den Ampholytchargen abhängen kann. Die hier eingesetzte relativ einfache, wasserlösliche Blaufärbung reicht bei den angegebenen Probenmengen zur Phänotypisierung aus.

Vorteile der vorgestellten Technik gegenüber den Methoden in normal dicken Ampholytgelen von 10 cm Trennstrecke resultieren aus den Charakteristika „ultradünn" und „verlängerte Trennstrecke". Die Initiatoren der Fokussierung in ultradünnen Gelen (Görg et al. 1978; Radola 1980) weisen speziell auf verbesserte Auflösung, verkürzte Trennzeit, reduziertes Trennvolumen und bequeme Handhabung hin. Diese Vorteile werden im vorliegenden Fall durch die simultane Subtypisierungsmöglichkeit von 2 Polymorphismen ergänzt.

Die vorgestellte Methode empfiehlt sich für die Routine der serologischen Vaterschaftsuntersuchungen. Da die einzelnen, in die Begutachtung einzubeziehenden Polymorphismen nach 2 Verfahren typisiert werden sollen, bestimmen wir zunächst mit der vorgestellten Technik simultan die Systeme Pi und Gc. Die Pi-Subtypen werden dann anschließend nochmals isoliert im immobilisierten Gradienten untersucht, wobei hierbei der pH-Gradient (Erfassung von Pi *S, Pi *Z), die Lokalisation der einzelnen Proben und die Auswahl der Referenzseren in Kenntnis der Subtypisierung aus der Simultanauftrennung erfolgen kann. In analoger Form kann die 2. Gc-Bestimmung im Ampholytgel bzw. im immobilisierten Gradienten - bei geeigneter Wahl des pH-Gradienten simultan mit dem Tf-Polymorphismus (vgl. Berghaus u. Staak 1985) - vorgenommen werden.

Literatur

Berghaus G, Staak M (1985) Practicability of simultaneous Gc and Tf subtyping in blood stains. In: 11. Internationaler Kongreß der Gesellschaft für forensische Blutgruppenkunde, Kopenhagen

Charlionet R, Martin J-P, Sesboue R, Madec PJ, Lefebvre F (1979) Synthesis of highly diversified carrier ampholytes. Evaluation of the resolving power of isoelectric focusing in the Pi system (alpha-1-antitrypsin genetic polymorphism). J Chromatogr 176:89–101

Frants RR, Eriksson AW (1978) Reliable classification of six Pi M subtypes by separator isoelectric focusing. Hum Hered 28:201–209

Görg A, Postel W, Westermeier R (1978) Ultrathin-layer isoelectric focusing in polyacrylamide gels on cellophane. Anal Biochem 89:60–70

Görg A, Postel W, Weser J, Weidinger S, Patutschnick W, Cleve H (1983) Isoelectric focusing in immobilized pH gradients for the determination of the genetic Pi (α_1-antitrypsin) variants. Electrophoresis 4:153–157

Jeppsson JO, Franzen B, Cox DW, Pierce JA, Johnson AM, Killingsworth LM (1982) Typing of genetic variants of α_1-antitrypsin by electrofocusing. Clin Chem 28:219–225

Radola BJ (1980) Ultrathin-layer isoelectric focusing in 50–100 µm polyacrylamide gels on silanized glass plates or polyester films. Electrophoresis 1:43–56

Viau M, Constans J, Bouissou C (1977) Achievement of a linear gradient of range one pH unit in isoelectric focusing. Sci Tools 24:25–26

Über die Verwendung von Pyridoxalphosphat zur quantitativen Bestimmung der sauren Phosphatase

S. EBERZ, G. WALTHER

Einleitung

Die saure Phosphatase, eine Phosphomonoesterase, ist sowohl in der Prostata als auch im Ejakulat in relativ hoher Aktivität vorhanden. Für den qualitativen Nachweis sind verschiedene (auch bewährte) Methoden schon seit längerem bekannt. Für die quantitative Bestimmung werden am häufigsten Phenylphosphat, p-Nitrophenylphosphat und o-Carboxyphenylphosphat eingesetzt [1, 2, 3, 10, 11, 15, 16]. Von den genannten Substraten erscheint allenfalls o-Carboxyphenylphosphat empfehlenswert, die übrigen Methoden sind z. T. aufwendig und damit störanfällig oder nicht empfindlich genug [12, 18]. Optimal wäre ein Substrat, bei dem die Enzymreaktion als solche - ohne Zwischenschritte - die Basis der Messung darstellt. Unter diesen Gesichtspunkten wurden folgende Substanzen als potentielle Substrate näher untersucht: Xanthosin-5'-phosphat, Naphthylphosphat [4, 6], Thymolphthaleinmonophosphat [5, 8, 14], Phenophthaleindiphosphat [9, 13], Tetranatrium-Fosfestrol [17], Pyridoxalphosphat.

Von den genannten Substraten wird nur das Pyridoxalphosphat mit genügender Geschwindigkeit durch die saure Phosphatase gespalten [7]. Bei der hydrolytischen Spaltung des Pyridoxalphosphates entsteht Pyridoxal entsprechend folgender Gleichung:

$$C_8H_{10}NO_6P + H_2O \rightleftharpoons C_8H_9NO_3 + H_3PO_4.$$

Material und Methode

Für die Untersuchungsserien wurde Sammelejakulat von 5 Probanden verwendet, wobei letztlich der klare Überstand nach 10 min Zentrifugation eingesetzt wurde. Diese sog. Enzymlösung wurde 1:100 mit Aqua bidest. verdünnt. Alle Enzymbestimmungen erfolgten in 0,1 mol/l Natriumacetat-Essigsäure-Puffer. Es wurden jeweils gleiche Volumina von Puffer und Substratlösung verwendet. Für alle Untersuchungsserien wurde 0,1 ml Enzymlösung eingesetzt und alle Messungen wurden bei 20°C durchgeführt. Die Enzymreaktionen wurden in Quarzküvetten je nach Bedarf von 1,0, 0,5 und 0,1 cm Schichtdicke durchgeführt. Alle Messungen erfolgten in einem UV-VIS-Spektralphotometer Modell

UV 240 der Fa. Shimadzu. Im einzelnen wurden folgende Untersuchungen durchgeführt:

1) pH-abhängige spektrale Eigenschaften des Pyridoxalphosphats,
2) Bestimmung des molaren Extinktionskoeffizienten von Pyridoxalphosphat sowie des Spaltprodukts,
3) Untersuchung der Spaltungsgeschwindigkeit in Abhängigkeit von der Substratkonzentration,
4) Untersuchung der Spaltungsgeschwindigkeit in Abhängigkeit von der Wasserstoffionenkonzentration,
5) Lichtempfindlichkeit des Pyridoxalphosphats.

Ergebnisse

1) Spektrale Eigenschaften des Pyridoxalphosphats in Abhängigkeit von der Wasserstoffionenkonzentration

Das Spektrum von Pyridoxalphosphat wurde bei einer Konzentration von $10^{-3,2}$ mol/l aufgenommen und ist zwischen pH 3,0 und 6,0 immer zweigipflig. Bei pH 3,0 liegen die Maxima bei 232 nm und 293 nm. Mit steigender Wasserstoffionenkonzentration verlagert sich das 2. Maximum mehr nach 385 nm hin. Gleichzeitig nimmt die Extinktion bis pH 6,0 zu. Das Spektrum des Pyridoxal wurde bei einer Konzentration von $10^{-3,0}$ mol/l aufgenommen und weist bei pH 4,8 und 6,0 einen zweigipfligen Verlauf auf. Die Maxima liegen bei 242 nm und 315 nm. Bei pH 3,0 zeigt sich ein eingipfliges Spektrum mit einem Maximum bei

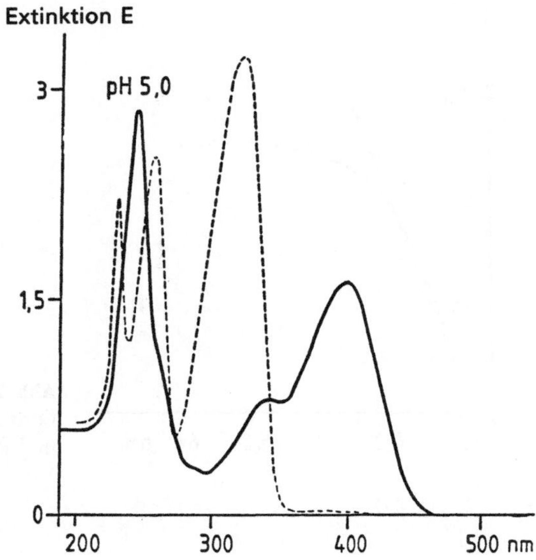

Abb. 1. Spektrale Eigenschaften des Pyridoxalphosphats in Abhängigkeit von der Wasserstoffionenkonzentration

285 nm und bei pH 5,0 ein dreigipfliges Spektrum mit Maxima bei 220 nm, 248 nm und 315 nm (s. Abb. 1).

2) Bestimmung des molaren Extinktionskoeffizienten von Pyridoxalphosphat und Pyridoxal

Die Bestimmungen erfolgten bei 385 nm und einer Konzentration des Pyridoxalphosphats von $10^{-4,0}$ mol/l und des Pyridoxals von $10^{-2,0}$ mol/l. Die Messungen wurden mit jeweils 3 Stammlösungen des Pyridoxalphosphats und des Pyridoxals durchgeführt. Gemessen wurde von pH 3,4 bis pH 6,6 jeweils im Abstand von 0,4. Der Höchstwert des molaren Extinktionskoeffizienten von Pyridoxalphosphat liegt bei pH 5,0 und 260,22 l/mol·mm. Der Höchstwert für Pyridoxal liegt bei pH 6,6 und 4,3 l/mol·mm (s. Abb. 2).

3) Untersuchung der Spaltungsgeschwindigkeit in Abhängigkeit von der Substratkonzentration

Die Messungen erfolgten bei pH 5,0. Die Konzentration des Pyridoxalphosphats wurde zwischen pS 2,0 und pS 4,4 variiert. Es wurden Dreifachmessungen bei einer Inkubation von 10 und 20 s durchgeführt. Die Werte steigen bis auf 8774 µmol/min bei pS 2,0 kontinuierlich an (Abb. 3).

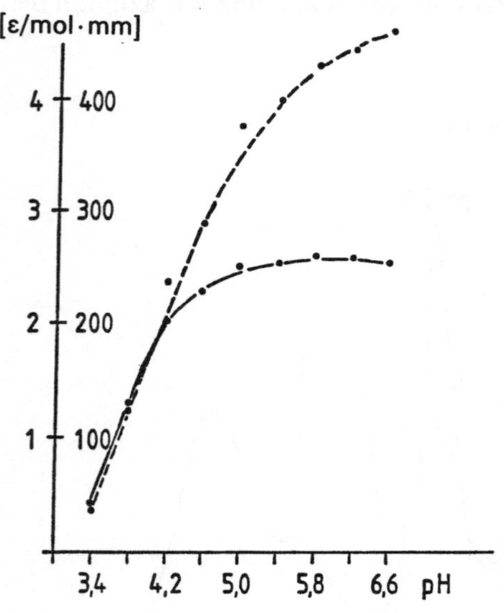

Abb. 2. Bestimmung des molaren Extinktionskoeffizienten von Pyridoxalphosphat und Pyridoxal

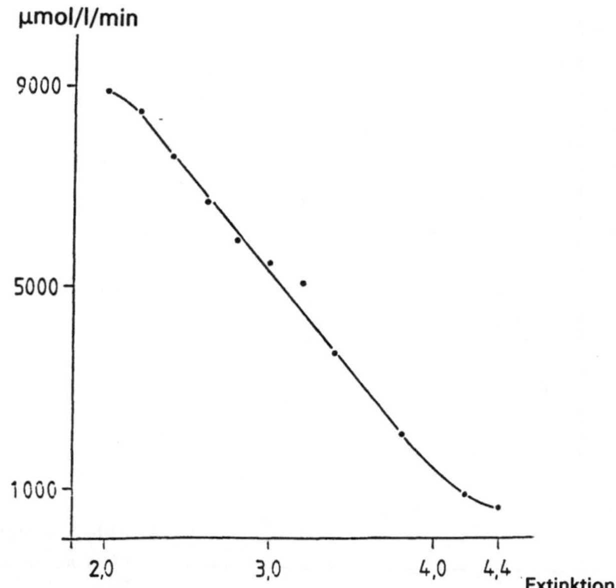

Abb. 3. Untersuchung der Spaltungsgeschwindigkeit in Abhängigkeit von Substratkonzentration

4) Untersuchung der Spaltungsgeschwindigkeit in Abhängigkeit von der Wasserstoffionenkonzentration

Alle Messungen erfolgten 3fach bei einer Substratkonzentration von $10^{-3,2}$ mol/l. Für die enzymatische Spaltung des Pryridoxalphosphats liegt das Optimum bei einem pH-Wert von 5,0 (Abb. 4).

5) Lichtempfindlichkeit des Pyridoxalphosphats

Pyridoxalphosphat ist eine lichtempfindliche Substanz. Bei der Überprüfung der Lichtempfindlichkeit zeigt sich bei Tageslichtbestrahlung von 1 h eine Abnahme der Extinktion um 24% und nach 2 h eine Abnahme von 36,4% des Ausgangswerts. Anhand des Spektrums ergibt sich, daß das Phosphat abgespalten wird und somit Pyridoxal entsteht (Abb. 5).

Diskussion

Von den untersuchten Organophosphaten eignet sich nur Pyridoxalphosphat für die quantitative Bestimmung der sauren Prostataphosphatase. Vergleicht man die spektralen Eigenschaften von Pyridoxalphosphat und Pyridoxal, so läßt sich bei 385 nm ein eindeutiges Maximum feststellen. Da die Extinktion des Pyridoxals an dieser Stelle äußerst niedrig ist, läßt sich die meßbare Extinktion

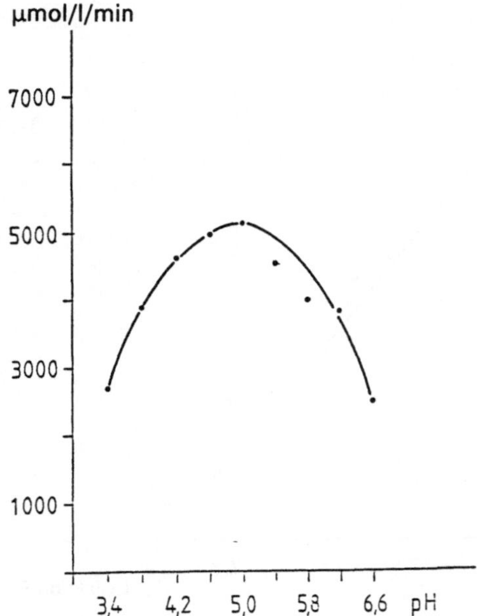

Abb. 4. Untersuchung der Spaltungsgeschwindigkeit in Abhängigkeit von der Wasserstoffionenkonzentration

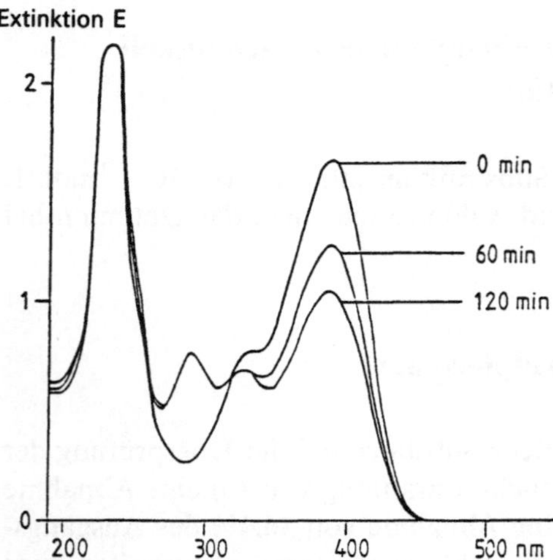

Abb. 5. Lichtempfindlichkeit des Pyridoxalphosphats

praktisch allein dem Pyridoxalphosphat zuordnen. Aus diesen Gründen ist für die Messung die Konzentrationsabnahme des Pyridoxalphosphats bei 385 nm zugrunde zu legen. Als optimale Wasserstoffionenkonzentration hat sich pH 5,0 ergeben.

Bei der Ermittlung der optimalen Substratkonzentration hat sich ein regelrechtes pS-Optimum nicht feststellen lassen. Es kann in etwa angenommen werden, daß die maximale Reaktionsgeschwindigkeit der Enzymreaktion um pS 2,0 liegt. Die Messung mit Substratkonzentrationen $<$pS 2,5 gestaltet sich aufgrund der hohen Extinktion schwierig. Es müssen hierzu Küvetten mit Schichtdicken von unter 0,5 cm eingesetzt werden. Für die praktische Durchführung der Messung ist daher eine Substratkonzentration von pS 2,8–3,2 zu empfehlen.

Für die Berechnung der Enzymaktivität ist das Lambert-Beer-Gesetz zugrunde zu legen:

$$c = \frac{\Delta E \cdot V}{\varepsilon \cdot v \cdot d}$$

Für die Spaltungsgeschwindigkeit (µM/min) gilt:

$$\mu M/min = \frac{\Delta E/min \cdot V}{(\varepsilon pp - \varepsilon p) \cdot v \cdot d}$$

Es bedeuten hierbei:
εpp: molarer Extinktionskoeffizient Pyridoxalphosphat (εpp = 249,58 l/mol·mm);
εp: molarer Extinktionskoeffizient Pyridoxal (εp = 3,84 l/mol·mm).

Für die hier empfohlenen Meßbedingungen ergeben sich die Berechnungsgrundlagen wie folgt:

$$\mu mol/l/min = \frac{\Delta E/min \cdot 3{,}0}{245{,}74 \cdot 0{,}1 \cdot 10} \cdot 1000$$
$$= 12208{,}03 \cdot \Delta E/min$$

Pyridoxalphosphat hydrolysiert unter Lichteinwirkung in Pyridoxal und Phosphorsäure. Die Lösungen sind aber bei Aufbewahrung in dunklen Flaschen und Kühlschranktemperaturen lange haltbar.

Zusammenfassung

Pyridoxalphosphat wird als biochemische Grundsubstanz durch die saure Prostataphosphatase hydrolysiert und läßt sich damit für die quantitative Messung gut verwenden. Die optimalen Meßbedingungen werden wie folgt empfohlen:

Wellenlänge: 385 nm,
Puffer: 0,1 mol/l Natriumacetat-Essigsäure,
Wasserstoffionenkonzentration: pH 5,0,
Substratkonzentration: pS 3,2.

Aufgrund der Lichtempfindlichkeit des Pyridoxalphosphats muß bei Aufbewahrung und Messung auf eine möglichst geringe Lichteinstrahlung geachtet werden.

Literatur

1. Bais R, Edwards JB (1976) An optimized continuous-monitoring procedure for semiautomated determination of serum acid phosphatase activity. Clin Chem 22/12:2025–2028
2. Berg SP (1954) Methoden zum Nachweis von Genitalsekretspuren. Dtsch Z Ges Gerichtl Med 42:605
3. Boltz W, Ploberger V (1956) Der enzymatische Nachweis kleinster Mengen menschlichen Ejakulates in der forensischen Praxis. Arch Kriminol 117:17
4. Bowers JL, Bowers GH Jr (1982) 1-Naphthylphosphate: Specifications for high-quality substrate for measuring prostatic acid phosphatase activity. Clin Chem 28/1:212–215
5. Bowers GN Jr, Onoroski M, Schifreen RS, Brown LR, Klem RE, Ewen LM (1981) Spectrophotometric and liquid-chromatographic studies of thymolphthalein monophosphate. Specifications for high-quality substrate for measurement of prostatic acid phosphatase activity. Clin Chem 27/8:1372–1377
6. Cooper JDH, Turnell DD, Price CP (1982) The estimation of serum acid phosphatase using α-naphthylphosphate as substrate: Observations on the use of last red TR salt in the assay. Clin Chim Acta 126:297–306
7. Eberz S (1985) Prüfung und Eignung verschiedener Organophosphate zur quantitativen Bestimmung der sauren Phosphatase für den Nachweis von Spermaspuren. Dissertation, Universität Mainz
8. Ewen LM, Spitzer RW (1976) Improved determination of prostatic acid phosphatase (sodium thymolphthalein monophosphate substrate). Clin Chem 22/5:627–632
9. Gallati H (1977) Phenophthalein-monophosphat als Substrat zur Bestimmung der sauren Prostataphosphatase: Kritische Anmerkungen. J Clin Chem Clin Biochem 15:323–328
10. Gutmann, Gutmann (1938) zit. Erdmann. J. Clin. Invest. 17, 473 (1938)
11. Gutmann AB, Gutmann EB (1938) Acid phosphatase and functional activity of the prostate (man) and preputional glands (rat). Proc Soc Exp Biol Soc Med 39:529
12. Hauck G, Leithoff H (1959) Die Phosphatasebestimmung als gerichtsmedizinischer Spermanachweis. Dtsch Z Ges Gerichtl Med 49, 5 (1959)
13. Huggens C, Talalay R (1946) Sodium phenophthalein-phosphat as a substrate for phosphatase tests. J Biol Chem 159:399
14. Kessner A, Woodard EJ, Bowers GN Jr (1983) Effects of substrate concentration on results of determination of prostatic acid phosphatase with thymolphthalein monophosphate. Clin Chem 29/1:148–151
15. Kutscher W, Wörner E (1956) Prostataphosphatase, II. Mitteilung. Z Physiol Chem 239:109
16. Kutscher W, Wüst H (1941) Über die Fluoridhemmung der Phosphatase mit saurem pH-Optimum. Biochem Z 310:292
17. Oelschläger H (1984) Fosfestrol: Pharmakokinetische Untersuchungen. Pharm Z 129–39
18. Walther G (1969) Über die Verwendung von o-Carboxyphenylphosphat zum Nachweis saurer Phosphatase im Sperma. Dtsch Z Gerichtl Med 66:1–8

Untersuchungen zur Erblichkeit von Fingernägellängsleisten

E. Josephi, H. Pankratz

Zu Identifizierungszwecken eignen sich i. allg. nur solche körpereigenen Strukturen, die individuell verschieden sind und möglichst ein Leben lang unverändert bleiben oder aber deren alters- bzw. abnutzungsbedingten Veränderungen festgehalten worden sind (z. B. in der Odontostomatologie). Zwei Verfahren können zur Identifizierung angewandt werden. Ein typisches individuelles Merkmal wird im Vergleich der betreffenden Person direkt zugeordnet (z. B. Fingerbeerenmuster), oder die Identifizierung gelingt durch Auswertung und Vergleich bestimmter Merkmalsmuster der unbekannten Person und möglicher Angehöriger. Voraussetzung dafür ist jedoch, daß im letztgenannten Fall die Merkmale erblich sind.

Von den Papillarleisten der Fingerbeeren ist bekannt, daß sie sich während des gesamten Lebens nicht mehr verändern und sich aus den 3 Haupttypen Bogen, Schleife und Wirbel zusammensetzen, deren Muster anlagebedingt, d. h. individuell gestaltet ist (Becher 1969). Dieses Muster der Fingerbeere ist genetisch determiniert, auch wenn ein gesicherter Vererbungsmodus bis heute noch nicht ausreichend nachgewiesen werden konnte. Zwillingsuntersuchungen haben zwar ergeben, daß eineiige Zwillinge im Mustertyp wesentlich ähnlicher sind als zweieiige Zwillinge und diese wiederum ähnlicher als nicht miteinander verwandte Menschen, andererseits weisen jedoch auch starke Diskordanzen zwischen homologen Fingern einiger eineiiger Zwillingspaare darauf hin, daß bei der Bildung der Fingerbeerenmuster darüber hinaus auch intrauterine Einflüsse mitwirken müssen.

Endris u. Poetsch-Schneider (1985) konnten auch für das Muster im Lippenrot sowohl individuelle Merkmale als auch bleibende Merkmale feststellen. Hierbei übernahmen sie die schon von Suzuki et al. gemachte Einteilung der Merkmale in gerade, vertikale, vollständig bzw. teilweise oder am Ende aufgegabelte Linien (Suzuki u. Tsuchihashi 1969, 1970; Suzuki et al. 1968). Zusätzlich teilten sie allerdings die Lippen in klar voneinander abgegrenzte Abschnitte ein (A, B, C). Sie konnten damit die schon von Suzuki festgestellte Individualität bestätigen. Daneben stellten sie auch fest, daß sich die Lippenstrukturen eineiiger Zwillinge zwar ähneln, jedoch nicht vollständig übereinstimmen. Bezüglich der Konstanz des Lippenmusters stellten sie eine Unveränderbarkeit der Lippenstrukturen über einen Zeitraum von 3 Jahren fest. Bei einer weiteren von Endris u. Pötsch-Schneider (1985) durchgeführten Untersuchung hinsichtlich des Schartenreliefs von Finger- und Zehennägeln konnte festgestellt werden, daß etwa 36% der Finger- und 55% der Zehennägel für Vergleichszwecke noch nach ca. 1 Jahr brauchbar waren. Thomas u. Baert (1964, 1965, 1967) schlossen auch eine Konstanz der Längsleisten über 6 Jahre, ja sogar lebenslang nicht aus. Nach Ansicht von Endris u. Pötsch-Schneider (1985) war beim Schartenrelief der Fingernägel zwar eine intraindividuelle Konstanz gegeben, eine interindividuelle Übereinstimmung habe sich jedoch während seiner Untersuchung in keinem einzigen Fall gezeigt.

Im Lippenbereich haben sich bisher Anhaltspunkte für vererbbare Merkmale eher bei der Beurteilung der verschiedenen Lippenformen - z. B. Schleimhautlippenrand, Mundwinkelrichtung, Lippensaum etc. ergeben und weniger bei der Auswertung des Lippenmusters.

Von den Fingernägeln ist bekannt, daß es verschiedene Grundtypen von Nagelformen gibt (abgestumpfte Rechteckform, fächerförmige Anordnung sowie rundliche Formen), die in charakteristischer Weise bei Angehörigen immer wiederkehren. Eine auffällige Ähnlichkeit der Nagelformen zwischen eineiigen Zwillingen konnte schon 1927 von v. Verschuer festgestellt werden.

Diese Beobachtungen beschränken sich jedoch auf den Fingernagel als Ganzen und nicht auf die bei Finger- und Zehennägeln zu beobachtenden Längsleisten, die ein Muster im Nagel erkennen lassen. Wie Thomas u. Beart (1964) schon feststellten, sind diese Längsleisten deutlicher auf der Innenseite als auf der Außenseite zu erkennen, da die Längsleisten bzw. Christae unguis ihren Ursprung in den Längsleisten des Nagelbetts (Christae matricis) finden. Diese Längsleisten, die in ungleichen Abständen voneinander liegen, haben eine Breite von nahezu $^{1}/_{10}$ mm.

In der vorliegenden Arbeit wurde untersucht, ob die Ausbildung bzw. Anordnung der Fingernägellängsleisten genetisch determiniert ist, d. h. ob unter Verwandten bestimmte Übereinstimmungen im Fingernägellängsleistenmuster auftreten.

Es wurde eine Methode hierfür entwickelt, die es ermöglichte, auswertbare und haltbare Fingernägelabdrücke zu erhalten. Weiterhin sollte durch die Untersuchung einer großen Anzahl von Verwandten und Nichtverwandten die Frage einer Vererbung geklärt werden.

Nach einer Reihe von Vorversuchen mit verschiedenen Materialien (Kunstharz, Polyäthergummi, Fensterkitt und Plastilin), mit denen kein befriedigendes Ergebnis erzielt wurde, konnten mit Silikon-Kautschuk der Fa. Wacker-Chemie Abgüsse von den in Plastilin angefertigten Abdrücken gewonnen werden, die den geforderten Bedingungen, d. h. leichte Interpretierbarkeit und gute Reproduzierbarkeit, entsprachen.

Auf einer Glasplatte wurde zunächst ein Plastilinstreifen ausgerollt, auf den dann der Proband seine Fingernägel drückte. Der Plastilinstreifen wurde mit der Silikon-Kautschuk-Masse übergossen und nach einer Härtungszeit von 2 h konnten Silikon-Kautschuk und Plastilin getrennt werden, wobei sich nach Abziehen auf dem Silikonstreifen ein plastisches Bild der Fingernageloberfläche zeigte. Die Auswertung der erhaltenen Abgüsse wurde unter Zuhilfenahme einer 150-W-Glühlampe durchgeführt, die von der Seite die Nagelabgüsse beleuchtete. Die Einteilung der Leisten erfolgte in schwache (S), dicke (D) und unterbrochene (U). Die Zuordnung der Leisten zu schwach und dick erfolgte zusätzlich mit Hilfe eines Okklusivs wie es in der Augenheilkunde Verwendung findet.

Durch das Okklusiv noch sichtbare Bänder wurden zu den dicken gerechnet, die mit bloßem Auge aber nicht mehr durch das Okklusiv erkennbaren zählten zu den schwachen Bändern.

Untersucht wurden insgesamt 627 Personen, 108 waren verwandt, darunter befanden sich 4 eineiige Zwillingspaare. Die Nichtverwandten dienten als Kontrollgruppe.

Die Untersuchungen wurden folgendermaßen durchgeführt: Zunächst wurde die Summe aus den dicken, schwachen und unterbrochenen Leisten pro Hand gebildet und mit der Summe aus den dicken, schwachen und unterbrochenen Leisten der gleichen Hand bei Verwandten verglichen. Hierbei zeigte sich, daß keine signifikanten Übereinstimmungen hinsichtlich der Nagelleistensummen im Seitenvergleich zwischen Verwandten auftraten.

Weiter wurde untersucht, ob es signifikante Ähnlichkeiten im Auftreten bestimmter Sequenzen bei Verwandten gibt. Unter Sequenz wurde die Aufeinanderfolge der Leisten der Merkmale schwach, stark und unterbrochen verstanden. Kontrollgruppe war in dieser Untersuchung ein Kollektiv von Nichtverwandten, für die nach einem Computerprogramm berechnet wurde, wie oft bestimmte Sequenzen auf allen Fingernägeln vorkommen. Eindeutig konnte festgestellt werden, daß es keine signifikanten Übereinstimmungen im Auftreten von Sequenzen beim Vergleich der Väter mit ihren Söhnen und Töchtern, der Mütter mit ihren Söhnen und Töchtern und der Großeltern mit ihren Enkelkindern gibt.

In einer weiteren Untersuchung sollte geklärt werden, ob es ein signifikant gehäuftes Auftreten bestimmter Sequenzen innerhalb einer Familie gibt, wobei von Familien mit 4 oder mehr Mitgliedern ausgehend zu jedem anderen Mitglied der Sequenzvergleich für jeden Fingernagel vorgenommen wurde. Anschließend wurde das Ergebnis mit den Zahlen der Kontrollgruppe verglichen. Hierbei stellte sich nun heraus, daß es in der Familie mit 10 Mitgliedern besonders viele Übereinstimmungen gab im Vergleich zu Familien mit nur 4 Mitgliedern. Möglicherweise ließe sich durch die Erfassung einer größeren Anzahl von Großfamilien abklären, ob eine bestimmte Nagelsequenz gehäuft innerhalb einer Familie auftritt. Weiterhin wurden die 4 eineiigen Zwillingspaare dahingehend untersucht, ob es zwischen Zwillingen signifikante Übereinstimmungen im Auftreten von Fingernagelsequenzen gibt. Bei 2 Zwillingspaaren fanden sich an einzelnen Fingernägeln völlig übereinstimmende Bänder, bei 2 weiteren Paaren gab es jedoch keinerlei auffallende Ähnlichkeiten.

Zusammenfassung

In der vorliegenden Arbeit wurden 627 Personen untersucht, 108 waren verwandt, darunter wiederum befanden sich 4 eineiige Zwillinge. Hierbei ergaben sich keine Hinweise für eine gesetzmäßige Vererbung der Fingernägellängsleisten, auch wenn diese sich grundsätzlich zur Identifizierung heranziehen lassen.

Literatur

Becher PE (1969) Humangenetik, Bd I/2. Thieme, Stuttgart

Endris R, Pötsch-Schneider L (1985) Zum Beweiswert des menschlichen Lippen- und Nagelreliefs bei Identifizierungen. Arch Kriminol 175:13–20

Suzuki K, Tsuchihashi Y (1969) A trial of personal identification by means of lip print II. Jpn J Leg Med 23:324

Suzuki K, Tsuchihashi Y (1970) Studies on the lip print II. Shikwa Gakuho 70:498

Suzuki K, Tsuchihashi Y, Suzuki H (1968) A trial of personal identification by means of lip print I. Jpn J Leg Med 23

Thomas F, Baert H (1964) Die kriminalistische Bedeutung des Schartenreliefs der menschlichen Nägel. Arch Kriminol 134:76

Thomas F, Baert H (1965) A new means of identification of the human being: The longitudinal striation of the nails. Med Sci Law 5:39

Thomas F, Baert H (1967) The longitudinal striation of the human nails – As a means of identification. J Forensic Med 14:113

Verschuer O von (1927) Die vererbungsbiologische Zwillingsforschung. Ergeb Inn Med Kinderheilkd 31:373

Anwendung der Immunfluoreszenztechnik zur Bestimmung der ABO-(H-) Gruppenzugehörigkeit an Paraffinschnitten

M. Krämer

Problematik

Nur unter besonderen Voraussetzungen könnte der Blutgruppenbestimmung an histologischem Material nach Paraffineinbettung Bedeutung zukommen. Dazu wäre die Zuordnung von Schnitten bei Verdacht des Vertauschens oder auch ein nachträgliches Aufkommen der Fragestellung nach der Blutgruppenzugehörigkeit der verstorbenen Person zu zählen, wenn geeigneteres Material nicht mehr zur Verfügung steht.

Anläßlich des Treffens der norddeutschen Rechtsmediziner in Münster im Mai 1984 hatten wir über erste Ergebnisse der Bestimmung von ABO-Substanzen an der Erythrozytenoberfläche paraffineingebetteter Nierenschnitte mit den herkömmlich bekannten Immunfluoreszenztechniken berichtet (Krämer 1984). Von Pedal u. Hülle (1984) stammen die umfangreichen Untersuchungen zur Bestimmung der ABO- und der Sekretoreigenschaften an paraffineingebettetem Autopsiematerial mittels der Peroxidase-Antiperoxidase-Technik. Zuvor war über Blutgruppenbestimmungen an histologischen Schnitten mit Hilfe mehrerer Techniken berichtet worden, die hauptsächlich den Verfahren der Absorption und Elution (Nickolls u. Pereira 1962; Slavik u. Meluzin 1972; Tröger u. Jungwirth 1975) bzw. der Mischzellagglutination (Takatsu et al. 1980; Pozzato u. Molla 1961; Kovarik et al. 1968; Harsanti u. Gerencsér 1971) entsprachen. Glynn et al. wiesen 1957 offenbar als erste auf die Möglichkeit des Nachweises von Blutgruppensubstanzen mittels Immunfluoreszenztechniken hin. Wir wollten prüfen, ob die bekannten Immunfluoreszenztechniken ausreichend sicher zum Nachweis von ABO-Substanzen an den Erythrozytenoberflächen geeignet sind.

Methodik

In Vorversuchen stellten wir Ausstriche von gewaschenen A-, B- und O-Erythrozyten her und inkubierten nach der Fixierung mit Methanol entsprechend der Sandwichtechnik mit Anti-A- und Anti-B-Seren (Fa. Ortho Diagnostic Systems), dann mit FITC-markierten Anti-IgA-, -IgG- und -IgM-Humanseren (Fa. Medac). Erforderliche Waschvorgänge waren eingefügt. Die optimale Verdünnung der verwendeten Seren wurde durch Verdünnungsreihen unter Beibehaltung eines konstanten Verdünnungsverhältnisses des jeweils nicht zu testenden Serums bestimmt.

Außerdem wendeten wir die direkte Immunfluoreszenztechnik an, indem wir Ausstriche von A-, B- und O-Erythrozyten mit FITC-markierten Lektinen von Dolichos biflorus (DBA), Bandeirea simplicifolia (BSA 1) und Ulex europaeus (UEA 1; Fa. E-Y Laboratories Inc.) inkubierten. Nach beiden Methoden wurden auch formalinfixierte und in Paraffin eingebettete Nierenschnitte in jeweils doppeltem Ansatz von 36 serologisch bekannten Fällen behandelt. Die Entparaffinierung erfolgte in üblicher Weise mit Xylol. Die Inkubationszeit betrug 30 min, der abschließende Waschvorgang vor dem Einbetten 60 min.

Ergebnisse

Bei den als positiv zu wertenden Ergebnissen zeigte sich an den Erythrozytenausstrichen wie auch an den Erythrozyten in den Markkapillaren der verwendeten Nierenschnitte jeweils eine spezifische und starke Immunfluoreszenz der Zellmembran mit einem feinen, teilweise unterbrochenen Fluoreszenzring außen, so daß das jeweilige Blutgruppenmerkmal zuverlässig bestimmt werden konnte (Abb. 1). Bei fehlender Fluoreszenz wurde auf Abwesenheit des betref-

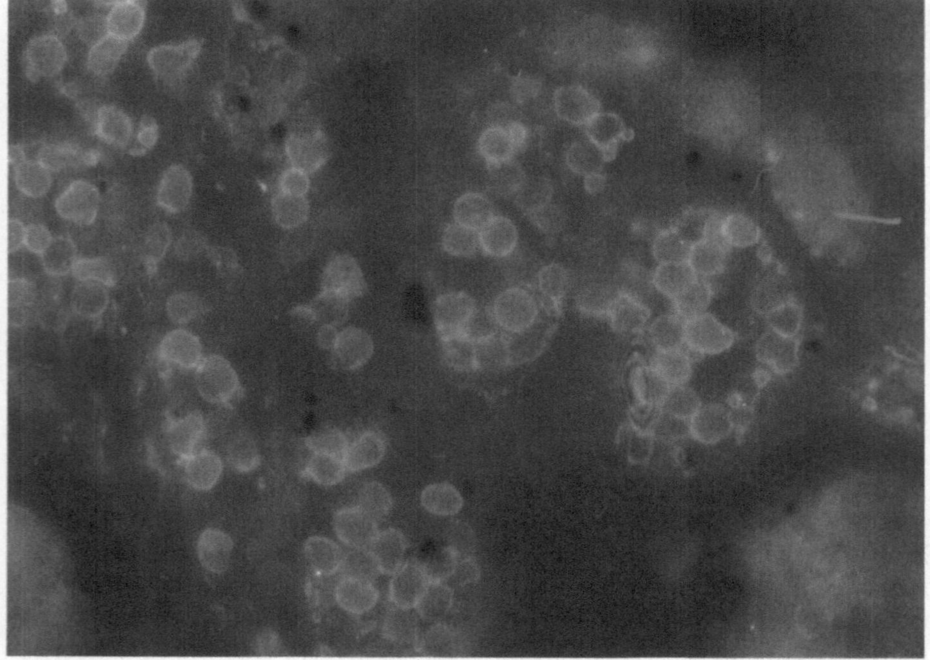

Abb. 1. Fluoreszenz der Erythrozyten in Nierenmarkkapillaren

fenden Merkmals geschlossen. Diese Fluoreszenz trat sowohl bei der direkten als auch bei der indirekten Technik auf.

Bei den insgesamt 36 Fällen zählten 12 zur Blutgruppe A. Hiervon konnte mit den angegebenen Methoden 10mal jeweils übereinstimmend Merkmal A festgestellt werden, 2mal erfolgte eine falsch-negative Bestimmung (hier handelte es sich um autolytisches Material). Von den 12 Fällen mit dem Merkmal B ließen sich 9 richtig und 3 nicht zutreffend, d.h. B-negativ bzw. überhaupt nicht bestimmen (2 dieser Fälle waren autolytisch, ein Fall trotz Wiederholung nicht bestimmbar), zusätzlich hierzu waren 2 falsch-positive A-Anzeigen vorhanden. Von den 12 Fällen der Gruppe 0 konnten 8 Fälle richtig bestimmt werden, 3mal wurde fälschlicherweise A angezeigt und einmal AB (3 Fälle davon waren autolytisch).

Diskussion

Die Untersuchungsergebnisse zeigen, daß eine Bestimmung der ABO-Gruppenzugehörigkeit mittels der Immunfluoreszenztechnik prinzipiell möglich ist und die als positiv bewerteten Ergebnisse auch reproduzierbar sind. Allerdings stört offensichtlich beim Nachweis beider Gruppensubstanz im Gewebe vorliegende Autolyse. Die falsch-negative Bestimmung bei der Gruppe B könnte auf einer fixierungsbedingten Vernetzung der Serumeiweiße an der Erythrozytenoberfläche beruhen, so daß diese evtl. für den Antikörper nicht zugänglich, d.h. maskiert war. Andererseits könnte durch Alkohol Blutgruppensubstanz aus den Membranen herausgelöst worden sein, so daß deren Nachweis nicht möglich war. Bei der falsch-positiven Fluoreszenz dürfte es sich um eine unspezifische Anlagerung der Antikörper handeln bzw. um eine unspezifische Fluoreszenz von sich in Formalin bildenden selbstfluoreszierenden Verbindungen - vergleichbar denjenigen des Typs 3,4-Dehydroisochinoline oder 3,4-Dehydro-β-carboline. Letztere Substanzen sollen nach Daldrup u. Schweitzer (1976) bei Reaktionen des Formaldehyds mit biogenen Aminen entstehen. Positiv- und Negativkontrollen sind deshalb unerläßlich.

Vergleicht man die Ergebnisse der Immunfluoreszenztechniken bei der ABO-Bestimmung an histologischen Schnitten mit denen bisher bekannter Verfahren, so kann festgestellt werden, daß mit den beiden Immunfluoreszenztechniken 2 sicherlich elegante, relativ schnell durchführbare und auch ausreichend spezifische und empfindliche Nachweismethoden zur Verfügung stehen, die eine brauchbare Ergänzung der bisherigen Methoden für die Praxis darstellen, wenn autolytische Vorgänge das Gewebsmaterial nicht verändert haben. Eine Verbesserung der Sensitivität wäre u.U. durch den Einbau eines zusätzlichen „Brückenantikörpers" möglich, wodurch sich jedoch der erforderliche Zeitaufwand erheblich vergrößern würde.

Zusammenfassung

Es wurde an 36 serologisch bekannten Fällen untersucht, inwieweit die Immunfluoreszenztechniken zur Bestimmung der ABO-Eigenschaften an histologischen Schnitten geeignet sind. Es zeigten sich eine ausreichende Empfindlichkeit und gute Spezifität der Methoden. Die IF-Techniken stellen somit eine elegante, schnelle und auch sinnvolle Ergänzung der bisher hierfür verwendeten Methode dar; allerdings wird der Nachweis durch autolytische Vorgänge beeinträchtigt.

Literatur

Daldrup T, Schweitzer H (1976) Zur Entstehung fluoreszierender Verbindungen in formalinfixierten Organen. Z Rechtsmed 78:297-301

Glynn LE, Holborow EJ, Johnson GD (1957) The distribution of blood-group substances in human gastric and duodenal mucosa. Lancet II:1083-1088

Harsanti L, Gerencsér G (1971) Untersuchungen zur Bestimmung der Gruppensubstanzen in histologischen Präparaten. Beitr Gerichtl Med 28:244-249

Kovarik S, Davidsohn I, Stejskal R (1968) ABO antigens in cancer: detection with the mixed cell agglutination reaction. Arch Pathol 86:12-21

Krämer M (1984) Immunhistologische Untersuchungen an Autopsiematerial - Anwendung der Immunfluoreszenztechnik zur Bestimmung der ABO (H)-Gruppe an Paraffinschnitten. In: Treffen Norddtsch. Rechtsmediziner in Münster, 25.-26. Mai 1984

Nickolls LC, Pereira M (1962) A study of modern methods of grouping dried blood stains. Med Sci Law 2:172-179

Pedal I, Hülle J (1984) Immunenzymatische Bestimmung des ABO- und Sekretorstatus an paraffineingebettetem Autopsiematerial. Z Rechtsmed 93:289-300

Pozzato R, Molla W (1961) Gruppenspezifische Merkmale in histologischen Präparaten: Nachweis der Agglutinogene ABO in gefärbten Gewebeschnitten. Riv Med Leg 3:131-140

Slavik V, Meluzin F (1972) Bestimmung der Gruppenzugehörigkeit im System ABO aus histologischem Material. I Histologische Präparate der sezierten Fälle. Z Rechtsmed 70:79-88

Takatsu A, Hakura Y, Ishiyama I, Keil W (1980) Anwendung der Mischzellagglutination (MCAR) zur Bestimmung der mütterlichen ABO (H)-Blutgruppe an Neugeborenenlungen. Kriminal Forens Wiss 39:59-71

Tröger HD, Jungwirth J (1975) Bestimmung der ABO-Gruppenzugehörigkeit an histologischen Präparaten. Beitr Gerichtl Med 33:326-329

Reproduzierbarkeit der ABO-Blutgruppe im Leichenblut bei Anwendung monoklonaler Antikörper

H.-J. Mittmeyer

Die blutgruppenserologische Untersuchung von Leichenblut kann unter verschiedenen Aspekten (Identitätsprüfung, spurenserologischer Vergleich) erforderlich sein. Leichenblut ist im besonderen Maß Zersetzungserscheinungen und mikrobieller Kontamination ausgesetzt, so daß sich nicht selten erhebliche Schwierigkeiten bei der Blutgruppenbestimmung ergeben. Der Nachweis der ABO-Blutgruppe mit indirekten Verfahren (Holzer 1931; Coombs u. Dodd 1961; Nickolls u. Pereira 1962) kann bereits wenige Tage post mortem nicht mehr möglich sein (Mittmeyer u. Schmidt 1982; Tutsch-Bauer et al. 1983).

An Lebendblutproben konnte gezeigt werden, daß unter bestimmten Bedingungen mit Veränderungen der ABO-Blutgruppe zu rechnen ist (Schwerd u. Noll 1984). Cameron et al. (1959) beschrieben als erste das Auftreten der Blutgruppe B bei A_1-Individuen. Mit der forensischen Bedeutung dieses Phänomens setzten sich Jenkins et al. (1972) auseinander. Gerbal u. Ropars (1976) sahen einen Zusammenhang mit gramnegativen Infektionen. Jedoch konnten Herron et al. (1982) auch bei Gesunden ein erworbenes B nachweisen. Bereits 1961 hatten Springer et al. aufgezeigt, daß viele gramnegative Bakterien ABH-Aktivität besitzen. Kind u. Lang (1976) stellten an zahlreichen ubiquitären Bakterienstämmen ABH-Eigenschaften fest. Es ist das Verdienst von Iseki (1976), grundlegende Untersuchungen über die bakteriell-enzymatischen Vorgänge im Zusammenhang mit Veränderungen der ABO-Blutgruppe durchgeführt zu haben. Bei der Aufklärung dieser Prozesse wurden schließlich von Salmon et al. (1983) monoklonale Antikörper eingesetzt.

Material und Methode

Untersucht wurden 200 kühl aufbewahrte Leichenblutproben mit Lagerungszeiten bis zu 4 Jahren. Für jeden der 4 Jahrgänge wurden 50 Proben aus dem Sektionsgut herausgegriffen, die ursprünglich mit polyklonalen Seren getestet und mit der Serumgegenprobe kontrolliert worden waren. Infolge fortgeschrittener Hämolyse war bei sämtlichen Nachbestimmungen der Nachweis von Agglutininen nicht mehr möglich. Die Untersuchungen erfolgten im Plattentest mit Seraclone Anti-A und Seraclone Anti-B (Fa. Biotest, Frankfurt a. M.) und zum Vergleich mit herkömmlichen polyklonalen Seren der Fa. Molter, Heidelberg.

Ergebnisse

Blutgruppe 0

Von den 200 Blutproben wiesen 84 die Blutgruppe 0 auf. Bei der Testung mit monoklonalen Antikörpern wurden in 15 Fällen Abweichungen festgestellt. Zweimal betraf sie die Blutgruppe B, 13mal die Blutgruppe AB. Über das zeitliche Auftreten dieser Veränderungen orientiert Tabelle 1. Die Vergleichstestung mit polyklonalen Antikörpern führte generell zu übereinstimmenden Ergebnissen; auch hierbei waren die aufgezeigten 15 Abweichungen festzustellen.

Blutgruppe A

In 82 Fällen war von Blutgruppe A auszugehen. Mit den monoklonalen Seren ließ sich lediglich bei 21 der gealterten Proben das Merkmal reproduzieren. In 47 Fällen traten keine Agglutinationen auf, was als 0-Befund zu werten war. Die Blutgruppe AB wurde 14mal registriert. Wann die Abweichungen in den 4 Jahrgängen auftraten, ist Tabelle 2 zuentnehmen. Bei der Anwendung herkömmlicher Seren war weitgehende Übereinstimmung mit den Ergebnissen bei der Nachbestimmung mit monoklonalen Seren festzustellen. Lediglich in 2 Blutproben, in denen mit monoklonalen Antikörpern jeweils die Gruppenzugehörigkeit A reproduzierbar war, wurde im polyklonalen Ansatz einmal 0 und einmal AB bestimmt.

Tabelle 1. Abweichungen von der ursprünglich festgestellten Blutgruppe 0 bei den Nachbestimmungen mit monoklonalen Antikörpern (*BGR* Blutgruppe)

BGR 0 (n)	Lagerungszeit (Jahre)	BGR-Abweichungen (n) A	B	AB
22	<1	–	2	–
20	1–2	–	–	5
25	2–3	–	–	5
17	3–4	–	–	3

Tabelle 2. Abweichungen von der ursprünglich festgestellten Blutgruppe A bei den Nachbestimmungen mit monoklonalen Antikörpern (*BGR* Blutgruppe)

BGR A (n)	Lagerungszeit (Jahre)	BGR-Abweichungen (n) 0	B	AB
19	<1	11	–	–
19	1–2	12	–	1
18	2–3	11	–	3
26	3–4	13	–	10

Blutgruppe B

Bei den ursprünglich 27 Proben mit der Blutgruppe B wurden in den Nachuntersuchungen 20 Abweichungen festgestellt. In 16 Fällen war von 0, in 4 von AB auszugehen. In Tabelle 3 sind die Veränderungen in Bezug zu den einzelnen Zeitintervallen gesetzt. Mit polyklonalen Testseren wurden 24 dieser Ergebnisse bestätigt. In einem Fall wurde bei monoklonal bestimmtem AB polyklonal 0 festgestellt. Bei einem monoklonal reproduzierbaren B, war polyklonal von 0 auszugehen. Umgekehrt konnte in einem Fall polyklonal B reproduziert werden, während monoklonal 0 bestimmt worden war.

Blutgruppe AB

Lediglich bei 7 Leichenblutproben war von der Blutgruppe AB auszugehen. In 4 Fällen wurden Abweichungen bei den Nachuntersuchungen mit monoklonalen Seren festgestellt. Es handelte sich durchweg um 0-Befunde, die im 2.–4. Jahrgang auftraten. Auch die Nachtestungen mit herkömmlichen Antiseren führten in allen 7 Proben zu identischen Ergebnissen, wie sie bei der Anwendung monoklonaler Seren gefunden wurden.

Diskussion

Bekanntlich zeichnen sich monoklonale gegenüber polyklonalen Antikörpern durch Spezifität und Avidität aus. Insbesondere polyagglutinable Zellen, durch Neuraminidase (T-Aktivierung) oder nicht durch Neuraminidase (Tn-Aktivierung) induziert, lassen sich hiermit erfassen. In der vorliegenden Untersuchung wurde insofern geprüft, ob sich monoklonale Antikörper bei der ABO-Bestimmung im Leichenblut besser eignen als die herkömmlichen polyklonalen Seren.

Die Ergebnisse dokumentieren, daß auch mit monoklonalen Testseren die ABO-Bestimmung im gealterten Leichenblut problematisch bleibt. Die mit monoklonalen Antikörpern erzielten Befunde unterscheiden sich unwesentlich von

Tabelle 3. Abweichungen von der ursprünglich festgestellten Blutgruppe B bei den Nachbestimmungen mit monoklonalen Antikörpern (*BGR* Blutgruppe)

BGR B (n)	Lagerungszeit (Jahre)	BGR-Abweichungen (n) 0	A	AB
8	<1	3	–	–
10	1–2	8	–	–
4	2–3	3	–	1
5	3–4	2	–	3

Tabelle 4. Zusammenstellung aller registrierten Abweichungen von den ursprünglich festgestellten Blutgruppen bei den Testungen mit monoklonalen Antikörpern (*BGR* Blutgruppe)

Ursprüngliche BGR	BGR-Abweichungen (n) 0	A	B	AB
0	–	–	2	13
A	47	–	–	14
B	16	–	–	4
AB	4	–	–	–

denen mit herkömmlichen polyklonalen Seren. Schlüsselt man die Abweichungen von den ursprünglichen Ergebnissen auf (Tabelle 4), so sind schwerpunktsmäßig 2 Phänomene zu erkennen:

1) Der Agglutinogennachweis kann auch mit monoklonalen Antikörpern nicht mehr geführt werden; Fazit wäre die Blutgruppe 0.
2) Es werden sowohl mit polyklonalen als auch mit monoklonalen Antikörpern nicht präformierte Gruppenmerkmale nachgewiesen; dabei ist der häufige Befund AB auffällig.

In den 200 Blutproben wurde 31mal der „falsch-positive" Befund AB erhoben, ein Phänomen, das um so häufiger auftrat, je älter die Blutprobe war. Zur Prüfung auf Panagglutination wurden diese Proben mit AB-Serum (Fa. Behring, Marburg) getestet. In 28 Fällen kam es zur Agglutination, was als Panagglutination zu bewerten wäre. Da diese Befunde jedoch auch mit monoklonalen Antikörpern festgestellt wurden und diese nicht auf durch Neuraminidase freigelegtes T-Agglutinogen ansprechen, wird man dieses Phänomen anders erklären müssen. Es wäre insbesondere der Frage nachzugehen, ob bakterielle Antigene ein nichtpräformiertes und auch mit monoklonalen Antikörpern nachweisbares AB verursachen können. Lediglich 3 der insgesamt 31 Fälle mit „falsch-positivem" AB reagierten nicht mit AB-Serum. Auffallend war, daß bei 2 dieser Proben urspünglich die Blutgruppe B vorlag. Im 3. Fall handelte es sich um eine 0-Blutprobe. Es muß dahingestellt bleiben, auf welche spezielle bakterielle oder enzymatische Grundlage diese Veränderung zurückzuführen sind.

Stichprobenweise wurde bei „falsch-negativen" Befunden, d.h. bei zunächst nachgewiesenen und späterhin nicht reproduzierbaren Agglutinogenen, mit Anti-H (Fa. Behring, Marburg) getestet. Dabei wurden sowohl positive als auch negative Reaktionen beobachtet. Der Nachweis von H-Substanz dürfte auf die veränderte Agglutinogenstruktur hinweisen. Beim negativen Ausfall des Testergebnisses mit Anti-H könnte bereits eine weitgehende strukturelle Auflösung des Agglutinogens eingetreten sein.

Zusammenfassung

Insgesamt 200 Leichenblutproben, bei denen die ABO-Blutgruppe bekannt war, wurden nach längerer kühler Lagerung dahingehend überprüft, ob sich die Blutgruppe mit monoklonalen und polyklonalen Antikörpern reproduzieren läßt. Die mit den monoklonalen Antikörpern erzielten Befunde unterschieden sich nur unwesentlich von denen mit herkömmlichen Seren. Auch mit den monoklonalen Antikörpern konnte in einem hohen Prozentsatz der Agglutinogennachweis nicht mehr geführt werden. Häufig war auch mit den monoklonalen Antikörpern der Befund AB zu erheben, der sich nicht auf durch Neuraminidase freigelegtes T-Agglutinogen zurückführen läßt.

Literatur

Cameron C, Graham F, Dunsford I et al. (1959) Acquisition of a B-like antigen by red blood cells. Br Med J II:29–32

Coombs R, Dodd B (1961) Possible application of the principle of mixed agglutination in the identification of blood stains. Med Sci Law 1:359–377

Gerbal A, Ropars C (1976) L'antigène B acquis. Rev Fr Transfus Immunohematol 19:127–144

Herron R, Young D, Clark M, Smith DS, Giles CM, Poole J, Liew YW (1982) A specific antibody for cells with acquired B antigen. Transfusion 22:525–527

Holzer F (1931) Ein einfaches Verfahren zur Gruppenbestimmung an vertrocknetem Blut durch Agglutininbindung. Dtsch Z Gerichtl Med 16:445–458

Iseki S (1976) ABH blood group substances in living organisms. Human Blood Groups. In: Proceedings of the 5th International Convoc. Immunol. Buffalo

Jenkins GC, Brown J, Lincoln PJ, Dodd BE (1972) The problem of the acquired B antigen in forensic serology. J Forensic Sci Soc 12:597–603

Kind SS, Lang BG (1976) An investigation into the possible sources of adventitious ABH substances in bloodstain grouping. J Forensic Sci Soc 16:155–161

Mittmeyer H-J, Schmidt V (1982) Grenzen der ABO-Differenzierung am Leichenblut. Beitr Gerichtl Med 40:487–491

Nickolls L, Pereira M (1962) A study of modern methods of grouping dried blood stains. Med Sci Law 2:172–179

Salmon C, Rouger P, Doinel C, Edelman L, Bach JF (1983) ABH subgroups and variants. Use of monoclonal antibodies. Biotest Bull 4:300–304

Schwerd W, Noll A (1984) Über die Zuverlässigkeit von ABO-Befunden in gelagerten Blutproben. Z Rechtsmed 93:111–116

Springer GF, Williamson P, Brandes WC (1961) Blood group activity of gram-negative bacteria. J Exp Med 113:1077–1093

Tutsch-Bauer E, Tröger HD, Baur C (1983) Vergleichende Untersuchungen an Blut- und Körpergewebe zur Sicherheit der ABO-Bestimmung bei Fäulnis. Beitr Gerichtl Med 41:199–201

Hp Subtyping in Paternity Testing

D. Patzelt, M. Rose, H. Schröder

Subtyping has now enhanced the isolated paternity exclusion chance of the Hp system from its previous level of 18% to 33% (Patzelt and Schröder 1985). The introduction of practicable techniques for haptoglobin preparation (Patzelt and Schröder 1985; Shibata et al. 1982) has eliminated a major obstacle to using the expanded polymorphism. The posibility of tackling 40 serum samples in only 1 h has reduced the effort required for Hp to the level of that needed for blood group systems which call for another procedure of sample treatment (non-stromatic haemolysates, thrombolysates, etc.).

For some time, in routine expanded paternity tests, we have been testing the Hp subtypes together with Pi, Gc, Tf, C3, and HLA. Experience obtained from this approach is reported in this paper, reference being made to some selected cases.

The method of Hp subtyping has been comprehensively described elsewhere (Patzelt and Schröder 1985) and subtyping of serum group systems by the common approach was earlier reported on (Patzelt et al. 1982, 1983; Patzelt and Schröder 1983). HLA, A, B and C antigens were determined by microlymphocytotoxic testing, using a minor modification (Rose and Waltz 1979) of the NIH standard technique according to Terasaki and McClelland (1964).

Eighteen instructive cases were selected and complementarily treated by means of the above systems, after only limited evidence or none at all, had been obtained regarding exclusion of paternity from studies in the routine systems, ABO, MNSs, Rh, P, K, Gm, Km, Hp (two alleles), Gc (two alleles), ACP, AK, PGM_1, ADA, GPT, ESD, and GLO. Almost all Hp subtype exclusions coincided with exclusions in other systems. All the cases involved are shown in Table 1.

Representation of haptoglobin types, as may be seen from the table, was followed in all cases and for all subjects tested by comparison of compatibility of the Hp types with the conventional technique. With the allelic frequencies given, most of the subtype exclusions should be certainly attributed to the underdifferentiation of the Hp *1-allele. However, Table 1 shows that in the material under review nearly half of all cases could be as well resolved by the subtypability of the Hp *2-allele.

Exclusions beyond the Hp system appear to produce evidence of the applicability of Hp typing to paternity testing. Yet, they might equally well give the impression that Hp typing is dispensable for the problem at hand. The effectiveness of the HLA system is undisputed (Waltz et al. 1981) and has been demonstrated again in this context. However, the methodical input would be lower for

Table 1. Phenotypes in mother-child-presumed father combinations in Hp system, with possibilities of exclusion. The excluding phenotype is in italics

Case No.	Mother	Child	Defendant	Witness[1]	Witness[2]	Other exclusions in system
1	2FS	2FS	2FS	*1F-2SS*		C3, Tf
2	2FS	1S-2FS	1S-2FS	*1F-2FS*		Pi, GPT, HLA
3	2FS	2FS-2SS	*1S-2FS*	2SS-2FS		HLA
4	1S-2FS	1F-1S	*1S-2FS*	1F-2FS		Pi, Gc, HLA
5	1F-2FS	2FS	*1F-2SS*	2FS-2SS		Gc, HLA
6	1F-2FS	1F-2FS	2FS	*1S*		C3, Pi, Tf
7	1S-2FS	1F-1S	*1S-2FS*			Pi, HLA
8	1F-2FS	1S-2FS	*2FS*	1S		Gc, HLA
9	1F-2FS	1F-2SS	*1F*	*1F-1S*	*1S-2FS*	Tf (W_1 and W_2), HLA (D and W_1)
10	1S	1F-1S	1F-2FS	*1S-2FS*		Pi, HLA
11	2FS	1S-2FS	*1F-2FS*			Pi, HLA
12	1S-2FS	1S-2FS	*1F*	1S-2FS		Tf, HLA
13	2FS	2FS-2SS	1F-2SS	*1F-2FS*		Pi, HLA
14	2FS	2FS	2FS	*1F-2SS*		Pi, Tf, HLA
15	1S-2FS	2FS	*1S-2SS*			Pi
16	1S-2FS	1F-1S	*1S-2FS*	1F-1S		HLA
17	;s-2FS	1S-2FS	*1F-2SS*			–
18	1F-2FS	1S-2FS		*1F-2FS*		Pi, Tf, HLA

serum group testing, and mailed samples might be typed. There are situations in which confirmed exclusion is desirable as in systems with incompatible homozygosis, or in which additional information is requested, as in deficient cases or paternity cases with involvement of relatives as presumed fathers (Patzelt and Rose 1982; Spielmann and Kühnl 1981).

The isolated Hp exclusion of the defendant in case No. 17 is remarkable. His paternity probability would have been 99,15% without taking Hp findings into account. This seems to give rise to the question of whether the given Hp constellation of the mother and the presumed father may lead to the child-related type by virtue of formal genetics and through intracistronic crossing over. Repeated „false" chromosomal pairing should be possible on account of repetitive sequences, since the Hp *2-gene is a consequence of partial gene duplication (Smithies et al. 1962) and the result should be a triplication (Hp *J in this case) and a Hp ^{1}-gene, as in the case of haemoglobin lepore. Development of Hp ^{2}FF and Hp ^{1}S in the child as a result of „false" pairing from Hp ^{2}FS (mother) and Hp ^{1}F (father) would be another theoretical possibility. Neither version, however, applied to the case reviewed. Hence, the defendant could be ruled out from paternity.

All previous studies into mother-child pairs have so far suggested complete compatibility in the Hp system. So, even with duplicated Hp ^{2}-gene, inracistronic crossing over is obviously an extremely rare occurrence.

Against this background, as well as for its practicable handling and high chance of exclusion, the expanded Hp system quite obviously can be considered a useful and substantial addition to the spectrum of serological paternity tests.

Summary

Eighteen cases of descent, selected from routine material of the authors' institute and not satisfactorily illuminated by classical blood, serum and enzyme group tests (basic blood group expertise), were definitely resolved by complementary use of electric focusing systems, including Hp, and by HLA. Hp subtype polymorphism, with its isolated exclusion chance of 33%, proved to be in fair agreement with the laws of heredity.

Zusammenfassung

Achtzehn ausgewählte Abstammungsfälle aus dem Routinematerial des Berliner Instituts, die nach Untersuchung der klassischen Blut-, Serum- und Enzymgruppen (Normgutachten) nicht befriedigend abgeschlossen werden konnten, wurden durch Einbeziehung der Elektrofokussiersysteme (einschließlich Hp) sowie durch HLA geklärt. Dabei erwies sich der Hp-Subtypenpolymorphismus, der eine isolierte Ausschlußchance von 33% besitzt, als in gutem Einklang mit den Erbregeln stehend.

References

Patzelt D, Rose M (1982) Neue Möglichkeiten für die Abstammungsuntersuchung durch Anwendung der isoelektrischen Fokussierung. Dtsch Gesundheitswes 37:1171–1173

Patzelt D, Schröder H (1983) Der genetische Polymorphismus des $Alpha_1$-Antitrypsins (Pi-System). Dtsch Gesundheitswes 38:119–123

Patzelt D, Geserick G, Manner D (1982) Transferrin-Subtypen im Berliner Raum. Studie zur Formel- und Populationsgenetik. Dtsch Gesundheitswes 37:1583–1586

Patzelt D, Schröder H (1985) Haptoglobin subtypes in Berlin, GDR. A simple procedure for haptoglobin purification and subtyping. Z Rechtsmed 94:207–212

Patzelt D, Nagai T, Schröder H, Hermann JH (1983) Die Gc-Subtypen. Darstellung mittels isoelektrischer Fokussierung. Z Rechtsmed 90:45–52

Rose M, Waltz H (1979) Die Antigenverteilung des HLA-Systems in der Population der Deutschen Demokratischen Republik. Dtsch Gesundheitswes 34:2005–2010

Shibata K, Constans J, Viau M, Matsumoto H (1982) Polymorphism of the haptoglobin peptides by isoelectric focusing electrophoresis and isoelectric point determinations. Hum Genet 61:210–214

Smithies O, Connell GE, Dixon GH (1962) Chromosomal rearrangements and evolution of haptoglobin genes. Nature 196:232–236

Spielmann W, Kühnl P (1981) Die Anwendung der Isoelektrofokussiersysteme in Problemgutachten, insbesondere Mehrmannfällen mit nahe verwandten Eventualvätern. Ärztl Lab 27:227–231

Terasaki PI, McClelland JD (1964) Microdroplet assay of human serum cytotoxins. Nature 204:998–1000

Waltz H, Rose M, Klein B, Wichmann V (1981) Vaterschaftswahrscheinlichkeiten und Vaterschaftsausschlußchance im HLA-System. Dtsch Gesundheitswes 36:1576–1579

Der offenbar extrem seltene Rh-Genkomplex $C^{w}cDe/cde$ (C^{w} und c in „cis“)

O. Prokop, A. Rackwitz

Bei der Untersuchung einer Mutter-Kind-Präsumptivvater-Gruppierung (in Tabelle 1 und Abb. 1 sind dies die Nummern 4, 6 und 5) wurde eine schwer erklärbare Rh-Mosaikbildung offenkundig. Da der Präsumptivvater (Nr. 5) durch die Feststellung in Tabelle 1 als wahrer Vater nicht ausgeschlossen werden konnte, mußte bei der Kindesmutter (Nr. 4) die eigenartige Rh-Konstellation näher aufgeklärt werden. Bei der Untersuchung mit je 2 Antiseren gegen die einzelnen Rh-Faktoren war im Rh-Mosaik aufgefallen, daß die Blutzellen der Kindesmutter mit Anti-C-Seren nicht reagierten, wohl aber mit Anti-C^{w}. Da die von uns und anderen Autoren verwendeten Anti-C-Seren nach nahezu 38 Jahren Erfahrung in fast 40000 Blutgruppengutachten stets auch C^{w} in den unterschiedlichsten Mosaiken erfaßten, war die weitere Untersuchung angezeigt, zumal auch viele andere von uns im Laufe der Jahre verwendeten Anti-C-Seren stets Anti-CC^{w} waren. Aus dem Vergleich der Sippenmitglieder 4, 5 und 6 konnte man erschließen, daß C beim Kind (Nr. 6) nicht von der Mutter (Nr. 4) stammen konnte, sondern nur vom Vater (Nr. 5); also mußte c von der Mutter stammen. Das Kind hatte aber auch C^{w}, und das konnte nur von der Mutter stammen, die demnach C^{w} und c ($C^{w}c$) in „cis“ tragen muß. Diese Besonderheit wäre nicht erschlossen worden, hätten wir zur Untersuchung nur Nr. 5 und Nr. 6 gehabt; denn dann hätten wir beim Kind einfach auf $C^{w}De/cde$ geschlossen und beim Präsumtivvater z.B. CDE/cde nicht ausschließen können. So aber – nach Kenntnis der Rhesusformel der Mutter – mußte das Kind drei Eigenschaften der Rhesus-Cc-Reihe haben, nämlich C, C^{w} und c.

Das Literaturstudium ergibt, daß bereits Sippen mit ähnlicher oder gleicher Rh-Genotypensituation bekannt sind. So beschrieben Habibi et al. (1976) eine Familie (Schwarze von den Antillen) mit einem „neuen C^{w}-Antigen“ in 2 Gene-

Tabelle 1. Die Blutgruppen der in Abb. 1 verzeichneten Sippe (Sippenmitglieder nach numerischer Kennzeichnung in Abb. 1)

						Hp	Gc	Gm	Inv	acP	AK	PGM	ADA	GPT	EsD	GLO
1)	A_1	NSs	P_1	C−C^{w}+c+D+E−e+	Kell−	2−2	2−2	a−x−f+b+	1−	AB	1	1	1	1	1	2−1
2)	A_2	MNs	P_1	C−C^{w}c+D−E−e+	Kell−	1−1	2−1F	a+x−f+b+	1+	A	1	2−1	1	2−1	1	1
3)	A_2	NSs	p	C−C^{w}−c+D−E−e+	Kell−	2−1	2−1F	a+x−f+b+	1−	A	1	1	1	2−1	1	1
4)	A_1	Ns	P_1	C−C^{w}+c+D+E−e+	Kell−	2−1	2−2	a−x−f+b+	1+	A	1	1	1	2−1	1	2−1
5)	A_1	Ms	P_1	C+C^{w}−c+D+E+e+	Kell−	1−1	1S	a+x+f+b+	1−	AB	1	2−1	1	1	1	2−1
6)	A_1	MNs	P_1	C+C^{w}+c+D+E−e+	Kell−	2−1	2−1S	a−x−f+b+	1−	AB	1	1	1	2−1	1	1

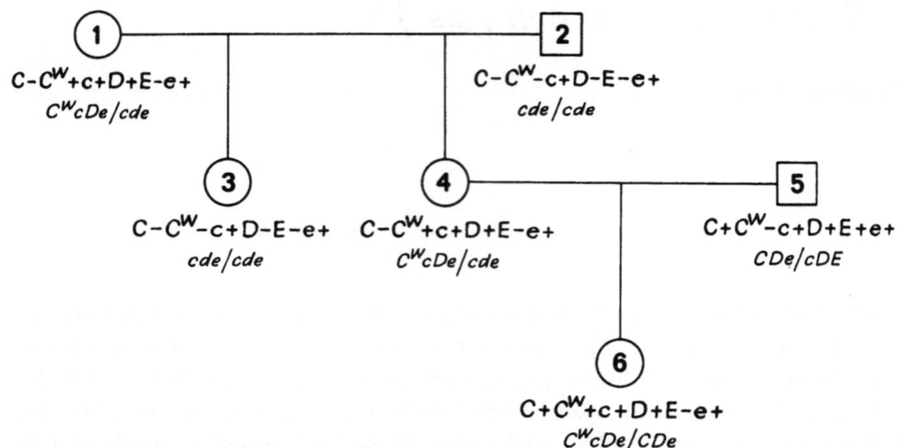

Abb. 1. Reaktionstypen der Blutmuster der Sippe 655/85 aus dem Untersuchungsgut des Instituts für Gerichtliche Medizin der Humboldt-Universität zu Berlin. Unter den Rh-Reaktionstypen ist die erschlossene Genotypenformation verzeichnet

rationen, in der die uns interessierenden Typen ebenfalls *reines* C^{w} zu haben schienen, d.h. daß die Erythrozyten dieser Typen ebenfalls mit Anti-C nicht reagierten, also mit Seren, die ebenfalls als Anti-CC^{w} bekannt waren. Aus ihren Untersuchungen leiteten sie die Hypothese ab, daß es 2 Arten von Anti-C^{w} geben müsse - daher auch 2 Arten von C^{w} -, wobei die Antiseren mit Anti-C^{w1} und Anti-C^{w2} zu bezeichnen wären. Ihre Sondertypen scheinen aber in der Arbeit von Sachs et al. (1978) wieder auf, und die hier gegebene Deutung entspricht unserem Fall. Die Autorengruppe nimmt die Existenz eines Rh-„Chromosoms" an, das sowohl C^{w} wie auch c steuert. Eine Chromosomenuntersuchung ergab, daß eine Trisomie des Chromosoms bzw. eine partielle Trisomie (CDe/C^{w}De/cde) nicht vorlag und eine Veränderung der beiden Chromosomen 1 der Träger bei Anwendung der Q-Technik nicht erschlossen werden konnte. 1983 kommt schließlich der Bericht von Giannetti et al., in dem ebenfalls in einer Sippe Individuen vorhanden waren, die C^{w} und c in „cis" tragen mußten. Auch hier fanden sich normale Chromosomen 1.

Unter Hinzunahme unseres gegenständlichen Falls sollte daher kein Zweifel mehr bestehen, daß der Haplotyp mit C^{w}c in verschiedener Mosaikbildung vorkommen muß - etwa wie bei uns als C^{w}cDe/cde. Es wäre denkbar, daß dann der bei uns ebenfalls erschlossene Typ C^{w}cDe/CDe zu Fehlschlüssen in Paternitätssachen führen könnte.

Literatur

Giannetti M, Stadler E, Rittner C, Lomas C, Tippett P (1983) A rare Rh haplotype producing C^{w} and c, and D and e in a German family. Vox Sang 44:319–321

Habibi B, André J, Fouillade MT, Lopez M, Salmon C (1976) An unusual Rh phenotype indicating heterogenity of the C^{w} antigen. Vox Sang 31:103–108

Sachs HW, Reuter W, Tippett P, Gavin J (1978) An Rh gene complex producing both C^{w} and c antigen. Vox Sang 35:272–274

Blutgruppen-, Serumprotein- und Enzymbestimmungen an fetalem Gewebe

S. P. Rand, K. Püschel, B. Brinkmann

Einführung

Die Identifikation von mütterlichen oder fetalen Blutgruppen aus Abortmaterial kann in verschiedenen Situationen von forensischer Bedeutung sein. 1983 berichtete Eriksen über ein Vergewaltigungsdelikt mit nachfolgender Schwangerschaft, bei dem die Identifikation des Tatverdächtigen von den Blutgruppenbestimmungen am Plazentagewebe nach dem Schwangerschaftsabbruch abhing. In diesem Fall war GLO ds kritische System, während PGM, SEP (AcP), EsD und AK keine eindeutige Zuordnung ermöglichten, obwohl sie erfolgreich bestimmt worden waren.

Ein anderer Aspekt ist die Identifikation der Mutter in Fällen von Kindstötung oder illegalen Schwangerschaftsabbrüchen. Das in diesen Fällen vorliegende Untersuchungsgut ist nicht immer ideal. In wenigen Fällen von Kindstötung, wenn der Fetus selbst gefunden wird, kann eine Blutprobe genommen werden. Häufig stehen nur Blutspuren oder Gewebeproben zur Verfügung. Diese bestehen in Fällen des illegalen Schwangerschaftsabbruchs überwiegend aus einer Mischung fetaler Fragmente, aus Plazentagewebe und mütterlichem Blut.

Die Proben unserer Untersuchungsreihe wurden durch Vakuumextraktion bei Schwangerschaftsabbrüchen gewonnen und sind damit analog zum Material der meisten illegalen Aborte.

Es existieren verschiedene Methoden zur Identifikation fetalen Materials, wie die Bestimmung der alkalischen Plazentaphosphatase (Oya 1985), Hb-F (Culliford 1978) und α-Fetoprotein (Patzelt et al. 1974); jedoch erbringen diese nur sehr limitierte Information über die Identität oder die Blutgruppeneigenschaften der Mutter odes des Fetus.

Viele Autoren haben vor uns die Identifikation von Blutgruppenmerkmalen von Feten beschrieben und dementsprechend umfangreich gestaltet sich die Literatur zu diesem Thema (Constantoulakis et al. 1963; Edwards et al. 1971; Eriksen 1983; Sander u. Sander 1949; Speiser 1959; Stejskal et al. 1973; Szulman 1964, 1971), jedoch haben sich die meisten Untersucher auf die Bestimmung der erythrozytären Antigene beschränkt.

Die Zielsetzung der vorliegenden Studie war es, Enzyme und Proteinsysteme zu identifizieren, die für die Charakterisierung von Plazenta- bzw. fetalen Materialmischungen von Bedeutung sein könnten.

Material und Methode

Es wurden insgesamt 25 Gewebeproben von Schwangerschaftsabbrüchen zwischen der 6. und 13. Schwangerschaftswoche (SSW) untersucht. Alle Proben wurden sofort tiefgefroren und bis zur Verarbeitung bei -20 °C gelagert. Auf den Versuch einer Differenzierung zwischen mütterlichem und fetalem Gewebe wurde verzichtet, lediglich bei den älteren Feten (11.–13. SSW) konnten fetale Teile z.T. makroskopisch identifiziert werden. Die Probenmengen waren sehr unterschiedlich, von kleinen Membranfragmenten bis zum Material mit größeren Gewebepartikeln. Nach dem Auftauen wurden alle Proben in der gleichen Weise aufgearbeitet. Flüssige Bestandteile der Proben wurden verworfen, während das Gewebe selbst - mindestens 3mal - in physiologischer Kochsalzlösung gewaschen wurde, bis alle Spuren von Blut entfernt waren. Nach dem letzten Waschen wurde die Probe zentrifugiert, der Überstand entfernt und mechanisch homogenisiert. Abschließend wurde eine Ultrazentrifugation durchgeführt und die im Überstand befindlichen Zelltrümmer entfernt. In ca. 50% der Fälle war es möglich, zu Vergleichszwecken eine Blutprobe der Schwangeren zu erhalten.

Methoden

A-, B- und H-Antigene wurden mittels Absorptions-Elutions- und Absorptions-Inhibitions-Technik für Körperflüssigkeiten, beschrieben von Pereira u. Martin (1976) sowie von Culliford (1978) typisiert. Enzyme und Proteine wurden mittels Standardelektrophorese oder isoelektrischer Fokussierung bestimmt.

Ergebnisse

Die Ergebnisse lassen sich gemäß der Qualität und Quantität der bestimmbaren Aktivität in 3 Kategorien (Tabelle 1) einteilen:

Tabelle 1. Drei Kategorien der Ergebnisse von Blutgruppen-, Serumprotein- und Enzymbestimmungen am Material von Schwangerschaftsabbrüchen, unterteilt nach Qualität und Quantität der bestimmbaren Aktivität

Gruppe 1 +	Gruppe 2 (+)	Gruppe 3 –
ABO	SEP	Gc
PGM	EsD	GLO
ADA	Tf	C'3
AK	GPT	Pi

Gruppe 1 (gekennzeichnet durch +) beinhaltet solche Systeme, in denen regelmäßig Aktivität gefunden wurde. In den meisten Proben korrespondierte die ermittelte Aktivität mit dem mütterlichen Befund, wenn dieser durch die Kontrolluntersuchung mütterlichen Blutes bekannt war. Andere Beispiele treten in den ABO- und PGM-Systemen auf, wo sich die Muster unterschieden.

Im ABO-System wurde zusätzlich ein anderes Antigen entdeckt und im PGM-System eine weitere Bande beobachtet.

Abbildung 1 stellt ein Diagramm der PGM dar. Zusätzlich zu den normalen Banden der Kontrollblutproben weist Probe 2 Aktivität in 3 Regionen auf, a_1, a_2 und a_3. Alle 3 Banden erscheinen normal und stimmen in ihrer Position exakt mit denen der Kontrollbanden überein. Ohne Kenntnis des mütterlichen PGM-Typs wäre es unmöglich zu entscheiden, welche Banden zusammengehören. Im beschriebenen Fall hatte die Mutter den PGM-Typ a_1–a_3.

Ähnliche Befunde wurden im ADA- und AK-System entdeckt. Doch wurden hier keine zusätzlichen Bandenmuster, sondern eher veränderte und atypische Wanderungsgeschwindigkeiten der Banden beobachtet (Abb. 2). Dieses Phänomen trat häufig im AK-System und zu annähernd 50% im ADA-System auf.

Die Systeme, zusammengefaßt in der Gruppe 2 (gekennzeichnet durch (+)), zeigten zwar Aktivität, doch war das Bandenmuster inkomplett, so daß keine oder nur begrenzte Information erhalten wurde. Zum Beispiel wurde Aktivität im SEP-System häufig in der B-Region beobachtet, und in diesen Fällen wurde das mütterliche Blut mit „entweder SEP:B oder BA" typisiert.

Ein ähnliches Muster zeigte sich im EsD-System, in dem die sekundäre, schwächere Bande des EsD-1-Typs fehlte und nur die Primärbande erschien. GPT ist ebenfalls in diese Gruppe einzuordnen, obwohl ein schwacher 2-1-Phänotyp in nur 2 Proben beobachtet wurde.

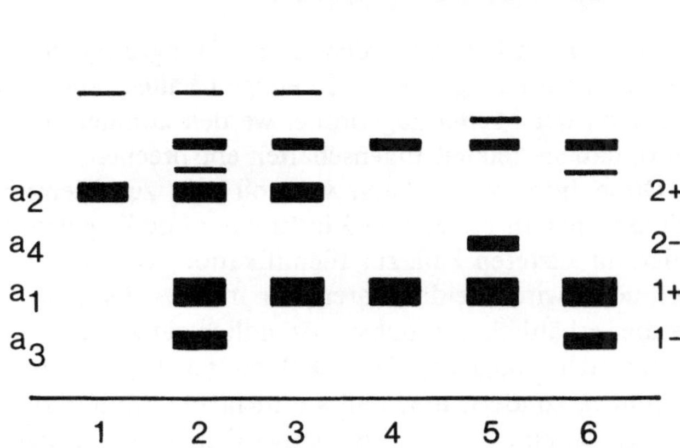

Abb. 1. Schematische Darstellung der PGM nach isoelektrischer Fokussierung (JEF). *Probe 1:* PGM a_2, *Probe 2:* Mischung aus fetalem und Plazentagewebe mit Genprodukten in den Regionen a_1, a_2 und a_3; *Probe 3:* PGM a_1–a_2; *Probe 4:* PGM a_1; *Probe 5:* PGM a_1–a_4; *Probe 6:* PGM a_1–a_3

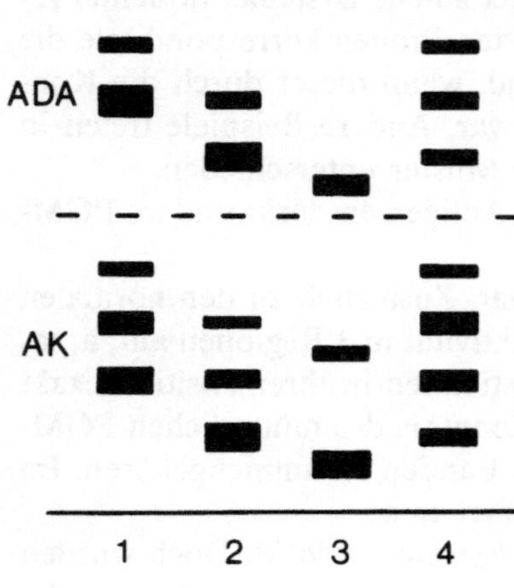

Abb. 2. Typische AK/ADA-Ergebnisse nach Elektrophorese auf Zelluloseacetatmembranen. *Probe 1:* ADA: 1 / AK: 1; *Probe 2:* ADA: 2 / AK: 2; *Probe 3:* Mischung aus fetalem und Plazentagewebe; *Probe 4:* ADA: 2-1 / AK: 2-1 (schematische Darstellung)

Die 3. Gruppe (gekennzeichnet durch –) besteht aus solchen Systemen, in denen keine Aktivität nachgewiesen werden konnte, nämlich Gc, C′3, Pi und – überraschenderweise, betrachtet man die Ergebnisse von Eriksen – GLO.

Diskussion

Die Ergebnisse dieser Untersuchungsreihe zeigen, daß die ABO-Bestimmung mittels Elutions- und Inhibitionstechniken und die PGM-IEF wichtige Informationen über Gewebeproben von Schwangerschaftsabbrüchen beschaffen können.

In fast allen Fällen wurden mit der Blutgruppe der Mutter korrespondierende Blutfaktoren nachgewiesen. In einigen Fällen fanden sich zusätzliche Hinweise, die nicht der Mutter zugeordnet werden konnten und von denen angenommen wird, daß sie fetalen Eigenschaften entsprechen.

Diese Information kann wertvoll sein zur Identifizierung der mütterlichen Blutgruppen in Fällen von Kindstötung und illegalem Schwangerschaftsabbruch oder, im letzteren Fall, zur Identifikation von fetalem Gewebe, das am „Tatort" gefunden wird. Leider waren nur in 50% der Fälle Vergleichsblutproben der Mütter erhältlich und selbstverständlich gar keine Kontrollblute der Feten. Es ist daher nicht völlig gesichert, daß zusätzlich aufgetretene Aktivitäten vom Fetus stammen, sondern nur, daß sie nicht der Mutter zugeordnet werden konnten. Jedoch scheint dies als alternative Quelle von Blutgruppenaktivitäten eine begründete Annahme zu sein, zumal bakterielle Kontamination, Modifikation und lagerungsbedingtes Auftreten von Artefakten usw. in geringer Häufigkeit vorkommen. Die Art des Probenmaterialsammelns und der Lagerung (–20 °C) wurde gewählt, um die Auswirkung dieser zusätzlichen Effekte zu minimieren.

Ergänzend hierzu besteht kein Grund zu der Annahme, daß, verglichen mit den Merkmalen der Mutter und des Föten, zusätzliche, andere serologische Merkmale im Plazentagewebe existieren.

Reaktionen im ABH-System wurden immer in Abhängigkeit von der mütterlichen Blutgruppe und von der Anwesenheit fetaler Merkmale gefunden. Im Gegensatz dazu wurde H-Aktivität in fast allen Gewebeproben entweder allein oder in Kombination mit A und/oder B nachgewiesen. Dies stimmt mit den Beobachtungen von Constantoulakis et al. (1976) überein und unterstützt die Theorie, daß H- oder Präkursorsubstanz immer als zelluläres Antigen, unabhängig von der Blutgruppe, vorhanden ist. Der Phänotyp AK 1 wurde häufig beobachtet, sogar wenn die mütterliche Probe als AK 2-1 typisiert worden war (2 Fälle). Sowohl die atypischen Bandenmuster im AK- und ADA-System als auch die inkomplette Aktivität von EsD, Tf und SEP (AcP) können vielleicht auf das Vorhandensein von Vorstufen bzw. „primitiven" Enzymformen hindeuten, obwohl die inkompletten Bandenmuster vielleicht auch ausschließlich durch ungenügendes Material bedingt sein können. Zu den Systemen der 3. Gruppe, in denen keine Aktivität nachgewiesen werden konnte, gehört GLO. Unter Einbeziehung der Ergebnisse früherer Arbeiten (Stöhlmacher u. Haferland 1980; Eriksen 1983), in denen GLO in Plazentagewebe und den meisten anderen Geweben nachgewiesen wurde, kann das Fehlen dieses Enzyms in unserer Untersuchungsreihe nicht ohne Methodenkritik betrachtet werden; daher ist eine Überprüfung der Nachweismethoden geplant.

Zusammenfassung

Es wurden 25 Gewebeproben von Schwangerschaftsabbrüchen zwischen der 6. und 13. Schwangerschaftswoche untersucht. Die ABH-Antigenaktivität, die Enzyme PGM, EsD, Ak, ADA, GLO, GPT und SEP und ferner die Serumproteine Gc, Tf, C'3 und Pi bildeten das Untersuchungsspektrum. Zur Bestimmung der ABH-Aktivität wurden die Absorptions-Elutions- und die Absorptions-Inhibitions-Techniken angewandt; die Enzyme und Proteine wurden durch Standardelektrophoresen oder isoelektrische Fokussierungen bestimmt. Die Systeme ABH, PGM und AK zeigten fast immer positive Ergebnisse; teilweise erzielten wir bei der ADA Erfolge, negative oder nicht eindeutige Ergebnisse bei den restlichen Systemen.

In den ABH- und PGM-Systemen traten manchmal zusätzlich zu den Aktivitäten aus dem mütterlichen Blut Reaktionen auf, von denen angenommen wird, daß sie durch serologische Merkmale im fetalen Gewebe bedingt sind.

Ebenso wurden im AK- und ADA-System atypische Banden beobachtet, die kathodal zum üblichen Bandenmuster auftraten.

Summary

Twenty-five tissue samples obtained from terminations between the 6th and 13th week of pregnancy were tested for ABH antigen activity, for enzymes PGM, EsD, AK, ADA, GLO, GPT and SEP, and for serum proteins Gc, Tf, C'3 and Pi. The ABH antigens were detected using absorption-elution and absorption-inhibition techniques, and the enzymes and proteins using standard electrophoresis or isoelectric focusing techniques. Positive results were nearly always observed for ABH, PGM-subtyping and AK, with partial success for ADA, and negative or inconclusive results for the remainder of the systems. ABH and PGM results sometimes showed additional activities to those of the maternal blood and are assumed to originate from the fetal tissue. Additionally, atypical bands were observed with AK and ADA cathodal to the normal band distribution.

Literatur

Constantoulakis M, Kay HEM, Giles CM, Parkin DM (1963) Observation on the A_2 gene and H antigen in foetal life. Br J Haematol 9:63–67

Culliford BJ (1978) The biology methods manual of the Metropolitan Police Forensic Science Laboratory. Commissioner of the Metropolitan Police, London

Edwards YH, Hopkinson DA, Harris H (1971) Adenosine desaminase isozymes in human tissue. Ann Hum Genet 35:207–219

Eriksen B (1983) Enzyme typing of placental tissue in a case of rape which resulted in pregnancy. In: 10. Internationaler Kongreß der Gesellschaft für Forensische Blutgruppenkunde, München 1983 (Tagungsbericht). Schmitt & Meyer, Würzburg, S 531–533

Oya M (1985) Rechtsmedizinischer Nutzen der alkalischen Placenta-Phosphatase bei Kindestötung. Z Rechtsmed 94:251–256

Patzelt D, Geserick G, Lignitz E (1974) Spurenkundliche Identifizierung von Neugeborenen- bzw. Fetalblut mittels alpha$_1$-Fetoprotein-Präcipitation. Z Rechtsmed 74:81–85

Pedal I, Kuhn H, HÜlle J (1985) Immunhistochemische Bestimmung von mütterlicher und kindlicher Blutgruppe (ABO) an reifem Placentagewebe. Z Rechtsmed 94:145–153

Pereira M, Martin PD (1976) Problems involved in the grouping of saliva, semen and other body fluids. J Forensic Sci Soc 16:151–154

Sander F, Sander M (1949) Über die Blutgruppen- und Faktorenbildung im embryonalen Leben. Zentralbl Gynakol 7:272–281

Speiser P (1959) Über die bisher jüngste menschliche Frucht (27 mm/2,2 g), an der bereits die Erbmerkmale A_1, M, N, s, Fy (a+), C, c, D, E, e, Jk (a+?) im Blut festgestellt werden konnten. Wien Klin Wochenschr 71:549–551

Stejskal R, Lill PH, Davidsohn I (1973) A, B, and H isoantigens in the human fetus. Dev Biol 34:274–281

Stöhlmacher P, Haferland W (1980) Glyoxalase 1 (GLO) in menschlichen Körpergeweben. Z Rechtsmed 85:165–168

Szulman AE (1964) The histological distribution of the blood group substances in man as disclosed by immunofluorescence III. The A, B and H antigens in embryos and fetuses from 18 mm in length. J Exp Med 119:503–515

Szulman AE (1971) IV. The ABH antigens in embryos at the fifth week post fertilization. Hum Pathol 2:575–585

*Gelungener Vaterschaftsbeweis an einem ca. 16 Wochen alten Feten bei Mehrverkehr von Vater und Bruder mit der Kindesmutter**

C. Rittner, L. Pötsch-Schneider, G. Rittner, G. Walther

Der Fall

Am 26. 07. 1985 wurde an der 17jährigen G. K. im Rahmen eines Ermittlungsverfahrens wegen Beischlafs zwischen Verwandten im Krankenhaus in K. eine Uterusexstirpation bei Graviditas mens IV vorgenommen. Uterus und Fetus wurden gemäß Beschluß des Amtsgerichts in K. beschlagnahmt und dem Institut für Rechtsmedizin der Universität Mainz in uneröffnetem Zustand überbracht. Unter fotografischer Dokumentation wurden Uterus und Fetus präpariert (s. Abb. 1). Mittels EDTA-bedampfter Kapillaren wurden vom Fetus 1,8 ml Blut gewonnen und heparinisiert.

Klärung der Abstammung des Föten

Die Blutgruppen- und HLA-Bestimmungen erfolgten z.T. in Mainz, z.T. in Kaiserslautern. Gleichzeitig wurde eine gemäß § 81a StPO der Kindesmutter entnommene Blutprobe untersucht. Nach gelungener Typisierung des Fetus wurden Blutproben der Mitbeschuldigten H.K. (Vater der Kindesmutter) und W.K. (Bruder der Kindesmutter) ebenfalls untersucht. Da Serum vom Fetus nicht gewonnen werden konnte, beschränkte sich die Befundmitteilung in Tabelle 1 auf die Erythrozytenmembran-, die -enzymsysteme und das HLA-System. Wie der Befundvergleich ergibt, gelang die Unterscheidung der Putativväter im Hinblick auf die Fetalbefunde lediglich im HLA-System (s. Stammbaum K. in Abb. 2). Für HLA-Fachleute sei erläutert, daß die fetalen Zellen mit 11 Anti-HLA-2-Seren eindeutig negativ reagierten, während 2 Antiseren Kreuzreaktionen zeigten. Dagegen führten von 17 Anti-A28-Seren 16 zu 5fach positiver Lyse, während eines negativ reagierte.

Aufgrund dieser Untersuchungen konnte der Bruder der Beschuldigten als Vater des Fetus ausgeschlossen werden. Für den Vater der Kindesmutter errech-

---

* Für die Berechnung der Vaterschaftswahrscheinlichkeit nach Essen-Möller danken wir Herrn Prof. Dr. M. P. Baur, Direktor des Instituts für Medizinische Statistik, Dokumentation und Datenverarbeitung der Universität Bonn. Den technischen Assistentinnen Frau M. Schwarz (Mainz) und Frau P. Stadler (Kaiserslautern) sei für ihre wertvolle Mithilfe herzlich gedankt.

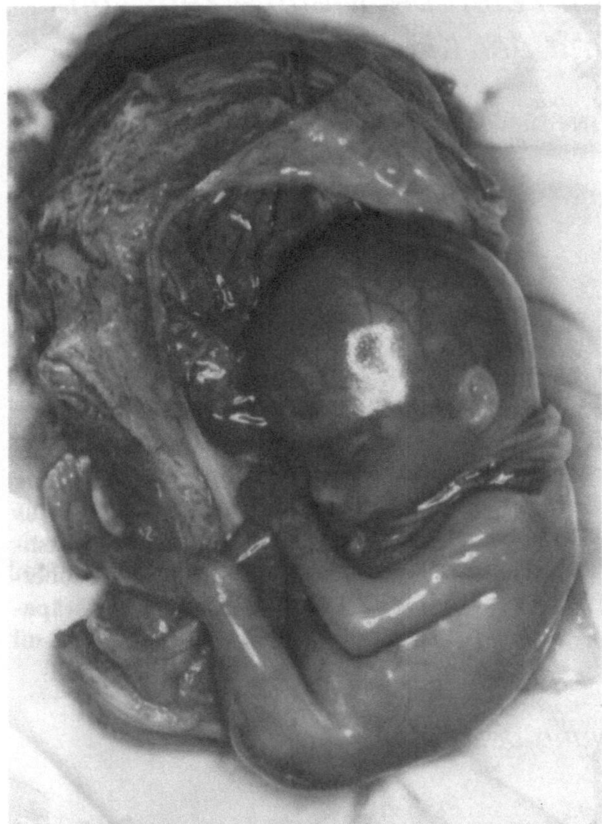

Abb. 1. Uterus, Plazenta und Fetus im Fall K

nete sich mit Hilfe des Familienanalyseprogramms von Baur et al. (1984) eine Vaterschaftswahrscheinlichkeit nach Essen-Möller unter Berücksichtigung des Verwandtschaftsverhältnisses zwischen Vater und Mutter von W = 99,936%. Hieraus ergab sich das gutachtliche Urteil, daß der Vater der Kindesmutter mit an Sicherheit grenzender Wahrscheinlichkeit auch der Vater des Fetus war.

Juristische Problematik

Die näheren Umstände des Falles sind uns nicht bekannt. Es liegt uns lediglich der Beschlagnahmebeschluß des Amtsgerichts vor. Wir gehen davon aus, daß der Schwangerschaftsabbruch im Rahmen des vorgeschriebenen Verfahrens nach § 218 a II StGB erfolgt ist. Zur Straffreiheit des Eingriffs mußte nach ärztlicher Erkenntnis festgestellt werden, daß die Schwangerschaft auf einer rechtswidrigen Tat beruhte. Dieser Nachweis ist erbracht (s. oben). Dagegen ist uns nicht bekannt, welche Rechtfertigungsgründe für die Exstirpation des Uterus

Tabelle 1. Gesamtheit der beim Fetus, bei GK, HK und WK erhobenen Blutgruppen-, Enzym- und HLA-Befunde

	Fetus	GK	HK	WK
		Erythrozytenmembransysteme		
AB0	0	0	0	A_2
MNSs	MMss	MNss	MMss	MNss
Rh	CcD.ee	ccddee	CcD.ee	CcD.ee Cw
	Cw negativ	Du negativ	Cw negativ	Negativ
Kell	Negativ	Negativ	Negativ	Negativ
P	Negativ	Positiv	Positiv	Negativ
Fy	a+b+	a−b+	a+b+	a+b+
Jk	a+b−	a+b+	a+b+	a+b+
		Erythrozytenenzymsysteme		
acP	BC	AC	BC	B
PGM_1	1	1	1	
PGM_3				
AK	1	1	2-1	2-1
ADA	1	1	1	1
6-PGD	AB	AB	A	AB
GPT	2-1	2-1	2-1	2
EsD	1	1	1	1
Leukozytengruppen				
HLA	A28/Bw60	A2, 28/Bw60	A3, 28/B37	A2, 3/B37
A, C, B	Cw3	Cw3	B60/Cw3	B60/Cw3

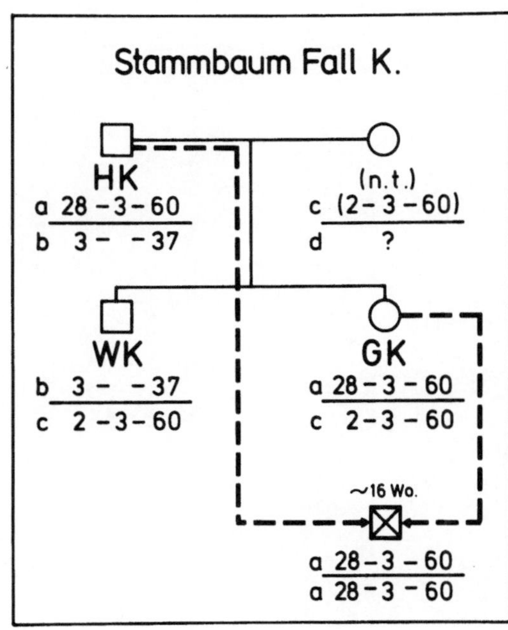

Abb. 2. Stammbaum der Familie K mit Angabe der Haplotypen der Klasse-I-Antigene des HLA-Systems. Reihenfolge der Genorte: HLA-A,-C,-B (*n. t.* nicht getestet)

vorlagen. Aus der Sicht des Blutgruppenserologen wäre allerdings eine Beweisführung an einem Fetus, der durch (möglicherweise verstümmelnde) Abrasio entwickelt worden wäre, weniger erfolgversprechend gewesen. So ist uns im gleichen Zeitraum eine HLA-Typisierung wegen Komplementsensivität der Lymphozyten an einem 6 Wochen alten Fetus mißlungen. Im allgemeinen dürfte der Reifegrad der HLA-Klasse I-Antigene ab der 10. Woche für eine direkte HLA-Typisierung erfolgversprechend sein.

Literatur

Baur MP, Neugebauer M, Sigmund M, Willems J (1984) FAP - Family analysis program. Cytogenet Cell Genet 37:416

*Über Gm-Epitope von menschlichem IgG_1**

E. Scheibe, R. Huber, O. Epp

Einleitung

Epitope, früher auch antigenetische Determinanten genannt, sind als Areale an der Molekülоberfläche der Immunglobuline wie auch an der Zellwand von Bakterien und von Erythrozyten charakterisiert, mit denen „passende" Antikörper spezifisch reagieren. Sie werden entweder durch Polysaccharide und Polysaccharidderivate oder durch Peptidsegmente gebildet. Die Epitope der Immunglobuline, soweit sie als Allotypen auch von humangenetischem Interesse sind, sind Peptidsegmente.

In der einschlägigen humangenetischen bzw. rechtsmedizinischen Literatur sind die Allotypen des Gm-Systems durch Aminosäurenaustausch charakterisiert (van Loghem 1978; van Loghem u. de Lange 1979; Prokop u. Göhler 1986). Hierbei wird jedoch zunächst nicht beachtet, daß die an der Oberfläche der Immunglobuline (und nur dort können sie wirksam werden) befindlichen Epitope in dreidimensionaler Anordnung zu verstehen sind. Ganz abgesehen davon spielen die Fragen, ob es sich um exponierte oder weniger exponierte Teile des Moleküls handelt, die Ladung und die Hydrophilie eine mehr oder weniger wichtige Rolle für die immunologische Erkennbarkeit dieser Areale (Scheibe et al. 1985; Scheibe, im Druck). Hierbei wird - wie in der immunologischen Technik z.Z. möglich und üblich - zunächst an den Einsatz des Hämagglutinationshemmtests als Verfahren zur Erkennung der einzelnen Allotypen gedacht. Jedoch muß unabhängig davon stets berücksichtigt werden, daß die Raumstruktur nur in Kombination mit den übrigen physikochemischen Charakteristika der einzelnen Molekülbereiche eine Erklärung der immunologischen Reaktionsfähigkeit (wie auch der immunologischen Spezifität) zuläßt.

Von den auf dem IgG_1-Molekül des Menschen lokalisierten, für die einzelnen Allotypen charakteristischen Epitope sind - vgl. Tabelle 1 - die von den Positionen 214, 356/358 und 431 (Eu-Nomenklatur) besonders gut bekannt bzw. untersucht. Da für die entsprechenden Allele nicht nur die Austausche von Aminosäuren bekannt sind, sondern auch die Anordnung dieser Positionen im IgG-Molekül (vgl. hierzu z.B. Huber 1980), erschien es reizvoll und vielleicht auch notwendig, den Versuch zu unternehmen, die für die Gm-Allotypen von IgG_1 charakteristischen Areale des Moleküls im Hinblick auf die räumliche Anord-

* Herrn Prof. Dr. med. W. Spann zum 65. Geburtstag freundlichst zugeeignet.

Tabelle 1. Die für die einzelnen Gm-Faktoren typischen Austausche von Aminosäuren (Eu-Nomenklatur) der γ_1-Kette. Wegen der unterschiedlichen Nomenklatur vgl. Prokop u. Göhler 1986

Position	Aminosäure	Faktor	Aminosäure	Faktor
214	Arg	Gm (f)	Lys	Gm (z)
356	Asp	Gm (a)	Glu	Gm (non a)
358	Leu	Gm (a)	Met	Gm (non a)
431	Gly	Gm (x)	Ala	Gm (non x)

nung der Austausche, in bezug auf die Umgebung und auf die physikochemischen Eigenschaften ihrer Umgebung zu interpretieren. Wir berichten nachstehend über entsprechende Untersuchungen, die am Raummodell des Myelomglobulins Kol (IgG_1, λ - vgl. u.a. Huber 1980) angestellt worden sind.

Material und Methoden

Die im folgenden beschriebenen Untersuchungen wurden mit Hilfe eines Vector Graphics Systems (PS 300, Fa. Evans & Sutherland) durchgeführt. Im Raummodell des IgG-Moleküls Kol können die einzelnen Aminosäurepositionen dargestellt werden, so daß räumliche Beziehungen erkennbar sind und eine Entfernungsmessung möglich ist. Zur Aufklärung der Raumstruktur und bezüglich der hierzu erarbeiteten Unterlagen wird auf die einschlägige Literatur verwiesen (vgl. Huber 1980).

Es wurde zunächst die Anordnung der für den jeweiligen Austausch kennzeichnenden Aminosäure im Raum bestimmt. Anschließend wurde der Versuch unternommen festzustellen, ob in der Umgebung dieser Austausche oder an der ausgetauschten Aminosäure selbst Charakteristika zu erkennen sind, die u. U. das physikochemische Verhalten der Epitope bzw. des Epitopbereichs beeinflussen können. Schließlich wurde überprüft, ob eine räumliche Änderung die Ausprägung einer Antigen-Antikörper-Reaktion im Bereich der jeweiligen Austausche zu beeinflussen vermag. Alle Distanzangaben sind in Å-Einheiten gemacht. Berücksichtigt wurden die Positionen 214, 356/358 und 431 (Eu-Nomenklatur) der schweren Kette des erwähnten IgG Kol.

Ergebnisse

Die Position 214 (Eu-Nomenklatur; bei Huber 1980 in Abb. 3d, Position 515) befindet sich etwa in der Mitte des äußeren Strangs eines β-Faltblatts an der Außenfläche der Domäne. Zwischen Arg 214 (kennzeichnend für Gm(f) bzw. Gm (4), Eu-Nomenklatur) und Glu 216 ist eine Salzbrücke ausgebildet. Die Entfernung zwischen der Guanidinogruppe von Arg 214 und der Carboxylgruppe von Glu 216 beträgt 2,9 Å. Weiterhin besteht eine Salzbrücke zwischen Lys 213 (Eu-Nomenklatur) und Glu 123 (Eu-Nomenklatur) der benachbarten leichten Kette. Der Abstand beträgt 2,8 Å.

Die Disulfidbrücken zwischen der leichten und der schweren Kette in beiden Fab-Fragmenten sind von dem kennzeichnenden Aminosäurenaustausch an Position 214 nicht sehr weit entfernt. Die Abstände der Guanidinogruppe von Arg 214 zu den beiden Disulfidbrücken betragen 12,6 bzw. 15,8 Å.

Die Positionen 356/358 (Eu-Nomenklatur) - charakteristisch für Gm(non a) (wie bei Kol) bzw. Gm(a) oder Gm(1) - befinden sich, wie bereits früher ausgeführt (Scheibe et al. 1985), in einem exponierten Bereich der C_H3-Domäne. Auch hier sind Salzbrücken ausgebildet von Glu 356 zu Lys 439 der Nachbarkette und von Glu 357 zu Lys 370 der Nachbarkette. Die Abstände sind 3,1 bzw. 2,9 Å. Die Entfernung von Glu 356 zu Ala 431 der Nachbarkette beträgt 18,2 Å und die von Met 358 zu Ala 431 der Nachbarkette 25 Å.

Der Austausch Ala 431 durch Gly ist kennzeichnend für die Ausbildung von Gm(x) bzw. Gm(2). Zum Gm(x bzw. 2-)Epitop in Position 431 ist noch zu vermerken, daß zwischen Glu 430 und Lys 338 der Nachbarkette eine weitere Salzbrücke entsteht. Die Entfernung beträgt hier 2,7 Å.

Diskussion

Aus den vorstehend wiedergegebenen Daten ist zunächst zu erkennen, daß zwischen den räumlichen Anordnungen der für die einzelnen Allotypen charakteristischen Aminosäurenaustausche beachtliche Unterschiede bestehen. Während die Position 214 sich etwa in der Mitte eines β-Faltblattstrangs, allerdings an der Außenfläche des Moleküls, befindet, sind die Positionen 356/358 und 431 in exponierten Schleifen der C_H3-Domäne angeordnet. Vielleicht ist das ein Grund dafür, daß die Antigenstärke der Position 214 geringer ist als die der exponierten Positionen 356 und 358. Daß sich die beiden Disulfidbrücken in den Fab-Fragmenten auf die Reaktionsfähigkeit der Position 214 auswirken, ist zumindest denkbar. Die Entfernung der Guanidinogruppe von Arg 214 zu ihnen beträgt nur 12,6 bzw. 15,8 Å.

Auf die Besonderheiten der Nachbarschaft zwischen der Position 356 der einen und der Position 431 der anderen Kette war bereits in anderem Zusammenhang eingegangen worden (Scheibe et al. 1981; Christofini 1981; Scheibe et al. 1985; Scheibe, im Druck). In einem besonderen Licht erscheint hierbei, daß Heteroantiseren vom Rind nur dann mit Gm(a) (Position 356/358) reagieren, wenn die Position 431 Ala nicht durch Gly ausgetauscht ist (Kirst 1982). Im übrigen wurde ein ähnlicher Effekt (allerdings nur quantitativ) mit menschlichen Anti-Gm(a)-Seren beobachtet (Scheibe et al. 1981; Christofini 1981).

Die räumliche Entfernung zwischen der Position 356 der einen Kette und der Position 431 der Nachbarkette ist mit etwa 18 Å verhältnismäßig gering. Es ist denkbar, daß die Reaktion eines Antikörpermoleküls mit der Position 356 beeinflußt wird, wenn das Ala in Position 431 durch Gly [kennzeichnend für Gm(x bzw. 2)] ersetzt ist, was möglicherweise eine größere Flexibilität für diesen Kettenbereich bedeutet. Setzt man jedoch die ebenfalls für Gm(a bzw. 1) kennzeichnende Position 358 mit der Position 431 der benachbarten Kette in Beziehung (die Entfernung beträgt etwa 25 Å), wird kaum eine wesentliche Behinderung der Reaktion stattfinden können.

Die Entfernung zwischen Ala in Position 431 und Leu in Position 251 (C_H2-Domäne) beträgt nur 8 Å. Hiernach wäre es denkbar, daß die Zugänglichkeit dieses an sich räumlich exponierten, in einer Schleife befindlichen Molekülbereichs eingeschränkt ist. Vielleicht ist dies eine Erklärung dafür, daß Gm(x bzw. 2) ein „schwächeres" Antigen ist als z. B. Gm(a bzw. 1).

Der auffälligste Befund bei unseren Untersuchungen war, daß in unmittelbarer Nachbarschaft jedes hier berücksichtigten, für Gm-Allotypen charakteristischen Aminosäurenaustauschs zumindest eine Salzbrücke nachgewiesen werden konnte:

Arg 214 ... Glu 216
Lys 213 ... Glu 123 (leichte Kette)
Glu 356 ... Lys 439 (Nachbarkette)
Glu 358 ... Lys 370 (Nachbarkette)
Glu 430 ... Lys 338 (Nachbarkette)

Die Austausche in den Positionen 214 (Arg gegen Lys) und 356 (Asp gegen Glu) sind zwar konservativ, können aber dennoch die Salzbrückenbildung stören oder gar verhindern. Möglicherweise liegt hierin der Schlüssel zum Verständnis des unterschiedlichen immunologischen Verhaltens der betroffenen Epitope.

Von besonderem Interesse dürfte die Salzbrückenbildung zwischen Fd-Fragment und einer benachbarten Aminosäure der leichten Kette deshalb sein, weil die Gm(f)-Eigenschaft, charakterisiert durch den Aminosäurenaustausch Arg gegen Lys in Position 214, mittels Hämagglutinationshemmtests nicht mehr erkennbar ist, sobald die leichte Kette von der schweren Kette abgetrennt ist. Sie wird jedoch wieder nachweisbar, wenn eine beliebige (nur?) menschliche leichte Kette wieder angefügt wird (Polmar u. Steinberg 1964). Prokop u. Göhler (1986) wie auch andere Autoren sehen hierin eine Auswirkung der Quartärstruktur. Das ist prinzipiell zu billigen, doch mag allein schon der Wegfall der Salzbrücke von der Position 213 der schweren Kette zur Position 123 der leichten Kette die Ausbildung eines mittels Hämagglutinationshemmtests nachweisbaren Epitops vereiteln. Diese Frage kann natürlich nicht mit unserer Methodik beantwortet werden, wohl aber mit Rekombinationsversuchen mit leichten Ketten, bei denen die Ausbildung einer Salzbrücke im erörterten Molekülbereich nicht möglich ist.

Hiernach ist als wohl neue Erkenntnis zu vermerken, daß in allen für Gm-Allotypen charakteristischen Austauschpositionen von IgG_1 bzw. in deren unmittelbarer Nachbarschaft eine Salzbrückenbildung nachgewiesen werden konnte, die bei Beteiligung der ausgetauschten Aminosäure an der Salzbrücke selbst möglicherweise eine Veränderung des immunologischen Verhaltens verursachen kann. Wir möchten meinen, daß bei der Ausbildung der Gm-Allotypen das Vorhandensein bzw. der Wegfall von Salzbrückenbildung eine wesentliche, vielleicht sogar eine entscheidende Bedeutung hat.

Aus dem Gesagten ergibt sich weiter, daß die am IgG_1 gewonnenen Erkenntnisse über (mögliche) Zusammenhänge zwischen Allotypeneigenschaften und Salzbrückenbildung im Bereich der kennzeichnenden Austausche es sinnvoll und notwendig erscheinen lassen, auch andere Peptidepitope auf das Vorhandensein bzw. Fehlen von Salzbrücken zu untersuchen. Natürlich müssen hier stets auch die räumlichen Verhältnisse Berücksichtigung finden - so z. B. ob sich die jeweiligen Austausche in einem exponierten Teil des Moleküls befinden oder nicht.

Zusammenfassung

Auch wenn die Positionen 356/358 wie auch 431 (Eu-Nomenklatur) sich in räumlich exponierten Bereichen von $IgGl_1$ befinden, kann hierdurch nicht allein die Ausbildung von Gm-Epitopen erklärt werden. Der Nachweis von z. T. mehreren Salzbrücken im Bereich aller hier berücksichtigten Gm-Epitope läßt vermuten, daß hierdurch die Ausprägung des immunologischen Verhaltens u. U. entscheidend (mit)beeinflußt wird.

Literatur

Christofini A (1981) Über Dosis-Effekt und den Einfluß des IgG_1-Allotyps Gm(x) auf die Rezeptor-Stärke von Gm(a). Dissertation, Ernst-Moritz-Arndt-Universität, Greifswald

Huber R (1980) Spatial structure of immunoglobulin molecules. Klin Wochenschr 58:1217-1231

Kirst R (1982) Ein neuer menschlicher Gm-Reaktionstyp, dargestellt mit einem Rinderserum. Acta Biol Med Germanica 41:K 17-K 18

Loghem E van (1978) Genetic studies on human immunoglobulins. In: Weir DM (ed) Handbook of Experimental immunology, 3rd ed, vol 2. Blackwell, Oxford London Edinburgh Melbourne, p 11.1-11.16

Loghem E van, de Lange G (1979) Immunoglobulin epitopes in primates. Vox Sang 37:329-337

Polmar SH, Steinberg AG (1964) Dependence of a Gm(b) antigen on the quaternary structure of human gamma globulin. Science 145:928-929

Prokop O, Göhler W (1986) Die menschlichen Blutgruppen. VEB G. Fischer, Jena, S 201-202

Scheibe E (im Druck) Zur Charakterisierung von Epitopen, kennzeichend für das Gm-System. Festschrift zum 65. Geburtstag von Otto Prokop

Scheibe E, Christofini A, Weber A (1981) Zur wechselseitigen Beeinflussung der Gm(a)- und Gm(x)-Rezeptoren. (Vortrag Medizinischer Verein Greifswald)

Scheibe E, Streubel U, Braun V (1985) Sind hydrophile Bereiche der Polypeptidketten ausnahmslos identisch mit Epitopen? - Erörterungen zur Problematik anhand von Immunglobulin-Allotypen des Menschen. Biomed Biochem Acta 44:1389-1395

Genetische Marker in der Perilymphe des Innenohrs (eine Übersicht)

B. TUROWSKA, F. TRELA

Die Identifizierungsuntersuchungen hinsichtlich der Gruppenzugehörigkeit von Leichen oder auch ihrer Teile stoßen manchmal auf grundsätzliche Schwierigkeiten. Falls dem Gestorbenen nichthämolysiertes Blut entnommen werden kann, bildet die Gruppenbestimmung kein Problem. Bei vorliegender Hämolyse oder Fäulnisprozessen dagegen müssen wir zu mittelbaren Methoden greifen, d.h. zur Absorptions- oder Elutionstechnik. Bei zerstückelten Leichen können die Gruppenantigene aus Muskelfragmenten bestimmt werden. Wie jedoch Praxis und Erfahrung zeigen, sind derartige Untersuchungen nur zu einem geringen Prozentsatz erfolgreich.

Die Möglichkeit der Bestimmung von genetischen Eigenschaften in Körperflüssigkeiten und menschlichen Sekreten bildet also ein wichtiges Problem in der gerichtsmedizinischen und kriminalistischen Praxis. Damit aber die Forschungsergebnisse auf diesem Gebiet zur praktischen Anwendung kommen können, müssen vorher einige Fragen beantwortet werden:

1) Welche Blut- und Eiweißantigene sind im untersuchten Material vorhanden und welche Untersuchungsmethode ist zu deren Nachweis am besten geeignet?
2) Sind diese Antigene genetische Marker oder unspezifische Eiweiße?
3) Wie groß ist die Stabilität dieser Gruppenantigene?

Im vorliegenden Artikel möchten wir die bisherigen Forschungsergebnisse der Expression von Gruppenantigenen in der Perilymphe des Innenohrs darstellen. Sie betreffen die Gruppenmarker der Zellhaut der roten Blutkörperchen, der Serumeiweiße und der Enzyme des menschlichen Blutes. Antigene, die sich auf der Oberfläche der Erythrozyten befinden, werden mit Hilfe von immunologischen Methoden nachgewiesen, meist im Agglutinationstest oder einer Variante. Die genetische Differenzierung von Eiweißen und Enzymen wird durch elektrophoretische Absonderung in verschiedenen Medien aufgedeckt, ausgenommen die Antigene Gm und Km, die lösliche Eiweiße sind und mit immunologischen Methoden bestimmt werden.

Der Artikel soll einen Überblick über die bisherigen, nicht sehr zahlreichen Untersuchungen zu Anwesenheit oder Fehlen von Gruppenantigenen in der Perilymphe des Innenohrs geben und damit für weitere Forschung auf dem Gebiet der gerichtsmedizinischen Seroimmunologie behilflich sein.

Art und Weise der Entnahme von Perilymphe

Die Perilymphe des Innenohrs wird der menschlichen Leiche nach der von Trela et al. (1974) beschriebenen Methode entnommen. Diese beruht auf dem Abtragen der Knochenschicht der oberen und unteren Schläfenbeinpyramiden an der Verlaufsstelle der Halbkugelkanäle. Nach dem Abmeißeln weiterer Knochenteile werden die Halbkugelkanäle freigelegt. Die Perilymphe wird aus den beiden Ohren mit der Pasteur-Pipette in einer Menge von etwa 250–350 mg entnommen.

Erythrozytengruppenantigene in der Perilymphe

Die Gruppenantigene ABO wurden in der Perilymphe des Innenohrs zum ersten Mal im Jahre 1975 von Trela u. Turowska unter Anwendung der Absorptionsmethode nachgewiesen. Zum Test werden die Seren Anti-A und Anti-B vom Titer 1:16 verwendet, gewonnen durch das Verdünnen der nativen menschlichen Seren vom Titer 1:128 mit physiologischer Kochsalzlösung. Die untersuchte Perilymphe wird in der Menge „ana partes" zu Anti-A- und Anti-B-Serum sowie zu Anti-H-Agglutininen hinzugegeben, zubereitet als Extrakt aus dem Samen Ulex europeus, Titer 1:4. Das Ganze wird bei 4 °C für 18 h inkubiert. Darauf werden die Mustererythrozyten der Gruppen A, B und O serengemäß hinzugegeben und die Reaktion beobachtet, die innerhalb von 10 min eintritt. Fehlen der Agglutination zeugt von der Abwesenheit des gegebenen Antigens.

Die gewonnenen Ergebnisse erlauben die unzweifelhafte Feststellung, daß die Gruppenantigene ABO/H in der Perilymphe des „Sekretors" vorhanden, dagegen bei „Non-Sekretoren" nicht nachzuweisen sind. Positive Reaktionen werden bei 97% der „Sekretoren" gewonnen, wobei keine falsch-positiven Reaktionen beobachtet wurden. Die 3% der von uns als falsch-negativ beobachteten Ergebnisse lassen sich schwer eindeutig erklären.

1983 hat Lötterle die Möglichkeit der Bestimmung der Gruppenantigene ABO in der Perilymphe bestätigt, indem er seine Ergebnisse durch die Makro- und Mikromethode veranschaulicht hat. Laut seiner Beurteilung ergab die Mikromethode unspezifische Reaktionen. Mit der Makromethode dagegen hat er die Gruppenantigene ABO zu 96% bei den „Sekretoren" feststellen können. Lötterle hat vorgeschlagen, zu 100 µl des Gemisches aus Anti-A- und Anti-B-Serum vom Titer 1:32 100 µl Perilymphe hinzuzugeben. Darauf soll das Gemisch 18 h bei einer Temperatur von 4 °C inkubieren. Nach Ablauf dieser Zeit werden mit Mustererythrozyten unter Beimengung von Rinderalbumin die eintretenden Reaktionen der Agglutinationshemmung untersucht. Die Ablesung soll bis zu 15 min erfolgen. Lötterle hat keine falsch-positiven Reaktionen festgestellt.

Er hat auch die Anwesenheit von Isoagglutininen Anti-A und Anti-B in der Perilymphe nachgewiesen. Zum Aufdecken verwendete er Testblutkörperchen der Gruppen A, B und O in physiologischer Kochsalzlösung, unter Zusatz von Papain suspendiert. Die Ablesung erfolgte nach 24 h Inkubation bei 4 °C. Unter

Verwendung der in physiologischer Kochsalzlösung verdünnten Erythrozyten konnte er die Anwesenheit von Antikörpern zu 63% nachweisen unter Verwendung der Erythrozyten mit Zugabe von Enzym zu 85%. Es drängt sich die Schlußfolgerung auf, daß in der Perilymphe inkomplette Antikörper häufiger als komplette auftreten.

Andere Gruppenantigene auf der Oberfläche der Erythrozyten waren bisher nicht Gegenstand der Untersuchungen.

Genetische Marker der Serumeiweiße und Enzyme

Im Plasma und in den Enzymen menschlicher Erythrozyten wurde ein sehr großer Polymorphismus nachgewiesen. In den Untersuchungen der Perilymphe haben Turowska u. Trela (1975, 1977) positive und unzweifelhafte Ergebnisse mit der Bestimmung der Antigene Gm 1, Gm 2 sowie Km 1 des γ-Globulinsystems unter Anwendung der Methode der Agglutinationshemmung nach Linnet-Jepsen et al. (1958) erzielt. Die Anwesenheit dieser Antigene wurde in der ungelösten und 1:1 gelösten Perilymphe nachgewiesen. Die Antigene zeigten eine große Stabilität. Bei der Parallelbestimmung dieser Eigenschaften in Serumproben derselben Personen wurden keine Unterschiede festgestellt.

Haptoglobine, Transferrine sowie die Eigenschaften des Gc-Systems wurden unter Anwendung von konventionellen Methoden der elektrophoretischen Trennung und der Immunelektrophorese nicht nachgewiesen.

Eins der stabilsten enzymatischen Systeme ist das System der Phosphoglucomutase (PGM_1). Seine genetische Differenzierung wurde nicht nur im Blut, sondern auch im männlichen Samen und in der Perilymphe nachgewiesen (Turowska et al. 1984). Es wurden identische Phänotypen PGM_1 1-1, PGM_1 2-1 und PGM_1 2-2 in der Perilymphe und in Blutproben festgestellt. Der Unterschied bestand nur darin, daß die „Indifferentialbänder" des Isoenzyms e, f, g, vom locus PGM_2 determiniert, in der Perilymphe nicht festgestellt wurden und die „Differentialbänder" mit locus PGM_1 a, b, c, d, eine viel intensivere Verfärbung als in analogen Blutproben aufwiesen. Die bei der Differenzierung von Phosphoglucomutase in der Perilymphe verwendete Methode ist die Elektrophorese in Stärkegel.

Mehrfache Versuche, die saure Phosphatase und Esterase D in der Perilymphe als genetische Marker zu bestimmen, blieben in der elektrophoretischen Trennung im Stärkegel erfolglos. Leicht markierte, gestaltlose Enzymspuren zeugen zwar von ihrer Anwesenheit, nicht aber von einer phänotypischen Differenzierung (Turowska et al. 1984).

Praktische Anwendung der Untersuchung von Perilymphe bei gerichtsmedizinischen Problemen

Die bisherigen Ergebnisse von Untersuchungen der Perilymphe des Innenohrs ließen feststellen, daß in diesem Sekret die Gruppenantigene folgender Systeme feststellbar sind: ABO bei „Sekretoren" Gm 1, Gm 2, Km 1 sowie Phänotypen PGM_1. Diese Beobachtungen fanden ihre praktische Anwendung in gerichtsmedizinischen Expertisen im Rahmen der Identifizierung von Leichen, insbesondere dann, wenn die Blutentnahme unmöglich oder wenn die Blutprobe für die serologischen Untersuchungen nicht geeignet ist. Das bezieht sich hauptsächlich auf verkohlte Leichen sowie auf Fälle, in denen der Leichnam weit fortgeschrittene autolytische Veränderungen aufweist.

Die seit einigen Jahren verwendete Methode der Teilung von Eiweißen und Enzymen in ihrem isoelektrischen Punkt (Methode der Fokussierung) dürfte unsere Information über die in der Perilymphe vorhandenen und mit bisherigen Methoden nicht nachgewiesenen genetischen Marker erweitern helfen.

Literatur

Linnet-Jepsen P, Galatius-Jensen G, Hauge M (1958) On the inheritance of the Gm serum group. Acta Genet 8:165-196

Lötterle J (1983) ABH-Antigene und Isoagglutinine in der Innenohrflüssigkeit. In: 10. Internationaler Kongress der Gesellschaft für Forensische Blutgruppenkunde. München, 11.-15. 10. 1983. Schmitt & Meyer, Würzburg, S 265-270

Trela F, Turowska B (1975) ABO/H/ group substances in human inner ear fluid. Forensic Sci 6:5-7

Trela F, Marek Z, Halama A, Grochowska Z (1974) Poziom alkoholu we krwi i przychlonce pobranych ze zwlok. [Alkoholspiegel im Blut und aus der Leiche entnommener Perilymphe]. Arch Med Sad Krym 24:65-69

Turowska B, Trela F (1975) Gm(1) factor in human inner ear fluid. Forensic Sci 6:89-90

Turowska B, Trela F (1977) The Gm(2) and Inv(1) factors in human inner ear fluid. Forensic Sci 9:43-44

Turowska B, Trela F, Nowicka L (1984) Kwaśna fosfataza, esteraza D oraz fosfoglukomutaze w przychlonce ucha wewnetrznageo. [Saure Phosphatase, Esterase D und Phosphoglucomutase aus der Perilymphe des Innenohrs]. Arch Med Sad Krym 34:239-242

SEP-Darstellung in Agarosegel an gelagerten Blutspuren

E. Tutsch-Bauer, E. Josephi

Einleitung

Der Polymorphismus der sauren Erythrozytenphosphatase (SEP, aCP, acP, EAP), einer Phosphohydrolase und -transferase, wurde 1963 von Hopkinson et al. entdeckt. Das Enzymsystem erwies sich in der Blutgruppenkunde insofern als besonders nützlich, als es eine allgemeine Vaterschaftsausschlußchance von 22% aufweist und somit damals nur vom MNSs- und Rhesus-System übertroffen wurde. Hopkinson et al. stellten fest, daß nach stärkegelelektrophoretischer Auftrennung von Erythrozytenhämolysaten im schwach sauren pH-Bereich eine Auftrennung in mehrere Phänotypen erfolgt, wobei sich die unterschiedlichen Isoenzymspots mit Phenolphtaleindiphosphat lokalisieren lassen. Bei diesem Vorgehen wurden 6 verschiedene Phänotypen festgestellt, denen 3 häufige kodominante Allele an einem autosomalen Genort zugrunde liegen.

Heidel (1968), Smerling (1968) sowie Nagata u. Dotzauer (1970) gingen in den Jahren 1968–70 der Frage nach, inwieweit die Typisierung der sauren Erythrozytenphosphatase bei Blutspurenuntersuchungen insbesondere an getrockneten Blutflecken eingesetzt werden kann. Die Ergebnisse zeigten, daß der Nachweis prinzipiell möglich ist, daß die zeitlichen Nachweisgrenzen jedoch sehr eng sind. Smerling (1968) gab eine Nachweisdauer bei einem Spurenalter bis zu 30 h an, Nagata u. Dotzauer (1970) 2–3 Tage und Heidel (1968) berichtete, daß es gelungen sei, an 30 Tage alten Blutspuren den Phosphatasetyp zu bestimmen. Mit einer verbesserten Methode unter Verwendung von Polyacrylamidgelen konnten Brinkmann et al (1972) die Spanne des zeitlichen Nachweises auf 6–8 Wochen verlängern, eine weitere Verbesserung der Ergebnisse erbrachte 1979 die elektrophoretische Auftrennung mit Hilfe der Cellogelelektrophorese (Brinkmann u. Bruns 1979).

Durch die Kombination zweier Methoden, wobei die eine die Probenvorbereitung betraf, sollte der Versuch unternommen werden, die zeitlichen Nachweisgrenzen bei Einsatz kleinster Spurenmengen weiter zu verbessern.

Material und Methode

Von frisch entnommenen Blutproben mit bekanntem Phänotyp wurden Spuren auf Baumwolle angelegt, diese wurden im Labor bei Zimmertemperatur (20 °C) gelagert. Die Aufbereitung der Spuren erfolgte geringfügig modifiziert in der von Bär u. Sütterlin 1983 beschriebenen Weise, d.h. aus der Spur wurden mittels Scherenschlag kleinste Teile abgetrennt, das Spurenmaterial mit Pinzetten weiter aufgefasert und in ein Plastik-Eppendorf-Gefäß, in das vorher 2 Tropfen Aqua dest. getropft worden waren, gebracht. Das Spurenmaterial soll sich damit so knapp wie möglich vollsaugen. Andere Zusätze, wie von den oben genannten Autoren früher verwendet, beispielsweise Phosphatpuffer mit Mercaptoäthanol, wurden von uns nie benutzt. Nach einer Inkubationszeit von ½–1 h wurden die Spitze des Gefäßes mit einer Spritzennadel durchstoßen und das Gefäß auf ein weiteres ebensolches gesetzt, wobei die aufeinandergesetzten Plastikgefäße zur Stabilisierung beim Zentrifugieren in ein Glasröhrchen gestellt wurden. Das Zentrifugieren erfolgte bei 3000 Umdrehungen über 15 min. Das gewonnene Eluat wurde mittels einer fein ausgezogenen Glaskapillare direkt in das Agarosegel verimpft.

Die SEP-Darstellung wurde in der Agarosedünnschichtelektrophorese nach Martin u. Ziegler, wie in der Arbeitsanleitung von Johnson-Diagnostica beschrieben, durchgeführt. Abweichend von der von Martin u. Voß gegebenen Anleitung wurde bei der Versuchsdurchführung Seakem Agarose Typ LE verwendet, da diese Agarose ein sehr klares Gel mit gut ablesbaren Banden ergibt und die Qualität unabhängig von der Charge stabil ist.

Die Elektrophorese wurde nach den Angaben von Martin bei 450 V, 70 mA und einer Laufzeit von 75 min durchgeführt. Die Färbung erfolgte mit Methylumbelliferylphosphat getränktem Filterpapier über 30 min bei 37 °C. Die Ablesung erfolgte im UV-Licht.

Ergebnisse

In regelmäßigen wöchentlichen Abständen wurden die Spuren untersucht, wobei neben der Spur zur Kontrolle jeweils frisches Hämolysat gleichen Phänotyps aus Routinebluten mitgeführt wurde. Es zeigte sich eine gute Nachweisbarkeit der Banden noch nach 3 Monaten, wobei, wie bereits von Brinkmann beschrieben, auch von uns eine gewisse Aktivitätsminderung im Bereich der A-Bande beobachtet wurde. Die Abschwächung war jedoch nicht so ausgepägt, daß es zu einer fehlerhaften Typisierung gekommen wäre. Eine anodale Wanderung der A-Bande, wie in der Stärkegelelektrophorese beobachtet, zeigte sich nie.

Zusammenfassend ist festzustellen, daß mit den von uns angewandten Methoden der Nachweis der sauren Erythrozytenphosphatase bei Lagerung bei Zimmertemperatur bis 3 Monate möglich ist. Das Extraktionsverfahren nach Bär stellt dabei eine technisch einfache Methode dar, bei der ohne weitere Zusätze bei geringer Spurenmenge ausreichend Material zur Verimpfung gewonnen werden kann. Die für den Spurennachweis verwendete Agarose (Seakem Agarose Typ LE) ergibt ein klares Gel mit einer guten Trennschärfe der Banden. Die Aktivitätsminderung im Bereich der A-Bande ist deutlich herabgesetzt, eine anodale Wanderung der A-Bande wurde nicht beobachtet, die Gefahr der Verwechslung von AC und BC-Bande erscheint damit behoben.

Literatur

Bär W, Sütterlin H (1983) Die Asservierung von Blutspuren unter Feldbedingungen und ihre Vorbereitung zur Analyse. Arch Kriminol 172:166–170

Brinkmann B, Bruns J (1979) Zur ACP-Typendifferenzierung aus Blutflecken. Z Rechtsmed 84:1–6

Brinkmann B, Günnemann M, Koops E (1972) Investigations on the decay of acid phosphatase types in stored blood stains and blood samples. Z Rechtsmed 70:68–71

Heidel G (1968) Die spurenkundliche Bedeutung der Typen der sauren Erythrozytenphosphatase. Dtsch Z Gerichtl Med 63:37–43

Hopkinson DA, Spencer N, Harris H (1963) Red cell acid phosphatase variants. A new human polymorphism. Nature 199:969–971

Martin W, Voß C (1978) Die Darstellung der Systeme 6-Phosphogluconat-Dehydrogenase (E. C. 1.1.1.44) und der sauren Erythrozytenphosphatase (E. C. 3.1.3.2) in der Agarose-Dünnschicht-Elektrophorese. Blut 36:35–39

Martin W. Ziegler C (o.J.) SEP-Darstellung in der Agarose-Dünnschichtelektrophorese. *A.-Johnson-Diagnostika* (Arbeitsblätter)

Nagata T, Dotzauer G (1970) Nachweis und Typenbestimmbarkeit der sauren Erythrozytenphosphatase in Blutspuren. Z Rechtsmed 67:359–363

Smerling M (1968) Bestimmung der sauren Erythrozytenphosphatase an alten Blutalkoholproben und in Blutspuren. Arch Kriminol 144:161–166

Arztrecht, Versicherungsmedizin, Strafrecht

Zur Abhängigkeit medizinischer Sachverständiger von morphologischen Befunden bei der Beurteilung der Testierfähigkeit

D. Cabanis

Seit sozialpsychologische, sozialpsychiatrische und rechtswissenschaftliche Publikationen medizinische Gutachten problematisieren, ist aus ganz unterschiedlichen Perspektiven viel von *Abhängigkeiten* (Moser 1972; Rasch 1982; Schreiber u. Müller-Dethard 1977; Deneke 1977) in Bezug auf die in den Bereichen: Recht und Psychiatrie Tätigen oder davon Betroffenen die Rede. Der Terminus involviert Negatives.

Abhängigkeiten von eigenen Ausbildungswegen bzw. von einer „Schule“, unzulängliche Beherrschung der „Gutachtentechnik“, unkritische Kompetenzüberschreitungen etc. beklagen u. a. Heinz (1982), Heim (1985), Maisch (1983) und Peters (1978).

Venzlaff (1983) meint sogar, „viele der den Gerichten überreichten psychiatrischen Gutachten seien zu einem nicht geringen Prozentsatz wegen grundsätzlich vermeidbarer sachlicher Fehler und Irrtümer bei der Befundauswertung unbrauchbar“.

Sorgen um die Abhängigkeit der medizinischen Gutachter von moralischen Vorurteilen, v. a. bei besonders grausamen oder abstoßenden Verbrechen, haben Juristen immer wieder veranlaßt, Bedenken gegen eine komplette Aktenübersendung an den Sachverständigen zu äußern (1969).

Von einer anderen Abhängigkeit sprich Sjövall (1970), wenn er vorträgt, daß ein Obduzent durch die Umstände des Falles, die ihm meist bereits bei der Obduktion, in jedem Fall aber beim Abfassen seiner Begutachtung bekannt sind, erheblich beeinflußt werden kann.

> Hat er es mit einem rücksichtslosen, rohen, vorbestraften Täter zu tun, zögert der Obduzent nicht, die Kausalität zwischen Trauma und Tod zu bejahen. Wenn der Täter dagegen ein sonst anständiger Mensch ist oder sogar in Notwehr gehandelt hat, so tut der Obduzent sein möglichstes, um Milderungsgründe zu finden, die Frage der Kausalität zwischen Trauma und Tod zu relativieren oder auszuschließen (Sjövall 1970).

So hypothetisch, kurzschlüssig, ideologisch eingefärbt oder polemisch formuliert manche solcher und ähnlicher „Feststellungen“ auch sein mögen, sie könnten Sachverständige evtl. doch dazu anregen, die eigene forensische Funktion und Situation ebenso zu überdenken wie die der von ihnen Untersuchten bzw. Beurteilten.

Wir sind mit Stolz (1985) der Auffassung, daß die psychodynamische Durchdringung der eigenen Rolle um so notwendiger sei, „als die Prozesse psychiatrischer Wahrnehmung und Entscheidung nicht nur objektive Daten des Patienten zur Voraussetzung haben, sondern oft auch subjektiven, bewußtseinsferneren Determinanten" unterliegen.

Kritik und Selbstkritik üben aber nicht nur Rechtsmediziner und forensische Psychiater. So setzte sich kürzlich Kaufmann (1985) als Strafrechtslehrer mit der Abhängigkeit des Richters vom medizinischen Sachverständigen auseinander. Er monierte den oft übertriebenen Respekt vieler Juristen vor der medizinischen Wissenschaft, wies aber bei dieser Gelegenheit auch darauf hin, daß gelegentliche Kollisionen zwischen Gutachtern und Richtern gar nicht so sehr auf die berufsbezogenen unterschiedlichen Standpunkte zurückzuführen sind, sondern im Gegenteil eher durch Gemeinsamkeiten (Canabis 1962) provoziert würden, weil in Hinblick auf die beiden Berufsgruppen die „Denkweisen und Tätigkeiten durchaus miteinander verwandt sind".

Eine bisher weniger beachtete Übereinstimmung besteht bei allen Prozeßbeteiligten sehr häufig darin - und zwar sowohl im Straf- als auch im Zivilverfahren -, daß in der Regel alle befriedigt sind, wenn in Problemfällen handfeste medizinische Befunde vorliegen, wobei weniger gravierende organische Abweichungen erfahrungsgemäß häufiger vernachlässigt werden (Weitbrecht 1968).

Wie groß die Abhängigkeit zwischen Richtern und Ärzten von eindeutigen und überzeugenden Krankheitsfeststellungen ist, belegt die Tatsache, daß bereits eine auch vom Laienstandpunkt ohne weiteres nachvollziehbare Diagnose oft ausreicht, um Zweifel an der Schuld-, Geschäfts- bzw. Testierfähigkeit (hier sogar mit der vom Gesetzgeber geforderten Gewißheit!) zu begründen.

Anhand eines kasuistischen Beispiels sollen Interdependenzen zwischen morphologischem Befund und gutachterlicher Exegese hier im Sinne von nicht immer kritisch gesehenen Abhängigkeiten aufgezeigt werden.

Fallbeispiel

Eine 78jährige Frau wurde im Sommer 1982 von ihrem Notar in der Klinik wegen ihres Wunsches aufgesucht, das Testament zu ändern bzw. eine Schenkung vorzunehmen.

Der Notar bekundete später vor Gericht, als nach dem Tod der Frau die Schenkung als wegen Testierunfähigkeit rechtsunwirksam Inhalt einer Klage geworden war, er hätte seinerzeit den Eindruck gehabt, die Erblasserin habe alle seine Ausführungen verstanden und, als er zur Sicherheit die Notwendigkeit einer ärztlichen Untersuchung andeutete, zu ihm bemerkt: „Jetzt muß er sich erkundigen, ob ich noch alle Tassen im Schrank habe."

Der Zeuge führte seinerzeit auf Befragen des Gerichts aus, daß er einige Tage nach der zwischenzeitlich durchgeführten ärztlichen Untersuchung im Anschluß an die erfolgte Beurkundung nicht gleich fortgegangen sei, sondern sich mit der Erblasserin noch unterhalten habe, wobei sie ihm auch eingehend erklärt hätte, weshalb sie eine Grundstückshälfte verschenken wollte: Der Beschenkte sei schon seit etwa 20 Jahren für sie tätig gewesen, sie fühle sich ihm gegenüber verpflichtet und wolle sich erkenntlich zeigen.

Zwei fachärztliche Gutachten, die sich auf diesen Zeitpunkt beziehen, lauten:

1) „Patientin berichtet im Gespräch über ihren Wunsch, Testament zu ändern, hatte vergangene Woche Besuch ihres Rechtsanwalts und wollte dies mit ihm besprechen. Daraufhin Rückfrage hinsichtlich geistiger Frische, welche voll von ihr akzeptiert wird.

Psychisch: bewußtseinsklar, voll orientiert, in der Merkfähigkeit laut eigenen Angaben zeitweilig Störungen im Kurzgedächtnis. Langzeitgedächtnis ungestört. Im Gespräch geordnet. In Antrieb und Affekt altersgemäß adäquat reagierend. Kein Anhalt für paranoide Ideen. In der Stimmung freundlich und zugewandt."

2) „Patientin ist voll ansprechbar und in allen Qualitäten voll orientiert. Störungen der Merkfähigkeit und des Altgedächtnisses lassen sich bei grober Prüfung nicht nachweisen. Antrieb unauffällig. Vielleicht affektiv wenig beweglich. Eventuell stimmungsmäßig leicht depressiv, unter der Situation im Krankenhaus und hinsichtlich der Grundstücksschenkung und den Vorwürfen des Sohnes."

Nach den von der gerichtlich bestellten Gutachterin beigezogenen Krankenblättern stellten die behandelnden Ärzte in dem Krankenhaus, in dem die Erblasserin später starb, folgende Diagnosen:

„Halbseitenlähmung links nach mehreren Schlaganfällen, Bluthochdruck, Gesichtsfeldausfall, Zuckerkrankheit, Skelettverschleiß, Harninkontinenz." Weitere Leiden seien gewesen: „ausgedehnte Thrombose am linken Bein, hochfieberhafte rezidivierende Cholangitis sowie Niereninsuffizienz".

Während eines früheren Klinikaufenthalts in einem anderen Berliner Krankenhaus war bereits im Herbst 1981 eine Computertomographie des Kopfes durchgeführt worden. Es fanden sich dabei: „Multiple Hirninfarkte bei Hirnatrophie. Außer einer bereits bei der Aufnahme bestehenden ausgeprägten Hemiparese des linken Armes und einer leichten Lähmung des linken Beines ist es später zu einem Reinsult an gleicher Stelle gekommen, so daß ein Aufstehen von da an unmöglich war."

Die Unterlagen schließen mit folgenden Eintragungen: „Mitte Oktober kam es unter Schüttelfrost, Temperaturen, extremer Leukozytose und starker Beeinträchtigung des Allgemeinzustands zu einer Niereninsuffizienz, Dekompensation des Diabetes mellitus und am 19. 10. 1982 zum Exitus letalis."

Der Sektionsbericht bestätigte alle vorgenannten Diagnosen und ergab außerdem neben einer chronischen Emphysembronchitis auch noch eine frische Bronchopneumonie.

Bezüglich des Hirnbefunds wurde festgestellt: „Schwere stenosierende Arteriosklerose beider Arteriae carotides. Ausgedehnte rezidivierende Enzephalomalazie. Es fand sich eine mannsfaustgroße, unscharf begrenzte Hirnerweichung der rechten Großhirnhemisphäre mit erheblichem, von Pol zu Pol sich erstreckendem Substanzdefekt unter dem Bild einer nahezu kompletten Halbseitenerweichung. Organgewicht 945 g."

Die vom Gericht bestellte Gutachterin kam aufgrund dieser Unterlagen zu folgender Beurteilung: „Bei der Beurkundung des Schenkungsvertrags vom 8. 6. 1982 befand sich die Erblasserin in einem körperlich gebrechlichen Zustand der vorwiegende Bettlägerigkeit bedingte."

Die Sachverständige betonte außerdem, es käme bei Hirnsubstanzverlusten „fast immer zu einer Beeinträchtigung der seelisch-geistigen Funktionen, die sich im geringsten Ausprägungsgrad in einer reizbaren Schwäche äußert und bei stärker fortgeschrittenen Beeinträchtigungen der Hirnleistungen in Affektinkontinenz und Affektlabilität mit schnellen Stimmungsschwankungen, Neigung zu Tränenausbrüchen sowie einer zunehmenden Selbstunsicherheit und leichten Beeinflußbarkeit durch äußere Faktoren mit Ambivalenz und Unsicherheit bezüglich der eigenen Willensbildung" bestünde.

„Das kann selbst dann der Fall sein, wenn der Betreffende noch voll orientiert, bewußtseinsklar, im Verhalten freundlich und zugewandt ist sowie in seinen Gedächtnisleistungen nicht grob gestört erscheint und bei einer allgemeinen psychiatrischen Untersuchung keine Auffälligkeiten zeigt."

Die im Verfahren gehörte Psychiaterin stellte in ihrem Gutachten auf Befragen abschließend fest, daß den beiden fachärztlichen Attesten deshalb keine entscheidende Bedeutung zukäme, weil die Untersucher das Ergebnis der Computertomographie, die bereits zu Lebzeiten auf Hirnsubstanzverluste hinwies, offenbar ebensowenig berücksichtigt hätten wie die ambivalente Beeinflußbarkeit der Kranken.

Im Urteil, das die entscheidenden Formulierungen der Gutachterin – z.T. wörtlich – wiederholt, heißt es u.a., die Sachverständige hätte vom Kindischwerden der Greise gesprochen und es bedürfe wohl keiner näheren Begründung, daß einem Kind die Fähigkeit zu einer gesunden realitätsangepaßten Willensbildung fehle. Die beiden Krankenhausärzte hätten überdies nicht solche detaillierten Untersuchungen angestellt wie die Sachverständige, insbesondere hätten die Ärzte den späteren Obduktionsbericht „naturgemäß weder kennen noch würdigen können."

Im Gegensatz zu den von der gerichtlich bestellten Gutachterin getroffenen und den darauf basierenden richterlichen Feststellungen waren bei unserer Durcharbeitung der überlassenen Unterlagen in bezug auf die Erblasserin kognitive Funktionsstörungen nirgends nachzuweisen.

Es wurde bei den fachärztlichen Untersuchungen lediglich ein besseres Alt- als Neugedächtnis, wie es von altersphysiologischen Veränderungen allgemein bekannt ist, konstatiert.

Von eindeutigen Demenzsymptomen, wie z. B. Fadenverlieren, Konzentrationsschwächen, gesteigerten Löschvorgängen, persönlichen, örtlichen oder zeitlichen Orientierungsstörungen, Perseverationen, Weitschweifigkeiten, Einengung der Denkvorgänge, Umständlichkeiten, Ideenflucht etc., war mit keinem Wort, weder in den ärztlichen Befunden noch anläßlich der späteren Zeugenvernehmungen, die Rede.

Die im Gefühlsbereich beobachteten Auffälligkeiten, die in Form von depressiver Niedergestimmtheit, Ratlosigkeit und Insuffizienzempfindungen noch nicht einmal als gravierend einzustufen waren, wurden von den behandelnden Ärzten im Krankenblatt nicht als Demenzfolge gewertet.

In Parenthese sei noch erwähnt, daß in inhaltlicher Hinsicht der Schenkungsvorgang im übrigen den mehrfach von der Erblasserin geäußerten Intentionen entsprach.

Der Versuch einer Synopsis aller Informationen und einer Skalierung des bei der Verstorbenen anzunehmenden hirnorganischen Psychosyndroms ergab nach klinischen Beurteilungskriterien deshalb nur einen leichten Ausprägungsgrad, weil Orientierungsstörungen, Verwirrtheitszustände, motorische Unruhe, Logorrhö oder andere schwerwiegendere Krankheitserscheinungen innerhalb der niedergelegten Befund- und Verlaufsberichte fehlten.

1984 hat Gutzmann mit seiner Dissertation *Aspekte des hirnorganischen Psychosyndroms im Alter* eine - in Fachkreisen sehr beachtete - deskriptive und korrelationsstatistische Arbeit vorgelegt, in der den „Zusammenhängen zwischen Hirnstruktur und Hirnfunktion“ bei einem großen Kollektiv gerontopsychiatrischer Patienten unter Anwendung verschiedener klinischer und testpsychologischer Untersuchungsmethoden nachgegangen wird. Als Fazit seiner Untersuchungen bestätigte der Verfasser die Einschätzung von Popper u. Eccles (1977) nach denen auch zukünftige Forschung zur Aufhellung der Beziehungen zwischen Gehirn und Seele nur Mosaiksteine zusammentragen könnten, „ohne je ein volles Verständnis zu erlangen“. Diese Zurückhaltung ist vielleicht nicht von jedem forensischen Psychiater zu erwarten. Abhängigkeiten von Befunden und Kurzschlüssigkeit sollten jedoch nach Möglichkeit unterbleiben.

In der gerichtspsychiatrischen Expertise unserer Falldarstellung kommt noch eine andere, nicht nur bei Laien, sondern auch bei vielen Ärzten verbreitete Tendenz zum Ausdruck, *ohne* weitere eindeutige Nachweise gleichzeitigem Auftreten von Hirnarteriosklerose, Bluthochdruck, Zuckerharnruhr, Lungenemphysem, Nierenerkrankungen, Harnwegsinfekten u. dgl. gewissermaßen a priori von einer hohen Korrelation zwischen den betreffenden Krankheiten und psychopathologischen Anomalien auszugehen.

Umfangreiche Vergleichsuntersuchungen an hirnorganisch gesunden alten Menschen haben aber, - wie u. a. Blume et al. (1974) zeigen konnten - ergeben, daß bei dieser Patientenpopulation die vorgenannten Erkrankungen ebenso häufig wie bei hochgradig organpsychisch Veränderten auftreten, ohne jedoch bei ihnen erkennbar geistig-seelische Ausfälle zu verursachen.

Das Gutachten widerlegt auch die optimistische Überzeugung von Weitbrecht, daß es wohl kaum nötig sei, „auf die überragende Bedeutung der Psychopathologie für die Diagnose psychiatrischer Krankheitsbilder“ hinzuweisen, zumal in der Praxis das psychopathologische Syndrom entscheidungsrelevant sei, nicht aber die Ergebnisse bildgebender Verfahren, liquorchemischer oder elektrophysiologischer Untersuchungen.

Kürzlich hat Huber (1980) noch einmal die jedem Kliniker bekannte Tatsache herausgestellt, daß es Hirnschwundprozesse *mit* Demenzsymptomen, aber auch analoge Ausfallerscheinungen *ohne* morphologisch faßbare Veränderung gibt und eine weitere Gruppe von Patienten zwischen diesen beiden Extremen existiert, bei denen sich die Erscheinungsbilder und Befunde quasi überlappen und durchmischen.

Schon lange vorher hat Schulte (1962) deutlich gemacht, daß nicht selten bei zerebraler Gefäßsklerose und involutiver Hirnatrophie „eine erhebliche Diskrepanz zwischen klinischem Bild und anatomischem Befund" besteht.

Kanowski u. Kühl (1983) heben in ihrem Aufsatz „Beurteilung der Testierfähigkeit" gleichfalls die außerordentliche Schwierigkeit der Abgrenzung des (noch nicht einmal wissenschaftlich gesicherten) „physiologischen Leistungsverlusts" von „pathologischen Formen" hervor.

In Übereinstimmung mit allen Sach- und Fachkundigen betonen die Autoren:

> Die Einschränkung oder Aufhebung der Testierfähigkeit muß daher an den sicheren Nachweis einer deutlichen, krankhaft bedingten Leistungseinbuße im Sinne einer Demenz geknüpft bleiben. Dabei genügt der Nachweis einer Demenz allein aber noch nicht. Es müssen Beeinträchtigungen, deren Störungswert erheblich sein muß, vorhanden sein. Diese vom Gesetzgeber geforderte Erheblichkeit ist aber nur dann anzunehmen, wenn mindestens ein mittlerer, sicher dann, wenn ein schwerer Grad eines hirnorganischen Psychosyndroms zugrunde liegt.

Analoges äußert Mechler (1985):

> Bloße Zweifel an der Testierfähigkeit sind zur Anfechtung des Testaments nicht ausreichend. Der Gutachter sollte sich davor hüten, skurrile Eigenwilligkeiten, selbst Wunderlichkeit und Altersstarrsinn, schon für das Symptom der Geistesschwäche zu nehmen, die erst bewiesen werden soll. Es kann nicht Aufgabe der Psychiatrie sein, die wirtschaftlichen Interessen erschreckter Nachkommen durchzusetzen, die um ihre Erbschaft bangen.

In die gleiche Richtung weisen Rach u. Bayerl (1985) in einer Veröffentlichung „Zur Begutachtung der Testierfähigkeit", in der empfohlen wird, „nur dann das Motiv der Entscheidung eines Erblassers zu berücksichtigen, wenn es eindeutig pathologischen Bedingungen entstammt, also z. B., auf einer Wahnbildung beruht. Hierbei gelten die auch sonst in der Psychopathologie verwendeten Beurteilungskriterien". Es spreche keineswegs für „Geschäftsunfähigkeit", wenn von einem Erblasser Entscheidungen getroffen würden, die mit der „ursprünglichen Persönlichkeit" nicht vereinbar seien. In der Praxis würde dies nämlich bedeuten, die prinzipiellen Wandlungsmöglichkeiten einer Persönlichkeit zu verleugnen und sich den ethisch-moralischen Maßstäben des zufällig mit dem Fall befaßten Gutachters zu unterwerfen.

Im Gegensatz zu diesen Meinungsbildungen ist für Witter (1961) nach wie vor maßgebend, „ob der psychische Akt, dessen Rechtswirksamkeit angezweifelt wird, mit den Intentionen der ursprünglichen Persönlichkeit sinnvoll vereinbar erscheint oder ob vielmehr der psychische Akt sinnlos ist oder nur aus den krankhaften seelischen Veränderungen verstanden werden kann."

Prinzipiell gilt die Auffassung wie sie Schellworth (1941) schon vor 45 Jahren formuliert hat: „Ohne den Nachweis, daß ein Testament Merkmale von Geistesschwäche oder von Geisteskrankheit aufweist steht die Behauptung der Geschäftsunfähigkeit auf sehr unsicheren Füßen!"

Unser kasuistischer Beitrag besitzt fast paradigmatische Bedeutung für die besondere Abhängigkeit der Gutachter von sog. Kettenreaktionen. Damit ist nach Maisch (1985) jener Vorgang gemeint, dem Sachverständige aufgrund eines bestimmten Vorwissens (in unserem Fall Sektionsbefund) unterliegen, und zwar mit dem Ergebnis, daß alle anderen Informationen dann nur noch in einer bestimmten Richtung (in unserem Beispiel als Ausdruck von Demenzsymptomen) gedeutet werden. Der Autor vertritt offenbar überzeugt die Meinung, es seien nicht wenige Psychiater, die nach Kenntnisnahme bestimmter Befunde auch entsprechende Ausfälle konstatierten, obwohl diese in Wirklichkeit gar nicht zu beobachten und klinisch nicht zu objektivieren seien, von den Sachverständigen dessen ungeachtet aber geradezu „lehrbuchmäßig“ vorgetragen würden. Auch Pfäfflin (1978) hat auf die Bedeutung von Vorurteilsstrukturen bei der Begutachtung aufmerksam gemacht.

Als Quintessenz dieser und anderer Publikationen ergibt sich: Die Auffassung, laborklinische oder apparative Untersuchungs- bzw. Sektionsbefunde ergäben bereits die Diagnose, die erst nachgewiesen werden sollte, ist „ebenso laienhaft wie falsch“. Es wirkt beklemmend, wenn Sachverständige im Prozeß mit standeswidrigem „Jagdeifer“ jede von Zeugen bekundete Verhaltensauffälligkeit oder Fehlleistung nicht nur „aufspießen“, sondern auch im Hinblick auf die Testierfähigkeit von Erblassern unter völliger Mißachtung inzwischen gewonnener Erkenntnisse gerontopsychiatrischer und -psychologischer Forschungen überbewerten (Lehr 1972; Thomae 1982; Oesterreich 1975 a, b, 1977).

Was Mende (1983) im Hinblick auf die Entmündigung von psychisch Kranken für notwendig hält, bei der Beurteilung entsprechender Leidenszustände „die noch verbliebenen gesunden Anteile der geistig-seelischen Verfassung wahrzunehmen und zu respektieren“, besitzt u. E. auch für die Abfassung von Gutachten über die Testierfähigkeit Bedeutung.

Jeder Arzt, der mit einem entsprechenden Patientenkreis zu tun hat, sollte sich die Möglichkeit einer späteren gerichtlichen Befragung vor Augen halten und bei der Abfassung von Epikrisen oder gutachterlichen Äußerungen sowohl die Einbußen als auch die noch vorhandenen Leistungen seiner Kranken festhalten (Cabanis 1971).

Eine solche probandenzentrierte Grundhaltung wird auch am ehesten dem essentiell ärztlichen Anteil - ohne den jede „Begutachtung“ unerträglich ist - am besten gerecht.

Literatur

Blume D, Hauss WH, Kuhlmeyer E, Oberwittler W (1974) Abschlußbericht der interdisziplinären Untersuchung über den Gesundheitszustand älterer Menschen unter besonderer Berücksichtigung ihres sozialen Status und ihrer gesellschaftlichen Kommunikation. Westfalendruck, Dortmund (MAGS Altenhilfe, 2)

Cabanis D (1962) Zur Frage einer Beeinflussung der strafrechtlichen Verantwortlichkeit durch organische Ursachen. Monatsschr Kriminol Strafrechtsref 45: 19-23

Cabanis D (1969) Verfahrensrechtliche Behinderung psychiatrischer Sachverständigentätigkeit. MMW 43: 2234-2237

Cabanis D (1971) Möglichkeiten und Grenzen der forensisch-psychiatrischen Begutachtung. Heymanns, Köln

Deneke FW (1977) Arzt-Patient-Beziehung: Wahrnehmung und Diagnose. In: Deneke FW (Hrsg) Lehrbuch der Medizinischen Psychologie. Boehlau, Köln Wien, S. 204-228

Gutzmann H (1984) Aspekte des hirnorganischen Psychosyndroms im Alter. Eine deskriptive und korrelationsstatistische Studie. Dissertation, Universität Berlin
Heim N (1985) Zur Testpsychologie im Rahmen der forensisch-psychiatrischen Begutachtung von Aggressionstätern im Jugendstrafverfahren. Forensia 5:175-184
Heinz H (1982) Fehlerquellen forensisch-psychiatrischer Gutachten. Kriminalistik, Heidelberg
Huber G (1980) Was erwartet der Psychiater von der Computertomographie? Fortschr Neurol Psychiatrie 48:385-392
Kanowski S. Kühl KP (1983) Beurteilung der Testierfähigkeit. Ärztl Prax 35:31
Kaufmann A (1985) Das Problem der Abhängigkeit des Strafrichters von medizinischen Sachverständigen. JZ 40/23:1065-1116
Lehr U (1972) Psychologie des Alterns. Quelle & Meyer, Heidelberg
Maisch H (1983) Diagnostische Urteilsbildung zur Einschätzung von Schweregraden psychischer Störungen und ihrer Auswirkungen für forensische Zwecke. Monatsschr Kriminol 6:345
Maisch H (1985) Fehlerquellen psychologisch-psychiatrischer Begutachtung im Strafprozeß. Strafverteidiger 12:517-522
Mechler A (1985) Kleines kriminologisches Wörterbuch. Müller Juristischer Verlag, Heidelberg, S 106-110
Mende W (1983) Vormünder überlastet - Terminologie überholt. Psychiatr Recht 31:20-23
Moser T (1972) Repressive Kriminalpsychiatrie. Vom Elend einer Wissenschaft. Eine Streitschrift. Suhrkamp, Frankfurt/M
Oesterreich K (1975a) Psychiatrie des Alterns. Quelle & Meyer, Heidelberg
Oesterreich K (1975b) Zum Begriff der Norm in der Psychiatrie des Alterns. Nervenarzt 48:285-290
Oesterreich K (1977) Gerontopsychiatrie - eine neue Disziplin. Monatskurse Ärztl Fortbild 27:657-663
Peters K (1978) Fehlerquellen im Strafprozeß, Bd 2, Systematische Untersuchungen und Folgerungen. Müller, Karlsruhe
Pfäfflin F (1978) Vorurteilsstruktur und Ideologie psychiatrischer Gutachten über Sexualstraftäter. Enke, Stuttgart
Popper KR, Eccles CJ (1977) The self and its brain. Springer, Berlin Heidelberg New York
Rasch W (1982) Richtige und falsche Gutachten. Monatsschr Kriminol 5:257-269
Rasch W, Bayerl R (1985) Der Mythos vom luzidem Intervall. Zur Begutachtung der Testierfähigkeit. Lebensversicherungsmedizin 1:2-8
Schellworth W (1941) Über die nachträgliche Beurteilung der Geschäftsfähigkeit. Ärztl Sachverständigen-Zeitung 47:165-170
Schreiber HL, Müller-Dethard S (1977) Der medizinische Sachverständige im Strafprozeß. Dtsch Ärztebl 74:373-383
Schulte W (1962) Zur Psychologie, Psychopathologie und Psychotherapie des Alterns. Umschau, Frankfurt, S. 63-66
Sjövall H (1970) Objektivität oder Subjektivität bei der Begutachtung. MMW 112:725-731
Stolz P (1985) Von der Macht und Ohnmacht psychopharmakologischer Eingriffe. Recht Psychiatrie 4:137
Thomae H (1982) Altersstile. Huber, Bern
Venzlaff U (1983) Fehler und Irrtümer im psychiatrischen Gutachten. NStZ 3/5:199-203
Weitbrecht HJ (1968) Fehlerdiagnosen in der Psychiatrie. Rheinland Verlag, Düsseldorf Köln, S 75-89
Witter H (1961) Über die Abgrenzung psychiatrischen Wissens und rechtlichen Ermessens im Zivilrecht. Med Sachverständige 57:82-85

Rechtsmedizinische Anmerkungen zur Tatbestandsmäßigkeit der schweren Körperverletzung bei traumatischem Milzverlust

W. Eisenmenger, E. Liebhardt

Das Deutsche Strafgesetzbuch enthält zahlreiche rechtliche Begriffe mit medizinischem Bezug. Wohl in keinem Paragraphen sind diese allerdings so gehäuft und für die Tatbestandsmäßigkeit entscheidend, wie im § 224, der die schwere Körperverletzung definiert. Der klinisch tätige Arzt wie auch der Rechtsmediziner müssen deshalb stets damit rechnen, gutachterlich zu Fragen Stellung nehmen zu müssen, die durch die juristischen Begriffe mit medizinischem Inhalt in diesem Gesetzestext aufgeworfen werden. Auf der anderen Seite wird der Strafjurist ohne fachkompetenten Gutachter an Grenzen stoßen, die sich aus der juristischen und damit medizinisch laienhaften Interpretation ergeben. Lediglich die Zusammenarbeit von Jurist und Mediziner wird dann eine den ursprünglichen Intentionen gerechte Lösung bringen. Ein besonderes Problem dieses Zusammenwirkens liegt erfahrungsgemäß darin, daß Juristen und Mediziner unterschiedliche Denkweisen entwickelt haben und vom jeweiligen Sachgebiet des anderen zu wenig exakte Kenntnisse, ja oftmals nicht einmal vage Vorstellungen haben. Dies ist auch der eigentliche Grund dafür, weshalb sich das Fach Rechtsmedizin etabliert hat und trotz zahlreicher Versuche, es in Einzelfächer aufzuteilen und diese dann wieder klinischen Fächern oder der Pathologie anzugliedern, sich gehalten hat.

Obwohl sich die Rechtsmedizin ständig bemüht, dem Medizinstudenten juristisches Wissen in den Bereichen zu vermitteln, wo es von elementarer Bedeutung für die medizinische Berufsausübung erscheint, kann man nicht erwarten, daß der Arzt mit den Einzelheiten eines Gesetzestextes vertraut ist. Um die folgenden Erörterungen einem Mediziner verständlich zu machen, ist es deshalb erforderlich, den angesprochenen Paragraphen zunächst im Wortlaut voranzustellen. § 224 StGB ist, wie bereits erwähnt, überschrieben mit dem Begriff „schwere Körperverletzung". Da es sich um einen Sonderfall der Körperverletzung handelt, bedarf zunächst der Begriff der Körperverletzung einiger Anmerkungen. Unter diesem Oberbegriff ist im Strafgesetzbuch (StGB) der Abschn. 17 zusammengefaßt; er umfaßt die §§ 223–233 und beinhaltet außer der einfachen Körperverletzung (KV), die im Regelfall auch Tatbestand sog. ärztlicher Kunstfehler ist, u.a. die gefährliche und die angesprochene schwere Körperverletzung, aber auch Körperverletzung mit Todesfolge und Vergiftung. Die einfache Körperverletzung ist definiert als körperliche Mißhandlung oder Beschädigung der Gesundheit. Als gefährliche KV wird sie dann qualifiziert, wenn sie mittels einer Waffe, insbesondere eines Messers oder eines anderen gefährlichen Werkzeugs oder mittels eines hinterlistigen Überfalls oder von mehreren gemeinschaftlich oder mittels einer das Leben gefährdenden Behandlung begangen wurde. Die schwere KV ist in § 224 StGB definiert, der wie folgt lautet:

Hat die Körperverletzung zur Folge, daß der Verletzte ein wichtiges Glied des Körpers, das Sehvermögen auf einem oder beiden Augen, das Gehör, die Sprache oder die Zeugungsfähigkeit verliert oder in erheblicher Weise dauernd entstellt wird oder in Siechtum, Lähmung oder Geisteskrankheit verfällt, so ist auf Freiheitsstrafe von 1 bis zu 5 Jahren erkennen. In minder schweren Fällen ist die Freiheitsstrafe bis zu 5 Jahren oder Geldstrafe.

Aus diesem Text ist unschwer erkennbar, daß es dem Gesetzgeber darum ging und geht, eine Verletzung mit besonders schweren Beeinträchtigungen der sog. Lebensqualität für den Betroffenen mit hohen Strafen zu ahnden. Gleichwohl mag der Strafrahmen von maximal 5 Jahren dem Arzt, der die Auswirkungen einer Verletzung an seinem Patienten „hautnah" erlebt, völlig unbefriedigend erscheinen. Man denke nur daran, was eine hohe Querschnittslähmung oder völlige Blindheit oder eine Geisteskrankheit für den Betroffenen bedeuten und daß demgegenüber z. B. bei einem sog. schweren Raub, wenn nämlich ein Täter oder ein anderer Beteiligter am Raub eine Schußwaffe bei sich führt, die Freiheitsstrafe nicht unter 5 Jahren liegt, ohne daß ein Überfallener verletzt worden sein muß. Das belegt nach unserer Ansicht, daß die deutsche Strafjustiz die körperliche Integrität nicht als ein so schützenswertes Gut einstuft, wie es ärztlichem Verständnis entspricht, wobei zugegebenermaßen eine Aufrechnung einer Gesundheitsschädigung in zeitlichen Freiheitsentzug für den Verursacher schon an und für sich problematisch ist.

Die Diskrepanz zwischen juristischem Denken und medizinischem Empfinden in diesem Punkt wird noch deutlicher, wenn man sich die Rechtssprechung zu § 224 vor Augen hält. Der Paragraph leitet sich her von den §§ 192a und 193 Preußisches Strafgesetzbuch. Während das Preußische Strafgesetzbuch noch die Körperverletzungen bezüglich ihrer Folgen in leichte, erhebliche und schwere einteilte, wurden im neugefaßten Deutschen StGB nur leichte und schwere unterschieden, was von gerichtsärztlicher Seite (Skreczka) schon 1872 begrüßt wurde. Der Grundgedanke, daß Körperschäden, die den Verletzten stark beeinträchtigen, besonders hart geahndet werden sollen, scheint aber in der Rechtssprechung oftmals aus den Augen verloren worden zu sein. So entzündet sich schon an der Definition des Begriffs „Glied" Streit zwischen Rechtssprechung und Rechtslehre. Das Reichsgericht hat sich primär an die medizinische Definition gehalten, wonach ein Glied ein Körperteil sei, der mit dem Rumpf oder einem anderen Körperteil durch ein Gelenk verbunden ist (RG St6, S. 346). Erweitert wurde die Begriffsfassung aber dann dahingehend, daß unter Glied auch Körperteile zu verstehen seien, die im Gesamtorganismus eine abgeschlossene Existenz mit besonderen Funktionen innehaben (RG St3, 392; RG GA Bd. 47, 168; NJW 61, 2076). Auf dieser Auslegung fußten dann Kommentarmeinungen, daß jedes Organ als Glied anzusehen sei, so auch die Nase oder eine Ohrmuschel. Dem wurde aber auch widersprochen. So schränkten Olshausen (1927) und Schönke-Schröder (1985) ein, daß wenigstens verlangt werden müsse, daß es sich bei dem betroffenen Glied um einen nach außen in Erscheinung tretenden Körperteil handeln müsse.

Die Rechtssprechung folgte allerdings zunächst der umfassenderen Auslegung, und so wurde der Verlust einer Niere im Urteil des OLG Neustadt an der Weinstraße (NJW 61, 2076) als schwere Körperverletzung eingestuft. Ein dieser Auffassung folgendes Urteil des LG Deggendorf hatte allerdings keinen Bestand beim Bundesgerichtshof (BGH St 28, 100). Die Deggendorfer Richter hatten in einem Fall, bei dem die rechte Niere nach einem Messerstich exstirpiert worden war, befunden, daß die linke Niere zwar die Funktion des amputierten Organs übernommen habe, der Verletzte aber sterben müsse, wenn diese linke Niere wegen Krankheit oder Unfall ihre Aufgabe nicht mehr erfüllen könne. Demgegenüber befand der BGH, daß Wortlaut und Sinn des Gesetzes gegen diese Auslegung sprächen. Zwar sei eine Körperverletzung dann als schwere Körperverletzung zu bezeichnen, wenn die Folgen den Verletzten dauernd erheblich beeinträchtigten. Wollte man aber ein inneres Organ als Glied bezeichnen, so würde die Grenze der zulässigen Wortauslegung überschritten. Denn in § 224 würden Organe des Körpers insofern gesondert berücksichtigt, als die Beseitigung ihrer Funktion (Sehen, Gehör, Zeugungsfähigkeit) als besonderes Tatbestandsmerkmal aufgeführt werde. Die Vorschrift zähle demnach umfassend auf, welche Einbuße körperlicher Fähigkeiten der Gesetzgeber besonders hart bestraft sehen wolle. Soweit eine sonstige Funktionsuntüchtigkeit innerer Organe in Betracht komme, genügten allein die im Gesetzestext nachfolgend genannten Begriffe von Siechtum, Lähmung oder Geisteskrankheit den Erfordernissen des Tatbestands.

Aber nicht nur bei der Auslegung des Begriffs „Glied“ sind sich Rechtslehre und Rechtssprechung nicht einig, Kontroversen entzünden sich auch an der Definition, was ein „wichtiges“ Glied sei. So besteht zwischen Rechtssprechung und überwiegendem Schrifttum die Kontroverse, ob dabei Rücksicht auf die individuellen Verhältnisse des Verletzten, insbesondere auf seinen Beruf zu nehmen sei oder ob es auf die generelle Bedeutung ankomme, die für jeden Menschen gelte, weil das betreffende Glied aufgrund seiner Funktion für den menschlichen Gesamtorganismus wichtig sei. Während das überwiegende Schrifttum in jüngster Zeit davon ausgeht, daß die Wichtigkeit aufs engste mit sozialer Funktion und persönlichen Eigenschaften des Verletzten verknüpft ist, z. B. daß der Verlust egal welchen Fingers für einen Pianisten eine schwere KV ist, hat die Rechtssprechung den Gesetzestext nicht so weitgehend ausgelegt. Anerkannt wurden zwar der Verlust des rechten Zeigefingers und des rechten wie des linken Daumens, aber nicht der Verlust des linken Mittelfingers, des rechten Ringfingers oder der beiden vorderen Glieder des Zeigefingers.

So gibt es praktisch zu jedem einzelnen Wort und Begriff des Gesetzestextes definitorische Auseinandersetzungen und kontroverse Auslegungen. Für das in dieser Arbeit aufgegriffene Thema erübrigt es sich allerdings, alle Einzelpunkte der juristischen Diskussion darzustellen. Es geht den Autoren nämlich nur darum, ob und wie der traumatische Milzverlust einzustufen ist, wenn man vom medizinischen Aspekt her versucht, zu den juristischen Begriffen vorzudringen. Anlaß hierzu ist ein konkreter Fall, der von einem bayerischen Landgericht mit rechtskräftiger Verurteilung abgeschlossen wurde.

Zur Aburteilung stand folgende Tat: Ein Kolonnenführer einer Zeitschriftenwerbergruppe hatte eine 22jährige Werberin, die ihm mehrfach fingierte Aufträge vorgelegt hatte, um ein Exempel zu statuieren, zu Boden geschlagen und mit dem mit Clogs beschuhten Fuß in die linke Körperseite getreten. Das Opfer hatte sofort starke Schmerzen an dieser Stelle verspürt und war, nachdem es in der nächsten Ortschaft abgesetzt worden war, zusammengebrochen. Im Krankenhaus wurde ein Milzruptur diagnostiziert und die Milz operativ entfernt.

Das Landgericht hatte diese Tat als gefährliche Körperverletzung nach den §§ 223, 223a Abs. 1 gewürdigt, die Verwirklichung einer schweren KV nach § 224 aber verneint. Die Kammer führte dazu aus, daß sie nicht habe prüfen müssen, welche Wichtigkeit die Milz für den menschlichen Körper habe und welche Folgen deren Verlust für den Körper der noch jungen Verletzten haben werden, denn die Anwendung der im Urteil des BGH niedergelegten Grundsätze auf den konkreten Fall ergebe, daß es der Milz bereits an der rechtlichen Eigenschaft eines Glieds des Körpers fehle. Die Verletzte sei auch nicht in Siechtum verfallen.

Dieses Urteil bewegte sich, soweit es die Qualifizierung der Milz als „wichtiges Glied des Körpers" nach § 224 anging, exakt im Rahmen der vom BGH gesteckten Grenzen, wonach ein inneres Organ nicht mit einem Glied gleichzusetzen ist, wenn der Organverlust nicht die im Gesetzestext im einzelnen aufgeführten Funktionseinbußen (z. B. Sehvermögen, Gehör, Sprache) zur Folge hat. Dem abschließenden Satz aber, daß die Verletzte auch nicht in Siechtum verfallen sei, muß nach unserer Auffassung aus medizinischer Sicht besonders kritische Beachtung geschenkt werden.

In seiner Grundsatzentscheidung hatte sich nämlich der BGH mit dem Verlust einer Niere auseinanderzusetzen. Das vorerkennende Landgericht hatte, wie eingangs zitiert, darauf abgehoben, daß die verbleibende Niere zwar die Funktion der amputierten mit übernommen habe, daß aber tödliche Folgen zu erwarten seien, wenn die verbleibende Niere auch geschädigt werde und ihre Aufgaben nicht mehr erfüllen könne. Der BGH gab hierzu aber dem Revisionsführer recht, der ausgeführt hatte, daß es bei Erkrankung der verbleibenden Niere zu einer Steigerung der Lebensgefahr komme und diese zwar z. B. das allgemeine Lebensrisiko erhöhe, deshalb aber noch nicht den Tatbestand des § 224 erfülle. Soweit nämlich eine Funktionsuntüchtigkeit innerer Organe in Betracht komme, genügten allein die im Gesetz aufgezählten Folgen Siechtum, Lähmung oder Geisteskrankheit den Erfordernissen des Tatbestands.

Es wird also in jedem Falle zu prüfen sein, ob ein Organverlust zu Siechtum, Lähmung oder Geisteskrankheit führt bzw. geführt hat. Die Beantwortung dieser Frage kann nicht ohne medizinisches Fachwissen erfolgen, denn welche Folgen ein Organverlust hat oder haben wird, ist nur aus der empirischen Erfahrung der Medizin zu beurteilen.

Spätestens hier muß dem aufmerksamen Beobachter auffallen, daß es nicht angeht, ein Urteil, das sich auf den Verlust eines paarig angelegten Organs wie die Niere bezieht, ohne Diskussion auf ein unpaarig angelegtes Organ zu übertragen. Denn der menschliche Körper verfügt in aller Regel über ein höheres Kompensationsvermögen beim Funktionsausfall eines paarigen Organs als eines solitär angelegten. Man denke nur daran, daß z. B. der Verlust eines Hodens weitgehend ohne Auswirkungen auf Hormonhaushalt und Zeugungsfähigkeit bleibt oder die Entfernung eines Eierstocks ebenso den Hormonhaushalt und die Fruchtbarkeit einer Frau nicht wesentlich tangiert, während die Amputation z. B. der Gebärmutter oder des männlichen Gliedes sicher den Verlust der Zeugungsfähigkeit bedingt und damit den Tatbestand des § 224 verwirklicht.

Im Hinblick auf einen Milzverlust wird also zu prüfen sein, ob eine Kompensationsfähigkeit des Körpers gegeben ist und ob, falls dies nicht der Fall ist, die Folge davon Siechtum, Lähmung oder Geisteskrankheit ist. Auch wenn man historisch berücksichtigt, daß die alten Griechen die Milz als Sitz der Seele ansahen, wird man medizinisch die Begriffe „Lähmung“ und „Geisteskrankheit“ mit einem Milzverlust nicht in Verbindung bringen können. Wie aber steht es mit dem Begriff „Siechtum“?

Da es sich hierbei um keinen medizinisch definierten Begriff handelt, ist auf seine juristische Auslegung abzustellen. Das Reichsgericht und der BGH haben hierzu mehrfach Ausführungen gemacht. Zunächst einmal wurde erörtert, daß die Formulierung des ins Siechtum „Verfallens“ zum Ausdruck bringe, daß es sich um einen schweren chronischen Gesundheitsschaden handeln müsse, der den Gesamtorganismus in erheblicher Weise beeinträchtige. Zur Auslegung von Siechtum haben Reichsgericht und BGH dann ausgeführt, daß dies ein chronischer Krankheitszustand sei, der, den Gesamtorganismus des Verletzten ergreifend, eine erhebliche Beeinträchtigung des Allgemeinbefindens, ein Schwinden der körperlichen oder geistigen Kräfte und allgemeine Hinfälligkeit zur Folge habe (BGH 2 StR 173/65; RG St 12, 127 und 72, 345). Als Hinfälligkeit wurde innerhalb dieser Definition gewertet, wenn z. B. ein Verletzter auf unbestimmt lange Zeit völlig arbeitsunfähig sei. Es brauche ein Verletzter auch nicht ans Bett gefesselt zu sein, es genüge, daß sich nicht absehen lasse, ob und wann der chronische Krankheitszustand beseitigt werden könne.

Will man nun prüfen, ob die Folgen eines Milzverlusts diese Kriterien erfüllen, so gerät man auch aus medizinischer Sicht in Verlegenheit. Nicht ohne Grund stellte Kleinschmidt (1984) seiner Habilitationsschrift über die traumabedingte Splenektomie folgenden Satz von Drelincourt aus dem Jahre 1727 voran: „Dieses Eingeweide (die Milz) ist wahrhaftig ein Zankapfel - so viele Köpfe, so viele Meinungen! Und keiner äußert die gleiche Ansicht, um nicht als Nachbeter eines anderen zu erscheinen.“

Einigkeit bestand in der Medizin über viele Jahre insofern, als davon ausgegangen wurde, daß ein Milzverlust - weder früh noch spät - postoperativ wesentliche Folgeschäden nach sich ziehe. Entsprechend hoch war die Zahl der Milzentfernungen, die z. B. Dickermann 1979 für die USA auf etwa 35 000 Fälle schätzte. Und obwohl seit etwa den 50er Jahren zunehmend über negative Auswirkungen des Milzverlusts auf die Gesundheit des Patienten berichtet wurde, schrieb noch 1976 der ungarische Chirurg Littmann, daß organerhaltende Maßnahmen bei der Milz nicht am Platz seien: „Mit der Milz befassen wir uns überhaupt nicht oder wir nehmen sie heraus: Tertium non datur“.

Entsprechend wurde auch viele Jahre die Minderung der Erwerbsfähigkeit (MdE) nur im 1. Jahr nach Milzentfernung überhaupt und nur mit 10% diskutiert. Doch 1952 wiesen die Chirurgen King u. Schumacker darauf hin, daß Kinder nach Milzentfernung erhöht anfällig für Infektionen seien. Vier von fünf splenektomierten Kleinkindern erkrankten innerhalb der ersten 3 Jahre nach Milzentfernung an bakteriellen Entzündungen mit septischem Verlauf, es kam sogar zu Todesfällen. Ausgehend von dieser Beobachtung wurde der Begriff der Postsplenektomiesepsis (PSS) geprägt, der in der englischsprachigen Literatur als „overwelming postsplenectomy infections", abgekürzt OPSI-Syndrom, Eingang fand. Damit wurde erstmals empirisch belegt, daß der Milzverlust nicht ohne Auswirkungen auf die Gesundheit eines Patienten bleibt. Viele Autoren haben in der Folgezeit über gleiche Erfahrungen berichtet. Der Schritt von der empirischen zur statistisch untermauerten Feststellung ist Singer zu verdanken, der 1973 den postoperativen Verlauf bei fast 3000 Splenektomierten überprüfte und mit der Sepsishäufigkeit der Normalbevölkerung verglich. Dabei zeigte sich, daß die Häufigkeit des Auftretens eines PSS davon abhing, aus welchem Grunde die Milz entfernt worden war. War eine „Blutkrankheit" (M. Werlhof, Sphärozytose, hämolytische Anämie) Anlaß zur Milzentfernung, dann war ein viel höheres Sepsisrisiko gegeben als bei posttraumatischer Splenektomie. Immerhin lag die Inzidenz einer Sepsis nach posttraumatischer Splenektomie bei 1,05% mit einer Mortalität von 0,5% bei allen Altersgruppen. Dies mag, speziell im Hinblick auf die juristische Fragestellung, ob ein Milzverlust den Tatbestand des § 224 erfüllt, als ein äußerst geringes Risiko imponieren. Vergleicht man aber die Zahl von Singers Patientengut mit dem kumulativen Risiko aller Altersgruppen einer Normalpopulation, an einer Sepsis zu sterben, so ergibt sich für die aus traumatischer Ursache Splenektomierten ein 50- bis 60mal höheres Risiko (Kunz u. Roscher 1985).

Dies wirft die Frage auf, welche Funktion die Milz überhaupt im menschlichen Körper erfüllt. Mit Recht weisen Saß et al. (1984) darauf hin, daß sich ein Organ, das sich als sinnlos oder nicht lebensnotwendig erwiesen habe, im Rahmen der Entwicklungsgeschichte nicht durchsetze, während die Milz sich offenbar in den langen Zeiten der Evolution als erfolgreiches Organkonzept durchgesetzt habe. In erster Linie wirkt die Milz als Filterorgan des Blutes. So werden Erythrozyten mit Zelleinschlüssen oder mangelhafter Verformbarkeit ausgesondert, außerdem werden Bakterien aus dem Blut gefiltert. Als weitere Aufgabe wird der Milz eine wichtige Rolle im Immunsystem des Körpers zugewiesen. So finden sich in der Literatur immer wieder Angaben, daß sich nach Splenektomie die Zusammensetzung der Immunglobuline verändere, ebenso wird über eine Störung im Komplementsystem berichtet. Letzteres ist insofern von Bedeutung, als die Phagozytose von Bakterien mit einer Hüllkapsel, wie z.B. Pneumokokken, durch Anlagerung von Komplement und Antikörpern ermöglicht wird. Wenn auch die Befunde verschiedener Untersucher an Splenektomierten bei der Bestimmung der Immunglobuline IgG, IgA und IgM und anderer Immunparameter z.T. stark voneinander abweichen, so bleibt doch das Fazit, daß ein negativer Einfluß der Splenektomie auf das Immunsystem von allen Autoren bejaht wird. Dies erklärt nicht nur das hohe Sepsisrisiko, sondern auch andere Phänomene, über die nach Langzeituntersuchungen an Splenektomierten in den letzten Jahren berichtet wurde, wie Wundheilungsstörungen bei Bagatellverletzungen, vermehrte allgemeine Infektanfälligkeit und wechselnde Fieberperioden. Seufert (1986) gibt hierzu an, daß die Anfälligkeit für banale Infekte des Nasen-Rachen-Raums, der Harnwege und von Wunden nach Angaben von Patienten immerhin um etwa 20% erhöht war. Die von Begemann u. Rastetter 1971 berichteten vegetativen Störungen nach Milzverlust ließen sich allerdings bisher nicht statistisch sichern. Es stimmt aber nachdenklich, daß auch Klaue et al. (1979) bei ihrem Untersuchungskollektiv auf zahlreiche und vielfältige Klagen mit zu vermutendem vegetativem Hintergrund stießen. So wurde über chronische Bauchschmerzen, Gewichtsverlust, Müdigkeit, Leistungsschwäche, ja auch über Alkoholintoleranz berichtet.

Alle diese Beobachtungen und Feststellungen haben in jüngster Zeit dazu geführt, daß operative Möglichkeiten zur Erhaltung einer verletzten Milz entwikkelt und erprobt wurden und daß in der Begutachtung der Folgen des Milzverlusts eine andere Einstellung Platz greift. Seufert (1986) empfiehlt, daß für die gesetzliche Unfallversicherung, also bezogen auf den allgemeinen Arbeitsmarkt, die Erwerbsminderung für das 1. Jahr nach Eintritt der Arbeitsfähigkeit mit 30% zu bemessen sei und die konstanten Veränderungen und Gefahren, denen der Splenektomierte ausgesetzt sei, eine Dauerrente von 10% angemessen erscheinen lasse. Bei den Entschädigungssätzen der privaten Unfallversicherung, die sich wegen ihrer Orientierung am tatsächlichen wirtschaftlichen Verlust auf die Berufstätigkeit des Patienten beziehen, sei zu berücksichtigen, daß einem Splenektomierten Arbeiten in offenen, zugigen Räumen nicht mehr zuzumuten seien. Ebenso dürfte milzlosem medizinischem Personal keine Arbeit auf einer Infektionsstation zugewiesen werden. Allgemein anerkannt sei die Einschränkung der Tropentauglichkeit.

Diese Einstufung des Milzverlusts aus medizinischer Sicht im zivil- und sozialrechtlichen Sektor erscheint uns von ganz wesentlicher Bedeutung für die Frage, ob der Milzverlust im Strafrecht den Tatbestand der schweren Körperverletzung erfüllen könnte. Nachdem, wie eingangs ausgeführt, die Rechtssprechung des BGH den Verlust eines inneren Organs wie der Niere nicht als Tatbestand nach § 224 angesehen hat, bleibt nun zu prüfen, ob der Verlust der Milz mit einem „Verfallen in Siechtum" zu umschreiben ist. Sowohl der medizinische Laie wie auch der Fachmann werden sich spontan dagegen wenden, eine solche Gleichsetzung vorzunehmen, denn mit dem Begriff Siechtum wird doch im allgemeinen Sprachgebrauch ein ganz gravierender gesundheitlicher Verfall bezeichnet. Das „Dahinsiechen" ist geradezu die klassische Bezeichnung für lange sich hinschleppende, quälende Krankheitsverläufe, und damit verbindet man nicht das Bild, das der Splenektomierte im täglichen Leben bietet.

Trotzdem wird man nach einigem Überlegen einer solchen Gleichsetzung nähertreten können. In ihrer Auslegung des Gesetzestextes hat die Rechtssprechung, wie erinnerlich, ausgeführt, Siechtum bezeichne einen chronischen Krankheitszustand, der, den Gesamtorganismus des Verletzten ergreifend, eine erhebliche Beeinträchtigung des Allgemeinbefindens, ein Schwinden der körperlichen oder geistigen Kräfte und allgemeine Hinfälligkeit zur Folge habe. Diese Umschreibung ließe sich schon - cum grano salis - auf die Situation des Splenektomierten übertragen. Er leidet an einer gestörten Infektabwehr, die den gesamten Organismus betrifft und als Schwund körperlicher Kräfte bezeichnet werden kann, denn charakteristischerweise wird die Potenz der Infektabwehr des menschlichen Körpers als „Abwehrkraft" bezeichnet. Auch ist der Zustand chronisch, denn eine Postsplenektomiesepsis kann zu jedem Zeitpunkt nach der Operation auftreten, wenn auch die ersten beiden Jahre besonders gefährlich sind. Beschrieben sind auch in der Literatur mannigfaltige Beeinträchtigungen des Allgemeinbefindens, wie sie zuvor schon als vegetative Beschwerden aufgeführt wurden. Ferner wird man nicht umhin kommen, Vergleiche anzustellen mit der im überwiegenden juristischen Schrifttum geäußerten Meinung, daß für die Wichtigkeit z. B. eines Gliedes die Individualität eines Verletzten, insbesondere sein Beruf, maßgebend seien. Hier sind die Folgen des Milzverlusts für Personen in medizinischen Berufen oder mit Tätigkeit in den Tropen durchaus vergleichbar mit dem Fingerverlust beim Musiker.

Betrachtet man allerdings die Leitlinien der Rechtssprechung des BGH zum § 224, so wird man davon ausgehen müssen, daß bei der bisherigen strengen Auslegung der Begriffe der Milzverlust nicht unter dem Tatbestand dieses Paragraphen subsumiert werden dürfte. Gerade die beim Verlust einer Niere getroffenen Feststellungen des BGH, daß zwar damit das allgemeine Lebensrisiko erhöht werde, deshalb aber noch nicht der Tatbestand des § 224 erfüllt sei, läßt sich voll auf den Milzverlust übertragen. Denn es ist schließlich eine rein statistische Aussage, daß der Milzverlust das Infektionsrisiko um ein Vielfaches erhöhe. Letztlich ist keine Voraussage möglich, ob und wann ein Splenektomierter eine Sepsis erleiden wird, und die subjektiven, vegetativ erklärten Beschwerden sind noch nicht einmal statistisch gesichert. Man wird also die Folgen des Milzverlusts nicht vergleichen können mit z. B. dem Verlust eines Auges, bei dem in jedem Falle eine schon vorher definierbare und bei allen Verletzten gleiche Folge eintritt.

Gleichwohl scheint uns dieses Ergebnis, nämlich daß der traumatische Verlust der Milz z. B. nach einer körperlichen Mißhandlung nicht als schwere Körperverletzung einzuordnen sein wird, aus medizinischer Sicht unbefriedigend. Es kann zwar nicht Anliegen der Rechtsmedizin sein, den Juristen Vorschläge zur Qualifizierung der Tatbestandsmäßigkeit von Verletzungen oder gar zu deren Ahndung zu machen. Wohl aber ist es Aufgabe der Medizin, die Interessen des kranken Menschen und dabei eben auch des durch eine Straftat Verletzten zu vertreten und dem Juristen ein Bild zu vermitteln, wie und wie schwer die Beeinträchtigung durch eine Verletzung ist. Auch wenn der deutschen Strafrechtslehre dieser § 224 nicht gerade angenehm ist, weil er gegenüber der Behauptung, unser Strafrecht sei ein reines Schuldstrafrecht, belegt, daß es in ihm auch eindeutig Aspekte des Erfolgsstrafrechts gibt, muß seine Berechtigung aus der Sicht des Arztes als Sachwalter des Verletzten hervorgehoben werden.

Uns erscheint im Hinblick auf die ursprüngliche Intention des Gesetzgebers, einen besonderen Straftatbestand innerhalb der Körperverletzungen abzugrenzen, bei dem die Einbuße an körperlicher Unversehrtheit der Grund dafür ist, daß der Unrechtsgehalt als besonders strafwürdig erscheint, die gegenwärtige Fassung des Paragraphen antiquiert und die Auslegung in der obergerichtlichen Rechtssprechung zu eng. In einer Zeit, in der so viel von Lebensqualität die Rede ist, sollte man sich auch in der Jurisprudenz darauf besinnen, was es bedeutet, sich z. B. wegen eines Milzverlusts nicht mehr in tropischen Ländern aufhalten zu können oder für den Rest seines Lebens 20% häufiger als vor der Verletzung an banalen Infektionen zu leiden. Hier kann man sich u. E. nicht damit begnügen zu sagen, ein inneres Organ könne kein wichtiges Glied sein, weil ein Glied ein Körperteil sei, das mit dem Rumpf oder einem anderen Körperteil durch ein Gelenk verbunden sei. Hier schließt sich die Brücke zu unserem Kollegen Skrzeczka (1872), der vor 114 Jahren zu § 224 StGB schrieb:

Das Fundament der Einteilung in leichte und schwere Verletzungen ist lediglich in der Größe des für den Verletzten erwachsenen Nachteils zu finden, und wenn der Gesetzgeber eine Anzahl der nachteiligsten Folgen, welche eine Verletzung überhaupt haben kann, ohne daß sie den Verletzten zum Tode führt, im § 224 als Merkmale der „schweren Verletzung" zusammenstellt, so kann er nicht die Absicht gehabt haben, andere Verletzungen, welche zweifellos ebenso große Nachteile herbeiführen als die namentlich aufgezählten sind, auszuschließen und sie als leichte mit gelinderen Strafen zu ahnden.

Wenn die Rechtssprechung der Auffassung ist, der Gesetzestext lasse eine Übertragung des Tatbestands auf den Verlust innerer Organe nicht zu, so muß die Forderung nach einer Neufassung des Gesetzes erhoben werden, die sich auch am erweiterten medizinischen Wissen orientiert. In einer Zeit, wo Samenbanken die „Zeugungsfähigkeit" sogar über den Tod des Spenders hinaus gewährleisten und auf der anderen Seite ein Mensch, der seinen Geruchssinn verloren hat, wahrscheinlich subjektiv ebenso schwer beeinträchtigt ist, wie jemand, der ein Auge verloren hat, kann man die gegenwärtige Fassung des § 224 nicht als optimal ansehen.

Wir appellieren deshalb aus der Sicht der Rechtsmedizin an die verantwortlichen Juristen, auf eine Neufassung des Paragraphen hinzuarbeiten, und sind uns insofern einig mit dem Kommentar von Schönke-Schröder, wo es in der 22. Auflage heißt, daß die bisherige Regelung in Anbetracht der großen Bedeutung innerer Organe unbefriedigend ist.

Abkürzungen

BGH St: Sammlung der Entscheidungen des Bundesgerichtshofes in Strafsachen
RGSt: Entscheidungen des Reichsgerichts in Strafsachen
NJW: Neue Juristische Wochenschrift

Literatur

Begemann H, Rastetter J (1971) Folgen und gutachtliche Bewertung der Milzentfernung. Chirurg 42:494

Dickermann JD (1979) Splenectomy and sepsis: A warning. Pediatrics 63:938

King H, Shumacker HB (1952) Splenic studies: Susceptibility to infection after splenectomy performed in infancy. Ann Surg 136:239Klaue P, Eckert P, Kern E (1979) Incidental splenectomy: Early and late postoperative complications. Am J Surg 138:296

Kleinschmidt J (1984) Die trauma-bedingte Splenektomie: Erhaltungstechniken im Tierexperiment und humoraler Immunstatus bei splenektomierten Patienten. Habilitationsschrift, Universität München

Kunz R, Roscher R (1985) Zur gutachtlichen Bewertung der Milzerhaltung und des Milzverlustes nach Trauma. Unfallchirurg 88:134

Littmann I (1976) Die Eingriffe an der Milz. In: Littmann J (Hrsg) Chirurgische Operationslehre. Schattauer, Stuttgart New York, S 593
Ohlshausen (1927) Kommentar zum Strafgesetzbuch, 11. Aufl. Berlin
Saß W, Bergholz M, Seifert J, Hamelmann H (1984) Splenektomie bei Erwachsenen und das OPSI-Syndrom. Dtsch Med Wochenschr 109:1249
Schönke A, Schröder H (1985) Kommentar zum Strafgesetzbuch, 22. Auflage. Beck, München
Seufert RM (1986) Die Begutachtung des partiellen und totalen posttraumatischen Milzverlustes. Dtsch Med Wochenschr 111:43
Singer DB (1973) Postsplenectomy sepsis. Perspect Pediatr Pathol 1:285
Skrzeczka (1872) Bemerkungen zu § 224 des Deutschen Strafgesetzbuches. Vierteljahresschr Gerichtl Med XVII:248

Ärztliche Behandlungsfehler unter zivilrechtlichen Aspekten in Japan

K. Haba, K. Püschel

Einleitung

Die Darstellungen über sog. ärztliche „Kunstfehler“ nehmen in der deutschsprachigen rechtsmedizinischen Literatur bekanntlich in den letzten Jahren einen zunehmend breiten Raum ein. Anläßlich eines Studienaufenthalts von Prof. Haba in Hamburg hatten die Autoren Gelegenheit, die Verhältnisse in Japan und Deutschland miteinander zu vergleichen. Viele prinzipielle Übereinstimmungen sind festzustellen; einen Eindruck hiervon mag der folgende kurze Abriß über Art und Ausmaß der Kunstfehlerproblematik in Japan (Schwerpunkt Zivilrecht) vermitteln.

Statistischer Überblick

1973 ist in Japan eine Haftpflichtversicherung der Ärztekammer ins Leben gerufen worden. Im Zeitraum von Juli 1973 bis Januar 1985 ist in 2694 Fällen von Patienten eine Entschädigung von jeweils über ca. DM 10000 für angebliche ärztliche Behandlungsfehler gefordert worden. Davon wurden 2589 Fälle entschieden, wobei in 53% dem Arzt eine Verantwortung zugewiesen wurde. Die Fälle, in denen ein ärztliches Verschulden festzustellen war, sind zumeist durch einen Vergleich abgeschlossen worden. Fälle, bei denen die Begutachtung keinen Hinweis auf eine fehlerhafte ärztliche Behandlung ergab, konnten häufig aufgrund von Widersprüchen auf Patientenseite bisher nicht endgültig beigelegt werden.

Betrachtet man die Anzahl der gemeldeten Versicherungsfälle im Verlauf der 12 Jahre, so ist im Untersuchungszeitraum keine auffällige Zunahme oder Abnahme der Verfahren festzustellen (jährlich 200–300 Fälle). Was für Japan insgesamt gilt, ist auch in der Präfektur Mie (Arbeitsbereich von Prof. Haba) festzustellen; dort wurden bisher 120 entsprechende Versicherungsfälle gezählt, im Jahresdurchschnitt etwa 10 ± 2 Fälle.

Betrachtet man die Anzahl der Gerichtsverfahren über ärztliche Behandlungsfehler, so sind bis zum 2. Weltkrieg insgesamt überhaupt nur 52 Gerichtsverfahren (Zivilrecht und Strafrecht; Zeitraum 1868–1945) registriert. Danach hat es 638 weitere Verfahren gegeben. Vor allem in den letzten 10 Jahren haben die zivilrechtlichen gerichtlichen Auseinandersetzungen zugenommen. Dabei wird in etwa 50% der Gerichtsentscheidungen ein ärztliches Verschulden festgestellt.

Untersucht man die Fachrichtungen der Ärzte, an die Haftungsansprüche gestellt wurden, so dominieren die operativen Fächer (s. Tabelle 1). An 1. Stelle steht in Japan die Gynäkologie und Geburtshilfe; knapp ⅓ aller Verfahren betrifft dieses Fach. Die Ursache liegt wahrscheinlich darin, daß hier häufig 2 Menschen zugleich betroffen sind, nämlich die Mutter und das Neugeborene; auch sind die Ansprüche an körperliche Unversehrtheit bei dem Kind und der jungen Frau besonders hoch.

Betrachtet man die einzelnen medizinischen Maßnahmen, die zum Vorwurf eines ärztlichen Behandlungsfehlers führten, dann stehen chirurgische Operationen an der Spitze, gefolgt von Injektionen sowie Fehlern in der Diagnose und der Therapie (Tabelle 2).

Unter den ärztlichen Behandlungsfehlern, die der Hapftpflichtversicherung der japanischen Ärztekammer gemeldet worden sind, spielen folgende Fallgruppen zahlenmäßig die größte Rolle:

Tabelle 1. Fachrichtungen der Ärzte, an die Haftungsansprüche gestellt wurden (Bereich der Japanischen Ärztekammer: n = 1932; Bereich der Präfektur Mie n = 120)

Fachrichtung	Japan [%]	Mie [%]
Gynäkologie	29,3	29,2
Chirurgie	23,6	25,0
Orthopädie	12,3	7,5
Innere Medizin	17,1	26,7
Pädiatrie	7,5	3,3
HNO	3,7	4,2
Augenheilkunde	3,6	1,7
Dermatologie	1,9	1,7
Neurologie und Psychiatrie	1,0	0,8

Tabelle 2. Ärztliche Maßnahmen, die zu Haftungsansprüchen Anlaß gaben (Bereich der Japanischen Ärztekammer: n = 850; Bereich der Präfektur Mie: n = 120)

Maßnahmen	Japan [%]	Mie [%]
Chirurgische Eingriffe	27,4	17,5
Injektionen	20,8	21,7
Diagnose- und Therapiefehler	14,2	12,5
Behandlungsmaßnahmen	8,8	15,8
Geburtshilfe	11,8	9,2
Körperliche Untersuchungen	2,4	5,0
Anästhesie	10,5	5,0
Medikamentenverordnung	3,3	5,0
Medizinische Überwachung	0,8	8,3

- Nervenlähmungen nach intramuskulären Injektionen, insbesondere Ischiadikusläsionen nach fehlerhafter intraglutäaler Injektion;
- nicht oder zu spät erkannte Frakturen und Blutungen nach Trauma, z. B. nicht erkannte subdurale Hämatome;
- nicht erkannte Schwangerschaften und insbesondere extrauterine Graviditäten;
- Retinopathien bei Neugeborenen (insgesamt 160 Fälle);
- Corpus alienum relictum.

Über die Fallgruppen hinaus gibt es in Japan in allen medizinischen Fachdisziplinen ärztliche Behandlungsfehler von sehr unterschiedlicher Art, die mit dem entsprechenden Fallmaterial in Deutschland durchaus vergleichbar sind.

Die Höhe der Entschädigungssummen nimmt auch in Japan ständig zu. Entschädigungsleistungen in Höhe von DM 10000-50000 haben zahlenmäßig abgenommen, während zugleich Zahlungen von über DM 120000 bishin zu mehreren DM 100000 zugenommen haben. Die höchsten Entschädigungssummen werden nicht bei Todesfällen gezahlt, sondern vielmehr im Falle schwerster Invalidität (z. B. apallisches Syndrom).

Folgender besonders tragischer Fall hat sich in der Präfektur Mie ereignet: Ein Arzt, der einen Hausbesuch machte, wurde von einem Patienten, den er einmal geröntgt hatte, mit Benzin übergossen und angezündet. Der Arzt verstarb. Als Erklärung für seine Tat gab der Patient an, von dem Arzt durchgeführte Röntgenuntersuchungen hätten bei ihm eine Leukämie ausgelöst.

Juristisch-theoretischer Standpunkt

Unter einem Unfallereignis während der ärztlichen Behandlung („accident in medical practice") versteht man ein unerwartetes negatives Resultat ärztlicher Behandlung; dieses ist ein der medizinischen Wissenschaft innewohnendes schicksalhaftes Problem. Unter einem ärztlichen Kunstfehler („medical malpractice") versteht man einen medizinischen Unglücksfall, der durch einen Fehler von ärztlicher Seite entstanden ist. bzw. bei dem von vornherein ein Verdacht ärztlichen Fehlverhaltens besteht.

Die Verantwortung für ärztliches Fehlverhalten wird in Japan aus den gleichen Grundprinzipien des Haftungsrechts abgeleitet wie in Deutschland: Schadensersatzanprüche des Patienten an den Arzt können sowohl aus einer Verletzung des Arzt-Patienten-Vertrags als auch außerhalb des Vertragsverhältnisses aus einer unerlaubten Handlung abgeleitet werden (vertraglicher Anspruch - deliktischer Anspruch). Von entscheidender Bedeutung für das Verfahren sind Fragen der Zuordnung der Beweislast für die beiden Parteien sowie gelegentlich auch die Verjährungsfrist. Bei eindeutiger Klärung der Schuldfrage geht es dann v. a. auch noch um die Höhe der zu zahlenden Entschädigungsleistung. Grundsätzlich liegt die Beweislast für einen ärztlichen Behandlungsfehler auf der Seite des Patienten. Besteht jedoch aufgrund der allgemeinen Erfahrung schon im ersten Augenschein eine hochgradige Wahrscheinlichkeit für das Vorhandensein ärztlichen Fehlverhaltens, so erfolgt auch in Japan eine Beweislastumkehr. In diesem Fall ist der Arzt mit der großen Schwierigkeit konfrontiert, nachzuweisen, daß er für den Fehler nicht verantwortlich zu machen ist. Die Verjährungsfrist beläuft sich bei ärztlichem Kunstfehler in Japan auf 10 Jahre; es gibt einige wenige Beispiele dafür, daß die Verantwortung für ärztliche Behandlungsfehler durch die Verjährungsfrist erlosch. Die Aufklärung des Patienten spielt eine besonders wichtige Rolle, wobei in die Aufklärung nicht nur diagnostische und operative Maßnahmen eingeschlossen werden müssen, sondern auch die Krankenpflege und die Mitbehandlung durch andere Ärzte. Besondere Probleme erwachsen daraus, daß mehrere Ärzte, z.T. auch aus mehreren Fachgebieten, nacheinander oder zugleich den Patienten behandeln, wobei es durch Informationslücken zu Behandlungsfehlern kommen kann. Für die Ausbildung und Überwachung des medizinischen Personals ist der Arzt verantwortlich, nicht jedoch für individuelle Fehler des Hilfspersonals.

Zusammenfassung

1973 ist in Japan eine Haftpflichtversicherung der Ärztekammer geschaffen worden. Seitdem wurde in 2694 Fällen von Patienten eine Entschädigung von jeweils über ca. DM 10000 für angebliche ärztliche Behandlungsfehler gefordert. In 53% der Fälle ist ein Verschulden der Ärzte festgestellt worden, davon sind viele Fälle aber noch nicht endgültig entschieden. Im Untersuchungszeitraum war keine auffällige Zunahme oder Abnahme der Verfahren festzustellen (jährlich 200–300 Fälle). Bei den Fachrichtungen der Ärzte, an die Haftungsansprüche gestellt wurden, dominieren die operativen Fächer (insbesondere die Gynäkologie und Geburtshilfe mit ca. 30% aller Verfahren). Bei den angeschuldigten fehlerhaften ärztlichen Maßnahmen stehen dementsprechend chirurgische Eingriffe an der Spitze, gefolgt von Injektionen sowie Diagnose- und Therapiefehlern.

Summary

The Medical Liabilitiy Insurance System of the Medical Association of Japan was established in 1973. Statistics show that from July 1973 to January 1985 there were 2694 incidents each involving a liability claim in excess of one million yen. In 53% of the cases some degree of liability on the part of the doctors was established, but in many of these cases no final verdict has yet been reached. The number of such incidents neither increased nor decreased over the 12 years (about 200–300 cases every year). Among the medical specialties, gynecology and obstetrics was the most frequent area of litigation (about 30% of cases). As regards the acts of medical malpracitce, surgical complications dominated, followed by injections and diagnostic and therapeutic errors.

Der Narkosezwischenfall aus der Sicht des Rechtsmediziners

R. Hilgermann

Folgt man der Rechtsprechung des Reichsgerichts, die der spätere Bundesgerichtshof übernommen hat, dann ist die Narkose - wie übrigens jeder andere operative ärztliche Eingriff auch - *tatbestandsmäßig* eine Körperverletzung, genauer gesagt eine gefährliche Körperverletzung, die nur durch Einwilligung des Patienten nach vorausgegangener Aufklärung *straflos* bleibt. Damit ist jedes ärztliche Handeln mit einer schwerwiegenden Hypothek belastet. Für den Arzt ergibt sich nämlich die Verpflichtung zu einem Höchstmaß an ärztlicher Sorgfalt, wenn er der Konkretisierung einer ständigen abstrakten Bedrohung eines Haftpflichtprozesses oder gar eines Strafverfahrens entgehen will. Kein anderer Arzt - so scheint mir - ist gezwungen, zum Zwecke des erforderlichen Heileingriffs auf dem überaus schmalen, zwischen Leben und Tod des Patienten angesiedelten therapeutischen Grat zu wandeln - fast möchte man sagen zu balancieren - als die *Vertreter der operativen Fächer,* in erster Linie aber die Chirurgen und die Anästhesisten. Auch der Anästhesist ist „Operateur", wenn er trotz eines auf seinem Fachgebiet inzwischen erreichten Sicherheitsstandards durch die Narkose eine iatrogene, reversible Vergiftung des Patienten mit zumeist kalkulierbarem Risiko herbeiführt. Jedem ärztlichen Eingriff ist eine bestimmte, von der Rechtsprechung anerkannte Komplikationsrate inhärent. Eine geradezu *außerordentliche* Risikoaffinität scheint aus den oben erwähnten Gründen jedoch dem operativen und anästhesiologischen Fachgebiet vorbehalten zu sein. Die Fachvertreter haben es in den letzten Jahren zu spüren bekommen, und zwar nicht nur durch einen sprunghaften Anstieg der sog. „Kunstfehlerverfahren", sondern auch durch eine drastische, hiermit aufs engste verknüpfte Heraufsetzung ihrer Haftpflichtprämien. Es leuchtet ein, daß diese Entwicklung keineswegs zu einer Festigung des so überaus wichtigen, von gegenseitigem Vertrauen ausgezeichneten Arzt-Patienten-Verhältnisses beigetragen hat. Im Gegenteil - man muß befürchten, daß diese frühere Vertrauensbasis zwischen Arzt und Patient Schaden genommen hat und weiter Gefahr läuft, Schaden zu nehmen. Ursächlich hierfür scheint weniger eine absolute Zunahme der Rate ärztlichen Fehlverhaltens zu sein - ärztliche Fehler wurden schon immer gemacht -, sondern die steigende Prozessierfreudigkeit vieler Patienten. Diese wurde und wird beeinflußt durch einseitige Presseberichte in den Massenmedien - häufig in der Absicht, ärztliche Tätigkeit zu kriminalisieren, ferner durch z. T. aus den eigenen Reihen stammende antiärztliche Stimmung und schließlich durch den Wandel des Arztrechtes, das nach dem Prinzip der „Waffengleichheit" die Rechte des Patienten - besonders sein Einsichtsrecht in die Krankengeschichte - dem Arzt gegenüber ausgebaut und erweitert hat.

Bislang war es häufig üblich, daß der Patient, der sich durch einen Fehler seines Arztes geschädigt fühlte, mit Hilfe seines Anwalts den Weg des Strafprozesses gegangen ist, nicht etwa weil er an der Strafverfolgung des Arztes interessiert war, sondern weil er sich bei primär erstrebter zivilrechtlicher Schadensregulierung über die beschlagnahmte Krankengeschichte und die Zeugenaussagen im Strafprozeß eine günstigere Beweislage für den anschließenden Zivilprozeß erhoffen durfte. Mitursächlich für diese Entwicklung war die 1962 vom BGH vertretene und von den alten Berufsordnungen übernommene Auffassung, daß Aufzeichnungen des Arztes nur eine interne Gedächtnisstütze seien und daß zu ihrer sorgfältigen und vollständigen Führung gegenüber dem Patienten keine Pflicht bestehe. Diese Auffassung hat der BGH am 27. 6. 1978 revidiert und offenbar - den neueren gesetzlichen Bestimmungen der Heilberufsgesetze und den neuen Berufsordnungen sich anpassend - unter Hinweis auf überholte ärztliche Berufsauffassungen nunmehr eine angemessene und ordnungsmäßige Dokumentationspflicht des Arztes - auch außerprozessual - als eine Art Rechenschaftspflicht im Rahmen des Behandlungsvertrags bejaht. Das Grundsatzurteil des BGH aus dem Jahre 1982, wonach in Übereinstimmung mit einigen Obergerichten dem Patienten sogar ein *Einsichtsrecht* in seine Krankengeschichte zugestanden wurde, war sodann eine längst fällige konsequente Fortentwicklung vorausgegangener Spruchpraxis.

Der Patient konnte aufgrund dieser neuen Rechtslage zur Durchsetzung seiner Schadensersatzansprüche nunmehr auf den Umweg über das Strafverfahren verzichten. Für den Arzt, besonders für den Chirurgen und Anästhesisten, entstand eine neue Konfliktsituation. Der Arzt läuft nämlich Gefahr, bei gewissenhafter und ordnungsgemäßer Dokumentation der Krankengeschichte seine eigene *Anklageschrift* zu schreiben, mindestens aber dem Patienten für den Zivilprozeß beweiserhebliche Unterlagen verschaffen zu müssen.

Diese Situation ist für den Arzt um so bedrückender, zumal ganz allgemein der Grundsatz gilt, daß niemand verpflichtet ist, zur Aufdeckung seiner Straftat oder seines Fehlverhaltens beizutragen. Als Alternative bietet sich hier die auch von der Rechtsprechung in Teilbereichen anerkannte abgestufte nicht duale Krankengeschichte an, die allerdings wiederum mehr dem Schutz des Patienten als dem Schutz des Arztes dienen soll.

Man denke hier z. B. an das sog. „therapeutische Privileg", wonach der BGH dem Arzt zugestanden hat, seinem Patienten die Krebsdiagnose nicht mitteilen zu müssen. Man denke ferner an die in der Krankengeschichte niedergelegten Mitteilungen „Dritter" über den Patienten.

Eine weitere Konfliktsituation kann aus rechtsmedizinischer Sicht für den Anästhesisten - wie übrigens für jeden Arzt - bei der gewissenhaften Ausfüllung des Leichenschauscheins gegeben sein. Definiert man nach Schwerd (1981) den natürlichen Tod als den Tod eines Menschen aus krankhafter Ursache, der völlig unabhängig von rechtlich bedeutsamen äußeren Faktoren eingetreten ist, dann ist ein Tod im Zusammenhang mit der Narkose ein *nichtnatürlicher* Tod, der nach dem Leichenrecht der Länder meldepflichtig ist. Der Arzt müßte also - wäre er in eigener Sache Leichenschauer - praktisch *Selbstanzeige* erstatten, und zwar trotz seines verbrieften elementaren Schutzrechts, an seiner Strafverfolgung durch eigenes Tun nicht mitwirken zu müssen. Er wäre gezwungen, auch wenn sein Fehlverhalten noch keineswegs erwiesen ist, bei sorgfältiger Ausfüllung des Leichenschauscheins den nichtnatürlichen Tod des Patienten der Vollzugspolizei zu melden und auf diese Weise dazu beizutragen, daß mindestens Verdachtsmomente ärztlichen Verschuldens präjudiziert werden könnten. Eine moralisch und standesrechtlich abzulehnende Alternative wäre die falsche Ausfüllung des Leichenschauscheins. Das Leichenrecht ist zu dieser Frage keineswegs einheitlich: In Bayern z.B. kann der Arzt in eigener Sache die Leichenschau verweigern; in Hessen ist die vorsätzlich unrichtige Bescheinigung der Todesursache mangels gesetzlicher Grundlage nicht strafbar, in Niedersachsen ist sie strafbar, in Rheinland-Pfalz und West-Berlin eine Ordnungswidrigkeit.

Der mit Anästhesiezwischenfällen befaßte Rechtsmediziner sieht sich sehr häufig vor ganz erhebliche Schwierigkeiten gestellt. Zunächst hat er die ihm nahezu stereotyp vom Gericht oder von der zuständigen Ermittlungsbehörde gestellten Fragen zu beantworten:
Liegt überhaupt ein Schaden vor?
Ist der Schaden auf ärztliches Handeln oder Unterlassen zurückzuführen?
Ist das ärztliche Handeln fehlerhaft und vorwerfbar?

Liegt zwar ein fehlerhaftes ärztliches Handeln vor und ist gleichwohl kein Schaden entstanden, dann ist dies forensisch irrevelant. Ist zwar der Schaden kausal auf ärztliches Handeln zurückzuführen, das ärztliche Handeln aber weder fehlerhaft noch vorwerfbar gewesen, dann scheidet ebenfalls eine strafrechtliche und zivilrechtliche Haftung des Arztes aus.

Ist ein *tödlicher* Narkosezwischenfall eingetreten, so wird der Rechtsmediziner, oder wer auch immer als Gutachter tätig ist, sich vergegenwärtigen müssen, daß nicht jeder Tod *in* Narkose Tod *an* Narkose bedeuten muß. Bei der Prüfung der Kausalitätsfrage sollte sich der Gutachter tunlichst an der von Montagne (1972, zit. nach Opderbecke 1978) vorgeschlagenen Systematik orientieren:

1) Die Anästhesie ist alleinige Todesursache.
2) Die Operation ist alleinige Todesursache.
3) Die Anästhesie ist die Haupttodesursache, die Operation ist ein zusätzlicher Faktor.
4) Die Anästhesie ist ein zusätzlicher Faktor, die Operation ist die Haupttodesursache.
5) Der Zustand des Patienten ist für den Tod verantwortlich.
6) Die Todesursache ist nicht feststellbar.

Der Gutachter wird sich bei seiner Stellungsnahme zu Schadensereignis, fehlerhaftem Verhalten und Ursachenzusammenhang sehr differenziert mit dieser Systematik auseinanderzusetzen haben, zumal hieraus sehr häufig differenzierte Rückschlüsse über das Ausmaß eines nur der richterlichen Beurteilung unterliegenden Verschuldens gewonnen werden können. Ist die Anästhesie zweifelsfrei alleinige Todesursache, dann wird wieder zu prüfen sein, ob es sich um einen vorwerfbaren oder nicht vorwerfbaren Zwischenfall gehandelt hat. Es ist bekannt, daß die Anästhesie alleinige, nicht in den Verantwortungsbereich des Anästhesisten fallende Todesursache sein kann, beim Krankheitsbild der sog. malignen Hyperthermie oder auch bei anaphylaktoiden Reaktionen z.B. Auch tödliche Zwischenfälle, die auf ein eher biologisches, patientenabhängiges, schicksalsgebundenes Risiko bei angemessener Patientenvorbereitung und adäquater Technik zurückzuführen sind, wird man nicht dem Verschuldensbereich des Anästhesisten zuordnen können. Dies gilt hingegen nicht für Fehler und Gefahren in Zusammenhang mit der Technik des angewandten Anästhesieverfahrens, also für das „methodische" Risiko. Gleichwohl kann es für den Gutachter äußerst schwierig sein, trotz ärztlichen Verschuldens die Kausalkette eindeutig nachzuweisen, zumal der um Schmerzausschaltung, Relaxation und Schlaf bemühte Anästhesist im Gegensatz zum Chirurgen *funktionelle* und nicht *anatomische* Zustände verändert und dabei praktisch keine oder nur ganz *uncharakteristische* Spuren hinterläßt.

Das *morphologische* und *toxikologische* Substrat bei ärztlich verschuldeter Narkosekomplikation ist im Regelfall äußerst dürftig. In allen Zweifelsfällen ärztlichen Verschuldens bei einem Anästhesieschaden sollte es daher der Rechtsmediziner für erforderlich halten, den Fachanästhesisten als Gutachter hinzuzuziehen, und zwar um so früher, je schwerwiegender von seiten der Ermittlungsbehörde Verdachtsmomente gegenüber dem Anästhesisten gegeben sind. Daß derartige gutachterliche Kooperationen gelegentlich auf topographische Schwierigkeiten stoßen und bisweilen auch gegensätzliche Auffassungen erkennen lassen, ist weder ungewöhnlich noch abzuleugnen. Die Hinzuziehung des Fachanästhesisten sollte schon deswegen als geboten erachtet werden, um von vornherein den Verdacht auszuräumen, der Rechtsmediziner wolle den Anästhesisten, wie übrigens die meisten anderen Ärzte auch, nur belasten. Der Rechtsmediziner hat den Vorteil, am wenigsten dem Solidaritätsprinzip unter Ärzten zu unterliegen. Das sollte aber nicht zu dem Vorurteil führen, daß er der Büttel des Staatsanwalts sei.

Wenn man sich mit der einschlägigen Literatur über Fehler und Gefahren der Anästhesie befaßt hat, dann könnte man sich fast vorbehaltlos zum überzeugten Anhänger der Lokalanästhesie bekennen, obwohl auch diese bekanntlich nicht frei von Nebenwirkungen und Risiken ist.

Die Grundforderung an die Ärzteschaft sollte daher sein:

1) höchste Qualitätsanforderung an die anästhesiologische Fachausbildung,
2) breiteste Fächerung dieser Disziplin auf möglichst *alle* operativen Spezialdisziplinen in den Krankenhäusern,
3) wohlausgewogene Abstimmung zwischen Wahl des Narkoseverfahrens, Allgemeinzustand des Patienten und Schweregrad des operativen Eingriffs.

Zusammenfassung

Unter der Prämisse der höchstrichterlichen Rechtsprechung, daß die Narkose – wie übrigens jeder andere operative Eingriff auch – *tatbestandsmäßig* eine gefährliche Körperverletzung ist, die nur durch Einwilligung des Patienten nach vorausgegangener Aufklärung *straflos* bleibt, werden die schwerwiegenden Hypotheken anästhesiologischen Handelns aufgezeigt. Kein anderer Arzt ist gezwungen, zum Zwecke des erforderlichen Heileingriffs auf dem überaus schmalen, zwischen Leben und Tod des Patienten angesiedelten therapeutischen Grat zu „balancieren", als die Vertreter der operativen Fächer, in erster Linie die Chirurgen und Anästhesisten. Der Anästhesist ist dem Wandel des Arztrechts zufolge gezwungen, bei ordnungsgemäßer Dokumentation der Krankengeschichte u. U. seine eigene „Anklageschrift" zu schreiben, mindestens aber bei deren pflichtgemäßer Aushändigung dem Patienten für den Zivilprozeß beweiserhebliche Unterlagen zu verschaffen.

Nicht jeder Tod *in* Narkose ist ein Tod *an* Narkose; gleichwohl ist jeder Narkosetod als *nichtnatürlicher Tod* nach dem Leichenrecht meldepflichtig. Der mit Anästhesiezwischenfällen befaßte Rechtsmediziner sieht sich als Gehilfe des Richters bei der Prüfung der Kausalitätsfrage häufig vor ganz erhebliche Schwierigkeiten gestellt, zumal der Anästhesist funktionelle und nicht anatomische Zustände verändert. Das morphologische und toxikologische Substrat bei ärztlich verschuldeter Narkosekomplikation ist im Regelfall äußerst dürftig. Die frühzeitige Hinzuziehung eines Fachanästhesisten ist dringend anzuraten.

Literatur

Opderbecke HW (1978) Anästhesie und ärztliche Sorgfaltspflicht. Springer, Berlin Heidelberg New York (Anästhesiologie und Wiederbelebung Bd 100)

Schwerd W (1981) Definition und Abgrenzung der Begriffe natürlicher und nichtnatürlicher Tod. In: Opderbecke HW, Weißauer W (Hrsg) Forensische Probleme in der Anästhesiologie. Perimed Erlangen

Der Beweis der ärztlichen Aufklärung

E. Liebhardt, R. Penning

In unserer Rechtsordnung wird jeder ärztliche Eingriff - eine Spezialität des deutschen Rechts - tatbestandsmäßig als Körperverletzung behandelt. Um nicht als rechtswidrig zu gelten, bedarf danach der ärztliche Eingriff einer Rechtfertigung, in der Regel der Einwilligung des Patienten. Diese ist nur rechtswirksam, wenn der Patient nach ärztlicher Aufklärung „im großen und ganzen" über das Wesen des Eingriffs Bescheid weiß, eine allgemeine Vorstellung von der Schwere des Eingriffs und den spezifisch mit ihm verbundenen Risiken hat,[1] wenn er über die Risiken Bescheid weiß, die für einen verständigen Patienten in der betreffenden Situation ernsthaft ins Gewicht fallen.[2] Die Form der Einwilligung ist dabei unerheblich, es muß lediglich die innere Zustimmung nach außen manifestiert werden, sei es durch Unterschrift des Patienten oder Vermerk des Arztes in der Krankenakte.[3] Der Umfang der Aufklärungspflicht ist aus juristischer Sicht eine Rechtsfrage, die ex post (!) vom Gericht aus juristischen Erwägungen entschieden wird.[4] Nach Ansicht von Deutsch,[5] hat die Rechtsprechung beim Ausbau der Aufklärungspflicht mehr Einsatz als Einsicht gezeigt, nach Meinung von Franzki hat sie sich in einer Weise verästelt und verschärft, daß heute selbst ein mit diesen Fragen einigermaßen vertrauter Jurist kaum noch voraussagen kann, ob ein Arzt mit seinem Aufklärungsgespräch in jedem Fall vor den Gerichten bestehen wird.[6] Der Patient soll in die Lage versetzt werden, selbst über das wie und ob des Eingriffs zu bestimmen,[7] hier wird beinahe das Beurteilungsvermögen eines Facharztes gefordert.

Das Ergebnis dieser Entwicklung der Aufklärungspflicht war der „Aufklärungsknick"[7] der letzten Jahre; Patienten bzw. deren Rechtsanwälte sind dazu übergegangen, Forderungen nicht mehr mit Kunstfehlervorwurf, sondern mit dem Vorwurf mangelnder Aufklärung zu begründen. Vorgeschaltet wird z.T. eine Strafanzeige, um sich kostenlos der Ermittlungsakten der Staatsanwaltschaft bedienen zu können. Der Grund für diese Entwicklung: Bei Aufklärungsrügen ist die Beweislage günstiger. Macht der Patient einen Behandlungsfehler geltend, muß er diesen Behandlungsfehler beweisen und zusätzlich dessen Kausalität für den geltend gemachten Schaden. Bei Aufklärungsrügen muß der Arzt eine stattgehabte und ausreichende Aufklärung beweisen, da dies seine Rechtfertigung für die offensichtlich vorgenommene „Körperverletzung" ist.[8] Nachdem Mißerfolge ärztlicher Therapien nie auszuschließen sind, bei ordnungsgemäßer Aufklärung und Behandlung jedoch in die Risikosphäre des Patienten fallen, bleibt daher im Prozeß nach Jahren oft die einzige Frage: Kann der Arzt zur Überzeugung des Gerichts beweisen, daß er den Patienten hinreichend aufgeklärt hat. „Die ärztliche Kunst besteht... auch in der Erfüllung der von der Rechtsprechung zur Frage der ärztlichen Aufklärungspflicht aufgestellten Erfordernisse".[9]

Generell kommen als Beweismittel im Zivil- wie im Strafprozeß Augenschein, Zeugen, Sachverständige, Urkunden und andere Schriftstücke sowie die Parteivernehmung (ZPO) bzw. Aussage des Beschuldigten (StPO) in Frage.[10] Hieraus muß der Richter bei völlig freier Beweiswürdigung[11] - er darf z.B. einer Parteierklärung mehr glauben als einer eidlichen Zeugenaussage,[12] er muß nicht einmal dem Geständnis des Angeklagten glauben[13] - nach Prüfung der Schlüssigkeit der einzelnen Beweismittel sein Urteil finden.

Im Zivilrecht, also bei Forderungen nach Schadensersatz und Schmerzensgeld, muß der Richter hierbei persönlich überzeugt sein von der Wahrheit, nicht nur von der Wahrscheinlichkeit der behaupteten Tatsache, bei Aufklärungsrügen also von der erfolgten und vollständigen Aufklärung.[12] Er hat zu prüfen, ob er Zweifel an der behaupteten Tatsache überwinden kann; maßgeblich ist ein für das praktische Leben brauchbarer Grad an Gewißheit.[12]

Im Strafrecht hingegen ist der Beweis zu Lasten des Angeklagten - des Arztes - hinsichtlich der Nichtaufklärung erst erbracht, wenn der Richter mögliche Zweifel, daß der Patient doch aufgeklärt wurde, überwinden kann und bei Würdigung aller vorhandenen Beweismittel und Tatsachen von der Nichtaufklärung genügend überzeugt ist.[14]

Augenschein und Sachverständige kommen bei Aufklärungsrügen als Beweismittel kaum in Frage. Bei Zeugen kommt es entscheidend auf deren Glaubwürdigkeit an und darauf, ob sie sich - oft nach Jahren - noch erinnern können.[15] Parteibindung macht Zeugen nicht von vornherein unglaubwürdig.[16] Kann sich der Zeuge nicht mehr erinnern, kann er sich alter Protokolle zur Gedächtnisstützung bedienen und muß dann mit seiner Aussage diese Protokolle würdigen.[17]

Urkunden sind, insbesondere nach Jahren, wohl das beste Beweismittel.[18] Urkunde ist jede, auch formlose, schriftliche Erklärung eines Gedankens (ZPO)[18] bzw. Schriftstücke irgendwelcher Art, die einen Gedankeninhalt haben (StPO).[19] Ist ein Zeuge verstorben, dürfen Urkunden, die von ihm stammende schriftliche Äußerungen enthalten, im Strafprozeß verlesen werden.[20]

Bei sorgfältig geführten Krankenblättern gewinnt die weitere Behauptung des Arztes an Wahrscheinlichkeit, daß er auch ihren Inhalt dem Patienten eröffnet hat,[21] das Fehlen von Dokumentationen führt jedoch nicht zur Unmöglichkeit des Beweises.[22] Tonbandaufzeichnungen sollten wegen der Manipulationsgefahr nicht verwendet werden, Mikrofilm ist unbedenklich, die Glaubwürdigkeit elektronisch gespeicherter Aufzeichnungen leidet, wenn diese nicht gegen nachträgliche Abänderung gesichert sind.[23]

Die Partei - bzw. Angeklagtenvernehmung ist, abhängig von Glaubwürdigkeit und Überzeugungskraft, besonders im Zivilprozeß insgesamt das schlechteste und unsicherste Beweismittel.[24] Besser ist es, wenn die Parteien, möglichst zum fraglichen Zeitpunkt, Urkunden errichten.[25] Im Zivilprozeß ist die Parteivernehmung nur beschränkt möglich.[26]

In der ärztlichen Praxis wird derzeit zunehmend versucht, insbesondere auf Dienstanweisung der haftungspflichtigen Krankenhausträger, die Beweislage zu verbessern, indem man den Patienten mehr oder weniger ausführliche Broschüren lesen und deren Kenntnisnahme durch Unterschrift bestätigen läßt.[27] In Verbindung mit der schriftlichen Bestätigung eines zusätzlichen Aufklärungsgesprächs erhofft man sich, den Beweisanforderungen der Rechtsprechung genügen zu können, und hat damit teilweise, je nach Art der Aufklärungsbogen, bisher großen Erfolg.[28]

Das einschlägige Schrifttum steht der Überbetonung der Formularaufklärung ganz überwiegend kritisch gegenüber. Der Arzt nehme hier de facto eine Beweislastverschiebung bzw. Risikoverlagerung zugunsten des Krankenhausträgers und zu Lasten des Patienten vor.[29] Dies diene weit mehr der ärztlichen Absicherung als dem nunmehr überforderten Patienten.[30] Vorformulierte Aufklärungsbestätigungen unterliegen dem Recht der allgemeinen Geschäftsbedingungen.[31] Formulare unterliegen der freien Beweiswürdigung, ihre Unterzeichnung beweist für sich allein noch nicht, daß der Patient sie gelesen und verstanden hat, daß der Inhalt mit ihm erörtert wurde.[32] Pauschalformulierungen wie: „Ich wurde vollständig aufgeklärt - Unterschrift" sind wertlos, sie bestätigen allenfalls, daß überhaupt ein Aufklärungsgespräch stattgefunden hat.[33] Zu wenig ausführliche Formulare werden evtl. sogar als Indiz gewertet, daß über alles nicht Enthaltene nicht aufgeklärt wurde.[34] Weicht der Arzt im Aufklärungsgespräch einzelfallbezogen vom Inhalt des Formulars ab, kann er dies ohne eigene Dokumentation kaum beweisen.[35]

Nach ganz herrschender medizinischer wie juristischer Meinung ist das mündliche Gespräch der unverzichtbare Kern der Aufklärung, ihr wesentliches Element.[36] Den Kontakt in Formularen erstarren zu lassen,[37] bürokratisch mit Broschüren aufzuklären, gilt als unethischer Ausdruck einer Defensivreaktion[38] bzw. Defensivmedizin, von der Ärzte notgedrungen meinen Gebrauch machen zu müssen.[39] Formulare mit einer Aufzählung von Risiken können zu einer falschen Gewichtung und Fixierung beim Patienten führen und dadurch dem Wesen der Aufklärung geradezu entgegenlaufen.[40] Strenge Dienstanweisungen des vorrangig an lückenlos-bürokratischer Aufklärung interessierten Krankenhausträgers seien mit der ärztlichen Berufsfreiheit unvereinbar.[41] Die Aufforderung zur Unterschrift könne das Vertrauensverhältnis zwischen Patient und Arzt stören, außerdem unterliege auch die Unterschrift der freien Beweiswürdigung.[42]

Auch die Rechtsprechung sieht dies so und trägt der Tatsache Rechnung, daß ein Beweis nach Jahren um so schwerer zu führen ist, je behutsamer und einfühlsamer ein Aufklärungsgespräch geführt wurde.[43] An den Beweis der ordnungsgemäßen Aufklärung des Patienten dürfen keine unbilligen und übertriebenen Anforderungen gestellt werden.[44] Ist ein Beweis für ein gewissenhaftes Aufklärungsgespräch erbracht, sollte dem Arzt im Zweifel geglaubt werden.[44] Das vertrauensvolle Gespräch zwischen Arzt und Patient sollte möglichst von bürokratischem Formalismus, wie z. B. dem Beharren auf der Unterschrift des Patienten, frei bleiben.[44] Deshalb muß auch dem Arzt, der keine Formulare benutzt und für den konkreten Einzelfall keine Zeugen zur Verfügung hat, eine faire und reale Chance bleiben, den ihm obliegenden Beweis zu führen.[44] Der BGH vermeidet ferner weitgehend Äußerungen zur Beweislast für den Inhalt des Aufklärungsgesprächs.[45]

Aufklärungsformulare können oft der auf den konkreten Einzelfall auszurichtenden Aufklärungspflicht nicht gerecht werden, da sie naturgemäß eine Vielzahl von Fällen abdecken müssen.[46] Aus Beweisgründen wird sicherheitshalber über eine Vielzahl von im Einzelfall möglicherweise nicht einschlägigen Risiken aufgeklärt, nach dem „ungeschriebenen Grundsatz, nur ein Wort zu wenig schadet".[47] Der Patient wird aus Beweisgründen möglicherweise im Übermaß aufgeklärt. Hier folgt paradoxerweise aus der Übersteigerung des Selbstbestimmungsrechts in der Judikatur eine Überforderung des Patienten, sein Selbstbestimmungsrecht wird letztlich entwertet.[48] Der im Einzelfall gebotene Umfang der Aufklärung kann jedoch nur im Gespräch ertastet werden, nur im Dialog ist zu entscheiden, wie weit die Aufklärung gehen darf und muß.[49]

Den aufgeworfenen Problemen könnte eine klinikintern oder auch im größeren Rahmen zu erstellende eingriffsspezifische Liste möglicher Komplikationen und Risiken sowie Erfolgsaussichten Rechnung tragen, in der der aufklärende Arzt sowie ein weiterer als Zeuge dem Aufklärungsgespräch beiwohnender Arzt nach dem Aufklärungsgespräch die zur Sprache gekommenen Punkte ankreuzen und dies durch Unterschrift bestätigen. Hierdurch wären als potentielle Beweismittel Urkunde und Zeuge vorhanden,[50] eine Unterschrift des Patienten wäre nicht vonnöten.

Eine solche Liste könnte sehr ausführlich gehalten werden und dadurch dem aufklärenden Arzt als Gedächtnisstütze dienen. Mit Hilfe der EDV könnte sie jeweils standardisiert um alters- und vorerkrankungsspezifische Risiken für den Einzelfall ergänzt werden, auch um solche, die nicht in das Fachgebiet z. B. des Operateurs fallen und diesem deshalb weniger geläufig sind. Sie könnte mit Fachtermini stichwortartig aufgebaut werden. Für den Einzelfall nicht einschlägige Risiken, die den Patienten verunsichern könnten und die man aus Aufklärungsformularen schlecht streichen kann, könnten einfach ausgelassen werden. Bei bewußt verschwiegenen Risiken oder Komplikationen könnte man den Grund hierfür - etwa um den Patienten nicht zu beunruhigen („therapeutisches Privileg"),[51] - in die Liste eintragen und dadurch den Eindruck einer nachträglichen Ausrede im Prozeß vermeiden. Ein Operateur, der das Aufklärungsgespräch nicht selbst geführt hat, könnte sich problemlos über dessen Umfang vergewissern, widersprüchliche Auskünfte könnten vermieden werden. Anmerkungen zur Einsichtsfähigkeit und zum Grad der Beunruhigung des Patienten wären möglich.

Gegen diese Form der Aufklärungsdokumentation könnte sprechen, daß der BGH[52] bei Sterilisationen zur Empfängnisverhütung dem Arzt empfiehlt, sich die Aufklärung über ein seltenes, nicht auszuschließendes Versagen der Methode durch Unterschrift bestätigen zu lassen. Jedoch sollten auch in diesem Falle Zeuge und Aufklärungsprotokoll als Beweismittel in jedem Falle ausreichen,[53] die Überreichung einer entsprechenden Broschüre erscheint hier eher medizinisch angezeigt. Zwingend vorgeschrieben ist die Schriftlichkeit der Zustimmung allerdings nach § 40 Arzneimittelgesetz für Probanden bei der klinischen Erprobung eines Arzneimittels.

Daß ausführliche Aufklärungsprotokolle im Einzelfall auch als Beweismittel zugunsten des klagenden Patienten dienen können, darf natürlich nicht übersehen werden, der beabsichtigte Schutz vor aus ärztlicher und allgemein objektiver Sicht nicht gerechtfertigten Ansprüchen sollte durch sie jedoch jederzeit gewährleistet sein.

Anmerkungen

1 Siehe u.a. Schmid, NJW 1984, 2601
Bodenburg, NJW 1981, 601.
2 Tröndle, MDR 1983, 881.
3 Dreher/Tröndle, StGB, 42. Aufl. (1985) § 223 RN 9f; Schönke/Schröder, StGB, 22. Aufl. (1985), § 223 RN 43.
4 Tempel, NJW 1980, 609,
Tröndle (s. Anm. 2).
5 Deutsch, VersR 1981, 292.
6 Franzki, VersR 1982, 716.
7 Tröndle (s. Anm. 2).
8 Schmid (s. Anm. 1).
9 Bodenburg (s. Anm. 1).
10 Baumbach/Lauterbach, ZPO, 44. Aufl. (1986), Einf. § 284 RN 7; Kleinknecht/Meyer, StPO, 37. Aufl. (1985), Einl. RN 49.
11 Baumbach/Lauterbach (s. Anm. 10), § 286 RN 2; Kleinknecht/Meyer (s. Anm. 10), § 261; Jauernig, Zivilprozeßrecht, 20. Aufl. (1983), § 49 V; Roxin, Strafverfahrensrecht, 18. Aufl. (1983), § 15.
12 Baumbach/Lauterbach (s. Anm. 10), § 286 RN 2.
13 Roxin (s. Anm. 11), § 15 A.
14 Kleinknecht/Meyer (s. Anm. 10), § 261 RN 3; Schmid (s. Anm. 1).
15 Siehe z.B. BGH, NJW 1985, 1399.
16 Baumbach/Lauterbach (s. Anm. 10), § 286 RN 2.
17 Kleinknecht/Meyer (s. Anm. 10), § 253.
18 Jauernig (s. Anm. 11), § 55 I.
19 Roxin (s. Anm. 11), § 28 B.
20 Kleinknecht/Meyer (s. Anm. 10), § 251.
21 OLG Celle, VersR 1982, 500.
22 Hohloch, NJW 1982, 2584.
23 Kleinknecht/Meyer (s. Anm. 10), § 251 RN 1; Rieger, Lexikon des Arztrechts (1985), RN 572.
24 Einerseits OLG Celle, VersR 1982, 500, andererseits OLG Frankfurt, NJW 1983, 1382; Jauernig (s. Anm. 11), § 56.
25 Jauernig (s. Anm. 11), § 56.
26 Siehe z.B. LG Duisburg, MedR 1984, 148.
27 Ausführlich Jacob, Jura 1982, 529; Rieger (s. Anm. 23), RN 265.
28 Laufs, NJW 1983, 1349.
29 Deutsch, NJW 1982, 2585; Jacob (s. Anm. 27); Laufs (s. Anm. 28).
30 Tröndle (s. Anm. 2).
31 Palandt, BGB, 45. Aufl. (1986), AGBG § 9 RN 7 k; Niebling, MDR 1982, 193; MedR 1985, 262.
32 BGH, NJW 1985, 1399.
33 OLG Celle, VersR 1982, 500; Dreher/Tröndle (s. Anm. 3), § 223 RN r; Niebling (s. Anm. 31); Schmid (s. Anm. 1).
34 OLG Karlsruhe, NJW 1983, 2643; Schmid (s. Anm. 1).
35 Jacob (s. Anm. 27).
36 BGH, NJW 1985, 1399; Deutsch, NJW 1982, 2585; Franzki, Niebling, Rieger RN 272, Schmid, Tempel (s. Anm. 6, 31, 23, 1, 4).
37 Steffen, MedR 1983, 88.
38 Deutsch, VersR 1981, 293.
39 Laufs (s. Anm. 28).
40 Steffen (s. Anm. 37).
41 Rieger (s. Anm. 23), RN 265.
42 Jacob (s. Anm. 27); Tempel (s. Anm. 4).
43 Franzki (s. Anm. 6).

44 grundlegend BGH, NJW 1985, 1399.
45 Schmid (s. Anm. 1).
46 Palandt (s. Anm. 31), § 823 RN 7 B f; Deutsch, VersR 1981, 293; Jacob (s. Anm. 27).
47 Bodenburg (s. Anm. 1).
48 Tröndle (s. Anm. 2); Wachsmuth/Schreiber, DMW 1984, 153.
49 Deutsch, NJW 1983, 1351; Rieger (s. Anm. 23), Wachsmuth/Schreiber (s. Anm. 48).
50 Siehe auch Tempel (s. Anm. 4); OLG Frankfurt, NJW 1981, 1322.
51 Deutsch, NJW 1980, 1305.
52 BGH, NJW 1981, 2002.
53 Rieger (s. Anm. 23), RN 272.

Entnahme von Leichenteilen zu Transplantationszwecken – Straftat, ärztliche Pflicht oder beides?

R. Penning, E. Liebhardt

Die Diskussion um ein deutsches Transplantationsgesetz, die jahrelang z.T. erbittert geführt wurde und in 2 konträren Gesetzentwürfen durch Bundesregierung bzw. Bundesrat[1] gipfelte, ist seit 1980 zunehmend verflacht. Eine Einigung auf einen der beiden Entwürfe schien nicht möglich, ein Kompromiß wurde nicht gefunden, ein Transplantationsgesetz wurde nicht erlassen. Ein erneuter Anlauf ist nach Aussage des parlamentarischen Staatssekretärs im Bundesjustizministerium derzeit nicht geplant,[2] ein Bedürfnis für eine gesetzliche Regelung erscheine derzeit zweifelhaft. In der Begründung des Bundesregierungsentwurfs von 1979 war dagegen das Ausklammern des Bereichs der Lebendspende noch damit begründet worden, die Dringlichkeit der Transplantationsregelung erlaube kein Zuwarten bis zur Erstellung eines umfassenden Gesetzes.[3]

Bundesweit gibt es derzeit rund 18000 dialysepflichtige Nierenkranke.[4] Ein Zuwachs auf 25000 Patienten wird erwartet. Einer theoretischen Transplantationskapazität von derzeit 10000 Nieren pro Jahr stehen nur 1000 Spendernieren im Jahr gegenüber.[5] Die Zahl der Spenderorgane ist 1985 gegenüber dem (Rekord-)Vorjahr um 30% zurückgegangen.[5] Die auch in der arztrechtlichen Literatur geäußerte Meinung, ein Eingreifen des Gesetzgebers sei nicht angezeigt, da das geltende Recht genügend Transplantationen erlaube,[6] kann damit zumindest derzeit nicht gültig sein.

Diese gewandelte Situation ist nicht zuletzt Folge des sehr erfreulichen, damals nicht vorhersehbaren Absinkens der Zahl der Verkehrsunfallopfer, die das zahlenmäßig bei weitem überwiegende Kontingent potentieller Organspender ausmachen. Standen 1978 noch 20000 Verkehrstote einem Bedarf von 1000 Spendernieren gegenüber,[7] so ist die Zahl der Verkehrstoten heute auf 8500 pro Jahr gesunken, die Zahl der nach heutigen Erkenntnissen dialysepflichtigen Neuerkrankungen jedoch auf ein Mehrfaches gestiegen. Ein Nichtwahrnehmen potentieller Spenderkapazitäten ist danach heute kaum noch vertretbar.

Dem zunehmenden Bedarf an Transplantaten steht juristisch ein weitgehend „gesetzloser" Raum gegenüber. Vor Strafanzeigen, Ermittlungsverfahren, Dienstaufsichtsverfahren, Schadensersatz- und Schmerzensgeldklagen kann der Explanteur derzeit nur sicher sein, wenn ein Organspendeausweis vorliegt, wenn der Spender vor seinem Tode eingewilligt hat (was praktisch wohl keine große Rolle spielt) oder bei Einwilligung der totensorgeberechtigten Angehörigen. Voraussetzung für eine Einwilligung der Angehörigen ist deren Befragung in unmittelbarem zeitlichen Zusammenhang mit der Todesnachricht. Daß diese Situation für beide Gesprächspartner in hohem Maße belastend ist, braucht kaum betont werden. Zum Teil wird bezweifelt, ob die Einwilligung eines Angehörigen, der im Schock kaum ansprechbar ist, rechtlich überhaupt wirksam sein kann.[8] In vielen Fällen dürfte dieses Gespräch belastender sein als die Vermutung oder Kenntnis einer eigenmächtigen Transplantatentnahme, insbesondere, wenn diese im Rahmen einer Obduktion erfolgt.

Nicht verschwiegen werden darf, daß auch mangelnde ärztliche Kooperation ein gerüttelt Maß zum Transplantatmangel beiträgt. Im Großraum München sind de facto lediglich 10% aller Krankenhäuser bereit, in geeigneten Fällen eine Explantation zu veranlassen.[9] Mancher potentielle Organempfänger muß sterben, weil sich viele Ärzte hier seelisch überfordert fühlen.[10] Behandelnde Ärzte eines Verstorbenen haben meist keine direkte Verbindung zum Organempfänger, sie werden die Belastung eines Gesprächs oft nicht auf sich nehmen. Ärzte aus Transplantationsteams, sollten sie überhaupt benachrichtigt werden, kennen regelmäßig die Angehörigen des Verstorbenen nicht, die seelische Belastung wird dadurch erhöht, außerdem würden Einwilligungsgespräche in diesem Fall zur Dauerbelastung.

Letzteres gilt in besonderem Maße für den Bereich der Rechtsmedizin. Ein Kontakt mit Angehörigen ist hier in aller Regel nicht gegeben. Zwar ist die Explantation innerer Organe bei Obduktionen nicht mehr möglich, Augenhornhäute zur Heilung Erblindender können jedoch bis zu 12–24 h nach dem Tode, harte Hirnhaut zum Ersatz verletzter Sehnen u.ä. noch wesentlich länger entnommen werden. Hier spielen rechtsmedizinische Institute für das Transplantataufkommen eine wichtige Rolle, insbesondere wenn, wie in jüngster Zeit im Münchner Raum, durch rigide, ausschließlich auf Konfliktvermeidung ausgerichtete Verwaltungsvorschriften für den Bereich der Krankenhäuser eine hinreichende Versorgung der Augenkliniken mit Hornhauttransplantaten nicht mehr gewährleistet ist.

Zum Totensorgerecht der Angehörigen

Nicht ganz klar erscheint, warum, wenn wie im Regelfall eine Willensäußerung des Organspenders nicht vorliegt, die Willensäußerung der nächsten Angehörigen an deren Stelle treten soll, wie dies im einschlägigen Schrifttum ganz überwiegend akzeptiert wird. Im Gesetzesentwurf der Bundesregierung, der die sog. Widerspruchslösung vorsah, war eine solche – belastende – Befragung zur Schonung der Angehörigen nicht vorgesehen.[11] Dennoch wird eine Entscheidungsbefugnis der Angehörigen des Verstorbenen gefordert, begründet wird sie in der Regel durch das Pietätsgefühl der Angehörigen und das daraus folgende Totensorgerecht, wenn auch selten überzeugend. Insbesondere das Totensorgerecht ist dogmatisch stark umstritten.[12] Die Berufung auf Pietät und Herkommen ist die Regel, beides ist jedoch als Säule juristischer Argumentation kaum geeignet,[13] da es subjektiven Wertungen zu viel Raum läßt.

Schwer nachvollziehbar ist, wie eine Organentnahme zum Zweck der Transplantation ein rechtlich geschütztes Pietätsgefühl, das in der Regel von Art 1 GG. der Menschenwürde, abgeleitet wird, verletzen soll. Hier ist dem Verfassungsrechtler Maurer[14] dahingehend zu folgen, daß die postmortale Organspende gerade den Wertvorstellungen entspricht, die die Menschenwürde ausmachen. Durch die Pietät wird lediglich die Modalität der Organentnahme begrenzt und ein „Ausschlachten" verhindert.[14] Pietätlos kann nicht die Explantation als Handlung sein, pietätlos kann nur die Entscheidung des Explantierenden sein, daß die Würde des Verstorbenen seine Handlungsweise nicht beeinflußt.[15] Bedenkt man ferner, daß in weiten Kreisen unserer Bevölkerung der Körper der Feuerbestattung überantwortet wird, erscheint um so schwerer verständlich, wie eine Organexplantation, die zweifellos die sterbliche Hülle des Verstorbenen verletzt, diese jedoch nicht verunstaltet, pietätlos sein soll. Im Gegensatz zum Unversehrtheits- und Totenkult zu Zeiten der Römer gilt Pietät im christlichen Sinn nicht dem unversehrten Körper,[16] sondern der Erinnerung an den ehemals Lebenden, an den Menschen als ganzen, also der Persönlichkeit des Verstorbenen.

Entspricht es auch weitgehend dem Zeitgeist, alles, was mit dem Tod zu tun hat, zu tabuisieren und totzuschweigen, so sollte dieses Tabu im Interesse derer, die zur Heilung auf Transplantate angewiesen sind, in der juristischen Diskussion zumindest in einer Beziehung durchbrochen werden. Ärzten wird oft blanker Materialismus vorgeworfen, wenn es um die Frage der Organentnahme geht. Dieser gründet sich jedoch wohl weniger auf das Ignorieren des Spenders, verbunden mit Fixierung auf den Organempfänger, als auf die Kenntnis der postmortalen Leichenveränderungen. Leichen sind in aller Regel in kurzer Zeit, in Extremfällen je nach Temperatur in 1–2 Tagen durch Fäulnisgase bis zur Unkenntlichkeit verunstaltet. Die Organe sind grünlich verfärbt und gebläht, sie erweichen allmählich, die Haut hebt sich in Blasen ab. Diese Leichenfäulnis ist nicht verhinderbar, sie muß hingenommen werden, sie kann durch aufwendige Techniken allenfalls verzögert werden. Für den, der sie kennt, der diese Veränderungen selbst gesehen hat, wird Pietät um so stärker an die Erinnerung an den Verstorbenen, wie er zu Lebzeiten war, an dessen Persönlichkeit gebunden sein. Daß Pietät der Entnahme frischer Organe, mit denen Gesundheit oder Leben eines anderen gerettet werden kann, entgegenstehen soll, ist danach schwer einsehbar. Zumindest sollte man niemand verurteilen, sei es moralisch oder juristisch, der so denkt und aus dieser Einsicht handelt.

Nach herrschender Meinung steht den nächsten Angehörigen eines Verstorbenen ein „Totensorgerecht" zu. Dieses sei Jahrtausende alt und familienrechtlicher Natur.[17] Es sei gewohnheitsrechtlich abzuleiten,[18] positiv-rechtlich sei es im Bestattungsrecht festgeschrieben.[19] Hier besteht das Totensorgerecht im Umsetzen der Verfügung des Verstorbenen als Ausfluß seines Rechts auf würdevolle Bestattung[20] und auf Wahl der letzten Ruhestatt.[21] Demnach ist das Totensorgerecht der Angehörigen verletzt, wenn die Verfügungen des Verstorbenen verletzt werden; die Angehörigen können auf Unterlassung klagen.[22] Fraglich ist, ob dieses Totensorgerecht auch die Befugnis zur Genehmigung oder Ablehnung einer Explantation umfaßt, wie dies, teilweise ohne jede Begründung,[23] angenommen wird. Teilweise wird bezweifelt, ob das Totensorgerecht ein eigenes Recht der

Angehörigen sei oder nur deren Befugnis zur Erfüllung ihrer Totensorgepflicht.[24] Wie dieser Wille zur Geltung gebracht wird hat sich am Willen des Toten zu orientieren.[25] Auch Befürworter eines umfassenden Totensorgerechts geben diesem nur so weit Raum, als der Verstorbene von seinen Rechten keinen Gebrauch gemacht hat.[26]

Ein Totensorgerecht der Angehörigen wird in der einschlägigen Literatur demnach als gegeben akzeptiert, zu seiner Ableitung muß jedoch Gewohnheitsrecht herangezogen werden, ferner eher periphere Rechtsgebiete wie das Bestattungsrecht. In jedem Fall ist es dem Willen des Verstorbenen subsidiär. Hiernach erscheint es zumindest zweifelhaft, aus dem Totensorgerecht ein Recht der Angehörigen abzuleiten, bei nicht bekanntem Willen des Verstorbenen eine Explantation abzulehnen mit all den Folgen, die dies für den potentiellen, möglicherweise todgeweihten Organempfänger mit sich bringt.

Der geäußerte Wille des Verstorbenen

Allgemein akzeptiert erscheint, daß die Entscheidung eines Verstorbenen für oder gegen eine Organentnahme respektiert werden muß, wenn ein solcher Wille bekannt ist. Bezeichnend für die derzeitige transplantationsrechtliche Situation ist allerdings, daß auch dies dogmatisch nicht überzeugend abgeleitet werden kann. Ein Fortwirken bzw. eine Ausstrahlung des Persönlichkeitsrechts des Verstorbenen nach dem Tode wurde durch die Rechtssprechung[27] festgeschrieben. Zu seiner Begründung ist man jedoch „auf mehr oder weniger freihändige Konstruktionen angewiesen.[28] So problematisch auch die Ableitung des fortwirkenden Persönlichkeitsrechts sein mag, gegen seine praktische Konsequenz, die Verbindlichkeit einer bekanntermaßen getroffenen Entscheidung des Verstorbenen für oder gegen Explantationen, dürften Einwände schwierig begründbar sein. Analog dem Mephisto-Urteil des BGH dürfte es gegen die Menschenwürde verstoßen, wenn der Mensch nicht in der Erwartung leben kann, auf Schutz seiner diesbezüglichen Entscheidung nach dem Tode vertrauen zu können, sei dies aus nachvollziehbaren oder auch aus völlig irrationalen Erwägungen heraus erfolgt. „Zum Richter über Urängste ist niemand berufen“.[29]

Einschränkungen des Persönlichkeitsrechts de lege lata

Verstorbene, deren Organe für eine Transplantation geeignet wären, werden in der Regel durch Unfall oder eine unerwartete, plötzlich auftretende tödliche Erkrankung aus relativem Wohlbefinden gerissen, eine Willenserklärung zur Explantation liegt deshalb selten vor. Wer hier die körperliche Integrität als absolut geschütztes Rechtsgut ansieht und Eingriffe von der Einwilligung der Angehörigen abhängig machen will, verkennt folgendes: Der Staat selbst hat sich zahlreiche Eingriffsrechte vorbehalten, insbesondere in der Strafprozeßordnung. Nach

§ 81 a, c StPO kann eine Blutentnahme bei Beschuldigten und Zeugen auch unter unmittelbarer Gewaltanwendung vorgenommen werden, angeordnet wird dieser häufige Eingriff in die Persönlichkeitsrechte Lebender meist durch Polizisten als Hilfsbeamte der Staatsanwaltschaft. § 87 StPO regelt die gerichtliche Leichenöffnung, den wohl schwerwiegendsten Eingriff an einem Toten. Für so schwerwiegend, daß eine richterliche Anordnung nötig wäre, wird dieser Eingriff aber nicht gehalten.[30] Auch nach dem Bundesseuchengesetz kann eine Sektion angeordnet werden, in beiden Fällen auch gegen den erklärten Willen des Verstorbenen. Nach Erlässen einzelner Landesministerien dürfen unbekannte Tote an die Anatomie übergeben werden.[31] Dienen also Eingriffe in die Körperintegrität der Vereinfachung von Verwaltungsaufgaben, werden sie alsbald positiv-rechtlich geregelt und sind zweifelsfrei zulässig.

Bezeichnendes Beispiel hierfür ist der zum 1. 1. 1981 der RVO eingefügte § 1559 IV, nach dem der Versicherungsträger bei Versicherten eine Leichenblutentnahme anordnen darf. Zur Begründung des Gesetzes heißt es kurz, diese Ergänzung sei notwendig, um eine bestehende Rechtsunsicherheit zu beseitigen und eine ständige Verwaltungspraxis abzusichern.[32] Auch in der privaten Krankenversicherung, in der Unfallversicherung und bei Berufskrankheiten muß in eine Sektion zur Vermeidung finanzieller Nachteile ggf. eingewilligt werden. Ein Schwangerschaftsabbruch nach § 218 a II 1 StGB (eugenische Indikation) ist nur straffrei, wenn die Schädigung des Kindes nicht durch einen Blutaustausch, also die Transplantation von Blutzellen, behebbar ist.[33]

Während Verwaltungshindernisse durch positiv-rechtliche Regelungen alsbald und unauffällig beseitigt werden,[34] sieht der Gesetzgeber eine Regelung der Explantationsproblematik derzeit nicht für erforderlich an, der behandelnde Arzt steht weitgehend im rechtsfreien Raum. Von verfassungsrechtlicher Seite wird hier die Frage gestellt, ob nicht der Staat verpflichtet sei, zum Schutz der auf Explantate Angewiesenen ein Gesetz zu erlassen.[35] Auch staatliche „Werbemaßnahmen" zur Mobilisierung der freiwilligen Spendebereitschaft[36] erreichen zumindest kein wirksames Ausmaß - dies obwohl der Gesetzgeber sicherlich die Aufgabe hat, Entwicklungen, die dem Wohl des einzelnen und der Allgemeinheit dienen, den Weg zu ebnen.[37]

Gefahren fehlender gesetzlicher Regelungen

Diese sollen hier nur kurz skizziert werden. Diskutiert werden Schadensersatzansprüche von Erben, wenn an anderer Stelle für das Transplantat eine Bezahlung erfolgt wäre.[38] Sollte der Mangel an Leichenorganen zunehmen, ist eine Kommerzialisierung von Lebendspenden sicherlich für die Zukunft nicht auszuschließen. In Anzeigen sollen bereits heute für eine Spenderniere Preise zwischen DM 10000 und DM 500000 verlangt werden.[39] In Großbritannien sterben derzeit jährlich 2000 Patienten, denen mangels Gerät eine Dialysebehandlung verweigert wird. Annahmekriterien sind ein Alter zwischen 15 und 55 Jahren, für Diabetiker, Krebskranke und Querschnittsgelähmte sei der Aufwand zu groß.[40] In den USA wird öffentlich diskutiert, daß Ausländer hier teilweise Organtransplantate minderer Qualität erhalten. „Würden wir diese Nieren nicht Ausländern einpflanzen, dann würden wir sie wahrscheinlich wegwerfen".[41] Würde bei Explantationen ohne Einwilligung der Angehörigen von der Rechtssprechung eine Schmerzensgeldzahlung in Genugtuungsfunktion[42] etabliert werden, würde dies im Endeffekt auf eine Bezahlung für Transplantate durch die Hintertür hinauslaufen.[43] Daß eine Entscheidung zur Explantation ohne Einwilligung unter solchen Umständen leichter fiele, wenn ein finanzkräftiger Organempfänger solche von der Haftpflichtversicherung nicht gedeckten Schadensersatz- oder Schmerzensgeldforderungen stillschweigend begleicht, kann nicht ausgeschlossen werden. In jedem Falle ist aber die Entscheidung, wer die wenigen verfügbaren Organe erhalten soll, unwürdig und unlösbar.[44]

§ 168 StGB - Störung der Totenruhe

Finanzielle Forderungen der Angehörigen könnten begründet werden, wenn der Explanteur § 168 StGB verletzt hätte, also „unbefugt aus dem Gewahrsam der Berechtigten Leichenteile weggenommen" hätte. Sollte die Rechtssprechung solche finanziellen Forderungen für begründet erklären, würde dies sicherlich, analog der Situation bei Aufklärungsrügen, zu einer Vervielfältigung der derzeit eher seltenen Strafanzeigen führen.

Entsprach es noch vor kurzem ganz der herrschenden Meinung, daß § 168 StGB bei Explantationen in Krankenhäusern, pathologischen oder rechtsmedizinischen Instituten nicht einschlägig sei,[45] so sind heute 2 Punkte zunehmend strittig: Ist ein Gewahrsam der Angehörigen bereits anzunehmen, wenn sich der Leichnam noch im Krankenhaus etc. befindet? Bejaht man dies, wäre eine Explantation nicht in jedem Fall über § 34 StGB gerechtfertigt?

Der Tatbestand des § 168 ist aus dem eines qualifizierten Diebstahls entstanden.[46] Neben der Wegnahme von Leichenteilen stellt er u. a. die Verübung beschimpfenden Unfugs an der Leiche unter Strafe. Bei seiner Neufassung durch das 3. StÄG vom 4. 8. 1953 war eine Explantationsproblematik noch nicht gegeben, die Pönalisierung eigenmächtiger Transplantatentnahmen sicherlich nicht Zweck dieses Gesetzes.[47]

Der Gewahrsamsbegriff des § 168 StGB

Etwa seit klar wird, daß ein Transplantationsgesetz, dessen Zweck ganz allgemein in der Bereitstellung einer genügenden Anzahl von Transplantaten bei größtmöglicher Berücksichtigung der Persönlichkeitsrechte des Verstorbenen gesehen wurde,[48] in absehbarer Zeit nicht zu erwarten ist, seit etwa diesem Zeitpunkt wird erstaunlicherweise in juristischen Kommentaren zunehmend die Meinung vertreten, eigenmächtige Transplantatentnahmen erfüllten den Tatbestand des § 168. War es bis vor kurzem selbst bei Autoren, die Explantationen ohne Einwilligung des Verstorbenen oder der Angehörigen an sich für rechtswidrig hielten, ebenso wie in der Rechtssprechung völlig unstreitig, daß § 168 nicht einschlägig sei, wenn sich die Leiche während der Explantation noch im Gewahrsam des Klinik- oder Institutsdirektors befindet, ein Gewahrsamsbruch also niemals gegeben sein könne, so wollen die StGB-Kommentare von Dreher-Tröndle und Lackner sowie der Leipziger Kommentar in ihrer neuesten Auflage einen Gewahrsamsbruch auch für diese Fälle annehmen, was zu einer bisher nicht gegebenen strafrechtlichen Verfolgbarkeit eigenmächtiger Explantationen führen würde.

Hieß es früher, „gewahrsamsberechtigt an einer Leiche sind zunächst alle, welche sie befugt in eigene Obhut nehmen, so nahe Angehörige, die Hospitalverwaltung, die Polizei“, so meint Tröndle[49] heute: „Gewahrsam ist hier nicht als Sachherrschaft im Sinne des § 242 zu verstehen, sondern als tatsächliche Obhut. Im übrigen steht der Gewahrsam vor der Bestattung dem zur Totensorge Berechtigten, d.h. in der Regel den nächsten Angehörigen in erster Linie (auch bei Ortsabwesenheit) zu und erst dann den zufälligen Gewahrsamsinhabern, z.B. der Krankenhausverwaltung (Str). Für ein vorrangiges, überlagerndes Recht der Angehörigen spricht, daß diese jederzeit die Herausgabe der Leiche verlangen und den Zufallsgewahrsam beenden können“ (welches letztere Argument zumindest für den Bereich der Gerichtsmedizin nicht greift). Literaturstellen hierzu leitet Tröndle mit dem Passus „zu der dringend regelungsbedürftigen Frage“ ein.

Bei Lackner[50] bedeutet Gewahrsam „ein tatsächliches Obhutsverhältnis, das in der Regel von den nächsten Angehörigen als den gewohnheitsrechtlich Berechtigten mit der Todesnachricht übernommen und alsdann von den zufälligen Gewalthabern über die Leiche, etwa der Krankenanstalt (anders die hM) nur für diese ausgeübt wird (zw)“. Würde man dies wörtlich nehmen, ließe sich daraus ableiten, daß ein Gewahrsamsbruch und damit eine strafbare Handlung im Zusammenhang mit eigenmächtigen Explantationen nicht vorliegen kann, solange den Angehörigen die Todesnachricht bewußt vorenthalten wird.

In der 10. Auflage des Leipziger Kommentars, kommentiert von Dippel,[51] wird ausgeführt, es sei streitig geworden, ob Gewahrsam im Sinne des § 168 eine tatsächliche Beziehung des Berechtigten zur Leiche (z.B. im Krankenhaus) voraussetzt oder etwa das Doppelmerkmal “Gewahrsam des Berechtigten“ nichts anderes als der Hinweis auf das Obhutsrecht (der Angehörigen) ist.[52] Die 2. Ansicht verdiene den Vorzug, sie trage der bedenklichen Schutzlosigkeit Rechnung, zu der die herkömmliche Auslegung des Tatbestands angesichts der zunehmenden Bedeutung der Organtransplantation für die Angehörigen führe. Begründet wird dies u.a. mit den Motiven zu § 137 Preußisches StGB von 1851 (!?): Auch nach der Bestattung stehe die Leiche im Gewahrsam der Angehörigen, allerdings gehe die Friedhofsbenutzungsordnung (!) deren Verfügungsrecht vor (RN 25). Angesichts dieser teilweise wenig überzeugenden Begründung erscheint es nicht widerspruchsfrei, wenn Dippel einerseits fordert, Zweck einer gesetzlichen Regelung sollte sein, das medizinische Interesse einzelner wie aus der Allgemeinheit an der Verpflanzung möglichst junger und lebensfähiger Organe mit den Forderungen des Persönlichkeitsrechts und der Menschenwürde sowie mit den Rechten und Interessen der Hinterbliebenen in Einklang zu bringen (RN 5), andererseits die „bedenkliche Schutzlosigkeit der Angehörigen" zum Anlaß nimmt, deren Pietätsrecht durch Uminterpretation einzelner Passagen des § 168 zu schützen, weil eine andere Schutznorm fehlt. Es befremdet, wenn hier in einem weitgehend ungeregelten Rechtsgebiet das wenige, das bisher allgemein akzeptiert erschien, in Frage gestellt wird, und dadurch die Rechtsunsicherheit zu Lasten des transplantierenden Arztes weiter erhöht wird. Hier ist Tröndle zuzustimmen, wenn er meint: „Das rechtsstaatliche Gewissen hat in der Bundesrepublik die Gewohnheit, gegen die Ärzte auszuschlagen".[53] Auch erstaunt, wenn Dippel als Rechtsgut des § 168 in erster Linie die Ehrfurcht vor dem Tode und das Pietätsempfinden, das der sterblichen Hülle entgegengebracht wird, bezeichnet (RN 2), ferner eine Rechtfertigung aus § 34 StGB bei entgegenstehendem Willen des Verstorbenen ausschließt (RN 32), andererseits eine Explantationseinwilligung der Angehörigen bei entgegenstehendem Willen des Verstorbenen trotzdem für wirksam und damit tatbestandsausschließend hält (RN 31).

Die Uminterpretation des Gewahrsamsbegriffs zugunsten der Rechte der Angehörigen ist abzulehnen. Es besteht hierfür auch kein Bedürfnis. Hielte der Gesetzgeber eine Neuregelung zugunsten der Angehörigen für dringend erforderlich, wäre er damit sicherlich schnell bei der Hand, wie das obige Beispiel des § 1559 IV RVO zeigt. Zudem wird durch Infragestellen bisher herrschender Meinungen die Rechtsunsicherheit letztendlich zu Lasten potentieller Organempfänger erhöht. Eventuell angeklagte Ärzte werden zunehmend von der Weltanschauung des zuständigen Richters abhängig, der jedes Urteil aus den einschlägigen Kommentaren begründen kann. Bereits heute wird der bestehenden Rechtsunsicherheit von medizinischer Seite dadurch Tribut gezollt, daß „lebende" Organe ohne Einwilligung der Verwandten nicht entnommen werden und mancher - auch sehr junge - Patient unnötigerweise an akutem Versagen von Herz oder Leber stirbt, weil ein potentiell lebensrettendes Spenderorgan durch die Angehörigen nicht zur Verfügung gestellt wird.

Ein Fallenlassen des bisherigen Gewahrsamsbegriffs erscheint demnach kriminalpolitisch kaum wünschenswert. Ferner ist Rudolphi zu folgen,[54] daß es nicht möglich ist, das Erfordernis eines tatsächlichen Obhutsverhältnisses auf dem Wege einer teleologischen Auslegung hinwegzuinterpretieren und durch ein Obhutsrecht der Angehörigen zu ersetzen. Dies wäre durch den möglichen Wortsinn des Begriffs „Gewahrsam" nicht mehr gedeckt.[55] Auch Lenckner[56] hält es für nicht mit dem Gesetzeswortlaut vereinbar, den Gewahrsamsbegriff in ein rein normatives Merkmal umzudeuten. Da der Gesetzgeber ausdrücklich vom „Gewahrsam des Berechtigten" spricht, den Gewahrsam also nicht schon als in der Berechtigung enthalten, sondern als zu ihr hinzutretend ansieht, läßt sich eine andere Auslegung mit dem Wortlaut des § 168 nicht vereinbaren und verstößt gegen das Analogieverbot.[57]

Auch der Gesetzgeber hält am bisherigen Gewahrsamsbegriff fest. In der Begründung des Bundesratsentwurfs für ein Strafrechtsänderungsgesetz, das den Handel mit Embryonen in den § 168 einbeziehen soll, wird ausgeführt: „Nach der Rechtssprechung ... hat der Leiter des Krankenhauses, in dem sich der Leichnam eines Verstorbenen befindet, hieran berechtigten Gewahrsam. ... bedeutet dies, daß der Leiter des Krankenhauses, in dem die tote Leibesfrucht angefallen ist, ... berechtigter Gewahrsamsinhaber ist" (also nicht nur zufälliger Gewahrsamsinhaber!).[58]

Festzuhalten bleibt danach, daß nach derzeit wohl weiterhin herrschender Meinung der Tatbestand des § 168 StGB durch eine eigenmächtige Transplantatentnahme nicht erfüllt wird, solange sich der Verstorbene im faktischen Gewahrsam des Leiters eines Krankenhauses oder pathologischen bzw. rechtsmedizinischen Instituts befindet, da es dann an der Wegnahme aus dem Gewahrsam des Berechtigten fehlt. Die hiervon abweichende Meinung widerspricht dem Wortlaut des Gesetzes. Ihre Ergebnisse erscheinen auch nicht als adäquates Mittel, das Schweigen des Gesetzgebers zur dringend regelungsbedürftigen Transplantationsfrage zu korrigieren. Sie vergrößern lediglich die bestehende Rechtsunsicherheit, Leidtragende aber sind diejenigen z.T. lebensbedrohlich Erkrankten, die auf Transplantate dringend angewiesen sind.

Rechtfertigung aus § 34 StGB – rechtfertigender Notstand

Folgt man dennoch der Meinung, eine eigenmächtige Transplantatentnahme erfülle den Tatbestand des § 168 StGB, so könnte dies gleichwohl nach § 34 StGB gerechtfertigt sein, wenn die Tat zur Abwendung einer gegenwärtigen, nicht anders abwendbaren Gefahr für Leben und Leib eines anderen begangen worden wäre und wenn bei Abwägung der widerstreitenden Interessen das geschützte Interesse das beeinträchtigte wesentlich überwiegen würde, dies jedoch nur, soweit die Tat ein angemessenes Mittel ist, die Gefahr abzuwenden.

Die grundsätzliche Anwendbarkeit des § 34 bei der Organtransplantation wird fast ausnahmslos bejaht.[59] Abgelehnt wird dies lediglich von Trockel[60] mit der Begründung, das allgemeine Sittlichkeitsempfinden lasse das Rechtsgut der Pietät selbst gegenüber einer Gefahr für das Leben dessen, der als Organempfänger ausersehen sei, unantastbar erscheinen.

Restriktiv ausgelegt wird teilweise der Begriff der „gegenwärtigen, nicht anders abwendbaren Gefahr". Sie wird teilweise nur bei Explantation für einen bestimmten, namentlich festgelegten Empfänger angenommen.[61] Werde ein Organ über Eurotransplant oder ähnliche Organverteilungszentren an den Empfänger weitergeleitet, bei dem eine Abstoßungsreaktion aufgrund der Gewebsmerkmale am wenigsten zu befürchten ist, liege Unmittelbarkeit der Gefahr nicht vor. Diese Ansicht mag gerechtfertigt sein, wenn es um die Transplantation von Organen wie Augenhornhaut oder Knochenmaterial geht, also um Gewebe, bei denen sich das Problem einer Gewebsunverträglichkeit nicht stellt. Bei allen inneren Organen jedoch, deren Verpflanzung operationstechnisch weitgehend gelöst ist, bei denen das Angehen der Tranplantate jedoch in hohem Maße durch Abstoßungsreaktionen gefährdet ist, würde diese Einschränkung zu einem höchst unbefriedigenden Ergebnis führen, da eine Kompatibilitätstestung vor der Organexplantation nur eingeschränkt möglich ist. Es wäre dann aus Notstandsgesichtspunkten zulässig, unter Verletzung der Körperintegrität eines Verstorbenen Organe auf einen vorher benannten Empfänger zu transplantieren, der sie mit hoher Wahrscheinlichkeit abstoßen und damit den ganzen Eingriff sinnlos machen wird, eine Auswahl des bestmöglich kompatiblen Empfängers wäre hingegen nicht möglich. Nur über ein Verbundsystem ist die optimale Nutzung von Spenderorganen möglich.[62] Der medizinischen Realität wird man also nur gerecht, wenn man die Annahme einer gegenwärtigen Gefahr auch dann zuläßt, wenn das Spenderorgan z. B. über Eurotransplant baldmöglichst dem Empfänger zugeführt wird, bei dem ein Überleben des Transplantats am wahrscheinlichsten erscheint,[63] auch wenn man eine Explantation zum Zweck der Vorratshaltung unter Notstandsgesichtspunkten ablehnen sollte.[64]

Zulässig ist eine Explantation unter Notstandsgesichtspunkten jedoch nur, wenn bei Abwägung der widerstreitenden Interessen das geschützte Interesse das beeinträchtigte wesentlich überwiegt. Hier ist abzuwägen das Rechtsgut der Gesundheit des Organempfängers, evtl. sogar dessen Leben, mit dem Interesse des Verstorbenen, evtl. seiner Angehörigen, an der Unversehrtheit der sterblichen Hülle. Nach herrschender Meinung[65] scheidet ein Überwiegen der Interessen des Organempfängers aus, wenn der Verstorbene eine Explantation ausdrücklich verweigert hat.[66]

Die Annahme eines Interesses der Angehörigen gegen eine Explantation, das von den Interessen des Transplantatempfängers nicht wesentlich überwogen würde, erscheint schwer vorstellbar,[67] insbesondere wenn man berücksichtigt, daß unter den persönlichkeitsgebundenen Rechtsgütern das Pietätsgefühl der Hinterbliebenen das flüchtigste ist.[68] Allerdings wird die vom Gesetz geforderte „Wesentlichkeit" des Überwiegens oft nicht ohne rational unkontrollierbaren Einschlag persönlicher Wertung begründbar sein.[68] Diese Subjektivität kann nach Roxin vermieden werden, wenn man das sicherste Hilfsmittel zur Auslegung des § 34 überhaupt anwendet, den Vergleich mit gesetzgeberisch eindeutigen Entscheidungen paralleler Kollisionsfälle.[68] Hier zeigt das Heranziehen der bereits oben erörterten §§ 81 a, c StPO, daß der Gesetzgeber Eingriffe in die Körperintegrität selbst Lebender zur Aufklärung vergleichsweise geringer Vergehen oder auch Ordnungswidrigkeiten für unbedenklich hält.[69] Auch kann nach § 87 StPO etwa bei Unfallopfern sogar gegen deren religiöse Überzeugung zur Aufklärung z. B. eines Unfallgeschehens eine Sektion jederzeit angeordnet werden. Man muß so zu dem Schluß kommen, daß hier das Interesse der Hinterbliebenen an der Unversehrtheit des Leichnams vom Gesetzgeber bereits wesentlich geringerwertigen Rechtsgütern als dem Leben oder der Gesundheit eines Menschen untergeordnet wird.[70] Dies entspricht auch der verfassungsrechtlichen Wertung. Wenn die Modalitäten „menschenwürdig" sind, wird man dem tiefen Grundsatz: „Der Lebende hat recht" folgen müssen.[71]

Nicht vergessen werden sollte in diesem Zusammenhang, daß die Explantation von Organen in aller Regel kein verunstaltender Eingriff ist. Sie entspricht einer Operation an der Leiche. Auch sollte nicht übersehen werden, daß die „idealen" Organspender, plötzlich verstorbene junge Individuen sowie Unfallopfer, bei denen der Kreislauf bei eingetretenem Hirntod noch stabil ist, oft sowieso dem wesentlich weitergehenden Eingriff einer gerichtlichen Leichenöffnung unterworfen werden.

Aus dem Ausgeführten ergibt sich demnach, daß eine eigenmächtige Organexplantation, wenn sie nicht gegen den erklärten Willen des Verstorbenen durchgeführt wird, in aller Regel durch § 34 StGB gerechtfertigt ist. Hier wird Notstandsrecht zum Regelfall, ein starkes Indiz dafür, daß die Transplantationsproblematik de lege lata völlig unzureichend geregelt ist.

Ausblick

Der von Kohlhaas[72] befürchtete Fall, Ärzte könnten wegen unterlassener Hilfeleistung von Angehörigen eines Patienten angezeigt werden, bei dem eine lebensrettende Organtransplantation nur deswegen nicht vorgenommen wurde, weil Ärzte die Explantationsverweigerung der Angehörigen befolgten und nicht von ihrem Notstandsrecht nach § 34 StGB Gebrauch machten, ist bisher wohl noch nicht eingetreten. Dennoch wird man in Beantwortung der eingangs gestellten provokativen Frage sagen müssen, daß die Entnahme von Leichenteilen zu Transplantationszwecken ärztliche Pflicht sein kann. Ärztliche Pflicht sollte es sein, das vorhandene Potential an Spenderorganen auch um den Preis eigener seelischer Belastung stärker als bisher zu mobilisieren. In erster Linie ist jedoch der Gesetzgeber aufgerufen, die unsichere Rechtslage durch ein Transplantationsgesetz zu regeln, wobei aus Sicht der Transplantationsmedizin wohl nur eine Form der Widerspruchslösung geeignet ist, das derzeitige unzureichende Aufkommen an Spenderorganen entscheidend zu steigern.

Eine Straftat kann die eigenmächtige Entnahme von Leichenteilen zu Transplantationszwecken in Kliniken oder pathologischen bzw. rechtsmedizinischen Instituten nach derzeit herrschender Meinung nicht darstellen. Sollte allerdings die anlaufende juristisch-dogmatische Diskussion über den Gewahrsamsbegriff des § 168 StGB zu einer Kriminalisierung der eigenmächtigen Transplantatentnahme führen, dann allerdings müßte der dritte Teil der Eingangsfrage, ob die Entnahme von Leichenteilen nicht Straftat und ärztliche Pflicht zugleich sein kann, eingehender diskutiert werden.

Anmerkungen

1 Deutsch, Arztrecht und Arzneimittelrecht (1983), RN 306.
2 Münchner Ärztliche Anzeigen 33, 1985, 11.
3 Carstens, ZRP 1979, 282.
4 Praxiskurier 3, 1986, 29.
5 Kassenarzt 50, 1985, 3, 8.
6 Deutsch, ZRP 1982, 174.
7 Rüping, GA 1978, 129.
8 Maurer, DÖV 1980, 7; Samson, NJW 1974, 2030; Vogel, NJW 1980, 625.
9 Land, Transplantationszentrum München, persönliche Mitteilung.
10 Wolfslast, MMW 1982, 105.
11 Vogel (s. Anm. 8).
12 Forkel, JZ 1974, 593.
13 Zimmermann, NJW 1979, 569.
14 Maurer (s. Anm. 8).

[15] Illhardt, Medizinische Ethik (1985), 64ff.
[16] Zimmermann (s. Anm. 13).
[17] Trockel, MDR 1969, 811.
[18] Maurer (s. Anm. 8); Hubmann, Das Persönlichkeitsrecht (1967), 266.
[19] Maurer (s. Anm. 8).
[20] Bieler, JR 1976, 224.
[21] Buschmann, NJW 1970, 2081.
[22] Zimmermann (s. Anm. 13).
[23] Trockel (s. Anm. 17).
[24] Samson (s. Anm. 8).
[25] Forkel, Maurer, Vogel, Wolfslast (s. Anm. 12, 8, 10).
[26] Carstens (s. Anm. 3).
[27] z. B. BGH, NJW 1968, 1773 (Mephisto); BVerfG, NJW 1971, 1647 (Mephisto); ablehnend Buschmann (s. Anm. 21).
[28] Westermann, FamRZ 1969, 561.
[29] Wolfslast (s. Anm. 10).
[30] Zimmermann (s. Anm. 13).
[31] Bieler (s. Anm. 20); (s. Anm. 8).
[32] Martens, Blutalkohol 1981, 81.
[33] Schönke/Schröder, StGB, 22. Aufl. (1985), § 218 a RN 23.
[34] Kohlhaas, NJW 1970, 1224.
[35] Maurer (s. Anm. 8).
[36] Forkel (s. Anm. 12).
[37] Maurer (s. Anm. 8).
[38] ablehnend Trockel (s. Anm. 17).
[39] Praxiskurier 3, 1986, 29.
[40] Mohl, Gesundheitsmagazin Praxis (ZDF 5. 12. 1985, 21^{00}h), zit. nach Praxiskurier 3, 1986, 29.
[41] Interview „Washington Post“ mit Vorsitzendem des Washington Medical Review Board, Salcedo - zit. nach Kassenarzt 1985, 17.
[42] Deutsch, ZRP 1982, 174.
[43] 2 × DM 16000 bei LG Bonn, JZ 1971, 56 gefordert.
[44] Illhardt (s. Anm. 15).
[45] Literaturübersicht bei Dippel, LK - 10. Aufl., § 168 RN 24.
[46] Rüping (s. Anm. 7).
[47] Kohlhaas (s. Anm. 34); Maurer (s. Anm. 8).
[48] Vogel (s. Anm. 8).
[49] Dreher/Tröndle, StGB, 42. Aufl. (1985), § 168 RN 3.
[50] Lackner, StGB, 14. Aufl. (1981), § 168.
[51] anders noch LK - 9. Aufl., Heimann-Trosien.
[52] LK - 10. Aufl., § 168 RN 24.
[53] Tröndle, MDR 1983, 881.
[54] Rudolphi/Samson/Horn, StGB, Stand Jan. 1985, § 168 RN 3.
[55] Rudolphi/Samson/Horn, (s. Anm. 54); a. A. Gribbohm, JuS 1971, 200 (abzulehnen).
[56] Schönke/Schröder (s. Anm. 33), § 168 RN 6.
[57] Roxin, Jus 1976, 505.
[58] Bundesrats-Drucksache 43/85 - Beschluß.
[59] vgl. Laufs, Arztrecht (1977), RN 92; Rieger, Lexikon des Arztrechts (1985), RN 1768.
[60] Trockel (s. Anm. 17).
[61] Deutsch, ZRP 1982, 174; Dreher/Tröndle (s. Anm. 49), § 168 RN 4; Dippel, LK - 10. Aufl., § 168 RN 34.
[62] Vogel (s. Anm. 8).
[63] Bieler (s. Anm. 20).
[64] Samson (s. Anm. 8); Wolfslast (s. Anm. 10).
[65] Dreher/Tröndle (s. Anm. 49), § 168 RN 4; Schönke/Schröder (s. Anm. 33), § 168 RN 8; Dippel, LK - 10. Aufl., § 168 RN 32.

[66] offengelassen Rudolphi/Samson/Horn (s. Anm. 54); a. A. Deutsch, Arztrecht und Arzneimittelrecht (1983), RN 303.

[67] a. A. Geilen, JZ 1975, 383.

[68] Roxin (s. Anm. 57).

[69] Schlichting, Blutalkohol 1967, 79.

[70] Maunz/Düring/Herzog/Scholz, Grundgesetz, Art. 1 Abs. 1 RN 26.

[71] Roxin (s. Anm. 57).

[72] Kohlhaas (s. Anm. 34).

Kriterien des Hirntodes im Lichte der Transplantationspraxis in Polen

S. Raszeja

In der neuen Todesdefinition gibt man dem Gehirn eine bedeutende Rolle. Der biologische Tod des Gehirns d.h. der andauernde Stillstand seiner psychischen, koordinierenden und regulierenden Funktionen, bedeutet den Tod eines Individuums, also einen Zustand, in dem wir einen Menschen als Toten betrachten. Diese Definition besitzt vom humanitären, sozialen und gerichtlichen Standpunkt eine wesentliche Bedeutung. Es ist selbstverständlich, daß diese Definition für die Transplantation besonders wichtig ist. Bei Feststellung des Hirntodes dürfen jedoch keine Zweifel bestehen. Irrtumsmöglichkeiten sollten in diesem Falle ausgeschlossen werden (Fischer et al. 1978).

In verschiedenen Ländern wurden spezielle Komitees berufen, die bestimmen sollten, was für Kennzeichen bei der Feststellung des Hirntodes für die Ärzte als entscheidend gelten sollen (Cook u. Hirsh 1982; Stellungnahme der Bundesärztekammer 1982; Kaste u. Polo 1981).

Im von der Rechtsmedizinischen Kommission des Wissenschaftlichen Beirats am Ministerium für Gesundheit und Soziale Fürsorge im Jahre 1978 bearbeiteten Bericht wurde ein Kriterienregister für die Medizinische Kommission in Polen zur Hirntodesbestimmung aufgestellt. Ein entsprechendes Zitat aus diesem Bericht lautet folgendermaßen:

> Die Feststellung des individuellen Todes eines Menschen erfordert einen zweifellosen Beweis des Hirntodes in den Fällen, wo der Tod nicht evident ist. Die unten vorgestellten Kriterien beweisen, daß der Hirntod tatsächlich eingetreten ist, falls diese Kriterien insgesamt und unaufhörlich innerhalb von 24 h bestehen: 1) vollständiger Reflexmangel; 2) weite, lichtstarre Pupillen; 3) Bewegungslosigkeit der Augäpfel; 4) tiefe Bewußtlosigkeit ohne jeweilige Reaktionen auf äußere Impulse; 5) beständiger Ausfall der Spontanatmung, der künstliche Beatmung erfordert; 6) Mangel an Veränderungen in der EKG-Registrierung beim Druck auf Augäpfel und Karotissinus; 7) jeweiliger Reaktionsmangel der Augäpfel auf die kalorische Labyrinthprobe; 8) bioelektrischer Hirnfunktionsausfall als isoelektrische Linie im EEG sichtbar, die auch bei Gabe von Tonimpulsen oder Licht- und Temperaturimpulsen bestehen bleibt; die Registrierung sollte 2mal innerhalb von 24 h wiederholt werden und mindestens 30 min dauern; 9) Fehlen oder bedeutende Verminderung arteriovenöser Sauerstoffspannung.
>
> Diese Kriterien treffen nicht zu bei Vergiftungen und im Abkühlungszustand.

Man kann ohne zu übertreiben konstatieren, daß diese Kriterien eine Reassumption der Bedingungen darstellen, die von den anspruchsvollsten Ärztezentren der Welt gestellt werden.

In der Medizinischen Akademie in Gdańsk haben wir schon langjährige Erfahrungen auf dem Gebiet der Todesfeststellung der Spender eines explantierten Organs. Der Hauptgedanke: „Die Lebensrettung des Empfängers darf nicht mit dem Recht des Spenders zum Leben kollidieren“ stellt auch die Grundthese dar, daß ein Ärzteteam, das zur Hirntodbestimmung berufen wurde, in seinem Handeln völlig unabhängig von dem transplantationschirurgisch-internistischen Ärzteteam sein muß. Den Ausgangspunkt bildet in unserer Kommission immer ein Verdacht auf Hirntod, angedeutet durch den Chefarzt der Abteilung, in der der Kranke weilt. Falls die berufene Kommission, die aus einem Neurologen, einem Anästhesisten und einem Gerichtsarzt als Vorsitzenden besteht, einen Ausfall der Spontanatmung, weite Pupillen ohne Lichtreaktion, Mangel an Beweglichkeit, Ausfall aller Reflexe außer den Markreflexen und schlaffen Muskeltonus feststellen kann, so kann auch angenommmen werden, daß der Verdacht auf Hirntod völlig berechtigt ist. Von diesem Zeitpunkt an beginnen die weiteren vielseitigen Kommissionsbeobachtungen. Die periodisch durchgeführten klinischen Untersuchungen haben die Aufgabe festzustellen, ob die oben erwähnten Grundsymptome des Hirntodes unveränderlich andauern. Zugleich werden folgende Hilfsuntersuchungen durchgeführt: kalorische Labyrinthprobe, Angiographie der Hirnaterien, Untersuchng der Sauerstoffabsättigung des Blutes in Halsschlagader und Halsvene und v.a. die elektroenzephalographischen Untersuchungen. Letztere werden 2- bis 3mal innerhalb von 24 h durchgeführt und dauern mindestens 30 min. Erst das gleichzeitige und ständige Bestehen der Kriterien, die auf einen Hirntod hinweisen, und ihr Auftreten über mindestens 24 h gibt der Kommission die Grundlage zur Hirntodbestimmung.

Unsere langjährigen Erfahrungen weisen auf die Notwendigkeit einiger Korrekturen und Ergänzungen zu den geltenden Kriterien der Hirntodesbestimmung hin. Zu dieser Schlußfolgerung kamen wir aufgrund der Analyse der klinischen Beobachtungen wie auch durch Konfrontationen der klinischen Daten mit dem Bild, das wir während der Leichenobduktion und der mikroskopischen Untersuchungen der von den Leichennierenspendern entnommenen Hirnfragmente erhielten.

Als es herausgekommen war, daß die Bestimmung der Sauerstoffsättigung des arteriellen und venösen Blutes wegen Schwierigkeiten bei der Identifikation der Blutgefäße keine richtigen Resultate ergeben konnte, hatte man auf diese Untersuchung verzichtet. Als sehr nützlich als Todesbeweis erwies sich dagegen die Angiographie, obwohl sie in dem erwähnten Bericht nicht als ein hauptsächliches Kriterium betrachtet wird.

Die bisherigen Beobachtungen lehren, daß manche Schwierigkeiten bei der Interpretation der Ergebnisse von EEG-Untersuchungen auftauchen, weil sie große Erfahrung erfordern. Es besteht die Notwendigkeit der Anwendung vieler Ableitungen von der Kopfoberfläche und ihre Ausnutzung mit langen interelektrodialen Abständen und mit größter Verstärkung, die eine Registrierung sogar kleinster Abweichungen ermöglicht.

Im Falle eines „beständigen Ausfalls der Spontanatmung, der eine künstliche Beatmung erfordert“, hatten wir die Notwendigkeit der präzisen Bestimmung dieser „Beständigkeit“ festgestellt und als Indikator den Mangel an Atemwiederkehr in mindestens 180 s nach dem Abschalten des Respirators angenommen.

Im Anfangsstadium der Kommissionstätigkeiten hatte man im Falle einzelner Reflexe der unteren Gliedmaßen den Hirntod nicht anerkannt, was zu solch einer Verlängerung der Beobachtungszeit führte, daß es zu einer weitgehenden

Autolyse des ganzen Gehirns kam, was man während der Leichenobduktion feststellen konnte. Auf Grund der Beobachtungen konnten wir konstatieren, daß die Formulierung im Bericht des Gesundheitsministeriums, die das Ausbleiben der Reflexe als ein Grundkriterium betrachtet, nur die oberflächlichen Reflexe betrifft, deren Bogen sich im Gehirn befindet (Bauchreflexe, Fußsohlenreflexe, Kremasterreflexe und Babinski-Reflexe); dagegen zeugt die Anwesenheit der einzelnen tiefen Reflexe, von unbeständigem und asymetrischem Auftreten, d.h. der sog. Rückenmarkreflexe nicht vom Leben des Gehirns und kann kein Hindernis bei der Bestimmung des Hirntodes sein.

Diese Hinweise, die ein Ergebnis der bisherigen Transplantationspraxis sind, wurden bei der Festlegung der neuen „Direktiven in Sache der Kriterien des Hirntodes", die in Polen vom Ministerium für Gesundheitswesen und Soziale Fürsorge zum Befolgen ab 1. Juli 1984 eingeführt wurden, zunutze gemacht. Das entsprechende Zitat aus den oben erwähnten „Direktiven" klingt wie folgt:

Die unten zusammengestellten Kriterien, wenn sie gemeinsam und unaufhörlich während mindestens 24 h bestehen, beweisen, daß der Hirntod eingetreten ist: 1) tiefe Bewußtlosigkeit mit Ausbleiben jeglicher Reaktionen bei Gabe äußerer Impulse; 2) weite Pupillen ohne Lichtreaktion; 3) Bewegungslosigkeit der Augäpfel auch bei Kreisbewegungen des Kopfes; 4) Ausbleiben der Augapfelreaktion auf die kalorische Labyrinthprobe; 5) völliger Reflexausfall, Muskelatonie; 6) beständiger Ausfall der Spontanatmung, der künstliche Beatmung erfordert; 7) steigender diastolischer Druck; 8) Veränderungsmangel der Herzfrequenz (elektrokardiographisch registriert) nach gezielter pharmakologischer Stimulation und nach Druck auf den Karotissinus; 9) bioelektrischer Hirnfunktionsausfall, der sich in andauernder isoelektrischer Linie im EEG äußert (trotz Anwendung von Tonimpulsen, Lichtimpulsen und thermischen Impulsen); die Registrierung sollte 2mal innerhalb von 24 h wiederholt werden; 10) Fehlen der Sichtbarkeit von Hirngefäßen während der Angiographie.

Die obengenannten Kriterien treffen nicht zu für Vergiftete, Personen im Abkühlungszustand und Kinder im Alter unter 10 Jahren. Die Feststellung des Hirntodes erlaubt der ärztlichen Kommission, die einen Neurochirurgen, Anästhetisten und Rechtsmediziner umfaßt (ohne Beteiligung eines Transplantologen), einen Menschen als Toten zu erkennen und den Tod zu bestätigen. Von diesem Zeitpunkt an wird weitere Anwendung jeglicher Heilmittel und technischer Mittel im therapeutischen Aspekt als zwecklos betrachtet. Von dem oben erwähnten Vorgehen nimmt die Kommission ein Protokoll nach einem bestimmten Muster auf.

Den „Direktiven" fügte man „Die Interpretation der Kriterien des Hirntodes" bei mit Vorstellung von Einzelheiten der Untersuchungsmethodik und der Interpretation der erhaltenen Ergebnisse.

Aus den dargelegten Daten ergibt sich, daß – von den philosophischen Erwägungen abgesehen – die Verschiebung der Grenzen, die das Leben vom Tod trennen, die vor 2 Jahrzehnten stattfand, nicht sofort zur Bestimmung der neuen Kriterien, mit denen man ganz bestimmt die beiden so sehr verschiedenen Zustände unterscheiden könnte, beigetragen hat. Schwierigkeiten, auf die der Arzt bei der Feststellung irreversibler Veränderungen, die zur vollständigen Destruktion des zentralen Nervensystem (ZNS) führen, stößt, regten jedoch alle Forscher, die sich mit Thanatologie befaßten (Raszeja 1985) zur Erforschung solcher Todeskriterien an, die auf eine möglichst zweifelsfreie Weise den Menschen als Toten zu erkennen erlaubten.

Literatur

Cook J, Hirsh L (1982) The legal implications of brain death. Med Sci Law 1:135–151

Fischer F, Fritsche P, Pribilla O (1978) Definition des Todes, Feststellung des Todes und Bestimmung des Todeszeitpunktes aus ärztlicher und juristischer Sicht. In: Eid V, Frey R (Hrsg) Sterbehilfe.

Kaste M, Polo J (1981) Criteria of brain death and removal of cadaveric organs. Ann Clin Res 13:313–317

Raszeja S (1985) Tanatologia i jej granice [English transl Thanatology and its limits]. Arch Med Sad Krym 4:284–291

Stellungnahme des wissenschaftlichen Beirates der Bundesärztekammer zur Frage der Kriterien des Hirntodes (1982) Dtsch Arztebl 79:45–53

Schuldunfähigkeit Erwachsener im Urteil des Strafrechts

C. Roxin

Wenn es um die Frage geht, was eine „krankhafte seelische Störung", eine „tiefgreifende Bewußtseinsstörung" oder eine „schwere seelische Abartigkeit" ist und wie sich diese Zustände auf die menschliche Steuerungsfähigkeit und Verantwortlichkeit auswirken, ist der Jurist ein Laie und weitgehend von den Befunden der Medizin, der Psychiatrie und Psychologie abhängig. Andererseits ist der empirische Wissenschaftler, der mit diesen Problemen zu tun hat, auch seinerseits auf den Juristen angewiesen. Denn die gesetzlichen Begriffe enthalten verbindliche legislatorische Wertentscheidungen, die der empirische Sachverständige beachten muß, wenn er seiner Aufgabe als „Gehilfe des Gerichts" gerecht werden will. Auch muß er die juristischen Kategorien verstehen, wenn er sich den Juristen verständlich machen will. So mag es denn nicht vermessen erscheinen, wenn ich in einem Beitrag, der Wolfgang Spann, dem verehrten Münchener Kollegen, mit herzlichen Glückwünschen dargebracht sei, das Problem der Schuldfähigkeit einmal so darstelle, wie es die Juristen seit der Strafrechtsreform von 1975 sehen. Ich tue dies natürlich aus meiner persönlichen Sicht; doch ist der Stand der juristischen Diskussion, wie sie sich in den letzten 10 Jahren entwickelt hat, im wesentlichen verarbeitet. Der Mediziner, der Psychiater und Psychologe mögen manches anders sehen; gerade deshalb bedarf es des interdisziplinären Gesprächs, das Mißverständnisse klären und uns der Verständigung über ein gemeinsames Problem näher führen kann.

Grundlagen der gesetzlichen Regelung

Der Gesetzgeber geht davon aus, daß der Erwachsene, der strafrechtliches Unrecht verwirklicht, normalerweise schuldfähig ist. Er regelt daher nicht die Schuldfähigkeit, sondern deren ausnahmsweises Fehlen: die Schuldunfähigkeit (§ 20 StGB). Die Bestimmung des § 20 ist zweistufig aufgebaut. Sie nennt auf einer 1. Stufe 4 psychopathologische Befunde: die krankhafte seelische Störung, die tiefgreifende Bewußtseinsstörung, den Schwachsinn und die schwere seelische Abartigkeit. Erst wenn einer dieser Befunde festgestellt ist, ist auf einer „2. Stufe" der Schuldfähigkeitsprüfung zu entscheiden, ob der Täter deswegen „unfähig ist, das Unrecht der Tat einzusehen oder nach dieser Einsicht zu handeln". Man spricht hier herkömmlicherweise von einer biologisch-psychologischen

Methode der Schuldunfähigkeitsfeststellung.[1] Dem liegt der Gedanke zugrunde, daß zunächst bestimmte organische („biologische") Befunde festgestellt werden müßten und daß anschließend zu prüfen ist, ob die „psychologische" Einsichts- oder Hemmungsfähigkeit dadurch ausgeschlossen war. Doch werden dadurch die Gegebenheiten nicht richtig bezeichnet. Denn viele Bewußtseinsstörungen (etwa der hochgradige Affekt, der normalpsychologische Schwachsinn und die schwere seelische Abartigkeit, die v.a. Psychopathie, Neurosen und Triebanomalien umfaßt) beruhen nicht auf körperlich-organischen („biologischen") Ausfallerscheinungen. Auch ist die Feststellung der Fähigkeit zum Andershandeln keine ausschließlich psychologische Gegebenheit, sondern beruht wesentlich auch auf der wertenden Annahme, daß der Mensch bei intakter Einsichts- und Steuerungsfähigkeit zu freiem Handeln befähigt sei. In der Literatur wird deshalb heute vielfach von einer „psychisch-normativen" oder „psychologisch-normativen" Methode gesprochen.[2] Das ist besser, trifft die Sache aber auch noch nicht genau. Denn auch die psychologischen Defektzustände sind nicht ganz ohne wertenden (normativen) Einschlag feststellbar, wie die Merkmale „schwer" und „tiefgreifend" erkennen lassen. Andererseits beruht die Einsichts- und Hemmungsfähigkeit als das für die normative Ansprechbarkeit entscheidende Kriterium wenigstens nach der hier vertretenen Meinung durchaus nicht auf einer rein normativen Zuschreibung, sondern hat eine empirisch-psychologische Grundlage. Beide „Stockwerke" erfordern also gleichermaßen ein „psychologisch-normatives" Vorgehen, so daß man besser auf eine verschiedene methodologische Kennzeichnung der beiden Prüfungsschritte verzichtet.

Die heutige Regelung der psychopathologischen Anknüpfungsgesichtspunkte ist das Ergebnis eines Streits zwischen „psychiatrischem" und „juristischem" Krankheitsbegriff und wird erst auf dem Hintergrund der Gesetzgebungsgeschichte ganz verständlich.[3] Der bis Ende 1974 geltende § 51 des früheren allgemeinen Teils enthielt die 3 psychopathologischen Merkmale der „Bewußtseinsstörung", der „krankhaften Störung der Geistestätigkeit" und der „Geistesschwäche". Der praktisch bedeutendste Fall der „krankhaften Störung der Geistestätigkeit" wurde dabei von der einflußreichen Schule Kurt Schneiders[4] so verstanden, daß er nur vorlag, wenn die Ausfallerscheinungen auf körperlich-organischen Ursachen beruhten; mindestens mußten diese, wie bei den endogenen Psychosen, vermutet (postuliert) werden können.[5] Psychopathien, Neurosen und Triebanomalien, die nicht auf körperliche Defekte zurückgehen, galten als „Spielkarten menschlichen Seins" und sollten nicht exkulpieren. Die Rechtsprechung war über diesen engen psychiatrischen Krankheitsbegriff hinausgegangen und hatte als „krankhafte Störung der Geistestätigkeit" auch psychopathologische Erscheinungen nichtorganischer Art anerkannt:

Hierunter (scil. den juristischen Krankheitsbegriff) fallen nicht nur Geisteskrankheiten im klinisch-psychiatrischen Sinne, sondern alle Arten von Störungen der Verstandestätigkeit sowie des Willens-, Gefühls- oder Trieblebens, welche die bei einem normalen und geistig reifen Menschen vorhandenen, zur Willensbildung befähigenden Vorstellungen und Gefühle beeinträchtigen ... Das gilt auch von einer geschlechtlichen Triebhaftigkeit, die ... derart stark ausgeprägt ist, daß ihr der Träger selbst bei Aufbietung aller ihm eigenen Willenskräfte nicht ausreichend zu widerstehen vermag (BGHSt 14, 32).

Der Regierungsentwurf 1962 hatte entgegen dieser Rechtssprechung den „psychiatrischen" Krankheitsbegriff kodifizieren und seelische Störungen wie Psychopathien, Neurosen und Triebanomalien niemals exkulpierend, sondern höchstens schuldmindernd wirken lassen wollen (§§ 24, 25). Der Grund dafür lag in der Befürchtung, es könne sonst zu einem „Dammbruch", d.h. zu unvertretbar zahlreichen Freisprüchen wegen Schuldunfähigkeit auf Kosten der generalpräventiven Bedürfnisse kommen. Bei den Beratungen des Sonderausschusses wendete sich aber das Blatt wieder,[6] weil die Sachverständigen erklärt hatten, daß in manchen, wenn auch seltenen Fällen (die Rede war v.a. von 2% der angeklagten Psychopathen)[7] auch bei seelischen Störungen ohne „biologische" Grundlage ein Ausschluß der Einsichts- oder Hemmungsfähigkeit angenommen werden müsse. Es schien dem Ausschuß nicht tragbar, in solchen Fällen entweder nur eine Schuldminderung auszusprechen oder sie doch dem Begriff der „krankhaften seelischen Störung" zu subsumieren, der eigentlich nur organische Defekte erfassen sollte. Es bedürfe „hier einer um so unanfechtbareren Regelung, als die Vorschriften über Schuldunfähigkeit und verminderte Schuldfähigkeit einen Gradmesser für die Glaubwürdigkeit des Bekenntnisses zum Schuldprinzip darstellen". So ist der Terminus der „schweren anderen seelischen Abartigkeit" als Sammelbegriff für seelische Störungen ohne organische Grundlage neben die einen körperlichen Befund voraussetzende „krankhafte seelische Störung" gesetzt worden.

Der in seiner möglicherweise exkulpierenden Wirkung von vornherein unumstrittene „Schwachsinn" ist als selbständiges Merkmal in § 20 stehengeblieben, obwohl er vom Gesetzgeber nur als eine Erscheinungsform der „schweren seelischen Abartigkeit" verstanden wird und besonderer Erwähnung nur bedurft hätte, wenn deren sonstige Fälle der lediglich verminderten Schuldfähigkeit zugewiesen worden wären. Die „tiefgreifende Bewußtseinsstörung" schließlich erfaßt Ausfälle der Steuerungsfähigkeit, die keine krankhafte oder psychologisch „abartige" Ursache haben, wie hypnotische Zustände oder schwere Affekte.

Die „gemischte Methode", die bestimmte psychopathologische Befunde zur Grundlage eines weiteren Urteils über die Einsichts- und Hemmungsfähigkeit des Täters macht, ist vom Gesetzgeber den beiden anderen Möglichkeiten vorgezogen worden, entweder nur auf bestimmte seelische Störungserscheinungen oder unter Verzicht auf konkrete Anknüpfungspunkte allein auf das Einsichts- und Hemmungsvermögen abzustellen. Das 1. Verfahren ist verworfen worden, weil sich die Schuldunfähigkeit in der Regel nicht abstrakt aufgrund eines bestimmten Befunds, sondern nur im Hinblick auf die konkrete Tat feststellen läßt. Selbst krankhafte seelische Störungen müssen nicht für jedes Verhalten die Schuldfähigkeit ausschließen: „Derselbe Mensch kann zu bestimmten Zeiten für bestimmte Taten schuldunfähig sein, zu anderen Zeiten für andere Taten aber nicht".[8]

Näher liegt es, auf bestimmte psychopathologische Anknüpfungsbefunde ganz zu verzichten und allein auf die Einsichts- und Hemmungsfähigkeit abzustellen, auf die es am Ende ohnehin entscheidend ankommt.[9] So hatte Arndt[10] noch bei den Beratungen des Sonderausschusses vorgeschlagen, den heutigen § 20 einfach so zu formulieren: „Ohne Schuld handelt, wer unfähig ist, das Unrecht der Tat einzusehen oder nach dieser Einsicht zu handeln". Durchgesetzt hat sich das nicht, weil man nicht darauf verzichten wollte, dem Richter Hinweise dafür zu geben, unter welchen Voraussetzungen überhaupt nur eine Schuldunfähigkeit in Betracht kommen könne. Man berief sich auf einen „Steuerungs- und Kontrollwert"[11] dieser Begriffe und befürchtete für den Fall ihrer Streichung eine zu große Rechtsunsicherheit und gefühlgeleitete Schuldunfähigkeitserklärungen ohne hinreichenden Befund. Freilich erhebt sich nun die Frage, ob man § 20 analog anwenden kann, wenn bestimmte Gegebenheiten die Steuerungsfähigkeit ausschließen, ohne daß einer der 4 Anknüpfungsbefunde dieser Bestimmung vorliegt. Sie ist entgegen einer verbreiteten Meinung[12] prinzipiell zu bejahen;[13] denn jede andere Annahme verstößt gegen das Schuldprinzip. Aber sie ist kaum von praktischer Bedeutung, weil die Begriffe der „Bewußtseinsstörung" und der „Abartigkeit" so weit gefaßt sind, daß sie vermutlich alle in Betracht kommenden Umstände in sich aufnehmen können.

Biologisch-psychologische Anknüpfungsbefunde[14]

1) Krankhafte seelische Störung

Dieser Begriff tritt an die Stelle der früheren „krankhaften Störung der Geistestätigkeit" und umfaßt diejenigen seelischen Störungen, die auf körperlich-organischen Ursachen beruhen. Der frühere Begriff, der nur auf die Störung der „Geistestätigkeit" abstellte, war immer schon zu eng gewesen, weil die betreffenden Krankheiten zu Ausfallerscheinungen nicht nur auf intellektuellem Gebiet, sondern in allen psychischen Bereichen führen können. Der heutige Terminus der „seelischen Störung" umgreift den Gesamtbereich des Psychischen, also nur u.a. die Geistesstörung im engeren Sinne des Wortes. Die „Störung" setzt nicht voraus, daß einmal ein ungestörter Zustand vorhanden war; auch angeborene Leiden können „krankhafte seelische Störungen" sein.

Zu den „krankhaften seelischen Störungen" gehören in erster Linie die exogenen Psychosen. Damit sind Krankheiten gemeint, die auf nachweisbaren hirnorganischen Störungen beruhen; man spricht daher auch von „körperlich begründbaren Psychosen".[15] Hierunter fallen etwa traumatische Psychosen (nach Hirnverletzungen), Intoxikationspsychosen, zu denen nach neuerer Auffassung auch die durch Alkohol und sonstige Mittel bewirkten Rauschzustände gehören; Infektionspsychosen (wie die progressive Paralyse); hirnorganische Krampfleiden (Epilepsie) und die Fälle eines hirnorganisch begründeten Persönlichkeitsabbaus (Hirnarteriosklerose und Hirnatrophie).[16] Auch z.B. Hirnhautentzündungen, Hirntumoren oder Stoffwechselerkrankungen des Hirns können zu krankhaften seelischen Störungen führen.

Die Trunkenheit wurde früher meist als Bewußtseinsstörung aufgefaßt, ist aber doch hier einzuordnen, weil es sich (wie auch beim Drogen- und Medikamentenrausch) um körperliche Vergiftungen handelt; praktisch hängt von der Einordnung freilich nichts ab. Ein näheres Eingehen auf die unübersehbare Judikatur zu den unter Alkoholeinfluß begangenen Straftaten (namentlich im Verkehr) ist hier nicht möglich. Vermerkt sei nur, daß sich bei Alkoholgenuß eine bestimmte Promillegrenze für den Eintritt der Schuldunfähigkeit nicht angeben läßt, sondern daß es auf die Umstände des Einzelfalls ankommt. Bei mehr als 3‰ wird vielfach Schuldunfähigkeit vorliegen; doch gibt es keinen generell gültigen Erfahrungssatz dieser Art (BGH, GA 1974, 344); unter 3‰ ist ein Alkoholgewöhnter in der Regel nicht unzurechnungsfähig (BGH, VRS 28, 190), unter 2,5‰ bleibt auch sonst die Schuldfähigkeit meist erhalten. Bei 2‰ ist nur unter ganz besonderen Umständen eine Schuldunfähigkeit anzunehmen, z.B. wenn Medikamenten-Einnahme und ein hochgradiger Affekt eine Kumulativwirkung herbeiführen.

Bei alkoholbedingter Schuldunfähigkeit ist der Täter gleichwohl in der Regel nicht straflos, sondern kann wegen der Berauschung nach § 323 a oder wegen einer Actio libera in causa bestraft werden. Bleibt die Schuldfähigkeit erhalten, so ist die Alkoholtat strafbar, doch kommt eine verminderte Schuldfähigkeit (§ 21) in Betracht. Daneben tritt die Strafbarkeit wegen Trunkenheit im Verkehr (§ 316); die Rechtsprechung nimmt bei 1,3‰ - also lange vor Eintritt der Schuldunfähigkeit - eine absolute Fahruntüchtigkeit an, doch kann diese im Einzelfall auch schon früher eintreten.

Zu den krankhaften seelischen Störungen werden außerdem die endogenen Psychosen gezählt. Man bezeichnet damit seelische Störungen, deren körperlich-organische Grundlage bisher nicht eindeutig nachgewiesen wurde, von der Wissenschaft aber vermutet (postuliert) wird. Hierzu werden die beiden großen Formenkreise der Schizophrenie und der Zyklothymie gerechnet. Die Zyklothymie bezeichnet man auch als „manisch-depressives Irresein“; sie hat ihren Namen daher, daß bei ihr oft manische und depressive Phasen in bestimmten „Zyklen“ wechseln.

2) Tiefgreifende Bewußtseinsstörung[17]

Mit diesem Begriff sollen nichtkrankhafte, „normalpsychologische“ Bewußtseinsstörungen bezeichnet werden; die übrigen Fälle werden schon durch die „krankhaften seelischen Störungen erfaßt. Hierher gehören Bewußtseinsstörungen etwa aufgrund von Erschöpfung, Übermüdung, Schlaftrunkenheit, Handlungen in Hypnose oder in posthypnotischen Zuständen und v.a. auch bestimmte Formen des Affekts. Freilich müssen diese Bewußtseinsstörungen „tiefgreifend“ sein. Damit „sollen alle Besußtseinsstörungen ausgeschieden sein, die noch im Spielraum des Normalen liegen. Auch der normale Mensch unterliegt immer wieder mehr oder weniger starken Bewußtseinsbeeinträchtigungen, mögen sie auf dem Mangel an Schlaf, auf Erschöpfung, Erregung, Schrecken oder sonstigen körperlichen oder seelischen Ursachen beruhen. Solche Zustände können in der Regel nicht im Bereich der Schuldunfähigkeit, sondern allenfalls bei der Bewertung des Maßes der Schuld berücksichtigt werden“.[18] Ursprünglich hatte der Gesetzgeber das dadurch zum Ausdruck bringen wollen, daß er eine der krankhaften seelischen Störung „gleichwertige" Bewußtseinsstörung verlangt. Doch stieß diese Formulierung auf den Protest der Psychologen, die durch eine auch nur analoge Übertragung des psychiatrischen Krankheitsbegriffs auf Bewußtseinsstörungen gesunder Menschen ihre Kompetenz bedroht sahen. So einigte man sich auf das Wort „tiefgreifend", das aber der Sache nach nichts anderes als das mit der „Gleichwertigkeit" Gemeinte bedeuten soll: Die Störung muß „von einer solchen Intensität sein ..., daß das seelische Gefüge des Betroffenen zerstört oder im Falle des § 21 ... erschüttert ist".[19].

Praktisch bei weitem im Vordergrund steht die Schuldunfähigkeit aufgrund hochgradiger Affekte, die auch rechtlich besondere, noch nicht abschließend geklärte Probleme aufwirft.[20] Während in der Psychiatrie im Banne des psychiatischen Krankheitsbegriffs früher vielfach überhaupt die Möglichkeit ausgeschlossen wurde, daß normalpsychologische, d.h. nicht auf krankhaften körperlichen Erscheinungen beruhende Affekte die Schuldfähigkeit ausschließen könnten,[21] hat die Rechtsprechung der Nachkriegszeit eine solche Möglichkeit - wenn auch nur für Ausnahmefälle - stets anerkannt.[22] Die Leitentscheidung BGHSt 11, 20 faßt diese Rechtsprechung so zusammen: „Eine Bewußtseinsstörung im Sinne des § 51 StBG (heute: § 20) kann bei einem in äußerster Erregung handelnden Täter auch dann gegeben sein, wenn er an keiner Krankheit leidet und sein Affektzustand auch nicht von sonstigen Ausfallerscheinungen (wie z. B. Schlaftrunkenheit, Hypnose, Fieber oder ähnlichen Mängeln) begleitet ist". Auch die Erfahrungswissenschaften gehen heute überwiegend davon aus, daß bei einem in hochgradiger Erregung erfolgenden „Affektdurchbruch" die Steuerungsfähigkeit im Tatzeitpunkt vielfach ausgeschlossen sein kann und daß der Affektdurchbruch den „Abbau der Kontrollinstanzen geradezu zur Vorbedingung habe".[23]

Andererseits werden die dadurch eröffneten Exkulpationsmöglichkeiten aus generalpräventiven Gründen vielfach für zu weitgehend gehalten. Die Rechtsprechung hat diesen Bedenken teilweise dadurch Rechnung zu tragen versucht, daß sie für die Exkulpation - mit freilich wechselnder Akzentuierung - die Unverschuldetheit des Affekts verlangt hat. In der einflußreichen Entscheidung OGHSt 3, 23, wird die Schuldunfähigkeit verneint, wenn „vermeidbare Charakterfehler und moralische Entgleisungen zur Tat führen". Nach OGHSt 3, 82, liegt keine Schuldunfähigkeit bei Tätern vor, „die sich selbst schuldhaft in Verhältnisse bringen, die dann zu Reibungen oder Gewalttaten führen". Auch BGHSt 3, 199 stellt auf die „Unverschuldetheit" ab. Eine einengende Präzisierung nimmt BGH, NJW 1959, 2315, vor indem dort eine „Lebensführungsschuld" als für die Versagung einer Exkulpation nicht ausreichend angesehen wird: „Es können daher zur Begründung des Verschuldens nur solche Umstände herangezogen werden, die in engem Zusammenhang mit der ‚Kurzschlußhandlung' stehen". BGH, MDR 1977, 459, nennt als Beispiel etwa „die hemmungslose Hingabe an depressive Verstimmungen, die erkennbar in den Gefahrenbereich unkontrollierter Affektentladungen führen". Demgegenüber erklärt BGHSt 7, 327f., es für „zweifelhaft, ob die Einschränkung, daß nur dem unverschuldeten Affekt schuldausschließende Wirkung zukommt, in den Fällen affektbedingter völliger Ausschaltung jeden Bewußtseins mit dem Gesetz zu vereinigen ist".

Auch BGHSt 8, 126, hält das für zweifelhaft, während BGHSt 11, 26 die Frage im konkreten Fall „auf sich beruhen" lassen will.

Richtigerweise kann, wenn zur Zeit der Tat die Steuerungsfähigkeit schlechthin ausgeschlossen ist, die Exkulpation nicht deswegen versagt werden, weil der Affekt selbstverschuldet war.[24] Denn der Wortlaut des Gesetzes stellt eindeutig auf die tiefgreifende Bewußtseinsstörung „bei Begehung der Tat" ab; schon die Begründung des Regierungsentwurfs 1962 hatte infolgedessen betont, der Entwurf gehe „von der Bedeutungslosigkeit des Selbstverschuldens" aus.[25] Wenn Lange[26] die Worte „bei Begehung der Tat" nicht auf den Zeitpunkt der Tatbestandsverwirklichung beschränken und auch Krümpelmann[27] nunmehr auf die „motivationalen Entstehungsbedingungen" zurückgreifen will, dann ist das nicht mehr, wie Krümpelmann[27] meint, eine „bis an die äußerste Grenze getriebene Auslegung", sondern eine Umdeutung des Gesetzes. Dahinter steht die Angst vor dem als unerträglich empfundenen Zustand, daß sonst „bei einem Viertel der Tötungskriminalität" die Täter freigesprochen werden müßten.[28] Aber erstens ist das eine übertriebene Befürchtung, weil bei weitem nicht jeder Affekt als „tiefgreifende Bewußtseinsstörung" qualifiziert wird. Zweitens ist ein tatbestandsbezogenes Schuldprinzip nur glaubwürdig, wenn man es nicht in jedem Konfliktfall präventiven Interessen selbst gegen den Gesetzeswortlaut opfert.[29] Und drittens spricht nichts dafür, daß Exkulpierungen wegen Schuldunfähigkeit die Kriminalität fördern.[30]

Einige Autoren[31] versuchen, das Erfordernis eines „schuldlosen" Affekts auf eine Analogie zu § 17 zu stützen, demzufolge auch nur der unvermeidbare Verbotsirrtum die Schuld ausschließt. Aber die Regelungen sind nicht vergleichbar.[32] Denn § 17 exkulpiert von vornherein nur den unvermeidbaren Verbotsirrtum, während in § 20 nirgends die Rede davon ist, daß nur die unvermeidbare Steuerungsunfähigkeit die Schuldfähigkeit ausschließt. Auch verlangt § 17 nicht, daß die Vermeidbarkeit, sondern nur daß der Irrtum „bei Begehung der Tat" vorliegt. Zudem wird in den meisten Fällen des § 17 der Verbotsirrtum noch „bei Begehung der Tat" vermeidbar sein, während die hier bekämpfte Meinung beim Affekt auf die Koinzidenz von Tat und Schuld in allen Fällen verzichtet. Noch weniger aussichtsreich ist der Versuch, die Regelung des verantwortungsausschließenden Notstands auf § 20 zu übertragen. Zwar wird die Notstandstat nach § 35 I, 2 nicht von Strafe freigestellt, wenn die Gefahr „selbst verursacht" war. Aber § 35 schließt ja nicht die Schuldfähigkeit oder die Schuld aus, sondern bedeutet nur eine kriminalpolitisch motivierte Gewährung von Nachsicht; daß diese Nachsicht vom Vorverhalten des Täters abhängig gemacht werden darf, ist selbstverständlich.

Dagegen ist es sehr wohl möglich, die strafrechtliche Verantwortlichkeit eines Affekttäters ggf. auf die Grundsätze der Actio libera in causa zu stützen,[33] d.h. die Verantwortlichkeit an den Zeitpunkt anzuknüpfen, in dem der Täter noch steuerungsfähig war. Eine solche Möglichkeit wird durch die psychiatrischen Befunde nahegelegt. Danach kommen Affekttaten nicht wie ein Blitz aus heiterem Himmel, sondern sind das Ergebnis eines längerdauernden Konflikts und laufen meist in den 3 Phasen der Entstehung, Verschärfung und Entladung ab.[34] In der Entstehungsphase führen nicht zu verarbeitende Kränkungen und Versagungen zu psychischen Spannungen, die sich in der 2. Phase „aufladen" und in destruktive Vorstellungen umsetzen, so daß dann in der 3. Phase oft ein äußerlich geringfügiger Anlaß genügt, um es zu einem völligen Verfall der Steuerungskapazität und zum Affektdurchbruch kommen zu lassen. In der 2. Phase läßt sich bei noch bestehender Steuerungsfähigkeit meist eine Auseinandersetzung des Täters mit seinen agressiven Tendenzen feststellen. Wenn er in diesem Stadium keine Vorkehrungen gegen eine mögliche und später nicht mehr kontrollierbare Affektentladung trifft und sich z.B. nicht aus dem Einflußbereich des potentiellen Opfers entfernt oder sogar noch eine Schußwaffe kauft, liegt schon darin eine Herbeiführung des späteren Erfolgs, die eine strafrechtliche Verantwortlichkeit begründen kann. Meistens freilich wird ein solches Verhalten des Täters nur eine Fahrlässigkeit darstellen, weil er leichtsinnig darauf vertraut, den Affektdurchbruch vermeiden zu können; aber die vornehmlich in Betracht kommenden Strafrahmen der §§ 222, 230, werden dem Schuldgehalt solcher Delikte vollkommen gerecht.

Behrendt[35] faßt die strafrechtliche Verantwortlichkeit beim Affekt als Actio libera in omittendo auf, d.h. er nimmt, wenn der Täter im 2. Stadium der Affektgenese seine destruktiven Strebungen nicht zügelt, ein Unterlassungsdelikt an; die Erfolgsabwendungspflicht soll aus vorangegangenem Tun erwachsen. Doch bedarf es dieser Umwegkonstruktion nicht. Denn im Weiterschreiten auf der Bahn des eskalierenden Affekts liegt ein erfolgverursachendes positives Tun. Das „Unterlassungsmoment" der mangelnden Sorgfalt ist auch der Begehungsfahrlässigkeit eigen; und in einem etwaigen Falle von Dolus eventualis liegt im Weitermachen erst recht ein aktives Tun.

Jakobs[36] behandelt auf der Grundlage seiner besonderen Schuldauffassung den Affekt unter dem Gesichtspunkt der Zumutbarkeit. Immerhin will auch er den Täter, der zum bloßen „passiven Objekt von Funktionsabläufen" wird, schlechthin als zurechnungsunfähig definieren.[37] Darüber hinaus will er aber auch bei noch nicht ausgeschlossener Schuldfähigkeit u. U. eine Exkulpation zulassen, die dann freilich nur im Rahmen des generalpräventiv Vertretbaren gewährt werden kann und versagt werden muß, wenn der Täter selbst den Affekt schuldhaft herbeigeführt hat. Das ist eine sehr diskussionswürdige Auffassung. Angesichts der weit verbreiteten Exkulpationsfurcht wird allerdings einstweilen mit einer Nachsicht der Gerichte in diesem Bereich noch nicht zu rechnen sein.

3) Schwachsinn

Der Gesetzgeber versteht unter Schwachsinn eine „angeborene Intelligenzschwäche ohne nachweisbare Ursache".[38] Der Schwachsinn, der auf Hirnschädigung im Mutterleib, auf geburtstraumatische oder frühkindliche Schädigungen zurückgeht, fällt deshalb schon unter das Merkmal der „krankhaften seelischen Störung"; erst recht gilt das für die Verblödung aufgrund späterer hirnorganischer Krankheitsprozesse. Der Schwachsinn ist, wie schon der Gesetzeswortlaut („andere" seelische Abartigkeit) erkennen läßt, nur eine Erscheinungsform der seelischen Abartigkeit (über die gesetzgebungshistorischen Gründe für seine besondere Nennung vgl. oben).

Man unterscheidet je nach dem Grad der Intelligenzschwäche 3 Arten des Schwachsinns. Der leichteste Grad ist die Debilität, bei der ein Sonderschulabschluß möglich ist, ein Beruf meist nicht mehr erlernt, aber doch eine praktische Tätigkeit ausgeübt werden kann. Der mittlere Grad ist die Imbezillität, die eine selbständige Lebensführung nicht mehr gestattet, sondern Familien- oder Anstaltspflege erfordert. Den schwersten Grad bezeichnet man als Idiotie. Sie führt zur Pflegebedürftigkeit und dauernden Verwahrung; oft fehlt bei Idioten schon die Sprachfähigkeit. Für das Strafrecht ist im wesentlichen nur die Debilität interessant; denn da die schwereren Formen von Schwachsinn ohnehin der Aufsicht bedürfen, kommt es bei ihnen kaum zu strafrechtlich relevantem Verhalten.

4) Die schwere andere seelische Abartigkeit[39]

Die schwere andere seelische Abartigkeit ist als Voraussetzung möglicher Schuldunfähigkeit erst durch den Sonderausschuß für die Strafrechtsreform in das Gesetz gekommen (vgl. oben). Er befand sich dabei in Übereinstimmung mit dem Alternativentwurf, der von einer im Verhältnis zur krankhaften seelischen Störung „vergleichbar schweren seelischen Störung" gesprochen und dabei den diskriminierenden Ausdruck „Abartigkeit" vermieden hatte (§ 21 AE). Der Sache nach sind mit den schweren seelischen Abartigkeiten psychische Abweichungen vom Normalen gemeint, die nicht auf körperlicher Krankheit beruhen.

Die hauptsächlichen Erscheinungsformen sind - nach herkömmlichem Sprachgebrauch - Psychopathien, Neurosen und Triebanomalien. Dabei werden unter Psychopathien[40] meist anlagebedingte Besonderheiten des Charakters verstanden, die die Fähigkeit zum sozialen Zusammenleben erheblich beeinträchtigen. Neurosen sind demgegenüber erworbene und oft der Behandlung zugängliche Verhaltensanomalien, die sich als abnorme Erlebnisreaktionen darstellen. Da sich freilich anlage- und umweltbedingte psychische Störungen meist nicht sicher unterscheiden lassen und häufig zusammenwirken, „ist die Verwendung der Termini ‚neurotisch' oder ‚psychopatisch' weitgehend eine Frage der Lehrmeinung";[41] für die strafrechtliche Beurteilung hängt davon nichts ab. Unter die Triebanomalien fallen sowohl die sexuelle Andersartigkeit als auch die abnorm gesteigerte Sexualität (Hypersexualität); dabei soll nach der Rechtsprechung ein „naturwidriger Trieb" u. U. auch bei nur durchschnittlicher Stärke exkulpieren können, während ein normalgerichteter Trieb nur bei unwiderstehlicher Stärke zu Schuldunfähigkeit führen kann[42]. Natürlich kommen auch andere schwere seelische Störungen in Betracht, soweit man sie nicht einem der vorgenannten Begriffe zuordnet: etwa hochgradiges Querulantentum, nicht auf Vergiftungen beruhende suchtartige Abhängigkeiten[43] oder auch die - freilich seltenen und umstrittenen - Fälle von Pyromanie und Kleptomanie.

Die einschlägigen Entscheidungen[44] stammen durchweg aus der Zeit vor dem Inkrafttreten des neuen § 20 und betreffen den damaligen juristischen Krankheitsbegriff (vgl. oben). Schon dies zeigt, daß der befürchtete „Dammbruch", d.h. eine erhebliche Ausweitung der Exkulpierung im Verhältnis zum alten Recht, nicht eingetreten ist; auch die statistischen Daten belegen dies.[45] Die meisten Fälle, in denen eine Schuldunfähigkeit zugestanden worden ist, betreffen Triebtäter. Bei Neurosen und Psychopathien wird nur in ganz seltenen Fällen ein Ausschluß der Schuldfähigkeit bejaht; vielmehr nimmt die Rechtsprechung an, daß Charaktermängel und Willensschwäche überwindbar seien.[46] Aber auch bei Triebtätern wird davon ausgegangen, „daß der geistig gesunde Mensch über die erforderlichen inneren Kräfte verfügt, um die ihm aus einem naturwidrigen Geschlechtstrieb erwachsenden Neigungen zu überwinden".[47] Auch die Literatur ist gegenüber der Möglichkeit einer Exkulpation überwiegend zurückhaltend. So will Witter[48] eine Schuldunfähigkeit nur bejahen, wenn die seelische Abartigkeit „psychoseähnlich ist, also im Grenz- oder Übergangsbereich zu den Psychosen oder psychotischen und hirnorganischen Persönlichkeitsveränderungen liegt". Krümpelmann[49] plädiert gar für „die Entfernung der seelischen Abartigkeit aus § 20".

Doch zeugen solche Stellungnahmen von einer zu starken Bindung an den alten psychiatrischen Krankheitsbegriff, den schon die frühere Rechtsprechung nicht anerkannt hat, der nicht Gesetz geworden ist und auch dem Schuldprinzip nicht entspricht. Es gibt keine Beweise dafür, daß psychoseabhängige Motive verhaltensdeterminierender sind als hochgradige seelische Abartigkeiten.[50] Nicht auf die Psychoseähnlichkeit, sondern darauf kommt es an, inwieweit die Tatgenese eine Beeinträchtigung der normativen Ansprechbarkeit des Täters erkennen läßt.[51] Wenn man das gesetzliche Erfordernis der „schweren" Abartigkeit dazu benutzt, alle nicht psychoseähnlichen seelischen Störungen von vornherein aus dem Gesetz zu eskamotieren, übersieht man, daß über die Exkulpation erst „im 2. Stockwerk", d.h. bei Prüfung der Einsichts- und Hemmungsfähigkeit, entschieden werden darf.

Einsichts- und Hemmungsfähigkeit

Nicht selten wird gerade von Psychiatern die Meinung vertreten, die Frage nach der Fähigkeit des Täters, „das Unrecht der Tat einzusehen oder nach dieser Einsicht zu handeln", sei empirisch „unbeantwortbar".[52] Dies führt dann zu einer Aufgabenteilung zwischen Sachverständigem und Richter in der Art, daß der Gutachter die biologisch-psychologischen Anknüpfungsbefunde feststellt, während der Richter auf dem Wege eines wertenden Verfahrens daraus Folgerungen für die Einsichts- oder Hemmungsfähigkeit zieht. Doch werden damit die Dinge nicht richtig gesehen.[53] Denn erstens muß auch die Feststellung der Anknüpfungsbefunde für den Richter nachvollziehbar sein und darf von ihm nicht blindlings übernommen werden, zumal da Merkmale wie „tiefgreifend" und „schwer" einen erheblichen normativen Einschlag haben. Zweitens aber beruht die Annahme, der Sachverständige könne über Einsichts- und Hemmungsfähigkeit nichts sagen, weitgehend auf dem Mißverständnis, daß hier eine Äußerung zur Willensfreiheit oder auch nur zum individuellen Andershandelnkönnen verlangt werde. In Wirklichkeit geht es aber nicht darum, sondern nur um ein Urteil darüber, ob und ggf. inwieweit der Täter zum Tatzeitpunkt normativ ansprechbar war, „ob die Rechtsnorm überhaupt die Möglichkeit hatte, im Motivationsprozeß des Täters wirksam zu werden. Die Aufgabe des Gutachters liegt darin, am seelischen Zustand des Täters aufzuzeigen, ob dieser ein tauglicher Normadressat gewesen ist".[54] Das ist eine prinzipiell empirische Fragestellung, zu der die moderne Psychiatrie und Psychologie durchaus etwas sagen kann.[55] Es wäre auch ein das Schuldprinzip sinnlos machendes wissenschaftliches Armutszeugnis, wenn sie dies nicht könnten. Mit Recht betont Haddenbrock[56], daß andernfalls „forensische Psychiatrie und Psychologie und die kriminologische Forschung keinen Schritt über ihren Stand vor 100 Jahren hinausgekommen" wären. Gewiß besteht dabei ein normativer Wertungsspielraum; aber das ist bei anderen Rechtsbegriffen prinzipiell nicht anders. Auch bleibt hier wie sonst ausschlaggebend die Überzeugung des Richters, den der Sachverständige nicht verdrängen darf.[57] Aber das ändert nichts daran, daß in beiden „Stockwerken" des § 20 die Kooperation zwischen dem empirischen Sachverständigen und dem Richter nach denselben Regeln abläuft.

Die Unfähigkeit, „das Unrecht der Tat einzusehen", und die Unfähigkeit, „nach dieser Einsicht zu handeln", gehen oft ineinander über und sind dann nicht deutlich auseinanderzuhalten.[58] Im Ergebnis kommt es immer auf die fehlende Steuerungsfähigkeit an, die auf fehlender Einsichtsfähigkeit, aber auch auf anderen Umständen und häufig auf einer Verflechtung verschiedener Faktoren beruht. Die besondere Nennung der mangelnden Einsichtsfähigkeit ist sogar insofern überflüssig, als in ihrem Falle schon die Verbotsirrtumsregelung des § 17 zum Schuldausschluß führt; doch hat sie immerhin den Wert einer Beweisregel, weil die Anknüpfungsbefunde die Prüfung der Einsichtsfähigkeit nahelegen und in schweren Fällen ihr Fehlen indizieren können.[59] Die fortbestehende Einsichtsfähigkeit und sogar die vorhandene Unrechtseinsicht lassen andererseits keinen Rückschluß auf das Hemmungsvermögen zu. Bei Rauschzuständen ist die Hemmungsfähigkeit meist früher als die Einsichtsfähigkeit ausgeschlossen; bei Taten gegen Leib und Leben sind aber auch „erhebliche Alkoholmengen" bei gesunden Menschen gewöhnlich nicht in der Lage, das Hemmungsvermögen zu beseitigen (BGH, NStZ 1981, 298f.).

Die Schuldunfähigkeit braucht nur geprüft zu werden, wenn nicht schon eine „Handlung" im juristischen Sinne zu verneinen ist. Daraus ergibt sich das Problem einer Abgrenzung der Handlungsfähigkeit von der Schuldunfähigkeit. Die Unterscheidung ist namentlich bei hochgradigen Affekten und sinnloser Trunkenheit, aber auch bei hypnotischen und posthypnotischen Zuständen nicht immer leicht zu treffen und hängt auch davon ab, welchen Handlungsbegriff man zugrunde legt. Nach der vom Verfasser vertretenen und hier nicht näher auszuführenden Lehre, die die menschliche „Handlung" als „Persönlichkeitsäußerung" versteht, kommt in den genannten Fällen in aller Regel nicht ein Ausschluß der Handlungsfähigkeit, sondern erst der Schuldfähigkeit in Betracht. Einsichts- und Hemmungsfähigkeit sind nicht abstrakt, sondern stets nur im Hinblick auf die konkrete Tatbestandsverwirklichung festzustellen. Das wird in der Rechtsprechung besonders bei Trunkenheitstaten betont (BGHSt 14, 110ff., 116):

Vor allem die Frage der Hemmungsfähigkeit läßt sich bei den verschiedenen Straftaten nur selten einheitlich beantworten. So kann ein Betrunkener, der seinen Geschlechtstrieb nicht mehr zu beherrschen vermag und deshalb im Rausch einen Notzuchtversuch begeht, möglicherweise sehr wohl noch fähig sein, Hemmungen gegenüber einem Raubmotiv einzuschalten; wer sich infolge eines Rausches schuldlos zu einer Beleidigung hinreißen läßt, kann für eine gefährliche Körperverletzung noch verantwortlich sein.

Aber auch Differenzierungen des Einsichtsvermögens sind durchaus lebensnah. So kann ein leicht Schwachsinniger das Unrecht eines Raubes sehr wohl noch einsehen, auch wenn ihn hinsichtlich komplizierter Wirtschaft- und Umweltschutzdelikte die Einsichtsfähigkeit fehlt. Eine Entmündigung wegen Geisteskrankheit bewirkt deshalb nicht automatisch eine Exkulpation bei Straftaten, die der Entmündigte begeht (OLG Frankfurt, GA 1963, 54). Dagegen wird bei Vorliegen einer schuldausschließenden seelischen Störung im Hinblick auf einen bestimmten Tatbestand die Möglichkeit „lichter Zwischenräume" (Lucia intervalla) heute nicht mehr anerkannt; ein Schuldausschluß ist hier also auch dann zu bejahen, wenn die Tat in einem Zeitraum begangen wird, in dem die äußeren Krankheitssymptome vorübergehend zurückgetreten sind.[60]

Was den Einfluß der biologisch-psychologischen Anknüpfungsbefunde auf die Steuerungsfähigkeit betrifft, so wird meist die Ansicht vertreten, daß die biologischen Ursachen (d.h. krankhafte seelische Störungen) die Schuldfähigkeit in der Regel ausschließen, während die psychologischen Befunde (v.a. die psychologischen Abartigkeiten) nur ausnahmsweise exkulpieren.[61] Das dürfte tendenziell zutreffen, doch lassen sich daraus nicht unbesehen Folgerungen für den Einzelfall ableiten. So betont J.-E. Meyer[62], daß die Intensität der Störungen gegenüber ihrer Diagnose in zunehmendem Maße forensische Relevanz gewonnen habe und daß nur wenige Diagnosen, wie „etwa der senile Verwirrtheitszustand oder die akute schizophrene Psychose ... quasi automatisch" die Schuldfähigkeit ausschlössen. Venzlaff[63] bemerkt, daß „körperliche Befunde etwa durch frühkindliche oder traumatische Hirnschäden, speziell wenn sie mit ... leichten Schwachsinnsgraden verknüpft sind" nur allzuleicht zur Exkulpierung verleiten, „obwohl die Ursache der Delinquenz mitunter gar nicht hieraus erwächst". Andererseits werden nicht körperlich bedingte seelische Abnormitäten in ihren Auswirkungen auf die Steuerungsfähigkeit häufig unterschätzt.[64] Man wird also das Urteil über die normative Ansprechbarkeit mehr von der Schwere der Störung als von ihrer Ursache abhängig machen müssen.

Anmerkungen

1 Vgl. nur Jescheck, *Lehrbuch des Strafrechts, Allgemeiner Teil,* 1978, § 40 III, 1, der selbst die darin liegende Ungenauigkeit rügt; ähnlich die Begündung des Regierungsentwurfs 1962, *Bundestagsdrucksache IV/650,* S. 137.

2 Jescheck, wie Anm. 1, § 40 III, 1; Sch.-Schröder-Lenckner, *StGB Kommentar,* [22] 1985, § 20, Rdn. 1; Jakobs, *Strafrecht Allgemeiner Teil,* 1983, 18, Rdn. 3 („psychologisch-normativ"); Schreiber, *Bedeutung und Auswirkungen der neugefaßten Bestimmungen über die Schuldun-*

fähigkeit, NStZ 1981, S. 46ff.; *Systematischer Kommentar zum StGB* (Rudolphi), [3] 1981 § 20, Rdn. 3 und *Leipziger Kommentar zum StGB* (Lange), [10] 1978, §§ 20/21, Rdn 12 sprechen von einer „biologisch-normativen" Methode.

3 Darüber näher Krümpelmann, *Die Neugestaltung der Vorschriften über die Schuldfähigkeit* usw., ZStW, Bd. 88, 1976, S. 6ff.; Lenckner, *Strafe, Schuld und Schuldunfähigkeit,* in: Göppinger/Witter (Hrsg.), *Handbuch der forensischen Psychiatrie,* Bd. I, Teil A, 1972, S. 109ff,; Schreiber wie Anm. 2.

4 Vgl. K. Schneider, *Klinische Psychopathologie* 9, 1971; ders., *Die psychopathischen Persönlichkeiten,* [9]1950; ders., *Die Beurteilung der Zurechnungsfähigkeit,* [4]1961.

5 Darüber, daß dieser „biologistische" Krankheitsbegriff auch in der Psychiatrie keineswegs allgemein anerkannt war, vgl. nur Venzlaff, *Ist die Restaurierung eines „engen" Krankheitsbegriffs erforderlich, um kriminalpolitische Gefahren abzuwenden?,* ZStW, Bd. 88, 1976, S. 57ff.

6 Vgl. vor allem die Beratungen der 25. Sitzung des Sonderausschusses, *Dtsch. Bundestag, 5. Wahlperiode,* Stenographischer Dienst, S. 477ff.

7 Vgl. den zweiten schriftlichen Bericht des Sonderausschusses, *Bundestags-Drucksache* V/ 4095, S. 10.

8 *Begründung des Regierungsentwurfs* 1962, wie Anm. 1, S. 138.

9 Eingehend dazu vom Standpunkt seiner speziellen Schuldauffassung aus Jakobs, *Zum Verhältnis von psychischem Faktum und Norm bei der Schuld,* in: *Sozialtherapie,* Hrsg. von Göppinger/Bresser, 1982, S. 127ff.

10 Wie Anm. 6, S. 478.

11 Güde, wie Anm. 6, S. 481.

12 Etwa Sch.-Schröder-Lenckner, wie Anm. 2, § 20 Rdn. 5; Rudolphi, wie Anm. 2, § 20, Rdn. 5; Maurach-Zipf, Strafrecht, Allgemeiner Teil, Teilband 1, [6]1983, § 36, Rdn. 27.

13 wie hier im Ergebnis Lange, wie Anm. 2, §§ 20, 21, Rdn. 13 m.w.N.; Jakobs, wie Anm. 2, 18, Rdn. 7.

14 Aus der umfangreichen medizinisch-psychiatrischen Fachliteratur, zu der im einzelnen im Rahmen eines juristischen Beitrages nicht Stellung genommen werden kann, vgl. nur Ehrhardt/Villinger, *Forensische und administrative Psychiatrie,* in: Gruhle (Hrsg.), *Psychiatrie der Gegenwart,* Bd, III, [1]1961, S. 181ff.; Langelüddeke-Bresser, *Gerichtliche Psychiatrie,* [4]1976; Rasch, *Schuldfähigkeit* in: Ponsold (Hrsg.), *Lehrbuch der gerichtlichen Medizin,* [3]1967; Schewe, *Forensische Psychopathologie* in: Schwerd (Hrsg.), *Rechtsmedizin,* [3]1979; Witter, *Allgemeine und spezielle Psychopathologie,* in: Göppinger/Witter (Hrsg.), *Handbuch der forensischen Psychiatrie,* Bd. I, 1972, S. 429ff.; Witter, *Die Beurteilung Erwachsener im Strafrecht,* in: Göppinger/Witter (Hrsg.), *Handbuch der forensischen Psychiatrie,* Bd. II, 1972, S. 966ff.; Venzlaff, *Aktuelle Probleme der forensischen Psychiatrie,* in: Kisker u.a. (Hrsg.), *Psychiatrie der Gegenwart,* Bd. III, [2]1975, S. 883ff.

15 Wolfslast, *Die Regelung der Schuldfähigkeit im StGB,* JA 1981, S. 465.

16 Vgl. die Aufzählung in der Begründung des *Regierungsentwurfs* 1962, wie Anm. 1, S. 138.

17 Dazu: de Boor, *Bewußtsein und Bewußtseinsstörungen,* 1966; von Winterfeld, *Die Bewußtseinsstörung im Strafrecht,* NJW, 1975, S. 2229ff.

18 *Regierungsentwurf* 1962, wie Anm. 1, S. 138.

19 Wie Anm. 7, S. 11.

20 Aus dem juristischen Schrifttrum, das auch umfassende Nachweisungen aus der psychiatrischen und psychologischen Literatur bringt: Geilen, *Zur Problematik des schuldausschließenden Affekts, Maurach-Festschrift,* 1972, S. 173ff.; Rudolphi, *Affekt und Schuld, Henkel-Festschrift,* 1974, S. 199ff.; Krümpelmann, *Motivation und Handlungen im Affekt, Welzel-Festschrift,* 1974, S. 327ff.; Moos, *Die Tötung im Affekt im neuen österreichischen Strafrecht,* ZStW, Bd. 89, 1977, S. 796ff.; Behrendt, *Affekt und Vorverschulden,* 1983; Neumann, *Zurechnung und Vorverschulden",* 1985, S. 240ff.; Psychiatrisch: Diesinger, *Der Affekttäter,* 1977; sozialpsychologisch: Grosbüsch, *Die Affekttat,* 1981. Ferner Rasch, *Die psychologisch-psychiatrische Beurteilung von Affektdelikten,* NJW 1980, S. 1309ff.

21 Vgl. zuletzt etwa Schlüter, *Affekt und § 51 StGB aus psychiatrischer Sicht,* NJW 1971, S. 1070ff.; Bresser, *Probleme bei der Schuldunfähigkeits- und Schuldbeurteilung,* NJW 1978, S. 1188ff.

22 OGHSt 3, 19; OGHSt 3, 80; BGHSt 3, 194 (198f.); 6, 329 (332); 7, 325f.; 8, 113 (124f.); 11, 20; 23, 133; BGH, NJW 1959, 2315; BGH, bei Holtz, MDR 1977, 458f.

23 Behrendt, wie Anm. 20, S. 14f. mit umfassenden Nachweisen; vgl. auch Rudolphi, wie Anm. 20, S. 205f.; Krümpelmann, wie Anm. 20, S. 339f.

24 So auch Baumann-Weber, *Strafrecht, Allgemeiner Teil,* 9 1985, § 25 III, 2, a; Bockelmann, *Strafrecht, Allgemeiner Teil,* 3 1979, § 16B IV, 2, a; Dreher-Tröndle, StGB, Kommentar, 1985, § 20, Rdn. 67; Jescheck, wie Anm. 1 *Strafrecht, Allgemeiner Teil,* § 40 III, 2, b; Lenckner, wie Anm. 3, S. 117; Sch.-Schröder-Leckner, wie Anm. 2 § 20 Rdn. 15; Stratenwert *Strafrecht, Allgemeiner Teil,* 3 1981, Rdn. 536.

25 wie Anm. 1, S. 139

26 *Ist Schuld möglich?, Bockelmann-Festschrift,* S. 261ff. (273); in Erg. auch *Leipziger Kommentar,* wie Anm. 2, § 20, 21, Rdn. 28f.

27 *Dogmatische und empirsche Probleme des sozialen Schuldbegriffs,* GA 1983, S. 337ff. (356); anders noch ders. wie Anm. 3, S. 36.

28 Krümpelmann, wie Anm. 3, S. 35; Lange, *Bockelmann-Festschrift,* wie Anm. 26, S. 272.

29 Dazu auch Stratenwerth, wie Anm. 24, Rdn. 536.

30 Venzlaff, wie Anm. 5, S. 63.

31 Geilen und Rudolphi, wie Anm. 20; Krümpelmann, wie Anm. 27, S. 355f.; anders noch ders., wie Anm. 3, S. 13f.

32 Ebenso Jescheck, wie Anm. 1, § 40 III, 2, b., Sch.-Schröder-Lenckner, wie Anm. 2, § 20, Rdn. 15; ferner Behrendt, wie Anm. 20, S. 46ff.

33 So auch Jescheck, wie Anm. 1, § 40, III, 2, b.

34 Vgl. nur die ausführliche Darstellung der Sicht der forensischen Psychiatrie und Psychologie bei Behrendt, wie Anm. 20, S. 23ff.; ferner Hallermann, *Affekt, Triebdynamik und Schuldfähigkeit,* Dtsch. Zeitschr. f.d. ges. gerichtliche Medizin. Bd. 53, 1962/63, S. 129ff.; Rasch, wie Anm. 20.

35 In der in Anm. 20 genannten Monographie.

36 Wie Anm. 2, 18/17, 18.

37 Wie Anm. 2, 18/14.

38 *Begründung des Regierungsentwurfs* 1962, wie Anm. 1, S. 140.

39 Dazu speziell: R. Schmitt, *Die „schwere andere seelische Abartigkeit"* in §§ 20 und 21 StGB, ZStW, Bd. 92, 1980, S. 346ff.; Rasch, *Angst vor der Abartigkeit,* NStZ 1982, S. 177f. Ausführlich auch Lange, wie Anm. 2, §§ 20, 21, Rdn. 34ff.

40 K. Schneider, *Die psychopathischen Persönlichkeiten,* wie Anm. 4; Kallwaß, Der Psychopath, 1969

41 J. E. Meyer, *Psychiatrische Diagnosen und ihre Bedeutung für die Schuldfähigkeit im Sinne der §§ 20/21, ZStW,* Bd. 88, 1976, S. 46ff. (52)

42 Zur Kritik vgl. Lange, wie Anm. 2, §§ 20/21, Rdn. 47

43 Dazu Schumacher, *Die Beurteilung der Schuldfähigkeit bei nichtstoffgebundenen Abhängigkeiten (Spielleidenschaft, Fetischismus, Hörigkeit), Festschrift für Sarstedt* 1981, S. 361ff.

44 RGSt 73, 121; RG, DJ 1939, 869; BGH, bei Dallinger, MDR 1953, 146f.; BGH, MDR 1955, 368f.; BGH, NJW 1955, 1726; BGHSt 14, 30; BGH, NJW 1964, 2213; BGHSt 23, 176; BGH, bei Dallinger, MDR 1969, 901; BGHSt 28, 327

45 Schreiber, wie Anm. 2, S. 49ff.

46 Vgl. etwa BGH, NJW, 1966, 1871 bei einem Fall von Querulantentum. Dazu ausführlich Burkhardt, *Charaktermängel und Charakterschuld,* in: Lüderssen/Sack (Hrsg.), *Vom Nutzen und Nachteil der Sozialwissenschaften für das Strafrecht,* 1. Teilband, 1980, S. 87ff.

47 BGHSt 14, 307.

48 *Die Bedeutung des psychiatischen Krankheitsbegriffes für das Strafrecht, Festschrift für Lange,* 1976, S. 723ff. (733)

49 Wie Anm. 3, S. 32.

50 Venzlaff, wie Anm. 5. S. 60, und Schreiber, wie Anm. 2, S. 48; beide berufen sich auf Eisen, *Schuldfähigkeit bei abnormen Persönlichkeiten,* in: *Handwörterbuch der Rechtsmedizin,* Bd. 2, 1974, S. 284f.

51 Weniger streng als die konservativen Anhänger des psychiatrischen Krankheitsbegriffes auch Venzlaff (wie Anm. 5), Rasch (wie Anm. 39) und Jakobs, wie Anm. 2, 18, Rdn. 20.

[52] K. Schneider, *Die Beurteilung der Zurechnungsfähigkeit,* wie Anm. 4. Heute etwa: Bresser, wie Anm. 21. Weitere Nachweise zum Streit zwischen „Agnostikern“ und „Gnostikern“ bei Lange, wie Anm. 2, §§ 20, 21, Rdn. 60.

[53] So auch Jescheck, wie Anm. 1, § 40, III, 4; Schreiber wie Anm. 2, S. 51.

[54] Schreiber, wie Anm. 2, S. 64.

[55] Vgl. nur Venzlaff, wie Anm. 5, S. 64.

[56] *Forensischen Psychiatrie und Zweispurigkeit unseres Kriminalrechts,* NJW 1979, S. 1235ff. (1236).

[57] Dazu grundsätzlich BGHSt 7, 238ff.; 8, 113ff.

[58] Vgl. Schwarz/Wille, § 51 StGB - gestern, heute u. morgen, NJW 1971, S. 1061ff. (1064).

[59] Jescheck wie Anm. 1, § 40, III, 3.

[60] Vgl. Lange, wie Anm. 2, §§ 20, 21, Rdn. 52.

[61] Vgl. etwa die Darstellung bei Lange, wie Anm. 2, §§ 20, 21, Rdn. 62ff.

[62] Wie anm. 41, S. 48.

[63] Wie Anm. 5, S. 59; ähnlich J. E. Meyer, wie Anm. 41, S. 49.

[64] Näher J. E. Meyer, wie Anm. 41, S. 49ff.; Venzlaff, wie Anm. 5, S. 60ff.

Reflexionen zu AID bzw. AIH, zu IVF und ET sowie zum GT-Bereich

G. H. Schlund

Vorbemerkung

Als am 25. Juli 1978 in England das 1. sog. „Retortenbaby" - Luise Brown - das Licht der Welt erblickte, war dies der augenfälligste erfolgreiche Schlußstrich der englischen Ärzte P. C. Steptoe und R. G. Edwards unter ihre jahrelangen Laborbemühungen, mit neuen biomedizinischen Technologien einer nicht empfängnisfähigen Frau zu einem Kind zu verhelfen. Seither fand in der medizinischen wie auch in der juristischen Literatur zur „artificial insemination by donor" (AID) bzw. „artificial insemination by husband" (AIH), zu In-vitro-Fertilisation (IVF) und anschließendem Embryotransfer (ET) sowie - generell gesehen - zur Gentechnologie (GT) eine weitreichende, z.T. sehr kontrovers geführte Auseinandersetzung statt[1]. Nachdem sich zu Teilaspekten dieser Problematik auch der Jubilar schon mehrfach geäußert hat[2], erscheint es angezeigt, hierzu einige (juristische) Reflexionen zu Papier zu bringen.

Zur Geschichte dieser medizinischen Methoden

Das Bemühen der Ärzte, Frauen, die sich sehnlichst ein Kind wünschen[3], zu einer Schwangerschaft zu verhelfen, ist schon Jahrhunderte alt. Bereits zu Beginn des 18. Jahrhunderts[4] wird von den ersten Tierversuchen berichtet: Damals gelang dem Geistlichen Lazarro Spallanzani aus Modena einwandfrei der Nachweis einer Besamung beim Hund mit gekühlt aufbewahrtem Samen[5]. Aber erst 1799 gelangt John Hunter die 1. artifizielle homologe Insemination mit anschließender Schwängerung der Frau eines an Hypospadie erkrankten und damit nicht kohabitationsfähigen Londoner Tuchhändlers[6]. 1871 berichtete sodann der amerikanische Gynäkologe M. Smis über seine damals bereits sehr expansive Praxis homologer Insemination, die er jedoch später wegen ethischer und sittlicher Bedenken wieder aufgab[7]. 1844 soll in Philadelphia der Arzt W. Pancoast die erste artifizielle heterologe Insemination an einer anästhesierten Frau mit deren Zustimmung, jedoch ohne Wissen des zeugungsunfähigen und geschlechtskranken Ehemanns vorgenommen haben[8].

In unseren Tagen ist die AIH- bzw. AID-Methode keine Seltenheit mehr; sie ist vielmehr zur Routine geworden. Zander[9] spricht in diesem Zusammenhang (gemeint ist die heterologe Insemination) überraschenderweise von sogar „in die hunderttausende gehenden" auf diese Weise gezeugten Menschen. Es scheint hierfür auch ein unabweisbares Bedürfnis zu bestehen: allein bei 4 bundesdeutschen[10] (von über 100 mittlerweile weltweit mit dieser Methode arbeitenden) Zentren[11] liegen jeweils über 1000 Anmeldungen vor. Vasterling sprach bereits 1972[12] von ca. 130000 Ehepaaren in der BRD, denen mit der AID-Methode geholfen werden konnte.

Stellungnahmen verschiedener Institutionen zu diesen ärztlichen Behandlungsmaßnahmen

Sowohl einige deutsche Ärztetage als auch zahlreiche ärztliche und andere Institutionen haben sich seit mehr als 3 Jahrzehnten mit der AID- und AIH- sowie neuerdings auch mit der IVF- und ET-Methode auseinandergesetzt.

Bereits 1955 stellten sich die deutschen Ärztinnen auf den Standpunkt[13], „die heterologe Insemination sollte unter Strafandrohung schlechthin verboten werden". Selbst der Wissenschaftliche Beirat der Bundesärztekammer lehnte mit seiner Entschließung vom 25. 2. 1959 „die künstliche Insemination im Hinblick auf unsere heutige Sitte und Kulturgesinnung grundsätzlich ab". In diesem Zusammenhang soll noch das Gutachten der Deutschen Gesellschaft für Psychotherapie und Tiefenpsychologie jener Zeit, das lediglich die homologe Insemination zulassen wollte, zitiert und an die Stellungnahme der Deutschen Gesellschaft für gerichtliche und soziale Medizin erinnert werden, die damals die Folgen einer Inseminatio artificialis für sittlich-ethisch so belastend erachtete, „daß es ärztlicherseits einen Rechtfertigungsgrund für eine heterologe Insemination nicht geben könne"[14].

Während noch der 62. Deutsche Ärztetag (1959) aus sittlichen Gründen und der Ordnung der Ehe wegen der Inseminatio ab alieno (AID-Methode) widersprach, sah sich der 88. Deutsche Ärztetag (1985) lediglich veranlaßt, entsprechende Richtlinien zur Durchführung der IVF- und ET-Methode (als Behandlungsmöglichkeit der menschlichen Sterilität)[15] zu erlassen[16].

Die beiden christlichen Kirchen in der BRD ihrerseits nehmen zu diesen Methoden seit Jahren einen festgefügten, unveränderten Standpunkt ein, der zuletzt noch einmal von der katholischen Kirche auf der Herbstversammlung der Deutschen Bischofskonferenz (in Fulda) 1985 wie folgt artikuliert wurde: keine Anwendung der extrakorporalen Befruchtung bei alleinstehenden Frauen, bei nicht verheirateten Paaren und bei der Beteiligung eines Dritten „als Samenspender" außerhalb der Ehe, evtl. unter Inanspruchnahme von sog. Samenbanken sowie bei der Inanspruchnahme von „Leihmüttern". Zur AIH-Methode meinten die Bischöfe[18]: Dieser gegenüber müsse man äußerste Zurückhaltung auferlegen, denn das Auseinandertreten von ehelicher Vereinigung und Zeugungsakt gefährde die leibliche Gestalt der ehelichen Liebe; und der Notwendigkeit, alle befruchteten Eizellen (Embryonen) „zurückzusetzen", werde nicht befriedigend Rechnung getragen. Einer experimentellen Forschung mit Embryonen, die menschliches Leben „verbraucht“, versagten die Repräsentanten der katholischen Kirche in der BRD - auch im Zusammenhang mit der Therapie - eindeutig ihre Zustimmung[19].

Haltung der Rechtsprechung hierzu

Wenn auch nicht unmittelbar die bereits mehrfach zitierten Methoden betreffend, so mußte sich - ersichtlich zum ersten Mal - 1887 ein angelsächsisches Gericht mit der Gebührenforderung eines Arztes befassen, der eine künstliche Befruchtung vorgenommen hatte[20]. Einige andere Gerichte in angelsächsischen Ländern mußten sich bis zum Beginn dieses Jahrhunderts auch mit der Frage befassen, ob AID als Ehebruch anzusehen sei. Diesen Rechtsstandpunkt vertrat 1921 ein kanadisches Gericht[21], das als entscheidendes Kriterium für einen solchen Ehebruch nicht das Erleben der sexuellen Lust mit einem anderen Mann, sondern die Überantwortung der Fortpflanzungsmöglichkeit an diesen annahm. Demgegenüber wurde jedoch später ausschließlich die Conjunctio membrorum als entscheidendes Kriterium erachtet und damit die heterologe Insemination nicht mehr als Ehebruch angesehen[22].

Erst im Jahr 1908[23] war das höchste Deutsche Revisionsgericht für Straf- und Zivilsachen, das Reichsgericht in Leipzig, aufgerufen, zum Problem der künstlichen Befruchtung (hier ohne ärztlichen Beistand und entsprechende Hilfestellung) im Rahmen eines Ehelichkeitsanfechtungsverfahrens Stellung zu beziehen. In jenem Fall hatte die Mutter des beklagten Kindes - nachdem der klagende Vater, der der Mutter während der Empfängniszeit nicht beigewohnt und keinerlei Versuch zur Ausführung des Geschlechtsverkehrs unternommen hatte, sein Bett verlassen hatte - den während der Nacht in das Bettuch ergossenen Samen des Klägers mittels einer Kerze aufgesammelt und sich in die Scheide eingeführt. Das Reichsgericht stellte sich in seinem damaligen Urteil vom 4. 6. 1908 kurz und bündig auf den Standpunkt, daß diese Art der Einführung von männlichem Samen in die Scheide einer Frau keine Beiwohnung im Sinne von § 1591 Abs. 1 BGB[24] sei.

In den 70er Jahren dieses Jahrhunderts haben sich sodann sowohl der Schwedische Oberste Gerichtshof als auch ein Instanzgericht in Frankreich[25] auf den Standpunkt gestellt, der Ehemann, der seiner Ehefrau die heterologe Insemination gestatte, könne dennoch die Ehelichkeit des später geborenen Kindes anfechten. 1978 hatte das Distriktgericht der USA in New York (im Falle Del Zio vom Presbyterian Hospital) in einem In-vitro-Fertilisationsfall zu entscheiden[26]. Streitgegenstand jenes Verfahrens war, daß 1973 ein im homologen IVF-Verfahren gezeugter Embryo in einen Inkubator gelegt und einen Tag später vom Chefarzt durch ein schlichtes Tiefgefrieren zerstört wurde. Das Geschworenengericht sprach den Eltern die für deutsche Verhältnisse fast abenteuerliche Summe von $ 50000 Schadenersatz und Schmerzensgeld zu.

Erst am 7. 4. 1983[27] hatte der Bundesgerichtshof (BGH) in Karlsruhe Gelegenheit, zum ehelichen Status eines durch künstliche Insemination gezeugten Kindes Stellung zu nehmen und einer breiten Öffentlichkeit exemplarisch vor Augen zu führen, welche nicht zuletzt juristischen Probleme unsere „schöne neue Welt“[28] bereithält.

In jener weithin kritisierten[29] Entscheidung vertrat der BGH die Auffassung, daß ein Ehemann, dessen Ehefrau *mit* seinem Willen fremdbesamt worden war und in der Folgezeit ein Kind geboren hatte, dessen Ehelichkeit - trotz einer vor Durchführung der AID abgegebenen schriftlichen Einverständniserklärung und Anerkennung der Vaterschaft - noch innerhalb zweier Jahre anfechten könne, weil seine schriftliche Erklärung (vom 24. 6. 1978) allein nicht ausreiche, das Anfechtungsrecht der §§ 1593, 1594 BGB auszuschließen. Diese Erklärung sei unwirksam, soweit darin eine Anerkennung der Ehelichkeit des Kindes, ein Verzicht auf das Anfechtungsrecht oder eine vertragliche Verpflichtung liege, die Ehelichkeit des Kindes nicht anzufechten. Aber auch der Gesichtspunkt von Treue und Glauben gemäß § 242 BGB führe nicht zu einem Verlust des Anfechtungsrechts des Klägers (eines Frauenarztes). Im übrigen schrieb der Senat den artifiziell heterolog inseminierenden Ärzten noch ins „Stammbuch“ ihrer Pflichten, daß sie nicht nur die Frau medizinisch ausreichend untersuchen, sondern diese auch gemeinsam mit ihrem Ehemann umfassend zu beraten, aufzuklären hätten. Weiter müßten sie recherchieren, ob die Inseminatio ab alieno mit den religiösen und ethischen Überzeugungen des Ehemannes vereinbar ist, ob der Zustand der Ehe es dem Manne ermöglicht, die Existenz eines von ihm nicht abstammenden Kindes in seiner Familie ohne Konflikte und schwere seelische Beeinträchtigungen auf Dauer zu ertragen, welche Auswirkungen auf die eheliche Gesinnung seiner Ehefrau das Bewußtsein haben kann, ein Kind von einem anderen Mann empfangen zu haben,[30] nach welchem Gesichtspunkt die Auswahl des Samenspenders zu erfolgen hat u. a.; und dies alles unter dem Gebot, daß die Eheleute alle ärztlichen Beratungspunkte vollständig verstanden und überblickt haben müssen. Wahrlich keine leichte Aufgabe für den inseminierenden Arzt.

Dieser BGH-Entscheidung vom 7. 4. 1983 wird u. a. zumindest hinsichtlich der Ablehnung von § 242 BGB vorgeworfen, daß sie damit den eigentlichen Anknüpfungspunkt für das Verbot widersprüchlichen Verhaltens verkenne, wenn sie ausführt, „daß ein unwirksamer Verzicht des Ehemannes auf das Anfechtungsrecht regelmäßig auch nicht auf dem Umweg über den Einwand des Rechtsmißbrauchs zum Verlust des Anfechtungsrechts führen kann“. Hier stelle, so wird argumentiert,[31] der Senat allzu sehr auf die von ihm ohnehin nur mit zweifelhaftem Geschick behaupteten rechtsgeschäftlichen Prämissen ab und verliere das *faktische* Element als Grundlage eines Venire contra *factum* proprium aus dem Auge. Der Einwand des Rechtsmißbrauchs müsse nämlich die Konsequenz aus dem *gesamten Verhalten* des Mannes ziehen, das sich jedoch nicht in der bloßen Abgabe einer Erklärung erschöpfe, sondern einen *umfassenden Vertrauenstatbestand* bilde, aufgrund dessen erst die künstliche Zeugung durchgeführt worden sei. Zudem bürde der BGH mit dieser seiner Rechtsansicht dem Kind, dem Objekt manipulierter Zeugung, Last und Risiko der Folgeprozesse auf, mit denen es zumindest Ausgleich einer materiellen Benachteiligung suchen könne. Diese Entscheidung wird sogar als „fataler rechtsdogmatischer und rechtspolitischer Fehlgriff“ bezeichnet.[31a]

Einen ganz anderen rechtlichen Aspekt (hinsichtlich der ärztlichen Maßnahmen zu IVF und ET im Zusammenhang mit der Behandlung der Sterilität von Frauen) sprechen die nachfolgend kurz zu skizzierenden Entscheidungen von bundesdeutschen Instanzgerichten[32] an, nämlich die Frage, ob bei IVF und ET eine Kostentragungspflicht der gesetzlichen und privaten Krankenkassen besteht oder nicht.

Die Unterschiede in den gerichtlichen Entscheidungsgründen sind bedeutend: Während das Sozialgericht Gelsenkirchen[33] und mit ihm das Sozialgericht Hildesheim[34] die Auffassung vertraten, Sekundärsterilität und hierdurch bedingte Kinderlosigkeit sei ein regelwidriger Körperzustand, damit Krankheit im Sinne ständiger Sozialgerichtsrechtssprechung, die IVF nicht nur eine hinreichend wissenschaftlich gesicherte Methode, sondern auch eine zweckmäßige und notwendige Heilbehandlung im Sinne von § 182 Abs. 2 RVO – dieser Rechtsmeinung folgte auf seiten der Zivilgerichte auch das Landgericht Nürnberg-Fürth[35] – , widersprachen dem das Landgericht München I[36], das Landgericht Bamberg[37] und das Oberlandesgericht Nürnberg.[38] Die letztgenannten Entscheidungen begründeten ihre klageabweisenden Urteile in der Regel damit, daß die extrakorporale Befruchtung steriler Frauen keine „medizinisch notwendige" Behandlung sei, denn mit dieser Methode werde keine Heilbehandlung einer behandlungsbedürftigen Krankheit durchgeführt, sie diene auch nicht der Funktionsverbesserung der in sehr vielen Fällen undurchlässig gewordenen Eileiter,[39] sondern richte sich auf völlig gesunde Organe, nämlich die Eierstöcke und die Gebärmutter. Mit dieser Methode werde auch lediglich das erkrankte Organ „überlistet".

Obschon andere „Substitutionstherapien" – wie das Einsetzen einer Pumpe mit gonadotropinfreisetzenden Hormonen oder das Einspritzen von Sperma mittels Plastikschlauch direkt in die Gebärmutter[40] – von den gesetzlichen wie privaten Kassen anstandslos erstattet werden und nur einige wenige Krankenkassenträger und -gesellschaften die Kosten einer IVF-/ET-Methode[41] (ob erfolgreich oder nicht) ablehnen, muß man auf die Bundesgerichtshofs- bzw. Bundessozialgerichtsentscheidungen, die in allernächster Zeit zu erwarten sind, hoffen, die in dieser ungeklärten Rechtsfrage ein abschließendes höchstrichterliches Wort sprechen sollten. Bis dahin kann man den inseminierenden Ärzten nur den Rat geben, ihre Patientinnen vor Beginn der Beratung und der Behandlung zu veranlassen, sich um einen Bewilligungsbescheid ihrer Krankenkasse zu bemühen und diese dann dem Arzt vorzulegen.[42]

Die Gesetzeslage

Hinsichtlich sämtlicher bisher wiederholt beschriebener Methoden existiert in der BRD *keine* spezielle Gesetzeslage.

Auf dem *strafrechtlichen Sektor* verlief die 1. Befassung des Gesetzgebers mit der heterologen Insemination bekanntlich im Sande, denn der Entwurf eines Strafgesetzbuchs von 1962, in dem diese unter Strafe gestellt werden sollte, wurde niemals Gesetz. Damit können diese Methoden als solche strafrechtlich nicht geahndet werden, nicht einmal ihr Mißbrauch.[43] Deshalb wird auch wieder allgemein anerkannt, daß zumindest hinsichtlich der heterologen Insemination ein gewisser gesetzgeberischer Handlungsbedarf besteht.[44]

Eine Gesetzesinitiative des Europarats aus dem Jahr 1979, die v.a. die Interessen der Ärzte und der Samenspender im Auge hatte und eine Legalisierung aller typischerweise bei der Vornahme einer heterologen Insemination getroffenen Vereinbarungen zu Lasten der auf diesem Wege und in dieser Weise gezeugten Kinder empfahl, ist nicht geltendes „Recht" geworden.[45] Es gilt jedoch noch festzuhalten, daß die Variationen der AID-/IVF-Methoden auch vom *Zivilrecht* nicht ausdrücklich geregelt werden; das bürgerliche Recht gibt aber zumindest einige Antworten hierauf[46]: Die therapeutische *homologe extrakorporale Befruchtung,* bei der auf fahrlässige Weise sich nichts ereignet, „passiert" das geltende (Zivil)recht ungehindert. Sicher ist aber, daß exzessive Tatbestände oder schuldhaftes ärztliches Verhalten in diesem Bereich de lege lata nur sehr unvollkommen und unzureichend verhindert werden und die Verantwortlichen nur sehr schwer zur Rechenschaft gezogen werden können und daß daher verständlicherweise auch für diesen Teilbereich derzeit wieder einmal vereinzelt nach dem Gesetzgeber gerufen wird.

Einzelbetrachtungen zu verschiedenen Rechtsfragen

1) Arztvertrag

Zumindest bei der AID-Methode, die v.a. von Juristen schon seit langem als ethisch verwerflich,[47] objektiv rechtswidrig, als unvereinbar mit dem Rechtsgebot der Achtung und Wahrung der Menschenwürde (Artikel 1 Grundgesetz) angesehen und als Verstoß gegen die Institution und das Wesen der Ehe (Artikel 6 Grundgesetz) erachtet wird[48] und der gegenüber z.T. erhebliche genetische Bedenken geäußert werden,[49] begegnet die Rechtsgültigkeit des Arztvertrags nicht unerheblichen Zweifeln. Entscheidend dürfte hier sein, ob die heterologe Insemination (in corpore oder in vitro) einzig und allein zum Nutzen der Ehe vorgenommen wird, um einem kinderlosen Ehepaar doch noch - quasi als Ultima ratio - die Empfängnis und Geburt eines Kindes zu ermöglichen. Dient die Behandlung einem solchen Ziel, dann wird man gegen den zwischen dem Arzt und dem Ehepaar geschlossenen Vertrag letztlich nicht unter allen Umständen rechtliche Bedenken haben können.[50]

2) Schadenersatzansprüche

a) Soweit man von einem wirksamen Arztvertrag ausgeht, kann der Arzt bei fehlerhafter Behandlung - beispielsweise bei Schädigung der Samenzellen durch technische Mängel bzw. Schädigung der Eizelle, die auf die Behandlung der Frau mit Hormonen, Ultraschall und Betäubungsmittel zurückgeführt werden können,[51] oder bei Verwendung von Samen eines Erbkranken - wegen positiver Vertragsverletzung 30 Jahre lang zur Verantwortung gezogen werden.

Kommt das Kind infolge ärztlichen Verschuldens - wobei hier der Haftungsmaßstab für den inseminierenden Arzt sehr hoch angesiedelt werden dürfte - geistig und/oder körperlich behindert zur Welt, so haftet der Arzt im übrigen auch auf Deliktbasis. Anspruchsberechtigt sind hier nicht nur die Eltern, sondern auch das Kind. Bei den Eltern manifestiert sich deren Schaden in der Höhe des behinderungsbedingten *Mehraufwands.*[52] Für das Kind besteht ein eigener Anspruch auf Schadensersatz, denn entgegen den Grundsätzen der sog. „Wrongful-life"-Entscheidung (Rötelnentscheidung) des BGH vom 18. 3. 1983 knüpft die Haftung des Arztes hier an eine Verletzung des Integritätsinteresses an.[53]

Sollte es aber - wie nach Presseberichten bereits einmal geschehen - (erneut) dazu kommen, daß einem Paar trotz gründlicher Festlegung der Merkmale Hautfarbe, Augenfarbe, Größe, Gewicht und Körperbau des Samendonators durch die Klinik ein „Negerkind" geboren wird, weil der inseminierende Arzt trotz dieser Festlegung versehentlich das Sperma eines Negers verwendete, so dürfte den wegen des nicht „reinrassig",[55] jedoch gesund geborenen Kindes enttäuschten Eltern kein materieller Schaden entstanden sein. Der Geltendmachung eines ideellen Schadens steht die Norm des § 253 BGB entgegen; Genugtuung müßten die nicht wenig überraschten Eltern eines „Mischlings" über die Schmerzensgeldvorschrift des § 847 BGB suchen, wobei es aber mehr als fraglich erscheint, ob einer der Tatbestände des Deliktparagraphen 823 BGB bejaht werden könnte, denn eine Beeinträchtigung des allgemeinen Persönlichkeitsrechts (als absolutes Recht im Sinne von § 823 Abs. 1 BGB) wird man dem Kind gegenüber wohl kaum mit gutem Gewissen bejahen können.[56]

b) Diskutiert werden könnte in diesem Zusammenhang u. U. aber auch noch, ob das durch IVF-/ET-Methode gezeugte und gesund geborene Kind dem Arzt gegenüber weitere Schadensersatzansprüche hätte: Bei der Prüfung weiterer Ansprüche erscheinen diese auf den ersten Blick vielleicht deshalb fraglich, weil das Kind zum Zeitpunkt des „schadenstiftenden Ereignisses" noch gar nicht gezeugt war und zum anderen, weil die Anwendung und Durchführung dieser Methode für das Kind „lediglich" den „Vorteil" (und keinen Schaden) nach sich zieht, das Leben geschenkt bekommen zu haben.

Diesem Argument kann man aber entgegenhalten, daß das „geschenkte" Leben für das Kind durchaus nicht nur einen Vorteil bedeutet, denn es ist vom Anfang an mit der Unsicherheit und der nicht unbedeutenden Beschwernis eines unzureichenden Unterhalts belastet. Zum andern lassen sich die schadenstiftende ärztliche Handlung, das Leben des Kindes und der diesem zugefügte Schaden in ihren Anfängen durchaus auf denselben zeitlichen Augenblick zurückführen.[57] Und daß der Arzt durch einen Eingriff bei der Mutter einem noch nicht gezeugten und nicht geborenen Kind Schaden im Rechtssinne zufügen kann, vertrat bereits der BGH in seinem sog. Luesfall.[58] Hier hatte der Arzt eine Infektion der Mutter verschuldet, so daß deshalb das später empfangene Kind luetisch zur Welt kam. Es ist auch schon seit einiger Zeit entschieden,[59] daß das Kind keinen Rechtsanspruch auf gesundes Geborenwerden - wie beispielsweise auch nicht auf eheliche Geburt - hat, dem Kind jedoch ein eigener Schadenersatzanspruch zusteht. Der Schaden bei der artifiziellen heterologen Insemination (mit anschließend gesunder Geburt) besteht (für das Kind) lediglich in der vom Arzt verursachten, von Anbeginn an ungünstigen Vermögenslage des Neugeborenen. Denn ficht der Ehemann der Kindsmutter die Ehelichkeit des Kindes fristgerecht an, wozu er nach der zitierten Entscheidung des BGH vom 7. 3. 1983 2 Jahre lang ab Kindesgeburt Zeit hat, und kann es aus tatsächlichen oder rechtlichen Gründen seinen Unterhaltsanspruch gegen den Spermator und genetischen Vater nicht durchsetzen, so steht es um die kindliche Vermögenssituation äußerst prekär. Dem nach wirksamer Ehelichkeitsanfechtung nichtehelichen Kind stehen unbestrittenermaßen Unterhaltsansprüche (gemäß §§ 1615 a/1602 BGB)[60] und Erbersatzansprüche (gemäß §§ 1934 aff. BGB) zu, die es u. U. nicht oder nicht rechtzeitig gegenüber seinem genetischen Vater und Erzeuger geltend machen kann. Für diesen Fall - v.a. für den des Unterhaltsanspruchs - nimmt die juristische Literatur eine Haftung des inseminierenden Arztes an.[61]

3) Unterhaltsansprüche des Kindes

a) Nach der Aufhebung des früheren § 1589 Abs. 2 BGB durch das Gesetz über die rechtliche Stellung der nichtehelichen Kinder vom 19. 8. 1969,[61a] das eine Nichtverwandtschaft im Sinne des Familienrechts des nichtehelichen Kindes mit seinem leiblichen Vater vorsah, ist es nunmehr mit seinem Erzeuger in gerader Linie verwandt (§ 1589 Satz 1 BGB).

Die Vaterschaft nichtehelicher Kinder wird durch Anerkennung oder gerichtliche Entscheidung mit Wirkung für und gegen alle festgestellt (§§ 1600aff. BGB). Im Rahmen dieses Verfahrens (bei der gerichtlichen Entscheidung) spielt auch die gesetzliche Vaterschaftsvermutung des § 1600o BGB eine nicht unbedeutende Rolle.

Unterschiedliche Ansichten bestehen jedoch zwischen den Juristen, ob die artifizielle heterologe Insemination durch Zuhilfenahme des Arztes als Beiwohnung im Sinne der zuletzt genannten Vorschrift angesehen werden kann. Das Reichsgericht meinte in seiner damaligen - bereits zitierten - Entscheidung aus dem Jahre 1908 noch lapidar und ohne weitere Begründung, „daß dies (d.h. Einführen des Samens mittels einer Kerze in die Scheide der Mutter des beklagten Kindes) kein Fall der Beiwohnung im Sinne von § 1591 (BGB; eheliche Vaterschaftsvermutung) ist, bedarf keiner Ausführungen..." Dem müssen aus heutiger Sicht und Kenntnis der Dinge zumindest hinsichtlich der Inseminatio artificialis Bedenken entgegengehalten werden. Gewiß ist diese Art der Besamung keine Beiwohnung, wenn man darunter ausschließlich die Conjunctio membrorum versteht. Mit Geiger[62] ist aber davon auszugehen, daß diese künstliche Art der „Fremdsamenbeibringung" (durch den Arzt) bei der Anwendung des § 1600o BGB der althergebrachten Form der Vereinigung der Geschlechtsteile gleichstehen muß. Denn die Ratio des Gesetzgebers der Unterhaltsanspruchstatbestände des BGB (eheliche Kinder: §§ 1601ff; nichteheliche: §§ 1615aff. BGB) wollte bestimmt nicht die Unterhaltspflicht ausschließlich an der Form der „klassischen" Erzeugung, an den Geschlechtsakt als solchen knüpfen, sonst hätte er - unter Geltung des vormaligen § 1717 BGB (Einrede des Mehrverkehrs) gerade umgekehrt wie damals geschehen nicht den wahren leiblichen Vater, sondern die mehreren Beischläfer in toto zu Unterhaltspflichtigen gemacht. Dem Gesetzgeber von 1969 waren die medizinischen Praktiken der artifiziellen Insemination mit Sicherheit bekannt, dem Gesetzgeber des Jahres 1896 der vormaligen Unterhaltstatbestände für die nichtehelichen Kinder (früher unehelich) dürften sie aber bestimmt nicht geläufig gewesen sein.

Geht man von einer Gleichstellung der Erzeugung durch die Beiwohnung „im klassischen Sinne" mit der künstlichen Insemination aus, steht dem Kind dem Spermator gegenüber ein gesetzlicher Unterhaltsanspruch zu.[63] Daß dieser juristisch nur dann „greift", wenn im Vaterschaftsprozeß die entsprechenden blutserologischen und anthropologischen Gutachten jeden anderen Mann als Vater ausschließen und den Spender „mit an Sicherheit grenzender Wahrscheinlichkeit" als biologischen Vater ausweisen, versteht sich dabei von selbst.

Bedenken gegen derartige Unterhaltsansprüche werden jedoch für den Fall angemeldet,[64] daß der Samenproduzent nichts davon weiß und auch nicht annehmen konnte, daß sein Sperma, das lediglich einer Untersuchung in einem medizinischen Institut oder Labor zugeführt werden sollte, mißbräuchlich und von seiner Warte aus „zweckentfremdet" einer Frau appliziert wird. Produziert der Spermator hingegen für einen bestimmten Einzelfall oder ganz allgemein Samen und stellt sein Sperma für artifizielle heterologe Inseminationen[65] zur Verfügung, dann ist von seinem Einverständnis auszugehen, das alle in der Folgezeit mit seinem Sperma bewirkten Zeugungen deckt.

Bei all diesen Überlegungen darf man nicht außer acht lassen, daß die Zeugung eines Kindes kein Rechtsgeschäft, sondern ein Realakt ist, es also nicht auf den rechtsgeschäftlichen Willen des Mannes oder der Frau ankommen kann. Auch geschäftsunfähige oder beim Zeugungsakt betrunkene Beischläfer unterliegen den nämlichen Unterhaltsansprüchen ihrer gezeugten Kinder wie auch die genotzüchtigte Frau, die Mutter wird, gesetzlichen Unterhaltspflichten ausgesetzt ist.[65a] Die Unterhaltsansprüche des BGB stellen nämlich allein auf die blutsmäßige Abstammung ab; es spielt somit keine Rolle, ob die Frau auf dem Wege der Beiwohnung, mit ärztlicher Unterstützung oder durch künstliche Besamung empfangen hat, ob innerhalb oder außerhalb der Ehe, ob innerhalb der Ehe vom Ehemann oder von einem Dritten.

b) Neben dem Spermator – der BGH deutet in seiner Entscheidung an, daß es neben dem Begriff der genetischen und sozialen Elternschaft möglicherweise auch noch die der finanziellen Elternschaft geben könnte, was seit den Sterilisationsentscheidungen des BGH vom 18. 3. 1980[66] gar nicht mehr so sehr überrascht – könnte aber auch noch der Ehemann in Gesamtschuldnerschaft treten.

Daß der Ehemann, der der Insemination an und für sich zustimmte, nach erfolgreicher Anfechtung der Ehelichkeit des Kindes keinem gesetzlichen Unterhaltsanspruch des Kindes ihm gegenüber ausgesetzt ist, muß nicht besonders betont werden. In der Zustimmung des Ehemanns zur inseminatio et fecundatio ab alieno könnte aber eine vertragliche Übernahme von Unterhaltspflichten gesehen werden. Dabei ist dieser Vertrag (mit der Kindsmutter) als ein (berechtigender) Vertrag zugunsten Dritter – nämlich zugunsten des Kindes – anzusehen,[67] denn man kann diese seine Zustimmung durchaus dahingehend interpretieren, daß der Ehemann vorbehaltlos und nicht nur solange das Kind den Status eines ehelichen besitzt sich rechtsverbindlich verpflichten will, für das zu erwartende Kind finanziell zu sorgen.

c) In der juristischen Literatur[68] wird darüber hinaus noch diskutiert, ob der Ehemann sich wirksam verpflichten kann, den Spermaspender und Erzeuger von seiner Unterhaltspflicht freizustellen. Hier werden jedoch Zweifel angemeldet, weil eine solche Verpflichtung wieder mittelbar einen von der Rechtsordnung mißbilligten Druck ausüben könnte, von der Anfechtung der Ehelichkeit gemäß § 1594 BGB abzusehen.

d) Dem Arzt gegenüber bestehen, obgleich gelegentlich derartige Auffassungen geäußert wurden,[69] *keine* derartigen Unterhaltsansprüche, denn er kann auch nicht im entferntesten als Erzeuger des Kindes einer artifiziell befruchteten Frau angesehen werden. Selbst wenn er durch die Applizierung des Spermas wissentlich die letzte im Rechtssinne selbständige Causa für die nachfolgende Schwangerschaft setzt, indem er die Inseminatio artificialis herbeiführt, so spricht doch gegen eine Inanspruchnahme als Unterhaltsschuldner die Tatsache, daß - wie bereits betont - nach dem Unterhaltsrecht des BGB es entscheidend und ausschließlich auf die natürliche (blutsmäßige) Abstammung des Kindes vom Vater, dem Träger des Erbstroms, der durch die Samenübertragung auf das Kind übergegangen ist, ankommt.[70]

Damit ist jedoch nicht ausgeschlossen, daß der inseminierende Arzt von jeglichen Ansprüchen befreit ist.

4) *Ärztliche Schweigepflicht*

In den wenigsten Fällen wird der Spender den Ehegatten bekannt sein; viele dieser Spermatoren wollen von sich aus sogar absolut anonym bleiben.

Meist wird den Spendern auch von seiten der Ärzte die gewünschte strenge Anonymität vertraglich zugesichert. Gegen derartige vertragliche Zusicherungen der Anonymität werden erhebliche rechtliche Bedenken geltend gemacht. Giesen[71] hält diese Praxis für „eindeutig verfassungswidrig" und erklärt eine solche Anonymitätsgarantie wegen Verstoßes gegen § 138 Abs. 1 BGB in Verbindung mit den Drittwirkungen entfaltenden Artikeln 1 und 2 des Grundgesetzes „für null und nichtig", weil sie mit dem Unwerturteil der Sittenwidrigkeit stigmatisiert sei. Besteht nun eine solche Zusicherung bzw. Absprache zwischen Arzt und Spender und hält man diese für (gerade noch) wirksam, dann unterliegt der Arzt nicht nur dem Gebot der ärztlichen Schweigepflicht des § 203 Abs. 1 Nr. 1 StGB - mit entsprechenden Strafsanktionen beim Bruch derselben - , die Lüftung des Geheimnisses des Namens des Spenders läßt den Arzt auch aus dem zivilrechtlichen Gesichtspunkt der schuldhaften Verletzung von Vertragspflichten schadensersatzpflichtig werden. Zusätzlich hierzu wird eine deliktische Haftung des Arztes gemäß §§ 823 Abs. 2 in Verbindung mit dem Schutzgesetz des § 203 StGB in Frage kommen. Der Schaden, der dem anonymen Spender durch die Nennung seines Namens entsteht, ist der bereits näher dargelegte Unterhaltsanspruch des Kindes ihm gegenüber nach Feststellung der Nichtehelichkeit desselben.[71a] Diese rechtlichen Konsequenzen muß sich der Arzt stets vor Augen halten, wenn er der Kindsmutter - nicht selten von der Sehnsucht geplagt, den biologischen Vater ihres Kindes kennenzulernen (sog. „phylogenetisches Heimweh“[72]) - gegenübersteht und deren Frage nach dem damaligen Spermaspender beantworten soll.

Sollte der Arzt jedoch das Geheimnis des Spendernamens lüften, wäre neben den damit ausgelösten Schadensersatzansprüchen auch die Frage nach einem eventuellen Anspruch des Spenders auf Freistellung von Unterhaltsansprüchen des Kindes ihm gegenüber durch den Arzt zu diskutieren.

5) Dokumentationspflicht - Haftungsfreizeichnung

a) Einen weiteren, nicht unbedeutenden rechtlichen Aspekt muß man bei der Durchführung der geschilderten ärztlichen Behandlungsmethoden in der jeden Arzt treffenden umfassenden *Dokumentationspflicht* sehen. Waren noch bis 1977 in der Rechtssprechung ärztliche Aufzeichnungen lediglich als interne Gedächtnisstützen erachtet worden, deren Anfertigung im Belieben des Arztes stand, so gelten diese Grundsätze seit der Entscheidung des Bundesgerichtshofes vom 27. 6. 1978[73] nicht mehr. Nunmehr verpflichtet die Rechtsprechung den Arzt zu gewissenhafter, umfassender und wahrer Dokumentation aller den Patienten und seine Erkrankung betreffender Fakten.

Hinsichtlich der AID müssen damit nicht nur die Untersuchungsbefunde an den verschiedenen Tagen und die vorgenommenen ärztlichen Maßnahmen peinlich genau vom Arzt registriert werden. Vor allem muß in diesen Unterlagen die Identität des Samenspenders mit all seinen Merkmalen (Haarfarbe, Alter, Augenfarbe, Größe, Gesichts- und Körperbau etc.) registriert werden, damit dessen Personalität bei später auftretenden medizinischen Komplikationen (etwa bei Erbkrankheiten und dergleichen) absolut sicher festgestellt werden kann.[74]

b) In der Vergangenheit haben zahlreiche Ärzte versucht, eventuellen Haftungsansprüchen dadurch zu begegnen, daß sie sich von ihren Patienten sog. *Haftungsfreizeichnungserklärungen* unterschreiben ließen. Daß in solchen Haftungsfreizeichnungen der Arzt weder Vorsatz noch grobe Fahrlässigkeit abbedingen kann, bedarf keines näheren Hinweises. In der juristischen Literatur und Rechtsprechung[75] ist jedoch seit einiger Zeit die Meinung im Vordringen befindlich, daß der Arzt in einer solchen Freizeichnungserklärung sich auch nicht von sog. leichter Fahrlässigkeit exkulpieren kann. Begründet wird diese Auffassung u.a. damit, daß das Vertrauensverhältnis zwischen Arzt und Patient eine solche Freizeichnung von jeglichem Verschulden des Arztes für sein Tun nicht zulasse; insbesondere dann nicht, wenn sog. „Kardinalspflichten“ bestehen. Dabei handelt es sich um solche vertraglichen Pflichten, deren ordnungsgemäße Erfüllung erst die Voraussetzung für die Erreichung des Vertragszwecks schafft. Hinzu kommt, daß im Verhältnis Patient - Arzt - anders als im Handel und Gewerbe, wo es i. allg. lediglich um Vermögensinteressen geht - höherwertige Rechtsgüter, nämlich Leben und Gesundheit, auf dem Spiel stehen. Insoweit kann schon ein leicht fahrlässiges Verhalten des Arztes für den Patienten unabsehbare Folgen haben. Eine Haftungsbeschränkung des Arztes auf grobe Fahrlässigkeit könne - so wird argumentiert - dem Patienten, der im Krankheits- und Unglücksfall keine andere Wahl hat, als ärztliche Hilfe in Anspruch zu nehmen, nicht zugemutet werden.

Im Falle der AID sind Absprachen zwischen den Eltern einerseits sowie zwischen behandelndem Arzt und Samendonator andererseits *zu Lasten* des Kindes auch deshalb unwirksam,[76] weil ein solcher Ausschluß der Rechte des Kindes als Vertrag zu Lasten Dritter angesehen werden müßte, den die deutsche Rechtsordnung nicht zuläßt.[77]

Möglich erscheint u. U. lediglich und eingeschränkt ein Haftungsausschluß *allein den Eltern gegenüber* für den Fall erfolgloser ärztlicher Bemühungen; und hier auch nur für den Fall, daß man den auf AID gerichteten Vertrag nicht insgesamt für nichtig ansieht, was jedoch im Falle anonymer Fremdbesamung oder bei der Verwendung eines sog. Samencocktails anzunehmen wäre.[78]

6) Einsichtsrecht des Kindes in ärztliche Unterlagen

Nach gefestigter Ansicht in der juristischen Literatur[79] hat das auf die beschriebene Art gezeugte und geborene Kind dem Arzt gegenüber einen *Anspruch auf Auskunft* über die Person des Samenspenders (oder einer Eispenderin). Damit verbunden ist auch ein *Anspruch* (gemäß § 810 BGB) des Kindes *auf Einsicht* in die Behandlungsunterlagen des Arztes, denn diese dokumentieren die rechtlich bedeutsame Abstammung des Kindes.[80]

Diesem Anspruch kann sich der Arzt in keinem Fall dadurch entziehen, daß er sich darauf beruft, er habe seinerseits dem Samenspender Anonymität zugesichert. Beruft sich jedoch der Arzt, dessen Konfliktsituation dem Kind wie dem Spender gegenüber nicht unerheblich sein kann, auf diese zugesicherte Anonymität (dem Samendonator gegenüber) oder hat er bewußt die Behandlungsunterlagen vernichtet, so vereitelt er auf diese - wenig geschickte - Art und Weise das Informationsrecht des Kindes und macht sich damit dem Kind gegenüber schadensersatzpflichtig, denn die Abstammung eines Kindes zu verschleiern stellt sich als ein Eingriff in das kindliche Persönlichkeitsrecht dar, und derartige Persönlichkeitsverletzungstatbestände lösen Schadensersatzansprüche gemäß § 823 BGB aus. Der kindliche Schaden kann darin gesehen werden, daß ihm die Unterhaltsansprüche gemäß §§ 1615a 1602 BGB sowie der Erbersatzanspruch gemäß § 1934a BGB seinen(m) genetischen Eltern (Vater) gegenüber vorenthalten werden.[81]

Gentechnologie

Was noch in der klassischen Literatur rein theoretisch beschrieben wurde,[82] ist in den letzten Jahren für den Laien und Außenstehenden zur Horrorvision menschlichen Forschungsdranges geworden: der künstlich fabrizierte Mensch rückt in den Dunstkreis des Machbaren. Die medizinische Forschung - „von Menschenzüchtung triebhaft fasziniert“[83] - blieb nämlich nicht bei der Entscheidung stehen, daß das Leben durch Gene gesteuert und weitergegeben wird. Seit es in den 70er Jahren unseres Jahrhunderts möglich geworden ist, die Erbinformation zunächst von Mikroorganismen neu zu gestalten, was bislang durch umweltangepaßte Mutationen geschehen war,[84] wird auf diesem wissenschaftlichen Sektor, den man ganz allgemein als Gentechnologie bezeichnet, der Schwerpunkt in der Neukombination von genetischen Informationen gesehen. In diesem relativ neuen Forschungsbereich scheint es u.a. nicht nur theoretisch möglich, sondern bereits zum Alltag einschlägig tätiger Zentren geworden zu sein, Chromosomen tatsächlich zu entflechten, Gene zu zerschneiden, zu isolieren und zu sequenzieren (d.h. ihre molekulare Struktur aufzuzeigen), dieselben neu zu kombinieren oder genetisches Material (Desoxyribonukleinsäuren) in eine fremde Körperzelle (somatische Zellen) so einzuführen, daß dieses sich integriert und seine Informationen an die durch Zellteilungen entstehenden Tochterzellen weitergibt. Beim Gentransfer in eine Keimzelle wird erreicht, daß nicht nur eine begrenzte Zahl von Tochterzellen genetisch verändert werden, sondern daß alle Zellen eines aus der befruchteten Keimzelle entstehenden Organismus Träger des neuen Gens sind.[85] Mit anderen Worten: gelänge das bei der menschlichen Keimzelle, dann bliebe in einem solchen Fall die Auswirkung der Manipulation nicht nur auf den Menschen, in dessen Keimbahn ein Gen transferiert wird, beschränkt; vielmehr würde hierdurch das genetische Erbgut auch mit Konsequenzen für sämtliche weiteren Nachkommen und Generationen verändert.[86]

Auf dem Sondergebiet der Genetik, der menschlichen Reproduktion in künstlicher Weise (in den Formen der AID- bzw. AIH-Methode), werden seit einiger Zeit von den Forscherteams übriggebliebene befruchtete Eizellen - von Samen ganz abgesehen - nicht nur „eingefroren“[85a]: sie sind auch Gegenstand weiterer menschlicher wissenschaftlicher Neugier. Denn die Herstellung menschlicher „Klone“ (d.h. genetisch absolut identischer Mehrlinge) wäre die Erfüllung eines uralten Menschheitstraums und schlösse dann letztlich auch nicht mehr das „delayed twinning“ (verzögerte Herstellung von Zwillingen) aus.[87] Daß dies aber einen eindeutigen Verstoß gegen die Verfassung (Art. 1 und 2 des Grundgesetzes) darstellt, braucht nicht besonders betont zu werden.

Es sprengte bei weitem den Rahmen dieses Beitrags, wollte man - auch nur andeutungsweise - skizzieren, was auf diesem Forschungssektor heutzutage bereits möglich und ab morgen wahrscheinlich ist[87a] und welche rechtlichen Probleme in den einzelnen Teilbereichen der Genomanalyse[88] (dann) aktuell werden könnten. Beispielhaft seien zum letztgenannten Problemkreis hier lediglich erwähnt: Probleme des Haftungs- und des Erbrechts, des Arbeits- und Versicherungsrechts[89], des Innovationswettbewerbs in Form des Patentrechts, der Kriminologie[89a], des Rechtsschutzes vor Gefahren der Gentechnologie[90] sowie verfassungsrechtliche und ethische Fragen.[91]

Stellvertretend für viele dieser nicht einmal unter Juristen abschließend geklärten[91a] zentralen Rechtsfragen[92] sei hier lediglich noch die Problematik *gentechnologischer Eingriffe* in bereits befruchteten menschlichen Keimzellen angedeutet:

Einer der bedeutsamsten rechtlich relevanten Streitpunkte zu diesem Teilbereich ist schon, ob es sich bei der in-vitro-befruchteten Eizelle um reales menschliches Leben handelt und nicht um bloßes „abortives Material".[93] Beginnt menschliches Leben aber nicht erst mit der Nidation, sondern bereits im „Reagenzglas", dann sind diese Keimzellen nach der Rechtsprechung des Bundesverfassungsgerichts[94] in gleicher Weise und mit der nämlichen Intensität zu schützen wie der geborene Mensch. Die Folge wäre: Experimentieren mit derartigen Eizellen, ja sogar das schlichte Vernichten oder Verkümmernlassen wäre dann unzulässig, jedoch nicht strafbar, weil weder § 218 StGB mangels Vorliegen einer Schwangerschaft eingreifen kann, noch die §§ 211ff. (Tötungsdelikte) zum Zuge kämen, denn diese setzen den (vollendet) geborenen Menschen voraus.[95]

Die zu diesem Komplex derzeit in Gang befindliche juristische Diskussion sieht hier folgende Grenzen für technologische Eingriffe[96]: Soweit die befruchtete Eizelle zur Implantierung vorgesehen ist, unterliegt sie dem Grundrechtschutz der Art. 1, 2 und 3 GG. Das heißt: *Experimente* am Genom und *Eingriffe* in diese Erbanlagen sind absolut *unzulässig,* da die verfassungsrechtlich geschützte Würde des menschlichen Individuums fordert, daß die ihm von der Natur gegebene Prägung prinzipiell unantastbar bleiben muß. Ferner verbietet das Verfassungsgebot des Art. 3 GG - soziale Gleichheit aller Menschen - , daß auch (nur) gezielte und manipulierte Verbesserungen am Menschen vorgenommen werden. Eine *Ausnahme* hiervon wird lediglich dann gestattet, wenn und soweit Eingriffe in die Erbanlagen vorgenommen werden, um erkennbare bzw. erkannte Erbkrankheiten zu beseitigen. Diese Auffassung wird zu Recht damit begründet, daß, wenn die Wertordnung schon die *Vernichtung menschlichen Lebens* (durch Abtreibung) wegen Erbkrankheiten (eugenische Indikation gemäß § 218a Abs. 1 Nr. 1 StGB) straffrei läßt, die *Heilung* dieses Schadens an der befruchteten Eizelle dann um so mehr als der weniger schwere Eingriff toleriert werden müsse, wenn dieser Eingriff nach streng therapeutischen Gesichtspunkten vonstatten geht.

Bei den im Rahmen einer In-vitro-Fertilisation befruchteten, jedoch nicht in den Uterus der Frau implantierten Eizellen zieht man die Grenze für technologische Eingriffe hingegen weiter: Es werden beispielsweise Beobachtungen und gezielte Experimente zur Heilung von erkennbaren bzw. erkannten Krankheiten beim werdenden Menschen gerade noch zugelassen. Forschung auf diesem Bereich ist damit im begrenzten Umfang, jedoch nur mit dem Ziel einer Therapie erlaubt. Unerlaubt bleibt somit und auf alle Fälle der Versuch einer bloßen Menschenzüchtung.[97] Verboten wäre in diesem Zusammenhang damit auch auf alle Fälle die Befruchtung solcher Eier lediglich mit dem Zweck und dem Ziel „Beobachtungsmaterial" zu gewinnen. Diese aufgezeigten Grenzen zu überschreiten ist keinem Forscher unter Berufung auf Art. 5 Abs. 3 GG (Freiheit von Forschung, Wissenschaft und Lehre) erlaubt, da es hier um den Schutz der Grundrechte *Dritter* geht.[98]

Ausblick

Solange der Gesetzgeber auf diesem neuen Forschungsbereich mit seiner geradezu ungeheuerlich verlaufenden Entwicklung und seinen Zukunftsperspektiven keinen Handlungsbedarf sieht und Konsequenzen für eine Reglementierung zieht - ein 1978 vom Bundesforschungsministerium vorgelegter Gesetzentwurf zum Schutz vor Gefahren der Gentechnologie wurde bisher dem Parlament nicht zugeleitet und von diesem damit auch nicht verabschiedet[99] - , sind alle Verantwortungsbewußten (v.a. Juristen und Mediziner) aufgerufen, die Leitlinien und Grenzen aufzuzeigen und zu markieren, die von den auf diesem Sektor Forschenden und Experimentierenden freiwillig einzuhalten und zu beachten sind, denn der Mensch unserer Tage darf seine Art nicht nur oder überwiegend durch Retortenzeugung, über Leihmütter und Samenbänke erhalten.

Bis zu einer gesetzlichen Regelung könnten Schutzmechanismen insoweit sowohl standesrechtliche Normen bzw. Richtlinien sein, wie sie soeben vom 88. Deutschen Ärztetag verabschiedet wurden,[100] als auch die Forderung bieten, derartige Vorhaben vor ihrer Durchführung von Ethikkommissionen genehmigen zu lassen. Ob dies nur - wie Deutsch vorschlägt[101] - die Zentrale Kommission für die biologische Sicherheit sein kann, die seit 1978 am Bundesgesundheitsamt existiert und zu deren Aufgaben es u.a. gehört, Genlaboratorien zu registrieren und Forschungsvorhaben zu begutachten, soll hier abschließend nicht weiter vertieft werden.[102]

Anmerkungen

1 Es verbietet schon der Umfang dieses Beitrags hier auf sämtliche Veröffentlichungen der letzten Jahre einzugehen. Stellvertretend für viele seien nur erwähnt:
a) Auf juristischer Seite:
W. Becker, *Zentralblatt für Jugendrecht und Jugendwohlfahrt,* 1979, S. 238ff.; R. Zimmermann, *Zeitschrift für das gesamte Familienrecht,* 1981, S. 929ff.; A. Laufs, *Arztrecht,* 3. Aufl. 1984, S. 98ff.; E. Deutsch, *Zeitschrift für Rechtspolitik,* 1985, S. 73ff.; ders., *Monatszeitschrift für Deutsches Recht,* 1985, S. 177ff.; ders., *Verschicherungsrecht,* 1985, S. 102ff.; O. Gsell, *Zeitschrift für die gesamte Strafrechtswissenschaft,* 1985, S. 175ff.; H. Kollhoser, *Juristische Arbeitsblätter,* 1985, S. 354ff.; E. Benda, *Neue Juristische Wochenschrift,* 1985, S. 1730ff.; W. Weissauer, *Der Frauenarzt,* 1984, S. 11ff,; G. H. Schlund, *Geburtshilfe und Frauenheilkunde,* 1984, S. 60ff.; ders., *Arztrecht,* 1985, S. 205ff.; P. Bilsdorfer, *Monatszeitschrift für Deutsches Recht,* 1984, S. 803ff.; G. Zierl, *Deutsche Richterzeitung,* 1985, S. 337ff.; D. Coester-Waltjen, *Neue Juristische Wochenschrift,* 1983, S. 2059ff.; dieselbe, *Zeitschrift für das gesamte Familienrecht,* 1984, S. 230ff.; W. Lauff, M. Arnold, *Zeitschrift für Rechtspolitik,* 1984, S. 279ff.; D. Giesen, *Juristische Rundschau,* 1984, S. 221ff.; ders., *Arzthaftungsrecht,* 1981, S. 115ff.; ders., *Juristenzeitung,* 1985, S. 652ff.; ders., *Berliner Anwaltsblatt,* 1985, S. 91ff. und S. 115ff.; ders., *Frankfurter Hefte,* 1963, S. 321ff.; ders., *Medizinische Klinik,* 1963, S. 1899ff.; ders., *Die künstliche Insemination als ethisches und rechtliches Problem,* Bielefeld 1962.
b) Auf medizinischer Seite:
H. Ludwig, *Der Frauenarzt,* 1982, S. 14ff.; K. Bregulla, *Geburtshilfe und Frauenheilkunde,* 1978, S. 227ff.; H. W. Vasterling, *Deutsches Ärzteblatt,* 1972, S. 426ff.; G. Mutke, *Sexualmedizin,* 1975, S. 259ff.; J. Zander, *Münchener Medizinische Wochenschrift, 1983, S. 572ff.; R. Schrage, Geburtshilfe und Frauenheilkunde,* 1984, S. 476ff.; H. W. Kupka *Der Frauenarzt,* 1984, S 51ff.; H. Herrmann et al. *Geburtshilfe und Frauenheilkunde,* 1984, S. 719.; H. P.

Legal *Deutsches Ärzteblatt,* 1985, S. 419ff.; F. Fischl et al. *Geburtshilfe und Frauenheilkunde,* 1985, S. 670ff.; K. Dietrich et al., *Deutsches Ärzteblatt,* 1984, S. 3819ff.; H. Hepp, *Der Frauenarzt,* 1984, S. 70ff.; Ch. Bräkler et al., *Die Medizinische Welt,* 1985, S. 230ff.; H. P. Wolff, *Deutsches Ärzteblatt,* 1985, S. 1681ff.; K. Semm, *Deutsches Ärzteblatt,* 1985, S. 3067ff.

2 Vgl. u. a. in *Münchener Medizinischer Wochenschrift* 1983, S. 357ff., sowie in *Geburtshilfe und Frauenheilkunde* 1982, S. 65ff.

3 Fruchtbarkeit galt und gilt in sämtlichen Kulturen und Religionen (verwiesen sei hierzu lediglich auf den biblischen Bericht bei *1. Mose 16, 1-16*) als hohes Gut - Kinderlosigkeit als Fluch. Der Wunsch nach Reproduktion ist nicht nur ein biologisch verankertes Bedürfnis zur Arterhaltung, sondern auch ein bedeutsamer Bestandteil individueller und partnerschaftlicher Entwicklung (vgl. hierzu Ch. Bräkler, *Die Medizinische Welt,* 1985, S. 230ff.), der jedoch meist nicht rational zu begründen ist; er ist besonders ausgeprägt und tief verwurzelt bei Frauen feststellbar (vgl. hierzu die Zitate bei G. H. Schlund, *Arztrecht,* 1985 Fußnote 17).

4 Bereits im 14. Jahrhundert versahen vagabundierende Araberstämme die Stuten ihrer Feinde heimlich mit dem Samen minderwertiger Pferderassen, um auf diese Weise deren hochwertige Zucht zu verderben (vgl. hierzu H. Ludwig, *Der Frauenarzt,* 1982, S. 14, 16).

5 Bereits 1680 berichtete Jan Swammerdan aus Leiden von Besamungsversuchen bei Tieren (vgl. H. Ludwig, a. a. O. Fußnote 4).

6 Vgl. hierzu die Zitate in Fußnote 1 bei G. H. Schlund, *Geburtshilfe und Frauenheilkunde,* 1984, S. 60ff.

7 Vgl. hierzu H. Ludwig a. a. O. (wie Anm. 4).

8 So H. Ludwig a. a. O. (wie Anm. 4).

9 *Münchener Medizinische Wochenschrift,* 1983, S. 473.

10 Erlangen, Bonn, Kiel, Berlin.

11 Vgl. *Der Frauenarzt,* Heft 3, 1985, S. I (Mitteilungen des Vorstands der Frauenärzte Deutschlands).

12 *Deutsches Ärzteblatt,* 1973, S. 426ff.

13 Vgl. Zitat bei E. Fromm, *Die künstliche Befruchtung beim Menschen,* Köln 1960, S. 25ff.

14 Vgl. hierzu die Zitate bei G. H. Schlund, *Geburtshilfe und Frauenheilkunde,* 1984, S. 60ff.

15 Veröffentlicht in: *Deutsches Ärzteblatt* 1985, S. 1691ff.; vgl. hierzu aber auch noch O. Gsell, *Zeitschrift für die gesamte Strafrechtswissenschaft,* 1985, S. 175ff. sowie H. Kollhoser, *Juristische Arbeitsblätter,* 1985, S. 558.

16 Es ist auch eine entsprechende Ergänzung der Berufsordnung für Ärzte geplant (vgl. „Mitteilung des Vorstands der Frauenärzte Deutschlands" in: *Der Frauenarzt,* Heft 3, 1985, S. I; sowie Kollhoser, *Juristische Arbeitsblätter,* 1985, S. 558).

17 Vgl. *academia, Zeitschrift des CV,* Heft 10, 1985, S. 197. Zum Inhalt der bei der EKD-Synode 1985 in Trier vorgelegten „Handreichung" und deren Inhalt (im Überblick) vgl. Pressenotiz in der *Süddeutschen Zeitung* vom 5. 11. 1985, S. 5.

18 Im Gegensatz noch zum Heiligen Officium aus dem Jahre 1897 (vgl. hierzu Fr. Böckle, in: *Offene Fragen zwischen Ärzten und Juristen, Studien und Bereiche der katholischen Akademie in Bayern,* Heft 20, 1963, S. 106ff.).

19 Vgl. hierzu auch J. Gründl (wie Anm. 18) S. 193; sowie Fr. Böckle (wie Anm. 18).

20 Vgl. das zitat bei R. Zimmermann, *Familienrechtszeitung* 1981, S. 930.

21 Vgl. bei R. Zimmermann a. a. O. (wie Anm. 20).

22 Vgl. hierzu die Zitate bei R. Zimmermann a. a. O. (wie Anm. 20).

23 Vgl. *Juristische Wochenschrift,* 1908, S. 485ff.

24 § 1591 Abs. 1 Satz 1 und 2 BGB haben folgenden Wortlaut: Satz 1: „Ein Kind, das nach der Eheschließung geboren wird, ist ehelich, wenn die Frau es vor oder während der Ehe empfangen und der Mann innerhalb der Empfängniszeit der Frau beigewohnt hat; dies gilt auch, wenn die Ehe für nichtig erklärt wird".
Satz 2: „Das Kind ist nicht ehelich, wenn es den Umständen nach offenbar unmöglich ist, daß die Frau das Kind von dem Manne empfangen hat".

25 Vgl. Zitate bei E. Deutsch, *Versicherungsrecht,* 1985, S. 1003.

26 Vgl. Fußnote 6 bei E. Deutsch a. a. O. (wie Anm. 25).

27 Vgl. *Juristenzeitung,* 1983, S. 549ff. = BGH S. 87, 169ff.

28 Vgl. D. Giesen, *Juristische Rundschau,* 1984, S. 224.

29 Vgl. statt vieler: D. Giesen, *Juristenzeitung*, 1983, S. 552ff.; D. Coester-Waltjen, *Neue Juristische Wochenschrift*, 1983, S. 2059ff.

30 Vgl. hierzu auch G. H. Schlund, *Geburtshilfe und Frauenheilkunde*, 1984, S. 61.

31 So D. Giesen, *Juristenzeitung* 1983, S. 553; vgl. hierzu auch noch R. Zimmermann, *Familienrechtszeitung*, 1981, S. 931.

31a So D. Giesen, a.a.O. (wie Anm. 31).

32 Eine höchstrichterliche Entscheidung des Bundesgerichtshofs bzw. des Bundessozialgerichts steht noch aus.

33 *Neue Juristische Wochenschrift*, 1984, S. 1859.

34 Vgl. Zitat bei G. H. Schlund, *Arztrecht*, 1985, S. 206.

35 Urteil vom 13. 4. 1984 - *Neue Juristische Wochenschrift, 1984, S. 1828; auch das Landgericht Stuttgart (Versicherungsrecht*, 1985, S. 776) erachtet die wegen einer Oligozoospermie des Ehemanns bei der Versicherungsnehmerin bedingte Insemination als ärztlich notwendige Heilbehandlung im Sinne der Krankenversicherungsbedingungen; ebenso das Amtsgericht Hamburg (*Versicherungsrecht* 1985, S. 334).

36 Urteil vom 19. 9. 1984 - Zitat bei G. H. Schlund, *Arztrecht* 1985, S. 206.

37 Vgl. *Versicherungsrecht*, 1985, S. 332.

38 Urteil vom 28. 2. 1985, vgl. Zitat bei G. H. Schlund, *Arztrecht*, 1985, S. 206.

39 Bis zu 92,5% der Fälle (vgl. H. Dietrich, *Deutsches Ärzteblatt*, 1984, S. 3820); in einigen der entschiedenen Fällen waren die Eileiter entfernt worden oder wegen pathologischer Undurchlässigkeit des Zervixschleims in der Eisprungphase eine Schwangerschaft unmöglich.

40 Vgl. hierzu G. H. Schlund, *Arztrecht*, 1985, S. 212.

41 Deren Erfolgsquoten von 10%-30% reichen (vgl. hierzu G. H. Schlund, *Arztrecht*, 1985, S. 210).

42 Vgl. hierzu auch *Ärztliche Fortbildung*, Heft 14, 1984, S. 7.

43 Genannt sind hier Manipulationen am Embryo, seine Verletzung und Tötung, seine Geschlechtsbeeinflussung, Züchtung, Klonierung sowie alle anderen ethisch verwerflichen Experimente. Alle diese Handlungen werden *derzeit* weder vom Strafrecht noch vom ärztlichen Standesrecht ausreichend erfaßt; sie gefährden aber grundrechtlich verbriefte Werte, deren Schutz dem Staat aufgegeben ist (vgl. hierzu W. Lauff/M. Arnold, *Zeitschrift für Rechtspolitik*, 1984, S. 282).

44 So E. Deutsch, *Versicherungsrecht*, 1985, S. 1003; sowie R. Zimmermann a.a.O. (wie Anm. 20).

45 So D. Giesen, *Juristenzeitung*, 1983, S. 552; vgl. hierzu aber auch R. Zimmermann a.a.O. (wie Anm. 20); vgl. noch zu dem seit 1. 3. 1985 in Kraft befindlichen *schwedischen* Recht R. Zierl, *Deutsche Richterzeitung*, 1985, S. 340.

46 So W. Lauff/M. Arnold, *Zeitschrift für Rechtspolitik*, 1984, S. 282.

47 Vgl. statt vieler: D. Giesen, *Frankfurter Hefte*, 1963, S. 321ff.; sowie ders., *Medizinische Klinik*, 1963, S. 899ff.

48 Vgl. hierzu lediglich W. Geiger, *Die künstliche Befruchtung beim Menschen*, 1960, S. 33ff.; sowie D. Giesen, *Juristische Rundschau*, 1984, S. 225. Fußnote 67 m. w. N.

49 Vor allem wird auf die Gefahren des Inzests hingewiesen. Nach Presseberichten (vgl. D. Giesen, *Juristische Rundschau*, 1984, S. 225, Fußnote 66) soll ein Melbourner Gericht gegen einen australischen Arzt vorgegangen sein, der in 1200 (!) Fällen zur heterologen Insemination *sein eigenes* Sperma benutzt haben soll.

50 So v.a. D. Giesen, *Juristische Rundschau*, 1984, S. 225. Bei der Frage der Wirksamkeit dieses Vertrages sollte man aber auch nicht außer acht lassen, daß die Praxis der IVF, bei der der Samenspender jede Verantwortung für das genetisch von ihm stammende Kind ablehnt, schwerlich mit dem Menschenbild der Verfassung, wonach jeder soziale Verantwortung zu tragen hat [vgl. *Bundesverfassungsgerichtsentscheidung*, Bd. 4, 7 (15ff.)] in Einklang gebracht werden kann, denn das Kind hat ein legitimes Interesse und einen Anspruch darauf, über beide genetischen Elternteile Bescheid zu wissen. Im übrigen erscheinen auch die Auswahlmethoden der Gametenspender (Sperma bzw. Eizelle), bei der v.a. bei der personalen Auswahl des Spermators auf geistige Fähigkeiten, Körperbau, Augen-, Haarfarbe, Größe und Gewicht besonders geachtet wird, in Richtung auf die „Züchtung herausragender, elitärer Menschen" hinauszulaufen und damit auch kaum mit dem von der Verfassung ins Auge

gefaßten Menschenbild zu vereinbaren zu sein, das beim Wesen des Menschen von Unvollkommenheit und Unzulänglichkeit ausgeht und das bei Zeugung auf „althergebrachtem Wege" die Aussichten seiner Individualität dem „Schicksal" überläßt (vgl. zu Einzelheiten bei E. Benda, *Neue Juristische Wochenschrift,* 1985, S. 1730, 1732).

51 Vgl. hierzu D. Giesen a.a.O. (wie Anm. 50).

52 Im Sinne von BGH Z. 86, S. 240ff.

53 So D. Giesen a.a.O. (wie Anm. 50).

54 *Frankfurter Allgemeine Zeitung* Nr. 96 vom 26. 4. 1983, S. 7.

55 Begriff von D. Giesen a.a.O. (wie Anm. 50).

56 So von D. Giesen a.a.O. (wie Anm. 50).

57 Vgl. hierzu die Zitate bei G. H. Schlund, *Geburtshilfe und Frauenheilkunde,* 1984, S. 63.

58 BGH Z 8, S. 243.

59 Vgl. *Arztrecht,* 1983, S. 153ff. mit Anmerkung von G. H. Schlund.

60 Vgl. hierzu die Ausführungen unter VI. 3.

61 So W. Geiger a.a.O. (wie Anm. 48).

61a BGBl I, S. 1243.

62 a.a.O. (wie Anm. 48).

63 So auch W. Geiger a.a.O. (wie Anm. 48) S. 47; D. Giesen, *Künstliche Insemination als ethisches und rechtliches Problem,* 1962, S. 193; sowie D. Coester-Waltjen, *Neue Juristische Wochenschrift,* 1983, S. 2060.

64 So von H. Dölle, *Festschrift für Rabel,* 1954, Bd. I, S. 197.

65 Der Vertrag, durch den Samen gegen Entgelt zur Verfügung gestellt wird, verstößt nach noch herrschender Ansicht gegen § 138 BGB und dürfte deshalb nichtig sein (so schon H. Richter, *Künstliche Befruchtung beim Menschen,* 1960, S. 47).

65a Vgl. Hierzu Einzelheiten bei W. Geiger a.a.O. (wie Anm. 48), S. 47.

66 *Neue Juristische Wochenschrift,* 1980, S. 1450ff. und 1452ff.

67 So auch D. Coester-Waltjen a.a.O. (wie Anm. 63); W. Geiger a.a.O. (wie Anm. 48), S. 52.

68 H. Richter a.a.O. (wie Anm. 65), S. 47.

69 Vgl. Hinweise bei W. Geiger a.a.O. (wie Anm. 48), S. 47.

70 So schon H. Dölle a.a.O. (wie Anm. 64), S. 204.

71 *Juristische Rundschau,* 1984, S. 226 (Fußnote 95), sowie in Berliner Anwaltsblatt, 1985, S. 91 bzw. 115ff.

71a Vgl. hierzu auch H. Kollhoser, *Juristische Arbeitsblätter,* 1985, S. 553 und 557, der mit Recht darauf hinweist, daß den Arzt diese Schadenersatzpflicht sogar bereits dann trifft, wenn er den Spender nicht hinreichend darüber aufklärt, daß er (der Arzt) zur Preisgabe seines Namens (des Spenders) verpflichtet ist.

72 Vgl. H. Richter a.a.O. (wie Anm. 65), S. 70.

73 BGH Z 72, S. 132ff.

74 Vgl. hierzu Einzelheiten bei D. Giesen, *Juristische Rundschau,* 1984, S. 227. Der Abschlußbericht der interdisziplinären Arbeitsgruppe (die sog. Benda-Kommission: eine Arbeitsgruppe eingesetzt vom Bundesministerium für Forschung und Technologie sowie vom Bundesminister der Justiz, bestehend aus 19 Sachverständigen der biologischen und der medizinischen Forschung, der Theologie, der Philosophie, der Rechtswissenschaft - unter Vorsitz von Prof. Benda, im Rahmen der vom Bundestag im Juni 1984 eingesetzten Enquêtekommission „Chancen und Risiken der Gentechnologie") fordert neben dieser Dokumentationspflicht des Arztes auch, dem erzeugten Kind nach Vollendung seines 16. Lebensjahrs auf Anforderung Einsicht in diese Unterlagen zu gewähren.

75 Vgl. statt vieler: E. Deutsch, *Versicherungsrecht,* 1974, S. 305; sowie OLG Stuttgart, *Neue Juristische Wochenschrift,* 1979, S. 2356.

76 D. Giesen (*Juristische Rundschau,* 1984, S. 228) spricht hier davon, daß eine solche Vereinbarung „das Papier nicht wert (sei), auf dem sie geschrieben stehen".

77 Vgl. BGH Z 61 S. 359 (361); BGH Z 68, S. 225 (231).

78 Vgl. hierzu statt vieler: D. Giesen a.a.O. (wie Anm. 76), S. 227 bzw. 228.

79 Vgl. u.a. E. Deutsch, *Arztrecht und Arzneimittelrecht,* 1983, Rdn. 257; R. Zimmermann, *Familienrechtszeitung,* 1981, S. 929 (932).

[80] So schon H. Kollhoser, *Juristische Arbeitsblätter,* 1985, S. 553 (558); sowie D. Giesen, *Juristische Rundschau,* 1984, S. 227.

[81] So auch D. Giesen (wie Anm. 80).

[82] Vgl. Goethe, *Faust,* II. Teil, 2. Akt „Laboratorium".

[83] So der *Der Spiegel* Nr. 3, 1986, S. 166ff.

[84] Vgl. E. Benda, *Zeitschrift für Rechtspolitik,* 1985, S. 73.

[85] Vgl. hierzu D. Coester-Waltjan, *Familienrechtszeitung,* 1984, S. 230; die sog. Benda-Kommission fordert hierzu in ihrem zitierten Abschlußbericht ein gesetzliches Verbot.

[85a] Dem Urteil des Tribunal de Grande Instance de Créteil vom 1. 8. 1984 (vgl. *Versicherungsrecht* 1985, S. 700 mit einer Anmerkung von E. Deutsch) zufolge hat die Ehefrau eines Samenspenders nach dessen Tod Anspruch auf Herausgabe des konservierten Samens an sich selbst.

[86] Vgl. hierzu G. Zierl, *Deutsche Richterzeitung,* 1985, S. 337 (338).

[87] Vgl. hierzu *Der Spiegel* a. a. O. (wie Anm. 83) S. 177.

[87a] Erwähnt seien hier nur Embryonenspende, Leih-, Miet- („Schoßleasing"), Ammen- und Surrogatmutterschaft, Erzeugung von Schimären und Hybridenwesen aus Mensch und Tier und dgl.

[88] Ein Begriff der Gentechnologie und der Humangenetik (vgl. hierzu Einzelheiten bei E. Deutsch, *Zeitschrift für Rechtspolitik,* 1986, S. 1ff.).

[89] Vgl. E. Deutsch a. a. O. (wie Anm. 88), S. 2 und 3.

[89a] „Genetische Fingerabdrücke" in Form der in DNS-Molekülen gespeicherten menschlichen Erbinformationen dienen der fälschungssicheren genetisch fixierten Personenidentifizierung.

[90] Vgl. E. Deutsch a. a. O. (wie Anm. 88), s. 76.

[91] Ethik und Recht stellen Forderungen an den Menschen und geben ihm Regeln an die Hand. Beide benutzen als Werkzeug die Norm: Verhaltensanweisungen an den Menschen, die auf ein positives Ziel ausgerichtet sind, dieses jedoch nicht stets erreichen und bisweilen sogar verfehlen. Abgesehen von der Norm sind Recht und Ethik jedoch deutlich unterschiedlich, und dies u. a. vor allem im Bereich der Sanktionen: Während das Jus regelmäßig scharfe Sanktionen vorsieht, die von (Freiheits)strafen über den Schadenersatz bis hin zur Nichtigkeit reichen und sehr selten nicht greifen (etwa im Bereich der sog. Lex imperfecta) ist die moralische Norm grundsätzlich sanktionslos (so E. Deutsch, *Versicherungsrecht,* 1985, S. 1002).

[91a] Die zivilrechtliche Abteilung des vom 9.-12. 9. 1986 in Berlin tagenden 56. Deutschen Juristentag befaßt sich mit Teilen dieser Problematik ("Die künstliche Befruchtung beim Menschen - Zulässigkeit und zivilrechtliche Folgen").

[92] Vgl. zur Entwicklung auf diesem Bereich im Ausland lediglich E. Benda, *Neue Juristische Wochenschrift,* 1985, S. 1731ff.

[93] So - nach *Der Spiegel* a. a. O. (wie Anm. 82) - der englische Arzt Robert Edwards, dem zusammen mit Patrick Steptoe die erste Geburt eines extrakorporal befruchteten Babys gelang (s. unter Vorbemerkung).

[94] Urteile vom 25. 2. 1975 - *Bundesverfassungsgerichtsentscheidung* Bd. 39, S. 1ff.; vgl. hierzu Ausführlicheres bei P. Hoffacker/B. Steinschulte/P.-J. Fietz (Hrsg.): *Auf Leben und Tod. Abtreibung in der Diskussion,* 1985, und die dort veröffentlichten zahlreichen, sehr illustrativen und substantiellen Beiträge.

[95] So schon D. Coester-Waltjan a. a. O. (wie Anm. 85), S. 235; ferner W. Lauff/M. Arnold, *Zeitschrift für Rechtspolitik,* 1984, S. 280ff.

[96] Vgl. statt vieler: D. Coester-Waltjan a. a. O. (wie Anm. 85), S. 235, S. 236.

[97] Vgl. hierzu Einzelheiten bei D. Coester-Waltjan a. a. O. (wie Anm. 85), S. 236.

[98] Vgl. hierzu E. Benda, *Neue Juristische Wochenschrift,* 1985, S. 1734.

[99] Vgl. hierzu E. Benda, *Neue Juristische Wochenschrift,* 1985, S. 1730.

[100] Vgl. *Deutsches Ärztblatt,* 1985, S. 3757ff.

[101] Vgl. hierzu E. Deutsch, *Zeitschrift für Rechtspolitik,* 1985, S. 74.

[102] E. Deutsch a. a. O. (wie Anm. 101) spricht den örtlichen Ethikkommissionen die Legitimation und Kompetenz deshalb ab, da die Gefahr nicht für den „Versuchsgegenstand" jeweils individuell beurteilt werden muß wie beim menschlichen Probanden.

Selbsttötung nach Anleitung

V. SCHNEIDER, U. ROSSEL, E. KLUG

Einer Pressemitteilung war unlängst zu entnehmen, daß man zum Auftakt des „5. Europäischen Kongresses für Humanes Sterben" von Bundestag und Bundesregierung eine gesetzliche Regelung der Sterbehilfe gefordert habe. Auch soll sich bei dieser Veranstaltung der aus Südafrika stammende Herzchirurg Prof. Barnard nachdrücklich für eine passive und aktive Sterbehilfe durch den Arzt ausgesprochen haben. Nach einer weiteren Pressenotiz soll sich der Vorsitzende der „Deutschen Gesellschaft für Humanes Sterben" (DGHS) im Zusammenhang mit der Anklage gegen Prof. Hackethal wegen Beihilfe zur Tötung auf Verlangen zu verantworten haben (*DER TAGESSPIEGEL* vom 20. und 24. 11. 1985 sowie vom 03. 01. 1986).

Die „Deutsche Gesellschaft für Humanes Sterben" mit dem Untertitel „Größte Vereinigung für die Rechte des Patienten in der Bundesrepublik Deutschland" ist am 7. November 1980 gegründet worden. Nach eigenen Angaben sollen ihr im Sommer 1985 bereits fast 12000 Mitglieder angehört haben. Mit Anzeigen in Tageszeitungen bietet die Gesellschaft kostenlos Informationen an. Zu den Zielsetzungen der DGHS heißt es u.a.:

> Das freie Verfügungsrecht des Menschen über sein Leben, u.a. damit auch das Recht auf einen bei voller Zurechnungsfähigkeit gewollten Freitod; eine gesetzliche Regelung der passiven und aktiven Sterbehilfe, damit diese dem Bürger (Patienten) auf dessen Wunsch hin ohne Strafandrohung gewährt werden kann.

Weitere Äußerungen aus der Informationsbroschüre: „Die DGHS sieht in den Ärzten keine Gegner, gewisserweise aber in den Ärztekammern ... die DGHS hält es für am besten, die gesamte Sterbehilfe in einem umfassenden Heilbehandlungsgesetz zu regeln ... die DGHS versteht sich ausdrücklich nicht als eine Freitod-Bewegung". Die Broschüre „Menschenwürdiges und selbstverantwortliches Sterben" ist nach einem Jahr Mitgliedschaft in der DGHS erhältlich. Der jährliche Mindestbeitrag beträgt DM 50, die Lebensmitgliedschaft DM 550 für Einzelpersonen und DM 850 für Ehepaare.

Über die Schweizer Sterbehilfeorganisation "EXIT" haben unlängst Haffner et al. (1985) berichtet. Dabei handelt es sich um eine Vereinigung aus privater Initiative. Ihre Zielsetzung besteht in der Gewährleistung eines würdigen Todes in freier Willensbestimmung. Detaillierte Anleitung zur Selbsttötung wird den Mitgliedern auf Wunsch zur Verfügung gestellt. Weltweit gibt es über 35 tätige EXIT-Gruppen. Die Mitgliederzahl der EXIT in der deutschen Schweiz ist in den ersten 3 Jahren nach der Gründung 1982 bereits auf über 5000 angestiegen.

Einleitend heißt es in der Broschüre der DGHS: „Solange eine aktive Sterbehilfe gesetzlich nicht zugelassen ist, muß dem einzelnen die Möglichkeit gewährt sein, zur Not sein Schicksal selbst in die Hand zu nehmen. Die Empfänger dieser Broschüre erhoffen sich hiermit oft ein Patentrezept bzw. ein ‚gemachtes Bett', in das sie sich nur noch hineinzulegen brauchen. Wir können jedoch nur Hilfe zur Selbsthilfe anbieten, d.h. Wissen vermitteln, wie man seinen Willen realisieren kann. Die Anstrengungen, die eine Selbstbestimmung des Sterbens mit sich bringt, können wir niemandem ersparen"; und weiter: „Jeder Ratschlag bewies seine Tauglichkeit. So etwas kann man von anderen Werken, die zum Teil auf dem freien Büchermarkt erhältlich sind, nicht behaupten"; und weiter: „So haben wir uns nach reiflicher Überlegung dazu entschlossen, wenige brauchbare Medikamente zu nennen, die jedem unter normalen Umständen sicherlich verschrieben werden"; und weiter: „Die Nützlichkeit dieser Broschüre steht außer Zweifel"; und weiter: „Nirgendwo hat es Schwierigkeiten gegeben. Solange Sie noch einen halben Becher Joghurt zu sich nehmen können, können Sie auch die erforderliche Menge an Schlafmitteln zu sich nehmen".

Als besonders brauchbar werden Barbiturate angegeben, zumal Barbiturate, wie es heißt, i. allg. keine Übelkeit verursachen würden. Genannt werden aber auch Opiate und Insulin, unter den kombinierten Methoden Schlafmittel und Wasser (im Bad), Schlafmittel und Kälte sowie Schlafmittel und Stickstoff (über den Kopf gezogene Plastiksäcke). Zu der letzten Methode heißt es, daß Plastiksäcke zwar nicht gerade schön aussehen, daß aber der Freitodwillige sanft und obendrein schnell in den Tod gleite. In 7 Abschnitten folgen dann eine Vielzahl von tauglichen und untauglichen Medikamenten. Unter den rezeptfreien Medikamenten für eine Selbsttötung im Ausland, z.B. in Frankreich, werden chloroquinhaltige Mittel angegeben.

Ein entsprechender Fall hat sich unlängst hier in Berlin zugetragen. Eine 20 Jahre alte Frau hatte sich zur Malariaprophylaxe bei vorgegebener Afrikareise Resochintabletten verordnen lassen. Sie ist später von ihrem Freund tot in der Wohnung aufgefunden worden. Neben der Leiche lagen mehrere Packungen, aus denen 50 Tabletten fehlten. Eine gerichtliche Leichenöffnung ist nicht veranlaßt worden. Um ihre Reisepläne glaubhaft erscheinen zu lassen, hatte sie sich zuvor auch noch gegen Cholera und Gelbfieber impfen lassen. Nach Literaturangaben können bereits 1–1,5 g Chloroquin zum Tode führen. In einem anderen Fall (27jähriger Mann) konnten auf das Gesamtgewicht der Weichteile berechnet 4 g Chloroquin nachgewiesen werden, besonders hoch war dabei die Wirkstoffkonzentration in der Leber (Klug u. Schneider 1970). Der Verstorbene hatte in der französischen Fremdenlegion gedient. Selbsttötungen durch Unterkühlung, als eine andere Kombinationsmethode beschrieben, konnten wir ebenfalls in letzter Zeit mehrfach untersuchen. (Wessel u. Schneider, im Druck). Ein solcher Fall findet sich auch in der Arbeit von Haffner et al. (1985). Zu der kombinierten Methode „Schlafmittel und Wasser" s. Krauland (1968) und zu der kombinierten Methode „Schlafmittel und Plastiksack" s. Schneider u. Riese (1984).

In einem anderen Fall hat sich ein 40 Jahre alter Mann genau an die Anweisungen der DGHS gehalten. Zur Selbsttötung hatte er offensichtlich 40 Tabletten Quadro-Nox eingenommen, gegen ein mögliches Erbrechen der Schlaftabletten 2 Dragees Rodavan. Von Quadro-Nox werden 25 Tabletten in der Broschüre empfohlen. Allerdings heißt es zu den barbiturathaltigen Schlafmitteln insgesamt: „Nehmen Sie lieber etwas mehr als etwas weniger". Der Mann litt seit 12 Jahren an multipler Sklerose. Er hinterließ ein Papier, auf dem er erklärte, daß er keine medizinischen Rettungsmaßnahmen wünsche. Die Krankenhausaufnahme erfolgte in tief komatösem Zustand. Bei der chemisch-toxikologischen Untersuchung konnten in der Leber 254 $\mu g/g$ Barbiturate und eine geringe Menge Phenazon nachgewiesen werden (Dr. Rießelmann, Landesuntersuchungsinstitut für Lebensmittel, Arzneimittel und Tierseuchen, Berlin).

Zyankali, ein rasch wirkendes Gift, wird in der Broschüre der DGHS abgelehnt. Hierzu heißt es u. a.: „Das Gesicht solcher Art Verstorbener zeigt derartige schmerzverzerrte Züge, daß man nicht guten Gewissens dazu raten kann. Außerdem ist die Beschaffung sicherlich schwierig". Andererseits ist es relativ einfach, beispielsweise aus gelbem Blutlaugensalz durch Erhitzen Zyankali zu erzeugen[1], wie dies ein Fall aus jüngster Zeit zeigt. Als Anleitung scheinen die *Gebrauchsanweisung für Selbstmord* und ein Lehrbuch der Chemie gedient zu haben, letzteres stammte aus der Staatsbibliothek. Einer Mitteilung in der Zeitschrift *Kriminalist* (1985, S. 493) zufolge soll das Buch *Gebrauchsanweisung für Selbstmord* bisher in 9 Sprachen übersetzt worden sein. In diesem Artikel heißt es ferner:

> Im Justizpalast in Paris wurde einer der beiden Autoren des umstrittenen Buches in Haft genommen. Der gegen ihn erhobene Vorwurf geht dahin, neben den in dem Buch veröffentlichen Empfehlungen potentiellen Selbstmördern auf Anfrage schriftlich weitere Hinweise zur Anwendung und Dosierung tödlich wirkender Medikamente geschickt zu haben.

Im letzten Fall handelte es sich um 2 Männer, die sich aus einer psychiatrischen Klinik kannten und anläßlich eines kurzfristigen Urlaubs gemeinsam aus dem Leben scheiden wollten. Das gelbe Blutlaugensalz erwarben sie in einem Chemie- und Fotozubehörladen. Das durch Erhitzen hergestellte Zyankali teilten sie auf zwei Teetassen auf. Der eine trank seine Tasse sofort aus, er brach wenige Minuten später tot zusammen. Der andere ließ seine Tasse unangerüht (Abb. 1a, b). Er brachte noch am gleichen Tag das gewonnene Zyankali in die Wohnung seiner Eltern, da seine Mutter, die an Brustkrebs litt, mit ihm schon einmal über Selbsttötungsabsichten gesprochen haben soll. Anschließend ging er zur Polizei. Das Gift (60 ml), konnte später in der Wohnung der Eltern sichergestellt werden ferner ein an seine Eltern adressierter Abschiedsbrief.

Bei der gerichtlichen Leichenöffnung fand sich ein stark stechender Geruch nach Bittermandeln. Die Schleimhaut des Schlundkopfes und des Magens war auffallend gerötet, die Organe waren ausgesprochen blutreich. Desweiteren fanden sich die Zeichen eines Hirn- und Lungenödems. Die Totenflecke erschienen eher blaurot. Als Zeichen eines früheren Suizidversuchs fanden sich in der rechten Armbeuge und am rechten Handgelenk alte strichförmige Narben.

---

[1] Zur Darstellung aller Zyanverbindungen ging man früher von Kaliumhexazyanoferrat (II), dem gelben Blutlaugensalz, aus. Dieses zerfällt beim Schmelzen unter Luftabschluß in Eisencarbid, Stickstoff und Kaliumzyanid:
$K_4[Fe(CN)_6] \dashrightarrow 4\,KCN + N_2 + FeC_2$.

Abb. 1a, b. Ursprünglich geplanter Doppel-Selbstmord mit Kaliumzyanid, hergestellt aus gelbem Blutlaugensalz durch Erhitzen. Das Kaliumhexazyanoferrat (II) stammte aus einem Chemie- und Fotozubehörladen (1 kg für 24,50 DM). Die „Anleitungen zum Suizid" aus einem Buch, das früher in einem Kaufhaus erworben worden war

Der Verdacht einer Zyanidvergiftung konnte durch das Ergebnis der chemisch-toxikologischen Untersuchung bestätigt werden. Die Untersuchungen erstreckten sich auf den Mageninhalt und auf das Blut. Dabei konnten qualitativ Zyanid sowie Kaliumhexazyanoferrat (II) nachgewiesen werden. Die quantitativen Bestimmungen ergaben für den Mageninhalt bei angenommener gleicher Verteilung 2,5 g Zyanid, im Blut wurden 14,4 µg Zyanid/ml nachgewiesen. Weitere Befunde: BAK: 0,24‰, HAK: 0,24‰, CO-Hb: 11%. Keine Hinweise auf starke zentral wirkende Medikamente bzw. Cannabinoide, Kokain und Morphinderivate.

Lungershausen (1985), Direktor der Psychiatrischen Klinik mit Poliklinik der Universität Erlangen/Nürnberg, schreibt zu dem hier angesprochenen Thema, daß sich der Arzt im Hinblick auf den Suizidenten kein Urteil darüber anmaßen dürfe, ob die Suizidhandlung etwa berechtigt sei oder nicht. Für sein Handeln bleibe die Verpflichtung bindend, in jedem Fall vorbeugend-rettend, immer aber helfend beizustehen. „Wollte man auf dem Wege der Beihilfe dem Suizidalen, der sich uns anvertraut, auch noch den Weg zu dieser angeblichen ‚letzten Möglichkeit' weisen, so würden wir als Mitmenschen inhuman handeln, als Ärzte auch kriminell."

Wuermeling (1984), Direktor des Instituts für Rechtsmedizin der Universität Erlangen/Nürnberg, geht noch weiter, wenn er hierzu schreibt:

Diesem Freiheitsgewinn einzelner steht aber ein erheblicher Freiheitsverlust vieler gegenüber, der in den moralischen Diskussionen um Euthanasie und Suizid zu wenig Beachtung findet: sind nämlich dem Menschen die Möglichkeiten, durch eigene oder fremde Hand rechtlich und moralisch unangefochten aus dem Leben zu scheiden, geboten, dann üben diese einen ungeheuren Druck auf viele aus, die sich in ähnlicher Situation befinden, von solcher Möglichkeit Gebrauch zu machen. Auch der Arzt würde angesichts der Tatsache, daß ein schwer leidender Patient sittlich und rechtlich die Möglichkeit hätte, zu sterben oder sich töten zu lassen, von diesem Leiden nicht mehr in der gleichen Weise gefordert, alles in seiner Macht stehende zur Hilfe einzusetzen. Verwandten würde der Unheilbare lästig, der sich nicht aus dem Leben entfernt oder entfernen läßt. Eine Haltung dem geschädigten Leben gegenüber würde Platz greifen, die dessen Existenz als im Grunde unnötig ansieht. Kostenträger und schließlich der Staat müßten in einem demokratischen Gemeinwesen einer solchen Haltung Rechnung tragen und die Aufwendungen für den einschränkend einstellen, der seinen Abschied nicht nimmt.

Aumiller (1985) kommt schließlich zu folgendem Ergebnis:

Menschenwürdiges Sterben ist allem voran eine Herausforderung für das ärztliche Selbstverständnis und Handeln. Die DGHS kann der Ärzteschaft die Entscheidung über humane oder inhumane Sterbehilfe nicht abnehmen, keine Ideologie kann das. Die Grundidee der DGHS mag als Stachel im Fleisch der Medizin nützlich sein, damit sie sich noch intensiver als bisher mit diesen letzten Fragen auseinandersetzt. Dies kann aber keine Rechtfertigung für eine geheimbündlerische Interessengemeinschaft zum Vertrieb von Todesrezepten sein.

Nach Straub (1986) soll keinem bedingungslosen und unüberlegten Einsatz lebenserhaltener Maßnahmen das Wort gesprochen werden. Im Zweifel habe aber der Arzt seinem Gewissen zu folgen. Die Verantwortung könne ihm auch der Patient selber nicht abnehmen.

Die derzeigtige Diskussion um die Sterbehilfe zeigt, daß, wie dies auch in anderen Bereichen der Medizin festzustellen ist, selbst ein Minimalkonsens in ethischen Fragen kaum noch zu bestehen scheint. Die heutige Medizintechnik wirkt auf viele Patienten geradezu bedrohlich. Der Ruf nach dem Arzt alter Prägung wird immer lauter. Es ist an der Zeit, Grenzen zu ziehen zwischen dem, was gemacht werden kann, und dem, was gemacht werden darf. Im Mittelpunkt all unserer Bemühungen darf nur der Mensch stehen, auch in der letzten Phase seines Lebens.

Seidler (1980) ist nur zuzustimmen, wenn er schreibt:

„Es gehört zu den grundsätzlichen ethischen Aufgaben des Arztes, nicht da das Geschehen zu verlassen wo er ‚nichts mehr machen' kann, sondern er ist verpflichtet, seinen sterbenden Patienten bis zu dessen Tod und seine Angehörigen noch darüber hinaus zu begleiten und zu betreuen."

Literatur

Aumiller J (1985) Versagt die Medizin beim Sterben? MMW 127:16

Haffner HT, Schertenleib P, Zink P (1985) Praktische Anleitungen zum Suizid. Bericht über die Sterbehilfeorganisation EXIT anhand einiger Todesfälle. Zentralbl Rechtsmed 27:876-877 (Vortrag, 64. Tagung der Deutschen Gesellschaft für Rechtsmedizin, Hamburg 7.-11. 09. 1985)

Klug E, Schneider V (1970) Tödliche Vergiftung durch Chloroquin. Arch Toxikol 26:176-178

Krauland W (1968) Versicherungsrechtliche Fragen beim Tod in der Badewanne. Hefte Unfallheilkd 24:226–229

Lungershausen E (1985) Suizid – Verhütung durch Hilfe. MMW 127:827

Schneider V, Riese R (1984) Leichen mit über dem Kopf gestülpten Plastiktüten – welche Schlüsse lassen sich hieraus ableiten? Arch Med Leg Assoc 6:1–13

Seidler E (1985) Ärztliches Armutszeugnis – Medizinisch-ethische Anmerkungen zur Sterbehilfe. MMW 127:15

Straub W (1986) Resolution zur Patientenverfügung Exit. Schweiz Ärztez 67:147

Wessel J, Schneider V (im Druck) Zum gehäuften Auftreten von Todesfällen an Unterkühlung bei überraschenden Kälteeinbrüchen. Lebensversicher Med

Wuermeling H.-B. (1984) Verbindungen zum Euthanasie- und Suizidproblem. MMW 126:980

Klinische Forschung – Notwendigkeit und Grenzen

M. Staak

Einleitung

Die Entwicklung von der in mystischen Vorbildern und magischen Vorstellungen verhafteten Heilkunde zur rational-naturwissenschaftlichen Heiltechnik hat ein weit verbreitetes Unbehagen an der wissenschaftlichen Medizin zur Folge gehabt mit Äußerungen der Angst und Ablehnung.

Der bekannte Internist Walter Siegenthaler hat auf der 90. Tagung der Deutschen Gesellschaft für Innere Medizin in diesem Zusammenhang die wachsende Kritik, die Spezialisierung in der Medizin, den Einfluß der Technik, das Problem der Integration spezialisierter diagnostischer und therapeutischer Einrichtungen sowie das Kostenproblem angesprochen und ausgeführt, daß eine neue Standortbestimmung vorgenommen werden müsse, um den derzeitigen Aufgaben gerecht zu werden und die zukünftige Entwicklung gestalten zu können.

In einer Zeit, in der offenbar als Reaktion auf die beschriebene Entwicklung eine stärkere Neigung zu irrationalen Vorstellungen und radikalen Vereinfachungen komplexer Probleme zu beobachten ist, ist auch eine Standortbestimmung der klinischen Forschung, damit der Forschung am Menschen, notwendig. Sie muß praktisch ständig aufs neue vorgenommen werden in der Auseinandersetzung zwischen modischen, ideologischen Strömungen und ernsthaften Besorgnissen einerseits und dem legitimen Interesse an der Förderung des medizinischen Fortschritts andererseits.

Es liegt nahe, zu dieser Problematik einen Beitrag zu leisten aus der Sicht einer Institution, die an den Grenzen von Medizin und Recht lehrt und forscht.

Auf diese Weise soll versucht werden, in Kenntnis der rechtlichen Aspekte von ärztlicher Seite Beiträge zur Lösung an sich interdisziplinär strukturierter Probleme zu liefern. Insofern bietet es sich an, eine derartig aktuelle Problematik wie die des Humanexperiments aufzugreifen und aus rechtsmedizinischer Sicht zu behandeln.

Rechtliche Voraussetzungen für Heilversuch und wissenschaftlichen Versuch

International üblich ist heute die Unterscheidung zwischen Heilversuch und wissenschaftlichem Versuch, dem Experiment im engeren Sinne (Deutsch 1978a). Unter einem Heilversuch verstehen wir die Erprobung neuer Heilmittel und Heilmethoden im Interesse des gerade behandelten Patienten. Es wird also mit neuartigen Verfahren ausschließlich deshalb experimentiert, weil hergebrachte Methoden und Medikamente den therapeutischen Erfolg nicht herbeizuführen vermögen und die Art und Schwere der Erkrankung ein Handeln des Arztes erfordern.

Beim wissenschaftlichen Versuch handelt es sich um nichtindizierte Forschungsmaßnahmen, bei denen sich der Proband im Interesse der Allgemeinheit für ein Humanexperiment zur Verfügung stellt.

Heilversuch und wissenschaftlicher Versuch haben jeweils unterschiedliche rechtliche Zulässigkeitsvoraussetzungen.

Dem wissenschaftlichen Versuch sind in rechtlicher Hinsicht engere Grenzen gezogen als dem Heilversuch. Heilversuch im Sinne der §§ 40 und 41 AMG ist jede in der Erprobung befindliche Maßnahme, die ärztlich indiziert ist. Für den Heilversuch genügt allerdings *nicht* der subjektive Heilungswille des Arztes. Vielmehr müssen objektive Anhaltspunkte dafür bestehen, daß die Chancen die Risiken überwiegen.

Gleichwohl ist unstrittig, daß Heilversuch und wissenschaftlicher Versuch im Kern natürlich experimentelle Verfahren darstellen, deren Grenzen häufig historisch gesehen werden müssen und die sich im Prinzip - wie Deutsch (1978b) ausgeführt hat - im wesentlichen durch das Merkmal der Standardisierung unterscheiden.

Ausgangspunkt für die Analyse der Probleme, die sich hinsichtlich der humanexperimentellen Forschung in der Medizin im allgemeinen und am Beispiel der Arzneimittelprüfung im besonderen zwischen Medizin und Recht ergeben, ist auch nach juristischer Auffassung die *Wissenschaftlichkeit der Zielsetzung* sowie die medizinisch-naturwissenschaftliche Methodik einschließlich biometrischer Kriterien.

Die medizinisch-therapeutische Forschung hat qualitative und quantitative Methoden der Urteilsfindung erarbeitet. Ein Anspruch auf Wissenschaftlichkeit ist demnach nur dann gegeben, wenn die folgenden methodischen Voraussetzungen erfüllt sind:

1) therapeutischer Vergleich,
2) Ausschaltung von Mitursachen,
3) statistische Analyse.

Grundsätzlich können 3 verschiedene Vergleichsmöglichkeiten eingesetzt werden, mit deren Hilfe die Wirksamkeit eines neuen Arzneimittels gemessen werden kann:

1) Plazeboversuch,
2) die jeweils akzeptierte Standardtherapie,
3) verschiedene Dosierungen der neuen Substanz.

Auf die Einteilung in Untergruppen kontrollierter Versuche wie z. B. einfacher Blindversuch, Doppelblindversuch, Überkreuzversuch oder die Methoden der Stratifikation und Randomisierung kann im Rahmen dieser Ausführungen nicht näher eingegangen werden. Festzustellen ist nur, daß diese Kriterien der Wissenschaftlichkeit erst *methodisch* die Durchführung klinischer Forschungen am Menschen, insbesondere auch von Arzneimittelprüfungen rechtfertigen. Dementsprechend werden klinisch-experimentelle Untersuchungen heute fast ausschließlich als sog. kontrollierte Studien durchgeführt.

Der Therapieversuch ist ebenso wie das Humanexperiment im engeren Sinne aus der Entwicklung der modernen Medizin nicht wegdenkbar. Das gilt für die Geschichte der modernen Anästhesie und Chirurgie ganz allgemein ebenso wie für die Arzneimittelforschung. Als Beispiele seien die Entwicklung von Antibiotika, Psychopharmaka, Antidiabetika sowie die moderne Hochdruckbehandlung genannt.

An dieser Entwicklung wird deutlich, daß die humanexperimentelle Forschung letztlich der Therapie gilt. Da inzwischen hinreichend bekannt ist, daß Ergebnisse des Tierversuchs nur partiell und von Spezies zu Spezies in unterschiedlichem Ausmaß auf die Verhältnisse beim Menschen übertragen werden können, besitzt der Satz aus der Deklaration von Tokyo - *Medizinischer Fortschritt beruht auf Forschung, die sich letztlich auch auf Versuche am Menschen stützen muß* - seine volle und uneingeschränkte Gültigkeit (Deutsch 1978c). Der Nutzen der humanmedizinischen Forschung hat zu einer Verdoppelung der Lebenserwartung, einer Verringerung der Kindersterblichkeit, zur Kontrolle des Bevölkerungszuwachses, zur Verhinderung und Eindämmung großer Epidemien und schließlich zur modernen Präventivmedizin geführt.

Es dürfte kaum jemanden geben, der ernstlich bereit wäre, auf die Errungenschaften dieser jahrzehntelangen Forschungen in der Medizin zu verzichten. Hierbei wird aber auch ein - allerdings nur scheinbares - Paradoxon erkennbar: Aus Morbiditätsstatistiken können wir ablesen, daß Diabetiker, Nierenkranke, Herzkreislaufpatienten, Bluter und Unfallopfer, die vor wenigen Jahren mangels geeigneter therapeutischer Verfahren gestorben wären, heute - zwar nicht gesund - aber als Patienten mit entsprechender Behandlung überleben; vor etwa 60 Jahren war die Diagnose einer diabetischen Erkrankung für die meisten Betroffenen ein Todesurteil, heute leben 2 Millionen Zuckerkranke unter uns. Die Zahl der überlebenden Herzpatienten nimmt dank moderner Medizintechnik und gezielter Arzneimittelbehandlung zu. Die künstliche Blutwäsche steht mehr als 10000 Nierenkranken zur Verfügung, die vor 20 Jahren überwiegend hätten sterben müssen. Epidemiologische und gesundheitsökonomische Untersuchungen kommen zu dem Ergebnis, daß mit dem wachsendem Erfolg diagnostischer und therapeutischer Verfahren die Morbidität der Population nicht besser, sondern schlechter wird, weil die an den genannten Krankheiten oder an den heute zu den Seltenheiten gehörenden Infektionskrankkeiten früher Gestorbenen notwendigerweise die Morbiditätsstatistik belasten. Insofern wird aus der Sicht der empirischen Wirtschaftsforschung die Krebssterblichkeit oder die Mortalität infolge Herz-Kreislauf-Krankheiten als Indikator für die Güte eines medizinischen Versorgungssystems angesehen, das letztlich auf den Ergebnissen der klinischen Forschung fußt (Krämer 1982).

Die Entwicklung eines breiten Spektrums moderner diagnostischer und therapeutischer Verfahren wird ergänzt durch die Anwendung des klinisch kontrollierten Experiments, in dem Wirksamkeit und Risiko in der Anwendung neuer Behandlungsmethoden *überprüft* werden. Hier wird deutlich, daß Humanexperiment und ärztliche Therapie sich in dem Begriff des Heilversuchs überdecken und schließlich zur Standardtherapie werden können. Die Unterscheidung zwischen Therapie und Humanexperiment im Hinblick auf unterschiedlich zu bemessende ärztliche Sorgfaltspflichten ist daher zeitabhängig und fließend zugleich. Eine Differenzierung zwischen Heilversuch und Experiment hat sich somit weniger an den unterschiedlichen Erfolgsaussichten als vielmehr - wie bereits erwähnt - an dem Merkmal der Standardisierung zu orientieren.

Wenn auch die durch die biomedizinische Forschung und die hierin inbegriffene Notwendigkeit des Humanexperiments erreichten Fortschritte in Diagnostik und Therapie deutlich betont werden müssen, so dürfen andererseits nicht nur die berüchtigten Menschenversuche des Dritten Reiches nicht unerwähnt bleiben. Die Inokulation von Karzinomzellen bei geistesschwachen Patienten oder die Erprobung neuartiger Narkosemittel an nicht aufgeklärten gesunden Studenten, die Verabreichung von Meningitiserregern an schwachsinnige Kinder sowie die Nichtbehandlung von syphiliskranken Farbigen in den USA auch noch nach Formulierung des Nürnberger Kodex sind in diesem Zusammenhang als unrühmliche Beispiele zu nennen. Der bekannte Strafrechtslehrer Eser hat betont, daß die rechtliche Bewertung und prozedurale Regelung der Probleme des Humanexperiments ethnisch fundiert sein müssen, wenn statt nur taktischer Anpassung eine positive Respektierung schutzwürdiger Werte erreicht werden soll (Eser 1978). Letztlich ist die ethische Unbedenklichkeit klinischer Prüfungen untrennbar verbunden mit einer ärztlichen und methodisch einwandfreien Konzeption und Realisierung der Untersuchung selbst.

Zur Geschichte des Humanexperiments

Die normativen Bewertungsmaßstäbe werden von Ethik und Recht an die humanexperimentelle Forschung herangetragen, wobei die ethischen Forderungen umfassender und ungenauer zugleich sind im Vergleich zu den rechtlichen Normen, die das sog. „ethische Minimum“ verkörpern sollen.

Zu den ethischen Grundsätzen und allgemeinen Regeln der biomedizinischen Forschung am Menschen gehören u. a. die Würde des Menschen, die Unverletzbarkeit des Körpers, das Gebot der Nichttäuschung, die Wahrung der Verhältnismäßigkeit der Mittel, Rücksicht auf Leben und Gesundheit, die Abwägung des Risikos und nicht zuletzt die Achtung des Selbstbestimmungsrechts der Probanden.

Wie unterschiedlich diese Maßstäbe sein können, zeigen Blicke in die Geschichte des Humanexperimentes sowie die Forschungsfelder, auf denen mit und am Menschen experimentiert worden ist.

Das Humanexperiment ist zweifellos keine Erfindung der Neuzeit. So lassen sich Heilversuche bis auf die Zeit vor Hippokrates zurückverfolgen. Ende des 19. Jahrhunderts wurden präparierte Schädel in Süd-Amerika und Frankreich gefunden, die aus dem Neolithikum stammten. Die hier festgestellten Impressionsfrakturen wiesen Randreaktionen auf, so daß man auf ein Überleben der betreffenden Patienten schließen konnte. Auch aus der Zeit des Hippokrates, später der Alexandriner, der römischen und arabischen Medizin bis in das Mittelalter hinein und auch noch aus späterer Zeit, liegen eindrucksvolle und sehr detaillierte Berichte über die Vornahme intrakranieller Eingriffe vor, die als Heilversuche bezeichnet werden können.

Bei Hippokrates und Galen finden sich Beschreibungen chirurgischer Eingriffe, die eindeutig experimentelle Züge trugen und durch spekulative Improvisationen gekennzeichnet waren. Experimente am Menschen gab es aber auch bereits außerhalb derartiger Heilversuche. So berichtete Plutarch, daß Kleopatra Gefangenen Gift verabreichte, um herauszufinden, welches Gift am schnellsten und schmerzlosesten töte (Gebauer 1949). Erwähnt sei hier auch Friedrich II von Hohenstaufen, der z.B. zur Erforschung einer menschlichen Ursprache Säuglinge ohne menschlichen Bezug aufziehen ließ, wobei alle Kinder verstarben.

Kasuistische Erfahrungen im Rahmen von Heilversuchen und Humanexperimenten des Mittelalters und der beginnenden Neuzeit wichen erst allmählich einer systematischen Beobachtung und Methodik: 1747 führte der englische Schiffsarzt James Lind den ersten, wissenschaftlichen Kriterien entsprechenden Präventivversuch durch, indem er nachwies, daß Skorbut durch Verabreichung von Orangen- und Zitronensaft geheilt werden kann, während die Nichtbehandelten verstarben.

Die Anfänge des Gesundheitsschutzes von Arbeitern an chemisch kontaminierten Arbeitsplätzen finden sich in Deutschland, wo Mitte des vergangenen Jahrhunderts die moderne chemische Industrie begründet wurde: Ende der 80er Jahre des 19. Jahrhunderts hat der Hygieniker Lehmann (Würzburg) zum ersten Mal eine Liste maximal verträglicher Konzentrationen schädlicher Arbeitsstoffe aufgestellt und damit einen Begriff geprägt, der aus unserer heutigen Arbeitswelt nicht wegdenkbar ist. Das grundlegende Experiment lief folgendermaßen ab: Lehmanns Labordiener mußte sich in der abgeschlossenen Waschküche des Instituts 30 min aufhalten, nachdem er die zu prüfende flüchtige Substanz mit wedelnden Zeitungsbögen möglichst rasch und gleichmäßig im Raum verteilt und mittels einer einfacheren Apparatur die Konzentration in der Raumluft bestimmt hatte. Verließ der Diener den Raum mit deutlichen Zeichen des Unbehagens, galt die geprüfte Konzentration als am Arbeitsplatz gerade noch erträglich. Tatsächlich hat Lehmann aber zum ersten Mal die Wirkung verschiedener Gase und Dämpfe gemessen und die Risikoabschätzung auf eine quantitative Grundlage gestellt. Diese Versuche fanden eine wissenschaftliche Vertiefung durch die Zusammenarbeit mit Ferdinand Flury, der, gestützt auf planmäßig angelegte Tierversuche, die Schädlichkeit von Gasen und Dämpfen, toxische und tödliche Konzentrationen sowie Grenzwerte bei kürzerer und längerer Einwirkung erforschte. Damit wurden ganz entscheidende Grundlagen für eine moderne Toxikologie und Arbeitsmedizin gelegt.

Rechtliche Aspekte

Die Bemühungen um eine rechtliche Bewältigung der Probleme, die uns die klinische Forschung stellt, werden nun aber häufig dadurch erschwert, daß sie auf einen bestimmten Forschungsbereich – z. B. Arzneimittelprüfung – beschränkt werden. Die Forschungsbereiche, in denen der Mensch zum Versuchsobjekt werden kann, sind jedoch – wie die Beispiele gezeigt haben – vielfältiger.

Während sich im medizinisch-naturwissenschaftlichen Bereich hinsichtlich der Durchführung experimenteller Untersuchungen am Menschen ein bereits recht differenziertes Problembewußtsein entwickelt hat, werden derartige Experimente auf sozialwissenschaftlichen Forschungsgebieten – z. B. pädagogische und psychologische Experimente an Kindern – relativ selten zur Kenntnis genommen. Doch sei hier auf die Problematik sozialwissenschaftlicher Explorationen, Tests mittels Täuschung von Versuchspersonen usw. am Rande hingewiesen.

Der Fortschritt der Medizin und die Interessen der Gesellschaft müssen dort enden, wo die Versuchspersonen ihre Menschenwürde (Artikel 1, Absatz 1 Grundgesetz) verlieren und zum Versuchsobjekt werden. Einerseits müsssen die im Grundsatz verbürgten Persönlichkeitsrechte der Versuchspersonen in vollem Umfang gewahrt, andererseits aber den Notwendigkeiten der medizinischen Forschung möglichst weitgehend Rechnung getragen werden.

Bei dem medizinisch nicht indizierten wissenschaftlichen Versuch geht der Arzt ein erhöhtes Risiko ein, wegen Verletzung der Straftatbestände zum Schutz der körperlichen Integrität (§§ 223, 229, 230 STGB) bzw. bei tödlichem Ausgang wegen Verletzung der Lebensschutzbestände (§§ 212, 218, 226 STGB) belangt zu werden.

Beim Heilversuch werden allerdings Rechtfertigungs- und Schuldausschließungsgründe oftmals eine Verurteilung vermeiden (Staak 1979), worauf wir vor Jahren bereits hingewiesen haben.

Während das klinische Experiment strengeren Regeln folgt, richtet sich der Heilversuch nach Art und Schwere der Erkrankung, so daß hier der Grundsatz gilt: außergewöhnliche Umstände erfordern außergewöhnliche Maßnahmen. Laufs (1981) der sich eingehend mit arztrechtlichen Fragen auseinandergesetzt hat, äußert sich folgendermaßen: „Je aussichtsloser sich die Lage des mit herkömmlichen Mitteln behandelten Patienten darstellt, um so eher darf der Arzt einen Heilversuch auch mit nicht hoher Chance in Betracht ziehen".

Der experimentelle Eingriff geht über die Standardmaßnahme der Schulmedizin hinaus. Wer experimentiert, begibt sich auf empirisch-wissenschaftliches Neuland. 1956 hat der Bundesgerichtshof zwischen Behandlung, Heilversuch und Experiment unterschieden (BGH Z 1956). Der Entscheidung lag folgender Sachverhalt zugrunde: Um Zweifel zu zerstreuen, die hinsichtlich möglicher Nebenwirkungen des Kontrastmittels „Thorotrast" geäußert worden waren, wurden Gefäßdarstellungen an verwundeten Wehrmachtsangehörigen durchgeführt, deren Zustimmung zu einer Kontrastmitteldarstellung nach den damaligen Vorstellungen nicht notwendig war. Bei dem Kläger hatte sich als Folge der Thorotrastinjektion eine Leberzirrhose entwickelt, und er verklagte den Staat auf Schadenersatz. Der Bundesgerichtshof hat in diesem Zusammenhang ausgeführt, daß in bestimmten Fällen auch eine noch nicht hinreichend erprobte Behandlungsmethode und das damit verbundene Risiko in Kauf genommen werden müssen, und zwar im Interesse einer durch andere Mittel nicht oder nicht so gründlich zu erzielenden Heilung.

Auch biologische Experimente - z. B. durch Genmanipulation - gehören im weiteren Sinne in den Bereich der humanexperimentellen Forschung. Zwar wird dadurch noch kein bestimmtes menschliches Individuum betroffen, doch im Hinblick auf die potentiellen Auswirkungen für die Zukunft des sich entwickelnden Menschen ist eine vorsorgliche Absicherung notwendig, auch wenn derartige Manipulationen bislang noch nicht tatbestandlich erfaßt worden sind. Hier existieren die Richtlinien des Bundesministeriums für Forschung und Technologie vom 15. 2. 1978 und die im Vorwort der in Tokyo 1975 revidierten Deklaration von Helsinki niedergelegten allgemeinen Grundsätze zur biomedizinischen Forschung am Menschen.

Im folgenden sollen 3 wichtige Schwerpunkte der gesetzlichen Regelung der klinischen Arzneimittelprüfung (Staak u. Weiser 1978) dargelegt werden, die sich modellartig auch auf andere humanexperimentelle Forschungsgebiete übertragen lassen, zumal sie erstmals die Pflichten und Rechte positiv umschreiben.

1) Personalisierung der Verantwortung

Die erstmalige gesetzliche Regelung der klinischen Prüfung darf als Kernstück des am 1. 1. 1978 in Kraft getretenen Gesetzes zur Neuordnung des Arzneimittelrechts angesehen werden; § 40 regelt die Arzneimittelprüfung am gesunden Menschen, also das Humanexperiment im engeren Sinne, nicht dagegen den Heilversuch. Eine wesentliche Neuerung ist die Schaffung eines sog. Prüfungsleiters mit einem eigenen Zuständigkeits- und Verantwortungsbereich. Seine spezifische Aufgabe ist es, Gefahren für die Gesundheit der Probanden bzw. Patienten zu vermeiden. Er besitzt die Kompetenz, aber auch die Verantwortung für die gesamte klinische Prüfung. Besondere Sachkunde ist unbedingte Voraussetzung im Hinblick auf die Verantwortlichkeit für Anordnung, Durchführung und Auswertung der im Rahmen der Arzneimittelprüfung erforderlichen Maßnahmen.

2) Abstrakte und konkrete Risikoabwägung

Vor der erstmaligen Anwendung einer Prüfsubstanz in der Phase 1 - d. h. am gesunden Probanden - hat der Prüfungsleiter eine abstrakte Risikoabwägung anhand der pharmakologischen und toxikologischen Daten des zu untersuchenden Präparats vorzunehmen. Im Rahmen der abstrakten Risikoabwägung hat er die Frage zu beantworten, ob nach den bisher erzielten Prüfungsergebnissen eine therapeutische Wirkung wahrscheinlich und die mit der Anwendung des Präparats verbundenen Risiken im Hinblick auf den zu erwartenden Heilerfolg ärztlich vertretbar sind (Staak 1980). Damit besitzt der Leiter der klinischen Prüfung eine weitreichende Kompetenz und eine erhebliche Verantwortung. Die Frage drängt sich auf, ob dieser Verantwortungsbereich nicht zu hoch gesteckt und der Prüfungsleiter praktisch überfordert ist. In der Praxis wurden zur Überprüfung der präklinischen Dokumentation Sachverständigengruppen gebildet, die als Beratungsgremien tätig wurden. Das Arzneimittelgesetz hat jedoch dem Leiter der klinischen Prüfung keine derartigen Entscheidungshilfen zur Seite gestellt, sondern seine alleinige Verantwortlichkeit betont.

Im Gegensatz zur abstrakten Risikoabwägung bezieht sich die konkrete Risikoabwägung auf eine bestimmte Versuchsperson. Danach ist eine klinische Prüfung von Arzneimitteln an einer Person nur dann zulässig, wenn die mit ihr für die Person verbundenen Risiken, gemessen an der voraussichtlichen Bedeutung des Medikaments für die Therapie, ärztlich vertretbar sind. Abzuwägen sind demnach die individuell und konkret möglichen Risiken aufgrund des Gesundheitszustands des beteiligten Probanden. Praktisch bedeutet diese Risikoabwägung die Entscheidung über die Teilnahme eines bestimmten Freiwilligen am Versuch. Daß die Ergebnisse der abstrakten und konkreten Risikoabwägung bei ein und demselben Probanden unterschiedlich ausfallen können und daß daher diese Differenzierung gerechtfertigt ist, zeigt der einfache Fall, daß z.B. ein zu prüfendes Antihypertensivum nach vorklinischer Prüfung unbedenklich ist, aber am hypotonen Probanden nicht geprüft werden darf. Diese konkrete Risikoabwägung hat nach ärztlich-ethischen Grundsätzen zu erfolgen.

Während ein Risiko hinsichtlich irreparabler Schäden indiskutabel ist, kann die Zumutbarkeit bei Unannehmlichkeiten vorübergehender Art höher angesetzt werden. Die Berücksichtigung dieser Variablen ist das typische Merkmal der Vertretbarkeits- bzw. Risikoprüfung. Diese Risikoabwägung ist auch während des Versuchsablaufs wiederholt zu treffen: Beginn und Fortführung der klinischen Arzneimittelprüfung stehen also ständig unter dem Vorbehalt der ärztlichen Vertretbarkeit.

Aufklärungspflicht

Die Einwilligung zur Durchführung einer Arzneimittelprüfung setzt bei der Prüfung am gesunden Erwachsenen und somit bei der Durchführung eines reinen Experiments eine vorbehaltslose Aufklärung voraus. Ohne jede Einschränkung sind Art und Gefahren des Versuchs darzustellen.

Dieser Grundsatz kennt nur eine Einschränkung: Die Rechtsprechung hat bei der indizierten Heilmaßnahme die Aufklärung auf wesentliche Umstände und typische Gefahren begrenzt und ausgesprochen, daß sie nicht mit der Genauigkeit eines medizinischen Kollegs zu erfolgen hat. Ähnliches muß auch hier gelten; so ist über die chemische Substanz, die Stoffgruppe, über Zahl, Art und pharmakologische Bedeutung der durchgeführten Vorprüfung mit Sicherheit nicht aufzuklären, schon deshalb nicht, weil der einzelne Proband als Laie nicht den nötigen Sachverstand besitzt, um die Bedeutung des Experiments, dem er sich ohne gesundheitliche Notwendigkeit unterzieht, zu erkennen. Er muß daher darauf hingewiesen werden, daß eine applizierte Substanz auf bestimmte Wirkungen getestet wird, die sich im Hinblick auf das körperliche Wohlbefinden entweder nicht oder negativ bemerkbar machen können. Ferner ist er darüber zu orientieren, daß Verträglichkeit, Dosisbereich und Pharmakokinetik anhand von bestimmten Parametern geprüft werden. Mit der Darlegung dieser Tatsachen sind Wesen und Bedeutung der klinischen Arzneimittelprüfung am gesunden Probanden im wesentlichen umrissen.

Für die Arzneimittelprüfung bei Patienten gelten im Prinzip die gleichen Voraussetzungen hinsichtlich der Aufklärung wie beim gesunden Probanden. Allerdings kommen hier nur Substanzen in Frage, deren Anwendung bei der Erkrankung des Patienten indiziert sind. Die für die Einwilligung zu einer ärztlichen Behandlung entwickelten Grundsätze sind in diesem Fall nur bedingt übertragbar. So gilt hinsichtlich des Umfangs der Aufklärungspflicht hier nicht die in der Literatur vertretene Einschränkung, daß nur auf die Gefahren hinzuweisen ist, die für den Entschluß zur Behandlung bei einem vernünftigen Menschen ernsthaft ins Gewicht fallen. Geht man schließlich von dem Grundsatz aus, daß zwischen Aufklärungspflicht und dringender Indikation zu einem Heileingriff generell ein reziproker Zusammenhang besteht, so muß die Grenze der Aufklärungspflicht bei der klinischen Arzneimittelprüfung am Gesunden in weiter Ferne liegen, für den außer der in diesem Zusammenhang völlig unerheblichen Indikation eines möglichen Fortschritts der medizinischen Wissenschaften überhaupt keine therapeutische Veranlassung besteht. Beim Kranken dagegen verringert sich das Ausmaß der Aufklärung mit der Zunahme der Dringlichkeit für die Anwendung eines evtl. wirksamen neuen Präparats. Diese von der Rechtssprechung entwickelte umgekehrte Proportionalität zwischen Dringlichkeit der Indikation einerseits und Ausmaß der Aufklärung andererseits ist insofern voll anwendbar, als mögliche oder wahrscheinliche Risiken mit höherem Schweregrad bei verminderter Aufklärungspflicht angesichts eines bedrohlichen Zustands des Patienten in Kauf genommen werden dürfen (Staak u. Uhlenbruck 1984).

Die Durchführung der klinischen Arzneimittelprüfung setzt generell voraus, daß nach dem Ergebnis der präklinischen Studien Nebenwirkungen als unwahrscheinlich anzusehen sind. Der wesentliche und für den Probanden bzw. Patienten entscheidende Kreis der potentiell schädlichen Wirkungen entzieht sich damit der Kenntnis des Prüfers, so daß über sie nicht aufgeklärt werden kann. Dennoch muß der Proband bzw. Patient darüber unterrichtet werden, daß der Eintritt weiterer nicht bekannter Nebenwirkungen theoretisch möglich, nach dem aktuellen Stand der Forschung aber nicht wahrscheinlich ist.

Besondere Probleme werfen randomisierte kontrollierte Therapiestudien auf. Wie bereits ausgeführt, muß der Patient über Chancen und Risiken einer derartigen Studie auch während ihres Verlaufs aufgeklärt werden. Folgerichtig bestünde eine Aufklärungspflicht auch bereits über Zwischenauswertungen, die einen Trend - wenn auch statistisch nicht signifikant - erkennen lassen in Richtung einer bestimmten therapeutischen Alternative. Da die Patienten sich hier für die günstiger erscheinende Alternative aussprechen würden, käme es zum vorzeitigen Abbruch der Studie, ohne daß ein eindeutiges Ergebnis vorliegt. Für die rechtliche Beurteilung dieser Situation ist nun aber entscheidend, nicht zwischen den Patientengruppen in der kontrollierten Studie einen Vergleich aufgrund ungeeigneter Absicherung der Ergebnisse durchzuführen, sondern zwischen den Patientengruppen, die an einer derartigen Studie teilnehmen und den nicht oder konventionell behandelten Patienten. Daher würde die Einbeziehung dieser Patienten keine Benachteiligung darstellen, weil in beiden Fällen praktisch nur Zufallsentscheidungen möglich sind. Rechtlich würde das bedeuten, daß unter dem Gesichtspunkt der Zumutbarkeit die Aufklärungspflicht auf das Ausmaß der berechtigten Behandlungsinteressen der Patienten begrenzt wird (Schewe 1981). Insofern wird dem eigentlichen Sinn der Aufklärungspflicht Rechnung getragen, nämlich das Selbstbestimmungsrecht des Patienten zu wahren und nicht in unerlaubter Weise zu beeinträchtigen, wenn der Patient außerhalb wie innerhalb der Therapiestudie in gleicher Weise vor einer Zufallsentscheidung steht. Im Gegenteil, das Selbstbestimmungsrecht könnte eher dort beschränkt sein, wo der Patient außerhalb wissenschaftlicher Rechtfertigung einem vermeintlich intuitiven ärztlichen Rat folgen würde, wenn nach Sachlage nur Zufallsentscheidungen möglich sind. Nichtsdestoweniger ist in derartigen Fällen die Definition von Abbruchkriterien notwendig, über die der Patient vor Beginn der Studie informiert werden muß, um seinem Anspruch auf Information ebenso wie seiner Sicherheit Rechnung zu tragen.

Schlußfolgerungen

Die Anwendung der naturwissenschaftlichen Grundvorstellungen und der daraus abgeleiteten Forschungsmethoden auf den Menschen führte bekanntlich zu den alle Erwartungen übersteigenden praktisch-therapeutischen Errungenschaften der modernen Medizin. Die prinzipielle Notwendigkeit und Berechtigung der Anwendung dieser Forschungsmethoden auch am Menschen ist nicht zu bestreiten. Strittiger denn je sind heute aber Umfang und Bedeutung des Anspruchs, den diese Methoden in der klinischen Forschung erheben. Sowohl in der klinisch wie auch in der wissenschaftlich bestimmten Tätigkeit des Arztes werden ständig Grenzen des Erkennbaren und Erklärbaren offenbar, so daß über den Bereich somatisch-naturwissenschaftlicher Erfahrung hinaus gerade die Beschäftigung mit dem klinischen Experiment die Notwendigkeit der Einbeziehung andersartiger Dimensionen notwendig macht, an denen sich ärztliches Handeln orientieren kann.

Zweifellos ist Forschung allgemein und die klinische Forschung am Menschen im besonderen letzten Endes Ausdruck und Mittel der Suche nach Erkenntnis und Wahrheit auf speziellen Teilgebieten des legitimen medizinischen Forschungsinteresses. Es sollte nicht verkannt werden, daß derartige wissenschaftliche Erkenntnisprozesse sich unter eigenen Bedingungen und Gesetzmäßigkeiten vollziehen, deren Negation weder unter grundsätzlichen methodischen Gesichtspunkten noch unter dem nicht immer einfach zu definierenden und unter dem Einfluß von Zeitströmungen veränderbaren Begriff des Gemeinwohls zu verantworten wäre: Forschung ist zweifellos immer auch eine der wertvollsten Dienstleistungen an der Gesellschaft überhaupt, wobei sie sich stets in einem Spannungsfeld zwischen den ihr immanenten Gesetzmäßigkeiten und Anforderungen einerseits und den aus den jeweiligen gesellschaftlichen Verhältnissen erwachsenen normativen Vorstellungen und Bindungen andererseits befindet.

Die im Grundgesetz garantierte Freiheit von Lehre und Forschung muß aber dort ihre Grenzen finden, wo die Integrität des Probanden oder Patienten beeinträchtigt wird.

Der in Art. 1, Abs. 1 GG festgelegte Schutz der menschlichen Würde ist zugleich auch Maßstab für die Grenzen des Experimentierens am Menschen. Kein wissenschaftlicher Versuch darf den Menschen zum Objekt, zum bloßen Mittel, zur austauschbaren Größe herabwürdigen.

Wie bei jeder alltäglichen Heilbehandlung müssen die Grundsätze der ärztlichen Ethik dem Arzt bei der Anwendung einer neuen Heilmethode insbesondere dort als Richtlinie dienen, wo die generelle Norm versagt und der Arzt bei seiner Entscheidung auf sein Gewissen angewiesen ist.

Literatur

BGH Z (1956) 20:61; NJW 1956:629

Deutsch E (1978a) Das internationale Recht der experimentellen Humanmedizin. NJW 12/1978:550-575

Deutsch E (1978b) Das Recht der klinischen Forschung am Menschen. Lang, Frankfurt/M Bern Las Vegas

Deutsch E (1978c) Medizin und Forschung vor Gericht. Müller, Heidelberg Karlsruhe

Krämer W (1982) Wer leben will, muß zahlen. Econ, Düsseldorf Wien

Eser A (1978) Das Humanexperiment. In: Stree W, Lencker T, Cramer P, Eser A (Hrsg) Gedächtnisschrift für Horst Schröder München

Gebauer H (1949) Zur Frage der Zulässigkeit ärztlicher Experimente. Springer, Wien (Kriminologische Abhandlungen, Heft 2, N. F.)

Laufs A (1981) Kontrollierte klinische Studien: Ja oder Nein? Zum Recht der Neulandmedizin. Chirurg 52:414-415

Schewe G (1981) Sind kontrollierte Therapiestudien aus Rechtsgründen undurchführbar? In: Victor N, Dudech J, Broszio EP (Hrsg) Therapiestudien. Springer, Berlin Heidelberg New York (Medizinische Informatik und Statistik, Bd 33)

Staak M (1979) Humanexperiment und Kriterien ärztlicher Sorgfaltspflicht. MMW 121:513-516

Staak M (1980) Versicherungsmedizinische Aspekte des Humanexperimentes. Lebensversicher Med 32:12-16

Staak M, Uhlenbruck W (1984) Problematik neuer Arzneimittel beim Minderjährigen aus rechtsmedizinischer Sicht. Medizinrecht 2:177-184

Staak M, Weiser A (1978) Klinische Prüfung von Arzneimitteln. Methodik und Rechtsgrundlagen. Enke, Stuttgart

Offenbarungspflicht des Obduzenten bei Tod aus natürlicher Ursache

H. D. TRÖGER, R. URBAN

Mit den §§ 87ff. StPO hat der Gesetzgeber den Ermittlungsbehörden für Todesermittlungssachen ein hervorragendes Instrument an die Hand gegeben, der Verpflichtung entsprechend § 160 Absatz 2 StPO, alle für die Ent- und Belastung wichtigen Beweismittel zu sichern, nachzukommen. Daß der Verzicht auf die gesetzlich geregelte, für alle Beteiligten rechtlich unbedenkliche gerichtliche Leichenöffnung und der statt ihrer erforderliche Rückgriff auf die klinische Sektion mit der ihr eigenen besonderen arzt- und haftungsrechtlichen Problematik keine Alternative sein kann, soll anhand eines konkreten Falles dargestellt werden.

55jähriger Mann, Sturz vom Bett während der im Bett sitzend durchgeführten ambulanten Dialyse, kurze Benommenheit, Röntgenuntersuchung: Schädeldach- und Halswirbelfraktur C_1, stationäre Aufnahme, 12 h danach Herz-Kreislauf-Stillstand, erfolgreiche Reanimation, Dauerbeatmung, Entwicklung einer Pneumonie, Exitus nach 12 Tagen, Todesursache laut Todesbescheinigung: respiratorische Insuffienz bei Pneumonie als Folge eines Sturzes mit Schädel-Hirn-Trauma, nicht natürlicher Tod.

Nach den Ermittlungen der Polizei kein Fremdverschulden, Leichenfreigabe.

Ergebnis der freien Sektion: operativ versorgte Stirnplatzwunde, Fehlen von knöchernen Verletzungen des Schädels und der Halswirbelsäule, schwerste allgemeine Gefäßsklerose mit besonderem Befall sämtlicher Koronararterien, Zustand nach Bypassoperation, exzentrische Herzhypertrophie (600 g), alter ausgedehnter Spitzeninfarkt, disseminierte kleinherdige Myokardnekrosen, peribronchiale alveoläre Bronchopneumonie, Schrumpfnieren. Bei gerichtsmedizinischer Würdigung war somit davon auszugehen, daß die durch den Sturz erlittene „Bagatellverletzung" nicht Ursache des klinischen Verlaufs und auch nicht des Todes war; darüber hinaus sprach die Schilderung des Personals, wonach der Patient plötzlich zusammengesackt war, ebenfalls für ein kardiales Geschehen im Sinne einer zerebralen Minderdurchblutung, zumindest bei strafrechtlicher Betrachtung.

Wenige Wochen danach erstatteten die Angehörigen Strafanzeige wegen fahrlässiger Tötung mit massiven, den polizeilichen Ermittlungen widersprechenden Vorwürfen gegen das Klinikpersonal. Da die Staatsanwaltschaft Kenntnis hatte, daß am hiesigen Institut nach der Leichenfreigabe in aller Regel eine Verwaltungssektion durchgeführt wird, forderte sie das Sektionsprotokoll an.

Unserer Ansicht nach war zunächst zu prüfen, inwieweit der nicht im gerichtlichen Auftrag tätige Gerichtsmediziner berechtigt oder verpflichtet ist, Ermittlungsbehörden von sich aus oder auf Anforderung Auskunft über eine Änderung der Todesart zu erteilen. Bekanntermaßen besteht lediglich bei nicht natürlichem Tod und lediglich in den Ländern Bayern und Baden-Württemberg eine gesetzliche Meldepflicht des Pathologen, so daß bei der vorliegenden Fallkonstellation eine Meldepflicht sicher nicht vorlag. Hinsichtlich der Schweigepflicht generell geht die herrschende Rechtsmeinung davon aus, daß auch der nach dem Tod am Patienten tätige Arzt zum Kreise der Schweigepflichtigen gehört und eine Offenbarung beim Fehlen einer gesetzlichen Verpflichtung nur unter dem Aspekt der ausdrücklichen oder mutmaßlichen Einwilligung des Verstorbenen oder zum Schutze eines höherwertigen Rechtsguts in Betracht kommt. Eine ausdrückliche Schweigepflichtsentbindung des Verstorbenen selbst lag nicht vor, so daß eine Aussagepflicht unsererseits - auch gegenüber den Hinterbliebenen - nicht in Betracht kam. Eine mutmaßliche Einwilligung des Verstorbenen zur Entbindung von der Schweigepflicht wird nach der Rechtssprechung z.B. dann angenommen, wenn die Angehörigen den Arzt von der Schweigepflicht entbinden - exakt: wenn sie auf ihr Antragsrecht zur Verfolgung einer Schweigepflichtsverletzung verzichten. Dies war tatsächlich auf Betreiben der Staatsanwaltschaft geschehen; somit bestand zwar ein Offenbarungsrecht, aber keinesfalls eine Offenbarungspflicht; aber auch das Offenbarungsrecht erschien uns bei Betrachtung der speziellen Umstände bedenklich, da es bei der mutmaßlichen Einwilligung auch darauf ankommt, ob Umstände vorliegen, die nach dem mutmaßlichen Willen und dem objektiven Interesse des Berechtigten seine Zustimmung wahrscheinlich erscheinen lassen. Unserer Meinung nach konnten wir nicht ohne weiteres das Interesse des Verstorbenen daran unterstellen, daß die finanziellen Ansprüche der Angehörigen aus einer existenten Lebens- und Unfallversicherung aufgrund der Offenbarung der natürlichen Todesursache hinfällig würden.

Unserer Ansicht nach war somit allein zu prüfen, ob wegen unseres Wissens, daß die Ermittlungsbehörden von einem zweifelsfrei nicht natürlichen Tod ausgingen und daß nach der Anzeige der Angehörigen ein Fremdverschulden wahrscheinlich erschien und somit eine Anklage wegen fahrlässiger Tötung zu erwarten war, eine Offenbarung zum Schutze eines höherwertigen Rechtsguts gerechtfertigt war. Zwar führt die Rechtssprechung auch hierzu aus, daß sich der Arzt bei einer solchen Abwägung von dem mutmaßlichen Interesse des Verstorbenen leiten lassen sollte, das wir ja nicht bejahten. Unserer Meinung nach lag dennoch ein rechtfertigender Notstand entsprechend § 45 StGB vor: Hätten wir weiter geschwiegen, hätte für einen anderen (Pflegepersonal, Arzt) eine gegenwärtige Gefahr zwar nicht für Leben oder Leib, aber für dessen Freiheit oder Ehre bestanden. Unter diesem Aspekt entschlossen wir uns, sicherlich auch, weil die Entbindungserklärung der Angehörigen vorlag, zur Mitteilung des Obduktionsbefunds.

Unsere gerichtsmedizinischen Schlußfolgerungen

Der nicht im gerichtlichen Auftrag tätige Obduzent unterliegt zweifelsfrei prinzipiell der ärztlichen Schweigepflicht, so daß eine von ihm erwogene Offenbarung

– selbst eines natürlichen Todes – erhebliche, insbesondere haftungsrechtliche Probleme in sich birgt. Da andererseits in einem solchen Fall eine Meldepflicht nicht besteht, wird der Obduzent in aller Regel nur äußerst zurückhaltend von einem möglicherweise bestehenden Offenbarungsrecht Gebrauch machen, nicht zuletzt auch deswegen, weil es nicht in seinem Sinne ist, die freie, d.h. klinische Sektion noch mehr in Mißkredit zu bringen, als dies, begünstigt durch die derzeit herrschende Rechtsmeinung, bereits geschieht.

Ob die Ermittlungsbehörden in einem wie von uns geschilderten Fall mit ihrem Verzicht, nach §§ 87ff. StPO vorzugehen, ihrer Verpflichtung nachgekommen sind, entsprechend § 160 Absatz 2 StPO alle für die Ent- und Belastung wichtigen Beweismittel zu sichern, entzieht sich selbstverständlich der medizinischen Beurteilung.

Recht und Risiko in der Medizin

W. WEISSAUER

Vor den Erfolg haben die Götter den Schweiß und vor den Erfolg in der Heilkunde auch noch das Risiko gesetzt.

Die Unwägbarkeiten biologischen Geschehens lassen auch bei der Routinebehandlung keine absolut sichere Erfolgsprognose zu.

Die Medizin ist wegen dieser Unwägbarkeiten, wegen der „Unberechenbarkeit des menschlichen Organismus" (BGH, NJW 1978, 1682) keine exakte Naturwissenschaft. Dazu kommt die auch der gewissenhaften ärztlichen Behandlung inhärente Schwankungsbreite menschlicher Leistungs- und Konzentrationsfähigkeit. Bereits das Reichsgericht hat darauf hingewiesen, „daß auch der geschickteste Arzt nicht mit der Sicherheit einer Maschine arbeitet, daß trotz aller Fähigkeit und Sorgfalt des Operateurs ein Griff, ein Schnitt oder ein Stich mißlingen kann, der regelmäßig auch dem betreffenden Arzt selbst gelingt" (RGZ 78, 432). Und selbst die Sicherheit der Maschine (und aller technischen Mittel der modernen Hochleistungsmedizin) ist - wie schwere apparatebedingte Zwischenfälle demonstrieren - nur ein relative Größe.

Das medizinische Risiko

Das medizinische Risiko ist - um eine Definition zu wagen - die Gefahr des Behandlungsmißerfolgs, oder etwas konkreter: der dem ärztlichen Handeln nach dem jeweiligen Wissens- und Erfahrungsstand der Medizin immanente Unsicherheitsfaktor, der sich bestenfalls statistisch quantifizieren und durch den medizinischen Fortschritt partiell reduzieren, aber nicht gänzlich eliminieren läßt. Der Behandlungsmißerfolg ist ein relativer, wenn das Behandlungsziel nicht oder nicht voll oder nur um den Preis nachteiliger Nebenwirkungen erreicht wird; er ist ein absoluter, wenn die ärztliche Behandlung dem Patienten schadet statt ihm zu nützen.

Nach der Genese der medizinischen Risiken lassen sich unterscheiden

- die den einzelnen diagnostischen und therapeutischen Verfahren immanenten Gefahren, die sich durch ärztliche Sorgfalt nicht beherrschen lassen (methodenspezifische Risiken);

- individuelle Belastungen, die der Patient mitbringt, wie z.B. Vor- und Begleiterkrankungen, physiologische und anatomische Anomalien (patientenspezifische Risiken);
- Qualifikations- und Sorgfaltsmängel des behandelnden Arztes und seiner Mitarbeiter (arztspezifische Risiken);
- Mängel der Organisation, unzureichende personelle Besetzung und Ausstattung (krankenhausspezifische Risiken).

Diesen Risikofaktoren ist gemeinsam, daß jeder Schaden, der auf einem oder mehreren dieser Risiken beruht, ein iatrogener Schaden ist; seine Ursache liegt in der ärztlichen Behandlung.

Das forensische Risiko

Bleibt ein Rest an Schicksalhaftem, an durch ärztliche Kunst nicht Beherrschbarem, so kann der Arzt dem Patienten seine guten Dienste, nicht aber den Erfolg seiner guten Dienste versprechen. Das medizinische Risiko zwingt zur Subsumtion des Behandlungsvertrags, der regelmäßig formlos abgeschlossen wird, unter die Regeln des Dienstvertrags und steht - von eng begrenzten Ausnahmen abgesehen - der rechtlichen Einordnung als Werkvertrag entgegen. Solange der Arzt keine Erfolgsgarantie gibt, kann der Behandlungsmißerfolg und der daraus resultierende Schaden für sich alleine nicht zur Haftung führen.

Die lege artis indizierte und ausgeführte Heilbehandlung, in die der Patient wirksam eingewilligt hat, bleibt rechtmäßig, auch wenn sie mißlingt. Die zivil- und strafrechtliche Haftung des Arztes setzt ein Verschulden voraus, das in einem Behandlungs- oder Organisationsfehler, aber auch in einem Fehler bei der Einholung des Einverständnisses des Patienten in den Heileingriff liegen kann.

Wechselbeziehungen zwischen forensischem und medizinischem Risiko

Medizinischer Fortschritt hat eine doppelte Bedeutung: Behandlungsmöglichkeiten erweitern und ihre Risiken reduzieren. In beiden Bereichen sind in den letzten 2 Jahrzehnten Erfolge erzielt worden, wie wohl nie in einem Zeitabschnitt der Medizingeschichte davor. Es ist eines der großen Probleme zwischen Recht und Medizin - und prima vista ein Paradoxon zugleich -, daß dieser Fortschritt die Behandlungsrisiken der Patienten drastisch reduziert, nicht aber die forensischen Risiken des Arztes. Die forensischen Risiken scheinen eher noch zu wachsen.

Parallel dazu wird die Tendenz zu einer defensiven Medizin erkennbar. Der Status der defensiven Medizin ist erreicht, wenn der Arzt bei der Abwägung des Pro und Kontra neben den indizierenden und kontraindizierenden medizinischen Faktoren seine eigenen forensischen Risiken auf die Waagschale der Entscheidungen legt. Dabei geht es weniger darum, daß etwa medizinisch indizierte Behandlungen unterbleiben, als vielmehr darum, ob noch weitere, von der Sache her nicht erforderliche Untersuchungen und Vorbehandlungen der Therapie vor- und prophylaktische Maßnahmen ihr nachgeschaltet werden.

Die Erhöhung des forensischen Risikos leistet damit ihren nicht zu unterschätzenden Beitrag zur Expansion der Kosten unseres Gesundheitswesens. Schon unter diesem Gesichtspunkt lohnt es sich - auch für den Gesundheitspolitiker - über die Entwicklung des forensischen Risikos nachzudenken.

Das scheinbare Paradoxon, die gegensätzliche Entwicklung von medizinischem und forensischem Risiko, löst sich freilich ebenso einfach wie verblüffend. Die Fortschrittsresistenz des forensischen Risikos beruht letztlich darauf, daß unsere Rechtsprechung bei der Bemessung der Sorgfaltspflichten des Arztes auf berufsspezifische Maßstäbe abstellt. Anzukommen hat es bei der Prüfung des Verschuldens nach einem Behandlungsmißerfolg darauf, wie sich ein gewissenhafter Durchschnittsarzt oder ein Spezialist des gleichen Gebiets in der konkreten Situation verhalten hätten. Damit wird der Leistungsstandard der Medizin, ihrer einzelnen Gebiete und Teilgebiete, der sich mit dem Fortschritt der Medizin dynamisch weiterentwickelt, zum Bewertungsmaßstab, an dem jeder Arzt seine Behandlungsmißerfolge messen lassen muß. Die Behandlungsmißerfolge werden mit dem Fortschritt der Medizin seltener, die Anforderungen an die ärztliche Sorgfalt aber immer strenger, die Meßlatte wird höher gelegt.

Eines Tages wird in dieser Entwicklung ein Brechpunkt erreicht werden, an dem, zumindest in bestimmten Bereichen, die Risiken soweit reduziert sind, daß es wirtschaftlich möglich wird, das Restrisiko des Patienten ohne Rücksicht auf ärztliches Verschulden zu versichern. Der Gedanke, schon heute den Patienten gegen den Behandlungsmißerfolg und nicht mehr den Arzt gegen den schuldhaften Behandlungsfehler zu versichern, ist bestechend; er erweist sich aber schon bei einer überschlägigen Kalkulation der Prämien einer solchen Versicherung als unrealistisch. Gleichgültig ob der Patient diese Versicherung unmittelbar abschließt oder der Arzt seinen Patienten versichert, müssen diese Prämien die Behandlung wesentlich verteuern. Sollte sie der Arzt bzw. der Krankenhausträger aufbringen, so müßten sie in das Honorar oder in die Pflegesätze einkalkuliert werden.

Haftungskorrektive und erlaubtes Risiko

Ein zweiter, im Ansatzpunkt mehr psychologischer Faktor trägt dazu bei, daß es nicht bei der Fortschrittsresistenz des forensischen Risikos bleibt, sondern die Zahl der Verfahren offenbar immer noch ansteigt, nämlich die Erwartungshaltung der Öffentlichkeit, des von einem Behandlungsmißerfolg betroffenen Patienten und schließlich auch, zumindest unterschwellig, unserer Richter und Staatsanwälte. Angesichts der Fortschritte der operativen Medizin, die eine Herztransplantation möglich machen, erscheint es für den medizinischen Laien schwer vorstellbar, daß Routineeingriffe mißlingen können, ohne daß dabei menschliches Versagen im Spiel wäre.

Unsere Gerichte gehen zwar nach wie vor davon aus, daß der Patient nach einem Behandlungsmißerfolg im Schadensersatzprozeß die schuldhafte Fehlleistung der Ärzte und deren Kausalität für den Schaden zu beweisen hat. Sie erkennen damit an, daß der Behandlungsmißerfolg nicht schon per se als Indiz für eine schuldhafte Fehlleistung gewertet werden darf. Andererseits erweitert aber die Rechtsprechung nach dem Prinzip der „Waffengleichheit von Arzt und Patient" Schritt für Schritt die Fallgruppen, bei denen sie die Umkehrung der Darlegungs- und Beweislast bejaht. So gewinnen vor allem Dokumentationsmängel in diesem Bereich immer größere Bedeutung.

Das wichtigste Korrektiv in der Darlegungs- und Beweislast ergibt sich aber aus den Anforderungen der Rechtsprechung an den „informed consent" des Patienten. Im Ausgangspunkt besteht kein Zweifel: Die verfassungsrechtlich garantierte Selbstbestimmung und der Schutz der Körperintegrität schließen ein selbständiges, vom Willen des Patienten unabhängiges Heilbehandlungsrecht des Arztes aus. Der Heileingriff bedarf der Einwilligung des Patienten oder seines gesetzlichen Vertreters; in Ausnahmefällen, in denen eine Entscheidung nicht herbeigeführt werden kann, ist auf die mutmaßliche Einwilligung abzustellen.

Wirksam ist die Einwilligung aber nur, wenn der Patient weiß, um was es geht. Er soll durch die Aufklärung in die Lage versetzt werden, in großen Zügen die Entscheidung des Arztes nachvollziehen zu können, das Für und Wider, die Abwägung der indizierenden und kontraindizierenden Faktoren, die seinem Behandlungsvorschlag zugrunde liegen. Der Arzt muß dem Patienten die Umstände mitteilen, die für seine Entscheidung wesentlich sind; denn der Patient hat das Recht, sich nach seinen individuellen Kriterien, nach seinen subjektiven Ängsten und Hoffnungen und damit letztlich auch höchst „unvernünftig" zu entscheiden und selbst eine vital indizierte, dringende Behandlung abzulehnen.

Der berühmt-berüchtigte „kalte Krieg um die ärztliche Aufklärungspflicht" hat in der Grundsatzfrage, wie aufgrund der Verfassungslage nicht anders zu erwarten, mit einer Niederlage der Ärzte geendet. Im Mittelpunkt der Diskussion steht heute die Frage, wie die Ärzte den sich verschärfenden Anforderungen der Rechtsprechung an die Aufklärung über die typischen Eingriffsrisiken genügen können. Als grobe Faustregel konnte man vor 2–3 Jahrzehnten den Rat geben, über mittelschwere Risiken bei mittelschweren Eingriffen aufzuklären, wenn sie in einer Frequenz von 1–3 auf 100 Behandlungsfälle auftraten; vor einem Dezennium mußte diese Frequenz auf 1:1000 bis 1:2000 Behandlungsfälle korrigiert werden; heute liegt sie, jedenfalls bei der invasiven Diagnostik, aufgrund des Rektoskopieurteils des Bundesgerichtshofs bei 1:10000 bis 1:20000. Freilich verringert sich die Intensität der Risikoaufklärung drastisch, wenn der Eingriff vital indiziert und dringend ist; der Patient, der gerettet werden will, hat hier keine Wahl.

Die Reduzierung der behandlungsimmanenten Risiken durch die Fortschritte der Medizin ändert nichts an der Ausgangssituation. Das Behandlungsrisiko trägt der Patient. Kann der Arzt den Erfolg seiner Behandlung und selbst das Ausbleiben schwerer und schwerster Schäden nicht einmal bei der Routinebehandlung garantieren, so kann jenseits aller juristischen Erwägungen nicht zweifelhaft sein, daß nur der informierte Patient es dem Arzt erlauben kann, die Behandlungsrisiken zu seinen Lasten einzugehen.

In der prozessualen Realität haben freilich die strengen Anforderungen der Rechtsprechung an die Risikoaufklärung über ihre eigentliche und unmittelbare Bedeutung hinaus einen kompensatorischen Effekt. Behauptet der Patient bei iatrogenen Schäden im Zivilprozeß sie beruhten auf einem Behandlungsfehler des Arztes, so hat dieser dagegen nur die Verteidigung, die Ursache liege in einem immanenten, mit ärztlicher Sorgfalt nicht beherrschbaren Behandlungsrisiko. Damit gibt er dem Patienten das Stichwort, seine Klage nun allein oder zusätzlich darauf zu stützen, daß der Arzt ihn über das seiner Behauptung nach ursächliche Risiko nicht aufgeklärt habe. Dagegen hat der Arzt wieder nur die Verteidigung, er habe den Patienten über dieses Risiko aufgeklärt oder dieses Risiko sei nicht aufklärungsbedürftig gewesen. Für die erstere Behauptung ist der Arzt beweispflichtig; damit kehrt sich die Beweislast auf einfachste Weise zugunsten des Patienten um. Die 2. Verteidiungsmöglichkeit verliert an Gewicht angesichts der Rechtssprechung des Bundesgerichtshofs zu typischen Risiken.

Organisationsverschulden

Ein 3. Faktor kommt dazu. Der medizinische Fortschritt (und damit das medizinisch Machbare) entwickelt sich sehr viel schneller als die finanziellen Ressourcen, die von der Gesellschaft für seine Realisierung auf breiter Basis zur Verfügung gestellt werden können. Die Differenzierung des Leistungsangebots und die damit notwendig verbundene Spezialisierung und Subspezialisierung der Ärzte, die diese differenzierten Leistungen erbringen sollen, erfordert eine rasche Erweiterung der Stellenpläne in den Krankenhäusern, die von den Kostenträgern in den Pflegesätzen oft nicht mehr finanziert werden kann.

Das gleiche gilt für die apparative Ausstattung der Krankenhäuser. Die am 1. Januar 1986 in Kraft getretene Medizingeräteverordnung stellt strenge Anforderungen an die Hersteller, die Betreiber und - mittelbar - v.a. auch an die Anwender der medizinischen Geräte. Diese Forderungen sind im Interesse der Patientensicherheit voll gerechtfertigt, wenn man von überbordenden administrativen Anforderungen, etwa hinsichtlich der Führung der Gerätebücher, absieht. Der Verordnungsgeber war sich auch darüber im klaren, daß die Anforderungen an die Sicherheit der Geräte und die Qualifikation der Anwender nicht zum Nulltarif vollzogen werden können. Andererseits ist aber nicht erkennbar, daß die öffentliche Hand bereit und imstande wäre, den Krankenhausträgern die erforderlichen Investitionsmittel zur Verfügung zu stellen.

Hier beginnt das wohl schwerste Dilemma der modernen Medizin: Wer ein Krankenhaus betreibt, muß es ordnungsgemäß tun, d.h. er muß dem jeweiligen medizinischen Leistungsstandard genügen. Der Krankenhausträger kann jedoch, wenn er nicht Defizite aus eigenen Mitteln finanzieren kann oder will, nur das für die medizinische Versorgung seiner Patienten ausgeben, was über die Pflegesätze oder die öffentlichen Investitionsmittel finanziert wird. Die Arbeit mit einer unzureichenden personellen Besetzung und einer unzulänglichen apparativen Ausstattung gehört deshalb in vielen Krankenhäusern zur Routine. Kommt es zu einem Zwischenfall, der seine Ursache in solchen Mängeln hat, so werden die behandelnden Ärzte nach dem Prinzip der Eigenverantwortung des unmittelbar Handelnden, v.a. aber der leitende Arzt der Fachabteilung und auch der Krankenhausträger aufgrund ihrer Organisationsverantwortung an einem Standard gemessen, auf dessen Erfüllung sie letztlich keinen entscheidenden Einfluß mehr haben.

Die Ärzte müssen sich in solchen Situationen mit dem Vorwurf auseinandersetzen, der Eingriff hätte verschoben oder der Patient in ein anderes Krankenhaus verlegt werden müssen, wenn die sachlichen oder personellen Mittel für eine ordnungsgemäße Behandlung nicht ausreichten; dem Krankenhausträger wird vorgehalten, er hätte den Operationsbetrieb anders organisieren und im Hinblick auf personelle Engpässe auch drastisch reduzieren müssen. Auch im Nachbarkrankenhaus sind aber die personellen und apparativen Voraussetzungen meist nicht grundlegend anders und besser.

Die Schere zwischen dem aufgrund des medizinischen Fortschritts für die Patientensicherheit Machbaren und dem von der Gesellschaft Finanzierbaren wird sich weiter öffnen. Wir werden mit diesem Dilemma leben und v.a. akzeptieren lernen müssen, daß es nicht darum gehen kann, die aus dem finanziellen Mangel resultierenden medizinischen Risiken denen anzulasten, die mit begrenzten Mitteln arbeiten müssen. Das forensische Risiko, auch beim Krankenhausträger, muß an das Verschulden gekoppelt bleiben; Schadensersatzprozesse und v.a. Strafverfahren können nicht dazu dienen, Sündenböcke für eine Entwicklung zu finden, die der Einflußnahme von Ärzten und Krankenhausträgern entzogen ist.

Fazit

Die Möglichkeiten der Ärzte, auf die paradoxe Entwicklung der medizinischen und forensischen Risiken Einfluß zu gewinnen, sind eng begrenzt. Die beste Aus-, Fort- und Weiterbildung ändert nichts daran, daß es Ärzten und Krankenhausträgern immer schwerer wird, die Fortschritte der Medizin nachzuvollziehen und jeweils den aktuellen Leistungsstandard zu wahren. Wachsen wird die Bedeutung einer (präventiven) Qualitätskontrolle. Sie wird dazu führen, daß Ärzte und Krankenhäuser eliminiert werden, die - gleich aus welchen Gründen - den sich verschärfenden Anforderungen nicht mehr gewachsen sind. So hart, ja existenzbedrohend diese Konsequenz für den einzelnen ist, so unerbittlich wird sie im Interesse der Patienten gezogen werden müssen. Präventive Maßnahmen, die Behandlungsmißerfolge vermeiden helfen, sind besser als repressive, mit denen die Gesellschaft durch Sanktionen auf schuldhafte Fehlleistungen reagiert.

So paradox die Entwicklung des medizinischen und des forensischen Risikos verläuft, so verblüffend ist andererseits die Erfahrung, daß die Entwicklung der Medizin und die Realisierung ihrer Fortschritte der Rechtssprechung entscheidende Impulse verdankt. Ihre strikten Sorgfaltsanforderungen sind ersichtlich noch die stärkste Motivation für die Bewilligung des für eine ordnungsgemäße Versorgung nötigen Minimums an Personal und sachlichen Mitteln. So trägt denn die Rechtsprechung ihren Teil dazu bei, durch eine Verschärfung des forensischen Risikos das medizinische zu reduzieren.

Ein versicherungsrechtlicher Fallbeitrag: Hirntod nach Verkehrsunfall – Obduktion trotz Freigabe und klinisch „eindeutiger Diagnose"

G. WINDUS, H. D. TRÖGER

Kurz nach einem Verkehrsunfall verstarb ein 31 Jahre alt gewordener Berufskraftfahrer in der Medizinischen Hochschule Hannover. Der Mann befand sich vor dem Unfall in gutem Allgemeinzustand; insbesondere waren bei der Erhebung der Fremdanamnese keine neurologischen Erkrankungen oder Ausfallserscheinungen zu eruieren.

Die von der Polizei veranlaßten Unfallrekonstruktionen zeigten später, daß der von dem Verstorbenen gesteuerte Lastkraftwagen während einer Autobahnfahrt für eine Zeitdauer von mindestens ½ min mehrfach von der Fahrbahn nach rechts abgewichen war. Dabei hatte das Fahrzeug seitliche Fahrbahneinrichtungen gestreift, zwischendurch mehrfach wieder die Fahrspur erreicht und war letztlich auf dem Fahrbahnrand rechts zum Stehen gekommen. Der Polizeiunfalldienst sowie der erstversorgende Notarzt beschrieben beim Auffinden des Verunfallten eine Bewußtlosigkeit. Unter der Annahme innerer Schädigungen des Brust- und Bauchraums erfolgte der Transport in die Klinik. Dort verstarb der Patient 9 h nach dem Unfallereignis auf der neurochirurgischen Intensivstation unter dem Bild eines dissoziierten Hirntodes bei Hirnmassenblutung mit Ventrikeleinbruch.

Die zunächst zuständige Staatsanwaltschaft hatte keinen Zweifel daran, daß die zum Tode führende Blutung ursächlich auf das Unfallgeschehen zurückzuführen war. Sie äußerte keine Bedenken gegen die Entnahme von Organen zu Transplantationszwecken und verfügte die Freigabe der Leiche. Bei der wenige Tage nach dem Tod im Institut für Rechtsmedizin aus klinisch-wissenschaftlichem Interesse durchgeführten Obduktion wurden insbesondere im Bereich des Kopfes, aber auch der Gliedmaßen und des Rumpfes keine dem Unfallgeschehen zuzuordnenden Verletzungen oder Unterblutungen von Weichteilen gefunden. Die nach der genehmigten Explantation noch vorhandenen inneren Organe zeigten weitgehend unauffällige Befunde. Lediglich das Herz bot eine ganz diskrete Koronarsklerose sowie geringgradige Veränderungen nach abgelaufener Endokarditis der Aortenklappe.

Die Sektion des zunächst in Formalin asservierten Gehirns brachte eine intrazerebrale Massenblutung im Bereich der vorderen Stammganglien links zu Tage. Die Blutung war in das Hirnkammersystem eingebrochen und hat diese bis zum Sylvius-Aquädukt hin austamponiert. An der Hirnsubstanz fehlten nachweisbare primär traumatisch bedingte Veränderungen. Nach dem feingeweblichen Bild bestanden keine Gefäßmißbildungen oder generalisierte Wandschäden in der Art, wie sie z.B. bei degenerativen Mediaveränderungen, Hirntumoren, chronisch-entzündlichen Vorgängen oder bei Stoffwechselstörungen zu erwarten wären. Da auch klinischerseits zunächst der Unfall im Vordergrund der Diskussion stand, wurde der erhobene neuropathologische Befund trotz nicht sicher nachweisbarer Kontusionsblutungen zunächst ebenfalls in Richtung einer traumatischen Genese interpretiert. Erst nach dem Hinweis auf das auffällige Verkehrsverhalten, das sich zwanglos unter die z. B. von Krauland (1978) zusammengefaßten, für den plötzlichen natürlichen Tod im Straßenverkehr typischen Auffälligkeiten einreihen läßt, erfolgte die abschließende gutachterliche Stellungnahme in der Form, daß nicht eine primär traumatische, sondern vielmehr eine spontane Blutung zugrunde zu legen sei. Als Blutungsquelle war eine intrazerebral gelegene aneurysmaartige Mißbildung der die vorderen Stammganglien versorgenden Äste der A. cerebri media anzunehmen.

Es ist durchaus wahrscheinlich, daß sich bei einer raumfordernden intrazerebralen Blutung der hier vorliegenden Größe ein kleines rupturiertes Aneurysma oder eine vergleichbare Wandmißbildung dem makroskopischen und histologischen Nachweis entzieht. Gegen eine verletzungsbedingte Ruptur des Gefäßes spricht hier die Lokalisation der Blutungsquelle im Bereich der Fissura lateralis. Nach der allgemeinen Literaturübersicht kann davon ausgegangen werden, daß Gefäße, und zwar auch mißgebildete Gefäße in dieser Hirnregion eher vor traumatischer Einwirkung geschützt sind als bei einer Lage nahe den großen Gefäßstielen im Bereich der Hirnbasis. Eine Kausalität zwischen Blutung und Unfall bzw. zwischen Unfall und Tod im Sinne der allgemeinen Versicherungsbedingungen kann demzufolge nicht hergestellt werden. Vielmehr war die anfangs von der Staatsanwaltschaft als zweifelsfrei angenommene Kausalbeziehung zu widerlegen.

An Aufforderungen, nach unklaren Verkehrsunfällen die Indikation zur Leichenöffnung großzügig zu stellen, wenn nicht sogar, diese als obligatorische Maßnahme durchzuführen, mangelt es nicht, wie von namhaften Autoren wiederholt angesprochen wurde - z. B. von Laves (1958) und West (1968), beide zitiert bei Krauland (1978).

Im Hinblick auf die hohen Zahlen der zu Tode kommenden Verkehrsteilnehmer und der dadurch zunehmend entstehenden versicherungsrechtlichen Problematik (s. Kautzky u. Schewe 1965) soll dieser Beitrag als erneute Untermauerung der Notwendigkeit dienen, solche Todesfälle immer durch eine Leichenöffnung abzuklären, um dadurch zum einen die Belange der Strafrechtspflege und zum anderen die Interessen von Versicherungsgruppen und Einzelpersonen ausreichend würdigen zu können.

Literatur

Kautzky R, Schewe G (1965) Die Bedeutung von Traumen für die Genese von Angiom- und Aneurysmablutungen und ihre Beurteilung im deutschen Recht. Sachverstand 2/61:29-45

Krauland (1978) Der plötzliche natürliche Tod im Straßenverkehr. Z Rechtsmed 81:1-17

Toxikologie

Eine tödlich verlaufene Vergiftung mit Prajmaliumbitartrat

R. Aderjan, R. Mattern

Einleitung

Prajmaliumbitartrat ist ein Antiarrhythmikum, das in Neo-Gilurytmal-Tabletten enthalten ist. Es leitet sich von Ajmalin ab, einem Alkaloid aus den Wurzeln der Pflanze Rauwolfia serpentina. Durch Propylierung eines von 2 im Molekül vorhandenen Stickstoffatomen wird es in eine kationische quartäre Ammoniumverbindung (Abb. 1) übergeführt, die toxischer ist als das Ajmalin selbst. Die potentiell letale Dosis wird mit 6 mg/kg KG angegeben (Brettel et al. 1978; Weidner u. v. Philipsborn 1971; Weidner et al. 1972). Bei der im folgenden beschriebenen tödlich verlaufenen Vergiftung mit Neo-Gilurytmal entstand die Frage, ob die Giftdosis in suizidaler Absicht aufgenommen wurde oder von fremder Hand beigebracht worden sein konnte.

Kasuistik

Der Vergiftete, ein 65 Jahre alt gewordener Mann, war seit seinem 2. Lebensjahr nach einer Gehirnhautentzündung erblindet. Am Todestag wurde er gegen 11.30 Uhr von seiner Lebensgefährtin nach deren Rückkehr von einem ca. 1 bis 2stündigen Einkauf leblos vorgefunden. Während dieser Zeit soll der Verstorbene aus der Handtasche 2 als „eiserne Reserve" aufbewahrte Röhrchen mit

Propylajmalinium bitartrat

$C_{23}H_{32}N_2O_2,C_4H_6O_6 = 518{\cdot}6$

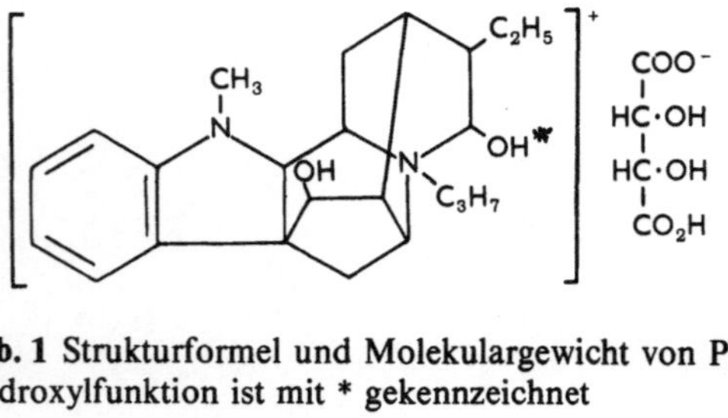

Abb. 1 Strukturformel und Molekulargewicht von Prajmal(in)iumbitartrat; die derivatisierbare Hydroxylfunktion ist mit * gekennzeichnet

Neo-Gilurytmal-Tbl. in suizidaler Absicht eingenommen haben. Zuvor seien die Röhrchen unbenutzt und mit insgesamt 120 Tbl gefüllt gewesen. Noch in der Wohnung sei durch den Notarzt ein Herz- und Atemstillstand festgestellt worden. Bei der Einlieferung in die Klinik war der Vergiftete bereits klinisch tot und verstarb gegen 14.00 Uhr.

Nach den Angaben der Lebensgefährtin lebten die beiden seit 1978 zusammen und hatten sich gut verstanden, bis auf ein gespanntes Verhältnis zwischen der Lebensgefährtin und der Verwandtschaft. Der Verstorbene sei depressiv veranlagt gewesen. Er war zuletzt als Telefonist tätig und sollte in Kürze in Rente gehen. Die Lebensgefährtin habe ihn gedrängt, bis zum 65. Geburtstag zu arbeiten, damit er die vollen Rentenansprüche erwerben könne.

Bekannte hatten die Verbindung zwischen den beiden nicht sehr glücklich eingeschätzt und bekundet, daß der Verstorbene keineswegs depressiv oder selbstmordwillig gewesen sei und daß ihn die Lebensgefährtin systematisch von seinem Bekannten- und Verwandtenkreis abgeschottet habe. Sie habe seine ganzen Ersparnisse durchgebracht und sei auch in den Besitz der später ausgezahlten Lebensversicherung gelangt. Auch am Morgen des Todestages habe man sich gestritten wegen Geldforderungen des geschiedenen Ehemanns der Lebensgefährtin. Nach den Ermittlungen der Polizei sei diese bereits 5mal verheiratet gewesen, 4 Ehen seien geschieden worden, während der Mann aus der 4. Ehe 1976 an einer nicht bekannten Todesursache verstorben sei. Diese Sachlage machte eine umfangreiche chemisch-toxikologische Untersuchung erforderlich, um die Frage der Suizidhandlung näher zu beleuchten.

Material und Methoden

In Anlehnung an literaturbekannte Methoden (Brettel et al. 1978; Weidner u. v. Philipsborn 1971; Weidner et al. 1972; Gelbke u. Schlicht 1977) versuchten wir, die nicht ohne weiteres durch Screeningverfahren nachweisbare kationische quartäre Ammoniumverbindung quantitativ zu fassen. Dies gelang durch Direktextraktion von Körperflüssigkeiten und Geweben mit Dichlormethan. Dabei war ein neutraler pH-Wert einzuhalten, da sich das Prajmaliumkation im alkalischen Medium unter Ringaufspaltung leicht zersetzt.

Die gaschromatographische Bestimmung erfolgte nach Derivatisierung mit Pentafluoropropionsäureanhydrid auf einer Säule mit dem Trägermaterial Dexsil bei einer Ofentemperatur von 280 °C und Detektion mit dem Elektroneneinfangdetektor. Dabei ergab sich eine Erfassungsgrenze von 0,5–1 mg/l Flüssigkeit oder kg Gewebe. Die Bestimmung gelingt auch mittels Gaschromatographie und Massenspektroskopie (charakteristische Ionen: 370, 144, 122, s. Tabelle 1) an einer „Fused-silica"-Kapillare OV-1 (chemisch gebunden) Innendurchmesser 0,32 mm, Länge 10 m. Temperaturprogramm 200 °C, 15 °C/min bis 250 °C.

Tabelle 1. Massenspektrum von Prajmaliumbitartrat nach Derivatisierung mit Pentafluoropropionsäure und chromatographischer Darstellung an einer „Fused-silica"-Kapillare OV-1 (chemisch gebunden), Innendurchmesser 0,32 mm, Länge 10 m; Temperaturprogramm 200 °C, 15 °C/min bis 250 °C Endtemperatur

Masse	Abundance [%]	Masse	Abundance [%]	Masse	Abundance [%]
72,05	11,2	128,20	11,9	167,30	14,2
85,20	10,7	131,25	26,5	168,35	10,5
98,15	10,4	132,05	11,8	182,35	16,2
119,10	20,8	136,25	11,8	183,15	10,2
122,20	100,0	144,05	44,9	194,10	13,2
123,10	13,8	157,40	18,8	279,35	17,9
124,40	17,3	158,30	13,2	342,40	13,9
125,20	17,4	158,80	12,7	370,55	36,1

Ergebnisse und Diskussion:

In der Literatur wurden bisher nur 2 letal verlaufene Vergiftungen beschrieben, von denen eine 1977 durch Gelbke u. Schlicht untersucht wurde, die andere 1978 durch Brettel et al. (Tabelle 2). Es gelangten damals Dosen zwischen 1,2 und vermutlich 1,6 g zur Aufnahme, während in unserem Fall 2,4 g Prajmaliumbitartrat nachzuprüfen waren. Ein rascher Todeseintritt nach weniger als 1 h im Fall 2 war außerdem mit einer Alkoholbeteiligung an der Vergiftung erklärt worden, wobei es fraglich war, ob die aufgenommene Dosis wirklich 1,6 g betragen hatte. Offensichtlich länger überlebt wurde im 1. Fall sowie im hier untersuchten Fall, bei dem das Gift vollständig über den Körper verteilt war (Tabelle 2). Im Mageninhalt befand sich jeweils nur noch eine geringe Menge Wirkstoff.

Tabelle 2. Bei tödlich verlaufenen Vergiftungen nachgewiesene Konzentrationen von Prajmalium (bezogen auf Bitartrat) in Körperflüssigkeiten und Geweben

	Gelbke u. Schlicht (1977)	Brettel et al., (1978)	Eigene Untersuchungen (1985)
Aufgenommene Dosis	60 Tbl. (1,2 g)	Evtl. 80 Tbl. (1,6 g)	120 Tbl. (2,4 g)
Mageninhalt [mg]	600	111	1
Schenkelvenenblut [mg/l]	3,1	3,85	9,6
Leber [mg/kg]	58,8	0,29	82,5
Nieren [mg/kg]	32	0,26	25
Lungen [mg/kg]	-	-	260
Muskulatur [mg/kg]	10	-	21,2
Gehirn [mg/kg]	1,6	-	n.n.
Liquor [mg/l]	-	-	1,9

Die Bilanzierung der in Schenkelvenenblut, Mageninhalt, Leber, Lungen, Muskulatur und Nieren enthaltenen Wirkstoffmengen, die sich aus teilweise geschätzten und teilweise gewogenen Organgewichten zusammensetzt, ergab, daß insgesamt ca. 1050 mg Prajmaliumbitartrat analytisch nachzuvollziehen waren (Tabelle 3). Diese bezogen sich auf ca. 57% von 65 kg KG und machten etwa 44% von 2,4 g aus. Berücksichtigt man, daß Prajmaliumbitartrat unter therapeutischer Dosierung nur zu 80% resorbiert wird (Schaumlöffel 1974), so ergäbe eine Hochrechnung auf 100% Körpermasse mit ca. 1,84 g nur noch eine geringe Differenz von ca. 80 mg zur theoretisch resorbierbaren Dosis. Die gesamte Wirkstoffmenge, eine Dosis von ca. 36 mg/kg KG, war tatsächlich zur Aufnahme gelangt.

Tabelle 3. Konzentrationen von Prajmalium (bezogen auf Bitartrat) in Körperflüssigkeiten und Organen im eigenen Untersuchungsgut; Schätzung der aufgenommenen Giftmenge

Untersuchtes Material	Geschätztes oder gewogenes Gewicht	Konzentration Prajmalium-Bitartrat	Enthaltene Menge Prajmalium-Bitartrat
Schenkelvenenblut	7l (bzw. 7 kg)	9,6 mg/l	ca. 67 mg
Mageninhalt	-	-	ca. 1 mg
Leber	1,74 kg gewogen	82,5 mg/kg	ca. 143 mg
Lungen	1 kg gewogen	260 mg/kg	ca. 260 mg
Muskulatur	27 kg geschätzt	21,2 mg/kg	ca. 570 mg
Nieren	0,36 kg gewogen	25 mg/kg	ca. 9 mg
	ca. 37 kg (≙57% von 65 kg KG)		ca. 1050 mg (≙ca. 44% der Dosis)

Neo-Gilurytmal ist eine kleine blau gefärbte Filmtablette mit ca. 4 mm Durchmesser und zeichnet sich durch einen nachhaltigen, äußerst bitteren Geschmack aus. Aufgrund dessen und wegen der extremen Dosis hielten wir es für äußerst unwahrscheinlich, daß diese unbemerkt fremd beigebracht werden konnte. Dennoch blieb der Verdacht, daß die Lebensgefährtin die angespannte Lebenssituation bewußt forciert haben könnte, damit das Gefühl der Hilflosigkeit und Ausweglosigkeit zu einer Suizidhandlung führe.

Zusammenfassung

Es wird über eine besondere Kasuistik bei einem tödlich verlaufenen Vergiftungsfall mit Prajmaliumbitartrat berichtet. Durch chemisch-toxikologische Untersuchungen war zu zeigen, daß eine suizidale und keine fremd beigebrachte Vergiftung vorgelegen hatte. Als Dosis ließen sich 2,4 g Substanz (120 Tbl.) nachvollziehen. Methodik, Extraktion sowie gaschromatographische und massenspektroskopische Ergebnisse werden beschrieben.

Literatur

Brettel HF, Schmidt K, Koch K (1978) Über eine rasch tödlich verlaufene Vergiftung mit Prajmalium-Bitartrat. Z Rechtsmed 82:231–236

Gelbke HP, Schlicht HJ (1977) Suicide by an overdosage of N-Propylajmaliniumbitartrate. Arch Toxicol 37:135–141

Schaumlöffel E (1974) Pharmakokinetische Studien mit radioaktiv markierten N-n-Propylajmaliniumhydrogentartrat. Med Welt 25:2008–2014

Weidner A, Philipsborn G von (1971) Vergleichende experimentelle Untersuchungen über Intoxikationen mit Ajmalin und N-n-Propylajmaliniumhydrogentartrat (NPAB). Arzneimittelforsch 21:685–687

Weidner A, Philipsborn G von, Merk K (1972) Experimentelle Untersuchungen über Reanimationsmöglichkeiten bei massiven Intoxikationen mit Ajmalin und N-n-Propylajmaliniumbitartrat. Arzneimittelforsch 22:588–593

Wirkungen des Opiatantagonisten Naloxon auf die Synthese von immunoreaktivem Kalzitonin im Gehirn

S. BALABANOVA, G. REINHARDT

Einleitung

Naloxon, ein Opiatantagonist, wird weithin als ein Arzneistoff mit minimalen Nebenwirkungen angesehen. In den vergangenen Jahren haben jedoch mehrere Autoren Nebeneffekte nach Naloxongabe beschrieben. So berichteten Flacke et al. [6] über Blutdruckanstieg und schweres Lungenödem unmittelbar nach Gabe von Naloxon. Hypertensive Reaktionen wurden auch von Tanaka [20] beobachtet. Michaelis et al. [11] beschrieben ventrikuläre Fibrillationen im Anschluß an Naloxongabe. Nebeneffekte von Naloxon wurden auch in Abwesenheit von Narkotika festgestellt. So sahen Morley et al. [12] nach i. v. Injektion von Naloxon bei gesunden Erwachsenen eine Leistungsabnahme, Minderung der Konzentrationsfähigkeit und Unruhe. Eine durch Naloxon induzierte Lethargie wurde durch Judd et al. [10] und Jasinski et al. [9] beschrieben. Der Mechanismus solcher Wirkungen ist noch nicht geklärt.

Wir beobachteten kürzlich im Tierexperiment, daß die i. a. Gabe von Naloxon beim Schaf einen steilen, aber kurzen Abfall der CT-Konzentrationen im Liquor bewirkte, während die Plasma-CT-Spiegel unverändert blieben [1]. Wir folgerten, daß Naloxon die CT-Synthese im Gehirn hemmt und folglich die Konzentrationen des in den Liquor transferierten Hormons sich vermindern. Ziel der vorliegenden Studie war zu untersuchen, welchen Effekt Naloxon auf die Kalzitoninsekretion im Gehirn in vitro hat. Auch isoliertes Hirngewebe synthetisiert CT bei Inkubation mit 1,3 mmol/l Ca^{2+}.

Material und Methode

Hirnstammgewebe wurde unmittelbar nach Tötung der Tiere gewonnen. Getrennte Gewebeproben von jeweils 0,5 g wurden in Erlenmayer-Gläsern mit 10 ml Kulturmedium (serumfreie Hand-Lösung, Fa. Sigma, BRD) bei Kalziumkonzentrationen von 1,3 mmol/l für 6 h bei 37 °C in einer Atmosphäre inkubiert, die 95% Luft und 5% CO enthielt. Parallel dazu wurden in einem 2. Ansatz nach 2 h Inkubation 5 μg Naloxon zugesetzt, danach wurde in der beschriebenen Weise die Inkubation durchgeführt. Die Synthese von CT in dem Inkubationsmedium wurde stündlich während einer Zeit von 6 h gemessen. Am Ende der einzelnen

Inkubationsintervalle wurde das Medium aus jedem Reaktionsgefäß bei 1000 g 10 min zentrifugiert. Der Überstand wurde dekantiert und bei minus 20 °C eingefroren. Die CT-Sekretion während der ersten 2 h wurde als Ausgangswert (100%) genommen. Die Änderung der Konzentration während der folgenden Stunden wurde dazu in Beziehung gesetzt. Die CT-Konzentrationen wurden mit CT-Radioimmunoassay (1-32 Aminosäuren; Institut National de Radioelements, Belgien) bestimmt. Das Antiserum war Kaninchenantiserum, als Standard wurde humanes synthetisches CT verwendet. Als Tracer wurde ein 125I-gebundenes humanes synthetisches CT verwendet. Die untere Grenze der Nachweisbarkeit lag bei 15 pg/ml. Der Koeffizent der Abweichung innerhalb der Bestimmung lag bei 11,2%. Die Kreuzreaktionen mit ACTH, TSH, T_3, T_4 Leu-ENK, Met-ENK, α-Endorphin, β-Endorphin, γ-Endorphin, CGRP und PDN-21 lagen unterhalb 0,1%. Die Kalzium- und Magnesiumkonzentrationen in dem Medium wurden mittels komplexometrischer Titration bestimmt. Die Magnesiumkonzentrationen im Medium lagen konstant bei 0,8 mmol/l.

Ergebnisse

Die Proben des Hirngewebes sezernierten innerhalb des Kulturmediums immunreaktives CT. In der 6. Stunde nach Versuchsbeginn erreichte die Sekretion ein Maximum mit etwa 130% gegenüber dem Ausgangswert in der 2. Stunde der Inkubation (100%). Nach Zugabe von Naloxon sank die CT-Sekretion bis auf 60% ab. Die Ergebnisse sind in Abb. 1 graphisch dargestellt.

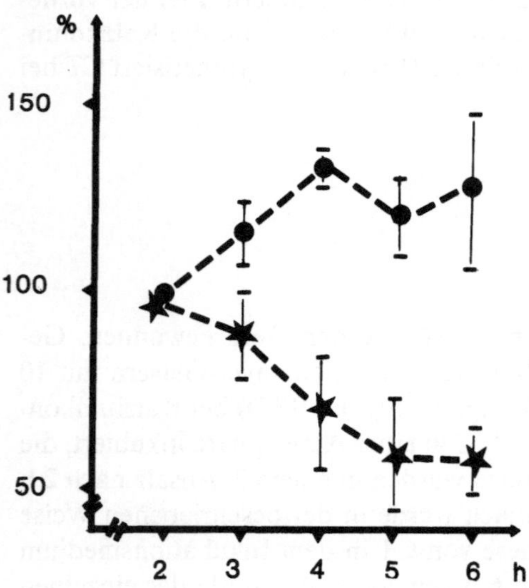

Abb. 1. Sekretion von CT bei 1,3 mmol/l Ca^{2+} (••), sowie nach Zugabe von Naloxon (**)

Diskussion

Kalzitonin, ein Peptidhormon (1-32 Aminosäuren), wird bei Säugetieren von den C-Zellen der Schilddrüse sezerniert [4]. Seit seiner Entdeckung schrieb man dem Hormon als physiologische Aufgabe die Verhinderung einer Hyperkalzämie [18, 19] zu. In den letzten Jahren ließ sich jedoch zeigen, daß das Hormon auch peripher und im Zentralnervensystem als Neurotransmitter wirkt [14]. Auch wurden das Vorkommen des Hormons und seine Angriffspunkte im Zentralnervensystem und in der Hypophyse beschrieben [2, 5, 15].

Wir konnten kürzlich durch Versuche in vitro belegen, daß die Synthese des Hormons im Gehirn von Schwein und Schaf erfolgt (Balabanova et al. 1985, unveröffentlicht). Die Konzentrationen des synthetisierten CT erreichen unter normokalzämischen Bedingungen 130% gegenüber dem Ausgangswert (100%). Hyperkalzämie führte zu einer Hemmung der Synthese. In vorliegender Arbeit ließ sich zeigen, daß die Zugabe von Naloxon zu Hirnextrakt in einem Inkubationsmedium zu einer Hemmung der CT-Sekretion führt.

Eine Erklärung für diese Hemmung bietet der bekannte Effekt von Naloxon auf den Ca-Gehalt in der Zelle des Zentralnervensystems. Die Zugabe von Naloxon in vitro wie in vivo führt nämlich zu einer Zunahme des Ca-Gehalts im Gehirn [7, 8, 16]. Es könnte auch in Frage kommen, daß Naloxon, ähnlich wie Morphin, CT am Rezeptor verdrängt [17] jeoch lassen die Untersuchungen von Pecile [13] vermuten, daß Morphin und Naloxon unterschiedliche Angriffspunkte haben.

Wie ausgeführt fanden wir, daß bei erhöhten Kalziumkonzentrationen im Hirngewebe die Abgabe von CT in vitro abnahm, es kam zur Abnahme der CT-Konzentrationen im Kulturmedium. Unter der Annahme, daß Kalzium den gleichen Effekt auf die CT-Synthese im Gehirn in vivo hat, kann gefolgert werden, daß ein erhöhter Ca-Spiegel nach Naloxongabe die CT-Synthese im Gehirn hemmt und folglich zu einer Verringerung der CT-Konzentrationen in Hirn und Liquor führt. Wie erwähnt haben wir einen Abfall der CT-Spiegel im Liquor nach Naloxongabe auch in vivo [1] beobachtet.

Wir vermuten, daß eine Abnahme der CT-Konzentration im Gehirn nach Naloxongabe die beschriebenen psychophysischen Veränderungen [9, 10, 12] bewirkt. In diese Richtung weisen auch Beobachtungen von Carman et al. [3]. Diese Autoren beschrieben bei manchen manisch erregten Patienten eine Verringerung des CT-Gehalts im Liquor. Der Mechanismus der Wirkung von Naloxon auf die CT-Sekretion im Gehirn muß jedoch noch geklärt werden. Offen ist, in welcher Weise das im Gehirn sezernierte kalziotrope Hormon CT das Verhalten zu beeinflussen vermag. Eine Erklärung dieser Frage kann von forensischem Interesse sein. Die biochemischen Grundlagen von Verhaltensweisen und Verhaltensabweichungen kennen wir bisher kaum.

Zusammenfassung

Tierexperimentell wurde in vitro die Wirkung von Naloxon auf die Synthese von immunoreaktivem Kalzitonin (CT) in isoliertem Gehirngewebe von Schafen bei Inkubation mit 1,3 mmol/l Ca^{2+} geprüft. Die CT-Konzentrationen stiegen während 6stündiger Inkubationszeit von 100 auf 130% an. Zugabe von Naloxon führte zu einer Hemmung der CT-Abgabe, die CT-Konzentrationen sanken bis auf 60% ab. Psychophysische Veränderungen, die nach Naloxongabe beim Menschen beschrieben sind, können möglicherweise in Zusammenhang stehen mit einer Änderung der Kalziumhomöostase im Zentralnervensystem.

Summary

We investigated the effect of naloxone on the synthesis of immunoreactive calcitonin by the central nervous system of sheep in vitro. Calcitonin secretion was demonstrated in culture medium containing 1.3 mM Ca. In the sixth hour of incubation the calcitonin secretion reached a maximum of approximately 130% of the basal level. Addition of naloxone to the medium caused an decrease of the secretion from 100% up to 60%.

It is known that naloxone administration in normal subject results in a decline of performance, difficulties in concentration, and restlessness. We suggest that this effect may be related to naloxone-induced alteration of the calcium-homeostasis in the central nervous system.

Literatur

1. Balabanova S, Kuhnt B, Benk M et al. (1984) Effect of naloxone on immunoreactive calcitonin in cerebrospinal fluid and plasma in sheep. In: Pecile A (ed) Calcitonin. Milano, Ricerca Scientifica ed Educazione Permanente dell' Università di Milano (Abstract 110)
2. Becker KL, Snider RH, Moore CF, Monaghan KG, Silva OL (1979) Calcitonin in extrathyroidal tissues of man. Acta Endocrinol (Copenh) 92:746–751
3. Carman JS, Pott RM, Ballenger JC, Goodwin KF (1981) Reduced CSF calcitonin in mania. In: Perris S, Struwe G, Jansson B (eds) Biological psychiatry 1981. Proceeding of the IIIrd World Congress of Biological Psychiatry Stockholm 1981. Elsevier/North-Holland Biomedical Presse, Amsterdam New York Oxford
4. Copp DH, Cameron EC, Cheney BA, Davidson AG, Henze KG (1962) Evidence for calcitonin. A new hormone from the parathyroid that lowers blood calcium. Endocrinology 70:638–649
5. Deftos LJ, Burton D, Bone HG et al. (1978) Immunoreactive calcitonin in the intermediate lobe of the pipuitary gland. Life Sci 23:743–748
6. Flacke J, Flacke WE, Williams GD (1977) Acute pulonary edema following naloxone reversal of high-dose morphine, anesthesia. Anesthesiology 47:376–378
7. GuerreroMunoz F, Guerrero ML, Way EL, Li CH (1979) Effect of β-endorphin on calcium uptake in the brain. Science 206:89–91

8. Guerrero Munoz F, Cerreta KV, Guerrero ML, Way EL (1979) Effect of morphine on synaptosomal Ca + + uptake. J Pharmacol Exp Ther 209:132–136
9. Jasinski DR, Martin WR, Haertzen CA (;967) The human pharmacology and abuse of N-allylnoroxymorphone (Naloxone). J Pharmacol Exp Ther 157:420–426
10. Judd LL, Janowski DS, Segal DS, Huey LY (1980) Naloxone-induces behavioral and physiological effects in normal and manics subjects. Arch Gen Psychiatry 37:583–586
11. Miachalis LL, Hickey PR, Clark TA (1974) Ventricular irritability associated with the use of naloxone. Ann Thorac Surg 18:608–614
12. Morley JE, Baranetsky NG, Wingert TD et al. (1980) Endocrine effects of naloxone-induced opiate receptor blockade. J Clin Endocrinol Metab 50:251–257
13. Pecile A (1983) Calcitonin and pain relief. Triangle 22:147–155
14. Pecile A, Ferri S, Olgiati VR (1975) Effects of intracerebroventricular calcitonin in the conscious rabbit. Experientia 31:332–333
15. Rizzo AJ, Goltzman D (1981) Calcitonin receptors in the central nervous system of the rat. Endocrinology 108:1672–1677
16. Ross DH (1976) Selective action of alcohols on cerebral calcium lebels. In: Seixas FA, Eggleston S (eds) Work in progress in Alcoholism. The New York Academy of Sciences, New York, pp 280–194
17. Shen JW, Way EL (1975) Antagonist displacement of brain morphine during precipitated abstinence. Life Sci 16:1829–1930
18. Stevenson JC, Hillyard CJ, MacIntyre I, Cooper H, Whitehead MI (1979) A physiological role for calcitonin: Protection of the maternal skeleton. Lancet II:769–770
19. Talmage RV, Grubb SA, Norimatzs H, Vanderwiel CJ (1979) Evidence for an important physiological role for calcitonin. Proc Natl Acad Sci USA 77:609–613
20. Tanaka GY (1974) Hypertensive reaction to naloxone. JAMA 228:25–26

*Bestimmung von As (III) in Körperflüssigkeiten eines Vergiftungsopfers mit der Differentialpuls-Anodic-Stripping-Voltammetrie**

T. Daldrup, M. Winkelmann, U. Osberghaus, J. Barz, R. Materna

Einleitung

Arsen-(III)Verbindungen haben sowohl im forensisch- als auch im klinisch-toxikologischen Bereich eine lange Tradition [2]. Auch heute noch werden diese Verbindungen, vorneweg das Arsenik, als Mittel für Suizide [9, 14, 17, 18, 22, 23], aber auch für Giftmordanschläge [5, 10, 19, 24] beobachtet. Weiterhin kommt es immer wieder zu unbeabsichtigten Aufnahmen dieser Gifte [1, 12, 13, 20, 21], wobei im industriellen Bereich das Arsin im Vordergrund steht.

Für den Nachweis des Arsens im biologischen Material werden bevorzugt flammenlose atomabsorptionsspektrometrischen Verfahren, aber auch die Photometrie eingesetzt. Bei dem wesentlich häufiger bei akuten Vergiftungen beobachteten Thallium hat sich neben der Atomabsorptionsspektroskopie insbesondere die gerätemäßig wesentlich preisgünstigere Inversvoltammetrie bewährt [3].

Mit dieser Technik lassen sich ohne Zerstörung der organischen Matrix Thallium neben Kadmium, Blei und Kupfer bestimmen. Diese Technik wurde auch verschiedentlich zur Bestimmung von Arsen, z.B. mit Hilfe der Quecksilbertropfelektrode in Gegenwart von Kupfer [15, 16] bzw. mit der Goldelektrode [6, 7, 8, 11], angewandt.

Franke u. de Zeeuw [11] hatten den Vorschlag gemacht, mit Hilfe der Goldelektrode den Arsen-(III)Gehalt im Urin direkt zu bestimmen. Dieser Vorschlag wurde von uns aufgegriffen, um in prä- und postmortal entnommenen Körperflüssigkeiten bei einer Arsenikvergiftung den Arsen-(III)Gehalt zu bestimmen. Unabhängig hiervon erfolgte die Arsenbestimmung mit der Atomabsorptionsspektrometrie im beheizten Quarzrohr nach dem Hydridverfahren, auf die hier nicht näher eingegangen werden soll. Die Ergebnisse dieser Untersuchung sind in Tabelle 1 zusammengestellt.

---

* Auszugsweise vorgestellt anläßlich der Jahrestagung Klinische Chemie, Mannheim 1985.

Tabelle 1. Bestimmung des As-(III-)+Gehalts in Körperflüssigkeiten mittels Atomabsorptionsspektrometrie (*p. m.* post mortem)

Untersuchungsmaterial	Entnahmezeitpunkt nach Giftaufnahme	Arsenkonzentration mit AAS
Magenspülung	2,5 h	78 mg/l
Blut	2,5 h	1,2 mg/l
Blut	5,5 h	1,1 mg/l
Blut unter Hämodialyse[a]	6,5 h	0,95 mg/l
	7,0 h	0,95 mg/l
	7,5 h	0,90 mg/l
	8,0 h	0,80 mg/l
	8,5 h	0,95 mg/l
	9,0 h	0,80 mg/l
	9,5 h	0,75 mg/l
	10,0 h	0,70 mg/l
Blut	16,5 h	0,70 mg/l
Urin	2,5 h	1,20 mg/l
Urin (900 ml)	2,5–10,5 h	0,84 mg/l
Urin (140 ml)	10,5–16,5 h	7,8 mg/l
Hämofiltrat (470 ml)	10,5–12,5 h	0,27 mg/l
Hämofiltrat (580 ml)	12,5–14,5 h	0,30 mg/l
Hämofiltrat (160 ml)	14,5–16,5 h	0,27 mg/l
Mageninhalt (150 g)	p. m.	905 mg/kg
Dünndarminhalt oben	p. m.	66 mg/kg
Dünndarminhalt Mitte	p. m.	82 mg/kg
Dünndarminhalt unten	p. m.	136 mg/kg
Herzblut	p. m.	6,4 mg/l
Gehirn	p. m.	3,8 mg/kg
Lunge	p. m.	4,3 mg/kg
Skelettmuskulatur	p. m.	4,0 mg/kg
Milz	p. m.	185 mg/kg
Niere	p. m.	19,5 mg/kg
Fettgewebe	p. m.	<0,1 mg/kg

[a] Hämodialyse: Blut: 200 ml/min; Dialysat: 500 ml/min; mittlere Clearance: ca. 15 ml/min; totale Arsenelimination: 6,6 mg.

Material

Fallbeschreibung: Ein 69jähriger Mann nimmt in suizidaler Absicht aus einer 1-kg-Packung mindestens 2 Eßlöffel (50–60 g) reines Arsentrioxid. Als erste Symptome wird über Kopf- und Magenschmerzen berichtet. Zirka 30 min nach der Einnahme erfolgen erste Entgiftungsmaßnahmen (Magenspülung, forcierte Diarrhö, Gabe von Aktivkohle). Später stellen sich ein: Miosis, hypotone Blutdruckwerte von 80 mm Hg systolisch. Als weitere Symptome kommen hinzu: Bewegungsschmerz und Schüttelfrost, die Spontanatmung ausreichend, ca. 4 h nach der Einnahme erfolgt die Antidotgabe (240 mg BAL/4 h, 200 mg DMPS/2 h). 6–10 h post ingestionem (p.i.) Hämodialyse und anschließend bis zum Exitus (18,5 h p.i.) Hämofiltration (CAVH). Trotz massiver Gabe von Katecholaminen sowie reichlich Volumengabe unter ZVD-Kontrolle konnte der systolische Blutdruck nicht über 90 mm Hg angehoben werden.

Der Patient verstarb in einer therapieresistenten Asystolie. Bei der einen Tag post mortem durchgeführten Sektion wurden folgende Befunde erhoben:

Leiche eines 104,5 kg schweren und 184 cm großen Mannes. Zustand nach ⅔-Resektion des Magens (Billroth II) mit 150 g einer dunkelgrünen, mit schwärzlichen Partikelchen (Aktivkohle) durchsetzten Flüssigkeit sowie eines grünlichen weichen Brockens, dem weiße Körnchen anhaften, im Restmagen. Etwa 4·4 cm große dunkelrote Verfärbung der Magenschleimhaut an der großen Kurvatur dicht unterhalb der Kardia mit mehreren frischen Schleimhauterosionen. Zahlreiche petechiale Blutungen in der übrigen Magenschleimhaut. Größere Mengen eines grünen, mit schwarzen Flocken (Aktivkohle) durchsetzten Dünndarminhalts.

Herzhypertrophie (530 g), stenosierende Koronararteriosklerose vornehmlich im vorderen absteigenden Ast der linken Kranzschlagader bei generalisierter Arteriosklerose. Fettleber, Lungenödem.

Histologie: Hyperämie von Submukosa und Mukosa des Magens mit teils flächenhaften, teils umschriebenen Hämorrhagien in der Schleimhaut und vereinzelten flachen Erosionen. Zahlreiche disseminierte Herzmuskelschwielen bei konzentrischer Sklerose der Muskelschlagaderäste. Überwiegend zentrolobuläre mittel- bis grobtropfige Leberzellverfettung, hydropische vakuoläre Degeneration der Hauptstückepithelien der Niere, teilweise auch Nekrose der Tubulusepithelien. Überwiegend seröses intraalveoläres Lungenödem.

Methodik

Geräte: Polarecord 626 mit rotierender Scheibenelektrode mit Gild-Tip, Durchmesser 0,3 mm (Fa. Metrohm); Bezugselektrode: Ag/AgCl/c KCl = 3 mol/l; Hilfselektrode: Massivplatinelektrode; Ultraschallbad Sonorex RK 102 (Fa. Bandelin).

Reagenzien: Fixanalarsen 10 g/l (Fa. Riedel de Haën), Schwefelsäure p.a. 95–97% (Fa. Merck), EDTA-Na_2 p.a. (Fa. Serva), Wasser für die Chromatographie (Fa. Merck), NaCl p.a. (Fa. Merck), Stickstoff (nachgereinigt, Fa. Linde).

Standardlösung:

10 g Fixanalarsen wurden mit bidestilliertem Wasser auf 1 l aufgefüllt. Von dieser Stammlösung wurde täglich eine 1:100 Verdünnung mit Wasser zur Chromatographie angesetzt.

Geräteparameter: Kathodische Anreicherung: Potential −0,4 V; Dauer 300 s; Ruheperiode: Potential −0,4 V; Dauer 30 s; anodische Wiederauflösung: Anfangspotential: −0,4 V; Endpotential +0,5 V; Pulsamplitude: 50 mV; Spannungsvorschub: 100 mV/cm; Spannungsänderungsgeschwindigkeit: 5 mV/s; Empfindlichkeit: 0,05 μA/mm; Drehzahl der Scheibenelektrode: 2000 UPM; elektrolytische Reinigung: Potential +0,5 V; Dauer 120 s (unter Rotation und Beschallung).

Reinigung des Goldtips: Nach längerem Nichtgebrauch mußte der Goldtip entsprechend den Angaben des Herstellers kräftig mit Aloxpulver auf einem angefeuchteten Poliertuch poliert werden. Ansonsten reichte der elektrolytische Reinigungsschritt im Ultraschallbad, der jedem Meßvorgang nachgeschaltet wurde, um eine Vergiftung der Elektrode zu verhindern.

Voltammetrischer Arbeitsgang: 2 ml Urin bzw. 2 ml mit Schwefelsäure verdünnter Urin, Mageninhalt oder sonstiges Probenmaterial, 18 ml Schwefelsäure (1 mol/l, 0,1 ml EDTA-Na_2 (0,2 mol/l) und 0,2 g NaCl wurden in das Elektrolysiergefäß gegeben und 5 min durch Einleiten von Stickstoff entlüftet.

Während des Entlüftungsprozesses wurde das Elektrolysiergefäß ins Ultraschallbad getaucht und hierdurch zusätzlich entgast und gemischt. Nach Kühlen der Lösung auf Zimmertemperatur erfolgte (unter Stickstoff) gemäß den oben angegebenen Geräteparametern die Anreicherung bei rotierender Scheibenelektrode bzw. die Wiederauflösung.

Das Endpotential von +0,5 V wurde zur Nachreinigung der rotierenden Elektrode 120 s gehalten. Hierbei tauchte das Elektrolysiergefäß erneut ins Ultraschallbad. Das Aren-(III)Peakpotential lag bei der hier verwendeten Bezugselektrode bei +0,20 V.

In folgender Reihenfolge wurde nach obigem Arbeitsgang vorgegangen:

1) Bestimmung des Reagenzienleerwerts ohne Urin,
2) Zusatz von 2 ml Leerurin,
3) Zusatz von 20 µl Arsenstandardlösung,
4) Messung der Patientenprobe sowie nach Addition von 10 µl As-Standard,
5) evtl. Verdünnung der Probe und erneute Messung mit Standardaddition zur Quantifizierung.

Ergebnisse und Diskussion

Bei der Verwendung von Goldelektroden zur Bestimmung des As-(III-)Gehalts können Verunreinigungen der Elektrodenoberfläche sowie der in der Lösung vorhandene Sauerstoff zu erheblichen Störungen führen [6, 11]. Trotz intensiven Polierens des Goldtips mit Al_2O_3-Pulver sowie sorgfältiger Entlüftung des Probenmaterials mit Stickstoff war es uns nicht möglich, zuverlässige reproduzierbare Ergebnisse mit diesem voltammetrischen Verfahren zu erzielen. Die Voltammogramme wurden durch „Geistersignale" unterschiedlichster Intensität im Bereich des Arsenpeaks gestört (Abb. 1).

Erst der zusätzliche Einsatz des Ultraschallbades während der Entlüftungs- und der Reinigungsphase führte zum gewünschten Ziel.

Es ist zu vermuten, daß durch die Beschallung sowohl eine optimale Entgasung der Probe sowie eine bessere Reinigung der Goldoberfläche erreicht werden. Zusätzlich ist damit zu rechnen, daß die Probe in Elektrolyten besser homogenisiert wird. Langzeitversuche im Routinebetrieb zeigten, daß bei dieser

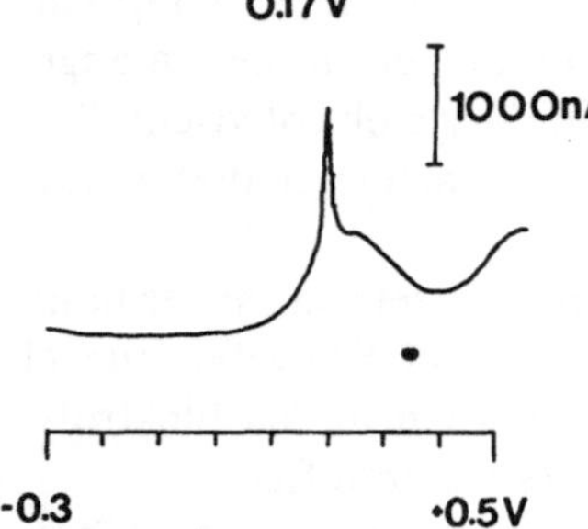

Abb. 1. Voltammogramm mit Störsignal beim Arbeiten ohne Ultraschall

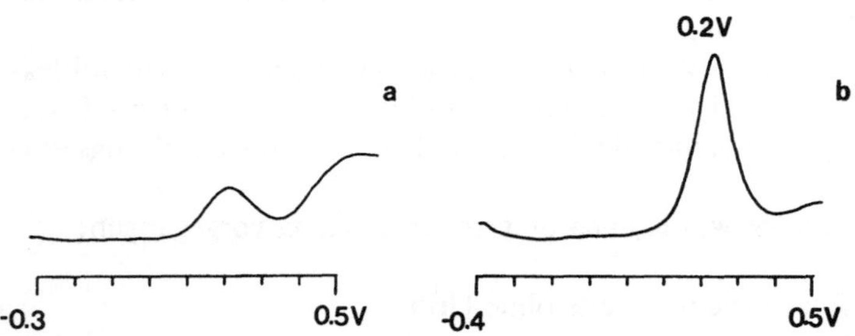

Abb. 2a, b. Verbesserung der Nachweisempfindlichkeit durch Erniedrigung des Anreicherungspotentials von −0,3 V (**a**) nach −0,4 V (**b**)

Arbeitsweise nur noch sehr selten die Goldoberfläche poliert werden muß. Als wichtig erwies sich auch die richtige Wahl des Anreicherungspotentials.

Eine Erniedrigung von −0,3 V auf −0,4 V erbrachte eine sehr deutliche Empfindlichkeitssteigerung (Abb. 2).

Eine weitere Erniedrigung auf −0,5 V führte dagegen zu vermehrt auftretenden Störungen im Voltammogramm.

Der qualitative Nachweis von As (III) in unzerstörtem Urin oder Mageninhalt war problemlos durchzuführen. Um eine robuste Technik für die schnelle Analytik im Fall eines Vergiftungsverdachts zu haben, wurden keine besonderen Anstrengungen unternommen, z. B. durch kompliziertere Verfahren eine möglichst niedrige Nachweisgrenze zu erhalten. Mit den oben angegebenen Spezifikationen lassen sich zuverlässige Ergebnisse erhalten, wenn 50 ng As (III) in der Meßlösung vorliegen. Dies entspricht bei Einsatz von 2 ml Urin einer Arsenkonzentration von 0,25 mg/l, eine Konzentration, die bei akuten Arsenvergiftungen in der Regel überschritten wird [4].

Bei der quantitativen Bestimmung ist zu beachten, daß die Goldoberfläche bei zu hohem Arsenangebot mit nichtleitendem Arsen bedeckt wird [7], so daß die Linearität zwischen Peakhöhe und Konzentration verloren geht.

Wir haben den Grenzwert für das von uns benutzte System bestimmt. Er lag bei 4000 ng Arsen in der Meßlösung (Abb. 3).

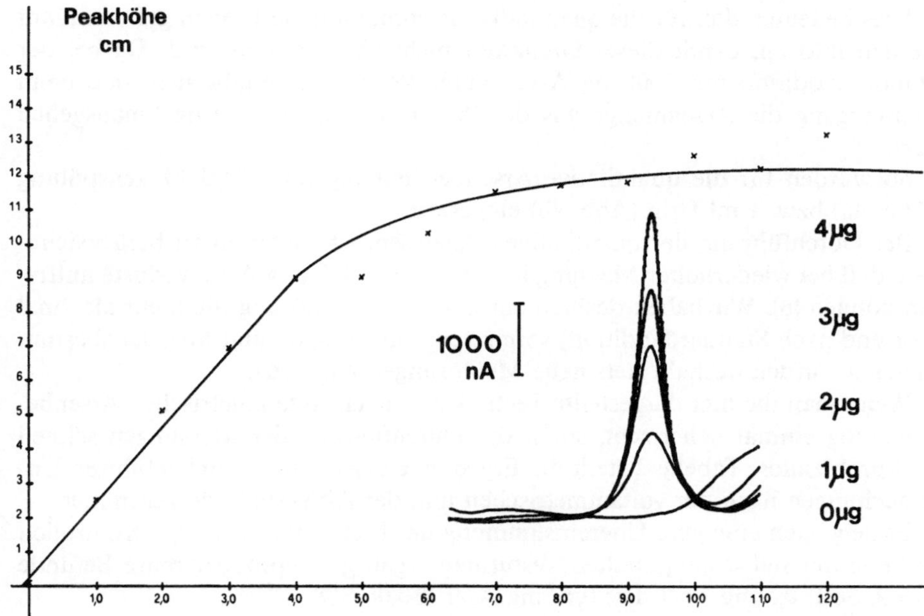

Abb. 3. Bestimmung der Linearität der Methode. Abhängigkeit zwischen Peakhöhe und Arsenmenge in der Meßzelle

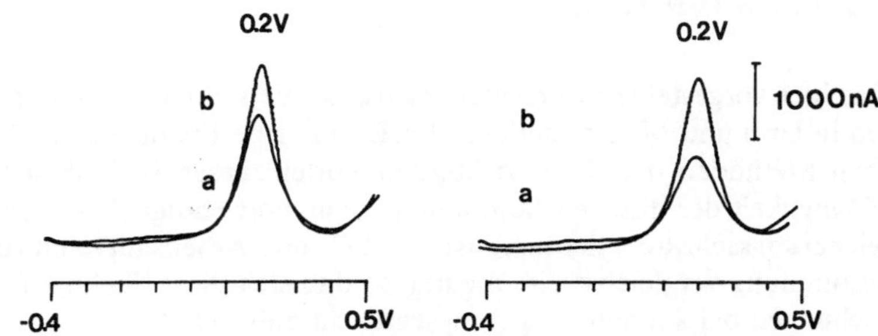

Abb. 4a, b. Voltammogramme; *a* von Magenspülung, *b* von Urin vor (**a**) und nach (**b**) Standardaddition von 1000 ng Arsen

Tabelle 2. Vergleich der Ergebnisse von Atomabsorptionsspektrometrie (AAS) und Inversvoltammetrie (IV)

Untersuchungsmaterial	Arsenkonzentration AAS	IV
Urin (2,5 h)	1,2 mg/l	1,0 mg/l
Hämofiltrat (12,5–14,5 h)	0,300 mg/l	0,30 mg/l
Hämofiltrat (14,5–16,5 h)	0,268 mg/l	0,25 mg/l
Magenspülung (2,5 h)	78 mg/l	111 mg/l

Dies bedeutet, daß für die quantitative Bestimmung die Proben ggf. verdünnt werden müssen, damit dieser Grenzwert nicht überschritten wird. Da bei der Standardaddition mit 1000 ng Arsen aufgestockt wird, ergibt sich, daß beim Meßvorgang die Arsenmenge aus der Probe nicht über 3000 ng hinausgehen darf.

So wurden für die quantitative Arsenbestimmung nur 20 µl Magenspülung (Abb. 4a) bzw. 1 ml Urin (Abb. 4b) eingesetzt.

Bei Durchführung der quantitativen Analysen, ist weiterhin zu berücksichtigen, daß bei wiederholter Messung in der gleichen Lösung Arsenverluste auftreten können [6]. Wir haben deshalb ein und dieselbe Lösung nie mehr als 2mal (vor und nach Standardaddition) vermessen. Für Doppel- und Mehrfachbestimmungen wurden deshalb stets neue Meßlösungen angesetzt.

Wenn man die hier dargestellte Technik zur inversvoltammetrischen Arsenbestimmung einmal beherrscht, so ist die Durchführung der Messungen schnell und problemlos. Tabelle 2 stellt die Ergebnisse der parallel durchgeführten Untersuchungen nach der voltammetrischen und der AAS-Methode gegenüber.

Es zeigt sich eine gute Übereinstimmung der Meßwerte. Bisherige Kontrollen in Serie mit selbst hergestellten Testurinen ergab gut reproduzierbare Befunde (n=9, Soll: 0,5 mg As/l, Ist: 0,53 mg As/l ±0,06 SD).

Die Überprüfung zahlreicher Patientenurine ohne Arsenvorgeschichte ergab keine Hinweise für mögliche Spezifitätsprobleme.

Schlußbemerkung

Das hier vorgestellte inversvoltammetrische Verfahren zur Bestimmung von Arsen in Urin und Mageninhalt stellt u. E. eine gute Ergänzung zu den bisher üblichen Methoden dar. Den wichtigsten Vorteil dieser Technik sehen wir in der Möglichkeit der direkten Bestimmung ohne notwendige Aufbereitung oder Anreicherungsschritte. Hierdurch ist der Zeit- und Arbeitsaufwand für eine Einzelbestimmung vergleichsweise niedrig, so daß sich diese Technik für Einzeluntersuchungen bei akutem Vergiftungsverdacht anbietet.

Zusammenfassung

Es wird über eine tödliche Arsenikvergiftung berichtet. Die Arsenbestimmung wurde mit Hilfe der Atomabsorptionsspektrometrie durchgeführt. Daneben fand eine neue inversvoltammetrische Methode Anwendung, mit der ein direkter Nachweis von As (III) in Mageninhalt und Urin möglich ist. Diese Technik wird vorgestellt.

Literatur

1. Armstrong CW, Stroube RB, Rubio T et al. (1984) Outbreak of fatal arsenic poisoning caused by contaminated drinking water. Arch Environ Health 39:276–279
2. Arnold W (1967) Untersuchungen zum Arsenstoffwechsel. Z Rechtsmed 60:116–134
3. Arbeitsgruppe „Analytische Chemie" der Kommission zur Prüfung gesundheitsschädlicher Arbeitsstoffe (1982) Analysen in biologischem Material, Bd 2/2, 2/3. Verlag Chemie, Weinheim
4. Baselt RC (1980) Analytical procedures for therapeutic drug monitoring and emergency toxicology. Biomedical Publications, Davis
5. Bednarczyk LR, Matusiak W (1982) Case report: an arsenic murder. J Anal Toxicol 6:260–261
6. Bodewig FG, Valenta P, Neeb R (1980) Trace determination af As(III) and As(V) in natural waters by differential pulse anodic stripping voltammetry. Fresenius Z Anal Chem 311:187–191
7. Davis PH, Dulude GR, Griffin RM et al. (1978) Determination of total arsenic at the nanogram level by high-speed anodic stripping voltammetry. Anal Chem 50:137–143
8. Davis PH, Berlandi FJ, Dulude Gr et al. (1978) Analysis of total arsenic in urine and blood by high-speed anodic stripping voltammetry. Am Ind Hyg Assoc J 39:480–490
9. Dittrich C, Panzer S, Lomoschitz KH, Vycudilik W (1978) Acute self-poisoning with arsenic and treatment with BAL. Wien Klin Wochenschr 90:796–799
10. Fernando PR (1979) Attempted homicide with arsenic. Clin Toxicol 14:575–577
11. Franke JP, de Zeeuw RA (1981) Direct determination of arsenic in urine by differential pulse anodic stripping voltammetry. Pharm Weekblad [Sci] 3:166–171
12. Gillies AJD, Taylor AJ (1979) Acute arsenical poisoning in Dunedin. NZ Med J 89:379–381
13. Gosselin B, Mathieu D, Desprez-Nolf M et al. (1982) Intoxications aiguës par l'hydrogène arsenié. Nouv Presse Med 11:439–442
14. Graham MA, Poklis A, Mackell MA, Gantner GE (1983) A case of suicide involving the contaminant intravenous injection of barbital and oral ingestion of arsenic. J Forensic Sci 28:251–254
15. Henze G, Joshi AP, Neeb R (1980) Bestimmung von Arsen im sub-ppb-Bereich durch Differential-Pulse-Cathodic-Stripping Voltammetrie. Fresenius Z Anal Chem 300:267ß272
16. Holak W (1980) Determination of arsenic by cathodic stripping voltammetry with a hanging mercury drop electrode. Anal Chem 52:2189–2192
17. Hutton JT, Christians BL, Dippel RL (1980) Arsenic poisoning. N Engl J Med:1080
18. Kijewski H, Matthaie D, Grieben K (1980) Toxikologische Verlaufsbeobachtung einer „an sich tödlichen" Arsenvergiftung unter dem einfluß der Intensivtherapie. Beitr Gerichtl Med 38:235–240
19. Klöppel A, Weiler G (1982) Ein ungewähnlicher Fall von krimineller Arsen-Vergiftung. Arch Kriminol 170:159–163
20. Leslie ACD, Smith H (1978) Self-poisoning by the abuse of arsenic containing tonics. Med Sci Law 18:159–162
21. Rathus E, Stinton RG, Putman JL (1979) Arsine poisoning, country style. Med J Aust 1:163–166
22. Schneider V, Klug E (1976) Selbsttötung durch Einnahme von Arsentrichlorid. Z Rechtsmed 78:83–90
23. Wattel F, Chopin C, Haguenoer JM et al. (1979) Acute poisoning by ingestion of arsenic and its derivatives. Lille Med 24:703–704
24. Wayne Massey E, Wold D, Heyman A (1984) Arsenic: homicidal intoxication. Southern Med J 77:848–851

*Blei und plötzlicher Kindstod – Untersuchungen an Blutproben von betroffenen Säuglingen**

G. Drasch

Einleitung

Die Ergebnisse zahlreicher Untersuchungen legen die Vermutung nahe, daß sehr unterschiedliche Störungen im Organismus des Säuglings zum Bild des plötzlichen Kindstodes („sudden infant death syndrome", SIDS) führen können. Nach dem heutigen Stand der Forschung handelt es sich beim plötzlichen Kindstod dementsprechend um ein polyätiologisches Geschehen (Wilske 1984).

Besonderes Aufsehen in der Öffentlichkeit haben in den letzten Jahren epidemiologische Untersuchungen erweckt, die Zusammenhänge zwischen der Häufigkeit von SIDS-Fällen und der Höhe der Schadstoffbelastung der Umwelt vermuten lassen (Frogatt et al. 1971a, b; Longo 1977; Dittman u. Pribilla 1983; Greenberg et al. 1973; Hoppenbrouwers et al. 1981; Goldstein 1982) und Bestätigung auch in tierexperimentellen Untersuchungen fanden (Ehrlich 1966; Stephens et al. 1971; Aronow 1978; Wide 1983). Mit der vorliegenden Arbeit soll der Versuch unternommen werden, die leider oftmals sehr emotional geführte Diskussion um dieses Thema zumindest in bezug auf Blei durch direkte Messung von Schadstoffkonzentration an betroffenen Säuglingen zu versachlichen.

Das in der Entwicklung befindliche Gehirn ist prä- und postnatal gegenüber den toxischen Einflüssen von Blei besonders anfällig (Bellinger et al. 1985; Ernhardt et al. 1985; Graziano et al. 1985; Piasek u. Kostial 1985).

Schon 1922 weist Lewin eindringlich an zahlreichen Fällen nach, daß bei beruflich bleiexponierten Eltern nicht nur die Fehlgeburtenrate weit überdurchschnittlich hoch liegt, sondern auch „die Mortalität der geborenen Kinder in den ersten drei Lebensjahren das gewöhnliche Mittel überragt". Für 123 ausgewertete Schwangerschaften unter chronischer Exposition gibt er z.B. 64 Aborte, 4 Frühgeburten, 5 Totgeburten, 20 Todesfälle im 1., 8 im 2. und 7 im 3. Lebensjahr, einen Todesfall in späterer Zeit und nur 14 lebende Kinder an. Sicherlich handelte es sich bei all diesen Fällen um massive Bleiintoxikationen, wie sie heute kaum noch gesehen werden. Dennoch belegen diese alten Berichte einen eindeutigen Zusammenhang zwischen Bleibelastung und Säuglingssterblichkeit.

---

* Herrn Prof. Dr. med. W. Spann zum 65. Geburtstag gewidmet.

Der Autor bedankt sich bei Herrn Prof. Dr. H. Hadorn, Direktor des Dr. von Haunerschen Kinderspitals der Ludwig Maximilians-Universität München und bei Herrn Prof. Dr. P. Emmrich, Direktor der Kinderklinik der Technischen Universität München, für die freundliche Unterstützung bei der Beschaffung der Kontrollblutproben.

Nach Untersuchungen von Erickson et al. (1983) steigen die Bleikonzentrationen in Rippen und Lungen von SIDS-Babys mit zunehmendem Alter signifikant stärker an als bei einem Kontrollkollektiv.

Weitere Untersuchungen zur Frage eines möglichen Zusammenhangs zwischen Bleibelastung und plötzlichem Kindstod schienen daher von Interesse zu sein. Als Untersuchungsmaterial wurde Blut ausgewählt, da die Blutbleikonzentration ein geeignetes Maß für die Kurz- und Mittelfristbleibelastung darstellt (Merian 1984). Zudem bietet Blut gegenüber Organen den Vorteil, daß bei der Wahl des Kontrollkollektivs auf lebende Säuglinge zurückgegriffen werden kann. Dies trägt zur Erhöhung der Fallzahl in der Vergleichsgruppe bei, da die Sektionsfrequenz bei Nicht-SIDS-Babys mit möglichst traumatischer Todesursache in gerichtsmedizinischen und pathologischen Instituten relativ gering ist.

Untersuchungsmaterial

Aus dem Sektionsgut des Instituts für Rechtsmedizin der Universität München wurden von August 1984 bis Februar 1986 von 41 Babys, die an plötzlichem Kindstod starben, und von 5 Säuglingen mit traumatischer Todesursache Herzblut sichergestellt. Es wurden nur Fälle ohne erkennbare innere oder äußere Leichenfäulnis ausgewählt. Weiterhin wurden in 2 Münchner Kliniken insgesamt 81 Blutproben von lebenden Babys als Kontrolle entnommen. Informationen über Geburtsgewicht, Ernährung, Schwangerschaftsdauer, Geburtskomplikationen, Geschwisterzahl, vorausgegangene Fehl- und Totgeburten, Erkrankungen des Kindes, Fieber, Alter der Mutter, Sozialstatus und Staatsangehörigkeit wurden von den Müttern abgefragt (Lochner 1986, in Vorbereitung).

Untersuchungsmethode

Probengewinnung

Bei der Sektion wurde ca. 1 ml Blut direkt aus dem eröffneten rechten Ventrikel des Herzens in K-EDTA-Monovetten (Fa. Sarstedt, Nümbrecht) aspiriert.

Bei den lebenden Kontrollbabys wurde ca. 1 ml Fersenblut nach sorgfältiger Desinfektion der Entnahmestelle in K-EDTA-Monovetten getropft.

Sämtliche Blutproben wurden bis zur Messung bei -18 °C gelagert.

Probenvorbereitung

Die Probenvorbereitung erfolgte modifiziert nach einer von Stoeppler et al. (1984) angegebenen Methode:

Die frisch aufgetaute Blutprobe wird auf einem Heidolph-Schüttler sorgfältig gemischt. In Polystyrolröhrchen werden nacheinander 780 µl HNO_3 1n, 120 µl

Triton X-100 Lösung 0,1% und 300 µl Blut pipettiert, sofort gründlich mechanisch geschüttelt und anschließend zentrifugiert. Der klare Überstand wird zur Analyse abgenommen.

Messung der Bleikonzentration

Die quantitative Bleibestimmung erfolgte mittels ET-AAS. Geräte und Bedingungen sind in Tabelle 1 angegeben.

Tabelle 1. Technische Angaben zur Bleibestimmung im Blut

Temperaturprogramm		Rampe	Halten
Trocknen	120%	20 s	20 s
Veraschen	500%	20 s	20 s
Atomisieren	2400%	1 s	3 s
Nachglühen	2700%	1 s	5 s

Geräte:
Perkin-Elmer Zeeman 3030, HGA 600, Probenautomat, PR-100 Printer.

Meßbedingungen:
Wellenlänge 283,3 nm; Spalt 0,7 nm; Schutzgas Ar;
Atomisieren mit „gas-stop"; Einspritzmenge 50 µl;
Doppelbestimmung; Vergleich: Kontrollblut für Metalle, (Fa. Behring).

Ergebnisse und Diskussion

Die Ergebnisse sind in Tabelle 2 und 3, sowie in Abb. 1–4 zusammengefaßt.

Ein generelles Problem bei jeder Studie über den plötzlichen Kindstod stellt die Wahl eines geeigneten Kontrollkollektivs dar (Wilske 1984). Um eine möglichst gute Vergleichbarkeit zu erzielen, wurden in der vorliegenden Studie zu-

Tabelle 2. Ergebnisse (arithmetische Mittelwerte und Standardabweichungen)

Alter (Tage)		SIDS	Kontrolle
	Anzahl (n)	0	28
0–29	µg Pb/dl Vollblut	–	4,47 ± 2,22
	mg Pb/kg Blut Trockengewicht	–	0,217 ± 0,107
	Anzahl (n)	37	47
30–240	Mittleres Alter (Tage)	102	112
	µg Pb/dl Vollblut	3,91 ± 1,79	3,46 ± 1,21
	mg Pb/kg Blut Trockengewicht	0,181 ± 0,079	0,183 ± 0,064

Tabelle 3. Lineare Regressionen zwischen Alter und Blutbleikonzentrationen (y = ax + b; x = Alter in Tagen)

Gruppe	Alter	Anzahl	a	b	Korrelations-koeffizient
1) y = Blutbleikonzentration [μg/dl]					
Kontrollgruppe	0– 29	28	6,18	−0,157	0,48
Kontrollgruppe	30–240	47	2,46	+0,009	0,46
SIDS-Babys	30–240	37	3,37	+0,005	0,17
2) y = Bleikonzentration in Bluttrockenmasse [mg/kg]					
Kontrollgruppe	0– 29	28	0,292	−0,0074	0,44
Kontrollgruppe	30–240	47	0,133	+0,0005	0,46
SIDS-Babys	30–240	37	0,163	+0,0002	0,17

nächst zahlreiche andere Faktoren mit möglicher Auswirkung auf die Blutbleikonzentration (Pb-B) erfaßt und ihr tatsächlicher Einfluß auf die Pb-B am Kontrollkollektiv statistisch überprüft.

Zeitpunkt der Blutentnahmen

Da SIDS-Fälle saisonal verstärkt in den Wintermonaten auftreten (Erickson et al. 1983; Hoppenbrouwers et al. 1981; Standfast et al. 1979, 1980; Bonser et al. 1978) wurden alle Proben, auch von den Vergleichsfällen, nur in den Winterhalbjahren 1984/85 und 1985/86 entnommen.

Lebensalter

Abbildung 1 ist eine ausgeprägte Abhängigkeit der Pb-B in der Kontrollgruppe vom Alter zu entnehmen: Kinder im 1. Lebensmonat zeigen eine relativ hohe Streuung mit einem insgesamt höheren Mittelwert (s. Tabelle 2) als über 30 Tage alte Säuglinge. Da SIDS-Fälle in unserem Kollektiv in Übereinstimmung mit Angaben der Literatur (Kraus et al. 1972) erst ab einem Alter von 30 Tagen und nicht über 240 Tagen auftraten, wurden alle weiteren Untersuchungen auf diese Altersgruppe beschränkt.

In der Altersgruppe 30–240 Tage unterscheiden sich die Mittelwerte des Lebensalters von SIDS-Babys (102 Tage) nicht signifikant von dem der Kontrollgruppe (112 Tage). Beide Gruppen zeigen, im Gegensatz zu den Neugeborenen, eine im Mittel mit dem Alter leicht ansteigende Bleikonzentration des Blutes (lineare Regression, s. Tabelle 3). Auffallend ist eine bessere Korrelation dieser Regression in der Kontrollgruppe.

Alle weiteren Angaben beziehen sich, sofern nicht ausdrücklich anders vermerkt, auf die Altersgruppe 30–240 Tage.

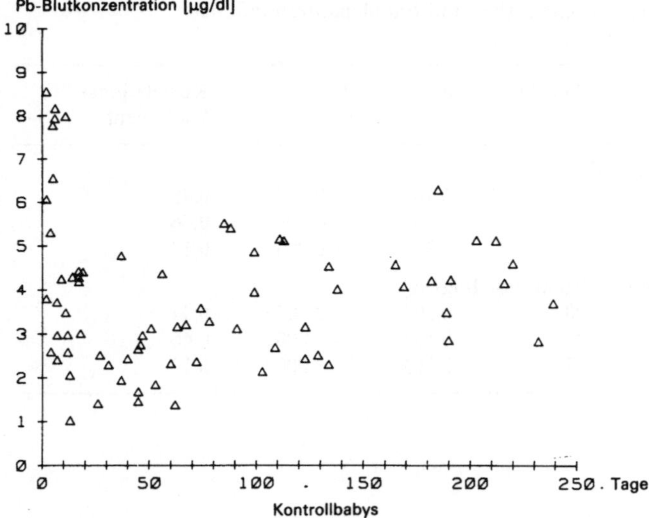

Abb. 1. Bleikonzentrationen im Vollblut (µg/dl) der lebenden und toten Kontrollbabys

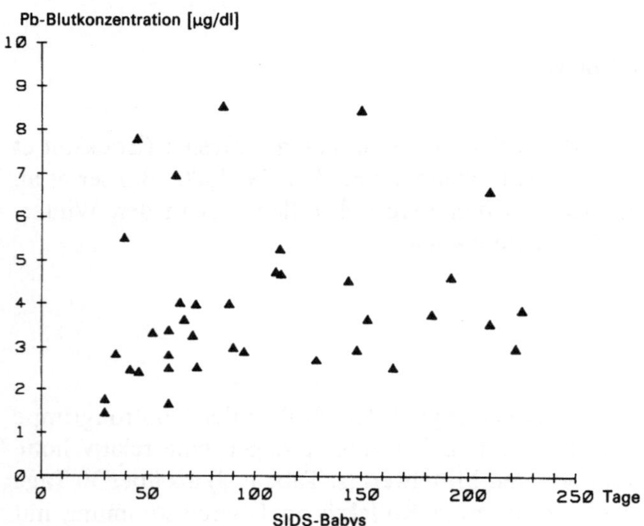

Abb. 2. Bleikonzentrationen im Vollblut (µg/dl) der SIDS-Babys

Postmortale Einflüsse, Wassergehalt

Durch hypostatische und Infiltrationsvorgänge kommt es bei der Leiche zu einer Verminderung der Blutflüssigkeit (Brettel 1972). Da ca. 95% des Blutbleis in den Erythrozyten inkorporiert sind (Ong 1980), muß eine derartige postmortale Wasserverschiebung Berücksichtigung finden. Es wurde daher in jedem Fall eine

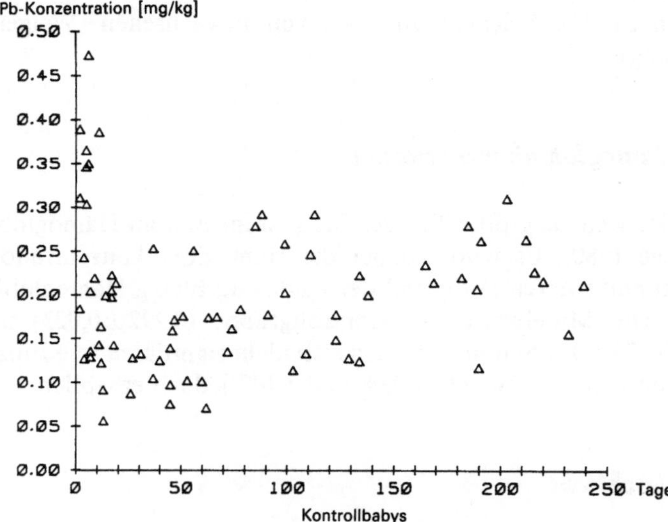

Abb. 3. Bleikonzentrationen in der Bluttrockenmasse (mg/kg) der lebenden und der toten Kontrollbabys

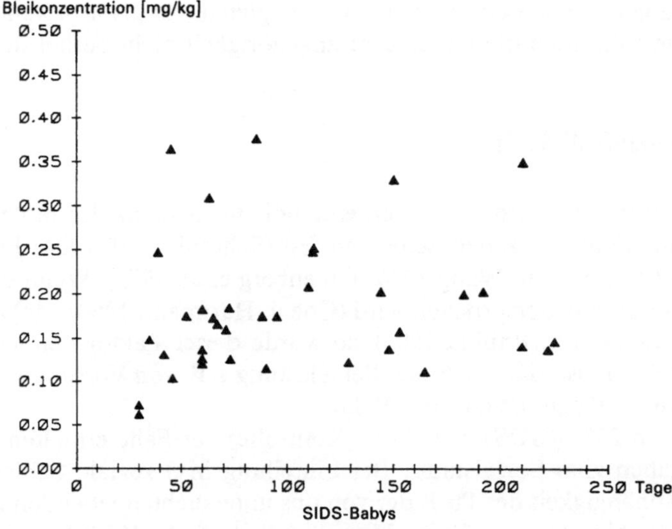

Abb. 4. Bleikonzentrationen in der Bluttrockenmasse (mg/kg) der SIDS-Babys

Wasserbestimmung nach Widmark (Grüner 1967) durchgeführt. Die Blutproben der lebenden Säuglinge wiesen mit 81,4±0,21% einen hochsignifikant höheren Wassergehalt auf als die der toten Vergleichsbabys (78,3±0,36%) und der SIDS-Opfer (78,9±1,33%). Zur Berücksichtigung dieses Faktors wurde die Pb-B in jedem Fall in mg Blei/kg Trockengewicht umgerechnet. Daß hierdurch eine Korrektur möglich ist und keine weiteren relevanten postmortalen Einflüsse (Ausnahme: stärkere Leichenfäulnis) mehr vorliegen, zeigt eine Untersuchung an ca. 100 Leichenblutproben von Erwachsenen (Weigert 1986, in Vorbereitung).

Hämoglobinkonzentration

Der weitaus größte Teil des Bleis ist im Blut an Hämoglobin gebunden (Ong u. Lee 1980). Es wurde daher die Hämoglobinkonzentration photometrisch bestimmt (Merck 1970) und der Faktor μg Blei/g Hämoglobin berechnet.

Die Mittelwerte der Kontrollgruppe (0,292 ± 0,023) und der SIDS-Babys (0,276 ± 0,025) unterschieden sich nicht signifikant, die Einzelwerte beider Gruppen variieren zwischen 0,08 und 1,149 jedoch erheblich.

Geschlecht

Bei den lebenden Kontrollbabys lag die mittlere Pb-B der Mädchen mit 3,50 μg/dl etwas höher als bei den Knaben (3,41 μg/dl). Dieser Unterschied war jedoch statistisch nicht signifikant. Bei den SIDS-Opfern waren die Mittelwerte der Pb-B der Mädchen und Knaben gleich. Da zudem die Geschlechterverteilung in beiden Gruppen annähernd gleich war (54% bzw. 46% männlich), mußte im folgenden die Geschlechtszugehörigkeit nicht berücksichtigt werden.

Soziale Schicht

Zahlreiche Autoren stellten eine höhere Inzidenz des plötzlichen Kindstodes in niedrigeren sozialen Schichten fest (Schmidt et al. 1984; Biering-Sörensen et al. 1979; Spiers u. Wang 1976; Greenberg et al. 1973). Wenn dem auch von einigen Autoren widersprochen wird (Coe u. Hartmann 1960; McWeeny u. Emery 1975; Dittmann u. Pribilla 1983), so wurde dieser Faktor dennoch berücksichtigt, da bekannt ist, daß auch die Bleibelastung z. B. von Vorschulkindern vom Sozialstatus abhängig ist (Annest 1983).

In 20% (SIDS) bzw. 31% (Kontrolle) der Fälle erhielten wir auswertbare Angaben zum Sozialstatus. Bei Einteilung in 3 soziale Schichten ergab sich eine Abhängigkeit der Pb-B der von uns untersuchten lebenden Babys vom Sozialstatus (Abb. 5). Geprüft nach dem χ^2-Test (Sachs 1984) konnte jedoch kein signifikanter Unterschied zwischem dem Sozialstatus (soweit bekannt) der SIDS- und der Kontrollbabys festgestellt werden.

Ernährung

Die Rolle der protektiven Wirkung von Muttermilch beim plötzlichen Kindstod ist umstritten (Steele u. Langworth 1966; Houstek 1970; Frogatt et al. 1971a, b; Valdes-Dapena 1977; Biering-Sörensen et al. 1978; Schmidt et al. 1984).

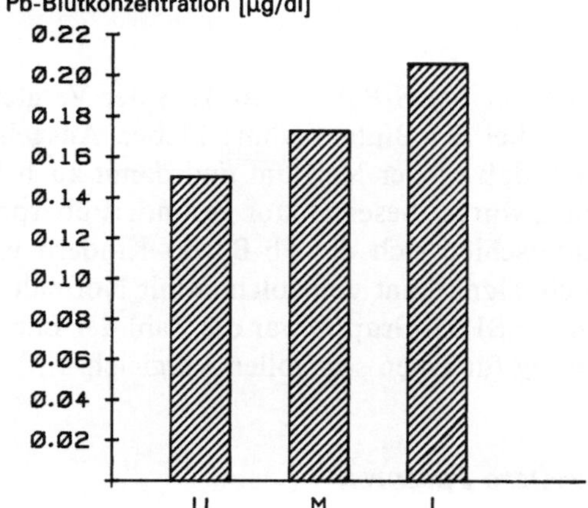

Abb. 5. Bleikonzentrationen im Vollblut (µg/dl) der lebenden Kontrollbabys, aufgeteilt nach den sozialen Status (*U* obere, *M* mittlere, *L* niedrigere soziale Schicht)

Die Frage einer unterschiedlichen Bleiaufnahme von gestillten und mit Fertignahrung (Milchpulver oder Konzentrat) aufgezogenen Kindern ist stark abhängig von der Bleikonzentration des Trinkwassers (Käferstein u. Müller 1981). Im Lebensbereich aller untersuchten Säuglinge liegt die Bleikonzentration im Leitungswasser sehr niedrig (ab Werk meist unter 0,5 µg/l. Durch die hohe Härte des Trinkwassers in dieser Region ist selbst unter der Annahme von Bleirohren (in München nur noch in weit unter 1% der Haushaltungen installiert) nicht mit Bleikonzentrationen über 10 µg/l Trinkwasser am Entnahmehahn zu rechnen (Schmidt 1985, persönliche Mitteilung). Unter diesen Bedingungen berechneten z.B. Käferstein u. Müller (1981), daß sich die monatliche Bleiaufnahme zwischen Brustkindern und Säuglingen, die mit industriell gefertigter Babynahrung (rekonstruiert mit Leitungswasser) gefüttert werden, nicht signifikant unterscheidet. Auch einer Untersuchung der DFG (1984) zufolge liegt die Bleikonzentration in Muttermilch etwa gleich hoch wie diejenige industriell gefertigter Säuglingsnahrung.

In unserem Gesamtkollektiv (SIDS und Kontrollen) lagen die Bleikonzentrationen (mg Blei/kg Trockengewicht) in den auswertbaren Fällen mit 0,138 ± 0,17 (n = 7) bei den ausschließlich gestillten Babys signifikant (p = 0,029) niedriger als bei nicht gestillten (0,194 ± 0,013; n = 20). 21% der von uns untersuchten SIDS-Babys wurden voll gestillt. Dieser Anteil liegt etwas niedriger als von der Deutschen Forschungsgemeinschaft (DFG 1984) in Deutschland für 1982 erhoben (31%). Eine Einteilung unserer Kontrollgruppe nach deren Ernährung erschien wenig sinnvoll zu sein, da häufig zuvor zu Hause gestillte Säuglinge im Krankenhaus auf Kuhmilchfertigprodukte umgestellt waren oder kurzzeitig eine besondere Diät erhielten.

Fieber

25% der SIDS-Babys und 41% der Vergleichsbabys hatten kurz vor dem Tod bzw. bei der Blutentnahme Fieber. Ausgehend von der theoretischen Möglichkeit, daß Fieber Kalzium und damit auch Blei aus Depots zu mobilisieren vermag, wurde dieser Faktor gesondert überprüft. Bei den lebenden Kontrollbabys unterschied sich die Pb-B von Kindern mit Fieber (3,33 ± 0,37 μg/dl; n = 13) nicht signifikant von solchen mit Normaltemperatur (3,41 ± 0,27 μg/dl; n = 16). In der SIDS-Gruppe war die Zahl der Babys mit angegebenem Fieber (n = 4) zu gering für einen sinnvollen Vergleich.

Weitere Faktoren (Geburtsgewicht, Geburtskomplikationen, Frühgeburten, Fehlgeburtenrate, Alter der Mutter, Geschwisterzahl, Staatsangehörigkeit)

Im Gegenstz zu Angaben in der Literatur (Yount et al. 1979; Standfast et al. 1980; Valdes-Dapena 1980; Read u. Stanley 1983; Beal 1983) unterscheiden sich unsere Kollektive von SIDS- und Vergleichsbabys signifikant weder im Geburtsgewicht (2946 g bzw. 3056 g) oder in der Frühgeborenenrate (31,2% bzw. 30,8%) noch in der Schwangerschaftsdauer (beide Gruppe 37,9 Wochen). Auch der Anteil an Fällen mit angegebenen Geburtskomplikationen (41,2% bzw. 41,3%) und vorangegangener Fehlgeburt (11,8% bzw. 13%) war fast identisch. Bei ebenfalls ähnlicher Geschwisterzahl (0,9 bzw. 0,76) lag der mittlere zeitliche Abstand zur letzten Schwangerschaft mit 1,85 Jahren bei Müttern von SIDS-Babys jedoch hochsignifikant niedriger als bei der Kontrollgruppe mit 3,3 Jahren. Dies steht ein Einklang mit Untersuchungen von Spiers u. Wang (1976), Caprenter et al. (1977) und Valdes-Dapena (1980). Das mittlere Alter der Mutter unterschied sich kaum (26,2 Jahre bzw. 27,1 Jahre). Auch der Anteil der Mütter unter 20 bzw. 25 Jahre war statistisch nicht zu unterscheiden. Der Ausländeranteil lag bei 20,8% (SIDS) bzw. 20,1% (Kontrolle). Im Kontrollkollektiv zeigten Ausländerkinder mit 4,09 μg/dl keinen signifikanten Unterschied zu deutschen mit 4,22 μg Blei/dl Blut.

Zusammenfassend ergeben sich bei den 30–240 Tage alten Säuglingen keine statistisch signifikanten Unterschiede zwischen Kontrollkollektiv und SIDS-Babys, die unterschiedliche Pb-B erwarten lassen. Der postmortalen Wasserverschiebung wurde durch Berechnung der Bleikonzentration im Trockengewicht Rechnung getragen. Ein Vergleich der Bleikonzentration im Bluttrockengewicht von SIDS-Opfern und Kontrollgruppe erschien daher berechtigt zu sein.

Vergleich der Bleikonzentration von SIDS-Babys und Kontrollgruppe

Die arithmetischen Mittelwerte der Bleikonzentration in der Bluttrockenmasse von SIDS- und Kontrollbabys (Werte s. Tabelle 2) unterscheiden sich statistisch nicht signifikant. Gleiches gilt auch für die nicht korrigierten Pb-B-Werte. Wie oben bereits angemerkt steigen die Bleikonzentrationen beider Gruppen über 30 Tage mit dem Lebensalter leicht an, wobei die Korrelation der linearen Regression bei den SIDS-Babys deutlich schlechter ist (s. Tabelle 3). Betrachtet man die Einzelwerte (Abb. 1 - 4), so fällt in der Altersgruppe 30–240 Tage auf, daß die 5 höchsten Werte (0,31-0,38 mg Pb/kg Trockengewicht) von SIDS-Babys stammen, während nur ein Wert des Kontrollkeollektivs in dieser Altersgruppe 0,31 mg/kg erreicht. Dieses Baby war zudem 203 Tage alt. Geprüft nach dem χ^2-Anpassungstest (Sachs 1984) unterscheidet sich die Verteilung des Kollektivs der SIDS-Babys von dem der Kontrollgruppe auf einem Niveau von über 99,9%. (Bei einem Vergleich der nicht korrigierten Blutbleikonzentrationen erhält man ein vergleichbares Ergebnis.) Es liegt die Vermutung einer bimodalen Verteilung bei den SIDS-Babys nahe. Die 5 SIDS-Fälle mit den hohen Werten unterscheiden sich weder in der Altersverteilung, im Durchschnittsalter (110,6 Tage), noch im Sozialstatus (3mal niedrige, 2mal mittlere soziale Schicht) statistisch signifikant von den übrigen SIDS- und/oder den Kontrollbabys. Eine nochmalige Überprüfung der anamnestischen Angaben und der Sektionsbefunde erbrachte keine relevanten Auffälligkeiten. Es ergibt sich somit der Verdacht eines Zusammenhangs zwischen den erhöhten Blutbleikonzentrationen in diesen Fällen und dem Eintritt des plötzlichen Kindstodes. Die Tatsache, daß die Bleikonzentration im Blut „nur" bei einem Teil der SIDS-Opfer auffällig erhöht ist, läßt sich zwanglos damit in Einklang bringen, daß auch zahlreiche andere Risikofaktoren für den plötzlichen Kindestod bekannt sind bzw. vermutet werden (Wilske 1984).

Mehrere Untersuchungen zeigen, daß Blei einen negativen Einfluß auf die prä- und postnatale Entwicklung und auf die Ausreifung des Gehirns hat (Bellinger et al. 1985; Ernhardt et al. 1985; Graziano et al. 1985; Piasek u. Kostial 1985). Da nun andererseits eine Reihe von Autoren einen Zusammenhang zwischen mangelhafter Ausbildung von Teilen des Zentralnervensystem, insbesondere des Atemzentrums, und dem Auftreten des plötzlichen Kindstodes bejahen (Stark u. Nathanson 1975; Gadsdon u. Emery 1976; Takashima et al. 1978; Althoff 1980; Sachis et al. 1981, 1982; Naeye 1983; Kinney et al. 1983; Wilske 1984), könnte hierin ein möglicher Zusammenhang zwischen erhöhter Bleibelastung und plötzlichem Kindstod zu finden sein. Aufgrund unserer Untersuchungen kann nicht sicher differenziert werden, ob dieser mögliche schädigende Einfluß prä- oder postnatal erfolgt ist. Der Abfall der Pb-B in der Vergleichsgruppe im 1. Lebensmonat sollte die Aufmerksamkeit auf die pränatale Phase lenken. Ein direkter Vergleich der von uns und anderen Autoren aufgefundenen relativ niedrigen Blutbleikonzentrationen der Säuglinge mit den wesentlich höheren Grenzkonzentrationen für toxische Wirkungen des Bleis bei älteren Kindern und Erwachsenen erscheint problematisch. Ong u. Lee (1980) konnten z. B. zeigen, daß Blei im Nabelschnurblut anders (hauptsächlich an HbF) gebunden ist als im Blut von Erwachsenen (dort in erster Linie an HbA). Inwieweit diese Unterschiede zu einer quantitativ anderen toxischen Wirkung von Blei auf das Zentralnervensystem - prä- gegenüber postnatal - beitragen, soll Gegenstand weiterer Untersuchungen sein.

Literatur

Althoff H (1980) Sudden infant death syndrome (S.I.D.S.). Veröffentlichungen aus der morphologischen Pathologie 1980:114

Annest JL (1983) Trends in the blood lead levels of the US population. The second national health and nitrition survey (Nahanes II) 1976–1980. In: Rutter M, Jones RR (eds) Lead versus health. Wiley, London

Aronow WS (1978) Effect of ambient level of carbon monoxide in cardiopulmonary disease. Chest 74:1

Atkinson JB, Evans OB, Ellison RS, Netsky MG (1984) Ischemia of the brain stem as a cause of sudden infant death syndrome. Arch Pathol Lab Med 108:341

Beal SM (1983) Some epidemiological factors about sudden infant death syndrome (SIDS) in South Australia. In: Tildon JT, Roeder LM, Steinschneider A (eds) Sudden infant death syndrome, proceedings of the 1982 International Research Conference on the Sudden Infant Death Syndrome, Baltimore. Academic Press, London New York, p 15

Bellinger D, Leviton A, Waternaux C, Needleman H, Rabinowitz M (1985) A longitudinal study of the developmental toxicity of low-level lead exposure in the prenatal and early postnatal periods. In: Lekkas TD (ed) International Conference on Heavy Metals in the Evironment, vol 1, Athen, September 1985. CEP Consultants, Edinburgh, p 32

Biering-Sörensen F, Jorgensen T, Hilden J (1978) Sudden infant death in Copenhagen 1956–71. I. Infant feeding. Acta Paediatr Scand 62:129

Biering-Sörensen F, Jorgensen T, Hilden J (1979) Sudden infant death in Copenhagen 1956–71, II. Social factors and morbidity. Acta Paediatr Scand 68:1

Bonser RS, Knight BH, West RR (1978) Sudden infant death syndrome in Cardiff, association with epidemic influenza and with temperature 1955–1974. Int J Epidemiol 7:335

Brettel HF (1972) Blutalkohol und Blutwassergehalt, Methodik - Theorie - Praxis. Schmidt-Römhild, Lübeck (Arbeitsmethoden der medizinischen und naturwissenschaftlichen Kriminalistik, B. 11, S 66)

Carpenter RG, Gardner A, McWeeny PM, Emery JL (1977) Multistage scoring-system for identifying infants at risk of unexpected death. Arch Dis Child 52:606

Coe JI, Hartmann EE (1960) Sudden unexpected death in infancy. J Pediatr 56:786

Deutsche Forschungsgemeinschaft (1984) Rückstände und Verunreinigungen in Frauenmilch. Mitteilung XII der Kommission zur Prüfung von Rückständen in Lebensmitteln. Verlag Chemie, Weinheim

Dittmann V, Pribilla O (1983) Zur Epidemiologie des plötzlichen Säuglingstodes (Sudden infant death syndrom, SIDS) im Lübecker Raum, Katamnestische Untersuchungen an 155 von 1971 bis 1981 beobachteten Fällen. Z Rechtsmed 90:277

Ehrlich R (1966) Effect of nitrogen dioxide on respiratory infection. Bacteriol Rev 30:604

Erickson MM (1983) Poklis A, Gantner GE, Dickinson AW, Hillman LS (1983) Tissue mineral levels in victims of sudden infant death syndrome. I. Toxic metals - lead and cadmium. Pediatr Res 17:779

Ernhart CB, Wolf AW, Kennard MJ, Filipovich HF, Sokol RJ, Erhard P (1985) Intrauterine lead exposure and the status of the neonate. In: Lekkas TD (ed) International conference in Heavy Metals in the Environment, vol 1, Athen, September 1985. CEP Consultants, Edinburgh, p 35

Froggatt P, Lynas MA, Marshall TK (1968) Sudden death in babies: Epidemiology. Am J Cardiol 22:457

Froggatt P, Lynas MA, Marshall TK (1971a) Sudden unexpected death in infants (cot death) report of a collaborative study in Northern Ireland. Ulster Med 40:116

Froggatt P, Lynas MA, MacKenzie G (1971b) Epidemiology of sudden unexpected death in infants (cot death) in Northern Ireland. Br J Prev Soc Med 25:119

Gadsdon DR, Emery JL (1976) Fatty change in the brain in perinatal and unexpected death. Arch Dis Child 51:42

Goldstein IF (1982) Letters to the editor, re.: "Seasonal relationship of sudden infant death syndrome and environmental pollutants". Am J Epidemiol 116:189

Graziano J et al. (1985) Environmental lead and pregnancy outcome. In: Lekkas TD (ed) International Conference on Heavy Metals in the Environment, vol 1, Athen, September 1985. CEP Consultants, Edinburgh, p 414

Greenberg MA, Nelson KE, Carnow BW (1973) A study of the relationship between sudden infant death syndrome and environmental factors. Am J Epidemiol 98:412

Grüner O (1967) Der Gerichtsmedizinische Alkoholnachweis, 2. Aufl. Heymanns, Köln Berlin Bonn München, S 65

Hoppenbrouwers T, Calub M, Arakawa K, Hodgman JE (1981) Seasonal relationship of sudden infant death syndrome and environmental pollutants. Am J Epidemiol 113:623

Houstek J (1970) Sudden infant death syndrome in Czechoslovakia: Epidemiologic aspects. Proceedings of the second International Conference on Causes of Sudden Death in Infants. Seattle. University of Washington Press, Washington, p 55

Käferstein F-K, Müller J (1981) Heavy metals in the infant diet. Reimer, Berlin (ZEBS - Bericht 1/1981)

Kinney HC, Burger PC, Harrell FE (1983) "Reactive gliosis" in the medulla oblongata of victims of the sudden infant death syndrome. Pediatrics 72:181

Kraus JF, Franti CE, Borhani NO (1972) Discriminatory risk factors in post-neonatal sudden unexplained death. Am J Epidemiol 96:328

Lewin L (1922) Die Fruchtabtreibung durch Gifte und andere Mittel, 3. Aufl. Springer, Berlin, S 280

Longo LD (1977) The biological effects of carbon monoxide on the pregnant woman, fetus, and newborn infant. Am J Obstet Gynecol 129:69

McWeeny PM, Emery JL (1975) Unexpected postneonatal deaths (cot deaths) due to recognizable disease. Arch Dis Child 50:191

Merck E (Hrsg) (1970) Klinisches Labor, 11. Aufl. Darmstadt

Merian E (1984) Metalle in der Umwelt. Verlag Chemie, Weinheim

Naeye RL (1983) Origins of the sudden infant death syndrome. In: Tildon JT, Roeder LM, Steinschneider A (eds) Sudden infant death syndrome. Proceedings of the 1982 International Research Conference on the Sudden Infant Death Syndrome, Baltimore. Academic Press, London New York, p 77

Ong CN, Lee WR (1980) High affinity of lead for fetal hemoglobin. Br J Ind Med 37:292

Piasek M, Kostial K (1985) Duration of exposure to lead and reproductive performance in rats. In: Lekkas TD (ed) International Conference on Heavy Metals in the Environment, vol 1, Athen, September 1985, CEP Consultants, Edinburgh, p 463

Read A, Stanley F (1983) Postneonatal mortality in Western Australia 1970–1978. Aust Pediatr 19:18

Sachis PN, Armstrong DL, Becker LE (1981) The vagus nerve and sudden infant death syndrome: A morphometric study. J Pediatr 2:278

Sachis PN, Armstrong DL, Becker LE (1982) Myelination of the human vagus nerve from 24-week postconceptional age to adolescence. J Neuropathol Exp Neurol 41:466

Sachs L (1984) Angewandte Statistik, Anwendung statistischer Methoden, 6. Aufl. Springer, Berlin Heidelberg New York Tokyo

Schmidt C, Spann W, Eisenmenger W (1984) Das Phänomen des „plötzlichen Kindstodes“ aus sozialer und psychologischer Sicht. MMW 126:795

Spiers PS, Wang L (1976) Short pregnancy interval, low birth-weight and the sudden infant death syndrome. Am J Epidemiol 104:15

Standfast SJ, Jereb S, Janerich DT (1979) The epidemiology of sudden infant death in upstate New York. JAMA 241:1121

Standfast SJ, Jereb S, Janerich DT (1980) The epidemiology of sudden infant death in upstate New York, II. Birth characteristics. Am J Public Health 70:1061

Stark RE, Nathanson SN (1975) Unusual features of cry in an infant dying suddenly and unexpectedly. In: Bosma JF, Showacre J (eds) Development of upper respiratory anatomy and function: Inplications for sudden infant death syndrom. Government Printing Office, Washington, p 233

Steele R, Langworth JT (1966) The relationship of antenatal and postnatal factors to sudden exexpected death in infancy. Can Med Assoc J 94:1165

Stephens RJ, Freeman G, Crane SC (1971) Ultrastructural changes in the terminale bronchiole of the rat during continuous, low-level exposure to nitrogen dioxide. Exp Mol Pathol 14:1

Stoeppler M (1984) Mohl C, Ostapczuk P, Goedde M, Roth M, Waidmann E (1984) Rapid and reliable determination of elevated blood lead levels. Fresenius Z Anal Chem 317:486

Takashima S, Armstrong D, Becker L (1978) Cerebral hypoperfusion in the sudden infant death syndrome? Brain stem gliosis and vasculature. Ann Neurol 4:257

Valdes-Dapena M (1977) Sudden unexplained infant death, 1970 through 1975: An evolution in understanding. Pathol Annu 12:117

Valdes-Dapena MA (1980) Sudden infant death syndrome: A review of the medical literature 1974–1979. Pediatrics 66:597

Wide M (1983) Lead and development of the early embryo. In: Clarkson T, Nordberg G, Sagar P (eds) Reproductive and developmental toxicology of metals. Plenum, New York London, p 343

Wilske J (1984) Der plötzliche Säuglingstod. Morphologische Abgrenzung, Pathomechanismus und Folgerungen für die Praxis. Springer, Berlin Heidelberg New York Tokyo

Yount JE, Flanagan WJ, Dingley EF (1979) Evidence of an exponentially increasing evidence of sudden infant death syndrome (SIDS) with decreasing birthweight (BW) Pediatr Res 13:510

Zur Beurteilung von arzneimittelbedingten Leistungsminderungen bei Kraftfahrern

J. Eulitz, D. Krause, C. Herold

Entsprechend der Straßenverkehrsordnung der DDR dürfen Fahrzeugführer nicht unter der Wirkung von Alkohol oder die Fahrtüchtigkeit vermindernder Arzneimittel stehen (§ 7 StVO) [9]. Verstöße gegen diese gesetzliche Festlegung stellen Ordnungswidrigkeiten dar, die durch polizeiliche Maßnahmen geahndet werden. Das generelle Alkoholverbot ist unmißverständlich, und seine Einhaltung kann einfach kontrolliert werden. Die Problematik möglicher Arzneimittelwirkungen ist wesentlich komplizierter, wobei der verordnende Arzt eine große Verantwortung hat. Er muß unter Berücksichtigung aller Umstände eine individuelle Entscheiden treffen, den Patienten darüber aufklären und ggf. die Zulassungsstelle informieren [7]. Die mögliche oder sichere Fahrtüchtigkeitsminderung durch ein Arzneimittel wird durch einen entsprechenden Verpackungsaufdruck gekennzeichnet [6].

Darüber hinausgehend ist die aktive Teilnahme am Straßenverkehr unter einer *erheblichen* Beeinträchtigung der Fahrtüchtigkeit bei gleichzeitigem Vorliegen einer dadurch bedingten allgemeinen Gefahr für das Leben oder die Gesundheit anderer Menschen ein Straftatbestand (§ 200 StGB) [8]. Das Kriterium der Erheblichkeit ist entsprechend einer auf einem Sachverständigengutachten basierenden Entscheidung des Obersten Gerichts der DDR ab einer Blutalkoholkonzentration (BAK) von 1,0 mg/g grundsätzlich gegeben, im konkret zu begutachtenden Fall möglicherweise bereits unterhalb dieses Wertes [10].

Für den Sachverständigen oft schwieriger ist dagegen die Beantwortung der Frage, wann ggf. eine alleinige oder auch mit niedrigen Alkoholwerten kombinierte arzneimittelbedingte Fahrtüchtigkeitsbeeinträchtigung erheblich und damit strafrechtlich relevant ist. Deshalb untersuchten wir, ob mittels eines mathematisch-statistischen Vergleichs der durch verschiedene Psychopharmakadosierungen bzw. Alkohol-Psychopharmaka-Kombinationen bedingten psychophysischen Leistungsminderungen mit solchen infolge einer BAK von 1,0 mg/g als Bezugswert die experimentellen Grundlagen für derartige Begutachtungen geschaffen werden können. Diese Überlegungen gehen auf Klein et al. [4] zurück, die 1969 den Begriff „Alkoholäquivalent" zur Beurteilung von Arzneimittelwirkungen eingeführt haben.

Aufgrund ihrer weitverbreiteten Anwendung und der vom Verkehrsunfallverursacher zu Recht oder zu Unrecht relativ häufig angegebenen Einnahme wurden zunächst die akuten Wirkungen oraler Gaben der Tranquilizer Diazepam und Meprobamat in verschiedenen Dosierungen und Kombinationen mit Alkohol im Doppelblindüberkreuzversuch in 5 Serien mit jeweils 10–15 Probanden geprüft. Nach entsprechenden Vorversuchen böten sich folgende Leistungstests für die Bearbeitung der aufgeworfenen Frägestellung an: Reaktionszeitmessung auf akustische Reize, Determinationstest (Wiener Gerät), Linienverfolgungstest, Tachistoskopversuch, Test d 2. Außerdem wurde die subjektive Befindlichkeit registriert [1]. Die unter den verschiedenen Beeinflussungen gemessenen Leistungsveränderungen wurden statistisch mittels t-Test und univariater Varianzanalyse mit multiplem Mittelwertvergleich aufgearbeitet.

Nachfolgend sollen die wichtigsten Ergebnisse unserer Untersuchungen kurz dargestellt werden [2].

Die Ermittlung von Arzneimittel- oder Alkohol-Arzneimittel-Dosen bzw. Kombinationen, die die Fahrtüchtigkeit erheblich beeinträchtigen, ist unter Beachtung des Einnahmezeitpunkts durch Vergleich der Leistungsminderungen mit denen infolge einer BAK von 1,0 mg/g mit Hilfe der von uns beschriebenen Methode möglich.

Die Leistungsverluste durch isolierte Tranquilizereinnahmen (0,4 mg Diazepam/kg KG oder 17,0 mg Meprobamat/kg KG) lagen auch bei Überschreiten der Einzelmaximaldosis signifikant unter den Werten einer BAK von 1,0 mg/g. Damit ist für Tranquilizer, und wahrscheinlich auch für die meisten anderen Psychopharmaka, bei alleiniger akuter Aufnahme auch im Wirkungsmaximum mit einer erheblichen Beeinträchtigung der Fahrtüchtigkeit i. allg. erst bei toxischen Dosen und damit im Straßenverkehr praktisch nicht zu rechnen.

Dagegen kann bei der Kombination einer akuten Tranquilizereinnahme mit Alkohol durch Wirkungsinterferenz der Grad der Erheblichkeit im Sinne des StGB erreicht werden. Als Beispiel sei die Kombination von 0,4 mg Diazepam/kg KG mit einer BAK von 0,3 mg/g genannt, deren Minderung der psychophysischen Leistungsfähigkeit, im Wirkungsmaximum geprüft, einer alkoholischen Beeinflussung von 1,0 mg/g entsprach.

Aus den Untersuchungsergebnissen kann gleichzeitig geschlossen werden, daß außerhalb des Wirkungsmaximums oder bei subchronischer bzw. chronischer Tranquilizereinnahme eine erhebliche Beeinträchtigung praktisch nicht zu erwarten ist.

Juristisch bedeutsam ist die Feststellung, daß bei einer erheblichen Fahrtüchtigkeitsbeeinträchtigung stets von den Versuchspersonen selbst erkennbare Zeichen einer verminderten Leistungsfähigkeit vorhanden waren [3].

Wesentliche Unterschiede im Leistungsverhalten in Abhängigkeit von Intelligenz, Alter (das höhere Lebensalter war nicht eingezogen) und psychischer Konstitution bestanden bei den geprüften und sich aus der Fragestellung ergebenden relativ hohen Beeinflussungen nicht.

Ermutigt durch unsere Untersuchungsergebnisse möchten wir Moser [5] unterstützen, die schon 1974 für jedes Arzneimittel, allein und in Kombination mit Alkohol, die Erarbeitung einr Dosisgrenze entsprechend den in Abhängigkeit von der jeweiligen nationalen Gesetzgebung unterschiedlichen rechtsrelevanten Blutalkoholkonzentrationen anregte. Dabei sollten individuelle Faktoren, ausgenommen höheres Lebensalter sowie mit Störungen des Arzneimittelstoffwechsels verbundene Krankheiten, nicht im Vordergrund stehen. Die bei der Beurteilung von Arzneimittelwirkungen gegenüber dem Alkohol bestehenden Schwierigkeiten, insbesondere die ungleich geringere Aussagekraft des Blutspiegels bei größerem Aufwand für dessen Bestimmung, dürfen kein Grund sein, sich dieser Problematik zu verschließen. In der Begutachtung werden Ermittlungsergebnisse in Form von Aussagen über eingenommene Arzneimitteldosen oder zum Fahrverhalten ebenso berücksichtigt werden müssen wie chemische Analysenwerte. Aus unseren Untersuchungen ergeben sich erste orientierende Richtwerte für die Beurteilung bestimmter tranquilizerinduzierter Fahrtüchtigkeitsminderungen. International sind umfangreiche weitere Forschungen erforderlich, um durch entsprechenden Erkenntniszuwachs eine auf diesem Gebiet wünschenswerte Erhöhung der Rechtssicherheit zu ermöglichen. Das sehr differente nationale Verkehrsrecht mit unterschiedlichsten alkoholbezogenen Richt- und Grenzwerten erschwert die diesbezüglichen Bemühungen. Für die Gerichtsmediziner der DDR stellt sich v.a. die Frage nach einer eventuellen *erheblichen* Beeinträchtigung im Sinne des Strafgesetzbuchs.

Literatur

1. Eulitz J, Herold C, Krause D (im Druck) Testbatterie zur Prüfung des straßenverkehrsrelevanten Leistungsvermögens unter Psychopharmakaeinfluß. In: Festschrift Prof. O. Prokop
2. Eulitz J, Krause D, Herold C, Brier C, Koch R (im Druck) Alkohol, Arzneimittel und Verkehrsgesetzgebung. 2. Mitteilung: Untersuchungen zur Beurteilung einer erheblichen Beeinträchtigung der Fahrtüchtigkeit durch Psychopharmaka oder Alkohol-Psychopharmaka-Kombinationen. Z Ärztl Fortbild
3. Herold C, Eulitz J, Brier C, Krause D (1985) Zur subjektiven Seite einer erheblichen Beeinträchtigung der Fahrtüchtigkeit durch Psychopharmaka. In: 8. Jahrestagung der Gesellschaft für Gerichtliche Medizin der DDR, Jena, 14.-16. 5. 1985
4. Klein KE, Brüner H, Wegmann HM (1969) Die Einschränkung der Flugtüchtigkeit durch Alkohol und Medikamente. Wehrmed Monatsschr 13:193-199
5. Moser L (1974) Die Untersuchung kraftfahrwesentlicher Leistungsminderungen durch Arzneimittel. Blutalkohol 11:285-311
6. Richtlinie für die medizinische und psychologische Untersuchung und Beurteilung von Kratfahrzeugführern. VuM MfG, Nr. 5, S. 57 vom 23. 7. 82
7. Straßenverkehrs-Zulassungs-Ordnung (StVZO) Gbl. I, 1982, Nr. 1, S. 6
8. Strafgesetzbuch der Deutschen Demokratischen Republik (StGB) Gbl. I, 1975, Nr. 3, S. 14
9. Verordnung über das Verhalten im Straßenverkehr (Straßenverkehrs-Ordnung - StVO -) Gbl. I, 1977, Nr. 20, S. 257
10. Beschluß des Präsidiums des Obersten Gerichts der Deutschen Demokratischen Republik zu einigen Fragen der gerichtlichen Tätigkeit in Verkehrsstrafsachen vom 15. 3. 78 J PrB 1 - 112 - 1/78

Tödliche Vergiftung nach Genuß von „Colchicumblattsalat"

G. Kauert, L. v. Meyer, G. Drasch

Die Tragik des Falles, über den wir nachfolgend berichten wollen, liegt in der Paradoxie der Situation: Ein 48jähriger Mann bevorzugte aus gesundheitsfürsorglichen Gründen zu Hause überwiegend biologische Kost, die er - er galt als Kenner der Materie - in der Natur selbst sammelte, und verstarb aufgrund einer Verwechslung von Pflanzen akut daran.

Zur Vorgeschichte

Im April 1984 begab sich das Ehepaar G. an eine bestimmte Stelle im Wald, an der es Bärlauch (Allium ursinum) sammeln wollte, um daraus einen Salat zu bereiten. Dem Ehemann war bekannt, daß diese Lauchart dort wächst! Er fand dort auch die vermuteten Pflanzen, die er als Bärlauch identifizierte.

Zu Hause bereiteten sie aus den Blättern einen Salat mit Essig, Öl, Eiern, Sahne und Salz und verzehrten diesen gegen 12.30 Uhr zusammen mit ebenfalls gesammeltem Löwenzahn. Während die Ehefrau wegen des auffallend bitteren Geschmacks nur wenig von dem Salat aß, verzehrte der Mann als überzeugter Rohkostler und nachdrücklich in der Überzeugung, es handele sich um Bärlauch, eine größere Menge davon (s. Abb. 1).

Gegen 16.00 Uhr klagte der Mann über Unwohlsein, das er sich als Nachwirkung einer nicht auskurierten Grippe erklärte. Ab 17.00 Uhr setzten bei ihm Durchfälle und ab 18.00 Uhr zusätzlich Erbrechen ein. Bei der Ehefrau begannen die gleichen Symptome ab etwa 20.00 Uhr, und beide hatten während der ganzen Nacht Brechdurchfall. Für ihren Zustand fanden beide nunmehr keine Erklärung. Gegen den Widerstand des Ehemanns rief die Frau am nächsten Frühmorgen den Notarzt, dem die Vorgeschichte berichtet und auch der Rest der gepflückten Pflanzenteile gezeigt wurde. Der Arzt konnte diese jedoch nicht identifizieren, behandelte die von ihm diagnostizierte Gastroenteritis mit Paspertin und Buscopan und entfernte sich mit der Empfehlung, viel Kamillentee zu trinken und der Feststellung, das Schlimmste sei nun überstanden. Ein Teil der Blätter nahm er mit, um sie mit Hilfe eines in seinem Besitz befindlichen Pflanzenbestimmungsbuchs zu identifizieren. Hierbei kam er zu dem Ergebnis, es handele sich bei den gesammelten Blättern um eine Amaryllisart, deren Toxizität als relativ gering einzustufen sei.

Abb. 1. Asservierte Überreste der gesammelten Blätter

Während sich der Zustand der Ehefrau im Verlauf des Tages besserte, verschlechterte sich der des Ehemanns zunehmend in Form von Anurie und Schwächeanfällen. Gegen 19.00 Uhr wurde der Notarzt erneut gerufen, der aufgrund des Zustands die umgehende Einweisung des Ehemanns mit der vorläufigen Diagnose einer Intoxikation nach Genuß giftiger Pflanzenteile veranlaßte. Auf Veranlassung der Krankenhausärzte wurden konsiliarisch ein Apotheker und ein Biologe herangezogen, die die gesammelten Pflanzenteile als Blätter von Colchicum autumnale identifizierten.

Krankenhausaufnahmebefund (auszugsweise)

Bewußtseinsklarer (!) Patient im Kreislaufschock, zentrale und periphere Zyanose, Blutdruck nicht meßbar, Druckschmerz im gesamten Abdomen, grobneurologischer Status unauffällig. Ausgeprägte Hämokonzentration (Hk 70,2%), Hb 23,1 g%, Leukozyten 43000/mm^3, Erythrozyten 6,7 Mio./mm^3.

Intensivmedizinisch stand die Erhaltung des Kreislaufs und der Atmung im Vordergrund. 69 h nach Verzehr der „Salats“ verstarb der Patient an einem Multiorganversagen und Kreislaufversagen bei bis zuletzt erhaltenem Bewußtsein.

Obduktionsbefund (auszugsweise)

Allgemeine Blutungsneigung mit punktförmigen Blutungen in die Haut, speziell im Bereich der Achselhöhlen und der Oberarme (s. Abb. 2), massiv blutiges Lungenödem beiderseits, Gelbverfärbung der Leber mit landkartenartigen Demarkierungsbezirken, toxische Schädigung von Herzmuskulatur und Nieren, punktförmige Blutungen unter dem Herzinnenfell links, massive Weichteilblutungen im Bereich der Schenkelbeugen, Schleimhautblutungen im s-förmigen

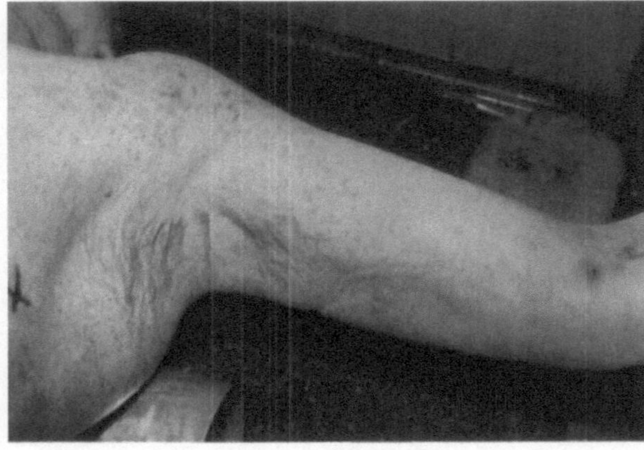

Abb. 2. Allgemeine Blutungsneigung mit punktförmigen Blutungen aufgrund einer Kapillarschädigung durch Kolchizin

Dickdarm, punktförmige Blutungen in den Bindehäuten, mäßiggradige Hirnvolumenvermehrung.

Todesursache: Kreislaufversagen bei schwerem toxischen Lungenödem.

Chemisch-toxikologische Untersuchungen

Es wurden Organteile und Körperflüssigkeiten untersucht: Mageninhalt, Blut, Herz, Leber, Niere, Milz, Lunge und Hirn. Die Aufarbeitung des Untersuchungsmaterials und die quantitative Bestimmung des Kolchizins erfolgte in Anlehnung an eine von Harzer (1984) beschriebene Methode unter Verwendung der Hochdruckflüssigkeitschromatographie mit UV-Detektion.

Ergebnisse

Die errechnete Gesamtmenge an Kolchizin betrug 69 h nach Giftaufnahme noch rund 3 mg. Auffällig ist die weitgehende Gleichgewichtseinstellung zwischen Blutkonzentration sowie der Herz- und Nierengewebekonzentration mit einer erheblichen Anreicherung in der Leber sowie in etwas geringerem Maße in Milz und Lunge. Die im Mageninhalt aufgefundenen geringen Kolchizinmengen stammen mit hoher Wahrscheinlichkeit aus rückresorbierten Anteilen. Aus der Blutkonzentration errechnet sich unter Einbeziehung des Verteilungsvolumens, das für Kolchizin 2,21 l/kg KG beträgt (Baselt 1982), sowie des Körpergewichts des Vergifteten von 69 kg eine Gesamtmenge von 4,3 mg Kolchizin. Die Differenzmenge von 1,3 mg zu der sich aus der Organbestimmung ergebenen Gesamtmenge läßt sich als diejenige betrachten, die in nicht analysierten (Urin und Fäzes) bzw. nicht analysierbaren Kompartimenten enthalten ist, wobei hier sicher-

Tabelle 1. Quantitative Bestimmung des Kolchizins in Organen und Körperflüssigkeiten des Verstorbenen

Asservat	Konzentration [ng/ml] bzw. [g]	Gesamtmenge [mg]
Mageninhalt	763,2	0,010
Blut	28,0	0,140
Herz	21,8	0,007
Leber	1730,0	2,605
Niere	30,3	0,009
Milz	127,3	0,019
Hirn	0,0!	-
Lunge	126,7	0,264
		3,054

lich der methodische Fehler mit einzurechnen ist. Kolchizin hat beim gesunden Erwachsenen eine Eliminationshalbwertszeit im Bereich von 20 h. Die Überlebenszeit von 69 h entspricht etwa 3,5 Halbwertszeiten. Hierdurch läßt sich unter Außerachtlassung der möglichen Einflußfaktoren auf die Toxikokinetik des Kolchizins z. B. Volumensubstitution, Veränderung von metabolischer und renaler Clearance aufgrund der Gewebeschädigung grob überschlagen die aufgenommene Giftmenge mit ca. 35 mg ermitteln.

Diskussion

Die Giftigkeit der Colchicumarten war bereits in der Antike den Griechen und Römern nicht unbekannt. Dioskurides beschrieb die Pflanze: „damit ihre giftigen Eigenschaften nicht verborgen bleiben, wegen ihres angenehmen Geschmacks lockt sie Unerfahrene an, sie wie Zwiebeln zu essen" (Steinegger u. Hänsel 1968). Zu einem Arzneimittel wurde die Herbstzeitlose im Mittelalter durch Empfehlungen arabischer Ärzte als Heilmittel gegen Gicht. In der europäischen Medizin wird Colchicum autumnale seit Mitte des 17. Jahrhunderts als Gichtmittel verwendet, als das es auch heute noch verschrieben werden kann. Die hohe Toxizität des Kolchizins - die minimal tödliche Menge für den erwachsenen Menschen beträgt ca. 6 mg - ist durch seine irreversible Kapillarschädigung begründet, ähnlich wie bei der Arsenvergiftung (daher wird Kolchizin auch vegetabilisches Arsen genannt). Der Tod tritt in der Regel nach 36–48 h ein (List u. Hörhammer 1973). Charakteristisch und gerade deswegen auch so gefährlich ist die lange Latenzzeit von 5–6 h bis zum Auftreten der beschriebenen Symptomatik, nach der eine Rettung je nach aufgenommener Dosis u. U. schon nicht mehr möglich ist. Im Hintergrund dieser Kasuistik stand die strafrechtlich relevante Frage, ob der Vergiftete zum Zeitpunkt des Eintreffens vom Notarzt hätte gerettet werden können, wenn dieser die Kolchizinvergiftung sofort erkannt hätte. Diese Frage kann hier aus toxikologischer Sicht mit Nein beantwortet werden; denn der Vergiftete hatte trotz der progressiven Symptomatik eine ärztliche Behandlung zunächst abgelehnt, und erst ca. 21 h nach Giftaufnahme wurde der Notarzt gerufen. Erschwerend kommt hierzu noch die mehrfach tödliche Menge des aufgenommenen Gifts. Eine Rettung nach ca. 21 h mußte somit aufgrund der nach dieser Zeit weitestgehend abgeschlossenen Verteilung des Gifts in alle Kompartimente nicht zuletzt auch deswegen aussichtslos erscheinen, da es ein spezifisches Antidot für Kolchizin nicht gibt.

Die Zubereitung von Colchicumblättern als Salat und dessen Verzehr mit tödlichem Ausgang zitiert Lewin (1962) bereits aus dem Jahre 1881 (Tartarin zit. nach Lewin 1962). Er gibt als tödliche Menge 60 g Blätter an. Ebenso beschreibt bereits Lewin (1962) als charakteristisches Merkmal der Kolchizinvergiftungen bereits die lang anhaltende Bewußtseinsklarheit bis vor Eintritt des Todes. Der negative Nachweis von Kolchizin im Hirngewebe bei unserem Fall erklärt dieses Phänomen sehr einleuchtend, d.h. Kolchizin überschreitet offensichtlich die Blut-Hirn-Schranke nicht, so daß eine Schädigung des zentralen Nervengewebes nicht in nennenswertem Umfang stattfinden kann.

Eine Verwechslung von Bärlauchblättern mit Colchicumblättern erscheint aus fachlicher Sicht etwas ungewöhnlich, da sich die Blattformen morphologisch-makroskopisch deutlich unterscheiden (s. Abb. 3a, b). Gleichwohl ist diese Verwechslung in der Literatur schon beschrieben (Lohs u. Martinetz 1986). Im vorliegenden Falle wurden die Colchicumblätter, wie bereits erwähnt, durch den behandelnden Notarzt nach eigenem Literaturstudium als Amaryllisart identifiziert. Da er diesen Befund in die Diagnose des Falles einbezogen hatte und dar-

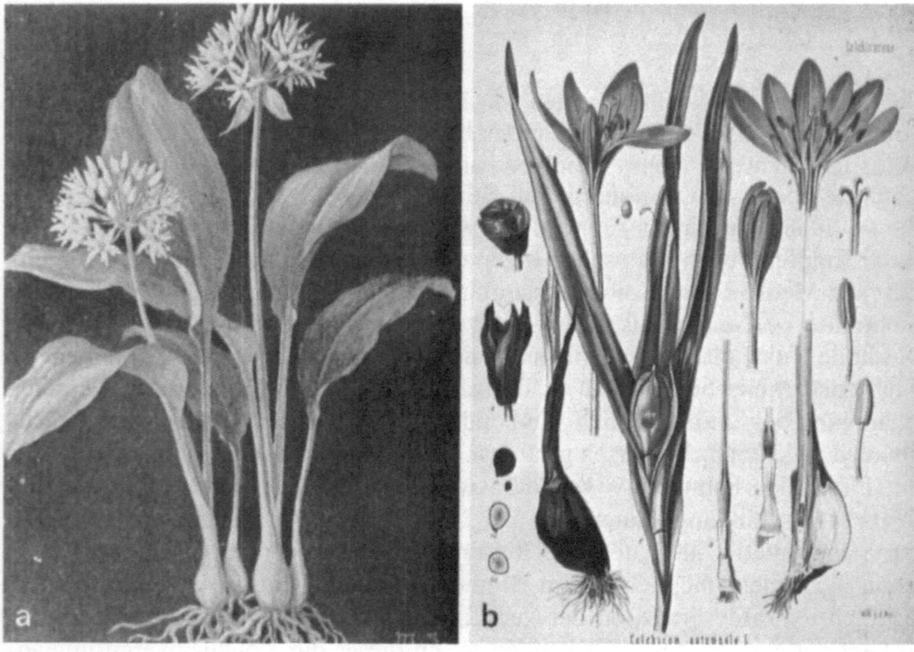

Abb. 3a, b. Morphologie von Allium ursinum (**a**) und Colchicum autumnale (**b**)

über hinaus keinen fachkompetenten Pharmakognosten konsultiert hatte, bleibt ihm theoretisch der Vorwurf des Verstoßes gegen die Regel ärztlicher Sorgfaltspflicht nicht erspart, obwohl ein korrektes Vorgehen auf die Prognose des Vergifteten, wie bereits oben beschrieben, keine Konsequenzen gehabt hätte.

Die iatrogene Vergiftung mit Kolchizinpräparaten kommt heute praktisch nicht mehr vor; jedoch sollte man bei einer steigenden Zahl von Naturkostanhängern die akzidentelle Kolchizinvergiftung im Bewußtsein halten. Frohne u. Pfänder (1982) zitieren eine weitere üble Vergiftungsmöglichkeit mit Kolchizin: die Beimengung als Verschnitt zu Heroinproben.

Literatur

Baselt RC (1982) Disposition of toxic drugs and chemicals in man. Biomedical Publications, Davis

Frohne D, Pfänder HJ (1982) Giftpflanzen. Wissenschaftliche Verlagsgesellschaft, Stuttgart

Harzer K (1984) Tödliche Vergiftungen mit Colchicin. Z Rechtsmed 93:181-185

Lewin L (1962) Gifte und Vergiftungen. Lehrbuch der Toxikologie. Haug, Ulm

List RH, Hörhammer L (Hrsg) (1973) Chemikalien und Drogen (CJ-G). Springer, Berlin Heidelberg Hew York (Hagers Handbuch der Pharmazeutischen Praxis, Bd 4)

Lohs K, Martinetz D (1986) Gift, Magie und Realität - Nutzen und Verderben. Callwey, München, S 88

Steinegger E, Hänsel R (1968) Lehrbuch der Pharmakognosie. Springer, Berlin Heidelberg New York, S 259

*Toxikologie im rechtsmedizinischen Unterricht**

E. KLUG

Toxikologische Fragen spielen und spielten stets eine große Rolle in der täglichen Praxis des Rechtsmediziners. Entsprechend breiten Raum nehmen die Kapitel über Vergiftungen in den Lehrbüchern der gerichtlichen Medizin ein, wobei allerdings die chemischen Probleme meist nur am Rande behandelt werden. Das gleiche gilt auch für den Unterricht, war jedoch nicht immer so: 1833 forderte und erhielt z. B. Karl Wilhelm Wagner anläßlich der Gründung der Berliner Praktischen Unterrichtsanstalt für Staatsarzneikunde ein Laboratorium, in dem die angehenden Ärzte den Nachweis der metallischen Gifte unter der Aufsicht eines Chemikers führen sollten (Ernst 1941; Most 1836). Mit dem weitgehenden Ersatz der klassischen Gifte durch Arznei- und Suchtmittel und der für den Außenstehenden nicht mehr überschaubaren Vielfältigkeit der Nachweisverfahren trat die chemisch-analytische Seite der Toxikologie im Unterricht zurück, so daß Kockel bereits 1920 bei einer Diskussion über die Lehrinhalte des Faches feststellte, daß die gerichtliche Chemie, d. h. der Giftnachweis in der Vorlesung nur nebenbei berührt werden könne, da er wissenschaftliche Erkenntnisse und Erfahrungen voraussetzt, über die die meisten wohl nicht verfügen. Ziemke schloß sich ihm an und forderte, daß „der Arzt zum Nachweis der wichtigsten Gifte wenigstens soviel erfahren soll, daß er im konkreten Falle zu beurteilen weiß, wo ein solcher noch mit Aussicht auf Erfolg versucht werden kann" [17].

Heute ist die Lehre von der Vergiftungen durchweg in die Vorlesung für Rechtsmedizin bzw. in den ökologischen Kurs integriert, allerdings beschränkt auf etwa 2–3 h im Semester.

Zum Unterrichtsinhalt existieren keine konkreten Vorgaben. Als Leitlinien könnten aber z. B. die verschiedenen Lehrbücher der gerichtlichen Medizin (z. B. Berg 1976; Forster u. Ropohl 1982; Schwerd 1979) sowie der Fragenkatalog zur Rechtsmedizin von Schwerd u. Wagner (1981) dienen. Weit darüber hinausgehend hat Schütz 1978 eine Diaserie mit Begleittext über „Methoden der chemisch-toxikologischen Analyse", gedacht für eine Unterrichtsstunde, herausgegeben. Auch Böhm et al. (1983) halten die Besprechung des Giftnachweises im Vorlesungsrahmen für besonders wichtig. Um die zeitraubenden Handhabungen bildhaft zu erläutern, hat er einen ca. 20 min dauernden Videofilm hergestellt, in dem Begriffe wie Extraktion, Phasentrennung, Gaschromatographie u. ä. einen Realitätsbezug erfahren sollen. Hier erscheinen allerdings Kockels oben er-

---

* Auszugsweise vorgetragen auf der 16. Jahrestagung des Norddeutschen Arbeitskreises der Deutschen Gesellschaft für Rechtsmedizin im Mai 1985 in Göttingen.

wähnte Bedenken durchaus angebracht, zumal erfahrungsgemäß das Interesse der Studenten an primär chemischen Themen nicht besonders groß ist (Schulz 1981) und eine spätere Anwendung der Analytik für einen Arzt in der Regel nicht in Frage kommt.

Im folgenden soll das auf Anregungen von Krauland zurückgehende Berliner Konzept erläutert und zur Diskussion gestellt werden.

Hauptziel der Vorlesung ist es, den zukünftigen Arzt so zu sensibilisieren, daß er

1) bei unklaren Krankheitsbildern und Todesfällen eine Vergiftung in Erwägung zieht und u. U. über die Art der Intoxikation Angaben machen kann,
2) daß er für eine notwendige chemische Analyse sachgerecht zu asservieren lernt.

Aufbau und Inhalt der Vorlesung

Einleitend werden zum besseren Verständnis nach Hinweisen auf Giftdefinitionen und gesetzliche Bestimmungen die Modalitäten für das Zustandekommen einer Vergiftung besprochen, wobei auf ihre Bedeutung für rechtsmedizinische Fragestellungen anhand von Beispielen aus der Praxis hingewiesen wird. Wichtig sind hier die Dosis letalis mit Demonstration der meist recht geringen Mengen, die Möglichkeiten eines unauffälligen Beibringens und die sich daraus ergebenden Schwierigkeiten für die chemische Analyse. Weitere Faktoren wie Art der Zufuhr, individuelle Verträglichkeit, additive und potenzierende Wirkungen sowie die Art der Metabolisierung werden herangezogen, um die Notwendigkeit der sachgerechten Asservierung und die Schwierigkeit bei der Beurteilung von Befunden aufzuzeigen. Beispielhaft werden u.a. kumulative Effekte bei Dauergebrauch von Schlafmitteln, die Ausscheidung von Morphin nach Kodeineinnahme und die Amphetaminbildung aus Fenethyllin erwähnt.

Nach Hinweisen zur postmortalen Stabilität der Gifte und zum Vorgehen bei Exhumierungen wird anhand der Berliner Statistik die Bedeutung der einzelnen Stoffgruppen aufgezeigt und auf die vielfältigen Vergiftungsmöglichkeiten hingewiesen. Es wird daraus einsichtig, wie wichtig Hinweise aus der Vorgeschichte vom behandelnden Arzt und auch vom Obduzenten für die Anlage der chemischen Analyse sind. Klinische Symptome, die aber erfahrungsgemäß nur in weniger als 25% zu einer richtigen Diagnose führen, werden kurz erwähnt und leiten zur Erkennung der Vergiftung an der Leiche über (Baur u. v. Clarmann 1956; Hauck 1970; Meixner 1931; Reuter 1953; Schröder 1969; Staudacher 1980).

Schon bei der äußeren Besichtigung können die Farben der Totenflecke Hinweise auf eine CO-Vergiftung geben; leichte Ausziehbarkeit der Kopfhaare, Mees-Bänder und die von Widy beschriebenen Veränderungen in der Haarwurzel weisen auf Thallium hin, Holzer-Blasen auf Barbiturate, Verätzungen auf Säuren, Laugen aber auch auf organische Lösungsmittel, und frische Einstichstellen geben Gelegenheit, das Vorgehen bei Insulin- bzw. Heroinverdacht zu besprechen.

Der bei der Parathionvergiftung hin und wieder beobachtete Schaumpilz leitet zu den Insektiziden über und führt zu den auffallenden und oft charakteristischen Gerüchen mancher Giftstoffe. Wichtige Substanzen werden praktisch demonstriert; der Meinung von Böhm, daß die ästhetische und Geruchsbelästigung der Studenten durch den Einsatz der Videotechnik Berücksichtigung finden solle (Böhm et al. 1983), können wir uns nicht anschließen.

Das für den Chemiker oft ergiebigste Untersuchungsgut ist neben dem Harn der Mageninhalt, in dem neben Tabletten, Tablettenresten, organischen Lösungsmitteln, intensiv gefärbten pestizidhaltigen Flüssigkeiten auch hin und wieder ganz überraschende Dinge gefunden werden können (Schneider u. Klug 1979). Eine Besprechung von Verätzungsbildern der Magenschleimhaut nach Säure-, Laugen- und Zyanideinnahme schließt die Phänomenologie ab. Sublimatniere, Bleisaum u. ä., vorwiegend in der älteren Literatur besprochene Erscheinungsbilder, konnten wir noch nicht beobachten und bleiben unerwähnt.

Abschließend wird nochmals wegen der großen praktischen Bedeutung auf die Kohlenmonoxidvergiftung eingegangen, die vielfältigen Entstehungsmöglichkeiten des Gases werden aufgezeigt und die Nachweismethoden besprochen. Schnellverfahren wie die Tanninprobe und die Pyrogallolprobe werden praktisch demonstriert.

Die angeschnittenen Fragestellungen sind in 3 h zu behandeln. Eine Vertiefung erfolgt im Laufe des Semesters durch die Demonstration charakteristischer „Vergiftungsleichen“, wobei allerdings stets nur ein Teil der Studenten wegen der Gruppenaufteilung einen bestimmten Fall sieht. Für Interessierte wird weiterhin ein Kurs zur Ausmittelung von Giften aus biologischem Material angeboten.

Zusammenfassung

Im ökologischen Kurs und in der begleitenden rechtsmedizinischen Vorlesung sind in Berlin ca 3 h für toxikologische Themen vorgesehen. Der Lehrinhalt, der sich weniger mit den Nachweismethoden als mit der Erkennung der Vergiftung an der Leiche und mit eher praktischen Fragen wie der sachgerechten Asservierung befaßt, wird zur Diskussion gestellt.

Summary

During the ecological course and the accompanying forensic lectures in Berlin, 3 h are to be devoted to toxicological topics. The lectures will be less concerned with methods of proof than with the matter of recognition of poisoning in the corpse, and practical rather than theoretical questions, regarding, for instance, the proper storage of organs, will be discussed.

Literatur

Baur H, Clarmann M von (1956) Vergiftungen. Wien Med Wochenschr. 106:1053–1062

Berg S (1976) Grundriß der Rechtsmedizin, 11. Aufl. Müller & Steinicke, München

Böhm E, Daldrup T, Henke J, Söhngen A (1983) Video-Technik als Hilfsmittel im rechtsmedizinischen Unterricht. Beitr Gerichtl Med 41:19–22

Ernst W (1941) Die Entwicklung des Institutes für Gerichtliche Medizin und Kriminalistik der Universität Berlin. Med. Dissertation, Universität Berlin

Forster B. Ropohl D (1982) Rechtmedizin, 3. Aufl. Enke, Stuttgart

Hauck G (1970) Die Bedeutung der verschiedenen Giftwege in der forensischen Toxikologie. MMW 112:1560–1562

Meixner K (1931) Die Erkennung von Vergiftungen an der Leiche. MMW 41:1750–1762

Most GF (1836) Ausführliche Enzyklopädie der gesamten Staatsarzneikunde. Brockhaus, Leipzig

Reuter F (1953) Die Bedeutung der Leichenöffnung in Fällen von tödlicher Vergiftung. Wien Med Wochenschr 103:413–417

Schneider V, Klug E (1979) Tödlicher Heroinschmuggel. Dtsch Med Wochenschr 104:1268, 1282

Schröder J (1969) Wichtige Gesichtspunkte zur ärztlichen Leichenschau. Mater Med Nordmark 21:369–375

Schulz E (1981) Die Rechtsmedizin im Spiegel der Beurteilung durch Studenten. Ergebnisse einer Befragung. Beitr Gerichtl Med 39:215–220

Schütz H (1978) Methoden der chemisch-toxikologischen Analyse. Giessen

Schwerd W (Hrsg) (1979) Kurzgefaßtes Lehrbuch der Rechtsmedizin für Mediziner und Juristen, 3, Aufl. Deutscher Ärzteverlag, Köln

Schwerd W, Wagner HG (Hrsg) (1981) Examens-Fragen Rechtsmedizin, 2. Aufl. Springer, Berlin Heidelberg New York

Staudacher H (1980) Notfalldiagnostik und -Therapie bei akuten Vergiftungen. Arzt Auto 54:4–22

Über den Unterricht und die Prüfung der Medizinstudierenden in der gerichtlichen und sozialen Medizin (1920) Ärztl Sachverständ Z 26:25

Praxisorientierte Erfahrungen beim Cannabinoidnachweis im Urin mit der „Enzyme multiplied Immunoassay Technique" (EMIT-st) und HPLC-Absicherung

R. D. Maier

Zum chemisch-analytischen Nachweis des Haschischkonsums finden sich in der einschlägigen Literatur seit mehr als 15 Jahren zahlreiche Vorschläge. Zu Anfang der 70er Jahre (Hanke u. Megges 1983; Just et al. 1972; Kisser 1972; Pohl 1971) wurde versucht, dem damaligen Stand der Analysetechnik entsprechend, Cannabisinhaltsstoffe unverändert oder nach Derivatisierung ausschließlich mit dünnschicht- oder gaschromatographischen Methoden in Körperflüssigkeiten nachzuweisen. Ohne eine massenspektrometrische Absicherung waren derartige Befunde forensisch jedoch nicht verwertbar. Zudem wurde bereits von Hollister (1971) darauf hingewiesen, daß im Urin keine unveränderten Cannabinoide, sondern Metaboliten in Form von Hydroxylderivaten und Oxikationsprodukt nachweisbar sind. Weitergehende Untersuchungen (El Sohly 1984; Kelley u. Arnold 1976; Lombrozo et al. 1976; Whiting u. Manders 1982) führten nach und nach zur Identifizierung dieser Metaboliten, zu denen die heute beim enzymatisch-immunochemischen Test im Urin nachgewiesene 11-NorΔ^9-tetrahydrocannabinol-9-carbonsäure gehört.

Immunochemische Nachweisverfahren sind zwar hochempfindlich aber nicht eindeutig substanzspezifisch und erfordern zur forensischen Verwertung ebenfalls mindestens eine 2. von der 1. unabhängige Untersuchungsmethode. Deshalb setzten viele Untersucher (Fenton et al. 1980; Hanke u. Megges 1983; O'Connor u. Rejent 1981) zur Absicherung aufwendige gaschromatographische bzw. massenspektrometrische Verfahren ein, die jedoch nicht in jedem Labor zur Verfügung stehen.

Im Vergleich zu der z. B. von Hanke u. Megges (1983) oder von Szythmary u. Daldrup (1984) eingesetzten EMIT-dau-Analytik ist der von derselben Firma (Merck-Syva) angebotene Enzym-Immuno-assay EMIT-st zwar weniger empfindlich und nur für die Untersuchung von Urinproben entwickelt, erfordert aber einen geringen apparativen Aufwand und ist in sehr kurzer Zeit durchführbar. Beim Einsatz von 0,1 ml Urin wird eine sichere Nachweisgrenze von 200 ng 11-Nor-THC-9-carbonsäure/ml angegeben.

Über erste Erfahrungen mit dieser Methodik beim Cannabinoidnachweis im Urin wurde bereits von uns an anderer Stelle berichtet (Maier 1985).

Untersuchungsgut

200 Urinproben, bei denen sich aus der Vorgeschichte bzw. aus dem Untersuchungsauftrag Anhaltspunkte für einen vorangegangenen Cannabiskonsum ergaben, wurden sowohl mit dem einfachen EMIT-single-Test wie auch nach Säulenextraktion dünnschicht- und hochdruckflüssigkeitschromatographisch untersucht. Dabei haben sich die von v. Meyer 1984 und 1985 beschriebenen Extraktions- und Nachweisverfahren als gut geeignet erwiesen.

Zur quantitativen Bestimmung sowie zur zusätzlichen Absicherung haben wir alle Urinproben, deren enzymatisch-immunochemischer Test nicht negativ ausfiel, zusätzlich hochdruckflüssigkeitschromatographisch untersucht.

Methodik

Die Urinproben wurden bis zum Beginn der Untersuchungen (1–2 Wochen) im Kühlschrank bei +6 °C gelagert. Die pH-Werte dieser Urine lagen durchweg in einem Bereich zwischen 6 und 7.

Immunoassay
0,1 ml Urin wurden gemäß der EMIT-st-Arbeitsvorschrift zu dem standardisierten Reagenzienkit gegeben und mit 3 ml destilliertem Wasser aufgefüllt. Der ebenfalls mit 3 ml Wasser aufgefüllte Kalibrator (100 ng/ml THC-Carbonsäure) und die Probe wurden geschüttelt bis die Lösungen vollkommen klar waren und nach Einsetzen in das einfache EMIT-st-Photometer 90 s später gemessen. Das Photometer druckte automatisch das Ergebnis (+) oder (−) sowie die Absorptionswerte für Probe und Kalibrator aus.

Extraktion und Dünnschichtchromatographie
10 ml Urin wurde nach der Arbeitsvorschrift von v. Meyer (1985) mit 3 ml KOH 10% in Methanol 12 min bei 100 °C verseift und aufgearbeitet. In Ausnahmefällen (n = 15), bei denen das Probenvolumen unter 10 ml lag, wurde nur 2–5 ml Urin eingesetzt.

Die Säulenextraktion und der dünnschichtchromatographische Nachweis erfolgten gemäß der Baker-Application Note 103 (v. Meyer 1984). Da sowohl DC wie auch HPLC-Untersuchungen durchzuführen waren, wurde das Eluat nach Einengen im Stickstoffstrom statt in 10 µl in der doppelten Menge Methanol aufgenommen.

Hochdruckflüssigkeitschromatographie
Als externer Standard wurde die Positivkontrolle des EMIT-Systems (400 ng/ml 11-Nor-THC-carbonsäure) 1:10 mit Leerurin verdünnt und wie zuvor angegeben aufgearbeitet.

Injektion: 10µl;
stationäre Phase: Lichrosorb RP 18
Merck: Hibar Lichrocart Nr. 15537;
mobile Phase: Acetonitril/H_2O/Methanol 70:25:5
mit H_2SO_4 auf ph 2 eingestellt;
Fluß: 0,6 ml/m;
Detektion: 280 nm Perkin-Elmer LC 75
Retentionszeit: 6,1–6,9 min.

Ergebnisse und Diskussion

Die Absorptionsmeßwerte bei dem relativ einfachen, automatisierten EMIT-st-Photometer unterliegen einer sehr großen Schwankungsbreite, die u. a. nicht nur von der Probentemperatur, sondern auch von der Zusammensetzung des jeweiligen Immunoassays bei unterschiedlichen Chargen abhängig zu sein scheint. Eine bessere Differenzierung ist bei Wertung der prozentualen Unterschiede zwischen Kalibrator- und Probenmeßwert möglich. Wie aus Abb. 1 ersichtlich, wies die Mehrzahl der „cannabinoidnegativen" Urine rund 5% niedrigere Absorptionswerte gegenüber dem Kalibrator auf.

Auffallend waren einige wenige Proben, deren Absorption mehr als 10% (bis zu 69%) unterhalb des Kalibratorwerts lag. Bei diesen 16 Urinproben konnten ausnahmslos hohe Morphin- bzw. Benzoylecgoninkonzentrationen aufgefunden werden. Auf dieses Phänomen soll später noch näher eingegangen werden.

Das EMIT-st-Photometer druckt grundsätzlich ein positives Ergebnis, wenn die Probenabsorption über dem Wert des Kalibrators (100 ng/ml) liegt. Nach unseren Erfahrungen war nur dann eine Absicherung des immunologischen Vortestergebnisses entweder dünnschichtchromatographisch oder hochdruckflüssigkeitschromatographisch zu erreichen, wenn der Wert der Probe mehr als 3% (1–14 Absorptionseinheiten) oberhalb der Kalibratorabsorption lag. Das Mißlingen dünnschichtchromatographischer bzw. hochdruckflüssigkeitschromatographi-

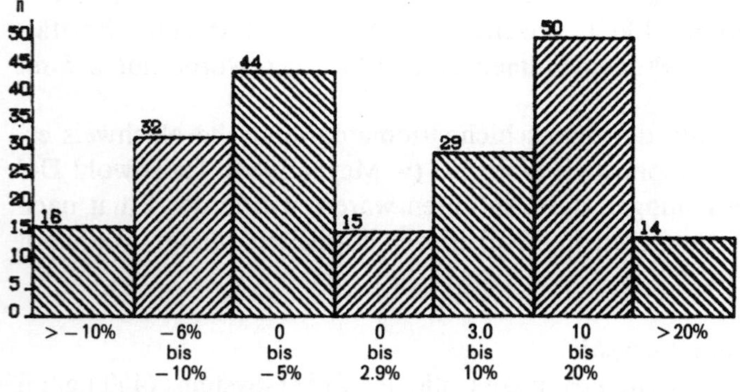

Abb. 1. Verteilung der prozentualen Absorptionsdifferenzen zwischen Kalibrator und Probenwert

scher Nachweise der 11-Nor-THC-carbonsäure in derartigen Fällen kann nicht auf eine evtl. zu geringe Nachweisempfindlichkeit der nachgeschalteten Methoden zurückgeführt werden, da bei anderen Urinproben hochdruckflüssigkeitschromatographisch mit der beschriebenen Methodik in vielen Fällen THC-Carbonsäurekonzentrationen von weniger als 100 ng/ml bestimmt wurden.

Bei den „schwach positiven" Urinproben (n = 12) wurden ausnahmslos Morphinkonzentrationen zwischen 2,8 und 46,9 mg/l aufgefunden. Demnach können diese positiven Cannabinoidvortestergebnisse mit den Angaben des Herstellers erklärt werden, daß Morphinkonzentrationen von mehr als 0,2 mg/l beim Immunoassay einem Äquivalent von 100 mg/ml THC-Carbonsäure entsprechen. Andere Erfahrungen, auf die später noch eingegangen wird, sprechen allerdings dafür, daß hohe Morphinkonzentrationen im Urin zu umgekehrten Effekten führen.

Die hochdruckflüssigkeitschromatographisch bestimmten Konzentrationen an THC-Carbonsäure lagen in einem Bereich zwischen 2,6 und 827,0 ng/ml. Anfängliche Beobachtungen führten zunächst zu dem Schluß, daß beim EMIT-st-Vortest größere Absorptionsdifferenzen höheren THC-Carbonsäure-Konzentrationen im Urin entsprechen könnten. Dieser Rückschluß hat sich jedoch zusammenfassend als falsch erwiesen wie Abb. 2 und 3 deutlich zeigen.

Die mit dem EMIT-st-Photometer gemessenen Absorptionsdifferenzen bzw. deren prozentuale Unterschiede korrelieren erwartungsgemäß in keiner Weise mit den hochdruckflüssigkeitschromatographisch bestimmten Konzentrationen. Dies muß einerseits darauf zurückgeführt werden, daß auch andere renal elimi-

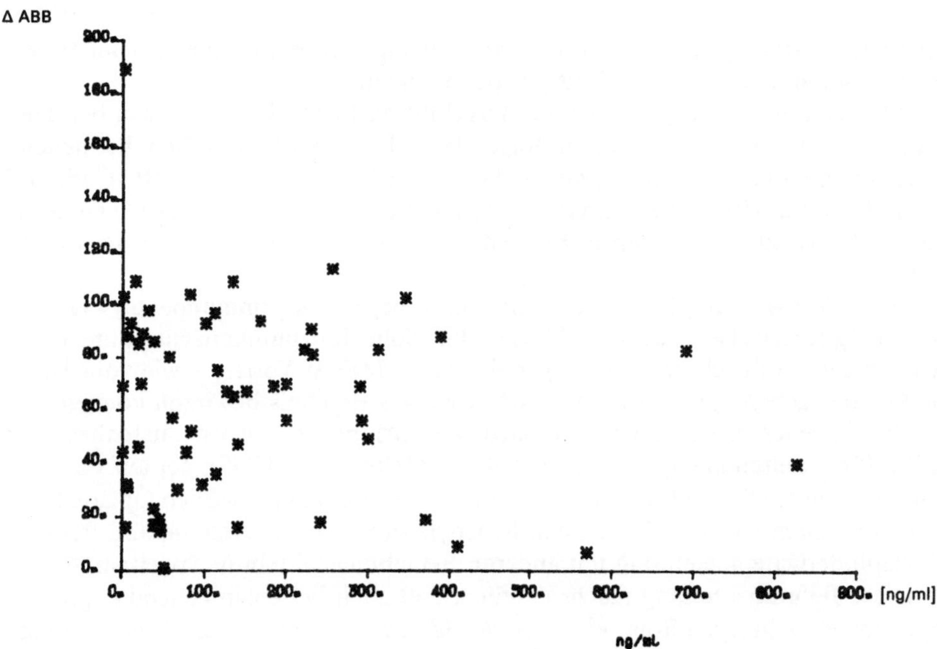

Abb. 2. Abhängigkeit zwischen Absorptionsdifferenzen und THC-Carbonsäurekonzentrationen im Urin

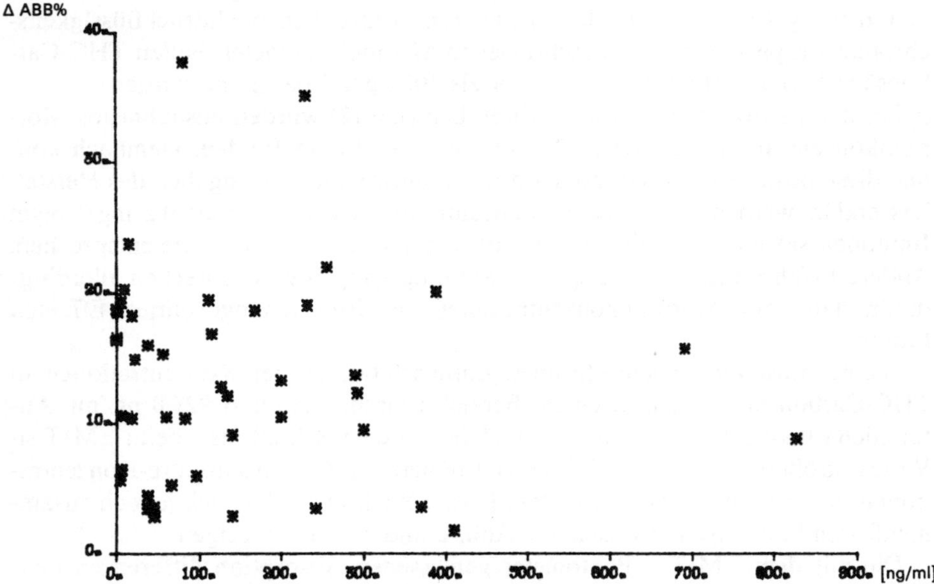

Abb. 3. Abhängigkeit zwischen prozentualen Unterschieden zwischen Probenabsorption und Kalibratorwert und nachgewiesenen THC-Carbonsäurekonzentrationen

nierte Cannabinoidmetaboliten in entsprechenden Konzentrationen beim enzymatisch-immunochemischen Test positiv reagieren.

Wie bei den stark negativen Vortestergebnissen beobachtet, fiel auch bei den cannabinoidpositiven Urinproben folgendes auf: In den Urinproben, bei denen trotz relativ niedriger Absorptionen hohe Konzentrationen an THC-Carbonsäure hochdruckflüssigkeitschromatographisch bestimmt wurden (> 200 ng/ml), ließ sich zusätzlich Morphin in Konzentrationen von mehr als 3 mg/l nachweisen.

Diese Beobachtungen wie auch die „stark negativen" Immunoassays lassen sich möglicherweise dadurch erklären, daß hohe Morphinkonzentrationen im Urin nicht ein falsch positives Ergebnis beim EMIT-st-Vortest – wie vom Hersteller angegeben –, sondern ein falsch negatives Ergebnis bewirken können.

Nur in jeder 7. cannabinoidverdächtigen Urinprobe wurden ausschließlich THC-Metaboliten nachgewiesen (s. Abb. 4). Mehr als die Hälfte der auf Cannabinoide untersuchten Urine enthielten zusätzlich oder ausschließlich Opiate. Daneben konnten wir in vielen Urinen Benzoylecgonin, Amphetamine und Benzodiazepinderivate gemeinsam mit anderen Betäubungsmitteln nachweisen.

Diese Befundverteilung macht deutlich, daß auch bei entsprechend begrenztem Untersuchungsauftrag ein *ausschließlicher* Cannabinoidnachweis wenig sinnvoll ist, zumal positive THC-Urinbefunde nicht unbedingt strafrechtliche Konsequenzen haben. Dies gilt insbesondere für Einlassungen von Beschuldig-

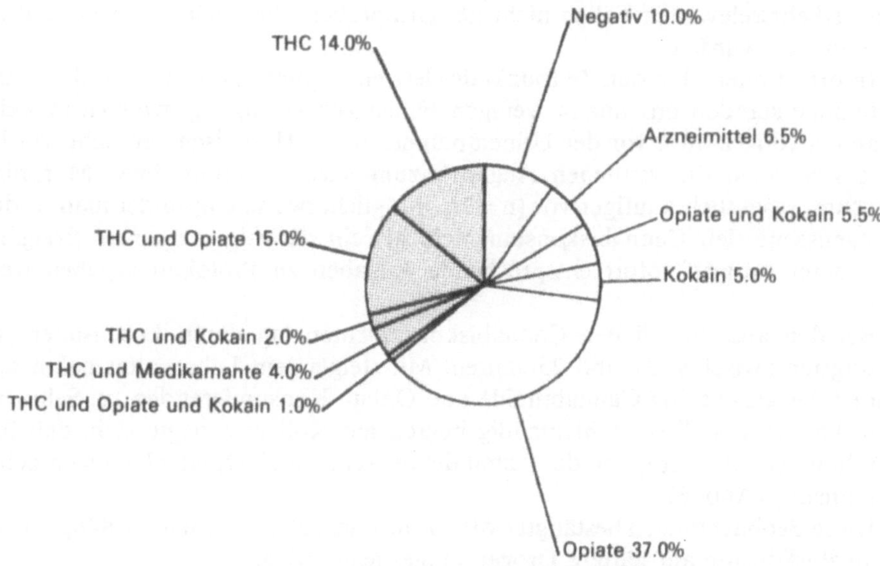

Abb. 4. Verteilung der Laborbefunde bei cannabinoidverdächtigen Urinproben

ten, selbst keine Betäubungsmittel besessen zu haben, sondern nur gemeinsam in einem größeren Personenkreis mitgeraucht zu haben.

Von den 200 untersuchten Urinproben stammten 63 von Personen, die zum Zeitpunkt des Aufgriffs ein Kraftfahrzeug führten. Bei mehr als der Hälfte dieser Verkehrsteilnehmer (n = 35) wurde Morphin im Urin nachgewiesen!

Wie aus Abb. 5 ersichtlich, lag der Anteil der ausschließlichen Cannabiskonsumenten, die zum Zeitpunkt der Kontrolle ein Kraftfahrzeug führten, bei dem von uns untersuchten Kollektiv nur geringfügig höher. Es handelte sich bei die-

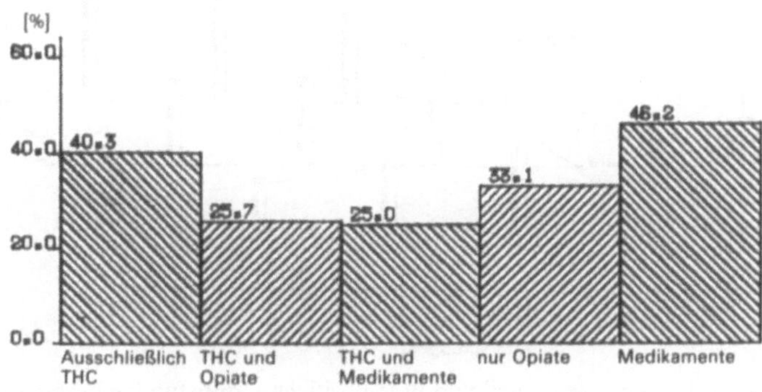

Abb. 5. Anteil der Kraftfahrzeugführer bei BtM-verdächtigen Urinproben

sen verkehrsrelevanten Fällen nicht um Urinproben, die nach Verkehrsunfällen entnommen wurden.

Informationen über den Zeitpunkt des letzten Cannabiskonsums vor der Urinentnahme standen uns nur in wenigen Fällen zur Verfügung, wonach in Zeitspannen von 12–18 h vor der Urinentnahme zuletzt Haschisch geraucht wurde. Dagegen lagen die zeitlichen Angaben zum letzten Heroin- bzw. Morphinkonsum wesentlich häufiger vor (n = 27). Möglicherweise empfindet man in der Drogenszene den Cannabiskonsum nicht als ein derartig markantes Ereignis, daß beim Aufgriff sofort entsprechende Angaben zu Protokoll gegeben werden.

Bei den ausschließlichen Cannabiskonsumenten lag deren Lebensalter am häufigsten zwischen 21 und 25 Jahren. Mit steigendem Lebensalter nahm der Anteil der gleichzeitig Cannabinoide und Opiate Konsumierenden zu. Selbst in dem hier vorgestellten, zahlenmäßig begrenzten Kollektiv zeigte sich, daß bei den höheren Altersgruppen der Anteil der ausschließlich Opiatabhängigen deutlich anstieg (Abb. 6).

Diese Beobachtungen bestätigten die Erfahrung, daß häufig nach anfänglichem Cannabiskonsum auf härtere Drogen umgestiegen wird.

Fast jede 5. Urinprobe stammte übrigens von weiblichen Personen, bei denen am häufigsten ausschließlich Morphin (n = 18) nachweisbar war.

Sicher muß man die demonstrierten Ergebnisse an größeren Zahlenkollektiven weiter absichern. Es erschien uns allerdings sinnvoll, die bisherigen Erfahrungen aus der Aachener Grenzregion vorzustellen.

Zusammenfassung

Als Fazit dieser systematischen Untersuchungen an 200 Urinproben ergibt sich, daß das einfach zu handhabende EMIT-st-System zum Nachweis von Can-

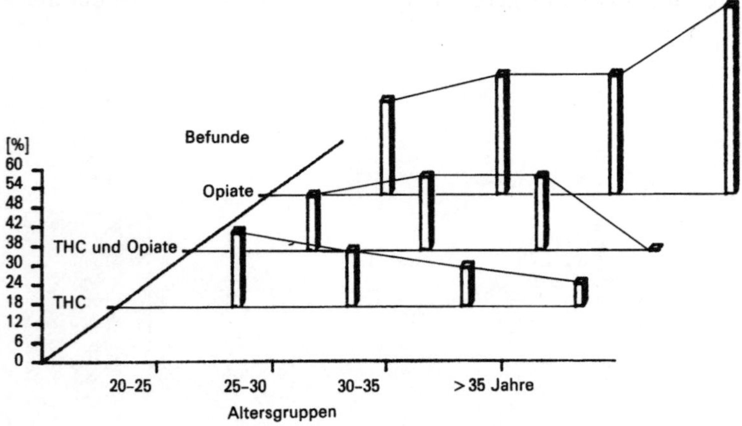

Abb. 6. Prozentualer Anteil von BtM-positiven Urinbefunden bezogen auf die einzelnen Altersgruppen

nabinoiden im Urin als enzymatisch-immunochemischer Vortest zwar screeningmäßig hilfreich sein kann, allerdings forensisch gesehen deutliche Grenzen aufweist. Die demonstrierten Ergebnisse beweisen, daß auch bei einem negativen Vortestergebnis durchaus Cannabinoidmetaboliten in höheren Konzentrationen im Urin vorliegen können.

Der dünnschichtchromatographische wie hochdruckflüssigkeitschromatographische Nachweis der 11-Nor-9-tetrahydrocannabinol-9-carbonsäure nach den beschriebenen Verfahren hat sich nicht nur bewährt, sondern entspricht auch den forensischen Erfordernissen der Beweissicherung bei Btm-Deliquenz.

Literatur

El Sohly AB (1984) Analysis of the major metabolite of delta 9-tetrahydrocannabinol in urine. J Anal Toxicol 8:7-9

Fenton J, Schaffer M, Wu Chen N, Bermes EW (1980) A comparison of enzyme immunoassay and gas chromatorgraphy / mass spectrometry in forensic toxicology. J Forensic Sci 25:314–319

Hackel R (1972) Nachweis von Cannabinoiden im Speichel nach dem Rauchen von Haschisch. Arch Toxicol 29:341-344

Hanke M, Megges G (1983) Routine - Nachweis des THC-Metaboliten 11-Nor-delta 9-tetrahydrocannabinol -9-Carbonsäure in der forensischen Praxis. Z Rechtsmed 90:105-108

Hollister LE (1971) Marihuana in man. Three years later. Science 12:21-29

Just WW, Werner G, Wichmann M (1972) Bestimmung von delta 1- und delta 1(6) - Tetrahydrocannabinol in Blut, Urin und Speichel von Haschischrauchern. Naturwissenschaften 59:222

Kelley JA, Arnold KP (1976) Detection of urinary cannabis metabolites. A preliminary investigation. J Forensic Sci 21:252-262

Kisser W (1972) Zum Nachweis von Haschischinhaltsstoffen im Harn. Arch Toxicol 29:330-334

Lombrozo L, Kanter SS, Hollister LE (1976) Marihuana metabolites in urine of man. Pes Commun Chem Pathol Pharmacol 15:697–703

Maier RD (1985) Praxisorientierte Erfahrungen beim Cannabinoid-Nachweis im Urin. In: 16. Jahrestagung des Norddeutschen Arbeitskreises der Deutschen Gesellschaft für Rechtsmedizin, Göttingen.

Meyer L von (1984) Schnelle Voranreicherung und Analyse von Tetrahydrocannabinol (carbonsäure) aus Urin mit dem Baker-10 Extraktionssystem und Baker SPE Trennsäulen. Baker Application Note 103

Meyer L von (1985) Zum enzymatisch-immunochemischen Nachweis des Haschischkonsums und seiner dünnschichtchromatographischen Absicherung. Z Rechtsmed 94:219–225

O'Connor JE, Rejent TA (1981) Emit cannabinoid assay; confirmation by RIA and GC/MS. J Anal Toxicol 5:168-173

Pohl KD (1971) Methodische Beiträge zum Nachweis des Haschisch-Konsums. Arch Kriminol 147:141-157

Szathmary S, Daldrup T (1984) Die Aussagekraft des Emit-dau Systems bei Leichenurinuntersuchungen. Z Rechtsmed 92:101-107

Whiting JD, Manders WW (1982) Confirmation of a tetrahydrocannabinol metabolite in urine by gas chromatography. J Anal Toxicol 6:49-52

Tödlicher Asthmaanfall nach Einnahme von Azetylsalizylsäure

B.-M. Penners, M. Krämer

Allergische Arzneimittelreaktionen sind eine allgemein bekannte und gefürchtete Komplikation bei medikamentöser Therapie; sie reichen von den harmloseren dermatologischen Reaktionen bis hin zum oft tödlich endenden anaphylaktischen Schock. Den unter diesen Gesichtspunkten „klassischen" Arzneimitteln (z. B. Penicillin, jodhaltige Röntgenkontrastmittel) stehen jene gegenüber, bei denen die Möglichkeit einer besonderen Reaktionsdynamik eher bewußtseinsfern ist, insbesondere deswegen, weil die Häufigkeit der komplikationslosen Verordnungen ein besonderes Risikobewußtsein nicht aufkommen läßt. Zu den letztgenannten Medikamenten gehört auch die Azetylsalizylsäure (ASS), die sich bei banalen Schmerzzuständen als leicht bis mittelstark wirksames Analgetikum millionenfach bewährt hat, seit einigen Jahren in höheren Dosierungen auch als Thrombozytenaggregationshemmer Verwendung findet und in zahllosen Therapeutika als Mono- oder Kombinationssubstanz enthalten ist. Obgleich bereits 1948 beobachtet worden ist, daß „allergisch" bedingte Asthmaanfälle nach Einnahme von ASS-haltigen Medikamenten bei 10% der Asthmapatienten auftreten (Salin u. Arner 1984) und diese Erkenntnis durch andere Untersuchungen bestätigt wurde (McDonald et al. 1972) mehren sich erst in neuerer Zeit die Warnhinweise auf „allergische" Reaktionen, insbesondere die Provokation von Asthmaanfällen (Petri u. Trendelenburg 1982).

Die inzwischen als *Analgetikaasthmasyndrom* bekannt gewordenen Komplikationen sollen zumeist bei Patienten mittleren Alters (seltener bei Kindern), häufiger bei Personen weiblichen Geschlechts und bevorzugt bei Nasennebenhöhlenaffektionen auftreten (Petri u. Trendelenburg 1982); über familiäre Häufung wird berichtet (v. Maur et al. 1974). Der Bronchospasmus mit dem Hauptsymptom der Atemnot soll mit einer zeitlichen Verzögerung von bis zu 2 h auftreten können. Mit der oftmals kritiklosen Verordnung, dem Reservoir in Hausapotheken, dem rezeptfreien Verkauf zahlreicher ASS-haltiger Präparate und der offenen Medienwerbung wird ein fast „ubiquitär" verbreitetes *Risikopotential* geschaffen, das für die verordnenden Ärzte kaum noch überschau- und steuerbar ist. Nur selten kommt es allerdings einmal zu einem so tragischen Ende wie bei dem nachfolgend geschilderten Fall.

Ein 15 Jahre alt gewordenes Mädchen wurde seit dem 6. Lebensjahr unter der Diagnose „Bronchialasthma" regelmäßig vom Hausarzt und von einem Lungenfacharzt betreut. Die heftig auftretenden Asthmaanfälle sollen gelegentlich auch zu Ohnmachtsanfällen geführt haben. In der letzten Zeit habe sie regelmäßig 3mal täglich inhaliert (Sultanol, Intal-Inhalationslösung, Delphicort 0,2, Bepanthen-Lösung 50,0) sowie abends je 1 Tbl. Euphyllin retard mite und Mucosolvan eingenommen. Als der Hausarzt der Familie, dem bekannt war, daß auch ein weiteres Kind dieser Familie unter einem Asthmaanfall verstorben war, vom Tode des Mädchens erfuhr, verständigte er - möglicherweise unter dem Eindruck der ungewöhnlich schlechten und unhygienischen häuslichen Verhältnisse - die Kriminalpolizei. Dieser gegenüber gab die Großmutter an, sie habe dem Mädchen wegen uncharakteristischer Schmerzen im Bereich der linken Thoraxseite eine Schmerztablette Dolomo verabreicht; die Großmutter habe sich danach in der Wohnstube auf das Sofa gelegt. Kurze Zeit später sei sie durch einen Schrei erneut auf das Mädchen aufmerksam geworden; sie habe es auf dem Fußboden der Küche mit weit geöffnetem Mund, aschfahler, blasser Haut und schweißnassem Gesicht vorgefunden. Auf Ansprache habe es keine Antwort gegeben, habe kaum noch geatmet, sei zur Seite gefallen und gestorben.

Bei der *gerichtlichen Sektion* fanden sich (Auszug aus der Sektionsdiagnose): zäh-glasige, obturierende Schleimmassen in der Luftröhre sowie in den zentralen und den peripheren Anteilen des Bronchialsystems mit hochgradigem akutem Lungenemphysem; zylindrische Bronchiektasen; Cor pulmonale chronicum (Kammerwandstärke rechtsseitig 0,7 cm), spitzenbildender rechter Ventrikel. Schlaffe Erweiterung insbesondere der rechten Herzkammer sowie der Vorhöfe; flüssiges Blut im Herzen und in den großen Gefäßen; Stauungszyanose von Hirnrinde und Stammknoten; kein Anhalt für Mißbildungen, sonstige krankhafte Veränderungen der inneren Organe oder für ein Trauma.

Bei der *feingeweblichen Untersuchung* der inneren Organe ergaben sich folgende Befunde:

Lunge: PAS- und insbesondere stark alcianblauanfärbbare Schleimmassen, gelegentlich im Sinne von Curschmann-Spiralen verquirlt und massenhaft mit vorwiegend juvenilen, eosinophilen Granulozyten durchsetzt; Verschleimung der Glandulae bronchiales und Vermehrung der Becherzellen des gelegentlich abgehobenen Bronchialepithels; obstruktives Emphysem; herdförmige Dystelektasen; in den Bronchiolen ödematöse Verquellung der Tunica propria, hyaline Verbreiterung der Basalmembran sowie Infiltration der Schleimhaut mit meist juvenilen eosinophilen Granulozyten und gelegentlich mit Rundzellen; Hypertrophie der Ringmuskulatur der Bronchiolen; für Charcot-Leyden-Kristalle, herniöse Schleimhautausstülpungen oder Ausbildung von „Elastinpolstern" keine Anhaltspunkte.

Herz: Stärkergradige Hypertrophie zahlreicher Muskelfasern und -kerne der rechten Kammerwand sowie allgemeine Verschmälerung des Interstitiums; regelrecht ausgebildete Muskelfasertextur der linken Kammerwand; keine Anhaltspunkte für Muskelfasernekrosen oder Myokarditis.

Die Organe des großen Blutkreislaufs zeigten neben einer akuten passiven Hyperämie altersentsprechende Befunde ohne Anhalt für pathologische Veränderungen. Insbesondere bestand kein Anhalt für anoxämische Nervenzellausfälle im Bereich der Bulbuszentren, der Großhirnrinde oder im Kleinhirn. Die Purkinje-Zellen fanden sich in regelhafter Anzahl.

Chemisch-toxikologische Untersuchungen: Während sich im Mageninhalt reichlich Barbiturate, Azetylsalizylsäure und Kodein fanden, waren im Blut nur Spuren von Barbituraten nachweisbar.

Diskussion

Auf „allergische" Reaktionen durch Azetylsalizylsäure ist immer wieder hingewiesen worden (vgl. Salin und Arner 1984; Christi et al. 1978); dieser Fragenkomplex hat sich in den letzten Jahren zu einem zentralen pneumonologischen Thema entwickelt. Pathogenetisch steht heute die Auffassung im Vordergrund, daß es sich nur in seltenen Fällen um einen echten Immunmechanismus im Sinne einer IgE-vermittelten Sofortreaktion (Schnitzler 1979; Kerp u. Kasemir 1973; vgl. auch Nolte 1984) handelt. Vielmehr dürfte in der Mehrzahl der Fälle eine genetische Störung im Bereich des Arachidonsäuremetabolismus durch Hemmung der Zyklooxigenase wirksam sein, wodurch vermehrt bronchokonstriktorisch wirksame Leukotriene entstehen (Nolte 1984). Deren Wirkung, die nach Synthetisierung studiert werden konnte, besteht neben einer lange bekannten Bronchokonstriktion und Hypersekretion auch in kardiovaskulären Effekten mit negativ inotroper Wirkung und Verringerung der koronaren Durchblutungsgröße infolge Vasokonstriktion (Leitch 1984).

Demgegenüber sind die Symptome der anaphylaktischen Reaktion komplex und beruhen auf der Freisetzung insbesondere von Histamin, Serotonin, Bradykinin und Prostaglandinen; es resultieren Erhöhung der Kapillarpermeabilität, Übererregbarkeit der glatten Muskulatur, Blässe, Zyanose und Schweißausbruch, Brechreiz oder Erbrechen, Durchfall, Harndrang, Atemnot, Kreislaufkollaps mit Tachykardie, Bewußtlosigkeit, Urtikaria, Gesichts- und gelegentlich Glottisödem. Der Kreislaufkollaps bildet letztlich das führende Symptom des arzneimittelallergischen Schocks (Kuschinsky u. Lüllmann 1981; Christ et al. 1978). Derartige Reaktionen treten zwar häufiger bei parenteraler Applikation (i. v., i. m Injektion und bei Aerosolinhalation) auf, sind aber auch bei oraler Gabe beobachtet worden (Gronemeyer 1967; Noelpp u. Noelpp-Eschenhagen 1956). Glücklicherweise werden diese - mehrere Organsysteme betreffenden - anaphylaktischen Reaktionen sehr viel seltener beobachtet als die sog. *Schockfragmente,* die zur Manifestation des Geschehens an einzelnen Organen führen, und zwar entweder ausschließlich an diesen Organen oder vorwiegend diese betreffend. An den Atmungsorganen beispielsweise sind Rhinitis, Bronchitis, Asthma bronchiale und eosinophile Lungeninfiltrate nach ASS-Gabe bekannt geworden (Gronemeyer 1974; Christ u. Rosenthal 1978). Die Asthmaanfälle werden als schwer und akut beschrieben und treten innerhalb von Sekunden bis zu 2 h nach Aufnahme des ASS-haltigen Medikaments ein; wie aufgrund des Pathomechanismus nicht anders zu erwarten, reichen bereits sehr geringe Mengen (z. B. 10 mg) aus. Wie auch sonst üblich, gehen die Asthmaanfälle mit Hyper- und Dyskrinie sowie Bronchospasmus einher und führen zu Hypoxämie, Hyperkapnie und Azidose. Der Tod kann entweder wegen des entgleisten Säure-Basen-Gleichgewichts und der Hypoxämie, wegen des Kreislaufkollapses oder auch wegen eines akuten Cor pulmonale eintreten. Der Status asthmaticus bildet immerhin die zweithäufigste Ursache für das akute Cor pulmonale (Kaukel et al. 1978; Christ u. Rosenthal 1978).

Auch im vorliegenden Fall muß von einer Arzneimittelreaktion infolge der Einnahme des ASS-haltigen Präparats ausgegangen werden. Hierfür spricht - bei der bekannten, durch die morphologischen Befunde bestätigten Diagnose - die Koinzidenz von Medikamenteneinnahme und unmittelbar nachfolgendem Asthmaanfall und Tod. Dieser enge zeitliche Zusammenhang wird durch das Ergebnis der chemisch-toxikologischen Untersuchung belegt, wonach sich das Mädchen zur Zeit ihres Todes noch in der Resorptionsphase des zuvor eingenommenen Medikaments befunden hat. Letztlich todesursächlich dürfte jedoch bei einer Gesamtschau der Befunde weder eine anaphylaktische Reaktion noch ein asphyktischer Erstickungsvorgang gewesen sein; auch für einen synkopalen Reflextod bei anoxämischer Schädigung der Bulbuszentren ergeben sich keine Anhaltspunkte. Aufgrund der schweren Vorschädigung des Herzens im Sinne eines Cor pulmonale chronicum wird man vielmehr von einer akuten Dekompensation der rechten Herzkammer infolge der plötzlich unter dem Asthmaanfall aufgetretenen Druckbelastung auszugehen haben.

Das Beispiel dieser tragisch verlaufenen Einnahme eines kontraindizierten Medikaments zeigt erneut die Gefahr schwerer Arzneimittelkomplikationen auch bei den sog. „banalen" Schmerzmitteln, die jedoch nicht nur in der ärztlichen Verordnung entsprechender Präparate liegt, sondern auch in der inzwischen ubiquitären Verbreitung ASS-haltiger Medikamente. Diese Tatsache muß konsequenterweise dazu führen, daß Risikopatienten durch den behandelnden Arzt nachhaltig vor der Einnahme von „unbekannten" Medikamenten gewarnt werden. Wünschenswert wäre, daß auch die *Apotheker,* die ASS-haltige Medikamente in großer Anzahl verkaufen, bei konkreten Beratungsgesprächen mit ihrem Kunden auf die zwar seltenen, aber gravierenden und z.T. lebensgefährlichen Nebenwirkungen dieser Substanz hinweisen würden.

Zusammenfassung

Durch Einnahme von Azetylsalizylsäure wurde bei einem 15 Jahre alten asthmakranken Mädchen ein Asthmaanfall provoziert, der duch Dekompensation eines Cor pulmonale chronicum zum Tode führte. Anhand dieses Beispiels wird auf die inzwischen als Analgetikaasthmasyndrom bekannt gewordenen „allergischen" Reaktionen, insbesondere durch ASS, und auf die Bedeutung einer entsprechenden Aufklärung von gefährdeten Patienten hingewiesen.

Summary

After ingestion of acetylsalicylic acid a 15-year-old asthmatic girl had a fit of asthma. This led decompensation of chronic pulmonary heart in the patient, which proved fatal. The case demonstrates the danger of „allergic" reactions induced by acetylsalicylic acid, which in the meantime has become known as „analgetic asthma syndrome". This must be kept well in mind when treating asthma patients.

Literatur

Böhme H, Hartke K (1976) Europäisches Arzneibuch, Bd 1-2. Govi, Frankfurt/M

Christ P, Rosenthal P (1978) Atmungsorgane. In: Heintz R (Hrsg) Erkrankungen durch Arzneimittel, 2. Aufl., Thieme, Stuttgart, S 156-173

Christ P, Michel H, Rosenthal P (1978) Arzneimittelallergie. In: Heintz R (Hrsg) Erkrankungen durch Arzneimittel, 2. Aufl. Thieme, Stuttgart, S 43-81

DeWeck AL (1971) Acetylsalicylsäure: Ein altes Arzneimittel in neuerem Blickwinkel. Dtsch Med Wochenschr 96:1109

Gronemeyer W (1967) Urtikaria, Quincke-Ödem und verwandte Zustände. Arzneimittelallergie und Serumkrankheit. In: Hansen K, Werner M (Hrsg) Lehrbuch der klinischen Allergie. Thieme, Stuttgart, S 401-474

Gronemeyer W (1974) Arzneimittelallergie, einschließlich Serumkrankheit. In: Hansen K, Werner M (Hrsg) Lehrbuch der klinischen Allergie. Thieme, Stuttgart, S. 11-23.

Kaukel E, Lanser K, Völkel N (1978) Lunge und kleiner Kreislauf. Sandoz, Nürnberg

Kerp L, Kasemir H (1973) Praxis und Theorie der Arzneimittelallergien. Sandoz, Nürnberg

Kuschinsky G, Lüllmann H (1981) Lehrbuch der Pharmakologie, 9. Aufl. Thieme, Stuttgart

Leitch AG (1984) Leukotrienes and the lung. Clin Sci 67:153-160

Maur K von, Adkinson NF, Metre TE van, Marsch DG, Norman P (1974) Aspirin intolerance in a family. J Allergy Clin Immunol 54:380

McDonald JR, Mathison DA, Stevenson DD (1972) Aspirin intolerance in asthma. J Allergy Clin Immunol 50:198

Noelpp B, Noelpp-Eschenhagen J (1956) Asthma bronchiale. In: Bergmann G von, Frey W, Schwiegk H (Hrsg) Bronchitis, Asthma, Emphysem, 4. Aufl. Springer, Berlin Göttingen Heidelberg (Handbuch der inneren Medizin, Bd IV/2, S 526-805

Nolte D (1984) Asthma, 2. Aufl. Urban & Schwarzenberg, München

Petri E, Trendelenburg F (1982) Analgetikainduziertes Asthma. Therapiewoche 32:5521

Salin EB, Arner B (1984) Some views on the aspirin-hypersensitivity allergy group. Acta Allergol 1:47

Schnitzler S (1979) Pharmakologische Aspekte von Immunreaktionen. Vieweg, Braunschweig

Zur Problematik des Kausalzusammenhangs bei Arbeitsunfällen durch Inhalation toxischer Gase

U. ROMANOWSKI, I. LAUERMANN, H.-D. SCHÄFER

Einleitung

Todesfälle nach Inhalation toxischer Gase sind nach unseren Erfahrungen morphologisch und toxikologisch-chemisch häufig arm an Befunden, so daß die Feststellung der Todesursache oft nur per exclusionem erfolgen kann. Die Zuverlässigkeit einer solchen Diagnose, die arbeits- und evtl. auch strafrechtlichen Kriterien standhalten muß, hängt maßgeblich von einer möglichst detaillierten Kenntnis des Unfallhergangs ab. Zwei von uns obduzierte Fälle machen diese Problematik deutlich.

Fallbeschreibungen

Fall 1: Der 19jährige R. K. wurde am 27. 5. 1984 gegen 8.00 Uhr auf dem Gelände des Betriebs, in dem er beschäftigt war, tot auf einem Kohlenstaubwaggon vom Typ Uacs-X aufgefunden, nachdem er 20 min vorher letztmals lebend gesehen worden war. Kopf und Oberkörper

Abb. 1. Auffindungssituation der Leiche (Fall 1)

befanden sich in der geöffneten Luke des Waggons, deren Durchmesser 0,5 m beträgt (s. Abb. 1). Es gehörte zu den Arbeitsaufgaben des R. K., aus den ankommenden Kohlenstaubwaggons Proben für chemische Analysen zu entnehmen. Wie sich aus der Auffindungssituation ergab, hatte er hierfür nicht das vorgeschriebene Entnahmegerät benutzt, das die Probenentnahme gestattet, ohne sich in den Waggon beugen zu müssen. Außerdem wurden in dem Waggon 2 Probenbehälter gefunden. Vermutlich hatte R. K. versucht, sie wieder aus dem Waggon herauszuholen, nachdem sie hineingefallen waren.

Da die über dem Kohlenstaub befindliche Gasatmosphäre im Waggon in erster Linie Kohlenmonoxid enthält, wurde bei der Leichenschau eine CO-Intoxikation als Todesursache vermutet.

Die Obduktion des R. K. erbrachte jedoch die Zeichen des Erstickens (punktförmige Blutungen der Stirn- und Lidhaut, der Bindehäute sowie der Mundschleimhaut; akute Erweiterung der rechtsseitigen Herzhöhlen, akute Blähung der Lungen, Blutarmut der Milz) ohne Hinweise auf mechanische Atembehinderung. Die makroskopischen sowie die histologischen Untersuchungen von Lunge, Herz und Hirn ergaben keine Hinweise für eine todesursächliche Erkrankung. Auch die toxikologisch-chemischen Untersuchungen (auf Carboxihämoglobin und Äthanol sowie eine umfassende Analyse nach Stas-Otto) ergaben keine Anhaltspunkte für eine Intoxikation.

Fall 2: Der 62 Jahre alte H. K. führte auf seinem Arbeitsplatz Reinigungsarbeiten in einer Elektrolysezelle durch. In derartigen Elektrolysezellen befindet sich eine chlorhaltige Atmosphäre, weshalb das Tragen eines Atemschutzgeräts vorgeschrieben ist. H. K. trug das vorgeschriebene Atemschutzgerät während dieser wenige min dauernden Arbeit nicht. Im Anschluß daran hustete er stark. Fünf Tage später erkrankte H. K. an einer Pneumonie, nachdem er in der Zwischenzeit keine Auffälligkeiten geboten hatte. Die Pneumonie konnte im Lauf einer stationären Behandlung beherrscht werden. Nach Rückbildung des pulmonalen Befunds kam es zum progredienten Nierenversagen und schließlich zum Exitus letalis 3 Wochen nach der Chlorexposition.

Durch die Obduktion konnte als Todesursache eine rapid progressive Glomerulonephritis festgestellt werden.

Diskussion

Gemeinsam ist beiden Fällen, daß der Tod im Zusammenhang mit der Ausübung der beruflichen Tätigkeit steht. Für eine Anerkennung als Arbeitsunfall ist Voraussetzung, daß der Unfall die Kriterien des § 220 (1) AGB erfüllt. Danach ist ein Arbeitsunfall ein plötzliches von außen einwirkendes Ereignis, das im Zusammenhang mit dem Arbeitsprozeß steht und zur Verletzung des Werktätigen führt. Ein durch schuldhafte Arbeitspflichtverletzung verursachter Unfall schließt die Anerkennung als Arbeitsunfall nicht aus. Lediglich der als Arbeitspflichtverletzung zu wertende Alkoholmißbrauch bildet hier eine Ausnahme, nach § 220 (5) AGB gilt ein durch Alkoholmißbrauch verursachter Unfall nicht als Arbeitsunfall.

Diese prinzipiellen Voraussetzungen für die Anerkennung der beiden tödlichen Ereignisse als Arbeitsunfälle sind gegeben.

Im Fall R. K. war ein natürliches Leiden nicht nachzuweisen. Deshalb mußte ein Zusammenhang mit der Inhalation eines toxischen Gasgemischs als überwiegend wahrscheinlich angenommen werden, obwohl kein entsprechender toxikologisch-chemischer Befund zu erheben war.

Die Problematik besteht in diesem Fall in den möglichen unterschiedlichen Zusammensetzungen der Gasphasen über dem Kohlenstaub in den Waggons. Die chemische Analyse der Gasphase aus 30 gleichartigen Kohlenstaubwaggons erbrachte Werte zwischen 0 und 0,8 Vol.-% Kohlenmonoxid, Kohlendioxidkonzentrationen zwischen 0,4 und 2,4 Vol.-%, Sauerstoffkonzentrationen zwischen 7,2 und 15 Vol.-% und Stickstoffkonzentrationen zwischen 83,2 und 90,6 Vol.-% (s. Tabelle 1). Die Zusammensetzung des Gasgemischs in dem Waggon, auf dem R. K. tot aufgefunden worden war, ließ sich nachträglich nicht mehr sinnvoll ermitteln, da die Luke über längere Zeit geöffnet war und ein Gasaustausch mit der Außenatmosphäre stattgefunden haben mußte. Aufgrund der üblichen Gaszusammensetzung (nur in einem von 30 Waggons enthielt das Gasgemisch kein CO) wäre eine CO-Vergiftung zu erwarten gewesen. Diese ließ sich jedoch durch die Obduktion nicht bestätigen. Um eine zusätzliche Noxe auszuschließen, die bei der Gasanalyse mit dem Orsat-Gerät nicht erfaßbar ist, entschlossen wir uns zur Durchführung einiger Tierversuche, um evtl. auf diese Weise den Unfallhergang rekonstruieren zu können.

Tabelle 1. Grenzwerte der Gaskonzentrationen (Vol.-%) in den Gasphasen von 30 Kohlenstaubwaggons

	CO	CO_2	O_2	N_2
Minimum	0	0,4	4,2	83,2
Maximum	0,8	8,0	15,0	90,6

Zwei Ratten und ein Meerschwein wurden in einem Drahtkäfig für die Dauer von 40 min in den Gasraum über dem Kohlenstaub gebracht. Die Luke wurde dabei teilweise abgedeckt, so wie es der Unfallsituation entsprach. Nach Entfernen des Käfigs aus dem Waggon waren beide Ratten tot, das Meerschweinchen bewußtlos. Es wurde durch Dekapitation getötet. Die Carboxyhämoglobinwerte der Tiere sind in Tabelle 2, die Zusammensetzung der Gasphase im Versuchswaggon in Tabelle 3 aufgeführt.

Tabelle 2. Carboxyhämoglobinkonzentrationen (mol/mol) der Versuchstiere

	Carboxy-Hb-Konzentration [mol/mol]	Zustand
Ratte 1	78	Tot
Ratte 2	77	Tot
Meerschwein	61	Bewußtlos

Tabelle 3. Zusammensetzung der Gasphase (Vol.-%) des Waggons, in dem die Tierversuche vorgenommen wurden

CO	CO_2	O_2	N_2
0,4	1,4	12,5	85,7

Man kann wohl davon ausgehen, daß auch bei R. K. CO-Hämoglobin nachweisbar gewesen wäre, wenn er ein CO-haltiges Gasgemisch eingeatmet hätte. Da sich bei ihm aber nur die Zeichen des Erstickens ohne Hinweis auf eine mechanische Atembehinderung fanden und unter Berücksichtigung der Tatsache, daß CO-freie Atmosphären in Waggons - wenn auch selten - vorkommen, wurde im gerichtsmedizinischen Gutachten festgestellt: „Ersticken in CO-freier, O_2-armer, jedoch CO_2- und N_2-reicher Atmosphäre“. Vier ähnliche Fälle wurden von Brezina u. Teleky (1949) beschrieben. Zink u. Reinhardt (1975) stellten in einer Mitteilung zur protrahierten CO_2-Vergiftung fest, daß bereits 1-2 Vol.% CO_2 auch ohne Sauerstoffmangel bei einer Exposition über mehrere Stunden zu einer Vergiftung führen.

Im Fall H. K. führte eine rapid progressive Glomerulonephritis zum Tode. Nach Arieff (1980) treten über 50% der Glomerulonephritiden als Komplikation bei Infektionen der oberen Luftwege auf. Vorausgegangen war eine Pneumonie, die 5 Tage nach einer Chlorinhalation auftrat, nachdem deren akute Symptomatik bereits abgeklungen war. Eine derartige Verlaufsform ist nach Moeschlin (1986) typisch für Chlorgasintoxikationen.

Tödliche Chlorgasintoxikationen sind uns aus der Literatur der letzten Jahre nicht bekannt gewesen. Im älteren Schrifttum wurde über den Chlorgaseinsatz im 1. Weltkrieg sowie über einige Massenvergiftungen durch Chlor infolge von Havarien berichtet (Hamilton u. Hardy 1949). Von Faure et al. (1970) wurden 99 Fälle von Chlor- bzw. Phosgenintoxikationen analysiert und Vergleiche mit eigenen Tierversuchen angestellt. Die Problematik bei inhalativen Reizgasintoxikationen besteht (in Abhängigkeit von der Art des Gases, seiner Konzentration und der Expositionszeit) in dem freien Intervall, das ausgenommen schwerste Intoxikationen, die sehr schnell zum Tode führen - nach initialen Beschwerden wie Hustenreiz, Kopfschmerzen, Benommenheit, Übelkeit, fast immer auftritt und mehrere Stunden oder auch Tage andauern kann. (Diller 1978; Ladenburg 1978; Dodd u. Gross 1980; Späth 1982). Das betrifft ebenso wie Chlorgas z.B. auch Chlorwasserstoff, Ammoniak, Schwefeldioxid und Nitrosegase, wobei letztere v.a. auf die peripheren Bronchien und Alveolen wirken.

Unter Berücksichtigung dieser Literaturangaben konnte die aufgetretene Pneumonie trotz des symptomfreien Intervalls mit großer Wahrscheinlichkeit als Folge der Chlorinhalation aufgefaßt und damit der Zusammenhang mit der todesursächlichen Glomerulonephritis angenommen werden.

In beiden Fällen hatten die betroffenen Werktätigen gegen geltende Arbeitsschutzvorschriften verstoßen, indem vorgeschriebene Arbeitsschutzmittel nicht verwendet wurden. Eine strafrechtliche Verantwortlichkeit Dritter bestand in beiden Fällen nicht. Die von uns angenommenen Kausalketten können als ausreichend für einen Zusammenhang zwischen Tod der Werktätigen und Arbeitsprozeß gemäß § 220 AGB unter arbeitsrechtlichem Aspekt angesehen werden. Eine alkoholische Beeinflussung war bei beiden Geschädigten auszuschließen. Ein Kausalzusammenhang im strafrechtlichen Sinn hätte jedoch in keinem der beiden Fälle abgeleitet werden können, da in beiden Fällen keine zweifelsfreie Beweisführung möglich war.

Zusammenfassung

Es wird über 2 Todesfälle nach Inhalation toxischer Gase berichtet, bei denen unter Berücksichtigung der Anamnese sowie des klinischen Verlaufs trotz des Fehlens toxikologisch-chemischer Befunde ein Kausalzusammenhang zwischen Tod und Unfall angenommen werden mußte, der arbeitsrechtlichen Kriterien standhält.

Literatur

Arbeitsgesetzbuch der DDR vom 16. 6. 1977, GBl. I Nr 18, S 185

Arief AJ (1980) In: Stein JH (ed) Nephrology, Grune & Stratton, New York, S 302

Brezina E, Teleky L (1949) In: Hamilton A, Hardy HL (eds) Industrial toxicology. New York p 247

Diller WF (1978) Zur Therapie von Lungenreizstoff-Vergiftungen, Arbeitsmed Sozialmed Praventivmed 13:233–236

Dodd KT, Gross DR (1980) Ammonia inhalation toxicity in cats: A study of acute and chronic respiratory dysfunction. Arch Environ Health 35:6–14

Faure J, Sibille M, Faure H, Stephan C, Yacoub M, Motin J (1970) L' intoxication aigue par le chlore et le phosgène. Etude clinique et expérimentale, Poumon Coeur 26:913–929

Hamilton A, Hardy HL (1949) Industrial toxicology. New York, pp 32–34

Ladenburg G (1978) Nitrosegasverätzung der Lunge. Prax Klin Pneumol 32:56–59

Moeschlin S (1986) Klinik und Therapie der Vergiftungen, 7. Aufl. Thieme, Stuttgart

Späth G (1982) Vergiftungen und akute Arzneimittelüberdosierungen. Berlin New York, S 485–487

Zink P, Reinhardt G (1975) Die protrahierte CO_2-Vergiftung, Beitr Gerichtl Med 33:211–213

*Analytische Daten von Brotizolam (Lendormin) und seinen Hauptmetaboliten**

H. Schütz, W.-R. Schneider**

1985 wurde mit Brotizolam (Lendormin) ein neues Thieno-traizolo-1,4-benzodiazepin eingeführt, das die von Benzodiazepinen her bekannten pharmakologischen Eigenschaften besitzt (anxiolytische, antikonvulsive, muskelrelaxierende und hypnotische Komponenten im Wirkungsspektrum). Von anderen Benzodiazepinen unterscheidet es sich nach Angaben des Herstellers (Fa. Boehringer, Ingelheim) durch eine ausgeprägte hypnogene Wirksamkeit bei niedriger Dosierung (Boehringer Ingelheim 1985).

Zur Pharmakodynamik s. Bechtel et al., im Druck a sowie Boehringer Ingelheim 1985).

Nachfolgend soll über wichtige analytische Daten zum Nachweis von Brotizolam und seinen Hauptmetaboliten berichtet werden.

Allgemeine Daten und Eigenschaften

Brotizolam (I): 2-Brom-4-(2-chlorphenyl)-9-methyl-6H-thieno [3,2-f] [1,2,4] -triazolo-[4,3-a] [1,4] diazepin (IUPAC, WHO); CAS-Nr.: 57801-81-7, SL-Nr.: 024611; MG 393,7, $C_{15}H_{10}BrClN_4S$, Brotizolamum (INN L19.L), Prüfsubstanzbezeichnung WE 941 (Fa. Boehringer Ingelheim).

α-Hydroxi-brotizolam (II): 2-Brom-4-(2-chlorphenyl)-9-hydroximethyl-6H-thieno [3,2-f] [1,2,4] -triazolo-[4,3-a] [1,4] diazepin; MG 409,71; $C_{15}H_{10}BrClN_4OS$; Prüfsubstanzbezeichnung WE 964 (Fa. Boehringer Ingelheim).

4-Hydroxi-brotizolam (III): 2-Brom-4-(2-chlorphenyl)-4-hydroxi-9-methyl-6H-thieno [3,2-f] [1,2,4] -triazolo-[4,3-a] [1,4] diazepin; MG 409,71; $C_{15}H_{10}BrClN_4OS$; Prüfsubstanzbezeichnung WE 1061 (Fa. Boehringer Ingelheim).

* Wir danken der Fa. Boehringer Ingelheim für die freundliche Überlassung von Substanz- und Schriftenmaterial.
Herrn Priv.-Doz. Dr. D. Post danken wir für die Messung der Retentionsdaten.
Für eine ständige Förderung und Unterstützung sei nicht zuletzt auch folgenden Institutionen gedankt: Deutsche Forschungsgemeinschaft; Fonds der Chemischen Industrie.

** Diese Arbeit enthält Teilergebnisse der geplanten Dissertation von W.-R. Schneider.

Dosierung: 1 Tbl. (0,25 mg) pro Tag üblich (Boehringer Ingelheim 1985).

Packungen: OP zu 10 und 20 Stück.

Biotransformation und Pharmakokinetik[1]

Brotizolam (I) wird rasch aus dem Magen-Darm-Trakt absorbiert (Bechtel 1983; Bechtel et al., im Druck d). Die absolute Bioverfügbarkeit aus Tabletten beträgt 70% (Greenblatt 1983b). Nach Einnahme von 0,25-0,5 mg Brotizolam (I) wurden maximale Plasmaspiegel 0,5-2 h später gemessen (Bechtel 1983, 1984; Bechtel u. Weber 1985; Greenblatt et al. 1983a; Jochemsen et al. 1983 a, d). Die Halbwertszeit der Elimination von Brotizolam (I) aus dem Plasma liegt im Bereich von 3,6-7,9 h (Bechtel 1983, 1984; Bechtel u. Weber 1985; Jochemsen et al. 1983 d). Nach 7 Tagen Applikation von je 1 mg Brotizolam (I) konnte keine Kumulation bzw. Änderung der Eliminationshalbwertszeit beobachtet werden (Bechtel 1983). Bei renaler Insuffizienz ergaben sich wenig veränderte pharmakokinetische Parameter (Evers et al. 1983). Patienten mit Leberzirrhose zeigten dagegen eine teilweise deutlich verlangsamte Ausscheidung mit Eliminationshalbwertszeiten von 4,2-53,3 h (Boehringer Ingelheim 1985). Die Plasmaeiweißbindung im Humanplasma beträgt 89-95% (Bechtel 1983; Bechtel et al., im Druck c; Jochemsen et al., im Druck d).

Bei Untersuchungen zur Biotransformation wurden weniger als 1% der Brotizolamdosis (I) im Harn als unveränderter Wirkstoff wiedergefunden. Hauptmetaboliten sind mit mindestens 27% bzw. 7% der renalen Ausscheidung α-Hydroxybrotizolam (II) bzw. 4-Hydroxy-brotizolam (III). Weitere hochpolare Abbauprodukte erscheinen im Harn in sehr geringen Mengen. Alle Metaboliten sind praktisch vollständig konjugiert (Bechtel et al., im Druck b; Boehringer Ingelheim 1985). Die Eliminationshalbwertszeiten der Hauptmetaboliten aus dem Plasma unterscheiden sich kaum von denen des Brotizolams (I) selbst (Bechtel 1984; Boehringer Ingelheim 1985). Etwa ⅔ des oral verabreichten Brotizolams (I) werden renal ausgeschieden, der Rest fäkal. 61,5% der Dosis verlassen den Organismus innerhalb von 24 h; nach 4 Tagen ist die Ausscheidung praktisch beendet (Bechtel et al., im Druck d).

Ein Biotransformationsschema ist in Abb. 1 wiedergegeben.

[1] (Bechtel 1983, 1984, interner Bericht; Bechtel et al., im Druck b, c, d; Evers et al. 1983; Greenblatt et al. 1983b; Jochemsen et al., im Druck c, d).

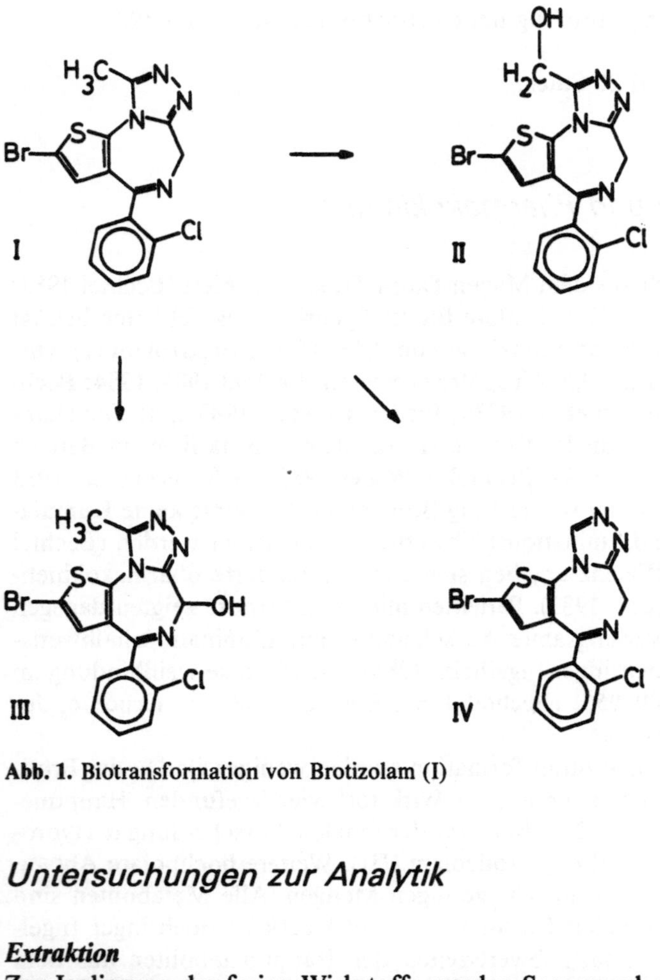

Abb. 1. Biotransformation von Brotizolam (I)

Untersuchungen zur Analytik

Extraktion

Zur Isolierung der freien Wirkstoffe werden Serumproben (z. B. 1–2 ml) mit der gleichen Menge gesättigter Natriumphosphatlösung (Na_3PO_4, aqu.) versetzt und mit Diäthyläther gründlich extrahiert (Vortexmixer). Die organische Phase wird abgesaugt und eingedampft (nach Möglichkeit mit Stickstoffstrom). Die Aufbewahrung erfolgt tiefgefkühlt (-20 °C). Kurz vor der Weiteruntersuchung wird in 0,1 ml Methanol gelöst.

Harnproben werden nach Zugabe von Natronlauge bis pH 10–11 ebenfalls mit Diäthyläther extrahiert. Weitere Verarbeitung s. oben.

Zur Konjugatspaltung werden die Proben in der gewohnten Weise mit Arylsulfatase (EC 3.1.6.2)/ß-Glukuronidase (EC 3.2.1.31) (z. B. Artikel-Nr. 15427 EGAF Boehringer Mannheim) versetzt (ca. 0,5 Vol.-%) und 18–24 h bei 37 °C inkubiert. Die Extraktion der aus den Konjugaten freigesetzten Metabolite erfolgt anschließend in der oben geschilderten Weise.

Dünnschichtchromatographie (DC, TLC)

Eine hydrolytische Spaltung zu nicht näher identifizierten Derivaten ist bei Brotizolam und seinen Metaboliten zwar möglich; dabei entstehen jedoch keine

Tabelle 1. hR_f-Werte

Substanz	Fließmittelsystem						
	Toluol 85 Isopropanol 15 Ammoniak 25% 5 (v/v/v)	Chloroform 80 Äthanol 20 (v/v)	Methanol	Äthylacetat 85 Methanol 10 Ammoniak 25% 5 (v/v/v)	Chloroform 80 Aceton 20 (v/v)	THF 99 Ammoniak 25% 1 (v/v)	Methanol 99 Ammoniak 25% 1 (v/v)
Brotizolam (I)	27	89	71	75	9	69	78
α-OH-Brotizolam (II)	18	88	77	65	5	72	79
4-OH-Brotizolam (III)	9	83	75	35	3	40	73

Technische Einzelheiten: DC-Fertigplatten Kieselgel 60 F_{254}, 20 · 20 cm, Schichtdicke 0,25 mm (z.B. Artikel-Nr. 5715 E, Fa. Merck);
Detektion: a) Fluoreszenzminderung bei 254 nm,
b) Reagenz nach Dragendorff (orange Anfärbung bei I und III),
c) Kaliumiodoplatinat (blaue bis violete Anfärbungen);
aufsteigende Methode, Kammersättigung, keine besondere Aktivierung.

Verbindungen, die im Rahmen der bestehenden Screeningtests (Schütz 1982, 1986) nach Bratton u. Marshall (über Diazotierung und Azokupplung) anzufärben sind.

Zum Screening wird daher die dünnschichtchromatographische Untersuchung der unveränderten Wirkstoffe empfohlen, wobei jedoch zu beachten ist, daß die Elimination aus dem Organismus rasch erfolgt (vgl. pharmakokinetische Daten) und die therapeutische Dosierung außerordentlich niedrig ist. Es wurden folgende hR_f-Werte gemessen (s. Tabelle 1).

Gaschromatographie (GC, GLC)

Während die gaschromatographische Trennung von Brotizolam ohne Derivatisierung noch möglich ist, stößt sie bei den Hydroxyderivaten auf Schwierigkeiten.

Ähnlich wie bei den Hydroxymetaboliten des Triazolam und Midazolam ist daher eine Derivatisierung (z. B. mit BSTFA) unumgänglich.

Bezüglich GLC-Verfahren s. Bun et al. (1983), Greenblatt et al. (1983b), Jochemsen et al. (1983a, b).

Massenspektrometrie (MS)

Die Massenspektren sind in Abb. 2 und 3 wiedergegeben. Technische Daten: Direkteinlaß E. I. 70 eV.

Ultraviolett-Spektroskopie (UV)

Die UV-Spektren von Brotizolam und seinen Metaboliten sind wenig charakteristisch und besitzen lediglich Maxima in der Nähe der Absorptionsgrenze. Sie kommen daher kaum für ein Screening oder Nachweis in Betracht.

Infrarotspektroskopie (IR)

Im Hinblick auf den relativ hohen Substanzbedarf der Methode (auch bei Anwendung von Mikrotechniken) und die nach der Einnahme von Alprazolam nur sehr geringen Wirkstoffkonzentrationen ist der Einsatz der IR-Spektroskopie praktisch auf die Untersuchung und Identifizierung von Handelszubereitungen begrenzt. Das Infrarotspektrum von Brotizolam ist in Abb. 4 wiedergegeben.

Tabelle 2. Unsere Untersuchungen ergaben folgende Retentionsindizes nach Kováts

	OV-101		OV-17	
	250%	280%	250%	280%
Brotizolam (I)	–	3148	–	3808
α-Hydroxy-brotizolam (II)	–	–	–	–
4-Hydroxy-brotizolam (III)	–	–	–	–

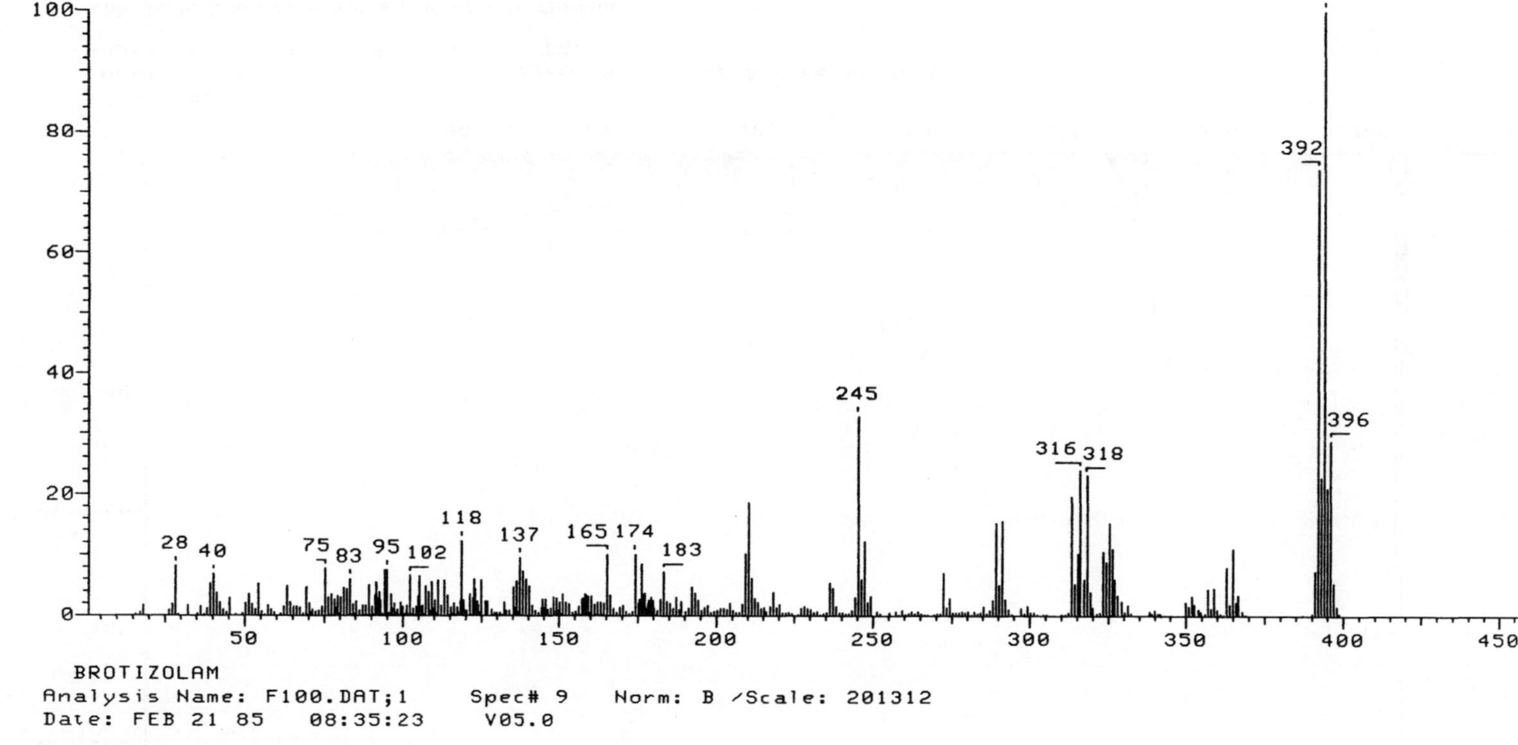

Abb. 2. Massenspektrum von Brotizolam

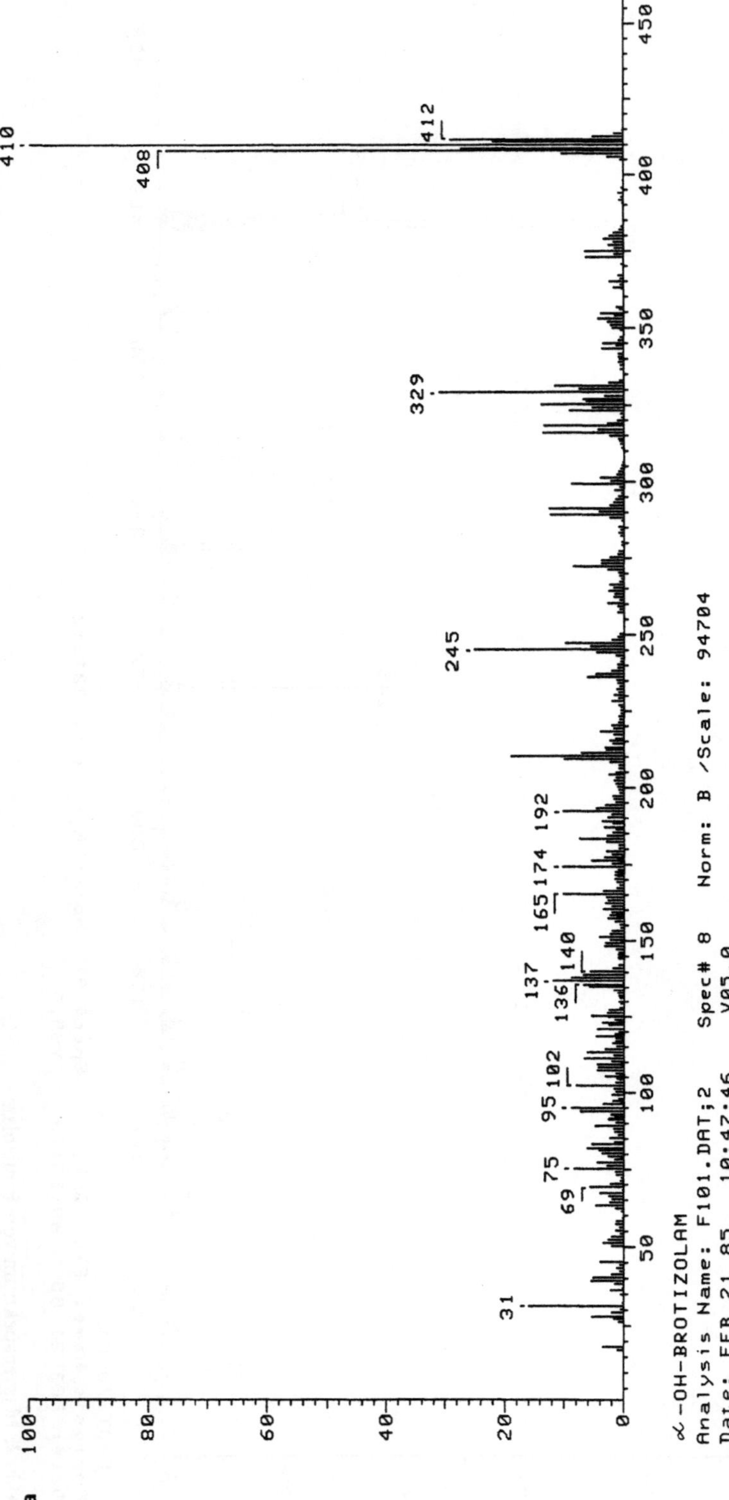

Abb. 3a, b. Massenspektren **a** α-Hydroxybrotizolam

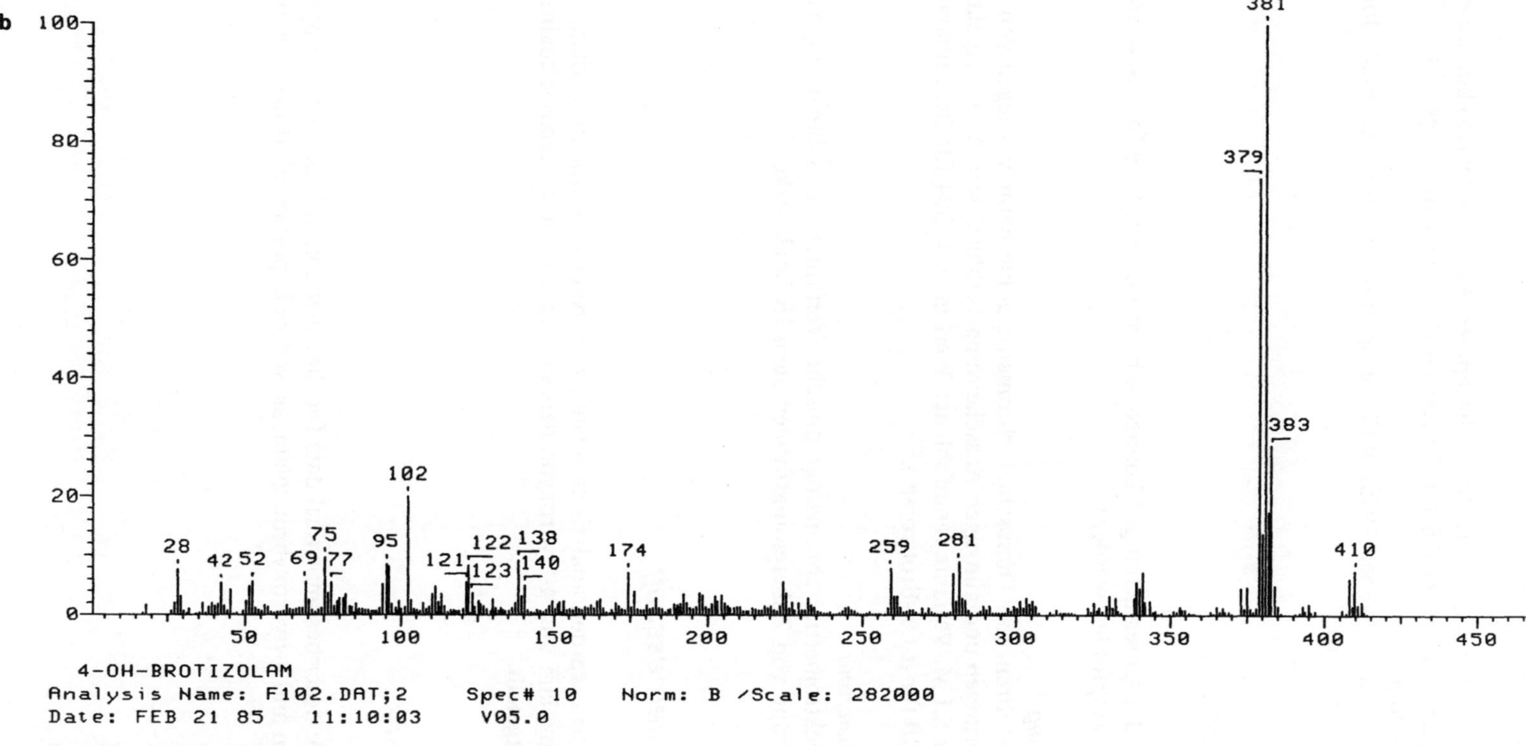

Abb. 3b. 4-Hydroxybrotizolam

Enzymimmunoassay (EMIT)

Bei Anwendung des EMIT-st (Benzodiazepines; Fa. Syva-Merck) konnte ein positives Ergebnis ab etwa 0,8 mg/l beobachtet werden (readings 284 calibrator bzw. 291 sample).

RIA s. Bechtel u. Weber (1985), Radiorezeptorassay s. Bechtel (1984), Jochemsen et al. (1983a, b).

Diskussion

Aufgrund der Untersuchungen können je nach Fragestellung folgende Analysemethoden empfohlen werden:

1) Screening
EMIT-Verfahren und Dünnschichtchromatographie beim Vorliegen von höheren Dosierungen und günstigen Ausscheidungsverhältnissen; Massenspektrometrie in der S.I.M.-Variante (empfohlener Wert m/e = 394 für Brotizolam) bzw. m/e = 410 für α-Oh-Brotizolam).

2) Identifizierung
Massenspektrometrie, chromatographische Verfahren (Kombination), bei der Untersuchung von Zubereitungsformen auch IR-Spektroskopie.

Zusammenfassung

In der Arbeit werden analytische Daten zum Nachweis von Brotizolam, α-Hydroxybrotizolam und 4-Hydroxybrotizolam sowie wichtige pharmakokinetische Daten mitgeteilt.

Summary

The article describes analytical data for the detection of brotizolam, α-hydroxybrotizolam and 4-hydroxybrotizolam, as well as important pharmacokinetic properties.

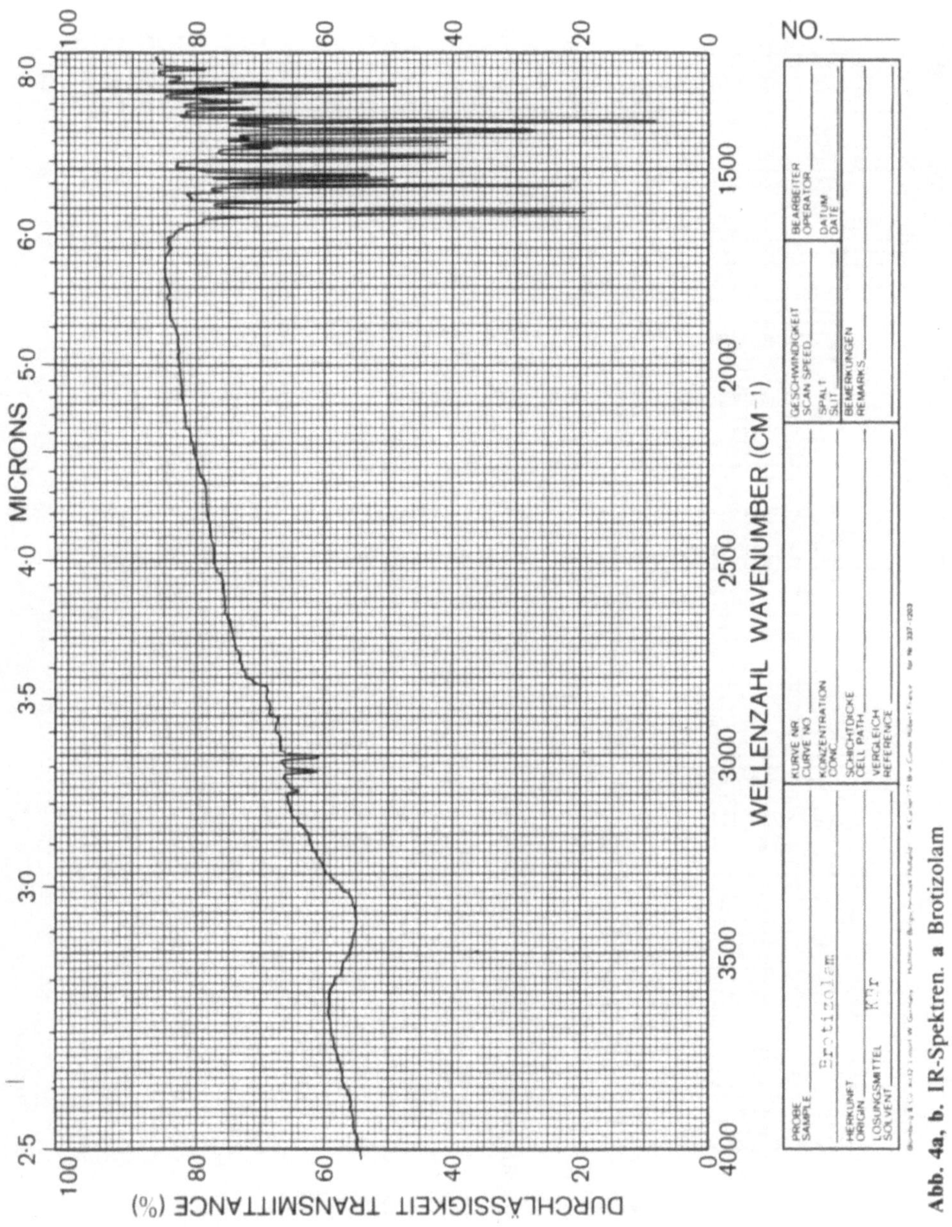

Abb. 4a, b. IR-Spektren. a Brotizolam

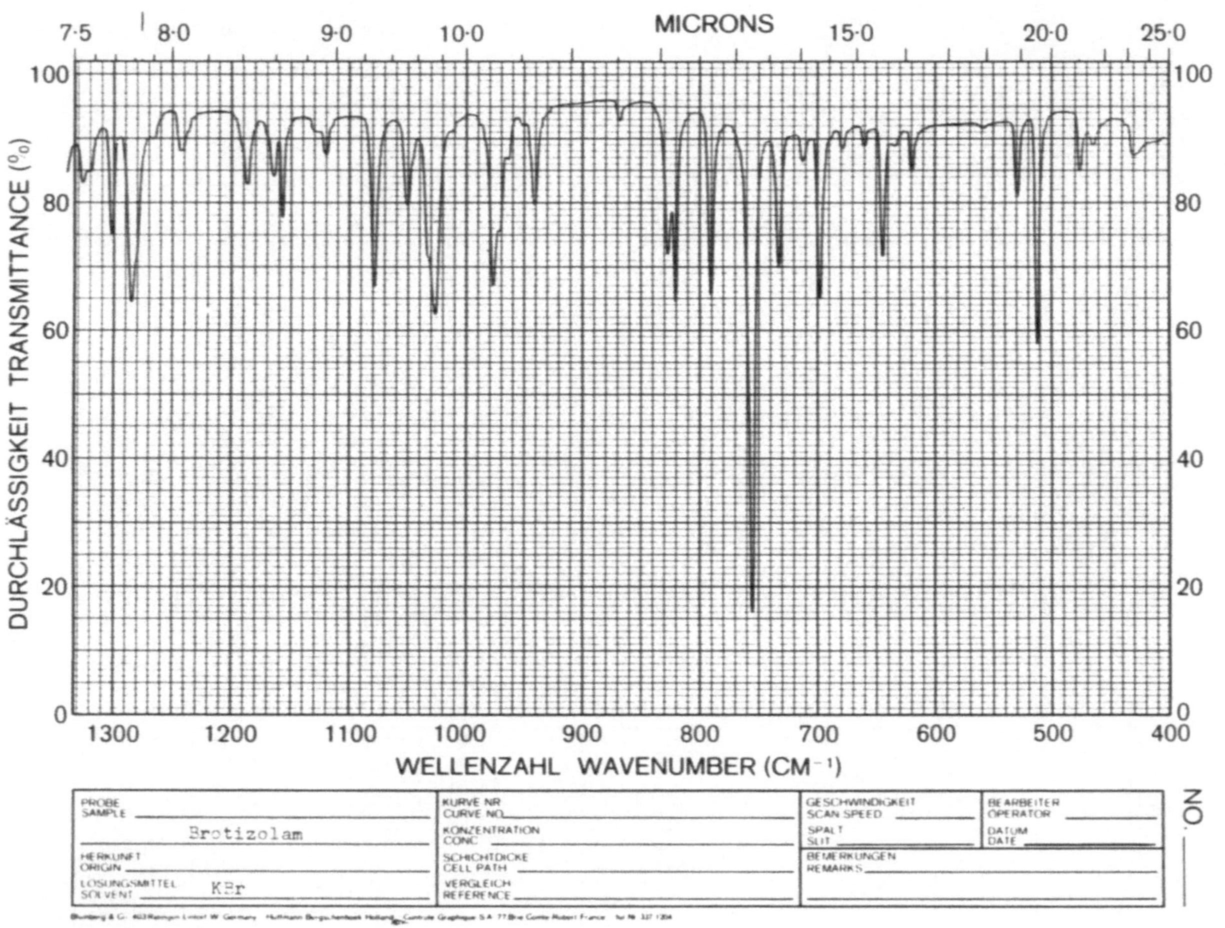

Abb. 4b. Brotizolam

Literatur

Bechtel WD (1983) Pharmacokinetics and metabolism of brotizolam in humans. Br J Clin Pharmacol [Suppl 2] 16:279–283

Bechtel WD (1984) Radioreceptor assay of brotizolam in human plasma. Fresenius Z Anal Chem 317:714–715

Bechtel WD, Weber KH (1985) Brotizolam radioimmunoassay: Development, evaluation, and application to human plasma samples. J Pharm Sci 74:1265–1269

Bechtel WD, Ensinger HA, Mierau J (im Druck a) Biochemical studies with brotizolam, a new triazolo-thieno-diazepine. Arzneimittelforsch

Bechtel WD, Mierau J, Brandt K, Förster HJ, Pook KH (im Druck b) Metabolic fate of [14C]-brotizolam (WE 941) in the rat, dog, monkey and man. Arzneimittelforsch

Bechtel WD, Mierau J, Richter I, Stiasni M (im Druck c) Blood level, distribution, excretion, and metabolite pattern of [14C]-brotizolam (WE 941), a new hypnotic, in the rat, dog, and rhesus monkey. Arzneimittelforsch

Bechtel WD, Wayjen RGA van, Ende A van den (im Druck d) Blood level, excretion, and metabolite pattern of [14C]-brotizolam (WE 941) in humans. Arzneimittelforsch

Boehringer Ingelheim (1985) Lendormin - Schlaftherapeutikum. Boehringer, Ingelheim (Wiss. Informationsschrift)

Bun H, Ba BB, Coassolo P, Aubert C, Cano JP (1983) Simultaneous determination of brotizolam and its main hydroxymetabolite in plasma by capillary gas chromatography with double internal standardisation. Anal Lett 16:327–341

Evers J, Renner E, Bechtel WD (1983) Pharmacokinetics of brotizolam in renal failure. Br J Clin Pharmacol [Suppl 2] 16:309–313

Greenblatt DJ, Divoll M, Abernethy DR, Ochs HR, Shader RI (1983a) Clinical pharmacokinetics of the newer benzodiazepines. Clin Pharmacokinet 8:233–252

Greenblatt DJ, Locniskar A, Shader RI (1983b) Pilot pharmacokinetic study of brotizolam, a thienodiazepine hypnotic using electron capture gas liquid chromatography. Sleep 6:72–76

Jochemsen R, Rijn PA van, Hazelzet TGM, Breimer DD (1983a) Assay of midazolam, brotizolam and loprazolam in plasma by a gas chromatography and a radio-receptor technique. Clinical pharmacokinetics of benzodiazepine hypnotics. Pröfschrift, Jochemsen, R, 's-Gravenhabe, JH, Pasmans BV, pp. 66–77 (1983) P85-0627

Jochemsen R, Rijn PA van, Hazelzet TGM, Breimer DD (1983b) Assay of midazolam and brotizolam in plasma by a gas chromatographic and a radio-receptor technique. Pharm Weekbl [Sci] 5:308–312

Jochemsen R, Wesselman JGJ, Hermans J, Boxtel CJ van, Breimer DD (1983a) Pharmacokinetics of brotizolam in healthy subjects following i.v. and oral administration. Br J Clin Pharmacol [Suppl 2] 16:285–290

Jochemsen R, Wesselman JGJ, Boxtel CJ van, Hermans J, Breimer DD (1983d) Comparative pharmacokinetics of brotizolam and triazolam in healthy subjects. Br J Clin Pharmacol [Suppl 2] 16:291–297

Schütz H (1982) Benzodiazepines - A handbook. 156 figures, XII, 439 pages. Springer Berlin Heidelberg New York Tokyo

Schütz H (1986) Dünnschicht-chromatographische Suchanalyse für 1,4-Benzodiazepine in Harn, Blut und Mageninhalt. VCH-Verlagsgesellschaft, Weinheim (Mitteilung VI der Senatskommission für Klinisch-toxikologische Analytik der DFG)

Ermittlung pharmakokinetischer Konstanten aus Wirkstoffspiegeln am Beispiel des Tetrazepam

G. STICHT, M. STAAK, H. KÄFERSTEIN

Einleitung

Für die Interpretation von Dosiswirkungsbeziehungen ist die möglichst differenzierte Kenntnis pharmakokinetischer Grundlagen notwendig. Bekanntlich beschreibt die Pharmakokinetik die zeitlichen Konzentrationsänderungen eines Pharmakons im Organismus, wobei insbesondere die Phasen der Resorption, Verteilung und Elimination unterschieden werden müssen. Eine Blutspiegelkurve nach oraler Aufnahme einer Substanz resultiert aus den sich überlagernden Prozessen von Invasion (Resorption und Verteilung) und Evasion. Die mathematische Pharmakokinetik vermag die Konzentrationsveränderungen in der Zeit mittels miteinander verknüpfter Exponentialfunktionen zu beschreiben. Erfolgt die Verteilung des Wirkstoffs lediglich im Intravasalraum oder treten intravasale und extravasale Verteilung nach außen wie ein Prozeß in Erscheinung, so beschreibt ein „Einkompartimentmodell" den Blutspiegelverlauf ausreichend. Dies ist i. allg. bei Alkohol der Fall. Aus Körpergewicht, Verteilungsfaktor, Dosis, Resorptionsdefizit und Zeitablauf läßt sich nach Widmark die Blutalkoholkonzentration berechnen.

Stellt sich dagegen nur langsam ein Verteilungsgleichgewicht zwischen dem zentralen Kompartiment Blut und dem peripheren Kompartiment (extravasaler Verteilungsraum) ein, so ist von einem offenen „Zweikompartimentmodell" auszugehen. Durch den verhältnismäßig komplexen Blutspiegelverlauf ist aus den obengenannten Größen und weiteren erforderlichen pharmakokinetischen Daten eine Konzentration zu einer bestimmten Zeit nach Einnahme eines Wirkstoffs nur mit Hilfe eines Computerprogramms zu errechnen. Ein derartiges Programm wurde von uns erstellt (Tischcomputer HP 85 b mit angeschlossenem Plotter 7470 A der Fa. Hewlett Packard). Es ermöglicht die Berechnung von Serumspiegelkurven aus eingegebenen pharmakokinetischen Größen sowohl unter der Annahme eines Einkompartiment- als auch eines offenen Zweikompartimentmodells sowie die Aufzeichnung der Kurven und Berechnung der Flächen unter den Kurven bis zu einem bestimmten Zeitpunkt (AUC_0^t). Es gelten bei Verwendung der aufgeführten Symbole (s. Abkürzungserklärungen) folgende aus Lehrbüchern für Pharmakokinetik (Dost 1968; Gladtke u. v. Hattingberg 1973; Pfeifer u. Borchert 1980) bekannten Gleichungen:

Einkompartimentsystem:

$$Cp = CpO \cdot (e^{-Ka \cdot t} - e^{-2\beta \cdot t}) \tag{1}$$

$$CpO = b = \frac{D \cdot B}{G \cdot V} \cdot \frac{Ka}{Ka - 2\beta} \tag{2}$$

Zweikompartimentsystem:

$$Cp = b \cdot e^{-\beta \cdot t} + a \cdot e^{-\alpha \cdot t} - (a+b) \cdot e^{-Ka \cdot t} \tag{3}$$

$$CpO = a + b \tag{4}$$

$$a = b \cdot \frac{100 - V_\alpha}{V_\alpha} \tag{5}$$

Die fiktiven Anfangsserumspiegel a und b für die α- und β-Phase der Elimination wurden über die Gleichung (5) in Beziehung gesetzt. Die eingeführte Größe V_α gibt in % an, um wieviel der Verteilungsraum des zentralen Kompartiments größer als der Gesamtverteilungsraum ist, ohne daß das Volumen des zentralen Verteilungsraums aus der Größe V_α direkt abgeleitet werden könnte. Bei einem Wert von 100% für V_α wird a = 0 und somit geht das Zweikompartiment- in ein Einkompartimentsystem über. Mit Hilfe dieses Programms wurden einerseits aus Literaturdaten Konzentrationsverläufe errechnet, andererseits konnten aus eigenen Meßwerten die pharmakokinetischen Parameter ermittelt werden.

Berechnung von Konzentrationsverläufen aus pharmakokinetischen Daten

Einkompartimentmodell

In Abb. 1 sind mögliche Konzentrationsverläufe von Chlordiazepoxid im Serum wiedergegeben. Zugrundegelegt sind Resorptions- und Eliminationskonstanten, wie von Schütz (1982) als Extremwerte nach oraler Aufnahme angeführt. Der gesamte Kurvenverlauf wird im wesentlichen von der Eliminationskonstante geprägt, wohingegen der Invasionskonstante geringere Bedeutung zukommt. Die Maximalwerte können im Beispiel zwischen 370 ng/ml und 490 ng/ml liegen. 20 h nach der Einnahme erstrecken sich die Konzentrationen über einen Bereich von 70 ng/ml (rasche Elimination) bis 320 ng/ml (langsame Elimination). Für jeden beliebigen Zeitpunkt nach einer Einnahme lassen sich die zu erwartenden größtmöglichen und kleinsten Konzentrationen berechnen bzw. aus den Kurven entnehmen.

Zweikompartimentmodell

In Abb. 2 sind Konzentrationsverläufe im Serum für ein offenes Zweikompartimentmodell aus einer Kurve, die einen Verlauf des Chlordiazepoxidspiegels entsprechend einem Einkompartimentmodell wiedergibt (Kurve 2), mit unter-

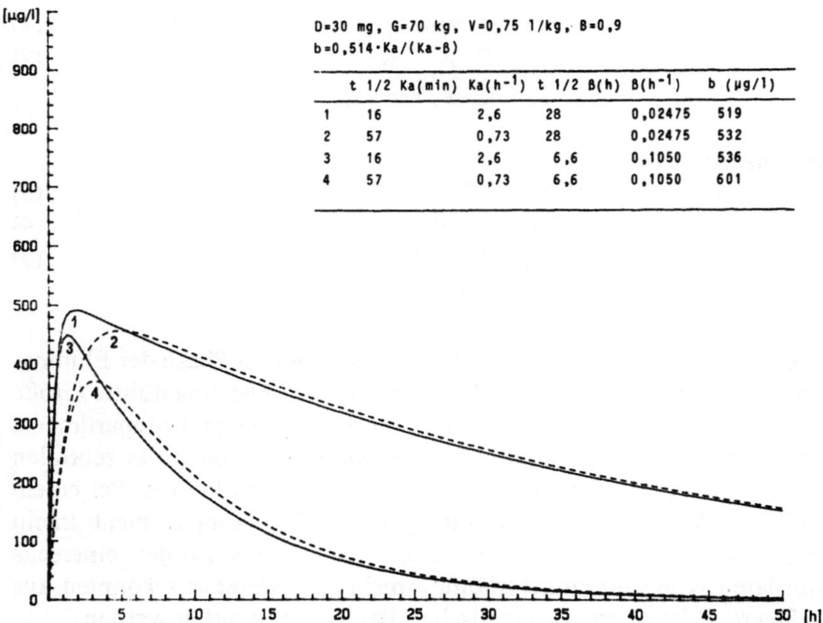

Abb. 1. Serumspiegelverlaufskurven von Chlordiazepoxid nach Literaturdaten für ein Einkompartimentmodell mit unterschiedlichen Resorptions- und Eliminationskonstanten
D = 30 mg, G = 70, v = 0,75 l/kg, B = 0,9
b = 0,514 · Ka/(Ka-β)

	t 1/2 Ka(min)	Ka(h^{-1})	t 1/2 β(h)	β(h^{-1})	b (µg/l)
1	16	2,6	28	0,02475	519
2	57	0,73	28	0,02475	532
3	16	2,6	6,6	0,1050	536
4	57	0,73	6,6	0,1050	601

schiedlichem Verteilungsraum und Verteilungsgeschwindigkeit abgeleitet. Alle anderen Parameter wie Körpergewicht, Dosis, Bioverfügbarkeit, Verteilungsvolumen sowie Eliminationskonstante sind konstant gehalten. Für die Kurven 5 und 6 wurde eine Verteilungskonstante von 0,6 h^{-1} gewählt, unterschiedlich ist das relative Verteilungsvolumen des zentralen Kompartiments. Bei Kurve 7 wurde der gleiche prozentuale Verteilungsraum wie bei Kurve 5 angenommen, nur der Wert für die Verteilungskonstante liegt um ein Drittel niedriger.

Die Einflüsse auf den Kurvenverlauf, die Maximalspiegel ($Cp_{max.}$) und die Zeiten, zu denen $Cp_{max.}$ erreicht wird, werden deutlich. Im Vergleich zum Einkompartimentmodell kann die Maximalkonzentration um ein Vielfaches höher liegen.

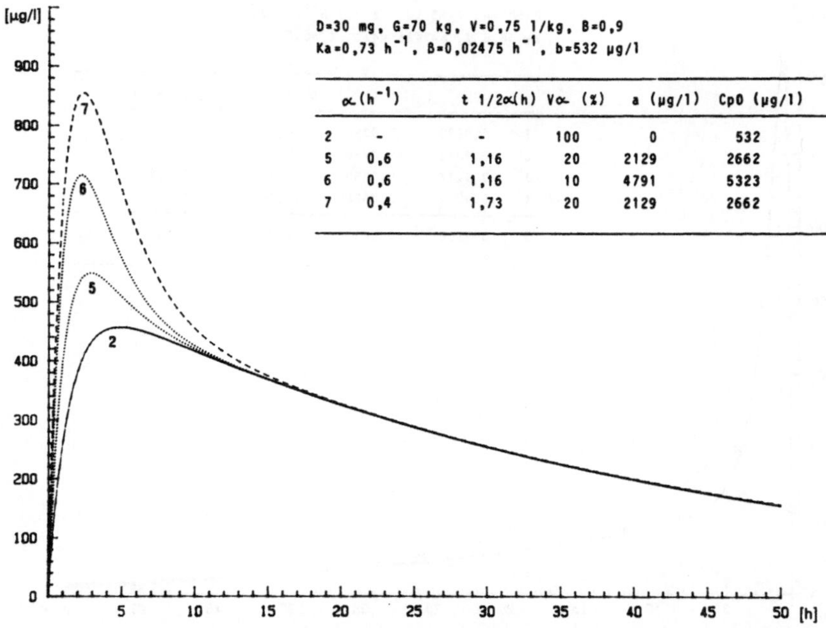

Abb. 2. Einfluß der Verteilungskonstante und der relativen Größe des zentralen Verteilungsraums auf eine Serumspiegelverlaufskurve von Chlordiazepoxid
D = 30 mg, G = 70 kg, V = 0,75 l/kg, B = 0,9
Ka = 0,73 h^{-1}, β = 0,02475 h^{-1}, b = 532 µg/l

	$\alpha(h^{-1})$	t 1/2α(h)	V_α (%)	a (µg/l)	CpO (µg/l)
2	–	–	100	0	532
5	0,6	1,16	20	2129	2662
6	0,6	1,16	10	4791	5323
7	0,4	1,73	20	2129	2662

Kurvenanpassung an gemessene Konzentrationen

Tetrazepam

Sechs männliche gesunde Versuchspersonen erhielten jeweils 1 Tbl. Musaril mit 50 mg Tetrazepam als Wirksubstanz. Die Blutentnahmen erfolgten 15 min, 30 min, 60 min, 90 min sowie 2 h, 4 h, 8 h, 12 h, 24 h und 49 h nach der Einnahme (Staak et al. 1982).

In Abb. 3 sind die Meßwerte für einen 73 kg schweren Probanden wiedergegeben. Für die Kurvenanpassung ist zunächst die Bestimmung der Eliminationskonstante β von entscheidender Bedeutung. Unter Berücksichtigung der letzten 8, 7, 6, 5 und 4 Meßwerte sind die Eliminationskurven errechnet. Die Korrelation steigt von 90 auf 99%; d.h. für die echte Elimination β dürfen nur Werte ab

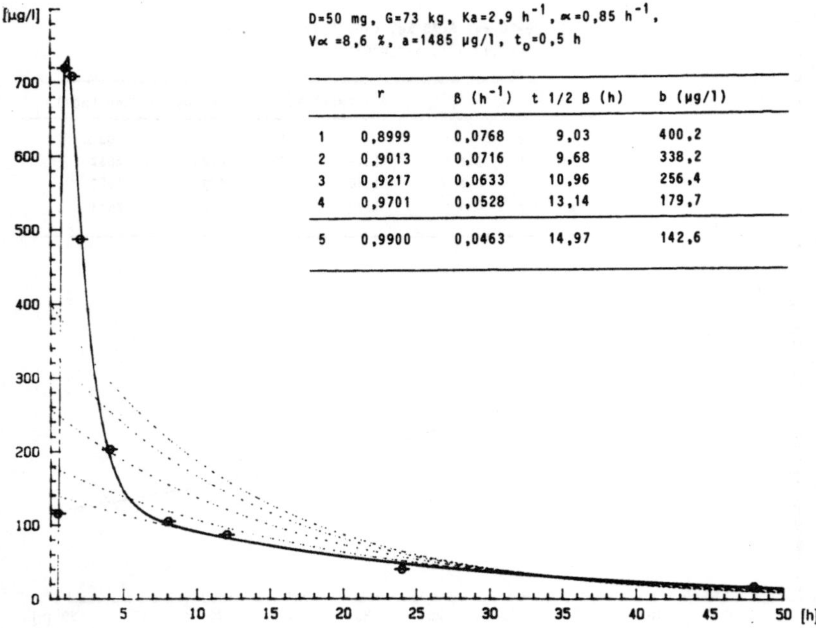

Abb. 3. Serumspiegelkurve nach Einnahme von 50 mg Tetrazepam und Anpassung der Eliminationsfunktion (Proband 6)

D = 50 mg, G = 73 kg, Ka = 2,9 h^{-1}, α = 0,85 h^{-1}, V_α = 8,6%, a = 1485 µg/l, t_0 = 0,5 h

	r	β (h^{-1})	t 1/2 β (h)	b (µg/l)
1	0,8999	0,0768	9,03	400,2
2	0,9013	0,0716	9,68	338,2
3	0,9217	0,0633	10,96	256,4
4	0,9701	0,0528	13,14	179,7
5	0,9900	0,0463	14,97	142,6

8 h nach der Medikamentengabe Berücksichtigung finden. Davor ist die Verteilung zwischen zentralen und peripheren Kompartimenten noch nicht abgeschlossen. Unter Zugrundelegung von derart bestimmten Werten für β und b können die weiteren Variablen Ka, α, Resorptionsverzögerung t_0 und a bestimmt werden. Diese pharmakokinetischen Größen ergeben sich für den konkreten Fall aus der Abbildung.

Die Kurvenanpassung für das Einkompartimentmodell erfolgt vom Rechner durch Variation der Resorptionskonstante, bis die geringste Abweichung der Fehlerquadrate erreicht ist. Als einzige zusätzliche Veränderliche ist die Resorptionsverzögerung zu berücksichtigen, die aber die Abgleichung nicht wesentlich kompliziert. Bei der Ermittlung der optimalen Kurve für das Zweikompartimentmodell werden 3 Variable (α, t_0 und Ka) vorgegeben und die 4. Variable a nach dem gleichen Prinzip ermittelt. Das Aufzeichnen der dabei jeweils errechneten

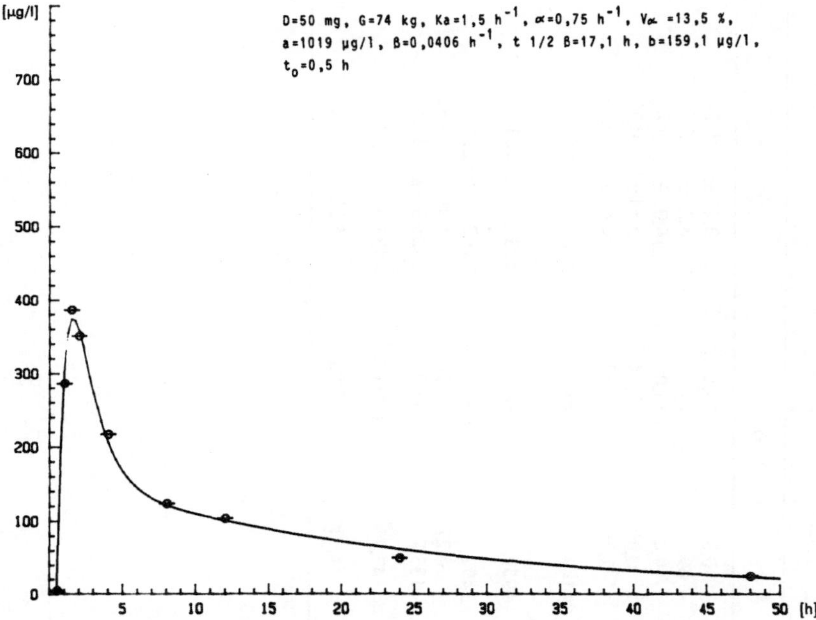

Abb. 4. Serumspiegelkurve nach Einnahme von 50 mg Tetrazepam (Proband 4)
D = 50 mg, G = 74 kg, Ka = 1,5 h^{-1}, α = 0,75 h^{-1}, V_α = 13,5%, a = 1019 µg/l, β = 0,0406 h^{-1}, t 1/2 β = 17,1 h, b = 159,1 µg/l, t_0 = 0,5 h

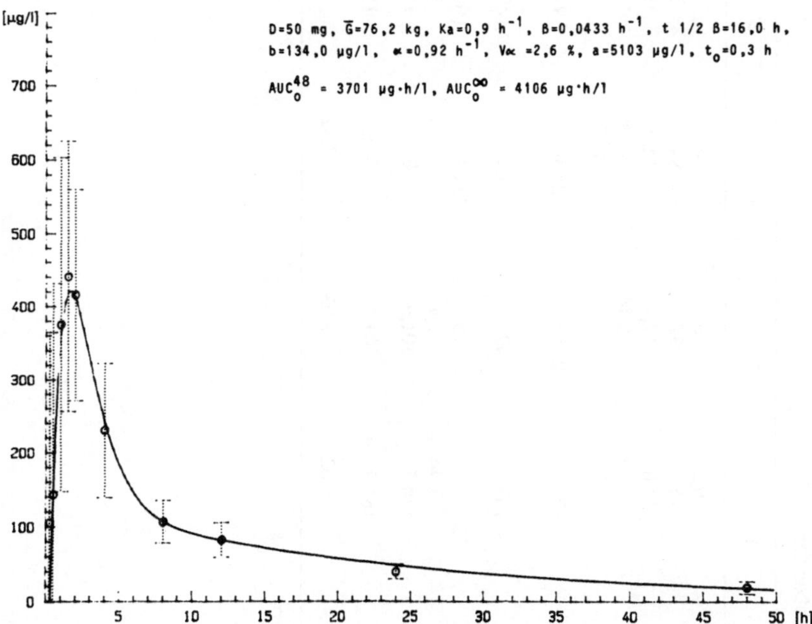

Abb. 5. Mittelwerte mit Standardabweichungen und Serumspiegel-Verlaufskurve nach Einnahme von 50 mg Tetrazepam (6 männliche Probanden)
D = 50 mg, G- = 76,2 kg, Ka = 0,9 h^{-1}, β = 0,0433 h^{-1}, t 1/2 β = 16,0 h, b = 134,0 µg/l, α = 0,92 h^{-1}, V_α = 2,6%, a = 5103 µg/l, t_0 = 0,3 h
AUC_0^{48} = 3701 µg·h/l, AUC_0^{∞} = 4106 µg·h/l

Tabelle 1. Pharmakokinetische Größen von Tetrazepam nach Einnahme von 50 g Tetrazepam (6 männliche Probanden)

Proband	1	2	3	4	5	6	
t_0 [h]	0,5	0	0,5	0,5	0,8	0,5	0,47 ± 0,26
G [kg]	75	82	84	74	69	73	76,2 ± 5,7
t 1/2 β [h]	11,6	17,9	14,9	17,1	19,4	15,0	16,0 ± 2,8
t 1/2 Ka [h]	0,69	0,14	0,69	0,46	0,99	0,24	0,54 ± 0,32
t 1/2 α [h]	0,77	0,58	0,77	0,92	1,16	0,82	0,84 ± 0,19
AUC_0^{48} $\left[\frac{\mu g \cdot h}{l}\right]$	3929	2982	2834	3918	4148	3845	3609 ± 555
AUC_0^{∞} $\left[\frac{\mu g \cdot h}{l}\right]$	4108	3420	3042	4492	4959	4196	4036 ± 701
a[μg/l]	12067	1275	11633	1019	3492	1485	5162 ± 5256
V_α [%]	1,44	7,4	0,73	13,5	4,27	8,58	5,99 ± 4,83
b [μg/l]	176,3	101,9	85,3	159,1	155,7	139,3	136,3 ± 35,5
$\frac{D \cdot B}{V \cdot G}$ [μg/l]	165,7	101,1	81,3	154,8	147,7	137,1	131,3 ± 33,0
V/B [1/kg]	4,02	6,03	7,32	4,36	4,91	5,00	5,27 ± 1,21

Angleichungskurven erleichtert die Kurvenanpassung erheblich, weil dabei ersichtlich wird, welcher Parameter verändert werden muß.

Abbildung 4 zeigt ein Beispiel für einen weniger stark ausgeprägten Gipfel in der Serumspiegelverlaufskurve mit geringeren Werten für Ka, α und a. In Abb. 5 sind die Mittelwerte mit Standardabweichungen sowie die daraus berechnete Verlaufskurve aufgezeichnet. Tabelle 1 faßt die aus den Verlaufskurven der einzelnen Probanden ermittelten Parameter zusammen.

Nortetrazepam

Der Tetrazepammetabolit Nortetrazepam kann nach Leberpassage als intravasal aufgefaßt werden. Die Resorptionskonstante Ka wäre durch eine Bildungskonstante zu ersetzen. Im Prinzip gelten für die mathematische Betrachtung jedoch die gleichen Verhältnisse wie bei der Resorption. Die gemessenen Konzentrationen für einen Probanden ergeben sich aus Abb. 4 Die Meßwerte sind unter der Annahme eines Einkompartimentmodells zu beschreiben. Bei 3 der 6 Probanden findet sich in der Verlaufskurve des Metaboliten ein Gipfel, der auf die Bildung im zentralen Kompartiment hindeutet. Abbildung 7 zeigt dies anhand der Mittelwertskurve. Die aus der Kurve ermittelten Größen sind ebenfalls aufgeführt. Es zeigt sich bei den meisten Parametern eine gute Übereinstimmung zu den in Tabelle 2 neben den individuellen Größen aufgeführten Mittelwerten. Geringe

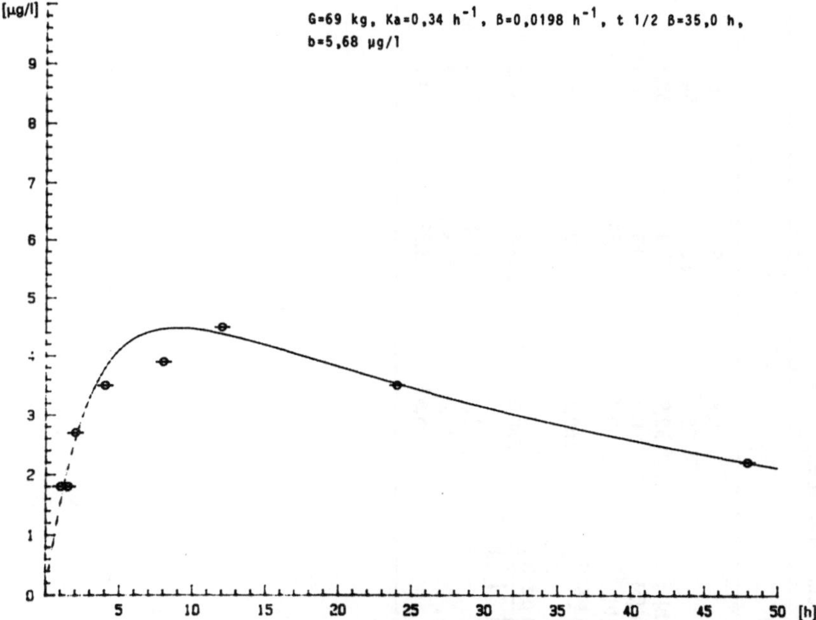

Abb. 6. Serumspiegelverlaufskurve von Nortetrazepam nach Einnahme von 50 mg Tetrazepam (Proband 5)
G = 69 kg, Ka = 0,34 h^{-1}, β = 0,0198 h^{-1}, t 1/2 β = 35,0 h, b = 5,68 µg/l

Tabelle 2. Pharmakokinetische Größen von Nortetrazepam nach Einnahme von 50 mg Tetrazepam (6 männliche Probanden)

Proband	1	2	3	4	5	6	
t_0 [h]	0,8	0,5	0,6	0	0	0,5	0,4 ± 0,3
G [kg]	75	82	84	74	69	73	76,2 ± 5,7
t 1/2 β [h]	32,9	40,9	38,5	46,7	35,0	28,3	37,1 ± 6,5
t 1/2 Ka [h]	0,63	0,35	0,16	0,68	2,04	0,27	0,86 ± 0,66
t 1/2 α [h]	0,77	1,73	1,73	–	–	–	–
AUC_0^{48} $\left[\frac{\mu g \cdot h}{l}\right]$	169,2	117,9	146,1	180,9	159,1	156,7	155,0 ± 21,7
AUC_0^{∞} $\left[\frac{\mu g \cdot h}{l}\right]$	268,6	205,4	246,2	360,9	270,2	228,8	263,4 ± 53,7
a [μg/l]	31,9	5,48	23,2	0	0	0	–
V_α [%]	15,0	37,8	15,4	100	100	100	–
b[μg/l]	5,63	3,33	4,21	5,42	5,68	5,66	5,0 ± 1,0

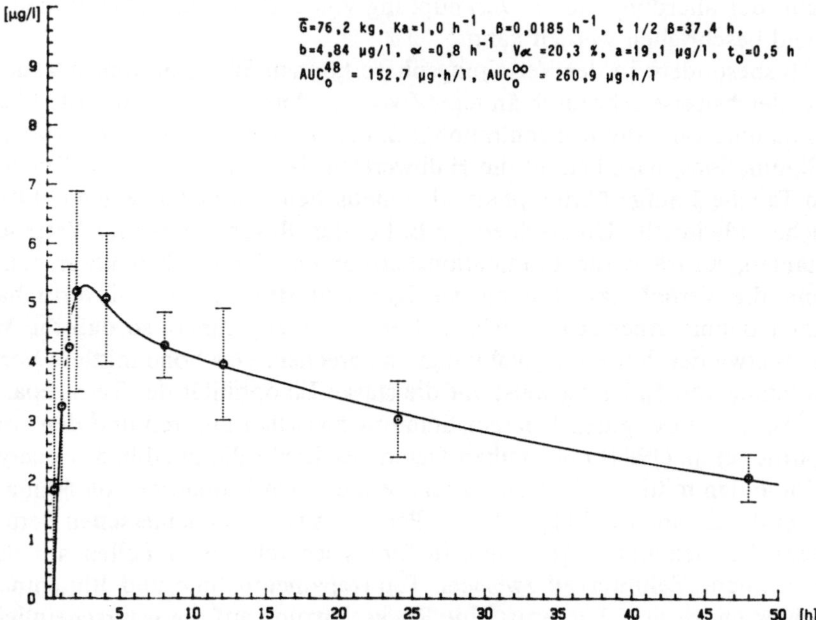

Abb. 7. Mittelwerte mit Standardabweichungen und Serumspiegelverlaufskurve von Nortetrazepam nach Einnahme von 50 mg Tetrazepam (6 männliche Probanden)
G- = 76,2 kg, Ka = 1,0 h^{-1}, $\beta = 0{,}0185\ h^{-1}$, t 1/2 β = 37,4 h, b = 4,84 μg/l, $\alpha = 0{,}8^{-1}$, $V_\alpha = 20{,}3\%$, a = 19,1 μg/l, $t_0 = 0{,}5$ h
$AUC_0^{48} = 152{,}7$ μg·h/l, $AUC_0^{\infty} = 260{,}9$ μg·h/l

Abweichungen sind durch eine nichtlineare Verteilung der Einzelwerte zu erklären.

Diskussion

In der forensischen Toxikologie ist es häufig erforderlich, aus einer Wirkstoffkonzentration in Blut oder Serum auf die eingenommene Dosis, auf die Konzentration zur Vorfallszeit, die mehr oder minder stark von der Blutentnahmezeit abweicht, und insbesondere auf die Wirkung zur Vorfallszeit zu schließen. Ferner muß aus angeblich aufgenommenen Substanzmengen auf eine Konzentration zu einer bestimmten Zeit geschlossen werden. Für Alkohol sind diese Fragen vergleichsweise unproblematisch zu beantworten, da diese Substanz praktisch ausschließlich im Körperwasser gelöst ist (V = 0,7 l/kg) und die Elimination konzentrationsunabhängig erfolgt. Lipophile Pharmaka weisen dagegen ein wesentlich höheres Verteilungsvolumen auf, Werte bis 59 l/kg werden genannt (Pfeiffer u. Borchert 1980). Für Tetrazepam bestimmten Baumgärtner et al. (1984) immerhin Werte bis 3,8 l/kg bei Männern und 4,7 l/kg bei Frauen. Durch Resorption, α- und β-Elimination entsteht zudem ein sehr komplexer Kurvenverlauf, der allerdings durch Verknüpfung von 3 Exponentialfunktionen befriedigend beschrieben werden kann.

Insbesondere in der Verteilungsphase können Wirkstoffkonzentrationen sich vergleichsweise sehr rasch ändern. Zwischen 2 und 4 h nach der Medikamenteneinnahme kann die Konzentration z. B. um ca. 50% abnehmen (s. Abb. 3). In der Eliminationsphase beträgt die Halbwertzeit dagegen 12–19 h (s. Tabelle 2). Die in Tabelle 2 aufgeführten pharmakokinetischen Parameter zeigen teilweise deutliche individuelle Unterschiede, z. B. bei den Resorptions- und Verteilungskonstanten, während die Eliminationskonstanten, die Flächen unter den Kurven und die Verteilungsvolumina, weniger weit streuen. Die Bioverfügbarkeit ist nach Baumgärtner et al. (1984) mit etwa 1 anzunehmen, so daß die Werte für V/B etwa den Verteilungsvolumina entsprechen. Das hohe mittlere Verteilungsvolumen von 5,27 l/kg weist auf die starke Lipophilität des Tetrazepam hin.

Aufgrund der guten Übereinstimmung zwischen unseren und den von Baumgärtner et al. (1984) mitgeteilten Daten beschreibt die in Abb. 5 wiedergegebene Kurve den mittleren Konzentrationsverlauf nach Einnahme von 50 mg Tetrazepam durch eine ca. 70 kg schwere Person. Aus einem gemessenen Serumspiegel kann bei bekannter Dosierung in forensisch relevanten Fällen auf das wahrscheinliche Zeitintervall zwischen Tetrazepameinnahme und Blutentnahme geschlossen werden. Ferner ist eine Rückschätzung auf die wahrscheinliche Wirkspiegelkonzentration zum Zeitpunkt eines rechtserheblichen Ereignisses möglich. In Abb. 3 und 4 sind dagegen extreme Kurvenverläufe dargestellt. Aus diesen können maximale bzw. minimale zu erwartende Konzentrationen in der Resorptions- und Verteilungsphase abgelesen werden.

Da die jeweils ausgebildete Konzentration proportional der Dosis und umgekehrt proportional dem Körpergewicht ist, können für den individuellen Fall aus abgelesenen Werten Umrechnungen vorgenommen werden.

Die Abschätzung des Zeitintervalls zwischen Medikamenteneinnahme und Blutentnahme wird zusätzlich durch die Analyse von Nortetrazepam verbessert. Es treten zwar nur minimale Wirkspiegel im Bereich von 5 ng/ml Serum auf, dennoch sind auch diese Daten pharmakokinetisch zu deuten. Zumindest teilweise wird – wie bei der Muttersubstanz – neben der Eliminationsphase eine Verteilungsphase beobachtet.

Die von uns dargestellten Beispiele zeigen, daß aufgrund mathematischer Analysen für die Interpretation von Meßergebnissen wichtige Informationen gewonnen werden können im Hinblick auf Höhe und Zeitpunkt eines möglichen Maximalspiegels ebenso wie auf die Wahrscheinlichkeit einer eingenommenen Dosis. Insofern dürfte angesichts der häufig schwierig zu übersehenden Verhältnisse bei der Beurteilung von Medikamentenwirkungen eine derartige rationale Betrachtungsweise in Zukunft größere Bedeutung erlangen.

Zusammenfassung

Mit Hilfe eines selbst erstellten Programms für einen Tischcomputer mit angeschlossenem Plotter werden durch Eingabe von pharmakokinetischen Daten aus der Literatur Serumspiegelkurven von Wirkstoffen aufgezeichnet. Aus eigenen Analysedaten werden pharmakokinetische Parameter ermittelt, wobei ein Einkompartiment- oder ein offenes Zweikompartimentmodell zugrunde gelegt wird.

Das als Muskelrelaxans therapeutisch genutzte Benzodiazepin Tetrazepam besitzt bei oraler Aufnahme so bemerkenswerte pharmakokinetische Eigenschaften wie schnelle Resorption nach verzögertem Resorptionsbeginn, verhältnismäßig langsame Verteilung und hohes Verteilungsvolumen, so daß die Serumspiegelkurven nur durch ein Zweikompartimentmodell beschrieben werden können. Die vorgelegten Daten und Kurvenverläufe ermöglichen es, aus gemessenen Serumwerten auf die Konzentration zu anderen Zeiten (Vorfallszeitpunkt) bzw. Zeitspanne zwischen Einnahme und Blutentnahme oder auch auf die eingenommene Dosis rückzuschließen.

Literatur

Baumgärtner MG, Cautreels W, Langenbahn H (1984) Biotransformation and pharmacokinetics of tetrazepam in man. Arzneimittelforsch 34/1:724–729

Dost FH (1968) Grundlagen der Pharmakokinetik. Thieme, Stuttgart

Gladtke E., Hattingberg HM von (1973) Pharmakokinetik. Springer, Berlin Heidelberg New York

Pfeiffer S, Borchert H-H (1980) Pharmakokinetik und Biotransformation. Volk & Gesundheit, Berlin

Schütz H (1982) Benzodiazepines. Springer, Berlin Heidelberg New York

Staak M, Sticht G, Saternus K-S, Käferstein H (1982) Pharmakokinetische Untersuchungen nach Applikation von Tetrazepam am Rhesusaffen. Beitr Gerichtl Med 40:323–328

Abkürzungserklärungen zu den Tabellen 1 und 2

Ka	Resorptionskonstante
α	Verteilungskonstante
β	Eliminationskonstante
a	fiktiver Anfangsserumspiegel zum Zeitpunkt des Resorptionsbeginns (α-Phase)
b	fiktiver Anfangsserumspiegel zum Zeitpunkt des Resorptionsbeginns (β-Phase)
CpO	fiktiver Anfangsserumspiegel zum Zeitpunkt des Resorptionsbeginns ($CpO = a+b$)
Cp	Serumspiegel zum Zeitpunkt t
d	Dosis [mg]
G	Körpergewicht [kg]
V	Verteilungsvolumen beim Einkompartiment [l/kg]
B	Bioverfügbarkeit
$t\ 1/2\ \beta$	Eliminationshalbwertszeit $t\ 1/2\ \beta = \ln 2/\beta$
t_0	Resorptionsverzögerung
AUC_0^∞	Gesamtfläche unter der Kurve
AUC_0^{48}	Fläche unter der Kurve (0–48 h)
r	Korrelationskoeffizient

Zum Aussagewert materner und fetaler CO-Hb-Werte bei CO-Vergiftung gravider Frauen

G. Weiler, M. Risse, A. Klöppel

Einleitung

In einer früheren Arbeit (Weiler et al. 1983) wurden anhand eines kasuistischen Beitrags rechtsmedizinische Aspekte hinsichtlich des zeitlichen Ablaufs einer CO-Intoxikation bei der graviden Frau besprochen. Aus theoretischen und tierexperiementellen Literaturangaben kann gefolgert werden, daß der diaplazentare Übertritt von CO mit einer nicht unerheblichen zeitlichen Verzögerung verbunden ist und bei einer akuten tödlichen Vergiftung beim Fetus negative oder geringere CO-Hb-Werte möglich sind, Für eine überlebte akute CO-Vergiftung der graviden Frau ließe dies klinischerseits Rückschlüsse auf den möglichen kindlichen Schädigungsgrad zu und wäre hilfreich bei der Entscheidung über eine Interruptio aus sog. kindlicher Indikation. Da zwischenzeitlich Befunde über einen weiteren Fall einer subakuten, über Stunden verlaufenden CO-Vergiftung als auch über eine hochakute Intoxikation einer graviden Frau vorliegen, die die theoretischen Überlegungen bestätigen, erscheint diese Mitteilung angezeigt.

Literaturübersicht

Die embryo- und fetotoxische Wirkung des CO beim Menschen mit vorzeitiger Geburt und auch intrauterinem Fruchttod wurde bereits von Breslau (1859) beschrieben, der diaplazentare Übertritt von CO durch Fehling (1877) tierexperimentell belegt. Aus dem Fehlen eines direkten Blutaustauschs zwischen Mutter und Fetus schloß Schwerd (1961), daß beim Gasaustausch in der Plazenta etwas CO-Hb dissoziiert, damit CO diffundieren und sich mit dem kindlichen Hb verbinden kann. Von Bissonette et al. (1977) wird zusätzlich eine carriervermittelte Diffusion diskutiert. Nach Longo (1970) läßt sich eine CO-Diffusionskapazität der Plazenta ermitteln, wobei neben der Plazentarmembran auch mütterliche und fetale Erythrozyten, die am Widerstand gegen die CO-Diffusion beteiligt sind, eine Rolle spielen. Pankow (1981) macht hierzu in seiner Monographie zusätzliche Zahlenangaben. Aus Untersuchungen bei nur geringen CO-Hb-Werten schließen Gemzell et at. (1958) auf einen diaplazentaren Übertritt von etwa 0,1 ml/min. Umfangreiche tierexperimentelle Untersuchungen und Modellberechnungen über den Austausch von CO zwischen mütterlichem und fetalem Blut haben Hill et al. (1977) durchgeführt. Bei mehrstündiger CO-Exposition hinkt danach der fetale CO-Hb-Wert dem mütterlichen um mehrere Stunden nach, vermag im Gleichgewichtsstadium den mütterlichen Wert gar bis zu 10% zu übersteigen, um dann in der Ausscheidungsphase deutlich langsamer als der mütterliche CO-Hb-Wert abzusinken.

Daraus wird bereits deutlich, daß der ermittelte CO-Hb-Wert bei einer CO-Vergiftung der graviden Frau zunächst weder einen Rückschluß auf die Vergiftungsdauer noch auf den vermutlichen Schädigungsgrad der Leibesfrucht erlaubt.

Theoretisch ergibt sich bei Kenntnis des CO-Gehalts der Raumluft und des CO-Hb-Wertes die Möglichkeit einer Rückrechnung auf die Vergiftungsdauer (Patty 1962), in der Praxis wird jedoch meist die Raumluftkonzentration nicht vorliegen, zudem kann eine ungleichmäßige Raumluftverteilung zu Fehleinschätzungen führen (Schwerd 1961).

Die Bedeutung der Expositionszeit in der CO-haltigen Atmosphäre für die mögliche kindliche Schädigung wird auch dadurch deutlich, daß bei hochakuten tödlichen Vergiftungen mit mütterlichen CO-Hb-Werten über 60%, z.B. bei Wohnungsbränden oder suizidaler massiver Gaseinatmung, im fetalen Blut negative (Helpern u. Strassmann 1943; Martland u. Martland 1950) oder nur geringe (Dérobert et al. 1949; Balthazard u. Nicloux 1913) CO-Hb-Werte gefunden werden.

Erst bei vielstündiger CO-Exposition der graviden Frau wurden nach intrauterinem Fruchttod höhere fetale CO-Hb-Werte von 38,6% (Grosbuis et al. 1978), 49% (Muller u. Graham 1955), 32 bzw. 28% (Piette et al. 1978) sowie 25% (Cramer 1982) gemessen.

Kasuistik

Fall 1: Eine 23jährige Gravida im 9. Monat wird morgens gegen 6.30 Uhr von ihrem Verlobten tot im Badezimmer aufgefunden. Am Vorabend, 9 h zuvor, hatte er seine Verlobte beim Verlassen der Wohnung noch in scheinbar gesundem Zustand gesehen, er selbst habe jedoch vor Verlassen der Wohnung leichte Übelkeit verspürt, die sich auf dem Weg zur Arbeit gelegt habe. Der behandelnde Gynäkologe, der die Verstorbene noch tags zuvor untersucht hatte, bescheinigt einen komplikationslosen Schwangerschaftsverlauf und ist über den zunächst unerklärlichen Tod seiner Patientin sehr betroffen. An eine CO-Vergiftung wird nicht gedacht, da der einzige Kohleofen seit Monaten nicht benutzt wird. Der Tod wird im Zusammenhang mit dem hochschwangeren Zustand der Frau gesehen.

Bei der gerichtlichen Obduktion finden sich die klassischen Zeichen einer akuten CO-Vergiftung. Die quantitativen CO-Hb-Bestimmungen ergeben: Herzblut der Mutter 75%, Nabelschnurblut 45% und Herzblut des Föten 46%. Es lag eine intakte Schwangerschaft vor, Mazerationserscheinungen waren nicht vorhanden. Das tödliche Rauchgas stammte aus einem 2 Etagen höher stehenden Ofen, der nur gelegentlich benutzt wurde. Durch eine entsprechende Wetterlage breitete sich das abgekühlte schwere Rauchgas zur Kaminsohle hin aus und gelangte durch den geöffneten Rußabsperrer des Kamins in die Wohnung der Frau. Die Expositionszeit muß 10–12 h betragen haben.

Fall 2: Eine 3 köpfige Familie, Eheleute und 5jähriger Sohn, wird tot in ihrer Wohnung aufgefunden. Alle liegen in ihren Betten und sind mit Schlafanzügen bekleidet. Leichenveränderungen und Ermittlungen lassen auf einen Todeseintritt bereits 1 Tag vor dem Auffinden schließen. Bei der Frau ist eine Schwangerschaft im 7. Monat bekannt. Die Familie ist über Nacht einer CO-Vergiftung erlegen, wobei Gas aus einem schadhaften Abzug eines Gasheizungssystems ausströmte. Alle Umstände und Befunde sprechen für eine vielstündige CO-Exposition (8–12 h). Beim Vater finden sich 67% und beim Sohn 64% CO-Hb. Bei der graviden Frau können im Herzblut 67%, im Nabelschnurblut 56% und im Herzblut des Föten 53% CO-Hb bestimmt werden. Der Fetus läßt keine Mazerationszeichen oder sonstige Befunde, die auf einen vorzeitigen intrauterinen Tod hinweisen, erkennen.

Fall 3: Eine 26jährige Ehefrau, im 6. Monat schwanger, hatte an einem Januarmorgen den 4jährigen Sohn zum Kindergarten gebracht und anschließend mit dem Ehemann gefrühstückt. Wegen Umbauarbeiten im Hause konnte lediglich das Wohnzimmer geheizt werden. Da der Frau sehr kalt war, wollte sie ein heißes Bad nehmen. Um 10.45 Uhr begab sie sich in das Badezimmer, der Ehemann legte sich zu dieser Zeit auf die Couch im Wohnzimmer. Als der Mann um 12.30 Uhr wach wurde, schaute er im Badezimmer nach seiner Frau und fand sie leblos in der ¾ gefüllten Wanne vor. Das Gesicht soll sich bis zur Nase unter der Wasseroberfläche befunden haben. Das Warmwasser wurde über einen alten Gasgeyser erzeugt, aus dem durch unvollständige Verbrennung Kohlenmonoxid freigesetzt wurde. Reanimationsmaßnahmen des Notarztes blieben erfolglos. Die CO-Exposition der Frau kann maximal 1 h 45 min betragen haben. Die Obduktion erbrachte als Todesursache bei der Frau eine CO-Vergiftung mit ihren klassischen Befunden. Es bestand eine intakte Schwangerschaft im 6. Monat die Leibesfrucht ist durch Anoxie nach dem Herzstillstand der Mutter abgestorben. Die quantitativen CO-Bestimmungen ergaben im Herzblut der Frau 60% und im Herzblut des Fetus 16%.

Diskussion

Nach den kasuistischen Mitteilungen in der Literatur über tödliche CO-Vergiftungen gravider Frauen, bei denen quantitative CO-Bestimmungen vorgenommen wurden, betrugen die fetalen CO-Hb-Werte zwischen 0% und 53% (Tabelle 1).

Tabelle 1. Tödliche CO-Vergiftungen gravider Frauen mit quantitativen CO-Bestimmungen (*SSM* Schwangerschaftsmonat)

Autor	SSM	CO-Hb Mutter [%]	CO-Hb Fetus [%]	CO-Exposition [h]
Dérobert et al.	2	66	23	–
1949	3	66	–	–
	8	95 (?)	10	–
Martland u.	5	48	0	–
Martland 1950	9	88	0	–
Piette et al.	6	85	A: 28	„Protrahiert“
1978			B: 32	
Balthazard u.	8	60	18	11
Nicloux 1913				
Helpern u.	9	65	0	–
Strassman 1943				
Eigene Fälle	9	75	46	10–12
	7	67	53	8–12
	6	60	16	Maximal 1,75

Die negativen Werte lassen sich bei dem zeitlich verzögerten diaplazentaren Übertritt von CO durch sehr kurze Expositionszeiten erklären.

So sind die 3 Fälle mit negativen Werten (Martland u. Martland 1950; Helpern u. Strassmann 1943) auf hochakute Brandgas- bzw. Leuchtgasvergiftungen zurückzuführen. Diese Verzögerung des CO-Übertritts auf den Fetus wird durch Fall 3 unserer Kasuistik belegt.

Hier ist es bei einer akuten tödlichen CO-Vergiftung der graviden Frau (CO-Hb 60%) nach einer Expositionszeit von maximal 105 min lediglich zu einer fetalen Angiftung von 16% gekommen. Die beiden anderen Fälle mit 8- bis 12stündiger Expositionszeit gingen mit fetalen CO-Hb-Werten von 46 bzw. 53% einher.

Neben der zeitlichen CO-Exposition bestimmt die inspiratorische CO-Konzentration entscheidend die Geschwindigkeit der Bildung gefährlicher oder tödlicher CO-Hb-Konzentrationen. So bewirken CO-Raumkonzentrationen über 1% (10000 ppm) bereits nach wenigen Minuten eine tödliche Hypoxie (Neuhaus 1980). Bei Raumluftkonzentrationen von 0,05–0,20% ist eine sich über Stunden erstreckende subakute CO-Vergiftung zu erwarten. Bei einem inspiratorischen CO-Gehalt von 0,1% wird unter Ruhebedingungen nach etwa 1 h ein CO-Hb-Wert von 25% erreicht, die letale Konzentration von 65% nach einer 5- bis 6stündigen Exposition.

Bei den überlebten Vergiftungen wird sowohl über gesunde Kinder selbst bei 40% CO im Blut der Mutter als auch über neurologische Schäden sowie Totgeburten berichtet (Tabelle 2). Eine Schwierigkeit stellt dabei die Bestimmung des mütterlichen CO-Hb-Wertes dar, da eine Blutentnahme in der Regel erst gewisse Zeit nach Verbringen aus der CO-haltigen Atmosphäre erfolgt, und zuvor meist durch eine Sauerstoffbeatmung die CO-Abatmung zusätzlich beschleunigt wurde (Halbwertszeit ohne Sauerstoffbeatmung 2–3 h). Für die Frage der möglichen Schädigung der Frucht und damit auch hinsichtlich einer Interruptio ist von wesentlicher Bedeutung, wie lange bei der Frau die CO-Exposition bestanden und welchen Wert die maximale CO-Hb-Konzentration betragen haben kann. Letzteres läßt sich durch Berücksichtigung der Halbwertszeit und der durch Sauerstoffbeatmung etwa um das 5fache beschleunigten CO-Ausscheidung bei Vorliegen einer CO-Hb-Bestimmung annähernd genau abschätzen. Eine Aussage über die Vergiftungsdauer ist meist nur durch Recherchen hinsichtlich der Vergiftungsquelle möglich. Hierbei können Gutachten von Brandsachverständigen oder Zeugenaussagen bzw. Ermittlungsakten oder auch anamnestische Angaben entscheidend weiterhelfen.

Von Barral-Chamaillard et al. (1978) werden als mögliche Konsequenz für schwere akute CO-Vergiftungen gravider Frauen sowohl eine Interruptio als auch eine Sectio caesarea diskutiert.

Für hochakute CO-Vergiftungen, die bei der Mutter sogar Bewußtlosigkeit und CO-Hb-Werte über 40% bewirken, ist noch keine nennenswerte fetale CO-Vergiftung zu befürchten, wenn die Frau frühzeitig aus der CO-Atmosphäre entfernt und mit Sauerstoff behandelt wird. Kindliche hypoxische Schädigungen durch eine Hypoxämie der Mutter bei derart kurzer CO-Exposition (weniger als 1 h) sind unseres Wissens ebenfalls nicht beschrieben.

Tabelle 2. Überlebte CO-Vergiftungen gravider Frauen mit quantitativen CO-Hb-Bestimmungen

Autor	Mens	CO-Hb Mutter [%]	CO-Hb Fetus [%]	Kindlicher Befund	CO-Exposition [h]	Bemerkungen
Copel et al. 1982	2	24,5	–	Gesund	8	Mütterlicher CO-Wert 1 h nach Vergiftung bestimmt. O_2-Therapie.
Larcan et al. 1970	2	35	–	Gesund	„Protrahiert"	Mütterlicher CO-Wert nach Ankunft im Krankenhaus bestimmt. Hyperbare O_2-Therapie.
Barral-Chamaillard et al. 1978	2	17	–	Fehlgeburt	–	–
	3	6,2	Nach 1 Monat gesund	–	–	
	5	40	–	Gesund	–	–
	6	38,5	–	Fehlgeburt	–	–
	7	19,4	–	Nach 1 Woche neurologische Schäden	–	Mütterlicher CO-Wert nach Ankunft im Krankenhaus bestimmt. 2stündige O_2-Therapie.
Grosbuis et al. 1978	6	11,5	38,6	Totgeburt	„Protrahiert"	Hyperbare O_2-Therapie
Goldstein 1965	8	5	23	Totgeburt nach 3 Tagen	–	–
Cramer 1982	8	23,7	25	Totgeburt nach 2 Tagen	Etwa 8–12 Std.	Mütterlicher CO-Wert nach 6 h bestimmt. Danach O_2-Therapie
Carlon et al. 1982	8	20	–	Gesund	–	Mütterlicher CO-Wert nach Ankunft im Krankenhaus bestimmt. Danach O_2-Therapie
	9	27	–	Neurologische Schäden	–	
Tissier 1909 (zit. nach Longo 1970)	9	–	20	Totgeburt nach 11 h	8	–
Muller u. Graham 1955	9	–	49	Totgeburt nach 18 h	12	–

Wird bei einer derartigen hochakuten CO-Vergiftung durch Sauerstoffbeatmung der graviden Frau die CO-Ausscheidung etwa um das 5fache beschleunigt, ist auch kein Anstieg der nachhinkenden CO-Konzentration im fetalen Blut zu befürchten.

Für die Ausscheidungshase ergibt sich bei bestehender fetaler CO-Konzentration ein Nachhinken der fetalen CO-Hb-Werte. Deshalb muß die Sauerstoffbeatmung über den Entgiftungszeitpunkt der Mutter hinaus fortgesetzt werden, um weiterhin eine beschleunigte Reduzierung beim Fetus aufrechtzuerhalten. Während nach Hill et al. (1977) die CO-Ausscheidung aus dem mütterlichen Blut durch Sauerstoffbeatmung um den Faktor 5 zu beschleunigen sei, soll dies für das fetale Blut lediglich um den Faktor 2 gelingen. Als Faustregel wurde von diesen Autoren ermittelt, daß die gravide Frau etwa 5mal solange Sauerstoffgabe erhalten sollte, wie es für sie selbst angezeigt wäre. Dies bezieht sich jedoch nur auf zumindest mehrstündige CO-Vergiftungen, die bereits zu positiven fetalen CO-Hb-Werten geführt haben. Herrscht in der akuten Situation keine Klarheit über die Vergiftungsdauer, scheint die Beachtung dieses therapeutischen Vorgehens angezeigt. Zur Verdeutlichung der zeitlichen Verschiebung der mütterlichen und fetalen CO-Hb-Werte sei aus den theoretischen Ergebnissen von Hill et al. (1977) folgendes abgeleitet: Das mütterliche Blut erreicht bei einer 3stündigen CO-Exposition von 300 ppm (0,03%) maximal 24% CO-Hb, das fetale Blut hingegen lediglich 3–4% und erzielt sein Maximum von 15% nach 4–6 h. Ein weiterer Anstieg des CO-Hb-Werts wird in diesem Fall verhindert, weil nach Beendigung der CO-Exposition aus dem mütterlichen Blut bereits wieder CO ausgeschieden wird.

Die Untersuchungen zum diaplazentaren CO-Austausch weichen damit von den Angaben über die Äquilibrierung von Stoffen (Medikamenten) ab. Schneider (1982) nennt für Stoffe, für die keine Diffusionsbehinderung durch Plazentarmembran oder Blutgewebsschranke besteht, ca. 13 min für das Erreichen einer 50%igen und ca. 40 min für eine 90%ige Äquilibrierung. Der zu diesen Zeiten verzögerte diaplazentare Übertritt von CO läßt sich durch die gegenüber Sauerstoff um das 200-bis 300fache höhere Affinität zum Hb erklären, wodurch lediglich der geringe frei dissoziierte Anteil des CO für eine Diffusion zur Verfügung steht.

Ist eine vielstündige CO-Exposition nicht auszuschließen, so gilt zu bedenken, daß die fetalen CO-Werte nach Eintritt eines Steady state die mütterlichen bis zu 10% übersteigend können. In all diesen Fällen wird die Möglichkeit einer kindlichen Schädigung in Betracht zu ziehen sein, es sei denn, daß bei der Mutter nur Werte bis etwa 20–25% vorliegen. Bei derartigen Werten - von starken Rauchern können 10% erreicht werden - ist bei akuten oder subakuten CO-Vergiftungen eine Fruchtschädigung unseres Wissens nicht beschrieben worden.

Aus den klinischen Beobachtungen, experimentellen und autoptischen Befunden lassen sich für die Beurteilung einer Fruchtschädigung nach akuter CO-Vergiftung folgende Maßnahmen und Schlußfolgerungen ableiten:

1) Bei akuter CO-Vergiftung ist sobald wie möglich nach Verbringung aus der CO-Atmosphäre eine Blutprobe zu sichern, um eine quantitative CO-Bestimmung vorzunehmen. Dieser CO-Hb-Wert, evtl. unter Berücksichtigung der

Halbwertszeit hochgerechnet, erlaubt ohne Kenntnis der Expositionszeit zunächst noch keine Aussage darüber, ob der fetale CO-Hb-Gehalt noch negativ, gleich hoch oder gar höher ist als der mütterliche Wert. Bei hohem mütterlichem Wert ist jedoch eine hypoxische Schädigung des Föten durch Hypoxämie der Mutter in Betracht zu ziehen.

2) Da die Bewertung der kindlichen Schädigung als Grundlage für eine eventuelle sog. kindliche Indikation einer Interruptio nach akuter CO-Vergiftung nicht unter Zeitdruck gestellt werden muß, sollte versucht werden, Aufklärung über den Vergiftungsverlauf, namentlich über CO-Expositionszeit und maximale CO-Hb-Konzentration zu gewinnen. Der Expositionszeit kann im Hinblick auf eine mögliche fetale Schädigung durch CO die größere Bedeutung zukommen.

3) Handelt es sich um eine hochakute CO-Vergiftung mit kurzer CO-Exposition, so ist trotz hoher mütterlicher CO-Hb-Werte nur ein geringfügiger oder gar negativer CO-Hb-Wert beim Föten zu erwarten, eine kindliche hypoxische Schädigung durch Hypoxämie der Mutter jedoch denkbar.

4) Ist eine vielstündige CO-Exposition der graviden Frau nicht auszuschließen, die im mütterlichen Blut lediglich zu mittleren Werten von 20–40% ohne Bewußtlosigkeit führt, können im fetalen Blut bereits gleichhohe oder gar bis zu 10% höher CO-Hb-Werte vorliegen. Der Grad der kindlichen Schädigung wird dabei durch 3 Faktoren - Hypoxie durch die CO-bedingte fetale Toxämie, Hypoxie durch Hypoxämie der Mutter und direkte zelltoxische CO-Schädigung - bestimmt, wobei beim Fetus eine erhöhte Hypoxidoseempfindlichkeit anzunehmen ist.

Zusammenfassung

Anhand von 3 Fällen tödlicher CO-Vergiftungen gravider Frauen wird der diaplazentare Übergang von CO besprochen. Durch die zeitlich versetzte fetale Konzentrationsverlaufskurve muß bei hochakuten CO-Vergiftungen selbst bei hohen mütterlichen CO-Hb-Werten nicht mit einer fetalen CO-Vergiftung gerechnet werden. Bei vielstündiger subakuter CO-Exposition kommen im fetalen Blut auch gering überhöhte Werte in Betracht. Bei tödlichen CO-Vergiftungen ergeben sich aus den maternen und fetalen CO-Hb-Werten Hinweise auf den Vergiftungsverlauf. Bei überlebten Intoxikationen gravider Frauen ist eine bessere Bewertung einer eventuellen kindlichen Schädigung möglich.

Literatur

Balthazard V, Nicloux M (1913) Intoxication mortelle oxycarbonée chez une femme enceinte de huit mois. Dosage de l'oxyde de carbone dans le sang maternal et dans le sang foetal. Arch Mens Obstet Gynecol 3:161–165

Barral-Chamillard C, Foucherot-Hornez T, Allerat G (1978) Encephalopathie chez l'enfant après au 7eme mois de grossesse. Bull Med Leg. Toxicol Med 21:103-107

Bissonnette JM, Wickham WK, Drummond WH (1977) Placental diffusing capacities at varied carbon monoxide tensions. J Clin Invest 59:1038-1044

Breslau F (1859) Intoxication zweier Schwangeren mit Holzleuchtgas: Tod und vorzeitige Geburt des Kindes. Monatsschr Geburtskd Frauenkr 13:449

Carlon M, Lalia A, Melandri E, Gabaude B, Tran DDK, Gillet JY (1982) A propos de deux cas d'intoxication oxycarbonée au cours de la grossesse. Rev Fr Gynecol Obstet 77:(1982) 113-114

Copel JA, Bowen F, Bolognese RJ (1982) Carbon monoxide intoxication in early pregnancy. Obstet Gynecol 59:26-28

Cramer CR (1982) Fetal death due to accidental maternal carbon monoxide poisoning J Toxicol 19:297-301

Dérobert L, Le Breton R, Bardon J (1949) De la permeabilité placentaire a l'oxyde de carbone. Ann Med Leg 29:336-339

Fehling H (1877) Beiträge zur Physiologie des placentaren Stoffverkehrs. Arch Gynäkol 11:523-557

Freund MB (1859) Ein Fall von Absterben der Frucht im siebten Schwangerschaftsmonat infolge von nur mäßiger Intoxikation der Mutter durch Kohlenoxidgas. Monatsschr Geburtskd Frauenkr 14:31-33

Gemzell CA, Robbe H, Strøm G (1958) On the equilibration of carbon monoxide between human maternal and fetal circulation in vivo. Scand J Clin Lab Invest 10:372-378

Goldstein DP (1965) Carbon monoxide in pregnancy. Am J Obst et Gynecol 92:526-528

Grosbuis S, Estournet B, Barois A (1978) L'intoxication oxycarbonée chez l'enfant. J Paris Pediatr Exp Fr 1978:509-515

Helpern M, Strassman G (1943) Differentiation of fetal and adult human hemoglobin. Its medicolegal importance, expacially in connection with the alkali test for carbon monoxide in blood. Arch Pathol 35:776-782

Hill EP, Hill JR, Power GG, Longo LD (1977) Carbon monoxide exchange between the human fetus and mother: A mathematical model. Am J Physiol 232:H311-323

Larcan A, Pandes P, Vert P (1970) Intoxication oxycarbonée au 2e mois de grossesse sans anomalie néonatale. Bull Fed Soc Gynecol Obstet Fr 22:338

Longo LD (1970) Carbon monoxide in the pregnant mother and fetus and its exchange across the placenta. Ann NY Acad Sci 174:313-341

Martland HS, Martland HS (1950) Placental barrier in carbon monoxide, barbiturate and radium poisoning. Am J Surg 80:270-279

Muller GL, Graham S (1955) Intrauterine death of the fetus due to accidental carbon monoxide poisoning! N Engl J Med 252:1075-1078

Neuhaus GA (1980) Kohlenoxyd (CO). In: Meoschlin S (Hrsg) Klinik und Therapie der Vergiftungen. Thieme, Stuttgart New York

Pankow D (1981) Toxikologie des Kohlenmonoxids. Volk & Gesundheit, Berlin

Patty FA (1962) Carbon monoxide. In: Industrial hygiene and toxicology, vol II. Wiley & Sons, New York, p 924

Piette M, Timperman J, Majelyne W, Heyndrickx A (1978) Carboxyhemoglobin bij moeder en foetussen bij een fatale accidentele koolstofmonoxidevergifting. Arch Belg Med Soc 36:504-511

Schneider H (1982) Zum Übergang von Medikamenten von der Mutter auf den Fet. Gynäkologe 15:122-135

Schwerd W (1961) Der rote Blutfarbstoff und seine wichtigsten Derivate. Schmidt-Römhild, Lübeck

Weiler G, Riße M, Klöppel A (1983) Zur akuten und subakuten fötalen CO-Intoxikation. Z Rechtsmed 90:191-197

Rechtsmedizinische Untersuchungsmethoden

Totenstarremessungen in Abhängigkeit von der Liegezeit

T. Brendel, D. Leopold

Seit den grundlegenden Untersuchungen von Nysten (1811) wurde die Totenstarre als sicheres Zeichen des Todes häufig vorrangig zur Todeszeitbestimmung herangezogen. Die meisten Autoren geben den Ablauf des Rigor mortis mit Beginn an Nacken und Kiefer an, was Nysten als „Typus descendens" beschrieb (allerdings mit Beginn am „Rumpf"). Mittmeyer (1971) stellte an die 2. Position die Ellbogengelenke. Niderkorn (1872, zit. nach Madea u. Henßge 1985) registrierte die Zeit, die bis zum Eintritt der kompletten Totenstarre verging (an 113 Leichen), Madea u. Henßge (1985) berechneten daraus als Mittelwert 5,6 h bei einer Variationsbreite von 2–13 h. Die ersten statistisch verwertbaren Daten zur Zeitbestimmung durch die sicheren Todeszeichen stammen von v. Hofmann (1876/77) und geben als Mittelwert 8 h an. Mallach (1964) berechnete aus 28 Literaturangaben (1811–1960) Mittelwerte und Standardabweichungen für den Zeitraum des Bestehens der voll ausgeprägten Starre und deren Lösung mit 57±14 h bzw. 76±32 h, Mueller u. Schleyer (1975) fügten in einer Übersicht weitere Daten hinzu. Nach eigenen Erfahrungen (Leopold 1981) beginnt der Rigor im allgemeinen an den Nacken- und Kiefergelenken 3 h post mortem (p. m.) und ist bei der ärztlichen Leichenschau auch an den Extremitäten nach 6–10 h ausgebildet, in Übereinstimmung mit Dürwald (1981), Prokop u. Reimann (1975), Mueller u. Schleyer (1975) sowie Schwerd (1976) im Mittel nach 8 h. Wird die Totenstarre während der Erstarrungsphase der Muskulatur gebrochen (Zink 1972), so bildet sie sich zumindest teilweise wieder aus (Sommer 1833, Zit. nach Morgenstern 1927; Merkel 1937) bis maximal bis 8 h p. m. (Meixner 1923). Bereits v. Hofmann verwies auf den Einfluß von Lebensalter und Todesursache; als wesentlichen Faktor für die Rigorausbildung gaben schon vor den experimentellen Untersuchungen von Morgenstern (1927), Nysten (1811) und v. Hofmann (1876/77) die Umgebungstemperatur an, was heute allgemein anerkannt ist. Nach neueren Studien (Berg 1948/49; Mittmeyer 1971; Joachim 1976; Metzger 1977; Forster u. Ropohl 1976) kommen agonale ATP- und Glykogenreserven, Kalziumgehalt, Masse sowie Vordehnung der Skelettmuskulatur und Lage der Leiche hinzu.

In allen bisherigen forensischen Publikationen (Zeitschriften und Lehrbücher) fehlt die Mitteilung, daß der Pariser Arzt Lous erstmalig als sicheres Todeszeichen die Totenstarre der Kiefermuskulatur nennt und sich in seiner Dissertation bereits 1752 auf die Überprüfung an 500 Leichen (!) stützte (nach Bruhier 1754).

Durch Experimente an Tieren und isolierten humanen Muskeln versuchten verschiedene Wissenschaftler, den Verlauf der Totenstarre beim Menschen genauer festzustellen (Zink 1970; Krause u. Zett 1973; Krompecher u. Fryc 1979; Krompecher 1981; Klein 1979). In der täglichen Praxis erfolgt die Beurteilung bis heute im Einzelfall durch die subjektiven Feststellungen des Leichenschauarztes. Die manuellen Prüfungen der Muskulatur sind grob, zeitliche Fehldiagnosen sind nicht auszuschließen. Forster et al. haben 1977 als erste Gerichtsmediziner durch den Einsatz von Maximumfederwaagen die Bewertung des Rigor mortis objektiviert. Die Arbeitsgruppe um Spann folgte im gleichen Jahr dieser Methodik, was Madea u. Henßge (1985) in ihrer Übersicht nicht erwähnten. Weitere derartige systematische Studien wurden bisher nicht publiziert.

Claus (1979) untersuchte am Institut für Gerichtliche Medizin der Karl-Marx-Universität Leipzig Kniegelenke von 100 Leichen (46 Frauen, 4 Kinder, 50 Männer) mit einer vom Mechanikermeister Lützelberger selbst gebauten Apparatur nach den Angaben von Forster et al. (1977). Er fand geringe Seitendifferenzen bei Frauen, deutlichere bei Männern, keinen Einfluß der Todesursache sowie in Übereinstimmung mit Beier et al. (1977) bei gleicher Liegezeit sexualdifferente Starrewerte.

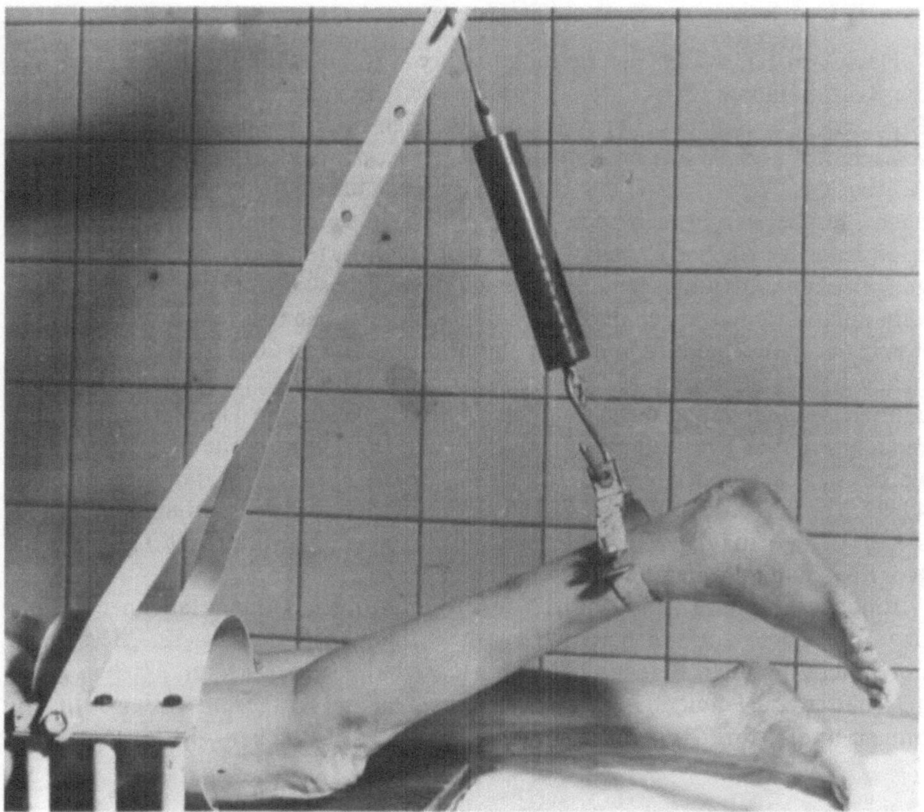

Abb. 1. Bewertung des Rigor mortis von Kniegelenken mit Maximumfederwaagen. (Nach Forster et al. 1977)

Mit dieser Leipziger Methodik wurden am Institut für Gerichtliche Medizin der Medizinischen Akademie Erfurt bei 160 Leichen Erwachsener (je 80 Frauen, Durchschnittsalter 65,4 ± 17 Jahre und 80 Männer, Durchschnittsalter 60,5 ± 18,2 Jahre) an Ellbogen- und Kniegelenken nach der Vorschrift von Forster Messungen durchgeführt (s. Abb. 1)*. Die Sterbezeit war zuverlässig bekannt. Nahezu alle Leichen lagerten bis zur Versuchsdurchführung zu 90% ihrer Liegezeit in Kühlzellen. Verstorbene mit Grundleiden natürlicher Ätiologie, die Auswirkungen auf die Skelettmuskulatur hätten haben können, blieben unberücksichtigt. Die Starre der Nacken- und Kiefermuskulatur wurde manuell in 3 Graden überprüft.

FRR - Freiburger Rigorindex

$$FRR = \frac{p \cdot l_1}{U^2 \cdot l_2} \cdot 100$$

p Zugkraft [kp]

l_1 großer Hebelarm [cm]
von der queren Kniegelenksachse bis zur Malleolengabel

l_2 kleiner Hebelarm [cm]
von der queren Kniegelenksachse bis zur lateralen oder medialen Kante der Kniescheibenvorderfläche

U Oberschenkelumfang [cm]
15 cm oberhalb des Kniegelenks

Nach den Hinweisen der Erstuntersucher wurden Hüllkurven berechnet, die die Kraftmomente (Zugkräfte ebenso wie die berechneten Daten des Freiburger Rigorindex, s. Schema) liegezeitabhängig nach oben begrenzen (s. Abb. 2-5). Zwischen 5 und 10 h p.m. ließ sich an den Arm- und Beinmuskeln ein steiler Anstieg des Rigor feststellen. Die ermittelten Kurven fielen bei den Männern nach 10 h, bei den Frauen nach 11 h exponentiell steiler und im späten postmortalen Intervall flacher ab. Die Lösung der Totenstarre zeigte sich an den Ellbogengelenken erwartungsgemäß früher, da die auf diese Gelenke wirkenden Muskeln anatomisch geringer sind als an den Kniegelenken. Im Zeitraum von 11-28 h p.m. wurden Zugkräfte mit einer Variationsbreite von 20-58 kp an den männlichen Beinen gemessen, Mittelwert 38 kp. Die nächstfolgende Gruppe der überprüften Männer zeigte meist deutlich niedrigere Werte, im Überschneidungsbereich lagen aber Kraftmomente von 6 Leichen (Variationsbreite insgesamt 12-25 kp bei der Liegezeit von 29-38 h). In der 3. Gruppe, d.h. in der Liegezeit von 49-72 h waren Zugkräfte von 7-21 kp erforderlich, um die vorhandene Todesstarre an den männlichen Kniegelenken zu brechen (Mittelwert 14,5 kp). Im Konfidenzintervall befanden sich 7 Leichen.

Eine Bestimmung der Todeszeit allein aufgrund der quantitativen Messung der Totenstarre auf ±5 h ist nach dem bisherigen Stand unserer Messungen noch nicht möglich. Berechnungen der Korrelationskoeffizienten ergeben einen gesicherten Zusammenhang zwischen Liegezeit und Totenstarreindex - in Tübingen und Erfurt −0,5, in Freiburg −0,4 und in München −0,36. Die große

* Herrn OMR Prof. sc. med. W. Dürwald danken wir für die leihweise Überlassung des Gerätes.

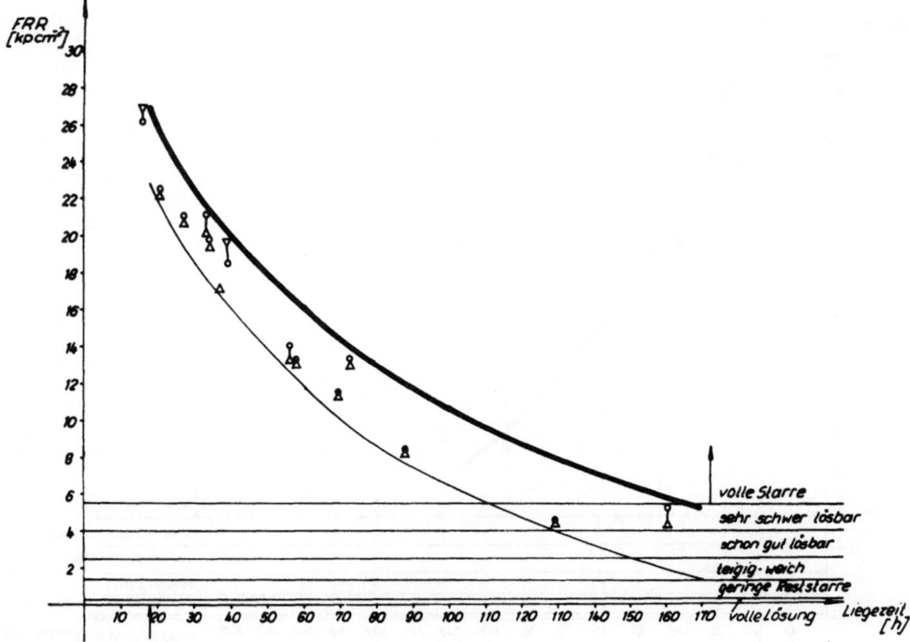

Abb. 2. Einhüllende 95%Toleranzgrenze für den Freiburger Rigorindex männlicher Beine in Abhängigkeit von der Liegezeit

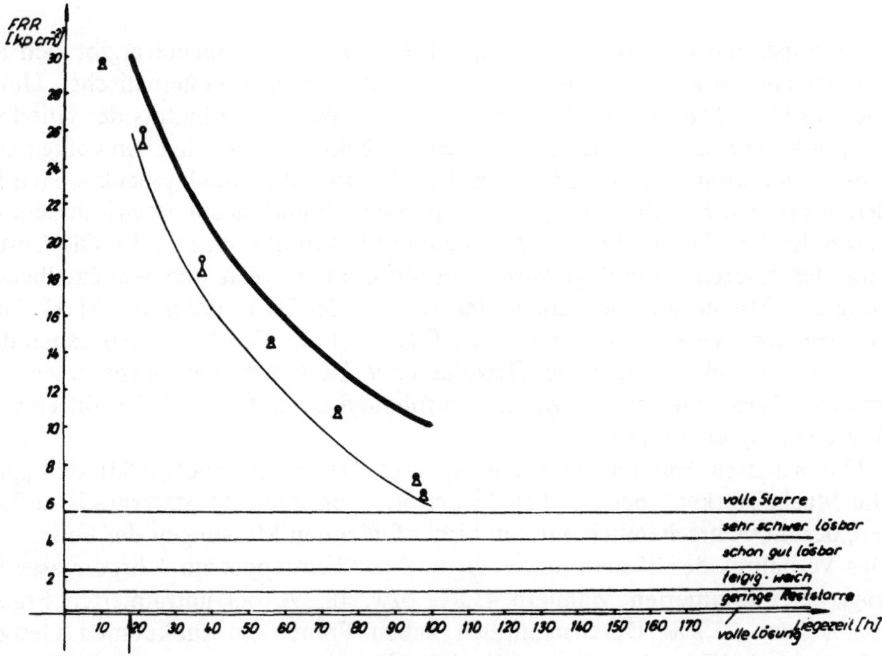

Abb. 3. Einhüllende 95% Toleranzgrenze für den Freiburger Rigorindex weiblicher Beine in Abhängigkeit von der Liegezeit

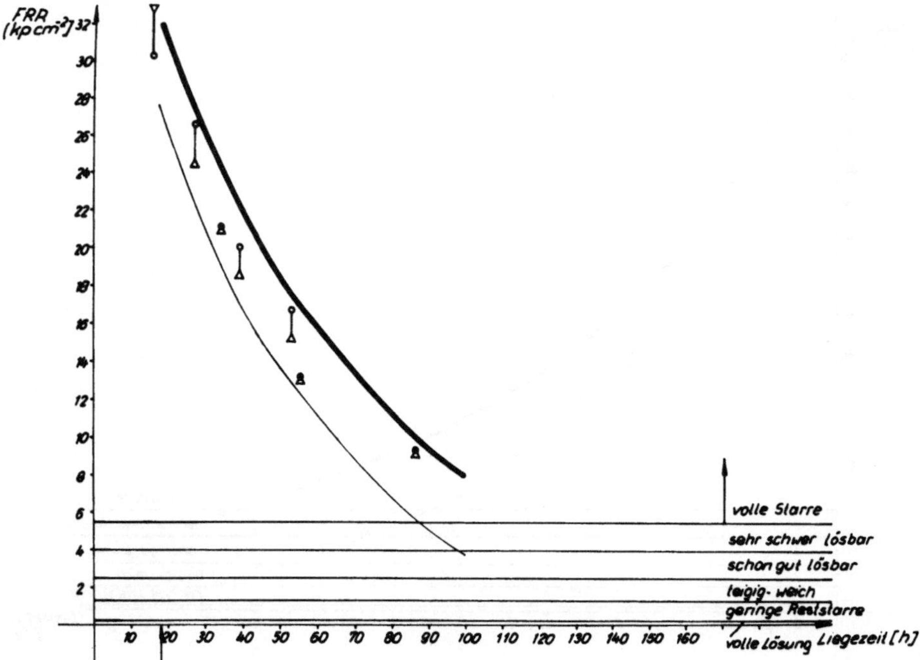

Abb. 4. Einhüllende 95% Toleranzgrenze für die FRR männlicher Arme in Abhängigkeit der Liegezeit

Variationsbreite der ermittelten Zugkräfte bzw. Kraftmomente ergibt sich aus den verschiedenartigen Einflußfaktoren. Bei zukünftigen systematischen Untersuchungen müßte zumindest die Konstitution und das Verhältnis der Gliedmaßenmuskulatur zum Unterhautfettgewebe berücksichtigt werden. An völlig anderen Studien konnte demonstriert werden, daß sich die Gliedmaßenknochen bei den bekannten Konstitutionstypen morphologisch und morphometrisch deutlich unterscheiden (Leopold et al. 1977; Leopold u. Minuth, im Druck). Die Gestaltung der ossären Grundlage wirkt sich auf die entsprechende Weichteilbedekkung aus. Mit steigendem Lebensalter treten in der Haut und in der Muskulatur biorheutische Veränderungen, v.a. der Elastizität ein. Die Menschen haben darüber hinaus unterschiedliche Gewohnheiten bezüglich des bevorzugten Gebrauchs ihres Standbeins, was zu morphologisch faßbaren Seitendifferenzen führte (Ljungren 1979/80).

Die bisherige Annahme von Beier et al. (1977) und Brendel (1983), daß „gleiche Muskelstärken" bei gleichen Liegezeiten verschiedene Starregrade aufweisen, beruht wahrscheinlich auf den bisher fehlenden Messungen des Fettanteils. Das Verhältnis der Skelettmuskulatur und der Fettdepots zur Körpermasse beträgt bei untrainierten Männern 41,8% bzw. 18,2%, bei untrainierten Frauen 35,8% bzw. 28,2%. Durchschnittlich haben Frauen im subkutanen Gewebe 1,75mal mehr Fett als Männer. Tittel u. Wutscherk haben bereits 1972 durch sorgfältige sportmedizinische Studien nachgewiesen, daß neben dem Einfluß

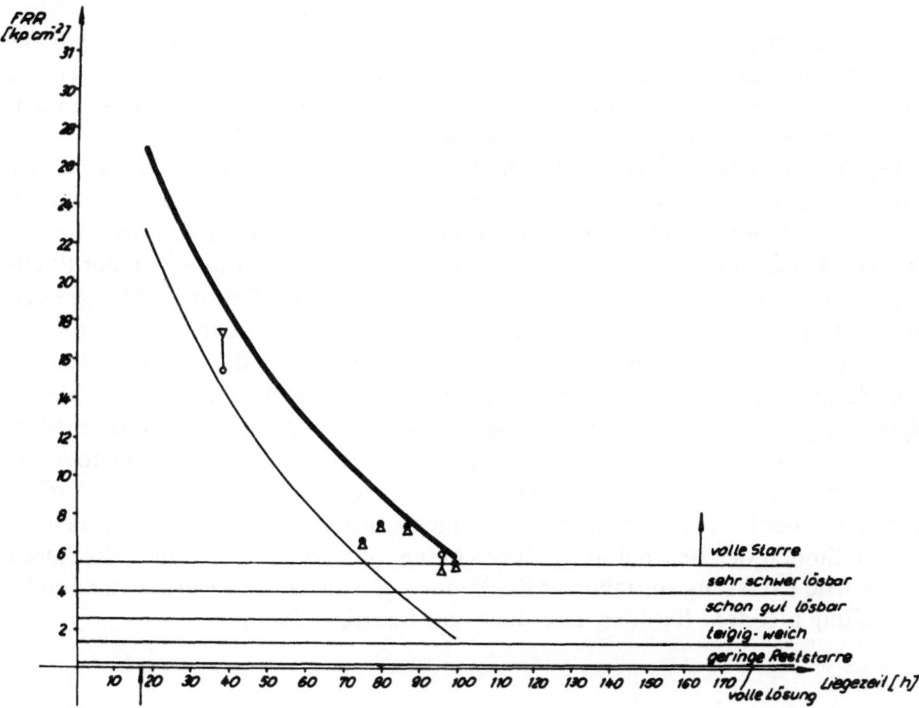

Abb. 5. Einhüllende 95% Toleranzgrenze für die FRR-Werte weiblicher Arme in Abhängigkeit von der Liegezeit

von Geschlecht und Alter sowie der verschiedenartigen Sportdisziplinen die Konstitutionstypen nach Konrad (1963) wesentliche Bedeutung für den Umfang der Gliedmaßen, z. B. der Oberarme und Oberschenkel, haben. Bei zukünftigen postmortalen Starreprüfungen sollten zur Erarbeitung zeitabhängiger objektiver Vergleichsdaten die Methoden der Hautfaltenmessung der Anthropologie bzw. der Sportmedizin eingeschlossen werden. Wutscherk bestimmte signifikante sexualdifferente Hautfaltendicken mit unterschiedlichem Fettanteil bei Läufern, Springern und Schwimmern. Für den Gerichtsmediziner wird die Katamnese zur sportlichen Betätigung eines Individiums für die Leichenschau mit Todeszeitbestimmung wenig erbringen, da zur Freizeitgestaltung weitere Einflüsse auf die Gliedmaßenmuskulatur hinzu kämen, die sich im Einzelfall selten vollständig erfassen lassen (Beruf, Ernährung, Krankheiten, Gewohnheiten, Genetik).

Bei der Zuordnung von Konstitutionstypen zu den Resultaten von Brendel ergaben sich deutliche Unterschiede zwischen den leptomorphen und pyknomorphen Erwachsenen, auch innerhalb der Geschlechter. Die Anzahl der bisher bei den vorgelegten Messungen eindeutig bestimmbaren Konstitutionstypen (je 18) erlaubt aber noch keine statistische Absicherung der differenten Rigorlösewerte bei gleicher Liegezeit. Korrelationsberechnungen zwischen der Zugkraft zur Brechung der Totenstarre und dem Körpergewicht oder der Körperhöhe ergaben keine gesicherten Zusammenhänge. Bei 5 akuten letalen CO-Intoxikationen lag der Freiburger Starreindex deutlich niedriger als bei natürlichen Todesfällen gleicher Liegezeit, die Anzahl ist für Schlußfolgerungen zu klein. Forster verwies 1963 auf Einflüsse durch toxische Substanzen. Insgesamt bestätigen die Erfurter Untersuchungen die wesentlichen Feststellungen der Arbeitsgruppen um Forster und Spann sowie der Diplomarbeit von Claus (1979).

Im Vertrauensbereich von 95% erlauben die in München und Erfurt ermittelten Hüllkurven Hinweise für die Schätzung des Eintritts des Todes innerhalb von 8–12 h Liegezeit, evtl. auch länger, bei einer Raumtemperatur von 4–6 °C. Die Hüllkurven begrenzen die Punktwolken einmaliger und momentaner Stichproben aus individuellen Starrekurven, die für einzelne Gruppen berechneten oberen Grenzwerte sind darin enthalten. Weitere systematische Studien zur objektiven Messung des Rigor mortis sollten als wissenschaftlicher Vorlauf erfolgen, damit zukünftig Kurven zur Liegezeit in Abhängigkeit von unterschiedlichen Temperaturbereichen zur Verfügung stehen. Gleichzeitige objektive Messungen der Starre, der Dynamometrie der Totenflecke und der Hirntemperatur haben in Erfurt begonnen. Für die ärztliche Leichenschau bleiben am Auffindungsort einer Leiche auch nach gerichtsmedizinischen Erfahrungen die bisherigen Methoden der Beurteilungen der sicheren Todeszeichen erhalten, die durch zusätzliche Erfassung supravitaler Reaktionen günstig ergänzt werden können (s. Mitteilung aus dem Berliner, Dresdner und Leipziger Institut).

Literatur

Beier G, Liebhardt E, Schuck M, Spann W (1977) Totenstarremessungen an menschlichen Skeletten in situ. Z Rechtsmed 79: 277–283

Berg S (1948/49) Nervensysteme und Totenstarre. Dtsch Z Gesamte Gerichtl Med 39:429–434

Brendel T (1983) Totenstarremessungen an Skelettmuskeln. Symposium Gerichtliche Medizin, Ahrenshoop, 9.–12. 11. 1983.

Brendel T (1985) Leichenstarremessung am menschlichen Skelettmuskel in situ. zur Todeszeitbestimmung. Diplomarbeit, Medizinische Akademie Erfurt

Bruhier JJ (1754) Abhandlung von der Ungewißheit des Kennzeichens des Todes und den Mißbrauch, der mit übereilten Beerdigungen und Einbalsamierungen vorgeht. Deutsch von JG Janecke, Leipzig

Claus H (1979) Untersuchungen zum Eintritt der Totenstarre. Med. Diplomarbeit, Karl-Marx-Universität Leipzig

Dürwald W (1981) Gerichtliche Medizin, 1. Aufl. Barth, Leipzig

Forster B (1963) The plastic and elastic deformation of sceletal muscle in rigor mortis. J Forensic Med 10:91

Forster B, Ropohl D (1976) Rechtsmedizin. Enke, Stuttgart (3. Aufl. 1982)

Forster B, Ropohl D, Raule P (1977) Eine neue Formel zur Beurteilung der Totenstarre, die Feststellung des FRR-Index. Z Rechtsmed 80:51–54

Hofmann E von (1876/77) Die forensisch wichtigsten Leichenerscheinungen. Z Gerichtl Med 25:229–261; 26:17–40

Joachim H (1976) Probleme der frühen Todeszeitbestimmung und die sog. supravitalen Reaktionen des Muskels im Tierversuch. Habilitationsschrift, Freiburg i. Br.

Joachim H, Feldmann U (1980) Eine quantitative Methode der Todeszeitbestimmung durch Untersuchung der galvanischen Reizschwelle. Z Rechtsmed 85:5–22

Klein C (1979) Die Feststellung des Todeszeitpunktes anhand der Totenstarre. Med. Dissertation, Universität München

Konrad K (1963) Der Konstitutionstypus. Theoretische Grundlagen und praktische Bestimmung. Springer, Berlin Göttingen Heidelberg

Krause D, Zett L (1973) Physiologische und morphologische Untersuchungen zu Mechanismus und Verlauf der Totenstarre. Z Rechtsmed 72:245-254

Krompecher T (1981) Experimental evaluation of Rigor mortis. V. Effect of various temperatures on the evolution of rigor mortis. Forensic Sci Int 17:19-26

Krompecher T, Fryc O (1979) Zur Frage der Todeszeitbestimmung aufgrund der Leichenstarre. Beitr Gerichtl Med 37:285-289

Leopold D (1981) Feststellung des Todes und Todeszeitbestimmung. In: Leopold D, Hunger H (Hrsg) Die ärztliche Leichenschau, 2. Aufl. Barth, Leipzig, S. 15-24

Leopold D (1982) Die Feststellung des Todes in historischer Sicht. Kriminal Forens Wiss 48:43-54

Leopold D, Minuth I (im Druck) Zum Sexualdimorphismus der Unterschenkelknochen - ein Beitrag zur Identifikation. Kriminal Forens Wiss

Leopold D, Vollmüller J (1986) Quantitative Druckmessungen an Totenflecken zur Todeszeitbestimmung. Kriminal Forens Wiss 61/62:166-167

Leopold D, Weigel B, Krüger G (1977) Beziehungen zwischen Ausbildung des Humerus, Femur, der Scapula sowie der Konstituttion. Wiss Z Ernst Moritz Ardt Univ Greifs 26:53-55

Ljungren AE (1979/80) The human tibia with regard to principles of functional anatomy of long bones. Z Morphol Anthropol 70:218-238, 241-257

Madea B, Henßge C (1985) Historisches zur Todeszeitbestimmung. Z Rechtsmed 95:19-25

Mallach HJ (1964) Zur Frage der Todeszeitbestimmung. Berl Med 8:577-582

Mallach HJ, Mittmeyer H-J (1971) Totenstarre und Totenflecke. Z Rechtsmed 69:70-78

Meixner K (1923) Die Totenstarre beim Menschen. Dtsch Z Gesamte Gerichtl Med 2:398-411

Merkel H (1937) Leichenerscheinungen. Erg Pathol 33:9

Metzger F (1977) Die Bedeutung der Totenstarre im Vergleich zur elektrischen Erregbarkeit bei verschiedenen Todesarten. Dissertation, Freiburg i. Br.

Mittmeyer H-J (1971) Abhängigkeit der Totenstarre und Totenflecke vom Leichenalter. Beitr Gerichtl Med 28:101-107

Morgenstern S (1927) Experimentelle Ergebnisse zur Frage der Temperatureinflüsse auf die Leichenstarre. Dtsch Z Gesamte Gerichtl Med 9:718-722

Mueller B, Schleyer F (1975) Die frühen Leichenveränderungen. In: Mueller B (Hrsg) Gerichtliche Medizin, 2. Aufl. Springer, Berlin Heidelberg New York S 45-54

Nysten H (1811) Recherches de physiologie et de chemie pathologique. Paris Hufelands J 43

Prokop O, Reimann W (1975) Sichere Formen der Leichenveränderungen, In: Prokop O, Göhler W (Hrsg) Forensische Medizin, 3. Aufl. Volk & Gesundheit, Berlin, S 11-65

Schwerd W (1976) Rechtsmedizin, 2. Aufl. Deutscher Ärzteverlag, Köln

Tittel K, Wutscherk H (1972) Sportanthropometrie. Barth, Leipzig

Zink P (1970) Über das Verhalten des menschlichen Skelettmuskels bei Dehnung während des Verlaufs der Totenstarre. Habilitationsschrift, Erlangen

Zink P (1972) Das mechanische Verhalten menschlicher Skelettmuskulatur während des Verlaufs der Totenstarre. Z Rechtsmed 71:47-63

Zur Problematik der Todeszeitbestimmung

O. GRÜNER

Grenzsituationen des Lebens, zu denen das Sterben gehört, stellen sich dem Rechtsmediziner in besonders eindringlicher Form dar, weil er in den meisten Fällen mit dem plötzlichen, unerwarteten, tragischen Tod konfrontiert wird. Da dieser Tod oft ohne Zeugen eintritt - als Folge eines Verbrechens zumeist erst nach Stunden oder Tagen bekannt wird -, spielt in der praktischen gerichtsärztlichen Tätigkeit die Todeszeitbestimmung ex post, d.h. nach sicher eingetretenem Tod, eine besondere Rolle.

Daneben aber beschäftigten sich auch schon alte Rechtsmediziner mit der Frage, „ob in einem bestimmten Falle, ein für verstorben gehaltener Mensch, wirklich tod, oder nur scheintod?" ist (Mende 1829). In den Landesverordnungen über das Leichenwesen wird die Feststellung des Todes als wichtigste Aufgabe der Leichenschau angesehen, trotzdem erregt die Problematik des Scheintodes auch heute noch die Gemüter (Boetzkes 1978), zumal immer wieder Fälle bekannt werden, bei denen Ärzte bei noch lebenden Personen den Eintritt des Todes bescheinigt haben (vgl. Mallach et al. 1977).

Der Gedanke, lebendig begraben zu werden, ist schauerlich genug, er wird an Gräßlichkeit aber noch übertroffen, wenn man sich vorstellt, daß zum Zwecke der Transplantation einem noch lebenden Menschen ein Organ entnommen wird. So hat gerade durch die Transplantationsmöglichkeit die Todeszeitfeststellung eine ganz besondere Bedeutung erlangt, und es konnte nicht ausbleiben, daß sich auch die Juristen mit dem Todesbegriff und dem Todeszeitproblem beschäftigen mußten (Geilen 1972, 1976).

Savigny sah noch Mitte des 19. Jahrhunderts im Tod als der Grenze der Rechtsfähigkeit „ein so einfaches Naturereignis, daß derselbe nicht, so wie die Geburt, eine genauere Feststellung seiner Elemente nötig macht" (vgl. Geilen 1976). Dabei war schon viel früher das Sterben bzw. die Problematik der Todeszeitfeststellung von Medizinern in ihrer rechtlichen Bedeutung erkannt worden (vgl. Mende 1829). Die von ihnen bereits entwickelten Kriterien erwiesen sich jedoch allgemein als so brauchbar, daß der Tod als Rechtsfrage nicht in Erscheinung trat (Geilen 1976). Geilen hat darauf hingewiesen, daß die Todeszeitfrage bei der Betrachtung ex post auf die juristisch meist wenig problematische Todesdatierung hinausläuft, was besagt, daß die Prozeßhaftigkeit des Sterbens nur auf einen exakten zeitlichen Nenner gebracht zu werden braucht, damit das Elementarereignis Tod als juristischer Fixpunkt angesehen werden kann. Dies bedeutet nun aber keineswegs, daß eine solche Fixierung ex post unerheblich wäre. Bei dem unfallbedingten Tod eines kinderlosen Ehepaars würde z.B. die genaue Todeszeitbestimmung darüber entscheiden, welcher Ehegatte den anderen beerbt und wessen Verwandtschaft infolgedessen nach dem Tod des Zweitverstorbenen den gesamten Nachlaß bekommt. Nur kommt es bei der rückschauenden Festlegung der Todeszeit allein darauf an, einheitliche und durchgängig verwendbare Kriterien zur Festlegung des Todeseintritts zu benutzen. Dies kommt auch darin zum Ausdruck, daß nach § 11 VerschG in Zweifelsfällen eine *fiktive Regelung*, die sog. Kommorientenvermutung (d. h. die Annahme gleichzeitigen Todes), Platz greift.

Von dieser Begriffsfunktion zu unterscheiden ist nun aber der Todes*real*begriff, der juristisch heute deswegen besondere Bedeutung besitzt, weil nur mit ihm festgelegt werden kann, wo die juristischen Lebens- und Körperschutzfunktionen enden. Für die Rechtsmedizin hat der Todesrealbegriff allerdings schon immer eine Rolle gespielt, weil sich auf ihn alle kriminalbiologischen Bemühungen zur sicher postmortalen, d. h. rückwärtsgewandten Todeszeitbestimmung und damit zur zeitlichen Fixierung der Einengung eines Verbrechens oder Unfalls bezogen. Dabei ist klar, daß eine solche Todeszeitfestlegung an der Leiche auch bei Berücksichtigung aller entsprechenden rechtsmedizinischen Forschungsergebnisse nicht im entferntesten an die Genauigkeit heranreicht, die mit klinischer Diagnostik zur Erfassung des Todeszeitpunkts möglich ist. Es wäre schlimm - unabhängig von den juristischen Betrachtungen -, wenn für die Transplantationschirurgie keine exakten Todeszeitkriterien zur Verfügung stünden und keine verläßlichen diagnostischen Möglichkeiten zur Erkennung des eingetretenen Todes vorhanden wären.

Zwei Hauptprobleme rücken damit in den Mittelpunkt der Erörterung:

1) Wann ist ein Mensch bei naturwissenschaftlich-ärztlicher Betrachtung als tot zu bezeichnen?
2) Wie läßt sich der Tod mit den uns gegebenen Möglichkeiten nachweisen?

Der Tod als Gegenspieler - oder auch nur als scheinbare Antithese - des Lebens wird i. allg. mit Negationen umschrieben, wobei als Maßstab *das Leben* des Menschen dient, d. h. alle seine Lebensäußerungen vom Herzschlag bis zur Atmung, von seelischen Erscheinungen bis zu körperlichen Geschehnissen. Fehlen die Funktionen der lebenswichtigen, zentralen Systeme, so glauben wir uns berechtigt, den eingetretenen Tod zu bescheinigen. Eindeutig begründet scheint unsere Diagnose dort zu sein, wo bei einem massiven gewaltsamen Geschehen der Körper - wie z. B. bei Explosionen, Flugzeugabstürzen, Eisenbahnunfällen - weitgehend zerstört oder wo - wie z. B. bei schwersten Schädel-Hirn-Traumen - wichtige Teile zertrümmert werden. Intravitale Dekomposition schließt in evidenter Weise Leben ebenso aus wie die Zerstörung des lebenswichtigen Schädel-Hirn-Bereichs, wobei es ohne Bedeutung ist, ob nach dem Zeitpunkt der gewaltsamen Zerstörung noch einige Herzschläge oder Atemzüge auftreten oder nicht. Dies hat allenfalls rechtsmedizinische Bedeutung, so etwa wenn man bei entsprechenden Fällen Fettembolien nachweisen und hieraus Hinweise auf die Überlebenszeit der einzelnen Opfer von Massenkatastrophen gewinnen kann. Die zeitlichen Dimensionen unterscheiden sich jedoch meistens grundlegend von denen beim Tod unter krankhaften Voraussetzungen, obschon hier wie dort die gleichen pathologisch-physiologischen Bedingungen zu berücksichtigen sind. Über diese Bedingungen hat man sich schon vor langer Zeit Gedanken gemacht, und der große französische Arzt Xavier Bichat (geb. 1771) hat der Frage des Todeseintritts bereits im 18. Jahrhundert in seinen *Recherches physiologiques sur la vie et la mort* besondere Aufmerksamkeit gewidmet. Er untersuchte den Einfluß des Herztodes auf den Tod des Gehirns und auf die Atmung (den Tod der Lungen, wie er es ausdrückte) sowie auf den Tod der einzelnen Organe und den allgemeinen Tod, weiterhin die umgekehrten Einflüsse des Lungentodes und des Hirntodes. Er dezentralisierte damit, wie Claude Bernard (1878 zit. nach Boehm 1912) es ausdrückte, das Lebensprinzip und verteilte es auf alle Organe des Körpers. Seine *Recherches physiologiques sur la vie et la mort* erschienen in 9 Auflagen, und bereits hier finden wir den Hinweis, daß beim plötzlichen Tod das organische Leben noch eine Zeit lang fortbesteht. In seiner *Darstellung der Leichenerscheinungen* schrieb 1854 der Prager Professor Engel:

> Ein Organismus, wie der menschliche, stirbt nicht in allen seinen Theilen in ein und demselben Momente; die Hirnfunctionen können bereits erloschen sein, während die Darmbewegungen noch eine Zeit hindurch fortbestehen; die Capillaren hören vielleicht schon auf zu functionieren, aber das Herz ist noch nicht gestorben; die Athemverrichtung hört bereits auf, aber die Muskelreizbarkeit ist noch nicht ganz erloschen.

Danach taucht die Frage auf, wann ein Mensch als tot zu bezeichnen ist. Seit jeher wurde dabei den Kreislauf- und Atemfunktionen besondere Bedeutung beigemessen. So schrieb Mende bereits 1829: „Da wir die Fortdauer des Lebens vom Athemholen und vom Kreislaufe des Blutes abhängig zu halten gewohnt sind, so sehen wir die äußerlichen Merkmale beider, nähmlich das Ein- und Ausathmen, und den Herz- und Pulsader-Schlag als seine nothwendigen Kennzeichen an." Noch heute gilt als wesentliches Kriterium des klinischen Todes der Herzstillstand bzw. das irreversible Sistieren des Kreislaufs oder auch das irreversible Sistieren von Kreislauf und Atmung. Dabei ist man sich im klaren, daß nach dem klinischen Tod noch zahlreiche Lebensvorgänge ablaufen können, die als „supravitale Reaktionen" in Erscheinung treten und für das „intermediäre Leben" charakteristisch sind. Dieses Gebiet der Thanatologie hat besonders die Aufmerksamkeit der Rechtsmediziner auf sich gezogen, weil man hoffte, durch das Studium der Absterbevorgänge der einzelnen Organe bzw. Zellen oder ihrer biochemischen Veränderungen unter Berücksichtigung der zeitlichen Verhältnisse Anhaltspunkte für die Todeszeitbestimmung ex post, d.h. für den Individualtod zu gewinnen. Schleyer (1975) und zahlreiche andere Autoren haben der postmortalen klinisch-chemischen Diagnostik und Todeszeitbestimmung mit chemischen und physikalischen Methoden zahlreiche Untersuchungen gewidmet. Die Ergebnisse sagen aber nur, daß zur Zeit des klinischen Todes noch nicht alle Funktionen erloschen und einzelne Zellen und Organe erst geraume Zeit nach diesem Zeitpunkt gestorben sind. Das Erlöschen auch der letzten Zellfunktion, d.h. das Ende „ des intermediären Lebens, charakterisiert schließlich den biologischen Tod". Vergleicht man die einzelnen Organ- und Zellfunktionen während des intermediären Lebens miteinander, so ergibt sich ein gestaffeltes Absterben; trotzdem verbietet es sich schon aus praktischen Gründen und wegen der diagnostischen Möglichkeiten, den biologischen Tod – was theoretisch möglich wäre - als den sicheren Individualtod zu fixieren. Auch von juristischer Seite wendet man sich gegen die Heranziehung des „Totaltodes“ zur Todeszeitbestimmung. Setzt man andererseits den Individualtod mit dem irreversiblen Stillstand von Herz und Kreislauffunktion bzw. Kreislauffunktion und Atmung gleich, so kommt es nur darauf an, sich vor diagnostischen Irrtümern zu schützen, d.h. die Vita minima, den Scheintod nicht zu übersehen. Dies ist nicht möglich, wenn bestimmte Merkmale des sicheren Todes beachtet werden, wie sie schon in alten Handbüchern der gerichtlichen Medizin (z.B. von Mende 1829) zusammengestellt wurden. Die wichtigsten von ihnen sind die Totenstarre und die Totenflecken sowie die späteren Leichenerscheinungen wie Fäulnis- und Verwesungsveränderungen. Man überzeugt sich damit von der Irreversibilität des Herzstillstands bzw. von den erloschenen Kreislauffunktionen durch den *Nachweis ihrer Folgen,* stellt damit genau genommen den Tod ex post fest und verlagert die Todeszeit etwas vom Zeitpunkt des klinischen Todes weg. Dies ist der Preis, der gezahlt werden muß, um im ärztlichen Alltag keine Vita reducta oder Vita minima zu übersehen. Andererseits konnte dagegen auch dann nichts eingewendet werden, wenn man - wie schon Bichat (1912) - im Gehirn das Zentrum des „animalen Lebens“ sah (nach Bichat der Gegensatz zu dem jedem Tier eigenen „vitalen“ Leben); denn wegen der Abhängigkeit der Ischämietoleranzzeit des Gehirns von der Herzfunktion - sie beträgt etwa zwischen 5 und 10 min (Wawerski 1976) ist in entsprechenden Fällen ohnehin mit baldigem irreversiblem Hirnversagen zu rechnen.

Wenn dennoch der Hirntod heute - auch nach der herrschenden Meinung der Juristen - mit dem Individualtod gleichgesetzt wird, so beruht dies zweifellos auf den verbesserten diagnostischen und therapeutischen Möglichkeiten einerseits, andererseits aber auf der Gegenläufigkeit der Bemühungen bei Reanimationsmaßnahmen und den Transplantationsinteressen. Geilen (1976) hat diesen Antagonismus so formuliert: „Der Spender hat zwar für die Leichenentnahme definitorisch tot zu sein, aber er soll *möglichst wenig* tot sein, damit der per saldo bezweckten Transplantatübertragung eine möglichst optimale Prognose gestellt werden kann.“ Daß es nicht angehen kann aus dieser Interessenkollision unterschiedliche Todesbegriffe abzuleiten, versteht sich für den Mediziner von selbst; er sieht hierzu aber auch keine Notwendigkeit, wenn der Hirntod sicher feststellbar ist bzw. sicher festgestellt wird. Durch die modernen Reanimationsmaßnahmen ist eine Entkoppelung von Herz-Kreislauf- bzw. Atemversagen und der Hirntodfolge eingetreten. Mit ihrer Anwendung entstand aber gleichzeitig die *Notwendigkeit,* andere Kriterien für den Individualtod heranzuziehen, sofern man nicht „menschliche Organhülsen“ konservieren oder aber auf Rettungsmöglichkeiten vorzeitig verzichten wollte.

Da es nun andererseits inzwischen möglich geworden ist, den Hirntod nicht nur als unausweichliche Folge des Herz- und Atemstillstands zu *unterstellen,* sondern direkt nachzuweisen, wird es verständlich, daß heute von den Juristen der Todeszeitpunkt nicht mehr mit dem (irreversiblen) Stillstand von Herz und Kreislauf, sondern mit dem Hirntod definitorisch gleichgesetzt wird. Dabei besteht, worauf auch Wawersik hingewiesen hat, in dem größeren Bereich der ärztlichen Praxis durchaus kein Zwang, generell auf den Hirntod abzustellen, wenn Aspekt und klinische Situation hinreichende Anhaltspunkte für den Todeseintritt geben. Wenn der in der Nachbarschaft von Atmungs- und Kreislaufstillstand gelegene Hirntod bestimmend für den Todeszeitpunkt sein soll, so betrifft dies nur den Todesbegriff. Eine ganz andere Frage ist die nach den Kriterien und Methoden, mittels derer sich der Hirntod feststellen läßt (Schönke-Schröder 1985). Bedenken allerdings werden von Juristen dagegen vorgebracht, daß der leichter faßbare Zeitpunkt des Herzstillstands *als Gehirntod postuliert,* d.h. mit dem Gehirntod gleichgesetzt wird, würde es sich dabei doch um eine normativrelevante Vorverlagerung des Todesbegriffs handeln, was beträchtliche juristische Probleme mit sich brächte. Diese beziehen sich z.B. auf den Reanimationsverzicht bei einem inkurabel Moribunden, der in einem Fall nur unter gewissen Voraussetzungen nach den Grundsätzen passiver Sterbehilfe zu betrachten, im anderen Fall aber damit zu rechtfertigen wäre, daß der betreffende Mensch mit Herzstillstand als tot angesehen werden dürfte.

Wichtig erscheint für die Praxis der Hirntoddiagnostik - und dies hängt ebenfalls mit der Gleichsetzung des *Hirntodes* mit dem *Individualtod* zusammen -, daß bei der Feststellung des Hirntodes keine diagnostischen Maßnahmen angewandt werden dürfen, die u.U. erst das bewirken, was sie als bereits eingetreten lediglich beweisen sollen, nämlich den Hirntod. Wie man sieht, steht der Nachweis des Hirntodes nicht ohne Grund im Mittelpunkt des juristischen Todesbegriffs. Er soll dem Schutz des sterbenden Menschen dienen, andererseits aber Möglichkeiten zur straffreien Organentnahme schaffen. Daß sich hierbei nicht geringe ärztliche und rechtliche Probleme ergeben, hängt mit dem Wert des geschützten Gutes zusammen - des Lebens, um dessen Schutz sich Mediziner und Juristen in gleichem Maße bemühen.

Literatur

Bichat X (1912) Physiologische Untersuchungen über den Tod (ins Deutsche übersetzt und eingeleitet von Boehm R). Barth, Leipzig

Boehm R (1912) Einleitung In: Bichat X (Hrsg) Physiologische Untersuchungen über den Tod (ins Deutsche übersetzt und eingeleitet von Boehm R). Barth, Leipzig

Boetzkes CE (1978) Scheintot begraben. Schulz, Percha-Kempfenhausen

Engel J (1854) Darstellung der Leichenerscheinungen und deren Bedeutung. Braumüller, Wien

Geilen G (1972) Medizinischer Fortschritt und juristischer Todesbegriff. In: Lüttger H, Blei H, Hanau P (Hrsg) Festschrift für Ernst Heinitz zum 70. Geburtstag. De Gruyter, Berlin

Geilen G (1976) Legislative Erwägungen zum Todeszeitproblem. In: Eser A (Hrsg) Suizid und Euthanasie als human- und sozialwissenschaftliches Problem. Enke, Stuttgart

Mallach H-J, Barz J, Mattern R (1977) Bemerkungen zum Bestattungsgesetz von Baden-Württemberg. Med Welt 28:1905

Mende LIC (1829) Ausführliches Handbuch der gerichtlichen Medizin für Gesetzgeber, Rechtsgelehrte Ärzte und Wundärzte. Dyk, Leipzig, S. 184ff.

Schleyer F (1975) Todeszeitbestimmung im frühpostmortalen Intervall. In: Mueller B (Hrsg) Gerichtliche Medizin 2. Aufl. Springer, Berlin Heidelberg New York

Schönke-Schröder (1985) Strafgesetzbuch. Kommentar, 22. Aufl. Beck, München

Wawersik J (1976) Reanimation und ihre Grenzen. In: Eser A (Hrsg) Suizid und Euthanasie als human- und sozialwissenschaftliches Problem. Enke, Stuttgart

Wert der Augenhintergrundbefundung für die Todeszeitbestimmung

A. Klein, S. Klein

Die Bemühungen einiger Autoren (Albrand 1904; Kahn 1924; Würdemann 1920; Palmieri 1930) in der 1. Hälfte des 20. Jahrhunderts, die postmortalen Veränderungen am Augenhintergrund für die Todeszeitbestimmung heranzuziehen, scheiterten an den unzureichenden Untersuchungsmethoden jener Zeit. Die Beurteilung des Augenhintergrundes ist wenige Stunden post mortem (p.m.) nur mit Hilfe einer starken Lichtquelle, wie sie erstmals der elektrische Augenspiegel bot, möglich. Kevorkian (1961) war es durch Ophthalmoskopie gelungen, für ein Zeitintervall von 0–15 h p.m. in der überwiegenden Zahl der Fälle auffallend sichere Angaben zum Todeszeitpunkt zu machen. Danach seien die Fundusgefäße nicht mehr zu sehen, auch mache die Hornhauttrübung die Untersuchung unmöglich. Bereits in vorläufigen Mitteilungen (Klein et al. 1970, 1971) konnten wir demonstrieren, daß die Veränderungen am Fundus oculi nach dem Tode noch weit über die von Kevorkian (1961) angegebene Zeitgrenze hinaus Rückschlüsse auf den Todeszeitpunkt erlauben.

Material und Methodik

Die vorliegenden Untersuchungsergebnisse beziehen sich auf die an 890 Leichen erhobenen Augenbefunde. Die Spiegelung des Augenhintergrunds erfolgte mit einem lichtstarken Handophthalmoskop (VEB Carl Zeiss, Jena) bei 819 Leichen nur einmal und in 71 Fällen fortlaufend im Abstand von zunächst 2–5, später 5–10 h. Der untersuchte Zeitabschnitt erstreckt sich vom Zeitpunkt des Todes – 1. Phase des Todes, tierexperimentell an Kaninchen, Ratten und Meerschweinchen verfolgt – bis zu 140 h p.m.

Entscheidende Voraussetzung für einen klaren Funduseinblick ist die normale Transparenz der Hornhaut. Deshalb war folgendes Vorgehen unbedingt geboten:

- Feuchthalten der Kornea durch Beträufeln mit physiologischer Kochsalzlösung;
- bei fortschreitender Hornhauttrübung vorsichtige Abradierung des sich zuerst eintrübenden Hornhautepithels;
- Herstellung einer gleichmäßigen Hornhautkonvexität durch leichten Druck

auf den seitlichen Bulbus, da die postmortal auftretende und rasch zunehmende Hypotonie des Bulbus zu Unregelmäßigkeiten in der Hornhautkrümmung führt.

Ergebnis und Diskussion

Die beobachteten postmortalen Augenhintergrundbefunde in Abhängigkeit von der Todeszeit sollen anhand einiger Fotografien demonstriert werden (Abb. 3-6).

Als Kriterien für die Todeszeitbestimmung gelten die Veränderungen der bekannten Augenhintergrundstrukturen:

Papille

Beurteilt werden die Grenzen, der Gefäßtrichter und ihre Farbe. Der Papillenbefund erscheint postmortal in der Regel bis 2 h und in Einzelfällen bis 5 h unverändert gegenüber dem eines Lebenden. Danach wird eine zunehmende Abblassung der Papille, eine fortschreitende Unschärfe der Papillengrenzen und eine progressive Fragmentation der Blutsäule im Bereich des Gefäßtrichters beobachtet. Ophthalmoskopisch ist die Papille aufgrund ihrer helleren Farbe bis 40 h p. m. immer, 51 h p. m. in 50% der Fälle, bis 58,5 h p. m. vereinzelt zu lokalisieren. Der Gefäßtrichter ist bis 14 h p. m. regelmäßig, 28 h p. m. bei der Hälfte der Fälle, 32 h p. m. bei 25% und nach 45 h p. m. nicht mehr sichtbar. In Abb. 1 ist die Häufigkeitsverteilung der postmortal möglichen Befunde des Gefäßtrichters dargestellt. So liegt hier das Häufigkeitsmaximum für eine Papille mit fast vollständig erhaltenem Gefäßtrichter bei 11,6, für eine Papille mit mittleren Unterbrechungen der Blutsäule bei 17,7, für eine Papille mit nur einzelnen Gefäßfragmenten bei 21,7 und für eine Papille mit Resten des Gefäßtrichters bei 27 h p. m. In den Kurvenscharen gleicht die 1. Kurve - normaler „vitaler" Befund - einem exponentiellen Abfall und die letzte Kurve - völliges Verschwinden bzw. Verdämmern des jeweiligen Kriteriums - dem Verlauf einer ansteigenden Exponentialkurve. Die postmortalen Veränderungen am Fundus oculi sind fließend, aber sie durchlaufen bestimmte Stadien. In den Kurvenscharen sind sie als Glockenkurven dargestellt. Dadurch ist eine weitere Einengung des postmortalen Intervalls möglich.

Makula

In der frühen postmortalen Phase von etwa 5 h gleicht das Bild dem einer Zentralarterienembolie, es ist ein krischroter Fleck inmitten eines ödematösen Hofes zu sehen; 10 h p. m. imponiert die Makula rotbraun. Die Fovea ist meist bis 20 h und vereinzelt bis 26 h p. m., die Makula insgesamt als grauweißer Herd jedoch

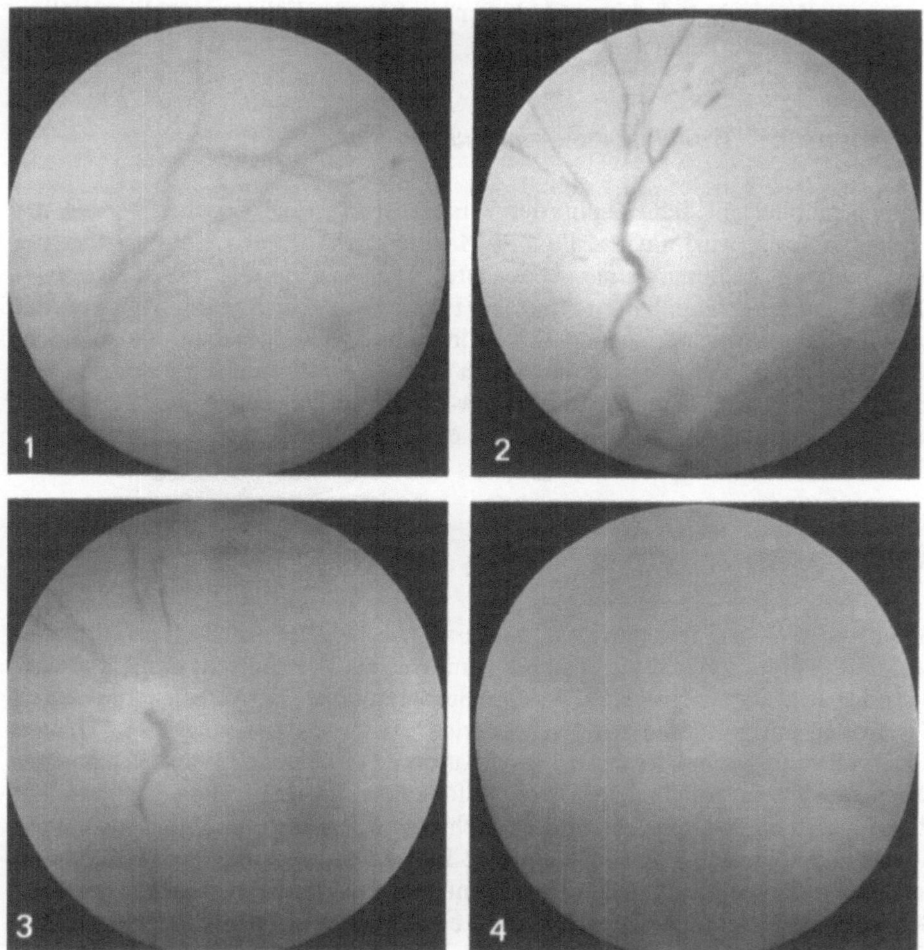

Abb. 1–4. 1. Augenhintergrund 4 h p.m.: Papille unscharf begrenzt, Makula als dunkler (kirschroter) Fleck inmitten eines milchigen Trübungsherdes, Arterien verengt. **2.** Augenhintergrund 11,5 h p.m.: Papille zirkulär unscharf und stark abgeblaßt, Gefäßtrichter fast vollständig erhalten, peripapillärer Trübungssaum von über 1 PD; Unterbrechungen der Blutsäule in Venen und Arterien, mittlere Arterien (Größenordnung II) nur noch als einzelne Fragmente sichtbar. **3.** Augenhintergrund 16,5 h p.m.: Progredienz der Unterbrechungen der Blutsäule; von den Arterien sind nur noch die größten Äste streckenweise als Fragmente erkennbar. **4.** Augenhintergrund 25 h p.m.: Papille als helle Scheibe mit erkennbarem Gefäßtrichter; einzelne große Gefäßfragmente

im Durchschnitt bis 36 h, bis ca. 47 h p.m. in 50% der Fälle und in Einzelfällen bis 57 h p.m. zu erkennen.

„Ischämischer" Trübungssaum am hinteren Pol

Zeitlich parallel mit dem Beginn der Verschleierung, dem Unscharfwerden der Papillengrenzen, wird um Papille und Makula das Auftreten eines an Umfang zunehmenden Trübungssaumes beobachtet. Die Ausdehnung dieses Saumes - als Maß kann der Papillendurchmesser (PD) dienen - in Abhängigkeit von der nach Todeseintritt verstrichenen Zeit ist in Abb. 2 wiedergegeben. Bis zu einem Ausmaß von 4 PD, d.h. bis maximal 32 h p.m. ist ein Ausmessen mit dem Ophthalmoskop vorzunehmen, spätestens 30–32 h p.m. ist jedoch die chorioidale Strukturzeichnung nur noch angedeutet erhalten, eine exakte Bestimmung der Größe des peripapillären Trübungssaums ist damit nicht mehr möglich.

Netzhautgefäße

Bereits kurz nach Todeseintritt ist eine Engstellung aller Arterien zu konstatieren. Dieses Bild herrscht bis etwa 6 h p.m. vor, die Blutsäule ist dabei vollständig oder zeigt eine beginnende körnige Segmentation. Die Aufzweigungsstellen der großen und mittleren Arterien, Arterien der Größenordnung I und II, sind noch vollständig erhalten. Eine Segmentation der Blutsäule in den Netzhautgefäßen beginnt in Abhängigkeit vom Gefäßkaliber in der frühen postmortalen Phase - z.B. in den großen Arterien nicht vor 6 h p.m.; die Unterbrechungen nehmen ständig zu, bis nur noch einzelne Blutsäulenfragmente übrigbleiben und schließlich die Gefäße vollständig verdämmern. Präkapillaren, Arterien der Größenordnung III, können bis 14 h p.m. erkennbar sein, in der überwiegenden Zahl der Fälle sind sie jedoch schon 10 h p.m. nicht mehr zu sehen. Zu diesem Zeitpunkt sind die mittelgroßen Arterien, die Arteriolen, oder zumindest Reste von ihnen, noch stets zu beobachten, 15 h p.m. jedoch nur noch in 50% und 20 h p.m. in 5% der Fälle. Nach der 26. postmortalen Stunde waren auch mittelgroße Arterien nicht mehr auszumachen. Die großen Arterien wurden immer bis 10 h p.m. und in Einzelfällen mit Aufzweigungsstellen bis 45 h p.m. nachgewiesen. Der 50%-Wert liegt bei 22 h p.m., 26 h p.m. waren in 75%, 32 h p.m. in 90% und 38 h p.m. in über 95% der Fälle keine Arterien mehr sichtbar. Länger als die Arterien waren bei allen untersuchten Fällen die Venen zu erkennen. Eine Engstellung der Venen analog den Arterien trat nicht auf. Die postmortale Segmentation bzw. Fragmentation der Blutsäule verlief wie bei den Arterien, nur mit einer zeitlichen Verschiebung von ca. 5 h im Sinne einer Verzögerung bei den Gefäßen der Größenordnung I und II. Reste der Blutsäule waren durchschnittlich 10 h länger feststellbar. Das Verdämmern der Venolen verlief etwa in der zeitlichen Folge wie bei den Arteriolen.

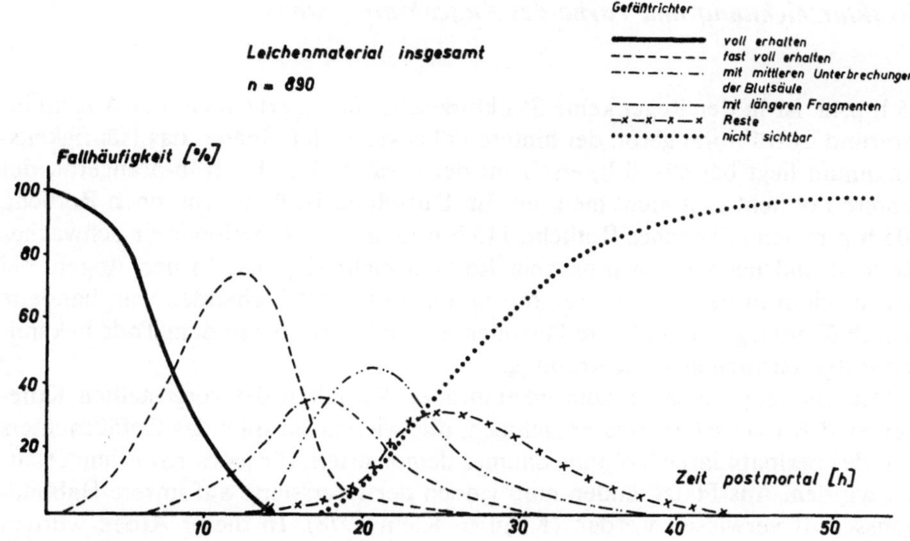

Abb. 5. Augenhintergrund postmortal (Gefäßtrichter)

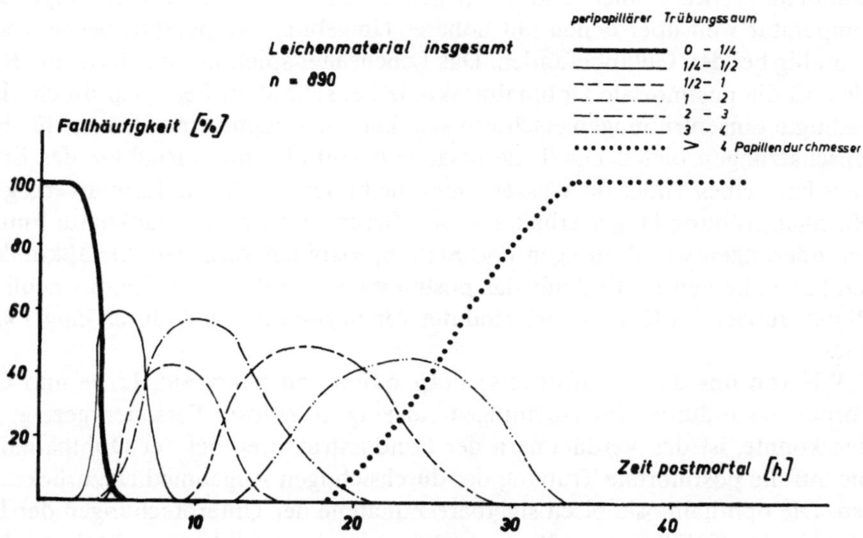

Abb. 6. Augenhintergrund postmortal (Ausdehnung des peripapillären Trübungssaumes)

Strukturzeichnung und Farbe des Augenhintergrunds

45 h p.m. ist in der Regel keine Strukturzeichnung zu erkennen, der Augenhintergrund ist trüb-orangerot, der hintere Pol etwas heller. Später, das Häufigkeitsmaximum liegt bei 65–70 h, erscheint der gesamte Fundus trüb-orangerot, der hintere Pol hebt sich nicht mehr ab. Im Durschnitt ist 90 h p.m. noch Rotlicht, 105 h p.m. ein schwaches Rotlicht, 115 h p.m. nur noch peripher ein schwaches Rotlicht und nach 135 h p.m. kein Rotlicht mehr sichtbar. In den Augen, bei denen schon in der Zeit vor 120 h p.m. nur Graulicht vorhanden war, handelte es sich überwiegend um ältere Personen mit einer bereits vor dem Tode bekannten fortgeschrittenen Linsentrübung.

Detailliertere Aussagen zum postmortalen Verhalten der vorgestellten Kriterien sind Kurvenscharen zu entnehmen, die, wie am Beispiel des Gefäßtrichters und des peripapillären Trübungssaumes demonstriert, für jedes Kriterium ermittelt wurden. Aus Platzgründen muß jedoch der Interssierte auf unsere Habilitationsschrift verwiesen werden (Klein u. Klein 1978). In dieser Arbeit wurden auch die verschiedenen Einflußgrößen wie Lagerungstemperatur der Leichen, Todesursache, Todesart, Lebensalter und Geschlecht überprüft; dabei ergab sich, daß lediglich der Einfluß der Umgebungstemperatur entscheidend ist. Die Stundenmittelwerte aller Kriterien liegen bei Leichen mit niedriger Umgebungstemperatur weit über denen mit höherer Umgebungstemperatur, besonders augenfällig bei den Gefäßbefunden. Das Lebensalter spielt nur insofern eine Rolle, als daß die postmortale Ophthalmoskopie bei sehr alten Personen durch altersbedingte Linsentrübungen erschwert sein kann und damit eine Ursache für Fehleinschätzungen bietet. Die Todesursache beeinflußt mit Ausnahme des Ertrinkens bzw. eines Todes im Wasser – hier bleibt der Einblick aufgrund verzögerter Hornhauttrübung länger erhalten – den Befund nur, wenn krankhafte Fundusveränderungen wie Blutungen und Stauungspapillen vorliegen. Gefäßkrankheiten haben keinen Einfluß auf das postmortale Gefäßbild am Fundus oculi. Bei Blutstauungen im Kopfbereich sind die Venen gestaut und dadurch länger sichtbar.

Wie von uns durch schrittweise Präparation von Hornhaut, Linse und Glaskörper sowie durch Untersuchungen einseitig linsenloser Personen gezeigt werden konnte, ist das Verdämmern der Fundusstrukturen bei der Ophthalmoskopie auf die postmortale Trübung der durchsichtigen Augenmedien zurückzuführen. Die ophthalmoskopisch sichtbare Zunahme der Unterbrechungen der Blutsäule in den Gefäßen im späteren postmortalen Intervall kann weitgehend durch die tierexperimentell nachgewiesene progressive Wasserspaltenbildung, die Ausbreitung des Ödems am hinteren Pol um Papille und Makula, sowie durch die fortschreitende Kerntrübung der Linse vorgetäuscht sein (Klein u. Klein 1978).

Zusammenfassend sind folgende ophthalmoskopischen Befunde als Kriterien für eine Todeszeitschätzung geeignet:

- Grenzen, Gefäßtrichter und Farbe der Papille;
- Farbe der Makula;
- Beschaffenheit der Blutsäule in den Gefäßen der Netzhaut, Beginn und Aus-

dehnung der Fragmentation der Blutsäule in Arterien und Venen, Verdämmern der Gefäße;
- Auftreten und Ausdehnung eines Trübungssaumes um Papille und Makula;
- Strukturzeichnung und Farbe des Fundus oculi.

Wie gezeigt werden konnte, erlauben die progressiven Veränderungen am Augenhintergrund eine Schätzung der Leichenliegezeit bis zu 120 Stunden p.m. Dabei ist die Streubreite der einzelnen Parameter recht groß. Es hat sich aber gezeigt, daß die postmortalen Veränderungen der Einzelkriterien nicht unbedingt korreliert verlaufen. Damit wird aber gleichzeitig die richtige Einschätzung erleichtert, vorausgesetzt, daß stets alle Merkmale berücksichtigt werden. So kann eine Papillenunschärfe in der frühen postmortalen Phase durch eine prämortal vorhandene Stauungspapille vorgetäuscht sein. In diesem Falle würden jedoch die anderen Kriterien die richtige Beurteilung erlauben.

Entscheidende Voraussetzungen für den Einsatz der Ophthalmoskopie zur Todeszeitbestimmung in der gerichtsmedizinischen Praxis ist einmal die Beherrschung der Methode, und zum zweiten bedarf die Beurteilung der Augenhintergrundbefunde einer großen Erfahrung. Optimal wäre eine Zusammenarbeit zwischen Gerichtsmediziner und einem auf diesem Gebiet erfahrenen Ophthalmologen.

Trotz der getroffenen Einschränkungen erscheint es uns dennoch gerechtfertigt, diese Methode mit der notwendigen Kritik in der Praxis einzusetzen. Denn nur die Anwendung mehrerer sich gegenseitig kontrollierender und ergänzender Methoden kann die Todeszeitschätzung sowohl in den frühen, besonders aber in den späteren postmortalen Zeitabschnitten erfolgreich verbessern. In diesem Zusammenhang sind die vorliegenden Untersuchungsergebnisse zu werten.

Zusammenfassung

Die postmortale Ophthalmoskopie als eine Methode zur Todeszeitbestimmung wird anhand von 890 Leichen vorgestellt. Die geeigneten Kriterien - Grenzen, Farbe und Gefäßtrichter der Papille, Farbe der Makula, Beschaffenheit der Blutsäule in den Netzhautgefäßen, Strukturzeichnung und Farbe des Fundus oculi, Trübungssaum um Papille und Makula - und ihre Veränderungen in Abhängigkeit von der Länge des postmortalen Intervalls erlauben trotz relativ breiter Streuung der Einzelparameter, eine Todeszeitschätzung bis zu 120 h p.m.

Literatur

Albrand W (1904) Bemerkungen zu den Leichenveränderungen des menschlichen Auges. Augenheilkd Arch 50:145

Kahn MH (1924) A new vascular sign of death. Am J Med Sci 168:890

Kevorkian J (1961) The fundus oculi as a „post-mortem clock". J Forensic Sci 6:261
Klein A, Klein S (1978) Die Todeszeitbestimmung am menschlichen Auge (Elektrische und pharmakologische Erregbarkeit der Augenmuskeln, Augenhintergrund, physiko-chemische und physikalische Untersuchungen des Glaskörpers). Medizinische Dissertation, Dresden
Klein A, Klein S, Reimann W (1970) Bestimmung der Todeszeit durch Ophthalmoskopie. Med Bild 13:170
Klein A, Klein S, Reimann W (1971) Todeszeitbestimmung durch Spiegelung des Augenhintergrundes. Kriminal Forens Wiss 4:171
Palmieri VM (1930) segni oculari della morte Riforma Med (1929) 1214: II. Dtsch Z Gesamte Gerichtl Med 15:67
Würdemann HV (1920) The fundus of the eye after death. Am J Ophthalmol 3:321

*Stimulator M'85 – Ein kommerzielles elektronisches Reizgerät zur Todeszeitbestimmung**

D. Krause, R. Schöning, W. Kuchheuser

Einleitung und Problemstellung

Auf Anregung von Prokop (1960) führten Popwassilijew und Palm (1960) die elektrische Reizung der Skelettmuskulatur erfolgreich in die gerichtsmedizinische Praxis ein. Sie erzielten Reizantworten bis zu 4–6 h nach Todeseintritt (h p. m.). Nach dem ersten elektronischen Reizgerät von Radam (1963) wurden in verschiedenen Instituten weitere Geräte hergestellt und z. T. publiziert (Zink u. Reinhardt 1972; Mattig u. Waltz 1976; Krause et al. 1974a; weitere Literatur bei Klein u. Klein 1978). Auf der Grundlage umfangreicher mechanischer, biochemischer, elektronenmikroskopischer und elektrophysiologischer Untersuchungen (Krause 1973; Krause et al. 1974b) wurden von uns mehrere Versuchsschaltungen entwickelt und erprobt. Das „Reizgerät D'76" erwarben fast alle Hochschulinstitute der DDR. Es erzeugt rechteckähnliche Impulse mit Impulsamplituden von 10 V bzw. 40 V bei Frequenzen von 10 Hz bzw. 100 Hz und hat sich seit 10 Jahren in der Praxis bewährt (Krause et al. 1980). 1985 veröffentlichte Böhm vergleichende Untersuchungen unter Verwendung von 10 verschiedenen Reizgeräten. Mit batteriebetriebenen Stimulatoren konnten nur bis zu 4–8 h p. m. Reizbeantwortungen erzielt werden, während die mit Netzstrom arbeitenden Geräte 10–15 h p. m. sichtbare Muskelreaktionen stimulierten. Mit sehr empfindlicher Registriertechnik erreichte Henßge et al. 1984 etwa die gleiche Größenordnung. Man kann sicher davon ausgehen, daß es sich hierbei um den biologisch gegebenen Grenzbereich handelt. Die verschiedenen Untersuchungen

Technische Daten des „Stimulator M'85"

Maße:	76 mm · 53 mm · 176 mm,
Masse (ohne Batterien):	340 g
Impulsfrequenz:	100 Hz
2 Impulsamplituden:	approximativ 10 V und 40 V,
Batterien:	2 · 4,5 V (3R 12),
Adapter M'85:	220 V, 50 Hz.

* Herrn Professor Dr. Spann zum 65. Geburtstag gewidmet.

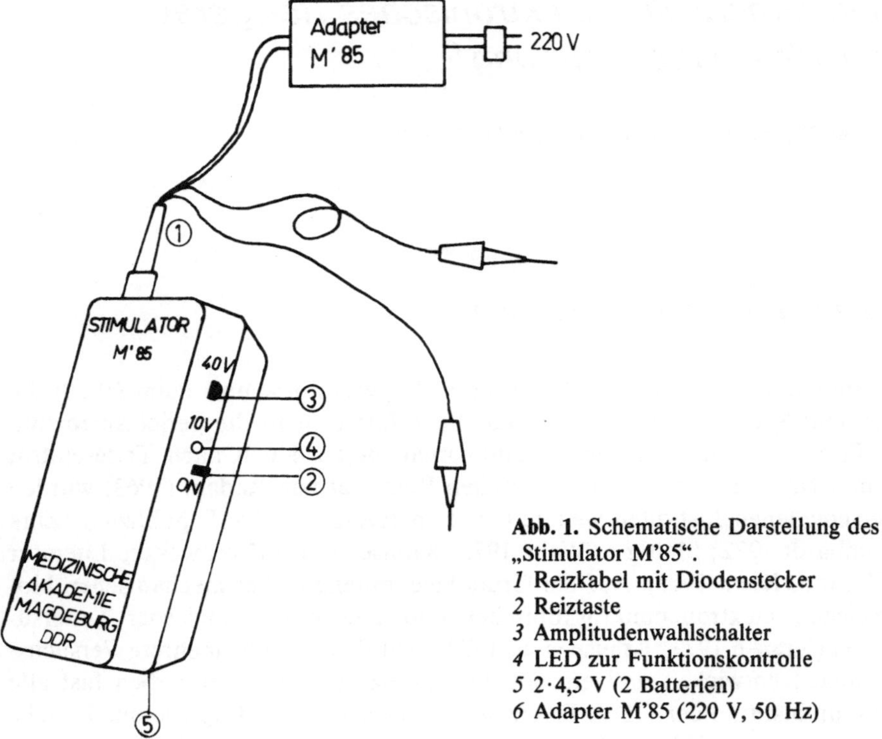

Abb. 1. Schematische Darstellung des „Stimulator M'85".
1 Reizkabel mit Diodenstecker
2 Reiztaste
3 Amplitudenwahlschalter
4 LED zur Funktionskontrolle
5 2·4,5 V (2 Batterien)
6 Adapter M'85 (220 V, 50 Hz)

bestätigen immer wieder, daß die Variationsbreite der muskulären Antwortreaktion stark beeinflußt wird durch die Nadeleinstichtiefe und die Anzahl der berührten bzw. durchstochenen Muskelfasern, durch den Elektrodenabstand und die Muskelfaserrichtung, durch das Elektrodenmaterial und dessen Übergangswiderstand sowie durch die Streuung der biochemischen Parameter im Muskel selbst. Der Lastwiderstand für die elektronischen Geräte liegt demzufolge pro Zeiteinheit und Reizbedingungen in einer bestimmten Streubreite und nimmt im Laufe der nach Todeseintritt verstrichenen Zeit zu. Die Gewebeimpedanz ist umgekehrt proportional der postmortalen elektrischen Muskelerregbarkeit (Krause et al. 1986). Mit Versuchsschaltungen konnte tierexperimentell nachgewiesen werden, daß die Varianz der Reizantwortstärke geringer wird, wenn die biologische Wirksamkeit des Reizstroms durch eine Führungsgröße aus dem biologischen Material gesteuert wird. Je größer in der postmortalen Zeit der elektrische Widerstand der Muskulatur wird, desto größer wird das Impulsflächenintegral des Reizstroms. Bei dem patentrechtlich geschützten und im „Stimulator M'85" (Abb. 1; Übersicht) verwirklichten Prinzip ist das Impulsflächenintegral des Reizstroms proportional der Gewebeimpedanz, d.h. die biologische Wirksamkeit des Reizstroms wird im Verlauf der postmortalen Zeit automatisch größer. Gleichzeitig sollte aber die inzwischen auf über 3000 wissenschaftlich auswertbare Reizversuche an menschlichen Leichen angewachsene Software des „Reizgeräts D'76" übernommen werden können. Impulsform, Amplitudenrichtwerte, Impulsdauer und Frequenz wurden deshalb dem Vorläufergerät angeglichen.

Gerätetechnische Verwirklichung

Neben den allgemeinen Forderungen an ein Tatortgerät wie Handlichkeit, Robustheit, Zuverlässigkeit und unmittelbare Funktionskontrolle wurde die Möglichkeit von wechselweisem Batterie- und Netzbetrieb geschaffen. Das Gerät ist erst nach Anschluß des Reizkabels mittels Diodenstecker betriebsbereit, so daß ein Entladen der Batterien durch zufälliges Betätigen der Reiztaste beim Transport vermieden wird. Die Anpassung des Impulsflächenintegrals an die Gewebeimpedanz erfolgt bei stabilisierter Frequenz und Impulsdauer durch Veränderung des Amplitudenmittelwerts. In Abb. 2 sind die veränderten Impulsformen, die aus den oben genannten Gründen dem „Reizgerät D'76" angepaßt sind, bei verschiedenen Lastwiderständen dargestellt. Die Widerstandsgrößenordnung wurde empirisch unter den gegebenen gerätetechnischen Bedingungen an menschlichen Leichen gemessen. Der Aufbau der Schaltung erfolgte mit herkömmlichen elektronischen Mitteln.

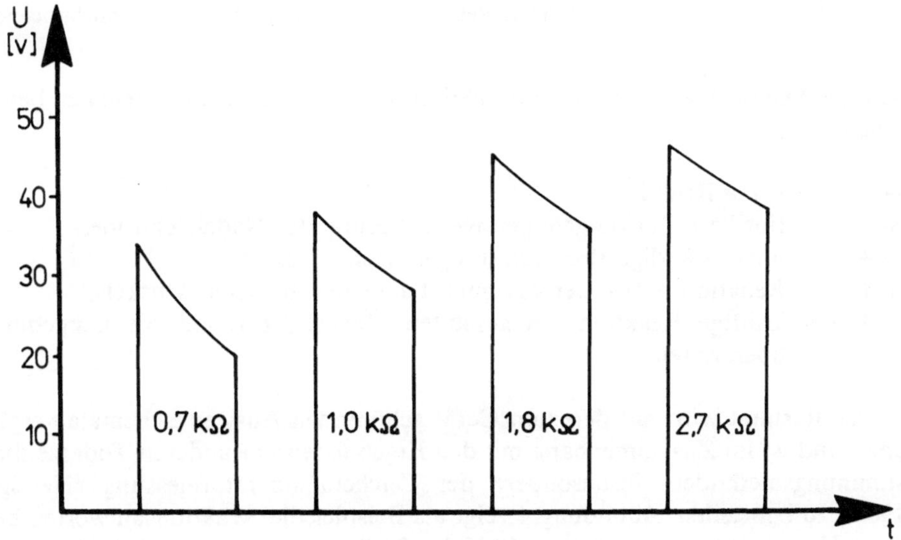

Abb. 2. Veränderung der Impulsform in Abhängigkeit vom Lastwiderstand

Praktische Durchführung der Todeszeitbestimmung

Um reproduzierbare Ergebnisse zu erhalten, mußten die wesentlichen Reizbedingungen standardisiert werden. Die Nadelelektroden sind in den M. orbicularis oculi 5 mm, sonst 10 mm tief einzustechen. Reizorte und Elektrodenabstände im Gesichtsbereich sind in Abb. 3 schematisch dargestellt. Bei den langen Extremitätenmuskeln ist ein Elektrodenabstand von 30 mm in Faserlängsrichtung zu

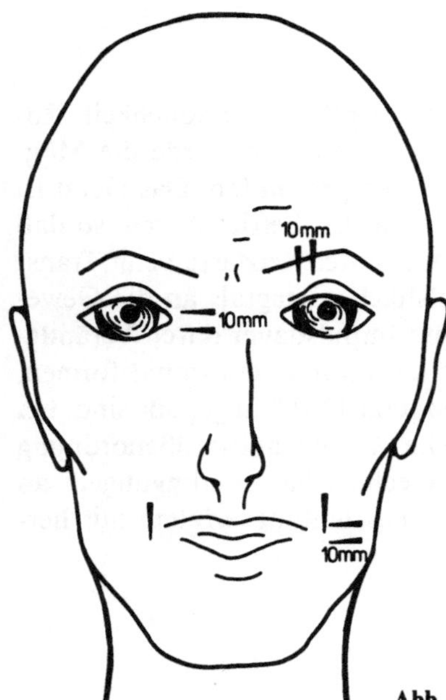

Abb. 3. Reizorte und Elektrodenabstand im Gesichtsbereich

wählen. Die mechanische Antwortreaktion ist nach folgendem Schema zu beurteilen:

–	keine Reaktion,
+	fibrilläre Zuckungen, geringe Bewegung der Nadelelektrode,
+ +	unvollständige Reaktion des gereizten Muskels,
+ + +	Reaktion in fast der gesamten Länge des gereizten Muskels,
+ + + +	kräftige Reaktion des gesamten Muskels, z.T. auf die Umgebung übergreifend.

Das Resultat wird mit den zum Gerät gehörenden Auswerteschemata verglichen und ist im Zusammenhang mit den Ergebnissen der anderen Todeszeitbestimmungsmethoden, insbesondere der Leichentemperaturmessung (Henßge 1982), zu beurteilen. Abbildung 4 zeigt als Beispiel die Reaktionsantworten bei einer Umgebungstemperatur von 10 °C bis 25 °C am Augenoberlid. In den Zeitintervallen unter der linken Kurve ist praktisch in jedem Fall mit einer positiven Reizbeantwortung zu rechnen (approximativ 95% Wahrscheinlichkeit). Zwischen den beiden Kurven nimmt die Wahrscheinlichkeit, keine muskuläre Reaktion mehr auslösen zu können, von links nach rechts zu. Außerhalb der rechten Kurve ist unter den gegebenen Bedingungen nicht mehr mit einer mechanischen Reizantwort zu rechnen.

Häufiges Reizen am gleichen Ort, um so die Endphase der Muskelreaktion zu bestimmen, führt zu Fehlinterpretationen, weil bei jeder Kontraktion bzw. Kontraktur ATP verbraucht wird und damit artifiziell die Voraussetzungen für weitere stimulierte Aktin-Myosin-Ankopplungen schlechter werden. Mittels Dehnungsmeßstreifentechnik konnte an isolierten Mm. solei von Ratten nachgewie-

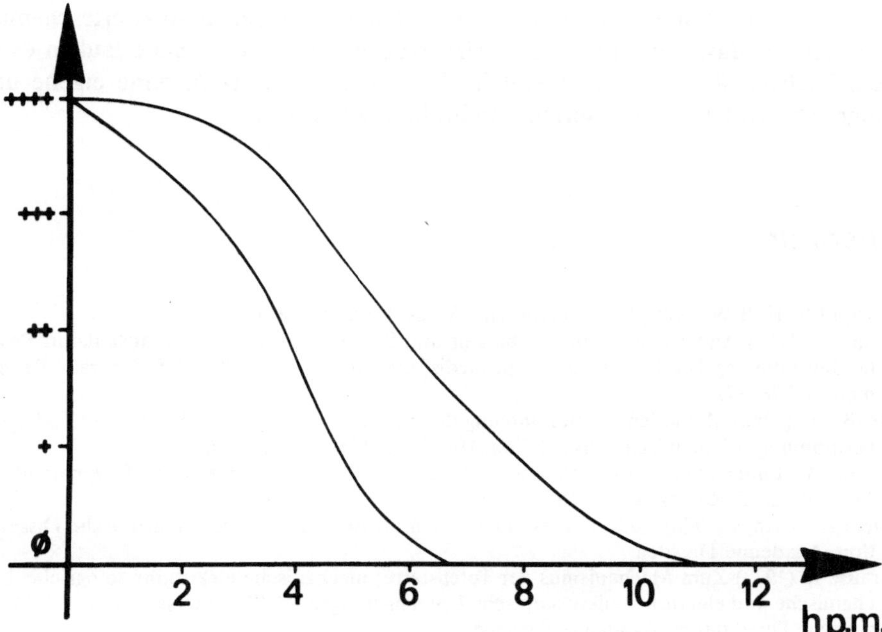

Abb. 4. Intensität der Reizantwort (y-Achse) im Verlauf der Todeszeit (x-Achse) am M. orbicularis oculi bei 10 °C–25 °C

sen werden, daß mit dem „Reizgerät D'76" und dem „Stimulator M'85" praktisch gleiche Ergebnisse zu erzielen sind. Das entspricht auch den praktischen Erfahrungen bei menschlichen Leichen. Darüber hinaus kann es bei Reizungen mit dem neuen Gerät noch zu trägen, wurmartigen Kontrakturen geringen Ausmaßes kommen, während mit anderen batteriebetriebenen Geräten keine Reaktionen mehr auszulösen waren (Berhold u. Huss 1986). Sie waren bei menschlichen Leichen bis etwa 14 h p.m. auslösbar und dürften auf die automatische Vergrößerung des Impulsflächenintegrals bei steigender Gewebsimpedanz zurückzuführen sein. Diese Reaktionen müssen bezüglich ihrer praktischen Verwertbarkeit zur Todeszeitbestimmung noch weiter untersucht werden und sind in den Auswerteschemata zum „Stimulator M'85" nicht enthalten.

Zusammenfassung

Es wird ein kommerzielles, patentrechtlich geschütztes elektronisches Reizgerät zur Todeszeitbestimmung vorgestellt. Das Impulsflächenintegral wird durch eine Führungsgröße aus dem biologischen Material des zu reizenden Muskels geregelt. Auf diese Weise wird die Variationsbreite der Reizbeantwortung geringer, die Todeszeitbestimmung genauer und über einen Zeitraum bis zu 12 h p.m., maximal 14 h p.m. möglich. Der „Stimulator M'85" ist ein robustes, handliches

Tatortgerät mit Batterie- und Netzbetrieb. Die beigegebenen Auswerteschemata sind auf der Basis von über 3000 Reizversuchen entstanden. Sie erlauben es jedem Sachverständigen, das Gerät in der Praxis einzusetzen, ohne eigene umfangreiche Untersuchungsserien durchführen zu müssen.

Literatur

Berhold B, Huß W (1986) Unveröffentlichte Versuchsergebnisse

Böhm E (1985) Anmerkungen zu Reizbarkeit und Starrebeginn der Skelettmuskulatur. Poster 64. Jahrestagung Dtsch. Ges. für Rechtsmedizin, Hamburg 7.-11. 09. 1985. Zentralbl Rechtsmed 27:878-879

Henßge C (1982) Methoden zur Bestimmung der Todeszeit - Leichenabkühlung und Todeszeitbestimmung. Medizinische Dissertation, Humboldt-Universität, Berlin

Henßge C, Lunkenheimer PP, Salomon O, Madea B (1984) Zur supravitalen Erregbarkeit der Muskulatur. Z Rechtsmed 93:165-174

Klein A, Klein S (1978) Todeszeitbestimmung am menschlichen Auge. Medizinische Dissertation, Akademie Dresden

Krause D (1973) Zum Mechanismus der Totenstarre; mechanische elektrophysiologische, biochemische und elektronenmikroskopische Untersuchungen am Säugetierskelettmuskel. Medizinische Dissertation, Akademie Dresden

Krause D, Klein A, Hamann B (1974a) Elektronisches Reizgerät mit stufenweise regelbaren Reizparametern. Kriminal Forens Wiss 16:179-185

Krause D, Schulz J, Baufeld A (1974b) Biochemische Untersuchungen zur „Kalziumankopplungshypothese“ der Totenstarre. Kriminal Forens Wiss 17:27-39

Krause D, Klein A, Mattig W, Waltz H (1980) Praktische Erfahrungen mit dem „Reizgerät D'76“ zur Todeszeitbestimmung. Kriminal Forens Wiss 40:83-86

Krause D, Berhold B, Taut K, Huß W (1986) Vergleichende tierexperimentelle Untersuchungen mit dem Reizgerät M'85. Poster zum Symposium Gerichtliche Medizin Berlin, 29. und 30. 9. 1986 (Publikation in Vorbereitung)

Mattig W, Waltz H (1976) Untersuchungen zur Todeszeitbestimmung mittels elektrischer Reizung. Kriminal Forens Wiss 26:68-70

Popwassilijew I, Palm W (1960) Über die Todeszeitbestimmung in den ersten 10 Stunden. Z Ärztl Fortbild (Jena) 54:734

Prokop O (1960) Lehrbuch der gerichtlichen Medizin. Volk und Gesundheit, Berlin

Radam G (1963) Ein elektronisches Reizgerät zur Todeszeitbestimmung. Dtsch Gesundheitswesen 18:1400

Zink P, Reinhardt G (1972) Die Todeszeitbestimmung bei der ärztlichen Leichenschau. Bayrisches Ärzteblatt 27:1-3

*Immunfluoreszenzmikroskopische Untersuchungen am Kaninchen zur Unterscheidung vitaler und postmortaler Verletzungen**

L. Pötsch-Schneider, H.-P. Dienes

Einleitung

Die Unterscheidung zwischen postmortal und vital entstandener Verletzung ist eines der Kardinalprobleme der forensischen Medizin.

Selbst beim Vorliegen makroskopischer Autopsiebefunde, die im Sinne von vitalen Reaktionen interpretiert werden können, wird sich die Frage, ob eine Wunde einem Lebenden oder einem Toten beigebracht wurde, nicht immer zweifelsfrei beantworten lassen (Adebahr u. Schewe 1968; Berg 1975, 1976; Mueller 1975; Janssen 1977; Schmidt 1973).

Als mikroskopisch verläßliches Kriterium ist die zelluläre Infiltration des verletzten Gewebes anzusehen. Die für eine vitale Reaktion beweisende Leukozytenemigration liegt in der Regel ab einem Wundalter von 8 h vor; Lokalisation der Wunde, Alter und Ernährungszustand (Kachexie) sowie Beeinträchtigung der zentralen Regulation des Verletzten scheinen als limitierende Faktoren eine Rolle zu spielen. Unter experimentellen Bedingungen sowie am Operationsmaterial sind erste leukozytäre Reaktionen bereits wesentlich früher beobachtet worden (Berg 1972; Hiervonen 1968; Mueller 1975; Ojala et al. 1969; Raekallio 1973; Spector u. Willough 1968).

Untersuchungen über Bestimmungen des Wundalters mit histochemischen und biochemischen Methoden (s. Übersicht) zeigen, daß die Latenzzeiten gegenüber dem mikromorphologischen Nachweis wesentlich kürzer sind und bis in die 1. Stunde nach Verletzungseintritt reichen. Diese Untersuchungstechniken finden jedoch selten Anwendung und/oder sind im forensischen Routinelabor oft nicht durchführbar.

Es bleibt in der forensischen Praxis daher eine Zeitspanne von Minuten bis Stunden, für die sich eine befriedigende Beantwortung der Frage nach vitaler oder postmortaler Entstehung einer Wunde nicht vornehmen läßt. Unter der Vorstellung, daß eine Verletzung eine sofortige Reaktion des Organismus auslöst und in der Frühphase eine Immunglobulin- und Komplementbindung an das Gewebe im Wundbereich als Indikator für eine vitale Reaktion auftritt, wurden systematische immunfluoreszenzmikroskopische Untersuchungen von zeitlich definiert gesetzten Schnittverletzungen am Kaninchen durchgeführt.

---

* Herr Prof. Dr. H. Leithoff sei für die stete Diskussionsbereitschaft, Frau Hieronymus und Frau Rube für die Mitarbeit bei der Durchführung der Experimente gedankt.

Untersuchungstechnik Marker	*Wundalter* Frühester Nachweis 0 1 2 4 8 16 20 [h]	Literatur
1) *Lichtmikroskopie*		
Monozyten	16 h	Berg (1972); Hiervonen (1968); Janssen (1977); Mueller (1975); Ojala et al. (1969); Raekallio (1973); Spector u. Willough (1968)
Nekrose	8–16 h	
Leukozyten	8 h	
2) *Histochemie*		
DNA	8 h	Fatten (1966); Friebel u. Woohsmann (1968); Grogg u. Pearse (1952); Nachlas et al. (1957); Pioch (1966, 1969); Raekallio (1960, 1961, 1963, 1964, 1965, 1966, 1972, 1073); Raekallio u. Mäkinen (1970); Tanaka (1966)
RNA	8 h	
Saure Phosphatase	4–6 h	
Alkalische Phosphatase	4–8 h	
Leucinaminopeptidase	1 h	
ATP-ase	0,5–1 h	
Esterase		
3) *Biochemie*		
Histamin	20–30 min	Berg et al. (1968); Fazekas u. Viragos-Kis (1965); Fazekas et al. (1973); Günther (1970); Jarecki et al. (1970); Kenrick u. Margolis (1970); Mäkinen u. Raekallio (1967); Raekallio u. Mäkinen (1971)
Serotonin	10 min	
Arylaminopeptidase	30 min	
Esterasen	30 min	
4) *Fluoreszenzmikroskopie*		
Histamin	5 min	Sivaloganathan (1982)
5) *Rasterelektronenmikroskopie*	5 s	Böhm u. Tschomakov (1972, 1973a, b)

Übersicht der Methoden zur Wundalterbestimmung

Material und Methoden

Versuchsdurchführung:

Unter Ketanestnarkose (2 mg/kg KG) wurden an der Ohrinnenseite der Versuchstiere (n = 10) im Abstand von 2 min Schnittverletzungen gesetzt. Die Versuchsdauer erfaßte die vitale, supravitale und postmortale Phase. Der Beobachtungszeitraum erstreckte sich jeweils über eine Dauer von 30 min vor und nach Todeseintritt.

Nach Versuchsende wurden die Wundränder sowie Kontrollen zur Hälfte entnommen, nach einer 24stündigen Liegezeit bei Raumtemperatur die verbliebene Schnitthälfte jeweils in flüssigem Stickstoff schockgefroren und bei −70 °C bis zur Untersuchung aufbewahrt.

Seren:

Goat-anti-rabbit-C_3 FITC-markiert (Cappel Laboratories USA)
Goat-anti-rabbit-C_3 (Cappel Laboratories USA)
Swine-anti-rabbit-Immunglobulin (Fa. Dakopatts, Hamburg)
Swine-anti-rabbit-IgG FITC-markiert (Fa. Dakopatts Hamburg)

Immunfluoreszenzuntersuchung:

4 µm Kryostatschnitte wurden bei Raumtemperatur 10 min in −20 °C Aceton fixiert, anschließend 3mal 5 min in 0,01 m PBS-Puffer pH 7,2 gewaschen. Die Inkubation mit FITC-markiertem Antiserum (1:20) erfolgte 40 min in einer feuchten Kammer bei Raumtemperatur. Nach erneutem Auswaschen in PBS-Puffer (3mal 5 min) wurden die Schnitte mit Glyzerin/PBS eingedeckt und unter einem Leitz-Fluoreszenzmikroskop-Orthoplan ausgewertet. Kontrollen wurden durch Inkubation mit PBS-Puffer und durch Blockierung der Bindungsstellen mit unmarkiertem Antiserum jeweils mitgeführt.

Ergebnisse

Eine Zusammenstellung der Ergebnisse zeigt Tabelle 2. Die Untersuchungen ergaben bei den intravital gesetzten Verletzungen den immunfluoreszenzmikroskopischen Nachweis von granulären feinsaumigen C_3-Komplementfraktionsablagerungen im Bereich der Wundränder (Abb. 1)

Der immunfluoreszenzmikroskopische Nachweis von IgG war ebenfalls positiv (Abb. 2). Bei postmortalen Schnittverletzungen konnte keine IgG-Ablagerung

Tabelle 2. Zusammenfassung der Ergebnisse

Wundentstehung	Δt [min]	Immunfluoreszenzmikroskopische Ergebnisse Komplementfraktion C_3	IgG
Intravital	30	Feingranuläre Immunfluoreszens	Positiv
	20	positive Ablagerungen im	
	10	Wundrandbereich	
	15		
	10		
	8		
	6		
	4		
	2		
Exitus letalis	0		
Postmortal	2	Wolkige, breitbandige	
	4	Fluoreszenz im Wundrandbereich	
	6		
	8		
	10		Negativ
	15	Negativ	
	20		
	30		

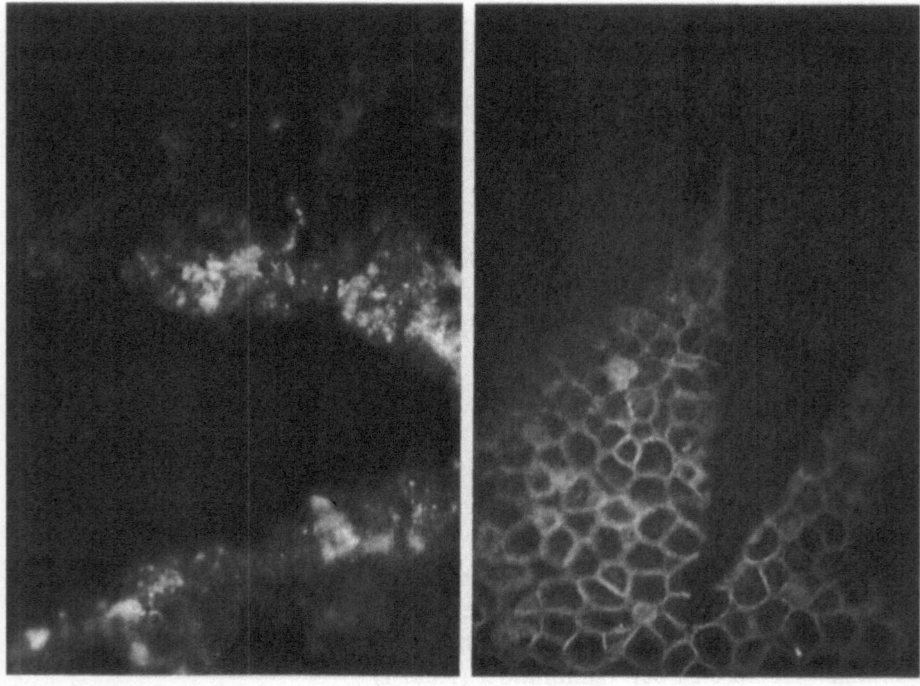

Abb. 1. C_3-Komplementfraktionsablagerungen im Wundrandbereich

Abb. 2. Immunfluoreszenz von IgG im Wundrandbereich

im Wundrandbereich festgestellt werden. Bei den in der frühpostmortalen (supravitalen) Phase gesetzten Schnittverletzungen (bis zu 10 min nach Todeseintritt) wurde eine wolkige, breitbandige, verwaschene Fluoreszenz im Wundrandbereich beobachtet. Dieser Befund veränderte sich auch nach 24stündiger Lagerung bei Raumtemperatur nicht.

Diskussion

In der vorliegenden Arbeit wurde der Versuch unternommen, die Überlegung, daß es bei einer Verletzung zu einer Sofortreaktion des Gewebes im Sinne einer Entzündungsreaktion kommen muß (Hunt 1980; Fatteh 1965), am Tierexperiment zu überprüfen.

Uns schien das Komplementsystem, das neben Kininen, Interferon, Lysozym und im weitesten Sinne auch der Blutgerinnung einen wesentlichen Bestandteil des nichtspezifischen Immunsystems darstellt, als Indikator geeignet.

Es ist als multimolekulares biologisches Proteinsystem physiologischer Bestandteil des Plasmas und an Erregerabwehr, Antigenverarbeitung sowie an der Entzündungsvermittlung beteiligt, indem einige Komplementspaltprodukte in der Lage sind, Histamin aus Mastzellen freizusetzen und die Chemotaxis auszulösen.

Man teilt die Faktoren des Komplementsystems in Faktoren des klassischen und des alternativen Weges der Komplementaktivierung, in Faktoren der terminalen Komplementsequenz und Faktoren der Regulation ein. Am Ende des Reaktionsablaufs der Komplementaktivierung stehen Defekte in der Zellmembran und damit Zelltod und Zellyse (Bitter-Suermann 1980, 1983; Hadding 1980).

Die immunfluoreszenzmikroskopischen Untersuchungen an zeitlich definiert gesetzten Schnittwunden am Kaninchen ergaben intravital ein umschriebenes Ablagerungsmuster der Komplementfraktion C_3 im Wundbereich, während in der frühpostmortalen Phase eine diffuse Insudation im Geweberandbereich stattzufinden schien. Untersuchungen, ob diese Befunde mit dem Vorliegen einer kovalenten Bindung von Komplementfraktion C_3 im Falle der intravitalen Entstehung korrelieren, stehen noch aus.

Der Nachweis von IgG war weniger stark ausgeprägt, hatte jedoch den Vorteil, daß postmortal gesetzte Verletzungen für diesen Marker negativ waren.

Die Immunfluoreszenztechnik ist nicht geeignet, die exakte morphologische Lokalisation und Struktur der Komponenten zu erfassen. Die experimentellen Untersuchungen am Kaninchen bestätigen jedoch die theoretischen Überlegungen und lassen darauf schließen, daß neue Techniken der Immunhistochemie als ergänzende Methode zur Unterscheidung vitaler und postmortaler Verletzungen in Betracht kommen können.

Zusammenfassung

Unter der Annahme, daß eine Immunglobulin- und Komplementbindung an das Gewebe im Wundbereich als Indikator einer intravitalen Reaktion auftritt, wurden systematische immunfluoreszenzmikroskopische Untersuchungen von zeitlich definiert gesetzten Schnittverletzungen am Kaninchen durchgeführt. Die Ablagerung von IgG und Komplementkomponente C_3 im Schnittbereich wurden als Marker für die Zeitpunkte der intravitalen, supravitalen und postmortalen Phase gewählt.

Die Ergebnisse eines bis 10 Minuten nach dem Individualtod positiven C_3-Nachweises bei supravital negativem IgG-Nachweis lassen diesen immunhistologischen Doppeltest als ergänzenden Indikator der frühen vitalen Reaktion erscheinen.

Literatur

Adebahr G, Schewe G (1968) Vitale Reaktion und Individualtod. Arch Kriminol 141

Berg S (1972) Die Altersbestimmung von Hautverletzungen. Z Rechtsmed 70:121

Berg S (1976) Grundriß der Rechtsmedizin, 11. Aufl. Müller & Steinicke, München

Berg S, Ditt J, Friedrich D, Bonte W (1968) Möglichkeiten der biochemischen Wundaltersbestimmung. Dtsch Z Gesamte Gerichtl Med 63:183

Berg S, Ditt J, Kunze P (1971) Beziehungen zwischen Histamingehalt und Aktivität der Histidindecarboxylase im Bereich von Hautverletzungen. Z Rechtsmed 69:26

Bitter-Suermann D (1980) Die Funktionseinheit Makrophage-Komplement. Verh Dtsch Ges Pathol 64:63

Bitter-Suermann D (1983) Das Komplementsystem. Dtsch Ärztebl 51/52:33

Böhm E. Tschomakov M (1972) Ein Sekundenphänomen der vitalen Reaktion demonstriert an Stichverletzungen. Z Rechtsmed 71:235

Böhm E, Tschomakov M (1973a) Frühe Merkmale einer vitalen Reaktion. Untersuchungen an Schnittverletzungen der Rattenhaut. Z Rechtsmed 72:111

Böhm E, Tschomakov M (1973b) Ein Sekundenphänomen der vitalen Reaktion. Beitr Gerichtl Med 31:221

Fatteh A (1965) Enzyme changes in the early phase of wound healing. J JJ Group Hosp Grant Med Coll 10:197

Fatteh A (1966) Histochemical distinction between antemortem and postmortem skin wounds. J Forensic Sci 11:17

Fazekas GJ, Viragos-Kis E (1965) Der Gehalt der Erhängungsfurche an freiem Histamin als vitale Reaktion. Dtsch Z Gesamte Gerichtl Med 56:250

Fazekas GI, Kosa F, Viragos Kis E, Basch A (1973) Free and total histamine content of skin in experimental burn injuries. Z Rechtsmed 72:203

Friebel L, Woohsmann H (1968) Die Altersbestimmung von Kanüleneinstichen mittels enzymhistochemischer Methoden. Dtsch Z Gesamte Gerichtl Med 62:252

Grogg E, Pearse AGE (1952) Coupling dye methods for histochemical demonstration of alkaline phosphatase. Nature 170:578

Günther G (1970) Zur Untersuchung vitaler Hautwunden durch isoelektrische Fokussierung der a-Naphthalacetat spaltenden Hautenzyme. Med Dissertation, Universität Heidelberg

Hadding U (1980) Das Komplementsystem. Med In Unserer Zeit 1:23

Hiervonen J (1968) Histochemical studies in vital reaction and traumatic fat necrosis in the interscapular adipose tissue of adult guinea pigs. Ann Acad Sci Fenn 136:7

Hunt TK (1980) Wound healing and wound infection. Appleton-Century.Crofts, New York

Janssen W (1967) Zur Beurteilung von Blutungen der Leichenhaut unter besonderer Berücksichtigung von Hämatomen der Orbita. Dtsch Z Gerichtl Med 59:70

Janssen W (1977) Forensische Histologie. Schmidt-Römhild, Lübeck

Jarecki R, Pogacar G, Günther G, Klein H (1970) Early enzyme changes in skin wounds demonstrated by isoelectric focusing in polyacrylamide gel. Z Rechtsmed 67:313

Kenrick KG, Margolis J (1970) Isoelectric focusing and gradient gel electrophoresis. A two-dimensional technique. Anal Biochem 33:204

Mäkinen PL, Raekallio J (1967) Studies on the formation of aminopeptidaselike enzymes in regenerating wound tissue. Acta Chem Scand 21:761

Mueller B (1964) Zur Frage der Unterscheidung von vitalen bzw. agonalen und postmortalen Blutungen. Acta Med Leg Soc 17:43

Mueller B (1975) Gerichtliche Medizin. Springer, Berlin Heidelberg New York

Nachlas MM, Crawford DT, Seligman AM (1957) Histochemical demonstration of leucine aminopeptidase. J Histochem Cytochem 5:264

Ojala K, Kempinen M, Hirvonen J (1969) A comparative study of the character and rapidity of the vital reaction in the incised wound of human skin subcutaneous adipose tissue. J Forensic Med 16:29

Pioch W (1966) Die histochemische Untersuchung thermischer Hautschäden und ihre Bedeutung für die forensische Praxis. Schmidt-Römhild, Lübeck

Pioch W (1969) Epidermale Esteraseaktivität als Beweis der vitalen Einwirkung von stumpfer Gewalt. Beitr Gerichtl Med 25:136

Raekallio J (1960) Enzymes histochemically demonstrable in the earliest phase of wound healing. Nature 188:234

Raekallio J (1961) Histochemical studies on vital and post-mortem skin wounds: Experimental investigation on medicolegally significant vital reactions in an early phase of wound healing. Ann Med Exp Biol Fenn [Suppl] 6:39

Raekallio J (1964) Histochemical distinction between antemortem and postmortem skin wounds. J Forensic Sci 9:107

Raekallio J (1965) Die Altersbestimmung mechanisch bedingter Hautwunden mit enzymhistochemischen Methoden. Schmidt-Römhild, Lübeck

Raekallio J (1972) Determination of the age of wound by histochemical and biochemical methods. Forensic Sci 1:3

Raekallio J (1973) Estimation of age of injuries by histochemical and biochemical methods. Z Rechtsmed 73:83

Raekallio J, Levonen E (1963) The appearance of esterases in rat skin wounds. Ann Med Exp Fenn 41

Raekallio J, Makinen PL (1966) Histamine content as a vital reaction-experimental studies. Zacchia 41:273 (1966)

Raekallio J, Makinen PL (1970a) Histamine content as a vital reaction-autopsy studies. Zacchia 45:403

Raekallio J, Mäkinen PL (1970b) Serotonin and histamine contents as vital reactions II. Autopsy studies, Zacchia 45:403

Raekallio J, Mäkinen PL (1971) Biochemical distinction between ante-mortem and post-mortem skin wounds by isoelectric focusing in polyacrylamide gel I. Esperimental investigation on arylaminopeptidases. Zacchia 46:281

Schmidt G (1973) Vitale Reaktionen. In: Eisen G (Hrsg) Handwörterbuch der Rechtsmedizin. Enke, Stuttgart, S. 193

Schollmeyer W (1965) Über die Altersbestimmung von Injektionsstichen. Beitr Gerichtl Med 23:224

Shore PA, Burhalter A, Cohn VH Jr (1959) A method for fluorimetric assay of histamine in tissues. J Pharmacol Exp Ther 127:182

Sivaloganathan S (1982) Ante mortem injury or postmortem? Diagnosis using histamine as a marker. Med Sci Law 22:119

Spector WG, Wittoughby DA (1968) The pharmacology of inflammation. Eng Univ Press, London

Tanaka M (1966) The distinction between antemortem and postmortem skin wounds by esterase activity. Jpn J Leg Med 20:231

Längsschnittuntersuchung zum Ossifikationsmuster des Rippenknorpels

K.-S. Saternus, R. I. Dutz, R. Rossner

Einleitung

Die Röntgenidentifikation unbekannter Toter über Thoraxaufnahmen ist in der Rechtsmedizin ein vielgeübtes Verfahren. Aufgrund seiner umfangreichen praktischen und theoretischen Untersuchungen hält Neiss (1964 a, b, 1968, 1975, 1976) eine Personalidentifikation anhand des Ossifikationsmusters des Rippenknorpels bei unbekannten Toten für besonders erfolgversprechend. Dabei geht er von einer individuellen Verknöcherungsform des Rippenknorpels aus. Die Auswertung dieses morphologischen Befundes setzt er der Treffsicherheit der Daktyloskopie gleich. So soll die röntgenologische Auswertung des Ossifikationsmusters des Rippenknorpels aussagekräftiger als die odontologische Untersuchung sein.

Die pneumatischen Systeme des Schädels sind in gleicher Weise wie der Rippenknorpel individuell geformt. Der Vorteil einer Auswertung des Rippenknorpels gegenüber der des Schädels besteht jedoch darin, daß für einen postmortalen Vergleich in der Regel auf vital gefertigte Röntgenaufnahmen zurückgegriffen werden kann.

Dabei spielt nach Neiss (1968) eine zeitliche Differenz zwischen vital und postmortal gefertigter Aufnahme von 10–20 Jahren hinsichtlich der Konstanz der individuellen Befunde der Ossifikation des Rippenknorpels keine Rolle. Das heißt, daß diese Verknöcherungen von ihm als weitgehend unveränderlich angesehen werden. Entsprechend vertritt er die Ansicht, daß für jeden Erwachsenen irgendwo eine Thoraxaufnahme archiviert sei, die zum Vergleich herangezogen werden könne.

Zwar sind aufgrund umfangreicher Querschnittuntersuchungen Daten über den Beginn der Ossifikation und ihre Form bekannt, doch fehlen bisher in der Literatur Angaben über die individuelle Variabilität des zeitlichen Verlaufs der Verknöcherung des Rippenknorpels.

Eine verläßliche Aussage läßt sich nur aufgrund von Längsschnittuntersuchungen zum Verlauf der Ossifikation des Rippenknorpels machen. Eine solche Längsschnittuntersuchung über einen Zeitraum von 20 Jahren soll im folgenden vorgelegt werden.

Material und Methoden

Ausgewertet wurden die Schirmbildaufnahmen von 100 gesunden Männern der Jahrgänge 1937–1940. Dabei handelte es sich ausnahmslos um Schirmbildaufnahmen aus den Zentralarchiven der Bundeswehr der BRD. Routinemäßig sollen jährlich bei Bundeswehrangehörigen Schirmbildaufnahmen gefertigt werden. Sämtliche Aufnahmen waren in vergleichbarer Aufnahmetechnik gefertigt und als Schirmbild im Format 7 · 7 cm archiviert worden.

Ausgewertet wurden nur solche Fälle, bei denen mehr als 9 Schirmbildaufnahmen gefertigt worden waren und die Zeitspanne zwischen zwei aufeinanderfolgenden Aufnahmen nicht größer als 5 Jahre war. Damit blieben für die Gesamtauswertung 1175 Schirmbildaufnahmen des Thorax von 90 Männern.

Die Schirmbilder wurden auf dem Leuchtkasten unter der Lupe in 3facher Vergrößerung ausgewertet.

In ein anatomisches Schema wurde die Form der Ossifikation zeichnerisch übertragen.

Ausgewertet wurden folgende Variablen:

1) *Rippenzahl:* Angabe der dargestellten Rippen, bei denen ohne Überlagerung durch den Mittelschatten und das Zwerchfell der knorpelige Teil ausgewertet werden konnte.
2) *Topographie der Ossifikation:* Angegeben wurde neben dem zeitlichen Beginn der Ossifikation auch deren Topographie, und zwar als zentral oder perichondral, sternal oder kostal. Dabei konnten bei den dargestellten Rippen zwar stets die Ossifikationsgrenzen am Corpus costae beurteilt werden, in der Regel wegen des Mittelschattens jedoch nicht die sternalen Junkturen. Diese Einschränkung gilt selbst für die 1. Rippe. Angegeben wurde somit die Ossifikation vom sternalen Ende aus, wann diese ein Ausmaß erreicht hatten, bei dem sie über den Mittelschatten hinausreichten.
3) *Verknöcherungsgrad des 1. Rippenknorpels:* Die Abschätzung erfolgte mit Hilfe eines Punkterasters.
4) *Verknöcherungsformen:* Genaue Beschreibung der Konfiguration der Verknöcherungen oder Verkalkungen.
5) *Spalten:* Eng verbunden mit der Form der Verknöcherung ist das Auftreten von Spalten; ihre Anzahl und ihr Verlauf wurden dennoch getrennt erfaßt.
6) *Weitere individuelle Merkmale:* Für eine mögliche Personalidentifikation wurden weitere unveränderliche Merkmale erfaßt wie Rippenanomalien, Pleuraschwielen oder verkalkte Lymphknoten.

Von keinem der nur nach Geburtsjahr ausgewählten Männer war jährlich eine Röntgenaufnahme angefertigt worden. Von einem lagen 19 Schirmbildaufnahmen vor, während am häufigsten 13mal geröntgt worden war.

Ergebnisse

Die einzelnen Rippen haben in Abhängigkeit von ihrer Höhenlokalisation in bezug auf die Verwendungsmöglichkeiten zur Personalidentifikation einen unterschiedlichen Informationswert. So war auf keiner Aufnahme der untere Rippenbogen mit der Ossifikationsgrenze am Corpus costae beurteilbar. Aus Tabelle 1 ist ersichtlich, in welcher Häufigkeit auf den 1175 Aufnahmen die einzelnen Rippen erkennbar waren. So waren stets die ersten 3 Rippen dargestellt, rechts auch die 4.

Die linke Seite war wegen Überlagerungen durch den Herz- und Aortenschatten etwas weniger informativ als die rechte. In Tabelle 2 mit der Angabe zur Höhe der Untergrenze für eine Beurteilung des Rippenknorpels wird der Seitenunterschied näher aufgeschlüsselt.

Da für die Sicherung der Identität einer unbekannten Leiche das Ossifikationsmuster des Rippenknorpels die wesentlichen Informationen liefert, soll untersucht werden, in welchem Lebensalter die Verknöcherung begonnen hat.

Aus Abb. 1 geht hervor, daß zum frühesten Untersuchungszeitpunkt, nämlich mit 18 Jahren, in einem Fall eine Ossifikation vorlag. Bis zum Lebensalter von 21 Jahren weisen mehr als ⅔ der Untersuchten bereits Verknöcherungen des Knorpels auf. Mit 25 Jahren fanden sich regelmäßig – mit nur 2 Ausnahmen – Verknöcherungen des Knorpels der 1. Rippe.

Sind es primär nur vom kostalen Rand ausgehende perichondrale Sporne, so stellt der Endzustand ausgiebige Ossifikationen des gesamten Rippenknorpels dar. Abbildung 2 zeigt diesen dynamischen Prozeß. Bei dieser Skalierung bedeutet eine geringe Ossifikation entweder das Vorliegen zentraler Knochenkerne oder das Auftreten perichondraler Spangen. Bei einer mittleren Ossifikation liegen bildmäßig Verknöcherungen von bis zu ⅔ der primären Knorpelfläche vor. Eine starke Ossifikation wird als noch nicht vollständig durchbauter hyali-

Tabelle 1. Häufigkeit auswertbarer Rippen (Knorpelknochengrenze) bei 1175 Schirmbildaufnahmen (Angaben in %)

Rippe	Rechts	Links
1.	100	100
2.	100	100
3.	100	100
4.	100	97,1
5.	96,8	82,7
6.	70	68,8
7.	15,8	12,7
8.	1,7	0,9
9.	0,1	–
10.	–	–
11.	–	–
12.	–	–

Tabelle 2. Untergrenze der dargestellten Rippenknorpel bei 1175 Schirmbildaufnahmen (Angaben in %)

Rippe	Rechts	Links
1.	–	–
2.	–	–
3.	–	2,9
4.	3,2	14,4
5.	26,8	13,9
6.	54,2	56,1
7.	14,1	11,8
8.	1,6	0,9
9.	0,1	–
10.	–	–
11.	–	–
12.	–	–

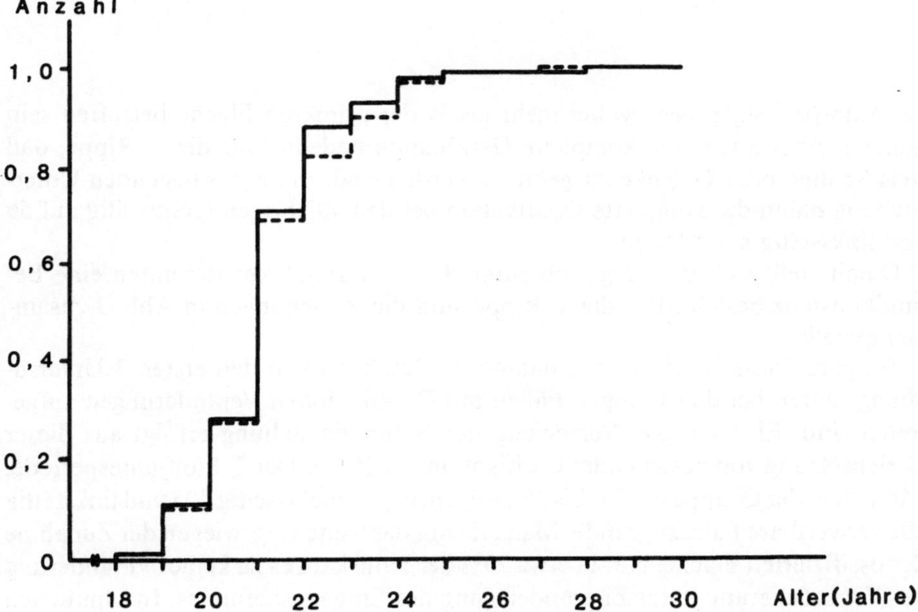

Abb. 1. Ossifikationsbeginn im Knorpel der 1. Rippe auf Schirmbildaufnahmen von 90 Männern (Faktor 1,0...100%) in Abhängigkeit vom Lebensalter (——— Verknöcherung auf der rechten Seite, ---- auf der linken Seite)

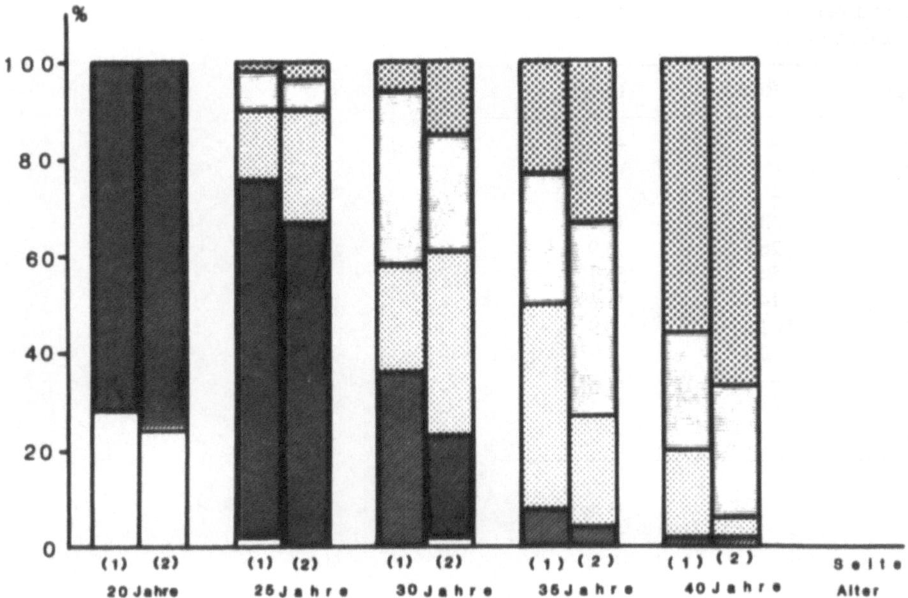

Abb. 2. Verknöcherungsstadien des Knorpels der 1. Rippe in Abhängigkeit vom Lebensalter *(1)* rechts, *(2)* links, *helle Säulen:* keine Ossifikation, *Schrägschraffur:* geringe Ossifikation, *feine Punkte:* mittlere Ossifikation, bis zu ⅔ der Fläche, *Querschraffur:* starke Ossifikation, mehr als ⅔ der Fläche, *grobe Punkte:* vollständige Ossifikation

ner Knorpel angesehen, wobei mehr als ⅔ der primären Fläche betroffen sein müssen. Aber auch eine komplette Ossifikation bedeutet für die 1. Rippe, daß stets Spalten oder Gelenke ausgebildet worden sind. In der vorliegenden Untersuchung nahm die komplette Ossifikation bei den 40jährigen rechtsseitig auf 56 und linksseitig auf 57% zu.

Damit stellt sich die Frage, ob zumindest in Fünfjahresabschnitten eine Befundkonstanz besteht. Für die 1. Rippe sind die Beziehungen in Abb. 3 zusammengestellt.

Ausgangsbasis ist die Erstaufnahme, so daß bereits in den ersten 3 Untersuchungsjahren bei den wenigen Fällen mit Ossifikationen Veränderungen aufgetreten sind. Eine gewisse Verzerrung der Befunddarstellung erfolgt aus dieser Gleichsetzung von bestehender Ossifikation mit 100%. Der 2. Fünfjahresperiode, nämlich in der Gruppe der 21- bis 25jährigen, liegen rechtsseitig 205 und linksseitig 202 verwertbare Fälle zugrunde. Man erkennt das weite Überwiegen der Zunahme der ossifizierten Fläche. Nur in etwa 20% der Fälle kam es zu keiner Veränderung der Verknöcherung unter Zugrundelegung des Eingangsbefundes. In sämtlichen Zeitabschnitten findet sich neben der Zunahme auch in einem geringeren Prozentsatz eine Abnahme der ossifizierten Fläche. Mit zunehmendem Lebensalter verändert sich flächenmäßig die Verknöcherung immer weniger.

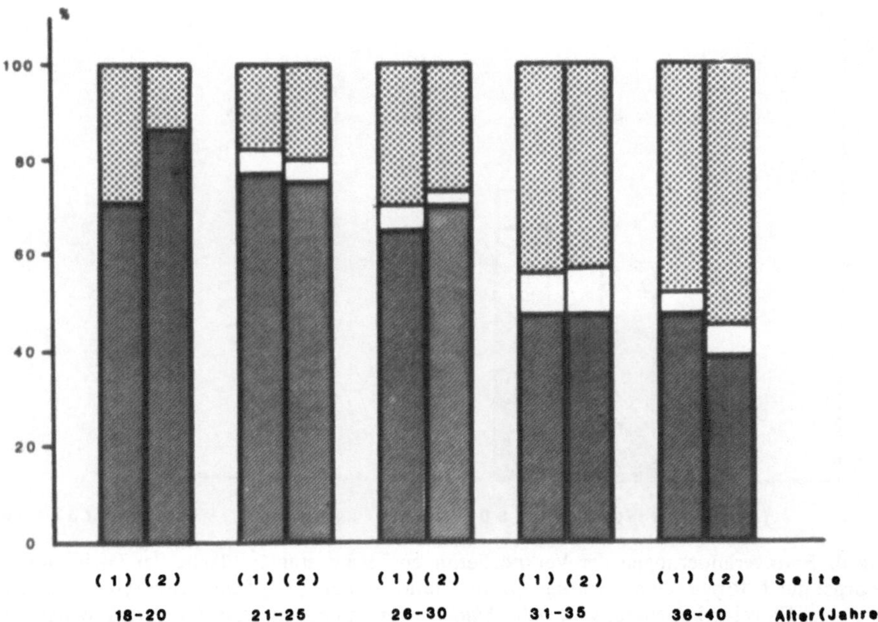

Abb. 3. Richtungsänderung der Ossifikation des Knorpels der 1. Rippe in Abhängigkeit vom Lebensalter *(1)* rechts, *(2)* links, *schraffierte Säule:* Zunahme der Verknöcherung gegenüber der Voraufnahme, *helle Säule:* Abnahme, *punktiert:* unveränderter Befund

Damit stellt sich jedoch die Frage, ob die für eine Identifikation verwertbaren Verknöcherungsmuster konstant bleiben. Deshalb sollen nur die bisher als konstant bezeichneten Ossifikationsflächen des 1. Rippenknorpels in Abb. 4 und 5 betrachtet werden. Dabei zeigt sich, daß insgesamt am Knorpel der 1. rechten Rippe nur in 37% der Fälle der Befund stationär geblieben ist. In 35% vergrößerten sich die Herde, in etwa 7% verkleinerten sich bestehende Herde; z.T. kam es zu Verschmelzungen und zu Teilungen. Auf der linken Seite bestanden im Grunde genommen vergleichbare Verhältnisse, stationär blieb die Verknöcherung in 32% der untersuchten Fälle.

Eng verbunden mit der Frage nach der Form der Ossifikation ist die nach dem Vorliegen von Spalten. Dabei wurden nur komplette Spalten über die gesamte Höhe des Rippenknorpels registriert. Spaltbildungen traten in Abhängigkeit vom Lebensalter ganz bevorzugt in der 1. Rippe auf. Dabei bestand eine Seitendifferenz, und zwar fanden sich rechtsseitig insgesamt 248mal und linksseitig 460mal Spalten. Aus Abb. 6 geht die Variabilität der Spaltbildungen im ossifizierten 1. Rippenknorpel links hervor. Bereits nach 1 Jahr stimmten nur noch in 20% der Fälle Zahl und Lokalisation der Spalten mit der Voraufnahme überein. Nach 2 Jahren waren es lediglich 5%. In Einzelfällen, nämlich nur 3mal, bestand eine vollständige Übereinstimmung nach 3 Jahren, nach 6 Jahren nur noch in einem Fall.

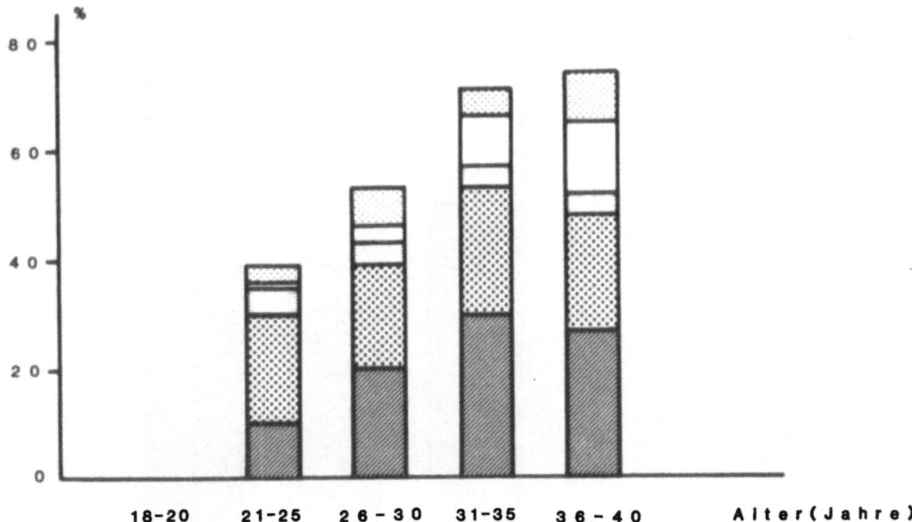

Abb. 4. Formveränderungen der Verknöcherungen bei konstanter Fläche der Ossifikation im Knorpel der 1. Rippe rechts, *Schrägschraffur:* stationärer Befund, *Punktraster (grob):* Vergrößerung von Einzelverknöcherungen, *helle Säulen:* Verschmelzung von Einzelverknöcherungen, *Punktraster (fein):* Teilung von Einzelverknöcherungen

Besonderes Interesse bei der Beurteilung der Ossifikation des Rippenknorpels galt bei der bisherigen Darstellung den topographischen Verhältnissen im Bereich der 1. Rippe. Im Vergleich zu dieser sind die Befunde an den tiefer gelegenen Rippenknorpeln weniger ergiebig. Die Gründe sind in der typischen Aufnahmetechnik zu sehen mit einer Überlagerung durch den Mittel- und Zwerchfellschatten, zum anderen aber auch in der selteneren Ossifikation der tiefer gelegenen Rippen. Eine Zusammenstellung der Daten findet sich in Tabelle 3.

Diskussion

In der forensischen Medizin ist die Röntgenidentifizierung ein gesichertes Verfahren. Thoraxaufnahmen sind dann indiziert, wenn die Daktyloskopie unergiebig ist und eine zusätzliche Absicherung zu odontologischen Untersuchungen erfolgen soll, besonders natürlich beim Fund von Torsi. Speziell die Katastrophenmedizin kommt ohne die Röntgenidentifizierung nicht aus (Mueller 1953; Neiss 1961; Spann 1964; Manz u. Reh 1964; Krefft 1966; Holzhausen 1966; Holzer 1966; Dürwald u. Herber 1975; Gurniak 1974; Mätzler 1974; Grüner u. Helmer 1975; Dotzauer 1976; Hunger u. Leopold 1978; Endris 1982).

Für den Einsatz eines Verfahrens gibt es zwei Voraussetzungen, nämlich eine hohe Trennfähigkeit und die Merkmalskonstanz. Neiss (1961, 1964 a, b, 1968,

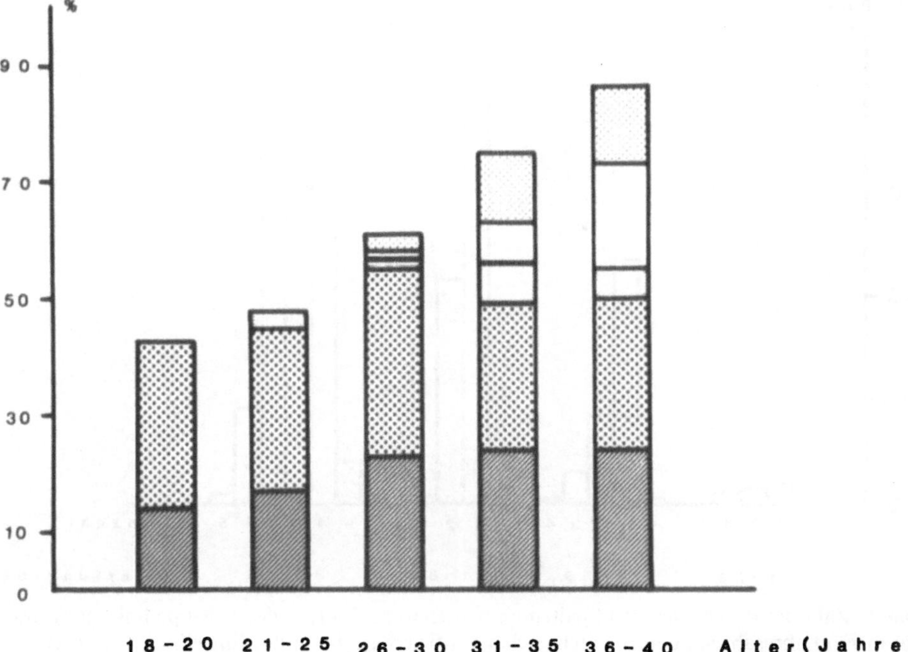

Abb. 5. Formveränderungen der Verknöcherungen bei konstanter Fläche der Ossifikation im Knorpel der 1. Rippe links (Erklärungen s. Abb. 4)

1975, 1976) nimmt ebenso wie McCormick (1980) für den röntgenologischen Variabilitätsvergleich eine hohe Trennschärfe an. Nach diesen Autoren ist die Ossifikation des Rippenknorpels als ein individuelles Merkmal aufzufassen, vergleichbar der Daktyloskopie (Neiss 1975, 1976). Ein breites anatomisches und radiologisches Schrifttum belegt diese Annahme (Luschka 1857; Freund 1858; Tschaussow 1891; Groedel 1908; Immelmann 1908; Schultze 1913; Kaiser 1914; Salomon 1922; Kädig 1923; Wernscheid 1923; Bürger u. Schlomka 1927; Dudel 1928; Ernst 1929; Helly 1929; Riebel 1929; Pickhan 1939; Stehr 1939; King 1939; Imhäuser 1940; Heinrich 1941; Vastine et al. 1948; Kipshoven 1951; Fischer 1955; Silberberg u. Silberberg 1961; Varga et al. 1962; Elkeles 1966; Scultetus 1968; Faust 1968; Breul 1974; Werner 1978; Koebke u. Saternus 1982; Markert et al. 1983; McCormick u. Stewart 1983).

Mit der vorliegenden Untersuchung sollte deshalb auch nicht die Diskriminationsfähigkeit des Verfahrens geprüft werden, sondern die zeitliche Abhängigkeit der Merkmalskonstanz. Dieser Frage ist bisher nur Scultetus (1968) in einer Längsschnittuntersuchung, gleichfalls an Soldaten, nachgegangen. Abweichend wurde jedoch nur ein Paarvergleich von vier Jahre auseinanderliegenden Tho-

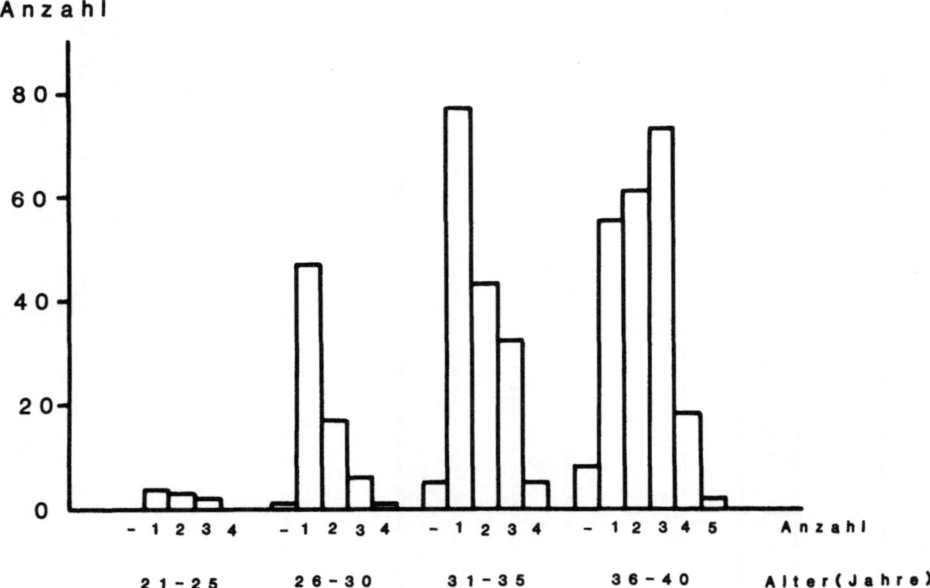

Abb. 6. Zahl der durchgehenden Spalten im ossifizierten Knorpel der 1. Rippe links, aufgetragen in Fünfjahresabschnitten (— nicht sicher verifizierbare Befunde; Einzelheiten s. Text)

Tabelle 3. Ossifikationen des 2.–7. Rippenknorpels bei 90 Männern bis zum 41. Lebensjahr nach Schirmbildbefunden

1) Rechte Seite	2. Rippe	3. Rippe	4. Rippe	5. Rippe	6. Rippe	7. Rippe
Verwertbare Aufnahmen	1175	1175	1175	1137	822	186
Häufigkeit [%]	26,1	37,9	43,8	39,1	13,9	8,6
2) Linke Seite:	**2. Rippe**	**3. Rippe**	**4. Rippe**	**5. Rippe**	**6. Rippe**	**7. Rippe**
Verwertbare Aufnahmen	1175	1175	1142	972	808	149
Häufigkeit [%]	22,0	21,8	23,5	17,8	17,8	12,1

raxröntgenaufnahmen durchgeführt. Dabei waren die Unterschiede im Verknöcherungsausmaß nur sehr gering. Nach Neiss (1968) sollen jedoch beliebig alte Thoraxröntgenaufnahmen, wie sie von jedem Menschen in irgendeinem Archiv deponiert sind, noch für einen Vergleich des Ossifikationsmusters des Rippenknorpels herangezogen werden können. Deshalb bezogen sich die eigenen Längsschnittuntersuchungen auf einen längeren Zeitraum.

Da nur bei einem 18jährigen bei der Erstaufnahme bereits eine perichondrale Ossifikation der 1. Rippe bestand, kann für die restliche Gruppe eine Angabe zum Ossifikationsbeginn gemacht werden. Bis auf zwei Ausnahmen wiesen bis zum 25. Lebensjahr alle 90 Männer auf den Thoraxschirmbildaufnahmen beginnende Ossifikationen des Knorpels der 1. Rippe auf. Für diese Ossifikation ist somit eine Konstanz auszuschließen.

Betrachtet man den Verknöcherungsverlauf der 1. Rippe, deren Knorpel in über der Hälfte der Fälle bis zum 40. Lebensjahr vollständig ossifiziert war (Abb. 2), so erkennt man einen dynamischen Prozeß. Dabei überwog altersabhängig eine Zunahme der Ossifikationsfläche (Abb. 2), wenngleich zwischen dem 21. und 40. Lebensjahr immer wieder in einzelnen Fällen Abnahmen der gesamt verknöcherten Fläche beim Vergleich mit dem vorangegangenen Bild gefunden wurden. Mithin ist also die Richtung der in der a.-p.-gefertigten Schirmbildaufnahme faßbaren Ossifikation nicht eindeutig.

Allerdings verändert sich mit zunehmendem Lebensalter die Größe der verknöcherten Fläche langsamer als bei jüngeren Männern. Dennoch ist der Knochen nicht im Zustand der Ruhe, also in seiner Gestalt nicht unveränderlich. Aus Abb. 4 und 5 ist ersichtlich, daß sich selbst in den weitgehend flächenkonstanten Arealen die Verknöcherungsherde noch erheblich ändern. Nur in etwa 30–40% der Fälle ist die Konfiguration der Verknöcherungsherde konstant.

Betrachtet man in diesem Zusammenhang die Häufigkeit durchgehender Spalten zwischen den Verknöcherungen, so waren bereits nach 3 Jahren in sämtlichen untersuchten Altersgruppen diese markanten anatomischen Zeichen in Lokalisation und/oder Zahl bis auf wenige Ausnahmen verändert.

Damit wird deutlich, daß bei der Ossifikation des Rippenknorpels zwar eine hohe individuelle Ausprägung, jedoch gleichzeitig eine erhebliche zeitabhängige Veränderlichkeit besteht. Die Auswertung der Ossifikation des Rippenknorpels über einen Variabilitätsvergleich zur Sicherung der Personalidentität ist deshalb nicht der Daktyloskopie vergleichbar. Vielmehr geht die Identifizierung unbekannter Toter über das einfache Zuordnen identischer Muster hinaus, und zwar im Sinne einer Rekonstruktion.

So muß aus einer durch die fortlaufende Beanspruchung von Knorpel und Knochen geänderten äußeren und inneren Struktur auf einen Vorzustand rückgeschlossen werden. Zweifellos ist dazu die Kenntnis des typischen Ossifikationsverlaufs erforderlich.

Für die Verknöcherung des Knorpels der 1. Rippe besteht insofern eine gewisse Besonderheit, als die von Heinrich (1941) mitgeteilte und seitdem breit übernommene Stadieneinteilung einer kranzartig vom Corpus costae ausgehenden perichondralen Ossifikation bei eigenen früheren xeroradiographischen Untersuchungen (Saternus u. Koebke 1982) nicht gefunden wurde. Statt dessen gingen die Verknöcherungen sowohl vom Corpus costae als auch vom Sternum aus. Damit ergeben sich für eine mögliche Rekonstruktion wesentlich kompliziertere Verhältnisse.

Zusammenfassend läßt sich sagen, daß aufgrund der erheblichen zeitabhängigen Variabilität des Ossifikationsmusters des Rippenknorpels eine röntgenologische Identifizierung unbekannter Toter nur im Sinne einer Rekonstruktion möglich ist. Sie stellt danach eine originär rechtsmedizinische Aufgabe dar, der große

Erfahrung zugrunde liegen muß. Die Röntgenidentifizierung unterscheidet sich somit grundlegend von der Daktyloskopie, mit der sie gern verglichen wird.

Zusammenfassung

Anhand von 1175 Schirmbildaufnahmen, die über 20 Jahre von 90 Männern gefertigt wurden, wird das Ossifikationsmuster des Rippenknorpels im Hinblick auf einen Variabilitätsvergleich zur Personalidentifikation untersucht. Dabei sollten individuelle Ausformung und Konstanz des Merkmals erfaßt werden.

Die Befunde wurden bei 3facher Vergrößerung graphisch dokumentiert, eingetretene Veränderung der Ossifikation gegenüber dem Vorbefund registriert. Betrachtet wurden die Gesamtfläche der Verknöcherung des Rippenknorpels, Form und Größe der perichondralen Spangen sowie der zentralen Verknöcherungen bzw. Verkalkungen sowie Anzahl und Lokalisation durchgehender Spalten.

Dabei zeigte sich eine ausgeprägte altersgebundene Veränderlichkeit der untersuchten Merkmale zwischen dem 19. und 41. Lebensjahr. Insgesamt überwog bei weitem eine Zunahme der Ossifikation in Abhängigkeit vom Lebensalter. Jenseits des 25. Lebensjahres kam es jedoch regelmäßig in wenigen Fällen zu röntgenologisch nachweisbaren Verringerungen der zuvor bestehenden Verknöcherung des Rippenknorpels.

Auch erwiesen sich die Form der Verknöcherungen und selbst Anzahl und Lokalisation durchgehender Spalten als veränderlich. So waren die Spalten bei sämtlichen Altersstufen nach 3 Jahren nur in wenigen Einzelfällen konstant geblieben.

Die Ergebnisse dieser erstmals über einen größeren Zeitraum durchgeführten Längsschnittuntersuchung zeigen in Übereinstimmung mit den bisher breit durchgeführten Querschnittuntersuchungen, daß das Ossifikationsmuster des Rippenknorpels als individuell aufzufassen ist. Die Untersuchung zeigt aber auch, daß die von zahlreichen Autoren angenommene Konstanz des Merkmals nicht besteht. Eine Gleichsetzung mit der Daktyloskopie ist nicht begründet.

Dennoch ist es berechtigt, einen Variabilitätsvergleich durchzuführen. Dabei handelt es sich aber um ein rekonstruktives Verfahren.

Literatur

Breul D (1974) Methoden der Geschlechts-, Körperlängen- und Lebensalterbestimmung von Skelettfunden. Schmidt-Römhild, Lübeck

Bürger M, Schlomka G (1927) Beiträge zur physiologischen Chemie des Alterns der Gewebe. I. Untersuchungen am menschlichen Rippenknorpel. Z Gesamte Exp Med 55:287–302

Dotzauer G (1976) Identifizierung von Katastrophenopfern. Hefte Unfallheilkd 126:486–495

Dudel G (1928) Röntgenologische Studie über Rippenknorpelverkalkungen. Med. Dissertation, Universität Breslau

Dürwald W, Herber F (1968) Gerichtsärztliche Aufgaben in Katastrophenfällen. Forum Kriminal 1:333–335

Elkeles A (1966) Sex differences in the calcification of the costal cartilages. J Am Geriatr Soc 14: 456-462

Endris R (1982) Forensische Katastrophenmedizin. Methodik, Planung und Organisation der Leichenidentifizierung. Kriminalistik, Heidelberg

Ernst G (1929) Die Verkalkungsvorgänge an den Rippenknorpeln. Fortschr Rontgenstr 39:485-494

Faust G (1968) Verfälschung von Röntgenbefunden des Skeletts durch postmortale Einflüsse und ihre Bedeutung zur Identifikation der Leiche. Dtsch Z Gerichtl Med 62:83-86

Fischer E (1955) Verkalkungsformen der Rippenknorpel. Fortschr Rontgenstr 82:474-481

Freund WA (1858) Beiträge zur Histologie der Rippenknorpel im normalen und pathologischen Zustande. Gosohorsky, Breslau

Groedel FM (1908) Der röntgenologische Nachweis der Rippenknorpelverknöcherung. MMW 14:731-733

Grüner O, Helmer R (1975) Identifizierung. In: Mueller B (Hrsg) Gerichtliche Medizin, Bd 1. Springer, Berlin Heidelberg New York, S 156-206

Gurniak W (1974) Erfahrungen und Ergebnisse röntgenologischer Personenidentifikation bei Flugzeugabstürzen. Röntgenberichte 3:252-260

Heinrich A (1941) Alternsvorgänge im Röntgenbild. Thieme, Leipzig

Helly K (1929) Die Rippenknorpelverkalkung. Z Anat 88:746-748

Holzer FJ (1966) Zur Aufklärung der Flugzeugkatastrophe bei Innsbruck. Zentralbl Verkehrsmed 12:17-25

Holzhausen G (1966) Untersuchungen bei Massenunfällen. In: Dürwald W (Hrsg) Gerichtsmedizinische Untersuchungen bei Verkehrsunfällen. Thieme, Leipzig, S 455-463

Hunger H, Leopold D (1978) Identifikation. Springer, Berlin Heidelberg New York

Imhäuser G (1940) Beitrag zur Frage der Rippenknorpelverkalkungen. Arch Orthop Trauma Surg 40:538-544

Immelmann (1908) Über die Verknöcherung der ersten Rippenknorpel. Verh Dtsch Röntgen Ges 55-59

Kädig K (1923) Der röntgenologische Kalkstatus des Brustkorbes im Zusammenhang mit tuberkulösen Erkrankungen der Lunge. Beitr Klin Tuberk 58:145-167

Kaiser F (1914) Röntgenologische Studien über die Beziehungen zwischen Rippenknorpelverknöcherung und Lungentuberkulose. Beitr Klin Tuberk 32/1:67-93

King JB (1939) Calcification of the costal cartilages. Br J Radiol 133:2-12

Kipshoven HJ (1951) Diskontinuitäten im Verlauf der ersten Rippen. Fortschr Röntgenstr 74:555-561

Koebke J, Saternus KS (1982) Verkalkung und Ossifikation des Rippenknorpels. Beitr Gerichtl Med 40:203-211

Krefft S (1966) Zum Problem der Identifikation beim Flugunfall. Zentralbl Verkehrsmed 12:40-48

Luschka H (1857) Über eine gegliederte Verbindung des Knorpels mit dem Knochen der ersten Rippe. Mullers Arch Anat Physiol 327-332

Manz R, Reh H (1964) Die Identifizierung von Leichen und Leichenteilen besonders bei Massenunfällen. Jahrbuch Akad Staatsmed Düsseldorf 53-65

Markert K, Reinwarth EM, Wirth I, Brautzsch G (1983) Zum Nachweis geschlechtsdifferenter Ossifikationsmuster an den Rippenknorpelpaaren II. bis VI: Eine Postmortalstudie an Radiogrammen der vorderen Brustwand. Gegenbaurs Morphol Jahrb 129:217-226

Mätzler A (1974) Die Bedeutung der Röntgendiagnostik für das kriminalpolizeiliche Ermittlungsverfahren - aufgezeigt an Hand einiger Fälle aus der Praxis. Röntgenberichte 3:244-251

McCormick WF (1980) Mineralization of the costal cartilages as an indicator of age: preliminary observations. J Forensic Sci 25:736-741

McCormick WF, Stewart JH (1983) Ossification patterns of costal cartilages as an indicator of sex. Arch Pathol Lab Med 107:206-210

Mueller B (1953) Gerichtliche Medizin, Kapitel E: Identifikation. Springer, Berlin Göttingen Heidelberg

Neiss A (1961) Aufgaben der Röntgenologie bei Flugzeugunglücken. Kriminalistik Hamburg 15:343-344

Neiss A (1964a) Röntgenidentifikation durch Bildvergleiche. Dtsch Z gerichtl Med 55:135-136
Neiss A (1964b) Skelettvariationen. Röntgendiagnostik, Anthropologie, Personenidentifikation. Habilitationsschrift Universität Erlangen Nürnberg
Neiss A (1968) Röntgenidentifikation. Thieme, Stuttgart
Neiss A (1975) Personenidentifizierung durch Röntgenstrahlen. Med Klin 70:1285-1289
Neiss A (1976) Röntgenidentifikation als Ergänzung der Daktyloskopie. Arch Kriminol 157:87-92
Pickhan (1930) Gelenkbildung im Körper der ersten Rippe. Röntgenpraxis 2:975-976
Riebel F (1929) Ossifications of the costal cartilages: their relation to habitus and disease. AJR 21:44-47
Salomon F (1922) Einiges über Gelenkspaltbildung im verknöcherten ersten Rippenknorpel. Z Tuberk 26:99-104
Saternus KS, Koebke J (1982) Identifizierungsmöglichkeiten an der Ossifikationsgrenze des Corpus costae. Beitr Gerichtl Med 40:213-219
Schultze WH (1913) Anomalien des ersten Rippenringes und Lungentuberkulose. Beitr Klin Tuberk 26:205-236
Scultetus H (1968) Identifikation von Soldaten. Röntgenbilder des Thorax und Rippenknorpelossifikationen. Med. Dissertation, Universität Erlangen Nürnberg
Silberberg M, Silberberg R (1961) Ageing changes in cartilage and bone. In: Bourne, Pittmann (eds) Structural aspects of ageing. Medical Publishing, London pp 85-108
Spann W (1964) Gerichtsärztliche Probleme bei Flugzeugunfällen. Dtsch Z Med 55:128-133
Stehr I (1936) Über die Verkalkung der Rippenknorpel und ihre Einwirkung auf die Brustatmung. Fortschr Röntgenstr 54:360-373
Tschaussow M (1891) Zur Frage über die Sternocostalgelenke und den Respirationstypus. Anat Anz 6:512-524
Varga L, Gal G, Csakany G (1962) Röntgenbild der degenerativen Veränderungen des sternocostalen Übergangs. Radiol Clin 31:85-90
Vastine JH, Vastine MF, Arango O (1948) Genetic influence on osseous development with particular reference to the deposition of calcium in the costal cartilages. AJR 59:213-221
Werner B (1978) Rippenknorpelverkalkungen im Röntgenbild. Beitr Radiol Diagn 1:47-61
Wernscheid h (1923) Über die Verknöcherung der Rippenknorpel, besonders des 1. Rippenknorpels im Röntgenbild bei Lungentuberkulose. Med Klin 19:572-574

Zur Fahrschulungsfähigkeit chronisch hämodialysierter Patienten

R. Schuster, G. Schewe

Mentale Störungen sind eine häufige Begleiterscheinung der fortgeschrittenen Niereninsuffizienz. Als Symptome einer Enzephalopathie sind insbesondere auch bei Dialysepatienten wiederholt allgemeine Verlangsamung, geistige Erschöpfbarkeit, Gedächtnisstörungen, Konzentrationsschwäche, Verschlechterung von Aufmerksamkeit, Einschätzungs- und Abstraktionsvermögen sowie Vigilitätsstörungen beschrieben worden (Heidbreder et al. 1979), und zwar auch nach Langzeitdialyse, die nur geringe Intoxikationsgrade zuläßt (Waniek et al. 1977). Konkret mit der Verkehrstauglichkeit von chronisch hämodialysierten Patienten befaßte sich schon 1972 Gyalog, der nach der Dialyse erhebliche Beeinträchtigungen der Leistungsfähigkeit feststellte und empfahl, Patienten 24 h

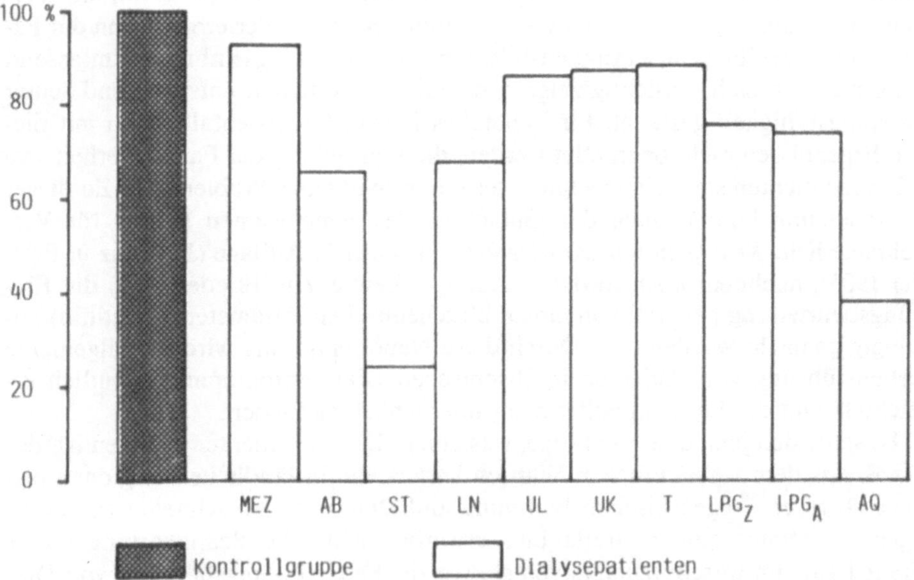

Abb. 1. Gesamtübersicht über die Leistungsfähigkeit von Dialysepatienten in einem 10teiligen Testprogramm bezogen auf die als 100% gesetzte Leistung einer Kontrollgruppe (*MEZ* Mindesterkennungszeit, *AB* Auffassungsbreite, *ST* Steadiness Gesamtleistung, *LN* Liniennachfahren Gesamtleistung, *UL* Umstecken langer Stifte; *UK* Umstecken kurzer Stifte, *T* Tapping, *LPG* Leistungsprüfgerät Zahleneindrücken, LPG_A Leistungsprüfgerät Additionen, *AQ* Aufmerksamkeitsquotient nach Grüner)

nach der Dialyse nicht am motorisierten Verkehr teilnehmen zu lassen. Inzwischen sind die Dialyseverfahren verbessert und die Dialyseintervalle verkürzt worden, was sich offenbar auch vorteilhaft auf die psychophysische Leistungsfähigkeit der Patienten in verkehrsmedizinisch relevanten Leistungsbereichen ausgewirkt hat. Abbildung 1 zeigt eine Zusammenfassung der Ergebnisse von Schewe et al. (1982), die mittels einer aus 10 Einzeltests zusammengestellten Testbatterie gewonnen wurden (Eisenhauer u. Lindner 1984; Lewrenz u. Friedel 1985; Schewe et al. 1982).

Erkennbar ist, daß chronisch hämodialysierte Patienten im Vergleich zu gesunden Kontrollpersonen deutliche motorische Störungen im Sinne eines Tremors zeigen (Test ST, Steadiness), bei dem es sich aber um einen Ruhetremor handelt, der die gezielten motorischen Aktionen kaum beeinträchtigt. Erhebliche Einbußen fallen auch bei der Aufmerksamkeitsverteilung auf (Test AQ, Aufmerksamkeitsquotient nach Grüner), die aber wohl weitgehend kompensiert werden können, wenn der Patient zu vorsichtigem Fahren motiviert wird und Überanstrengungen sowie schwierige und ungewohnte Verkehrslagen meidet. Diskretere Störungen bestehen bei der Auffassungsbreite (Test AB) und bei der Mindesterkennungszeit (Test MEZ) sowie bei der Zuverlässigkeit und Schnelligkeit des Umsatzes einfacher Wahrnehmungen (Test LPG_Z und LPG_A, Leistungsprüfgerät). Diese wie auch die übrigen Einbußen treten in praktisch gleicher Ausprägung vor und nach der Dialyse auf und sind in ihrer Qualität unabhängig davon, ob vor dem Testtag ein längeres oder kürzeres Dialyseintervall lag. Verkehrsmedizinisch sind die festgestellten Einbußen wohl tolerierbar, wenn der Patient über die für sein Krankheitsbild typischen Leistungseinbußen umfassend informiert ist, sich einsichtig zeigt und sein Fahrverhalten entsprechend seiner Leistungsfähigkeit gestaltet. Ein generelles Fahrverbot jedenfalls kann mit diesen Ergebnissen nicht begründet werden, die Beurteilung der Fahrsicherheit von Dialysepatienten stellt sich vielmehr als ein individuelles Problem dar. Zu dieser Einschätzung kommt auch das Gutachten des gemeinsamen Beirats für Verkehrsmedizin *Krankheit und Kraftverkehr* in seiner 3. Auflage (Lewrenz u. Friedel 1985), nachdem noch in der 2. Auflage (Lewrenz u. Friedel 1979) die Eignungsbeurteilung generell von einem blutchemischen Parameter (Kreatinin) abhängig gemacht worden war. Durch diese Neuorientierung wird die allgemeine Lebensführung von Patienten in chronischen Dialyseprogrammen deutlich erleichtert und die Lebensqualität nicht unerheblich verbessert.

Es stellt sich jetzt aber die Frage, was einem Dialysepatienten zu raten ist, der - z. B. aus dem verständlichen Wunsch heraus, die in ländlichen Regionen oftmals längeren Wege zwischen Wohnung und Dialysestation schneller zu bewältigen - erstmals eine Fahrerlaubnis erwerben will. Die Beantwortung dieser Frage hängt im wesentlichen davon ab, wie die Fahrschulungsfähigkeit von Dialysepatienten zu beurteilen ist. Auch in dieser Hinsicht lassen sich aus den in Abb. 1 zusammengefaßten Untersuchungsverfahren und Untersuchungsergebnissen Entscheidungshilfen ableiten. Wie schon angedeutet, wurden die Untersuchungen an 3 aufeinanderfolgenden Dialysetagen (Mittwoch, Freitag, Montag) jeweils vor und nach der Dialyse durchgeführt. Die Kontrollgruppe gesunder Versuchspersonen wurde nach dem gleichen Zeitschema getestet. Da es sich bei den 10 Tests, von denen 2 Verfahren überdies aus insgesamt 5 Untertests beste-

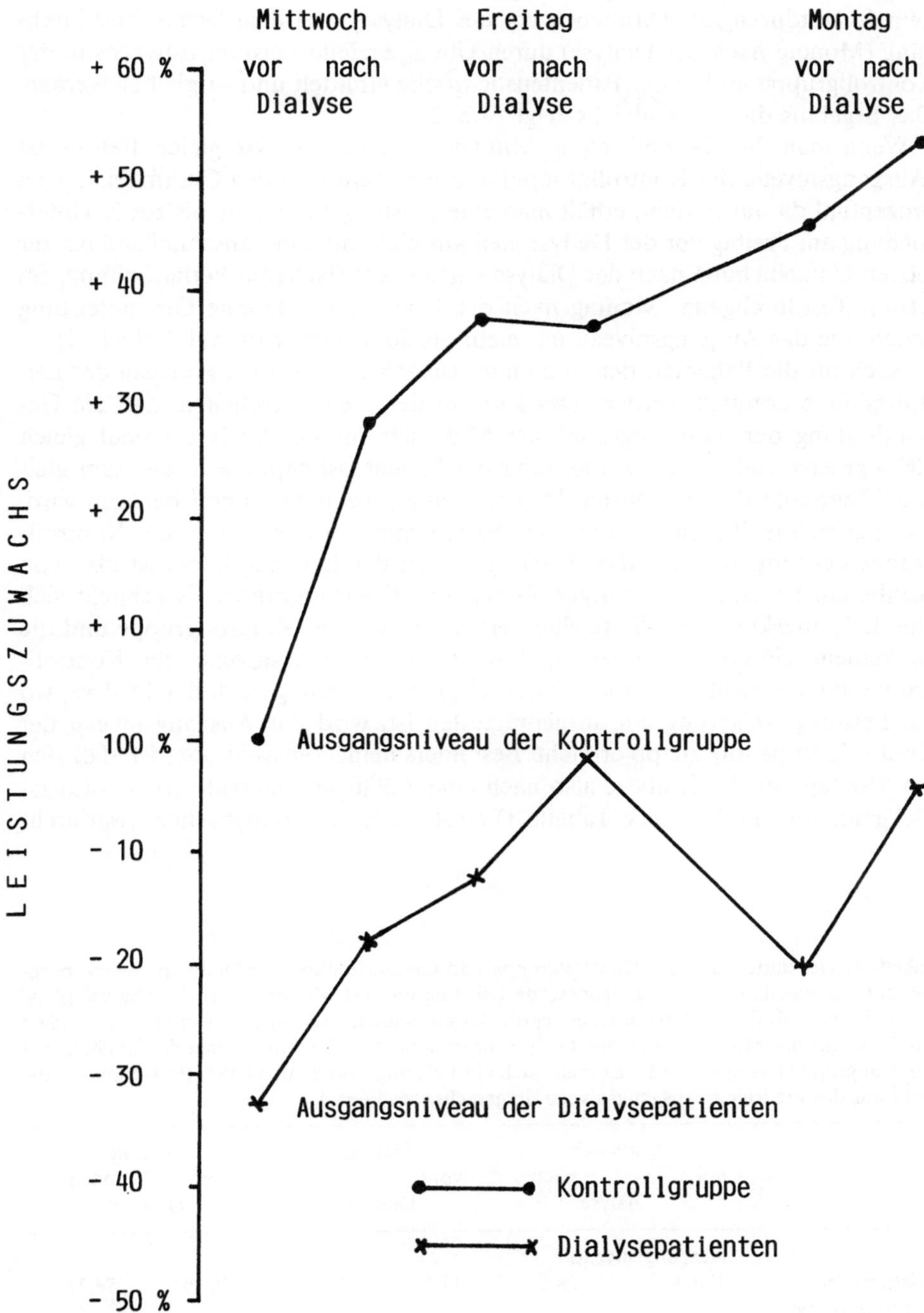

Abb. 2. Leistungszuwachs in der Kontrollgruppe und in der Patientenstichprobe bezogen auf die jeweils als 100% gesetzte Leistung im Test Mittwoch vor der Dialyse (Ausgangsniveau). Für die Dialysepatienten wurde das tatsächliche Ausgangsniveau ermittelt, indem das Testergebnis Mittwoch vor der Dialyse prozentual auf das entsprechende Ergebnis der Kontrollgruppe bezogen wurde; es ergab sich ein Leistungsabfall auf 67,45%

hen, um überwiegend übungsabhängige Verfahren handelt, kann der zwischen dem 1. Testdurchgang (Mittwoch vor der Dialyse) und dem letzten Testdurchgang (Montag nach der Dialyse) durch Übung erzielte Leistungszuwachs in der Kontrollgruppe und in der Patientenstichprobe ermittelt und verglichen werden. Das Ergebnis dieses Vergleichs zeigt Abb. 2.

Wenn man die Gesamtleistung Mittwoch vor der Dialyse gleich 100% setzt (Ausgangsniveau der Kontrollgruppe) und die nachfolgenden Gesamtleistungen prozentual darauf bezieht, erhält man eine Leistungskurve, die bis zur 3. Untersuchung am Freitag vor der Dialyse steil ansteigt und dann anschließend bis zur letzten Untersuchung nach der Dialyse einen etwas flacheren Verlauf nimmt. Im letzten Testdurchgang (Montag nach der Dialyse) wurde eine Gesamtleistung erzielt, die das Ausgangsniveau um mehr als 50 °C übertrifft (vgl. Tabelle 1).

Auch für die Patientenstichprobe muß zunächst das Ausgangsniveau der Leistungskurve ermittelt werden. Das kann in der Weise geschehen, daß die Gesamtleistung der Kontrollgruppe am Mittwoch vor der Dialyse erneut gleich 100% gesetzt und die Gesamtleistung der Patientenstichprobe in der zum gleichen Zeitpunkt durchgeführten Untersuchung prozentual darauf bezogen wird. Es zeigt sich (s. Tabelle 1), daß die Dialysepatienten nur 67,45% der Kontrollgruppenleistung erzielen, das Ausgangsniveau der Leistungskurve ist also von vornherein um 32,55% niedriger als das der Kontrollgruppe. Es schließt sich eine Leistungskurve an, die flacher verläuft als die der Kontrollgruppe und die zu keinem Untersuchungszeitpunkt über das Ausgangsniveau der Kontrollgruppe hinausreicht. Selbst im Testdurchgang am Freitag nach der Dialyse, wo die Leistungssteigerung am ausgeprägtesten ist, wird das Ausgangsniveau der Kontrollgruppe nur knapp erreicht. Besonders bemerkenswert aber ist, daß sich am Montag vor der Dialyse, also nach einem 2tätigen Intervall, ein Leistungsrückgang von rund 18% (s. Tabelle 1) einstellt. Im postdialytischen Testdurch-

Tabelle 1. Gesamtleistung der Kontrollgruppe und Gesamtleistung der Dialysepatienten bezogen auf die jeweils mit 100% gleichgesetzte Leistung im Test Mittwoch vor der Dialyse (Ausgangsniveau). Für die Dialysepatienten wurde das tatsächliche Ausgangsniveau ermittelt, indem das Testergebnis Mittwoch vor der Dialyse prozentual auf das entsprechende Ergebnis der Kontrollgruppe bezogen wurde. Es ergab sich ein Leistungsabfall auf 67,45% (in Klammern die nicht auf das niedrigere Ausgangsniveau umgerechneten Werte)

	Mittwoch		Freitag		Montag	
	vor	nach	vor	nach	vor	nach
	Dialyse		Dialyse		Dialyse	
Leistung der Kontrollgruppe [%]	Ausgangsniveau 100,00	28,60	37,37	36,87	46,49	54,27
Leistung der Dialysepatienten [%]	−32,55 (100,00)	−17,33 (15,22)	−11,43 (21,12)	−1,14 (31,41)	−19,89 (12,66)	−3,65 (28,90)

Tabelle 2. Gesamtleistung der Kontrollgruppe und Gesamtleistung der Dialysepatienten bezogen auf die jeweils als 100% gesetzte Leistung im vorangegangenen Test

	Mittwoch		Freitag		Montag	
	vor	nach	vor	nach	vor	nach
	Dialyse		Dialyse		Dialyse	
Leistung der Kontrollgruppe [%]	-	28,5	6,7	1,0	4,5	1,2
Leistung der Dialysepatienten [%]	-	15,2	6,0	8,0	– 10,4	13,2

gang am Montag war das postdialytische Niveau vom Freitag noch nicht wieder erreicht.

Dieser nachteilige Effekt in der Patientenstichprobe läßt sich auch darstellen, wenn man für die Kontrollgruppe und für die Dialysepatienten die von Test zu Test eingetretenen Leistungsveränderungen ermittelt. Dabei ergibt sich (s. Tabelle 2), daß in der Kontrollgruppe die anfängliche Leistungssteigerung mit 28,5% und etwa 6,7% recht ausgeprägt ist, und daß in den folgenden Untersuchungen die Leistungssteigerung deutlich bis auf etwa 1,2% abnimmt. Das ist ein Hinweis dafür, daß die Kontrollgruppe zum Ende des Untersuchungszeitraums hin weitgehend austrainiert war und in verkehrsmedizinisch relevanten Leistungsbereichen einen konstanten Leistungspegel erreicht hatte. In der Patientenstichprobe sind die Verhältnisse anders. Hier kommt es, wie schon an den Leistungskurven abzusehen, zu flacheren und unregelmäßigen Leistungsanstiegen, außerdem zu einem Leistungsabfall am Montag gegenüber Freitag. Diese Leistungssprünge von Untersuchung zu Untersuchung lassen vermuten, daß bis zum Eintritt der Leistungskonstanz zahlreiche weitere Übungen erforderlich sind. Diese Leistungsvergleiche stellen sicher keinen Anlaß dar, chronisch hämodialysierten Patienten generell von einer Fahrausbildung abzuraten. Die Patienten sollten jedoch darauf hingewiesen werden, daß der Erwerb einer Fahrerlaubnis aller Voraussicht nach mit erhöhtem Kraft-, Zeit- und Kostenaufwand verbunden sein wird.

Literatur

Bünger P (1985) Die Beurteilung der Kraftfahreignung bei Nierenerkrankungen. Med Sach 81:114–115

Eisenhauer T, Lindner U (1984) Untersuchungen über die psychophysische Leistungsfähigkeit von Dialysepatienten unter verkehrsmedizinischen Aspekten. Med. Dissertation, Universität Gießen

Greenberg RP, Davis G, Massey R (1973) The psychological evaluation of patients for a kidney transplant and hemodialysis program. Am J Psychiatry 130:274–277

Gyalog G (1972) Untersuchungen der Leistungsfähigkeit im Hinblick auf die Verkehrstauglichkeit bei Diabetikern und chronisch hämodialysierten Patienten. Med. Dissertation, Universität Mainz

Heidbreder E, Pagel G, Heidland A (1979) Vigilitätsstörungen bei chronischer Niereninsuffizienz. Med Klin 74:1861–1866

Lewrenz H, Friedel B (Bearb) (1979) Krankheit und Kraftverkehr. Gutachten des gemeinsamen Beirates für Verkehrsmedizin beim Bundesminister für Verkehr und beim Bundesminister für Jugend, Familie und Gesundheit, 2. Aufl. Kirschbaum, Bonn-Bad Godesberg (Schriftenreihe des Bundesministers für Verkehr, Heft 57)

Lewrenz H, Friedel B (Bearb) (1985) Krankheit und Kraftverkehr. Gutachten des gemeinsamen Beirates für Verkehrsmedizin beim Bundesminister für Verkehr und beim Bundesminister für Jugend, Familie und Gesundheit, 3. Aufl. Köllen, Bonn (Schriftenreihe des Bundesministers für Verkehr, Heft 67)

Schewe G, Eisenhauer T, Leber H-W, Lindner U, Ludwig O, Schuster R (1982) Untersuchungen über die psychophysische Leistungsfähigkeit von Dialysepatienten im Hinblick auf die Frage der Fahreignung. Beitr Gerichtl Med 40:249–264

Waniek W, Pach J, Hartmann HG, Beersiek F (1977) Hirnleistungsstörungen bei Patienten eines Dialyse-Transplantations-Programms. Schweiz Med Wochenschr. 107:832–835

*Verfahren zur Bestimmung der mechanischen Erythrozytenresistenz an Leichenblut**

T. Steinbach

Einleitung

Schleyer (1958) erwähnt in seiner Monographie *Postmortale klinisch-chemische Diagnostik und Todeszeitbestimmung mit chemischen und physikalischen Methoden* den Versuch, aus der Änderung von erythrozytären Eigenschaften auf den Todeszeitpunkt rückzuschließen: er fand keine Abhängigkeit der subjektiv bestimmten osmotischen Resistenzbreite von der Dauer des postmortalen Intervalls. Mallach u. Laudahn untersuchten 1964 an Vital- und Leichenblut die hauptsächlich in den Erythrozyten enthaltenen Substrate ATP und AMP. Penttilä u. Leiho haben 1981 eine Arbeit veröffentlicht, in der sie abhängig vom postmortalen Intervall ergänzend zu der von Schleyer angewandten Methode der Resistenzbreitenbestimmung die Natriumchloridkonzentrationen für 10, 50 und 90% osmotische Hämolyse bestimmten. Diese Publikation wurde ergänzt durch morphologische Studien von Penttilä u. Leiho (1981) an roten Blutkörperchen. Im Jahre 1985 haben wir auf dem Kongreß der Deutschen Gesellschaft für Rechtsmedizin in Hamburg vorgetragen, daß bei Anpassung der von Schleyer u. Penttilä verwendeten klinischen Verfahren an die besonderen Verhältnisse des Leichenbluts sowie bei Ersatz der subjektiven Resistenzbreitenbestimmung durch photometrische Messung eine Abhängigkeit zwischen postmortalem Intervall und gemessener *o*smotischer *E*rythrozyten*r*esistenz (OER) nachgewiesen werden kann. Wir konnten an einem In-vitro-Modell zeigen, daß die osmotische Resistenz der Erythrozyten zunächst zunimmt, um dann unter die Ausgangswerte zu fallen. Die Verhältnisse des In-vitro-Modells waren auf die Verhältnisse an der Leiche übertragbar.

Da sich aus der oben beschriebenen biphasischen Charakteristik der OER keine eindeutige Zuordnung des Meßwerts zum postmortalen Intervall ergibt, haben wir nach einer Möglichkeit gesucht, die Messung der osmotischen Erythrozytenresistenz durch weitere Bestimmung am Erythrozyten zu ergänzen. Es wurde deshalb das hier beschriebene Verfahren zur Bestimmung der *m*echanischen *E*rythrozyten*r*esistenz (MER) für Leichenblut entwickelt.

---

* Diese Veröffentlichung enthält Teile der Dissertation von Herrn cand. med. Bernd Hinrichs.
Förderung mit Mitteln des Herausgeberkollegiums der Münchener Medizinischen Wochenschrift e.V.

Methodenentwicklung

Klinische Methoden zur Bestimmung der MER

Die MER ist unseres Wissens in der rechtsmedizinischen Literatur bisher noch nicht untersucht worden. Es liegen lediglich klinische Veröffentlichungen vor, die Methoden zur Messung der mechanischen Erythrozytenstabilität angeben. Dabei untersuchen die Autoren auch die Änderung der MER in Abhängigkeit von der In-vitro-Lagerungszeit unter typischen Laborbedingungen (Matthes 1950; Goldbloom et al. 1953; Andreasen 1964).

Zur Bestimmung der MER werden u.a. folgende Versuchsanordnungen angegeben:

1) rotierender, Glasperlen enthaltender Erlenmeyer-Kolben nach Shen et al. (1944), Matthes (1950) sowie Goldbloom et al. (1953);
2) Atomizerverfahren (Zerstäuben von Blut mit einer sehr dünnen Kapillare) nach Andreasen (1964);
3) Ultraschallapplikation nach Guillet u. Fowler (1953);
4) Hämoresistometer (Scherkräfte durch rotierenden kubischen Stempel in feststehendem Zylinder) nach Fleisch u. Fleisch (1960).

Die Verfahren zur MER-Messung haben sich in der Klinik als Routinemethoden nicht durchsetzen können, da sie relativ aufwendig sind und klinisch relevante Änderungen der Erythrozyteneigenschaften meist bereits durch die weniger aufwendige Bestimmung der osmotischen Erythrozytenresistenz erfaßt werden.

Auswahl des Verfahrens

Wir haben die Verfahren 1, 2 und 3 bezüglich der Verwendbarkeit für Leichenblut überprüft:

Die von uns zunächst bevorzugte Ultraschallapplikation nach Guillet u. Fowler (1953) führte zu einer erheblichen, auch von anderen Autoren beschriebenen Wärmeentwicklung in der Probe (Sonifier B12 Cell Disruptor). Wir konnten nicht ausschließen, daß der gemessene Effekt (Hämoglobinfreisetzung) auch auf thermische Schädigung der Erythrozyten zurückzuführen war (Gregg 1960).

Das Atomizerverfahren nach Andreasen führte bei Leichenblut zu häufigem Verstopfen der Kapillare, so daß eine Verwendung nicht praktikabel war.

Das von Shen vorgeschlagene Verfahren mit rotierenden Glasperlen, das von Matthes u. Goldbloom weiterentwickelt wurde, erwies sich als äußerst zeitaufwendig und ungenau. Wiederholungsmessungen ($n = 50$) zur Bestimmung der Reproduzierbarkeit dieser Methode ergaben Streuungen von über ±10% des Mittelwerts.

Das Prinzip des letztgenannten Verfahrens erschien trotzdem für Leichenblut am besten geeignet. Es wurde deshalb nach einer Möglichkeit gesucht, die MER unter Verwendung dieses Schädigungsprinzips ohne großen Zeitaufwand reproduzierbar zu messen.

Den rotierenden Erlenmeyer-Kolben nach Shen haben wir durch einen Schlagkugelhomogenisator (Dismembranator II, Fa. Braun Melsungen) ersetzt, um kürzere Meßzeiten zu erreichen: Im Dismembranator wird eine Wolframcarbidkugel mit extrem hoher Beschleunigung in einem zylinderförmigen Behälter (Stahlbehälter mit 5 ml Volumen oder Teflonbehälter mit 7 ml Volumen) hin- und herbewegt. Sie überträgt einen Teil ihrer hohen kinetischen Energie auf die in Pufferlösung suspendierten roten Blutkörperchen (Abb. 1). Hierdurch kommt es abhängig von Erythrozyteneigenschaften und „Schüttelzeit" zur Hämoglobinfreisetzung aus den mechanisch belasteten roten Blutkörperchen. Vorversuche haben ergeben, daß beste Resultate bei maximaler Auslenkung des Schwingsy-

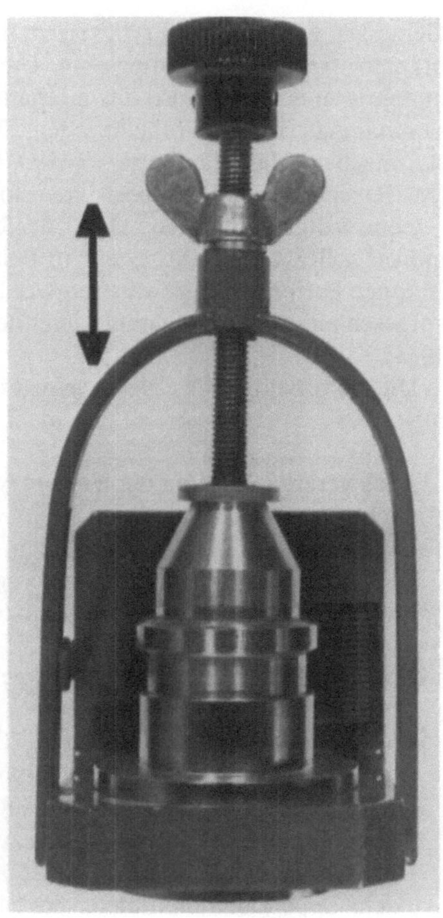

Abb. 1. Stahlschüttelbehälter in Dismembranator (Fa. Braun, Melsungen) eingespannt; Schüttelrichtung durch Pfeil markiert

stems zu erzielen sind. Die Wärmeentwicklung durch Abbremsen der Kugel an den Gefäßwänden und in der Flüssigkeit ist wegen der hohen Wärmekapazität des von uns verwendeten dickwandigen Stahlbehälters („Schüttelgefäß") so gering, daß keine wesentliche Erwärmung des Suspensionsmediums auftritt. Entsprechende Temperaturmessungen konnten Wärmeartefakte ausschließen ($\Delta T = 0{,}5\,°C$ bei $T_{Ausgang} 21\,°C$).

Wir haben Messungen zur Spontanhämolyse im verwendeten Schüttelbehälter und an der Wolframcarbidkugel durchgeführt. Als Vergleich wurde die Spontanhämolyse in heparinbeschichteten Glasgefäßen und Teflongefäßen herangezogen. Auch bei 10 min Verweildauer im Schüttelgefäß unterscheidet sich die Spontanhämolyse praktisch nicht von den in heparinbenetzten Reagenzgläsern oder Teflongefäßen beobachteten Hämolysewerten.

Meßprinzip

Gemessen wird das aus Erythrozyten durch mechanische Belastung im Dismembranator freigesetzte Hämoglobin. Um weitgehend unabhängig vom Probenhämatokrit zu arbeiten, wird das mechanisch freigesetzte Hämoglobin auf das Gesamthämoglobin der Probe bezogen. Die in der Publikation angegebenen Werte für mechanische Hämolyse (RMH) bzw. mechanische Erythrozytenresistenz (MER) sind deshalb relative, dimensionslose Größen.

Zum weitgehenden Ausschluß der bei Leichenblut auftretenden Spontanhämolyse sollen die Erythrozyten vor Belastung bis zur Klarheit des Überstands in isotoner Pufferlösung gewaschen werden. Durch dieses Vorgehen werden stark vorgeschädigte spontanhämolysierende Erythrozyten eliminiert (Steinbach et al. 1985).

Die Aufarbeitung des Blutes erfolgt in folgenden Schritten (bei Raumtemperatur):

1) Schwerkraftfiltration der Erythrozyten durch ein engmaschiges Sieb zur Abscheidung von Koageln;
2) Waschen des Filtrats in isotonem Natriumchlorid-Phosphat-Puffer bis zur Klarheit des Überstands (Zentrifugation 5 min mit 3000 U/min);
3) Suspendieren von 100 µl Erythrozytenkonzentrat in 2 ml isotonem Trispuffer;
4) Mechanische Belastung im Dismembranator bei maximaler Schüttelamplitude für 20 s;
5) Verbringen von 1 ml der Probe (Cave: Suspension) in ein Zentrifugenglas mit 2 ml Trispuffer, Zentrifugation für 5 min bei 3000 U/min;
6) 0,5 ml des Überstands zu 2 ml TRAFO-Lösung (Reagenz zur Überführung des Hämoglobins in Hämiglobinzyanid) pipettieren;
7) Extinktionsmessung des Hämiglobinzyanids für mechanische Hämolyse mit dem Eppendorf-Photometer bei 542 nm;

8) Versetzen der in Punkt 5 verbleibenden 2,5 ml mit 1 Tropfen Tritton (Detergenz, bewirkt komplette Hämolyse) und Abpipettieren von 0,5 ml zu 2 ml TRAFO-Lösung;
9) Extinktionsmessung des Hämiglobinzyanids für die Totalhämolyse mit dem Eppendorf-Photometer bei 542 nm;
10) Berechnung der prozentualen mechanischen Hämolyse nach der Formel:

$$RMH = 600 \cdot E_{MH} : (5 \cdot E_{TH} + E_{MH}) \quad (1)$$

RMH relative mechanische Hämolyse [%],
E_{MH} Extinktionswert für mechanische Hämolyse,
E_{TH} Extinktionswert für Totalhämolyse.

Es hat sich gezeigt, daß bei langem postmortalen Intervall die Spontanhämolyse durch das oben beschriebene Waschverfahren nicht mehr ganz auszuschließen ist. In diesen Fällen, bei denen keine Farblosigkeit des Überstands in Punkt 2 zu erreichen ist, wird ein Leerwert (SPH bzw. seine Extinktion E_{SP}) mitbestimmt. Dieser Leerwert beschreibt die während des Verfahrens in diesen Fällen auftretende Spontanhämolyse.

Die obige Formel (1) erweitert sich damit wie folgt:

$$RMH = 600(E_{MH} - E^*_{SP}) : (5(E_{TH} - E^*_{SP}) + (E_{MH} - E^*_{SP})) \quad (2)$$

$$\text{wobei: } E^*_{SP} = E_{SP} \cdot F \quad (3)$$

$$\text{und} \quad F = E_{TH} : ESP_{TH} \quad (4)$$

E^*_{SP} normierte Spontanhämolyse,
F Normierungsfaktor als Quotient aus Extinktionen von Totalhämolyse von Schüttelprobe (E_{TH}) und Leerwertprobe (ESP_{TH}).

Die mechanische Erythrozytenresistenz gibt die Menge des nach Belastung noch korpuskulär gebundenen Hämoglobins an und errechnet sich damit für konstante Meßbedingungen aus der relativen mechanischen Hämolyse durch folgende einfache Beziehung:

$$MER = 100 - RMH \quad (5)$$

Ergebnisse

Reproduzierbarkeit der Messung

Zur Überprüfung der Reproduzierbarkeit der Meßergebnisse wurden an unterschiedlich lange gelagerten Blutproben je 10 Messungen durchgeführt. Hierbei zeigte sich, daß bei frisch entnommenem Blut die Standardabweichung unter

±1,5% des Mittelwerts aus den 10 Messungen lag. Für 72 h gelagertes Blut ergab sich eine Standardabweichung von ±4,1% des Mittelwerts (n = 10).

Hämatokrit der Schüttelsuspension

Wir haben Versuche mit 5 verschiedenen Hämatokritwerten der Schüttelsuspension durchgeführt. Hierbei zeigte sich, daß bei gleicher Schüttelzeit um so mehr Hämoglobin freigesetzt wurde, je mehr Erythrozyten in der Suspension vorhanden waren. Bezieht man jedoch das freigesetzte Hämoglobin auf das Gesamthämoglobin in der Schüttelsuspension, so nimmt der Prozentsatz der relativen Hämolyse mit steigendem Hämatokrit ab (Abb. 2).

Schüttelbehälterfüllung

Diese Versuche wurden mit dem Teflongefäß durchgeführt, weil dieses ein größeres Füllvolumen zuläßt (7 ml).

Die Kugel verdrängt ca. 0,5 ml, so daß ein tatsächlich nutzbares Volumen von maximal 5,5 ml wegen der in der Verschlußkappe verbleibenden Luftblase resultiert. Wir konnten mit Versuchen für Füllungsvolumina von 2, 3, 4 und 5 ml (gleichen Hämatokritwerts) zeigen, daß die relative Hämolyse mit steigendem Füllungsvolumen abnimmt (Abb. 3).

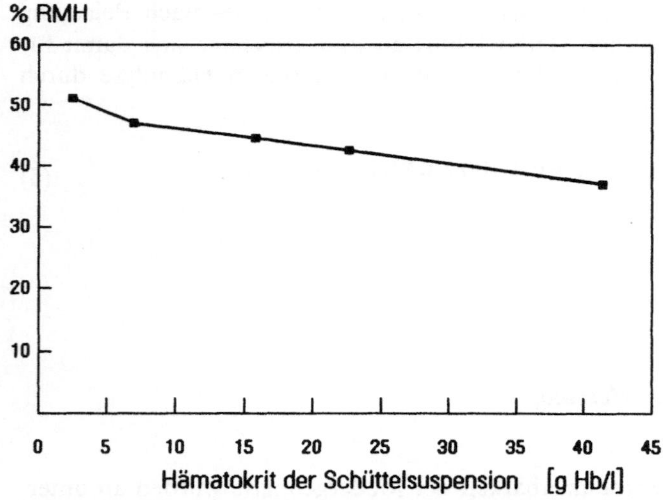

Abb. 2. Relative mechanische Hämolyse (*RMH*) in Abhängigkeit vom Hämatokrit der Schüttelsuspension: Abnahme der RMH bei steigenden Hämatokritwerten

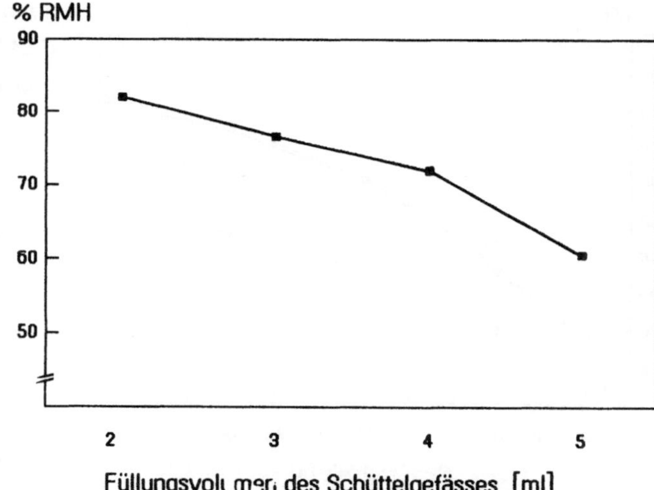

Abb. 3. Relative mechanische Hämolyse (*RMH*) in Abhängigkeit vom Füllungsvolumen des Schüttelgefäßes (konstanter Hämatokrit): Abnahme der RMH mit steigendem Füllungsvolumen

Schüttelzeit

Die Abhängigkeit der auftretenden relativen mechanischen Hämolyse von der Schüttelzeit wurde bei 3, 5, 10, 20, 30, 45 und 60 s überprüft. Hierbei zeigte sich, daß mit zunehmender Schüttelzeit die Hämoglobinfreisetzung zunimmt: eine Verdreifachung der mechanischen Belastungsdauer von z. B. 20 auf 60 s bewirkt bei frisch entnommenem Blut eine Zunahme der mechanischen Hämolyse von 48 auf 84%, d. h. lediglich eine Steigerung der relativen mechanischen Hämolyse auf das 1,75fache. Bei diesen Versuchen zeigte sich bereits, daß 48 h gelagertes Blut eine deutlich erhöhte mechanische Resistenz gegenüber frischem Blut aufweist. Bei 20 s Schüttelzeit sinkt die relative mechanische Hämolyse des inkubierten Blutes (37 °C) auf die Hälfte bzw. bei 60 s mechanischer Belastung auf 75% des Hämolysewerts von frisch entnommenem Blut.

Da 20 s Schüttelzeit in einem relativ linearen Bereich der experimentell ermittelten Hämolysebelastungszeitkurve (Abb. 4) liegt und keinerlei thermische Schwierigkeiten auftreten, haben wir für alle weiteren Versuche eine Belastungsdauer von 20 s verwendet. Die Schüttelzeit wird in unserer Versuchsanordnung durch einen elektronischen Timer, der das Gerät ein- und ausschaltet, gesteuert.

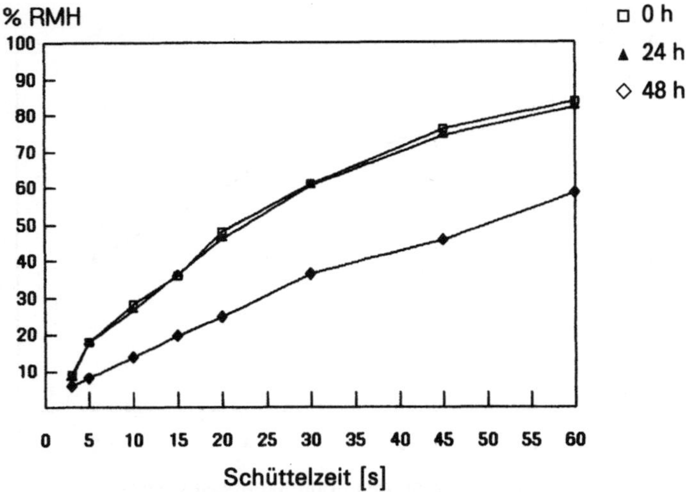

Abb. 4. Relative mechanische Hämolyse (*RMH*) in Abhängigkeit von der Dauer der mechanischen Belastung für unterschiedlich lange gelagerte Blutproben (0 h, 24 h und 48 h): Zunahme der RMH bei längerer Belastung; für 48 h gelagertes Blut deutliche Abnahme der Hämolyse im Vergleich zu frischem und 24 h altem Blut (Lagerungstemperatur 37 °C)

In-vitro-Modell zur mechanischen Erythrozytenresistenz

Um Aussagen über die Änderung der MER im postmortalen Intervall zu erhalten, wurde ein In-vitro-Modell verwendet, das sich bereits bei unseren Arbeiten zur OER bewährt hat. Hierbei wurde gesunden Probanden Blut entnommen und unter definierten Bedingungen gelagert. Die Lagerungstemperatur betrug 37 °C. Für diese Temperatur hatten wir bereits bei Versuchen zur osmotischen Erythrozytenresistenz nachweisen können, daß im Vergleich zu niedrigeren Temperaturbereichen Veränderungen im inkubierten Blut zeitgerafft ablaufen.

Die MER wurde direkt nach Entnahme und an 11 weiteren Zeitpunkten bis zu einer Lagerungsdauer von 7 Tagen bestimmt. Die Versuche ergaben bis zu 12 h nach Entnahme keine wesentliche Änderung der MER (Plateauphase). Im weiteren Verlauf stieg die MER stetig bis auf einen Resistenzgipfel etwa 72 h nach Entnahme. Ab diesem Zeitpunkt sank die MER und erreichte nach etwa 7 Tagen ihre Ausgangswerte (Abb. 5).

Bei einem weiteren Versuch wurden die Blutproben in ein 75 l fassendes Wasserbecken mit anfänglicher Wassertemperatur von 37 °C eingebracht. Die Wärmedämmung der Wandungen des Beckens war so bemessen, daß sich im Mittel ein Temperaturabfall von 1 °C/h bis auf Umgebungstemperatur von 21,7 °C (vollklimatisierter Raum) ergab. Hierbei verschob sich der Punkt der höchsten gemessenen mechanischen Erythrozytenresistenz auf 264 h (11 Tage) nach Entnahme.

Der Kurvenverlauf der MER in diesem Abkühlungsversuch war – abgesehen von der verschiedenen x-Achsenstreckung – vergleichbar dem bei 37 °C Inkubation (Abb. 6).

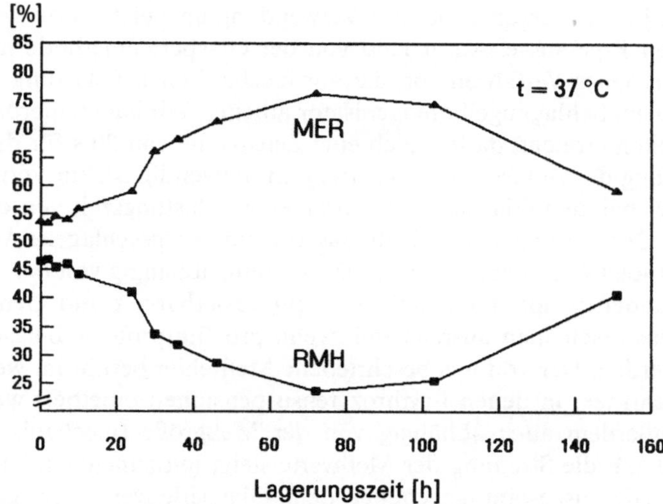

Abb. 5. Verlauf von mechanischer Erythrozytenresistenz (*MER*) und relativer mechanischer Hämolyse in Abhängigkeit von der Lagerungszeit (in vitro bei 37 °C)

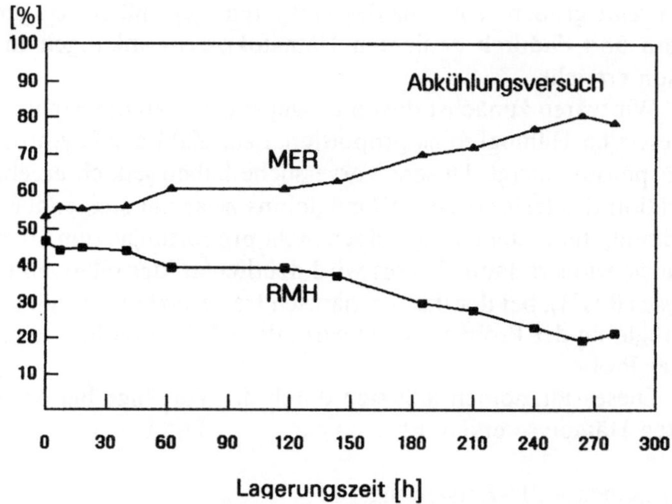

Abb. 6. Verlauf von mechanischer Erythrozytenresistenz (*MER*) und relativer mechanischer Hämolyse in Abhängigkeit von der Lagerungszeit (in vitro, Abkühlungsversuch von 37 °C auf 21,7 °C)

Diskussion

Die für die klinische Chemie beschriebenen Verfahren (Glasperlenmethode nach Shen et al., Atomizer nach Andreasen, Ultraschallapplikation nach Guillet

u. Fowler) ergaben bei der Verwendung an Leichenblut keine zufriedenstellenden Ergebnisse. Ausgehend von der Glasperlenmethode nach Shen stellen wir ein neues Verfahren vor, das zur mechanischen Belastung der Erythrozyten mit einem Schlagkugelhomogenisator arbeitet. Wir haben hierdurch sehr kurze Meßzeiten erreicht, da lediglich eine Zeitspanne von 20 s für die mechanische Belastung der zu testenden Erythrozyten notwendig ist. Im Vergleich hierzu war bisher bei dem Glasperlenverfahren eine Belastungszeit von ca. 2 h notwendig.

Der Gesamtaufwand für das von uns vorgeschlagene Verfahren beträgt pro Probe (Vierfachmessung) ca. 30–45 min, abhängig von der in der Blutprobe vorhandenen Spontanhämolyse. Reproduzierbarkeit und Genauigkeit des Verfahrens erscheinen ausreichend, wenn pro Blutprobe 4 Belastungswerte gemessen werden. Der von uns beschriebene Meßfehler beruht im wesentlichen auf den 2 Schritten, in denen Erythrozytensuspensionen pipettiert werden. Der Fehler ist außerdem auch abhängig von der Meßgröße (mechanische Erythrozytenresistenz): die Streuung der Meßwerte steigt mit zunehmender Lagerungszeit.

Die insgesamt gegenüber dem Glasperlenverfahren geringere Fehlerbreite wird einerseits durch die photometrische Konzentrationsbestimmung des freigesetzten Hämoglobins als Zyanhämoglobin sowie durch eine geeignete Vorbehandlung zum Ausschluß massiver Spontanhämolyse erreicht.

Das durch mechanische Hämolyse freigesetzte Hämoglobin wird bei jeder Messung auf das Gesamthämoglobin der Meßprobe bezogen. Hierdurch haben wir eine größere Toleranz des Verfahrens gegenüber den genannten Pipettierfehlern und dadurch bedingten Hämatokritschwankungen in der Schüttelsuspension erreicht.

Wir waren zunächst davon ausgegangen, daß die Menge des mechanisch freigesetzten Hämoglobins proportional zur Zahl der Erythrozyten in der Schüttelsuspension steigt. Unsere Vorversuche haben jedoch ergeben, daß die Konzentration des freigesetzten Hämoglobins zwar mit steigender Erythrozytenzahl zunimmt, diese Steigerung jedoch nicht proportional zum Hämatokrit der Schüttelsuspension verläuft. Dieses wird deutlich an der relativen mechanischen Hämolyse (RMH), bei der das mechanisch freigesetzte Hämoglobin auf das Gesamthämoglobin der Probe bezogen wird: die RMH sinkt bei steigendem Hämatokrit in der Probe.

Dieses Phänomen läßt sich durch die Vorgänge bei der mechanisch ausgelösten Hämolyse erklären:

1) „Ghost-cell"-Entstehung,
2) Fragmentozytenentstehung.

ad 1):
Unter mechanischer Belastung kommt es u.a. zur Freisetzung von Hämoglobin aus dem Erythrozyten. Die verbleibenden leeren Erythrozytenhüllen werden als Geisterzellen („Ghost-cells") bezeichnet.
ad 2):
Weiterhin kommt es durch die mechanische Belastung zur Teilung des Erythrozyten in mehrere Fragmente, die jeweils von einer Membran umgeben sind und Hämoglobin enthalten (Fragmentozyten, La Celle et al. 1973; Schizozyten, Bes-

sis 1973). Die Bildung von Fragmentozyten setzt voraus, daß Membranlücken durch Rekombination der Membranbruchenden geschlossen werden können.

Dieses Rekombinationsphänomen könnte auch erklären, warum bei steigender Konzentration der Erythrozyten in der Suspension das im Vergleich zur Gesamtmenge freigesetzte Hämoglobin relativ abnimmt: die Konzentration der in der Suspension befindlichen leeren Erythrozytenhüllen (Ghost cells; Membranbruchstücke) ist abhängig von der Gesamtmenge der bereits zerstörten Erythrozyten und damit auch von der Erythrozytenkonzentration in der Schüttellösung. Kommt es aufgrund der höheren Konzentration von Membranbruchstücken zu vermehrten Membranrekombinationen, resultiert hieraus eine insgesamt geringere Hb-Freisetzung: die relative mechanische Hämolyse sinkt.

Die Beobachtung, daß mit steigender Konzentration die relative Hämolyse abnimmt, zerstreut teilweise auch Bedenken, daß evtl. auftretende Erythrozytenaggregate die Messung wesentlich beeinflussen könnten. Von Erythrozytenaggregaten ist bekannt, daß diese gegenüber jedweder Schädigung erhöht empfindlich sind (Canham 1973; Begemann 1975; Hämolysekettenreaktion oder kontagiöse Hämolyse). Käme es vermehrt zu Aggregatbildungen in der Schüttelsuspension, so würden diese bei steigendem Hämatokrit vermehrt auftreten. Hieraus müßte, entgegen unseren Befunden, eine erhöhte relative mechanische Hämolyse resultieren.

Um die Bildung von Erythrozytenaggregaten in der Schüttelsuspension möglichst zu verhindern, haben wir eine geringe Erythrozytenkonzentration in der Schüttelsuspension gewählt. Auch werden durch das Waschen der Zellen agglutinationsfördernde Plasmaproteine entfernt.

Die Empfindlichkeit des Erythrozyten gegenüber mechanischer Hämolyse wird durch 3 Hauptfaktoren beeinflußt.

1) Membranrigidität (viskoelastische Membraneigenschaften),
2) Viskosität des Erythrozyteninhalts,
3) Oberflächen-Volumen-Quotient (Erythrozytengeometrie).

ad 1):
Untersuchungen der Erythrozytenmembraneigenschaften mit dem sog. Mikropipettenverfahren stammen u.a. von Rand u. Burton (1964); Reid et al. (1976); La Celle (1969); La Celle et al. (1973); Nash u. Meiselmann (1985). Die Autoren konnten zeigen, daß innerhalb der ersten 24 h Lagerung Membranänderungen mit Kalziumanlagerungen an die Innenfläche der Membran, hervorgerufen durch den Abfall des zur Homöostase des Erythrozyten notwendigen ATP und des 2,3 DPG, eine Erhöhung der Membranrigidität bedingen (La Celle 1969; La Celle et al. 1973; Duhm u. Gerlach 1974; Shiga et al. 1985). Weed et al. (1969) fanden im Bereich von 4–6 h nach Entnahme und Lagerung bei 37 °C eine geringe Zunahme der Membranrigidität, nach 10 h wurde ein Wert erreicht, bei dem zur Verformung der Membran ein ca. 10fach größerer Druck notwendig war.

ad 2):
Durch die Störung der Homöostase des Erythrozyten mit Abfall des ATP kommt es zu Ionen- und konsekutiv zu Wasserverschiebungen zwischen Erythrozytenin-

nenraum und umgebendem Blutplasma mit Auswirkungen auf die Viskosität des Zellinhalts (Mohandas et al. 1980).

ad 3):

Gleichzeitig ändert sich mit dem Wassereinstrom auch der Oberflächen-Volumen-Quotient. Der normale, bikonkav geformte Erythrozyt besitzt bei großer Oberfläche nur einen relativ geringen Zellinhalt. Teleologisch gesehen liegen hierdurch einerseits nur kurze Diffusionsstrecken für das Transportgut (O_2) vor, andererseits resultiert eine sehr gute passive Beweglichkeit des Erythrozyten mit flüssigkeitsähnlichen physikalischen Eigenschaften: die rote Blutzelle verhält sich in einer Achse wie eine mäßig visköse Flüssigkeit; dies garantiert ihr die Fähigkeit, Organkapillaren zu passieren.

Bezüglich der angestrebten Aussagekraft des hier vorgelegten Verfahrens bei Bestimmung des postmortalen Intervalls an Leichenblut sind krankhafte Änderungen der MER zu berücksichtigen:

Klinische Autoren geben an, daß bei Bluterkrankungen in der Regel bei Vorliegen verminderter osmotischer Resistenz auch mit Verminderung der mechanischen Resistenz der Erythrozyten zu rechnen ist (z. B. kongenitale Sphärozytose; Matthes 1950; Schaub u. Meier 1956; Begemann 1975; Waller u. Löhr 1981; Wintrobe 1981). Bei einigen hämatologischen Erkrankungen wie z. B. dem erythrozytären Pyruvatkinasemangel kommt es bei normaler osmotischer Resistenz zur Erniedrigung der MER (Kleihauer 1978).

Weiterhin ist bekannt, daß bei Trägern von künstlichen Herzklappen Erythrozyten durch die mechanische Belastung bei Klappenschluß geschädigt werden und deshalb (wegen des Vorkommens von Fragmentozyten) eine veränderte mechanische Resistenz zu erwarten ist. Abgesehen von den oben zitierten bekannten klinischen Änderungen der MER ist jedoch in der Normalpopulation mit einer geringen Schwankungsbreite um einen Normwertbereich zu rechnen (Andreasen 1964).

Bezüglich des Verhaltens der mechanischen Erythrozytenresistenz nach Lagerung von frisch entnommenem Blut finden sich in der Literatur z. T. widersprüchliche Angaben:

Matthes gibt an, daß die mechanische Erythrozytenresistenz in bis zu 24 h gelagerten Blutproben sowohl bei 37 °C als auch bei 20 °C abnimmt. Andreasen (1964) gibt für seine Atomizermethode an, daß die mechanische Erythrozytenresistenz zunächst bis 4 h ansteigen, dann abfallen soll.

Versuche mit unserem „In-vitro-Lagerungsmodell" haben ergeben, daß die MER zunächst bei Lagerung (37 °C) in einem Intervall von bis zu 12 h annähernd konstant bleibt. Im weiteren Verlauf nimmt die mechanische Erythrozytenresistenz laufend zu, wobei ein Maximum der Resistenz bei einer 37 °C-Lagerung nach 3 Tagen (72 h) erreicht wird. Nach Überschreiten des Maximums nimmt die mechanische Resistenz dann laufend ab. Ein ähnlicher Kurvenverlauf zeigte sich auch für die In-vitro-Inkubation von Blutproben mit einem Temperaturverlauf, wie er für die Abkühlung von Leichen typisch ist. Bei einer Abkühlung auf Umgebungstemperatur von 21,7 °C wurde hier das Maximum der MER erst nach knapp 11 Tagen (264 h) erreicht. Wir konnten nachweisen, daß die MER einen biphasischen Verlauf der Resistenzkurve zeigt. Bei der MER liegen jedoch im Gegensatz zu der OER (Steinbach et al. 1985) die erreichten Resistenzmaxima zeitlich wesentlich später:

Das Resistenzmaximum der OER bei 24 h (37 °C-Lagerung) haben wir durch das Auftreten von Sphärozyten, die aufgrund ihres Volumenoberflächenverhältnisses eine erhöhte osmotische Resistenz besitzen, erklärt. Das viel später auftretende Resistenzmaximum der MER könnte durch den hohen Gehalt des gelagerten Blutes an sog. „Ghost cells" und Membranbruchstücken erklärt werden. Diese stehen bei mechanischer Schädigung des Erythrozyten, für Membranrekombinationen und Fragmentozytenbildung zur Verfügung. Da die Rekombination energieabhängig ist, wird ab einem bestimmten Zeitpunkt trotz steigender Zahl von freien Membranen die Zahl der tatsächlich stattfindenden Rekombinationen abnehmen. So würde sich der 2., abfallende Schenkel der biphasischen MER-Kurve erklären.

Ausgangspunkt dieser vergleichenden Überlegungen sind die völlig unterschiedlichen Schädigungsmechanismen bei osmotischer Resistenzprüfung mit Zerstörung des geschädigten Erythrozyten durch osmotisch bedingten Wassereinstrom und bei mechanischer Resistenzmessung des in seiner Verformbarkeit veränderten (geschädigten) Erythrozyten durch Quetschung und Scherung im Dismembranator.

Das hier vorgestellte Verfahren beruht auf einer mechanischen Belastung noch intakter, jedoch vorgeschädigter Erythrozyten. Für die Schädigung der Erythrozyten sind Vorgänge, die bei Lagerung bzw. nach Sistieren des Kreislaufs auftreten verantwortlich: z.B. Substratverarmung des Erythrozyten (ATP, 2,3-DPG), Kalziumumverteilung mit Anlagerung an die Membraninnenseite (Änderung der viskoelastischen Membraneigenschaften), Elektrolyt- und Wasserverschiebungen zwischen Erythrozyteninnenraum und umgebendem Plasma (Änderung der Erythrozytengeometrie), Laktatanreicherung im Plasma, hieraus z.T. resultierende pH-Verschiebung sowie direkte Membranschädigung durch aus im Plasma freigesetztes Lysolecithin.

Insgesamt integriert der Erythrozyt über z.T. gleichläufige, z.T. gegenläufige in unterschiedlichen Zeitintervallen ablaufende zelluläre und plasmatische Prozesse, die nach Störung der Homöostase auftreten. Die hieraus resultierende Änderung der mechanischen Erythrozytenresistenz kann mit unserem Verfahren reproduzierbar und genügend genau gemessen werden. Rückschlüsse auf den Beginn der Inkonstanz der Homöostase bzw. den Zeitpunkt des Sistierens der Zirkulation des Erythrozyten sollten deshalb möglich sein.

Inwieweit sich die Ergebnisse des In-vitro-Modells auf die Verhältnisse in mortuo übertragen lassen, wird zur Zeit überprüft. Sollten sich die ersten Ergebnisse bestätigen lassen, so findet sich auch am Leichenblut die beim In-vitro-Modell gefundene biphasische Resistenzänderung in Abhängigkeit von der Zeit. Es ist geplant, die Methoden zur Bestimmung der osmotischen Erythrozytenresistenz und der mechanischen Erythrozytenresistenz zu kombinieren, da beide einen unterschiedlichen Zeitverlauf der Resistenzkurven zeigen. Durch simultane Verwendung beider Verfahren sollte eine Eindeutigkeit und höhere Genauigkeit bei der Abschätzung des postmortalen Intervalls zu erreichen sein. Damit wäre eine allgemein für Verfahren zur Todeszeitbestimmung von Schleyer (1967) aufgestellte Forderung erfüllt.

Literatur

Andreasen F (1964) A new method for the estimation of the mechanical resistance of the red blood cell corpuscles. Scand J Clin Lab Invest 16:503–510

Begemann H (1975) Klinische Hämatologie, 2. Aufl. Thieme, Stuttgart, S. 8ff.

Bessis M (1973) Red cell shapes. An illustrated classification and its rational. In: Bessis M, Weed R, Leblond P (eds.) Red cell shape. Springer, Berlin Heidelberg New York, p 1–25

Canham PB (1973) Hemolysis, induced by pulsed laser irradiation, transmitted along rouleaux of human red blood cells. In: Bessis M, Weed R, Leblond P (eds.) Red cell shape. Springer, Berlin Heidelberg New York, p 105–113

Fleisch A, Fleisch H (1960) Der Hämoresistometer. Schweiz Med Wochenschr. 8:186–188

Goldbloom R, Fischer B, Reinhold J, Hsia DY (1953) Studies on the mechanical fragility of erythrocytes. 1. Normal values for infants and children. Blood 8:165–169

Gregg EC (1960) Ultrasonics: Biologic effects. In: Glasser O (ed.) Medical physics. Vol. 3, pp 669–713

Kleihauer E (1978) Hämatologie. Springer, Berlin Heidelberg New York, S 159–161

La Celle PL (1969) Alteration of Deformaability of the erythrocyte membrane in stored blood. Transfusion 9:238–245

La Celle PL, Kirkpatrick FH, Udkow MP, Arkin B (1973) Membrane fragmentation and Ca-interaction: potential mechanisms of shape change in the senescent red cell. In: Bessis M, Weed R, Leblond R (eds) Red cell shape. Springer, Berlin Heidelberg New York, pp 69–78

Laiho K, Penttilä A (1981) Autolytic changes in blood cells and other tissue cells of human cadavers: 1. Viability and ion studies. Forensic Sci Int 17:109–120

Mallach HJ, Laudahn G (1964) Vergleichende Untersuchungen mit enzymatischen Methoden an Vital- und Leichenblut im Hinblick auf die Todeszeit. Klin Wochenschr 4:693–699

Matthes M (1950) Über die mechanische Resistenz der Erythrocyten. Folia Haematol (Leipz) 70:193–197

Mohandas N, Clalark M, Jacobs M, Shohet S (1980) Analysis of factors regulating erythrocyte deformability. J Clin Invest 66:563–573

Nash G, Meiselman H (1985) Alteration of red cell membrane viscoelasticity by heat treatment: effect on cell deformability and suspension viscosity. Biorheology 22:73–84

Penttilä A, Laiho K (1981) Autolytic changes in blood cells and other tissue cells of human cadavers: 2. Morphological studies. Forensic Sci Int 17:121–132

Rand RP, Burton AC (1964) Mechanical Properties of the red cell membrane. Biophys J 4:115–135

Reid Hl, Barnes AJ, Lock AJ, Dormandy JA, Dormandy TL (1976) Technical methods: a simple method for measuring erythrocyte deformability. J Clin Pathol 29:855–878

Schleyer F (1958) Postmortale klinisch-chemische Diagnostik und Todeszeitbestimmung mit chemischen und physikalischen Methoden. Thieme, Stuttgart

Schleyer F (1967)Todeszeitbestimmung. In: Ponsold A (Hrsg) Lehrbuch der gerichtlichen Medizin. Thieme, Stuttgart, S 291–294

Shen SC, Castle WB, Fleming EM (1944) Experimental and clinical observations on increased mechanical fragility of erythrocytes. Science 100:387–389

Shiga T, Sekiya M, Maeda N, Kon K, Okazaki M (1985) Cell age-dependent changes in deformability and calcium accumulation of human erythrocytes. Biochim Biophys Acta 814:289–299

Steinbach T, Baur C, Liebhardt E (1985) Osmotische Erythrocytenresistenz – ein Verfahren zur Todeszeitbestimmung? Vortrag Deutsche Gesellschaft für Rechtsmedizin, Hamburg, 9. 9. 1985 (im Druck)

Waller HD, Löhr GW (1981) Erythropoese. In: Bock HE, Kaufmann W, Löhr GW (Hrsg) Pathophysiologie, 2. Aufl. Stuttgart, Thieme, S 207–237

Wintrobe MM (1981) Clinical hematology, 8th ed. Lea and Fiebiger, Philadelphia, pp 748–769

Histologische und enzymhistochemische Skelettmuskeluntersuchungen beim plötzlichen Kindstod (SIDS)

B. WEIGEL, J.-B ZIEGAN, H. HUNGER

Dem plötzlichen Kindstod (SIDS) liegen nach heutigen Vorstellungen im Regelfall protrahierte Apnoezustände im Schlaf zugrunde, die über eine Hypoxie verschiedene Organschäden, u. a. des Hirnstamms, und somit im Sinne eines Circulus vitiosus erneut Atemstörungen bewirken (Steinschneider 1972). Nach Untersuchungen von Saternus (1985) kommt der Okklusion der Atemwege durch Entzündungen (Althoff 1980) und durch Muskeltonusminderung im Schlaf mit Rachenkollaps bei Rückenlage sowie der Einengung der Aa. vertebrales bei Extremhaltungen der Wirbelsäule (Bauchlage) mit Einschränkung der zerebralen Durchblutung die Rolle eines weiteren ggf. bedeutsamen Faktors zu. Andere Todesmechansimen können im Einzelfall für das SIDS eine Rolle spielen.

Die postmortal häufig stark erhöhten Körpertemperaturen bei den SIDS-Kindern werden unterschiedlich gewertet: Meist wird in ihnen der Ausdruck eines perakuten Infektgeschehens, von Pfeifer (1980) sogar als diagnostisches Kriterium des natürlichen Todes, gesehen. Seltener wird die Hyperthermie auf eine Überhitzung des kindlichen Organismus bei Kombination eines Infekts mit zu warmer Bekleidung und zu hoher Raumtemperatur zurückgeführt (Stanton u. Downham 1980).

Der Erstbeschreiber der malignen Hyperthermie (M. H., eine pharmakogenetisch bedingte Narkosekomplikation; Denborough 1981) wurde durch den plötzlichen Tod eines 16 Monate alten Knaben aus einer M.H. - Familie auf einen eventuellen Zusammenhang zwischen der M.H. und dem SIDS gebracht. Während keine Untersuchungen der Skelettmuskulatur von SIDS-Kindern mitgeteilt werden, veröffentlichten Denborough et al. (1982) Untersuchungen von Muskelbiopsien der Angehörigen mehrerer SIDS-Opfer, wobei sie in ⅓ der Fälle Veränderungen fanden, die ihrer Auffassung nach die subklinisch latente Myopathie als Ausdruck der genetischen Prädisposition dieser pharmakogenetischen Erkrankung darstellen. Auch Harriman u. Ellis (1983) halten aufgrund dieser Untersuchungen Zusammenhänge zwischen M.H. und SIDS für sehr wahrscheinlich, während Berry et al. (1981) die unterschiedlichen epidemiologischen Daten des SIDS und der M.H. gegen derartige Zusammenhänge ins Feld führen.

Die Problematik eines Zusammenhangs plötzlicher Todesfälle mit spärlichem morphologischen Substrat und M.H. wird besonders interessant durch die Mitteilungen narkoseunabhängiger M.H.-Fälle („human stress syndrome“, „malignes Neuroleptikasyndrom“).

Bei unseren Untersuchungen zur malignen Hyperthermie (Ziegan et al. 1985) fanden wir in der pathologischen Myophosphorylasereaktion (p MPR) eine spezifische Nachweismöglichkeit der durchgemachten M.H.-Krise. Die Spezifität der p MPR wurde durch ihren Nachweis auch bei halothanpositiven Schweinen bzw. bei M.H.-Schweinen nachgewiesen. Noch immer offen ist die Frage, ob auch beim Schweinestreßsyndrom eine p MPR nachweisbar ist, während wir in einem Fall eines „human stress syndrome" („Marschhyperthermie") typische Veränderungen der MPR fanden (Ziegan et al. 1985).

Material und Methode

Um der Frage eines Zusammenhangs zwischen M.H. und dem SIDS mit den neuen Möglichkeiten nachzugehen, untersuchten wir bei 18 SIDS-Kindern (8 Mädchen, 10 Jungen) im Alter von 12–436 Tagen Muskelzylinder aus den Mm. vastus lateralis et deltoideus dexter, die im Durchschnitt 1,56 Tage nach dem Todeseintritt mit flüssigem Stickstoff eingefroren wurden.

Als Vergleichsmaterial dienten Muskelzylinder von 21 Kindern (12 Mädchen, 9 Jungen) mit einem Durchschnittsalter von 7,09 Jahren (0,25–10 Jahre), die fast alle eines gewaltsamen Todes gestorben waren. Dieses Material wurde im Durchschnitt 1,77 Tage nach dem Tode tiefgefroren (Einzelheiten zur Myophosphorylasereaktion s. bei Loyda et al. 1976).

Ergebnisse

In den SIDS-Fällen ergab sich in 3 Fällen eine negative MPR; 2mal fand sich eine herdförmige pathologische Reaktion (Abb. 1). Die übrigen Muskelzylinder zeigten Autolyse (Abb. 2) mit normaler oder gering abgeschwächter Reaktion, von der p MPR leicht abgrenzbar, weil die Streifen auch in anderen Färbungen an gleicher Stelle sichtbar sind. Wir fanden keinen Fall einer echten diffusen p MPR, wie sie für den Zustand nach M.H. charakteristisch ist.

Im Vergleichsmaterial fanden wir keine negative Reaktion. In allen Fällen war eine gering bis schwer ausgeprägte Autolyse mit normaler oder deutlich abgeschwächter MPR, mehrmals auch mit pseudopathologischer Reaktion (Autolysestreifen) nachweisbar. Nur bei einem Fall von Tablettenintoxikation fand sich in beiden untersuchten Muskelzylindern eine geringe herdförmige pathologische Reaktion.

Interessant ist, daß in einem klinisch gesicherten Fall einer Hyperpyrexie bei interstitieller Pneumonie eine normale MPR vorlag.

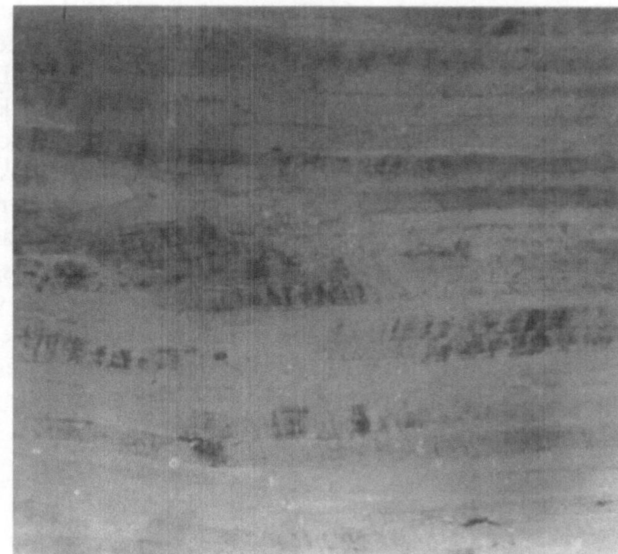

Abb. 1. Geringe herdförmige pathologische Myophosphorylasereaktion mit sog. Streifenfasern (in anderen Färbungen nicht nachweisbar), Vergr. 100:1

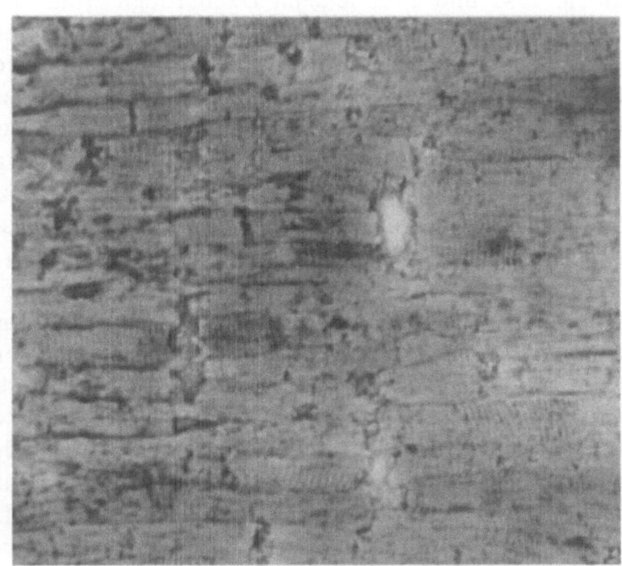

Abb. 2. Pseudopathologische Myophosphorylasereaktion durch streifenförmige Autolyse, die bei jeder Färbung in gleicher Weise sichtbar ist

Diskussion

Die Ergebnisse deuten wir so, daß ein Zusammenhang zwischen SIDS und M.H. nicht erkennbar ist. Die Befunde der Skelettmuskulatur beim SIDS lassen keine nennenswerten Unterschiede bzw. keine charakteristischen Befunde im Vergleich mit den andersartig verstorbenen Kindern erkennen. Enzymhistochemische Untersuchungen der Skelettmuskulatur beim SIDS sind auch in größeren Übersichtsarbeiten nicht vorgenommen worden (Wilske 1984).

Die klinisch latente Myopathie bei der M.H. soll morphologisch durch gering pathologisch vermehrte Kaliberschwankungen der Skelettmuskelfasern, gering vermehrte zentrale Kerne und einzelne Targetoidfasern und ähnliche Veränderungen gekennzeichnet sein (Literatur bei Helpap et al. 1983). Derartige Veränderungen fand Oertel (im Druck) aus unserer Arbeitsgruppe am Skelettmuskel Verstorbener gehäuft vom 20. und nahezu regelmäßig vom 40. Lebensjahr an, so daß wir an die diagnostische Bedeutung derartiger Veränderungen für die Diagnose der subklinischen Myopathie als Ausdruck der genetischen Disposition für eine M.H. nicht glauben. Bei der Betrachtung der Untersuchungsergebnisse von Denborough et al. (1982) muß das berücksichtigt werden.

Zusammenfassung

Enzymhistochemische Untersuchungen der Skelettmuskulatur beim plötzlichen Kindstod sind in der umfangreichen Literatur zu dieser Problematik nicht zu finden. 1981 und 1982 leiteten Denborough et al. aus der Beobachtung eines SIDS-Falles in einer Familie mit maligner Hyperthermie (M.H.) sowie anschließenden Untersuchungen von Muskelbiopsien von Angehörigen mehrerer SIDS-Kinder mit geringfügigen morphologischen Veränderungen in ⅓ der Fälle, die sich als Ausdruck der präklinischen latenten Myopathie als Ausdruck der genetischen Disposition für diese pharmakogenetisch bedingte Narkosekomplikation deuteten, mögliche Zusammenhänge zwischen M.H. und SIDS ab. Diese Zusammenhänge gewinnen an Bedeutung, seitdem vieles dafür spricht, daß auch narkoseunabhängige Fälle von M.H. auftreten können (malignes neuroleptisches Syndrom, „human stress syndrome"). Wir führten die von Ziegan et al. (1985) angewandte Myophosphorylasereaktion an der Skelettmuskulatur von 18 SIDS-Opfern und 21 (fast ausschließlich gewaltsam verstorbenen) Kontrollkindern durch. Mit der pathologischen Myophosphorylasereaktion (p MPR) kann die durchgemachte M.H.-Krise spezifisch nachgewiesen werden. Im Ergebnis der Untersuchungen ist festzustellen, daß die p MPR höchstens herdförmig in einzelnen Fällen auftritt und das fehlende morphologische Substrat gegen Zusammenhänge der M.H. und des SIDS spricht. Für das SIDS charakteristische Befunde konnten durch die enzymhistochemische Skelettmuskeluntersuchung nicht festgestellt werden.

Literatur

Althoff H (1980) Sudden infant death syndrome (SIDS). Fischer, Stuttgart

Berry C, Sunderland R, Emery JL, (1981) Febrile convulsions and cot death. Lancet II:633

Denborough MA (1981) Sudden infant death syndrome and malignant hyperpyrexia. Med J Aust 1:649

Denborough MA, Galloway J, Hopkinson KC (1982) Malignant hyperpyrexia and sudden infant death. Lancet II:10 68
Gädeke R (1978) Vergleichende Analyse des Erstickungsunfalltodes und des plötzlichen Kindstodes bei Säuglingen und Kleinkindern. Klin. Padiat 190:280–286
Harriman DGF, Ellis FR (1983) Sudden infant death syndrome – a possible cause. Br Med J 286:391
Helpap B, Gulotta F, Schulte am Esch T.(1983) Maligne Hyperthermie. Thieme, Stuttgart
Loyda Z, Gossrau R, Schiebler T (1976) Enzymhistochemische Methoden. Springer, Berlin Heidelberg New York
Oertel G (im Druck) Morphologische Veränderungen der Muskulatur mit zunehmendem Alter. Vortrag auf dem IV. Internationalen Myologie-Kolloquium in Jena 1984
Pfeifer K (1980) Bedeutung der Rektaltemperaturmessung und Umgebungsuntersuchungen beim plötzlichen Kindstod. Dtsch Med Wochenschr 105:1065
Saternus KS (1985) Plötzlicher Kindstod – eine Folge der Bauchlage. In: Walther G, Haffner HT (Hrsg) Festschrift für Horst Leithoff. Kriminalistik, Heidelberg
Stanton AN, Downham MAPS (1980) Is overheating a factor in some unexpected infant deaths? Lancet I:1054–1057
Steinschneider A (1972) Prolonged apnea and the sudden infant death syndrome: Clinical and laboratory observations. Pediatrics 50:646–654
Wilske J (1984) Der plötzliche Säuglingstod. Springer, Berlin Heidelberg New York
Ziegan JB, Weigel B, Salomon FW (1985) Pathologische Myophosphorylase-Reaktion bei der malignen Hyperthermie. Z Rechtsmed 94:289–299

Markierung des Blutes zum Nachweis postmortaler Blutverschiebung in den Gefäßen

P. Zink, G. Reinhardt

Einleitung

Verschiebungen des Blutes in den Gefäßen nach dem Tode können bei Verletzungen zu postmortalem Blutverlust führen; sie können für Konzentrationsbestimmungen bei toxikologischen Fragestellungen Bedeutung haben, auch für die Ausbreitung von Keimen im Leichnam (Reinhardt et al. 1973), u. U. sogar für den Transport von Fettsubstanzen (Henn u. Spann 1965). Der Nachweis einer Verschiebung des Gefäßinhalts bei der Leiche setzt eine Markierung des Blutes voraus. Im folgenden soll auf technische Möglichkeiten einer solchen Markierung eingegangen werden.

Versuchsanordnung

Es wurden Versuche mit Röntgenkontrastmitteln und mit Farbstoffen unternommen.

Röntgenkontrastmittel (Urografin und wäßrige Bariumsulfataufschwemmung) wurden mittels Herzkathetersonden von der V. fermoralis aus in größere herznahe Gefäße eingebracht. Die Sonden wurden nach Applikation z. T. zurückgezogen, z. T. in situ belassen. Unter Röntgenbildwandlerkontrolle wurde die Ausbreitung des Kontrastmittels verfolgt. Dabei ließ sich erkennen, daß ein Bewegen des Leichnams zu Blutverschiebungen in verschiedene Richtungen des Gefäßnetzes führte. Es kam jedoch zu rascher Abnahme der Intensität des Röntgenkontrasts. Mittels Röntgenkontrastmittel ließ sich somit die Blutbewegung belegen, das Ausmaß der intravasalen Verschiebung aber nicht zuverlässig über längere Gefäßabschnitte erfassen. Bei großen Mengen an Kontrastmittel kam es allein durch die Flüssigkeitsmenge zu Bewegungen der Blutsäule.

In einer anderen Versuchsreihe wurden verschiedene Farblösungen in Gefäße injiziert. Zur Verwendung kamen wässrige Lösungen von Methylenblau, Eosin, Kongorot und Natriumfluorescein. Die Farbstoffe wurden wiederum z. T. mit Herzkatheter über die V. femoralis in zentral gelegene Gefäßabschnitte eingebracht, z. T. durch Injektion über lange Kanülen in periphere Gefäße oder in das Herz, jeweils unter Bildwandlerkontrolle. Von den Farbstoffen bewährte sich am besten Natriumfluorescein in wässriger Lösung, 5-10 g/l Leitungswasser.

Die Erwartung, die Fluoreszenzwirkung dieses Farbstoffs auszunützen, erfüllte sich nicht, da Natriumfluorescein im Blut bei UV-Beleuchtung (Hanau-Quarzlampe) nicht leuchtete. Es zeigte sich dafür eine deutliche hellgelbe Verfärbung der Gefäßinnenschicht entlang der Wanderungsstrecke des Farbstoffs. Beim Einbringen des Markierungsmittels sollte darauf geachtet werden, daß es nicht zu einem Austritt der Farblösung an der Punktionsstelle oder an eröffneten Gefäßen kommt. Verunreinigungen mit der stark färbenden Lösung können die Beurteilung erschweren.

Ergebnisse und Diskussion

Postmortale Verschiebungen des Gefäßinhalts können bereits an der stilliegenden Leiche durch Fäulnisgasdruck erfolgen, was Neureiter u. Strassmann 1922 zeigen konnten. Ein Wandern des Blutes wird auch durch mechanisches Einwirken auf den Leichnam ausgelöst wie es beim Entkleiden, beim Prüfen der Totenstarre oder beim Transport geschieht (Reinhardt u. Zink 1982). Das Ziel dieser Arbeit war darzustellen, wie die Blutverschiebung nachgewiesen werden kann. Ein Beweis der Blutverschiebung setzt eine Markierung des Inhalts von Gefäßabschnitten voraus.

Die Experimente ergaben, daß die Gerinnung des Blutes ein Hindernis für intravasale Bewegungen darstellt. Wird mittels Sonden die Markierungssubstanz ins Gefäßsystem eingebracht, z.B. in das Herz über eine periphere Vene, so bildet sich bei geronnem Blut längs der Sonde eine Art Kanal aus, in dem sich flüssiges markiertes Blut besonders leicht bewegen kann. Die Venenklappen verhindern am Leichnam übrigens einen Rückstrom des Blutes in den Venen nicht.

Versuche mit flüssigem Röntgenkontrastmittel ergaben, daß damit ein Verfolgen einer Blutverschiebung innerhalb großer Gefäßgebiete schlecht möglich ist, wenn man mit Mengen arbeitet, wie sie beim Lebenden für Angiographiezwecke verwendet werden. Die kontrastgebende Flüssigkeit verteilt sich antero- und retrograd von der Stelle des Eindringens aus und ist nach kurzer Strecke so verdünnt, daß ein deutlicher Kontrast nicht mehr im Röntgenbild zu sehen ist. Bei Einbringen großer Kontrastmittelmengen würde es, wie Versuche zeigten, aufgrund des Flüssigkeitsvolumens allein zu mechanischen Einwirkungen auf die Flüssigkeitssäule im Gefäß kommen. Die Verhältnisse sind nicht vergleichbar mit denen z.B. bei postmortaler Koronarangiographie (Laves 1960; Lichtlen 1979), bei der es auf eine Füllung der Gefäße unter Entfernung des ursprünglichen Inhalts ankommt.

Für den Nachweis einer Blutbewegung gut geeignet sind Farbstoffe. Natriumfluorescein in wäßriger Lösung erwies sich als brauchbares Markierungsmittel. Zwar war eine Nutzung der Fluoreszenzeigenschaft nicht möglich, da im Blut der Farbstoff nicht fluoreszierte. Jedoch kam es durch diesen Farbstoff zu einer intensiven gelben Anfärbung der Gefäßintima von Venen und Arterien, auch wenn der Farbstoff nur in starker Verdünnung im Blut vorlag.

Als weitere Möglichkeit der Markierung käme das Einbringen von Mikropellets (Borella u. Lippmann 1980) in Frage. Dabei könnte auch die Menge des verschobenen Blutes quantitativ bestimmt werden. Auch radioaktiv markierte Substanzen wären theoretisch verwendbar, jedoch stellt sich anschließend das Problem der Entsorgung, auch ist die Nachweistechnik aufwendiger. Grundsätzlich sollten Markierungsstoffe folgende Eigenschaften besitzen: Ähnliche Viskosität und ähnliches spezifisches Gewicht wie Blut, gute Markierungseigenschaften in geringer Menge und leichte Nachweisbarkeit.

Abschließend ist festzustellen: Wird im Experiment eine Bewegung des Gefäßinhalts herbeigeführt, so kommt es nicht zu einer zirkulationsartigen Bewegung des gesamten Blutes. Vielmehr sucht sich der markierte Gefäßinhalt einen Weg, z.T. entgegen dem Blutstrom beim Lebenden, zwischen geronnenen Blutanteilen im Gefäßsystem hindurch und unter Bevorzugung größerer Gefäßabschnitte und großer Organe wie Leber oder Lunge.

Zusammenfassung

Versuche ergaben, daß sich das Blut in den Gefäßen der Leiche bei äußeren mechanischen Einwirkungen in verschiedene Richtungen bewegt. Die Blutbewegung läßt sich durch Markierung des Gefäßinhalts mit Natriumfluoresceinlösung nachweisen, die eine intensive Färbung der Gefäßinnenwand bewirkt.

Summary

Experiments with human corpses showed that a solution of 5–10 g fluorescein sodium in tap water is a suitable marker for postmortem blood flow by staining the intima of blood vessels. Mechanical influences on the body can cause the blood flow, which moves in various directions, antero- and retrograde, preferring the larger vessels and organs.

Literatur

Borella LE, Lippmann W (1980) A simple non-radioactive method for the simultaneous quantitative determination of stomach emptying and intestinal propulsion in the intact conscious rat. Digestion 20:36–49

Henn RHE, Spann W (1965) Untersuchungen über die Häufigkeit der cerebralen Fettembolie nach Trauma mit verschieden langer Überlebenszeit. Monatsschr Unfallheikd 68:513–522

Laves W (1960) Verkalkungen der Kranzschlagadern des menschlichen Herzens im Röntgenbild. Urban & Schwarzenberg, München Berlin

Lichtlen PR (1979) Koronaragniographie. Straube, Erlangen

Neureiter F, Strassmann G (1922) Über die postmortale Fettembolie der Lungen. Dtsch Z Gesamte Gerichtl. Med 1:204–216

Reinhardt G, Zink P (1982) Über postmortale Blutverschiebungen in Gefäßen. In: Proceedings XII Kongress der Internationalen Adademie für Gerichtliche und Soziale Medizin. Egermann, Wien, S 905–907

Reinhardt G, Zink P. Legler F (1973) Bakteriologische Untersuchungsbefunde am Herzblut der Leiche. Beitr Gerichtl Med 31:311–314

Verkehrsmedizin – Statistik

*Tödliche Zweiradunfälle von 1970–1983 in Aachen**

H. Althoff, W. la Dous, W. Neckel

Statistische Erhebungen beweisen die ständige Zunahme zugelassener Kraftfahrzeuge; zwischen 1970 und 1983 verdoppelte sich die Zahl der Personenkraftwagen, verdreifachte sich die der Motorräder und verfünffachte sich die der Mofas. Gleichzeitig verringerte sich die Anzahl der Mopeds um ca. 30%. Über die im Straßenverkehr benutzten Fahrräder gibt es keine verläßlichen zahlenmäßigen Erhebungen.

Tödliche Zweiradunfälle zeigen in der Bundesrepublik - bezogen auf die verschiedenen Fahrzeugklassen - eine unterschiedliche Entwicklungstendenz; sie ist für Radfahrer und Mopedfahrer rückläufig, für Kraftradfahrer stark zunehmend, für Mofafahrer bis 1977 ansteigend, seitdem rückläufig.

Bezieht man die Zahl der Unfalltoten auf jeweils 10000 angemeldete Fahrzeuge, zeigt sich für den Untersuchungszeitraum eine ständige Abnahme; das höchste Risiko eines tödlichen Verkehrsunfalls besteht für den Kraftradfahrer. Im Vergleich zum Pkw-Insassen ist dieses Risiko mindestens 4mal größer, wenn die jeweilige Fahrleistung unbeachtet bleibt. Es interessierte uns, wie sich dieses höhere Unfallrisiko bzw. eine spezifische Traumatologie bei Zweiradunfällen in der Aachener Region aus rechtsmedizinischer und verkehrsmedizinischer Sicht darstellt.

Untersuchungsgut

Unsere Analyse umfaßt 183 tödlich verunglückte Zweiradbenutzer, die der Abteilung Rechtsmedizin der RWTH Aachen zugeführt wurden und die - teilweise durch Doppelbesetzung der Fahrzeuge bedingt - auf 176 Zweiradunfälle zurückzuführen waren. 1975 konnte eine besondere Häufung dieser tödlichen Zweiradunfälle beobachtet werden.

---

* Herrn Prof. Dr. W. Spann zum 65. Geburtstag.

Unfalldaten

Verteilung auf die Fahrzeugtypen

Von den 183 Unfallopfern benutzten 87 (47,5%) ein nichtmotorisiertes Zweirad, 96 (52,5%) ein motorisiertes Zweirad. Unter den motorisierten Zweirädern stand das Motorrad mit 34 Fällen (35,4% der motorisierten Zweiradbenutzer) an 1. Stelle, gefolgt von Mofa mit 27 Fällen (35,4%), Kleinkraftrad mit 20 Fällen (20,8%) und Moped mit 13 Fällen (13,5%).

Geschlechtsverteilung

Bei tödlich verletzten Zweiradfahrern waren männliche Benutzer überproportional beteiligt, bei Radfahrern 77%, bei Mopedbenutzern 84,6%, bei Mofafahrern 85,2%, bei Motorradbenutzern 85,3% und bei Kleinkraftradbenutzern 100%. Das Gesamtverhältnis zwischen weiblichen und männlichen Benutzern betrug 31 (16,9%) : 152 (83,1%). Die Mehrzahl der beteiligten Frauen verunglückte tödlich mit einem nichtmotorisierten Zweirad (64,5%), die Mehrzahl der Männer mit einem motorisierten Zweirad (55,9%).

Lebensalter

Das jüngste Unfallopfer in dieser Studie starb mit 5 Jahren beim Radfahren, ebenfalls der älteste Zweiradbenutzer mit 82 Jahren. Ein übersichtlicher Vergleich zwischen Lebensalter, Art des benutzten Fahrzeugs und Geschlecht des Benutzers hat folgendes ergeben (Abb. 1 und 2):

Bei den Benutzern eines motorisierten Zweirads fanden sich in der Gruppe der 15- bis 19jährigen Männer 38,5%, in der Gruppe der 20- bis 24jährigen Männer 14,6%. In diesen beiden Altersgruppen gab es mehr als die Hälfte aller tödlich verunglückten motorisierten Zweiradbenutzer. Dies demonstriert das große Risiko eines tödlichen Unfalls mit dem motorisierten Zweirad für männliche Jugendliche zwischen 15 und 24 Jahren.

Verteilung der tödlichen Unfälle über das Jahr

Die wenigsten Unfälle (13,1%) ereignen sich in den Wintermonaten von Januar bis März, in den Frühjahrsmonaten April bis Juni betrug der Anteil 27,3%, vom Juli bis September 28,4%, von Oktober bis Dezember 29,5%. Entsprechend der täglichen Helligkeitsdauer verunglückten von November bis Februar die meisten der Zweiradbenutzer bei Dunkelheit.

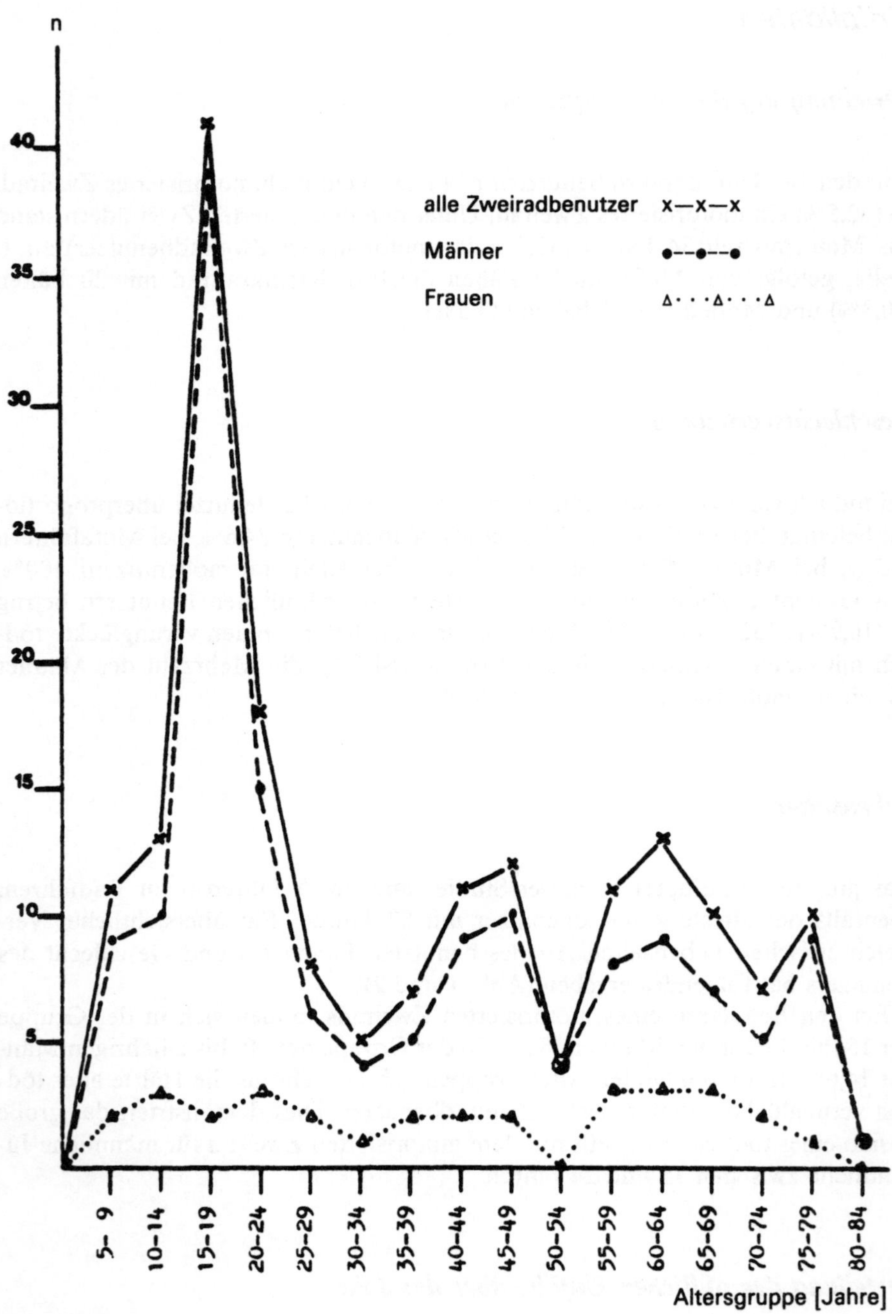

Abb. 1. Verteilung der tödlichen Zweiradunfälle auf Altersgruppen und Geschlecht

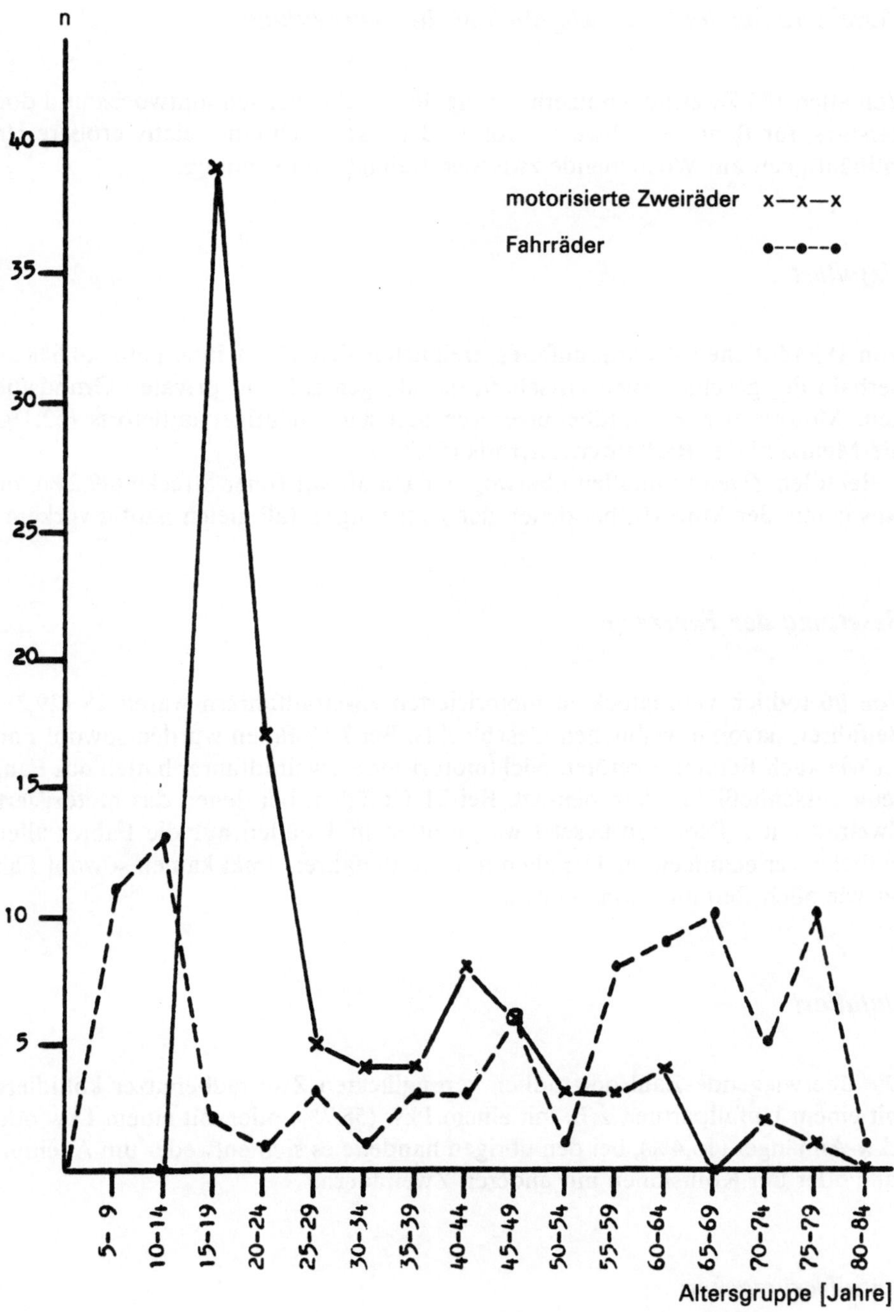

Abb. 2. Verteilung der tödlichen Zweiradunfälle auf Altersgruppen und Fahrzeug

Verteilung der tödlichen Unfälle auf die Wochentage

Von allen 183 Zweiradbenutzern verunglückten die meisten mittwochs und donnerstags, für Benutzer schwerer Motorräder ergab sich eine relativ größere Unfallhäufigkeit am Wochenende zwischen freitags und sonntags.

Unfallort

Von 183 tödlichen Zweiradunfällen ereigneten sich 43,2% innerhalb, 44,6% außerhalb der geschlossenen Ortschaft, die übrigen z.T. auf privaten Grundstükken. Motorisierte Zweiradbenutzer verunglückten häufiger außerorts (53,1%), die Mehrzahl der Radfahrer innerorts (51,7%).

Bei allen Zweiradunfällen überwog der Unfall auf freier Strecke (49,2%), mit Ausnahme der Mopeds, bei denen der Kreuzungsunfall gleich häufig vorkam.

Besetzung der Fahrzeuge

Von 96 tödlich verunglückten motorisierten Zweiradfahrern waren 28 (29,2%) Beifahrer, davon 6 weiblichen Geschlechts. Bei 7 Unfällen wurden sowohl Fahrer wie auch Beifahrer getötet. Nichtmotorisierte Zweiradfahrer hatten das Fahrzeug ausschließlich allein benutzt. Bei 21 Unfällen, bei denen das motorisierte Zweirad mit 2 Personen besetzt war, erlitten in 3 Fällen nur die Fahrer allein tödliche Verletzungen, in 11 Fällen nur die Beifahrer, 7mal kamen sowohl Fahrer wie auch Beifahrer ums Leben.

Unfallart

Die überwiegende Zahl der tödlich verunglückten Zweiradbenutzer kollidierte mit einem Unfallpartner, z.B. mit einem Pkw (55,7%) oder mit einem Lkw oder Lkw-Anhänger (16,4%), bei den übrigen handelte es sich entweder um Alleinunfälle oder um Kollisionen mit anderen Zweirädern.

Unfallverursacher

Nach den Auswertungen der entsprechenden Ermittlungsakten konnte mit Ausnahme der Mofafahrer in den meisten Fällen der Zweiradbenutzer als Unfallverursacher festgestellt werden, bei Motorrädern wurde der Unfall etwa gleichhäufig durch den Zweiradfahrer selbst wie durch einen Kollisionspartner verursacht.

Unfallursache

Für Radfahrer ergab sich als Hauptursache (18,4%) das Kreuzen der Fahrbahn, für Mofafahrer das Mißachten der Vorfahrt. Bei motorisierten Zweirädern mit höherer Geschwindigkeit stand das Abkommen von der Fahrbahn an 1. Stelle, offenbar durch unangemessenes risikoreiches Fahren bedingt. Bei Unfallursachen durch die Kollisionspartner beruhten die meisten Unfälle auf riskantem Überholen, Auffahren und zu schnellem Fahren, das sich gerade auf Fahrradfahrer, durch deren Ausscheren und Unsicherwerden, entscheidend auswirkte.

Unfallverursacher und deren Lebensalter

Kinder und Jugendliche als Zweiradfahrer waren in den meisten Fällen (52,4%) alleinige Verursacher des Unfalls. Eine ähnliche Situation ergab sich für die über 60jährigen (67,6%). In der Altersgruppe der Erwachsenen zwischen 26 und 60 Jahren wurde der Unfall meistens durch einen Kollisionspartner ausgelöst. Mißachtung der Vorfahrt kam häufiger bei den über 30jährigen Zweiradbenutzern vor. Ein zu schnelles und riskantes Fahren war gehäuft bei jüngeren Zweiradfahrern Unfallursache.

Beeinflussung durch Alkohol

Bei 19,1% aller Zweiradbenutzer wurde zur Unfallzeit eine Blutalkoholkonzentration von mehr als 0,5‰ festgestellt, am häufigsten waren Mofafahrer (33,3%), relativ selten Fahrradbenutzer (13,8%) alkoholisiert.

Während 41 von 152 männlichen tödlich Verunglückten unter Alkoholeinfluß standen, wurde dies bei 31 weiblichen Zweiradbenutzern nur in einem Fall festgestellt. Alkohol als Unfallursache war in der Gruppe der 25- bis 50jährigen genauso häufig wie bei den 15- bis 25jährigen. Bei letzteren war die durchschnittliche BAK allerdings niedriger. Bei den 145 Kollisionspartnern standen 9,7% unter Alkoholeinfluß; da ein Teil der Unfallverursacher Fahrerflucht beging, ist mit einer entsprechenden Dunkelziffer zu rechnen.

Helmtrageverhalten

Bei den 96 motorisierten Zweiradfahrern ließ sich das Helmtrageverhalten nur in 37 Fällen den Ermittlungsakten entnehmen, erst in letzter Zeit wird durch unsere Anregungen ein entsprechender Vermerk in den Unfallakten aufgenommen. 22 der 183 tödlich verunglückten Zweiradfahrer trugen zur Unfallzeit einen Schutzhelm.

Tabelle 1. Todesursache und Fahrzeugtyp

Todesursache \ Fahrzeugtyp	Fahrrad	Mofa	Moped	Kleinkraftrad	Kraftrad	Keine Angaben	Gesamt
SHT/Halsmarkläsion	57	18	6	10	23	1	115
Inneres Verbluten	26	5	7	7	11	-	56
Äußeres Verbluten	7	3	1	2	5	-	18
Fettembolie	3	-	-	1	-	-	4
Schock-(folgen)	9	3	-	2	4	-	18
Lungenembolie	2	1	1	1	-	-	5
Pneumonie	12	3	-	3	3	-	21
Sonstige	8	1	3	2	1	-	15
Keine Angaben	4	1	-	-	4	1	10

Tabelle 2. Überlebenszeit nach dem Unfall

Zeitraum nach dem Unfall bis zum Todeseintritt	Anzahl	%
Sofort tot	78	42,6
-1 h	27	14,8
1-6 h	20	10,9
6 h-1 Tag	8	4,4
1 Tag-1 Woche	19	10,4
1 Woche-1 Monat	17	9,3
mehr als 1 Monat	6	3,3
Keine Angaben	8	4,4

Verletzungen und Todesursache

Mit Ausnahme der Mopedbenutzer wurde bei allen anderen Zweiradbenutzern als Haupttodesursache ein Schädel-Hirn-Trauma und/oder eine hohe Rückenmarksverletzung autoptisch nachgewiesen. Die verschiedenen Todesursachen in den jeweiligen Fahrzeugklassen ergeben sich aus Tabelle 1.

Überlebenszeit

42,6% der verunglückten Zweiradbenutzer starben noch an der Unfallstelle, 30,1% auf dem Transport oder in den ersten 24 h nach dem Unfall, 23% in größerem Zeitabstand, 3,3% später als 30 Tage nach dem Unfall (Tabelle 2).

Bei sofortigem oder kurzfristigem Todeseintritt wurden als Haupttodesursachen schweres Schädel-Hirn-Trauma, Verletzungen des oberen Halsmarks sowie inneres und/oder äußeres Verbluten festgestellt.

Trotz der kleinen Zahl der nachweislichen Helmträger war auffällig, daß beim Vergleich der Verletzungsmuster und deren Schweregraden mit Helm verunglückte Zweiradfahrer z.T. schwerere Verletzungen aufwiesen als Nichthelmträger. Dies konnte sowohl für die Schädel- und Hirntraumatisierung wie auch für den Gesamtverletzungsschweregrad nach ISSm festgestellt werden. Für die Spättodesopfer spielt sicher das Lebensalter des Unfallopfers eine besondere Rolle, wodurch sekundäre mittelbare Folgen bedingt sind: Immobilisation, Becken- und Beinvenenthrombosen, Lungenembolie, respiratorische Komplikationen.

Diskussion

Diese regionale Studie eröffnet verkehrsmedizinische Überlegungen, aus festgestellten regelhaften Erkenntnissen Vorschläge zur Verbesserung des aktiven und passiven Schutzes von Zweiradfahrern zu entwickelt, die programmatisch kurz skizziert werden sollen.

1) Für Radfahrer

Bereits bei Kindern sollte eine praxisbezogene Verkehrserziehung ansetzen, die die psychophysische Entwicklungs- und Leistungsfähigkeit dieses Lebensalters berücksichtigen muß. Radfahrer könnten durch eine entsprechende reflektierende Signalkleidung bei Dunkelheit eher erkannt und von anderen Verkehrsteilnehmern, insbesondere Pkw-Fahrern, besser respektiert werden. Die Beleuchtungsausrüstung eines Fahrrads erscheint im Verhältnis zu anderen Fahrzeugen unterdimensioniert und ist zudem von der Fahrgeschwindigkeit abhängig. Zwar erleichtern die inzwischen eingeführten Speichenreflektoren und reflektierende Abstandshalter das Erkennen; dringend empfehlenswert erscheinen uns jedoch auch entsprechende Vorschriften, von der Fahrfunktion des Fahrrads unabhängige Beleuchtungseinrichtungen zu schaffen, etwa mittels Batteriebetrieb. Mit Fahrrädern neuerer technischer Konzeption lassen sich relativ hohe Fahrgeschwindigkeiten erreichen, besonders auf Gefällestrecken. Die Geschwindigkeit kann durchaus der von Mofas und Mopeds entsprechen. Die heute meist gebräuchlichen Bremseinrichtungen (Felgen- oder Reifenbremsen) bewirken dafür zu geringe Verzögerungswerte und sind zudem von Witterungseinflüssen wie Regen und Schnee abhängig.

Wenn man auf der einen Seite durch die technische Perfektion das schnellere Fahren realisiert, müßte parallel dazu ein dem angepaßtes Bremssystem gehören, möglicherweise durch Trommelbremsen erreichbar. Weitere Vorstellungen zielen darauf ab, ob Bauart und Konstruktionselemente, die seit altersher fast unverändert geblieben sind, wie Lenker, Kettenantrieb und Sattelform nicht adäquater gestaltet werden können, um bei Unfällen zusätzliche Verletzungen des Radfahrers durch Teile des von ihm benutzten Fahrrads vermeiden zu helfen. Gegenüber der zahlenmäßigen Zunahme von Radfahrern in den letzten Jahren hat die straßenbauliche Entwicklung nicht gleichgezogen. Während eine konsequente Trennung zwar für Kraftfahrzeuge und Fußgänger (Fahrbahn und Gehweg) besteht, ist dies für Radfahrer nur ansatzweise realisiert. Getrennte Radwege würden sicher viele Unfälle vermeiden helfen; unabhängig trassierte Radwege nach niederländischem Vorbild, die zum Parken von Pkw nicht mißbraucht werden, erscheinen besonders empfehlenswert. Zusätzliche verkehrsregelnde Maßnahmen sollten an Kreuzungen und Einmündungen stattfinden.

Es ist ferner zu prüfen, ob nicht auch die Eignung zum Radfahren in der heutigen Verkehrsituation - ähnlich wie für andere Fahrzeugklassen - nachgewiesen werden sollte, ebenfalls auch eine technische Mindestausstattung und optimale Funktionsfähigkeit eines benutzten Fahrrads.

2) Für motorisierte Zweiradfahrer

Die große Zahl tödlich verunglückter Jugendlicher läßt den Rückschluß zu, daß sich darin nicht nur eine rein statistische Häufigkeit widerspiegelt, sondern auch eine gewisse Unerfahrenheit, eine höhere Risikobereitschaft und/oder begrenzte physiologische Leistungsfähigkeit des Kradfahrers, die durch die technische Perfektionierung der benutzten Maschine nicht kompensiert werden. Die starke Leistungszunahme dieser Fahrzeuge - dies gilt besonders für schwere Motorräder - entspricht keiner verkehrsbedingten Erfordernis. Im Gegenteil besteht die Gefahr der durch entsprechende Werbung unterstützten Vorspiegelung einer beherrschbaren enormen maschinellen Leistung, die Individualität und unabhängige, freie Entfaltungsmöglichkeiten im Straßenverkehr ermöglichen soll. Diese besonders für jüngere Menschen leicht ansprechbare Motivation steht aber im krassen Widerspruch zu der zunehmenden allgemeinen Verkehrsdichte und entspricht wohl kaum den vielfältigen Appellen an partnerschaftliches Verhalten und Effektivität.

Eine besondere Eignungstestung - auch die Konzeption eines Führerscheins auf Probe bzw. eine Begrenzung der maschinellen Leistung besonders für Unerfahrene - erscheint demnach erstrebenswert.

Sicher sind wesentliche Verbesserungen durch die Helmtragepflicht - jetzt auch für Mofafahrer geltend - erreicht worden. Wegen der Häufigkeit von tödlichen Schädel-Hirn-Traumen bei *allen* Zweiradfahrern ist zu überlegen, ob nicht auch für Radfahrer ein entsprechender Kopfschutz entwickelt und vorgeschrieben werden sollte. Zudem sollten endlich eindeutige Prüfnormen für die Konstruktion von Schutzhelmen abgestimmt werden, damit diese Helme eine optimale und individuell angepaßte Schutzwirkung ausüben. Hohe Helmeigengewichte können sogar als Schädigungsfaktoren gerade bei extremen Be- und Entschleunigungsvorgängen des Kopfes wirksam werden.

Wenn man Zweiradfahrer und Pkw-Insassen miteinander vergleicht, ist bei letzteren die Entwicklung von wirksamen passiven Schutzsystemen viel weiter fortgeschritten. Der Zweiradfahrer bleibt zwangsläufig wegen seiner „exponierten Position" und anderer hier angesprochener ungünstiger Bedingungen als Verkehrsteilnehmer deutlich benachteiligt.

3) Für Pkw-Benutzer

Eine ständige und intensive Aufklärung im Sinne einer Verkehrserziehung kann dazu beitragen, die weitverbreitete Einstellung, in einem nicht motorisierten oder motorisierten Zweiradfahrer oder in einem Fußgänger einen „unterprivilegierten" Verkehrsteilnehmer zu sehen, abzubauen. Partnerschaftliches Denken im Straßenverkehr setzt sich offensichtlich nur sehr langsam durch. Das unbewußte oder sogar bewußte Konkurrenzdenken, auch zwischen verschiedenen Pkw-Klassen oder zwischen unterschiedlich dimensionierten motorisierten Zweirädern, provoziert gefährliche Verkehrssituationen unter Mißachtung der bestehenden Rechte anderer Verkehrsteilnehmer. Vielfach werden dadurch folgenschwere Unfälle verursacht. Faßt man abschließend zusammen, so könnte folgendes Vorbeugekonzept wirksam sein, tödliche Zweiradunfälle zu reduzieren: Früh im Schulalter beginnende, laufend erneuerte und vervollständigte praxisbezogene Verkehrserziehung; intensive Öffentlichkeitsarbeit zum Zweck partnerschaftlichen Denkens im Straßenverkehr, Verzicht auf gegenteilig wirkende Werbung; konstruktive Verbesserungen und Funktionstests von Fahrrädern, evtl. Helmtragepflicht und Eignungstests für Radfahrer; Begrenzung der Motorleistung bei Motorrädern, besonders für Anfänger; Bauartvorschriften und Verbesserungen von Schutzhelmen und Schutzkleidung einschließlich deren Signalwirkung; Straßenbauliche und verkehrsregelnde Anpassungen an die realen Verkehrsverhältnisse.

Entwicklung der Verkehrsunfallflucht im Raum Frankfurt am Main am Beispiel des Jahres 1979

H. F. Brettel, M. Gepp

Die Verkehrsunfallflucht stellt in der BRD das einzige Delikt dar, bei dem die Selbstbegünstigung unter Strafe gestellt wird. Die Sonderstellung, die die Unfallflucht dadurch einnimmt, dürfte einer der wesentlichen Gründe dafür sein, daß es immer wieder reizvoll erscheint, Kollektive von Unfallfluchttätern zu überprüfen. Solche Untersuchungen wurden u.a. durch Bergermann (1966), Emmerich (1962), Janski (1973), Jost (1973) und Kaiser (1964) vorgenommen.

Auch im Raum Frankfurt/Main war die Verkehrsunfallflucht wiederholt Forschungsgegenstand, z.B. durch Lincke (1967) und Pieper (1970). Die letzte dort durchgeführte Untersuchung betraf die Unfallfluchtfälle des Jahres 1969 (Brettel et al. 1973), und der Akzent wurde dabei auf die Frage gelegt, inwieweit die Alkoholbeeinflussung bei der Unfallflucht eine Rolle spielte. Hierzu wurden zunächst alle Vorgänge überprüft, bei denen die Polizei eine Unfallflucht registriert hatte, was bei 22698 Verkehrsunfällen 3259mal und damit in 14,4% der Fall war. Eine detaillierte Auswertung ließ sich allerdings lediglich bei jenen 1691 Akten durchführen, die von der Polizei unter Nennung des Unfallflüchtigen an die Staatsanwaltschaft weitergeleitet wurden. Es ergaben sich dabei folgende wesentliche Erkenntnisse: Mit einer relevanten Alkoholbeeinflussung des unfallflüchtigen Kraftfahrers ist in mehr als ⅓ aller Fälle von Unfallflucht zu rechnen, der Anteil der Alkoholisierten kann aber unter bestimmten Voraussetzungen noch höher sein. Beispielsweise zeigt es sich, daß Männer, die Unfallflucht begingen, wesentlich häufiger unter Alkoholeinfluß standen als unfallflüchtige Frauen, und die Anzahl der Alkoholisierten war auch bei Personen mit deutscher Staatsangehörigkeit viel höher als bei Ausländern. Im Hinblick auf die Frage, inwieweit bei einem unfallflüchtigen Kraftfahrer mit einer Alkoholbeeinflussung zu rechnen ist, erweist es sich jedoch als besonders wichtig, den Wochentag und die Tageszeit zu berücksichtigen, zu der sich die Tat ereignet: Im Raum Frankfurt/Main standen im Jahr 1969 am Wochenende gut 50% der unfallflüchtigen Kraftfahrer unter Alkoholeinfluß, zwischen 24.00 Uhr und 4.00 Uhr nachts waren es sogar mehr als 60%! Darüber hinaus ergab sich, daß in mehr als der Hälfte aller Unfälle mit alkoholisierten Verkehrsteilnehmern von diesen Unfallflucht begangen wurde. Interessant war auch der Vergleich zwischen jenen beiden Gruppen, in denen einerseits die nüchternen Unfallflüchtigen und andererseits solche Fälle zusammengefaßt wurden, bei denen die Unfallflucht nachweislich unter Alkoholeinfluß erfolgte. Bemerkenswerte Unterschiede ergaben sich dabei in den Lebensdaten und den persönlichen Verhältnissen des Täters ebenso wie in der Tat selbst. Kraftfahrer über 60 Jahre beispielsweise begingen zwar nicht allzu häufig Unfallflucht, ihr Anteil an den nüchternen Unfallflüchtigen war jedoch 3mal so groß wie an den alkoholisierten. Demgegenüber fanden sich unter den Alkoholtätern 3mal so viele Geschiedene und 5mal so viele Personen ohne festen Wohnsitz wie unter den nachweislich nüchternen Unfallflüchtigen. Auch die Anzahl der Kraftfahrer ohne gültige Fahrerlaubnis war bei den alkoholisierten Unfallflüchtigen fast 3mal so groß wie bei den Nichtalkoholtätern. Besonders auffällige Unterschiede im Vergleich zwischen den alkoholisierten und den nichtalkoholisierten Unfallflüchtigen bestanden jedoch in bezug auf die Vorstrafen, da 13,9% der Alkoholtäter, jedoch nur 1,38% der nüchternen Unfallflüchtigen einräumten, bereits wegen Trunkenheit am Steuer vorbestraft zu sein. Alkoholisierte haben auch mehr als 20mal so häufig wie Nüchterne trotz eigener Verletzungen Unfallflucht begangen.

Da die Auswertung der angefallenen Daten nun mit Hilfe einer Großrechenanlage durchgeführt werden konnte, war es möglich, bei der Überprüfung der Unfallfluchtfälle des Jahres 1979 im Frankfurter Raum eine viel stärkere Differenzierung vorzunehmen als in den früheren Untersuchungen. Im allgemeinen wurden dabei das Gesamtkollektiv und das Kollektiv der wegen Verkehrsunfallflucht Verurteilten einander gegenübergestellt. Das Gesamtkollektiv umfaßte 2370 Fälle, die der Polizei als Verkehrsunfallflucht angezeigt und von dieser als so weit aufgeklärt betrachtet wurde, daß eine Weiterleitung an Staatsanwaltschaft oder Bußgeldbehörde erfolgte. Zur Verurteilung wegen Verkehrsunfallflucht kam es letztlich jedoch lediglich bei 626 Personen, und diese Gruppe wurde als Verurteiltenkollektiv einer gesonderten Überprüfung unterzogen.

Wie sich aus den statistischen Veröffentlichungen der Stadt Frankfurt/Main ergibt, nahm die Zahl der zugelassenen Kraftfahrzeuge zwischen 1969 und 1979 um 73,8% zu. Während jedoch die absolute Anzahl der Verkehrsunfälle in diesem Zeitraum bemerkenswerterweise nahezu konstant blieb, kam es zu einer Zunahme der alkoholbedingten Verkehrsunfälle um 7,6% und zu einem außergewöhnlichen Ansteigen der Verkehrsunfallflucht, denn 1979 erfolgte in 23,6% aller der Polizei gemeldeten Verkehrsunfälle ein unerlaubtes Entfernen vom Unfallort, 1969 dagegen nur in 14,4%. Dies bedeutet eine Steigerung um 61%. Damit zeichneten sich erhebliche Veränderungen ab, die auch bei der Detailüberprüfung manche Umwälzungen erwarten ließen. Im folgenden wird dabei zunächst auf die tatsituativen Merkmale und dann auf die personenbezogenen Daten der Täter eingegangen.

Tatsituative Merkmale bei der Unfallflucht

Vergleicht man die jeweiligen Zahlen der Verkehrsunfälle mit denen der Verkehrsunfallflucht, so ergibt sich eine enge Korrelation. Dies bedeutet, daß in den Monaten Juli und August die wenigsten Verkehrsunfälle und Unfallfluchten beobachtet wurden, im November und im Dezember die meisten. Entscheidende Veränderungen gegenüber früheren Untersuchungen waren damit nicht feststellbar. Anders verhält es sich mit der Verteilung der Unfallfluchtfälle auf die Wochentage. Es zeigte sich nämlich, daß nunmehr am Freitag der Polizei am häufigsten Fälle von Unfallflucht angezeigt wurden, und zwar in Frankfurt/Main gleichermaßen wie in München (Bär u. Hauser 1983). Damit tritt jedoch nichts anderes ein, als daß der Wochentag mit der größten Zahl von Verkehrsunfällen auch der mit den meisten Verkehrsunfallfluchten ist - die Prozentsätze betragen 17,8 und 17,2. Bei einem deutlichen Rückgang der Verkehrsunfälle am Samstag auf 12,6% der Gesamtzahl wird allerdings beim Verurteiltenkollektiv mit 17,8% die höchste Wochentagszahl erreicht. Am Sonntag, an dem sich 8,8% aller Verkehrsunfälle ereigneten - der niedrigste Anteil von allen Wochentagen -, war die Unfallflucht dann im Gesamtkollektiv mit 12,6%, im Verurteiltenkollektiv sogar mit 14,4% vertreten.

Beim tageszeitlichen Verlauf der Unfallfluchthäufigkeit sind im Vergleich zu früheren Untersuchungen ebenfalls gewisse Verschiebungen erkennbar. Zwar stellt die Unfallflucht nach wie vor ein ausgesprochenes Nachtdelikt dar, auch wenn die absoluten Zahlen entsprechend der geringen Verkehrsdichte in den frühen Morgenstunden, also zwischen 2.00 und 6.00 Uhr, am niedrigsten sind; eine Tendenz zur stärkeren Belastung des täglichen Berufsverkehrs mit Unfallfluchtfällen ist jedoch unverkennbar: im Jahre 1979 ereigneten sich in Frankfurt/Main im abendlichen Berufsverkehr etwa 27% aller Verkehrsunfälle und 24% aller Unfallfluchten.

Bei der Unfallflucht wurde 1979 von 87,2% der Täter das eigene Fahrzeug benutzt, während sich 12,5% zu Fuß von der Unfallstelle entfernten; nur 0,3% wurden von anderen Verkehrsteilnehmern mitgenommen. Entscheidende Veränderungen gegenüber früher treten damit jedoch ebensowenig hervor wie bei der Aufgliederung der Verkehrsunfallfluchtfälle nach der Art der Verkehrsbeteiligung. Es zeigte sich nämlich erneut, daß die Lkw-Fahrer stark überrepräsentiert sind, wenn man ihren Anteil an allen Verkehrsunfällen mit dem an den Unfallfluchtfällen vergleicht. Die Quote von 13,6% der Lkw- und Busfahrer im Gesamtkollektiv der Verkehrsunfallflüchtigen reduzierte sich allerdings auf 8,6% im Verurteiltenkollektiv - hier ist zu beachten, daß 7,5% aller Unfälle durch Lkw und Busse verursacht werden. Für die Pkw-Fahrer gilt demgegenüber, daß sie 83,6% Unfallflüchtige am Gesamtkollektiv, aber 90% am Verurteiltenkollektiv stellten.

Das Unfallfluchtgeschehen in Frankfurt/Main im Jahre 1979 machte auch erneut deutlich, daß Unfallflucht hauptsächlich bei Bagatellunfällen mit niedrigem Sachschaden ohne Verletzte begangen wird. Sogar im Gesamtkollektiv kam es nur ein einziges Mal vor, daß sich der unfallverursachende Fahrer von der Unfallstelle entfernte, obwohl ein anderer tödlich verletzt war. Zehn Personen, das sind 6,3% des Gesamtkollektivs, begingen bei Unfällen mit Schwerverletzten Unfallflucht.

Personenbezogene Daten der Unfallflüchtigen

Die Unfallflucht kommt in allen Altersgruppen vor, selbst bei Greisen. Wie auch in früheren Untersuchungen ergab sich aber, daß die 20- bis 34jährigen absolut und relativ zur Unfallhäufigkeit überrepräsentiert sind. Die Altersverteilung ist jedoch zunehmend breiter gestreut.

Bei der Geschlechtsverteilung wirkte sich 1979 sehr deutlich aus, daß der Anteil der Frauen am Verkehrsgeschehen stark angestiegen ist, auch wenn weibliche Personen als Autofahrer immer noch unterrepräsentiert sind - in Frankfurt/Main sind 52,9% der Wohnbevölkerung weiblichen Geschlechts, jedoch nur 36,8% der Führerscheininhaber. Entsprechend ihrer verstärkten Teilnahme am Straßenverkehr ist auch die Unfallhäufigkeit von Frauen seit den 60er Jahren angestiegen, wobei 1979 21,7% aller in Frankfurt/Main registrierten Unfälle durch weibliche Verkehrsteilnehmer verursacht wurden. Nach wie vor sind diese jedoch an der Unfallflucht mit 16,6% viel weniger beteiligt als es ihrem Anteil am Verkehrsgeschehen entspricht. Unter den wegen Verkehrsunfallflucht verurteilten Delinquenten waren sogar nur 11,7% weiblichen Geschlechts.

In Frankfurt/Main ist der Anteil der Ausländer an der Wohnbevölkerung ganz ungewöhnlich hoch. Während z.B. unter den Einwohnern Hessens 1979 8,4% nicht die Deutsche Staatsbürgerschaft besaßen, war in Frankfurt/Main exakt jeder 5. ein Ausländer. Dies spiegelt sich auch in der zahlenmäßigen Beteiligung an der Verkehrsunfallflucht wieder, denn die Quote der unfallflüchtigen Ausländer von 21,3% entspricht in etwa ihrem Anteil an der Wohnbevölkerung. Da die in Frankfurt/Main ansässigen Ausländer allerdings nur 17,2% aller Führerscheininhaber stellen und knapp 10% aller Unfälle verursachten, ist die Bereitschaft zur Unfallflucht bei Ausländern doch wesentlich höher anzusetzen als bei Deutschen. Die Gründe dürften hauptsächlich in der mangelnden Vertrautheit mit der hiesigen Rechtslage und der Furcht vor ausländerrechtlichen Maßnahmen zu suchen sein.

Die Prüfung des Familienstandes der Unfallflüchtigen ergab im Vergleich mit früheren Untersuchungen keine neuen Erkenntnisse. Nach wie vor gilt, daß Ledige und Geschiedene überrepräsentativ häufig Unfallflucht begehen.

Bemerkenswert niedrig war der Anteil der Unfallflüchtigen ohne gültige Fahrerlaubnis. Scheidet man Fluchtfälle von Fußgängern, Fahrrad- und Mofafahrern aus, weil sie ohnehin ohne Führerschein am Straßenverkehr teilnehmen können, so besaßen nur 8,7% der Unfallflüchtigen keine gültige Fahrerlaubnis. Im Verurteiltenkollektiv stieg allerdings der Anteil der Delinquenten ohne Führerschein auf 16,4% an und war damit fast doppelt so hoch. Dies könnte zu der Annahme verleiten, daß das Fehlen einer gültigen Fahrerlaubnis ein entscheidender Grund für eine Verurteilung wegen Verkehrsunfallflucht bildet. Das Alter des Führerscheins ist allerdings kein Kriterium, das das Begehen einer Verkehrsunfallflucht erkennbar beeinflußt. Der typische Unfallfluchttäter ist nach unserer Untersuchung vielmehr ein Mann von mehr als 35 Jahren, der seine Fahrerlaubnis über 10 Jahre besitzt.

Nachforschungen über eventuelle Eintragungen im Bundeszentralregister in Berlin und in der Zentralkartei des Kraftfahrtbundesamts in Flensburg erfolgten nur bei etwa ⅔ der aufgeklärten Verkehrsunfallfluchten. Bei diesem Kollektiv ergab sich, daß 25,2% der Unfallflüchtigen ausschließlich in Flensburg, 5,4% in Berlin und 13,4% an beiden Stellen registriert waren. 56% der Unfallfluchttäter hatten also keine Eintragung. Vergleicht man jedoch diese im Gesamtkollektiv ermittelten Zahlen mit dem Verurteiltenkollektiv, so ergeben sich deutliche Verschiebungen. Keinerlei Voreintragungen wies nur knapp die Hälfte der wegen Verkehrsunfallflucht Verurteilten, d.h. 49,5% von ihnen, auf, während 27% bereits in Flensburg registriert waren, 6,7% im zentralen Vorstrafenregister in Berlin sowie 16,8% in Flensburg und in Berlin.

Bei der Überprüfung der Abhängigkeit der beiden Parameter „personenbezogene Daten“ sowie „Geschlecht und Täter“ ließ sich folgendes feststellen: Zwischen Männern und Frauen bestehen bezüglich der Altersverteilung der Unfallflüchtigen nur geringe Unterschiede. Lediglich in der Altersgruppe von 20–34 Jahren waren Frauen etwas stärker vertreten. Unter den wegen Unfallflucht Verurteilten hatten 82,5% der Männer, aber nur 75% der Frauen die deutsche Staatsbürgerschaft. In der Gruppe der werden Unfallflucht verurteilten Ausländerinnen waren gut 44% Jugoslawinnen, während z.B. die Türkinnen 16,8% der unfallflüchtigen Ausländerinnen stellten, die Italienerinnen jedoch nur 5,6%. Ohne gültige Fahrerlaubnis wird die Unfallflucht relativ häufiger von Männern als von Frauen begangen, die Vergleichszahlen sind 9,2 bzw. 6,0% für das Gesamtkollektiv und 16,9 bzw. 10.1% für das Verurteiltenkollektiv. Geschiedene Frauen waren demgegenüber fast doppelt so häufig unter den unfallflüchtigen Geschlechtsgenossinnen vertreten als geschiedene Männer: während die geschiedenen und getrennt lebenden Männer einen Anteil von 7,4% am Gesamtkollektiv und 9,4% am Verurteiltenkollektiv hatten, waren bei den Frauen 13,4 bzw. 18,2% geschieden oder getrennt lebend. Hinsichtlich des verursachten Sachschadens ließen sich keine Unterschiede zwischen den Geschlechtern feststellen. Die früher z.B. von Pieper (1970) ermittelte wesentlich höhere Beteiligung der Frauen an Bagatellschäden war somit nicht mehr zu verzeichnen. Soweit es zu schwerem Personenschaden kam, waren im Untersuchungskollektiv nur Männer die Verursacher.

Verkehrsunfallflucht und Alkohol

In Frankfurt/Main wurden im Jahre 1969 22878 Verkehrsunfälle von der Polizei aufgenommen und 1979 22837. Trotz wesentlich erhöhten Verkehrsaufkommens bleiben die Unfallzahlen also nahezu gleich. Die Anzahl der Unfälle, bei denen eine Blutprobe zur Alkoholbestimmung entnommen wurde, stieg von 1969 bis 1979 jedoch von 1329 auf 1764 an. Die Steigerungsrate betrug damit 32,7%. Der stärkere Anteil alkoholisierter Kraftfahrer am Unfallgeschehen drückt sich weiter darin aus, daß 1969 1014, 1979 jedoch 1307 und damit 28,9% mehr Führerscheine wegen Trunkenheit am Steuer einbehalten wurden. Bei den Unfallfluchtfällen wurden demgegenüber 1969 in 23,9% Alkoholblutentnahmen angeordnet, 1979 nur in 16,1%. Es wäre allerdings verfehlt, wollte man den Schluß ziehen, daß die Anzahl der Alkoholisierten unter den Unfallflüchtigen zurückginge. Vielmehr entziehen sich zumindest im Frankfurter Raum immer mehr Unfallfluchttäter so lange dem Zugriff der Polizei, bis es nicht mehr möglich ist, die Frage der Alkoholbeeinflussung zur Unfallzeit zu überprüfen. Beim Vergleich des Gesamtkollektivs mit dem Verurteiltenkollektiv ergab sich dann jedoch, daß der Anteil der Alkoholisierten unter den wegen Verkehrsunfallflucht verurteilten Kraftfahrern auf 36,7% anstieg. Er lag damit also gut doppelt so hoch wie im Gesamtkollektiv.

Bei der Überprüfung derjenigen, die Alkohol getrunken hatten, als sie in den Verdacht der Unfallflucht gerieten oder wegen Unfallflucht verurteilt wurden, waren folgende Feststellungen möglich: Die Altersverteilung der alkoholisierten Delinquenten korrelierte mit dem Gesamtkollektiv bis zum Alter von 35 Jahren, sie lag bei den 35- bis 49jährigen etwas darüber, bei den über 65jährigen gering darunter. Während im Gesamtkollektiv 16,9% der Männer und 10,1% der Frauen alkoholisiert waren, erhöhte sich bei den Verurteilten der Anteil der Männer auf 38,2%, der der Frauen auf 26%. Geschiedene wiesen bei beiden Geschlechtern im Vergleich zu anderen Personenstandsgruppen eine leicht überdurchschnittliche Alkoholbelastung auf. Die Aufgliederung der unter Alkoholeinfluß stehenden Unfallflüchtigen nach ihrer Nationalität ergab, daß im Gesamtkollektiv 16,5% der unfallflüchtigen Deutschen unter Alkoholeinfluß standen, 15,2% der Amerikaner, 13,2% der Türken und 10,5% der Italiener. Die Jugoslawen wiesen demgegenüber einen Anteil von 23,3% Alkoholisierten unter ihren Unfallflüchtigen auf, und i.allg. zeichneten sie sich zudem durch höhere Blutalkoholkonzentrationen aus. Im Verurteiltenkollektiv waren 39,3% der Deutschen alkoholisiert, 31,3% der Italiener sowie 23,1% der Türken, und die Jugoslawen hatten mit 44,8% wiederum eine Spitzenstellung. Bei den US-Amerikanern war allerdings kein verwertbares Ergebnis zu erhalten, da sie nahezu ausschließlich der Militärgerichtsbarkeit unterlagen. Interessant ist weiter, daß mehr als ⅓ (nämlich 36,7% der alkoholisierten Verkehrsunfallfluchttäter) keine gültige Fahrerlaubnis besaßen. Etwa die Hälfte von ihnen, genau 50,2% im Gesamtkollektiv und 50,7% im Verurteiltenkollektiv, hatten keine Eintragungen in der Verkehrssünderkartei und im Strafregister. Schließlich ergab sich erneut, daß Verkehrsunfallflüchtige in den Abend- und Nachtstunden sowie am Wochenende besonders häufig unter Alkoholeinfluß stehen. Während z.B. bei 86 Kraftfahrern, die zwischen 12.00 und 13.00 Uhr mittags Unfallflucht begangen hatten, in keinem einzigen Fall eine Alkoholbeeinflussung erfaßbar war, gelang dies bei 24 von 42 Fällen zwischen 3.00 und 4.00 Uhr morgens, d.h. in 57,1%. Erwiesenermaßen unter Alkoholeinfluß stehende Unfallflüchtige bildeten am Dienstag 12,1 und am Mittwoch 12,9% des Gesamtkollektivs, am Samstag jedoch 19,6 und am Sonntag 19,7%.

Zusammenfassung

1979 wurden der Polizei im Raum Frankfurt/Main 22837 und damit nahezu ebensoviele Verkehrsunfälle gemeldet wie 1969 mit 22698. Zur Unfallflucht kam es 1969 bei 14,4% der Verkehrsunfälle, 1979 aber bei 23,6%, was eine Steigerung um 61% bedeutet. Die Auswertung der Unfallfluchtfälle des Jahres 1979 erbrachte folgende wesentliche Erkenntisse: Zur Unfallflucht kommt es nunmehr zunehmend auch im Berufsverkehr, obwohl nach wie vor gilt, daß der Entschluß zum unerlaubten Entfernen vom Unfallort in den Nachtstunden viel häufiger gefaßt wird als am Tage. Der Anteil der Frauen an den Unfallflüchtigen ist seit 1969 entsprechend ihrer stärkeren Verkehrsbeteiligung, deutlich angestiegen, er betrug 16,6%. Dabei waren interessanterweise Geschiedene unter den weiblichen Unfallflüchtigen mit 13,4% fast doppelt so häufig vertreten wie unter den unfallflüchtigen Männern. Frauen entfernten sich jedoch bei keinem einzigen Unfall mit schwerem Personenschaden unerlaubt von der Unfallstelle und waren als Unfallflüchtige auch nicht so häufig alkoholisiert wie Männer: die Vergleichszahlen betragen 10,1 und 16,9%. Ausländer, die in Frankfurt/Main genau ein Fünftel der Wohnbevölkerung, jedoch nur 17,2% der Führerscheininhaber stellen und 1979 knapp 10% aller Unfälle verursachten, hatten an den Unfallflüchtigen einen Anteil von 21,3%.

Literatur

Bär H, Hauser J (1983) Kommentar zur Unfallflucht. Schulz, Perscha-Kempfenhausen

Bergermann A (1966) Die Verkehrsunfallflucht. Kriminologische Untersuchungen im Landgerichtsbezirk Düsseldorf in den Jahren 1961 und 1962. Röhrscheid, Bonn

Brettel H-F, Gerchow J, Grosspietzsch R (1973) Über die Alkoholbeeinflussung bei der Unfallflucht. Blutalkohol 10:137-148

Emmerich W (1962) Die Verkehrsunfallflucht im Bezirk des Landgerichts Essen in den Jahren 1953-1957. Med. Dissertation, Universität Bonn

Janski FD (1973) Multifaktorielle Untersuchungen über subjektive Unfallbedingungen und Persönlichkeitsmerkmale des Unfallflüchtigen. Dissertation, Universität Tübingen

Jost B (1973) Multifaktorielle Untersuchungen über Handlungsabläufe und zur Motivation bei der Verkehrsunfallflucht. Dissertation, Universität Tübingen

Kaiser A (1964) Die Verkehrsunfallflucht (§ 142 StGB) im Landgerichtsbezirk Krefeld in den Jahren 1955-1959. Dissertation, Universität Bonn

Lincke D (1967) Die Verkehrsunfallflucht. Dissertation, Universität Frankfurt/M

Pieper W (1970) Die Verkehrsunfallflucht. Eine kriminologische Untersuchung der in den Jahren 1964 und 1965 im Bereich des Verkehrsunfallkommandos der Polizei der Stadt Frankfurt/M begangenen und abgeurteilten Delikte. Dissertation, Universität Mainz

Schwankungen der Obduktionsfrequenz durch äußere Einflüsse

W. Maresch, R. Gatternig, F. Rous

Von Zeit zu Zeit erscheint es wichtig, eine Überprüfung der Arbeit des eigenen Instituts vorzunehmen. Der Geburtstag eines lieben Freundes und Kollegen gibt hierfür einen guten Anlaß.

Das Grazer gerichtsmedizinische Institut betreut die Bundesländer Steiermark, Kärnten und das südliche Burgenland mit einer Einwohnerzahl von ca. 1857580 Mio.

In diesem Bereich werden gerichtliche Obduktionen vorwiegend - in der Steiermark praktisch ausschließlich - durch Sachverständige des Grazer Instituts durchgeführt. In der Stadt Graz sind wir überdies für die in Österreich üblichen sanitätsbehördlichen Obduktionen zuständig, das sind jene Leichenöffnungen, die im Auftrag der Sanitätsbehörde dann angeordnet werden, wenn der totenbeschauende Arzt die Todesursache nicht einwandfrei feststellen kann.

Während bis zum Jahre 1980 eine ständige Zunahme der gerichtlichen Obduktionen zu verzeichnen war, ist es abrupt durch äußere, nicht sachlich begründete Einflüsse zu einem schlagartigen Absinken der Obduktionszahlen gekommen. Die Gründe hierfür näher zu erläutern ist hier nicht der Ort, insgesamt gesehen könnte man Sparmaßnahmen als Ursache ansehen. Aus Tabelle 1 ist dies sofort ersichtlich.

Daß sich diese Maßnahmen nicht zum Vorteil der Rechtspflege auswirken konnten, war zwar durchaus voraussehbar, ist aber inzwischen augenfällig geworden. Besondere Schwierigkeiten sind hierbei gerade in jener Sparte von Untersuchungen eingetreten, die den größten Zuwachs an Gerichtsfällen erbringen, nämlich bei den Verkehrsunfällen. Die dabei auftretenden Fragestellungen, etwa

Tabelle 1. Entwicklung der Obduktionsstatistik 1960-1983

Jahr	Gesamtzahl der Obduktionen	Verkehrsunfälle Gerichtlich	Privat	Gesamt	Suizide Gerichtlich	Sanitäts-behördlich	Gesamt
1960	313	22	17	39	23	7	30
1970	484	65	22	87	30	19	49
1980	722	177	4	181	69	9	78
1981	711	100	1	101	62	10	72
1982	523	69	2	71	40	12	52
1983	469	83	9	92	27	8	35

nach Anfahren oder Überrollen, Anfahrtsrichtung usw., bei Fahrzeuginsassen etwa die Klärung der Sitzposition, sind bekanntlich ohne sachgerechte Obduktion, womöglich mit Einbeziehung des Lokalaugenscheins und insbesondere der Beschädigungen des Fahrzeugs nicht möglich. Die allgemeine Zunahme der Obduktionen bei Verkehrsunfällen wie die plötzliche Abnahme der gerichtlichen Obduktionen ist wiederum aus Tabelle 1 klar ersichtlich. Wir können nur hoffen, daß der Tiefpunkt dieser Entwicklung möglichst rasch erreicht wird.

Wie weiter aus Tabelle 1 entnommen werden kann, werden in unserem Bereich auch sog. „private" Obduktionen durchgeführt, das sind solche, die im Auftrag des Arbeitsunfallkrankenhauses oder anderer Privatspitäler, aber auch von Versicherungen vorgenommen werden. Diese haben nun ebenso geradezu dramatisch abgenommen. Auch dies ist als Folge eines völlig falschen Sparsamkeitsdenkens zu erklären. Später auftauchende Fragen der Kausalität zwischen Unfall und Tod sind dann häufig nicht zu klären.

Daß die Schwankungen der Obduktionsfrequenzen nicht nur die Verkehrsunfälle betrifft, geht auch aus der Selbstmordstatistik hervor. Ebenso wie bei den Verkehrsunfällen sinkt die Anzahl der Obduktionen in Selbstmordfällen seit 1980 drastisch ab. Der „Absturz" erfolgte in den Jahren 1982–1983. Seit 1983 scheint allerdings eine „Beruhigung" eingetreten zu sein, so daß die berechtigte Hoffnung auf eine aus rein sachlichen Gründen erzwungene Steigerung der Obduktionsfrequenz berechtigt ist. Aus Gründen der Rechtssicherheit wäre dies dringend notwendig.

Die absoluten Zahlen der Selbstmorduntersuchungen unter den sanitätsbehördlichen Obduktionen ist im Vergleich zu den gerichtlichen eher konstant, unterliegt aber auch beträchtlichen Schwankungen. Diese Veränderungen können allerdings nicht auf Sparmaßnahmen zurückgeführt werden.

Der schon erwähnte geradezu katastrophal erscheinende Rückgang der sog. privaten Leichenöffnungen für das Arbeitsunfallkrankenhaus und andere Privatspitäler ist aber auch dadurch bedingt, daß ein Teil dieser Obduktionen von der Sanitätsbehörde übernommen wurde. Dies würde aber insgesamt noch einen weiteren Rückgang der sanitätsbehördlichen Leichenöffnungen bedeuten.

Höchst interessant ist auch noch der Vergleich der Obduktionsfrequenzen der 3 Bundesländer Steiermark, Kärnten und Burgenland. Hier zeigt sich kraß, daß das ursprüngliche Einzugsgebiet des Instituts, nämlich die Steiermark, eine ungemein höhere Obduktionsfrequenz hat wie die beiden anderen Bundesländer.

Zur Erläuterung der Tabellen 2 und 3 wäre noch hinzuzufügen, daß gerichtliche Obduktionen in Kärnten durch unser Institut regelmäßig erst etwa ab dem Jahre 1964, im Burgenland noch wesentlich später ausgeführt wurden. Im Vergleich der Bevölkerungszahlen schneidet dabei Kärnten bei den Verkehrsunfällen am ungünstigsten ab.

Wie wichtig aber die sofortige Einschaltung kompetenter Sachverständiger ist, beweist eine bereits an anderer Stelle publizierte Übersicht hinsichtlich der Effizienz der gerichtsmedizinischen Begutachtung (Tabelle 4). Gerade in Gerichtsfällen ist aber die prompte Gutachtenerstattung entscheidend für die Aufklärung von Rechtsfällen, wobei als typische Beispiele nur Verkehrsunfälle mit Fahrerflucht oder Tötung durch fremde Hand anzuführen sind. Diese rasche Erledigung ist aber nur dann möglich, wenn die Zusammenarbeit der Behörden mit

Tabelle 2. Vergleich der Obduktionsfrequenzen in den 3 Bundesländern bei Verkehrsunfällen (*AUK* Arbeitsunfallkrankenhaus)

Jahr	Auftraggeber	Steiermark	Kärnten	Südliches Burgenland
1960	Gericht	22	0	0
	AUK	16		
	Sanitätsbehörde	1		
1970	Gericht	53	3	9
	AUK	10		
	Sanitätsbehörde	12		
1980	Gericht	150	12	15
	AUK	0		
	Sanitätsbehörde	4		
1981	Gericht	91	6	3
	AUK	1		
	Sanitätsbehörde	0		
1982	Gericht	56	8	5
	AUK	2		
	Sanitätsbehörde	0		
1983	Gericht	58	12	13
	AUK	6		
	Sanitätsbehörde	3		

Tabelle 3. Vergleich der Obduktionsfrequenzen in den 3 Bundesländern bei Suiziden

Jahr	Auftraggeber	Steiermark	Kärnten	Südliches Burgenland
1960	Gericht	23	0	0
	Sanitätsbehörde	7		
1970	Gericht	26	3	1
	Sanitätsbehörde	19		
1980	Gericht	65	3	1
	Sanitätsbehörde	9		
1981	Gericht	59	0	3
	Sanitätsbehörde	10		
1982	Gericht	36	2	2
	Sanitätsbehörde	11		
	Versicherung	1		
1983	Gericht	25	1	1
	Sanitätsbehörde	8		

den Instituten klaglos funktioniert. Wir obduzieren auch auswärts praktisch jeden Fall am Tage der Auftragserteilung. Schon Obduktionen am nächsten Tag gehören zu den Ausnahmen.

Tabelle 4. Gutachten über gerichtliche Leichenöffnungen (Zahl der gerichtlichen Obduktionen 1979–1981, n = 1609)

	n	(%)
Fälle mit sofortiger definitiver Gutachtenerstattung ohne ergänzende Gutachten	829	(51,5)
Fälle mit sofortiger definitiver Gutachtenerstattung mit ergänzendem Gutachten	706	(43,9)
Fälle mit sofortiger vorläufiger Gutachtenerstattung (alle natürlich mit ergänzenden Gutachten)	64	(4,0)
Fälle mit ausschließlich nachträglicher Begutachtung	10	(0,6)
Gesamtzahl der begutachteten gerichtlichen Obduktionen	1609	(100,0)

Literatur

Maresch W (1983) Angewandte Gerichtsmedizin. Urban & Schwarzenberg, Wien München Baltimore

Maresch W, Maurer H (1985) Der Verkehrsunfall in gerichtsmedizinischer Sicht. Leykam, Graz

Maresch W, Maurer H, Dirnhofer R, Leinzinger EP, Ranner G, Roll P (1985) Zur Effizienz gerichtsmedizinischer Begutachtung. In: Festschrift für Horst Leithoff. Kriminalistik, Heidelberg

Kritisches zur Paramedizin

Unkonventionelle diagnostische und therapeutische Angebote bei rheumatischen Erkrankungen

I. Oepen

Einleitung

Unkonventionelle ärztliche und nichtärztliche Therapeuten werden in der Regel von solchen Patienten aufgesucht, deren Leiden mit konventioneller Therapie nicht oder nicht zufriedenstellend geheilt werden konnten. Dies wird ungeachtet der Begrenztheit allen menschlichen Tuns sowie des Lebens überhaupt zu Unrecht oft als „Versagen" der Schulmedizin ausgelegt.

Die Patienten, die unkonventionelle Heilmethoden versuchen möchten, leiden größtenteils an chronischen und schmerzhaften, aber auch an malignen, progredient verlaufenden Krankheiten, deren Ursachen nur teilweise bekannt sind.

Nach Raspe u. Ritter (1982) macht etwa jeder 2. Patient mit chronischer Polyarthritis vom Angebot unkonventioneller Heilmethoden Gebrauch (50–64% von 154 befragten Patienten). Zu einem ähnlichen Ergebnis kommt Weintraub (1985) (68%).

Die noch ausstehenden Kenntnisse und Erfahrungen werden auf verschiedenen Ebenen in zahlreichen Forschergruppen erarbeitet und auf nationalen und internationalen Fachkongressen – wie in Sidney im Mai 1985 – gegeneinander abgewogen und mosaikartig aufeinander bezogen. Diese Tätigkeit erfordert weitblickende Planung, Disziplin und Kooperation, um die erzielten Ergebnisse angemessen zu interpretieren und ggf. weiter zu verfolgen. Ein solcher Weg ist für Forscher wie für Patienten voller Spannung und begleitet von Hoffnungen und Enttäuschungen.

Die Aufgliederung der zunächst symptomatisch orientierten Diagnosen wie Krebs und Rheuma erlaubt zunehmend Unterscheidungen in unterschiedlich bedingte Verlaufsformen, die dementsprechend mit spezieller Diagnostik erfaßt und einer eigenen Therapie zugeführt werden können. Neue Erkenntnisse betreffen bekanntlich v. a. den Einfluß genetischer Faktoren wie der Onkogene oder der Merkmale des Histokompatibilitätskomplexes, die vom Chromosom 6 gesteuert werden, und zu denen auch die Marker des HLA-Systems gehören, sowie immunologischer Prozesse.

Die Erkenntnisse betreffen aber auch – umfassender als bisher – die Bedeutung unspezifischer therapeutischer Maßnahmen, die roborierend, entspannend, trainierend oder über den Plazeboeffekt ihre Wirkungen entfalten können. Hierzu gehören die anerkannten Naturheilverfahren wie Bewegungs-, Atem-, Bäder- und Klimatherapie, ferner Massagen, Diät und Kneipp-Anwendungen.

Ihr besonderer Vorzug besteht auch darin, daß sie dem Patienten Gelegenheit zu eigener Aktivität geben, seinen Heilungswillen sowie seine Abwehrkräfte fördern und ihm Hoffnung vermitteln, ohne die auch die beste Therapie nur beschränkt oder womöglich gar nicht zum Zuge kommt (Hentschel 1984). Auch Psycho- und Psychopharmakatherapie kann angebracht sein (Labhardt 1985).

Konventionen und Definitionen

Die für solche Forschung, Diagnostik und Therapie erforderliche Geduld und Konsequenz kann jedoch von vielen Patienten und Therapeuten aus vielfältigen individuellen und zeitbedingten Gründen nicht ohne weiteres aufgebracht werden. Daher sind „Spielregeln" erforderlich, die Patienten vor unsachgemäßer Behandlung schützen, ohne die angestrebten Entwicklungen zu behindern. Die Normen dieser Konventionen sind z.T. in der Berufsordnung, z.T. in gesetzlichen Bestimmungen verankert; z.T. wurden sie aus besonderen Anlässen durch die Rechtsprechung geregelt.

Nach der Berufsordnung ist der Arzt verpflichtet, seinen Beruf gewissenhaft auszuüben und dem ihm in Zusammenhang mit dem Beruf entgegengebrachten Vertrauen zu entsprechen.

Er ist ferner verpflichtet, sich über die für die Berufsausbildung geltenden Vorschriften zu unterrichten und sie zu beachten. Die Honorarforderungen müssen angemessen sein. Jegliche Werbung und Anpreisung ist dem Arzt untersagt. Er soll außerdem an der Bekämpfung des Heilmittelschwindels mitwirken.

Die Bezeichnung „Professor" darf der Arzt nur als Amts- oder Dienstbezeichnung oder als ehrenhalber verliehenen Titel führen, während er käuflich erworbene akademische Grade nicht führen darf.

Gesetz und Rechtsprechung verlangen vom Arzt die „erforderliche Sorgfalt" bei der Ausübung seiner Tätigkeit und ahnden im Schadensfall die Nichtbeachtung akzeptierter und verbindlicher Normen als fahrlässige Handlung. Das trifft auch für die Übernahme einer Behandlung zu, wenn Kenntnisse und Fähigkeiten des Therapeuten nicht ausreichen (Übernahmeverschulden). Das Behandlungsrisiko darf gegenüber dem Schaden, der abgewendet werden soll, nicht unangemessen hoch sein. Die Einwilligung des Patienten ist nur bei hinreichender Aufklärung wirksam. Während die Zulässigkeit der medizinischen Anwendungen unter diesen Bedingungen auch unkonventionelle Verfahren umfaßt, werden Kosten durch gesetzliche Krankenkassen nur für wissenschaftlich allgemein anerkannte Methoden erstattet (Narr 1977; Spann 1979, 1983; Siebert 1983; Oepen 1984).

Diese Regelungen beruhen auf dem Anspruch des Patienten auf Leistungen nach dem „Standard der ärztlichen Wissenschaft", deren maßgebliches Kriterium nach Schreiber (1984) die „gute ärztliche Übung" ist.

In Anbetracht des Leidensdrucks der Patienten mit schwer behandelbaren Krankheiten und des Bestrebens der Therapeuten, trotz begrenzter Möglichkeiten doch irgendwie zu helfen, werden auch unkonventionelle Wege beschritten.

Hierzu gehören sowohl die sog. Naturheilverfahren, mit denen noch Erfahrungen gesammelt werden müssen, als auch die sog. Außenseitermethoden, die bereits bekannt sind und bei denen das Risiko den Nutzen überwiegt.

Diese beiden Begriffe werden oft nicht genügend voneinander unterschieden, so daß Außenseitermethoden fälschlich als neu, wissenschaftlich begründet oder als in der Praxis bewährt angepriesen werden. Soweit dies vorsätzlich oder fahrlässig geschieht, handelt es sich um irreführende Werbung und damit um einen Verstoß gegen das Heilmittelwerbegesetz. Das Gesetz gilt für Therapeuten, Hersteller und Vertreiber von Heilmitteln ebenso wie für Publizisten. Wegen zahlreicher einseitiger, unzulänglicher und sogar unzutreffender Berichte über Außenseitermethoden ist es allerdings für Ärzte und Laien nicht leicht, sich ein angemessenes Urteil zu bilden. Daher sind zuverlässige Informationen erforderlich, wozu auch diese Veröffentlichung einen Beitrag leisten soll.

Voraussetzung für eine konstruktive Diskussion über dieses Thema ist jedoch die Definition unterschiedlich verwendeter Begriffe. Hierzu gehört die Bezeichnung „Naturheilverfahren", bei der der Anteil „Natur" nicht mit „unkonventionell" oder „wissenschaftlich nicht anerkannt" gleichgesetzt werden darf. Vielmehr gilt der Ausdruck *nur* für Methoden, bei denen Mittel der Natur wie Licht, Luft und Wasser verwendet werden und nicht für Verfahren mit Verabreichung von Arzneien. Insbesondere sind Nadeltherapien wie Akupunktur, Zell- und Ozontherapie keine Naturheilverfahren. Die dennoch leider oft praktizierte Usurpation des Begriffs Naturheilverfahren wurde außer von rechtsmedizinischer Seite (Oepen 1981) auch von dem Medizinhistoriker Rothschuh (1983) beanstandet. In diesem Sinne gibt auch Otto (1984), der sich in den 30er Jahren in Dresden an der Prüfung von Naturheilverfahren beteiligt hatte, zu bedenken, daß Außenseitern und Laienbehandlern heute durch Massenmedien ein günstiger Nährboden bereitet werde. Oft habe man den Eindruck, daß „Geltungsbedürfnis, Selbstgefälligkeit, Sensations- und Gewinnstreben mehr im Vordergrund stehen als echte Hilfsbereitschaft, wie sie damals in Dresden vorherrschte." Seine Besorgnis erläutert er am Beispiel einer Patientin, der wegen eines Rektumkarzinoms eine Operation dringend empfohlen worden war. Diese stellte sie jedoch wegen eines konservativen Behandlungsversuchs 5 Monate zurück. Sie starb 2 Jahre nach der Operation und hatte, so berichtet Otto (1984), für den aufschiebenden Behandlungsversuch ein Darlehen von mehreren tausend Mark aufnehmen müssen.

Wegen solcher, bekanntlich nicht seltener Vorkommnisse kann es nicht hingenommen werden, daß durch das Angebot umstrittener Verfahren unerfüllbare Hoffnungen geweckt werden, durch die vorhandene Heilungschancen der Patienten verringert oder zunichte gemacht werden. Daher treffen den Arzt bei der Anwendung unkonventioneller Verfahren erhöhte Sorgfaltspflichten, zu denen die adäquate Aufklärung über die Vor- und Nachteile der geplanten Maßnahme im allgemeinen sowie im Falle des Patienten im besonderen gehört. In jedem Fall ist der Arzt verpflichtet, die als am wirksamsten geltende Methode anzuwenden. Er überschreitet die Grenzen seiner Therapiefreiheit, wenn bei der von ihm angewandten Methode der Eintritt des Heilerfolgs (bzw. der Linderung des Leidens) ausgeschlossen ist. Ein derartiges Vorgehen wird in der Rechtsprechung als Kunstfehler und als Verstoß gegen die guten Sitten bezeichnet. Mit einer solchen Einschätzung muß der Außenseitertherapeut im Schadensfall rechnen, wenn er seine Sorgfaltspflicht verletzt hat (Spann 1979, 1983; Siebert 1983).

Unkonventionelle diagnostische und therapeutische Verfahren

Die unkonventionellen medizinischen Methoden beruhen auf anderen Prinzipien als konventionelle Verfahren (Oepen 1985).

So bezieht sich die *Diagnostik* z. B. bei der Homöopathie auf die Körper- und Charaktertypen sowie auf Ereignisse in der Vorgeschichte des Patienten, die im naturwissenschaftlichen Sinne nicht oder nicht mit der behaupteten Sicherheit in Zusammenhang mit den derzeitigen Beschwerden des Patienten stehen. Bei anderen Verfahren wird angenommen, daß sich das Körperschema auf einen begrenzten Bereich wie die Iris, das Ohr oder die Fußsohle projiziere, so daß dort über den Zustand des gesamten Körpers Aufschluß gewonnen werden könne. Die Anwendung der Irisdiagnostik wird von dem Hochschullehrer Herget und seinem ärztlichen Koautor Schimmel (1980) propagiert. Neuerdings setzt sich auch Herget Jr. (1984) für diese obsolete Methode ein.

Oft sind die Behandlungsräume von Therapeuten mit derartigen Schemata ausgestattet, die den Patienten so in die Vorstellungswelt der Paramedizin versetzen.

Bei mehreren Methoden wie der Elektroakupunktur nach Voll oder der Elektroneuraldiagnostik und -therapie nach Croon wird das Diagnostikgerät auch zur Therapie verwendet.

In wieder anderen Verfahren werden Schlüsse aus dem Blut des Patienten gezogen, das entweder mit Zusätzen versetzt wird wie bei dem Blutkristallisationstest nach Pfeiffer (Selawry 1984) oder auf einem Objektträger ausgestrichen wird wie bei dem Bolen-Heitan-Test (Windstosser 1975), um nur einige repräsentative Methoden zu nennen. Bedauerlicherweise werden auch Wünschelrute und Pendel sogar von Ärzten zur Diagnostik verwendet (Prokop u. Wimmer 1985).

Diese Außenseitermethoden werden selbst von ihren Anwendern unterschiedlich interpretiert. Auch die Diagnoseschemata differieren untereinander. Bei Nachprüfungen versagten die Methoden vollständig (Prokop 1977; Prokop u. Wimmer 1985). Sie können daher keinen verwertbaren diagnostischen Beitrag leisten. Ihre Bedeutung liegt auch nicht in der diagnostischen Aussage, sondern vielmehr darin, daß sie durch das Angebot unkonventioneller Spielregeln ein Einverständnis zwischen Patienten und Therapeuten vorbereiten. Geht der Patient darauf ein, so stimmt er auch der unkonventionellen Therapie zu. Ferner werden diese diagnostischen Maßnahmen meist später erneut zur Einschätzung der Therapieerfolges verwendet. Dem Patienten wird so, z. B. durch den Zeigerausschlag eines Geräts, vor Augen geführt, daß das angestrebte Ziel erreicht und das Honorar fällig geworden ist oder daß die Behandlung noch fortgesetzt werden muß.

Der Patient ist in der Regel froh darüber, daß er eine Bestätigung für sein Leiden erhält und behandelt wird. Im Falle eines Mißerfolgs oder einer Behandlung ohne absehbares Ende ist der Therapeut jedoch um eine Erklärung nicht verlegen. Dann heißt es z. B., „die Schulmedizin" habe ja noch weniger diagnostiziert und therapiert, er sei zu spät zur unkonventionellen Behandlung gekommen oder habe die Anweisungen des Therapeuten nicht exakt genug befolgt. Bedauerlicherweise werden Patienten nicht selten in dieser Weise mit Schuldgefühlen beladen. Sie finden dann aus Scham oder wegen Vertrauensverlust, wenn überhaupt, erst sehr spät den Weg zum schulmedizinischen Arzt zurück, der sie dann in ihren schweren Stunden betreuen muß, ohne die Partnerschaftsbeziehung auf einem gemeinsamen Weg aufbauen zu können.

Ein Teil der Patienten kommt aber nicht zu Schaden und wirbt dann oft als Vermittler weitere Patienten für den Außenseiter an. Dabei werden häufig Dankbriefe verwendet - ein Charakteristikum für unseriöse Heiler.

Zum Teil werden auch gesunde Patienten durch die beschriebenen diagnostischen Maßnahmen in Abhängigkeit gehalten, indem man ihre Angst vor Krebs oder anderen Krankheiten nutzt und vorgibt, ein Vorstadium, z. B. eine Präkanzerose, festzustellen, deren Weiterentwicklung z. B. durch Misteltherapie aufgehalten werden könne.

Mit der *unkonventionellen Therapie* steht es insofern etwas besser, als ein Plazeboeffekt - mindestens vorübergehend - so gut wie immer erreicht werden kann, da die Verfahren ja nur dann angewandt werden, wenn der Patient dem Therapeuten vertraut und eine positive Wirkung der Therapie erwartet.

Ein positiver Behandlungseffekt ist zwar grundsätzlich zu begrüßen, allerdings müssen bei der Anwendung unspezifischer Maßnahmen 2 Bedingungen für die Zulässigkeit einer solchen Behandlung als Voraussetzung erfüllt sein:

- Es darf keine wirksame Maßnahme versäumt werden
- das mit der Anwendung verbundene Risiko darf nicht größer sein als der erreichbare Nutzen.

Zu den Außenseiterverfahren mit geringem Risiko gehören Homöopathie, eine Reihe von Phytotherapeutika, Massage (d. h. auch Reflexzonenmassage) sowie Reizstromapplikationen, zu denen auch das Verfahren nach Croon gehört. Für diese Methoden ist ein Anwendungsbereich denkbar. Das Gleiche gilt für die Chirotherapie, die sich aus der Chiropraktik entwickelt hat, in der Hand des hierfür ausgebildeten Arztes oder Krankengymnasten.

Dagegen sind die genannten Voraussetzungen für Akupunktur, Zelltherapie (und ähnliche Verfahren mit Präparaten tierischer Herkunft wie Serumtherapie nach Wiedemann und zytoplasmatische Therapie nach Theurer), Neural- und Ozontherapie nicht erfüllt. Ihre Anwendungen haben zu Zwischenfällen geführt, über die bereits berichtet wurde (Übersicht bei Oepen 1985, zur Thymustherapie Kalden 1982, zur Enzymtherapie bei Baenkler 1984).

Weintraub, der gemeinsam mit Baumgartner, Josenhans und Rainer eine Befragung von 630 Patienten ausgewertet hat (Rainer et al. 1985), stellte fest, daß die positive Einstellung der Patienten gegenüber angewandten unkonventionellen Verfahren (Akupunktur, Chiropraktik, Reflexzonenmassage, Abschirmungen

u. a.) nicht von langer Dauer war. Er bespricht die Ursachen solcher Einflußnahmen und meint, daß suggestive Kräfte von zentraler Bedeutung seien und auch die Balneotherapie beherrschten. Auch Magie könne eine Rolle spielen, die er nach v. Uexküll als Einflußnahme auf den Menschen interpretiert, vorausgesetzt, „daß der Zeichengeber den Code beherrscht".

Auf andere Außenseitermethoden, die zwar in der Regel nicht akut gefährlich werden, den Patienten jedoch in unangemessener Weise belasten, sollte im Interesse des Patienten in Zukunft verzichtet werden. Hierzu wären Aderlässe sowie Therapien mit Eigenblut, Blutegeln und Cantharidenpflastern zu zählen. Auch von einseitigen Diätvorschlägen wie Mayr-Kur und Trennkost nach Hay ist abzuraten.

Als ganz obsolet ist das immer noch von einigen Therapeuten angewandte Baunscheidt-Verfahren zu bezeichnen, bei dem die Haut mit einem Stichler, dem sog. Lebenswecker, verletzt und anschließend mit einem Hautreizöl eingerieben wird. Insbesondere sollte das Original-Baunscheidt-Öl aus dem Handel gezogen werden, weil es Krotonöl enthält, das wegen seines Gehalts an Phorbolestern stark karzinogen wirkt.

Es ist grotesk, daß alle genannten Verfahren von ihren Verfechtern als Naturheilverfahren bezeichnet werden. Allerdings haben einige Befürworter, so Bischko (persönliche Mitteilung an Glowatzki u. Oepen) für die Akupunktur, eingeräumt, daß die betreffende Methode nicht zu den Naturheilverfahren zu zählen sei. Auf keinen Fall können diese Methoden als Vermittler einer „sanften Heilung" bezeichnet werden, wie es leider oft geschieht (Carstens u. Grieshaber 1984).

Übrigens werden fast alle Außenseitermethoden für eine Vielzahl völlig unterschiedlicher Krankheiten und Beschwerden angepriesen, was allein schon gegen ihre Glaubwürdigkeit spricht. Die rheumatischen Erkrankungen werden in den Indikationslisten aller in dieser Arbeit genannten Methoden aufgeführt. Eine echte Indikation ist jedoch für keines dieser Verfahren zu begründen. In diesem Sinne äußern sich auch Josenhans u. Miehle (1981) in ihrer mit Unterstützung der Deutschen Rheuma-Liga herausgegebenen Broschüre *Außerschulische Methoden bei rheumatischen Erkrankungen*. Die Autoren sehen einen Anwendungsbereich dieser Verfahren höchstens in der Schmerztherapie und in der Behandlung des Weichteilrheumatismus, jedoch nicht bei den entzündlichen Prozessen. Dieser Hinweis bezieht sich v. a. auf Akupunktur, deren Wirkung sich jedoch nach Gallacchi et al. (1981) ebenso wie Laserbehandlung beim Zervikal- und Lumbalsyndrom als nicht signifikant effektiver als Plazebotherapien erwiesen hatte. Eine analoge Beurteilung geben Schmidt u. Struppler (1982) in ihrem Buch *Der Schmerz* ab. Miehle (1985) weist in einer kürzlich erschienenen Publikation darauf hin, daß chronische Polyarthritis durch Akupunktur exazerbieren könne.

Zum Niveau der Außenseiterangebote sei ein Zitat des Homöopathen Voegeli (1984) angeführt:

> Der Rheumatismus ist eine Toxikose ... Die Therapie der Wahl ist die Homöopathie, eventuell verbunden mit Akupunktur und in gewissen Fällen mit der Balneotherapie ... Die Balneotherapie mobilisiert die in den befallenen Organen deponierten Giftstoffe und unterstützt

so die homöopathische Behandlung ... Die Bäder spielen die Rolle einer „Politur", sie beseitigen hauptsächlich die Folgen des Rheumatismus, nicht aber dessen Ursache, was vor allem die Homöopathie zu leisten vermag.

Die Eignung der Homöopathie zur Rheumatherapie ist jedoch auch ernsthaft geprüft worden. Shipley et al. (1983) haben in einer Studie, die von homöopathisch und allopathisch orientierten Ärzten gemeinsam geplant und ausgeführt wurde, festgestellt, daß Rhus toxicodendron in einem Blindversuch bei rheumatischen Hüft- und Kniegelenksschmerzen nicht wirksamer war als Plazebo. Die untersuchten Kranken bevorzugten das klassische Rheumamittel Fenoprofen. Durch dieses Ergebnis wurden die umfangreichen, ebenfalls mit einem negativen Resultat verlaufenen Studien von Pirtkien (1976) bestätigt.

Die Homöopathie ist außerdem auch nicht immer nebenwirkungsfrei, wie oft behauptet wird. So hat Friebel (im Druck), Mitglied der Homöopathischen Arzneimittelkommission, dargelegt, daß Intoxikationen bei der Therapie mit Urtinkturen und D-1-Verdünnungen auftreten können, z. B. bei der Verabreichung von Herzglykosiden. Ein anderes Beispiel betrifft Patienten, die fachärztlich mit Cumarinderivaten behandelt werden. Sie könnten bei zusätzlicher homöopathischer Therapie mit Aesculus hippocastanum blutungsgefährdet sein, da das pflanzliche Esculosid die antikoagulierende Cumarinwirkung potenziere. Ferner könnten stark sensibilisierende Pflanzen wie Rhus toxicodendron allergische Reaktionen auslösen.

In der Phytotherapie gibt es zahlreiche Berichte mit z. T. schweren unerwünschten Reaktionen, z. B. nach der Anwendung von Arnikapräparaten (Röder 1982). Eine besonders schwere Überempfindlichkeitsreaktion vom Ekzemtyp wurde kürzlich nach einer Selbstbehandlung rheumatischer Beschwerden mit reinem Lorbeeröl beobachtet. Wegen Kreuzreaktionen mit ähnlichen Inhaltsstoffen anderer Pflanzen, insbesondere aus der Familie der Korbblütler, müssen sich Lorbeerallergiker außer vor Lorbeerprodukten auch vor Gartenpflanzen und Kosmetikartikeln in acht nehmen, wodurch die Bewegungsfreiheit der betroffenen Personen nicht unerheblich eingeschränkt wird (Hausen 1985). Allergische Reaktionen sind sicher auch bei perkutaner Therapie mit ätherischen Ölen (Wanderka 1979) sowie bei einer Injektionstherapie mit boviner Kolostrummilch (Olshausen 1982) zu befürchten.

Umstritten ist die Anwendung von Rheumatee. Während die Deutsche Gesellschaft für Ernährung (DGE) in ihrem im Auftrag des Bundesregierung herausgegebenen *Ernährungsbericht 84* vor dem Kauf von Rheumatees als einer unnötigen finanziellen Belastung warnt, verteidigen Reuter u. Deininger (1984) von seiten der Gesellschaft für Phytotherapie die Anwendung solcher Tees.

Als Einzelmaßnahmen, die als „Rheumamittel" gelten, seien noch folgende Anwendungen erwähnt: Von mehreren Herstellern werden Kupferarmreifen zur Rheumabehandlung angepriesen. Dem Werbespuk für diese „Methode" hat das Amtsgericht Bruchsal (Urteil vom 17. 9. 1982, Az.: 1 Cs 269/80) endlich einen Riegel vorgeschoben, indem ein kompetenter Sachverständiger (K. Dirnagl) zugezogen wurde (Rose 1983). Abgesehen davon, daß Kupfer nicht antirheumatisch wirkt, wird auch eine zu geringe Menge des Metalls über die Haut aufgenommen, um eine Wirkung zu entfalten. Dagegen wurden schon Allergien beobachtet, die offenbar auf den Nickelgehalt dieser Armbänder zurückzuführen sind (Klehr 1983).

Auch Gelatine, in Wasser angerührt und morgens nach dem Zähneputzen einzunehmen (Zippel 1981), Japanpflaster und Murmeltierfett (Köhnlechner 1981) sowie Extrakt aus der grünlippigen Meeresmuschel (Perna canaliculus) nach Thiel werden zur Behandlung rheumatischer Erkrankungen empfohlen.

Bekannt ist auch der Rat, das Bett umzustellen, um (fiktiven) Erdstrahlen auszuweichen, die aus angeblichen Wasseradern aufsteigen und u.a. Rheuma verursachen sollen (v. Pohl 1978). Zur Unhaltbarkeit dieser Thesen, die viele Menschen verwirren und verängstigen, habe ich kürzlich gemeinsam mit den Physikern Löb und Dirnagl Stellung genommen (Oepen et al. 1984).

Frau Dr. Carstens hat zu diesem Thema in einem Interview für die Zeitschrift *HÖR ZU* (51/1982, S. 11) erklärt: „Und es stimmt tatsächlich: Auf typischen ‚Rheumaböden' wachsen z.B. besonders viele Brennesseln, über unterirdischen Wasseradern wächst der Löwenzahn." Diese Äußerung erscheint erstaunlich und sollte gelegentlich erläutert werden.

Übrigens wurde Angorawäsche weder als Heil- noch als Hilfsmittel anerkannt. Eine spezielle Heil- oder Linderungswirkung komme ihr nicht zu. Die geforderte Kostenerstattung durch die gesetzliche Krankenversicherung wurde daher abgelehnt (Urteil des Bundessozialgerichts vom 12. 12. 1979, Az.: 3 RK 44/78).

Werbung und Verkauf „brandneuer Rheumaspezialdecken" auf sog. Kaffeefahrten wurde wegen irreführender Werbung sogar untersagt und mit einer Geldstrafe belegt. Solche Werbung wird als Verstoß gegen die guten Sitten geahndet entsprechend einem Urteil des Oberlandesgerichts Stuttgart (Az.: 2 U 184/79). Dort ging es um eine Küchenmaschine, mit der sich angeblich verschiedene Säfte zur Beseitigung von Thrombosen, Verkalkung und Krampfadern herstellen ließen.

Schlußbetrachtung

Nach dieser Übersicht kann man die unkonventionellen Heilverfahren sicher nicht als eine Medizin der „sanften Heilung" (Carstens u. Grieshaber 1984) bezeichnen. Vielmehr muß hier ebenso mit unerwünschten Reaktionen gerechnet werden wie bei konventionellen Behandlungen. Im Unterschied zu diesen kommt bei den Außenseitermethoden erschwerend hinzu, daß ihr Indikationsbereich sehr begrenzt ist. Bei Methoden mit ungünstiger Nutzen-Risiko-Relation wie Akupunktur, Ozon-, Zell- und Neuraltherapie ist gar keine Indikation zu begründen. Auf die Anwendung dieser Verfahren sollte daher in Zukunft verzichtet werden. Jedenfalls sollten sie nicht im Sinne einer Alternative in ärztlichen Fortbildungsveranstaltungen vermittelt werden.

Somit verbleiben nur noch wenige Verfahren mit geringem Risiko wie Homöopathie und Reizstromanwendungen, die als Zusatztherapie zur konventionellen Behandlung in Frage kommen, um dem Bedürfnis nach Außergewöhnlichem oder nach „Magischem" zu entsprechen. Diese Schlußfolgerung stimmt überein mit der Empfehlung Weintraubs (1985), dessen Erhebung an 630 Patienten nur eine vorübergehende Beliebtheit dieser Methoden ergab.

Es muß jedoch noch ein Wort zum Einfluß der Massenmedien angefügt werden. Insbesondere in Fernsehsendungen werden unkonventionelle Verfahren auch zur Rheumatherapie in einer Weise propagiert, die als irreführend bezeichnet werden muß. Gegen diese Fehldarstellung hat Schattenkirchner (1984) in einer Veröffentlichung mit scharfen Worten Einspruch erhoben. Er schreibt:

> Als völlig unverständlich erscheint es ... der Deutschen Gesellschaft für Rheumatologie, daß die medizinische Redaktion des WDR nicht in der Lage war, eine Behandlungsmethode, welche die typischen Kennzeichen „einfach, leicht und exklusiv" trägt und undifferenziert alle rheumatischen Krankheiten lindern und heilen soll, als Quacksalberei zu entlarven. Jeder erfahrene Arzt hätte als Konsiliarius dienen können.

Auch Büttner (1984) lehnt „derartige spektakuläre Werbemethoden, die die betroffenen Patienten verunsichern, entschieden ab".

Eine entsprechende Stellungnahme müßte auch zu den neuerlichen Sendungen des ZDF über „geistige Heilungen" abgegeben werden, und es müßte die Frage gestellt werden, ob die Verantwortlichen dieser Sendung nicht ihre journalistische Sorgfaltspflicht verletzt haben (s. auch Knoche 1985). Diesem um sich greifenden Übelstand der Falschinformationen mit gleichzeitiger Beeinträchtigung des Vertrauensverhältnisses zwischen Arzt und Patient könnte durch bessere Vorbereitung solcher Sendungen vielleicht abgeholfen werden. Als Ansprechpartner von seiten der Ärzteschaft kämen Organisationen wie das kürzlich gegründete „Zentrum für Öffentlichkeitsarbeit der wissenschaftlichen medizinischen Fachgesellschaften e. V. (ZÖWMF)" in Düsseldorf in Frage.

Literatur

Baenkler HW (1984) Mulsal, ein neuer Weg in der Rheumatherapie? Intern Prax 24:775

Büttner K (1984) Fernsehfilm: Rheumatologen üben Kritik. Selecta 5:294

Carstens V, Grieshaber J (1984) Immer mehr Patienten suchen eine sanfte Heilung. Naturarzt 10:31

Friebel HH (im Druck) Wirkungsweise der Homöopathie aus klinisch-pharmakologischer Sicht. Vortrag 29. 10. 1984 in Wuppertal. Ärztekammer Nordrhein Schriftenreihe der Akademie ärztlicher Fortbildung

Gallacchi G, Müller W, Plattner GR, Schnorrenberger CC (1981) Akupunktur- und Laserstrahlbehandlung beim Zervikal- und Lumbalsyndrom. Schweiz Med Wochenschr 111:1360

Hausen BM (1985) Lorbeer-Allergie. Dtsch Med Wochenschr 110:634

Hentschel H-D (1984) Physikalische Therapie des Weichteilrheumatismus. Kassenarzt 27:24, 34

Herget H Jr (1984) Klinik rheumatischer Erkrankungen. Acta Biol 2:13, 55

Herget H, Schimmel H (1980) Grundsätzliches zu Zeichen und Pigmenten in der Iris und deren physiologischen Zusammenhänge. Das Rezept aus dem Auge, 4. Aufl. Pascoe, Gießen

Josenhans G, Miehle M (Hrsg) (1981) Außerschulische Methoden bei rheumatischen Erkrankungen. Fischer, Heidelberg

Kalden JR (1982) Thymuspräparate bei chronischer Polyarthritis? Dtsch Med Wochenschr 107:475

Klehr NW (1983) Kupferarmbänder. Einige Fälle ... Leserzuschrift. Dtsch Arztebl 16:80, 10

Knoche B (1985) „Die Sendung hatte zerstörende Wirkung.“ Offener Brief an das Zweite Deutsche Fernsehen. Arzte Z 155:22

Köhnlechner M (1981) Japanpflaster und Murmeltierfett – Rheuma verschwindet nach 6 Tagen. Bild Mai 1981

Labhardt F (1985) Psycho- und Psychopharmakotherapie bei rheumatischen Erkrankungen. Therapiewoche 35:1235

Miehle W (1985) Außerschulische Methoden als Therapie der C.P.? Fortschr Med 103:14

Narr H (1977) Ärztliches Berufsrecht, 2. Aufl. Deutscher-Ärzte-Verlag, Köln

Oepen I (1981) Pseudo-Naturheilverfahren. Ein berufsrechtliches ärztliches Problem mit weitreichenden Auswirkungen. Zentralbl Rechtsmed 22:323

Oepen I (1984) Arztrechtliche Argumente zur Anwendung unkonventioneller Heilmethoden. Berliner Arztekammer 12:694

Oepen I (1985) Paramedizinische Verfahren. Eine Übersicht. In: Oepen I (Hrsg) An den Grenzen der Schulmedizin. Deutscher Ärzte-Verlag, Köln

Oepen I, Löb H, Dirnagl K (1984) Patientenfang durch Bau- und Geobiologen. Dtsch Ärztebl 81:2619

Olshausen U (1982) Kolostruminjektions-Therapie.-Kolostruminjektionen (1928–1982). Arztez Naturheilverfahren 23:281

Otto E (1984) Naturheilkunde im Rahmen der Allgemeinmedizin – Erinnerungen an ein Experiment in Dresden Anfang der Dreißiger Jahre. Arztez Naturheilverfahren 25:737

Pirtkien R (1976) Zehn Jahre Forschung auf dem Gebiet der Homöopathie. Z Allg Med 52:1203

Pohl G, Frh. von (1978) Erdstrahlen als Krankheits- und Krebserreger, 2. Aufl. Fortschritt für alle, Feucht

Prokop O (1977) Medizinischer Okkultismus, 4. Aufl. Fischer, Stuttgart

Prokop O, Wimmer W (1985) Wünschelrute, Erdstrahlen, Radiästhesie, 3. Aufl. Enke, Stuttgart

Rainer F, Weintraub A, Ulreich A, Baumgartner H, Josenhans G, Pfeiffer KP (1985) Paramedizin bei der Behandlung rheumtischer Erkrankungen. In: Weintraub A, Müller W, Battegay R, Labhardt F (Hrsg) Unkonventionelle Rheumatherapie. Karger, Basel (Fortbildungskurse für Rheumatologie, Bd 7, S 11–35)

Raspe HH, Ritter N (1982) Laientheorien, paramedizinische Behandlung und subjektive Medikamenten-Compliance bei Patienten mit einer chronischen Polyarthritis. Verh Dtsch Ges Inn Med 88:1200

Reuter HD, Deininger R (1984) Offener Brief an die Deutsche Gesellschaft für Ernährung, Frankfurt. Ärztez Naturheilverfahren 10:25, III

Röder E (1982) Nebenwirkungen von Heilpflanzen. Dtsch Apoth Z 122:2081

Rose G (1983) Unlauterer Wettbewerb mit Kupferarmbändern. Dtsch Arztebl 80:57

Rothschuh KE (1983) Naturheilbewegung, Reformbewegung, Alternativbewegung. Hippokrates, Stuttgart

Schattenkirchner M (1984) Fernsehfilm über Rheuma verunsichert Patienten. Pressemitteilung vom 2. 12. 1983. Praxis-Kurier (11. 1. 1984) 2:6

Schmidt RF, Struppler A (1982) Der Schmerz. Piper, München (Serie Piper, Nr. 241)

Schreiber HL (1984) Rechtliche Maßstäbe des medizinischen Standards. Dtsch Med Wochenschr 109:1458

Selawry A (1984) Bildekräfteorganismus am Blutkristallisationsbild. Beitr Erweiterung Heilkunst 37:26

Shipley M, Berry H, Broster G, Jenkins M, Clover A, Williams J (1983) Controlled trial of homeopathic treatment of osteoarthritis. Lancet I:97

Siebert A (1983) Strafrechtliche Grenzen ärztlicher Therapiefreiheit. Springer, Berlin Heidelberg New York Tokyo (Recht und Medizin, S 1, 216)

Spann W (1979) Der ärztliche Kunstfehler. MMW 121:557

Spann W (1983) Aufklärungspflicht des Arztes. MMW 125:43/79

Voegeli A (1984) Die rheumatischen Erkrankungen, 5. Aufl. Haug, Heidelberg

Wanderka H (1979) Erfahrungsbericht über die Anwendung ätherischer Öle in der praktischen Therapie. Erfahrungsheilkd 27:497

Weintraub A (1985) Unkonventionelle Rheumabehandlung. Therapiewoche 35:1259
Windstosser K (1975) Der Bolen-Heitan-Test. Krebsgeschehen 3:63
Zippel L (1981) Gelatine gegen Gelenkabnutzung: „Bitte grinsen Sie nicht!" Med Trib vom 20. 2. 1981, S 17